일반인·법학도·중개사·법무사·로스쿨·변호사 필독서

法律相談의 眞髓 "張博의 最近 力作"

신 법률상담사례

법학박사 장 종 운 저

제1편 민사·가사 편

제2편 임대차·상사 편

제3편 경매·공매·등기 편

제4편 교통·형사 편

제5편 파산·회생 편

제6편 행정·공법 편

진 원 사

머 리 말

본서는 실생활에서 빈번히 이루어지면서도 전문적인 지식이 필요한 생활법률에 관하여 최신의 생생한 사례를 중심으로 저술하였습니다. 어떤 법률문제에 부딪혔을 때 인터넷이나 법서를 뒤적여봐도 느낌이 오질 않고 법조문이나 판례를 들여다보면 더 갑갑함을 느낄 때가 비일비재할 것입니다.

본서는 저자가 대한법률구조공단에서 근무하면서 상담한 수십만 건의 법률사항 중에서 독자들이 궁금해 하고 어려움을 겪는 문제들 가운데 엑기스만 뽑아 충분한 설명과 함께 수록하였고, 저자가 평상시 각종 신문에 기고하여 게재된 사례 중 일부를 엄선하여 실어놓았으며, 여기에 더하여 최근 시사성 있고 사회적 이슈가 되고 있는 문제들 중 중요한 부분들을 엮어 놓았습니다.

그리고 가급적 독자들의 시각과 언어로 저술하도록 힘썼습니다. 이에 각 사례에 대한 해결의 접근을 객관화하기 위하여 실무와 판례의 입장에서 설명해 놓았고, 국내의 모든 논문과 연구자료 및 인터넷이나 참고서적 등도 반영하였으며, 그밖에 저자의 지식과 축적된 노하우를 쏟아부어 해답을 찾고 찾아 한권의 책이 되도록 노력하였습니다.

아울러 2018년 3월까지의 모든 개정 법률과 대법원 판례를 반영하였으며, 각종 참고자료도 최신의 자료를 토대로 저술하였음을 밝혀둡니다.

본서는 주로 일반인들을 대상으로 저술한 도서이기는 하지만 법학도나 로스쿨 학생, 변호사, 법무사, 노무사, 행정사 등 각종 전문직에 종사하는 분들까지도 염두에 두고 깊숙한 내용까지 실어놓았습니다.

본서는 생활법률 전체를 대상으로 한 관계로 방대해서 찾아보기 쉽도록 각 분야별로 구분해 놓았습니다.

제1편 민사·가사편에서는 민사편에서 민사일반과 민사소송에 관련된 사례를, 가사편에서 친자, 입양, 부양, 혼인, 이혼, 상속, 유언에 관한 사례를 다루었고, 제2편 임대차·상사편에서는 임대차편에서 주택임대차와 상가건물임대차에 관한 사례를, 상사편에서 상사일반과 어음·수표·보험에 관한 사례를 실어놓았으며, 제3편 경매·공매·등기편에서는 보전처분·경매·공매편에서 가압류, 가처분, 강제집행일반, 강제경매, 임의경매, 공

매에 관한 사례를, 등기·공탁편에서 각종 등기·등록, 공탁에 관한 사례를 다루었습니다. 그리고 제4편 교통·형사편에서는 교통편에서 교통사고와 그로 인한 손해배상에 관한 사례를, 형사편에서 형법, 특별형법, 형사소송에 관한 사례를 실어놓았고, 제5편 파산·회생편에서는 도산일반편에서 도산 전반에 관한 지식 사례를, 파산·회생편에서 개인파산, 법인파산, 개인회생, 일반회생, 법인회생에 관한 사례를 실어놓았으며, 제6편 노동·공법편에서는 노동편에서 근로자 관련 제반 문제에 관한 사례를, 공법편에서 행정, 조세, 헌법소원, 국적과 관련된 사례를 다루었고, 부록편에서는 실무에서 가장 중요시되는 각 사건별 인지대·송달료·첨부서면 일람표를 비롯하여 공소시효 일람표와 소액임차인의 최우선변제금액표 등을 수록해놓았습니다.

공부하는 학생들이나 연구자는 좋은 책을 끼고 살아야 하듯이 현대를 살아가는 우리들이 복잡하고 어려운 생활법률 속을 헤쳐나가기 위해서는 좋은 상담사례집을 끼고 살아야 합니다. 일반인들은 말할 것도 없고 실무가나 연구자들도 마찬가지입니다.

이에 저자로서는 항상 책값이 아깝다는 생각이 들지 않도록 해야 할 사명감이 있다고 보고, 당장은 책꽂이에 꽂아만 둘망정 궁금한 문제가 생겼을 때 뒤적여보면 꼭 그 문제가 실려져 있는 책이 가장 좋은 책이라고 생각하면서 본서도 그러한 책이 되도록 열과 성을 다하였음을 알려드립니다. 이러한 결과로 독자분들께서 본서를 서재의 한 귀퉁이에 장식해 놓아도 괜찮다는 느낌이 들 것이라고 사료됩니다.

끝으로 본서가 나올 수 있도록 애써 주신 진원사의 양진수 사장님과 편집부 관계자분들께도 고맙다는 말씀을 전해드리고 싶습니다.

부족하거나 미흡한 부분은 다음 판에 반영해 드릴 것을 약속드리며, 아무쪼록 이 책을 구입하신 모든 독자분들께서 행운이 함께하시고, 일상생활의 법률실무에 있어 조그마한 도움이라도 되었으면 하는 마음 간절히 바라는 바입니다.

2018년 6월

저자 장종운 드림

목 차

제1편 민사·가사 편 1

제1장 민사 편 ········ 3

제1절 민사일반 ········ 3

[사례 1·1·1] 금전을 빌려줄 때 유의할 점 ········ 3
[사례 1·1·2] 돈을 빌려줄 때 확실한 이행확보 방법 ········ 5
[사례 1·1·3] 임대차계약서를 잡고 돈을 빌려주는 방법 ········ 7
[사례 1·1·4] 차용증을 분실한 경우의 대비책 ········ 8
[사례 1·1·5] 금전을 차용할 때 유의할 점 ········ 10
[사례 1·1·6] 차용증과 현금보관증의 차이 ········ 11
[사례 1·1·7] 계약서 작성방법 ········ 12
[사례 1·1·8] 부동산을 매수할 때 유의할 점 ········ 14
[사례 1·1·9] 부동산을 매도할 때 유의할 점 ········ 15
[사례 1·1·10] 공증제도 ········ 16
[사례 1·1·11] 채권양도의 방법과 그 효력 ········ 18
[사례 1·1·12] 미성년자가 할부 및 방문판매로 물건 구입시 취소 여부 ········ 19
[사례 1·1·13] 물건을 할부로 구입한 경우에 그 철회 여부 ········ 21
[사례 1·1·14] 핸드폰을 할부로 구입해 개통한 후의 청약철회 여부 ········ 22
[사례 1·1·15] 인터넷 등 전자상거래나 통신판매를 통하여 물건을 구입한 경우의 청약 철회 여부 ········ 24
[사례 1·1·16] 매매계약이 해제된 경우의 계약금 전액 몰수 또는 손해배상청구 여부 ········ 26
[사례 1·1·17] 매매계약체결 후 아직 24시간이 지나지 않는 경우라면 계약을 일방적으로 해제할 수 있는지 ········ 28
[사례 1·1·18] 계약금 일부만 지급한 상태에서 계약을 해제하려면 그 일부에 대한 배액만 상환하면 되는지 약정 계약금의 배액을 상환해야 되는지 ········ 29
[사례 1·1·19] 계약금을 지급하기로 약정했으나 아직 계약금을 지급하지 않는 상태에서 계약의 임의해제가 가능한지 ········ 31
[사례 1·1·20] 계약금을 지급하고 매매계약을 체결한 후 상대방이 계약금 포기 또는 계약금의 배액 제공으로 계약을 해제할 수 없도록 하는 방법 ········ 33

[사례 1·1·21] 중도금 또는 잔대금 미지급시 계약이 자동적으로 해제된다는 약정을 한 경우에 그 효력 여부 ······ 37
[사례 1·1·22] 부동산매수인이 매매 잔대금을 지급하지 않는 경우의 매도인의 대응방법 ······ 38
[사례 1·1·23] 가계약금에 대한 반환청구 가능 여부 ······ 39
[사례 1·1·24] 여행 출발 전의 여행계약의 취소 여부 ······ 41
[사례 1·1·25] 동업관계가 깨진 경우의 출자금에 대한 반환청구 여부 ······ 43
[사례 1·1·26] 순번계나 낙찰계가 깨진 경우의 법률관계 ······ 46
[사례 1·1·27] 부동산중개수수료 산정 방법 ······ 48
[사례 1·1·28] 공인중개사가 중개의뢰인과 직접 매매계약을 체결하는 경우의 효력 여부 ······ 52
[사례 1·1·29] 부동산중개업자의 소개 후 그를 배제한 상태에서 중개당사자 간에 계약체결시 중개수수료 지급 여부 ······ 53
[사례 1·1·30] 공동명의의 예금을 은행에서 찾는데 대해 일부가 협력하지 않는 경우에 자기 지분만이라도 찾을 수 있는지 ······ 55
[사례 1·1·31] 공동명의의 예금채권자 중 1인에 대한 채권자가 추심명령을 받아 그 지분에 대한 반환을 은행에게 청구할 수 있는지 ······ 57
[사례 1·1·32] 취업청탁명목의 금품제공 등 불법원인급여물에 대한 반환청구의 가부 ······ 58
[사례 1·1·33] 채무자가 부동산을 가족들 명의로 빼돌려 놓은 경우에, 채권자의 대응방법으로서 사해행위취소소송 ······ 59
[사례 1·1·34] 채권양도가 사해행위로 취소된 경우, 취소채권자가 채무자를 대위하여 사해행위취소로 복귀될 채권에 대한 지급을 직접 구할 수 있는지 ······ 60
[사례 1·1·35] 어촌계가 다른 어촌계를 상대로 업무구역의 확인을 구하는 것이 가능한지 ··· 61
[사례 1·1·36] 위임장 작성방법 ······ 62
[사례 1·1·37] 내용증명우편의 용도와 그 작성 및 발송방법 ······ 63
[사례 1·1·38] 금전대차의 이자율 변동 내역과 소송시의 법정이자율과의 관계 ······ 66
[사례 1·1·39] 소멸시효기간 등과 관련하여 각종 권리를 행사할 수 있는 기간 ······ 68
[사례 1·1·40] 소멸시효가 경합된 경우에 어느 법에 따른 소멸시효를 적용해야 하는지 ······ 73
[사례 1·1·41] 주채무자에 대한 확정판결에 의해 단기소멸시효가 10년으로 연장된 상태에서 주채무를 보증한 보증채무의 소멸시효기간 ······ 75
[사례 1·1·42] 대여금 판결을 받아 놓는지 10년이 다 되어 가는데, 가만히 두어도 되는지 ·· 76
[사례 1·1·43] 개인비밀누출로 인한 주민등록번호의 정정 가능 여부 ······ 77
[사례 1·1·44] 놀고 있는 타인의 토지에 유실수를 심어 놓는 경우에 그 소유권 여부 ······ 78
[사례 1·1·45] 법정지상권의 존속기간 ······ 79
[사례 1·1·46] 20년 전에 타인의 토지 위에 설치된 분묘를 토지소유자가 이장하라고 할 수 있는지 ······ 80

[사례 1·1·47] 타인의 토지에 무단으로 설치된 분묘 등에 관한 처리방법 ······ 82
[사례 1·1·48] 「장사 등에 관한 법률」이 시행된 후에도 관습법상의 분묘기지권을 취득할 수 있는지 ······ 84
[사례 1·1·49] 주위토지통행권과 이에 의해 확보할 수 있는 노폭의 범위 ······ 86
[사례 1·1·50] 도로로 나가는 유일한 통로를 토지소유자가 폐쇄하려고 하는 경우에, 그 대응방법 ······ 89
[사례 1·1·51] 담장에 너무 가까이 붙여서 건축공사를 하는 경우에, 그 대응방법 ······ 90
[사례 1·1·52] 급수공사를 위해 타인의 토지를 경유하기 위한 토지사용승낙서가 필요한 경우, 그 대용서류로서 어떠한 판결문이 필요한지 ······ 91
[사례 1·1·53] 습득한 유실물의 처리 방법과 보상관계 ······ 92
[사례 1·1·54] 특별조치법으로 넘어가버린 토지에 대한 소유권을 되찾을 수 있는 방법과 특별조치법의 의의 ······ 94
[사례 1·1·55] 부동산소유권이전이 사해행위로 취소되었음에도 말소등기가 이루어지지 않은 상태라면 수익자의 등기부취득시효가 인정될 수 있는지 ······ 97
[사례 1·1·56] 20년 이상 타인의 토지를 점유하고 있는 경우에, 그 토지에 대한 시효취득이 가능한지 ······ 99
[사례 1·1·57] 부동산 소유자가 이를 처분하기도 어렵고 채권자도 함부로 가압류·압류를 할 수 없도록 할 수 있는 합유등기 ······ 100
[사례 1·1·58] 부부일방의 명의로 된 부동산을 함부로 처분할 수 없도록 하기 위한 타방배우자의 조치 방법 ······ 102
[사례 1·1·59] 근저당권설정과 함께 담보가치 저감을 위해 설정된 지상권에 대하여 근저당권설정등기 말소청구시 함께 소멸청구를 할 수 있는지 ······ 103
[사례 1·1·60] 타인의 토지에 저당권을 설정해 놓은 후 그 토지가 수용된 경우에 자동적으로 저당권의 우선변제권이 보장되는지 ······ 104

제2절 민사소송 ······ 106

[사례 1·1·61] 민사소송 제기시 어떤 소장을 제출해야 유리한지 ······ 106
[사례 1·1·62] 소액사건·단독사건·합의사건의 구별과 사물관할 ······ 109
[사례 1·1·63] 소액사건판결과 지급명령의 구별 및 그 실익과 이행권고결정·화해권고결정과의 차이 ······ 110
[사례 1·1·64] 소장을 제출해야 할 법원과 그중 가장 유리한 법원 ······ 114
[사례 1·1·65] 시·군법원에서 재판할 수 있는 사건의 범위 ······ 116
[사례 1·1·66] 민사소송시 송달료와 인지대 등 소송비용이 얼마나 소요되는지 ······ 117
[사례 1·1·67] 변호사보수에 대한 소송구조결정을 받은 경우에 상대방을 위한 변호사 보수도 포함되는지 ······ 119

[사례 1·1·68] 민사소송에서 증거자료를 만드는 방법 ······ 120
[사례 1·1·69] 민사소송에서 주소를 보정하는 방법 ······ 122
[사례 1·1·70] 가족이 소송당사자 대신 소송을 수행할 수 있는지 여부와 소송대리신청 방법 ······ 124
[사례 1·1·71] 증인이 법정에 나가지 않고 증언하는 방법이 있는지 ······ 126
[사례 1·1·72] 상대방 소재지 불명시 계약해제 등을 위한 의사표시의 공시송달제도 ······ 127
[사례 1·1·73] 민사소송에서의 항소 및 상고와 항소기간을 놓친 경우의 추완항소 ······ 128
[사례 1·1·74] 민사소송에서의 재심절차와 재심사유 ······ 130
[사례 1·1·75] 확정된 재심판결에 대해 다시 재심의 소를 제기할 수 있는지 ······ 133

제3절 손해배상·하자담보 ······ 135

[사례 1·1·76] 실화로 인한 손해배상책임과 그 감액청구권 여부 ······ 135
[사례 1·1·77] 건물의 1층 부분에 대해서만 가입한 보험계약으로 2층 바닥에서 발생한 누수에 대하여도 보험금 청구가 가능한지 ······ 137
[사례 1·1·78] 공동주택에 거주시 소송 제기가 가능한 층간소음의 기준 ······ 138
[사례 1·1·79] 철도소음과 손해배상청구 ······ 139
[사례 1·1·80] 공동주택의 범위와 이에 대한 관리방법 ······ 141
[사례 1·1·81] 집합건물에 있어서 구분소유관계와 그 관리방법 ······ 144
[사례 1·1·82] 공사의 하자로 인한 담보책임기간 ······ 146
[사례 1·1·83] 집합건물의 하자로 인한 현 구분소유자의 하자담보책임 추궁 방법 ······ 150
[사례 1·1·84] 아파트에 하자가 발생시 건설업자가 교부한 하자보수보증금과는 별도로 하자로 인한 손해 전부에 대하여 그 청구가 가능한지 ······ 154
[사례 1·1·85] 입주자대표회의 및 관리주체가 화재보험기간 만료 후 새로운 계약을 체결하지 않는 동안 화재가 발생한 경우의 손해배상책임 ······ 156
[사례 1·1·86] 아파트를 개별난방에서 지역난방으로 전환할 때 입주자대표회의가 그 분담금을 구분소유자에게 청구할 수 있는지 ······ 157
[사례 1·1·87] 집합건물의 위탁관리업체가 구분소유자를 상대로 직접 관리비청구소송을 제기할 수 있는지 ······ 159
[사례 1·1·88] 도로의 설치·관리상의 하자로 인한 손해배상청구 ······ 160
[사례 1·1·89] 제조물의 하자로 인해 손해를 입은 소비자가 제조물책임을 물어 제조업자에게 직접 손해배상청구를 할 수 있는지 ······ 163
[사례 1·1·90] 위자료의 청구 요건과 그 구체적 산정방법 ······ 166
[사례 1·1·91] 학교안전법상 공제급여에 과실상계나 기왕증 참작의 원리가 적용되어 공제급여가 감액될 수 있는지 ······ 169
[사례 1·1·92] 학교안전사고의 가해자가 피해자에게 손해배상을 해준 후 학교안전공제회를

상대로 구상권을 행사할 수 있는지 ······ 171
[사례 1·1·93] 타인의 토지에 대한 회사의 불법점유에 관하여 회사 이외에 대표이사 개인에게도 손해배상책임을 물을 수 있는지 ······ 173
[사례 1·1·94] 보이스피싱에 사용된 통장명의자가 부당이득반환책임이나 불법행위로 인한 손해배상책임을 지게 되는지 ······ 174

제2장 가사 편 ······ 178

제1절 친자·입양·부양·혼인 ······ 178

[사례 1·2·1] 가사사건의 종류와 가사사건별 관할법원 ······ 178
[사례 1·2·2] 친자관계의 확정 방법 ······ 183
[사례 1·2·3] 인지청구의 소와 친생자관계부존재확인의 소에서 제소기간의 기산점이 되는 '사망을 안 날'의 의미 ······ 186
[사례 1·2·4] 부부간에 혼인 후 200일 후, 이혼 후 300일 내에 출생한 자녀이지만 생부가 따로 존재한 경우에 그 생부의 자녀로 호적을 올리는 방법 ······ 187
[사례 1·2·5] 친권자의 지정·변경과 친권의 상실·정지 ······ 189
[사례 1·2·6] 성년후견제도 및 미성년후견제도와 그 실익 ······ 192
[사례 1·2·7] 보통입양의 요건과 입양의 효력 ······ 195
[사례 1·2·8] 친양자 입양제도 ······ 197
[사례 1·2·9] 양육비 지급 확보를 위한 여러 방법 ······ 198
[사례 1·2·10] 이혼시의 양육자 및 친권자에게 유아를 인도해 주지 않는 경우에, 그 대응 방법 ······ 200
[사례 1·2·11] 양육권자의 면접교섭의무 불이행에 대해 면접교섭권을 확보할 수 있는 방법 ······ 201
[사례 1·2·12] 양육비 직접지급명령제도 ······ 203
[사례 1·2·13] 양육권 없는 부모 중 일방이 자녀를 양육한 경우에 양육권 있는 타방에 대해 양육비를 청구할 수 있는지 ······ 204
[사례 1·2·14] 과거의 양육비에 대한 소멸시효기간 ······ 205
[사례 1·2·15] 친족간의 부양의무와 과거의 부양료 청구 가능 여부 ······ 207
[사례 1·2·16] 성년의 자녀가 부모를 상대로 유학비용 상당의 부양료를 청구할 수 있는지 ······ 209
[사례 1·2·17] 연로한 부모에 대한 성년 자녀들의 부양의무의 순위와 그 정도 ······ 210
[사례 1·2·18] 나이 든 부모에 대한 부양의무자와 부양의 정도 ······ 212
[사례 1·2·19] 배우자 일방이 자녀 학자금으로 차용한 금전에 관하여 타방배우자도 연대책임을 지게 되는지 ······ 213

[사례 1·2·20] 부부 일방에게 주택마련 자금을 대여해 준 경우에 타방배우자도 연대책임을 지게 되는지 ········ 215
[사례 1·2·21] 장기간 별거 중인 유부녀와 불륜관계시 위자료 배상책임 여부 ········ 216
[사례 1·2·22] 부부간의 부양료청구와 생활비분담청구를 따로따로 청구할 수 있는지 여부 ········ 218
[사례 1·2·23] 이혼의 요건과 그 절차 ········ 219
[사례 1·2·24] 협의상 이혼시의 구비서류와 구체적인 절차 ········ 222
[사례 1·2·25] 수감자 또는 재외국민과의 협의이혼절차 ········ 224
[사례 1·2·26] 사실혼에 대한 파기 사유와 그 절차 ········ 227
[사례 1·2·27] 이혼시 위자료 액수의 범위에 관한 법원의 인정 추이 ········ 228
[사례 1·2·28] 이혼시의 재산분할청구 ········ 230
[사례 1·2·29] 혼인 중 이루어진 재산분할에 관한 협의가 재산상 이혼시에도 그 효력이 인정되는지 ········ 231
[사례 1·2·30] 부부 사이에 채무를 분담하기 위한 재산분할청구도 가능한지 ········ 232
[사례 1·2·31] 사실혼 부부 사이에서도 재산분할청구가 가능한지 ········ 234
[사례 1·2·32] 국민연금 수급권과 이혼시 배우자의 노령연금분할청구권 ········ 235
[사례 1·2·33] 공무원·교사의 연금수급권과 그중 퇴직연금에 대한 이혼시의 분할청구권 ··· 237
[사례 1·2·34] 외국인 배우자가 이혼으로 인한 재산분할청구권을 피보전권리로 하여 사해행위취소소송을 제기하려고 할 경우에, 가능한지 여부 ········ 239
[사례 1·2·35] 신용불량자나 파산자의 개명신청에 대한 허가 여부 ········ 240

제2절 상속·유언 ········ 242

[사례 1·2·36] 상속순위와 법정상속분 ········ 242
[사례 1·2·37] 상속포기와 한정승인의 실익 ········ 244
[사례 1·2·38] 피상속인의 배우자와 자녀 중 자녀 전부가 상속을 포기한 경우에 배우자가 단독상속인으로 되는지 ········ 246
[사례 1·2·39] 상속을 포기하면 각종 보험금도 포기해야 되는지 ········ 248
[사례 1·2·40] 상속포기신고 후 수리심판 전에 상속재산을 처분한 경우에 단순승인으로 될 수 있는지 ········ 250
[사례 1·2·41] 상속포기의 효력이 피상속인을 피대습자로 하여 개시된 대습상속에도 미치게 되는지 ········ 252
[사례 1·2·42] 장기간 연락두절된 피상속인의 사망과 상속포기의 기간 ········ 253
[사례 1·2·43] 채무자가 배우자와 자녀 및 손자녀를 남겨 놓고 사망한 경우에, 그 손자녀에게 채무가 상속되지 않도록 하는 방법 ········ 254
[사례 1·2·44] 상속의 한정승인을 한 경우에 밟아주어야 할 후속절차 ········ 258

[사례 1·2·45] 한정승인결정을 받았음에도 불구하고 한정승인자의 고유재산에 강제집행이 들어온 경우의 대응방법 ······ 260
[사례 1·2·46] 피상속인 소유의 부동산이 있는 상태에서 한정승인을 하려고 할 경우에 취득세 부담의 위험성 고려 필요 ······ 262
[사례 1·2·47] 공동상속인 중의 1명이 상속재산분할협의를 해주지 않는 경우에, 그 대응방법 ······ 263
[사례 1·2·48] 북한주민의 상속회복청구권의 제척기간 ······ 264
[사례 1·2·49] 유언의 5가지 방식 ······ 268
[사례 1·2·50] 유류분이 침해된 경우에 상속인의 구제방법 ······ 270

제 2 편 임대차·상사 편 273

제1장 임대차 편 ······ 275

제1절 주택임대차 ······ 275

[사례 2·1·1] 세입자로서 주택을 임차할 때 반드시 알아두어야 할 사항 ······ 275
[사례 2·1·2] 주택임대차보호법상의 확정일자제도와 전세권설정등기의 차이점 ······ 278
[사례 2·1·3] 임대차계약을 하면서 확정일자도 받아 놓고 동시에 전세권등기도 해놓는 경우에, 두 제도간의 관계 ······ 279
[사례 2·1·4] 주택임대차보호법상 대항력과 우선변제권 및 최우선변제권의 의미 ······ 281
[사례 2·1·5] 옥탑방이나 미등기 주택도 주택임대차보호법상의 적용대상이 되는지 ······ 284
[사례 2·1·6] 오피스텔·여관·모텔에 대한 임대차계약시 주택임대차보호법상의 적용대상이 되어 주택임차인으로서 보호를 받을 수 있는지 ······ 285
[사례 2·1·7] 여러 호실로 된 단독주택과 다가구 주택을 임차한 경우에 지번 외에 호수까지 주민등록을 해놓아야 보호가 되는지 ······ 286
[사례 2·1·8] 부모 등 친인척의 소유 주택에 대한 임대차계약체결시에도 주택임대차보호법상 임차인으로서 보호를 받을 수 있는지 ······ 288
[사례 2·1·9] 중소기업의 직원용 주택 임차시 대항력 및 우선변제권 인정 여부 ······ 290
[사례 2·1·10] 건축물대장상 임야지번으로 된 주택에 관하여 '산'자를 빼고 주민등록을 한 경우에, 주택임대차보호법의 적용 여부 ······ 292
[사례 2·1·11] 외국국적동포의 국내거소신고나 거소이전신고에도 주택임대차보호법상의 대항력이 인정되는지 ······ 293
[사례 2·1·12] 아파트의 수분양자와 임대차계약을 체결하고 대항력을 갖춘 후 분양계약이

해제된 경우에도 제3자에 대한 임차권 주장이 가능한지 ······ 295
[사례 2·1·13] 신탁등기된 건물에 대한 임대차계약체결시 주의할 점 ······ 296
[사례 2·1·14] 주택에 대한 전대차시 대항력의 취득 또는 유지의 요건 ······ 298
[사례 2·1·15] 주택의 임대차기간과 계약의 자동갱신제도 ······ 300
[사례 2·1·16] 주택임대차기간을 1년으로 약정하였는데, 임대인이 기간을 연장해주지 않는 경우 얼마나 더 살 수 있는지 ······ 302
[사례 2·1·17] 임차인의 사정으로 기간만료 전에 이사하고자 하는데, 임대인이 세를 올려서 임대한다고 할 경우에 그에 따라야만 하는지 ······ 303
[사례 2·1·18] 임대차기간이 만료되기 전에 타지로 발령이 나서 부득이 임차주택에서 퇴거한 경우에도 만기까지 월세를 내야 하는지 ······ 304
[사례 2·1·19] 기간이 만료되었는데도 임대인이 보증금을 빼주지 않고 있는 상태에서 부득이 이사해야 하는 경우의 대응방법 ······ 306
[사례 2·1·20] 임차주택에 대한 경매로 낙찰이 이루어진 경우에 주택임차인은 언제까지 매수인에게 임차주택을 인도해 주어야 하는지 ······ 308
[사례 2·1·21] 임차주택이 양도된 경우 임대인의 지위가 자동적으로 양수인에게 승계되는 것을 막는 방법 ······ 309
[사례 2·1·22] 임차보증금 중 일부만 지급하고 대항력과 확정일자를 갖춘 후 다른 세입자가 보증금 전액을 지급하고 들어온 경우의 우선 관계 ······ 311
[사례 2·1·23] 임차보증금 중 일부만 지급하고 대항요건과 확정일자를 갖춘 다음 저당권이 설정되고 그 후에 보증금 잔액을 지급한 경우의 우선 관계 ······ 313
[사례 2·1·24] 임차주택이 경매될 경우 소액임차인이 배당받을 수 있는 최우선변제금액은 얼마나 되는지 ······ 314
[사례 2·1·25] 주택임대인이 개인회생면책을 받은 경우에는 우선변제권 있는 임차권자라도 보증금을 일부 떼일 수 있는지 ······ 317
[사례 2·1·26] 임대차계약서에 확정일자를 받아놓은 후 임대인의 요구로 보증금이 증액된 경우에, 임차인이 취할 조치와 그 효력 ······ 318
[사례 2·1·27] 주택임대차계약기간 중의 월세 인상의 한도와 재계약시의 월세 인상의 한도 ······ 319
[사례 2·1·28] 임차주택에서 원인불명의 화재가 발생한 경우, 임차인과 임대인간의 책임소재 ······ 321
[사례 2·1·29] 건물의 일부에 대한 임대차의 경우에 임차 부분에서 화재가 발생하여 임차 외 부분까지 불에 탄 경우의 손해배상책임의 범위 ······ 322
[사례 2·1·30] 임차인이 거주하고 있는 위층에서 누수가 발생한 경우에, 위층의 소유자와 임차인 중 누구에게 손해배상책임을 물어야 하는지 ······ 325
[사례 2·1·31] 남편 명의의 임대차계약을 도중에 처 명의로 변경한 경우에도 남편의

채권자에 의한 가압류나 추심명령이 여기에 미칠 수 있는지 ······ 327
[사례 2·1·32] 공사대금 등 채권을 주택의 임대차보증금으로 전환한 경우에, 대항력을 인정받을 수 있는지 여부 ······ 330
[사례 2·1·33] 임차건물에 비용투자를 한 경우에 인정되는 필요비·유익비상환청구권과 유치권행사 ······ 331
[사례 2·1·34] 임차인의 필요비청구권과 임대차 종료시의 원상회복의 범위 ······ 332
[사례 2·1·35] 건물의 소유를 목적으로 한 토지임차인에게 인정되는 건물매수청구권 ······ 333
[사례 2·1·36] 건물의 소유를 목적으로 토지를 임차하였지만, 그 지상에 비닐하우스를 축조한 경우에도 건물매수청구권이 인정되는지 ······ 334
[사례 2·1·37] 토지를 임차하여 그 지상에 건물을 신축한 후 토지소유자가 변경된 경우에 있어서의 건물매수청구권의 상대방 ······ 336
[사례 2·1·38] 임차건물에 시설투자를 한 경우에 인정되는 임차인의 부속물매수청구권 ······ 338
[사례 2·1·39] 주택임차인이 그 대지 부분만에 관한 양수인에게 임대인으로서의 지위승계를 주장할 수 있는지 ······ 339
[사례 2·1·40] 임대차계약 종료 당시 이미 소멸시효가 완성된 차임채권에 대해서도 임대차보증금반환채권에서 공제할 수 있는지 ······ 341
[사례 2·1·41] 아파트 임차인이 납부한 장기수선충당금에 대하여 이를 임대인 겸 소유자로부터 반환받을 수 있는지 ······ 342
[사례 2·1·42] 공유주택의 과반수 지분권자와 임대차계약을 체결한 임차인이 그 보증금을 반환받기 위해 임차주택 전체를 경매에 부칠 수 있는지 ······ 344
[사례 2·1·43] 임차인이 임차주택에 대한 경매에서 낙찰자가 된 경우에도 배당받지 못한 보증금 잔액에 대하여 임대인에게 청구할 수 있는지 ······ 345
[사례 2·1·44] 저당권 등이 설정되어 담보가치가 전혀 없는 주택에 소액임차인으로서 계약한 경우에도 최우선변제권이 인정될 수 있는지 ······ 347
[사례 2·1·45] 임차인이 행방불명된 경우에 임대인이 임대건물을 명도받을 수 있는 방법 ······ 348
[사례 2·1·46] 주택임대차분쟁조정위원회를 통한 임대차 관련 분쟁조정제도 ······ 349

제2절 상가건물임대차 ······ 351

[사례 2·1·47] 상가건물임대차보호법의 적용범위와 대항력 ······ 351
[사례 2·1·48] 상가임대차에서 임대인의 요구로 이중계약서를 작성한 경우에, 그 효력을 인정받을 수 있는 임대차계약서 ······ 353
[사례 2·1·49] 상가건물임대차보호법상의 적용 범위를 초과하는 보증금으로 계약을 체결한 임차인에 대해서도 보호가 이루어지는 부분 ······ 354
[사례 2·1·50] 상가임차인이 선순위의 근저당권자보다 우선적으로 배당받을 수 있는 최우선변제금액 ······ 357

[사례 2·1·51] 부가가치세가 있는 상가임대차의 경우에, 상가임대차보호법상의 적용 여부를 결정하기 위한 보증금의 산정 방법 ······ 359
[사례 2·1·52] 상가의 임대차기간과 계약의 자동갱신제도 ······ 360
[사례 2·1·53] 상가임차인에게는 최소한 5년간 보장이 된다는데, 과연 그러한지 ······ 362
[사례 2·1·54] 상가임차인의 계약갱신권 행사 후 임대차계약서를 재작성한 경우에, 종전 계약의 연장인지 재계약인지 여부 ······ 364
[사례 2·1·55] 상가에 대한 임대차기간 중의 월세 인상과 재계약시의 월세 인상의 한도에 차이가 있는지 ······ 366
[사례 2·1·56] 상가건물임차인에 대한 권리금 회수 보장 ······ 368
[사례 2·1·57] 임차인이 과다한 권리금을 요구하며 영업허가명의를 이전해 주지 않는 경우의 대응방법 ······ 370
[사례 2·1·58] 상가임차인이 2기분의 차임을 연체한 경우에도 계약이 해지당할 수 있는지 ······ 372
[사례 2·1·59] 상가임차인의 연체차임이 몇 기분에 달해야만 임대인이 계약해지를 할 수 있는지 ······ 373
[사례 2·1·60] 차임 등이 연체된 상태에서 상가건물을 양수한 자도 임차보증금에서 연체차임 등을 공제할 수 있는지 ······ 374
[사례 2·1·61] 상가건물임대차에서 연체차임이 갱신 전에 1기분, 갱신 후에 1기분 합하여 2기분이 연체된 경우에 계약해지가 가능한지 ······ 375
[사례 2·1·62] 상가건물의 양수인이 그 양수 전에 발생한 임차인의 2기분의 연체차임을 이유로 임대차계약을 해지할 수 있는지 ······ 377
[사례 2·1·63] 상가임차인이 월세를 장기간 연체하고 연락두절된 경우의 건물명도청구 ······ 378
[사례 2·1·64] 상가임차인이 나갈 때 원상복구해 주어야 할 범위 ······ 379
[사례 2·1·65] 종전의 영업을 인수하고 들어온 상가임차인이 원상회복해 주어야 할 범위 ······ 379

제2장 상사 편 ······ 383

제1절 상사일반 ······ 383

[사례 2·2·1] 상호 선정의 자유와 동일상호 사용금지의 제한 ······ 383
[사례 2·2·2] 영업임대차에 있어서 임차인이 상호를 속용하는 경우에는 임대인의 영업상의 채무에 대하여도 책임을 지게 되는지 ······ 385
[사례 2·2·3] 식당에서 신발을 분실한 경우에, 손님과 주인간의 손해배상책임 관계 ······ 386
[사례 2·2·4] 영업양도인의 동종 영업 가능 여부 및 종전 상호 사용시의 책임 ······ 388
[사례 2·2·5] 영업허가가 취소된 장소에서는 무조건 6개월간 동종영업허가신청을 할 수

없게 되는지 ······ 389
[사례 2·2·6] 대규모 상가에서의 업종제한약정의 효력 ······ 390
[사례 2·2·7] 상사유치권을 행사하기 위해서는 그 유치물이 채무자 소유이어야 하는지 여부 등 상사유치권행사의 요건 ······ 392
[사례 2·2·8] 신용카드의 분실·도난과 그 대응방법 ······ 394
[사례 2·2·9] 남편의 사업자금 명목으로 처에게 금전을 대여한 경우에, 그 남편을 상대로 하여 반환청구가 가능한지 ······ 395
[사례 2·2·10] 음반을 직접 구입하여 백화점 내에 틀어놓는 경우에도 별도로 공연보상금을 지급해야 하는지 ······ 395

제2절 어음·수표·보험 ······ 396

[사례 2·2·11] 피사취 신고로 인하여 은행에서 약속어음에 대한 지급을 거절한 경우에 그 대응방법 ······ 396
[사례 2·2·12] 각종 증권 분실시의 공시최고 및 제권판결신청 ······ 397
[사례 2·2·13] 어음·수표를 분실하거나 도난당한 경우의 대응방법 ······ 399
[사례 2·2·14] 약속어음공정증서를 받아놓은 후에도 별도로 판결을 받기 위하여 소송을 제기할 수 있는지 ······ 400
[사례 2·2·15] 보험금에 대한 압류 가능 여부와 그 범위 ······ 401
[사례 2·2·16] 고지의무 불이행과 보험사고 발생시의 법률관계 ······ 402

제 3 편 경매·공매·등기 편 405

제1장 보전처분·경매 편 ······ 407

제1절 가압류·가처분 ······ 407

[사례 3·1·1] 채무자의 은행예금에 대한 가압류·압류 방법 ······ 407
[사례 3·1·2] 채권가압류에 따른 소멸시효중단의 효력이 가압류신청시 발생하는지 아니면 제3채무자에게 송달된 때 발생하는지 여부 ······ 408
[사례 3·1·3] 채권가압류 또는 추심명령시 제3채무자가 수인인 경우, 각 제3채무자별로 가압류 또는 압류할 채권을 특정해서 신청해야 하는지 ······ 410
[사례 3·1·4] 임대차보증금반환채권에 대한 가압류 후 임차주택이 양도된 경우에, 가압류의 제3채무자로서의 지위도 자동적으로 승계가 되는지 ······ 411
[사례 3·1·5] 채권자로부터 가압류·가처분을 당한 경우에 채무자의 대응방법 ······ 412
[사례 3·1·6] 제3채무자에게 가압류·압류가 들어온 경우의 대응방법 ······ 415

[사례 3·1·7] 부동산에 대한 가압류집행 후 매매계약이 해제되어 전 소유자에게 소유권이 원상복구된 경우에 있어서의 가압류의 효력 ······ 417
[사례 3·1·8] 가압류집행에서 벗어나기 위한 가압류해방공탁 ······ 418
[사례 3·1·9] 악덕배우자나 채권자가 자신에게 접근하지 못하도록 하기 위한 접근금지 가처분제도 ······ 420

제2절 강제집행일반 ······ 422

[사례 3·1·10] 채무자의 인적사항을 파악하기 위한 다양한 방법 ······ 422
[사례 3·1·11] 채무자의 주민등록등·초본을 열람·교부받을 수 있는 방법 ······ 424
[사례 3·1·12] 채무자의 가족관계증명서를 열람·교부받을 수 있는 방법 ······ 428
[사례 3·1·13] 채무자의 주민등록지에 대한 유체동산 가압류·압류 가능 여부 ······ 430
[사례 3·1·14] 채무자의 제3채무자에 대한 채권이 존재하는지 여부 및 그 액수를 알아 볼 수 있는 제3자 진술최고신청제도 ······ 432
[사례 3·1·15] 유체동산가압류 또는 압류집행에 착수했으나 채무자의 재산이 없어서 집행불능된 경우에도 소멸시효중단의 효력이 생기는지 여부 ······ 433
[사례 3·1·16] 채권압류 및 전부명령이 제3채무자에게 송달되었으나 피압류채권이 부존재한 경우에도 소멸시효중단의 효력이 생기는지 ······ 435
[사례 3·1·17] 법인에 대한 채권에 기하여 대표이사 개인의 재산에도 강제집행이 가능한지 여부 ······ 436
[사례 3·1·18] 채무자의 재산을 찾는 방법 ······ 438
[사례 3·1·19] 채무자의 재산을 찾는 방법으로서 재산명시신청제도 ······ 440
[사례 3·1·20] 채무자의 등록된 재산을 찾기 위한 절차로서 재산조회신청제도 ······ 443
[사례 3·1·21] 채무자를 신용불량자로 만들기 위한 절차로서 채무불이행자명부등재 신청제도 ······ 445
[사례 3·1·22] 판결이 나온 후에도 재판을 질질 끌기 위해 상소를 제기한 피고에 대해 조속한 강제집행을 하기 위한 가집행신청제도 ······ 447
[사례 3·1·23] 경매의 대상이 될 수 있는 목적 부동산의 범위 ······ 448
[사례 3·1·24] 경매에서 매수인이 취득하게 될 경매목적물의 범위 ······ 450
[사례 3·1·25] 주택을 경매로 매수한 경우에 그 내부에 소재한 정원석과 정원수에 대해서도 그 소유권을 취득할 수 있는지 ······ 452
[사례 3·1·26] 강제집행의 대상이 되지 않는 금전채권 ······ 453
[사례 3·1·27] 근로자퇴직급여보장법에 의한 퇴직연금의 경우에도 그 1/2 부분에 대하여는 압류 및 추심명령이 가능한지 ······ 455
[사례 3·1·28] 압류할 수 없는 유체동산의 범위 ······ 456
[사례 3·1·29] 강제집행에 대하여 채무자가 불복할 수 있는 각종 절차 ······ 458

[사례 3·1·30] 채권추심업체를 통한 채권회수의 실익과 주의할 점 ······ 460

제3절 강제경매·임의경매 ······ 462

[사례 3·1·31] 경매로 부동산을 구입할 때 주의해야 할 권리분석 ······ 462
[사례 3·1·32] 강제경매의 진행 절차 ······ 464
[사례 3·1·33] 부동산경매의 실전 현장에서의 실무 ······ 466
[사례 3·1·34] 미등기부동산에 대한 경매신청도 가능한지 ······ 469
[사례 3·1·35] 상속등기가 안된 부동산에 대한 경매신청절차 ······ 472
[사례 3·1·36] 채무자가 가입한 보험에 압류 및 추심명령이 들어온 경우, 채무자의 의사와 무관하게 해당 보험계약이 해지될 수 있는지 ······ 473
[사례 3·1·37] 대항력 있는 상가임차인이 허위의 무상거주확인서를 작성해준 후에도 임의경매의 매수인에게 이를 번복하여 주장할 수 있는지 ······ 475
[사례 3·1·38] 사해행위 이후 취득한 채권을 가지고 사해행위취소로 원상회복된 재산에 대한 강제집행절차에서 배당요구를 할 수 있는지 ······ 476
[사례 3·1·39] 근저당권에 대한 말소신청 또는 임의경매개시결정에 대한 이의를 제기하기 위해서는 얼마만큼을 변제해 주어야 하는지 ······ 477
[사례 3·1·40] 경매는 몇 번까지 유찰될 수 있고, 최저매각가격은 얼마나 떨어질 수 있는지 ······ 478
[사례 3·1·41] 상계신청 또는 채무인수신고에 의한 경매대금의 납부방법 ······ 480
[사례 3·1·42] 경매에서의 유치권 ······ 482
[사례 3·1·43] 공사수급인이 공사대금을 받기 위하여 건물에 대하여 유치권을 행사할 수 있는지 ······ 484
[사례 3·1·44] 저당권이 설정된 부동산을 취득한 후 비용을 들여 수리했는데, 경매가 이루어진 경우에 그 필요비·유익비에 대한 회수 가능 여부 ······ 485
[사례 3·1·45] 경매에서의 '제시외 건물'의 의미와 그 지위 ······ 486
[사례 3·1·46] 경매서류상 "법정지상권 있음"이라는 말이 나오는데, 이는 어떠한 권리인지 ······ 488
[사례 3·1·47] 경매로 매수한 아파트의 연체된 관리비를 경매의 매수인이 전부 부담해야 하는지 ······ 489
[사례 3·1·48] 토지임차인이 건축한 건물을 경매로 매수한 경우에, 토지임대인으로부터 위 건물이 철거당하지 않고 유지될 수 있는지 ······ 490
[사례 3·1·49] 임차주택이 임의경매로 넘어갈 경우에 임차인이 자신의 보증금을 확보하기 위해 피담보채권을 대위변제할 실익이 있는지 ······ 492
[사례 3·1·50] 공유물에 대한 경매와 공유지분에 대한 경매의 경우에 모두 다 공유자의 우선매수권이 인정되는지 ······ 493

[사례 3·1·51] 추심명령과 전부명령의 차이 ······ 497
[사례 3·1·52] 가압류 또는 압류의 경합과 전부명령의 효력 ······ 499
[사례 3·1·53] 강제경매에 대한 정지·취소의 방법과 그 절차 ······ 501
[사례 3·1·54] 임의경매에 대한 정지·취소 사유와 그 절차 ······ 503
[사례 3·1·55] 유체동산경매절차에서의 배당요구권자와 배당요구절차 ······ 506
[사례 3·1·56] 가재도구가 경매로 넘어가려고 할 경우에 배우자의 권리행사방법으로서의 우선매수권과 지급요구권 ······ 508
[사례 3·1·57] 부부공유재산이 경매로 넘어갈 경우에, 채무자 아닌 타방배우자의 우선매수권 ······ 509
[사례 3·1·58] 부부공유재산이 경매로 넘어갈 경우에, 채무자 아닌 타방배우자의 지급요구권 ······ 510
[사례 3·1·59] 부동산에 대한 경매절차에서 공유자의 우선매수권 ······ 512
[사례 3·1·60] 체납처분압류 후에 유치권을 취득한 자도 경매절차에서의 매수인에게 유치권을 주장할 수 있는지 ······ 513
[사례 3·1·61] 건물철거소송 등 대체적 작위채무에 관한 소송에서 승소했으나 상대방이 임의로 철거하지 않는 경우의 대체집행절차 ······ 514
[사례 3·1·62] 부대체적 작위채무에 대한 이행강제수단으로서의 간접강제방법 ······ 517
[사례 3·1·63] 아파트 위층에서 물이 새는데도 방치하고 있는 경우에 아래층 소유자의 소유권에 기한 방해배제청구 ······ 518

제4절 공 매 ······ 519

[사례 3·1·64] 공매의 의미와 경매와의 차이 ······ 519
[사례 3·1·65] 공매의 실시기관과 실시장소 ······ 521
[사례 3·1·66] 공매절차의 개요 ······ 522
[사례 3·1·67] 실전 공매 참가절차 ······ 528
[사례 3·1·68] 공매절차에서 아직 대금납부 전이라면 그 체납액을 납부하고 매각결정의 취소를 청구할 수 있는지 ······ 531
[사례 3·1·69] 공매절차에서의 배분요구와 배분절차 ······ 532
[사례 3·1·70] 공매절차에서 배분요구를 하지 않은 임금채권자가 후순위자를 상대로 그 배분액에 대한 부당이득반환청구가 가능한지 ······ 535
[사례 3·1·71] 채무자 소유가 아닌 유체동산에 대해 체납처분압류가 이루어진 경우에, 진정한 소유자의 구제방법 ······ 538

제2장 등기·공탁 편 ······ 540

[사례 3·2·1] 부동산등기부등본을 보는 방법과 권리관계의 파악 ······ 540

[사례 3·2·2] 공동상속인 중 소재불명자가 있는 경우에, 상속부동산을 어느 한 상속인 앞으로 몰아서 등기하고 싶은데, 가능한지 여부 ······ 543
[사례 3·2·3] 돈을 빌리면서 담보로 맡겨둔 자동차가 행방불명된 경우에, 그 자동차에 대한 등록말소를 할 수 있는 방법이 있는지 ······ 545
[사례 3·2·4] 사해행위취소에 의하여 채무자 명의로 회복된 부동산을 재차 제3자에게 처분한 경우, 그 제3자 명의의 등기에 대해서도 말소청구가 가능한지 ······ 546
[사례 3·2·5] 공탁의 종류와 용도 ······ 547

제 4 편 교통·형사 편 551

제1장 교통 편 ······ 553

[사례 4·1·1] 교통사고에 대한 형사합의시 피해자측이 유의할 점 ······ 553
[사례 4·1·2] 교통사고에 대한 형사합의시 가해자 측이 주의할 점 ······ 554
[사례 4·1·3] 중앙선 침범으로 교통사고를 일으킨 경우에는 예외 없이 중앙선 침범사고로 처벌을 받게 되는지 ······ 556
[사례 4·1·4] 횡단보도에서 교통사고를 일으킨 경우에는 예외없이 횡단보도 사고에 해당되어 처벌받게 되는지 ······ 557
[사례 4·1·5] 여러 종류의 면허를 동시에 소지하고 있는 경우에 하나의 면허가 취소되면 다른 면허도 취소되는지 ······ 559
[사례 4·1·6] 교통사고시 뺑소니의 성립여부 ······ 562
[사례 4·1·7] 아파트 단지나 그 지하주차장에서 무면허운전을 한 경우에도 무면허운전으로 처벌될 수 있는지 ······ 564
[사례 4·1·8] 운전면허가 취소된 후 운전면허를 재취득할 수 있는 기간 ······ 565
[사례 4·1·9] 매수인 앞으로 자동차이전등록이 이루어지기 전에 교통사고가 발생한 경우에 매도인의 책임 여부 ······ 566
[사례 4·1·10] 무보험차에 의해 교통사고를 당한 피해자의 손배보상청구 방법 ······ 569
[사례 4·1·11] 횡단보도상 녹색신호가 깜빡일 때 출발한 보행자를 적색신호로 바뀐 후 발견 못하고 충돌한 운전자의 형사책임 여부 ······ 571
[사례 4·1·12] 도로상의 장애물을 피하기 위하여 중앙선을 침범한 경우에도 중앙선침범 사고에 해당되어 처벌을 받게 되는지 ······ 572
[사례 4·1·13] 위법한 현행범인체포 후 음주측정거부시 도로교통법위반죄(음주측정거부)로 처벌받을 수 있는지 ······ 573
[사례 4·1·14] 운전면허취소·정지처분에 대한 이의신청과 행정심판 및 행정소송 ······ 574

제2장 형사 편 ······ 577

제1절 형법·특별형법 ······ 577

[사례 4·2·1] 형벌의 종류와 범칙금·과태료 등 행정벌과의 구별 ······ 577
[사례 4·2·2] 벌금의 분할납부 또는 납부연기신청과 그 사유 및 절차 ······ 580
[사례 4·2·3] 벌금형 대신 사회봉사로 대체하여 집행받을 수 있는 제도 ······ 582
[사례 4·2·4] 남의 싸움을 말리거나 맞고 있는 사람을 구하는 과정에서 폭행 등이 이루어진 경우의 정당행위 내지 정당방위 인정 여부 ······ 584
[사례 4·2·5] 성범죄와 관련된 형사처벌 법규 개관 ······ 588
[사례 4·2·6] 성폭력과 성폭행, 성추행, 성희롱의 구별과 성희롱의 처벌 관계 ······ 593
[사례 4·2·7] 뇌물·횡령·배임·탈세 등 범죄에 관한 가중처벌과 그 몰수에 관하여 규정하고 있는 특별형법 ······ 594
[사례 4·2·8] 선고유예와 집행유예 ······ 597
[사례 4·2·9] 불륜의 목적으로 유부녀의 주거에 들어간 경우에 주거침입죄로 형사처벌을 받을 수 있는지 ······ 600
[사례 4·2·10] 신용카드를 과다 사용한 경우에도 사기죄가 성립될 수 있는지 ······ 601
[사례 4·2·11] 처에 대한 강간시에도 강간죄로 처벌받을 수 있는지 ······ 602
[사례 4·2·12] 예금통장 대여행위와 예금통장의 계좌번호를 촬영하도록 허용하는 행위가 접근매체의 대여행위로서 처벌받게 되는지 ······ 603
[사례 4·2·13] 정치지망생이 국회의원 선거일 1년 전에 명함을 배포한 행위가 사전선거 운동에 해당되어 처벌을 받을 수 있는지 ······ 605
[사례 4·2·14] 냉동 후 해동한 수산물에 '생물'이라고 표시·광고한 것이 식품위생법위반 행위에 해당되는지 ······ 607
[사례 4·2·15] 상해진단서가 첨부되면 폭행죄가 아니라 상해죄로만 처벌을 받게 되는지 ·· 607
[사례 4·2·16] 치과의사가 보톡스 시술법을 이용하여 눈가 및 미간의 주름을 치료한 것이 의료법 위반행위에 해당되는지 ······ 609
[사례 4·2·17] 노래방·단란주점·유흥주점·룸싸롱의 차이 ······ 611
[사례 4·2·18] 일반음식점에 유흥시설인 무도장을 설치할 수 있는지 ······ 613
[사례 4·2·19] 한국남자와 결혼한 다문화 여성이 남편의 의사에 반하여 아이를 자국으로 데려고 출국한 경우에 형사처벌을 받게 되는지 ······ 615
[사례 4·2·20] 폭행 또는 상해로 인한 치료행위시 의료보험처리가 가능한지 ······ 616
[사례 4·2·21] 낙찰계가 깨진 경우에 계주가 형사책임을 지게 되는지 ······ 617
[사례 4·2·22] 과다 지급받은 거스름돈을 모른 체하고 반환하지 않으면 형사처벌을 받을 수 있는지 ······ 618
[사례 4·2·23] 타인의 핸드폰을 무단으로 사용하는 경우에, 형사처벌을 받게 되는지 ······ 620

[사례 4·2·24] 소유권유보부 할부매매로 구매한 물품을 할부대금완납 전에 처분한 경우에 형사처벌을 받게 되는지 …… 621
[사례 4·2·25] 이자제한법상의 최고이자율을 초과하여 이자를 받은 경우에 형사처벌을 받게 되는지 …… 622
[사례 4·2·26] 인터넷 홈페이지나 SNS에 상품에 대한 불편사항을 게시하거나 댓글을 단 경우에 명예훼손죄의 성립 여부 …… 623
[사례 4·2·27] 군청 홈페이지에 군청과 군수를 비방하는 글을 게시한 경우에 명예훼손죄로 형사처벌을 받게 되는지 …… 626
[사례 4·2·28] 인터넷사이트의 관리·운영자가 링크 글을 삭제하지 않고 방치해 두고 있는 경우에 저작권법위반방조죄로 처벌받게 할 수 없는지 …… 627
[사례 4·2·29] 핸드폰 통화로 욕설이나 협박을 하는 경우에 명예훼손죄나 모욕죄 또는 협박죄가 성립하는지 여부 …… 628
[사례 4·2·30] 저작권보호의 대상 및 그 존속기간과 강연의 저작권보호성 여부 …… 630
[사례 4·2·31] 초상권을 침해한 경우의 형사책임 여부와 손해배상책임 여부 …… 632
[사례 4·2·32] 소년범에 대한 형사처벌의 특례 …… 634
[사례 4·2·33] 경범죄처벌법에 의해 처벌의 대상이 되는 각종 행위의 유형 …… 637
[사례 4·2·34] 말기환자 또는 임종과정에 있는 환자에 대한 연명치료 중단절차 …… 641
[사례 4·2·35] 청탁금지법의 적용범위와 금지사항 …… 645
[사례 4·2·36] 개를 잘못 관리한 경우의 소유자와 점유자의 책임 …… 648
[사례 4·2·37] 임대인의 단전·단수조치가 허용되는 경우와 허용되지 않는 경우 및 허용되는 경우에 있어서의 요건 …… 650

제2절 형사소송 …… 653

[사례 4·2·38] 형량을 정하는 방법과 형의 가중·감경사유 …… 653
[사례 4·2·39] 형사고소한 사건에 대한 수사절차가 얼마나 소요되는지 …… 656
[사례 4·2·40] 피고소인이 무혐의처분을 받거나 무죄확정판결을 받은 경우에 고소인을 상대로 손해배상청구를 할 수 있는지 …… 657
[사례 4·2·41] 돈을 빌리고 갚지 않는 채무자를 사기죄로 고소할 수 있는지 …… 658
[사례 4·2·42] 피고소인에 대해 검사가 불기소처분을 내린 경우에, 억울한 고소인의 재정신청절차 …… 661
[사례 4·2·43] 체포 및 구속의 최장기간 …… 663
[사례 4·2·44] 공소시효와 공소시효의 적용 배제 …… 665
[사례 4·2·45] 전화통화나 대화내용을 몰래 녹음한 경우에, 처벌되는지 여부와 증거능력 여부 …… 667
[사례 4·2·46] 정신병원에의 강제입원조치와 이에 대응한 강제입원자의 퇴원절차 …… 670

[사례 4·2·47] 경찰관이 피의자와 접견을 요청하는 변호사의 접견을 방해한 경우에 형사고소가 가능한지 ······ 673
[사례 4·2·48] 형사재판확정기록에 대한 정보공개청구의 가부 ······ 674
[사례 4·2·49] 증인 또는 고소인 등과 같은 참고인을 조사하는 과정에서 작성된 영상녹화물의 독립된 증거능력 여부 ······ 675
[사례 4·2·50] 약식명령에 대한 정식재판 절차에서는 최소한 형량이 같아지거나 낮아질 뿐 높아지게 되는 일은 없는지 ······ 677
[사례 4·2·51] 탄원서의 작성방법과 이를 수사기관 또는 법원에 제출할 실익 여부 ······ 678
[사례 4·2·52] 형사공판절차에서 민사판결을 받아낼 수 있는 배상명령신청제도 ······ 680
[사례 4·2·53] 채무자의 진술에 따라 채권의 존재를 인정하는 내용이 피의자신문조서에 기재되어 있는 경우, 처분문서로서의 효력이 인정되는지 ······ 681
[사례 4·2·54] 형사피고인이 법정에 출석하지 않아도 재판이 진행될 수 있는 경우 ······ 683
[사례 4·2·55] 사선변호사와 약정한 형사사건의 성공보수금을 반드시 지급해야 하는지 ··· 684
[사례 4·2·56] 형집행정지 및 그 연장 사유와 형집행정지 절차 ······ 686
[사례 4·2·57] 가석방의 요건과 그 절차 ······ 688
[사례 4·2·58] 국민참여재판의 절차와 그 실익 ······ 690
[사례 4·2·59] 억울하게 구금되었거나 형의 집행을 받은 자의 형사보상청구권 ······ 692

제5편 파산·회생 편 695

제1장 도산일반 편 ······ 697

[사례 5·1·1] 파탄상태에 있는 채무자가 법원을 통해 재기할 수 있는 여러 방법 ······ 697
[사례 5·1·2] 파산상태에 직면한 채무자가 재기하기 위하여 이용할 수 있는 사적구제 제도로서 어떠한 것들이 있는지 ······ 699
[사례 5·1·3] 개인파산과 개인회생 중 어느 제도를 통하여 재기하는 것이 나은지 ······ 703

제2장 파산·회생 편 ······ 706

제1절 개인파산·법인파산 ······ 706

[사례 5·2·1] 부부 또는 가족의 공동파산이 가능한지 ······ 706
[사례 5·2·2] 채권자가 악덕채무자에 대한 파산신청을 통하여 파산자로 만들 수 없는지 ·· 707
[사례 5·2·3] 파산선고를 받아 파산자로 되면 어떤 불이익이 따르게 되는지 ······ 708
[사례 5·2·4] 파산선고를 받게 되면 전기사업영업허가가 취소되는지 여부 ······ 710

[사례 5·2·5] 파산선고를 받으면 다른 가족에게 피해가 갈 수 있는지 ··· 711
[사례 5·2·6] 임차인이 파산선고를 받으면 임대차보증금을 하나도 받지 못하고 쫓겨나야 하는지 ··· 712
[사례 5·2·7] 채무자가 파산선고를 받게 되면 최소한의 생계비조차도 건져낼 수 없게 되는지 ··· 713
[사례 5·2·8] 파산선고를 받게 되면 기존에 가입해 둔 보험계약도 모두 해지되어야 하는지 ··· 714
[사례 5·2·9] 채무자가 파산신청을 하게 되면 저당권자라도 부동산을 경매시킬 수 없게 되는지 ··· 716
[사례 5·2·10] 사용자가 파산선고를 받은 경우에 근로자의 체불임금 중 지연이자 부분도 재단채권에 해당되어 우선변제를 받게 되는지 ··· 717
[사례 5·2·11] 채권자가 제기한 사해행위취소소송에 대하여 부인소송의 제척기간이 경과한 후에도 파산관재인이 수계할 수 있는지 ··· 719
[사례 5·2·12] 항소심에서 파산관재인이 채권자취소소송을 수계하여 부인권을 행사하는 경우에도 그 부인소송을 파산법원으로 이송해야 하는지 ··· 720
[사례 5·2·13] 개인채무자가 사치로 인한 빚 때문에 파산신청을 한 경우에도 면책결정을 받을 수 있는지 ··· 721
[사례 5·2·14] 채무가 소액인 경우에도 파산신청을 통해 면책을 받을 수 있는지 ··· 722
[사례 5·2·15] 채무자의 고의에 의한 불법행위 때문에 생긴 채무도 파산면책의 대상이 되는지 ··· 723
[사례 5·2·16] 채무자의 중대한 과실로 발생한 손해배상채무도 채무자가 파산면책을 받은 경우 면책의 대상이 될 수 있는지 ··· 724
[사례 5·2·17] 개인파산자가 면책결정을 받으면 그 보증인도 채무를 면하게 되는지 ··· 726
[사례 5·2·18] 개인파산자가 면책결정을 받으면 조세채무도 면책을 받게 되는지 ··· 727
[사례 5·2·19] 채무자가 파산신청을 하면서 채권자목록에 기재하지 않고 누락시킨 채권에 대해서도 면책의 효력이 미치게 되는지 ··· 727
[사례 5·2·20] 파산면책을 받은 채무자에 대해 면책여부를 다투는 채권자가 있는 경우에 파산면책을 확정할 수 있는 방법 ··· 730
[사례 5·2·21] 종전에 면책결정을 받았으나 재차 파탄상태에 이르러 파산 또는 개인회생을 신청하고 싶은데 가능한지 여부 ··· 731
[사례 5·2·22] 채무자가 파산면책을 받은 경우에 억울한 채권자가 이를 취소시킬 수 있는 방법이 있는지 ··· 732
[사례 5·2·23] 면책신청이 기각된 경우에 채무자가 재차 파산신청을 통해서 면책결정을 받을 수 있는지 ··· 734
[사례 5·2·24] 개인채무자가 파산선고를 받았으나 면책결정을 받지 못하여 파산자로만

남게 된 경우에 파산자의 신분에서 벗어날 수 있는 방법 ………… 735
[사례 5·2·25] 파산면책받은 이후 채권자의 독촉에 대한 채무자의 대응 및 신용회복절차 ………… 736
[사례 5·2·26] 법인파산의 목적과 그 실익 ………… 738

제2절 개인회생·일반회생·법인회생 ………… 743
[사례 5·2·27] 개인회생과 일반회생의 차이 ………… 743
[사례 5·2·28] 채무자가 개인회생을 신청하면서 시효완성된 채무를 개인회생채권자목록에 기재하여 제출하는 행위가 시효이익의 포기에 해당하는지 ………… 745
[사례 5·2·29] 사해행위취소송 중 개인회생절차가 개시되었는데도 채무자에게 소송수계가 이루어지지 않은 채 판결이 선고된 경우의 적법 여부 ………… 747
[사례 5·2·30] 일반회생보다 간이·신속한 절차인 간이회생절차 ………… 748
[사례 5·2·31] 법인회생과 기업구조조정의 관계 ………… 749
[사례 5·2·32] 임금 및 퇴직금의 채권자들도 채무자인 회사에 대하여 회생절차개시신청을 할 수 있는지 ………… 751

제 6 편 노동·공법 편 753

제1장 노동 편 ………… 755
[사례 6·1·1] 4인 이하의 사업장에도 적용되는 근로기준법상의 규정 ………… 755
[사례 6·1·2] 골프장 캐디도 근로기준법상 근로자로 인정될 수 있는지 ………… 757
[사례 6·1·3] 아파트의 관리사무소장이 채용한 근로자에게도 입주자대표회의가 임금을 지급할 책임이 있는지 ………… 759
[사례 6·1·4] 지입계약이 체결된 경우에 지입회사와 지입차주간에 사용자와 피용자의 관계를 인정할 수 있는지 ………… 761
[사례 6·1·5] 태업의 경우에도 무노동 무임금 원칙이 적용되어 임금이나 유급휴가를 보장받을 수 없는지 ………… 763
[사례 6·1·6] 영농조합법인의 대표이사의 아들이자 이사로 등기되어 있는 자도 근로자로 인정될 수 있는지 ………… 765
[사례 6·1·7] 최종합격통지를 해놓고 채용하지 않은 고용주에 대한 손해배상청구 여부 ………… 766
[사례 6·1·8] 회사가 임금을 체불한 경우에 회사의 명의상 대표이사도 형사책임을 지게 되는지 ………… 767
[사례 6·1·9] 근로자가 사직서를 제출하고 수리되기 전에 무단결근한 경우의 손해배상

책임과 이를 면하기 위한 방법 ···················· 768

[사례 6·1·10] 근로자가 업무수행 중 사고를 내서 제3자에게 손해를 끼친 경우에 사용자와 근로자간의 손해분담 관계 ···················· 771

[사례 6·1·11] 실업급여의 종류와 구직급여의 지급기준 ···················· 774

[사례 6·1·12] 공사의 하도급 관계에 있어서 하수급인에게 고용된 근로자의 임금에 대한 직상수급인 또는 원수급인의 연대책임 ···················· 777

[사례 6·1·13] 회생절차에서 관리인이 임금 및 퇴직급을 지급하지 않는 경우에 노동청에 신고하여 처벌받게 할 수 있는지 ···················· 779

[사례 6·1·14] 산재사고가 발생하였으나 사업주가 산재보험에 가입하지 않았거나 산재처리를 해주지 않는 경우의 근로자의 대응방법 ···················· 781

[사례 6·1·15] 산재사고에 대해 산재처리를 하지 않고 의료보험으로 처리한 경우에 어떤 문제가 생길 수 있는지 ···················· 782

[사례 6·1·16] 출·퇴근 중에 발생한 사고에 대하여 산재처리가 가능한지 ···················· 783

[사례 6·1·17] 근로자가 업무상 스트레스로 자살한 경우에도 업무상 재해로 인정받을 수 있는지 ···················· 784

[사례 6·1·18] 직장 회식 중 발생한 사고도 업무상 재해로 인정받아 산재처리가 가능한지 ···················· 786

[사례 6·1·19] 근로자가 산재사고를 당한 후 사업주가 가입한 자기신체사고보험에 의해 보험금을 수령한 경우, 그것이 산재보험급여에서 공제되는지 ···················· 787

[사례 6·1·20] 도급관계에서 수급인의 근로자에게 발생한 산재사고에 대해 도급인이 손해배상책임을 지게 되는 경우 ···················· 788

제2장 공법 편 ···················· 790

제1절 행정·조세 ···················· 790

[사례 6·2·1] 공무원 임용결격사유와 당연퇴직사유 ···················· 790

[사례 6·2·2] 지방공무원의 직위해제처분에 대한 불복절차 ···················· 792

[사례 6·2·3] 국민연금법상 유족연금수급권의 요건과 수령금액 관계 ···················· 793

[사례 6·2·4] 공무원 또는 교사가 퇴직연금을 수령하고 있던 중 사망한 경우에 그 배우자에게 인정되는 유족연금수급권과 수령금액 관계 ···················· 795

[사례 6·2·5] 교육훈련 직전에 화장실을 다녀오다가 실족사한 경우에도 순직군경으로 인정받을 수 있는지 ···················· 797

[사례 6·2·6] 고속도로의 소음에 대한 예방 또는 방음대책을 강구하라는 청구가 가능할 수 있기 위한 기준 ···················· 799

[사례 6·2·7] 악덕 채무자에 대한 출국금지조치 방법 ···················· 800

[사례 6·2·8] 국세체납을 이유로 하여 내려진 출국금지조치에 대하여 그 부당성을 주장하면서 출국금지조치를 취소시킬 수 있는 방법 ········ 802
[사례 6·2·9] 행정소송을 제기하기 전에 반드시 행정심판을 거쳐야 하는지 여부 ········ 804
[사례 6·2·10] 고속도로에 떨어져 있는 물건 때문에 교통사고가 발생한 경우 도로관리청에게 그 책임을 물을 수 있는지 ········ 806
[사례 6·2·11] 개인소유지상에 개설된 도로폐쇄의 요건과 이에 대한 이의제기 여부 ········ 808
[사례 6·2·12] 과태료 부과의 소멸시효와 부과된 과태료 징수의 소멸시효 ········ 809
[사례 6·2·13] 부동산을 타인명의로 해놓고 싶을 때 세금을 적게 낼 수 있는 방법 ········ 810
[사례 6·2·14] 이혼으로 인한 배우자간 부동산명의 이전시 재산분할이나 위자료 또는 양육비명목 중 어느 것이 세금이 가장 적게 나오는지 ········ 811

제2절 헌법·국적 ········ 813

[사례 6·2·15] 헌법소원심판청구 절차 ········ 813
[사례 6·2·16] 외국인 등의 한국 국적 취득의 요건과 절차 ········ 817
[사례 6·2·17] 복수국적자의 국적선택의무와 국적상실자의 재산양도의무 ········ 819
[사례 6·2·18] 외국인의 국내 체류자격과 체류자격별 체류기간 ········ 821

부 록 ········ 825

❒ 민사사건의 인지대·송달료·첨부서면 일람표 ········ 827
❒ 가사·비송사건의 인지대·송달료·첨부서면 일람표 ········ 847
❒ 공소시효 일람표 ········ 858
❒ 주택임차인의 최우선변제금액표 ········ 865
❒ 상가건물임차인의 적용 대상과 최우선변제금액표 ········ 866

✣ 사항색인 ········ 867

제 1 편

민사·가사 편

제1상 민사 편

제1절 민사일반

제2절 민사소송

제3절 손해배상·하자담보

제2장 가사 편

제1절 친자·입양·부양·혼인

제2절 상속·유언

제1장 민사편

제1절 민사일반

[사례 1·1·1] 금전을 빌려줄 때 유의할 점

문 저는 공무원인데 사업을 하는 친한 친구가 돈을 빌려달라고 몇 차례 사정을 해서 친한 사이라 빌려주지 않을 수도 없고 그렇다고 빌려주면 돌려받지 못할까봐 걱정이 됩니다. 이에 돈을 빌려줄 때 주의할 점과 어떻게 해야만 확실히 돌려받을 수 있는지 궁금해서 박사님께 문의드립니다.

답 참으로 걱정이 많겠습니다. 돈을 빌려준다는 것은 실생활에서 굉장히 큰 문제이며, 가급적이면 돌려받지 않을 요량으로 또는 돌려받지 않아도 될 정도의 금액만큼만 빌려주는 것이 현명합니다.

그러나 그럼에도 불구하고 꼭 빌려주지 않으면 안되는 상황이라면 다음과 같은 점을 유의해야 할 것입니다.

첫째, 빌려 줄 돈의 성분을 곰곰이 생각해 보아야 합니다. 돈은 앉아서 빌려주고 서서 받는다는 말이 있습니다. 가족이나 가까운 친구라고 해서 돈 거래를 하지 않을 수는 없으나, 가급적이면 돌려받지 않아도 될 만큼만 빌려주는 것이 좋습니다. 누가 돈을 빌려달라고 한다는 것은 분명히 현재 돈이 궁하기 때문인데, 지금 없는 돈이 과연 변제기일에는 생긴다는 보장이 있느냐 하는 것입니다. 돈을 빌려 줄 때는 한 템보 늦춰 빌려주는 자세를 견지하는 것이 옳다고 생각됩니다

둘째, 상대방의 주민등록번호를 반드시 적어두도록 해야 합니다. 잘 모르는 사람이라면 더 말할 것도 없지만, 안면이 있는 사람이라도 반드시 주민등록번호를 받아두는 습관을 갖도록 하는 것이 좋습니다. 당장은 필요성을 못 느낄지 모르지만, 채무자가 행방을 감춰버린 경우에는 얼마나 절실한지 모를 것입니다.

셋째, 거래의 증거는 반드시 확보해 놓아야 합니다. 금전거래를 할 경우에는 반드시 차용증과 같은 증거수단을 받아 놓는 것이 중요합니다. 특히 가까운 사람끼리 현금 거래

를 할 경우에는 더욱 그렇습니다. 차용증을 받아 놓을 때는 채무자의 성명 석 자 정도는 반드시 본인의 자필로 적도록 함으로써 나중에 위조되었다는 억지를 미연에 방지해 놓을 필요가 있습니다. 또한 차용증은 나중으로 미루지 말고 그 즉시 받아두어야 합니다. 나중에 가면 서로 만나기도 힘들 뿐더러 언제 빌렸느냐고 우기는 일을 당할 수 있기 때문입니다. 차용증을 받아두기 곤란한 가족이나 친구지간에 금전거래를 하고자 하는 경우에는 현금거래보다는 자동이체나 폰-뱅킹 또는 인터넷 뱅킹을 이용하도록 하는 것이 현명합니다. 거래명세표가 하나의 증거수단이 될 수 있기 때문입니다. 특히 인터넷-뱅킹의 경우에는 그 용도를 기재해 송금을 할 수 있는 장점이 있습니다.

넷째, 확실한 담보를 취득해두는 것이 좋습니다. 즉,

① 채무자에게 부동산이 있다면, 해당 부동산에 저당권이나 가등기를 설정해두는 방법을 생각할 수 있겠지만, 채무자란 보통 이러한 부동산이 없는 경우가 대부분이고, 설령 있다고 하더라도 이미 저당권 등이 많이 설정되어 있는 경우가 많을 것입니다. 그러나 권리관계가 비교적 깨끗한 부동산이라면 저당권을 설정해놓는 것처럼 확실한 방법은 없을 것입니다. 가등기를 설정해놓는 것도 마찬가지입니다.

② 채무자의 가족이나 친척 등 제3자로 하여금 보증을 서도록 하는 방법이 있습니다. 그러나 요즘 세상에 누가 보증을 서주겠습니까! 다만, 채무자의 부인이나 남편 정도는 보증을 서줄 가능성이 있을 것입니다. 간혹 자기의 재산을 배우자의 명의로 해두는 경우도 있으므로, 없는 것보다는 나으니, 부인이나 남편의 보증이라도 받아 놓는 것이 현명할 것입니다.

③ 주식회사 등 법인과 거래할 경우에는 보통 법인의 대표이사가 차용증 또는 물품대금지급 약정서 등에 법인 명판을 찍고 법인인감을 날인해 교부해 주는 경우가 대부분인데, 조그마한 회사들은 언제 부도가 날지 모르고, 그렇게 되면 채권회수가 거의 불가능할 것입니다. 이러한 경우 많은 일반인들은 대표이사 개인에게 청구할 수 있지 않느냐고 반문하는 경우가 많습니다. 그러나 법적으로 법인의 대표이사로서의 자격과 대표이사 개인은 별개의 인격체이므로, 법인명의의 채무에 대하여 대표이사 개인에게 그 책임을 묻는 것은 쉽지 않습니다. 따라서 대표이사 개인의 재산에 대하여도 책임추궁을 할 수 있으려면, 법인명의의 차용증의 한 여백에 대표이사 개인의 이름으로 연대보증을 서도록 하는 것이 현명합니다(예, 대한산업 주식회사 대표이사 장몽룡, 위 연대보증인 장몽룡).

[사례 1·1·2] 돈을 빌려줄 때 확실한 이행확보 방법

문 저는 사업상 알게 된 거래처 사장에게 돈을 빌려줄 사정이 생겼습니다. 저도 그 사장한테 돈을 빌려 쓴 적이 있기 때문에 거절할 형편이 되지 않습니다. 그런데 그 사장도 사업하는 사람이라 언제 부도가 날지 모르고 비교적 큰 돈이어서 걱정이 태산 같습니다. 이에 박사님께 돈을 빌려주면서 어떤 조치를 취해 놓아야 나중에 그 돈을 확실히 이행받을 수 있는지 궁금해서 문의드리고자 합니다.

답 돈을 빌려주어야 할 사정이 있는데, 어떻게 하면 가장 확실하게 돌려받을 수 있느냐고 궁금해 하는 일반인들이 많습니다. 참으로 어려운 문제입니다.

채무자가 재산이 많다면야 큰 문제가 없을 것이나, 돈 많은 사람이 돈을 빌릴 리는 없을 것이고, 채무자의 대부분은 돈이 궁색한 사람일 것이기 때문입니다.

다만 돈을 빌려줄 때 확실한 이행확보 방안에 관하여 나름대로 몇 가지의 방법을 생각해 볼 수 있을 것입니다.

첫째, 선순위의 저당권이나 가등기를 설정해두는 것이 가장 안전할 것입니다. 채무자 중에는 현금만 없을 뿐 부동산은 많은 경우가 있는데, 이러한 경우에는 저당권을 설정해 두는 것이 가장 확실할 것입니다. 그러나 아무리 많은 부동산을 가지고 있다고 하더라도 몽땅 잡혀먹고 남아있는 값어치가 거의 없는 경우에는 저당권을 설정해 놓아도 큰 실속은 없을 것입니다. 따라서 부동산의 담보가치를 보고 대출해 주려고 마음먹었다면 반드시 등기부등본을 열람해 본 다음에 대출 여부를 결정해야 할 것입니다. 그리고 저당권은 채무자 아닌 제3자 소유의 부동산에 대하여도 그 설정이 가능함은 물론입니다(채무자 소유의 부동산이 없는 경우). 가등기담보를 설정해놓는 경우에도 저당권과 마찬가지로 비슷한 효과가 있습니다.

둘째, 채무자에게 가재도구 등 동산만 있는 경우에는 양도담보를 설정해두는 방법을 생각해 볼 수 있습니다. 물론 TV나 냉장고 등 가재도구가 그리 값나가는 것이 아니라면 큰 의미가 있는 것은 아니지만, 심리적인 측면에서 보면, 없는 것보다는 나을 것입니다. 양도담보를 설정하는 방법은 일단 동산의 목록을 작성한 후 공증인사무실에 가서 양도담보를 설정하러 왔다고 하면 쉽게 설정이 가능할 것입니다.

셋째, 연대보증을 세우는 방법을 고려해 볼 수 있을 것입니다. 다만 현실적으로 누가 연대보증을 서주겠는지는 의문이고 서주더라도 대부분 빈털터리나 내세울 가능성이 많을 것입니다. 그러나 채무자의 처나 남편 정도는 가능할 것이고, 나중에 영업을 하는 경우에는 어느 일방의 명의로 하는 경우가 많을 것이므로 역시 없는 것보다는 나을 것입니다. 연대보증인은 내일 모래 곧 죽을 사람보다는 빈털터리일망정 젊은 사람을 내세우는 것이 채무회수가능성의 측면에서 올바른 선택일 것입니다.

넷째, 나중에 판결받는 비용이라도 절감하려면 공증을 받아 놓으면 됩니다. 재산도 없는 채무자를 상대로 해서 판결을 받아놓으려는 것도 비용이 만만치 않게 들기 때문입니다. 물론 공증을 해놓아도 채무자에게 재산이 없으면 무슨 뾰족한 수가 있는 것은 아닙니다. 다만 판결을 받는 절차를 생략할 수 있다는 것입니다.

공증을 받아 놓는 방법에도 약속어음공증을 받는 방법과 금전소비대차계약공증을 받아 놓는 방법의 두 가지가 있는데, 채무자의 재산이 조만간 생길 가능성이 없는 경우에는 금전소비대차계약공증을 받아 놓는 것이 유리합니다. 약속어음공증은 지급일부터 3년이 지나면 별도로 판결을 받아 놓지 않는 한 공정증서로는 강제집행을 할 수 없으나, 금전소비대차계약공증의 경우에는 지급일로부터 10년간은 써먹을 수 있기 때문입니다.

다섯째, 채무자가 전세로 살고 있으면 임차보증금반환채권에 대하여 채권양도를 받거나 질권을 설정해두는 방법이 있습니다. 즉 채무자가 임차인으로 살고 있어 그 임차보증금(채권적 전세보증금 포함. 이하 동일)을 담보로 잡고 돈을 빌려주고 싶은 경우에는, 임차보증금을 양도받든가 임차보증금에 질권을 설정해두어야 하는 것입니다. 채권양도를 받는 방법은 돈을 빌려준 사람과 빌린 사람 간에 임차보증금에 대한 채권양도양수계약서를 작성한 후, 이를 첨부해 돈을 빌린 사람(임차인)이 집주인(임대인)에게 내용증명으로 통지하면 될 것입니다.

임차보증금에 질권을 설정하는 방법은 일단 임대차계약서를 건네받고, 임차보증금에 대한 질권설정계약서를 작성한 후 이를 첨부해 역시 돈을 빌린 사람(임차인)이 집주인(임대인)에게 내용증명으로 질권설정사실을 통지하면 될 것입니다. 임차보증금에 대해 채권양도를 받은 경우와 질권설정을 하는 경우의 차이는, 질권설정을 받은 경우에는 채권양도를 받은 경우와는 달리, 판결을 받지 않고도 곧바로 추심명령이나 전부명령을 신청할 수 있다는 점입니다.

여섯째, 변제기에 채무자가 채무를 이행하지 않을 경우를 대비해서 고율의 위약금 약정을 해둘 필요가 있습니다. 일반인들이 차용증을 작성할 경우에, 보통 이자에 대해서는 약정을 하면서도 채무자가 지급일에 변제를 하지 아니할 경우를 대비한 지연손해배상에 대하여는 약정을 해두지 않은 경우가 많습니다. 그러나 이러한 고율의 지연손해배상에 대한 약정을 해두면 심리적으로 채무자를 압박하는 수단이 될 수 있을 것입니다.

[사례 1·1·3] 임대차계약서를 잡고 돈을 빌려주는 방법

문 저는 임차인으로 살고 있는 같은 동네의 아는 친구로부터 돈이 급하게 필요하니 임차보증금을 담보로 해서 돈을 빌려달라고 사정함에 어쩔 수 없이 승낙하고 말았습니다. 그런데 어떻게 임차보증금을 담보로 잡을 수 있는지 그 절차를 몰라 박사님께 문의드리고자 합니다.

답 흔히들 돈을 빌려줄 때 전세금(채권적 전세) 내지 임차보증금(이하 '임차보증금 등')을 담보로 돈을 빌려주었다고 하면서 전세계약서나 임대차계약서(이하 '임대차계약서 등')만 받아둔 경우가 많습니다. 그러면서 이러한 임대차계약서 등을 받아 놓는 것만으로 임차보증금 등에 우선적으로 담보권을 확보해 놓았다고 착각하는 일반인들이 많은 것 같습니다. 그러나 이러한 임대차계약서 등을 받아 놓는 것만으로는 당사자 사이에 돈을 주고받았다는 하나의 증거가 될 수는 있어도 임대인이나 제3자에 대해 그 효력을 미치게 할 수는 없는 것입니다.

그렇다면 어떠한 방법과 절차를 취해야 할까요? 채권양도를 받거나 질권을 설정해야 합니다.

즉 채무자가 세입자로 살고 있어 그 임차보증금 등을 담보로 잡고 돈을 빌려주고 싶은 경우에는, 임대차계약서 등을 받아 놓는 것만으로는 아무런 효력이 없고, 임차보증금을 채권양도 받든가 임차보증금에 대해 질권을 설정해두어야 하는 것입니다.

참고로 세입자가 임차인이거나 채권적 전세권자가 아닌 전세권등기를 한 전세권자인 경우에는, 전세권이 존속기간의 만료나 합의해지 또는 당사자(전세권설정자와 전세권자) 간의 특약 등으로 전세금반환채권만의 분리양도가 가능한 경우를 제외하고는 전세금반환채권만을 전세권과 분리해서 양도할 수 없기 때문에 전세권에 대해 저당권을 설정하고 부기등기를 하는 방법으로 담보로 잡아야 할 것이며(또는 전세권부 채권가압류), 위와 같이 전세금반환채권만의 분리양도가 가능한 상태에 이르러서야 비로소 전세금반환채권을 양도받거나 질권을 설정하는 방법으로 담보를 잡을 수 있을 것입니다.[1)]

그렇다면 채권양도을 받는 방법과 질권을 설정하는 방법은 구체적으로 어떤 절차로 해야 할까요? 채권양도를 받는 방법은 먼저 돈을 빌려준 사람과 빌린 사람 간에 임차보증금 등에 대해 채권양도양수계약서를 작성한 후, 이를 첨부해 돈을 빌린 사람(임차인)이 집주인(임대인)에게 내용증명으로 통지하면 될 것입니다. 다음으로 임차보증금 등에 질권을 설정하는 방법은 일단 임대차계약서 등을 건네받고, 임차보증금 등에 대한 질권설정계약서를 작성한 후, 이를 첨부해서 역시 돈을 빌린 사람(임차인)이 집주인(임대인)에게 내용증명으로 질권설정사실을 통지하면 될 것입니다.

그런데 채권양도방법과 질권설정방법은 어떤 차이점이 있을까요? 임차보증금 등에 대해 채권양도를 받은 경우와 질권설정을 하는 경우의 차이는, 질권설정을 받은 경우에는, 채권양도를 받은 경우와는 달리, 판결을 받지 않고도 곧바로 채권압류 및 추심명령이나 채권압류 및 전부명령을 신청할 수 있다는 것입니다. 다만 절차상의 방법은 두 절차가 거의 비슷하므로 질권설정방법으로 담보를 잡아놓는 것이 보다 유리할 것으로 보입니다.

[사례 1·1·4] 차용증을 분실한 경우의 대비책

문 저는 오래 전에 아는 지인에게 돈을 빌려 주고 차용증을 받아둔 적이 있는데, 이사를 몇 번 다니다보니 차용증을 분실하고 말았습니다. 아무리 찾아봐도 찾지를 못하고 있습니다. 차용증 말고는 빌려준 근거서류는 없습니다. 이럴 경우 어떻게 해야 할지 몰라 박사님의 고견을 듣고 싶습니다.

답 참으로 곤란한 상황이군요. 돈을 빌려줄 때는 대부분 차용증을 받아두게 마련인데, 이렇게 받아 놓는 차용증이 분실되거나 훼손되어 버린 경우가 가끔 있을 수 있습니다. 차용증은 금전의 거래를 증명하는 중요한 서류이기 때문에 차용증이 없으면 나중에 소송에서 패소하게 되는 원인이 될 수 있습니다.

어떻게 해야 할까요! 차용증을 분실하였다고 솔직히 말해버리면 차용증을 다시 작성해 줄 채무자는 거의 없을 것입니다. 악덕채무자는 차용사실 자체를 부인해 버릴 수도 있습니다.

이와 같이 차용증을 분실한 경우에는 다음과 같은 방법으로 증거를 만들어 놓는 수밖에 없을 것입니다.

첫째, 상대방의 차용사실에 대한 답변에 대해 증인을 만드는 방법입니다. 가까운 친척이나 친구 또는 이웃을 데리고 상대방에게 찾아가서 자연스럽게 빌려준 돈에 대한 이야기를 꺼낸 다음, 채무자로 하여금 차용사실에 대한 말이 나오도록 해서 이를 함께 간

---

1) 다만, 판례는 전세권의 존속 동안 전세권을 존속시키기로 하면서 전세금반환채권만을 전세권과 분리해 확정적으로 양도하는 것은 허용되지 않지만, 기간만료 등 장래에 전세권이 소멸한 경우에 전세금반환채권이 발생하는 것을 조건으로 그 장래의 조건부채권을 양도할 수 있다고 합니다(대법원 2002.8.23. 선고 2001다69122 판결). 그러나, 전세권이 소멸하기 전에 전세금반환채권만을 양도하였다고 하더라도 그 후 전세권자가 전세권을 제3자에게 양도하면 그 제3자만이 전세금반환채권을 가지게 되는 점을 주의해야 합니다.

사람이 증인을 서도록 하는 것입니다. 물론 함께 간 사람의 사실확인서를 즉시 받아 놓는 것도 현명할 것입니다.

둘째, 상대방의 차용사실에 대한 답변에 대해 녹음을 해두는 방법입니다. 요즘 녹음기는 소형이고 성능도 아주 좋아 몇 미터 정도 떨어진 거리에서도 녹음이 아주 잘됩니다. 물론 핸드폰으로도 가능하고요. 따라서 녹음기를 몰래 숨기고 채무자를 만난 다음, 살살 구슬려서 차용사실에 대한 답변이 나오도록 해서 녹음을 해두면 요긴할 것입니다. 녹음을 하였으면 법원 앞에 있는 녹취사무실로 가서 해당 부분만 녹취해놓는 다음 이를 녹음테이프와 함께 증거로 보관하고 있으면 됩니다. 주의할 것은 이러한 녹음은 소송을 하기 전에 어느 정도 사이가 좋은 관계에 있을 때 불시에 해야 하는 것이며, 상대방이 이미 법률상담을 한 후라든가 소송을 전제로 접근하고 있다는 사실을 눈치채고 있을 때에는 원하는 답이 나오지 않기 때문에 사전에 치밀한 준비가 필요할 것입니다.

또한 녹음 도중에는 내가 누구이고 상대방이 누구이며 현재 대화하고 있는 날이 며칠인지 드러나도록 미리 시나리오를 잘 짜야 할 것입니다. 참고로 제3자간의 대화를 녹음하면 통신비밀보호법에 의해 1년 이상 10년 이하의 징역과 5년 이하의 자격정지에 처해지게 되나(통신비밀보호법 제16조 제1항 제1호), 대화자 사이 또는 대화자가 낀 여러 사람 사이의 대화녹음은 형사처벌이 되지 않습니다.

셋째, 내용증명을 보내어 보는 방법입니다. 내용증명에 대해 상대방의 답변이 없다면 이를 발송한 것 자체만에 의해 어떤 증거능력이 인정되는 것은 아닙니다. 또한 내용증명에 대해 상대방의 답변을 강제하거나 상대방이 수령을 거부한다고 해서 수령을 강제할 수도 없습니다. 그리고 상대방이 답변하지 않는다고 해서 내용증명에 기재된 바를 시인하는 효력이 인정되는 것도 아닙니다.

그러나 내용증명에 대해 성질 급한 상대방이 답변하는 경우가 많고, 그럴 경우 그 답변 내용은 증거능력이 인정되는 것이며, 또한 달리 증거를 수집할 길이 없는 경우에는 내용증명이 상대방에 도달하든 말든, 답변이 있든 말든, 발송한 내용증명을 첨부해서 민사소송을 하고 상대방의 무변론에 의해 승소판결을 받는 사례가 많으므로 그런 의미에서 내용증명의 효용가치가 있는 것입니다.

[사례 1·1·5] 금전을 차용할 때 유의할 점

문 저는 갑자기 돈이 필요해서 지인으로부터 돈을 빌리고자 합니다. 평소 돈 거래를 해보지 않는 터라 혹시 몰라서 그러는데 돈을 빌릴 때 주의해야 할 점이 무엇인지 궁금해서 박사님께 문의드리고자 합니다.

답 예, 돈을 빌려줄 때도 주의해야 하지만 귀하와 같이 남한테 돈을 빌리는 경우에도 주의해야 할 점이 몇 가지 있습니다.

첫째, 백지로 된 차용증을 교부해서는 안됩니다.

금전을 차용할 경우에는 아무리 아쉬운 처지라 할지라도 나중 일을 생각해야 하므로, 차용증에 성명과 날인만 한 채 나머지를 백지상태로 해서 교부하는 것은 절대 안됩니다. 나중에 악덕채권자가 여기에 어떠한 내용을 기재할지 모르고, 그렇게 되면 그 기재된 문구대로 책임을 질 소지가 크기 때문입니다.

둘째, 이자약정은 조심해서 해야 합니다.

이자율은 2018년 2월 8일부터는 사인이나 대부업자 모두로부터의 금전차용을 함에 있어서는 최고이자율이 연 24%이고, 이를 초과하는 이자약정은 무효로 됩니다. 이자에 관하여 별도의 약정이 없는 경우에는 법정이율이 적용되는데, 법정이율은 민사거래에 있어서는 연 5%, 상사거래에 있어서는 연 6%이되, 소송이 제기된 경우에는 민사거래든 상사거래든 피고에게 소장부본이 송달된 다음날부터 연 15%의 이율이 적용될 수 있습니다.

이자약정은 이와 같은 한도 내에서만 유효하지만 몇 년이 지나게 되면 거의 원금의 배액에 이르는 수준이 될 수 있으므로 당장 궁하다고 해서 터무니없는 이자약정을 해서는 안되는 것입니다. 특히 일수를 쓴 경우에는 더욱 조심해야 할 것입니다.

셋째, 차용한 돈을 변제할 때는 반드시 영수증을 받아놓거나, 자동이체에 의해 입금하도록 하는 것이 현명합니다. 간혹, 빌린 돈을 단 둘이 있는데서 현금으로 갚고도 영수증을 받아 놓지 않는 경우가 있습니다. 돈을 갚았다는 증거는 돈을 갚은 사람이 대야 하는 것이므로 채권자가 발뺌을 하면 이중으로 갚아야 하는 불상사가 생길 수도 있습니다. 따라서 영수증을 받아 놓기 곤란한 가까운 친척이나 가족 또는 친구로부터 차용한 돈을 갚을 경우에는 자동이체로 입금하는 것이 현명할 것입니다. 또한 두 사람 사이에는 여러 가지의 채권채무관계가 있을 수 있으므로, 채권자로부터 영수증을 받아둘 때에는 단순하게 금액만 적어서 받지 말고 어느 채권에 대한 변제인지를 특정해서 받아둘 필요가 있습니다. 그리고 돈을 갚을 때는 채권자로부터 차용증을 회수해야 합니다. 채권자가 차용증을 분실해 반환해 줄 수 없다고 하는 경우에는 채권자로 하여금 영수증에 "이 영수증에 기재된 일자 이전의 모든 차용증서는 무효로 한다."라는 문구를 기재하도록 해서 교부받는 것이 현명할 것입니다.

[사례 1·1·6] 차용증과 현금보관증의 차이

문 저는 장사를 하는 사람이라 돈을 빌려주거나 빌리는 경우가 많습니다. 그런데 증서를 작성할 경우에 어떤 때는 차용증이라고 쓰기도 하고 어떤 때는 현금보관증이라고 쓰기도 해서 주고받는 경우가 많습니다. 이에 두 경우의 차이점이 있는지 궁금해서 박사님께 여쭈어보고 싶습니다.

답 예, 실무상 차용증과 현금보관증이라는 용어는 구별없이 혼용해서 쓰고 있는 경우가 많습니다. 그러나 둘의 성격은 다소 다를 수 있습니다. 돈을 빌려주거나 빌릴 때 그 제목을 차용증으로 해야 할지 현금보관증이라고 써야 할지 궁금하다는 일반인들이 많은 것 같습니다.

엄밀하게 그 법적 성질을 따져보면 차용증은 금전소비대차이고 현금보관증은 금전의 소비임치라고 할 수 있을 것입니다. 은행예금의 경우가 금전의 소비임치에 해당됩니다. 그런데 소비임치는 소비대차와 유사하므로 법에서는 소비임치에 대해서는 소비대차의 규정을 준용하도록 하고 있습니다(민법 제702조).

따라서 이자약정이 있으면 그에 의하되, 그 약정이 없으면 법정이율이 적용될 것이며 지급일 내지 반환일의 약정이 있으면 그 기일에 지급해야 하는 점은 비슷합니다. 다만, 지급일을 서로 정하지 아니한 경우에, 금전소비대차의 경우에는 빌려준 사람이 차용자에게 상당한 시간적 여유를 주고 그 반환을 청구해야 할 것이지만, 소비임치의 경우에는 곧바로 그 반환을 청구할 수 있다는 점이 다릅니다.

또한 형사문제에 있어서 차용금은 사기죄와 관련되고, 보관금은 횡령죄와 관련된다고 봅니다. 이러한 성질상의 미묘한 차이점 때문에 일반인들이 돈을 빌려주거나 빌릴 경우에는 금전소비대차에 해당하는 것이므로 차용증이라고 쓰는 것이 맞을 것이고, 현금보관증은 제3자에게 전달해 주라고 돈 심부름을 시킬 때 또는 잠시 돈을 맡겨둘 때 쓰는 것이라고 보면 됩니다.

한편 차용증이라고 작성하든 현금보관증이라고 작성하든 내용상의 실질을 증명하면 되는 것이므로 민사소송을 제기함에 있어서는 큰 차이가 없습니다. 즉, 대여금인데 차용증이라고 받아 두지 않고 현금보관증으로 받아 놓았다고 해서 놀랄 이유는 없다는 것입니다. 다만, 누가 누구로부터 차용을 하였고, 현금보관을 의뢰받았다는 내용이 명확하게 들어가 있어야 하고, 몇 년 후를 대비해서 차용자나 현금보관자의 주소 및 주민등록번호 정도는 필히 기재해두는 것이 바람직할 것으로 보입니다.

[사례 1·1·7] 계약서 작성방법

문 저는 사업을 하는 사람인데 일을 하다 보면 매매계약서나 도급계약서 또는 임대차계약서 등 각종 계약서를 작성해야 하는 경우가 많습니다. 이에 계약서 작성 방법이나 주의해야 할 점 등에 관하여 알고 싶어서 박사님께 문의드립니다.

답 계약이란 사법상의 일정한 법률효과의 발생을 목적으로 하는 당사자 간의 합의를 말하며, 그 성립에 있어서 특별한 형식을 필요로 하지 않습니다. 즉, 계약은 반드시 계약서라는 문서로 작성해야 성립되는 것이 아니고, 구두상의 합의만으로도 얼마든지 성립될 수 있으며, 그 합의된 바에 따라 이행을 청구할 수 있는 것입니다. 다만, 말이라는 것은 담아둘 수 있는 것이 아니기 때문에 그 입증이 곤란할 뿐인 것입니다.

이하에서 계약서를 작성하는 방법에 관하여 알아보고자 합니다.

첫째, 계약서를 작성함에 특별한 서식이나 양식은 없습니다. 문구점에 가면 임대차계약서나 매매계약서 등 각종 계약서의 서식을 구입할 수 있지만, 계약이란 반드시 이러한 서식대로 작성해야 하는 것은 아니며, 다급할 때는 주위에 널려 있는 백지나 휴지쪼가리에 작성해도 들어갈 내용만 들어가 있으면 그 효력이 있습니다. 즉, 그 형식이 아니라 내용이 중요하다는 것입니다. 정형적인 계약서의 서식에 의해 계약을 할 경우, 추가할 사항이 있으면 계약서의 한 여백에 작성해도 무방할 것입니다(단, 모든 계약서에는 당사자의 서명 또는 날인이 필요함).

둘째, 그렇다면 구체적으로 계약서를 어떻게 작성해야 할까요? 계약서는 우선 가장 윗면에 계약서의 제목을 적고, 그 아래로 계약내용을 작성한 다음, 작성 연월일과 계약 당사자의 성명 및 주민등록번호를 쓰고, 당사자가 서명 또는 날인하면 되며 지장도 가능합니다(도장, 서명, 지장). 즉,

① 계약서의 제목은 거래내용에 따라 표시하면 됩니다(예, 차용증, 현금보관증, 약정금, 임대

차계약서, 매매계약서 등).

② 계약내용은 서술식으로 작성하든 항목을 나누어 작성하든 상관은 없으나, 누가 보더라도 무슨 내용의 계약을 체결하였는지 알 수 있도록 작성해야 합니다. 계약서를 작성한 후에도 다소 불분명한 부분이 있다면, 빈 여백에 이를 보완하는 문구를 기재하고 당사자가 날인함으로써 나중에 발생할 수도 있는 분쟁을 미연에 방지하도록 해야 할 것입니다.

③ 계약서는 컴퓨터로 작성하든 자필로 작성하든, 계약당사자가 작성하든 제3자가 작성하든, 상관은 없으나, 당사자의 성명만은 반드시 자필로 작성하도록 해서 계약서가 위조되었다는 허무맹랑한 주장을 미연에 차단해 놓을 필요가 있습니다. 주의할 것은 계약서는 쉽게 지워져 버릴 수 있는 연필로 작성해서는 안된다는 것입니다.

④ 시간이 충분하다면, 채무자로 하여금 계약서 전체를 자필로 작성하도록 해두면 더욱 좋을 것입니다.

⑤ 주민등록번호는 반드시 기재해야 하는 것은 아니지만, 나중에 동일인 증명을 위해서는 가급적 기재하도록 하는 것이 현명합니다. 또한 신분증을 확인해서 본인인지 여부도 대조해 볼 필요가 있을 것입니다.

⑥ 주민등록번호만 정확하게 기재되어 있으면 나중에 상대방의 주소를 찾기는 그리 어렵지 않을 것이지만, 다다익선이라고 당사자의 주소도 가급적이면 적어두는 것이 현명할 것입니다.

셋째, 계약서에 이러한 내용이 들어가 있으면 채권자에게 유리합니다.

① 계약이 상대방의 책임질 수 있는 사유로 인해 해제된 경우에 위약벌의 제재를 받기로 특약(위약벌의 약정)을 해놓으면, 손해배상과 위약벌에 의한 금원을 함께 청구할 수 있으므로 계약을 위반할 염려가 없는 당사자에게 유리합니다.

② 임대차계약의 경우에는, 임차인이 나중에 행방을 감춰버린 경우가 있을 수 있기 때문에 "계약이 종료된 경우에 임차인과 연락이 되지 않으면 임대인이 임의로 임차인의 짐을 들어낼 수 있다."라는 문구를 넣어 놓으면, 나중에 임의로 물건을 들어냄으로서 주거침입죄로 몰리더라도 형사처벌에 있어서 감안이 될 소지가 큽니다.

참고로 계약금은 얼마를 거는 것이 유리할까요? 계약금은 해약금으로 추정됩니다. 즉, 계약금만 교부되어 있는 상태에서는 지급인은 계약금을 포기하고 계약을 해제할 수 있고, 수령인은 계약금의 배액을 지불하고 계약을 해제할 수 있습니다. 따라서 예컨대, 부동산매수인의 입장에서 해당 부동산을 반드시 매수하고 싶다면 보다 많은 계약금을 거는 것이 좋을 것이고, 경과를 좀 더 지켜본 후에 계약을 해제할 것인지 여부를 결정하고 싶다면 보다 적은 계약금을 거는 것이 현명할 것입니다.

[사례 1·1·8] 부동산을 매수할 때 유의할 점

문 저는 제 집을 마련할 꿈을 꾸고 지난 수년간에 걸쳐 열심히 돈을 모았고 이제 어느 정도 그 꿈에 접근하게 되었습니다. 이에 주택이나 토지 등 부동산을 거래할 때 주의해야 할 점이 무엇이 있는지 알고 싶어서 박사님께 문의드리고자 합니다.

답 예, 부동산 거래는 큰돈이 들어가게 마련이고, 따라서 한 번의 실수로도 평생이 좌우될 수 있는 일이므로 주의해야 합니다. 따라서 부동산을 매수하거나 매도하는 등 거래관계에 있어서는 신중에 신중을 기해야 하며, 특히 부동산을 매수할 때는 평생 마련한 돈과 교체되는 것이므로 권리관계를 잘 따져 보아야 할 것입니다.

아래에서 부동산을 매수할 때 주의할 점에 관하여 몇 가지만 개략적으로 살펴보도록 하겠습니다.

첫째, 매도인의 신분을 정확하게 파악해 놓아야 합니다.

부동산거래는 계약체결시부터 잔대금을 지급할 때까지 오랜 시간이 소요되기 마련이고 변수도 많아 부동산가격의 등락에 따라 상호간의 이해가 상충되는 경우가 많습니다. 부동산가격이 폭등할 경우에는 매도인이 연락도 받지 않고 중도금이나 잔금도 지급받지 않으려고 꼼수는 쓰는 경우가 더러 있습니다. 이러한 경우에는 중도금이나 잔금을 공탁해야 할 것인데, 매도인의 인적 사항을 모르고 있으면 공탁이 쉽지 않을 것이기 때문입니다. 물론 계약체결시 매도인의 입금계좌를 알아놓는 경우에는 그 계좌로 입금하면 될 것이지만 악덕매도인은 그 입금계좌조차 폐쇄해버린 경우가 있을 수 있으므로 이러한 경우에는 역시 공탁 외에는 달리 지급할 방법이 없을 것이어서 같은 문제가 생길 것입니다. 따라서 매수인은 매매계약체결시에 반드시 매도인의 주민등록증이나 운전면허증을 복사해두거나, 주민등록번호만이라도 정확히 알고 있어야 할 것입니다.

둘째, 등기부등본을 열람해보고, 도시계획확인원 등을 떼어보아 권리관계를 체크해보아야 합니다. 물론 공인중개사를 통하여 부동산을 매수할 경우에는 해당 공인중개사가 이러한 권리관계서류를 떼어주고 권리관계도 설명해 줄 것이지만 매수인과 매도인 사이에서만 부동산매매계약을 체결할 경우에는 반드시 이러한 권리관계를 파악하는 것이 필수적인 것입니다.

셋째, 지적도 등을 열람해서 건물이나 토지의 경계가 정확한지, 이웃과의 침범관계는 없는지 확인해 두어야 합니다. 이를 위해서는 서류만에 의해 계약을 체결하는 것보다는 미리 부동산 현장을 방문해서 체크하고 점검하는 자세가 현명하다고 보입니다.

넷째, 건물, 특히 아파트와 같은 공동주택에 대한 매수의 경우에는 누수 등 하자 관계를 점검해 보아야 하고, 위아래층간의 소음문제 등은 없는지 확인해 둘 필요가 있습니다. 매수할 당시에는 노출되지 않았던 하자가 나중에 살면서 발견된 경우에는 그 하자를 발견한 때로부터 6개월 내에 매도인에게 하자담보책임을 물어야 할 것이며, 그 기간이 경과된 후에는 매도인에게 하자보수나 손해배상을 청구할 수 없게 되니 하자담보청구기간을 놓치지 않도록 주의해야 할 것입니다.

다섯째, 매수인이 어떻게든 해당 부동산을 꼭 매수하고 싶다면 어떤 조치를 취해야 할까요? 매수인이 계약금만 지급한 상태에서는 매도인은 계약금의 배액을 물어주고 언제든지 계약을 해제할 수 있기 때문에 만약 매수인의 입장에서 어떤 식으로든 이번 기회에 그 부동산을 매수하고자 한다면 계약금을 몽땅 지불하거나 중도금의 지급일을 가급적 짧게 잡아서 중도금을 조속히 지급함으로써 계약금만 교부한 단계로부터 한 단계 더 진행시켜버리면 될 것입니다. 경우에 따라서는 중도금 지급기일 전에 매도인의 통장계좌로 미리 중도금을 입금하는 것도 한 방법일 수 있습니다.

[사례 1·1·9] 부동산을 매도할 때 유의할 점

문 저는 부동산에 관심이 많아서 돈이 생기기만 하면 땅이나 아파트를 사놓곤 했습니다. 그러나 보유세 등 부담이 커서 일부를 처분하려고 합니다. 이에 부동산을 매도할 때 주의해야 할 점으로 어떤 것이 있는지 궁금해서 박사님께 상담의 문을 두드리게 되었습니다.

답 귀하의 질의사항은 행복한 고민이라고 할 수 있을 것입니다. 부동산을 매도할 때는 비교적 큰돈이 오가는 거래가 되므로 매도인의 입장에서 주의해야 할 점들이 많습니다.

아래에서 부동산을 매도할 때 주의해야 할 사항에 관하여 중요한 몇 가지만 개략적으로 말씀드리겠습니다.

첫째, 매수인의 신분을 정확하게 파악해 두어야 합니다.

부동산거래는 계약체결시부터 잔대금을 지급받을 때까지 오랜시간이 소요되기 마련이고 변수도 많아 부동산가격의 등락에 따라 상호간의 이해가 상충되는 경우가 많습니다. 부동산가격이 폭락할 경우에는 중도금이나 잔대금의 부담 때문에 매수인이 행방을 감춰버린 경우도 더러 있습니다. 이 경우에 매수인의 인적 사항을 모르고 있으면 계약을 해제할 길이 묘연해서 새로운 매수자가 나타나더라도 이러지도 저러지도 못하는 처지가 되고 말 것입니다. 따라서 매도인은 매매계약체결시에 반드시 매수인의 주민등록증이나 운전면허증을 복사해두거나, 주민등록번호만이라도 정확히 알고 있어야 합니다.

둘째, 등기부터 넘겨주어서는 안됩니다.

매수인 중에는 간혹 순박한 매도인을 꼬드겨, 일단 계약금을 후하게 지불해 준 다음, 중도금이나 잔금에 대하여는 먼저 등기를 넘겨주면 거기에 저당권을 설정해서 은행으로부터 돈을 빌린 후 지불하겠다며 감언이설로 속이는 경우가 더러 있습니다. 만약 그 말만 그대로 믿고 등기를 넘겨주었다가는 큰 낭패를 당할 수 있습니다. 은행에서 몽땅 돈을 인출해서 줄행랑을 칠 수도 있기 때문이다. 따라서 이전등기서류는 반드시 잔금을 지급받음과 동시에 건네주어야 할 것입니다.

셋째, 매도인이 해당 부동산을 반드시 매도하고 싶다면 어떻게 해야 할까요? 매도인이 계약금만 지급받은 상태에서는 매수인은 계약금을 포기하고 매매계약을 해제할 수 있습니다. 따라서 매도인의 입장에서 어떤 식으로든 이번 기회에 그 부동산을 처분하고 싶다면 중도금의 액수를 다소 적게 책정하더라도 그 지급일을 가급적 짧게 해서 조속히 중도금을 지급받음으로써 계약금만 교부받은 단계로부터 한 단계 더 진행시켜버리면 될 것입니다.

[사례 1·1·10] 공증제도

문 저는 건축업자로서 건물 신축 공사를 도급받고 다 완성하였는데, 건물주가 대금의 일부가 아직 마련되지 못했다면서 공사대금 잔액 1억원에 대해서 조만간 지급해 주겠다고 약속하며 공증을 해주겠다고 합니다. 그래서 박사님께 공증제도에 대해서 문의드리고자 상담의 문을 두드리게 되었습니다.

답 공증이란 일상생활에서 발생하는 특정한 사실이나 법률관계를 공적으로 증명하기 위한 절차를 말하는데, 공증인가를 받은 합동법률사무소나 법무법인 또는 임명된 공증인이 이러한 공증업무를 담당하며, 공증기관이 없는 지역에서는 검찰청에서 공증인의 직무를 대행하고 있습니다.

공증의 종류로는 크게 공증증서, 사서증서의 인증, 정관 및 의사록 인증으로 구분할 수 있습니다. 공정증서란 공증인이 당사자의 의사를 확인하여 그에 관한 서류를 직접 작성하는 것을 말합니다. 순서대로 살펴보기로 하겠습니다.

첫째, 공정증서입니다. 보통 돈을 빌려줄 때 채권자와 채무자가 공증사무실에 찾아가서 약속어음공증을 받거나 금전소비대차공정증서를 받아 놓는 경우가 공정증서의 주류를 이루고 있습니다. 이러한 공정증서를 작성해 놓으면 판결을 받지 않고도 강제집행을 실시할 수 있습니다.

둘째, 사서증서의 인증입니다. 사서증서의 인증은 당사자가 작성한 서류에 대해 해당 서류가 본인의 의사에 의해 작성되었다는 것이 틀림없다는 것을 공증인이 확인하고 그 사실을 기재하는 것을 말합니다. 인증의 경우에는 당사자가 작성한 서류가 위조되지 아니하였다는 것에 대한 신뢰를 공적으로 부여해 강력한 증거력이 인정되는 효과만 있을 뿐, 공정증서를 작성한 경우처럼, 강제집행을 실시할 수 있는 효력은 없습니다.

셋째, 정관 및 의사록 인증입니다. 이는 상법 규정상 주식회사 등 일정한 법인은 정관을 인증받아야 하고, 법인등기의 절차에 소요되는 의사록도 인증을 받도록 되어 있는데, 이에 따라 정관이나 의사록을 인증받는 것이 여기에 해당됩니다. 이는 사서증서 인증의 특별한 형태라고 보면 됩니다.

그렇다면 공증을 받아두면 어떠한 실익이 있을까요? 공증을 해놓으면 강력한 증거확보의 수단이 될 수 있습니다. 개인 간에 작성한 일반 차용증이나 각서와는 달리, 공증은 공적기관이 작성하거나 인증한 것이므로 위조되지 않았다는 고도의 신뢰성이 인정되어 민사재판이나 형사재판에서 강력한 증거로 활용될 수 있습니다. 또한 앞서 본 바와 같이 공증을 받아 놓으면 판결문이 없어도 강제집행을 할 수 있습니다. 즉, 일정한 금전이나 대체물 또는 유가증권의 지급을 목적으로 하는 법률행위에 관해 공정증서를 작성해두면, 나중에 채무자가 그 의무를 이행하지 않는 경우에, 재판절차를 거치지 않고도 공정증서를 작성한 공증사무소에서 집행문을 부여받아 곧바로 강제집행을 실시할 수 있는 것입니다.

공증을 받는 절차는 채권자와 채무자 등 공증을 촉탁하려는 사람이 신분증과 도장을 가지고 공증인사무실에 찾아가서 그 절차를 밟으면 됩니다. 사서증서의 인증의 경우에는 사서증서도 지참해야 할 것입니다. 대리인을 시켜 공증을 받으려면, 대리인의 신분증과 도장 이외에 본인의 인감증명서(발행일부터 6개월 이내)와 위임장 1통을 지참해야 합니다. 유언을 공증하려면 증인 2명이 필요하므로, 유언할 사람과 증인 2명이 함께 공증인사무소에 찾아가야 할 것입니다.

[사례 1·1·11] 채권양도의 방법과 그 효력

문 저는 제 친구 甲에게 빌려준 돈이 있는데, 최근 건축업을 하시는 아는 형님 乙에게 제 집의 수리를 의뢰하면서 그 공사대금의 지급에 대해서는 제가 친구 甲으로부터 받을 돈을 양도하는 것으로 대신하기로 했습니다. 그래서 형님 乙에게 채권양도를 해야겠는데, 그 방법을 몰라서 박사님께 문의드리고자 합니다.

답 채권양도란 말 그대로 채권을 양도하는 것, 즉 채권의 동일성을 유지하면서 법률행위에 의해 채권을 제3자에게 이전하는 것을 말합니다. 채권을 양도하는 방법은 채권자 겸 양도인과 채권을 양수하려는 자 사이에 채권양도·양수계약을 체결하고, 채권자 겸 양도인이 내용증명으로 채무자에게 통지하면 됩니다. 물론 채무자가 채권양도에 대해 승낙해도 가능합니다. 주의할 것은 채권양도의 통지는 반드시 양도인의 이름으로 해야 하고, 내용증명 등과 같은 확정일자 있는 증서에 의해 양도하거나 확정일자 있는 증서에 의해 승낙하는 것이라야 제3자에게 대항력이 있는 것이므로 이러한 절차를 반드시 밟아서 양도해야 한다는 점입니다.

그렇다면 실생활에서 어떠한 경우에 채권양도를 하거나 채권양도를 받을 필요성이 있을까요?

다음과 같은 경우에 채권양도는 요긴할 것입니다. 즉,

① 친구나 친척에게 돈을 빌려준 경우에는 자기가 직접 채권을 회수하는 것이 다소 떨떠름한 경우가 많은데, 이 경우에는 제3자에게 채권을 양도해서 그 제3자로 하여금 회수하도록 하는 것이 현명할 수도 있습니다.

② 채무자에게 재산이 거의 없는 경우에는 헐값이라도 그 채권을 팔아치우는 것이 더 나은 경우도 있어서 채권추심업자에게 채권을 처분할 필요도 있을 것입니다.

③ 남에게 돈을 빌려주면서 그 담보로 채권을 양도하는 경우도 있습니다.

④ 남에게 돈 받을 것이 있다면 그 돈 대신에 채무자의 제3자에 대한 채권(임차보증금 등)이라도 양수받는 것이 현명할 수도 있을 것입니다. 그러나 채권에 따라서는 이를 양수받아도 채무자에게 직접 청구할 수 없는 것이 있습니다. 즉, 근로자의 임금이나 퇴직금, 공무원의 월급, 부양청구권, 재해보상청구권, 산업재해보상급여를 받을 권리, 공무원연금, 군인연금, 교원연금 등이 그것입니다. 따라서 아무리 다급해도 이러한 채권을 양도하거나 양수받아서는 안됩니다.

한편 채권양도통지의 방법에는 3가지가 있습니다(대판 2002.6.14. 2001다68921). 즉,

① 양도인이 채권양도통지서를 우체국에서 내용증명우편에 의해 채무자에게 통지하는

방법이 있습니다.

② 양도인이 확정일자를 받은 채권양도통지서를 채무자에게 직접 전달하는 방법(즉, 직접 찾아가서 전달하는 방법)이 있습니다.

③ 양수인이 확정일자를 받은 채권양도통지서를 양도인의 사자(심부름꾼) 또는 대리인 자격으로 채무자에게 직접 전달하는 방법(즉, 직접 찾아가서 전달하는 방법)이 있습니다.

전세권자가 전세금반환채권만을 양도할 수 있을까요? 채권양도나 질권설정의 대상이 되는 임차보증금이란 임차보증금 또는 전세권등기를 하지 아니한 채권적 전세의 전세보증금을 말하며, 세입자가 전세권등기를 한 전세권자인 경우에는, 전세권이 존속기간의 만료로 소멸한 경우이거나 전세계약의 합의해지 또는 당사자(전세권설정자와 전세권자) 간의 특약 등으로 전세금반환채권만의 분리양도가 가능한 경우 외에는 전세금반환채권만을 전세권(용익권)과 분리해 양도할 수 없습니다(대판 1999.2.5. 97다33997, 2002.8.23. 2001다69122, 분리양도는 무효라는 취지). 따라서 전세권이 살아 있는 동안에는 전세권에 저당권을 설정하고 부기등기를 해놓는 방식으로 담보를 잡아야 할 것이고(또는 전세권부 채권가압류), 전세금반환채권만을 양도하는 방법으로 담보를 잡아놓는 경우에는 제3자(예, 전세금반환채권에 대한 가압류권자)에 대해 그 효력을 주장할 수 없게 되는 불상사가 생길 수도 있습니다.

[사례 1·1·12] 미성년자가 할부 및 방문판매로 물건 구입시 취소 여부

문 저는 현재 20세의 대학생인데, 2년 전인 18세 때 부모가 출타하시고 혼자 있는 집에 찾아온 책장사 甲으로부터 240,000원짜리 백과사전 1세트를 12개월 할부로 구입한 사실이 있었습니다. 그런데, 내용을 보니 별로 유익한 것 같지도 않고, 또한 240,000원이라는 큰돈을 부모 몰래 마련하기도 힘들 것 같아 반품하려고 책장사에게 전화를 하였더니 도무지 받지를 않는 것입니다. 할 수 없이 겉표지에 나와 있는 주소로 반품하였지만 주소불명으로 반송되어 왔습니다. 그런데 갑자기 며칠 전에 책값을 내라며 독촉장이 날아왔는데, 어떻게 대처해야 하는지요?

답 19세 미만자를 미성년자라고 하는데, 미성년자의 법률행위는 미성년자가 성년자가 된 날로부터 3년 이내에, 법정대리인(부모)이 미성년자의 법률행위를 안 날로부터 3년 이내에, 미성년자가 법률행위를 한 날로부터 10년 이내에 취소할 수 있게 되어 있습니다(민법 제5조, 제146조). 물론 위 3가지 중에 어느 하나라도 그 기간이 먼저 경과한 때는 취소할 수 없게 됩니다.

따라서 귀하는 아직 성년이 된 날로부터 3년이 경과되지 않았고, 귀하의 부모도 귀하가 책을 구입한 사실을 아직까지 모르고 있다고 보이므로, 귀하는 甲에게 계약을 취소하겠다는 의사표시를 함으로써 위 계약을 취소할 수 있고, 그 대금을 지급할 의무가 없게 됩니다. 취소하는 방법은 전화상으로도 가능하지만(단, 전화녹음 필요), 나중에 그에 대한 입증이 곤란할 것이므로 대금청구가 날아온 주소지로 내용증명을 발송하는 방법에 의하는 것이 현명합니다.

또한 귀하의 사안과 같은 경우에는 방문판매임과 동시에 할부판매에 해당되므로 「방문판매 등에 관한 법률」(이하 '방문판매법')과 「할부거래에 관한 법률」(이하 '할부거래법')의 적용을 받을 수 있다고 보이는데, 이 2가지의 법이 경합하는 경우에는 그중에서 가장 유리한 법이 적용됩니다(방문판매법 제4조).

그런데 할부거래의 경우에는 매수인은 계약서를 교부받은 날부터 7일 이내(계약서를 교부받지 못한 경우에는 목적물의 인도를 받은 날부터 7일 이내)에 청약을 철회할 수 있게 되어 있고(할부거래법 제5조), 방문판매 또는 전화권유의 방법으로 재화 등을 구매한 경우에는 계약서를 교부받은 날로부터 14일 이내(만약 재화 등의 공급이 계약서의 교부보다 늦게 이루어진 경우에는 재화 등을 공급받은 날로부터 14일 이내)에, 계약서를 교부받지 못하였거나 방문판매자 등의 주소가 변경되는 등으로 주소를 알지 못해 청약철회를 기간 내에 하지 못한 경우에는 주소를 안 날 또는 주소를 알 수 있었던 날로부터 14일 이내에 청약을 철회할 수 있게 되어 있습니다(방문판매법 제8조).

따라서 귀하는 귀하에게 가장 유리한 방문판매법의 적용을 받을 수 있고, 따라서 방문판매자 등의 주소를 안 날로부터 아직 14일이 경과되지 않았다면, 방문판매법에 의해서도 그 청약을 철회할 수 있겠습니다.

참고로 할부거래법은 동산 또는 용역(일정한 시설을 이용하거나 용역의 제공을 받을 권리 포함)에 관한 할부계약 중 2월 이상의 기간에 걸쳐 3회 이상 분할해 지급하는 경우에 대하여 적용되고(단, 매수인이 상행위를 목적으로 할부계약을 체결하는 경우는 제외. 할부거래법 제2조), 방문판매법은 방문판매, 전화권유판매, 다단계판매, 계속거래 및 사업권유거래 등에 의한 재화 또는 용역의 거래에 대해 적용되는데,[2] 방문판매·전화권유판매·다단계판매·계속거래 및 사업권유거래에서의 소비자보호와 관련하여 방문판매법과 다른 법률의 적용이 경합하는 경우에는 방문판매법을 우선 적용하되, 다른 법률을 적용하는 것이 소비자에게 유리한 경우에는 그 법을 적용하도록 되어 있습니다(방문판매법 제4조).

[사례 1·1·13] 물건을 할부로 구입한 경우에 그 철회 여부

문 저는 전자제품대리점을 운영하는 甲으로부터 70만원짜리 세탁기 1대와 200만원짜리 냉장고 1대를 각각 10개월 할부로 구입하였습니다. 그런데 구입한지 3일째 되던 날 우연히 다른 전자대리점에 쇼핑을 갔다가 타사 제품이 마음에 들어 꼭 사고 싶은 생각이 들었습니다. 저의 집에 세탁기나 냉장고가 2대는 필요하지 않으므로 종전에 구입한 세탁기와 냉장고에 대해 청약을 철회하고 싶은데, 가능한지 문의드립니다.

답 「할부거래에 관한 법률」(이하 '할부거래법') 제8조 제1항 제1호에 의하면, 할부거래의 매수인은 계약서를 교부받은 날 또는 물건을 인도받은 날부터 7일 이내에 할부계약에 관한 청약을 철회할 수 있다고 규정되어 있습니다.

다만, 할부거래법 자체가 적용되지 않는 품목도 있고(할부거래법 제3조 제2호), 할부거래법이 적용되기는 하지만 청약철회가 가능하지 않는 품목(할부거래법 제8조 제2항 제2호~제5호)도 있습니다. 또한 매수인에게 책임 있는 사유로 구매한 목적물이 멸실 또는 훼손된 경우에는 청약을 철회할 수 없고(할부거래법 제8조 제2항 제1호), 매수인이 상행위를 목적으로 할부계약을 체결한 경우에도 할부거래법이 적용되지 않습니다(할부거래법 제3조 제1호).

아래에서 할부거래법 자체가 적용되지 않거나, 청약철회가 가능하지 않은 품목을 정리해 보면 다음과 같습니다. 즉, ① 농·수·축·임·광산물로서 제조업에 의해 생산되지 않는 것, ② 의약품, ③ 보험, ④ 각종 증권, ⑤ 어음, ⑥ 부동산, ⑦ 선박, ⑧ 항공기, ⑨ 궤도차량, ⑩ 건설기계, ⑪ 자동차, ⑫ 냉동기·전기냉방기(난방겸용 포함)·보일러, ⑬ 10만원 이하의 할부계약(단, 신용카드로 할부 거래한 경우에는 20만원 이하), ⑭ 소비자의 주문에 따라 개별적으로 제조되는 재화 등의 공급을 목적으로 하는 할부계약, ⑮ 매수인의 책임 있는 사유로 목적물이 멸실 또는 훼손된 경우, ⑯ 매수인이 상행위를 목적으로 할부계약을 체결한 경우(단, 사업자가 사실상 소비자와 같은 지위에서 다른 소비자와 같은 거래조건으로 거래하는 경우는 적용됨) 등의 경우가 그것입니다. 종전에는 세탁기와 냉장고도 청약을 철회할 수 없는 품목으로 되어 있었으나 개정 할부거래법 시행령이 시행되는 2010년 9월 18일부터는 세탁기와 냉장고도 청약을 철회할 수 있는 품목으로 되었습니다.

이에 귀하께서는 세탁기와 냉장고를 구입한지 7일이 경과되지 않았다고 보이므로 아직 세탁기와 냉장고를 설치하지 않았거나 사용하지 않았다고 한다면 청약을 철회할 수

---

2) 다만 사업자가 상행위를 목적으로 재화 등을 구입하는 거래, 보험계약 체결을 위한 거래, 개인이 독립된 자격으로 공급하는 재화 등의 거래로서 대통령령이 정하는 거래는 제외됩니다(방문판매법 제3조).

있을 것으로 보입니다. 그러나 세탁기와 냉장고를 이미 사용하여 훼손된 정도에 이른 경우에는 청약을 철회할 수 없다는 점도 고려하시기 바랍니다. 이러한 원리는 세탁기와 냉장고뿐만 아니라 귀하께서 TV나 오디오 등 각종 가전제품을 구입한 경우에도 마찬가지로 적용됩니다.

[사례 1·1·14] 핸드폰을 할부로 구입해 개통한 후의 청약철회 여부

문 저는 핸드폰 대리점에서 핸드폰을 할부로 구입하여 현장에서 포장을 개봉하고 개통을 하였는데, 당일 다른 대리점에 가보니 더 마음에 든 핸드폰이 있어서 청약철회를 하고자 합니다. 이러한 경우에 할부거래법에 의해 청약철회가 가능한지 박사님께 문의드리고 싶습니다.

답 소비자가 할부로 물건을 구매한 경우에는 「할부거래에 관한 법률」(이하 '할부거래법')에 의해 소비자가 아직 구매물건을 받지 않는 때는 할부거래계약서를 받은 날부터 7일 이내, 구매물건을 받은 때는 물건을 공급받은 날부터 7일 이내에 할부거래업자 및 카드회사 등 신용제공자에게 청약을 철회하는 의사표시가 적힌 서면을 발송함으로써 청약을 철회할 수 있습니다(할부거래법 제8조 제1항 제1호, 제3항, 제9조).

다만 청약철회가 인정되지 않는 경우가 있는데, ① 소비자에게 책임있는 사유로 재화 등이 멸실되거나 훼손된 경우(단, 재화 등의 내용을 확인하기 위해 포장 등을 훼손한 경우에는 제외), ② 사용 또는 소비에 의해 그 가치가 현저히 낮아질 우려가 있는 것으로서 대통령령으로 정하는 재화 등을 사용 또는 소비한 경우,[3] ③ 시간이 지남으로써 다시 판매하기 어려울 정도로 재화 등의 가치가 현저히 낮아진 경우, ④ 복제할 수 있는 재화 등의 포장을 훼손한 경우, ⑤ 그밖에 거래의 안전을 위해 대통령령으로 정하는 경우,[4] ⑥ 할부거래법 자체가 적용되지 않는 재화 등[5]을 할부로 구매한 경우가 그것인데, 이러한 경우에는 소비자가 물건을 할부로 구매한 후 7일이 경과되지 않았다고 하더라도 청약을 철회할 수 없게 됩니다(할부거래법 제8조 제2항).

소비자가 방문판매나 전화권유판매 또는 다단계판매에 의해 물건을 구매한 경우에도 할부거래의 경우와 유사하게 「방문판매 등에 관한 법률」(이하 '방문판매법')에 의해 14일 이내에 청약을 철회할 수 있습니다(방문판매법 제8조, 제17조).

또한 소비자가 인터넷 등의 전자상거래나 통신판매로 물건을 구매한 경우에도 할부거래나 방문판매 또는 전화권유판매와 유사하게 「전자상거래 등에서의 소비자보호에 관한 법률」(이하 '전자상거래법')에 의해 7일 이내에 청약철회를 할 수 있습니다(전자상거래법 제8조). 다만 전자상거래나 통신판매의 경우에는 할부거래 등에 있어서의 청약철회제한 사유 외에도 용역 또는 디지털콘텐츠의 제공이 개시된 경우에는 청약을 철회할 수 없도록 하고 있습니다.

이와 같이 소비자들의 청약철회를 인정하는 이들 법에서는 공히 재화 등의 내용을 확인하기 위해 포장 등을 훼손한 경우를 제외하고는 소비자에게 책임있는 사유로 재화 등이 멸실 또는 훼손된 경우에는 청약을 철회할 수 없도록 하고 있습니다.

이로 볼 때 핸드폰의 내용물을 보기 위해 박스를 개봉한 경우에는 청약을 철회할 수 있을 것이지만, 더 나아가 개통까지 한 경우에는 '재화 등이 훼손'된 경우에 해당되어 청약철회를 할 수 없는지 문제됩니다. 물론 핸드폰 계약시 대다수의 계약서에 기재된 바와 같이 통화품질이 좋지 않거나 불량인 경우에는 그 계약에 따라 또는 민법상 하자담보책임을 물어 계약을 해제할 수 있을 것이지만, 이는 귀하의 경우와 같이 단순 변심으로 청약을 철회하여 계약을 해지하고자 하는 경우와 별개의 문제일 것입니다.

생각건대, 박스를 개봉한 경우와 달리 개통까지 이루어진 경우에는 그 순간부터 중고폰으로 전락하는 것이므로 이들 법에 의해서는 청약철회가 곤란할 것으로 보입니다. 이들 법에 의해서 청약을 철회하려면 법의 개정이 이루어져야 할 것으로 보이며, 공정거래위원회에서도 그 개정 방안을 추진하려는 움직임이 있기는 하지만 아직까지 구체화되고 있지는 않습니다. 그래서 실무상 핸드폰 판매대리점 등에서는 궁여지책으로 통화품질이나 불량품의 사유로 청약철회를 유도하고, 소비자로 하여금 해당 제품회사의 서비스센타로부터 증빙서류를 받아오도록 하여 교환이나 환불처리를 해주는 경우가 있습니다.

---

3) 여기에 해당되는 것으로는 선박, 항공기, 철도 등 궤도차량, 건설기계, 자동차, 설치에 전문인력 및 부속자재 등이 요구되는 것으로서 냉동기, 전지냉방기, 보일러를 설치한 경우가 있습니다(할부거래법 시행령 제6조 제1항).

4) 여기에 해당되는 것으로는 할부가격이 10만원 미만인 할부계약과 여신전문금융업법에 따른 신용카드를 사용해 할부거래를 하는 경우에는 할부가격이 20만원 미만인 할부계약 및 소비자의 주문에 따라 개별적으로 제조되는 재화 등의 공급을 목적으로 하는 할부계약이 있습니다(할부거래법 시행령 제6조 제2항).

5) 여기에 해당되는 것으로는 사업자가 상행위를 위해 재화 등의 공급을 받는 거래(단, 사업자라도 사실상 소비자와 같은 지위에서 다른 소비자와 같은 거래조건으로 거래하는 경우는 제외), 제조업에 의해 생산되지 아니한 농산물·수산물·축산물·임산물·광산물, 의약품, 보험, 어음, 부동산을 말하며(할부거래법 시행령 제4조). 이들은 할부거래법 자체가 적용되지 않는 재화들입니다.

[사례 1·1·15] 인터넷 등 전자상거래나 통신판매를 통하여 물건을 구입한 경우의 청약 철회 여부

문 저의 부모님은 연로하시고 평소 건강이 좋지 않아 자식으로서 늘 보약이라도 사드려야 한다고 마음을 먹고 있던 참인데, 우연히 TV 홈쇼핑 광고를 보고 마침 우리 부모님의 증세에 딱 들어맞는 치료문구를 보고 솔깃해서 팩스로 주문을 하여 100만원 상당의 건강보조식품(장뇌삼 엑기스)을 구입한 사실이 있습니다. 그런데, 막상 부모님께 갔다 드렸더니 포장을 뜯어보고는 펄쩍 뛰시면서 부작용도 있을 수 있고 값도 비싼데 무엇하러 사왔느냐고 하면서 당장 반품하라고 난리입니다. 그래서 반품을 하고 싶은데, 포장도 뜯은 상태여서 반품을 받아줄지 걱정입니다. 이에 박사님께 고견을 듣고 싶습니다.

답 전자상거래 및 통신판매 등에 의한 재화 또는 용역의 거래에 관해 소비자의 권익을 보호하고 시장의 신뢰도를 제고시키기 위해 2002년 3월 30일 제정되고 2005년 3월 31일까지 4차례에 걸쳐 개정되어 현재 시행되고 있는 법이 「전자상거래 등에서의 소비자보호에 관한 법률」(이하 '전자상거래법')입니다.

여기에서 전자상거래란 전자거래의 방법[6]으로 상행위를 하는 것을 말하고, 통신판매란 우편·전기통신 그밖에 총리령이 정하는 방법[7]에 따라 재화 또는 용역의 판매에 관한 정보를 제공하고 소비자의 청약에 의해 재화 또는 용역(이하 '재화 등')을 판매하는 것(방문판매 등에 관한 법률상의 전화권유판매 제외)을 말합니다.

다만, 전자상거래법은 사업자(방문판매법상의 다단계판매원 제외)가 상행위를 목적으로 구입하는 거래에 대하여는 적용되지 않습니다(전자상거래법 제3조 제1항).[8]

그리고 전자상거래 또는 통신판매에서의 소비자보호에 관해 전자상거래법과 다른 법률의 규정이 경합하는 경우에는 전자상거래법을 우선 적용하되, 다른 법률을 적용하는 것이 소비자에게 유리한 경우에는 그 법을 적용하게 됩니다(전자상거래법 제4조).

소비자가 통신판매업자(인터넷판매업자, TV홈쇼핑판매업자 포함)와 재화 등의 구매에 관한 계약을 체결한 경우에는 소비자는 계약을 철회할 수 있는데, ① 계약내용에 관한 서면을 교부 받은 경우에는 그 날로부터 7일 이내(다만, 그 서면을 교부받은 때보다 재화 등의 공급이 늦게 이루어진 경우에는 재화 등의 공급을 받거나 공급이 개시된 날부터 7일 이내), ② 그 서면을 교부받지 아니한 경우나 통신판매업자의 주소 등이 기재되지 아니한 서면을 교부받은 경우 또는 통신판매업자의 주소 변경 등의 사유로 위 ①항의 기간 이내에 청약철회 등을 할 수 없는 경우에는 그 주소를 안 날 또는 알 수 있었던 날부터 7일 이내에 청약을 철회할 수 있는 것입니다(전자상거래법 제17조 제1항).

다만, ① 소비자에게 책임 있는 사유로 재화 등이 멸실 또는 훼손된 경우(다만, 재화 등의 내용을 확인하기 위해 포장 등을 훼손한 경우는 제외), ② 소비자의 사용 또는 일부 소비에 의해 재화 등의 가치가 현저히 감소한 경우, ③ 시간의 경과에 의해 재판매가 곤란할 정도로 재화 등의 가치가 현저히 감소한 경우, ④ 복제가 가능한 재화 등의 포장을 훼손한 경우, ⑤ 그밖에 거래의 안전을 위해 대통령령이 정하는 경우[9]에는 소비자는 통신판매업자의 의사에 반해 청약철회 등을 할 수 없게 됩니다(전자상거래법 제17조 제2항).

그러나 이상에서 본 것에 불구하고 재화 등의 내용이 표시·광고 내용과 다르거나 계약내용과 다르게 이행된 경우에는 소비자는 해당 재화 등을 공급받은 날부터 3월 이내에, 그 사실을 안 날 또는 알 수 있었던 날부터 30일 이내에 청약철회 등을 할 수 있습니다(전자상거래법 제17조 제3항).

청약철회 등의 방법은 서면이나 구두로도 할 수 있지만, 서면으로 청약철회 등을 하는 경우에는 그 의사표시가 기재된 서면을 발송한 날에 그 효력이 발생하는 장점이 있고(전자상거래법 제17조 제4항), 전화 등 구두상으로 통지하는 경우에는 나중에 통지 여부의 입증에 대한 분란의 소지가 있으므로 청약철회 등은 내용증명 등을 통해 서면으로 하는 것이 바람직하다고 보입니다. 소비자가 청약철회 등을 행한 경우에는 이미 공급받은 재화 등을 반환해야 하며, 통신판매업자[10]는 재화 등을 반환 받은 날부터 3영업일 이내에 이미 지급받은 재화 등의 대금을 환급해야 합니다(전자상거래법 제18조 제1항, 제2항).

이에 귀하의 사례를 살펴보면, 귀하께 물건이 배달된지 얼마나 경과되었는지 알 수 없지만, 물건이 배달된지 아직 7일이 경과되지 않았다면, 설령 물건의 내용물을 확인하기 위해 포장을 개봉하였다 하더라도 그 내용물을 훼손하거나 사용하지 않는 한, 내용증명이나 팩스 등 서면을 통해 청약을 철회할 수 있다고 보입니다. 물건대금을 카드로 결재한 경우에는 청약철회는 통신판매업자와 카드회사 모두에게 발송해야 할 것입니다. 그리고 나서 수령한 물건은 즉시 택배 등을 통해 반품하는 조치를 취해야 함은 물론입니다.

---

6) 이는 재화나 용역을 거래함에 있어서 그 전부 또는 일부가 전자문서에 의해 처리되는 거래를 말합니다(전자거래기본법 제2조 제5호).

7) 이는 광고물·광고시설물·전단지·방송·신문 및 잡지 등을 이용하는 방법이나 판매자의 직접 대면하시 아니하고 우편환·우편대체·지로 및 계좌이체 등을 이용하는 방법을 말합니다(전자상거래법 시행규칙 제2조)

8) 다만, 사업자라 하더라도 사실상 소비자의 같은 지위에서 다른 소비자의 같은 거래조건으로 거래하는 경우에는 적용됩니다(전자상거래법 제3조 제1항).

9) 즉, 소비자의 주문에 의해 개별적으로 생산되는 재화 등 청약철회 등을 인정하는 경우 통신판매업자에게 회복할 수 없는 중대한 피해가 예상되는 경우로서 사전에 해당 거래에 대해 별도로 그 사실을 고지하고

[사례 1·1·16] 매매계약이 해제된 경우의 계약금 전액 몰수 또는 손해배상청구 여부

문 저는 공주에 사는 농부인데, 비닐하우스 농사를 짓고 싶어서 甲소유의 밭 1천평을 매매대금 1억원에 매수하기로 하는 매매계약을 체결하면서 계약금 2천만원은 계약당일 지급하였고, 중도금 3천만원은 2개월 후에, 나머지 잔금 5천만원은 4개월 후에 각 지불하기로 하였습니다. 그런데 충청권수도바람이 불면서 땅값이 치솟자 매도인 甲은 계약일로부터 며칠 지나지 않아 매매계약을 해제하고 싶다면서 계약금 2천만원과 해약금 1천만원(매매대금의 10%)을 받아가라는 내용증명을 보내왔습니다. 저도 계약을 해제하고 싶지만, 계약금 외에 2천만원 상당의 손해배상을 청구하고 싶은데, 그것이 가능한지 박사님께 문의드리고 싶습니다.

답 통상 부동산매매계약서를 작성할 경우에는 인쇄된 부동산매매계약서에 의해 작성하고, 계약금은 매매대금의 10%에 상당하는 금원을 교부하는 것이 관행처럼 되어 있습니다.

이러한 정형적인 매매계약서의 서식을 꼼꼼히 들여다보면, "㉮ 중도금(중도금의 약정이 없을 때는 잔금)을 지급하기 전까지 매수인은 계약금을 포기하고, 매도인은 계약금의 배액을 상환해 계약을 해제할 수 있다(해약금 약정). ㉯ 본 계약을 매도인이 위약시에는 계약금의 배액을 변상하고, 매수인이 위약시에는 계약금을 포기한다(위약금 약정)."라는 문구가 있을 것입니다.

계약금은 증약금이거나 해약금 또는 위약금 등 여러 가지의 성질을 가질 수 있고, 경우에 따라서는 이들의 성질을 겸유하여 가지는 경우도 있습니다.

다만, 모든 계약금은 특별한 약정이 없는 한 민법 제565조(해약금)에 의해 해약금으로서의 성질을 가지고 있습니다(계약금은 해약금으로 추정됨). 따라서 계약금이 교부된 경우에는, 위 ㉮항과 같은 해약금의 문구가 기재되어 있지 않더라도, 매매당사자 중의 일방이 이행에 착수(중도금의 지급 등)하기 전까지 계약금을 준 사람은 이를 포기하고, 계약금을 받은 사람은 그 배액을 상환함으로써 매매계약을 해제할 수 있는 것입니다(계약위반자도 계약해제 가능).

문제는 위 ㉯항의 경우와 같이, 교부된 계약금에 대해 위약금의 약정이 있는 경우와 없는 경우의 구별입니다. 이러한 위약금의 약정은 손해배상액의 예정인 경우도 있고 위약벌인 경우도 있으나, 특별한 경우가 아닌 한 민법 제398조 4항에 의해 손해배상액의 예정으로 추정됩니다.

그렇다면 위약금의 약정이 있는 경우와 그렇지 않는 경우에, 어떠한 차이가 있을까요?

계약금만 교부된 상태로서 아직 당사자 중의 일방이 그 이행에 착수하기 전에 계약을 해제할 경우에는 큰 차이가 없습니다. 그 차이는 당사자 중의 일방이 그 이행에 착수한 후에 계약을 해제하고자 할 경우에 나타나게 됩니다. 경우를 나누어서 살펴보도록 하겠습니다.

첫째, 계약서에 위약금의 약정이 없는 경우입니다.

이 경우에는 계약금은 해약금으로서의 성질만 가지게 되므로, 계약당사자의 일방이 아직 이행에 착수하기 전이라면 당사자의 일방은 누구든지 계약금 상당의 손해를 감수하고 계약을 해제할 수 있습니다. 문제는 당사자의 일방이 이행에 착수한 후에는 어떻게 되느냐는 것입니다. 이 경우에는 계약위반자가 있느냐의 여부에 따라 달라지는데, 쌍방 모두 계약을 위반한 사실이 없다면 어느 누구도 그 계약을 일방적으로 해제할 수 없습니다. 반면, 어느 일방이 계약을 위반한 경우에는, 계약을 위반하지 않은 당사자만이 계약을 해제하고 손해배상을 청구할 수 있게 됩니다(계약위반자는 해당 계약을 해제할 수 없음). 다만 그 손해배상의 액수에 대하여는 계약금이 기준이 되는 것이 아니라, 실제로 발생한 손해액(특별손해도 청구가능)이 그 기준이 되는 것입니다.

둘째, 계약서에 위약금의 약정이 있는 경우입니다.

이 경우의 계약금은 해약금으로서의 성질과 아울러 손해배상액의 예정으로서의 성질도 가지게 됩니다. 이때에도 계약당사자의 일방이 아직 이행에 착수하기 전이라면 당사자의 일방이 계약금 상당의 손해를 감수하고 계약을 해제할 수 있다는 점, 당사자의 일방이 이행에 착수한 후에는 계약위반자가 있느냐의 여부에 따라, 쌍방 모두 계약을 위반한 사실이 없다면 어느 누구도 그 계약을 일방적으로 해제할 수 없다는 점, 어느 일방이 계약을 위반한 경우에는 계약을 위반하지 아니한 당사자만이 계약을 해제하고 손해배상을 청구할 수 있다는 점은 위약금의 약정이 없는 경우와 동일합니다. 다만, 어느 일방이 계약을 위반함으로써 계약을 위반하지 아니한 당사자가 계약을 해제한 경우에 상대방에게 청구할 수 있는 손해배상의 액수가 달라진다는 것입니다. 즉, 이 경우에는 계약금이 손해배상액의 예정으로 추정됨으로써 계약금이 손해배상청구의 기준이 되는 것입니다. 따라서 실제로 발생한 손해액이 계약금보다 크거나 작더라도 그 계약금에 해당하는 금액만을 손해배상으로 청구할 수 있는 것입니다. 또한 손해배상예정액으로 추정되는 계약금이 과다해 그 전액을 손해배상으로 하기에 다소 무리가 있다고 판단된다면 법원은 적당히 그 금액을 감액할 수도 있습니다.

따라서 귀하의 사안을 살펴보면, 매도인 甲은 아직까지 당사자의 일방이 이행에 착수하기 전이므로, 계약금의 해약금으로서의 성질에 의해 자기가 받은 계약금 2천만원의 배액인 4천만원을 귀하에게 물어주고 계약을 해제할 수 있을 것입니다. 또한, 귀하에게 계약위반의 사유가 없으므로 이러한 해약금에 의한 계약해제가 아닌 채무불이행을 이유로 해서는 계약을 해제할 수 없을 것으로 보입니다.

오히려 귀하께서 甲의 책임을 물어 계약해제를 하면서 손해배상을 청구할 수 있다고 보이는데(단, 甲이 해약금에 의해 계약을 해제하지 아니한 경우), 만약 계약서상에 위약금의 약정이 있는 경우라면 계약금 2천만원의 배액에 해당하는 4천만원을 손해배상예정액으로 청구할 수 있을 것으로 보이고, 이러한 위약금의 약정이 없는 경우라면 계약금 2천만원과 계약이 해제됨으로 인해 발생한 실제의 손해액을 귀하께서 입증하여 그 금액을 손해배상으로 청구할 수 있을 것으로 사료됩니다.

[사례 1·1·17] 매매계약체결 후 아직 24시간이 지나지 않는 경우라면 계약을 일방적으로 해제할 수 있는지

문 저는 길가에서 중고컴퓨터를 가지고 있는 사람한테 컴퓨터를 구입하는 계약을 즉흥적으로 체결하였는데, 마침 지갑에 돈이 없어서 며칠 내로 계약금을 마련해서 컴퓨터를 찾아가기로 약정하고 중도금 및 잔대금에 대해서는 일시불로 2주 내에 지급하기로 하였습니다. 그런데 집에 와서 가만히 생각해보니 마음이 내키지 않아 위 매매계약을 해제하고 싶습니다. 계약금도 아직 지급하지 않았고 계약체결 후 24시간도 지나지 않은 경우에 계약해제가 가능한지 박사님께 문의드리고 싶습니다.

답 일단 성립한 계약을 해제하려고 할 경우, 계약당사자 간에 합의가 있으면 문제될 것이 없겠지만, 합의 없이 계약당사자 중 일방이 계약을 해제하려면 약정해제사유나 법정해제사유가 있어야 가능합니다. 약정해제사유란 계약체결시 특약으로 해제사유로 약정한 사유를 말하고, 법정해제사유란 상대방의 이행지체나 이행불능 등 민법에서 정한 해제사유를 말합니다. 즉 계약체결 후 얼마나 기간이 지났는지의 여부는 해제사유와 무관하다는 것입니다.

이와 같이 계약이 일단 성립한 후에는 당사자의 일방이 이를 마음대로 해제할 수 없는 것이 원칙입니다. 다만 주된 계약과 더불어 계약금계약을 한 경우에는 해약금의 원리에

소비자의 서면에 의한 동의를 얻은 경우를 말합니다(전자상거래법 시행령 제21조).

10) 여기의 통신판매업자에는 소비자로부터 재화 등의 대금을 지급 받은 자 또는 소비자와 통신판매에 관한 계약을 체결한 자가 포함됩니다.

의해 당사자의 일방이 이행에 착수할 때까지 계약금 교부자는 이를 포기하고, 그 수령자는 배액을 상환함으로써 계약을 해제할 수 있을 것입니다(민법 제565조 제1항). 그러나 계약금의 해약금으로서의 성질에 따라 계약을 해제하려면 현실적으로 계약금을 교부하는 것이 전제되어야 하는 것이며, 단지 계약금을 지급하기로 약정만 한 단계에서는 아직 계약금으로서의 효력이 발생하지 않아 위 해약금의 원리에 따라 계약을 해제할 수 없습니다.

따라서 매수인이 계약금의 일부만을 먼저 지급하고 잔액은 나중에 지급하기로 약정하거나 계약금 전부를 나중에 지급하기로 약정한 경우, 매수인이 계약금의 잔금이나 전부를 약정대로 지급하지 않은 경우에는 매도인은 계약금 지급의무의 이행을 청구하거나 채무불이행을 이유로 계약금약정을 해제할 수 있고, 나아가 위 약정이 없었더라면 주계약을 체결하지 않았을 것이라는 사정이 인정된다면 주계약도 해제할 수도 있을 것이지만, 매수인으로서는 계약금의 잔금 또는 전부를 지급하지 않는 한 계약금 계약은 성립하지 않는 것이므로 매수인이든 매도인이든 계약금을 포기한다든가 계약금의 배액을 제공하는 것으로는 주계약을 해제할 수 없을 것입니다(대판 2008.3.13. 2007다73611).

이에 귀하의 사건을 보건내, 계약체결 후 아무리 짧은 기간 내라고 해도, 심지어는 계약체결 후 즉시라도 일단 계약이 성립하면 법정해제사유가 없는 한 계약을 일방적으로 해제할 수 없습니다. 물론 당사자 간에 합의가 있으면 가능하겠지만 매도인도 손해볼 짓은 하지 않을 것이므로 이것도 쉽지 않을 것입니다. 다만 계약금 계약을 하고 계약금을 현실적으로 지급한 경우라면 귀하께서는 계약금을 포기하고 계약을 해제할 수 있을 것이지만 귀하의 사례처럼 계약금 자체도 아직 건네주지 않는 상태에서는 포기할 계약금 자체가 없으니 이러한 원리에 의해서도 계약을 해제할 수 없습니다. 유일한 방법은 지급하기로 한 계약금을 전액 지급한 후 이를 포기하고 계약을 해제한다는 의사표시를 함으로서 계약을 해제하는 것이지만, 그것보다는 계약금, 중도금 및 잔금을 모두 지급하고 컴퓨터를 구입하는 것이 더 실익이 있다면 컴퓨터를 구입하는 것이 오히려 손해를 줄일 수 있는 길이 아닐까 싶습니다.

[사례 1·1·18] 계약금 일부만 지급한 상태에서 계약을 해제하려면 그 일부에 대한 배액만 상환하면 되는지 약정 계약금의 배액을 상환해야 되는지

문 저는 상대방으로부터 서울 소재 아파트를 매매대금 11억원에 매수하기로 하는 매매계약을 체결하면서, 계약금 1억 1천만원 중 1천만원은 계약 당일에 지급하였고, 나머지 1억원은 다음날 상대방의 은행계좌로 송금하기로 약정하였습니다. 그런데, 계약 다음날 상대방은 더 높은 가격으로 매수하려는 자가 나타났던지 매매계약을 해제하겠다고 통보하고 자신의 은행 계좌를 폐쇄해버렸고, 이에 저는 할 수 없이 상대방을 피공탁자로 해서 수령거절을 이유로 계약금 잔액 1억원을 공탁하였습니다. 이후 상대방은 제가 건네준 계약금 중 일부인 1천만원의 배액인 2천만원을 공탁하고, 저에게 "매도인은 여러 가지 사정상 매수인으로부터 수령한 계약금 1천만원의 배액인 2천만원을 매수인에게 공탁하고 본 건 매매계약을 해제한다"라는 내용의 해약통고서를 보내왔습니다. 이에 저는 잔금지급일에 잔금을 준비해서 상대방의 집에 찾아갔으나 만나주지 않음에 일주일 후까지 소유권이전등기에 필요한 서류를 교부하지 않으면 별도의 해제통고 없이 본 최고서를 통해 계약해제의 의사표시를 갈음한다는 내용의 통고서를 보냈습니다. 이와 같이 계약금 중 일부만 교부한 상태에서 상대방이 계약을 해제하려면 교부받은 금전의 배액만 반환해도 되는지 아니면 원래 약정한 계약금 전액을 반환해줘야 되는지 알고 싶어 박사님께 문의드리는 바입니다.

답 매매의 당사자 일방이 계약 당시에 금전 기타 물건을 계약금, 보증금 등의 명목으로 상대방에게 교부한 때에는 당사자 간에 다른 약정이 없는 한 당사자의 일방이 이행에 착수할 때까지 교부자는 이를 포기하고 수령자는 그 배액을 상환하여 매매계약을 해제할 수 있습니다(민법 제565조 제1항).

매매계약이 일단 성립한 후에는 당사자의 일방이 이를 마음대로 해제할 수 없는 것이 원칙입니다. 다만 주된 계약과 더불어 계약금계약을 한 경우에는 민법 제565조 제1항의 규정에 따라 해제를 할 수 있기는 하나, 당사자가 계약금 일부만을 먼저 지급하고 잔액은 나중에 지급하기로 약정하거나 계약금 전부를 나중에 지급하기로 약정한 경우, 교부자가 계약금의 잔금 또는 전부를 지급하지 않는 한 계약금계약은 성립하지 않는 것이므로 당사자가 임의로 주계약을 해제할 수는 없다고 봅니다(대판 2008.3.13. 2007다73611).

그런데 매매계약시 정한 계약금 중 일부만 지급된 경우에 계약금의 해약금으로서의 성질에 의해 계약을 해제하려고 할 경우 실제 수령한 계약금 중 일부금액을 기준으로 하는지, 원래 계약서상 계약금을 주기로 한 금액을 기준으로 하는지 문제됩니다. 이에 관하여 판례는 매도인이 계약금 일부만 지급된 경우 지급받은 금원의 배액을 상환하고 매매계약을 해제할 수 있는지 여부에 관하여, "실제 교부받은 계약금의 배액만을 상환하여 매매계약을 해제할 수 있다면 이는 당사자가 일정한 금액을 계약금으로 정한 의사에 반하게 될 뿐 아니라, 교부받은 금원이 소액일 경우에는 사실상 계약을 자유로이 해제할 수 있어 계약의 구속력이 약화되는 결과가 되어 부당하기 때문에, 계약금 일부만 지급된 경우 수령자가 매매계약을 해제할 수 있다고 하더라도 해약금의 기준이 되는 금원은 '실제 교부받은 계약금'이 아니라 '약정 계약금'이라고 봄이 타당하므로, 매도인이 계약금의 일부로서 지급받은 금원의 배액을 상환하는 것으로는 매매계약을 해제할 수 없다."라고 판시하여 실제 수령한 계약금 중 일부를 기준으로 하는 것이 아니라 원래 계약서상에 계약금으로 주기로 약정한 금액을 기준으로 한다고 하고 있습니다(대판 2015.4.23. 2014다231378).

즉 계약금 일부만 지급받은 경우에도 매도인은 매매계약을 해제할 수 있다고 하더라도 그 해약금의 기준이 되는 금원은 '실제 교부받은 계약금'이 아니라 '약정 계약금'이라고 봄이 타당하다는 것입니다.

따라서 귀하의 사례에서도 상대방은 계약금 일부로서 지급받은 1천만원의 배액인 2천만원만 상환하는 것으로는 매매계약을 해제할 수 없으며, 굳이 해약하려면 약정 계약금의 2배인 2억 2천만원을 반환해줘야 해약이 가능할 것이므로 귀하께서는 2억 2천만원을 지급받거나 공탁을 받지 않는 한 계약의 존속을 계속 주장할 수 있을 것으로 보입니다.

[사례 1·1·19] 계약금을 지급하기로 약정했으나 아직 계약금을 지급하지 않는 상태에서 계약의 임의해제가 가능한지

문 저는 매도인 소유의 주택을 사고자 계약을 체결하면서, 계약금 1천 5백만원, 중도금 5천만원, 잔금 1억원으로 하기로 하고 서로 믿는 처지라 계약금은 15일 후에 지급하기로 약정한 사실이 있습니다. 그런데 생각해보니 지금 당장 주택을 사는 것보다 전세로 살면서 주택구입자금을 다른 곳에 투자하는 것이 낫다는 생각이 들어서 계약을 해제하고 싶습니다. 이 경우 계약금도 아직 지급하지 않은 상태인데 제가 임의로 계약을 해제할 수 없는지 박사님께 문의드리고 싶습니다.

답 계약이 성립된 후에도 당사자 간의 합의가 있으면 언제든지 계약을 해제할 수 있습니다. 그러나 합의에 의해서가 아니라 계약당사자 중 어느 일방이 계약을 일방적으로 해제하려면 일정한 사유가 존재해야 합니다. 즉 ① 계약서상에 기재한 해제사유가 발생한 경우, ② 상대방의 채무불이행 등 귀책사유가 있는 경우, ③ 계약금을 교부한 경우 중의 어느 하나에 해해당아만 일방적으로 계약을 해제할 수 있는 것입니다. 그밖의 경우에는 계약을 해제하고 싶어도 일방적으로 해제하는 것은 불가합니다.

이 중에서 귀하의 경우에는 계약금 교부와 관련된 해제사유와 연관된 것 같습니다. 민법에서는 매매의 당사자 일방이 계약당시에 금전 기타 물건을 계약금이나 보증금 등의 명목으로 상대방에게 현실적으로 교부한 때는 당사자 간에 다른 약정이 없는 한 당사자의 일방이 이행에 착수할 때까지 교부자는 이를 포기하고 수령자는 그 배액을 상환하여 매매계약을 해제할 수 있다고 함으로써 계약금을 현실적으로 지급한 경우에는 이를 해약금으로 추정하고 있습니다(민법 제565조 제1항).

이것은 계약체결시 계약금을 현실적으로 지급하면서 별다른 약정이 없을 때에 그렇다는 것이고, 계약금을 지급하기로 했을 뿐 아직 현실적으로 계약금을 지급하지 않는 때에는 적용되지 않습니다. 즉 계약금을 현실적으로 지급하지 않는 상태에서는 위 원리에 의해 해약할 수 없고, 계약금 지급의 약정을 어긴 상대방에 대해 채무불이행을 원인으로 계약을 해제한 후 현실적으로 생긴 손해를 입증하여 손해배상을 청구하는 수밖에 없는 것입니다.

판례도 "계약이 일단 성립한 후에는 당사자의 일방이 이를 마음대로 해제할 수 없는 것이 원칙이고, 다만 주된 계약과 더불어 계약금계약을 한 경우에는 민법 제565조(해약금) 제1항의 규정에 따라 임의 해제를 할 수 있기는 하나, 계약금계약은 금전 기타 유가물의 교부를 요건으로 하므로 단지 계약금을 지급하기로 약정만 한 단계에서는 아직 계약금으로서의 효력, 즉 위 민법 규정에 의해 계약해제를 할 수 있는 권리는 발생하지 않는다고 할 것이다. 따라서 당사자가 계약금의 일부만을 먼저 지급하고 잔액은 나중에 지급하기로 약정하거나 계약금 전부를 나중에 지급하기로 약정한 경우, 교부자가 계약금의 잔금이나 전부를 약정대로 지급하지 않으면 상대방은 계약금 지급의무의 이행을 청구하거나 채무불이행을 이유로 계약금약정을 해제할 수 있고, 나아가 위 약정이 없었더라면 주계약을 체결하지 않았을 것이라는 사정이 인정된다면 주계약도 해제할 수도 있을 것이나, 교부자가 계약금의 잔금 또는 전부를 지급하지 아니하는 한 계약금계약은 성립하지 아니하므로 당사자가 임의로 주계약을 해제할 수는 없다고 할 것이다."라고 판시하여 같은 취지의 입장을 보이고 있습니다(대판 2008.3.13. 2007다73611).

그러나 위와 달리 계약을 체결하면서 계약서상에 "매수인이 계약금을 지급하되, 매도인이 계약을 위반하였을 때는 그 배액을 배상받고, 매수인이 계약을 위반하였을 때는 계약금을 포기해 반환을 청구하지 않기로 한다."라는 문구를 기재한 경우, 즉 별도로 위약금의 약정까지 한 경우에는 조금 다릅니다. 이러한 위약금의 약정을 한 경우에도 계약금을 현실적으로 지급하지 않는 상태에서는 앞서 본 계약금의 해약금으로서의 성질에 따라 계약금의 교부자는 이를 포기하고 수령자는 그 배액을 상환하는 원리에 따라서는 계약을 해제할 수 없으며, 계약금 지급의 약정을 어긴 상대방에 대해 채무불이행을 원인으로 계약을 해제해야 하는 것이지만 위약금의 약정이 없는 경우와는 달리 현실적으로 생긴 손해를 입증할 필요 없이 매도인은 계약금의 배액을 손해배상으로 청구할 수 있게 됩니다.

예컨대, 매매계약에 있어서 매수인이 계약금을 지급하되, 매도인이 계약을 위반하였을 때는 그 배액을 배상받고, 매수인이 계약을 위반하였을 때는 계약금을 포기해 반환을 청구하지 않기로 약정하였으나, 매수인이 당시 계약금을 미처 준비하지 못하였던 관계로 일단 계약금을 지급하였다가 되돌려받아 보관하고 있는 것으로 처리하기로 하여 계약금 상당액의 현금보관증을 작성해서 매도인에게 교부한 경우, 매도인과 매수인 사이에는 계약금 상당액의 위약금 약정이 있었다고 볼 것이므로, 매수인이 계약을 위반하였다면 실제로 계약금을 지급하지 않았다고 하더라도 약정한 위약금을 지급할 의무가 있는 것입니다(대판 1999.10.26. 99다48160). 물론 위약금은 손해배상액의 예정으로 추정되므로, 그 위약금의 약정이 부당하게 과다한 때는 법원이 적당히 감액할 수 있을 것입니다(민법 제398조 제4항, 제2항).

이에 귀하의 사건을 보건대, 귀하께서는 계약을 체결하면서 계약금을 지급하기로 약정만 하였을 뿐 아직 현실적으로 계약금을 지급한 것이 아니므로 매도인의 귀책사유가 없는 한 계약을 일방적으로 해제할 수 없을 것으로 보입니다. 그런데 이제라도 귀하께서 매도인의 계좌로 계약금을 입금한 후 이를 포기하고 계약을 해제한다는 의사표시를 함으로써 계약을 일방적으로 해제할 수 있는지 문제됩니다. 매수인으로서는 기한의 이익을 포기하고 미리 변제할 수 있는 것이므로 설령 계약금의 지급기일이 남아있다고 해도 기한의 이익을 포기하고 계약금을 지급할 수 있다고 보이며, 따라서 귀하께서 매도인의 계좌를 알고 있다면 계약금을 계좌이체한 후 계약금을 포기하고 계약을 해제한다는 통지를 매도인에게 함으로써 계약을 해제할 수 있다고 보입니다.

[사례 1·1·20] 계약금을 지급하고 매매계약을 체결한 후 상대방이 계약금 포기 또는 계약금의 배액 제공으로 계약을 해제할 수 없도록 하는 방법

문 저는 최근 마음에 드는 아파트를 매수하였는데, 계약금은 계약당일 지급하였고, 중도금은 2개월 후에, 잔금은 4개월 후에 지급하기로 매매계약서를 작성하였습니다. 그런데 매도인이 조금 싸게 팔았다고 생각했는지 아니면 시세가 조금 오를 것 같아서 그런지 계약을 해제하려는 의사를 내비치고 있습니다. 저는 위 아파트를 꼭 사고 싶은데, 중도금 지급기일도 조금 남아 있어서 걱정입니다. 위 매매계약을 매도인이 해제할 수 없도록 하는 방법이 없는지 박사님께 문의드리고 싶습니다.

답 매매계약의 매수인이 매도인에게 계약금을 현실적으로 지급한 때에는 당사자 간에 다른 약정이 없는 한 매수인이나 매도인 중 어느 일방이 이행에 착수할 때까지 계약금 교부자는 이를 포기하고, 그 수령자는 배액을 상환함으로써 매매계약을 해제할 수 있습니다(민법 제565조 제1항).

이는 계약금이 해약금으로서의 성질을 가지고 있기 때문이며, 이러한 해약금으로서의 성질에 의해 계약을 해제하려면 매매계약의 당사자 중 어느 일방이 이행에 착수할 때까지 교부한 계약금의 포기나 수령한 계약금의 배액의 제공을 현실적으로 해야 하며, 당사자 중의 어느 일방이 일단 이행에 착수해버리면 그 후에는 이러한 해약금의 원리에 의해 교부한 계약금의 포기나 수령한 계약금의 배액을 제공한다고 하더라도 계약을 해제할 수 없게 됩니다. 즉 매수인이 계약의 이행에 착수하기 전에는 매도인이 계약금의 배액을 상환하고 계약을 해제할 수 있으나, 이 해제는 통고로써 즉시 효력을 발생하고 나중에 계약금 배액의 상환의무만 지는 것이 아니라 매도인이 수령한 계약금의 배액을 매수인에게 상환하거나 적어도 그 이행제공을 하지 않으면 계약을 해제할 수 없다는 것입니다(대판 1992.7.28. 91다33612).

그리고 이와 같이 해약금의 원리에 의한 해제권 행사의 시기를 당사자의 일방이 이행에 착수할 때까지로 제한한 것은 당사자의 일방이 이미 이행에 착수한 때는 그 당사자는 그에 필요한 비용을 지출하였을 것이고 또 그 당사자는 계약이 이행될 것으로 기대하고 있는데 만일 이러한 단계에서 상대방으로부터 계약이 해제된다면 예측하지 못한 손해를 입게 될 우려가 있는 것이어서 이를 방지하고자 함에 있습니다(대판 2006.2.10. 2004다11599).

여기에서 이행의 착수란 객관적으로 외부에서 인식할 수 있는 정도로 채무의 이행행위의 일부를 하거나 또는 이행을 하기 위해 필요한 전제행위를 하는 경우를 말하는 것으로서 단순히 이행의 준비를 하는 것만으로는 부족하지만 그렇다고 반드시 계약내용에 들어맞는 이행제공의 정도에까지 이르러야 하는 것은 아닙니다. 이행에 착수한다 함은 채무의 이행행위 자체에 착수하는 것을 말하는 것이지, 이행의 준비만으로는 이행의 착수라고 볼 수 없으므로 이행기가 되기 전에 잔대금 수령을 최고한 행위가 이행에 착수한 것으로는 볼 수 없습니다(대판 1979.11.27. 79다1663).

이해의 편의를 위해 아래에서 이행에 착수했는지의 여부에 관한 몇 가지의 판례를 살펴보기로 하겠습니다.

① 매수인이 중도금 및 잔금 액수를 초과하는 금원이 예치되어 있는 예금통장의 사본을 제시한 것은 중도금 및 잔금의 준비에 불과할 뿐 적법한 이행의 제공이라고 할 수

없습니다(대판 2004.12.9. 선고 2004다49525). 그리고 계약금의 배액을 상환해 계약을 해제하려는 매도인으로서는 배액 상환의 제공만으로 족하고 상대방이 이를 수령하지 않는다고 하더라도 이를 공탁할 필요도 없이 계약은 해제되는 것이라 할 것입니다(대판 1979.11.27. 79다1663).

② 매매계약 당시 매수인이 중도금 일부의 지급에 갈음하여 매도인에게 제3자에 대한 대여금채권을 양도하기로 약정하고, 그 자리에 제3자도 참석한 경우, 매수인은 매매계약과 함께 채무의 일부 이행에 착수하였으므로, 매도인은 계약금의 배액을 제공하고 계약을 해제할 수 없습니다(대판 2006.11.24. 2005다39594). 매수인이 중도금 및 잔금 중 일부를 적법하게 변제공탁한 경우 매도인의 계약금 배액상환을 원인으로 한 해제의 의사표시는 이미 상대방이 이행에 착수한 후에 이루어진 것으로서 그 효력이 없습니다(대판 1991.10.11. 91다25369).

③ 매도인이 매수인에 대해 매매계약의 이행을 최고하고 매매잔대금의 지급을 구하는 소송을 제기한 것만으로는 이행에 착수하였다고 볼 수 없습니다(대판 2008.10.23. 2007다72274). 그러나 매수인이 매도인의 동의하에 매매계약의 계약금 및 중도금 지급을 위해 은행도어음을 교부한 경우 매수인은 계약의 이행에 착수하였다고 할 수 있습니다(대판 2002.11.26. 2002다46492).

④ 매도인이 수령한 계약금의 배액을 제공하고 계약을 해제한다는 의사표시를 하고 일정한 기한까지 해약금의 수령을 최고하며 기한을 넘기면 공탁하겠다고 통지한 경우 중도금 지급기일은 매도인을 위해서도 기한의 이익이 있다고 보는 것이 옳고, 따라서 이 경우에는 매수인이 이행기 전에 이행에 착수할 수 없는 특별한 사정이 있는 경우에 해당하여 매수인은 매도인의 의사에 반해 이행할 수 없다고 보는 것이 옳으며 매수인이 이행기 전에 더욱이 매도인이 정한 해약금 수령기한 이전에 일방적으로 이행에 착수하였다고 해도 매도인의 계약해제권 행사에 영향을 미칠 수 없습니다(대판 1993.1.19. 92다31323). 매도인이 계약해제를 위해 계약금의 배액을 공탁하는 경우에 계약해제 의사표시가 있다고 볼 시점은 매수인에게 공탁통지가 도달한 때라고 봅니다(대판 1993.1.19. 92다31323).

⑤ 매수인이 중도금을 준비해서 매도인에게 찾아가 중도금을 지급하려고 했으나 매도인이 중도금을 수령하지 않아 그대로 돌아온 경우라면 매수인은 이행에 착수한 것이라고 할 수 있습니다(대판 1994.5.13. 93다56954). 당초 매매계약의 내용을 유지하면서 다만 이미 수수된 계약금과 중도금의 합계금원을 새로이 계약금으로, 나머지 미지급 금원을 잔금으로 하고 그 잔금지급 일자를 새로이 정하는 내용의 재계약을 체결한 경우, 그 새로운 계약금의 배액상환 또는 포기로써 해제권을 행사할 수 없습니다(대판 1994.11.11. 94다17659).

한편 통상적으로 매매계약을 체결할 때는 대금지급 방법에 관해 계약금, 중도금, 잔금으로 나누어 지급하는 경우가 대부분이고 각각 지급시기를 정해 놓고 있을 것인데, 그 정해진 이행기 전에 대금을 지급할 수 있는지 문제됩니다. 기한은 채무자의 이익을 위한 것으로 추정되고, 기한의 이익은 미리 포기할 수 있는 것이므로 채무자인 매수인은 기한의 이익을 포기하고 중도금이나 잔금의 변제기 전에 미리 변제할 수 있습니다(민법 제153조). 판례도 "이행기의 약정이 있는 경우라 하더라도 당사자가 채무의 이행기 전에는 착수하지 아니하기로 하는 특약을 하는 등 특별한 사정이 없는 한 이행기 전에 이행에 착수할 수 있다."라고 하여 같은 취지로 판시하고 있습니다(대판 2006.2.10. 2004다11599, 1993.1.19. 92다31323).

따라서 매매계약의 체결 이후 시가 상승이 예상되자 매도인이 구두로 구체적인 금액의 제시 없이 매매대금의 증액요청을 하였고, 매수인은 이에 대해 확답하지 않은 상태에서 중도금을 이행기 전에 제공하였는데, 그 이후 매도인이 계약금의 배액을 공탁해서 해제권을 행사하려고 해도 시가 상승만으로 매매계약의 기초적 사실관계가 변경되었다고 볼 수 없고 이행기 전의 이행의 착수가 허용되어서는 안될 만한 불가피한 사정이 있는 것도 아니므로 매도인은 위 계약을 해제할 수 없는 것입니다(대판 2006.2.10. 2004다11599).

이에 귀하의 사건을 살펴보건대, 매도인으로서는 받은 계약금의 배액을 제공하고 계약을 해제하는 것이 더 실익이 있다고 한다면 귀하께서 이행에 착수할 때까지 계약금의 배액을 제공하고 계약을 해제할 수 있을 것입니다. 따라서 귀하께서 위 아파트를 꼭 매수하고 싶다면 매도인이 그 수령한 계약금의 배액을 제공해서 계약을 해제하기 전에 귀하께서 중도금을 지급하는 등으로 이행에 착수하는 것이 필요합니다. 문제는 중도금의 이행기가 아직 도래하지 않아서 중도금을 지급할 수 없지 않느냐 하는 것인데, 위에서 살펴본 바와 같이 중도금은 그 이행기 전에도 이행할 수 있는 것이므로 매도인의 은행계좌를 알고 있으면 중도금을 지급한다고 통지한 후 계좌로 이체하면 될 것이고, 만약 계좌를 알지 못한다면 중도금을 준비해서 매도인에게 찾아가 수령을 최고하고 받으면 중도금을 건네주면 될 것이고 그렇지 않는다면 위 사실을 녹음해 둔다든가 영상촬영을 통해서 증거를 만들어 놓는 후 되돌아와도 이행에 착수한 것으로 볼 수 있으니 차후 매도인이 계약금의 배액을 제공해서 계약해제의 의사표시를 한다고 하더라도 이행에 착수한 후의 해제가 되어 그 효력이 인정되지 않게 됨으로써 결과적으로 귀하께서는 위 아파트를 취득할 수 있을 것으로 보입니다.

[사례 1·1·21] 중도금 또는 잔대금 미지급시 계약이 자동적으로 해제된다는 약정을 한 경우에 그 효력 여부

문 저는 최근 투자 목적으로 발전가능성이 큰 길목에 토지를 매수하는 계약을 체결하면서 계약 당일 계약금을 지급하고, 중도금은 1개월 후, 잔대금은 2개월 후에 지급하되, 중도금이나 잔대금의 지급기일을 하루라도 어기면 계약이 자동적으로 해제된다는 특약을 한 사실이 있습니다. 그런데 중도금 지급기일에 중도금이 마련되지 않아서 기일을 넘기게 되었고 며칠이 지난 후에서야 중도금이 마련되었습니다. 이 경우에도 자동해제특약에 의해 계약이 자동적으로 해제되어 제가 위 토지를 매수할 수 없게 되는지 박사님께 여쭈어보고 싶습니다.

답 계약당사자의 일방이 그 채무를 이행하지 않는다고 해서 바로 계약을 해제할 수 있는 것이 아니고 상대방으로서는 상당한 기간을 정하여 그 이행을 최고하고 그 기간 내에 이행하지 아니한 때에 비로소 계약을 해제할 수 있는 것입니다(민법 제544조 제1항).

여기에서 이행지체를 이유로 계약을 해제함에 있어서 그 전제요건이 되는 이행의 최고는 반드시 미리 일정기간을 명시해서 최고해야 하는 것이 아니고 최고한 때로부터 상당한 기간이 경과되면 해제권이 발생한다고 할 것이며, 매도인이 매수인에게 중도금을 지급하지 아니하였으니 매매계약을 해제하겠다는 통고를 한 때에는 이로써 중도금 지급의 최고가 있었다고 보아야 하고, 그로부터 상당한 기간이 경과하도록 매수인이 중도금을 지급하지 아니하였다면 매도인은 매매계약을 해제할 수 있다고 할 것입니다(대판 1994.11.25. 94다35930).

그런데 실무에서는 계약을 체결하면서 이러한 해제절차를 생략하고 간명하게 계약을 해제할 수 있도록 하기 위하여 중도금이나 잔대금 지급기일에 그 지급을 어기면 다른 절차 없이 계약이 자동적으로 해제되는 것으로 본다는 약정을 해두는 경우가 있습니다. 이러한 '계약의 자동해제특약'이 유효한지 문제됩니다. 판례는 부동산 매매계약에 있어서 매수인이 잔대금 지급기일까지 그 대금을 지급하지 못하면 그 계약이 자동적으로 해제된다는 취지의 약정이 있더라도 매도인이 이행의 제공을 하여 매수인을 이행지체에 빠뜨리지 않는 한 그 약정기일의 도과 사실만으로는 매매계약이 자동해제된 것으로 볼 수 없다고 판시하고 있습니다(대판 1994.9.9. 94다8600, 2010.7.22. 2010다1456). 다만 예외적으로 토지거래허가구역 내의 토지에 대해서는 당사자 사이에 별개의 약정으로 매매 잔금이 그 지급기일에 지급되지 아니하는 경우 매매계약을 자동적으로 해제하기로 약정하는 것은 가능하다고 하고 있으며(대판 2008.3.13. 2007다74393·74409), 또한 매수인이 수회에 걸친 채무불이행에 대해 책임을 느끼고 잔금 지급기일의 연기를 요청하면서 새로운 약정기일까지는 반드시 계약을 이행할 것을 확약하고 불이행시에는 매매계약이 자동적으로 해제되는 것을 감수하겠다는 내용의 약정을 한 경우에는 매수인이 잔금 지급기일까지 잔금을 지급하지 아니함으로써 그 매매계약은 자동적으로 실효된다고 하고 있습니다(대판 1994.9.9. 94다8600, 2010.7.22. 2010다1456).

이에 귀하께서는 수차례 귀하께서 중도금 지급기일을 어긴 후 특약으로 자동해제약정을 한 경우가 아니라면 지금이라도 중도금을 지급할 경우 계약을 유지시킬 수 있을 것으로 보입니다.

[사례 1·1·22] 부동산매수인이 매매 잔대금을 지급하지 않는 경우의 매도인의 대응방법

문 저는 몇 달 전에 돈이 필요해서 제 소유의 논 1천평을 甲에게 매매대금 8천만에 매도하기로 하는 계약을 체결하면서, 계약금 1천만원은 계약당일 지급하고, 중도금 2천만원은 1개월 후에, 나머지 잔금 5천만원은 2개월 후에 각 지불하기로 하였습니다. 그런데 甲은 중도금만 지급하고 잔금에 대하여는 계약일로부터 5개월(잔금지급일로부터 2개월)이 지났는데도 차일피일 미루며 아직까지 지급하지 않고 있습니다. 그런데, 최근에 乙이 나타나 위 매매대금보다 고가를 제시하며 자기에게 그 논을 팔아라며 간청하고 있습니다. 계약서에는 "甲이 위약하면 계약금은 몰수당하고, 제가 위약하면 계약금의 배액을 상환하기로 한다."라는 특약을 하였습니다. 어떻게 대처해야 하는지요?

답 계약해제에 관해 민법 제544조는 "당사자의 일방이 그 채무를 이행하지 아니한 때에는 상대방은 상당한 기간을 정하여 그 이행을 최고하고, 그 기간 내에 이행하지 아니한 때에는 계약을 해제할 수 있다."라고 규정하고 있습니다.

따라서 귀하께서는 배달증명부 내용증명우편으로 상당한 기간(채무의 내용·성질 기타 객관적 사정을 토대로 하여 결정)을 정하여 甲에게 잔금이행을 최고한 후, 그 기간 내에 甲이 이행하지 않으면 매매계약을 해제하고 乙에게 다시 매도할 수 있을 것입니다.

다만, 귀하는 위약금으로 약정한 계약금 1천만원을 제외한 중도금 2천만원과, 이에 대하여 그 받은 날로부터의 이자(연 5%)를 더해 甲에게 반환해 주어야 할 것으로 보입니다(실제로 발생한 손해액이 1천만원을 초과한 경우에도 1천만원만 위약금으로 몰수할 수 있을 뿐임).

또한 귀하께서는 위 매매계약을 해제하지 아니하고, 소유권이전등기에 필요한 서류를 준비하여 매수인에게 그 수령을 최고하는 등으로 이행을 제공한 후, 잔대금 5천만원과 위약금으로 약정한 1천만원에 대해 그 지급을 구하는 민사소송을 제기하여 승소판결을 얻은 다음, 강제집행을 실시할 수도 있을 것입니다.

[사례 1·1·23] 가계약금에 대한 반환청구 가능 여부

문 저는 미분양아파트에 대해 가계약금으로 1천만원을 걸고 계약을 체결한 후 상대방의 은행계좌에 무통장입금했고, 정식계약서는 나중에 작성하기로 하였습니다. 가계약을 체결한지 6일 정도 지난 것 같은데, 아무리 생각해봐도 마음이 내키지 않아 이를 취소하고자 합니다. 이 경우에 가계약금으로 입금한 돈을 돌려받을 수 있는지 궁금해서 박사님께 문의드리고자 합니다.

답 가계약이라는 용어는 법적 용어는 아니며 관행상 부동산거래나 임대차계약 등 정식계약을 체결하기 전에 체결하는 임시계약 내지 사전예약 또는 계약의 예약을 지칭합니다.

보통 정식계약을 체결할 때는 계약금으로 거래대금의 10% 상당을 거는게 일반적인데, 비교적 금액이 크고 계약금이 교부되면 이는 곧 해약금의 성질을 가지게 되어 강한 구속력이 인정되는 관계로 조금 더 생각해보고 정식계약을 체결하고 싶을 때 또는 임시계약 시 개략적으로만 계약조건을 정한 후 세부적인 조건은 나중에 정식계약을 체결할 때 정하고 싶은 경우, 그밖에 계약금 전부가 마련되지 않아서 급한 대로 거래대금의 3 ~ 5% 정도만 걸어도 되는 가계약으로 당사자를 묶어두고 싶을 때 가계약을 체결하게 됩니다.

가계약을 체결할 때는 가계약서라는 서면을 작성하는 경우도 있지만 대부분 구두상 또는 전화상으로 약정하고 가계약금을 지불한 후 영수증을 받아놓거나, 해당 가계약금을 무통장으로 입금하는 경우가 대부분입니다. 구두상이나 전화상의 가계약도 계약인 만큼 녹음 등에 의해 그 사실이 입증된다면 유효하다고 할 수 있습니다. 그런데 가계약은 당사자 간의 다양한 이해관계를 반영하여 합의하는 것이기 때문에 그 구속력의 정도나 규정하는 내용이 매우 다양한 관계로 법적 성질이나 효력에 관해서도 일률적으로 판단할 수 없고 사안에 따라 각기 판단되어야 할 것으로 보입니다.

이에 소위 가계약금을 지불하고 계약을 체결한 경우에 그 성질이나 효력을 크게 분류해 보면 ① 가계약을 체결했다고는 하지만 계약으로서의 실질을 갖추지 못하여 계약 자체가 성립하지 아니한 경우 또는 계약 자체가 완성되지 못한 경우가 있을 것이고, ② 계약으로서의 실질을 갖추어 계약이 성립되었다고 볼 수 경우에도 그 지불한 가계약금을 계약금 전체로 볼 수 있으냐 계약금의 일부에 해당하는 것으로 볼 수 있느냐로 구분할 수 있습니다.

먼저 계약이 성립하기 위해서는 당사자 사이에 의사의 합치가 있어야 하고 이러한 의사의 합치는 해당 계약의 내용을 이루는 모든 사항에 관하여 있어야 하는 것은 아니지만 적어도 매매목적물, 매매대금, 대금지급 방법 등 그 본질적 사항이나 중요한 사항에 관해서는 구체적으로 의사의 합치가 있거나 적어도 장래 특정할 수 있는 기준과 방법 등에 관한 합의는 있어야 합니다.

따라서 가계약이 계약으로서 유효하려면 계약 수준에 달할 정도로 계약목적물과 금액, 중도금지급일, 잔금지급일, 입주일 등 계약의 중요 내용에 대한 합의가 있어야 할 것이며, 그렇지 않으면 계약으로서의 효력이 인정되지 않는다고 봅니다. 예컨대 매매계약을 체결하면서 거래대금이나 지급일 등 구체적인 내용은 나중에 정하기로 하고 일단 가계약금만 지불하기로 한 경우라든가, 공인중개사가 임대인으로부터 가계약 체결 권한을 위임받지 않은 상태에서 좋은 집이라고 소개하면서 금방 나갈 수 있으니 우선 가계약이라도 체결해 놓으라고 하는 말만 믿고 가계약금을 지불한 후 영수증만 받아 놓는 경우 등이 여기에 해당될 것입니다. 이와 같은 경우에는 계약 자체가 성립되지 않거나 미완성된 것이므로 가계약금의 지불자는 수령자에 대하여 부당이득으로 그 반환을 청구할 수 있을 것으로 보입니다.

다음으로 가계약이 계약의 중요 내용에 대한 합의가 이루어져 있어서 계약으로서 효력이 인정되는 경우가 있습니다. 판례에 의하면 부동산 매매에 관한 가계약서 작성 당시 매매목적물과 매매대금 등이 특정되고 중도금 지급방법에 관한 합의가 있었다면 그 가계약서에 잔금 지급시기가 기재되지 않았고 후에 정식계약서가 작성되지 않았다고 하더라도 매매계약은 성립한다고 판시하고 있습니다(대판 2006.11.24. 2005다39594).

이와 같이 가계약이 계약으로서 유효한 경우에도 가계약에서 계약금을 명시했느냐 여부에 따라 다시 두 경우로 나누어 가계약을 체결할 때 정식계약의 계약금에 대해서 구체적으로 명시하지 아니한 경우와 계약금을 명시한 경우가 있을 것입니다.

전자와 같이 가계약시 정식계약의 계약금을 명시하지 아니한 경우라면 가계약금을 계약금 자체라고 볼 수 있을 것입니다. 예컨대, 주택신축 공사에 대한 가계약을 체결하면서 공사대금 1억, 공사기간 1년, 기성고에 따라 공사대금 3회 분할지급 등으로 약정하고 계약금을 명시하지 않은 채 가계약금조로 5백만원을 지급한 경우가 여기에 해당될 것입니다. 이러한 경우에는 당사자 간에 다른 약정이 없는 한 계약의 일반원리에 따라서 당사자의 일방이 아직 이행에 착수하기 전이라면 가계약금 교부자는 이를 포기하고, 그 수령자는 그 수령한 가계약금의 배액을 상환함으로써 계약을 해제할 수 있을 것입니다(민법 제565조 제1항).

그런데 가계약을 체결할 때 정식계약의 계약금에 대해 구체적으로 명시한 경우이거나 가계약서를 작성하면서 계약금의 액수를 명시한 경우에는 가계약금은 계약금의 일부에 해당한다고 할 수 있을 것입니다. 예컨대 가계약서를 작성하면서 가계약금 2백만원, 임차보증금 5천만원, 월세 50만원, 계약금 5백만원으로 약정한 상태에서 가계약금을 무통장으로 입금한 경우가 여기에 해당될 것입니다. 이러한 경우에는 전자와 같이 가계약금을 계약금 전체로 보기는 어려울 것이므로 가계약금은 계약금의 일부에 해당되는 것으로 보는 것이 타당할 것이고, 따라서 당사자의 일방이 이행에 착수하기 전이라도 가계약금만을 포기하거나 그 배액만을 상환하는 것으로는 계약을 일방적으로 해제할 수 없다고 보며, 계약을 해제하려면 가계약금의 지불자는 명시된 계약금과의 차액을 추가로 지불하거나 공탁해야 할 것이고, 그 수령자는 명시된 계약금의 배액을 상환해야만 계약을 해제할 수 있다고 봅니다.

이에 귀하가 지불한 가계약금의 성질이 위에서 설명한 가계약금 중 어디에 해당되는지에 따라 그 결과가 달라질 것으로 보이며, 가계약금의 반환과 관련해서 당사자 간에 합의가 이루어지지 않는다면 결국 재판에서 담당판사가 해당 가계약을 어느 성질의 것으로 보느냐에 따라 가계약금의 반환 여부가 결정될 것으로 보입니다. 가계약과 관련해서는 위와 같은 문제가 있으므로 가계약 체결시 만약 본계약이 체결되지 않을 경우에는 그 반환을 구할 요량이었다면 특약으로 본계약이 성립되지 않으면 가계약금을 반환해주기로 하는 약정을 명시해두는 것이 현명할 것으로 보입니다.

[사례 1·1·24] 여행 출발 전의 여행계약의 취소 여부

문 저는 동남아시아 여행을 위해 한 여행사와 여행계약을 체결하였습니다. 아직 여행날짜가 일주일 정도 남았는데 다른 일이 생겨서 여행을 가지 못하게 되었습니다. 이 경우 여행계약의 취소가 가능한지 박사님께 문의드리고 싶습니다.

답 여행계약이란 당사자 한쪽이 상대방에게 운송, 숙박, 관광 또는 그밖의 여행 관련 용역을 결합해 제공하기로 약정하고, 상대방은 그 대금을 지급하기로 약정하는 것을 말합니다(민법 제674조의2).

이러한 여행계약을 체결했더라도 여행 시작 전이라면 여행자는 부득이한 사유가 없더라도 언제든지 계약을 해지할 수 있으되, 상대방에게 생긴 손해는 배상해 주어야 합니다(민법 제674조의3).

그러나 각 당사자에게 부득이한 사유가 있는 때에는 여행 시작 전후를 불문하고 언제든지 계약을 해지할 수 있으되, 이때 부득이한 사유의 발생이 당사자 일방의 과실에 의한 경우에는 상대방에게 생긴 손해를 배상해주어야 하는 문제가 생기지만, 태풍이라든가 비행기의 결항 등과 같이 양당사자 누구에게도 책임을 지울 수 없는 경우에는 손해배상 책임의 문제도 발생하지 않습니다(민법 제674조의4 제1항). 이와 같이 부득이한 사유로 여행계약이 해지된 때에는 여행주최자는 여행자를 귀환 운송할 책임을 지는데, 이로 인해 추가된 비용은 해지사유의 발생에 누구의 책임도 없는 경우에는 각 당사자가 절반씩 부담하고, 당사자 일방의 사정으로 부득이한 사유가 발생한 경우에는 그 당사자가 전액 부담하게 됩니다(민법 제674조의4 제2항).

한편 여행대금의 지급은 약정된 시기에 지급해야 하되, 시기에 관한 약정이 없으면 관습에 따르고, 관습도 없으면 여행 종료 후 지체없이 지급해야 합니다.

또한 여행주최자는 여행자에 대하여 여행의 하자에 대한 담보책임을 지게 됩니다. 즉 여행에 하자가 있는 경우 여행자는 여행주최자에 대해 그 하자의 시정 또는 대금의 감액을 청구할 수 있고, 하자의 시정이나 대금감액 후에도 손해가 생긴 때에는 손해배상도 청구할 수 있으며, 하자의 시정 또는 대금의 감액에 갈음하여 손해배상을 청구할 수도 있습니다. 다만 하자의 시정에 지나치게 많은 비용이 소요되거나 시정을 합리적으로 기대할 수 없는 사정이 있는 경우에는 하자의 시정은 구할 수 없고 대금감액이나, 대금감액 및 손해배상청구, 또는 하자의 시정에 갈음하는 손해배상청구만 가능하게 됩니다(민법 제674조의6 제1항 단서).

그럼에도 불구하고 여행에 중대한 하자가 있고 그 시정이 이루지지 않거나 계약의 내용에 따른 이행을 기대할 수 없는 경우에는 여행자는 여행계약을 해지할 수 있고, 이 경우 여행주최자는 대금청구권을 상실하되, 여행자에게 실행된 여행으로 이익이 있는 때는 그 이익에 대한 상환을 청구할 수 있습니다. 이때에도 여행주최자는 계약해지로 인하여 필요한 조치를 취할 의무가 있고, 계약상 귀환 운송의무가 있으면 여행자를 귀환 운송해야 할 것이며, 다만 상당한 이유가 있는 때에는 여행자에 대해 그 비용의 일부를 청구할 수 있습니다(제674조의7 제3항).

이러한 여행주최자에 대한 담보책임에 대해서는 여행 기간 중에도 행사할 수 있으되, 계약에서 정한 여행의 종료일부터 6개월이 경과되면 담보책임을 물을 수 없게 되며(민법 제674조의8), 민법상 여행계약에 관한 규정에 위반하는 약정으로서 여행자에게 불리한 것은 그 효력이 없게 됩니다(민법 제674조의9).

이에 귀하의 사건을 보건대, 여행자가 아직 여행을 시작하기 전이라면 그 사유 여부를 불문하고 계약을 해지할 수 있고, 여행 중이라면 부득이한 사유가 있어야만 여행계약을 해지할 수 있는데, 귀하께서는 아직 여행을 출발하기 전이므로 귀하에게 부득이한 사유가 있든 없든 여행계약을 해지할 수 있을 것이지만 여행주최자에게 생긴 손해는 배상해 주어야 할 것이며, 손해배상의 범위에 관하여 상호 합의가 되지 않는다면 결국 재판으로 가서 그 입증 여하에 따라 판사가 그 범위를 결정할 것으로 보입니다.

[사례 1·1·25] 동업관계가 깨진 경우의 출자금에 대한 반환청구 여부

문 저는 친구와 공동으로 출자하여 토지를 구입한 다음 그 지상에 주택을 건축해서 1/2씩 소유하기로 하고 토지매입이라든가 주택신축 등의 업무는 그 친구가 담당하기로 약정하였습니다. 그런데 그 친구는 토지를 자신의 명의로 구입해서 약정과 달리 영업용 건물을 축조하였고, 제가 뒤늦게 이 사실을 알고서 즉시 투자금의 반환을 요구하여 동업관계가 결렬되었는데, 그 친구는 저를 피하면서 토지에 근저당권을 설정하고 돈을 대출받아 건물을 완공해서 자신의 단독명의로 등기한 다음 위 건물에서 자신의 명의로 민박 영업을 하였지만, 위 민박 영업에 대해 제 동의를 받는다거나 그 영업으로 인한 이익을 저에게 분배한 바도 없습니다. 이에 제가 그 친구한테 투자한 돈을 회수할 수 있는 방법에 관하여 박사님께 여쭈어보고 싶습니다.

답 동업계약이란 일종의 조합계약이며, 구성원 간의 관계는 조합이 됩니다. 조합이란 2인 이상이 상호출자하여 공동사업을 경영할 것을 약정하는 것을 말하며, 이때 출자는 금전 기타 재산 또는 노무로 할 수 있고, 조합재산은 그 성격이 합유로 됩니다(민법 제703조, 제704조).

이러한 조합의 운영은 업무집행자가 하게 되는데, 조합계약으로 업무집행자를 정한 경우에는 그에 의하고, 정한 바가 없다면 조합원의 2/3 이상의 찬성으로 선임하게 됩니다.

이러한 조합관계에서 이를 종료시키는 방법에는 탈퇴와 조합해산의 두 가지가 있습니다.

먼저 조합에서 탈퇴하는 방법입니다.

조합계약으로 조합의 존속기간을 정하지 않았거나 조합원의 종신까지 존속할 것을 정한 때에는 각 조합원은 언제든지 탈퇴할 수 있으되, 부득이한 사유 없이 조합이 불리한 시기에는 탈퇴하지 못합니다. 조합의 존속기간을 정한 경우에도 조합원은 부득이한 사유가 있으면 탈퇴할 수 있습니다(민법 제716조). 그밖에 조합원이 사망하거나 파산, 성년후견개시, 다른 조합원 전원의 일치에 의한 제명이 있으면 자동 탈퇴됩니다. 탈퇴한 조합원과 다른 조합원간의 계산은 탈퇴 당시의 조합재산상태를 기준으로 원칙적으로 손익분배의 비율에 따라(만약 손익분배비율이 정해지지 않았으면 출자가액의 비례에 따름) 탈퇴자의 지분을 반환하게 되는데, 그 지분은 출자의 종류 여하에 불구하고 금전으로 반환할 수 있습니다.

다음으로 조합에 대한 해산청구를 통하는 방법입니다.

즉 각 조합원은 부득이한 사유가 있는 때에는 조합의 해산을 청구해서 조합관계를 종료시킬 수 있습니다(민법 제720조). 이때에는 탈퇴와 달리 조합이 해산되지 않으면 안되는 부득이한 사유를 입증해야만 합니다.

조합이 해산되면 조합원이 탈퇴하는 경우와 달리 청산절차가 진행되어야 하며, 청산의 집행은 총조합원이 공동으로 하거나 조합원 과반수로 선임한 청산인이 하게 되고, 청산시 잔여재산의 분배는 손익분배의 비율이 아니라 각 조합원의 출자가액에 비례하여 분배하게 됩니다. 즉 조합이 해산된 경우에는 탈퇴에서와 같이 조합지분을 반환하는 형태가 아니라 조합재산 자체를 분배하는 방법으로 이루어지는 것입니다(민법 제724조 제2항).

이와 같이 동업계약과 같은 조합계약에 있어서 조합원에 대한 조합관계를 종료시킬 수 있는 것은 조합의 해산청구와 조합으로부터 탈퇴 또는 조합원에 대한 제명뿐이며 일반계약에서처럼 조합계약을 해제하고 상대방에게 그로 인한 원상회복의 의무를 부담지울 수는 없습니다. 다만 조합원 사이의 신뢰관계가 깨어져서 원만한 조합운영을 기대할 수 없게 된 상황에서 다른 조합원에게 해지통고를 하는 것은 조합의 해산청구로 볼 수 있으며, 이와 같은 해산청구에 있어서는 계약해제 내지 해지의 요건을 별도로 충족할 필요는 없을 것입니다(대판 2009.6.11. 2009다21096).

한편 귀하의 사례처럼 2인으로 된 조합에서도 조합계약을 해제하고 그로 인한 원상회복을 주장하는 것은 불가하며, 조합관계의 종료 사유로는 탈퇴와 해산뿐이라고 할 수 있을 것입니다(대판 2007.4.26. 2005다62006).

먼저 탈퇴입니다. 2인인 조합에서 1인이 탈퇴하면 조합관계는 종료되지만 특별한 사정이 없는 한 조합은 해산되지 아니하고 조합원의 합유에 속하였던 재산은 남은 조합원의 단독소유에 속하게 되어 기존의 공동사업은 청산절차를 거치지 않고 잔존자가 계속 유지할 수 있게 됩니다(대판 2006.3.9. 2004다49693). 이때 탈퇴자와 잔존자 사이에 탈퇴로 인한 계산을 함에 있어서는 특단의 사정이 없는 한 탈퇴 당시의 조합재산상태를 기준으로 평가한 조합재산 중 탈퇴자의 지분에 해당하는 금액을 금전으로 반환해야 할 것이며, 이 경우 탈퇴 당시의 조합재산상태란 사업의 계속을 전제로 하는 것이므로 단순한 매매가격이 아닌 영업권의 가치를 포함하는 영업가격에 의해 평가해야 하고, 탈퇴자의 지분은 조합이 해산되는 것이 아니므로 청산의 경우와 같이 실제 출자한 자산가액의 비율에 의하는 것이 아니라 조합내부의 손익분배비율을 기준으로 계산해야 할 것입니다(대판 2006.3.9. 2004다49693). 즉 조합원이 탈퇴한 경우에는 자신이 출자한 전액을 반환해 달라고 청구할 수 없고 미래의 영업권을 포함한 탈퇴 당시의 조합재산을 평가해서 손익분배비율 또는 출가액의 비율에 따른 지분에 해당하는 금원의 반환을 청구하는 방법으로 해야 하는 것입니다.

다음으로 조합의 해산입니다. 조합에 대한 해산청구는 앞서 본 바와 같이 부득이한 사유가 있어야 하는데, 2인으로 된 동업관계, 즉 조합관계에서 그중 1인이 약정에 따른 출자금을 출자한 후 당사자 간의 불화대립으로 곧바로 동업관계가 결렬되어 그 이후 위 출자의무를 이행한 조합원이 동업관계에서 전적으로 배제된 채 나머지 조합원에 의해 당초의 업무가 처리되어 온 경우에는 부득이한 사유로 인한 해산청구가 가능하다고 보이며, 출자의무를 이행한 조합원은 탈퇴로 인한 계산으로써 자기가 출자한 금원의 반환을 구할 수도 있다고 봅니다(대판 1999.3.12. 98다54458, 2003.4.8. 2002다72361, 2007.4.26. 2005다62006).

이에 귀하의 사건을 보건대, 귀하께서는 조합에서 탈퇴하면서 탈퇴 당시의 조합재산을 기준으로 손익분배비율, 즉 1/2지분에 상당하는 금원을 반환해 달라고 청구할 수 있을 것이고, 한편 귀하의 사정을 살펴보면 귀하께서 친구에게 조합에 대한 해산청구를 할 수 있는 부득이한 사유가 있다고 보이므로 조합에 대한 해산청구를 하고 그 청산절차에서 잔존재산을 기준으로 귀하와 친구의 출자가액의 비율에 따라 그 분배를 청구할 수 있을 것으로 보이므로 위 두 방법 중 귀하께 유리한 방법을 선택해서 출자금을 회수할 수 있을 것으로 보입니다.

[사례 1·1·26] 순번계나 낙찰계가 깨진 경우의 법률관계

문 저는 계원 10명으로 구성된 순번계에 가입해 계불입금을 꾸준히 납부하고 있었는데, 도중에 계가 깨졌고, 제 순번이 늦은 편이라 저를 포함한 몇 명은 아직 계금을 타지 못하고 있습니다. 이럴 경우 저는 계주한테 계금을 받아내야 하는지 계금을 먼저 타간 계원한테 받아내야 하는지 궁금해서 박사님께 여쭈어보고 싶습니다.

답 계란 주로 경제적인 도움을 주고받거나 친목을 도모하기 위해 만든 협동조직을 말합니다. 특히 계는 친목도 친목이지만 목돈을 마련하기 위한 수단으로 활용되고 있는데, 곗돈을 빨리 타는 사람은 이자를 많이 내는 반면 금융기관과는 달리 담보없이도 돈을 빌릴 수 있고, 곗돈을 나중에 탄 사람은 금융기관보다 높은 이자수익을 올릴 수 있는 장점이 있으며, 목돈인데도 세금을 내지 않아도 되고 금융당국의 추적도 피할 수 있는 장점이 있어 많이 애용되고 있습니다.

이러한 계는 그것을 조직한 목적과 방법, 계금을 타는 방법과 급부 전·후의 계금 지급방법, 계주의 유무 및 계주와 계 또는 계원과의 관계나 계원 상호간의 관계 등에 관한 태양에 따라 조합계약이나 소비대차계약 또는 무명계약의 성질을 가지고 있으며, 이러한 성질에 따라 계원 또는 계주의 책임도 달라지게 됩니다(대판 1998.3.13. 97다57191).

이 중 계금을 타는 방법과 관련하여 계를 구분해 보면 순번계와 낙찰계로 구분할 수 있습니다. 순번계는 번호계라고도 하는데, 계원 상호간의 신뢰관계가 바탕이 되어 있고, 계원의 신청을 통해서 순번을 정하는 것으로 급전이 필요한 계원은 앞 번호를, 높은 이자소득을 원하는 계원은 뒷 번호를 신청해서 미리 순번과 순번에 따른 이자를 정해 놓고 그 순번에 따라 계금을 타는 것을 말하는 것으로서 일종의 조합계약에 해당하는 것이고, 낙찰계는 계원 상호간의 신뢰관계보다는 계주와 각각의 계원 간의 관계가 요체로 되어 있으며, 말 그대로 낙찰을 통해서 계금을 타는 순서를 정하는 것으로서 입찰에서 가장 높은 이자를 불입하겠다고 입찰한 계원 또는 가장 낮은 계금을 받겠다고 입찰한 계원에게 낙찰이 이루어져 계금을 타도록 하는 계를 말하는 것으로서 계주가 개인사업으로서 계를 조직해서 운영하는 일종의 무명계약의 성질을 가지고 있습니다.

따라서 계가 깨진 경우에도 계의 성질에 따라 정산 문제가 달라지게 됩니다.

먼저 순번계는 조합관계이므로 계가 깨졌다는 것은 조합이 해산되는 것과 마찬가지이고 조합이 해산되었을 때에는 청산절차를 통해 잔여재산에 대한 분배가 이루어지는 관계에 있으므로 부족분에 대해서는 계주가 아니라 계금을 먼저 타간 계불입금 납입 의무가 있는 계원과 아직 계금을 타지 못한 계원간의 정산문제로 귀착하게 됩니다.[11] 판례도 "순번계는 당사자 사이에 어떠한 특별한 약정한 바가 없다면 대체로 계원 상호간의 금융저축을 목적으로 하는 하나의 조합계약으로 보는 것이 타당하다고 할 것이고, 이와 같이 계가 민법상 조합의 성격을 가진다면 계가 해산한 경우에 있어서는 계를 중심으로 하는 채권채무를 포함하는 재산은 원래 각 계원의 합유에 속한 것이므로 당사자 사이의 어떠한 특약이 없다고 하면 민법의 규정에 따라서 청산절차를 밟아야 할 것이며, 이 결과에 따라서 각 계원에게 귀속하게 된 채권에 관해 비로소 각 계원은 이를 원인으로 하여 각자가 그 청구소송을 제기할 수 있을 뿐이고 이러한 절차를 밟을 때까지는 계를 중심으로 한 채권채무 관계는 각 계원의 합유에 속하므로 계원 각 개인은 이를 단독으로 청구하는 소송을 제기할 수 없는 것이다."라고 판시하고 있습니다(대판 1962.7.26. 62다265).

반면 낙찰계가 깨진 경우에는 오로지 계를 운영하는 계주의 책임에 귀속되는 것으로서 그 정산은 계주와 각 계원간에 이루어지는 것이며, 계금을 타지 못한 계원이 계금을 이미 타간 계원을 상대로 그 정산을 요구할 수 없습니다. 판례도 "낙찰계는 각 계원이 조합원으로서 상호 출자해서 공동사업을 경영하는 이른바 민법상 조합계약의 성격을 띠고 있는 것이 아니라 계주가 자기의 개인사업으로서 계를 조직 운영하는 것이라 할 것이고, 이와 같은 성질의 계에서는 계금 및 계불입금 등의 계산관계는 오직 계주와 각 계원 사이에 개별적으로 존재하는 것이므로, 계가 깨어졌다 해서 그 계가 조합적 성질을 띠고 있음을 전제로 한 해산이나 청산의 문제도 생길 여지가 없다."라고 판시하고 있습니다(대판 1982.9.28. 82다286, 1994.10.11. 93다55456).

이에 귀하께서는 순번계에 가입한 것이고, 이는 조합계약의 성질을 띠는 것이어서 계가 깨졌을 때의 정산 문제는 조합이 해산된 경우와 마찬가지의 절차에 따라야 할 것이므로, 잔여재산을 분배받은 후 부족한 부분에 대해서는 계금을 먼저 타간 후 아직 계불입금을 납부해야 할 의무가 있는 계원을 상대로 민사소송을 통하여 부당이득으로 그 반환을 청구해야 할 것이며, 계주를 상대로 청구하는 것은 받아들여지지 않을 수 있을 것으로 보입니다.

---

11) 순번계의 계주의 형사책임과 관련하여 판례는 "계주는 계원들로부터 징수한 계금을 계원에게 지급해야 할 업무상 임무가 있으므로 그 임무에 위배하여 지정된 계원에게 지급하지 아니하고 임의로 소비한 경우에는 업무상 배임죄가 성립한다고 할 것이나, 계가 파계된 후에 있어서는 계불입금의 청산의무는 있을지언

[사례 1·1·27] 부동산중개수수료 산정 방법

문 저는 서울 신림동지역에서 원룸을 얻기 위해 신림동 소재 공인중개사사무실에 의뢰했고, 다행히 임대차보증금 3천만원, 월세 30만에 나온 원룸이 있어서 임대차계약을 체결했습니다. 이때 제가 중개수수료를 언제, 얼마나 지급해 줘야 할지 알고 싶어서 박사님께 문의드립니다.

답 중개업이란 다른 사람의 의뢰에 의해 일정한 보수를 받고 중개를 업으로 행하는 것을 말하고, 이러한 업을 위해 공인중개사법에 의하여 중개사무소의 개설·등록을 한 자를 개업공인중개사(이하 '공인중개사')[12]라고 합니다.

공인중개사가 중개행위를 함에 있어서 고의 또는 과실로 거래당사자에게 재산상의 손해를 발생하게 한 때는 그 손해를 배상할 책임이 있고, 이를 위해 공인중개사는 법인인 공인중개사는 2억원 이상(분사무소를 두는 경우에는 분사무소마다 1억원 이상 추가 설정)을, 법인 아닌 개업공인중개사는 1억원 이상을 보장하는 보증보험 또는 공제에 가입하거나 공탁해야 합니다(공인중개사법 제30조 제1항, 제3항, 동법 시행령 제24조 제1항). 이때 중개의뢰인이 손해배상금으로 보증보험금·공제금 또는 공탁금을 지급받고자 하는 경우에는 그 중개의뢰인과 공인중개사간의 손해배상합의서나 화해조서 또는 확정된 법원의 판결문 사본 그밖에 이에 준하는 효력이 있는 서류를 첨부하여 보증기관에 손해배상금의 지급을 청구해야 합니다(공인중개사법 시행령 제26조 제1항).

반면 공인중개사는 중개업무에 관해 중개의뢰인으로부터 소정의 보수, 즉 중개수수료를 받을 수 있습니다(공인중개사법 제32조 제1항). 다만, 공인중개사의 고의 또는 과실로 중개의뢰인간의 거래행위가 무효·취소 또는 해제된 때에는 이러한 수수료를 받지 못합니다.

따라서 공인중개사의 고의·과실 때문이 아니라 당사자 사이에서 계약을 합의해제하거나 당사자 일방의 채무불이행으로 계약이 해제되는 등 당사자의 귀책사유로 인하여 계약이 무효·취소되거나 해제된 때에는 중개수수료를 지급해야 합니다.

그밖에도 공인중개사는 중개의뢰인으로부터 중개대상물의 권리관계 등의 확인을 위한 실비[13]와 계약금 등의 반환채무이행 보장에 소요되는 실비[14]를 받을 수 있습니다(공인중개사법 제32조 제1항, 제2항).

중개수수료의 지급시기는 공인중개사와 중개의뢰인간의 약정에 따르되, 약정이 없을 때에는 중개대상물에 대한 거래대금의 지급이 완료된 날에 지급하면 됩니다(공인중개사법 시행령 제27조의2).

이러한 중개수수료와 실비에 관하여는 그 최고한도만을 공인중개사법 시행규칙에서 규정해 놓고, 그 세부적인 기준에 관해서는 중개대상물의 종류에 따라 주택(부속토지 포함)의 경우에는 국토교통부령이 정하는 범위 안에서 중개사무소 소재지 관할 시·도의 조례로, 주택 이외의 중개대상물의 경우에는 국토교통부령으로 정하도록 되어 있습니다(공인중개사법 제32조 제3항, 동법 시행규칙 제20조).

이에 아래에서는 주택과 주택 외의 중개대상물로 구분해서 중개수수료와 실비의 최고한도에 관해 살펴보도록 하겠습니다.

먼저 주택에 대한 중개의 경우에 중개수수료와 실비의 최고한도입니다. 이 경우의 중개수수료는 중개의뢰인 쌍방으로부터 각각 받되, 그 일방으로부터 받을 수 있는 한도는 매매·교환의 경우에는 '거래금액'의 9/1,000 이내, 임대차 등의 경우에는 거래금액의 8/1,000 이내로 합니다. 실비는 중개대상물의 권리관계 등의 확인 또는 계약금 등의 반환채무이행 보장에 드는 비용으로 하되, 계약금 등의 반환채무이행보장에 소요되는 실비의 경우에는 권리를 취득하려는 자로부터, 그밖의 경우에는 권리를 이전하고자 하는 자로부터 지급받을 수 있습니다(공인중개사법 시행규칙 제20조 제1항, 제2항).

다음으로 주택 외의 중개대상물에 대한 중개의 경우에 중개수수료와 실비의 최고한도입니다. 이때의 중개수수료는 전용면적 85㎡ 이하이고 상·하수도 시설이 갖추어진 전용입식 부엌, 전용수세식 화장실 및 목욕시설(전용수세식 화장실에 목욕시설을 갖춘 경우 포함)을 갖춘 오피스텔은 중개의뢰인 쌍방으로부터 각각 받되, 매매교환은 '거래금액'의 5/1,000 이내, 임대차 등은 '거래금액'의 4/1,000 이내에서 중개보수를 결정하고, 그밖의 경우에는 중개의뢰인 쌍방으로부터 각각 받되, '거래금액'의 9/1,000 이내에서 중개의뢰인과 공인중개사가 서로 협의해 결정하도록 하고 있습니다.

여기에서 거래금액을 산정할 때에는 거래의 종류에 따라 ① 임대차의 경우에는 보증금과 차임이 동시에 있는 경우에는 {보증금 + (월 차임액 × 100)}으로 하되, 위 금액이 5천만원 미만인 경우 {보증금 + (월 차임액 × 70)}으로 산정한 금액을 거래금액으로 하고, ② 교환계약의 경우에는 교환대상 중개대상물 중 거래금액이 큰 중개대상물의 가액을 거래금액으로 하며, ③ 동일한 중개대상물에 대해 동일 당사자 간에 매매를 포함한 둘 이상의 거래가 동일 기회에 이루어지는 경우에는 매매계약에 관한 거래금액만으로 거래금액으로 합니다(공인중개사법 시행규칙 제20조 제1항, 제2항).

따라서 중개수수료와 실비는 위 최고한도를 넘지 않는 범위 내에서 조례로 정하는 바에 따라 각 지역별로 다를 수 있습니다. 각 시·도지역의 중개수수료에 관한 조례는 시·도의 홈페이지를 통해 열람이 가능합니다.

이에 귀하께서는 중개수수료의 지급시기와 관련해서 공인중개사와 약정이 없으면 중개대상물의 거래대금 지급이 완료된 날에 중개수수료를 지급하면 될 것이며, 중개사무소의 위치가 서울이므로 서울특별시의 조례에 근거해 중개수수료나 실비를 지급하면 됩니다. 서울특별시의 조례에 따르면 귀하의 거래금액은 {보증금 3천만원 + (월 차임액 30만원 × 100)}으로 산정해 보면 6천만원이 되고, 여기에 중개수수료 요율 4/1,000를 곱하면 24만원이 되며, 이는 30만원을 초과하지 않으므로 귀하의 중개수수료는 24만원이 됩니다. 여기에 공인중개사무소에 소요된 실비를 더해서 지급하면 될 것으로 보입니다.

그리고 당연한 말이겠지만 이러한 중개수수료나 실비는 그 상한액에 관하여 규정한 것이므로 공인중개사가 이보다 더 많은 금액을 요구할 수는 없지만, 이보다 더 낮은 금액을 받는 것은 상관이 없을 것입니다.

[표 1] 서울특별시 부동산 중개수수 요율표

주택(주택의 부속토지, 주택분양권 포함)의 중개보수 요율(15.4.14. 시행)

거래내용	거래금액	상한요율	한도액	중개보수 요율 결정	거래금액 산정
매매·교환	5천만원 미만	6/1,000	25만원	⊙ 중개보수는 거래금액 × 상한요율 이내에서 결정 (단, 이때 계산된 금액은 한도액을 초과할 수 없음)	⊙ 매매 : 매매가격 ⊙ 교환 : 교환대상 중 가격이 큰 중개대상물 가격
	5천만원 이상 ~ 2억원 미만	5/1,000	80만원		
	2억원 이상 ~ 6억원 미만	4/1,000	없 음		
	6억원 이상 ~ 9억원 미만	5/1,000	없 음		
	9억원 이상	9/1,000 이내에서		상한요율 9/1,000 이내에서 개업	

정 계의 존속을 전제로 한 이와 같은 계금 지급의무는 인정할 여지가 없는 것이므로 계주가 파계 후에 계원들로부터 계가 존속하는 것처럼 계금을 징수하는 것이 계원들과 사이에 사기죄가 성립함은 별론으로 하고 위와 같이 징수한 금원을 계불입금의 청산금이 아니라 계의 존속을 전제로 한 계금으로서 계원에게 지급할 업무상 임무가 있다고 볼 수 없다."라고 판시하고 있습니다(대법원 1982.11.9. 선고 82도2093 판결).

12) 종전에는 공인중개사라는 말로 통칭해서 사용하였는데, 현재는 공인중개사자격을 취득한 자를 공인중개사, 이 중 중개사무소의 개설·등록을 한 자를 개업공인중개사라는 말로 구분해서 사용하고 있습니다.

13) 여기에는 제증명 신청 또는 공부 열람 대행료(1건당 1천원), 제증명 발급 또는 공부 열람 수수료(실비), 교통비 및 숙박료(실비) 등이 해당됩니다.

14) 여기에는 계약금 등의 예치에 따른 비용(예치수수료), 계약금 등의 반환 또는 지급의 보증 설정에 소요되는 비용(실비), 사무처리에 필요한 증명·공부의 발급·열람수수료(실비), 교통비·숙박비 등 여비(실비) 등이 여기에 해당됩니다.

		협의		공인중개사가 정한 좌측의 상한요율 이내에서 중개의뢰인과 개업공인중개사가 협의하여 요율 결정.	
임대차 등	5천만원 미만	5/1,000	20만원	⊙ 중개보수는 거래금액 × 상한요율 이내에서 결정 (단, 이때 계산된 금액은 한도액을 초과할 수 없음)	⊙ 전세 : 전세금 ⊙ 월세 : 보증금+(월차임액×100). 단, 이때 계산된 금액이 5천만원 미만일 경우: 보증금+(월 차임액 × 70)
	5천만원 이상 ~ 1억원 미만	4/1,000	30만원		
	1억원 이상 ~ 3억원 미만	3/1,000	없 음		
	3억원 이상 ~ 6억원 미만	4/1,000	없 음		
	6억원 이상	8/1,000 이내에서 협의		상한요율 8/1,000이내에서 개업공인중개사가 정한 좌측의 상한요율 이내에서 중개의뢰인과 개업공인중개사가 협의하여 요율 결정.	

※ 분양권의 거래금액 계산 : [거래당시까지 불입한 금액(융자포함) + 프리미엄] × 상한요율

오피스텔 중개보수 요율(15.1.6. 시행)

적용대상	구 분	상한요율	보수 요율 결정 및 거래금액 산정
전용면적 85㎡이하, 전용입식부엌, 전용수세식 화장실, 목욕시설 등을 모두 갖춘 경우	매매·교환	1/1,000	「주택」과 같음
	임대차 등	4/1,000	
위 외의 경우	매매·교환·임대차	9/1,000 이내에서 협의	상한요율 9/1,000 이내에서 개업공인중개사가 정한 좌측의 상한요율 이내에서 중개의뢰인과 개업공인중개사가 협의하여 요율 결정.

주택 이외 (토지, 상가 등)의 중개보수 요율

거래내용	상한요율	중개보수 요율 결정	거래금액 산정
매매·교환 임대차 등	거래금액의 9/1,000 이내에서 협의	상한요율 9/1,000 이내에서 개업공인중개사가 정한 좌측의 상한요율 이내에서 중개의뢰인과 개업공인중개사가 협의하여 요율 결정.	「주택」과 같음

[표 2] 광주광역시 중개보수 요율 및 한도 주택 외의 중개보수 조례(2015. 7. 1)

□ 주택(부속토지 포함)의 중개보수(시 조례 제2조)

종별	거래가액	상한 요율	한도액
매매, 교환	5천만원 미만	6/1,000	250,000원
	5천만원 이상 ~ 2억원 미만	5/1,000	800,000원
	2억원 이상 ~ 6억원 미만	4/1,000	-
	6억원 이상 ~ 9억원 미만	5/1,000	-
	9억원 이상	9/1,000	-
임대차 등	5천만원 미만	5/1,000	200,000원
	5천만원 이상 ~ 1억원 미만	4/1,000	300,000원
	1억원 이상 ~ 3억원 미만	3/1,000	-
	3억원 이상 ~ 6억원 미만	4/1,000	-
	6억원 이상	8/1,000	-

□ 주택 외의 중개보수(시행규칙 제20조, 2015. 1. 6. 개정)

가. 본 공인중개사사무소에서 받고자하는 중개보수의 상한요율 기재

(거래금액의 9/1,000 이내)

대 상	구 분	중개보수 상한요율
오피스텔 - 전용면적이 85㎡ 이하일 것 - 상·하수도 시설이 갖추어진 전용입식부엌, 전용수세식 화장실 및 목욕시설을 갖출 것	매매, 교환	거래금액의 5/1,000
	임대차 등	거래금액의 4/1,000
그외 오피스텔, 상가, 토지 등	매매, 교환, 임대차 등	거래금액의 9/1,000

나. 공인중개사사무소에서 받고자 하는 중개보수 상한요율 내에서 중개의뢰인과 개업공인중개사가 서로 협의하여 결정하되 상한요율을 초과하여 받을 수 없음.

[사례 1-1-28] 공인중개사가 중개의뢰인과 직접 매매계약을 체결하는 경우의 효력 여부

문 저는 혁신도시지역에 있는 땅을 구입하고자 공인중개사에게 땅 구매를 의뢰하였는데, 그 공인중개사께서 마침 자기가 그 지역에 땅을 가지고 있다면서 자기와 직접 거래를 하자고 합니다. 저는 거래를 하고 싶기는 한데, 이러한 경우 공인중개사법에 위반되어 그 거래가 무효로 되어 낭패를 보지나 않을까 걱정되어 박사님께 이 문제에 관해 문의드리고 싶습니다.

답 법률행위가 일정한 행위를 금지하는 구체적 법 규정에 위반하여 행해진 경우에 그 법률행위가 무효인지 또는 법원이 법률행위 내용의 실현에 대한 조력을 거부하거나 기타 다른 내용으로 그 효력이 제한되는지의 여부는 해당 법 규정이 가지는 넓은 의미에서의 법률효과에 관한 문제의 일환으로서, 다른 경우에서와 같이 여기에서도 그 법 규정의 해석 여하에 의하여 정해진다고 봅니다.

따라서 그 점에 관한 명문의 정함이 있다면 당연히 이에 따라야 할 것이고, 그러한 정함이 없는 때에는 종국적으로 그 금지규정의 목적과 의미에 비추어 그에 반하는 법률행위의 무효 기타 효력 제한이 요구되는지 여부를 검토하여 이를 정해야 할 것입니다(대판 2010.12.23. 2008다75119).

공인중개사 등이 중개의뢰인과 직접 거래를 하는 행위를 금지하는 공인중개사법 제33조 제6호의 규정 취지는 공인중개사 등이 거래상 알게 된 정보 등을 자신의 이익을 꾀하는데 이용해 중개의뢰인의 이익을 해하는 경우가 있게 될 것이므로 이를 방지해서 중개의뢰인을 보호하고자 함에 있습니다. 따라서 위 규정에 위반하여 한 거래행위 자체가 그 사법상의 효력까지도 부인하지 않으면 안될 정도로 현저히 반사회성, 반도덕성을 지닌 것이라고 할 수 없을 뿐만 아니라 그 행위의 사법상의 효력을 부인해야만 비로소 입법 목적을 달성할 수 있다고 볼 수 없고, 위 규정을 효력규정으로 보아 이에 위반한 거래행위를 일률적으로 무효라고 할 경우 중개의뢰인이 직접 거래임을 알면서도 자신의 이익을 위해 한 거래 등도 단지 직접 거래라는 이유로 그 효력이 부인되어 거래의 안전을 해칠 우려가 있으므로, 위 규정은 강행규정이 아니라 단속규정이라고 보아야 할 것입니다(대판 2017.2.3. 2016다259677).

그러므로 귀하께서 공인중개사와 직접 매매계약을 체결한 경우에도 무효로 되지는 않고 유효하게 될 것이므로 안심하고 계약을 체결하셔도 될 것 같습니다.

[사례 1-1-29] 부동산중개업자이 소개 후 그를 배제한 상태에서 중개당사자 간에 계약체결 시 중개수수료 지급 여부

문 저는 아파트를 구입하기 위해 공인중개사에게 매매중개를 의뢰하였고, 위 공인중개사의 소개로 마땅한 아파트가 나옴에 따라 공인중개사와 함께 아파트 주인과 흥정을 했지만 생각보다 가격 절충이 되지 않아 그냥 돌아왔는데, 나중에 그 아파트 주인으로부터 전화가 와서 조금 낮은 가격을 제시함에 따라 둘 사이에 아파트 매매계약을 체결했습니다. 그런데 위 공인중개사가 어떻게 알았는지 자기 때문에 계약이 성사된 것이니 중개수수료를 내라고 합니다. 이와 같은 경우에도 제가 중개수수료를 부담해야 하는지 박사님께 문의드리고 싶습니다.

답 부동산중개행위는 중개업자가 중개대상물에 대해 거래당사자 간의 매매·교환·임대차 기타 권리의 득실·변경에 관한 행위를 알선하는 것으로서, 원칙적으로 중개업자는 중개대상물에 대한 계약서의 작성업무 등 계약 체결까지 완료되어야 비로소 중개의뢰인에게 중개수수료를 청구할 수 있는 것입니다. 다만 중개업자가 계약의 성립에 결정적인 역할을 했음에도 중개행위가 그의 책임 없는 사유로 중단되어 최종적인 계약서 작성 등에 관여하지 못했다는 등의 특별한 사정이 있는 경우에는 민·상법상 수임인 내지 상인의 귀책사유 없는 경우의 보수청구권 인정 취지나 신의성실의 원칙 등에 비추어 볼 때 그 중개업자는 중개의뢰인에 대해 이미 이루어진 중개행위의 정도에 상응하는 중개수수료를 청구할 권한이 있다고 할 것입니다(부산지법 2007.1.25. 2005나10743).

또한 공인중개사가 중개 과정에서 중개당사자 사이에 가격조정이 실패한 후 나중에 중개당사자 사이에 가격조정이 이루어져 계약이 체결된 경우에 그 동안 공인중개사가 부동산중개를 위해 힘써온 과정, 그 후 이루어진 중개당사자 사이의 계약내용, 공인중개사의 귀책사유 없이 계약서 작성에 있어 배제된 사정 등을 종합해서 비록 공인중개사가 계약서의 작성이라는 계약성립의 최종단계에는 관여하지 않았다고 하더라도 결국 공인중개사의 중개행위의 결과로서 이루어진 것이라 볼 수 있는 경우에는 계약당사자들은 그의 중개행위에 대한 상당한 수수료를 지급해야 할 의무가 있다고 할 것이며, 이때 중개수수료의 액수는 해당 시·도의 조례로 정한 부동산중개수수료 및 실비의 기준과 한도액의 범위 내에서 해당 사건의 부동산중개에 있어 공인중개사가 기울인 노력과 시간, 중개의 난이도, 기타 해당 사건에 나타난 제반사정을 참작해서 산정해야 할 것입니다(서울지법 1987.2.20. 86가단2801 판결).

요컨대 선행하는 공인중개사의 중개행위와 나중에 체결된 계약간에 동일성이 인정되느냐의 여부나 선행 공인중개사의 중개행위의 결정적 또는 직접적 기여 여부 등에 따라 중개수수료의 지급여부가 결정될 것으로 보입니다. 예컨대 동일한 중개대상물에 대해 공인중개사가 중개할 당시의 논의 가격과 나중에 당사자 간에 체결된 가격 사이에 별반 차이가 없다면 중개수수료를 지급해야 할 것으로 보이지만, 가격 차이가 상당히 난 경우에는 이와 달리 보아야 할 것입니다. 또한 선행 공인중개사의 중개요건과 후행의 다른 공인중개사의 중개요건 간에 별반 차이가 없는 경우에는 선행 공인중개사의 중개가 결정적 내지 직접적인 기여를 했다고 볼 수 있으므로 중개수수료를 지급해야 할 것으로 보이지만, 선행 중개요건과 후행 중개요건 사이에 상당한 차이가 있어 후행 공인중개사의 중개에 의해 계약이 체결되었다고 볼 수 있는 경우에는 선행 공인중개사에 대한 중개수수료는 이를 지급할 필요가 없다고 보입니다.

이에 귀하의 사건을 보건대, 객관적으로 보아 공인중개사의 중개 당시의 절충가격과 거래당사자끼리 체결한 계약 가격을 보았을 때 같거나 거의 유사하다면 중개수수료를 지급해야 할 것이로되, 그렇지 않으면 지급할 필요가 없다고 보이는 바, 그 같거나 유사한 여부에 관해서는 공인중개사와 귀하 간에 합의에 의할 것이로되, 합의가 이루어지지 않는다면 결국 재판으로까지 가서 판사가 결정할 것으로 보입니다.[15)]

[사례 1·1·30] 공동명의의 예금을 은행에서 찾는데 대해 일부가 협력하지 않는 경우에 자기 지분만이라도 찾을 수 있는지

문 저는 제 동생과 반반씩 마련한 1억원의 돈을 은행에 공동명의로 예금을 해놓으면서 저희 부친이 중병에 걸리셨을 때 인출해서 사용하기로 하고 그 전에는 각자의 지분도 인출하시 않기로 은행과 약정하였습니다. 그런데 몇 년 후 저희 부친이 중병에 걸려서 예금을 찾으려고 하는데, 동생이 협조해 주지 않는 것입니다. 하루라도 빨리 이 예금을 찾아서 부친의 치료비에 충해당야 할 텐데, 어떻게 예금을 찾아야 할지 몰라 박사님께 문의드리고자 합니다.

답 은행에 수인이 공동명의로 예금을 해놓는 경우가 있는데, 이러한 공동명의 예금의 성격에 관해서는 몇 가지로 분류할 수 있습니다.

첫째, 예금만 공동명의로 해놓았을 뿐 그 이상도 그 이하도 아닌 경우입니다. 예컨대, 수인이 아무런 조건을 붙이지 않고 공동명의로 예금을 해놓는 경우라든가, 피상속인 명의의 예금을 상속인들이 공동으로 상속받는 경우가 여기에 해당될 것입니다.

이 경우에는 은행에 대한 분할채권 관계라고 보이므로 각 상속인들은 자신의 지분만에 관한 청구를 할 수 있다고 보이고, 만약 은행이 이에 응하지 않는다면 법원에 예금지분반환청구소송을 통해 각자의 지분을 반환받을 수 있을 것으로 보입니다.

둘째, 동업자금을 공동명의로 예금해놓는 경우입니다.

이와 같이 동업자금을 공동명의로 예금해놓는 경우라면 채권의 준합유관계에 있는 것

15) 참고로 하급심 판결을 보면 부동산 매매대금으로 40억원과 41억 7천만원 사이에는 가격차이가 없는 것으로 보고 있습니다(부산지방법원 2007.1.25. 선고 2005나10743 판결).

이어서 공동명의 예금채권자들의 은행에 대한 예금반환청구는 공동명의자가 함께 해야 하고, 그에 관한 소송을 하려는 경우에도 합유의 성질상 항상 필요적 공동소송에 해당되어 공동명의자 전원이 함께 소송을 제기해야 할 것입니다(대판 1994.4.26. 93다31825).

셋째, 동업 이외의 목적으로 특정자금을 공동명의로 해놓으면서 은행에 대해 그 권리를 함께 행사하기로 약정하기는 하였으나, 그 예금이 공동명의 예금채권자들 중 1인이 전부 출연한 돈인 경우거나 또는 각자가 분담해 출연한 돈을 동업 이외의 특정목적으로 예치해두고 그 목적이 달성되기 전에는 공동명의 예금채권자 각자가 자신의 예금에 대하여도 인출할 수 없도록 하기 위한 경우입니다. 귀하의 사례가 여기에 해당될 것입니다.

이러한 경우에는 그 예금에 관한 관리처분권까지 공동명의 예금채권자 전원에게 공동으로 귀속되는 것이 아니라 하나의 예금채권이 분량적으로 분할되어 각 공동명의 예금채권자들에게 공동으로 귀속되고, 각 공동명의 예금채권자들이 예금채권에 대하여 가지는 각자의 지분에 대한 관리처분권은 각자에게 귀속되는 것이어서(대판 2004.10.14. 2002다55908) 은행을 상대로 예금반환청구소송을 제기하려는 경우에도 필요적 공동소송에 해당되지 않아 반드시 공동예금 명의자 전원이 공동원고가 되어 소를 제기할 필요는 없을 것이로되, 다만 공동명의 예금채권자들이 그 예금을 개설할 때 은행과의 사이에 예금채권자들이 공동하여 예금반환청구를 하기로 약정한 경우이므로 당사자들은 이에 구속되어 공동명의 예금채권자 공동으로 예금을 찾아야 할 것이고, 그중 1인이 은행을 상대로 자신의 예금반환을 청구함에 있어서도 단독으로는 불가하고 다른 공동명의 예금채권자와 공동으로 그 반환을 청구하는 절차를 밟아야만 은행으로부터 예금을 반환받을 수 있을 것입니다(대판 1994.4.26. 93다31825).

따라서 귀하께서 위 은행예금을 찾기 위해서는 다른 공동예금명의자와 공동으로 해야 할 것이고, 만약 그 다른 공동명의자가 은행예금을 찾는데 동의해 주지 않는 경우에는 그 공동명의 예금자와 귀하가 공동원고가 되어 소송을 제기할 필요는 없을 것이지만 은행에 대해서는 공동으로 예금을 찾아야 하는 성질상 귀하께서 먼저 그 협력하지 않는 공동명의 예금자를 상대로 귀하 단독으로 하는 반환청구에 관해 승낙의 의사표시를 하라는 취지의 판결을 얻은 다음, 그 판결을 은행에 제시함으로써 예금을 반환받거나, 그 공동명의 예금자와 은행을 공동피고로 해서 위 공동명의 예금자에 대하여는 예금의 공동반환절차에 협력하라는 취지를, 은행에 대하여는 위 공동명의 예금자에 대한 승소를 전제로 은행예금을 반환하라는 취지의 소를 제기하여 그 승소로써 예금을 반환받을 수 있을 것으로 보입니다.

[사례 1·1·31] 공동명의의 예금채권자 중 1인에 대한 채권자가 추심명령을 받아 그 지분에 대한 반환을 은행에게 청구할 수 있는지

문 저는 친구에게 빌려준 돈을 받지 못해 확정판결을 받아 그 친구의 은행예금에 대하여 추심명령을 받았습니다. 그런데 은행에서는 그 친구의 예금이 그 형제들과 3인 공동명의로 예금이 되어 있고 예금반환에 관한 공동반환특약을 해놓아서 그 지분도 지급해줄 수 없다고 합니다. 과연 은행의 말이 맞는지 박사님께 문의드리고 싶습니다.

답 은행에 공동명의로 예금을 하고, 은행에 대해 그 권리를 함께 행사하기로 한 경우에 만일 동업자금을 공동명의로 예금한 경우라면 채권의 준합유관계에 있다고 볼 것이나, 공동명의 예금채권자들 각자가 분담해 출연한 돈을 동업 이외의 특정 목적을 위해 공동명의로 예치해 둠으로써 그 목적이 달성되기 전에는 공동명의 예금채권자가 단독으로 예금을 인출할 수 없도록 방지·감시하고자 할 목적으로 공동명의로 예금을 개설한 경우라면, 하나의 예금채권이 분량적으로 분할되어 각 공동명의 예금채권자들에게 공동으로 귀속되고, 각 공동명의 예금채권자들이 예금채권에 대해 갖는 각자의 지분에 대한 관리처분권은 각자에게 귀속된다고 할 것이며, 다만 은행에 대한 지급청구만을 공동반환의 특약에 의해 공동명의 예금채권자들 모두가 공동으로 해야 하는 것 뿐이라고 할 것입니다(대판 2004.10.14. 2002다55908, 2005.9.9. 2003다7319).

따라서 은행이 공동명의 예금채권자 중 1인에 대해 별개의 대출금채권을 가지고 있는 경우에는 그 대출금채권을 자동채권으로 하여 그의 지분에 상응하는 예금반환채권에 대해 상계하는 것도 가능하고(대판 2004.10.14. 2002다55908), 공동명의 예금채권자 중 1인에 대한 채권자로서는 그 1인의 지분에 상응하는 예금채권에 대한 압류 및 추심명령 등을 얻어서 이를 집행할 수 있으며, 한편 이러한 압류 등을 송달받은 은행으로서는 압류채권자의 압류 명령 등에 기초한 단독 예금반환청구에 대해, '공동명의 예금채권자가 공동으로 그 반환을 청구하는 절차를 밟아야만 예금청구에 응할 수 있다.'라는 공동명의 예금채권자들과 사이의 공동반환특약을 들어 그 지급을 거절할 수 없게 됩니다(대판 2005.9.9. 2003다7319).

이에 귀하께서도 압류의 목적인 공동명의 예금이 동업자금이 아닌 경우라면 채권압류 및 추심명령을 얻어 은행으로부터 그 친구의 예금지분에 대한 반환을 청구할 수 있을 것으로 보이며, 그래도 은행에서 버티면서 반환해 주지 않는다면 추심의 소를 제기하여 승소한 후 은행의 재산에 대하여 집행함으로써 귀하의 채권을 회수할 수 있을 것으로 보입니다.

[사례 1-1-32] 취업청탁명목의 금품제공 등 불법원인급여물에 대한 반환청구의 가부

문 저는 나이가 들도록 취업을 하지 못하고 있는 아들에 대해 지인이 자기가 다니던 회사의 인사과에 잘 말해서 취업시켜준다고 하기에 1천만원을 건네준 사실이 있습니다. 그 지인은 6개월 내에 취업이 안되면 돌려준다고 했는데, 1년이 지나도록 취업도 안되고 돌려준다는 돈도 돌려주지 않고 있습니다. 이 돈을 소송을 통해 반환받을 수 있는지 박사님께 문의드리고자 합니다.

답 불법적인 원인으로 재산을 급여하거나 노무를 제공한 자는 그러한 불법의 원인이 수익자에게만 존재하는 것이 아닌 한 수익자에 대해 그 이익의 반환을 청구할 수 없습니다(민법 제746조). 이는 불법원인급여자에 대해 법적 보호를 거절함으로써 소극적으로 법적 정의를 유지하려는데 그 취지가 있습니다(대판 1994.12.22. 93다55234).

여기에서 불법의 원인이란 선량한 풍속 기타 사회질서에 위반하는 행위를 말하며, 구체적으로는 윤락녀나 티켓다방 종업원에게 선불금을 지급한 금품, 도박자금의 대여, 취업청탁목적으로 제공된 금품, 뇌물, 관세포탈을 위한 비밀 송금 금전(대판 1992.12.11. 92다33169) 등이 여기에 해당되고, 불법원인급여자가 수익자와의 약정으로 그 급여물 대신 다른 물품으로 지급받기로 약정한 경우에도 그 반환을 청구할 수 없게 됩니다(대판 1966.12.27. 66다2145).

그런데 이와 같이 불법원인급여물에 대해서는 수익자에게 불법원인이 있는지의 여부나 수익자의 불법 원인의 정도 내지 불법성이 급여자의 그것보다 큰지의 여부를 막론하고 급여자는 그 반환을 청구할 수 없는 것이 원칙이지만, 예외적으로 수익자의 불법성이 급여자의 그것보다 현저히 크고, 그에 비하면 급여자의 불법성은 미약한 경우에는 그 반환을 청구할 수 있습니다. 예컨대, 내기바둑에서 져서 주택을 양도하였지만 내기바둑에의 계획적인 유인, 내기바둑에서의 사기적 행태, 도박자금 대여 및 회수 과정에서의 폭리성과 갈취성 등에서 드러나는 수익자의 불법성의 정도가 내기바둑에의 수동적인 가담, 도박 채무의 누증으로 인한 도박의 지속, 도박 채무 변제를 위한 유일한 재산인 주택의 양도 등으로 인한 급여자의 불법성보다 훨씬 크다고 인정된 경우에는 내기바둑의 대가로 양도한 주택에 대한 반환을 청구할 수 있는 것입니다(대판 1997.10.24. 95다49530).

또한 불법의 원인으로 부동산을 양도하기로 하였지만 그 양도가 아직 종국적인 것이 아니라면 그 반환을 청구할 수 있습니다. 예컨대, 도박자금을 빌린 사람이 그에 대한 담보로 자신의 부동산에 근저당권을 설정해주었을 뿐인 경우에는 도박자금을 빌려준 자의 근저당권은 소유권이전과 같은 종국적인 것이 되지 못한 관계로 도박자금을 빌린 사람이 그 근저당권의 말소를 청구할 수 있는 것입니다(대판 1994.12.22. 93다55234).

한편 강제집행을 면할 목적으로 부동산의 소유자명의를 신탁하는 것은 불법원인급여에 해당하지 않아 그 반환을 청구할 수 있습니다(대판 1994.4.15. 93다61307). 또한 건설업면허대여의 방편으로 체결되는 건설업양도양수계약도 불법원인급여에 해당되지 않습니다(대판 1988.11.22. 88다카7306).

이에 귀하의 사건을 살펴보건대, 귀하께서 그 지인에게 귀하의 아들에 대한 취업청탁 목적으로 건넨 돈은 불법원인급여에 해당하여 그 반환을 청구할 수 없다고 보입니다. 다만 그 지인이 처음부터 귀하의 아들을 취업시켜줄 생각도 없었으면서 귀하를 기망하여 청탁금품을 건네받은 경우라면 사기죄가 성립할 수 있으므로 귀하께서 그 지인을 사기죄로 고소할 수는 있을 것으로 보입니다(대판 1995.9.15. 95도707).

[사례 1·1·33] 채무자가 부동산을 가족들 명의로 빼돌려 놓은 경우에, 채권자의 대응방법으로서 사해행위취소소송

문 저는 甲에게 공사대금으로 1천 5백만원을 받을 돈이 있었는데, 甲이 사정을 하며 몇 달만 기다려 주면 자기도 다른 데서 돈 나올 곳이 있다고 하기에, 그 말만 믿고 기다린지 벌써 2년이 다 되어 갑니다. 최근에는 만나주지도 않고 슬슬 피해 다니기만 합니다. 안되겠다 싶어 예전에 공사할 때 어렴풋이 알아 둔 채무자의 임야 2천평에 대한 부동산등기부등본을 떼어 보았더니, 2년 전에 자기의 처인 乙의 명의로 그 임야의 소유권을 돌려놓는 사실을 알게 되었습니다. 甲에게는 위 임야를 제외하고는 달리 재산이 없는 것 같은데, 어떻게 대처해야 할지 박사님의 고견을 듣고 싶습니다.

답 이러한 악덕채무자에 대항하기 위한 제도로서 민법 제406조에서는 채권자에게 사해행위취소권을 인정하고 있습니다. 즉, 이는 채무자가 제3자(수익자 또는 전득자)와 짜고 재산을 빼돌린 경우에, 채권자가 제3자를 상대로 법률행위의 취소 및 원상회복을 청구할 수 있도록 하는 제도입니다. 여기에서 제3자가 채무자와 짜고 거래를 하였다는 의미는, 제3자가 채무자에게 재산보다는 빚이 많다는 사실을 알고 있으면서도 그 채무자와 거래를 하였다는 것을 의미합니다(대판 2000.2.25. 99다53704)

제3자가 채무자와 전혀 알지 못한 사이라면 채무자가 빚더미에 올라 있는지 여부를 알았다고 할 수 없으므로 아무리 채권자라고 하여도 사해행위취소소송을 제기하기는 어려울 것입니다. 그러나 제3자가 채무자의 부인이거나 자식, 친척 또는 친구 등과 같이 채무자와 가까운 사이라면 통상적으로 채무자에게 재산보다 빚이 많다는 사실을 알고 있었다고 추정되기 때문에, 채권자로서는 그 제3자를 상대로 하여 사해행위취소소송을 제기할 경우에 승소할 가능성이 높다고 할 것입니다. 쉽게 말하면, 재산을 가까운 사람에게 빼돌려놓는 경우에는 채권자로부터 사해행위취소소송을 제기당할 수도 있다는 얘기입니다.

이러한 사해행위취소소송은 기간의 제한없이 아무 때나 제기할 수 있는 것이 아니며, 채권자가 취소원인을 안 날로부터 1년, 법률행위가 있은 날로부터 5년 내에 제기해야 합니다(민법 제406조 제2항).

따라서 귀하의 경우에도 채무자 甲이 자기와 가장 가까운 사이인 처 乙에게 임야의 소유권을 이전한 것이고, 처인 乙이 甲의 채무초과사실을 몰랐다고 할 수는 없을 것이며, 또한 귀하께서 甲이 재산을 빼돌린 사실을 최근에야 알았다고 하므로 乙을 상대로 사해행위취소소송을 제기해 볼 실익이 있다고 보입니다. 다만, 귀하께서는 이러한 사해행위취소소송을 제기하기 전에 가처분을 신청해서 해당 부동산을 처분하지 못하도록 해놓을 필요가 있음은 물론입니다.

이에 귀하께서는 이러한 사해행위취소소송에서 승소한 후 그 소유권이 甲으로 복귀되면, 그 임야에 대해 가압류를 신청하고, 공사대금청구소송을 제기해서 승소판결을 받은 후에, 강제경매를 신청함으로써 귀하의 채권을 회수할 수 있을 것으로 보입니다.

[사례 1·1·34] 채권양도가 사해행위로 취소된 경우, 취소채권자가 채무자를 대위하여 사해행위취소로 복귀될 채권에 대한 지급을 직접 구할 수 있는지

문 저는 채무자 甲으로부터 받을 대여금채권이 있는데, 甲은 그가 제3채무자 乙 건설사로부터 받을 공사대금 채권을 그의 친구인 丙에게 양도하였습니다. 이에 저는 그 채권양도행위가 사해행위에 해당된다고 보아 丙을 상대로 사해행위취소소송을 제기하여 채권양도의 취소 및 원상회복으로 채권양도가 취소되었다는 취지의 통지를 제3채무자 乙 건설사에 하도록 하는 소송을 제기하고자 합니다. 이러한 소송은 승소할 수 있을 것 같은데, 저는 아울러 집행을 쉽게 하기 위하여 채무자 甲을 대위해서 제3채무자 乙로 하여금 공사대금채무를 직접 채무자 甲에게 지급하도록 청구하고 싶은데, 가능한지 여부에 관하여 박사님께 문의드리고 싶습니다.

답 위 사례에서 채무자 甲의 수익자 丙에 대한 채권양도가 사해행위로 취소되는 경우, 수익자 丙이 제3채무자 乙로부터 아직 채권을 추심하지 아니한 때에는, 채권자는 사해행위취소에 따른 원상회복으로서 수익자 丙으로 하여금 제3채무자 乙에게 채권양도가 취소되었다는 취지의 통지를 하도록 청구할 수 있습니다.

그런데 사해행위의 취소는 채권자와 수익자의 관계에서 상대적으로 채무자와 수익자 사이의 법률행위를 무효로 하는데 그칠 뿐 채무자와 수익자 사이의 법률관계에는 영향을 미치지 않습니다.

따라서 채무자의 수익자에 대한 채권양도가 사해행위로 취소되고, 그에 따른 원상회복으로서 제3채무자에게 채권양도가 취소되었다는 취지의 통지가 이루어지더라도, 채권자와 수익자의 관계에서 채권이 채무자의 책임재산으로 취급될 뿐, 채무자가 직접 채권을 취득해서 권리자로 되는 것은 아니므로, 채권자는 채무자를 대위해서 제3채무자로 하여금 그 채권을 채무자에게 지급하도록 청구할 수 없습니다.

이에 귀하께서는 丙을 상대로 사해행위취소소송을 제기하여 채권양도의 취소 및 원상회복으로 채권양도가 취소되었다는 취지의 통지를 제3채무자 乙 건설사에 하도로 하는 소송을 신청할 수는 있어도 제3채무자 乙로 하여금 채무자에 대한 공사대금채무를 채무자 甲에게 직접 지급하도록 청구할 수는 없을 것이며, 다만 귀하께서는 채무자를 甲, 제3채무자를 乙로 하는 채권가압류를 신청하거나, 집행권원을 가지고 있는 경우라면 채권압류 및 추심명령 또는 채권압류 및 전부명령을 통하여 구제를 받아야 할 것으로 보입니다.

[사례 1·1·35] 어촌계가 다른 어촌계를 상대로 업무구역의 확인을 구하는 것이 가능한지

문 저희들은 군 소재 수산업협동조합 산하의 어촌계를 운영하고 있는데, 인근의 다른 어촌계와 업무구역에 대한 다툼이 있어서 동경 126도 31분 16.38388초, 북위 34도 11분 46.04572초 지점과 동경 126도 33분 07.92790초, 북위 34도 16분 41.80780초 지점을 연결하는 직선의 서쪽 수면이 저희 어촌계의 업무구역이라고 주장하여 위 인근 어촌계를 상대로 위 업무구역의 확인을 구하고 싶은데, 가능한지 박사님께 문의드리고 싶습니다.

답 어촌계의 구역은 어촌계의 정관으로 정하고, 어촌계는 정관을 작성하여 창립총회의 의결을 거쳐 시·군·구청장의 인가를 받아야 하며, 어촌계의 정관에는 구역에 관한 사항이 포함되어야 하고, 어촌계 정관의 변경에 관한 사항은 시·군·구청장의 인가를 받도록 하고 있습니다(수산업협동조합법 제15조 제1항, 동법 시행령 제4조 제1항, 제5조 제2항, 제5조 제1항 제3호).

어촌계설립준비위원회가 어촌계의 설립인가를 받으려는 경우에는 어촌계설립인가신청서에 정관과 함께 구역 및 어장 약도 등을 첨부하여 시·군·구청장에게 제출해야 합니다(수산업협동조합법 시행규칙 제3조 제1항 제1호, 제5호).

한편 어업권이란 수산업법에 따라 시·군·구청장 등으로부터 면허를 받아 어업을 경영할 수 있는 권리를 말하는데, 이와 같은 면허를 받아 어업을 하는 일정한 수면을 어장이라고 합니다(수산업법 제8조, 제2조 제9호, 제8호). 어업권은 물권으로 하며, 수산업법에서 정한 것 외에는 민법 중 토지에 관한 규정을 준용하고, 어업권원부에 등록을 함으로써 취득하게 됩니다(수산업법 제16조 제1항, 제2항). 이러한 법령의 내용에 비추어보면, 시·군·구청장 등으로부터 면허를 받아 어업권을 취득하기 전에는 법적으로 보호되는 어촌계의 업무구역이라는 것이 존재한다고 할 수 없으므로 설사 면허를 받게 될 업무구역의 경계에 관해 다른 어촌계와 다툼이 있을 여지가 있다고 하더라도 그러한 사정만으로 현재의 권리 또는 법률상 지위에 어떠한 구체적인 불안이나 위험이 있다고 할 수 없을 것입니다(대판 2017.7.11. 2017다216271).

또한 시·군·구청장 등이 다른 어촌계의 업무구역과 중복된다는 등의 이유로 어업면허를 거부하거나 취소하는 등의 처분을 하는 경우에는 행정처분의 효력을 다투는 항고소송의 방법으로 그 처분의 취소 또는 무효확인을 구하는 것이 분쟁을 해결하는 데에 직접적인 수단이 되는 것이므로, 그와 별도로 민사상 다른 어촌계를 상대로 업무구역의 확인을 구하는 것은 원고의 법적 지위에 대한 불안·위험을 제거하는데 가장 유효·적절한 수단이라고 보기도 어렵다고 할 것입니다(대판 2017.7.11. 2017다216271).

따라서 귀하의 어촌계는 현재의 권리 또는 법적 지위에 대한 불안이나 위험을 제거하기 위해 인근 어촌계를 상대로 업무구역의 확인을 구할 이익이 없을 것이어서 소를 제기할 경우에는 부적법 각하될 것으로 보입니다.

[사례 1·1·36] 위임장 작성방법

문 저는 아파트소유자로서 세를 내놓고자 하는데, 들어오려는 세입자와 약속한 날짜에 출장 갈 일이 생겨서 부득이 제 처로 하여금 세입자와 계약을 체결하도록 할 생각입니다. 그래서 위임장을 써주고 싶은데, 어떻게 작성해야 할지 몰라 박사님께 위임장 작성방법에 대하여 문의드리고 싶습니다.

답 사회생활을 하다보면 어떤 법률행위나 계약을 체결함에 있어 본인이 직접 가지 못하고 부득이 다른 사람을 시켜서 해야 하는 경우가 발생할 수 있습니다. 반대로 상대방의 대리인과 계약을 체결해야 할 경우도 있을 수 있습니다.

이러한 법률행위를 위임함에 있어서는 반드시 위임장이라는 문서가 있어야 하는 것은 아니며, 상대방에게 구두상으로나 전화상으로도 얼마든지 위임할 수 있고, 그 위임한 바에 따라 효력이 발생할 수 있는 것입니다. 다만 실무에서는 나중의 입증이나 분쟁의 소지를 피하기 위하여 위임장을 요구하는 경우가 많고, 또한 그것이 현명하다고 보입니다.

이에 위임장 작성방법에 대하여 아래에서 자세히 살펴보고자 합니다.

첫째, 위임장을 작성함에는 특별한 서식이 있는 것은 아닙니다. 위임장에는 누가, 누구에게, 어떠한 사항을 위임한다는 내용이 들어가 있고, 작성연월일이 기재되어 있으며, 위임인의 인감이 날인되어 있으면 됩니다.

둘째, 위임장에 날인된 인영과 인감증명상의 인감은 일치해야 합니다. 위임장에 인감증명이 필수적으로 첨부되어야 하는 것은 아닙니다. 다만 인감증명이 첨부되어 있으면 위임사실이 객관화되고, 위임의 진실에 대한 담보가 되기 때문에 위임장에는 원칙적으로 인감증명을 첨부하고 있는 것입니다. 주의할 것은 위임장에는 인감증명의 인감을 날인해야 한다는 사실입니다. 만약 인감증명은 첨부되어 있으되, 위임장에는 인감이 아닌 다른 도장이 찍혀져 있다면 위임장의 효력과 관련하여 나중에 분쟁의 소지가 있을 수 있음을 알아두어야 합니다.

셋째, 위임장만 믿지 말고, 반드시 본인의 의사를 확인하는 절차를 갖도록 해야 합니다. 위임을 하거나 위임을 받은 자와 거래를 해야 할 경우에는 위임장만 딸랑 주거나 위임을 받은 자와만 접촉해서 거래하지 말고 반드시 전화로 상대방에게 위임사실을 확인하는 자세가 필요하며, 대리인과 거래를 할 경우에도 본인의 의사를 확인하는 과정은 거쳐야 큰 실수를 하지 않을 것입니다.

[사례 1·1·37] 내용증명우편의 용도와 그 작성 및 발송방법

문 저는 몇 년 전에 친구에게 빌려준 돈이 있었는데, 그 대여금채권을 양도해서 최근에 주택을 리모델링한 공사대금으로 지급하려고 합니다. 이럴 경우 말로만 하면 안되고 내용증명으로 보내야 한다고 하는데, 내용증명에 관하여 자세히 알고 싶어 박사님께 문의드리고자 합니다.

답 내용증명우편이란 특수한 등기우편의 일종이라고 보면 되는데, 우체국에서 이러한 내용증명우편에 관련된 업무를 취급합니다. 일반 등기우편의 경우에는 내용물이 봉인되어 발송되기 때문에 우체국에서 그 내용물을 확인할 길이 없으나, 내용증명우편의 경우에는 발송인이 그 내용물을 봉인하지 아니한 채 3부(원본 1, 사본 2)를 우체국에 제출하면, 그중 1부를 우체국에서 보관하고 있기 때문에, 발송인이 수취인에게 어떤 내용의 문서를 언제 발송하였는지 여부를 공적으로 증명해 줄 수 있는 것입니다. 쉽게 말하면, 내용증명이란 등기우편 중에서도 그 내용을 우체국에서 공적으로 증명해 줄 수 있는 특수한 등기우편이라고 생각하면 됩니다.

이러한 내용증명은 어떤 경우에 쓸모가 있을까요?

첫째, 소송을 하고 싶은데 증거가 하나도 없는 경우에 이용합니다.

어떤 사람에게 돈을 빌려주면서 차용증이나 각서를 받지 않는 경우라든가, 물건을 납품하였는데 그 근거가 없다거나 하는 경우 등 소송을 위한 입증자료가 없는 경우에, 그 대안으로 활용하기 위하여 필요한 것입니다.

둘째, 각종 최고나 매매 또는 임대차계약 등에 대한 계약해제통보를 하기 위하여도 많이 이용됩니다.

셋째, 채권양도를 한 경우에, 채권자(양도인)가 채무자에게 채권양도사실을 통지하기 위하여 이용됩니다. 채권을 양도양수한 경우에는 그 사실을 확정일자 있는 증서에 의해 채권자(양도인)가 채무자에게 통지하거나, 확정일자 있는 증서에 의해 그의 승낙을 얻어야만 제3자에 대하여 대항력이 생기게 되는 것이므로, 이러한 채권양도통지의 수단으로 내용증명우편이 이용됩니다.

넷째, 어떠한 사실이 있었다는 것을 확실히 해서 후일의 분쟁을 미리 예방하기 위하여 활용됩니다.

다섯째, 소멸시효가 임박하여 그 시효를 중단시키기 위해 활용됩니다. 내용증명으로 최고를 하면 시효가 6개월 연장됩니다.

여섯째, 할부계약이나 방문판매 등에 의한 물건 구입시, 이를 철회하기 위한 수단으로 활용됩니다. 할부로 물건을 구입한 경우에는 7일 이내에, 방문판매·전화권유판매로 물건을 구입한 경우에는 14일 이내에 계약을 철회해야 물품대금을 반환받을 수 있는데, 그 수단으로 내용증명이 곧잘 이용됩니다.

그렇다면 내용증명은 어떻게 작성해야 할까요? 내용증명은 상대방에게 알리고자 하는 내용을 편지 쓰듯이 작성하면 됩니다. 보통은 A4용지(210㎜×297㎜)의 한쪽 면만을 사용해서, 제일 위쪽에 제목으로 「내용증명」이라고 기재한 후(이러한 문구를 쓰지 않고 통지하고자 하는 내용의 제목을 써도 됨) 상대방에게 알리고자 하는 내용을 편지 쓰듯이 6하 원칙에 따라 작성하고, 그 밑에 작성연월일을 기재하면 됩니다.

물론 내용문서의 서두나 끝부분에 발송인 및 수취인의 주소와 성명을 기재하여 누가 누구에게 발송한 내용문서임을 확실히 해두어야 합니다. 그리고 첨부서류가 있는 경우에는 내용증명의 하단에 첨부서류의 표시를 하면 됩니다. 그리고 내용문서를 작성한 후 2통을 복사해서, 모두 3통을 만들면 내용증명이 완성됩니다(복사본 3통으로도 가능). 내용증명을 3통 작성하는 이유는, 그중 1통은 수취인에게 발송하고, 1통은 발송인에게 돌려주며, 나머지 1통은 우체국에서 보관하기 위함입니다.

이와 같이 하여 내용문서의 작성이 완료되면, 내용증명 3통과, 봉투 1매에 수취인의 성명·주소를 기재한 다음, 우체국으로 가지고 가서 내용증명우편을 보내달라고 하면 됩니다. 비용은 등기우편비용 상당이 소요됩니다. 내용증명우편물을 발송한 후 발송인이 교부받은 내용증명우편물을 분실하였거나 새로운 등본이 필요한 경우에는 발송일로부터 3년까지는 발송우체국에서 내용증명의 열람이나 재(再)증명을 청구할 수 있습니다. 그리고 우리의 법 제도상 의사표시의 대부분은 상대방에게 도달되어야 그 효력이 발생하므로 내용증명우편을 발송할 때에는 동시에 배달증명도 신청해두어야 합니다.

그런데 내용증명우편을 상대방이 받지 않거나 반송시켜버린 경우 또는 상대방의 주소지에 상대방이 거주하지 않아서 반송된 경우에는 어떻게 될까요? 현재로서는 뾰족한 수가 없는 것 같습니다. 소송서류처럼 집행관을 통하여 유치송달을 하거나, 상대방의 가족에게 보충송달을 실시할 수도 없습니다. 다만 실무에서는 상대방이 받든 받지 않든, 발송인에게 다른 입증자료가 없으면 내용증명사본을 첨부해서 소송을 제기한 경우에도 승소하는 경우가 많으므로 이런 의미에서 설령 반송되는 일이 있다고 하더라도 내용증명우편을 발송해 볼 실익이 있을 것입니다.

그렇다면 내용증명에는 어떠한 효력이 인정될까요? 내용증명우편의 경우에는 우체국에서 누가, 누구에게, 언제, 어떤 내용의 문서를 발송하였다는 사실 그 자체만을 증명해 줄 뿐, 그 내용의 사실여부나 진실성에 대한 부분까지 입증해 주는 것은 아니며, 이러한 부분은 사법기관에서 판단할 일입니다. 그러나 이러한 내용증명우편에 대한 상대방의 답신내용은 유력한 증거가 될 수 있고, 또한 발송인이 소송을 위한 다른 입증자료를 가지고 있지 않는 경우에는 발송된 내용증명을 첨부하여 소송을 제기할 수 있을 것입니다.

즉 상대방이 내용증명우편을 받고도 아무런 답변이 없다고 해서 내용증명의 사실을 묵시적으로 동의한 것으로 볼 수는 없을 것이지만 이러한 내용증명을 첨부해서 소송을 제기할 경우에 판사가 내용증명우편의 내용을 참고하여 재판에 반영하느냐 여부는 그의 재량에 속하는 문제인 것이므로 그런 점에서 일정 부분 효용가치가 있다고 보이는 것입니다.

[사례 1·1·38] 금전대차의 이자율 변동 내역과 소송시의 법정이자율과의 관계

문 저는 사업상 자금이 필요해서 개인사채업자와 대부업체 등 몇 군데로부터 여기저기 돈을 빌려 쓰고 있습니다. 그러한 과정에서 다급한 나머지 그 사람들이 써달라는 대로 이자를 주기로 약정한 것 같습니다. 이제 형편이 조금 풀려서 갚으려고 하는데 과도한 이자가 걸림돌이 되고 있습니다. 이에 이자율의 최고한도에 대해서 문의드리고 싶고, 만약 이자를 더 준 것이 있다면 어떻게 처리해야 할지에 관해서도 박사님께 문의드리고 싶습니다.

답 금전채무에 대한 이자는 채권자가 누구인지에 따라 크게 두 가지로 분류됩니다. 즉 채권자가 개인이냐 대부업자냐에 따라 차이가 있는 것입니다.

먼저 채권자가 개인인 경우입니다.

개인이 채권자인 경우의 이자율에 관해서는 이자제한법과 그 시행령인 「이자제한법 제2조 제1항의 최고이자율에 관한 규정」(이하 '시행령')에서 규율하고 있습니다. 이자제한법은 1962년 1월 15일 제정되었는데, 이자제한법에서는 이자의 상하 폭의 제한만 규정해 놓고, 그 구체적인 이자율은 시행령의 제·개정을 통해서 규율해오고 있습니다.

이에 따라 개인채권자로부터의 차용금에 대한 이자율의 변동내역은 아래와 같습니다.

① 1962. 01. 15. ~ 1965. 09. 23. : 연 20%
② 1965. 09. 24. ~ 1972. 08. 02. : 연 36.5%
③ 1972. 08. 03. ~ 1980. 01. 11. : 연 25%
④ 1980. 01. 12. ~ 1983. 12. 15. : 연 40%
⑤ 1983. 12. 16. ~ 1997. 12. 21. : 연 25%
⑥ 1997. 12. 22. ~ 1998. 01. 22. : 연 40%
⑦ 1998. 01. 13. ~ 2007. 06. 29. : 이자제한 폐지
⑧ 2007. 06. 30. ~ 2014. 07. 14. : 연 30%
⑨ 2014. 07. 15. ~ 2018. 02. 07. : 연 25%

⑩ 2018. 02. 08. ~ 현재까지　　　: 연 24%

다만 이러한 이자의 제한은 대차원금이 10만원 이상일 경우에만 적용되는 것으로 10만원 미만의 경우에는 적용되지 않고 그 제한을 초과해도 무방합니다(이자제한법 제2조 제5항). 대부업체 이외의 채권자와 채무자간의 이자율 약정이 이러한 이자제한법상의 최고이자율을 초과하는 경우에는 그 초과하는 부분은 무효로 되며, 채무자가 최고이자율을 초과하는 이자를 임의로 지급한 경우에는 초과 지급된 이자 상당금액은 원본에 충당되고, 원본이 소멸한 때는 그 반환을 청구할 수 있습니다(이자제한법 제2조 제3항, 제4항).

다음으로 채권자가 대부업자[16]인 경우입니다.

이 경우의 이자율의 규율은 「대부업 등의 등록 및 금융이용자 보호에 관한 법률」(이하 '대부업법')과 그 시행령인 「대부업 등의 등록 및 금융이용자 보호에 관한 법률 시행령」(이하 '대부업법 시행령')에서 규율하고 있습니다. 위 대부업법은 2002년 8월 26일 제정되어 동년 10. 27.부터 시행되고 있는데, 대부업법에서는 이자율의 최고한도만 정해 놓고 그 구체적인 이자율은 대부업법 시행령의 제개정을 통하여 규율해오고 있습니다.

이에 의하면 대부업체로부터의 차용금에 대한 이자율의 변동내역은 아래와 같습니다.

① 2002. 10. 28. ~ 2007. 10. 03. : 연 66%
② 2007. 10. 04. ~ 2010. 07. 20. : 연 49%
③ 2010. 07. 21. ~ 2011. 06. 26. : 연 44%
④ 2011. 06. 27. ~ 2017. 07. 25. : 연 39%
⑤ 2017. 07. 26. ~ 2017. 08. 28. : 연 34.9%
⑥ 2017. 08. 29. ~ 2018. 02. 07. : 연 27.9%
⑦ 2018. 02. 08. ~ 현재까지　　　: 연 24%

대부업자와 이러한 최고이자율을 초과하는 대부약정을 체결하는 경우에는 그 초과 부분에 대한 이자계약은 무효로 하며, 채무자가 대부업자에게 최고이자율을 초과하는 이자를 지급한 경우에는 그 초과 지급된 이자 상당금액은 원본에 충당되고, 원본에 충당되고 남은 금액이 있으면 그 반환을 청구할 수 있습니다(대부업법 제8조 제3항, 제4항). 그리고 대부업자가 선이자를 사전에 공제하는 경우가 있는데, 이러한 경우에는 그 공제액을 제외하고 채무자가 실제로 받은 금액을 원본으로 해서 최고이자율을 산정하게 됩니다(대부업법 제8조 제4항).

한편 소송을 제기할 때에는 「소송촉진 등에 관한 특례법」(이하 '소촉법')상의 이율이 적용됩니다. 소촉법은 무익한 항소를 제한하고 소송을 촉진하기 위하여 보다 높은 법정이율을 부과하도록 한 법입니다. 따라서 약정이율이 소촉법상의 법정이율보다 높을 때에는 약정이율에 의하되, 그 반대의 경우에는 소촉법상의 법정이율을 적용하게 됩니다. 즉 소촉법상의 법정이율보다 약정이율이 낮을 때에 그 의미가 있는 것입니다.

소촉법은 1981년 1월 29일 제정되어 동년 3월 1일부터 시행해오고 있으며, 이 법에서는 법정이율에 관한 근거만 규정해 놓고, 그 구체적인 법정이율은 시행령인 「소송촉진 등에 관한 특례법 제3조 제1항 본문의 법정이율에 관한 규정」(이하 '소촉법 시행령')의 제·개정을 통하여 규율해 오고 있습니다.

이에 의하면 소촉법상의 법정이율의 변동내역은 아래와 같습니다.

① 1981. 03. 01. ~ 2003. 05. 31. : 연 25%
② 2003. 06. 01. ~ 2015. 09. 30. : 연 20%
③ 2015. 10. 01. ~ 현재까지 : 연 15%

이에 귀하께서도 채권들을 분류해서 그 채권자가 누구인지에 따라 각각 이자율의 최고한도를 산정해 보고, 그 한도 내에서만 이자를 지급하면 될 것이로되, 만약 최고한도를 초과해서 기왕에 약정한 바에 따라 이자를 지급한 것이라면 최고한도를 초과하는 이자부분에 대해서는 이를 원금을 갚은 것으로 보고 다시 산정해서 그 차액만 변제하면 될 것으로 보입니다.

[사례 1·1·39] 소멸시효기간 등과 관련하여 각종 권리를 행사할 수 있는 기간

문 저는 가구점을 운영하고 있는데, 몇 년 전에 아들 혼수품을 장만한다는 고객한테 가구를 판 적이 있습니다. 당시 가구가 조금 비싼 것이어서 외상처리 요청에 따라 5백만원을 외상으로 처리해 준 적이 있습니다. 그 후 고객께서 조금씩 갚기는 했지만 아직도 200만원 정도가 남아 있습니다. 들리는 말로는 외상값도 일정 기간이 경과되면 시효가 지나서 받을 수 없다고 하는데, 과연 그러한지 알고 싶고 다른 권리들도 시효기간이 어떻게 되는지 상식적으로 알아두면 요긴할 것 같아서 박사님께 소멸시효기간에 관하여 문의드리고자 합니다.

---

16) 대부업자란 금전의 대부, 어음할인·양도담보, 그밖에 이와 비슷한 방법을 통한 금전의 교부를 업으로 하거나 대부업의 등록을 한 자 또는 여신금융기관으로부터 대부계약에 따른 채권을 양도받아 이를 추심하는 것을 업으로 하는 자를 말합니다.

17) 다만 이와 같이 1년의 단기소멸시효의 적용을 받는 노임채권이라도 채권자인 원고와 채무자인 피고 회사 사이에 위 노임채권에 관해 준소비대차의 약정이 있었다면 동 준소비대차계약은 상인인 피고 회사가 영업

답 법에서 정해 놓은 권리행사 기간에는 소멸시효기간과 제척기간이 있습니다. 둘 사이에는 당사자가 주장을 해야만 인정되느냐 당사자의 주장 없어도 법원이 직권으로 고려해 주느냐 여부 등 몇 가지 점에서 차이가 있지만 모두 일정 기간 내에 권리를 행사하지 않으면 그 행사가 불가능해진다는 점에서 공통적이므로 여기에서는 굳이 구별하지 않고 시효기간의 관점에서만 살펴보고자 합니다.

먼저 아무리 오랜 기간이 경과되어도 시효로 소멸하지 않는 권리가 있습니다. 즉, ① 소유권, ② 점유권, ③ 소유권에 기한 물권적청구권, ④ 목적물을 점유하고 있는 경우의 부동산소유권이전등기청구권, ⑤ 광업권, ⑥ 어업권, ⑦ 특허권·상표권·의장권, ⑧ 공유물분할청구권, ⑨ 피담보채권이 존속하고 있는 경우의 저당권·유치권·질권, ⑩ 주위토지통행권 등 상린관계상의 권리 등이 그것입니다.

다음으로, 아래에서 볼 채권은 그 종류에 따라 다양한 권리행사 기간이 정해져 있고, 소유권과 채권을 제외한 재산권, 예컨대 지상권, 지역권 등의 시효기간은 20년입니다. 우리의 실생활에서 가장 많이 접하게 되는 것은 채권입니다. 채권은 그 종류에 따라 시효기간이 각기 달리 정해져 있습니다.

첫째, 1년 미만의 시효에 걸리는 것이 있는데, 아래와 같은 채권들입니다.

① 상속의 포기·한정승인은 상속개시 있음을 안 날부터 3월
② 공중접객업자의 고객에 대한 그 물건의 멸실·훼손으로 인한 손해배상책임은 6개월

둘째, 1년의 시효에 걸리는 것이 있는데, 아래와 같은 채권들입니다

① 숙박료
② 음식료
③ 대석료
④ 입장료
⑤ 소비물의 대가
⑥ 체당금 채권
⑦ 의복·침구·장구 등 동산사용료
⑧ 노역인의 임금채권(노임채권)[17] 및 연예인의 임금채권
⑨ 노역인·연예인에 공급한 물건의 대금채권
⑩ 수업료
⑪ 기숙사비

⑪ 창고업자의 창고료청구권 및 임치물의 멸실·훼손으로 인한 창고업자의 손해배상책임(상법 제166조)

셋째, 2년의 시효에 걸리는 것이 있는데, 아래와 같은 채권들입니다.

① 이혼시 재산분할청구권

② 보험료청구권(상법 제662조)

③ 운송인의 송하인 또는 수하인에 대한 채권(상법 제919조)

넷째, 3년의 시효에 걸리는 것이 있는데, 아래와 같은 채권들입니다.

① 임금 및 퇴직금채권

② 이자·부양료·사용료 등 1년 이내의 기간으로 정한 금전·물건의 지급을 목적으로 한 채권

③ 병원비·치료비·약사비·간호사비

④ 도급비

⑤ 공사비

⑥ 설계비

⑦ 공사감독비

⑧ 변호사비·변리사비·공증인비·공인회계사비·법무사비

⑨ 변호사·변리사·공증인·공인회계사·법무사에 대한 서류반환청구채권

⑩ 생산물대금·상품대금·물품대금

⑪ 수공업비·제조비

⑫ 임차인에 대한 연체차임청구권

⑬ 아파트관리비

⑭ 전기요금·도시가스요금

⑮ 부동산공사 수급인의 목적부동산에 대한 저당권설정청구권

⑯ 보험금청구권(상법 제662조)

⑰ 보험료·적립금 반환청구권(상법 제662조)

⑱ 자동차손해배상보장법상 보험금청구권

⑲ 산업재해보상금청구권

⑳ 국민건강보험금청구권

㉑ 국민건강보험료청구권 등 각종 청구권

다섯째, 안 날 또는 안 날 및 있은 날의 두 개의 시효기간으로 구성되어 있는 경우가

있습니다.

이러한 경우에는 둘 중 단기의 것이 적용됩니다. 아래와 같은 채권들입니다.

① 유류분반환청구권은 상속개시 및 증여·유증을 안 날부터 1년, 상속개시일부터 10년

② 상속회복청구권은 침해를 안 날부터 3년, 침해가 있은 날부터 10년

③ 사해행위취소권은 취소원인을 안 날부터 1년, 법률행위가 있은 날부터 5년

④ 불법행위로 인한 손해배상청구권은 손해 및 가해자를 안 날로부터 3년, 불법행위시부터 10년

여섯째, 이상에서 본 단기의 시효기간이 적용되지 않는 채권은 민사채권은 10년, 상사채권은 5년(상법 제64조), 국가에 대한 채권은 5년(국가재정법 제96조)의 시효가 적용됩니다.

먼저 10년의 민사시효에 걸리는 채권은 아래와 같습니다.

① 대여금

② 약정금

③ 부당이득반환청구권

④ 채무불이행으로 인한 손해배상청구권

⑤ 금전채무의 이행지체로 인한 지연손해금

⑥ 근로자의 근로계약상의 주의의무위반으로 인한 사용자의 손해배상청구권(대판 2005. 11.10. 2004다22742)

⑦ 이사·감사의 임무해태로 인한 제3자에 대한 손해배상책임

다음으로 5년의 상사시효에 걸리는 채권으로는 아래와 같은 채권들입니다. 다만 상법에서는 특별 규정을 두어 "상행위로 인한 채권에 관해 다른 법령에 5년보다 단기의 시효의 규정이 있는 때는 그 규정에 의한다."라고 규정하고 있으므로(상법 제64조 단서), 같은 상행위로 인한 채권에 관하여 5년보다 단기로 규정된 소멸시효기간이 있으면 그에 의해야 합니다.

① 은행 등 금융기관으로부터의 대출금 채무

② 농협협동조합이 축산업자에게 판매한 사료대금채권

③ 그밖의 각종 상사채권

그리고 5년의 국가시효에 걸리는 채권으로는 아래와 같은 채권들입니다.

① 세금납부자의 세금과오납금 반환청구권

② 과태료부과결정 후 국가의 과태료징수권

③ 국민연금급여청구권
④ 그밖의 국가에 대한 각종 채권

그런데 시효는 중단제도 있어서 시효가 진행되는 도중에 이행청구를 하거나 압류, 가압류, 가처분 또는 채무승인이 있게 되면 시효가 중단될 수 있으며, 중단이 이루어진 후에는 다시 처음부터 소정의 시효기간이 경과되어야 시효가 완성됩니다. 또한 단기의 시효기간에 걸리는 채권이라도 판결이나 지급명령, 이행권고결정, 화해권고결정, 화해조서, 조정조서를 받아 두면 그 확정시부터 다시 10년으로 연장되며, 10년 되기 전에 또다시 판결 등을 받아 두게 되면 역시 그 확정시부터 10년이 더 연장됩니다.

여기에서 판결 등을 받아 두면 시효가 10년으로 연장된다고 했는데, 이는 채무자 내지 피고에 대하여 그렇게 된다는 것이고, 보증인에 대해서는 무조건 10년으로 연장되는 것이 아니며 보증행위의 성질에 따라 판결확정일로부터 상사보증[18]인 경우에는 5년, 민사보증인 경우에는 10년의 소멸시효기간이 적용됩니다. 한편 내용증명으로 독촉이나 최고를 하는 것도 이행의 청구로서 시효중단사유에 해당되기는 하지만 이는 6개월 밖에 효력이 없으므로 그 전에 재판상 청구나 가압류 또는 가처분을 해놓아야 합니다. 가압류나 압류를 해놓으면 그 집행이 이루어지고 있는 동안은 시효가 진행되지 않습니다(대법원 2011.5.12. 2011다10044, 2013.11.14. 2013다18622·18639).

이에 귀하의 사례를 살펴보건대, 가구판매대금은 상인이 판매한 물품대금으로서 원칙대로 한다면 상사채권으로서 소멸시효기간이 5년으로 되어야 할 것이지만, 상법에서는 특별규정을 두어 상행위로 인한 채권에 관하여 다른 법률에서 5년보다 단기의 소멸시효기간이 정해져 있으면 그에 의하도록 하고 있고, 그 다른 법률인 민법에서는 상품대금에 관하여 3년의 단기소멸시효에 걸리는 것으로 하고 있으므로 귀하의 가구판매대금에 대한 소멸시효기간은 3년입니다. 따라서 귀하께서는 고객을 만나 지불각서를 받아 두든지, 판매일로부터 3년이 경과되기 전에 가압류나 민사소송을 제기해 놓든지 해야 할 것이며, 시효가 임박해서 급박한 경우에는 일단 내용증명으로 변제독촉을 한 후 6개월이 경과되기 전에 소송을 제기하는 등으로 시효중단조치를 취해 놓아야만 할 것으로 보입니다.

을 위해 한 상행위로 추정함이 상당하고, 이에 의해 새로이 발생한 채권은 상사채권으로서 5년의 상사시효의 적용을 받게 됩니다(대법원 1981.12.22. 선고 80다1363 판결).

18) 예컨대, 상인끼리 은행에서 사업자금을 대출받은데 대하여 보증을 선 경우가 상사보증에 해당될 것입니다.

[사례 1·1·40] 소멸시효가 경합된 경우에 어느 법에 따른 소멸시효를 적용해야 하는지

문 저는 소매상으로서 단골 고객에게 3백만원어치 상당의 가전제품 등 혼수용품을 외상으로 팔았는데, 그 고객이 차일피일 미루면서 상품대금을 지급하지 않고 있다가 연락이 두절되었고, 그 후로 몇 년이 지난 것 같습니다. 제가 알기로는 상품판매대금은 상사채권에 해당되어 5년의 소멸시효에 걸리는 것으로 알고 있는데, 3년의 소멸시효에 걸린다는 말도 있어서 어느 것이 맞는지 박사님께 문의드리고 싶습니다.

답 소멸시효에 관하여 가장 기본이 되는 일반법으로 민법이 있습니다. 그런데 같거나 동종의 채권이 상법이나 근로기준법 등 여러 법률에 규정되어 있어 법조경합이 생기는 경우가 있을 수 있습니다. 이러한 경우에 어느 법률을 기준으로 소멸시효 기간을 산정해야 하는지 문제됩니다. 이는 일반원칙에 따라 상위법과 하위법이 있으면 상위법 우선의 원칙에 의하여, 일반법과 특별법의 관계에 있는 경우에는 특별법 우선의 원칙에 의하여, 같은 일반법간 또는 같은 특별법간에는 신법 우선의 원칙에 의하여 해결되어야 할 것으로 보입니다. 같은 특별법간에도 해당 법률에서 규정한 바에 따라 일반법과 특별법 관계에 있는 경우도 있습니다. 예컨대 공동주택의 관리에 관해 공동주택관리법은 주택법에 대해 특별법 관계에 있다고 할 수 있습니다(공동주택관리법 제4조 제1항).

신법우선의 원칙과 관련해서는 법률 전체를 가지고 신법우선의 관계가 결정되는 경우도 있지만 반드시 그런 것은 아니며 해당 조문을 기준으로 신법우선의 원칙을 따져야 하는 경우도 있을 수 있습니다. 즉 나중의 법률이 신규로 제정된 법률이라면 나중의 법률 전체가 기존에 제정된 법률보다 우선될 것이지만, 둘 다 이미 존재하는 법률인 상태에서 어느 한 법률이 나중에 개정된 경우에는 나중에 개정된 법률 전체가 다른 법률보다 우선하는 것이 아니라 개정된 해당 조문만이 다른 법률의 해당 조문에 비해 우선하는 관계가 되는 것이라고 보아야 할 것입니다.

예컨대, 근로기준법은 민법에 대해 특별법에 해당되므로 노역인의 임금과 연예인의 임금이 근로기준법이 적용되는 근로자에 해당되는 경우에는 민법에 의한 1년의 소멸시효(민법 제164조 제3호)가 아니라 근로기준법에 따른 3년의 소멸시효(근로기준법 제49조)에 걸리는 것으로 보아야 합니다. 결국 민법상 1년의 소멸시효에 걸리는 노역인의 임금이나 연예인의 임금이란 근로기준법이 적용되지 않는 노역인이나 연예인, 예컨대, 동거하는 친족만이 운영하는 사업이나 사업장에 그 동거하는 친족의 일원으로 일하게 된 노역인이나 연예인이거나 가사사용인으로 고용된 노역인 또는 연예인 등과 같은 경우에만 적용되는 것으로 보아야 할 것입니다.

한편 상위법 우선의 원칙이나 특별법 우선의 원칙 또는 신법 우선의 원칙도 해당 상위법이나 특별법 또는 신법에서 예외 규정을 두어 다른 하위법이나 일반법 또는 구법을 적용하도록 한 경우에는 그에 따라야 할 것이며, 동순위의 법이라도 해당 법에서 다른 법률과의 적용관계에 관하여 규정한 것이 있으면 그에 따라야 할 것입니다.

예컨대, 상법은 민법에 대해 특별법에 해당되므로 소멸시효도 원칙적으로 상법이 규정한 바에 따라 상행위로 인한 채권은 소멸시효 기간이 5년으로 되어야 하는 것이 원칙일 것이지만, 상법에서는 특별규정을 두어 "상행위로 인한 채권에 관해 다른 법령에 5년보다 단기의 시효의 규정이 있는 때는 그 규정에 의한다."라고 규정하고 있고(상법 제64조 단서), 그 다른 법령에는 민법도 해당되는 것이므로 민법에 단기의 소멸시효 기간이 규정되어 있으면 그에 의해야 하는 바, 민법에서는 생산자 및 상인이 판매한 생산물 및 상품의 대가에 대하여 3년의 단기소멸시효에 걸리는 것으로 하고 있으므로(민법 제163조 제6호), 생산자 및 상인이 판매한 생산물 및 상품의 대가에 대한 소멸시효기간은 5년이 아니라 3년이 되는 것입니다.[19)]

다만 주의할 것은 동인한 사안이라고 해서 모든 경우에 무조건 단기의 소멸시효가 적용되는 것이 아니라 상법에서와 같이 특별한 예외규정을 둔 경우에만 단기의 소멸시효를 적용하는 것이며, 그렇지 아니한 경우에는 법 적용의 일반원칙에 따라 상위법 우선의 원칙, 특별법 우선의 원칙, 신법 우선의 원칙에 따라 정해진다는 점입니다.

그리고 공사와 관련된 하자담보책임기간에 관하여는 민법에서 수급인의 담보책임으로 규정하고 있고(민법 제670조, 제671조), 건설산업기본법에서는 건설공사 수급인 등의 하자담보책임기간에 관하여 규정하고 있으며(건설산업기본법 제28조 제1항, 제4항), 공동주택관리법에서도 공동주택에 대한 사업주체의 하자담보책임에 관해 규정하고 있고(공동주택관리법 제36조 제3항), 「집합건물의 소유 및 관리에 관한 법률」(이하 '집합건물법')에서도 분양자 및 시공자의 구분소유자에 대한 담보책임의 존속기간에 관해 정해 놓고 있는데(집합건물법 제9조의2), 건설산업기본법에서는 "건설공사의 하자담보책임기간에 관해 다른 법령(민법 제670조 및 제671조는 제외)에 특별하게 규정되어 있는 경우에는 그 법령에서 정한 바에 따르되, 공사 목적물의 성능, 특성 등을 고려해 대통령령으로 정하는 바에 따라 도급계약에서 특별히 따로 정한 경우에는 도급계약에서 정한 바에 따른다."라고 규정하고 있고(건설산업기본법 제28조 제3항), 집합건물법에서는 "하자담보책임에 관한 주택법 및 공동주택관리법의 특별한 규정은 이 법에 저촉되어 구분소유자의 기본적인 권리를 해치지 아니하는 범위에서 효력이 있다."라고 규정하고 있으므로(집합건물법 제2조의2), 이에 의거해서 담보책임기간이 정해지게 될 것입니다.

또한 「할부거래에 관한 법률」(이하 '할부거래법')에서는 "할부거래 및 선불식 할부거래에서의 소비자보호와 관련하여 이 법과 다른 법률이 경합해 적용되는 경우에는 이 법을 우선해 적용하되, 다른 법률을 적용하는 것이 소비자에게 유리한 경우에는 그 법률을 적용한다."라고 규정하고 있고(할부거래법 제4조), 「전자상거래 등에서의 소비자보호에 관한 법률」(이하 '전자상거래법')에서는 "전자상거래 또는 통신판매에서의 소비자보호에 관하여 이 법과 다른 법률이 경합하는 경우에는 이 법을 우선 적용하되, 다른 법률을 적용하는 것이 소비자에게 유리한 경우에는 그 법을 적용한다."라고 되어 있으므로(전자상거래법 제4조), 이에 따라야 할 것입니다.

이에 귀하의 사건을 보건대, 귀하께서 판매한 상품대금은 귀하의 말대로 상사채권에 해당되기는 합니다. 따라서 얼핏 상사채권의 소멸시효인 5년의 소멸시효에 해당될 것으로 보이지만, 상법에서는 특별 규정을 두어 "상행위로 인한 채권에 관해 다른 법령에 5년보다 단기의 시효의 규정이 있는 때는 그 규정에 의한다."라고 규정하고 있고(상법 제64조 단서), 민법에서는 상인이 판매한 생산물 및 상품의 대가는 3년의 소멸시효에 걸린다고 규정하고 있으므로(민법 제163조 제6호), 결국 민법에 따라 귀하의 상품대금은 3년의 소멸시효에 걸리는 것으로 보이므로 상품대금을 받기로 한 날부터 3년이 되기 전에 민사소송을 제기하거나 가압류 등을 해놓는 등의 조치를 취해야만 상품대금을 받을 수 있을 것으로 보입니다.

[사례 1·1·41] 주채무자에 대한 확정판결에 의해 단기소멸시효가 10년으로 연장된 상태에서 주채무를 보증한 보증채무의 소멸시효기간

문 저는 건설업체인 乙 주식회사의 이사인데, 乙 주식회사가 건설자재 등 판매업을 하는 甲으로부터 1억원 상당의 건설자재를 공급받고 지급하지 못한 물품대금 때문에 소송을 제기당하여 확정판결이 나왔습니다. 이후 乙 주식회사는 5천만원은 갚고 나머지 5천만원에 대해서는 제가 연대보증각서를 써주는 조건으로 또다시 건설자재를 공급받는 것으로 합의를 하였습니다. 이럴 경우 불안해서 그러는데, 제 연대보증채무는 소멸시효가 10년인지 5년인지 몰라 박사님께 문의드리고 싶습니다.

---

19) 대법원 판례도 "상법 제64조에 명문으로 규정되어 있는 바와 같이 상행위로 인한 채권의 소멸시효에 관해 다른 법령에 상사시효보다 단기의 시효의 규정이 있는 때는 그 규정에 의하는 것이므로 본 건 채권이 1년 단기시효에 의해 소멸되는 것이라면 상사시효에 관한 규정을 적용할 것이 아니라 민법상 1년의 단기시효의 규정을 적용해야 한다."라고 규정해 같은 취지로 판시하고 있습니다(대법원 1966.6.28. 선고 66다790 판결).

답 보증채무는 주채무와는 별개의 독립한 채무이므로 보증채무와 주채무의 소멸시효기간은 그 채무의 성질에 따라 각각 별개로 정해집니다(대판 2010.9.9. 2010다28031). 그리고 주채무자에 대한 확정판결에 의해 민법 제163조 각 호의 단기소멸시효에 해당하는 주채무의 소멸시효기간이 10년으로 연장된 상태에서 그 주채무를 보증한 경우, 특별한 사정이 없는 한 그 보증채무에 대하여는 민법 제163조 각 호의 단기소멸시효가 적용될 여지가 없고, 그 성질에 따라 보증인에 대한 채권이 민사채권인 경우에는 10년, 상사채권인 경우에는 5년의 소멸시효기간이 적용된다고 봅니다(대판 2014.6.12. 2011다76105).

한편 당사자 쌍방에 대해 모두 상행위가 되는 행위로 인한 채권뿐만 아니라 당사자 일방에 대하여만 상행위에 해당하는 행위로 인한 채권도 상법 제64조에서 정한 5년의 소멸시효기간이 적용되는 상사채권에 해당하고, 여기에서 말하는 상행위에는 상인이 영업을 위해 하는 상법 제47조의 보조적 상행위도 포함된다고 할 것입니다(대판 2005.5.27. 2005다7863).

이에 귀하의 사건을 보건대, 물품대금채권자 甲이 주채무자인 乙 주식회사에 대한 판결에 의해 확정된 물품대금채권을 연대보증한 귀하의 보증채무의 소멸시효기간은 甲의 귀하에 대한 보증채권이 민사채권인 경우에는 10년, 상사채권인 경우에는 5년이 된다고 보아야 할 것입니다.

그런데 상법 제47조 제1항, 제2항에 의하면 상인이 영업을 위해 하는 행위는 상행위로 보고, 상인의 행위는 영업을 위해 하는 것으로 추정되는 것이므로, 상인인 甲이 상품을 판매한 대금채권에 대해 귀하로부터 연대보증을 받은 행위는 반증이 없는 한 상행위에 해당하고, 따라서 甲의 귀하에 대한 보증채권은 특별한 사정이 없는 한 상사채권으로서 그 소멸시효기간은 5년이라고 보아야 할 것입니다.

[사례 1-1-42] 대여금 판결을 받아 놓는지 10년이 다 되어 가는데, 가만히 두어도 되는지

문 저는 한 마을에 사는 甲이 두 달만 사용한 후 갚아준다는 말에 2천만원을 빌려주었는데, 1년이 다 되어 가도 갚지 않음에 부득이 민사소송을 제기하여 확정판결을 받아 놓은 사실이 있습니다. 그런데 甲에게는 그 동안 변변한 재산이 없어 강제집행을 하지 못하고 있었고, 저도 생업이 바쁘다보니 판결만 받아놓는 채 세월만 보내다가 이제 곧 10년이 다 되어 갑니다. 甲은 나이가 그리 많지도 않아 앞으로 재산이 생길 소지는 있다고 보입니다. 문의드리고 싶은 것은, 판결을 한 번 받아 놓으면 평생 써먹을 수 있는 것인지, 아니면 별도로 어떤 조치를 취해 놓아야 하는지의 문제입니다. 이에 박사님의 조언을 받고자 하는 것입니다.

답 원래 대여금에 대한 소멸시효기간은 지급일로부터 10년입니다. 따라서 지급일로부터 10년이 경과되도록 소멸시효를 중단하는 조치를 취해놓지 않으면 소송을 제기해도 패소할 가능성이 높고, 따라서 법적으로 돈을 받기도 힘들어집니다.

그렇다면 판결을 받아 놓는 경우에는 소멸시효가 어떻게 될까요? 확정판결을 받아놓은 경우라도 그 집행을 하지 못한 채 판결확정일로부터 10년이 경과되면 소멸시효가 완성됩니다. 따라서 귀하의 경우와 같이 확정판결을 받아놓은 경우라도 10년이 경과되기 전에 다시 판결을 받아 놓아야만 합니다. 그렇게 해놓으면 또 다시 시효가 10년 연장되게 됩니다.

확정판결을 받아 놓는 후에 시효중단을 목적으로 다시 소송을 제기한 경우에는 비교석 산난한 질자에 의해 판결이 날 수 있으며, 또한 확정판결일로부터 10년 내에 소송을 제기하는 한, 이러한 판결문과 저촉되는 판결은 나오지 않을 것이므로 패소할 가능성은 거의 없습니다(대판 1998.6.12. 98다1645).

참고로 소유권이전등기절차의 이행을 명하는 확정판결을 받은 경우에는, 위에서 설명드린 바와는 달리, 예외적으로 그 판결확정일로부터 10년이 경과되었다고 하더라도 그 판결에 기하여 소유권이전등기를 신청할 수 있습니다(1987.5.21. 등기예규 제628호).

[사례 1·1·43] 개인비밀누출로 인한 주민등록번호의 정정 가능 여부

문 저는 인터넷으로 쇼핑을 많이 하는 편인데, 최근에 제 주민등록번호가 유출되어 인터넷에 버젓이 돌아다니고 있고 이상한 곳에서 가끔씩 연락이 오기도 합니다. 이에 제 주민등록번호를 바꾸고 싶은데, 가능한지 박사님께 문의드리고 싶습니다.

답 귀하의 사례처럼 최근 주민등록번호에 대한 유출이 빈번하게 일어나 유출된 국민의 생명·신체 또는 재산에 대한 피해를 입을 우려가 예상되는 경우가 많습니다. 이에 2016년 5월 26일 주민등록법을 일부 개정해서 행정자치부에 설치된 주민등록번호 변경위원회의 결정에 따라 주민등록번호를 변경할 수 있도록 하고 있습니다

변경된 주민등록법의 내용과 이에 따른 주민등록번호 변경 절차에 관하여 살펴보면

다음과 같습니다.

먼저 주민등록번호의 변경을 신청할 수 있는 대상자로는 ① 유출된 주민등록번호로 인해 생명·신체에 위해를 입거나 입을 우려가 있는 자, ② 유출된 주민등록번호로 인해 재산에 피해를 입거나 입을 우려가 있는 자, ③ 청소년대상 성범죄의 피해아동·청소년이나 성폭력피해자, 성매매피해자, 가정폭력피해자 등으로서 유출된 주민등록번호로 인해 피해를 입거나 입을 우려가 있는 자인데, 이들은 이러한 사실을 입증할 수 있는 자료를 첨부하여 주민등록지의 시·군·구청장에게 주민등록번호의 변경을 신청할 수 있습니다(주민등록법 제7조의4 제1항, 제2항).

주민등록번호변경신청을 받은 시·군·구청장은 주민등록번호변경위원회에 신청자의 주민등록번호의 변경여부에 관한 결정을 청구하고, 그로부터 변경결정을 통보받은 경우에는 신청인의 주민등록번호를 지체없이 변경해야 합니다. 만약 신청인이 주민등록번호변경위원회로부터 변경불허결정이 떨어졌다는 사실을 통보받은 경우에는 그로부터 30일 이내에 그 주민등록지의 시·군·구청장에게 이의신청을 할 수 있습니다.

주민등록번호의 변경에 관한 사항을 심사·의결하는 기관인 주민등록번호변경위원회는 11명으로 구성되며, 시·군·구청장으로부터 주민등록번호변경에 대한 변경여부의 결정에 대한 청구를 받은 경우에는 6개월 내에 이를 심사·의결하고, 그 결과를 해당 주민등록지의 시·군·구청장에게 통보해야 하는데, 심사결과 변경신청이 범죄경력을 은폐하거나 법령상의 의무를 회피할 목적이 있는 경우 또는 수사나 재판을 방해할 목적이 있는 경우, 선량한 풍속 기타 사회질서에 위반되는 경우 등의 경우에는 변경불허결정을 할 수 있습니다.

이에 귀하께서는 인터넷상에 돌아다니는 주민등록번호 유출화면을 캡쳐하고, 귀하의 전화통화목록 등을 첨부해서 귀하의 주민등록지의 시·군·구청장에게 주민등록번호의 변경을 신청하면 주민등록번호변경위원회의 허가결정에 따라 귀하의 주민등록번호를 변경할 수 있을 것으로 보입니다.

[사례 1·1·44] 놀고 있는 타인의 토지에 유실수를 심어 놓는 경우에 그 소유권 여부

문 저는 도시에서 사업에 실패하여 5년 전에 시골로 내려와 논 500평을 사서 농사를 짓고 있는 농부입니다. 그런데 제 논 위쪽에 조그마한 야산이 있는데, 몇 년째 가꾸는 사람도 없고 땅도 계속 놀리고 있어 가계에 조금이라도 보탬이 될 것 같아 밤나무 100그루와 감나무 30여 그루를 심어놓아 금년부터 수확이 시작되었습니다. 그런데, 타지에 살고 있던 산 임자인 甲이 갑자기 나타나서 그 밤나무와 감나무는 자기 것이라고 주장하며 밤과 감을 따지 못하게 하고 있습니다. 甲의 말이 맞는지요?

답 타인의 토지상에 권원없이 식재한 수목의 소유권은 부합의 원리에 의해 토지소유자에게 귀속됩니다(민법 제256조). 반면, 타인의 토지를 임차하거나, 전세권, 지상권 등을 설정함으로써 자기의 정당한 권원을 바탕으로 하여 수목을 식재한 경우에는 그 수목의 소유권은 수목을 심은 자에게 돌아갑니다(대판 1980.9.30. 80도1874).

귀하의 사안과 같은 경우에는 귀하가 타인의 토지인 줄 알면서 정당한 권원없이 타인의 토지상에 유실수를 식재한 것이므로, 위 밤나무나 감나무는 토지에의 부합의 원리에 따라 토지소유자인 甲에게 그 소유권이 귀속됩니다. 따라서 밤이나 감의 소유권도 甲에게 귀속됩니다. 다만, 귀하는 원인없이 甲이 유실수나 과일의 소유권을 취득함으로 인하여 얻게 되는 부당이득에 대하여, 甲을 상대로 그 반환을 청구해 볼 수는 있겠습니다(부당이득반환 청구의 소).

참고로, 농작물(벼, 보리, 양파, 고추 등)의 경우에는 예외적으로 권한없이 타인의 토지에 심은 경우에도 토지에 부합되지 않고 경작자에게 그 소유권이 귀속됩니다(대판 1970.11.30. 68다1995). 물론 토지소유자는 농작물의 경작자에 대해 토지사용에 대한 부당이득에 관해서 그 반환을 청구할 수는 있을 것입니다.

[사례 1·1·45] 법정지상권의 존속기간

문 저는 경매루 투지를 낙찰받았는데, 현장에 가보지 않은 상태에서 경매서류만 보고 경매에 참여했는지라 나중에 보니 법정지상권이 있는 조그만 건물이 있는 것을 알게 되었습니다. 그곳에는 어떤 노인이 살고 있는 것 같은데, 협상이 잘 되지 않습니다. 이에 이러한 법정지상권은 그 건물이 존속하는 동안 계속 존속하게 되는 것인지, 아니면 소멸기간이 정해져 있는지 알고 싶어 박사님께 문의드리고자 합니다.

답 법정지상권이란 토지와 그 지상건물이 동일인에게 속하였다가 매매, 증여, 경매, 공매, 공유물분할 등의 원인으로 소유자가 각각 달라지게 된 경우에 그 건물을 철거한다는 특약이 없다는 전제하에서 관습법에 의해 건물소유자에게 인정되는 지상권을 말합니다.

이러한 법정지상권은 그 성질상 존속기간의 약정이 없는 것이어서 얼마나 존속하게 되는지 문제되는데, 보통 존속기간을 약정하지 아니한 지상권으로 보게 됩니다(민법 제281조 제1항). 존속기간을 약정하지 아니한 지상권은 민법에 규정된 지상권의 최단존속기간 동안 존속하는 것으로 보게 됩니다(민법 제280조 제1항). 판례도 법정지상권의 존속기간은 지상목적물의 종류에 따라 규정하고 있는 민법상 지상권의 존속기간과 같다고 보고 있습니다(대판 1992.6.9. 92다4857). 즉 분묘기지권과 같이 그 지상에 건립된 구조물이 존속하는 동안 계속해서 법정지상권이 존속하게 되는 것은 아니라는 것입니다.

따라서 법정지상권의 존속기간은 토지상에 있는 지상목적물이 무엇이냐에 따라서 ① 석조, 석회조, 연와조 또는 이와 유사한 견고한 건물이나 수목의 소유를 목적으로 하는 때는 30년, ② 그밖의 건물의 소유를 목적으로 하는 때는 15년, ③ 건물 이외의 공작물의 소유를 목적으로 하는 때는 5년 동안만 존속하게 됩니다.

물론 법정지상권이 성립한다고 해서 지상 건물의 소유자가 무상으로 토지를 사용할 수 있는 것은 아니며, 지료는 당사자 간의 약정 또는 법원의 결정에 의하여 정해지게 됩니다(대판 1996.2.13. 95누11023). 이와 같이 지료의 지급이 결정되었음에도 불구하고 법정지상권자가 2년 이상의 지료를 연체한 때에는 토지소유자는 법정지상권자에 대해 법정지상권의 소멸을 청구할 수 있습니다(민법 제287조).

따라서 귀하께서는 귀하의 토지상에 건축되어 있는 건물의 종류에 따라 30년, 15년, 5년이 경과되면 그 건물에 대한 철거를 주장할 수 있을 것이며, 또한 당사자 간의 약정이나 판결에 따라 지료의 지급이 결정되었음에도 불구하고 상대방이 2년분 이상을 연체한 때에도 법정지상권의 소멸을 청구할 수 있을 것으로 보입니다. 참고하시기 바랍니다.

[사례 1·1·46] 20년 전에 타인의 토지 위에 설치된 분묘를 토지소유자가 이장하라고 할 수 있는지

문 저의 증조부와 조부님의 묘는 타인의 임야에 각각 35년, 25년 전에 설치되었고, 지금까지 줄곧 명절마다 벌초도 하고 성묘도 하며 돌봐 오고 있습니다. 그런데 최근에 그 임야를 매수한 甲이 저의 조상묘 2기를 조속한 시일 내에 이장하라고 합니다. 어떻게 해야 하나요?

답 타인의 토지에 분묘를 설치한 경우에도 일정한 경우에는 관습법상 분묘기지권이라는 지상권에 유사한 물권이 인정되어 아무리 토지소유자라고 해도 법적으로 그 분묘를 이장해 가라는 주장을 할 수 없는 경우가 있습니다.

이러한 분묘기지권이 인정되는 경우는 다음과 같은 3가지 경우입니다. 즉, ① 타인 소유의 토지에 소유자의 승낙 없이 분묘를 설치한 후 20년간 평온·공연하게 그 분묘의 기지를 점유한 경우, ② 타인 소유의 토지에 그 소유자의 승낙을 얻어 분묘를 설치한 때, ③ 자기 소유의 토지에 분묘를 설치한 자가 그 분묘를 이장한다는 특약 없이 그 토지를 매매 등에 의해 처분한 때입니다. 그리고 이러한 분묘기지권의 범위는 법률상 묘지면적에 한정되는 것이 아니고 분묘를 수호하고 봉사하는데 필요한 범위까지 미치는 것이며, 그 분묘의 수호와 봉사를 계속하고 분묘가 존속하는 한 존속하게 됩니다.

따라서 귀하의 경우에는 토지소유자에 대해 분묘기지권을 주장함으로써 분묘를 이장하지 않아도 되고 앞으로도 계속 분묘를 수호하며 제사를 지낼 수 있겠습니다. 이때 분묘기지권에 대한 사용료는 당사자 간의 합의나 판결에 따라 지료의 액수가 정해진 경우 등 예외적인 경우를 제외하고는 별도로 지급할 필요가 없습니다.

그러나 만약 분묘기지권자가 지료지급을 구하는 확정판결을 받은 경우에 있어서는 판결확정 후[20] 그 책임 있는 사유로 상당한 기간 동안 지료의 지급을 지체하여 그 지체된 지료가 판결확정 전후에 걸쳐 2년분 이상이 되는 경우에는 새로운 토지소유자는 분묘기지권자에 대해 분묘기지권의 소멸을 청구할 수 있게 됩니다(대판 2015.7.23. 2015다206850).

그리고 주의할 것은 종전의 「매장 및 묘지 등에 관한 법률」이 폐지되고 「장사 등에 관한 법률」(이하 '법')이 2001년 1월 13일부터 시행됨에 따라 그 후에 토지소유자의 승낙 없이 무단으로 타인의 토지에 분묘를 설치한 경우에는 분묘기지권이 인정되지 않습니다(법 제27조 제1항, 제3항). 다만 2001년 1월 12일 이전에 설치된 분묘에 대해서는 위 개정 법률이 시행된 후에도 여전히 분묘기지권의 시효취득이 인정됩니다(대판 2017.1.19. 2013다17292).

개정 법률에 의하면 분묘의 최대 설치기한은 60년이며, 분묘 1기당 가족묘지는 10㎡(3평), 개인묘지는 30㎡(9평)를 초과해서는 안되고, 도로·철도·하천으로부터 300미터 이상, 20호 이상의 마을·학교로부터 500미터 이상 떨어진 곳에 실지해야 합니다(법 시행령 제15조 별표 2).

그런데 최근 분묘기지권의 계속 인정여부와 관련해서는 그것이 재산권을 침해하는 것으로 폐지되어야 하는지, 아니면 조상숭배를 위해 계속 존중되어야 하는지를 놓고 대법원에서 2017년 9월 22일 등 수차례 공개변론이 열리고 있습니다. 대법원은 이러한 공개변론을 통해 청취한 양측의 변론 등을 종합해서 분묘기지권에 대한 판단 기준을 선언할 예정이라고 하는데, 그 결과에 따라 향후 분묘기지권의 운명이 좌우될 것으로 보입니다.

[사례 1·1·47] 타인의 토지에 무단으로 설치된 분묘 등에 관한 처리방법

문 저는 10여 년 전에 시골 아늑한 곳에 산을 몇 필지 사서 소유하고 있는데, 최근에 산을 둘러보니 몇 기의 분묘가 무단으로 설치되어 있는 것입니다. 그중에는 비석이 설치되어 있어 유연분묘로 볼 수 있는 것도 있고, 전혀 누구의 것인지 알 수 없는 무연분묘도 있습니다. 이 분묘들을 처리할 수 있는 방법이 없는지 박사님께 문의드리고자 합니다.

답 묘지 등에 관한 사항을 규율하고 있는 법은 「장사 등에 관한 법률」(이하 '법')입니다.[21] 이 법은 2001년 1월 13일부터 시행되고 있는데, 이에 의하면 묘지에 대한 관리는 연고자의 권리·의무로 되어 있습니다.

연고자란 사망한 자와 배우자, 자녀, 부모, 자녀 외의 직계비속, 부모 외의 직계존속, 형제·자매, 사망하기 전에 치료·보호 또는 관리하고 있었던 행정기관 또는 치료·보호기관의 장으로서 대통령령으로 정하는 자, 위에 해당되지 않는 자로서 시신이나 유골을 사실상 관리하는 자의 관계에 있는 자를 말하며, 위 순서대로 권리·의무를 가지게 됩니다(법 제2조 제16호).

만약 순위가 같은 자녀 또는 직계비속이 2명 이상이면 최근친의 연장자가 우선 순위를 가지게 됩니다. 연고자가 있는 분묘를 연고분묘, 연고자가 없는 분묘를 무연분묘라고 합니다. 「장사 등에 관한 법률」이 시행되는 2001년 1월 13일부터는 타인의 토지에 무단으로 분묘를 설치할 경우 과거와는 달리 분묘기지권도 인정되지 않고 토지소유자나 점유자 그밖의 관리인(이하 '토지소유자 등')에 대해 토지사용 기타 분묘의 보존을 위한 권리를 주장할 수 없게 됩니다.

또한 토지소유자 또는 자연장지 조성자의 승낙 없이 자연장을 한 자 또는 그 연고자도

20) 즉 판결확정 후 2년분의 지료의 지급을 연체한 경우에 분묘기지권의 소멸을 청구할 수 있다는 것이지 판결확정 후 토지소유자로부터 지료의 지급을 청구받은 때로부터 2년분의 지료가 연체되어야 비로소 분묘기지권의 소멸을 청구할 수 있는 것이 아닙니다.

21) 묘지와 관련된 법으로는 1912년 조선총독부령 제123호 「묘지, 화장장, 매장 및 화장취체규칙」이 최초의

토지소유자 또는 자연장지 조성자에 대해 토지사용권이나 그밖에 자연장의 보존을 위한 권리를 주장할 수 없습니다(법 제27조 제4항).

따라서 토지소유자 등은 승낙 없는 분묘에 대해 연고분묘든 무연분묘든 그 분묘를 관할하는 시장 등의 허가를 받아 매장된 시신 또는 유골을 개장할 수 있습니다(법 제27조 제1항, 제3항). 분묘에 대한 개장을 신청하려면 개장허가신청서를 작성하고, 여기에 일정한 첨부서류, 즉 기존 분묘의 사진, 연고자를 알지 못하는 사유, 해당 토지가 개장허가신청인의 소유임을 증명하는 서류, 해당 토지 등의 사용에 관해 해당 분묘 연고자의 권리가 없음을 증명하는 서류, 개장 통보문 또는 공고문을 첨부해서 제출해야 합니다.

그리고 분묘를 개장하려면 유연분묘에 대해서는 미리 3개월 이상의 기간을 정해 그 뜻을 해당 분묘의 설치자 또는 연고자에게 통보해야 하고, 연고자를 알 수 없으면 그 뜻을 공고해야 하며, 공고기간 종료 후에도 연고자를 알 수 없는 경우에는 화장한 후에 유골을 10년 동안 봉안하였다가 일정한 장소에 집단으로 매장하거나 자연장한 후 그 사실을 관할 시장 등에게 신고해야 합니다(법 제23조 제2항).

여기에서 통보나 공고하는 방법은 일정한 절차에 따라야 하는데, 유연분묘에 대해서는 묘지 또는 분묘의 위치 및 장소, 개장사유, 개장 후 안치 장소 및 기간, 공설묘지 또는 사설묘지 설치자의 성명·주소 및 연락방법, 그밖에 개장에 필요한 사항 등 일정한 통보·공고사항을 문서로 표시하여 연고자에게 통보해야 하며, 무연분묘에 대해서는 중앙일간신문을 포함한 둘 이상의 일간신문에 공고하는 방법이나 관할 시·도·시·군·구 인터넷 홈페이지와 하나 이상의 일간신문에 공고하는 방법 중 어느 하나의 방법을 선택해서 위 통보나 공고사항을 2회 이상 공고하되, 두 번째 공고는 첫 번째 공고일부터 40일이 지난 후에 해야 합니다. 한편 시·도지사·시장·군수·구청장도 분묘에 대한 일제조사결과 발견된 무연분묘에 대해 그 매장된 시신 또는 유골을 미리 공고한 후 화장하여 일정 기간 봉안할 수 있습니다(법 제28조 제1항, 제2항).

이때에도 시·도지사 또는 시장·군수·구청장은 묘지 또는 분묘의 위치 및 장소, 개장사유, 개장 후 안치 장소 및 기간, 연락처, 열람 등 개장에 필요한 사항을 공고해야 하며, 그 공고는 무연분묘에 매장된 시신이나 유골을 화장하여 봉안하기 2개월 전에 중앙일간신문을 포함한 둘 이상의 일간신문에 공고하는 방법이나 관할 시·도·시·군·구 인터넷 홈페이지와 하나 이상의 일간신문에 공고하는 방법 중 어느 하나의 방법을 선택해서 2회 이상 공고하되, 두 번째 공고는 첫 번째 공고일부터 40일이 지난 후에 하도록 하고 있습니다.

그런데 이상과 같은 개방방법은 「장사 등에 관한 법률」이 시행되는 2001년 1월 13일 이후에 설치된 분묘부터 적용되는 것이므로 그 전에 설치된 분묘에 관해서는 어떻게 개장할 수 있는지 문제될 것입니다. 2001년 1월 12일 이전에 설치된 분묘에 대한 개장은 그 이전의 법에 따르게 됩니다. 따라서 2001년 1월 12일 이전에 설치되었고 그로부터 20년이 경과된 분묘에 대해서는 분묘기지권이 인정되어 개장이나 분묘굴이청구가 불가하게 되고 개장하려면 결국 그 분묘의 연고자와 협상을 통하는 수밖에 없을 것입니다.

이에 귀하께서는 귀하의 임야에 설치된 분묘가 2001년 1월 13일 이후에 설치된 분묘일 경우에는 위에서 설명한 절차에 따라 개장처리를 할 수 있을 것이고, 그 전에 설치된 분묘에 대해서는 분묘기지권이 인정되느냐 여부에 따라 분묘기지권이 인정되는 경우에는 법적으로 개장청구를 할 수 없을 것이로되, 아직 분묘기지권이 인정되지 않는 분묘의 경우에는 분묘연고자를 상대로 민사상 분묘굴이청구소송 등을 통해 집행관의 힘을 빌려 이장할 수 있을 것으로 보입니다.

[사례 1·1·48] 「장사 등에 관한 법률」이 시행된 후에도 관습법상의 분묘기지권을 취득할 수 있는지

문 제 조부의 묘는 「장사 등에 관한 법률」이 2000년 1월 12일 제정되어 그 시행일이 되는 2001년 1월 13일 전까지 설치한지 아직 20년이 경과되지 못해 관습법상 분묘기지권을 취득하지 못하고 있던 중 위 법 시행 후 1년이 경과된 후에 비로소 20년이 채워져서 관습법상의 분묘기지권의 취득 요건을 충족하였습니다. 이에 이러한 경우에도 관습법상의 분묘기지권이 인정되어 조부의 묘를 이장하지 않아도 되는지 박사님께 문의드리고 싶습니다.

답 대법원 판례에 의하면, 오랜 기간 동안 타인 소유의 토지에 소유자의 승낙을 받아 분묘를 설치한 경우 분묘기지권을 취득하고, 분묘를 설치한 사람이 토지를 양도한 경우에 분묘를 이장하겠다는 특약을 하지 않는 한 분묘기지권을 취득한다고 판시해 왔고(대판 1967.10.12. 67다1920), 타인 소유의 토지에 소유자의 승낙 없이 분묘를 설치한 경우에도 20년간 평온, 공연하게 그 분묘의 기지를 점유하면 지상권과 유사한 관습상의 물권인 분묘기지권을 시효로 취득하고, 이를 등기 없이 제3자에게 대항할 수 있는 것이 관습이라고 판시해 왔습니다(대판 1957.10.31. 4290민상539, 2011.11.10. 2011다63017·63024).

법령이고, 이에 대한 일부 개정법이 1968년 12월 31일 개정·시행된 「매장 및 묘지 등에 관한 법률」이며, 이에 대한 전면적 개정법이 2000년 1월 12일 개정되어 2001년 1월 13일부터 시행되고 있는 「장사 등에 관한 법률」입니다.

또한 대법원 판례는 분묘기지권의 시효취득은 우리 사회에 오랜 기간 지속되어 온 관습법의 하나라고 인정하여 20년 이상의 장기간 계속된 사실관계를 기초로 형성된 분묘에 대한 사회질서를 법적으로 보호하고 있고, 민법 시행일인 1960년 1월 1일부터 50년 이상의 기간 동안 이와 같은 관습에 대한 사회구성원들의 법적 확신이 어떠한 흔들림도 없이 확고부동하게 이어져 온 것임을 확인하고 이를 적용해 왔습니다.

한편 2000년 1월 12일 법률 제6158호로 「매장 및 묘지 등에 관한 법률」(이하 '매장법')을 전부 개정하여 2001년 1월 13일부터 시행된 「장사 등에 관한 법률」(이하 '장사법')은 분묘의 설치기간을 15년으로 제한하되, 15년씩 3회에 한해 설치기간의 연장을 허용하고 있고(제17조 제1항, 제2항), 토지소유자의 승낙 없이 설치된 분묘에 대해 토지소유자가 이를 개장하는 경우에 분묘의 연고자는 해당 토지소유자에게 토지사용권 기타 분묘의 보존을 위한 권리를 주장할 수 없다고 규정하고 있지만(장사법 제23조 제3항), 위 조항들의 적용시기에 관하여는 장사법 시행 후 최초로 설치되는 분묘부터 적용한다고 명시하고 있습니다(장사법 부칙 제2조).

따라서 분묘의 설치기간을 제한하고 토지소유자의 승낙 없이 설치된 분묘에 대해 토지소유자가 이를 개장하는 경우에 분묘의 연고자는 해당 토지소유자에 대항할 수 없다는 내용의 규정들은 장사법 시행 후 설치된 분묘에 관해서만 적용되는 것이며, 장사법의 시행 전에 설치된 분묘에 대하여는 위 법률의 시행으로 분묘기지권에 대한 존립 근거가 상실되었다고 볼 수 없다고 할 것입니다(대판 2002.12.24. 2002다53377).

그리고 민법 제185조는 "물권은 법률 또는 관습법에 의하는 외에는 임의로 창설하지 못한다."라고 규정함으로써 현행 법체계 아래서도 관습법에 의한 물권의 창설을 인정하고 있으며, 따라서 관습법에 의해 분묘기지권이라는 제한물권을 인정하는 이상, 토지소유자는 분묘의 수호·관리에 필요한 상당한 범위 내에서는 분묘기지가 된 토지 부분에 대한 소유권의 행사가 제한될 수밖에 없고, 분묘소유자가 분묘기지권을 시효취득한 결과 토지소유자의 권리행사가 제한된다고 해서 취득시효완성을 부인할 근거가 되는 것은 아니라고 할 것입니다(대판 1995.2.28. 94다37912).

본래 시효제도는 일정 기간 계속된 사회질서를 유지하고 시간의 경과로 인해 곤란해지는 증거보전으로부터의 구제를 꾀하며 자기 권리를 장기간 행사하지 않는 자는 법적 보호에서 제외하기 위한 것이고, 특히 법적 안정성은 시효제도를 뒷받침하는 가장 중요한 근거가 되는 것으로 취득시효제도는 사회질서의 유지, 증명의 곤란 구제와 소송경제의 실현 등을 이유로 존재하는 것이라고 보아야 할 것입니다.

통상의 분묘설치의 관행 또는 실태를 보면, 분묘를 설치하는 자는 토지소유자로부터 명시적이거나 최소한 묵시적인 승낙을 받은 경우가 대부분이지만, 타인 소유의 토지에 분묘를 설치할 때 계약서 등 근거자료를 작성하거나 이를 남겨놓는 경우는 매우 드물었으며, 분묘기지권의 시효취득에 관한 대법원 판례는 토지소유자가 바뀌는 등으로 분묘설치 당시의 사정을 알지 못하는 당사자 사이에 분묘굴이를 요구하는 등의 시비가 생기는 경우에 분묘기지권을 주장하는 자가 토지소유자의 승낙을 받았다는 사실을 증명하는 것이 사실상 불가능한 경우가 빈발하므로 이러한 애로를 해소해 주는 측면이 있고, 그것이 취득시효제도의 존재이유에 부합함은 당연하다고 할 것입니다. 여전히 우리 사회에 분묘기지권의 기초가 된 매장문화가 자리 잡고 있고 사설묘지의 설치가 허용되고 있으며, 기록상 분묘기지권에 관한 관습에 대해 사회 구성원들의 법적 구속력에 대한 확신이 소멸하였다거나 그러한 관행이 본질적으로 변경되었다고 인정할 수 있는 자료는 쉽게 찾아볼 수 없습니다.

그렇다면 타인 소유의 토지에 분묘를 설치한 경우에 20년간 평온, 공연하게 그 분묘의 기지를 점유하면 지상권과 유사한 관습상의 물권인 분묘기지권을 시효로 취득한다는 점은 오랜 세월 동안 지속되어 온 관습 또는 관행으로서 법적 규범으로 승인되어 왔고, 이러한 법적 규범이 장사법의 시행일인 2001년 1일 12일 이전에 설치된 분묘에 관해 현재까지 유지되고 있다고 보아야 할 것입니다.

이로 볼 때 귀하의 조부모의 묘는 분묘기지권이 인정되어 땅 주인에게 그 권리를 주장할 수 있을 것이며, 따라서 귀하측과 땅주인간에 합의가 이루어져 이장을 하는 경우가 아니라면 귀하의 조부묘의 묘는 이장하지 않아도 될 것으로 보입니다.

[사례 1·1·49] 주위토지통행권과 이에 의해 확보할 수 있는 노폭의 범위

문 저는 도시에서 거주하다가 나이가 들어 자연과 더불어 살고 싶어 최근에 귀농하게 되었습니다. 그런데 제가 무턱대고 사놓은 밭이 다른 사람의 논밭으로 둘러싸여 사람 하나 다닐 정도의 통행로만 있고 농기구는 전혀 들어갈 수 없게 되어 있는 것입니다. 이에 제가 주위의 다른 사람의 토지를 통행할 수 있는지 여부와 통행이 가능하다면 어느 정도의 폭을 확보할 수 있는지 박사님께 문의드리고 싶습니다.

답 주위토지통행권이란 어느 토지와 공로 사이에 그 토지의 용도에 필요한 통로가 없어서 그 토지소유자가 주위의 토지를 통행 또는 통로로 하지 않으면 공로에 출입할 수 없거나 과다한 비용을 요하는 경우에 그 주위의 토지를 통행할 수 있는 권리를 말합니다.

이러한 주위토지통행권은 어느 토지가 타인 소유의 토지에 둘러싸여 공로에 통할 수 없는 경우뿐만 아니라 이미 기존의 통로가 있더라도 그것이 해당 토지의 이용에 부적합해 실제로 통로로서의 충분한 기능을 하지 못하고 있는 경우에도 인정됩니다(대판 1992. 3.31. 92다1025, 1992.12.22. 92다36311, 1994.6.24. 94다14193).

주위토지통행권에는 타인의 토지를 통행하는 것 외에 필요한 경우에는 통행지상에 통로를 개설할 수 있는 권리도 포함되어 있습니다(민법 제219조). 즉 모래를 깔거나, 돌계단의 조성, 또는 장해가 되는 나무를 제거하는 등의 방법으로 통로를 개설할 수 있으며, 통행지소유자의 이익을 해하지 않는다면 통로를 포장하는 것도 허용되는 것이며, 따라서 통행지소유자는 주위토지통행권자에 대해 주위토지통행권이 미치는 범위 내의 통로 부분의 인도를 구하거나 그 통로에 설치된 시설물의 철거를 구할 수 없습니다. 더 나아가 주위토지통행권자는 타인의 토지를 통과하지 않으면 필요한 수도, 유수관, 가스관, 전선 등을 시설할 수 없거나 과다한 비용을 요하는 경우에는 타인의 토지를 통과해서 이를 시설할 수 있으며(민법 제218조), 통행지소유자는 이러한 수도 등 시설에 대하여 그 철거를 구할 수 없습니다(대판 2003.8.19. 2002다53469).

다만 주위토지통행권자가 주의의 토지를 통행하거나 통로를 개설할 때에는 이로 인한 통행지소유자의 손해가 가장 적은 장소와 방법을 선택해야 할 것이며, 통행지소유자에게 발생한 손해도 보상해 주어야 합니다(민법 제219조).

그렇다면 주위토지통행권자는 어느 정도의 폭으로 통행지소유자의 토지를 이용하거나 통로를 개설할 수 있을까요? 주위토지통행권자는 최대한으로 통로를 확보하려고 할 것이고 통행지소유자는 반대로 최소한도로 자기의 토지를 내주려고 할 것이기 때문에 실무상 이 부분에 대한 분쟁이 가장 많이 일어나고 있습니다. 이와 관련하여 판례는 "통행의 장소, 방법 등 통행권의 범위는, 약정통행권의 경우에는 당사자 사이의 구체적인 약정의 내용에 의해 정해지고, 법정통행권의 경우는 통행권을 가진 자에게 필요할 뿐만 아니라 이로 인한 주위토지소유자의 손해가 가장 적은 장소와 방법의 범위 내에서 인정되어야 하며, 그 범위는 결국 사회통념에 비추어 쌍방 토지의 지목과 지형적, 위치적 형상 및 그에 따른 이용관계, 부근의 지리상황, 이용자의 이해득실, 기타 제반 사정을 참작한 구체적 사정에 따라 합목적적으로 판단해야 한다."라고 판시하고 있고(대판 1992.12.22. 92다30528), 또한 "주위토지통행권은 공로와 사이에 토지의 용도에 필요한 통로가 없는 경우에 피통행지소유자의 손해를 무릅쓰고 특별히 인정하는 것이므로, 통행로의 폭이나 위치, 통행방법 등은 피통행지소유자에게 손해가 가장 적게 되도록 해야 하고, 이는 구체적 사안에서 쌍방 토지의 지형적·위치적 형상과 이용관계, 부근의 지리 상황, 인접 토지 이용자의 이해관계, 기타 관련 사정을 두루 살펴 사회통념에 따라 판단해야 하고, 주위토지통행권이 인정된다고 하더라도 통로를 상시적으로 개방하여 제한 없이 이용할 수 있도록 하거나 피통행지소유자의 관리권이 배제되어야만 하는 것은 아니므로, 쌍방 토지의 용도 및 이용 상황, 통행로 이용의 목적 등에 비추어 토지의 용도에 적합한 범위에서 통행 시기나 횟수, 통행방법 등을 제한해서 인정할 수도 있다."라고 판시하고 있습니다(대판 2017.1.12. 2016다39422).

따라서 이미 공로로 통하는 기존의 통행로가 있어 토지소유자와 주위토지소유자간에 별다른 분쟁이 없이 이용되고 있는 상태라면 이를 일응 통행의 범위라고 보아도 무방할 것이로되, 그렇지 않다면 사람이 주택에 출입하고 다소의 물건을 공로로 운반하는 등의 일상생활을 영위하는데 필요한 범위의 노폭까지 인정해야 할 것이며, 다만 이는 현재의 토지의 용법에 따른 이용의 범위에서 인정되는 것일 뿐 더 나아가 장차의 이용상황까지 미리 대비하여 통행로를 정할 것은 아니라고 할 것입니다(대판 1996.11.29. 96다33433, 1992.12.22. 92다30528). 따라서 사람이 출입하고 다소의 물건을 공로로 운반할 정도의 폭만 확보될 수 있다면 주위토지소유자의 손해가 가장 적은 장소와 방법을 선택해야 할 것이고, 이에 더 나아가 위요지 소유자에게 장래 그 토지에 건축을 할 것에 대비하여 건축허가에 필요한 폭의 통행로를 미리 보장하고 주위토지소유자로 하여금 이를 수인하도록 하는 것까지 보장되는 것은 아닙니다(대판 1991.5.28. 91다9961).

또한 건축법규상 건축물의 대지가 2미터 이상을 도로에 접해야 한다고 규정하고 있더라도 이는 건물의 신축이나 증·개축에 대한 허가시 그와 같은 범위의 도로가 필요하다는 행정법규에 불과한 것일 뿐 이에 의해 당연히 포위된 토지소유자에게 건축법에서 정하는 도로의 폭과 면적 등과 일치하는 주위토지통행권이 바로 생긴다고 단정할 수는 없을 것이며, 다만 공익상의 견지에서 토지의 이용관계를 합리적으로 조정하기 위하여는 마땅히 건축법규상의 규제내용도 그 참작요소로 삼아, 위요된 토지소유자의 건축물 건축을 위한 통행로의 필요도와 통행지소유자가 입게 되는 손해의 정도를 비교형량해서 주위토지통행권의 적정한 범위를 결정해야 할 것이고(대판 1992.4.24. 91다32251), 따라서 경우에 따라서는 양 토지 및 통행로의 위치와 면적, 현재의 토지이용 상황을 고려하여 필요한 통행로의 노폭을 2m로 할 수도 있을 것입니다(대판 1996.5.14. 96다10171).

그리고 주위토지통행권의 범위는 사람이 겨우 통행할 수 있는 정도로 제한되는 것이 아니고 통행자가 주택에 출입해 일상생활을 영위하는데 필요한 범위의 노폭까지 인정되어야 할 것이며(대판 1991.7.23. 90다12670), 그 구체적 범위는 통행권을 가진 자에게 필요할 뿐 아니라 이로 인한 주위토지소유자의 손해가 가장 적은 장소와 방법의 범위 내에서 인정되는 것이므로 사람이 주택에 출입해 다소의 물건을 공로로 운반하는 등의 일상생활을 영위하는데 필요한 범위의 노폭까지 인정되어야 하고, 토지의 이용방법에 따라서는 자동차 등이 통과할 수 있는 통로의 개설도 허용될 것이지만 단지 생활상의 편의를 위해 다소 필요한 상태라고 여겨지는 정도에 그치는 경우까지 자동차의 통행을 허용할 것은 아니라고 할 것입니다(대판 1994.10.21. 94다16076). 예컨대, 선산으로 가기 위한 통행로는 도보를 통해 출입하는데 필요한 범위 내에서만 주위토지통행권이 인정될 뿐 차량의 통행을 위해 폭 3m의 통로까지 확보하여 통행할 권리까지 인정되는 것은 아니라고 할 것입니다(대판 2006.6.2. 2005다70144).

한편 주위토지통행권은 앞서 본 바와 같이 어느 토지가 타인 소유의 토지에 둘러싸여 공로에 통할 수 없는 경우뿐만 아니라, 이미 통로가 있더라도 그것이 좁아서 그 토지의 용도에 부적당한 경우에도 인정되는 것이므로 폭 1.3미터~1.5미터 정도의 통로는 위요지의 이용을 위해 필요한 범위 내의 것이라고 할 수 있을 것입니다(대판 1992.3.31. 92다1025).

이에 귀하의 사건을 보건대, 주위토지를 통행할 수 있는 폭은 그것이 주택의 통행용이냐 농로를 확보하기 위한 것이냐 아니면 임야에 들어가기 위한 통행용이냐 등 쌍방 토지의 지형적·위치적 형상과 이용관계, 부근의 지리 상황, 인접 토지 이용자의 이해관계 기타 관련 사정을 종합적으로 고려해서 사회통념에 따라 판단해야 할 것이로되, 당사자 간의 합의가 있으면 그 합의에 의할 것이고, 합의가 이루어지지 않는다면 결국 재판으로까지 가서 판사가 결정할 것으로 보이지만, 특별한 사정이 없는 한 사람뿐만 아니라 주거의 경우에는 승용차까지, 사업장인 경우에는 트럭까지, 농로의 경우에는 농기구까지 들어갈 수 있는 정도의 폭은 인정될 수 있을 것으로 보입니다.

[사례 1-1-50] 도로로 나가는 유일한 통로를 토지소유자가 폐쇄하려고 하는 경우에, 그 대응방법

문 제가 살고 있는 집은 단독주택으로서 주택가의 한 복판에 위치해 있는데, 앞쪽에 있는 공터를 제외하고는 온통 다른 집들로 둘러싸여 있어 십여 년 동안 그 공터를 유일한 통로로 사용해 오고 있습니다. 그런데 최근에 그 공터의 소유자 甲이 공터 주위에 담장을 쌓는다고 하면서 다른 곳으로 통행하라고 합니다. 저희들은 그 공터를 사용하지 않으면 큰 도로로 나가는 것이 거의 불가능합니다. 꼼짝없이 갇히게 생겼는데, 다른 방법은 없는지요?

답 어느 토지와 공로와의 사이에 통로가 없는 경우에, 그 토지소유자(통행로가 없는 토지소유자)는 공로로 출입하기 위해 이웃의 토지를 통행할 수 있고, 필요한 경우에는 통로를 개설할 수 있습니다(민법 제219조). 이를 주위토지통행권이라고 합니다. 다만 통행권자나 통로개설자는 통행이나 통로를 개설할 때에 이웃 토지소유자의 손해가 가장 적은 장소와 방법을 택해야 하며, 그 손해도 보상해야 합니다. 즉, 아무리 토지소유자(甲)라고 하더라도 통행로를 막을 수는 없으며, 다만 통행료 상당의 손해보상만 청구할 수 있을 뿐입니다.

그렇다면 어느 범위의 폭까지 통행로로 인정받을 수 있을까요? 통상적으로는 사람이 주택에 출입해 다소의 물건을 공로로 운반하는 등의 일상생활에 필요한 범위의 노폭(예, 2m)까지 인정된다고 할 수 있습니다(대판 1996.11.29. 96다33433).

따라서 만약 甲이 통행로를 일방적으로 폐쇄하려고 하면 귀하께서는 임시조치로 통행방해금지가처분신청을 하고, 이후에 통행방해의 배제를 구하는 소송을 제기하여 통행로를 계속 확보할 수 있을 것으로 보입니다. 참고로 토지의 분할이나 토지의 일부에 대한 양도로 인해 공로로 통하지 못하는 토지가 있는 때에는, 그 토지소유자는 공로로 출입하기 위해 다른 분할자나 양수자의 토지를 통행할 수 있고, 이 경우에는 무상으로 통행할 수 있습니다(민법 제220조 제1항, 제2항).

[사례 1·1·51] 담장에 너무 가까이 붙여서 건축공사를 하는 경우에, 그 대응방법

문 제가 살고 있는 집은 단독주택인데, 이웃에는 가건물이 하나 있습니다. 그런데 최근에 이 가건물과 함께 그 대지를 산 사람이 가건물을 헐어버리고, 그 자리에 2층 단독주택을 지으면서 저희 집 담장에 너무 바짝 붙여 건축공사를 진행하고 있습니다. 그렇지 않아도 답답한 집안 구조가 이로 인해 숨이 막힐 지경입니다. 어떤 대책이 없나요?

답 건물을 축조할 때는 특별한 관습이 없으면 경계로부터 반 미터(50㎝) 이상의 거리를 두어야 합니다(민법 제242조). 만약 이에 위반하여 건물을 축조한 경우에는 인접지소유자는 그 건물의 변경이나 철거를 청구할 수 있습니다. 다만, 건축에 착수한 후 1년

이 경과하거나, 건물이 완성된 후에는 이러한 건물의 철거나 변경을 청구할 수 없고, 손해배상만을 청구할 수 있을 뿐입니다.

따라서 귀하의 사안과 같이 최근에 이웃사람이 귀하의 담으로부터 반 미터 이상의 거리를 두지 않고 건축공사를 하고 있는 경우에는 그 변경이나 철거를 요청할 수 있고, 이에 응하지 않으면 민사소송도 제기할 수 있을 것입니다. 그러나 건축에 착수한지 1년이 경과되어버리거나 건물이 완공되어버리면 이러한 주장을 할 수 없게 되므로 귀하께서는 그 전에 미리 공사중지가처분을 신청해놓고 소송을 제기하여 아직 미완성된 건물에 대한 철거 또는 변경을 구해야 할 것입니다.

공사중지가처분신청은 건물철거소송이 제기되어 소송이 진행 중인 경우라고 하더라도 공사가 계속 진행되고 있으면 청구할 필요가 있을 것입니다.

참고로 경계로부터 2미터 이내의 거리에서 이웃 주택의 내부를 관망할 수 있는 창이나 마루를 설치하는 경우에는 적당한 차면시설을 해야 하며(민법 제243조), 우물을 파거나 용수, 하수 또는 오물 등을 처리할 지하시설을 하는 때에는 경계로부터 2미터 이상의 거리를 두어야 하고, 저수지, 구거 또는 지하실공사를 함에는 경계로부터 그 깊이의 반 이상의 거리를 두어야 합니다(민법 제244조).

[사례 1·1·52] 급수공사를 위해 타인의 토지를 경유하기 위한 토지사용승낙서가 필요한 경우, 그 대용서류로서 어떠한 판결문이 필요한지

문 저는 성남시에 소재한 제 소유의 밭에 건물을 신축하면서 급수가 필요하여 성남시 건축과에 급수공사에 대한 시행신청서를 제출하였는데, 성남시는 급수공사를 시행하기 위해서는 甲 소유의 도로 411㎡를 경유해야 하니 甲의 토지사용승낙서를 첨부해야 한다고 합니다. 그런데 甲이 토지사용승낙서를 작성해 주지 않아 그 대용서류로서 판결을 받아 제출하려고 하는데, 이 경우 제가 토지사용승낙의 의사표시를 구하는 소를 제기해야 할지, 아니면 민법에 의한 수도 등 시설권이 있다는 확인의 소를 제기해야 할지 몰라 박사님께 문의드리고 싶습니다.

답 민법 제218조 제1항 본문은 '토지소유자는 타인의 토지를 통과하지 않으면 필요한 수도, 소수관, 까스관, 전선 등을 시설할 수 없거나 과다한 비용을 요하는 경우에는 타인의 토지를 통과해 이를 시설할 수 있다.'라고 규정하고 있는데, 이와 같은 수도 등 시설권은 법정의 요건을 갖추면 당연히 인정되는 것이고, 수도 등 시설공사를 시행하기 위해 따로 수도 등이 통과하는 토지소유자의 동의나 승낙을 받아야 하는 것은 아니라고 할 것입니다. 따라서 이러한 토지소유자의 동의나 승낙은 민법 제218조에 기초한 수도 등 시설권의 성립이나 효력 등에 어떠한 영향을 미치는 법률행위나 준법률행위라고 볼 수 없습니다.

한편 「성남시의 수도급수 조례」에서 급수공사 신청시 필요하다고 판단될 경우 이해관계인의 동의서를 제출하게 할 수 있다고 한 것은, 급수공사 신청인이 아닌 타인 소유 토지에 급수공사를 시행할 경우에 발생할 수 있는 분쟁을 사전에 예방하고 성남시가 신청인의 사용권한에 근거해 타인 소유 토지에 급수공사를 원활하게 시행하고자 하는 목적에서 신청인에게 해당 토지에 대한 사용권한이 있는지를 확인하기 위해 증명자료의 하나로서 그 토지소유자의 급수공사에 대한 동의 내지 승낙의 뜻이 표시된 서류의 제출을 요구할 수 있다는 취지라고 보아야 하고, 급수공사 신청인이 다른 자료에 의해 해당 토지의 사용권한이 있음을 증명하였음에도 급수공사를 승인하기 위해서는 예외없이 토지사용승낙서의 제출이 필요한 것이라고는 볼 수 없을 것입니다.

그렇다면 민법 제218조에 근거해 수도 등 시설권이 있음을 주장하면서 해당 토지의 소유자를 상대로 '수도 등 시설공사에 필요한 토지사용을 승낙한다.'라는 진술을 구하는 소는 그 시설공사를 하는데 필요한 증명자료를 소로써 구하는 것에 불과하고, 민법 제389조 제2항에서 규정하는 '채무가 법률행위를 목적으로 한 때에 채무자의 의사표시에 갈음할 재판을 청구하는 경우'에 해당한다고 볼 수 없으므로 권리보호의 이익을 인정할 수 없어 부적법하다고 할 것입니다(대판 2017.12.15. 2015다247325).

이로 볼 때 귀하께서는 도로의 소유자인 甲이 토지사용승낙서의 작성을 거절하는 경우에는 토지사용승낙의 의사표시를 구하는 소를 제기할 것이 아니라 그 甲 소유의 도로 중 귀하의 급수공사에 필요한 부분에 대해 민법 제218조의 수도 등 시설권이 있다는 확인의 소를 제기해 승소판결을 받은 다음, 그 판결문을 도로사용부분에 대한 귀하의 사용권한을 증명하는 자료로써 성남시에 제출하여 급수공사의 시행을 신청하면 될 것으로 보입니다.

[사례 1·1·53] 습득한 유실물의 처리 방법과 보상관계

문 저는 어제 저녁 시골 장터에 놀러갔다가 길가에서 지갑 하나를 주웠습니다. 지갑 안에는 열쇠꾸러미와 현금 100만원, 수표 300만원, 100원짜리 동전 몇 개가 들어 있었습니다. 괜히 주웠다는 생각이 들기도 하고 겁도 나는데, 그 처리방법에 대해서 알고 싶고 또 보상금을 받을 수 있는지도 궁금해서 박사님께 문의드리고자 합니다.

답 타인이 유실한 물건을 습득한 자는 이를 신속하게 유실자나 소유자 또는 그밖에 물건 회복의 청구권을 가진 자에게 반환하거나 경찰서(지구대·파출소·자치경찰단사무소 포함)에 제출해야 합니다(유실물법 제1조 제1항). 제출 장소는 특별한 사유가 없는 한 습득한 장소에서 가까운 경찰서나 자치경찰단에게 하면 됩니다. 일실한 가축이나 매장물을 발견한 경우에도 마찬가지입니다. 만약 이러한 조치를 취하지 않으면 점유이탈물횡령죄로 처벌받을 수 있고(대판 1999.11.26. 99도3963), 습득일부터 7일 이내에 경찰서 등에 제출하지 않게 되면 보상금을 받을 권리나 장차 습득물의 소유권을 취득할 권리도 상실하게 됩니다.

유실물의 제출을 받은 경찰서장이나 제주특별자치도지사는 물건의 소유자 등을 찾아 유실물을 반환해 주는 절차를 취하게 되는데, 이 경우 반환받을 자의 성명이나 주거를 알 수 없을 경우에는 유실물을 제출받은 날로부터 14일간 유실물에 관한 정보를 제공하는 인터넷 사이트에 해당 습득물에 관한 공고를 하여 소유자 등을 찾는 절차를 밟게 됩니다. 특히 귀중한 물건에 해당되는 경우에는 일간신문이나 방송을 통해서도 공고를 합니다. 유실물이 멸실되거나 훼손될 우려가 있을 때 또는 보관에 과다한 비용이나 불편이 수반될 때에는 이를 매각하여 그 대가를 보관하게 됩니다. 이러한 유실물의 보관비나 공고비, 그밖에 필요한 비용은 물건의 소유자 등 인도를 받는 자가 부담하게 됩니다.

소유자 등을 찾게 되면 유실물 습득자는 그 물건가액의 5%~20%의 범위 내에서 보상금을 지급받을 수 있습니다(유실물법 제4조). 그 구체적인 금액은 위 보상금액의 범위 내에서 당사자 간에 협의하여 결정할 문제이나, 협의가 이루어지지 않으면 결국 재판에 의하여 그 구체적인 보상금액이 정해지게 될 것입니다. 다만 수표나 어음이 분실된 경우에는 분실자가 은행 등에 즉시 신고를 하는 등 손해방지수단을 강구하는 경우가 보통일 것이므로 현금을 습득하는 경우와는 다르다고 할 수 있고 따라서 판례는 분실수표가 선의·무과실의 제3자에게 취득됨으로써 입을지도 모르는 객관적인 위험성의 정도를 기준으로 하여 보상금액을 결정하고 있습니다(대판 1977.1.1. 76다2665). 물론 그 구체적인 보상금액도 당사자 간에 협의가 이루어지지 않으면 결국 재판을 통하여 결정된다고 할 수 있겠습니다. 유실물 습득자의 이러한 보상금 청구는 소유자 등이 유실물을 반환받은 후 1개월 내에 청구해야 합니다.

한편 유실물 습득자는 인터넷 사이트에 유실물에 대한 공고가 이루어진 후 6개월 내에 그 권리를 주장하는 자가 없는 경우에는 경찰서 등에 제출한 유실물의 소유권을 취득하게 됩니다. 이와 같이 유실물의 소유권을 취득한 유실물 습득자는 그로부터 3개월 내에 반드시 경찰서나 자치경찰단에 찾아가서 유실물을 수령해야 하며, 그렇지 않으면 그 소유권을 상실하게 되므로 주의해야 합니다. 물론 앞서 본 바와 같이 유실물에 대한 공고 후 6개월 내에 그 소유자 등이 권리를 주장하지 않음으로써 유실물 습득자가 소유권을 취득하게 되면 경찰서장 등이 그러한 사실을 「소유권취득통지서」에 의해 통지해 주거나 전화 또는 문자메시지로 알려주게 되어 있습니다. 그렇다고 하더라도 자칫 잘못했다가는 기일을 놓칠 수 있으므로 잘 체크해 두어야 할 것입니다.

위에서 유실물의 처리 방법과 보상금 지급 여부에 관하여 간략히 설명드렸는 바, 귀하가 습득한 유실물의 처리와 보상금의 수령 내지 유실물의 소유권 취득 여부 등 알고 싶어 하는 지식에 조금이라도 도움이 되었으면 합니다.

[사례 1·1·54] 특별조치법으로 넘어가버린 토지에 대한 소유권을 되찾을 수 있는 방법과 특별조치법의 의의

문 저는 최근에 돌아가신 부친의 유품을 정리하던 중, 돌아가신 조부께서 30여년 전에 이웃 마을에 사는 망 甲으로부터 이웃 마을 뒤쪽에 위치한 야산 1천여평을 쌀 10가마에 매수한다는 내용의 매매계약서를 발견하였습니다. 그리하여 부랴부랴 부동산등기부를 열람해 보았더니, 이웃 마을에 사는 乙이 1994년 3월 10일 특조법에 의해 자신의 명의로 소유권보존등기를 해놓은 사실을 알게 되었습니다. 제가 이 땅을 되찾을 수 있는 방법이 없는지요? 또한 사람들의 말로는 특조법으로 넘어가 버린 땅은 되찾기가 힘들다고 하는데, 특조법이란 도대체 어떠한 법인지도 알고 싶습니다.

답 소위 '특조법'이란 「부동산소유권 이전등기 등에 관한 특별조치법」(이하 '특조법')을 말하는데, 이 법은 원칙적으로 부동산등기법이 정하는 절차에 따라 등기를 해야 할 부동산에 대하여 어떤 사유로 소유권보존등기가 이루어지지 않았거나 불가한 경우 또는 등기부의 기재가 실제 권리 관계와 일치하지 않지만 정상적인 절차를 통하여 이를 일치시키는 것이 곤란한 경우에 부동산등기법에서 요구한 입증자료나 구비서류를 대신하여 보증인[22](소위 '특조위원') 3명의 보증으로 갈음토록 함으로써 간편하게 부동산등기를 할 수 있도록 하기 위해 제정된 한시법입니다.

그 동안 특조법은 수차례 제정되어 왔는데, ① 1978년 3월 1일 시행 특조법, ② 1979년 1월 1일 시행 특조법 일부 개정, ③ 1982년 4월 3일 시행 특조법 일부 개정, ④ 1993

년 1월 1일 시행 특조법, ⑤ 1993년 12월 10일 시행 특조법 일부 개정, ⑥ 1994년 9월 1일 시행 특조법 일부 개정, ⑦ 2006년 1월 1일 시행 특조법, ⑧ 2006년 12월 26일 시행 특조법 일부 개정[23] 등이 있었습니다. 이와 같이 특조법은 보통 10여년을 주기로 제정되어 왔고, 그 동안 3차례의 제정과 5차례의 개정 등 총 8차례의 제·개정이 있었습니다. 특조법들은 공히 보증인 3명의 보증으로 등기가 가능하도록 한 점에서는 유사하지만, 특조법의 적용 대상이 되는 부동산에 관하여는 각 특별법마다 조금씩 다릅니다.

여기에서 최근의 특조법인 2006년 시행 법률의 내용에 관해 간략히 살펴보도록 하겠습니다. 이 특조법은 1995년 6월 30일 이전에 매매·증여·교환 등 법률행위로 인해 사실상 양도된 부동산, 상속받은 부동산, 소유권보존등기가 되어 있지 아니한 부동산에 대해 적용하고, 그 적용대상은 읍·면 지역의 토지 및 건물과 광역시 및 시지역의 농지·임야 및 지가 1㎡당 60,500원 이하의 모든 토지에 관하여 적용하되, 광역시 및 인구 50만 이상의 시에 대하여는 1988년 1월 1일 이후 직할시·광역시 또는 그 시에 편입된 지역에 한하도록 하고 있습니다(특조법 제3조, 제4조).

등기를 하는 절차에 관하여 사안별로 살펴보면 다음과 같습니다. 즉

① 미등기부동산을 사실상 양도받은 사람과 미등기부동산을 상속받은 사람 또는 소유자미복구부동산의 사실상의 소유자는 확인서를 첨부하여 대장소관청에 소유명의인의 변경등록 또는 복구등록을 신청할 수 있습니다(특조법 제6조).

② 소유권이전등기는 부동산등기법 제28조의 규정에 불구하고 확인서를 발급받은 사실상의 양수인 또는 그 대리인이 등기소에 출석하여 신청할 수 있고, 이 경우 확인서는 부동산등기법 제40조 제1항 제2호의 등기원인을 증명하는 서면에 갈음하고, 동항 제3호의 등기의무자의 권리에 관한 등기필증은 제출하지 않습니다(특조법 제7조). 또한 이때 사실상의 양수인은 소유권의 등기명의인 또는 그 상속인을 갈음해 표시변경등기와 상속으로 인한 소유권이전등기를 신청할 수 있으되, 그 등기를 신청하는 경우에는 확인서를 첨부해야 합니다(특조법 제9조).

③ 귀속재산처리법의 규정에 따른 귀속재산 중 부동산을 사실상 양도받은 자가 소유명의인 변경등록을 신청할 때는 따로 세무서장이 발행하는 사실증명서를 첨부해야 하되, 국·공유부동산을 양수하였거나 그 양수인에게서 상속·증여받거나 또는 매매·교환한 사람이 특조법에 따른 소유권보존등기 또는 소유권이전등기를 신청하기 위해 대장소관청으로부터 확인서의 발급을 받고자 할 때에는 보증서를 첨부하지 않을 수 있습니다(특조법 제8조).

위에서 본 바와 같이 특조법에서 가장 중요한 절차는 보증인으로부터 확인서를 받는

절차입니다. 즉, 미등기부동산을 사실상 양수한 사람과 이미 등기되어 있는 부동산을 그 부동산의 등기명의인 또는 상속인으로부터 사실상 양수한 사람, 부동산의 상속을 받은 사람, 소유자 미복구 부동산의 사실상의 소유자는 특조법에 따른 등기를 신청하기 위해서는 대장소관청으로부터 확인서를 발급받아야 하는데, 확인서를 발급받으려면 시·구·읍·면장이 해당 부동산소재지 동·리에 10년 이상 거주하고 있는 사람 중에서 보증인으로 위촉하는 3인 이상의 보증서를 첨부하여 대장소관청에 서면으로 신청해야 합니다. 이때 보증취지를 확인한 대장소관청은 해당 부동산에 대해 현장조사를 실시하여 보증사실의 진위를 확인한 후 보증사실의 진정성이 확인되면 대장소관청은 그 신청사실 및 공고의 목적, 부동산의 표시, 대장상의 명의인, 신청인의 주소·성명, 주민등록번호, 취득사유 등을 명시하여 2월 이상 공고한 후 확인서를 발급하게 됩니다(특조법 제10조). 공고는 대장소관청이 해당 시·군·구·읍·면과 동·리의 인터넷 홈페이지 및 사무소의 게시판에 합니다.

다만 공고기간 이내에 이의신청이 있는 부동산에 관해서는 그 이의에 대한 처리가 완결되기 전에는 확인서를 발급하지 못합니다. 확인서 발급신청에 관해 이의가 있는 사람은 공고기간 내에 이의신청을 할 수 있습니다(특조법 제11조).

그리고 특조법은 보증인 3명의 확인도장에 의해 등기가 이루어지는 것이어서 허위확인서 발급 등의 경우에는 그 처벌을 엄격히 하고 있습니다. 즉 허위의 방법으로 확인서를 발급받은 자나 이를 행사한 자, 행사할 목적으로 확인서를 위조 또는 변조한 자나 이를 행사한 자, 허위의 보증서를 작성한 자나 이를 행사한 자, 다른 사람을 기망해 허위의 보증서를 작성하게 한 자는 1년 이상~10년 이하의 징역 또는 5백만원 이상~1억원 이하의 벌금에 처하거나 병과될 수 있으며, 중대한 과실로 인해 허위의 보증서를 작성하거나 이를 작성하게 한 자는 1년 이하의 징역 또는 5백만원 이하의 벌금에 처해지게 되는 것입니다(특조법 제13조).

따라서 귀하께서는 乙이 특조법에 의해 등기를 신청할 때에 첨부한 서류인 보증서나 확인서가 허위 또는 위조되었다는 등의 증거를 수집해서 "원인무효에 의한 소유권보존등기말소등기절차이행청구의 소" 또는 "원인무효에 의한 소유권이전등기청구소송"을 제기함으로써 다투어 볼 수 있을 것입니다. 소송을 제기하기 전에 처분금지가처분신청을 해 놓아야 함은 물론입니다.

문제는, 2006년의 최근 특조법을 기준으로 할 경우 보증서나 확인서의 위조 또는 변조자, 허위로 확인서를 발급받은 자, 허위로 보증서를 작성한 자는 공소시효가 7년이고, 중대한 과실로 허위의 보증서를 작성 또는 작성하게 한 자는 공소시효가 3년이므로, 이미 공소시효가 지나버렸을 것이어서 형사고소는 곤란할 것이고,[24] 또한 해당 보증인이 살아있다면 몰라도 그렇지 않는 경우라면 허위로 등기가 이루어졌다는 것에 대한 증거수집이 곤란하다는데 있을 것입니다.

참고로 특조법이 2006년 제정된 이래 10년이 지난 현재까지 아직 새로운 특조법이 제정되고 있지 않지만 앞서 설명드린 바와 같이 특조법은 10년 단위로 제정되어왔기 때문에 조만간 제정될 것으로 보이나 이는 오로지 국회의 몫이라고 할 수 있을 것입니다.

[사례 1·1·55] 부동산소유권이전이 사해행위로 취소되었음에도 말소등기가 이루어지지 않은 상태라면 수익자의 등기부취득시효가 인정될 수 있는지

문 저는 甲으로부터 부동산을 매수하고 소유권이전등기를 마침으로써 그 소유권을 취득한 이래 위 부동산을 점유해 오고 있습니다. 그런데 甲의 채권자인 乙이 대여금 채권을 피보전권리로 해서 저를 상대로 사해행위취소 등을 구하는 소를 제기하였고, 이 소송에서 제가 패소하여 소유권이전등기의 말소등기절차를 이행하라는 판결을 받았으나, 제가 말소등기를 해주지 않은 상태로 시간이 경과되어 제가 위 부동산을 매수하여 점유하기 시작한 때로부터 10년이 경과되었고, 그 후에 乙이 사해행위취소판결에 기해 제 명의의 소유권이전등기를 말소한 후 위 부동산에 대해 압류를 하였습니다. 이와 같은 경우에 제가 10년의 등기부취득시효를 주장하여 소유권을 계속 유지시킬 수 있는지 박사님께 문의드리고 싶습니다.

---

22) 보증인에 관하여는 특조법 시행령에서 세부적으로 규정하고 있는데, 보증인으로 될 수 있는 자는 부동산소재지 동·리에 계속해 10년 이상 거주하고 있는 자이며, 시·구·읍·면장이 부동산소재지 동·리별로 3인 이상 6인 이내의 범위 안에서 위촉합니다(특조법 시행령 제5조~제11조).

23) 최근의 특조법인 2006년 1월 1일 제정, 동년 12월 26일 개정 특조법은 2006년 1월 1일부터 2007년 12월 31일까지 2년간 효력을 가지도록 하고 있고, 다만 이 법 시행 중에 확인서의 발급을 신청한 부동산 및 확인서 발급에 대한 이의신청이 제기된 부동산에 대하여는 유효기간 경과 후 6월까지는 등기를 신청할 수 있도록 하고 있습니다(특조법 부칙 제2조).

24) 특조법 제13조 (벌칙) "① 다음 각 호의 어느 하나에 해당하는 사람은 1년 이상 10년 이하의 징역 또는 500만원 이상 1억원 이하의 벌금에 처하거나 이를 병과할 수 있다.
1. 허위의 방법으로 확인서를 발급받은 사람
2. 행사할 목적으로 제10조의 규정에 따른 문서를 위조 또는 변조한 사람
3. 허위의 보증서를 작성한 사람
4. 다른 사람을 기망하여 허위의 보증서를 작성하게 한 사람
5. 제1호 내지 제3호의 문서를 행사한 사람
② 중대한 과실로 인하여 허위의 보증서를 작성하거나 이를 작성하게 한 자에 대하여는 1년 이하의 징역 또는 500만원 이하의 벌금에 처한다."

답 부동산에 관한 소유권이전의 원인행위가 사해행위로 인정되어 취소되더라도, 그 사해행위취소의 효과는 소송의 당사자인 채권자와 수익자 사이에서 상대적으로 생길 뿐이며, 따라서 사해행위가 취소되더라도 취소채권자를 제외한 제3자에 대해서는 그 부동산은 여전히 수익자의 소유이고, 다만 채권자에 대한 관계에서 채무자의 책임재산으로 환원되어 강제집행을 당할 수 있는 부담을 지고 있는데 지나지 않는다고 할 것입니다. 그러므로 이와 같은 경우에 위 부동산에 대해 수익자의 등기부취득시효가 인정되려면, 자기 소유 부동산에 대한 취득시효가 인정될 수 있다는 것이 전제되어야 할 것입니다.

그러나 부동산에 관하여 적법·유효한 등기를 하여 그 소유권을 취득한 사람이 해당 부동산을 점유하는 경우에는 특별한 사정이 없는 한 사실상태를 권리관계로 높여 보호할 필요가 없고, 부동산의 소유명의자는 그 부동산에 대한 소유권을 적법하게 보유하는 것으로 추정되어 소유권에 대한 증명의 곤란을 구제할 필요 역시 없으므로 그러한 점유는 취득시효의 기초가 되는 점유라고 할 수 없을 것입니다(대판 2016.10.27. 2016다224596, 2016.11.25. 2013다206313).

즉 대법원 판례는 "부동산에 관해 적법·유효한 등기를 마치고 소유권을 취득한 사람이 자기 소유의 부동산을 점유하는 경우에는 특별한 사정이 없는 한 사실상태를 권리관계로 높여 보호할 필요가 없고, 부동산의 소유명의자는 부동산에 대한 소유권을 적법하게 보유하는 것으로 추정되어 소유권에 대한 증명의 곤란을 구제할 필요 역시 없으므로, 그러한 점유는 취득시효의 기초가 되는 점유라고 할 수 없다. 다만 그 상태에서 다른 사람 명의로 소유권이전등기가 되는 등으로 소유권의 변동이 있는 때에 비로소 취득시효의 요건인 점유가 개시된다고 볼 수 있을 뿐이다."라고 판시하고 있는 것입니다(대판 2016.10.27. 2016다224596).

이로 볼 때 귀하께서는 사해행위취소의 원고인 乙과의 관계에서 종전의 소유자인 甲의 소유로 취급될 뿐 그밖의 관계에서는 여전히 소유권자에 해당되고, 이러한 상태에서의 점유는 점유취득시효의 기초가 되는 점유로 인정받을 수 없는 것이어서 귀하께서는 등기부취득시효를 주장할 수 없을 것으로 보입니다.

[사례 1·1·56] 20년 이상 타인의 토지를 점유하고 있는 경우에, 그 토지에 대한 시효취득이 가능한지

문 저의 집은 단독주택으로서 건평 50평과 대지 60평으로 구성되어 있는데, 저의 조부께서 25년 전에 매수해서 줄곧 우리 가족들이 거주해 오고 있습니다. 그런데, 최근에 이웃집을 사서 들어 온 甲이 주택을 수리하기 위해 측량을 실시해 보더니, 저의 집 마당 쪽으로 자기의 땅 5평 정도가 들어갔다며 돌려달라는 것입니다. 저의 가족들은 여태껏 담장 안 부분은 의심할 여지도 없이 저의 땅이라고 여기며 근 25년 동안을 살아왔는데, 지금에 와서 담장을 헐고 5평 정도를 돌려달라고 하니 도무지 이해가 가지 않습니다. 박사님의 고견을 부탁드립니다.

답 타인의 부동산이라고 해도 20년간 소유의 의사로, 평온·공연하게, 그 부동산을 점유한 자는 등기함으로써 그 소유권을 취득하게 되며(민법 제245조 제1항), 타인의 부동산에 대해 그 소유자로 등기된 자가 10년간 소유의 의사로 평온·공연하게, 선의이며, 과실 없이, 그 부동산을 점유한 때에는 역시 그 소유권을 취득하게 됩니다(민법 제245조 제2항). 즉, 타인 소유의 토지라고 할지라도 그 토지가 자기의 토지인 것으로 잘못 알고 20년 이상 계속 점유한 경우에는 등기를 함으로써 자기의 토지로 만들 수 있는 것입니다. 다만, 자기의 토지인 것으로 잘못 알고 점유한 경우에만 이러한 점유취득시효가 인정되기 때문에, 타인의 토지인 사실을 알고도 무단으로 점유한 경우라든가, 임차료를 지급한 경우에는 20년이 아니라 100년을 점유하고 있어도 시효취득을 할 수 없게 됩니다.

문제는 시효취득자가 타인의 토지를 20년 이상 점유해서 이미 시효취득의 요건이 갖추어진 후에 그 토지에 대한 소유자가 변경되어 버린 경우(단, 상속의 경우는 제외)에는 새로운 소유자에 대하여 시효취득을 주장을 할 수 없다는데 있습니다(대판 2002.3.15. 2001다77352). 따라서 타인의 토지를 20년 이상 소유의 의사로 점유한 자는 즉시 그 타인의 토지에 대해 처분금지가처분신청을 해놓은 다음, 점유취득시효 완성을 이유로 한 소유권이전등기청구소송을 제기해야 할 것입니다.

물론 취득시효완성 후 토지소유자에 변동이 있어도 당초의 점유자가 계속 점유하고 있고 소유자가 변동된 시점을 새로운 기산점으로 삼아도 다시 취득시효의 점유기간(20년)이 완성된 경우에는 소유권 변동시를 새로운 취득시효의 기산점으로 삼아 2차 취득시효의 완성을 주장할 수 있습니다. 다만, 2차 취득시효 주장과 관련하여 종전의 판례는 2차 취득시효기간 중에는 등기명의자가 동일하고 소유자의 변동이 없어야만 한다고 판시하고 있었으나(대판 1994.3.22. 93다46360,[25] 1994.4.12. 92다41054), 2009년 7월 16일 판례 변경으로 2차 취득시효기간 중 등기부상 소유명의자가 수차례 변경된 경우라도 2차 취득시효 완성 당시의 등기부상 소유명의자에게 시효취득을 주장할 수 있다고 판시하고 있습니다

(대판 2009.7.16. 2007다15172·15189).[26]

그러면 어떻게 시효취득자가 타인의 토지를 20년 이상 점유해 온 사실을 알 수 있었을까요? 아무런 이유없이 자기의 집이나 논밭을 측량할 일은 없을 것이고, 보통은 집을 수리한다거나 담을 쌓을 때 또는 논밭을 팔 경우에 측량을 실시하게 되는데, 이러한 경우에 비로소 타인의 토지를 점유하게 된 사실을 알게 되는데, 이러한 사실을 알게 되면 그 즉시 점유취득시효로 인한 권리주장을 해야 한다는 것입니다. 반면, 측량을 실시한 결과, 이웃사람이 내 토지를 20년 이상 점유해 온 사실을 알게 되었을 경우에는, 선수를 쳐서 내 토지에 대한 소유자를 제3자로 바꾸어 버리면(즉, 소유권이전등기) 이웃사람이 내 토지에 대한 시효취득을 주장할 수 없게 되는 것입니다.

결국 귀하의 경우에는 이미 점유취득시효의 요건을 갖추었기 때문에 이웃토지의 소유자가 바뀌어지기 전에 시효주장을 하였더라면 그 토지의 소유권을 시효취득할 수 있었을 것이지만, 그 후에 이웃토지의 소유자가 바뀌어져 버렸고, 그로부터 아직 20년이 경과되지 않았기 때문에 시효주장을 할 수 없을 것으로 보입니다. 따라서 이웃사람인 甲과 상의하여 5평에 대한 대가를 주고 매수하든지, 아니면 인도를 해주어야 할 것으로 사료됩니다.

[사례 1·1·57] 부동산 소유자가 이를 처분하기도 어렵고 채권자도 함부로 가압류·압류를 할 수 없도록 할 수 있는 합유등기

문 저는 시골에서 대대로 살아오고 있고 명절 때마다 종중 선산에 성묘도 하고 벌초도 하면서 관리해 오고 있습니다. 위 종중의 선산은 현재 종중원 중 몇몇 분들의 이름으로 등기되어 있습니다. 그런데 위 종중원 중에는 채무가 있는 분들도 있고 혹여나 좋지 않은 마음을 먹

---

25) 취득시효완성 후 제3자가 등기를 취득하였지만 그 등기 후 현재까지 소유자의 변동 없이 20년간 자주점유함으로써 다시 취득시효가 완성되었다는 새로운 법률관계가 형성된 경우에는 취득시효의 기산점을 제3자의 취득등기시로 한다 하더라도 등기제도의 기능을 약화시키거나 부동산거래의 안전을 해할 우려는 없다 할 것이고 오히려 장기간의 사실 상태를 존중해 권리관계로까지 높인다는 본래의 시효제도의 취지에 부합된다고 할 것이다(대법원 1994.3.22. 선고 93다46360 판결).

26) 취득시효기간이 경과하기 전에 등기부상의 소유명의자가 변경된다고 하더라도 그 사유만으로는 점유자의 종래의 사실상태의 계속을 파괴한 것이라고 볼 수 없어 취득시효를 중단할 사유가 되지 못하므로, 새로운 소유명의자는 취득시효완성 당시 권리의무 변동의 당사자로서 취득시효완성으로 인한 불이익을 받게 된다 할 것이어서 시효완성자는 그 소유명의자에게 시효취득을 주장할 수 있는 바, 이러한 법리는 위와 같이 새로이 2차의 취득시효가 개시되어 그 취득시효기간이 경과하기 전에 등기부상의 소유명의자가 다시 변경된 경우에도 마찬가지로 적용된다고 봄이 상당하다(대법원 2009.7.16. 선고 2007다15172·15189 전원합의체 판결).

고 처분해 버리지 않을까 해서 종중 어르신들의 고민이 여간 많은게 아닙니다. 이에 위 선산들을 그 명의자들이 쉽게 팔아먹을 수 없고 그 채권자들도 함부로 압류나 가압류 또는 경매를 할 수 없도록 하고 싶은데, 어떤 좋은 방도가 있는지 박사님께 문의드리고자 합니다.

답 일반인들에게 잘 알려져 있지 않지만 합유등기로 해놓으면 될 것으로 보입니다. 합유란 수인이 조합체를 이루어 물건을 소유하는 공동소유의 한 형태입니다. 토지나 건물을 합유로 등기해 놓으면 이를 처분하거나 변경하기 위해서는 합유자 전원의 동의가 필요하고, 합유자가 자기의 지분을 처분함에도 전원의 동의가 있어야 가능합니다. 제3자도 합유자 전원의 동의에 의해 저당권을 설정해 놓지 않는 한 합유물 자체를 경매시킬 수 없으며, 합유자 전원으로부터 채권을 취득하지 않는 한 가압류를 해놓을 수도 없습니다. 또한 개개의 합유자의 지분에 대해서도 가압류나 압류 또는 경매를 시킬 수 없게 됩니다.

구체적으로 실생활에 있어서 어떠한 경우에 합유등기를 해놓을 실익이 있을까요? 귀하의 사례처럼 종중의 토지는 대부분 종중의 명의보다는 종중원 몇몇 사람의 이름으로 공유등기를 해놓는 경우가 많습니다. 그런데 공유지분은 합유지분과는 달리 임의로 그 처분이 가능하기 때문에 공유자인 종중원이 언제든지 자기의 지분을 팔아먹을 수도 있고 저당권을 설정해 버릴 수도 있는 위험이 따르게 되어 있습니다. 또한 종중원 개인의 채권자도 그 공유지분에 대해 강제집행을 실행하는 것도 가능합니다. 따라서 이러한 종중 토지는 종중원의 합유로 등기해 놓을 실익이 있는 것입니다.

또한 여러 사람이 공동으로 부동산을 구입하면서 또는 부모가 자식들에게 토지나 건물을 물려주면서 이를 어느 한 사람이 쉽게 팔아먹거나 저당권을 설정해서 돈을 빼먹지 못하게 할 필요가 있는 경우에도 합유등기는 요긴합니다. 부부가 공동으로 부동산을 구입하는 경우에도 이러한 목적이 있는 경우에는 마찬가지입니다.

다만 합유등기에서 주의해야 할 점이 있습니다. 합유자 중의 일부가 사망한 경우에는 사망한 조합원의 지분은 그 상속인에게 상속되지 않고 잔존 합유자의 합유나 단독소유로 귀속됩니다. 따라서 조합원이 사망하면 그 조합원의 상속인이나 또는 제3자를 조합원으로 추가해 놓음으로써 가급적이면 여러 사람이 합유자로 남아 있도록 합유등기의 명의를 변경해놓는 조치를 취해 두어야 할 것입니다. 그렇지 않으면 세월이 흐름에 따라 조합원의 순차 사망으로 인해 잔존한 소수 또는 단독 조합원이 임의로 그 합유물을 처분해 버릴 수도 있기 때문입니다.

합유등기 절차는 등기소 또는 대한법률구조공단에 방문해서 서식이나 작성방법을 문의하여 직접 등기절차를 밟으셔도 되지만 합유등기가 생소한데다 인감이나 인감증명서를 믿고 맡기는 것을 꺼려하는 분들이 많기 때문에 소정의 수수료가 들더라도 법무사에게 맡겨 등기절차를 밟는 것이 현명한 방법일 것이라고 사료됩니다. 요즘은 대법원 인터넷등기소를 통해 등기하면 비용이나 시간을 절감할 수 있으므로 이를 활용하는 것도 좋은 방법이라고 생각됩니다.

[사례 1·1·58] 부부일방의 명의로 된 부동산을 함부로 처분할 수 없도록 하기 위한 타방배우자의 조치 방법

문 저는 남편과 결혼한지 15년 정도 되었는데, 그 동안 맞벌이로 단독주택 1채를 구입해서 남편명의로 등기를 해놓았습니다. 그런데, 남편은 최근에 직장을 그만두고 사업을 한다면서 이 주택을 처분하려고 합니다. 어렵게 마련한 주택이고, 이 집마저 날리게 되면 아이들과 살길도 막막할 것 같아 그 처분을 막을 수 있는 방법이 없는지 박사님께 문의드리고 싶습니다.

답 우리나라는 부부별산제를 채택하고 있기 때문에 혼인 전부터 각자 가지고 있는 재산은 각자의 재산이고, 혼인 중에도 자기의 명의로 취득한 재산은 그의 특유재산으로 추정되며, 부부의 누구에게 속한 재산인지 분명하지 않는 재산(예, 유체동산)만이 부부의 공유로 추정됩니다(민법 제830조).

따라서 귀하의 사안과 같이 주택이 남편의 명의로 되어 있다면 객관적으로는 일단 남편의 소유로 추정되기 때문에, 남편이 이를 임의로 처분해도 제3자는 유효하게 그 소유권을 취득할 수 있을 것입니다. 그러나 내부적으로 보면, 위 주택은 귀하와 남편이 공동으로 벌어서 매수한 것으로 보이고, 또한 이러한 사실이 입증된다면 남편의 소유라는 추정이 깨어지기 때문에 이는 부부의 공유재산으로 볼 여지가 많습니다. 따라서 이 주택을 귀하와 남편의 공유재산이라는 외관을 만들어 놓을 필요가 있겠습니다. 다만, 그 지분비율에 대하여는 위 주택을 구입할 당시에 누구의 돈이 얼마나 더 들어갔느냐에 따라 결정될 것이고, 그 구체적인 지분은 당사자 간의 합의에 따라 결정될 것이지만, 합의가 이루어지지 않으면 결국 재판을 통해 결정될 수밖에 없을 것으로 보입니다.

이에 귀하는 남편 명의의 위 주택을 구입하는데 귀하의 금전이나 노력이 들어 간 사실을 입증해서 위 주택에 대한 처분금지가처분을 신청하고, 남편을 상대로 하여 명의신탁해지를 원인으로 한 '소유권이전등기 청구소송' 또는 '공유지분권이전등기 청구소송'을 제기하여 그 결과에 따라 귀하의 공유지분을 등기해 놓음으로써 귀하의 공유지분 만큼은 처분이 이루어지는 것을 막을 수 있을 것으로 보입니다. 물론 남편의 공유지분에 대하여는 그 처분을 막을 수 없을 것으로 보이지만, 귀하께서 남편의 귀책사유를 들어 이혼을 심각하게 고려하고 있는 경우라면 이혼 및 위자료청구소송을 전제로 남편의 공유지분에 대하여도 가압류를 해놓을 수는 있을 것입니다.

[사례 1·1·59] 근저당권설정과 함께 담보가치 저감을 위해 설정된 지상권에 대하여 근저당권설정등기 말소청구시 함께 소멸청구를 할 수 있는지

문 저는 농협으로부터 금전을 대출받으면서 제 소유의 나대지에 근저당권을 설정해 주었고, 그 당시 위 농협에서 나대지의 담보가치가 저감되는 것을 방지한다고 하면서 지상권도 함께 설정해 달라고 해서 각각 1순위 저당권, 2순위 지상권을 설정해 준 사실이 있습니다. 이 경우 제가 대출한 돈을 다 갚고 근저당권설정등기에 대한 말소를 요청하면서 지상권도 함께 말소해 달라고 할 수 있는지 혹시 딴소리나 하지 않을까 싶어 박사님께 문의드리고자 합니다.

답 근저당권이란 당좌대월계약이나 계속적 상품공급계약과 같이 당사자 간에 계속적 거래관계로부터 생기는 다수의 불특정 채권을 장래의 일정한 결산기에 등기된 채권최고한도까지 담보하는 저당권을 말하고, 지상권이란 타인의 토지에 건물이나 기타 공작물 또는 수목의 소유를 목적으로 그 토지를 사용하는 권리를 말합니다. 전자는 담보물권이고 후자는 용익물권입니다. 이와 같이 근저당권과 지상권은 그 성질이 전혀 다른데도 불구하고 금융기관이 대출을 할 때에는 약자인 채무자에 대해서 근저당권과 아울러 지상권도 함께 설정해 달라고 요청해서 등기를 해놓는 경우가 많습니다.

근저당권 외에 지상권에 대한 설정을 추가로 요구하는 것은 담보로 제공된 나대지에 대하여 지상권과 배치되는 후순위 용익권의 설정을 배척해서 담보가치를 확보하기 위한 목적으로 보입니다. 그렇지만 근저당권과 지상권은 엄연히 서로 다른 물권에 속하는 것이어서 일반 원칙대로라면 근저당권이 말소된다고 해서 용익권인 지상권까지 말소되는 것은 아닙니다.

다만 예외가 있습니다. 즉 귀하의 경우와 같이 지상권이 근저당권에 부종되어 근저당권을 보조하기 위한 수단으로 설정된 경우입니다. 판례도 "근저당권 등 담보권 설정의 당사자들이 그 목적이 된 토지 위에 차후 용익권이 설정되거나 건물 또는 공작물이 축조·설치되는 등으로써 그 목적물의 담보가치가 저감하는 것을 막는 것을 주요한 목적으로 하여 채권자 앞으로 아울러 지상권을 설정하였다면, 그 피담보채권이 변제 등으로 만족을 얻어 소멸한 경우는 물론이고 시효소멸한 경우에도 그 지상권은 피담보채권에 부종하여 소멸한다."라고 판시하고 있습니다(대판 2011.4.14. 2011다6342).

따라서 귀하께서는 근저당권의 결산기에 근저당권의 피담보채권을 모두 변제함으로서 근저당권의 말소를 요청할 때 지상권에 대해서도 함께 그 말소를 요청할 수 있을 것으로 보이며, 만약 농협에서 지상권설정등기를 말소해 주지 않는다면 지상권의 근저당권에의 부종성을 입증해서 지상권말소등기청구소송을 제기할 수 있을 것으로 보입니다. 이는 귀하께서 그 나대지를 제3자에게 매매 등으로 소유권을 넘겼을 때도 마찬가지로서 그 제3자가 근저당권의 채권최고액을 변제한 후 근저당권설정등기를 말소신청할 때 지상권설정등기의 말소도 함께 청구할 수 있을 것으로 보입니다.

[사례 1·1·60] 타인의 토지에 저당권을 설정해 놓은 후 그 토지가 수용된 경우에 자동적으로 저당권의 우선변제권이 보장되는지

문 저는 사업상 알게 된 甲에게 돈을 빌려주면서 甲 소유의 토지에 저당권을 설정해두었습니다. 그런데 최근에 그 토지가 도로부지로 편입될 예정이어서 조만간 해당 시에 수용될 것이라고 합니다. 저는 저당권을 설정해놓은 터라 우선권이 있다고 생각해서 그 동안 안심하고 있었는데, 과연 이와 같이 토지가 수용될 경우에도 자동적으로 저당권의 우선권변제권이 보장되는지 궁금합니다. 이에 박사님께 이 문제에 관하여 상의드리고 싶습니다.

답 저당권의 우선변제권은 저당 목적 부동산이 그 현상대로 유지되고 있는 상태에서 경매가 이루어질 경우에 해당되는 말이며, 토지수용이 이루어져 저당 목적 부동산이 토지수용금의 형태로 변환된 경우, 즉 물상대위가 이루어진 경우에는 조금 다릅니다. 즉 저당권은 저당부동산이 멸실, 훼손 또는 공용징수됨으로써 그 변형물로 된 저당권설정자가 받을 금전 기타 물건에 대하여도 우선변제권을 인정받을 수 있지만, 그러기 위해서는 그 지급 또는 인도 전에 압류, 즉 물상대위권을 행사하는 것이 전제되어야 합니다(민법 제370조, 제342조).[27)]

그렇다면 여기에서 구체적으로 어떻게 물상대위권을 행사해야만 우선변제권을 인정받을 수 있을까요? 담보권의 존재를 증명하는 서류, 즉 저당권이 설정된 등기부등본을 집행법원에 제출하여 채권압류 및 전부명령을 신청하거나, 토지수용보상금이 공탁된 경우에는 배당요구종기까지 배당요구[28)]를 하는 방법으로 물상대위권을 행사해야 합니다(민사집행법 제273조, 제247조 제1항).

수용대상토지에 저당권을 등기해놓는 것만 믿고 이러한 조치를 취해두지 않으면 토지수용보상금으로부터 우선변제를 받을 수 없게 되며, 물상대위권을 행사하지 않음으로써 우선변제권을 상실한 후에는 다른 채권자가 그 보상금 또는 이에 관한 변제공탁금으로부터 이득을 얻었다고 하더라도 저당권자는 이를 부당이득이라고 주장하면서 그 반환을 청구할 수 없게 됩니다(대판 2010.10.28. 2010다46756). 다만 저당권자로 하여금 토지소유자가 받을 금전 기타 물건의 지급 또는 인도 전에 압류하도록 하고 있는 것은 물상대위의 목적인 채권의 특정성을 유지해서 그 효력을 보전함과 동시에 제3자에게 불측의 손해를 입히지 않으려는데 그 취지가 있는 것이므로 저당목적물의 변형물인 금전 기타 물건에 대해 이미 제3자가 압류해서 그 금전 또는 물건이 특정되어 있다면 저당권자가 스스로 압류를 하지 않았다고 하더라도 물상대위권의 행사를 통해서 일반 채권자보다 우선변제권을 인정받을 수 있을 것입니다(대판 2010.10.28. 2010다46756).

그리고 저당권자의 물상대위권의 행사는 토지수용보상금의 지급 또는 그 인도 전까지 하면 되는 것이므로 이미 양도 또는 전부명령 등에 의해 보상금 채권이 제3자에게 이전된 경우라고 하더라도 보상금이 직접 지급되거나 보상금지급청구권에 관한 배당요구 종기에 이르기 전까지는 여전히 저당권자의 추급이 가능하게 되어 있어 저당권자는 채권압류 및 전부명령 또는 배당요구종기까지 배당요구를 함으로써 우선변제권을 인정받을 수 있을 것입니다(대판 1998.9.22. 98다12812).

이러한 원리는 사업인정 후에 토지소유자와 사업시행자간에 합의가 성립되어 토지수용위원회로부터 협의성립확인(토지보상법 제29조)을 받은 경우에도 마찬가지입니다. 다만 사업인정 전에 토지소유자와 사업시행자간에 협의가 성립되어 해당 토지를 사업시행자가 승계취득하는 협의취득의 경우에는, 원시취득인 토지수용이나 협의성립확인과는 달리, 사법상 매매와 같은 성질을 가지는 것이어서 토지소유권이 사업시행자에게 이전된다고 하더라도 저당권이 말소되지 않으며, 따라서 물상대위의 문제도 발생하지 않아 저당권자는 종전처럼 여전히 저당권자로서 해당 토지에 대한 우선변제권을 유지할 수 있게 됩니다.

이에 귀하께서도, 협의취득으로 토지소유권이 사업시행자에게 승계취득되는 것이 아닌 한, 수용대상토지에 저당권이 설정되어 있다는 사실만 믿고 방치해둬서는 안되며 반드시 토지수용보상금이 토지소유자에게 지급 또는 인도되기 전까지 채권압류 및 전부명령을 해놓거나 배당요구종기까지 배당요구를 해놓아야만 저당권의 변형물인 토지수용보상금에 대해서 우선변제권을 인정받을 수 있을 것으로 보입니다.

제2절 민사소송

[사례 1·1·61] 민사소송 제기시 어떤 소장을 제출해야 유리한지

문 저는 오래 전에 사업상 알게 된 사람한테 돈을 빌려준 사실이 있었는데, 1년만 쓰고 갚아준다는 사람이 몇 년이 지난 지금까지도 갚지 않고 있습니다. 그런데 그 사람과는 친한 사이로 지낸 터라 소송하기도 그렇고, 그렇다고 소송을 안할 수도 없는 처지입니다. 이에 제가 굳이 소송을 한다면 어떤 소송으로 하는 것이 나은지 소장은 지급명령으로 신청하는 것이 좋은지, 일반소장으로 작성하는 것이 좋은지 몰라서 박사님께 고견을 듣고 싶습니다.

답 소송을 제기할 때는 신중히 해야 합니다. 물론 소송을 하지 않고 해결하는 것이 좋겠지만 부득이 소송을 해야 할 경우가 발생할 수 있습니다. 이때 첫 단추가 소장을 작성해서 법원에 제출하는 일입니다. 따라서 어떤 소장으로 작성해서 제출할 것인지의 문제는 소송에 있어 가장 중요한 문제 중의 하나가 될 수 있습니다.

아래에서 사안에 따라 어떤 소장을 제출하는 것이 가장 현명한지에 관하여 살펴보도록 하겠습니다.

첫째, 가까운 사람이나 막가고 싶지 않은 관계라면 조정신청이나 제소전 화해신청을 검토해 볼 필요가 있습니다. 즉 소송을 하고자 하는 상대방이 친척이나 친구 또는 안면이 있는 이웃지간이어서 서로 막가고 싶지는 않고, 상대방도 그다지 몰상식하지 않아 중간에 판사가 들어서서 조정이나 화해를 해주기만 하면 무엇인가 해결이 될 것 같은 느낌이 들면, 조정이나 화해신청을 하는 것이 유리합니다. 그러나 조정이나 화해가 성립되지 않으면 그 만큼 시간을 까먹을 수 있기 때문에 이 제도는 보통 조정이나 화해가 성립되

---

27) 「공익사업을 위한 토지 등의 취득 및 보상에 관한 법률」(이하 '토지보상법')에서도 "담보물권의 목적물이 수용되거나 사용된 경우 그 담보물권은 그 목적물의 수용 또는 사용으로 인해 채무자가 받을 보상금에 대해 행사할 수 있다. 다만, 그 보상금이 채무자에게 지급되기 전에 압류해야 한다."라고 같은 취지의 규정을 두고 있습니다(토지보상법 제47조).

28) 민사집행법 제247조(배당요구) "① 민법·상법, 그밖의 법률에 의해 우선변제청구권이 있는 채권자와 집행력 있는 정본을 가진 채권자는 다음 각호의 시기까지 법원에 배당요구를 할 수 있다.
1. 제3채무자가 제248조 제4항에 따른 공탁의 신고를 한 때
2. 채권자가 제236조에 따른 추심의 신고를 한 때
3. 집행관이 현금화한 금전을 법원에 제출한 때
② 전부명령이 제3채무자에게 송달된 뒤에는 배당요구를 하지 못한다.
③ 제1항의 배당요구에는 제218조(배당요구의 절차) 및 제219조(배당요구 등의 통지)의 규정을 준용한다.
④ 제1항의 배당요구는 제3채무자에게 통지해야 한다."

지 않을 경우라도 소송으로까지는 가고 싶지 않는 예외적인 경우에만 활용하면 될 것입니다.

둘째, 금전·대체물·유가증권에 대한 청구 중 다액인 경우에는 서면재판으로 이루어지는 지급명령을 신청하는 것이 유리합니다. 지급명령은 일반적으로 대여금이나 물품대금, 임차료 등 금전이나 대체물 또는 유가증권의 지급을 목적으로 하는 청구권에 한해서만 실시할 수 있습니다.

인지대는 일반 소송의 1/10 밖에 들지 않고, 송달료도 당사자 1인당 6회분만 납부하면 되기 때문에 특히 청구금액이 다액인 경우에는 큰돈을 들이지 않고도 청구할 수 있는 장점이 있습니다. 또한 서류재판이기 때문에 법원에 가지 않고도 재판(결정)을 받을 수 있는 장점이 있습니다.

문제는 법원에 따라 다소 차이는 있겠지만 재판기간이 길어진다는 단점이 있고(약 6~12개월), 또한 공시송달에 의한 재판이 불가하므로 상대방의 주거가 일정하지 않으면 이용할 수 없게 되며,[29] 청구채권의 존재 여부나 액수에 대해 다툼의 소지가 있는 경우에는 상대방의 이의신청으로 일반 소송절차로 이행되는 관계로 그 만큼 시간을 허비할 수 있으므로 상대방과 다툼이 없는 사건만 이용할 실익이 있다는데 있습니다. 따라서 지급명령은 청구금액이 비교적 고액이고 재판받는데 오랜 시간이 걸리더라도 게의치 않는 사람이 법원에 가기는 싫고 또한 나중이야 어찌되든 지금 당장은 인지대나 송달료를 절약하고 싶은 사람이 활용하면 요긴할 것입니다.

셋째, 금전채권 중 소액청구이거나, 금전채권 이외의 소송인 경우에는 일반소장을 작성해서 제출해야 합니다. 청구금액이 3천만원 이하인 금전이나 대체물 또는 유가증권의 지급을 구하는 사건을 소액사건이라고 하는데, 이행권고결정이라는 제도가 시행된 2002년 7월 1일전까지만 해도 소액소송사건은 소액소장이라는 양식에 의해 소송을 제기하는 것이 일반적이었으나 그 후에는 소액소장이라는 양식에 기재해 소송을 제기하는 경우는 거의 사라졌고, 소액소송도 일반소장과 똑같은 방식으로 작성해서 제기하는 것이 일반적이게 되었습니다.

그렇다면 법원에서는 일반사건과 소액사건을 어떻게 분류하고 처리할까요? 법원에서는 접수담당자를 별도로 두어 소송목적의 값(이하 '소가') 등을 기준으로 일반사건과 소액사건을 분류하고, 이에 따라 소액사건으로 분류된 사건에 대하여는 소액사건심판법에 따라 먼저 결정절차인 이행권고결정을 내린 다음, 이를 상대방에게 송달해 보고 송달이 이루어지지 않거나 상대방으로부터 이의신청이 있게 되면 일반 소송절차로 이행해서 재판하게 될 것이고, 소액사건이 아닌 단독사건이나 합의사건으로 분류된 사건에 대해서는 곧바로 소송절차로 재판을 진행하게 됩니다. 이행권고결정은 원고나 채권자가 이행권고결정을 해달라고 법원에 청구할 수 있는 것이 아니고 법원에서 직권으로 결정하는 것입니다.

따라서 소액사건에 대하여는, 앞에서 언급한 바와 같이, 지급명령의 형식으로 제기할 수도 있고, 일반소장을 제출해서 이행권고결정의 형식으로 재판을 받을 수도 있습니다. 다만 지급명령은 시간이 다소 오래 걸리는 대신 인지대나 송달료가 저렴하다는 장점이 있고, 이행권고결정은 시간은 그리 오래 걸리지 않지만 인지대나 송달료가 다소 높다는 점에서 구별된다고 할 수 있습니다.

금전이나 대체물 또는 유가증권의 지급을 구하는 사건 이외에는 모두 일반소장을 작성하여 제출해야 합니다. 물론 금전이나 대체물 또는 유가증권의 지급을 구하는 사건이라고 하더라도 그 청구금액의 다과를 막론하고 일반소장을 제출할 수 있는 것은 당연하다고 할 것입니다.

이에 귀하께 권하고 싶은 소송 방법을 살펴보건대, 귀하의 사건은 대여금 사건으로서 금전이나 대체물 또는 유가증권의 지급을 구하는 사건에 해당하고, 상대방의 주거지도 일정하다고 하므로 일반 소장 서식으로 재판을 신청해도 되고 지급명령으로 재판을 신청해도 될 것이지만, 만약 대여금이 3천만원 이하로서 소액사건에 해당되고 가급적 빨리 재판을 받고 싶다면 인지대 및 송달료 등 비용부담이 그리 크게 차이나지 않으므로 일반 소장을 제출하는 것이 현명할 것이고, 청구금액이 3천만원을 초과하고 청구채권에 대한 다툼의 소지가 없다면 다소 시간이 걸리더라도 지급명령을 신청하는 것이 효율적인 것 같습니다. 다툼의 소지가 크거나 상대방에 대한 송달이 공시송달로 밖에 진행할 수 없는 것이 예상된다면 지급명령과 같은 서면재판으로 결정문을 받는 것이 곤란할 것이므로 일반 소장을 작성해서 제출해야 할 것으로 보입니다.

---

29) 다만 예외적으로 은행이나 농협 등 금융기관이 그 업무 또는 사업으로 취득하여 행사하는 대여금, 구상금, 보증금 및 그 양수금 채권에 대해 지급명령을 신청하는 경우에는 공시송달에 의한 재판이 가능합니다(소송촉진 등에 관한 특례법 제20조의2).

[사례 1·1·62] 소액사건·단독사건·합의사건의 구별과 사물관할

문 저는 사업을 하다 보니 각 거래처나 고객들과 분쟁이 끊이지 않습니다. 그래서 재판도 많이 하게 되는데, 재판을 하다 보면 어떤 때는 소액심판에 의해서, 어떤 때는 단독판사 1인에 의해서, 또 어떤 때는 판사 3인에 의해서 재판을 받는 경우가 있습니다. 그래서 왜 그렇게 사건마다 재판절차가 나누어지는지 궁금해서 박사님께 여쭈어보고 싶습니다.

답 소액사건이나 단독사건 또는 합의사건이란 민사사건이나 가사사건에 대하여 재판부를 구성하는 사물관할에 관해 소송목적의 값(이하 '소가')의 다과 등을 기준으로 구분해놓는 것을 말합니다. 이에 따라서 판사 1인에 의해 재판을 할지, 3인의 합의부에서 재판할지가 결정되고, 판사 1인에 의해 재판이 이루어지더라도 간단한 절차인 소액사건심판법에서 정한 절차로 재판할지, 아니면 민사소송법상의 절차로 진행할지가 결정되는 것입니다.

먼저 소액사건이란 소액의 민사사건을 간이한 절차에 따라 신속히 처리하기 위해 민사소송법에 대한 특례를 규정한 소액사건심판법에 따라 재판할 수 있는 사건을 말합니다.

이러한 소액사건심판법에 의해 재판할 수 있는 소액사건의 범위는 1998년 3월 1일부터 2016년 12월 31일까지는 소가가 2천만원 이하인 사건으로 되어 있었는데, 물가와 국민소득 수준 등의 상승에 따라 2016년 11월 29일 개정되어 2017년 1월 1일부터 시행되는 소액사건심판규칙에서는 1천만원을 인상하여 현재는 소가가 3천만원 이하인 금전 기타 대체물이나 유가증권의 일정한 수량의 지급을 목적으로 하는 제1심 민사사건을 소액사건의 범위로 하고 있으며, 판사 1인에 의해 재판이 이루어지는 사건입니다. 다만 제소 당시에는 소액사건이었더라도 소 변경으로 소액사건의 범위를 초과하게 된 경우나, 당사자참가 또는 중간확인의 소나 반소의 제기 및 변론의 병합으로 인하여 소액사건에 해당하지 않는 사건과 병합심리하게 된 사건은 소액사건으로 되지 않게 되어 소액심판법에 의한 심판으로 재판이 되지 않습니다. 가사사건은 소액사건의 대상으로 되지 않습니다.

다음으로 단독사건이란 지방법원이나 가정법원의 민사 또는 가사사건 중 소액사건 및 합의부사건 이외의 사건을 말하는 것으로서, 판사 1인에 의해 재판이 이루어지는 사건을 말합니다. 즉 단독사건은 원칙적으로 소가가 3천만원을 초과하고 2억원 이하인 사건을 말합니다.

다만 소가가 2억원을 초과하더라도 비교적 사건이 단순해서 단독판사가 재판을 하더라도 상관없다고 해서 합의사건에서 제외된 다음의 사건은 단독판사의 관할에 속합니다. ① 수표금·약속어음금 청구사건, ② 은행·농업협동조합·수산업협동조합·축산업협동조합·산림조합·신용협동조합·신용보증기금·기술신용보증기금·지역신용보증재단·새마을금고·상호저축은행·종합금융회사·시설대여회사·보험회사·신탁회사·증권회사·신용카드회사·할부금융회사 또는 신기술사업금융회사가 원고인 대여금·구상금·보증금 청구사건, ③ 자동차손해배상보장법에서 정한 자동차·원동기장치자전거·철도차량의 운행 및 근로자의 업무상재해로 인한 손해배상 청구사건과 이에 관한 채무부존재확인사건, ④ 단독판사가 심판할 것으로 합의부가 결정한 사건이 그것입니다.

마지막으로 합의사건이란 민사 및 가사사건 중 소가가 2억원을 초과하는 사건과, 재산권에 관한 소로서 그 소가를 계산할 수 없는 민사사건, 또는 비재산권을 목적으로 하는 민사사건을 말하는 것으로서, 판사 3인으로 구성된 합의부에서 재판이 이루어지는 사건을 말합니다.

종전에는 소가가 1억원을 초과하는 사건을 합의사건으로 하였는데, 민사사건에 대해서는 2015년 2월 13일 개정된 「민사 및 가사소송의 사물관할에 관한 규칙」에 의해 2015년 1월 28일부터, 가사사건은 2016년 2월 19일 개정된 「민사 및 가사소송의 사물관할에 관한 규칙」에 의해 2016년 7월 1일부터 소가가 2억원을 초과하는 사건을 합의사건으로 한 것입니다.

이에 귀하가 받게 되는 재판마다 그 소가가 다르기 때문에 재판부의 구성도 달라지게 되는 것입니다. 참고가 되었으면 합니다.

[사례 1·1·63] 소액사건판결과 지급명령의 구별 및 그 실익과 이행권고결정·화해권고결정과의 차이

문 저는 재작년 지인인 甲에게 돈 3천만원을 빌려주었고, 이를 받고자 소송을 검토하고 있습니다. 그런데 들리는 바로는 이러한 소액사건에 관하여는 지급명령을 신청하는 것이 낫다는 사람도 있고, 지급명령은 비용은 적게 들지만 시간이 오래 걸린다는 말이 있습니다. 이에 소액소송과 지급명령의 차이에 대해서 알고 싶고, 또한 주위에 판결을 받은 사람을 보면 이행권고결정이니 화해권고결정문을 가지고 있는 사람도 있는 것 같은데, 이러한 결정문은 어떻게 받을 수 있는 것인지 알고 싶어 박사님께 문의드리고 싶습니다.

30) 송달증명원·확정증명원·집행문을 부여받으려면 종전에는 판결원본을 들고 판결을 내린 법원에 찾아가서

답 귀하께서 문의한 소액소장에 의한 소액판결(이하 '소액사건판결')과 지급명령, 이행권고결정, 화해권고결정의 가장 큰 구별점은 당사자에게 신청권이 있느냐 없느냐의 문제와 상대방에게 공시송달 이외의 방법으로 송달을 할 수 없을 때에도 판결 또는 결정을 내릴 수 있느냐의 문제일 것입니다.

즉 소액사건판결과 지급명령은 당사자의 신청에 의해서 이루어지는 것인 반면, 이행권고결정 및 화해권고결정은 법원의 직권에 의해서만 이루어질 수 있는 것이며, 소액사건판결은 공시송달에 의한 송달에 의해서도 가능한 반면, 지급명령이나 이행권고결정 또는 화해권고결정은 공시송달에 의해서는 결정을 내릴 수 없고 공시송달밖에 송달할 방법이 없다면 결국 일반 판결절차로 이행되어 판결에 의해 재판을 해야 하는 것입니다. 이하에서 구체적으로 살펴보기로 하겠습니다.

법원에 소장이 제출되면 법원에서는 소액사건이 아닌지 여부를 파악해서 소액사건과 일반사건으로 구별합니다. 소액사건이란 소송목적의 값(이하 '소가')이 3천만원 이하인 민사사건에 대해 간이·신속한 재판을 위해 마련된 소액사건심판법의 절차에 의해 재판이 이루어지는 사건을 말하는데, 종전의 실무에서는 소액사건을 위한 소장(이하 '소액소장')을 별도로 법원에 비치해서 여기에 필요한 사항을 기재해 제출할 수 있도록 하였으나 현재는 소액사건이라고 해서 소액소장의 서식에 따라 기재 및 제출하는 경우는 거의 없고 소액사건이라도 일반 소장의 서식으로 제출하고 있으며, 이러한 소장이 제출되면 법원에서는 소가 등을 검토해서 일반사건과 소액사건으로 분류하고, 소액사건에 대해서는 소액사건심판법에 의한 소송(이하 '소액소송')으로 재판을 진행하고 있습니다. 즉 소액소송이라고 해서 별도로 소액소장 서식을 찾아 작성할 필요는 없으며 일반 소송처럼 작성해서 제출하면 되는 것입니다.

이러한 절차에 의해 소액사건으로 분류된 사건에 대해서는 먼저 법원에서 직권으로 서면에 의한 재판인 이행권고결정을 내려 상대방에게 송달하게 됩니다. 다만 이행권고결정은 상대방에게 우편송달이나 공시송달 이외의 방법으로 송달이 가능한 경우에만 확정이 가능하므로 그밖에 달리 송달할 방법이 없으면 이행권고결정은 효력을 상실하고 결국 공시송달에 의한 재판이 가능한 소액사건판결절차로 나아가게 됩니다. 또한 이행권고결정이 상대방에게 공시송달 이외의 방법으로 송달이 이루어졌지만 상대방이 이의신청을 한 경우에도 이행권고결정은 효력을 발생하지 못하고 소액사건판결절차로 나아가게 됩니다. 소액사건판결문을 받아 강제집행을 함에는 송달증명·확정증명원 및 집행문부여신청을 통한 집행문이 필요합니다.[30)]

위에서 본 바와 같이 이행권고결정은 소액심판법의 대상으로 되는 사건만 가능하므로 소가가 3천만원을 초과하지 않는 금전 기타 대체물이나 유가증권의 일정한 수량의 지급을 목적으로 하는 제1심의 민사사건만 대상으로 가능하며, 법원의 직권으로만 가능할 뿐 원고(채권자)에게 이행권고결정을 내려달라고 신청할 권한은 없고, 화해권고결정과 달리 법원이라도 원고(채권자)가 기재한 청구취지대로만 결정을 내릴 수 있을 뿐 청구취지나 청구원인을 가감하거나 변경해서 결정을 내릴 수는 없습니다. 또한 독촉절차 또는 조정절차에서 소송절차로 이행된 때에도 이행권고결정을 내릴 수 없습니다(소액사건심판법 제5조의3 제1항).

이행권고결정이 확정된 경우에는 확정판결과 동일한 효력이 인정되지만 변론을 거치는 것이 아니기 때문에 기판력은 인정되지 않아 청구이의의 소의 대상이 될 수 있으며, 이행권고결정은 상대방에게 송달해서 이의신청이 없어 확정된 후에 이르러 비로소 원고(채권자)에게 이행권고결정을 송달하는 것이기 때문에 원고(채권자)에게 송달된 이행권고결정문에는 이미 송달일자나 확정일자가 기재되어 있는 관계로 강제집행시 송달증명이나 확정증명을 별도로 받을 필요가 없고, 집행문도 이행권고결정의 집행에 조건을 붙이거나 승계집행문을 붙여야 하는 경우가 아닌 한 별도로 부여받을 필요가 없습니다(소액사건심판법 제5조의8 제1항).

요컨대 강제집행시에는 오로지 이행권고결정문만으로 가능하다는 것입니다. 화해권고결정도 이행권고결정과 마찬가지로 원고(채권자)에게 신청권은 없으며 계속 중인 사건에 대해 법원이 당사자의 이익이나 그밖의 모든 사정을 참작하여 청구취지에 어긋나지 아니하는 범위 안에서 사건의 공평한 해결을 위해 직권으로 결정을 내리게 됩니다(민사소송법 제225조 제1항).

화해권고결정은, 변론에 들어가기 전에 먼저 결정을 내려 상대방에 송달을 한 후 상대방의 이의가 없으면 이를 확정하는 이행권고결정과는 달리, 주로 변론에 들어간 후 소송계속 중에 직권으로 화해를 권고하는 내용의 결정을 내리고 상대방에게 송달을 하는 것이라는 점에서 이행권고결정과 구별됩니다. 다만 화해권고결정도 우편송달이나 공시송달 이외의 방법에 의해서만 송달이 가능하고 상대방으로부터의 이의신청이 없는 경우에만 효력이 발생하며 그렇지 않은 경우에는 역시 판결절차로 나아가게 됩니다.

또한 화해권고결정은, 소액사건만 가능한 이행권고결정과 달리, 소액사건뿐만 아니라 단독사건이나 합의사건에서도 가능하다는 점에서 이행권고결정과 구별됩니다. 또한 화해권고결정은 기판력이 인정되지 않는 이행권고결정과 달리 주로 변론을 거치는 것이기 때문에 기판력이 있는 확정판결과 동일한 효력이 인정되며(대판 2014.4.10. 2012다29557), 따라서 청구이의의 소의 대상이 되지 않습니다. 화해권고결정은 이행권고결정과 같이 원고(채권자)가 기재한 청구취지대로 결정을 해야 하는 것이 아니고 청구취지에 어긋나지 않는 범위 내에서 가감이 가능한 것이므로 상대방이나 원고(채권자) 모두 이의신청의 여지가 있는 것이어서 이행권고결정과는 달리 확정된 결정문을 원고(채권자)에게 송달해주는 것이 아니고 확정되지 아니한 화해권고결정을 상대방과 원고(채권자)에게 송달하는 것이므로 화해권고결정문에 송달일자나 확정일자가 기재되어 있지 않은 관계로 화해권고결정에 기해 집행을 하려면 이행권고결정과는 달리 송달증명 및 확정증명과 집행문을 모두 부여받아야 합니다.

한편 지급명령[31]도 서면재판인 점, 금전 그밖에 대체물이나 유가증권의 일정한 수량의 지급을 목적으로 하는 청구를 대상으로 한다는 점, 공시송달에 의한 재판으로는 불가하다는 점,[32] 지급명령을 내린 후 이를 상대방에게 송달하여 이의신청이 없는 경우에 비로소 확정된 지급명령을 원고(채권자)에게 송달을 하는 것이므로 원고(채권자)에게 송달된 지급명령결정문에는 송달일자 및 확정일자가 기재되어 있어서 집행시 별도의 송달증명이나 확정증명이 필요 없다는 점, 지급명령 그 자체로 집행력이 있어서 별도로 집행문을 부여받을 필요도 없다는 점(민사집행법 제58조 제1항), 기판력이 인정되지 않으므로 청구이의의 소의 대상이 된다는 점에서 이행권고결정과 같습니다.

그러나 지급명령은 이행권고결정과는 달리 금전 그밖에 대체물이나 유가증권의 일정한 수량의 지급을 목적으로 하는 청구인 한 소액사건 이외에 단독사건이나 합의사건에서도 가능하다는 점, 법원의 직권에 의해서가 아니라 원고(채권자)의 신청에 의해서 재판이 이루어진다는 점에서 이행권고결정과 구별됩니다.

그리고 소액사건판결이나 이행권고결정 또는 화해권고결정은 소송사건으로서 사건부호가 '가소'나 '가단' 또는 '가합'으로 부여되는데 반해 지급명령사건은 신청사건으로서 사건부호가 '차전'으로 부여되는데, 각 법원의 사건이나 담당재판부의 의지에 따라 다소 다르겠지만 전자의 소송사건에 비해 후자의 지급명령사건은 절차의 진행이 늦어서 비교적 결정이 늦게 나오는 경향이 있습니다. 다만 지급명령은 소송사건에 비해 인지대도 1/10 정도만 소요되고 송달료도 당사자 1인당 10회분 또는 15회분을 납부해야 하는 소송사건과 달리 6회분만 납부해도 됩니다.

따라서 지급명령은 앞서 본 바와 같이 소가가 3천만 이하의 사건만 가능한 소액판결사건과 달리 소가에 제한 없이 그 신청이 가능한 것이므로 비교적 소가가 큰 사건에 있어서 비용절감차원에서 실익이 있으므로 상대방이 다툴 소지가 없어 이의신청할 소지가 없고[33] 상대방의 주거가 일정해서 통상적인 송달이나 야간 또는 휴일특별송달에 의해 송달이 가능한 경우라면 서면재판으로 이루어지는 지급명령을 신청해 볼 실익이 있다고 볼 것입니다.

[사례 1·1·64] 소장을 제출해야 할 법원과 그중 가장 유리한 법원

문 저는 가족과 여행 중 상대방과 사소한 시비 끝에 폭행을 해당 2주간 입원치료를 한 사실이 있습니다. 상대방과 합의도 안되고 해서 소송을 제기하고자 하는데, 상대방과 사는 지역이 달라 어느 법원에 소장을 제출해야 할지 모르겠습니다. 이에 제가 소장을 제출해야 할 법원에 대해서 알고 싶어 박사님께 문의드리는 바입니다.

답 일상생활 중 법률문제가 발생해서 소송을 하고자 할 경우에는 아무 법원에다 자기 편할 대로 소장을 제출할 수는 없고 관할법원을 찾아 그 법원에 제출해야 합니다.

민사소송법에서는 국내에 있는 여러 곳의 법원 중 제기하고자 하는 소송사건과 일정한 관련이 있는 곳의 법원에 대해서만 소장을 제출할 수 있게 하고 있습니다. 이것을 토지관할이라고 하는데, 경우에 따라서는 여러 곳이 중복해서 관할이 되는 경우도 있습니다. 소장을 제출하려는 사람은 그중 가장 유리한 곳의 법원에 제출하면 됩니다.

소장을 제출해야 할 관할법원에 관하여 조금 더 구체적으로 검토해 보겠습니다.

먼저, 전속관할·합의관할에 해당하는 사건이 아니라면, 아래에 해당하는 여러 관할 중

발급을 받아야 했으나, 2017년 12월 4일부터는 대법원인터넷 제증명 발급시스템에 의해 인터넷 발급이 가능하게 되었으므로 이제부터는 인터넷을 이용해서 발급받으면 될 것으로 보입니다(법률신문, 2017.12.7.자 5면 참고).

31) 지급명령은 독촉절차라고 하며, 이에 대하여는 민사소송법 제462조~제474조에서 규정하고 있습니다.

32) 다만 예외적으로 은행이나 농협 등 금융기관이 그 업무 또는 사업으로 취득하여 행사하는 대여금, 구상금, 보증금 및 그 양수금 채권에 대해 지급명령을 신청하는 경우에는 공시송달에 의한 재판이 가능합니다(소송촉진 등에 관한 특례법 제20조의2).

33) 만약 지급명령을 구하는 사건에 대해 청구채권의 존재 여부나 그 액수에 대해 다툼의 소지가 있어서 상대방이 이의신청할 것이 뻔한 경우에는 어차피 일반 소송절차로 넘어가게 될 것이고 그 과정에서 절감된 인지대나 송달료도 추가로 납부해야 해서 비용절감의 효과도 없을 뿐더러 그 기간만큼 재판기간도 길어지는 문제가 있으므로 지급명령신청은 다툼의 소지가 없는 명백한 사건 및 상대방에 대한 소재가 명확하여 공시송달에 의해 재판을 하지 않아도 되는 사건만 신청하는 것이 현명할 것으로 보입니다.

34) 대부분의 금전에 관련되는 소송은 원고의 주소지관할 법원에 소장을 제출하는 것이 가능합니다. 즉 재산

에서 가장 유리한 곳의 법원에 소장을 제출하면 됩니다. 법에서는 일정한 소송을 제기하려면 반드시 법에서 정해 놓은 지역의 법원에 대해서만 소장을 제출하도록 규정해놓는 경우가 많습니다. 이를 전속관할이라고 하는데, 이러한 전속관할을 위반하여 다른 곳의 법원에 소장을 제출하면 설령 승소한다고 하더라도 상소심에서 취소되거나 파기되어 애쓰게 받아 놓은 판결이 무용지물로 될 소지가 많으므로 전속관할을 위반하지 않도록 조심해야 합니다.

다음으로 보험에 가입하거나 임대아파트 회사와 계약을 체결한 경우에는 대부분 회사에서 제공한 약관이나 계약서의 양식에 따라 체결하게 되는데, 이러한 계약서에는 보통 "분쟁이 일어날 경우에는 어느 법원에 소송을 제기해야 한다."라는 규정을 두어 소송관할에 관해 미리 정해놓는 경우가 많습니다. 이러한 관할을 합의관할이라고 하는데, 이러한 경우에는 분쟁이 생기게 되면 그 계약서에서 정해 놓은 법원에 소송을 제기해야 합니다.

따라서 이와 같이 전속관할이나 합의관할에 해당하는 경우가 아니라면, 원고는 아래에 해당되는 관할 중에서 가장 유리한 곳을 선택해서 소장을 제출하면 됩니다.

가장 유리한 곳이라는 것은 특별한 경우가 아니면 원고의 주소지 관할법원이라는 것인데, 아래의 여러 관할 중에서 원고의 주소지 관할법원이 있는지를 찾아보면 됩니다. 즉 ① 금전채권에 관한 소에서의 원고의 주소지 관할법원,[34] ② 불법행위지의 법원(즉, 교통사고가 났거나, 폭행 또는 사기를 당한 곳), ③ 부동산소재지의 법원, ④ 등기 또는 등록지의 법원, ⑤ 어음·수표의 지급지의 법원, ⑥ 피고의 주소지·거소지·최후주소지의 법원 또는 피고의 근무지(사무소·영업소)가 있는 곳의 법원, ⑦ 상속이나 유증에 관한 소송은 피상속인(사망자)의 주소지의 법원, ⑧ 피고가 법인인 경우에는 그 주된 사무소나 영업소가 있는 곳의 법원 중에 원고의 주소지 관할법원이 있는지를 찾아보고, 그 법원에 소장을 제출하면 되는 것입니다.

이에 귀하께서는 귀하와 상대방의 주소지 및 폭행이 발생한 여행지의 3군데 모두의 법원에 관할이 인정되므로 그중 귀하께 가장 가깝고 편한 법원에 소장을 제출하면 될 것으로 보입니다.

권에 관한 소는 의무이행지의 법원에 소장을 제출할 수 있는데, 대여금이나 물품대금, 임차보증금, 임금, 노임, 손해배상청구, 부당이득반환청구 등 대부분의 재산권에 관련된 채권은 채무자가 채권자의 주소지에 찾아가서 의무를 이행해야 하는 지참채무인 것이 원칙이기 때문입니다. 지급명령신청도 마찬가지로 원고의 주소지 관할 법원에 소를 제기하는 것이 가능합니다(민사소송법 제463조, 제8조).

[사례 1·1·65] 시·군법원에서 재판할 수 있는 사건의 범위

문 저는 농촌의 군지역에 사는 사람인데, 작년에 제가 사는 지역의 군법원에서 지급명령이 날아왔는데 이에 대응하지 않아 확정되었고, 이를 기화로 채권자가 자꾸 전화해서 제 집을 경매시킨다고 하면서 돈을 빨리 갚으라고 합니다. 그런데 지급명령이 나오게 된 원인이 되는 채무는 10년여 전에 길거리에서 산 화장품 대금으로 그 당시 불량품이어서 반품한 것인데, 그 대금을 인수한 채권추심업체에서 지급명령을 신청한 것입니다. 들리는 말로는 지급명령도 청구이의의 소를 제기하여 번복시킬 수 있다고 들었는데, 어느 법원에 소를 제기해야 할지 몰라 박사님께 문의드립니다.

답 시·군법원은 각 시·군에 설치되어 있는데, 주로 등기소 건물 내에 함께 위치하고 있습니다. 이러한 시·군법원은 다음과 같은 사건을 관할하며(법원조직법 제34조, 소액사건심판규칙 제1조의2), 전속관할에 속하므로 시·군법원의 관할사건을 지방법원이나 그 지원에 제기할 수 없습니다.35)

먼저 민사사건으로는 ① 소액사건심판법의 적용을 받는 민사사건(이하 '소액사건')과, ② 화해사건·독촉사건(지급명령사건) 및 조정사건에 관한 사건을 시·군법원에서 관할합니다. 여기에서 소액사건이란 소액의 민사사건을 간이한 절차에 따라 신속히 처리하기 위해 민사소송법에 대한 특례를 규정한 소액사건심판법에 따라 재판할 수 있는 사건을 말하며, 소송목적의 값(이하 '소가')이 3천만원 이하인 금전 기타 대체물이나 유가증권의 일정한 수량의 지급을 목적으로 하는 제1심 민사사건을 말합니다. 다만 제소 당시에는 소액사건이었더라도 소 변경으로 소액사건의 범위를 초과하게 된 경우나, 당사자참가, 중간확인의 소, 반소의 제기, 또는 변론의 병합으로 인해 소액사건에 해당하지 않는 사건과 병합심리하게 된 사건은 소액사건으로 되지 않게 되어 소액사건에서 탈락하게 됩니다.

그리고 시·군법원에서 관할하는 화해사건이나·독촉사건(지급명령사건) 또는 조정사건은 소가에 관계없이 또한 소액사건 여부를 불문하고 가능하므로 소가가 소액사건에 해당하는 경우뿐만 아니라 단독사건 또는 합의사건에 해당하는 사건도 재판할 수 있습니다.

다음으로 가사사건으로는 협의이혼사건을 관할하게 됩니다. 따라서 협의이혼신청은 시·군법원에도 신청할 수 있습니다.36) 그리고 형사사건으로는 20만원 이하의 벌금 또는 구류나 과료에 처할 범죄사건에 대한 즉결심판사건을 취급합니다.

한편 시·군법원은 민사집행사건도 일부 관할하게 됩니다(민사집행법 제22조 제1호, 제4호). 즉 ① 시·군법원에서 성립된 화해·조정사건이나 재판상의 화해와 동일한 효력이 있는 결정 또는 확정된 지급명령에 관한 집행문부여의 소나 청구이의의 소 또는 집행문부여에 대한 이의의 소로서 그 집행권원에서 인정된 권리가 소액사건심판법의 적용대상이 되는 사건, ② 소액사건심판법의 적용대상이 되는 사건을 본안으로 하는 보전처분사건이 그것입니다.

이에 귀하의 사건을 보건대, 귀하가 받은 지급명령에는 기판력이 없으므로 지급명령이 확정되었다고 하더라도 물품대금의 시효소멸기간 3년의 경과를 주장하면서 청구이의의 소를 제기할 수 있을 것으로 보이고, 귀하께서 지급명령을 귀하 소재지 시·군법원에서 받았다고 하는 바, 청구이의의 소는 시·군법원에서도 관할하므로, 귀하께서는 지급명령을 받은 귀하 소재지 시·군법원에 청구이의의 소를 제기함으로써 지급명령의 집행력을 배제시킬 수 있을 것으로 보입니다.

[사례 1·1·66] 민사소송시 송달료와 인지대 등 소송비용이 얼마나 소요되는지

문 저는 지인에게 빌려준 돈 5천만원이 있는데, 변제기가 지나도 이를 갚지 않기에 민사소송을 제기하고자 합니다. 그런데 소 제기시에 소요되는 비용이 얼마나 되는지 잘 몰라 박사님께 문의드리고자 합니다.

답 소장을 작성해서 법원에 제출할 때에는 기본적으로 인지대와 송달료를 납부해야 합니다. 인지대는 법원사무를 하는데 소요되는 비용에 충당하는 금원이고, 송달료는 소장이나 답변서 등을 상대방이나 원고에게 송달할 때 소요되는 비용을 충당하기 위한 것입니다.

인지대와 송달료는 소가, 즉 원고가 소송의 제기로써 얻고자 하는 경제적 이익을 기준으로 정해놓는 계산식에 의거하여 산정하게 됩니다. 그리고 1회분의 송달료는 몇 년 단위로 수시 바뀌고 있는데, 2017년 11월 1일부터는 4,500원이고, 여기에 당사자수를 곱하여 산정하는데, 원고와 피고는 각각 1인의 당사자로서 산정하므로 원고와 피고가 각각 1인인 경우에는 당사자수가 2인으로 되므로, 당사자가 원고와 피고 2명만 있다면 1회분

35) 다만 특별시나 광역시 또는 시할시·특별자치시 등과 같이 시·군법원이 설치되어 있지 않은 지역에서는 시·군법원의 관할에 속하는 사건은 지방법원이나 그 지원에서 관할하게 됩니다.

36) 다만 미성년의 자녀가 있는 경우에는 협의이혼시 부부가 교육을 받게 되어 있으므로 교육을 실시할 수 없는 시·군법원에서는 협의이혼신청의 접수를 받지 않고, 교육을 받을 수 있는 가정법원으로 안내해서 협의이혼신청을 하도록 하고 있는 것으로 보입니다.

의 송달료에 2를 곱하면 납부해야 할 송달료가 산정되는 것입니다.

아래에서 인지대와 송달료에 관하여 자세히 살펴보기로 하겠습니다.

첫째, 소가가 3천만원 이하인 사건을 소액사건이라고 하는데, 소액사건에서는 ① 인지대는 소가에 따라 1천만원 미만(소가 × 0.005), 1천만원 이상~3천만원 이하(소가 × 0.0045 + 5,000원)로 구분하여 산정된 금액을 납부해야 하며, 이때 계산된 인지액이 1,000원 미만이면 1,000원으로 하고, 1,000원 이상이면 100원 미만은 계산하지 않습니다. ② 송달료는 당사자 1인당 10회분(당사자수 × 10회분 × 4,500원)을 납부해야 합니다.

둘째, 소가가 3천만원 초과~2억원 이하인 사건과, 수표금·약속어음금 청구사건, 은행 등 금융기관이 원고인 대여금·구상금·보증금 청구사건, 교통사고로 인한 손해배상청구사건, 근로자의 업무상 재해로 인한 손해배상청구사건 등을 단독사건이라고 하는데, 단독사건에서는 ① 3천만원 이상~1억원 미만(소가 × 0.0045 + 5,000원), 1억원 이상~2억원 이하(소가 × 0.004 + 55,000원)로 구분하여 산정된 금액을 납부해야 하며, 이때 계산된 인지액이 1,000원 미만이면 1,000원으로 하고, 1,000원 이상이면 100원 미만은 계산하지 않습니다. ② 송달료는 당사자 1인당 10회분(당사자수 × 15회분 × 4,500원)을 납부해야 합니다.

셋째, 소가가 2억원을 초과한 사건을 합의사건을 말하는데, 합의사건에서는 ① 인지대는 소가에 따라 1억원 초과~10억원 미만(소가 × 0.004 + 55,000원), 10억원 초과(소가 × 0.0035 + 555,000원)로 구분하여 산정된 금액을 납부해야 하며, 이때 계산된 인지액이 1,000원 미만이면 1,000원으로 하고, 1,000원 이상이면 100원 미만은 계산하지 않습니다. ② 송달료는 당사자 1인당 10회분(당사자수 × 15회분 × 4,500원)을 납부해야 합니다.

넷째, 지급명령은 서면에 의한 독촉절차를 말하는데, 지급명령신청시에는 ① 인지대는 소가에 따라 구분된 소액사건, 단독사건, 합의사건별로 산정된 인지대의 1/10을 납부하면 되며, ② 송달료는 당사자 1인당 6회분(당사자수 × 6회분 × 4,500원)을 납부하면 됩니다. 지급명령에 대하여 나중에 상대방이 이의신청한 경우에는 일반 소송절차로 이행되어야 하므로 소가에 따라 구별된 소액사건, 단독사건, 합의사건별로 산정된 인지대 및 송달료에서 지급명령신청시 납부한 인지대 및 송달료의 차액을 추가로 납부해야 하며, 이를 납부하지 않으면 지급명령신청이 각하될 수 있습니다.

이러한 인지대 및 송달료 납부의 기준은 소장 작성을 소 제기자 자신이 직접 작성한 경우에 한하는 것이며, 이를 법무사나 변호사에 맡기는 경우에는 법무사보수나 변호사 선임비가 추가로 소요됩니다. 법무사보수는 소가가 1천만원 이하인 경우에는 300,000원을 기본보수로 하고, 소가가 1천만원을 초과하게 되면 이러한 기본보수 300,000원에 1천만원 초과분에 대하여 0.01%~0.09%를 가산하여 산정하고 있고, 여기에 제출대행비용으로 25,000원을 받고 있는 것으로 보이며, 변호사선임비는 통상적으로 착수금(계약금) 2백만원~5백만원 정도에, 승소시 사례금으로 소가의 10% 정도를 받고 있는 것으로 보입니다.

이에 귀하가 제기하고자 하는 대여금 청구사건은 간단한 사안이어서 귀하께서 직접 소장을 작성하여 법원에 제출한다고 할 때, 인지대는 소가 5천만원에 해당되는 기준식인 「(5천만원 × 0.0045) + 5,000원」에 의해 산정된 금액인 230,000원을 납부하면 되고, 송달료는 단독사건에 해당되므로 당사자 1인당 15회분을 납부하면 되므로 「당사자수 2명 × 15회분 × 4,500원」의 산식에 의해 산정된 금액인 135,000원을 납부하면 될 것으로 보입니다.

[사례 1·1·67] 변호사보수에 대한 소송구조결정을 받은 경우에 상대방을 위한 변호사보수도 포함되는지

문 저는 2018년 1월 9일 진행 중인 민사소송에서 소송구조신청을 하여 법원으로부터 '변호사 보수'와 '수수료(인지액)'에 대한 소송구조결정을 받았습니다. 그런데 소송구조결정을 받은 변호사보수에 제가 패소할 경우 부담해야 하는 상대방을 위한 변호사보수도 포함되는지 모르겠습니다. 이에 박사님께 문의드리고자 합니다.

답 민사소송법에서는 법원이 소송비용을 지출할 자금능력이 부족한 자의 신청에 따라 또는 직권으로 소송구조를 할 수 있도록 하고 있고, 소송구조의 객관적인 범위로서 '변호사보수'에 대한 소송구조와 '소송비용의 담보면제'에 대한 소송구조를 별도로 규정하고 있습니다(민사소송법 제128조 제1항, 제129조 제1항).

변호사보수에 대한 소송구조는 쟁점이 복잡하거나 당사자의 소송수행능력이 현저히 부족한 경우 또는 소송의 내용이 공익적 성격을 지니고 있는 경우에 소송수행과정에서 변호사의 조력이 필요한 사건을 위하여 마련된 것이어서 여기에서 말하는 '변호사보수'는 변호사가 소송구조결정에 따라 소송구조를 받을 사람을 위해 소송을 수행하는 대가를 의미할 뿐[37] 소송구조를 받는 사람의 상대방을 위한 변호사보수까지 포함된다고 할 수는 없을 것입니다.

한편 '소송비용의 담보면제'는 법원이 민사소송법에서 정하는 바에 따라 원고에게 피고가 부담하게 될 소송비용에 대한 담보를 제공하도록 명해야 할 경우에 담보제공 능력이 부족한 그러나 소송구조의 요건을 갖춘 원고로 하여금 담보제공 없이 재판을 받을 수 있도록 하기 위하여 담보제공의무를 면제해주기 위하여 마련된 제도입니다(민사소송법 제117조). 따라서 소송비용 담보제공명령의 담보액에 대해 소송구조를 받기 위해서는 별도로 민사소송법에서 정하는 바에 따라 '소송비용의 담보면제'에 대한 소송구조결정을 받아야 합니다(민사소송법 제129조 제1항 제3호). 요컨대, 소송구조결정 중 '변호사보수'에는 소송구조의 당사자인 원고의 변호사보수를 의미하고, 담보제공명령의 담보액에 해당하는 피고의 제1심, 제2심, 제3심 각 심급별 변호사보수는 위 소송구조결정의 '변호사보수'에는 포함되지 않는다고 할 것입니다(대판 2017.4.7. 2016다251994).

따라서 귀하가 받은 '변호사보수'에 대한 소송구조결정에는 상대방을 위한 변호사보수는 포함되지 않는다고 할 것입니다.

[사례 1·1·68] 민사소송에서 증거자료를 만드는 방법

문 저는 2년 전에 아는 지인에게 돈을 빌려준 적이 있었는데, 그 당시에는 친한 사이라 차용증도 받아두지 않고 현금으로 빌려주었습니다. 그래서 걱정입니다. 증거가 없이 빌려준 돈을 달라고 하면 그 지인께서 내가 언제 빌렸느냐고 할까봐서요. 그래서 박사님께 대여금의 증거를 만들 수 있는 방법에 대해 문의드리고 싶습니다.

답 차용증이나 각서 등 입증서류를 가지고 있는 경우라면, 소송을 해야 하느냐 마느냐의 문제만 있을 뿐, 이기느냐 지느냐의 문제로 고민할 필요는 없을 것입니다. 문제는 이러한 입증서류가 없는 경우이거나, 있다고 하더라도 오랜 시일이 지나 시효가 완성되어 버린 경우일 것입니다. 이러한 입증자료도 없이 소송을 제기하는 것은 맨주먹으로 총·칼에 대항하는 것이나 마찬가지일 것입니다.

따라서 일단 소송을 하려고 마음먹었으면 소장을 제출하기 전에 치밀한 증거수집 작전을 펼쳐야 합니다. 증거를 수집하는 방법을 개략적으로 살펴보면 아래와 같습니다. 즉,

첫째, 친구나 아는 사람과 함께 찾아가서 상대방의 답변에 대한 증인이 되도록 해야

---

37) 변호사보수에 대한 소송구조를 받은 자에게 인정되는 변호사보수는 법원의 예산사정에 따라 종전에는 70만원 또는 80만원을 지급해 오고 있었으나 2018년부터는 사건당 100만원을 지급하고 있으며, 위 변호사보수는 소송구조를 받은 자에게 지급되는 것이 아니라 법원에서 소송구조를 한 변호사에게 직접 지급하고 있습니다.

합니다.

소장을 제출한 상태에서는 이미 다방면으로 학습을 해버린 상대방이 자기에게 불리한 진술을 내놓을 리 만무하고, 있었던 사실도 딱 잡아뗄 것이 분명합니다. 따라서 증거는 상대방과의 관계가 악화되기 전 단계인 소장을 제출하기에 앞서 상대방이 방심한 틈을 타서 기습적으로 확보해두어야 합니다. 즉, 증거가 없거나 시효가 지나버린 채권을 가지고 있는 경우에는, 가까운 친척이나 친구 또는 이웃을 데리고 상대방에게 찾아가서 "어떻게 변제할 것이냐?"라고 조목조목 물어본 다음 상대방으로부터 언제까지 변제하겠다는 답변이 나오도록 유도함으로써 이를 함께 갔던 사람이 나중에 증인이 되도록 하는 방법을 써봄직도 합니다.

둘째, 살살 구슬려서 나온 상대방의 답변에 대해 녹음을 해두는 방법입니다.

사람의 심리상 다짜고짜 찾아가서 각서부터 써달라고 하면 고분고분하게 써줄 사람은 거의 없을 것입니다. 그러나 말로는 갚아주겠다고 한 채무자들은 많습니다. 따라서 상대방에게 찾아가서 변제하겠다는 답변이 나오도록 살살 유도한 다음 이것을 녹음해두면 나중에 요긴하게 써먹을 수 있습니다. 요즘 녹음기는 소형이고 성능도 우수해서 호주머니나 가방에 넣으면 잘 보이지도 않고, 몇 미터 떨어진 거리에서도 녹음이 아주 잘 됩니다. 또한 핸드폰으로 녹음하는 것도 한 방법일 것입니다. 그리고 타인간의 대화를 녹음하는 경우에는 문제가 되어도, 대화자 사이의 녹음에 대하여는 그리 문제가 되지 않습니다(통신비밀보호법 제14조). 일단 녹음을 한 후에는 법원 앞에 소재한 녹취사무실에 가서 해당 부분만 녹취하여 이를 증거로 제출하면 됩니다(약 5~10만원 정도 소요됨). 만약 상대방이 이러한 녹취록에 대해 이의를 제기하면 녹음테이프에 대한 검증을 신청하면 될 것입니다.

셋째, 입증사실을 목격하였거나 관련이 있는 사람으로부터 사실확인서를 받아두는 방법입니다.

돈을 빌려주거나 물품을 납품한 경우에는 현상에서 이러한 사실을 본 사람이 있을 것입니다. 일단 소장이 법원에 들어가면, 아무리 친한 사이라 하더라도 법정에 불려 다니는 것을 싫어해서 이에 대한 사실확인서를 쉽게 써주려 하지 않을 것이므로, 소송을 제기하기에 앞서 미리 사실확인서를 받아두는 것이 현명합니다.

넷째, 최후 수단으로 내용증명우편을 보내어 보는 방법입니다.

앞서 본 방법을 다 동원해도 달리 방법이 없으면 내용증명을 보내 볼 필요가 있습니다. 물론 상대방이 받지 않을 수도 있고, 받고 나서도 답변을 해주지 않을 경우도 있을 것이나, 실무상 발송된 내용증명우편 사본을 첨부해서 소송을 제기하면 상대방이 법정에 나오지 않아 의제자백에 의하여 승소할 수도 있으므로 소액사건과 같은 경우에는 요긴하게 써먹을 수 있는 것입니다.

[사례 1·1·69] 민사소송에서 주소를 보정하는 방법

문 저는 고객에게 판 물품에 대한 대금 채권이 있어서 현재 법원에 소장을 제출해 놓은 상태입니다. 그런데 소장이 상대방에게 송달이 되지 않았다고 하면서 법원으로부터 상대방의 주소를 보정하라는 명령을 받았습니다. 이에 어떻게 주소를 보정해야 할지 몰라 주소보정방법에 관해 박사님께 문의드리고자 합니다.

답 원고가 법원에 소장을 제출하면 법원에서는 소장에 기재되어 있는 피고의 주소로 소장부본을 송달하게 됩니다. 소장부본이 피고에게 송달되어야만 재판을 진행할 수 있기 때문에 송달이 되지 않으면 소장이 각하될 수밖에 없습니다. 소장부본이 피고에게 송달되지 않으면 법원에서는 송달이 되지 못한 사유(수취인부재, 폐문부재, 주소불명, 이사불명, 수취인불명 등)를 명시하여 원고로 하여금 피고의 주소를 보정하도록 하는 주소보정명령을 내리게 됩니다.

이때 원고는 주소보정명령에 대하여 언제까지 보정을 해야 할까요? 원고는 주소보정명령을 받은 날로부터 7일 이내에 보정해야 합니다. 즉 원고가 법원으로부터 주소보정명령을 받으면 원고는 법원에서 지정해 준 기간 이내에 피고의 주소를 찾아 보정해야 하는데, 그 기간은 보통 7일 이내입니다. 7일이라는 기간은 생각보다 짧기 때문에, 까딱하다가는 보정마감일이 바로 코앞에 닥쳐올 수 있습니다. 따라서 피고의 주소를 찾기에 시간이 부족하다고 생각되면 일단 피고의 종전 주소로 재송달신청을 해서 시간을 벌어두는 것이 현명할 것입니다.

그렇다면 원고는 어떻게 피고의 주소를 찾아서 보정할 수 있을까요? 원고가 주소보정명령을 받은 경우에는 그 주소보정명령서를 가지고 읍·면·동사무소에 가면 피고의 주민등록초본을 떼어줍니다. 이를 토대로 피고의 주소가 변경되었다면 그 변경된 주소로 보정하면 되는데, 주소보정은 주소보정서라는 별도의 서면을 작성하여 제출해도 되지만(법원에 서식비치), 법원으로부터 송달된 주소보정명령서에 주소보정사항(새주소, 재송달신청, 특별송달신청, 변론기일지정신청)을 기재한 후, 해당 주소보정명령서를 법원에 제출하는 방법으로 해도 무방합니다.

주소를 보정하는 방법은 다음과 같습니다. 즉,

첫째, 재송달신청입니다. 피고가 종전 주소에 그대로 거주하고 있는데, 일시적으로 출타해서 주간에 송달이 되지 않는 경우라면 재송달신청을 하면 됩니다.

둘째, 새주소로 보정하는 방법입니다. 주소보정명령서에 의하여 새로 떼어본 피고의 주민등록초본상의 주소가 종전과 달리 변경된 경우에는 새주소로 보정하면 됩니다. 또한 피고가 직장관계나 친척집 등에 일시적으로 거주함으로써 주간에는 주민등록지의 주소(주택 등)에 거주하지 않는 경우라면 피고의 직장주소나 피고가 실제로 거주하고 있는 주소 또는 피고가 일시적으로 거처하고 있는 친척집 등의 새주소로 보정하면 됩니다.

셋째, 특별송달신청을 하는 방법입니다. 피고가 주간에는 출타해 야간에만 집에 있다거나, 주중 내내 다른 곳에 있다가 휴일에만 돌아오는 경우라면, 집행관에 의한 야간특별송달이나 휴일특별송달을 신청합니다. 또한 주간에 피고가 주거지에 거주하고 있으면서도 문을 열어주지 않는다거나 우편물 받기를 거절한 경우 또는 피고는 없지만 가족들이 거주하고 있는 경우라면 역시 집행관에 의한 주간특별송달을 실시합니다(유치송달, 보충송달). 특별송달을 실시할 경우에는 송달료를 납부해야 하는데, 송달료는 지역에 따라 다소 차이가 있지만 대략 12,000원 ~ 39,000원 정도가 소요됩니다.

넷째, 송달방법의 마지막 수단은 공시송달신청입니다. 피고의 주민등록이 말소되었거나, 주민등록상의 주소지에 주민등록만 해놓고 어디에 사는지 알 수 없는 경우에는 공시송달을 신청하는 수밖에 없습니다. 또한 실무상 특별송달을 실시했음에도 송달이 되지 않는 경우에 공시송달을 신청하면 법원에서 받아주고 있는 것으로 보입니다.

참고로 피고가 주민등록만 해놓고 해당 주민등록지에 거주하지 않는 경우에는, 동사무소에 피고의 주민등록을 말소해 달라는 신청을 할 수 있습니다(주민등록을 말소하는데 걸리는 시간은 대략 2 ~ 3개월 정도 소요).

이에 귀하께서는 위에서 본 여러 주소보정방법을 참고하시어 피고의 주소를 보정하면 될 것으로 보입니다.

[사례 1·1·70] 가족이 소송당사자 대신 소송을 수행할 수 있는지 여부와 소송대리신청 방법

문 저의 모친께서는 몇 년 전에 친척에게 빌려준 돈을 받고자 소송을 제기해서 현재 소송이 진행 중에 있습니다. 그런데 모친께서는 연로하고 질병도 있어 거동이 불편합니다. 그러나 변호사를 살 돈도 없고 그래서 제가 대신 소송대리인으로 하고 싶은데, 가능한지 여부와 그 절차에 대해 박사님께 여쭈어보고 싶습니다.

답 소송대리인에는 법정대리인과 임의대리인이 있습니다. 미성년자나 성년피후견인 또는 한정피후견인이 원고나 피고가 되는 경우에는 소송수행능력이 없기 때문에, 이들의 친권자나 후견인이 본인을 대리해서 소송을 수행해야 합니다. 이를 법정대리인이라고 하는데, 이 경우에는 신분관계를 증명할 수 있는 가족관계증명서나 주민등록등본 등을 떼어 법원에 제출하면 되고, 별도로 법원의 허가를 받을 필요는 없습니다.

그리고 임의대리인이란 원고나 피고로부터 소송수행의 위임을 받은 자를 말하며 주로 변호사인 경우가 대부분일 것이지만, 일정한 범위 내의 소송에 대해서는 변호사가 아님에도 당사자와 신분관계가 있는 자가 임의대리인으로 될 수 있습니다. 이러한 임의대리인 중에서 변호사는 당사자와 변호사간의 계약에 의해 수임되는 것으로서 사물관할과 관계없이 모든 사건을 대리해서 소송을 수행할 수 있습니다. 반면 임의대리인 중 변호사 아닌 자가 소송대리인으로 되려는 경우에는 사물관할에 따라 일정한 제한과 절차가 따르게 됩니다.

이에 귀하께서 궁금해 하시는 변호사 아닌 자의 소송대리자격과 선임절차에 관하여 구체적으로 살펴보기로 하겠습니다.

첫째, 소액사건(소송목적의 값[38])이 3천만원 이하인 금전채권 등 사건)에서는 당사자와 일정한 신분관계를 가진 자라면 법원의 허가 없이도 소송대리인으로 선임될 수 있습니다. 즉 당사자와 배우자, 직계혈족, 형제자매는 법원의 허가 없이도 소송대리인이 될 수 있는 것입니다(소액사건심판법 제8조). 다만 그밖의 친족이나 고용관계 등 특별한 관계에 있는 사람은 소액사건인 경우라도 법원의 허가를 얻어야만 소송대리인이 될 수 있습니다.

위와 같이 소액사건에 있어서는 당사자와 일정한 신분관계 있는 사람은 법원의 허가 없이도 소송대리인이 될 수 있지만, 소송대리인으로 되려는 자는 당사자와 친족관계임을 증명할 수 있는 가족관계증명서나 주민등록등본 또는 재직증명서 등 서면을 제출함으로서 당사자와의 신분관계를 증명해야 하고, 그밖에 소송위임장을 제출하거나 소송당사자가 판사의 면전에서 구술로 소송대리인을 선임한다고 진술하면 됩니다(소액사건심판법 제8조).

둘째, 단독사건(소송목적의 값이 3천만원 초과~2억원 이하인 사건) 중 일정 범위의 사건에 대해서는 법원의 허가를 받아 당사자와 일정한 신분관계에 있는 사람이 임의대리인으로 될 수 있습니다. 즉 단독사건 중 소송목적의 값의 크기와 무관하게 단독사건에 해당하는 사건, 즉 ① 수표금·약속어음금 청구사건, ② 은행·농업협동조합·수산업협동조합·축산업협동조합·산림조합·신용협동조합·신용보증기금·기술신용보증기금·지역신용보증재단·새마을금고·상호저축은행·종합금융회사·시설대여회사·보험회사·신탁회사·증권회사·신용카드회사·할부금융회사 또는 신기술사업금융회사가 원고인 대여금·구상금·보증금 청구사건, ③ 자동차손해배상보장법에서 정한 자동차·원동기장치자전거·철도차량의 운행 및 근로자의 업무상재해로 인한 손해배상 청구사건과 이에 관한 채무부존재확인사건, ④ 단독판사가 심판할 것으로 합의부가 결정한 사건 전부와 그밖의 단독사건 중 소송목적의 값이 소제기 당시 또는 청구취지 확장(변론의 병합 포함) 당시 1억원 이하인 소송사건 및 이들을 본안으로 하는 신청사건이나 이에 부수하는 신청사건에 대해서는 당사자의 배우자 또는 4촌 안의 친족이나 당사자와 고용 그밖에 이에 준하는 계약관계를 맺고 그 사건에 관한 통상사무를 처리·보조하는 사람으로서 그 사람이 담당하는 사무와 사건의 내용 등에 비추어 상당하다고 인정되는 경우에는 법원의 허가를 받아 임의대리인이 될 수 있습니다(민사소송법 제88조, 민사소송규칙 제15조).

한편 가압류·다툼의 대상에 관한 가처분 신청사건 및 이에 부수하는 신청사건은 소송목적의 값이 1억원을 초과하는 단독사건의 경우에도 이와 같은 신분관계에 있는 사람이 법원의 허가를 받아 임의대리인이 될 수 있습니다(민사소송법 제88조, 민사소송규칙 제15조 제1항 제2호 나목 단서).

위와 같이 단독사건에서 임의대리인으로 되려면 법원의 허가를 받아야 하는데, 그 허가신청을 하려면 소송대리허가신청서를 작성하고 여기에 당사자와 신분관계를 증명하는 서면을 첨부하여 법원에 제출해야 합니다. 이러한 소송대리허가신청이 있는 경우 법원에서는 소송대리인의 자격 또는 권한에 관해 심사할 수 있고, 그 심사에 필요한 때는 그 소송대리인·당사자 본인 또는 참고인을 심문하거나 관련 자료를 제출하게 할 수 있습니다.

셋째, 합의사건(소송목적의 값이 2억을 초과하는 사건)과 위 둘째 항목에서 본 바와 같이 단독사건 중 소송대리가 가능한 사건을 제외하고는 당사자와 일정한 신분관계가 있다고 하더라도 변호사 아닌 사람은 소송대리인으로 선임될 수 없습니다. 따라서 이러한 사건에 대하여 소송대리인을 선임하려면 변호사로 선임해야 할 것입니다.

이에 귀하의 사건을 살펴보건대, 귀하의 사건이 소액사건에 해당하는지 아니면 소송목적의 값이 1억원 이하의 단독사건에 해당하는지 여부에 따라 법원의 허가를 받지 않거나 허가를 받아서 귀하께서 소송대리인이 될 수 있으되, 소가가 1억원을 초과하거나 합의사건인 경우에는 귀하께서 소송대리인이 될 수 없고 소송대리인을 선임하려면 부득이 변호사를 써야할 것으로 보입니다.

[사례 1·1·71] 증인이 법정에 나가지 않고 증언하는 방법이 있는지

문 저는 현재 우리 마을 사람과 임야 소유권의 문제로 민사소송을 진행 중에 있습니다. 그런데 위 소송에 중요한 증인이 같은 마을 사람인지라 주위의 이목 때문에 법정에 나가려고 하지 않습니다. 물론 위 증인을 강제로 법정에 세울 수는 있겠지만 제가 입증하려는 사안에 있어서 중요한 증인이어서 억지로 해서는 목적한 바의 증언을 유도해 낼 수 없을 것 같습니다. 이에 박사님께 위 증인이 법정에 나가지 않고도 증언할 수 있는 좋은 방법이 없는지 문의드리고 싶습니다.

답 아무리 가까운 사이라고 하더라도 법정에 서는 것을 좋아할 사람은 아무도 없을 것입니다. 또한 법정에 불려 다니는 것 자체만으로도 무슨 큰 죄나 지은 사람처럼 느껴진다고 해서 꺼림칙해 하는 사람들도 많습니다. 따라서 법정에 불려 다니지만 않으면 증언을 해주겠다고 약속하는 경우도 더러 있습니다.

여기에 법정에 가지 않고도 증인의 증언을 법원에 제출해서 증거로 써먹을 수 있게 하는 방법에 관하여 알아둘 필요가 있을 것입니다. 그 방법의 개요는 아래와 같습니다. 즉,

첫째, 서면에 의한 증언을 검토해 볼 필요가 있습니다.

법원은 증인과 증명할 사항의 내용 등을 고려해서 상당하다고 인정하는 때에는 출석·증언에 갈음해 증언할 사항을 적은 서면을 제출하게 할 수 있는데, 이를 서면에 의한 증언제도라고 합니다(민사소송법 제310조 제1항). 이러한 서면에 의한 증언제도는 2002년 7

38) '소송목적의 값'이란 원고가 소로서 주장하는 권리 또는 법률관계에 관해 가지는 이익을 객관적으로 평가해 금액으로 표시한 것을 말하는 것으로서 사물관할을 정하는 표준이 되며, '소송물가액'이라고도 하고, 약칭해서 '소가'라고 하기도 합니다. 이하에서는 소송목적의 값을 '소가'라고 하기로 합니다.

월 1일 신민사소송법 개정시 도입된 제도이데, 개정 전 구법에서 실시했던 공정증서에 의한 증언과는 달리 상대방의 동의나 공증이 필요치 않습니다. 서면에 의한 증언제도도 공정증서에 의한 증언과 마찬가지로 법원의 직권으로 명하는 것이므로 증인이 스스로 서면에 의해 증언하겠다고 신청할 수는 없습니다. 다만, 증인이 법정에 나가지 못하는 나름대로의 사유를 소명해 서면에 의한 증언을 할 수 있도록 법원에 직권발동을 촉구하는 것은 가능하며, 따라서 법정에 나가기 힘든 증인으로서는 그러한 소명서류와 함께 증언 내용을 기재한 서면을 제출함으로써 서면에 의한 증언의 효과를 달성할 수 있는 것입니다. 서면에 의한 증언의 경우에는 선서의무가 면제되므로 그 내용이 허위일지라도 위증죄가 성립되지 않으며, 서면증언을 명령받은 증인이 이를 거절해도 과태료 등의 제재가 따르지 않습니다.

둘째, 사실확인서를 제출하는 방법입니다.

증인에 따라서는 입증에 필요한 사실확인서는 써주어도 공증은 해주지 못하겠다고 하는 경우가 있습니다. 이러한 경우에는 일단 증인이 작성해 준 사실확인서를 법원에 제출해보는 수밖에 없습니다. 이에 대해 상대방도 다투지 않고, 법관도 이러한 사실확인서를 증거로 채택해 주면 소기의 목적을 달성할 수 있기 때문입니다.

다만, 나중에 상대방이 이러한 사실확인서를 다투는 경우가 있는데, 이 경우에는 예외적으로 사실확인서의 작성자가 법정에 증인으로 서야 하는 문제가 있기는 합니다. 그러나 이러한 경우에도 보통의 증인처럼 꼬치꼬치 답변해야 하는 것은 아니며, 그 문서의 기명날인 여부 등 진정성립의 정도만 간단히 확인해주면 될 것입니다.

[사례 1·1·72] 상대방 소재지 불명시 계약해제 등을 위한 의사표시의 공시송달제도

문 저는 시골에서 수박농사를 짓고 있는데, 수확기 전에 서울에서 장사하는 사람의 요청으로 밭떼기로 수박을 넘기기로 하는 매매계약을 체결하고 계약금조로 1백만원을 받은 사실이 있습니다. 그런데 수확기에 이르러 수박 값이 떨어지자 일부러 피하는지 연락이 두절되어 이제는 전화도 잘 안됩니다. 앞으로 2주 내지 3주 정도가 지나버리면 밭에서 수박이 다 썩게 되어버리는데, 아까워서 어떻게든 계약을 해제하고 다른 사람한테라도 수박을 넘기고 싶지만, 연락할 길이 없어 난감합니다. 이에 박사님께 계약을 해제할 수 있는 방법이 있는지 문의드리고자 합니다.

답 예, 귀하의 경우처럼 계약의 상대방이 전화를 일부러 피하는 경우 또는 상대방이 어디에서 사는지 모르거나 주소불명으로 내용증명을 보낼 수 없는 경우 또는 내용증명이 반송되어 오는 경우 등으로 계약해제 등을 위한 의사표시를 전달할 길이 없을 때 참으로 난감할 것입니다. 사안에 따라서는 누구에게 그 의사표시를 해야 할지도 모르는 경우가 더러 있습니다.

그런데 법에서는 계약을 해제하거나 취소할 때는 그 해제나 취소의 의사표시가 상대방에게 도달되어야 가능하도록 하고 있어서 문제가 됩니다. 이러한 경우에 이용하는 제도가 의사표시의 공시송달제도입니다(민법 제113조). 예컨대, 토지를 매도하였는데 매수인이 계약금만 지급하고 중도금이나 잔금을 주지 않은 상태에서 행방을 감춰버린 경우에, 매도인의 입장으로서는 하루라도 빨리 계약을 해제하고 새로운 매수인에게 매도하고 싶은 경우가 있을 것이다. 이러한 경우에 합법적으로 매매계약을 해제하기 위해 이용할 수 있는 제도가 바로 의사표시의 공시송달제도인 것입니다.

이러한 의사표시의 공시송달을 위해서는 의사표시의 공시송달신청서를 작성해서 관할법원에 제출해야 합니다. 관할법원에 대하여는 의사표시자가 상대방을 알고는 있으나 소재불명인 경우에는 상대방의 최후 주소지의 법원에 신청하면 되고, 상대방이 누구인지조차 알지 못한 경우(예, 성명불상)에는 의사표시자의 주소지 법원에 신청하면 될 것입니다.

의사표시의 공시송달신청에 대해 법원이 허가결정을 하게 되면 그 결정에 의하여 신청인의 의사표시가 상대방에게 도달하는 효력이 발생하게 되는 것입니다.

이에 귀하께서도 의사표시의 공시송달신청절차를 통하여 밭뙈기 매수인에 대해 계약해제의 의사표시를 하고, 법원의 결정이 떨어지면 제3자에게 수박을 매도하거나 처분하면 될 것으로 보입니다. 귀하께서 받은 계약금은 손해배상금조로 몰수할 수 있을 것입니다.

[사례 1·1·73] 민사소송에서의 항소 및 상고와 항소기간을 놓친 경우의 추완항소

문 저는 이웃간의 토지경계 문제로 민사소송을 진행하였으나, 제1심 판결에서 패소하였습니다. 그런데 제가 방심했는지 낼 수 있는 증거도 제대로 내지 못하고, 제게 유리한 증인도 있었는데 증인신청도 하지 못한 관계로 저한테 불리한 판결이 나온 것 같습니다. 이에 향후 절차인 항소심이나 상고심에 관해 박사님께 상세히 문의드리고자 합니다.

---

39) 여기에서 절대적 상고이유란 ① 법률에 따라 판결법원을 구성하지 아니한 때, ② 법률에 따라 판결에 관여

답 항소란 제1심 종국판결에 대한 불복신청을 말합니다. 항소심은 사실심이기 때문에 제1심판결에 대해 법령위반뿐만 아니라 사실관계 또는 증거관계를 다투면서 항소를 제기할 수 있습니다. 이러한 항소는 제1심 판결문을 송달받기 전에도 할 수 있지만, 송달받은 후에는 반드시 2주 이내에 제1심법원에(항소법원이 아님을 주의) 항소장을 제출해야 합니다.

항소장에는 항소이유를 기재해도 좋고, 나중에 준비서면으로 항소이유서를 제출해도 무방합니다. 항소이유서 제출기간에 대하여는 별도의 제한이 없으나 항소이유도 기재하지 않은 채 항소장만 제출해 놓고 제때 항소이유서를 제출하지 않으면 항소가 기각되는 불이익이 따를 수 있습니다. 다만 형사소송에서의 항소심 절차와 달리 민사소송에서는 실무상 항소이유서를 제출하지 않았다고 해서 변론 전에 항소를 기각하는 사례는 거의 없습니다. 만약 당사자 쌍방간에 미리 항소하지 않기로 하는 불항소의 합의를 한 경우에는 항소를 하지 못합니다.

이와 같이 원래 제1심 판결문을 송달받으면 그로부터 2주 이내에 항소를 제기하지 않으면 그 판결은 확정되어 더 이상 다툴 수 없게 되는 것이 원칙입니다. 그런데 당사자가 외국에 나가 있었다든가 천재지변의 발생 또는 상대방이 허위의 주소를 기재하여 판결을 편취하는 등으로 말미암아 본인이 책임질 수 없는 사유로 이러한 불변기간을 지키지 못한 경우가 있을 수 있습니다. 이러한 경우에는 그 사유가 없어진 날부터 2주(외국에 있었던 당사자는 30일) 이내에 항소를 제기할 수 있는데, 이를 추완항소라고 합니다(민사소송법 제173조).

그리고 항소를 제기하지 않았거나 항소를 제기하지 못한 원고나 피고는 원칙적으로 항소심에서 자기에게 유리하도록 심판의 범위를 확장할 수 없지만, 상대방 당사자의 항소에 의해 개시된 항소심절차에서 부대항소를 제기함으로써 자기에게 유리하도록 심판의 범위를 확장할 수 있습니다(민사소송법 제403조). 다만 부대항소는 상대방이 제기한 항소에 의존하는 것이기 때문에 주된 항소가 취하되거나 각하되면 그 효력을 상실할 것이나, 부대항소인이 항소할 수 있는 기간 내에 부대항소를 제기한 경우에는 주된 항소의 취하 또는 각하에 영향을 받지 않고 항소로서 그대로 유지됩니다.

한편 항소심 판결에 불복하는 자는 항소심의 종국판결에 대해 대법원에 불복신청을 할 수 있는데, 이를 상고라고 합니다. 이러한 상고는 항소와는 달리 법률심이기 때문에 사실인정의 과오문제는 다툴 수 없고, 항소심판결에 영향을 미친 헌법이나 법률 또는 명령·규칙의 위반이 있는 경우와 민사소송법에서 절대적 상고이유[39]로 규정한 사유로만 제기할 수 있습니다(민사소송법 제423조, 제424조). 상고장은 항소심판결을 송달받은 날로부터 2주 이내에 원심법원[40]에 제출해야 한다.

그리고 상고심은 변론이 열리는 항소심과 달리 서면심사로 진행되는 것이기 때문에 상고이유서가 매우 중요합니다. 따라서 상고이유서는 대법원의 법원사무관등으로부터 소송기록접수의 통지를 받은 날로부터 20일 이내에 제출해야 합니다. 다만 상고장에 상고이유를 기재한 때에는 별도로 상고이유서를 제출할 필요는 없을 것입니다. 만약 상고이유서도 제출하지 않고 상고장에 상고이유도 기재하지 않는 때에는 상고가 기각됩니다(민사소송법 제427조, 제429조).

상고이유서는 상대방 당사자수에 6을 더한 수의 부본을 첨부해야 합니다. 상대방은 상고이유가 기재된 상고장이나 상고이유서를 송달받은 경우에는 송달받은 날부터 10일 이내에 답변서를 제출할 수 있습니다. 한편 소액사건에 대한 항소심판결에 대하여는 상고가 제한되어 있습니다(소액사건심판법 제3조).

위에서 귀하께서 궁금해 하는 항소심과 상고심절차에 관해 간단히 살펴보았습니다. 그런데 종종 이사를 했거나 가족이 송달받는 등으로 당사자 본인이 제1심 판결문을 받지 못해서 2주간의 항소기간을 놓친 경우가 있습니다. 이러한 경우에는 추완항소를 제기함으로써 항소심절차를 되살릴 수 있는 길이 있으므로 참고하시기 바랍니다.

[사례 1·1·74] 민사소송에서의 재심절차와 재심사유

문 저는 부동산취득시효로 인한 소유권이전등기청구 소송에서 패소해서 항소도 하고 대법원에 상고도 했으나 모두 기각되어 확정되었습니다. 그런데 최근에 위 소송의 변론 과정에서 증언을 한 유력 증인이 위증죄로 고소되어 벌금형을 받아 확정된 사실이 있습니다. 이에 위 확정판결을 뒤집고자 재심의 소를 제기하고자 하는데, 재심사유와 재심절차에 관해 박사님께 문의드리고 싶습니다.

할 수 없는 판사가 판결에 관여한 때, ③ 전속관할에 관한 규정에 어긋난 때, ④ 법정대리권·소송대리권 또는 대리인의 소송행위에 대한 특별한 권한의 수여에 흠이 있는 때(단, 추인이 있는 때는 예외), ⑤ 변론을 공개하는 규정에 어긋난 때, ⑥ 판결의 이유를 밝히지 않거나 이유에 모순이 있는 때를 말합니다(민사소송법 제424조).

40) 상고에서의 원심법원이란 항소심 법원을 의미합니다. 다만 상고 중 비약적상고의 경우에는 제1심법원을 원심법원이라고 합니다.

답 재심이란 확정된 종국판결에 대하여 민사소송법에서 정해 놓은 재심사유가 있음을 들어 그 판결의 취소와 이미 종결된 사건에 대한 재심판을 구하는 불복신청을 말합니다. 확정판결이 아니더라도 이와 같은 효력이 인정되는 청구의 포기·인낙이나 재판상 화해에 대해서는 준재심의 소가 인정됩니다(민사소송법 제461조).

그런데 재심은 제1심판결, 항소심판결, 상고심 판결 중 어느 판결을 대상으로 해야 하는지 문제됩니다. 판결의 확정이 제1심 종국판결로 이루어지 경우도 있고, 항소심 판결로 확정된 경우도 있으며, 상고심판결로 확정된 경우도 있을 수 있기 때문입니다. 재심은 심급에 관계없이 취소하고자 하는 판결을 한 법원의 전속관할에 속합니다. 이에 취소대상 판결이 제1심판결이면 제1심법원에, 항소심판결이면 항소심법원에, 상고심판결이면 대법원이 관할이 될 것입니다. 만약 심급을 달리하는 여러 법원이 같은 사건에 대해 내린 판결에 대하여 재심의 소를 제기하려는 경우에는 상급법원에서 관할하게 됩니다.

따라서 제1심판결에 대하여 항소심에서 본안판결을 한 경우에는 항소심판결에 대해서만 재심의 소를 제기할 수 있으며, 제1심판결에 대해 항소심이 항소기각의 본안판결을 한 경우에도 항소심법원만이 관할권을 가지게 됩니다(민사소송법 제451조 제3항). 그러나 상고심은 법률심인 관계로 항소심판결과 상고심판결에 각각 독립된 재심사유가 있는 때에는 무조건 대법원이 관할하는 것이 아니고, 법률적 사항을 재심사유로 한 때에는 대법원이 관할하겠지만, 서증의 위조·변조나 허위진술 등 사실인정에 관한 사항을 재심사유로 한 때에는 대법원이 아니라 사실심법원인 제1심판결 또는 항소심판결에 대해 재심의 소를 제기해야 할 것입니다(대판 1984.2.28. 83다카1981). 그리고 제1심판결에 대해 항소심에서 항소각하판결을 한 경우 제1심판결과 항소각하판결 모두에 재심사유가 있으면 각각 해당 법원에 재심의 소를 제기할 수 있으되, 재심사유 모두를 병합해 제기할 경우에는 편의상 항소심법원이 집중 관할하게 됩니다(민사소송법 제453조 제2항 본문).

한편 재심은 확정판결에 대한 불복절차이므로 재심을 제기할 수 있는 사유가 엄격히 제한되어 있으며, 재심사유에 대해 당사자가 상소에 의해 그 사유를 주장하였거나, 이를 알고도 주장하지 않은 때에는 재심사유가 있다고 하더라도 재심의 소를 제기할 수 없습니다.

재심을 제기할 수 있는 사유에 관하여는 법에서 11가지를 규정해 놓고 있습니다(민사소송법 제451조 제1항). 즉, 재심사유에는 아래와 같은 것들이 해당됩니다.

① 법률에 따라 판결법원을 구성하지 아니한 때

② 법률상 그 재판에 관여할 수 없는 법관이 관여한 때
③ 법정대리권·소송대리권 또는 대리인이 소송행위를 하는 데에 필요한 권한의 수여에 흠이 있는 때(단, 추인이 이루어진 때는 예외)
④ 재판에 관여한 법관이 그 사건에 관해 직무에 관한 죄를 범한 때(단, 유죄확정판결이나 과태료부과확정재판이 있는 때 또는 증거부족 외의 사유로 위 재판을 할 수 없을 때에만 해당)
⑤ 형사상 처벌을 받을 타인의 행위로 말미암아 자백을 하였거나 판결에 영향을 미칠 공격·방어방법의 제출에 방해를 받은 때(단, 유죄확정판결이나 과태료부과확정재판이 있는 때 또는 증거부족 외의 사유로 위 재판을 할 수 없을 때에만 해당)
⑥ 판결의 증거가 된 문서, 그밖의 물건이 위조되거나 변조된 것인 때(단, 유죄확정판결이나 과태료부과확정재판이 있는 때 또는 증거부족 외의 사유로 위 재판을 할 수 없을 때에만 해당)
⑦ 증인·감정인·통역인의 거짓 진술 또는 당사자신문에 따른 당사자나 법정대리인의 거짓 진술이 판결의 증거가 된 때(단, 유죄확정판결이나 과태료부과확정재판이 있는 때 또는 증거부족 외의 사유로 위 재판을 할 수 없을 때에만 해당)
⑧ 판결의 기초가 된 민사나 형사판결, 그밖의 재판 또는 행정처분이 다른 재판이나 행정처분에 따라 바뀐 때
⑨ 판결에 영향을 미칠 중요한 사항에 관해 판단을 누락한 때
⑩ 재심을 제기할 판결이 전에 선고한 확정판결에 어긋나는 때
⑪ 당사자가 상대방의 주소 또는 거소를 알고 있었음에도 있는 곳을 잘 모른다고 하거나 주소나 거소를 거짓으로 하여 소를 제기한 때

이들 재심사유 중 어느 하나에 해당되어야 재심을 제기할 수 있는 것입니다. 다만 재심사유는 바꿀 수 있으며, 변론중간에도 변경이 가능합니다(민사소송법 제459조 제2항).

재심의 소를 제기하려면 재심의 소장을 작성하여 관할법원에 제출해야 하며, 재심의 소를 제기하는 심급에 따라 제1심 소장, 항소장, 상고장과 같은 인지대와 송달료를 납부하면 됩니다. 재심의 소장에는 당사자와 법정대리인의 표시, 재심의 대상이 되는 판결의 표시, 재심을 구하는 취지, 재심사유를 기재해야 합니다(민사소송법 제458조). 재심의 소송절차에는 각 심급의 소송절차에 관한 규정을 준용합니다.

민사소송에서의 재심의 소는 형사소송에서의 재심의 소와는 달리 재심의 소를 제기할 수 있는 기간이 정해져 있으며 이 기간을 경과해서 재심의 소를 제기하면 각하사유가 됩니다. 즉 재심의 소는 당사자가 판결이 확정된 뒤 재심의 사유를 안 날부터 30일의 불변기간 내에 제기해야 하며, 나아가 판결이 확정된 뒤 5년의 제척기간이 지난 때에는

재심의 소를 제기하지 못합니다. 다만 재심의 사유가 판결이 확정된 뒤에 생긴 때는 그 사유가 발생한 날부터 5년이 경과되지 않은 경우에는 재심의 소를 제기할 수 있습니다(민사소송법 제456조 제4항). 그러나 이러한 재심기간의 제한에도 불구하고 대리권의 흠이나 재심을 제기할 판결이 전에 선고한 확정판결에 어긋나는 때를 재심사유로 한 때는 기간의 제한 없이 언제든지 제기할 수 있습니다(민사소송법 제457조).

이러한 재심의 소에 대한 종국판결에 대해서는 어느 심급으로 재심을 했느냐에 따라 다시 항소나 상고의 제기가 인정됩니다. 다만 상고심판결에 대한 재심의 소에 관한 판결은 상고심이 최종심인 관계로 더 이상 불복의 길은 없을 것입니다.

이에 귀하께서도 확정판결을 받은 후 아직 5년이 경과되지 않았다면 민사소송법 제451조 제1항 제7호(허위증언)의 사유를 들어 항소심법원에 재심의 소를 제기할 수 있을 것으로 보입니다.

[사례 1·1·75] 확정된 재심판결에 대해 다시 재심의 소를 제기할 수 있는지

문 저는 부동산소유권의 존부에 관한 분쟁과 관련하여 소송을 제기해서 승소의 확정판결을 받았습니다. 그런데 위 확정판결에 대해 피고가 재심의 소를 제기하였고, 그 재심의 소에서 제가 패소하여 원래의 확정판결이 취소되었습니다. 이와 같이 재심의 소가 확정된 경우에도 그 확정판결에 대해 다시 제가 재심의 소를 제기할 수 있는지 박사님께 문의드리고 싶습니다.

답 민사소송법 제451조 제1항은 '확정된 종국판결'에 대하여 재심의 소를 제기할 수 있다고 규정하고 있는 바, 재심의 소에서 확정된 종국판결도 위 조항에서 말하는 '확정된 종국판결'에 해당하므로 확정된 재심판결에 위 조항에서 정한 재심사유가 있을 때에는 확정된 재심판결에 대해 재심의 소를 제기할 수 있습니다(대판 2015.12.23. 2013다17124).

다만 민사소송법 제454조 제1항은 "재심의 소가 적법한지 여부와 재심사유가 있는지 여부에 관한 심리 및 재판을 본안에 관한 심리 및 재판과 분리해 먼저 시행할 수 있다."라고 규정하고 있고, 민사소송법 제459조 제1항은 "본안의 변론과 재판은 재심청구이유의 범위 안에서 해야 한다."라고 규정하고 있는 바, 확정된 재심판결에 대한 재심의 소에서 그 재심판결에 재심사유가 있다고 인정하여 본안에 관해 심리한다는 것은 그 재심판결 이전의 상태로 돌아가 전 소송인 종전 재심청구에 관한 변론을 재개하여 속행하는 것을 말하므로 원래의 확정판결을 취소한 재심판결에 대한 재심의 소에서 원래의 확정판결에 대해 재심사유를 인정한 종전 재심법원의 판단에 재심사유가 있어 종전 재심청구에 관해 다시 심리한 결과 원래의 확정판결에 재심사유가 인정되지 않을 경우에는 재심판결을 취소하고 종전 재심청구를 기각해야 하며, 그 경우 재심사유가 없는 원래의 확정판결 사건의 본안에 관해 다시 심리와 재판을 할 수는 없다고 보아야 할 것입니다.

한편 민사소송법 제451조 제1항 제8호는 "판결의 기초가 된 민사나 형사의 판결, 그밖의 재판 또는 행정처분이 다른 재판이나 행정처분에 따라 바뀐 때"를 재심사유로 규정하고 있는 바, 여기에서 재판이 판결의 기초가 되었다는 것은 재판이 확정판결에 법률적으로 구속력을 미치는 경우는 물론 재판내용이 확정판결에서 사실인정의 자료가 되었고 그 재판의 변경이 확정판결의 사실인정에 영향을 미칠 가능성이 있는 경우도 포함되며(대판 1996.5.31. 94다20570), 민사소송법 제422조 제1항 제6호는 "판결의 증거된 문서 기타 물건이 위조나 변조된 것인 때"를 재심사유의 하나로 규정하고, 같은 조 제2항은 "전항 제4호 내지 제7호의 경우에는 처벌받을 행위에 대해 유죄의 판결이나 과태료의 판결이 확정된 때 또는 증거흠결 이외의 이유로 유죄의 확정판결이나 과태료의 확정판결을 할 수 없을 때에 한해 재심의 소를 제기할 수 있다."라고 규정하고 있는 바, 판결의 증거가 된 문서가 위조되거나 변조되었음을 재심사유로 삼을 때 그 행위에 대해 유죄의 확정판결이 없는 경우에는 증거부족 외의 이유인 공소시효의 완성 등으로 인해 유죄의 확정판결을 할 수 없다는 사실뿐만 아니라 그 사유만 없었다면 위조나 변조의 유죄 확정판결을 할 수 있었다는 점을 재심청구인이 증명해야 할 것입니다(대판 1985.2.26. 84누734).

이에 귀하께서는 확정된 재심판결에 다시 재심사유가 있는 경우에는 그 사유를 입증하여 재차 재심의 소를 제기할 수 있을 것으로 보이며, 이러한 재심의 소에서 종전의 재심재판에 문제가 있다고 판단되어 귀하의 재심의 소가 받아들여진 경우에는 종전의 재심청구는 기각되고, 종전의 재심판결은 취소될 것으로 보입니다.

제3절 손해배상·하자담보

[사례 1·1·76] 실화로 인한 손해배상책임과 그 감액청구권 여부

문 저는 제 집과 담장 없이 벽체로 붙어 있는 이웃인 甲의 집에 나무를 기대어 놓았는데, 그 밑에서 용접을 하다가 나무에 불이 붙어 甲의 집 일부를 태웠고, 그 불이 바람에 번져 甲의 집과 인접해 있던 乙의 집 일부까지 태우고 말았습니다. 이에 피해자인 甲 및 乙과 접촉해 보았으나 절충이 잘 되지 않습니다. 이에 제가 이 모든 손해를 다 배상해 주어야 하는지 아니면 감액청구라도 가능한지 여부에 관하여 박사님께 문의드리고 싶습니다.

답 고의 또는 과실로 인한 위법행위로 타인에게 손해를 가한 행위를 불법행위라고 하며, 이러한 불법행위를 저지른 불법행위자는 피해자의 손해에 대하여 이를 배상할 책임을 지게 됩니다(민법 제750조). 이를 일반불법행위책임이라고 합니다.

또한 공작물의 설치 또는 보존의 하자로 인해 타인에게 손해가 발생한 때에는 제1차적으로는 점유자가 그 책임을 지되, 점유자가 손해의 방지에 필요한 주의를 해태하지 아니하였음을 증명하게 되면 그 손해배상책임에서 벗어나게 되고, 제2차적으로 소유자가 전적으로 무과실의 손해배상책임을 지게 됩니다(민법 제758조 제1항, 제2항). 이를 공작물 등의 점유자·소유자책임이라고 합니다.

실화로 인해 화재가 발생한 경우의 손해배상 문제도 위와 다르지 않습니다. 즉 실화로 인해 손해가 발생한 경우에 실화자는 그 실화로 인해 직접 화재가 발생한 부분에 대한 손해뿐만 아니라 그로부터 불이 번져 연소된 부분에 대한 손해 부분에 대해서도 고의 또는 중과실을 물론, 경과실만 있더라도 불법행위책임이 성립하게 됩니다.[41] 한편 공작물 등이 원인이 되어 실화가 발생한 경우에는 위와 같은 일반불법행위책임 외에도 공작물 등의 점유자·소유자책임(민법 제758조 제1항)도 생기게 되는데, 이러한 공작물 등의 점유자·소유자책임으로 인한 손해배상책임은 일반불법행위로 인한 손해배상책임(민법 제750조)보다 우선해서 적용됩니다.

그런데, 경과실만 있고 손해 전부에 대한 배상으로 생계에 타격을 입을 수 있는 배상의무자는 그 손해가 자신의 고의나 중대한 과실에 의한 것이 아니고 그 배상으로 인하여 생계에 중대한 영향을 미치게 된다는 사실을 소명하여 법원에 배상액에 대한 경감을 청구할 수 있으며, 이러한 경감청구가 있는 경우 법원에서는 피해자 및 가해자의 경제상태와 손해의 원인 등을 참작해서 배상액을 경감할 수 있습니다(민법 제765조 제1항, 제2항).

이러한 민법상 손해배상액의 경감청구와 관련하여 실화의 경우에는 그 특성상 손해배상범위가 무한정 확대될 수 있는 소지가 크기 때문에 「실화책임에 관한 법률」(이하 '실화책임법')에서는 민법상 경감청구에 대한 특례를 마련하여 연소부분에 대해서는 배상의무자의 생계에 중대한 영향을 미치는지 여부와 상관없이 경감청구가 가능하도록 하고 있습니다. 즉 실화로 인한 화재발생시 연소로 인한 부분, 즉 이웃으로 불이 번져 발생한 손해부분에 대해서는 그 실화가 실화자의 중대한 과실로 발생한 경우가 아닌 한 그 배상으로 배상의무자의 생계에 중대한 영향을 미치는지 여부와 상관없이 법원에 손해배상액의 경감을 청구할 수 있게 하고, 법원은 화재의 원인과 규모, 피해의 대상과 정도, 연소 및 피해 확대의 원인, 피해 확대를 방지하기 위한 실화자의 노력, 배상의무자 및 피해자의 경제상태, 그밖에 손해배상액을 결정할 때 고려할 사정을 감안해서 손해배상액을 경감할 수 있도록 하고 있는 것입니다(실화책임에 관한 법률 제3조 제2항).

실화가 발생하였다고 하더라도 연소 부분에 대한 손해배상액의 경감을 제외한 나머지 부분에 대해서는 모두 민법에 의해 규율하게 됩니다.

이에 귀하의 사건을 보건대, 이웃인 甲의 집이 탄 부분과 그 옆집인 乙의 집이 탄 부분에 대한 손해배상책임에 관해서는 귀하의 과실이 얼마나 되느냐에 따라 그 과실비율을 적용하여 산정한 손해배상금을 배상해 주어야 하는 것이 원칙입니다. 다만 이웃인 甲의 집이 탄 부분에 대해서는 민법상 경감청구제도를 활용하여 그 배상으로 귀하의 생계에 중대한 영향을 미친다는 사실을 소명하여 감액청구를 해볼 필요가 있을 것이고, 甲의 옆집인 乙의 집이 탄 부분에 대해서는 실화책임법상의 경감청구제도를 활용하여 귀하의 생계에 중대한 영향을 미치는 여부를 소명할 필요가 없이 경감청구를 해볼 필요가 있다고 보입니다. 귀하께서는 위와 같은 감액청구권이 귀하에게 있다는 사실을 피해자들에게 잘 말씀드려서 절충을 해보시기 바라며, 여의치 않아 재판으로 갈 때라도 법원에 이러한 감액청구를 해보시면 소기의 성과를 얻을 수도 있을 것으로 보입니다.

---

41) 종전의 「실화책임에 관한 법률」에서는 "민법 제750조의 규정은 실화의 경우에는 중대한 과실이 있을 때에 한해 이를 적용한다."라고 규정하고 있었으나, 2009년 5월 8일 개정되어 당일 시행되는 개정법에서는 "제1조(목적) 이 법은 실화의 특수성을 고려해 실화자에게 중대한 과실이 없는 경우 그 손해배상액의 경감에 관한 민법 제765조의 특례를 정함을 목적으로 한다. 제2조(적용범위) 이 법은 실화로 인해 화재가 발생한 경우 연소로 인한 부분에 대한 손해배상청구에 한해 적용한다."라고 해 종전과 달리 현재는 실화로 인해 직접 화재가 발생한 부분뿐만 아니라 불이 번져 연소된 부분에 대해서도 민법에 의해 책임 여부나 그 범위가 정해지고 다만 실화책임에 관한 법률은 불이 번져 연소된 부분에 대해 실화자에게 중대한 과실이 없다는 전제 하에서 민법상 배상액의 경감청구(민법 제765조)에 대한 특례를 마련해서 연소 부분의 피해자에 대한 배상으로 인해 실화자의 생계에 중대한 영향이 없더라도 감경청구가 가능할 수 있도록 한다는데 그 의미가 있을 뿐이라고 보입니다.

[사례 1·1·77] 건물의 1층 부분에 대해서만 가입한 보험계약으로 2층 바닥에서 발생한 누수에 대하여도 보험금 청구가 가능한지

문 저는 상가건물소유자로서 이 건물 중 1층을 '상점·백화점·창고형 할인매장' 용도로 임대하였고, 이러한 1층 부분에 관해서만 저를 피보험자로 하여 甲 보험회사와 영업배상책임보험계약을 체결하였습니다. 그런데 이 건물 1층 천장 겸 2층 바닥으로 사용되는 콘크리트 슬래브에 매설된 상수도 배관이 부식되어 파열되면서 누수가 발생하여 건물 1층에 입점하고 있던 의류 및 스포츠용품 점포의 시설과 재고자산 등이 침수피해를 입었습니다. 이에 저는 甲 보험회사에 보험금을 청구하니 甲 보험회사는 위 사고는 건물 2층 부분에 관하여 발생한 사고라고 주장하면서 보험금을 지급할 수 없다고 합니다. 이러한 경우 과연 보험회사의 말이 맞는 것인지 박사님께 여쭈어보고 싶습니다.

답 건축법상 건축물의 소유자나 관리자는 건축물, 대지 및 건축설비를 관련 규정에 적합하도록 유지·관리해야 하며, 민법상 임대인은 계약존속 중 그 사용·수익에 필요한 상태를 유지하게 할 의무를 부담한다고 규정하고 있습니다(민법 제623조).

따라서 건물을 타인에게 임대한 소유자가 건물을 적합하게 유지·관리할 의무를 위반하여 임대목적물에 필요한 안전성을 갖추지 못한 설치·보존상의 하자가 생기고 그 하자로 인해 임차인에게 손해를 입힌 경우, 건물의 소유자 겸 임대인은 임차인에게 공작물책임과 수선의무 위반에 따른 채무불이행 책임을 진다고 할 것입니다.

한편 건물의 1층 천장 겸 2층 바닥으로 사용되는 콘크리트 슬래브는 건물의 특정한 층에 배타적으로 귀속된 것이 아니라 건물 전체에 공동으로 제공되거나 해당 콘크리트 슬래브에 인접한 층들에 공동으로 제공·사용되는 부분으로 볼 수 있습니다. 따라서 해당 콘크리트 슬래브는 건물 1층의 소유에도 필요한 부분으로서 그 소유자의 유지·관리의무의 대상이 되고, 소유자 겸 임대인은 콘크리트 슬래브에 존재하는 설치·보존상의 하자와 관련된 사고가 발생하는 경우 1층의 점유자나 임차인이 입은 손해를 배상할 책임을 진다고 보아야 할 것입니다(대판 2017.8.29. 2017다227103).

이에 귀하께서는 1층과 2층 사이의 천장 겸 바닥의 하자로 인한 경우에는 1층에 가입된 보험이든, 2층에 가입된 보험이든 어느 쪽으로도 해당되는 것으로 볼 수 있고, 귀하와 甲 보험회사간의 영업배상책임보험계약의 약관에 의하면 피보험자인 귀하가 소유·사용 또는 관리하는 시설과 그 시설의 용도에 따른 업무의 수행으로 생긴 우연한 사고로 인해 타인의 신체에 장해를 입히거나 타인의 재물을 망가뜨려 법률적인 배상책임을 부담함으로써 입은 손해를 보상해야 한다고 되어 있다고 하므로 甲 보험회사를 상대로 보험금청구를 할 경우에는 승소할 수 있을 것으로 보입니다.

[사례 1·1·78] 공동주택에 거주시 소송 제기가 가능한 층간소음의 기준

문 저는 건축한지 비교적 오래된 아파트에서 자녀들과 함께 거주하고 있는데, 아래층에서 시끄럽다고 항의가 잦게 들어옵니다. 저희들도 조심한다고는 하지만 그렇다고 날아다닐 수도 없어서 이참에 공동주택에서의 층간소음의 기준에 관하여 알아두고 따지든지 조심하든지 하고 싶습니다. 이에 공동주택의 층간소음기준에 대하여 박사님께 문의드리고자 합니다.

답 소음·진동관리법 및 주택법상 공동주택의 층간소음의 범위와 기준은 「공동주택 층간소음의 범위와 기준에 관한 규칙」에서 규정하고 있습니다.

이에 의하면 규제대상으로 되는 층간소음은 입주자 또는 사용자의 활동으로 인해 발생하는 소음으로서 다른 입주자 또는 사용자에게 피해를 주는 직접충격소음과 공기전달소음을 말하되, 욕실, 화장실 및 다용도실 등에서 급수·배수로 인해 발생하는 소음은 제외됩니다. 여기에서 직접충격소음이란 뛰거나 걷는 동작 등으로 인해 발생하는 소음을 말하고, 공기전달소음은 텔레비전, 음향기기 등의 사용으로 인해 발생하는 소음을 말합니다.

그렇다면 공동주택에서 살려면 어느 정도의 소음 이하로 살아야 할까요? 이는 주간(06:00~22:00)이냐 야간(22:00~06:00)이냐에 따라 다르며, 직접충격소음의 경우에는 최고소음도 및 1분간 등가소음도를 기준으로 하고, 공기전달소음은 5분간 등가소음도를 기준으로 합니다.

먼저 주간에는 발자국 소리 등 직접충격소음은 최고소음도 57dB 이하 및 1분간 등가소음도 43dB 이하로, TV 소리 등 공기전달소음은 5분간 등가소음도 45dB 이하로 살아야 합니다.

야간에는 발자국 소리 등 직접충격소음의 경우에는 최고소음도 52dB 이하 및 1분간 등가소음도 38dB 이하로, TV 소리 등 공기전달소음은 5분간 등가소음도 40dB 이하로 살아야 합니다.

다만 주택법에 따른 공동주택으로서 건축법에 따라 건축허가를 받은 공동주택과 2005년 6월 30일 이전에 주택법에 따라 사업승인을 받은 공동주택의 경우에는 위 직접충격소음기준에 5dB을 더한 것이 그 기준이 됩니다.

한편 소음측정방법은 1개 지점 이상에서 1시간 이상 측정해야 하고, 등가소음도는 측정한 값 중 가장 높은 값을 기준으로 하며, 최고소음도는 1시간에 3회 이상 초과할 경우 소음기준을 초과한 것으로 보게 됩니다.

따라서 주간이나 야간별 위 소음기준을 초과하게 되면 공동주택의 거주자들이 참을 수 있는 인내의 한계를 벗어난 것으로 보아 민사소송 등을 제기당할 수 있는 것이고, 그 이하의 소음에 대해서는 공동주택에서 생활하려면 어쩔 수 없이 감수하면서 참고 살아야 하는 소음의 정도가 되는 것입니다.

이에 귀하께서도 소음측정기를 구입하여 층간소음을 측정해보시고 위 기준 범위 내에 들어가는지 아니면 이를 벗어나는지 여부를 파악하시어 아래층의 항의에 대응하시기 바랍니다.

[사례 1·1·79] 철도소음과 손해배상청구

문 저는 김천 부근의 목장용지에서 한우를 사육하는 농장을 운영하고 있는데, 제가 운영하는 한우사육농장 주변에 甲 철도시설공단이 철로를 개설하고 乙 철도공사가 위 철로를 이용해 열차를 운행하면서 사회통념상 '참을 한도'를 넘는 소음·진동이 발생해 제가 사육하던 한우들에게 유산 또는 사산, 성장지연, 수태율 저하 등의 피해가 발생하였습니다. 한편 철로에서 열차를 시험 운행하던 때부터 제 농장에서 열차 통행으로 인한 소음·진동을 측정한 결과 최대소음도가 78dB(A), 5분 등가소음도가 67dB(A) 이었고, 감정인이 열차 통행으로 인한 소음과 진동을 농장에서 측정한 결과에 따르면, 최대소음도는 63.8~81.8dB(A), 5분 등가소음도는 51.0~67.7dB(A) 이었고, 최대진동도는 39.5~67.2dB(V) 이었습니다. 이에 제가 甲 철도시설공단과 乙 철도공사를 상대로 손해배상청구소송을 하고자 하는데, 승소할 수 있는지 박사님께 문의드리고 싶습니다.

답 환경오염의 피해에 대한 책임에 관해 환경정책기본법 제44조에서는 "① 환경오염 또는 환경훼손으로 피해가 발생한 경우에는 해당 환경오염 또는 환경훼손의 원인자가 그 피해를 배상해야 한다. ② 환경오염 또는 환경훼손의 원인자가 둘 이상인 경우에 어느 원인자에 의해 제1항에 따른 피해가 발생한 것인지를 알 수 없을 때는 각 원인자가 연대하여 배상해야 한다."라고 규정하고 있습니다.

이와 같이 환경정책기본법에 의하면 환경오염 또는 환경훼손(이하 '환경오염')으로 인한 책임이 인정되는 경우는 사업장 등에서 발생되는 것에 한정되지 않고 모든 환경오염으로 확대되고, 환경오염으로 인한 책임의 주체도 '사업자'에 한하지 않고 그 '원인자'도 해당됩니다. 여기에서 '원인자'란 자기의 행위 또는 사업활동을 위해 자기의 영향을 받는 사람의 행위나 물건으로 환경오염을 야기한 자를 의미하며, 따라서 환경오염이 발생된 사업장의 사업자는 일반적으로 원인자에 포함된다고 볼 수 있을 것입니다.

사업장 등에서 발생되는 환경오염으로 피해가 발생한 때에는 그 사업자나 원인자는 환경정책기본법의 규정에 따라 귀책사유가 없더라도 피해를 배상해야 합니다. 이때 환경오염에는 소음·진동으로 사람의 건강이나 재산, 환경에 피해를 주는 것도 포함되므로 피해자의 손해에 대해 사업자나 원인자는 귀책사유가 없더라도 특별한 사정이 없는 한 이를 배상할 의무가 있다고 할 것입니다.

한편 철도를 설치하고 보존·관리하는 자는 그 설치 또는 보존·관리의 하자로 인해 피해가 발생한 경우 민법 제758조 제1항의 공작물 등의 점유자·소유자의 책임에 따라 이를 배상할 책임이 있습니다. 공작물의 설치 또는 보존의 하자는 해당 공작물이 그 용도에 따라 갖추어야 할 안전성을 갖추지 못한 상태에 있다는 것을 의미합니다. 여기에서 안전성을 갖추지 못한 상태, 즉 타인에게 위해를 끼칠 위험성이 있는 상태란 해당 공작물을 구성하는 물적 시설 그 자체에 물리적·외형적 결함이 있거나 필요한 물적 시설이 갖춰져 있지 않아 이용자에게 위해를 끼칠 위험성이 있는 경우뿐만 아니라, 그 공작물을 본래의 목적 등으로 이용하는 과정에서 일정한 한도를 초과해 제3자에게 사회통념상 일반적으로 참아내야 할 정도를 넘는 피해를 입히는 경우까지 포함됩니다.

이 경우 참을 한도를 넘는 피해가 발생하였는지 여부는 구체적으로 피해의 성질과 정도, 피해이익의 공공성, 가해행위의 종류와 태양, 가해행위의 공공성, 가해자의 방지조치 또는 손해 회피의 가능성, 공법상 규제기준의 위반 여부, 토지가 있는 지역의 특성과 용도, 토지이용의 선후 관계 등 모든 사정을 종합적으로 고려하여 판단해야 할 것입니다. 철도소음·진동을 규제하는 행정법규에서 정하는 기준을 넘는 철도소음·진동이 있다고 해서 바로 참을 한도를 넘는 위법한 침해행위가 있어 민사책임이 성립한다고 단정할 수 없을 것이지만, 이와 같은 행정법규는 인근 주민의 건강이나 재산, 환경을 소음·진동으로부터 보호하는데 주요한 목적이 있기 때문에 철도소음·진동이 이 기준을 넘는지 여부는 참을 한도를 정하는데 중요하게 고려되어야 할 것입니다(대판 2017.2.15. 2015다23321).

이에 귀하의 사건을 보건대, 귀하의 농장 피해의 원인이 되는 소음·진동은 1차적으로는 열차로부터 발생하지만, 열차의 운행에는 철로가 필수적이고 소음과 진동이 철로를 통해서도 생기는 것이며, 철로를 통한 열차 운행으로 귀하에게 참을 한도를 넘는 소음·진동이 생긴 경우에 甲 철도시설공단과 乙 철도공사는 환경정책기본법상의 사업자와 오염원인자에 해당하여 그 손해를 배상할 책임이 있다고 할 것이고, 철로의 설치·관리자인 甲 철도시설공단은 철로 건설 후에도 이를 관리하면서 열차 운행으로 인해 참을 한도를 넘는 소음·진동 피해가 발생하지 않도록 해야 할 주의의무가 있는데도, 이러한 주의의무를 다하지 않아 철로를 통한 열차 운행으로 인해 참을 한도를 넘는 피해가 발생한 경우에는 민법 제758조 제1항에 따라 그 손해를 배상할 책임이 있다고 할 것입니다.

한편 철도소음·진동으로 인한 가축 피해에 대하여는 환경부 산하 중앙환경분쟁조정위원회에서 제정한 '환경피해 평가방법 및 배상액 산정기준'에서 정한 기준이 공법상 규제기준으로서 소음·진동으로 인해 참을 한도를 넘는 피해가 발생하였는지 여부를 판단하는데 중요한 고려요소가 될 수 있을 것인데, 철로에서 열차가 운행된 때부터 열차의 운행으로 생긴 소음·진동이 위 '환경피해 평가방법 및 배상액 산정기준'에서 정한 가축피해 인정기준을 지속적으로 초과하였으며, 또한 농장 지역을 통과하는 항공기의 소음보다는 철로를 운행하는 열차에서 생기는 소음·진동이 피해의 직접적인 원인으로 보이고, 더군다나 농장과 철로 사이의 직선거리는 62.5m에 불과한데도 소음·진동 방지를 위한 방지대책을 마련하지 않았습니다.

이러한 사정 등을 종합하면, 철로를 통한 열차 운행으로 생긴 소음·진동으로 말미암아 귀하와 귀하 농장의 한우에게 참을 한도를 넘는 피해가 발생하였다고 볼 수 있으므로 귀하께서는 甲 철도시설공단과 乙 철도공사를 상대로 연대책임을 물어 손해배상을 청구하면 승소할 수 있을 것으로 보입니다.

[사례 1·1·80] 공동주택의 범위와 이에 대한 관리방법

문 저는 공동주택인 아파트에 입주해서 살고 있습니다. 그런데 이러한 공동주택의 경우에는 입주자대표회의 등 여러 기구가 존재하고, 또한 일정한 사항에 대하여는 관리규약이나 입주자대표회의 등의 의결 등에 의해 처리된다고 하는데, 이러한 공동주택의 관리에 관한 전반적인 사항을 알고 싶어 박사님께 문의드리고 싶습니다.

답 공동주택의 관리에 관한 사항을 정해 놓은 법이 공동주택관리법입니다. 다만 공동주택에 대한 관리라고 하더라도 이 법에서 모두 규정하고 있는 것은 아니므로 공동주택의 관리에 관하여 공동주택관리법에서 정하지 않는 사항은 주택법이 적용되며, 임대주택의 관리에 관해서는 「민간임대주택에 관한 특별법」 또는 「공공주택 특별법」이 우선적으로 적용되고, 여기에서 정하지 않는 사항만 공동주택관리법에서 규율하게 됩니다(공동주택관리법 제4조). 여기에서 공동주택이란 ① 주택법상의 공동주택(아파트·연립주택·다세대주택), ② 건축법상의 주택 외의 시설과 주택을 동일 건축물로 하는 건축물, ③ 주택법상의 부대시설 및 복리시설을 말합니다.

공동주택 중 전문적으로 관리하는 자를 두고 자치의결기구를 의무적으로 구성해야 하는 공동주택을 의무관리대상 공동주택이라고 하는데, ① 300세대 이상의 공동주택, ② 150세대 이상으로서 승강기가 설치된 공동주택, ③ 150세대 이상으로서 중앙집중식난방방식의 공동주택, ④ 건축법상 주택 외의 시설과 주택을 동일건축물로 한 건축물로서 주택이 150세대 이상인 건축물이 여기에 해당됩니다.

공동주택의 관리기구로는 입주자들의 자치의결기구인 입주자대표회의, 「민간임대주택에 관한 특별법」 및 「공공주택 특별법」상의 임차인대표회의, 공동주택을 관리하는 관리주체로서 관리사무소장, 입주예정자 과반수의 입주로 관리업무를 인계하기 전의 사업주체, 입주자대표회의가 자치관리기구를 구성하지 아니한 경우 등에 있어서의 사업주체에 의해 선정된 주택관리업자, 임대사업자, 주택임대관리업자, 주택관리업으로 등록한 주택관리업자 등이 있습니다.

그리고 의무관리대상 공동주택에서는 입주자들이 공동주택을 관리할 것을 정한 때에는 입주자대표회의에서 입주예정자 과반수가 입주함으로써 사업주체로부터 공동주택에 대한 관리를 요청받은 때로부터 6개월 내에 관리사무소장을 자치관리기구의 대표자로 선임하고, 자치관리기구를 구성해야 하며, 입주자들이 공동주택을 위탁관리할 것을 정한 때에는 입주자대표회의는 입찰 등의 방식으로 주택관리업자를 선정해야 합니다.

입주자대표회의는 4명 이상으로 구성하되, 동별 세대수에 비례하여 관리규약으로 정한 선거구에 따라 선출된 동별 대표자로 구성하며, 선거구는 2개 동 이상으로 묶거나 통로나 층별로 구획하여 정할 수 있습니다. 입주자대표회의는 그 구성원 과반수의 찬성으로 자치관리기구 직원의 임면, 관리규약 개정의 제안, 장기수선계획에 따른 공동주택 공용부분의 보수·교체·개량 등의 의결사항을 의결하게 됩니다.

관리규약은 공동주택의 관리 및 사용에 관한 규약을 말하며, 시·도지사가 정한 관리규약의 준칙을 참고해서 사업주체가 제안한 내용을 해당 입주예정자의 과반수가 서면으로 동의하는 방법으로 결정하고, 이를 사업주체가 시·군·구청장에게 신고해야 하며, 그 후의 개정안은 입주자대표회의의 의결로 제안하고 전체 입주자 등의 과반수가 찬성으로 개정하거나, 전체 입주자들의 1/10 이상이 제안하고 전체 입주자들의 과반수가 찬성으로 개정하며, 이를 입주자대표회의의 의장이 시·군·구청장에게 신고해야 합니다(공동주택관리법 시행령 제3조).

그리고 입주자들은 층간소음방지의무, 간접흡연방지의무 등을 부담하며, 관리비도 관리주체에게 납부해야 합니다(공동주택관리법 제20조, 제20조의2, 제23조).

사업주체나 시공자는 공동주택의 하자에 대해 분양에 따른 담보책임을 지고, 분양전환 목적의 공공임대주택에 대해서도 분양전환이 되기 전까지는 임차인에 대해 담보책임을 지며, 담보책임기간은 전유부분은 입주자에게 인도한 날부터, 공용부분은 임시사용승인일 또는 사용승인일이나 분할 사용검사일 또는 동별 사용검사일부터 10년의 범위 내에서 공동주택의 내력구조별 및 시공공사별로 공동주택관리법 시행령으로 정해지게 됩니다(공동주택관리법 제36조).

사업주체나 그로부터 건설공사를 일괄 도급받아 공사를 수행한 자는 담보책임기간 내에 발생한 하자에 대해 입주자·입주자대표회의·관리주체·집합건물관리단·공공임대주택의 임차인 또는 임차인대표회의의 청구에 따라 하자보수의무를 지게 되며, 손해가 발생한 경우 민법 제677조에 의한 손해배상책임도 지게 됩니다(공동주택관리법 제37조 제1항, 제2항).

그리고 사업주체는 하자보수를 보장하기 위해 하자보수보증금을 담보책임기간 동안 사용검사권자 명의로 은행에 현금으로 예치하거나 하자보수보증금 지급을 보장하는 보증에 가입해야 하며,[42] 입주자대표회의 등은 위 하자보수보증금을 하자보수를 위해 사용할 수 있습니다(공동주택관리법 제38조 제1항, 제2항, 동법 시행령 제41조 제1항).

한편 구분소유자는 규약에서 달리 정하지 않는 한 전유부분과 분리하여 대지사용권을 처분할 수 없으며, 대지사용권은 그가 가지는 전유부분의 처분에 따르게 됩니다(집합건물법 제20조 제1항, 제2항).

---

42) 이 경우 사용검사권자는 입주자대표회의가 구성된 때에는 지체없이 그 예치명의 또는 가입명의를 해당 입주자대표회의로 변경하고 입주자대표회의에 현금 예치증서 또는 보증서를 인계해야 하며, 입주자대표회의는 그 인계받은 현금예치증서 또는 보증서를 해당 공동주택의 관리주체 또는 의무관리대상 공동주택이 아닌 경우에는 집합건물관리인으로 하여금 보관하게 해야 합니다(공동주택관리법 시행령 제41조 제3항, 제4항).

[사례 1·1·81] 집합건물에 있어서 구분소유관계와 그 관리방법

문 저는 아파트에 거주하고 있는 주민입니다. 그래서 앞으로 제가 동대표로 출마하고 싶은 마음도 있어서 제가 살고 있는 아파트와 같은 집합건물의 구분소유관계나 공용부분의 관리, 그밖에 집합건물의 관리를 위한 규약설정 및 변경 등에 관하여 상세히 알고 싶어 박사님께 문의드리고 싶습니다.

답 집합건물이란 1동의 건물이 수개의 구분소유로 구분되어 있는 건물을 말하는데, 이와 같이 구분소유의 건물이 다수인 경우에 구분소유자 상호간의 법률관계나 구분소유권과 그 공동이용부분 및 그 대지에 대한 소유이용관계 등 집합건물 내에서의 공동생활을 합리적으로 규율하고 그 권리관계를 간명히 공시할 수 있도록 하기 위하여 제정된 법이 「집합건물의 소유 및 관리에 관한 법률」(이하 '집합건물법')입니다. 집합건물법은 공동주택관리법과 달리 1동의 건물이 여러 개의 건물 부분으로 구분된 상가건물의 구분소유, 즉 구분점포에 관해서도 규율합니다(집합건물법 제1조의2).

집합건물 중 집합주택의 관리방법과 기준, 하자담보책임에 관한 주택법 및 공동주택관리법의 특별 규정도 집합건물법에 저촉되어 구분소유자의 기본적인 권리를 해치지 않는 범위 내에서만 효력이 인정되므로 이들의 법보다 집합건물법이 우선적으로 적용되는 관계에 있습니다(집합건물법 제2조의2).

집합건물을 건축하여 분양한 분양자와 그 분양자와 계약에 따라 건물을 건축한 시공자는 구분소유자에 대해 민법 제667조 및 제668조에 의한 수급인으로서의 담보책임을 지되, 시공자가 분양자에게 부담하는 담보책임에 관해 다른 법률에 특별한 규정이 있으면 시공자는 그 법률에서 정하는 담보책임의 범위에서 구분소유자에게 이러한 수급인으로서의 담보책임을 지게 됩니다(집합건물법 제9조 제1항, 제2항). 다만 시공자의 담보책임 중 손해배상책임은 분양자에게 회생절차개시신청, 파산신청, 해산, 무자력 또는 그밖에 이에 준하는 사유가 있는 경우에만 지게 되며, 시공자가 이미 분양자에게 손해배상을 한 경우에는 그 범위에서 구분소유자에 대한 책임을 면하게 됩니다(집합건물법 제9조 제3항). 분양자와 시공자의 담보책임에 관한 특약은 집합건물법과 민법에 규정된 것보다 매수인에게 불리하면 그 효력이 인정되지 않습니다(집합건물법 제9조 제4항).

구분소유자가 이러한 담보책임을 물으려면 전유부분은 인도한 날을 기준으로, 공용부분은 임시사용승인일 또는 사용승인일이나 분할 사용검사일 또는 동별 사용검사일을 기준으로 건축법상 건물의 주요구조부 및 지반공사의 하자는 10년, 그밖의 하자는 하자의 중대성, 내구연한, 교체가능성 등을 고려하여 5년의 범위에서 대통령령으로 정하는 기간 내에 물어야 하며, 다만 이러한 하자로 인해 건물이 멸실되거나 훼손된 경우에는 그 멸실되거나 훼손된 날부터 1년 내에 하자담보책임을 물어야 합니다(집합건물법 제9조의2).

건물에 대해 구분소유 관계가 성립되면 구분소유자 전원을 구성원으로 해서 건물과 그 대지 및 부속시설의 관리에 관한 사업의 시행을 목적으로 하는 관리단이 자동적으로 설립되며, 일부공용부분이 있는 경우 그 일부의 구분소유자는 규약에 따라 그 공용부분의 관리에 관한 사업의 시행을 목적으로 하는 관리단을 구성할 수 있습니다(집합건물법 제23조). 관리단이 구분소유자 10인 이상으로 구성된 때에는 관리단집회의 결의로 관리인을 선임해야 합니다. 이때 구분소유자의 승낙을 받아 전유부분을 점유한 임차인 등은 관리단집회에 참석하여 의결권을 행사할 수 있습니다(집합건물법 제24조 제4항).

한편 집합건물법에서 정하지 아니한 사항에 대해서는 구분소유자들 사이에 건물과 대지 또는 부속시설의 관리 또는 사용에 관해 규약으로써 정할 수 있는데, 규약의 설정·변경 및 폐지는 관리단집회에서 구분소유자의 3/4 이상 및 의결권의 3/4 이상의 찬성을 얻어서 하며, 규약의 설정·변경 및 폐지가 일부 구분소유자의 권리에 특별한 영향을 미칠 때에는 그 구분소유자의 승낙도 받아야 합니다. 또한 일부공용부분에 관한 사항이 포함된 사항에 대해 구분소유자 전원의 규약의 설정·변경 또는 폐지를 할 때에는 그 일부공용부분을 공용하는 구분소유자의 1/4을 초과하는 자 또는 의결권의 1/4을 초과하는 의결권을 가진 자가 반대할 때에는 이를 할 수 없게 됩니다.

규약 및 관리단집회의 결의는 구분소유자의 특별승계인에 대하여도 효력이 있으며, 점유자는 구분소유자가 건물이나 대지 또는 부속시설의 사용과 관련해 규약 또는 관리단집회의 결의에 따라 부담하는 의무와 동일한 의무를 부담하게 됩니다(집합건물법 제42조).

구분소유자는 건물의 보존에 해로운 행위나 그밖에 건물의 관리 및 사용에 관해 구분소유자 공동의 이익에 어긋나는 행위를 해서는 안되며, 전유부분이 주거용으로 분양된 것인 경우에는 정당한 사유 없이 그 부분을 주거 외의 용도로 사용하거나 내부벽을 철거하거나 파손하여 증·개축하는 행위를 해서는 안되는 바, 구분소유자가 이러한 의무에 위반하거나 규약에서 정한 의무를 현저히 위반한 결과 공동생활을 유지하기 매우 곤란하게 된 경우에는 구분소유자의 3/4 이상 및 의결권의 3/4 이상의 관리단집회의 결의가 있는 경우 관리인이나 관리단집회에서 지정한 구분소유자는 해당 구분소유자의 전유부분 및 대지사용권에 대해 경매를 명할 것을 법원에 청구할 수 있고, 경매를 명한 재판이 확정되면 경매청구자는 경매를 신청할 수 있게 됩니다(집합건물법 제5조 제1항, 제2항, 제45조 제1항,

제2항, 제4항). 이러한 경매에서는 해당 구분소유자는 경락인이 되지 못합니다.

건물 건축 후 상당한 기간이 지나 건물이 훼손되거나 일부 멸실된 경우 또는 그밖의 사정으로 건물 가격에 비해 지나치게 많은 수리비·복구비나 관리비용이 드는 경우, 부근 토지의 이용 상황의 변화나 그밖의 사정으로 건물을 재건축하면 재건축에 드는 비용에 비해 현저하게 효용이 증가하게 되는 경우에는 관리단집회는 구분소유자의 4/5 이상 및 의결권의 4/5 이상의 결의에 의해 그 건물을 철거하여 그 대지를 구분소유권의 목적이 될 새 건물의 대지로 이용할 것을 결의할 수 있으되, 재건축의 내용이 단지 내 다른 건물의 구분소유자에게 특별한 영향을 미칠 때에는 그 구분소유자의 승낙도 받아야 합니다 (집합건물법 제47조 제1항).

재건축의 결의가 있으면 집회를 소집한 자는 지체 없이 그 결의에 찬성하지 아니한 구분소유자나 그 승계인에 대해 그 결의 내용에 따른 재건축에 참가할 것인지 여부를 회답할 것을 서면으로 촉구해야 하고, 그 촉구를 받은 구분소유자는 촉구를 받은 날부터 2개월 이내에 회답해야 하며, 회답하지 아니한 경우 재건축에 참가하지 않겠다는 뜻을 회답한 것으로 보게 됩니다(집합건물법 제48조 제1항, 제2항, 제3항).

[사례 1·1·82] 공사의 하자로 인한 담보책임기간

문 저는 아파트를 분양받은 자입니다. 그런데 아파트에 입주하고 2년쯤 살고 보니 여기저기서 하자가 발생하였고, 다른 아파트도 마찬가지여서 입주민들이 집단적으로 분양자를 상대로 대응하려고 합니다. 그런데 들리는 말로는 아파트의 각 부위별로 담보책임을 묻는 기간이 다르다고 하는데, 담보책임기간에 관하여 박사님께 문의드리고 싶습니다.

답 공사와 관련된 하자담보책임에 관하여는 민법, 「집합건물의 소유 및 관리에 관한 법률」(이하 '집합건물법'), 공동주택관리법, 건설산업기본법 등 여러 법률에서 규정하고 있습니다.

이에 아래에서는 각 법률별로 차례대로 살펴보고, 각 법률들간의 관계에 관하여 알아보기로 하겠습니다.

첫째, 민법은 민사에 관할 일반법인데, 민법에서는 수급인의 담보책임기간에 관해 규정하고 있습니다. 즉 ① 도급의 목적물이 석조, 석회조, 연와조, 금속 기타 이와 유사한 재료로 조성된 것인 때는 10년, ② 도급의 목적물이 위 ①항을 제외한 토지, 건물 기타 공작물의 경우에 그 목적물이나 지반공사의 하자에 대하여는 인도 후 5년, ③ 그밖에 위 ①, ②항을 제외하고 공사도급인이 공사수급인에 대해 하자보수나 손해배상청구 또는 계약해제 등 담보책임을 물으려면 원칙적으로 목적물을 인도받은 날로부터 1년 내에 행사하도록 하고 있습니다(민법 제670조 제1항). 다만 이들의 하자로 인해 목적물이 멸실 또는 훼손된 때에는 그 멸실 또는 훼손된 날로부터 1년 내에 담보책임을 묻도록 하고 있습니다(민법 제671조).

둘째, 집합건물법은 집합건물, 즉 구조상 구분된 여러 개의 독립한 건물이 집합하여 1동의 건물을 이루는 건물에 관한 관리를 목적으로 하는 법인데, 여기에서도 분양자 및 시공자의 구분소유자에 대한 담보책임 기간에 관해 직접 규정하고 있습니다(집합건물법 제9조의2, 동법 시행령 제5조).[43]

즉 ① 건축법상 건물의 주요구조부[44] 및 지반공사의 하자(10년), ② 그밖의 건물의 하자에 대해서는 경우를 나누어서 전유부분에 대해 구분소유자에게 인도하기 전 , 공용부분에 대해 사용검사일·사용승인일 전에 발생한 전유부분 또는 공용부분에 대한 하자(5년), 그 후의 하자에 관하여는 대지조성공사·철근콘크리트공사·철골공사·조적공사·지붕 및 방수공사의 하자 등 건물의 구조상 또는 안전상의 하자(5년), 건축법상 건축설비공사 또는 이와 유사한 설비공사와 목공사·창호공사·조경공사의 하자 등 건물의 기능상·미관상의 하자(3년), 마감공사의 하자 등 하자의 발견·교체 및 보수가 용이한 하자(2년)에 대하여 위 괄호의 하자담보책임 기간 동안 분양자 및 시공자는 구분소유자에 대해 하자담보책임을 지게 되는 것입니다. 그리고 집합건물의 하자보수에 갈음한 손해배상청구권의 소멸시효기간은 각 하자가 발생한 시점으로부터 별도로 진행하게 됩니다(대판 2009.2.26. 2007다83908).

그런데 집합건물법상 분양자 및 시공자의 집합건물의 하자로 인한 담보책임은 구분소유자에 대해서만 지게 되는 것이므로 하자담보책임 중 하나인 하자보수에 갈음하는 손해배상, 즉 하자담보추급권은 특별한 사정이 없는 한 집합건물이 구분소유자에게 귀속할 뿐[45] 입주자대표회의에 귀속되는 것이 아니어서 입주자대표회의가 하자담보추급권을 행사하려면 각 구분소유자로부터 하자보수에 갈음하는 손해배상청구권을 양수받고 각 구분소유자가 분양자나 시공자에게 채권양도통지를 해야만 가능하게 되어 있습니다(대판 2011.3.24. 2009다34405).

한편 집합주택의 담보책임에 관한 주택법 및 공동주택관리법의 특별 규정은 이러한 집합건물법에 저촉되지 아니하는 범위 내에서만 효력이 인정되므로, 집합건물법상의 담보책임기간은 주택법이나 공동주택관리법상의 담보책임기간에 대해 우선적으로 적용되는 관계에 있다고 할 수 있습니다(집합건물법 제2조의2).

셋째, 공동주택관리법은 공동주택의 관리에 관한 사항을 정하기 위해 제정된 법인데, 여기에서 공동주택이란 ① 주택법에 따른 공동주택, ② 건축법에 따른 건축허가를 받아 주택 외의 시설과 주택을 동일 건축물로 건축하는 건축물, ③ 주택법에 따른 부대시설 및 복리시설을 말하고, 주택법에 따른 공동주택이란 아파트, 연립주택, 다세대주택을 말합니다(주택법 시행령 제3조).[46)]

공동주택관리법에서도 사업주체의 분양에 따른 공동주택의 하자에 대한 담보책임과 시공자의 수급인으로서의 담보책임에 관하여 규정하면서, 담보책임기간에 관해 하자의 중대성, 시설물 내구연한 및 교체 가능성 등을 고려하여 공동주택의 내력구조부별 및 시설공사별로 정해 놓고 있습니다(공동주택관리법 제36조 제3항, 동법 시행령 제36조 제1항 제2호).

즉 ① 미장·수장·도장·도배·타일·석공사·옥내가구공사·주방기구·가전제품 등 마감공사(2년), ② 옥외급수위생 관련 공사, 가스설비공사, 목공사, 창호공사, 조경공사, 전기 및 전력설비공사, 신재생에너지 설비공사, 정보통신공사, 지능형 홈네트워크설비공사, 소방시설공사, 단열공사, 우편함·무인택배시스템 등 옥배설비공사, 담장·울타리·안내시설물 등 옥외설비공사(3년), ③ 대지조성공사, 철근콘크리트공사, 철골공사, 조적공사, 지붕공사, 방수공사(5년)에 관하여 괄호안의 기간 동안 사업주체나 시공사는 담보책임을 지게 되는 것입니다.

이러한 공동주택의 하자에 대하여 입주자, 입주자대표회의, 하자보수청구 등에 관해 입주자 또는 입주자대표회의를 대행하는 관리주체, 집합건물법에 따른 관리단, 공공임대주택의 임차인 또는 임차인대표회의는 사업주체 또는 사업주체로부터 건설공사를 일괄도급받아 건설공사를 수행한 자에 대해 하자보수를 청구할 수 있으며, 사업주체는 담보책임기간 동안 공동주택에 하자가 발생한 경우에는 도급인에 대해 하자 발생으로 인한 손해를 배상할 책임이 있습니다(공동주택관리법 제37조 제1항, 제2항, 민법 제667조).

그리고 사업주체는 하자보수를 보장하기 위해 하자보수보증금을 담보책임기간 동안 예치해야 하며, 입주자대표회의 등은 이러한 하자보수보증금을 하자심사·분쟁조정위원회의 하자 여부 판정 등에 따른 하자보수비용 등의 용도로만 사용해야 하고, 의무관리대상 공동주택의 경우에는 하자보수보증금의 사용 후 30일 이내에 그 사용내역을 시·군·구청장에게 신고해야 합니다(공동주택관리법 제38조). 그리고 공동주택의 관리에 관하여 공동주택관리법에서 정하지 아니한 사항은 주택법을 적용하도록 하고 있어, 공동주택의 하자에 관하여는 공동주택관리법이 주택법에 비해 우선적으로 적용되게 됩니다(공동주택관리법 제4조).

넷째, 건설산업기본법은 건설공사의 조사, 설계, 시공, 감리, 유지관리, 기술관리 등에 관한 기본적인 사항과 건설업의 등록 및 건설공사의 도급 등에 필요한 사항을 정하는 것을 목적으로 하는데, 여기에서 건설공사란 토목공사, 건축공사, 산업설비공사, 조경공사, 환경시설공사, 그밖에 명칭에 관계없이 시설물을 설치·유지·보수하는 공사와 그 시설물설치를 위한 부지조성공사 및 기계설비나 구조물의 설치 및 해체공사 등을 말하며, 전기공사, 정보통신공사, 소방시설공사, 문화재수리공사를 제외합니다(건설산업기본법 제2조 제4호).

건설산업기본법에서도 이러한 건설공사에 관한 담보책임기간에 대하여 규정하고 있습니다. 이에 의하면 수급인은 발주자에 대해 공사의 종류별로 일정한 기간 내에 발생한 하자에 대하여 담보책임을 부담하게 되어 있습니다.

즉, ① 교량(10년, 7년, 2년), ② 터널(10년, 5년), ③ 철도(7년, 5년), ④ 공항·삭도(7년, 5년), ⑤ 항만·사방간척(7년, 5년), ⑥ 도로(3년, 2년), ⑦ 댐(10년, 5년), ⑧ 상하수도(7년, 3년), ⑨ 관계수로·매립(3년), ⑩ 부지정리(2년), ⑪ 조경(2년), ⑫ 발전·가스·산업설비(7년, 5년, 3년), ⑬ 기타 토목공사(1년), ⑭ 공동주택·종합병원·관광숙박시설·관람집회시설·대규모소매점과 16층 이상 기타 용도의 건축물 등 대형공공성 건축물의 기둥·내력벽의 건축(10년),[47] ⑮ 대형공공성 건축물의 기둥·내력벽을 제외한 구조상 주요부분 및 대형공공성 건축물을 제외한 건축물의 구조상 주요부분의 건축(5년), ⑯ 대형공공성 건축물을 제외한 건축물의 공사 중 구조상 주요부분과 전문공사를 제외한 기타 부분의 건축(1년), ⑰ 실내·의장·토공·미장·타일방수·도장·석공·조적·창호설치·지붕·판금철물·승강기·보일러·냉난방·환기·아스팔트·온실·건축물조립 등의 전문공사(3년, 2년, 1년) 의 경우에 괄호안의 기간 동안 담보책임을 지게 되는 것입니다(건설산업기본법 제28조 제1항, 동법 시행령 제30조 제1항).

다만 이러한 건설공사의 담보책임기간에 관하여는 다른 법령(민법 제670조 및 제671조 제외)에 특별하게 규정되어 있는 경우에는 그 법령에서 정한 바에 따르되, 공사목적물의 성능, 특성 등을 고려하여 도급계약에서 특별히 담보책임기간과 그 사유 및 담보책임기간 때문에 추가로 발생하는 하자보수보증수수료를 따로 정한 경우에는 그 정한 바에 따르도록 하고 있습니다(건설산업기본법 제28조 제3항, 동법 시행령 제30조 제2항).

이와 같이 공사로 인한 담보책임에 관하여는 여러 법률에서 규정하고 있는데, 각 법률간의 적용 우선순위를 따져보면 집합건물법 〉 공동주택관리법 〉 주택법 〉 건설산업기본법 〉 민법의 순으로 적용될 것이어서, 담보책임기간도 위 법률의 순에 따르게 될 것으로 보입니다.

[사례 1·1·83] 집합건물의 하자로 인한 현 구분소유자의 하자담보책임 추궁 방법

문 저는 최근 분양된지 몇 년이 지난 아파트 꼭대기 층을 구입해서 입주하여 살고 있습니다. 저는 위 아파트를 지난해 겨울쯤에 구입한 관계로 그때는 몰랐는데 여름철 장마가 드니 옥상에서 누수가 발생한 것입니다. 저한테 아파트를 매도한 사람은 부도가 나서 잠적해 버렸습니다. 이에 제가 아파트 분양자나 시공자에 대해 하자담보책임을 어떻게 물어야 할지 몰라 박사님께 문의드리는 바입니다.

답 아파트 등과 같은 집합건물로부터 발생하는 법률문제에 관하여는 「집합건물의 소유 및 관리에 관한 법률」(이하 '집합건물법')에서 규율하고 있는데, 이에 의하면 건물

---

43) 종전에는 집합건물에 대한 분양자의 담보책임에 관하여는 민법 제667조부터 제671조까지의 규정을 준용하도록 하고 있어 민법상 수급인의 담보책임에 관한 규정에 의하도록 하였으나, 2012년 12월 18일 집합건물법이 일부 개정되어 2012년 12월 18일부터는 제9조를 대폭 개정하고 제9조의2를 신설해 집합건물법에서 직접 담보책임기간에 관해 규정하고 있습니다. 개정법에 의하면 종전에는 아파트 등 공동주택의 하자담보책임에 관하여는 주택법이 적용되고, 그밖의 집합건물의 하자담보책임에 관하여는 집합건물법 및 이에 근거한 민법이 적용되고 있었는데, 개정법에서 주택법에 따른 공동주택에 대해 집합건물법의 적용을 배제하던 규정을 삭제해 모두 집합건물에 의하도록 함으로써 집합건물의 하자담보책임 범위와 책임기간을 일치시키도록 하였고, 종전에는 집합건물의 하자에 대해 구분소유자는 분양자에게만 직접적 담보책임을 물을 수 있고 시공자에 대해서는 채권자대위권을 행사하는 방법으로만 책임을 물을 수 있도록 되어 있었으나, 개정법에서는 집합건물의 하자에 관해 분양자 외에 시공자도 구분소유자에 대해 직접 하자보수나 손해배상 등 담보책임을 지도록 하되, 시공자의 책임이 지나치게 확대되는 것을 막기 위해 시공자의 담보책임범위는 시공자가 분양자에게 지는 담보책임 범위로 한정하였습니다.

44) 건축법상 주요구조부란 내력벽, 기둥, 바닥, 보, 지붕틀 및 주계단을 말하되, 사이 기둥, 최하층 바닥, 작은 보, 차양, 옥외 계단, 그밖에 이와 유사한 것으로서 건축물의 구조상 중요하지 아니한 부분은 제외됩니다(건축법 제2조 제1항 제7호).

45) 다만 집합건물법에 따른 하자담보추급권은 집합건물의 수분양자가 집합건물을 양도한 경우 양도 당시 양도인이 이를 행사하기 위해 유보하였다는 등의 특별한 사정이 없는 한 현재의 집합건물의 구분소유자에게 귀속할 것입니다(대법원 2016.7.22. 선고 2013다95070 판결).

46) 이에 대해 건축법상 단독주택이란 단독주택, 다중주택, 다가구주택을 말합니다(주택법 시행령 제2조).

47) 판례에 의하면 "아파트와 같은 공동주택의 경우 일반 집합건물보다 보호의 필요성이 크다고 할 것인데도 내력구조부에 발생한 중대한 하자에 대해서만 하자보수기간을 5년 또는 10년으로 본다면 오히려 일반 집합건물보다 보호를 하지 않는 결과가 되어 국민의 주거생활에 큰 위험을 초래할 수 있는 점, 쾌적한 주거생활에 필요한 주택의 건설·공급·관리와 이를 위한 자금의 조달·운용 등에 관한 사항을 정함으로써 국민의 주거안정과 주거수준의 향상에 이바지함을 목적으로 하는 주택법의 입법 취지 등을 종합해 보면, 공동주택의 내력구조부에 발생한 중대한 하자가 아닌 하자의 하자보수기간 역시 10년(기둥, 내력벽) 또는 5년(보, 바닥, 지붕)으로 봄이 타당하다"라고 판시하고 있습니다(대법원 2014.10.15. 선고 2012다93619).

의 분양자(시행사)와 시공자는 구분소유자에 대해 담보책임을 지도록 하고 있고, 이 경우 그 담보책임에 관하여는 민법상 수급인의 담보책임에 관한 규정을 준용하도록 하고 있으며, 그밖에 시공자가 분양자에게 부담하는 담보책임에 관하여 다른 법률에 특별한 규정이 있으면 시공자는 그 법률에서 정하는 담보책임의 범위에서 구분소유자에게 민법상 수급인의 담보책임을 지도록 하고 있습니다.

이러한 담보책임은 분양계약에 기초한 책임이 아니라 법정의 담보책임으로서 분양자와 시공자는 수분양자가 구분소유자이면 그에게, 수분양자로부터 매수한 자가 현재의 구분소유자이면 비록 그와 직접적인 계약관계가 없더라도 그에게 담보책임을 지게 되는 것입니다(대판 2004.1.27. 2001다24891). 따라서 집합건물의 종전 소유자가 하자담보추급권에 관한 소를 제기한 후 매매 등을 원인으로 소유권을 이전했더라도 집합건물의 양도 당시 양도인이 하자담보추급권을 행사하기 위해 유보했다는 등의 특별한 사정이 없는 한 현재의 구분소유자가 하자담보추급권에 기한 판결금을 수령할 수 있다고 보입니다(대판 2016.7.22. 2013다95070).

담보책임에는 하자를 보수해 달라는 하자보수청구권(민법 제667조 제1항)과 하자보수에 갈음해서 손해를 배상해 달라는 청구권(민법 제667조 제2항), 즉 하자보수추급권이 포함됩니다. 그러나 구분소유자의 시공자에 대한 하자보수추급권(민법 제667조 제2항)에 대해서는 제한이 있는데, 구분소유자의 시공자에 대한 하자보수추급권은 분양자에게 회생절차개시신청, 파산신청, 해산, 무자력 또는 그밖에 이에 준하는 사유가 있는 경우에만 예외적으로 그 청구가 가능하고, 시공자가 이미 분양자에게 손해배상을 한 경우에는 그 범위에서 구분소유자에 대해 책임을 지지 않도록 하고 있습니다(집합건물법 제9조 제3항). 즉 시공자는 원칙적으로 구분소유자에게 직접 하자보수에 갈음하는 손해배상책임을 부담하지 않는다는 것입니다.

집합건물법에서는 분양자와 시공자의 담보책임에 관하여는 집합건물법과 민법에 규정된 것보다 매수인에게 불리한 특약은 효력이 없도록 하고 있고(집합건물법 제9조 제1항, 제2항, 제4항), 집합주택의 관리방법과 기준, 하자담보책임에 관한 주택법 및 공동주택관리법 등의 특별한 규정은 집합건물법에 저촉되지 아니한 범위에서 효력을 가지도록 하고 있습니다(집합건물법 제2조의2). 즉 담보책임 기간을 포함하여 집합건물법과 이에 의해 준용되는 민법상의 담보책임에 관한 규정이 주택법 등을 포함한 다른 법령상의 담보책임에 관한 규정보다 우선한다는 것입니다.

이와 같이 집합건물법상 하자담보추급권은 특별한 사정이 없는 한 집합건물의 구분소유자에게 귀속되는 것이며, 비록 주택법에서 입주자대표회의에게 공동주택의 사업주체에 대한 하자보수청구권 내지 만약 하자보수를 보증한 보증보험회사가 있는 경우에는 그 보증보험회사에 대한 하자보수보증금청구권을 부여하고 있더라도 이는 행정적인 차원에서 공동주택 하자보수의 절차·방법 및 기간 등을 정하고 하자보수보증금으로 신속하게 하자를 보수할 수 있도록 하는 기준을 정하는데 그 취지가 있을 뿐 입주자대표회의에게 하자보수청구권 외에 하자담보추급권까지 부여하는 것이라고 볼 수는 없으므로 공동주택에 하자가 있는 경우 입주자대표회의로서는 주택법 및 주택법 시행령이 정한 바에 따라 사업주체에 대해 하자보수를 청구할 수 있을 뿐이며, 하자담보추급권인 손해배상청구권은 여전히 구분소유자에게 귀속하는 것이라고 할 수 있을 것입니다(대판 2010.1.14. 2008다88368).[48)]

또한 입주자대표회의가 하자보수보증회사에 대해 가지는 하자보수보증금청구권과 도급인이 건설산업기본법 및 집합건물법·민법 등에 근거해 수급인에 대해 가지는 하자담보추급권은 그 인정 근거와 권리관계의 당사자 및 책임내용 등이 서로 다른 별개의 권리라고 보이므로 입주자대표회의가 구분소유자들로부터 분양자에 대한 하자보수에 갈음하는 손해배상청구권, 즉 하자보수추급권을 양수한 후 집합건물법상 분양자인 도급인을 대위하여 수급인인 시공자에 대해 하자담보책임으로서의 하자보수에 갈음하는 손해배상을 청구함과 아울러 하자보수보증계약에 따른 보증채권자로서 직접 하자보수보증회사에 대해 하자보수보증금을 청구하는 경우라도 수급인의 도급인에 대한 하자보수에 갈음하는 손해배상채무와 하자보수보증회사의 입주자대표회의에 대한 하자보수보증금지급채무가 부진정연대채무 관계에 있다고 볼 수 없으므로 위 두 채무 중 어느 한 채무가 소멸했다고 해도 다른 채무가 소멸하는 것은 아니라고 할 것입니다(대판 2015.3.20. 2012다107662).

따라서 도급인의 수급인에 대한 하자보수를 갈음한 손해배상채권이 수급인의 도급인에 대한 채권으로 상계된 경우에 그 사정만으로는 입주자대표회의가 주택법에 근거하여 가지는 하자보수에 관한 권리의 목적이 달성되었다고 볼 수 없으므로, 입주자대표회의가 하자보수보증회사에 대해 가지는 하자보수보증금청구권에는 아무런 영향이 없고, 입주자대표회의는 하자보수보증회사를 상대로 하자보수보증금 전액을 청구할 수 있다고 할 것입니다. 다만 수급인의 도급인에 대한 하자보수에 갈음하는 손해배상채무와 하자보수보증회사의 입주자대표회의에 대한 하자보수보증금지급채무는 그 대상인 하자가 일부 겹칠 수 있고, 그렇게 겹치는 범위 내에서는 결과적으로 동일한 하자의 보수를 위해 존재하고 있으므로, 향후 입주자대표회의가 도급인을 대위한 하자보수에 갈음하는 손해배상청구소송 및 하자보수보증회사에 대한 하자보수보증금청구소송에서 모두 승소판결을 받은 다음 입주자대표회의가 그 중 어느 한 권리를 행사하여 하자에 관한 보수비용 상당 금원을 현실적으로 수령하였고, 그 금원이 지급된 하자와 관련된 범위 내에서 하자보수의 목적을 달성하게 된 경우라면 다른 권리는 소멸된다고 할 수 있을 것입니다(대판 2012.9.13. 2009다23160).

그리고 집합주택의 관리방법과 기준에 관한 주택법의 특별 규정은 그것이 집합건물법에 저촉하여 구분소유자의 기본적인 권리를 해하지 않는 범위 내에서 효력이 있어 주택법상 담보책임에 관한 규정은 행정적인 차원에서 공동주택의 하자보수절차·방법·기간 등을 정하고 하자보수보증금으로 신속하게 하자를 보수할 수 있도록 하는 기준을 정하는 데 그 취지가 있을 뿐이므로 주택법 등 관련 규정은 공동주택공사 수급인의 도급인에 대한 민법에 따른 하자담보책임에 영향을 미칠 수 없으며(대판 2010.12.9. 2010다65450), 따라서 입주자 등이 주택법상 하자관련 책임을 물을 수 있게 되었다는 사정만으로 도급인이 수급인에 대해 갖는 도급계약에 기한 하자담보추급권이 소멸되거나 현재의 구분소유자들에게 이전된다고 볼 수 없고, 도급인은 여전히 수급인에게 도급계약상의 채무불이행을 이유로 한 손해배상책임 등을 구할 수 있다고 할 것입니다.

한편 집합건물법에 의해 준용되는 민법상 수급인의 하자담보책임기간은 재판상 또는 재판 외의 권리행사기간인 제척기간으로서 그 기간의 도과로 하자담보추급권은 당연히 소멸하며(대판 2009.5.28. 2008다86232), 아파트와 같은 콘크리트 구조물에 대한 하자담보책임기간은 수분양자 등에게 인도된 후 10년입니다(민법 제671조 단서). 그리고 집합건물의 하자보수에 갈음한 손해배상청구권의 소멸시효기간은 각 하자가 발생한 시점으로부터 별도로 진행하고, 손해배상청구권은 민법 제162조(채권·재산권의 소멸시효) 제1항에 따라 10년의 소멸시효기간이 적용된다고 할 것이므로 하자보수에 갈음한 손해배상청구권에 대하여는 10년의 소멸시효가 적용된다고 할 것입니다(대판 2009.2.26. 2007다83908). 예컨대, 하자가 아파트를 분양하여 인도한지 10년이 경과되어 발생한 경우에는 하자담보책임을 추궁할 수 없으되, 하자가 10년이 경과되기 전에 발생한 경우에는 하자담보책임을 추궁할 수 있고 그 하자가 발생한 시점부터 10년 내에 하자보수에 갈음하는 손해배상청구권, 즉 하자담보추급권을 행사할 수 있는 것입니다.

이에 귀하께서는 분양자가 아파트를 분양해 수분양자에게 인도한 후 10년이 경과되지 않은 상태에서 하자가 발생한 경우라면 분양자나 시공자를 상대로 하자보수청구권을 행사하여 하자보수를 청구할 수 있고, 이러한 하자보수에 갈음하는 손해배상청구권을 행사하고 싶다면 분양자를 상대로 하든가 분양자의 시공자에 대한 하자보수에 갈음하는 손해배상청구권을 대위하여 행사할 수 있을 것입니다. 또한 귀하께서는 하자보수에 갈음하는 손해배상청구권을 입주자대표회의에 양도하여 입주자대표회의로 하여금 하자보수추급권을 행사하도록 할 수 있습니다.

그리고 입주자대표회의도 자신의 권리에 기해 사업주체인 분양자에 대해 하자보수청구권을 행사하거나 하자보수를 보증한 보증보험회사에 대해 하자보수보증금의 지급을 청구할 수 있을 것입니다. 만약 입주자대표회의가 보증보험회사에 대하여는 하자보수보증금청구권을, 귀하로부터 양수받은 하자보수추급권에 기해 분양자 또는 분양자를 대위하여 시공자에 대해 하자보수추급권에 대한 행사권을 모두 보유하고 있는 상태에서 입주자대표회의가 그중 어느 한 권리를 행사하여 하자에 관한 보수비용 상당 금원을 현실적으로 수령하였고, 그 금원이 지급된 하자와 관련된 범위 내에서 하자보수의 목적을 달성하게 된 경우라면 다른 권리는 소멸한다고 할 것입니다.

[사례 1·1·84] 아파트에 하자가 발생시 건설업자가 교부한 하자보수보증금과는 별도로 하자로 인한 손해 전부에 대하여 그 청구가 가능한지

문 저희 회사 甲은 근로자용 아파트를 건설해서 사내 근로자에게 분양하기로 하고 종합건설업체인 乙에게 도급계약을 체결했고, 乙은 도급계약에 첨부된 시설공사계약 특수조건에서 정한 바에 따라 하자보수보증금조로 하자보수보증서를 건설공제조합으로부터 발급받아 저희 회사에 교부한 사실이 있습니다. 그런데 저희 회사가 위 아파트를 근로자들에게 분양한지 7개월쯤 지나서 건물외벽에 균열이 생기고, 아파트 각 세대의 벽체, 베란다 및 방바닥에 균열과 문틀처짐 및 비틀림 현상이 나타났으며, 지붕슬라브의 균열로 천장에 누수도 발생하는 등 많은

48) 집합건물의 하자담보책임과 관련해 요약해 보기로 하겠습니다. 먼저 현재의 구분소유자는 분양자(시행사·도급인)에 대해 하자담보청구권으로서 하자보수청구권과 하자보수에 갈음하는 청구권인 하자담보추급권을 모두 가지고 있고, 시공자에 대해서는 하자보수청구권을 가지되, 하자담보추급권은 특별한 사정이 없는 한 인정되지 않습니다. 다만 구분소유자는 시행사의 시공자에 대한 하자담보추급권을 대위하여 행사할 수 있습니다. 다음으로 도급인(분양자·시행자)은 건설산업기본법에 근거하여 수급인(시공자)에 대해 하자담보청구권으로서 하자보수청구권과 하자보수에 갈음하는 손해배상채권, 즉 하자담보추급권을 모두 가지고 있습니다. 다만 구분소유자가 분양자에 대해 가지는 하자담보청구권과 도급인(분양자·시행자)이 수급인(시공자)에 대해 가지는 하자담보청구권은 그 각 권리의 주체나 발생 근거 등을 달리하는 별개의 것이라고 보입니다. 마지막으로 입주자대표회의는 주택법에 근거하여 사업주체(도급인·분양자·시행사)에 대한 하자보수청구권(또는 하자보수를 보증한 보증보험회사가 있는 경우에는 이에 대한 하자보수보증금청구권)은 가지지만 구분소유자에게 인정되는 하자보수추급권은 가지지 못합니다. 따라서 실무에서는 입주자대표회의에서 구분소유자들의 하자보수에 갈음하는 청구권, 즉 하자보수추급권을 양수하고 그 양수채권에 기해 하자보수추급권을 행사하고 있는 것으로 보입니다.

하자가 발생하였습니다. 이에 저희 회사 甲은 乙이 교부한 하자보수보증서에 의해 수령한 하자보수보증금과는 별도로 위 하자로 인한 손해의 전부를 乙로부터 받고자 하는데, 가능한지 몰라 박사님께 문의드리고 싶습니다.

답 귀하께서 문의한 사항은 공사도급계약체결시 수급자가 도급인에게 교부한 하자보수보증금의 성격을 위약벌 내지 제재금으로 보느냐 손해배상예정액으로 보느냐의 문제와 관련됩니다. 즉 아파트에 하자가 발생하여 손해가 발생한 경우에 수급인이 계약체결시 교부한 하자보수보증금과는 별도로 수급자가 도급인에게 발생한 총 손해금 전부를 물어주어야 하느냐, 아니면 총 손해금 중에서 수급인이 계약체결시 도급인에게 교부한 하자보수보증금은 공제하고 나머지 차액만 물어주면 되느냐의 문제로 귀착되는 것입니다. 만약 공사도급계약체결시 교부한 하자보수보증금을 위약벌 내지 제재금에 해당한다고 보게 되면 위 하자보수보증금은 위약벌로써 그대로 몰수당하고 그와 별도로 하자에 따른 총 손해금 전부를 물어주어야 하는 것입니다.

그런데 판례는 이와 달리 공사도급계약체결시 교부한 하자보수보증금을 일종의 특수한 손해배상예정액으로 보고 있습니다. 즉 "공사도급계약서 또는 그 계약내용에 편입된 약관에 수급인이 하자담보책임 기간 중 도급인으로부터 하자보수요구를 받고 이에 불응한 경우 하자보수보증금은 도급인에게 귀속한다는 조항이 있을 때 이 하자보수보증금은 특별한 사정이 없는 한 손해배상액의 예정으로 볼 것이고(대판 2001.9.28. 2001다14689), 다만 하자보수보증금의 특성상 실손해가 하자보수보증금을 초과하는 경우에는 그 초과액의 손해배상을 구할 수 있다는 명시 규정이 없다고 하더라도 도급인은 수급인의 하자보수의무 불이행을 이유로 하자보수보증금의 몰취 외에 그 실손해액을 입증하여 수급인으로부터 그 초과액 상당의 손해배상을 받을 수도 있는 특수한 손해배상액의 예정으로 봄이 상당하다."라고 판시하고 있는 것입니다(대판 2002.7.12. 2000다17810).

따라서 귀하 회사 甲은 아파트 하자로 인한 총 손해금 중에서 수급인 乙로부터 교부받은 하자보수보증금 내지 하자보수보증서에 의해 수령한 금원을 제외한 나머지 차액만을 乙에게 청구할 수 있을 것으로 보이며, 다만 위 하자보수보증금은 단순한 손해배상예정액이 아니라 특수한 성격의 손해배상예정액에 해당되어 부당히 과다하다고 하여 감액될 성질의 것도 아니므로 아파트 하자로 인한 손해가 乙이 교부한 하자보수보증금보다 적다고 하더라도 하자보수보증금 전액을 몰수할 수 있을 것으로 보입니다.

[사례 1·1·85] 입주자대표회의 및 관리주체가 화재보험기간 만료 후 새로운 계약을 체결하지 않는 동안 화재가 발생한 경우의 손해배상책임

문 저희 아파트는 입주자대표회의와 아파트 관리회사 乙간에 아파트관리계약을 체결하여 乙이 아파트를 관리하고 있는데, 乙이 한전으로부터 전기요금 산정 방식에 관한 변경 통보를 받고도 이를 입주자대표회의에 보고하지 않음으로써 입주자에게 불리한 종전의 전기공급계약이 동일한 조건으로 자동 갱신되어 손해를 입었습니다. 이에 저희 입주자대표회의가 관리회사 乙에게 그 손해를 물어달라고 할 수 없는지 궁금하고, 한편 입주자대표회의와 관리주체도 종전에 아파트 전체를 대상으로 일괄하여 체결하였던 화재보험의 계약기간 만료 후 새로운 계약을 체결하지 않는 동안 화재가 발생하여 입주자인 제가 보험혜택을 받지 못하였는데, 이에 대해 입주자대표회의 및 관리주체인 乙을 상대로 손해배상을 청구할 수 있는지 박사님께 문의드리고자 합니다.

답 아파트 입주자대표회의와 아파트 관리회사 사이의 법률관계는 민법상의 위임관계와 같습니다. 따라서 아파트 관리회사로서는 아파트를 안전하고 효율적으로 관리하고, 입주자의 권익을 보호하기 위해 선량한 관리자의 주의로써 관리 업무를 수행해야 합니다(대판 1997.11.28. 96다22365).

따라서 아파트 관리회사가 아파트를 관리함에 있어서 공동설비 부분에 대한 전기요금 산정 방식이 변경되어 입주자가 다시 선택할 여지가 있음을 알게 되었으면 비록 전기요금 산정 방식의 선택에 관한 최종적인 결정은 아파트 입주자대표회의가 책임질 사항이라고 하더라도 어떤 방식이 입주자들에게 유리한지 검토해서 그 내용을 입주자대표회의에 알려주는 등 입주자대표회의로 하여금 공동설비 부분에 대한 전기요금 산정 방식의 변경 여부에 관해 합리적인 선택을 할 수 있도록 조치를 취할 의무가 있다고 할 것입니다. 따라서 귀하의 입주자대표회의는 이로 인한 손해 부분을 입증하여 관리회사 乙에게 청구할 수 있을 것으로 보입니다.

한편 입주자대표회의 및 관리주체가 종전에 아파트 전체에 일괄해서 체결하였던 화재보험의 계약기간 만료 후 새로운 계약을 체결하지 않는 동안 화재가 발생함으로써 개별 입주자가 보험혜택을 받지 못한 경우, 아파트 입주자를 위해 화재보험계약을 체결하는 업무 자체는 관리주체에 부여된 것이지만 관리주체가 계약을 체결하려면 먼저 입주자대표회의의 결의로 계약을 체결할 보험회사를 선정해야 하므로 입주자대표회의는 적정한 보험회사를 선정해 관리주체로 하여금 입주자를 위해 화재보험계약을 체결하도록 지도·감독할 의무가 있고, 관리주체는 화재보험 계약기간이 만료되기 전에 입주자대표회의로 하여금 화재보험에 가입하도록 적극적으로 주의를 환기시키고, 나아가 화재보험계약에 관한 조언이나 정보를 제공함으로써 입주자대표회의로 하여금 화재보험기간이 만료되기 전에 보험회사를 선정하는 결의를 할 수 있도록 적절한 조치를 취할 의무가 있음에도 이러한 주의의무를 소홀히 함으로써 화재보험계약이 체결되지 않고 있던 중 화재가 발생하였고, 이로 인해 개별입주자가 화재보험금을 수령할 수 없게 된 경우에는 입주자대표회의 및 관리주체는 그 입주자에 대해 손해배상의무가 있다고 볼 것입니다(대판 2002. 10.25. 2000다18073).

따라서 귀하께서는 화재로 발생한 손해에 대하여 귀하 아파트의 입주자대표회의 및 위 입주자대표회의로부터 아파트관리업무를 인수하는 아파트수탁관리계약을 체결한 관리주체 乙을 상대로 손해배상을 청구해 볼 수 있을 것으로 보입니다.

[시례 1·1·86] 아파트를 개별난방에서 지역난방으로 전환할 때 입주자대표회의가 그 분담금을 구분소유자에게 청구할 수 있는지

문 저는 아파트의 입주자대표회의 회장인데, 저희 입주자대표회의에서 아파트의 난방방식을 개별난방에서 지역난방으로 전환하는 것에 대해 전체 구분소유자 중 2/3만 동의를 받아서 위 공사를 난방공사업자에게 맡겼고, 공사가 완료됨에 따라 공사대금 전액을 지급한 후 난방방식 변경공사대금을 각 세대의 면적비율에 따라 나눈 분담금을 구분소유자들에게 부과하였습니다. 그리고 공사가 완료된 후 사후적으로 구분소유자 및 의결권의 각 4/5 이상으로부터 난방방식 변경공사에 동의한다는 내용의 서면동의서를 제출받았습니다. 그런데 일부 구분소유자들이 절차 위반이라고 하면서 분담금의 지급을 거절하고 있습니다. 이러한 경우 저희 입주자대표회의에서 분담금을 지급하지 않는 구분소유자들을 상대로 직접 소송을 제기할 수 있는지 박사님께 문의드리고 싶습니다.

답 「집합건물의 소유 및 관리에 관한 법률」(이하 '집합건물법')상 구분소유자들의 특별결의, 즉 구분소유자의 4/5 이상 및 의결권의 4/5 이상이 결의한 경우(집합건물법 제15조 제1항 또는 제41조 제1항)에 집합건물의 일종인 일정 규모 이상 공동주택의 입주자대표회의가 공용부분 변경에 관한 업무를 처리할 권한 및 구분소유자들에게 그 업무처리로 인한 비용을 청구할 권한을 가지는지 문제됩니다.

이에 관하여 판례는 "집합건물의 공용부분 변경에 관한 업무는 구분소유자 전원으로 법률상 당연하게 성립하는 관리단에 귀속되고, 그 변경에 관한 사항은 관리단집회에서 구분소유자 및 의결권의 각 3/4 이상의 결의(집합건물법 제15조 제1항) 또는 구분소유자 및 의결권의 각 4/5 이상의 서면이나 전자적 방법 등에 의한 합의(집합건물법 제41조 제1항)로써 결정하는 것이므로, 집합건물의 관리단은 이와 같은 방법에 의한 결정으로 구분소유자들의 비용 부담 아래 공용부분 변경에 관한 업무를 직접 수행할 수 있음은 물론, 타인에게 위임해 처리할 수 있고, 집합건물이 일정 규모 이상의 공동주택에 해당하여 입주자대표회의가 구성되어 있는 경우라면 그 입주자대표회의에 위임해서 처리할 수도 있습니다. 따라서 집합건물의 구분소유자 및 의결권의 각 4/5 이상이 난방방식의 변경과 같이 공용부분 변경에 해당하는 공사에 동의한다는 내용의 서면동의서를 입주자대표회의 앞으로 제출하고 이에 따라 입주자대표회의가 그 업무를 처리한 경우에는 특별한 사정이 없는 한 집합건물의 관리단이 집합건물법 제41조 제1항에서 정한 구분소유자들의 서면동의로써 입주자대표회의에 그 공용부분 변경에 관한 업무를 포괄적으로 위임한 것으로 보아야 한다."라고 판시하고 있고(대판 2017.3.16. 2015다3570), 또한 위 판례에서는 "집합건물의 관리단이 집합건물법 제15조 제1항에서 정한 특별결의나 집합건물법 제41조 제1항에서 정한 서면이나 전자적 방법 등에 의한 합의의 방법으로 입주자대표회의에 공용부분 변경에 관한 업무를 포괄적으로 위임한 경우에는, 공용부분 변경에 관한 업무처리로 인해 발생하는 비용을 최종적으로 부담하는 사람이 구분소유자들이라는 점을 고려해 보면 통상적으로 그 비용에 관한 재판상 또는 재판외 청구를 할 수 있는 권한도 함께 수여한 것으로 볼 수 있다."라고 하고 있고, 나아가 위 판례에서는 "이 경우 입주자대표회의가 공용부분 변경에 관한 업무를 수행하는 과정에서 체납된 비용을 추심하기 위해 직접 자기 이름으로 그 비용에 관한 재판상 청구를 하는 것은 임의적 소송신탁에 해당한다. 임의적 소송신탁은 원칙적으로는 허용되지 않지만, 민사소송법 제87조에서 정한 변호사대리의 원칙이나 신탁법 제6조에서 정한 소송신탁의 금지 등을 회피하기 위한 탈법적인 것이 아니고, 이를 인정할 합리적인 이유와 필요가 있는 경우에는 예외적·제한적으로 허용될 수 있다고 할 것인데(대판 2012.5.10. 2010다87474, 2016.12.15. 2014다87885), 구분소유자들의 비용 부담 아래 그 구분소유자들로 구성되는 집합건물의 관리단이 입주자대표회의에 위임해 공용부분 변경에 관한 업무를 수행하도록 하는 데에는 합리적인 이유와 필요가 있고, 그러한 업무처리방식이 일반적인 거래현실이며, 공용부분 변경에 따른 비용의 징수는 그 업무수행에 당연히 수반되는 필수적인 요소라고 할 것이고, 공동주택에 대해서는 주택관리업자에게 관리업무를 위임하고 주택관리업자가 관리비에 관한 재판상 청구를 할 수 있는 것이 법률의 규정에 의해 인정되고 있다."라고 판시하고 있습니다(대판 2017.3.16. 2015다3570).

이러한 점 등을 고려해 보면, 집합건물법 제15조 제1항에서 정한 특별결의나 집합건물법 제41조 제1항에서 정한 서면이나 전자적 방법 등에 의한 합의의 방법으로 집합건물의 관리단으로부터 공용부분 변경에 관한 업무를 위임받은 입주자대표회의는 특별한 사정이 없는 한 구분소유자들을 상대로 자기 이름으로 소를 제기하여 공용부분 변경에 따른 비용을 청구할 권한이 있다고 할 것입니다.

이에 귀하의 사건을 살펴보건대, 귀하의 입주자대표회의에서는 당초 아파트의 구분소유자 2/3 이상의 동의만을 받아 난방방식 변경공사를 진행하기는 하였으나, 사후적으로 구분소유자 및 의결권의 각 4/5 이상으로부터 난방방식 변경공사에 동의한다는 내용의 서면동의서를 제출받았음을 볼 때, 귀하의 입주자대표회의는 공용부분의 변경에 해당하는 난방방식 변경공사에 동의하는 구분소유자 4/5 이상의 서면합의로써 아파트의 관리단으로부터 난방방식 변경공사에 관한 업무를 포괄적으로 위임받았고, 이와 같은 위임에는 그 공사로 인해 발생한 분담금에 관한 소송수행권까지 부여받은 것으로 봄이 상당하다고 할 것이며, 이러한 임의적 소송신탁은 변호사대리의 원칙이나 신탁법상 소송신탁의 금지를 회피할 염려가 없고 이를 인정할 합리적 필요가 있다고 인정되므로, 귀하의 입주자대표회의는 분담금을 미납한 구분소유자들을 상대로 재판을 제기할 수 있을 것으로 보입니다.

[사례 1·1·87] 집합건물의 위탁관리업체가 구분소유자를 상대로 직접 관리비청구소송을 제기할 수 있는지

문 저희 회사 甲은 집합건물의 관리단으로부터 건물 관리를 위탁받으면서 관리비의 부과·징수에 관한 업무도 위탁받은 위탁관리업체인데, 구분소유자가 관리비를 내지 않아 일에 지장이 많음에 그 구분소유자들 상대로 재판을 제기하고자 하는데, 저희 위탁관리업체 甲이 직접 원고로서 소송을 제기할 수 있는지 여부에 관해 박사님께 문의드리고 싶습니다.

답 재산권에 관한 소송에서 소송물인 권리 또는 법률관계에 관한 관리처분권을 가지는 권리주체가 관련 소송을 제3자에게 위임토록 하는 것은 임의적 소송신탁에 해당하므로 원칙적으로 허용되지 않습니다. 다만 민사소송법 제87조가 정한 변호사대리의 원칙이나 신탁법 제6조가 정한 소송신탁의 금지 등을 회피하기 위한 탈법적인 것이 아니고, 이를 인정할 합리적인 이유와 필요가 있는 경우에는 예외적·제한적으로 허용될 수 있을 것입니다(대판 1984.2.14. 83다카1815, 2012.5.10. 2010다87474).

집합건물의 관리단이 관리비의 부과·징수를 포함한 관리업무를 위탁관리회사에게 포괄적으로 위임한 경우에는, 통상적으로 관리비에 관한 재판상 청구를 할 수 있는 권한도 함께 수여한 것으로 볼 수 있을 것이며, 이 경우 위탁관리회사가 관리업무를 수행하는 과정에서 체납관리비를 추심하기 위해 직접 자기 이름으로 관리비에 관한 재판상 청구를 하는 것은 임의적 소송신탁에 해당한다고 할 것이지만, 다수의 구분소유자가 집합건물의 관리에 관한 비용 등을 공동으로 부담하고 공용부분을 효율적으로 관리하기 위해 구분소유자로 구성된 관리단이 전문 관리업체에 건물 관리업무를 위임해 수행하도록 하는 것은 합리적인 이유와 필요가 있고, 그러한 관리방식이 일반적인 거래현실이며, 관리비의 징수는 그 업무수행에 당연히 수반되는 필수적인 요소라고 할 것이고, 또한 집합건물의 일종인 일정 규모 이상의 공동주택에 대해서는 주택관리업자에게 관리업무를 위임하고 주택관리업자가 관리비에 관한 재판상 청구를 하는 것이 법률의 규정에 의해 인정되고 있다고 보입니다(공동주택관리법 제23조).

이러한 점 등을 고려해 보면 관리단으로부터 집합건물의 관리업무를 위임받은 위탁관리회사는 특별한 사정이 없는 한 구분소유자 등을 상대로 자기 이름으로 소를 제기해 관리비를 청구할 당사자적격이 있다고 할 것입니다(대판 2016.12.15. 2014다87885·87892).

따라서 귀하 회사 甲은 관리비를 체납한 구분소유자를 상대로 귀하 회사 甲의 이름으로 직접 관리비지급청구소송을 제기할 수 있을 것으로 보입니다.

[사례 1·1·88] 도로의 설치·관리상의 하자로 인한 손해배상청구

문 저는 광주에서 승용차를 이용하여 서울로 고속도로를 운행하던 중 강설이 내려 15시간 가까이 고속도로에서 발이 묶이게 되었습니다. 위 고속도로 구간은 한국도로공사에서 관리하고 있는 것 같은데, 이러한 고립상황임에도 불구하고 한국도로공사에서는 차량의 추가 진입을 통제하는 것과 같은 교통제한이나 운행정지조치를 취하지 않아 더욱 교통상황이 악화되었습니다. 이러한 경우 천재지변이라고 해서 한국도로공사에서는 손해배상을 해줄 수 없다고 하는데, 과연 그러한지 박사님께 문의드리고 싶습니다.

답 도로란 차도, 보도, 자전거도로, 측도, 터널, 교량, 육교 등 대통령령으로 정하는 시설로 구성된 것을 말하며, 도로의 부속물을 포함합니다. 이러한 도로의 종류에는 고속국도(고속국도의 지선 포함), 일반국도(일반국도의 지선 포함), 특별시·광역시도, 지방도, 시도, 군도, 구도가 있습니다(도로법 제10조).

그리고 각 도로에는 도로관리청이 정해져 있는데, 고속국도와 일반국도는 국토교통부장관이, 국가지원지방도[49]는 도지사·특별자치도지사(특별시·광역시 또는 특별자치시 관할구역에 있는 구간은 해당 특별시장, 광역시장 또는 특별자치시장)가, 그밖의 도로는 해당 도로 노선을 지정한 행정청이 도로관리청이 됩니다.

그러나 그럼에도 불구하고 특별시·광역시·특별자치시·특별자치도 또는 시의 관할구역에 있는 일반국도(우회국도 및 지정국도 제외) 및 지방도에 대한 도로관리청은 다음과 같이 정하는 바에 따르게 되는바, 즉, 특별시·광역시·특별자치시·특별자치도 관할구역의 동 지역에 있는 일반국도는 해당 특별시장·광역시장·특별자치시장·특별자치도지사가, 특별자치시 관할구역의 동 지역에 있는 지방도는 해당 특별자치시장이, 시 관할구역의 동 지역에 있는 일반국도 및 지방도는 해당 시장이 도로관리청이 되는 것입니다(도로법 제23조).

도로공사와 도로의 유지·관리는 특별한 규정이 없는 한 해당 도로의 관리청이 수행하게 되지만, 국도교통부장관은 일반국도의 일부 구간에 대한 도로공사와 도로의 유지·관리에 관한 업무를 도지사 또는 특별자치도지사가 수행하도록 할 수 있고(도로법 제31조 제1항, 제2항), 또한 고속국도에 관한 권한의 일부를 한국도로공사로 하여금 대행하게 할 수 있으며, 이 경우에는 그 대행하는 범위에서 한국도로공사가 해당 고속국도의 도로관리청이 됩니다(도로법 제112조 제1항, 제2항).

이러한 도로에 대한 설치·관리비용은 법에 특별한 규정이 없는 한 원칙적으로 도로관리청이 국토교통부장관이면 국가가 비용을 부담하고, 그밖의 도로에 관해서는 해당 도로의 도로관리청이 속해 있는 지방자치단체가 부담하되, 국토교통부장관이 도지사 또는 특별자치도지사에게 일반국도의 일부 구간에 대한 도로공사와 도로의 유지·관리에 관한 업무를 수행하게 한 경우에는 국가가 그 비용을 부담하게 됩니다(도로법 제85조 제1항, 제2항).

도로관리청은 보행자의 안전과 차량의 원활한 통행을 위해 필요하다고 인정되면 도로에 보도를 설치하고 관리할 수 있으며(도로법 제54조 제1항), 도로공사의 시행을 위해 필요하면 도로구역에 있는 토지·건축물 또는 그 토지에 정착된 물건의 소유권이나 그 토지·건축물 또는 물건에 관한 소유권 외의 권리를 수용하거나 사용할 수 있습니다(도로법 제82조 제1항).

한편 이와 같은 도로는 민법상 공작물에 해당되고, 그 설치 또는 보존의 하자로 인하여 타인에게 손해를 가한 때는 제1차적으로 그 점유자가 과실책임을 지게 되고, 그 점유자가 손해의 방지에 필요한 주의를 해태하지 않은 경우에는 그 소유자가 무과실의 손해배상책임을 지게 됩니다(민법 제758조 제1항). 다만 공작물인 도로가 영조물에도 해당되는 경우에는 그 설치나 관리상의 하자로 타인에게 손해를 발생케 한 경우에는 국가나 지방자치단체가 손해배상책임을 지게 되며(국가배상법 제5조 제1항), 이때 대행업무관계 등으로 도로의 설치·관리를 맡은 자와 도로의 설치·관리 비용을 부담하는 자가 동일하지 않는 경우에는 배상책임의 주체를 명확히 파악하는 것이 곤란함을 방지하고 피해자를 두텁게 보호하기 위해 그 비용을 부담하는 자도 함께 손해배상책임을 지도록 하고 있습니다(국가배상법 제6조 제1항).

요컨대, 도로의 설치·관리상의 하자로 인한 손해배상의무자가 국가나 지방자치단체인 경우에는 국가배상법상 '공공시설 등의 하자로 인한 책임'(국가배상법 제5조 제1항)에 근거하여 국가나 지방자치단체가 손해배상책임을 지게 되고, 손해배상의무자가 한국도로공사와 같이 국가 또는 지방자치단체가 아닌 경우에는 민법상 '공작물 등의 점유자·소유자의 책임'(민법 제758조 제1항)에 의해 손해배상책임이 인정되는 것입니다.

여기에서 도로의 설치·관리상의 하자란 도로의 용도에 따라 통상 갖추어야 할 안전성을 갖추지 못한 상태에 있음을 말하는 것으로서, 이는 도로의 설치·관리자가 그 도로의 위험성에 비례하여 사회통념상 일반적으로 요구되는 정도의 방호조치의무를 다하였는지 여부를 기준으로 삼아야 할 것인데, 이는 도로의 위치 등 장소적인 조건, 도로의 구조, 교통량, 사고시에 있어서의 교통 사정 등 도로의 이용 상황과 그 본래의 이용 목적 등 여러 사정과 물적 결함의 위치, 형상 등을 종합적으로 고려하여 사회통념에 따라 구체적으로 판단해야 할 것입니다(대판 1999.12.24. 99다45413).

이로 볼 때, 강설에 대처하기 위한 완벽한 방법은 현대의 과학기술 수준이나 재정사정에 비추어 사실상 불가능하다고 하더라도 최저 속도의 제한이 있는 고속도로의 경우에 있어서는 도로관리자가 도로의 구조, 기상예보 등을 고려해 사전에 충분한 인적·물적 설비를 갖추어 강설시 신속한 제설작업을 하고 나아가 필요한 경우 제때 교통통제 조치를 취함으로써 고속도로로서의 기본적인 기능을 유지하거나 신속히 회복할 수 있도록 하는 관리의무가 있다고 할 것입니다(대판 2008.3.13. 2007다29287). 고속도로의 관리상 하자가 인정되는 이상 고속도로의 점유관리자는 그 하자가 불가항력에 의한 것이거나 손해의 방지에 필요한 주의를 해태하지 아니하였다는 점을 주장·입증해야만 비로소 그 책임을 면할 수 있다고 할 것입니다(대판 2008.3.13. 2007다29287).

반면 이와 같이 최저속도의 제한이 있는 고속도로라든가 적설지대에 속하는 지역의 도로 등 특수 목적을 갖고 있는 도로가 아닌 일반 보통의 도로까지도 도로관리자에게 완전한 인적, 물적 설비를 갖추고 제설작업을 해서 도로통행상의 위험을 즉시 배제하여 그 안전성을 확보하도록 하는 관리의무를 부과하는 것은 도로의 안전성의 성질에 비추어 적당하지 않고, 오히려 그러한 경우의 도로통행의 안전성은 그와 같은 위험에 대면하여 도로를 이용하는 통행자 개개인의 책임으로 확보해야 할 것이며, 강설의 특성, 기상적 요인과 지리적 요인, 이에 따른 도로의 상대적 안전성을 고려하면 겨울철 산간지역에 위치한 도로에 강설로 생긴 빙판을 그대로 방치하고 도로상황에 대한 경고나 위험표지판을 설치하지 않았다는 사정만으로 도로관리상의 하자가 있다고 볼 수는 없을 것입니다(대판 2000.4.25. 99다54998).

요컨대, 판례는 고속도로 및 적설지역 도로 등 특수목적 도로와 일반 도로를 구분해서 도로관리청의 도로에 대한 관리·유지 의무의 정도에 차이를 두고 있는 것으로 보입니다.

이에 귀하의 사건을 보건대, 귀하의 경우에 문제되는 도로는 고속도로이고, 귀하가 장시간 고립된 고속도로가 국토교통부장관의 위인에 따라 한국도로공사가 그 유지·관리업무를 대행하고 있는 도로인 경우에는 한국도로공사가 해당 고속국도의 도로관리청으로 되며, 또한 귀하의 상황과 같은 경우에는 고속도로의 유지·관리상 한국도로공사에게 과실이 있다고 보이므로, 귀하께서는 한국도로공사를 상대로 손해배상청구소송을 제기할 수 있을 것으로 보이며, 이 경우 일정 부분 귀하의 손해배상청구가 인정될 수 있을 것으로 사료됩니다.

[사례 1·1·89] 제조물의 하자로 인해 손해를 입은 소비자가 제조물책임을 물어 제조업자에게 직접 손해배상청구를 할 수 있는지

문 저는 제 소유의 아파트가 오래 전에 건축되어 소방시설이 설치되지 않는 관계로 소방설비 시공전문업체를 운영하는 甲에게 소방시설공사를 맡겼고, 甲은 소방기기 제품의 제조·판매회사인 乙로부터 스프링클러를 납품받아 소방시설공사에 사용하였습니다. 그런데 乙이 납품한 스프링클러의 주름관 연결부위가 SP 너트로부터 이탈되면서 스프링클러 배관 내에 있던 소화용수가 천정에서부터 쏟아져 내려 저희 집 내부의 살림살이, 전기설비, 주방기기, 가전제품, 가구, 벽체, 바닥 등이 물에 잠겨 사용할 수 없게 되었고, 그 손해는 2천만원에 달하고 있습니다. 문제는 甲에게 재산이 없다는 점입니다. 이 경우 제가 제조물책임을 물어 乙에게 손해배상을 청

49) 국가지원지방도란 주요 도시, 공항, 항만, 산업단지, 주요 도서, 관광지 등 주요 교통유발시설을 연결하고 국가간선도로망을 보조하기 위해 필요한 경우로서 지방도 중에서 도로 노선을 정해 국토교통부장관이 지정·고시한 도로를 말합니다.

구하고 싶은데, 가능한지 박사님께 문의드리고 싶습니다.

답 예, 귀하의 사건은 제조물책임과 관련됩니다. 제조물책임에 관해 규정한 법으로는 제조물책임법(이하 '법')이 있는데, 이에 의하면 제조물책임이란 제조물에 통상적으로 기대되는 안전성을 결여한 결함으로 인하여 생명·신체에 손해가 발생하거나 제조물 그 자체 외의 다른 재산에 손해가 발생한 경우에 제조업자 등에게 지우는 손해배상책임을 말합니다(법 제3 제1항).

여기에서 제조물이란 제조되거나 가공된 동산(다른 동산이나 부동산의 일부를 구성하는 경우 포함)을 말하며, 결함이란 해당 제조물에 제조상·설계상·표시상의 결함이 있거나 그밖에 통상적으로 기대할 수 있는 안전성이 결여되어 있는 것을 말합니다(법 제2조). 더욱이 제조업자가 제조물의 결함을 알면서도 그 결함에 대해 필요한 조치를 취하지 않는 결과로 생명 또는 신체에 중대한 손해를 입은 경우에는 손해의 3배를 넘지 않는 범위 내에서 징벌적 손해배상책임을 지게 됩니다(법 제3조 제2항).

이때 피해자로서는 해당 제조물이 정상적으로 사용되는 상태에서 손해가 발생하였다는 사실, 그 손해가 제조업자의 실질적인 지배영역에 속한 원인으로부터 초래되었다는 사실, 그 손해가 해당 제조물의 결함 없이는 통상적으로 발생하지 않는다는 사실만 증명한 경우에는 제조물을 공급할 당시 해당 제조물에 결함이 있었고, 그 제조물의 결함으로 인하여 손해가 발생한 것으로 추정을 받게 되어 피해자의 증명책임이 완화되어 있습니다(법 제3조의2). 다만 이러한 증명책임의 완화는 제조업자와 피해자간에 제조물책임을 물을 때에 적용되는 것이고, 제조업자 등으로부터 제품을 구매하여 이를 판매한 자와 매수인 간에 하자담보책임을 묻을 때에는 제조물책임에서의 증명책임 완화의 법리가 유추적용되지는 않습니다(대판 2011.10.27. 2010다72045).

또한 피해자가 제조업자를 알 수 없는 경우에는 그 제조물을 영리 목적으로 판매·대여 등의 방법으로 공급한 자가 제조물책임법상의 손해를 배상해야 하지만, 피해자 또는 법정대리인의 요청을 받고 상당한 기간 내에 그 제조업자 또는 공급자를 그 피해자 또는 법정대리인에게 고지한 때에는 그 책임을 면하게 됩니다(법 제3조 제3항).

그러나 제조물책임은 위에서 본 바와 같이 제조물의 결함으로 비롯된 생명·신체·재산상의 손해에 대하여 책임을 지는 것이어서 '제조물에 대해서만 발생한 재산상 손해'는 여기에 포함되지 않으며, '제조물에 대해서만 발생한 재산상 손해'란 제조물에 상품적합성이 결여되어 제조물 그 자체에 발생한 재산상 손해뿐만 아니라 제조물의 결함 때문에 발생한 영업 손실로 인한 손해도 포함되므로 그로 인한 손해도 제조물책임법의 적용 대상이 되지 않고, 이는 결국 민법상 하자담보책임을 물어 그 배상을 구하는 수밖에 없을 것입니다(대판 2015.3.26. 2012다4824, 2015.3.26. 2012다4824).

예컨대, 냉장고가 폭발해서 사람이 다친 경우에 그 다친 사람의 치료비나 위자료 등의 손해배상은 제조물책임법의 적용대상이 되는 것이지만, 폭발한 냉장고 자체에 대한 배상이나 폭발한 냉장고를 영업에 사용하고 있는 경우의 영업손실에 대해서는 제조물책임법의 적용대상이 되지 않고 하자담보책임 등 민사상 손해배상청구의 문제로 해결해야 한다는 것입니다.

제조물책임법에서는 징벌적 손해배상제도가 도입되어 있어 배상책임의 범위가 넓고, 결함 등이 추정되어 입증책임이 완화되어 있는 등으로 민법상 손해배상책임에 비해 피해자측에게 유리하게 되어 있습니다. 그러나 제조업자도 무한정 책임을 지는 것이 아니며 다음과 같은 사유 중의 어느 하나에 해당되면 제조물책임법에 다른 손해배상책임을 지지 않습니다. 즉 ① 제조업자가 해당 제조물을 공급하지 않았다는 사실, ② 제조업자가 해당 제조물을 공급한 당시의 과학·기술 수준으로는 결함의 존재를 발견할 수 없었다는 사실, ③ 제조물의 결함이 제조업자가 해당 제조물을 공급한 당시의 법령에서 정하는 기준을 준수함으로써 발생하였다는 사실, ④ 원재료나 부품의 경우에는 그 원재료나 부품을 사용한 제조물 제조업자의 설계 또는 제작에 관한 지시로 인하여 결함이 발생하였다는 사실 중 어느 하나의 사실을 입증한 경우에는 제조업자는 제조물책임법에 따른 손해배상책임이 면제되는 것입니다(법 제4조 제1항). 다만 제조업자 등 손해배상책임자가 제조물을 공급한 후에 그 제조물에 결함이 존재한다는 사실을 알거나 알 수 있었음에도 그 결함으로 인한 손해의 발생을 방지하기 위한 적절한 조치를 취하지 않는 경우에는 위 ②~④항에 따른 면책을 주장할 수 없습니다(법 제4조 제2항).

제조물책임법상의 손해배상청구권은 피해자 또는 그 법정대리인이 손해 및 손해배상책임을 지는 자를 모두 알게 된 날부터 3년 내, 제조물을 공급한 날부터 10년 내에 행사하지 않으면 시효로 소멸하게 됩니다(법 제7조 제1항, 제2항). 다만 여기에서 신체에 누적되어 사람의 건강을 해치는 물질에 의해 발생한 손해 또는 일정한 잠복기간이 지난 후에 증상이 나타나는 손해에 대하여는 그 손해가 발생한 날부터 기산하게 됩니다. 또한 제조물책임법에 따른 손해배상책임의 배제 또는 제한 특약은 무효로 되지만, 자신의 영업에 이용하기 위해 제조물을 공급받는 자가 자신의 영업용 재산에 발생한 손해에 관하여 그와 같은 특약을 체결한 경우에는 그 효력이 인정됩니다(법 제6조).

이에 귀하께서는 제조물책임법에 근거하여 스프링클러의 제조업자인 乙을 상대로 제조물책임을 물어 귀하가 입은 손해를 배상받을 수 있을 것으로 보입니다.

[사례 1·1·90] 위자료의 청구 요건과 그 구체적 산정방법

문 저는 술집에서 甲과 시비가 붙어 싸움이 발생하였는데, 甲이 던진 의자에 맞아 전치 8주의 중상해를 입고 입원치료한 후 최근에 퇴원한 사실이 있습니다. 이에 甲에게 손해배상을 청구하고자 하는데, 치료비나 입원비 등은 모두 산정이 가능한데, 위자료는 산정하기가 막막합니다. 따라서 박사님께 위자료를 산정하는 방법에 관하여 알고 싶어 문의드리는 바입니다.

답 위자료란 정신적인 고통을 금전으로 평가한 금액을 말하며, 주로 타인의 불법행위로 인해 생명·신체·자유·명예·정조 등 신체나 명예가 침해된 경우에 그 정신적 고통에 대한 손해를 금전적으로 산정하여 배상할 때 논의되는 문제입니다. 물론 채무불이행이나 물적 피해를 입은 경우에도 정신적 고통이 따를 수 있지만 이때의 위자료는 특별손해로서 가해자가 그러한 특별한 사정을 알았거나 알 수 있었을 경우에만 예외적으로 청구가 가능합니다(대판 1971.2.9. 70다2826).

위자료를 청구할 수 있는 자는 피해자 본인뿐만 아니라 그 친족도 청구가 가능하며, 피해자가 사망한 경우에는 그 사망자 본인에게도 위자료청구권이 발생하고, 이는 그의 상속인에게 상속되는 것입니다(대판 1973.9.25. 73다1100). 교통사고의 경우 피해자 본인과는 별도로 그의 부모나 형제자매들도 그 사고로 말미암아 그들이 입은 정신적 손해에 대해 고유의 위자료청구권을 가진다고 할 것이므로, 피해자 본인이 합의금을 수령하고 가해자 측과 나머지 손해배상청구권을 포기하기로 하는 등의 약정을 맺었다고 하더라도 특별한 사정이 없는 한 위 포기 등 약정의 효력이 당연히 손해배상청구권을 가지는 그의 부모 등에게까지 미친다고 할 수 없습니다(대판 2000.9.22. 2000다36354).

한편 위자료를 구체적으로 어떻게 산정할 수 있을까요? 정신적인 고통이란 눈에 보이는 것이 아니기 때문에 이를 객관화시켜 산정하는 것이 곤란한 문제가 있습니다. 그래서 실무에서는 정신적 고통이 가장 크다고 볼 수 있는 사망을 기준으로 그 위자료의 액수를 상한액으로 하고 이를 기준으로 구체적인 사안에서 사망과 대비해 어느 정도의 고통이 있다고 볼 수 있는지를 가늠해서 위자료의 액수를 정하고 있습니다.

따라서 위자료의 액수를 산정함에 있어서는 위자료의 상한이라고 할 수 있는 사망시의 위자료 액수를 법원에서 얼마로 책정하고 있는지가 중요한 요소가 되는 것입니다. 즉 위자료를 얼마로 산정할 것인지에 대하여는 정신적 고통을 측정할 수 없기 때문에 명확한 기준이 없으며, 판례도 위자료는 이를 증거로 입증해야 할 성질의 것이 아니고, 제반사정을 참작해서 판사가 직권으로 결정할 수 있는 것으로 보고 있습니다(대판 1988. 2.23. 87다카57).

다만 위자료 산정의 액수에 관한 법원의 실무를 분석해 보면 각 분야별로 그 기준을 다소 달리 적용하고 있는 것으로 보이고, 또한 사회·경제규모, 물가수준, 사회구성원의 법 감정 등의 변화에 따라 간헐적으로 증액해 오고 있는 추세를 보이고 있습니다. 즉 위자료의 상한액, 즉 사망시의 위자료는 1991년 2천만원, 1994년 4천만원, 2000년 12월 5천만원(2000. 2. 8.자 법률신문 참고),[50] 2007년 6천만원으로 꾸준히 상향 조정되었고,[51] 이 상한액도 현실에 맞지 않다는 지적에 따라 2008년 7월부터는 교통사고·산재사고 분야에서 8천만원으로 증액된 기준을 적용하였으며, 다시 2015년 3월 1일부터는 1억원으로 상향 조정된 기준을 적용해 오고 있습니다(2015. 2. 2.자 법률신문 참고).

나아가 최근 서울중앙지방법원에서는 2017년 3월 1일부터 불법행위의 유형별로 위자료 기준액수를 정하고, 여기에 음주운전이나 뺑소니 사망사고 등 법원이 정한 특별 가중인자가 있는 경우에는 기준액수를 2배로 늘리도록 하고 있으며, 이러한 기준금액을 토대로 추가로 참작해야 할 일반 가중·감경사유가 있다면 그 기준금액의 최대 50%까지 증액 또는 감액할 수 있도록 하고 있습니다.

즉, 이에 의하면 위자료의 기준액수는 교통사고 사망·중상해 사건 1억원, 대형 재난사고 사망사건 2억원, 소비자·일반 시민에 대한 영리적 불법행위로 인한 사망사건 3억원, 명예훼손 등 인격권 침해사건 5천만원~1억원으로 하고 있고, 여기에 법원이 정한 특별 가중인자가 있는 경우에는 위 기준금액을 2배로 늘리며, 이후 참작해야 할 일반 가중·감경사유가 있다면 추가로 위 기준금액을 토대로 최대 50%까지 증액 또는 감액하게 됩니다. 예컨대 가습기 살균제 피해 사건의 경우의 위자료는 기준 금액이 3억원, 특별가중금액은 6억원이 되고, 여기에 일반 증액사유를 고려해서 50% 범위 내에서 증액하면 최대 9억원까지 되는 것입니다(법률신문 2017.2.3.자).

최근의 기준을 적용할 때 실무상 교통사고 사망 또는 장해가 나온 경우의 위자료 산정방법은 [금 100,000,000원 × 노동능력상실률 × {1 − (피해자의 과실비율 × 6/10)}]의 산식에 의하여 산출됩니다(사망한 경우에는 노동능력상실률 100%). 한시장해의 경우에는 기준이 되는 기한을 10년으로 설정하고 10년 대비 한시장해기한 비율, 예컨대 3년 한시장해일 경우에는 3/10을 해당 노동능력상실률에 곱하여 산정된 노동능력상실률을 위 식에 대입해서 산출합니다.

위자료의 산정방법을 좀 더 구체적으로 살펴보면 다음과 같습니다(단, 위자료 산정기준은 1억원을 전제). 즉 ① 피해자에게 과실이 없는 경우에는, ⓐ 피해자가 사망한 때 : 금 1억원, ⓑ 피해자가 장해를 입어 노동능력을 상실한 때 : {금 1억원 × 노동능력상실률}의 산식에 의해 산출된 금액이 위자료의 액수가 되고, ② 피해자에게 과실이 있는 경우에는, 위 ①항에 의한 위자료 기준금액에서 피해자의 과실비율 중 6/10에 해당하는 부분을 감액한 금액, 즉 [위 ①항에 의한 위자료 기준금액 × {1 - (피해자의 과실비율 × 6/10)}]의 산식에 의해 산출된 금액이 위자료의 액수가 됩니다.

여기에서 피해자에게 과실이 있는 경우의 예를 들어본다면, ⓐ 피해자가 사망하였고, 그의 과실비율이 50%라고 하면, 위자료 액수는 [금 1억원 × {1 - (0.5 × 6/10)}] = 7천만원으로 산출되고, ⓑ 피해자가 장해를 입어 노동능력상실률이 30%에 달하고, 그의 과실비율이 50%라고 하면, [금 1억원 × 0.3(노동능력상실률) × {1 - (0.5 × 6/10)}] = 2천 1백만원으로 산출되는 것입니다. 그밖에 사망이나 장해 사건이 아닌 상해나 폭행, 명예, 물적 피해 등에 대한 위자료의 산정은 구체적인 사안에서 판사가 제반사정을 참작하여 사망시의 고통과 대비해 어느 정도의 고통이 있었다고 보는지를 가늠해서 직권으로 결정할 것으로 보입니다.

실무상으로는 폭행사건의 위자료는 30만원~5백만원선, 상해사건의 위자료는 1백만원~1천만원선, 과실치사 사건의 위자료는 3천만원~5천만원선, 이혼위자료는 1천만원~3천만원선에서 판결하고 있는 듯하지만, 이것도 구체적인 사안에 들어가면 천차만별이어서 꼭 들어맞는 것은 아니며, 사안의 성질 및 피해의 상황에 따라, 고의 또는 과실의 여부에 따라, 입원치료 여부나 치료기간에 따라, 피해자나 가해자의 연령에 따라, 시대흐름에 따라, 물가변동에 따라 변해왔음을 시인하지 않을 수 없습니다.

이에 귀하께서도 위에서 살펴본 위자료의 산정방법을 참고하셔서 귀하의 고통의 정도가 사망에 비해 얼마나 되는지를 나름대로 가늠해서 청구하는 수밖에 없을 것으로 보이지만, 8주 정도 입원했다고 하니 5백만원~1천만원선에서 청구하면 어떨까 싶습니다.

---

50) 이러한 위자료의 상한액의 변천과정에 관하여는 1991년 이전 2천만원, 1991년 3천만원, 1992년 4천만원, 1999년 5천만원이었다는 견해도 있습니다(월간노사 2015년 3월호).

51) 2000년도 당시 의료과실의 경우에는 의사의 과실이 인정되는 경우의 위자료에 관하여 교통사고나 산재사고에서와 마찬가지로 6천만원을 적용하였고, 다만 의사의 설명의무만 위반한 경우라면 이보다 적은 2천만원~3천만원을 인정하고 있었던 것으로 보입니다. 언론사건으로 인한 위자료의 경우에는 고액화 경향을

[사례 1·1·91] 학교안전법상 공제급여에 과실상계나 기왕증 참작의 원리가 적용되어 공제급여가 감액될 수 있는지

문 저희 딸은 고 2 학생인데, 학교에 등교하여 자율학습을 하던 중 학교 화장실에 갔다오다가 간질발작으로 앞으로 쓰러져 질식사하고 말았습니다. 이에 저희 유족들은 이러한 사고에 대해 학교안전공제회를 상대로 학교안전법상 공제급여인 유족급여와 장의비를 청구하였는데, 위 학교안전공제회에서는 학교안전법 시행령에 근거하여 기왕증 참작 및 과실상계를 주장해서 감액을 주장하고 있습니다. 이에 저희들이 소송을 제기할 경우 학교안전공제회의 기왕증 참작 주장이나 과실상계의 주장이 받아들여질지 걱정되어 이에 관하여 박사님께 문의드리고자 합니다.

답 「학교안전사고 예방 및 보상에 관한 법률」(이하 '학교안전법')에서 규정하는 '학교안전사고'란 "교육활동 중에 발생한 사고로서 학생·교직원 또는 교육활동참여자의 생명 또는 신체에 피해를 주는 모든 사고 및 학교급식 등 학교장의 관리·감독에 속하는 업무가 직접 원인이 되어 학생·교직원 또는 교육활동참여자에게 발생하는 질병으로서 대통령령이 정하는 것"을 말합니다(학교안전법 제2조 제6호).

여기에서 '교육활동'의 의미에 관하여 학교안전법에서는 학교의 교육과정에 따라 행하여지는 수업·특별활동·재량활동·과외활동·수련활동·수학여행 등 현장체험활동 또는 체육대회 등의 활동 등이라고 규정하고 있을 뿐(학교안전법 제2조 제4호), 그 사고 발생의 원인에 관하여는 이를 제한하는 별도의 규정을 두고 있지 않습니다. 따라서 '교육활동' 중에 발생한 사고로서 학생·교직원 또는 교육활동참여자의 생명 또는 신체에 피해를 주는 사고이면 그 원인에 상관없이 모두 학교안전법이 정한 학교안전사고에 해당한다고 할 것입니다(대판 2012.12.13. 2011다111961).

이에 귀하의 딸이 자율학습 시작 후 화장실에서 쓰러진 사고는 교육활동 중에 발생한 사고에 해당되어 학교안전법상 학교안전사고에 해당하며, 고등학교 2학년 학생으로서 수업과 시험 등을 통해 받은 상당한 스트레스 등은 귀하 딸의 뇌전증(간질)에 영향을 미쳤거나 위 질병과 겹쳐서 사고를 일으켰다고 보이고, 이에 따른 사고와 사망 사이에는 상당인과관계가 있다고 할 수 있을 것입니다.

한편 학교안전사고를 예방하고, 학생·교직원 및 교육활동참여자가 학교안전사고로 인해 입은 피해를 신속·적정하게 보상하기 위한 학교안전사고보상공제 사업의 실시에 관하여 필요한 사항을 규정함을 목적으로 하는 학교안전법은 교육감, 학교장 등에게 학교안전사고의 예방에 관한 책무를 부과하고, 학교안전사고가 발생한 경우 교육감, 학교장 등이 그 사고 발생에 책임이 있는지를 묻지 않고 피해를 입은 학생·교직원 등 피공제자에 대하여 공제급여를 지급함으로써 학교안전사고로부터 학생·교직원 등의 생명과 신체를 보호하며, 부득이 피해를 입은 경우 그 피해를 신속하고 적정하게 보상하여 실질적인 학교 안전망을 구축하는 것을 그 입법 취지로 하고 있습니다.

이와 같은 학교안전법에 의한 공제제도는, 종래 시·도 교육청별로 민법상 비영리 사단법인의 형태로 설립·운영되던 상호부조 조직인 학교안전공제회가 학교안전법의 시행으로 해산되고, 그 권리·의무를 학교안전법상의 공제회가 포괄승계하도록 함과 아울러 국가 및 지방자치단체의 지원을 받을 수 있도록 함으로써 기본구조가 갖추어지게 되었습니다. 이러한 제도의 입법 취지와 연혁 등에 비추어, 학교안전법에 의한 공제제도는 상호부조 및 사회보장적 차원에서 학교안전사고로 인해 피공제자가 입은 피해를 직접 전보하기 위해 특별법으로 창설한 것으로서 일반 불법행위로 인한 손해배상제도와는 그 취지나 목적이 다르다고 보아야 할 것입니다.

그러므로 법률에 특별한 규정이 없는 한 학교안전법에 의한 공제급여의 지급책임에는 과실책임의 원칙이나 과실상계의 이론이 당연히 적용된다고 할 수 없고, 또한 민사상 손해배상 사건에서 기왕증이 손해의 확대 등에 기여한 경우에 공평의 견지에서 과실상계의 법리를 유추적용하여 손해배상책임의 범위를 제한하는 법리도 법률에 특별한 규정이 없는 이상 학교안전법에 따른 공제급여에는 적용되지 않는다고 할 것입니다(대판 2012.12.13. 2011다111961). 또한 학교안전법은 공제급여의 지급제한 사유를 제43조에서 일괄 규정하면서, 학교안전사고가 아닌 원인으로 피공제자가 자해·자살한 경우, 정당한 사유 없이 요양기관의 지시를 따르지 아니하여 부상 등의 상태가 악화되거나 요양기관의 치료를 방해한 것이 명백한 경우, 수급권자가 자동차손해배상보장법의 규정에 따른 손해배상을 받은 경우 및 피공제자의 귀책사유로 인한 공제료체납의 경우를 열거하고 있고, 그밖에는 지급제한 사유를 정한 규정은 없습니다.

따라서 학교안전법 시행령 제19조의2는 제1항에서 "공제회는 학교안전법 제35조에 따라 공제급여액을 결정할 때 피공제자에게 이미 존재하던 질병, 부상 또는 신체장애 등이 학교안전사고로 인해 악화된 경우에는 이미 존재하던 질병, 부상 또는 신체장애 등의 치료에 필요한 비용을 제외하고 공제급여를 지급할 수 있다."라고 규정하고, 제2항에서 "공제회는 학교안전법 제37조부터 제39조까지의 규정에 따른 장해급여, 간병급여 및 유족급여를 산정할 때는 피공제자에게 과실이 있으면 이를 상계할 수 있다."라고 규정하며, 제3항에서 "제2항에 따른 과실상계 대상 및 기준 등 필요한 사항은 교육부령으로 정한다."라고 규정하고 있다고 하더라도 앞서 본 학교안전법의 입법 취지와 공제급여의 성격 및 학교안전법 제36조 내지 제40조의 위임의 취지, 그리고 모법인 학교안전법에서 공제급여의 지급제한 사유를 제43조에서 한정적으로 열거해 규정한 점 등에 비추어 볼 때, 만약 기왕증과 과실상계에 의한 지급제한 사유를 규정한 이 사건 시행령 조항이 학교안전법 제36조 내지 제40조에 의해 위임된 사항을 규정한 것이라면 이는 그 위임의 범위를 넘는 것이고, 그밖에 달리 시행령에서 그와 같은 지급제한 사유를 추가해서 정할 수 있도록 모법에서 위임한 규정을 찾아볼 수 없으므로, 결국 이들 시행령 조항은 법률의 위임 없이 피공제자의 권리를 제한하는 것으로서 무효라고 보아야 할 것입니다(대판 2016.10.19. 2016다208389 전원합의체판결).

이에 귀하의 사건을 보건대, 귀하의 사례에서 학교안전공제회가 학교안전법 시행령을 근거로 귀하 가족들의 공제급여청구에 대해 귀하 딸의 기왕증으로 인한 감액 및 과실상계 주장은 받아들여지지 않을 것으로 보이니 안심하셔도 될 것 같습니다.

[사례 1·1·92] 학교안전사고의 가해자가 피해자에게 손해배상을 해준 후 학교안전공제회를 상대로 구상권을 행사할 수 있는지

문 저희 아들은 초등학생인데 수업시간이 끝나고 급히 화장실로 뛰어가다가 맞은편에서 걸어오던 학교 학생의 얼굴에 머리를 부딪혀 그 학생의 코뼈와 하악 좌, 우측 중절치가 파절 내지 파열되는 상해를 입혔는데, 합의가 잘 되지 않아 그 학생과 부모로부터 손해배상청구소송을 당하여 판결결과에 따라 치료비 100만원과 및 위자료 100만원을 전부 물어주었습니다. 이에 제가 학교안전사고공제회를 상대로 구상권을 행사하고자 하는데, 그 전액을 받아낼 수 있는지 박사님께 문의드리고 싶습니다.

답 「학교안전사고 예방 및 보상에 관한 법률」(이하 '학교안전법')에 따른 공제제도는 학교안전사고로 인하여 피공제자가 입은 피해를 사회보장 차원에서 직접 전보하는 성질을 가지고 있는 것으로서 불법행위로 인한 손해를 배상하는 제도와 그 취지나 목적을 달리합니다.

학교안전법에 의하면 공제회는 공제급여의 종류별로 제36조~제40조의 규정에 따라

보이고 있었는데, 전에는 명예훼손으로 인한 위자료는 1천만원~2천만원 정도만 인정해 주는 판결이 주류를 이루고 있었으나, 2000년 들어서는 5천만원 이상 인정해주는 판결도 다수 나오고 있었고, 심지어는 억대가 넘는 사건도 몇 건 있었다고 합니다(2009.11.30.자 법률신문 참고).

공제급여액을 결정한다고 규정하면서, 제36조~제40조에서 공제급여의 종류를 요양급여, 장해급여, 간병급여, 유족급여로 나누어 그 종류별로 수령권자, 급여의 범위와 지급기준 등을 정하고 있고, 그중 요양급여에 관하여는 학교안전사고로 인해 피공제자가 부상을 당한 경우 피공제자 또는 그 보호자 등에게 요양급여를 지급하되, 그 요양급여는 그 부상의 치료에 소요된 비용 중 국민건강보험법에 따라 피공제자 또는 보호자 등이 부담한 금액으로 하도록 규정하고 있습니다(학교안전법 제35조 제1항, 제36조 제2항). 이러한 규정들에 따르면 학교안전법이 규정하는 요양급여는 피공제자의 치료에 실제로 소요된 비용 중 피공제자 또는 그 보호자 등이 부담한 금액만을 지급대상으로 하는 것이므로, 국민건강보험공단이 부담한 금액이나 장래 소요될 것으로 예상되는 치료비 및 보조기 구입비는 지급대상이 아니고, 피공제자나 그 보호자 등에 대한 위자료도 마찬가지로 지급대상이 아니라고 할 것입니다(대판 2012.2.9. 2011다85390, 2012.12.13. 2011다77238).

한편 학교안전법 제35조 제2항에서는 제1항의 규정에 불구하고 법원의 판결 등으로 학교안전사고로 인해 피공제자가 입은 피해에 대해 공제가입자 또는 피공제자가 지급해야 할 보상액 또는 배상액이 확정되는 경우 그 확정된 보상액 또는 배상액(지연배상금 포함)은 이 법에 따른 공제급여액으로 보아 공제회가 이를 부담한다고 규정하고 있으나, 이와 같은 제도의 성질 및 관련 규정들에 비추어 볼 때, 이는 공제회에게 공제급여책임이 성립하는 경우를 전제로 하여 법원의 판결 등에 의한 보상액 등을 그 공제급여액으로 한다는 취지의 규정일 뿐, 위 규정이 바로 공제급여액을 지급해야 할 경우를 정한 것은 아니라고 보아야 할 것입니다(대판 2013.12.26. 2012다75642).

이에 귀하측에서 피해자측에 배상해 준 손배배상금에 관하여 이를 학교안전공제회에 구상할 수 있는지 여부는 그것이 학교안전공제회에서 책임을 져야 할 공제급여에 해당하는 것을 전제로 구상할 수 있는 것이므로 구상권의 범위는 피해학생의 치료에 소요된 치료비 중 국민건강보험공단이 부담금을 제외하고 피해학생의 치료에 실제로 지출한 금액만을 청구할 수 있을 뿐, 그밖의 치료비 부분이나 위자료 부분에 대하여는 학교안전공제회의 공제급여(요양급여)의 대상에 포함되는 것이 아니어서 설령 귀하측에서 패소판결에 따라 피해자측에 치료비와 위자료 등을 전액 지급해주었다고 하더라도 귀하께서는 피해학생의 치료를 위하여 실제로 지출한 치료비 부분에 한해서만 구상권의 행사가 가능할 것으로 보입니다.

[사례 1-1-93] 타인의 토지에 대한 회사의 불법점유에 관하여 회사 이외에 대표이사 개인에게도 손해배상책임을 물을 수 있는지

문 저는 경매로 토지와 그 지상 건물을 낙찰받아 소유권을 취득한 매수인인데, 경매개시등기 후에 위 건물에 인테리어공사를 한 甲 회사의 대표이사 乙이 유치권을 주장하면서 그 직원을 시켜 제 점유를 배제한 채 위 토지 및 건물에 대한 관리 및 점유를 계속해 오고 있습니다. 이러한 경우 제가 위 회사 甲뿐만 아니라 그 대표이사 乙 개인에 대해서도 불법행위로 인한 손해배상청구를 할 수 있는지 박사님께 문의드리고 싶습니다.

답 주식회사의 대표이사가 업무집행을 하면서 고의 또는 과실에 의한 위법행위로 타인에게 손해를 가한 경우 주식회사는 상법 제389조 제3항, 제210조에 의해 제3자에게 손해배상책임을 부담하게 되고, 대표이사도 민법 제750조 또는 상법 제389조 제3항, 제210조에 의해 주식회사와 연대하여 불법행위책임을 부담하게 됩니다.

따라서 주식회사의 대표이사가 업무집행과 관련하여 정당한 권한 없이 그 직원으로 하여금 타인의 부동산을 지배·관리하게 하는 등으로 소유자의 사용수익권을 침해하고 있는 경우, 부동산의 점유자는 회사일 뿐이고 대표이사 개인은 독자적인 점유자가 아니기 때문에 부동산에 대한 인도청구 등의 상대방이 될 수 없다고 하더라도, 고의 또는 과실로 부동산에 대한 불법적인 점유상태를 형성·유지한 위법행위로 인한 손해배상책임은 회사와 별도로 부담한다고 보아야 할 것입니다. 대표이사 개인이 부동산에 대한 점유자가 아니라는 것과 업무집행으로 인하여 회사의 불법점유 상태를 야기하는 등으로 직접 불법행위를 한 행위자로서의 손해배상책임을 지는 것은 별개의 문제라고 보아야 하기 때문입니다.

한편 유치권은 그 목적물에 관하여 생긴 채권이 변제기에 있는 경우에 비로소 성립하고(민법 제320조), 채무자 소유의 부동산에 경매개시결정의 기입등기가 마쳐져 압류의 효력이 발생한 후에 유치권을 취득한 경우에는 그로써 부동산에 관한 경매절차의 매수인에게 대항할 수 없다고 할 것인데, 채무자 소유의 건물에 관하여 증·개축 등 공사를 도급받은 수급인이 경매개시결정의 기입등기가 마쳐지기 전에 채무자로부터 건물의 점유를 이전받았다고 하더라도 경매개시결정의 기입등기가 마쳐져 압류의 효력이 발생한 후에 공사를 완공해서 공사대금채권을 취득함으로써 그때 비로소 유치권이 성립한 경우에는 그 수급인은 유치권을 내세워 경매절차의 매수인에게 대항할 수 없습니다(대판 2013.6.27. 2011다50165).

이에 귀하의 사건을 보건대, 귀하께서 매수한 토지 및 건물에 대해 경매개시결정 후에 이루어진 공사로 인해 甲 회사가 취득한 공사대금채권에 의해서는 적법하게 유치권을 취득할 수 없으며, 甲 회사의 대표이사 乙이 그 회사의 직원으로 하여금 토지와 건물을 지배·관리하도록 한 것은 회사의 업무집행으로 인해 귀하의 소유권을 침해한 불법행위에 해당한다고 할 것이므로 비록 토지와 건물의 점유자는 甲 회사라고 할지라도 그 대표이사 乙은 위 불법행위로 인한 손해배상책임을 면할 수 없다고 할 것이어서 귀하께서는 대표이사 乙 개인을 상대로 해서도 손해배상청구를 할 수 있을 것으로 보입니다.

[사례 1·1·94] 보이스피싱에 사용된 통장명의자가 부당이득반환책임이나 불법행위로 인한 손해배상책임을 지게 되는지

문 저는 보이스피싱 사기에 속아 甲 명의의 예금통장에 1천만원을 자동이체 하였습니다. 그런데 알고 보니 그 통장명의자 甲도 보이스피싱 사기범으로부터 대출을 받게 해주겠다는 말에 속아 자신의 예금통장과 주민등록증 사본을 넘겨준 것으로서 이체 즉시 보이스피싱 사기범에 의해 인출되어버린 것이었습니다. 보이스피싱 사기범을 고소해 놓았지만 외국에 거주하고 있고 소재파악이 안되는지라 큰 의미가 없을 것 같아 통장명의자인 甲을 상대로 부당이득반환청구소송이나 불법행위로 인한 손해배상청구소송을 제기하여 이체금을 회수하고자 하는데, 승소가 가능한지 박사님께 문의드리고 싶습니다.

답 최근까지도 보이스피싱 사기에 속아 자신의 통장이나 현금카드를 무상으로 사기범에게 대여하거나 양도해주는 경우가 많고, 경우에 따라서는 대가를 받고 그러한 행위를 해주어 보이스피싱 사기의 대포통장으로 이용되는 경우가 있습니다.

통장명의자가 보이스피싱 사기범에 속아 자신의 통장을 보이스피싱 사기의 대포통장으로 이용하게 하는 형태를 보면 통장 자체를 넘겨주는 식이냐 아니면 계좌번호를 노출한 식이냐에 따라 몇 가지의 유형으로 구분할 수 있습니다. 즉 ① 통장명의자가 금전대출을 해주겠다는 보이스피싱 사기범의 요청으로 자신의 통장과 주민등록증 사본을 등기우편 등으로 보이스피싱 사기범에게 넘겨주어 통장 그 자체가 범죄에 이용되는 소위 '통장자체양도형', ② 통장명의자가 보이스피싱 사기범에 속아 자신의 예금계좌번호와 통장 비밀번호를 알려주어 그 예금계좌가 범죄에 이용되는 소위 '계좌정보노출형', ③ 통장명의자가 금전대출을 해주겠다는 보이스피싱 사기범에 속아 자신의 통장에 입금된 피해자의 돈을 직접 인출해서 보이스피싱 사기범에게 이체해 준 소위 '피해금 인출후 자동이체형', ④ 통장명의자가 보이스피싱 사기범으로부터 대가를 받고 통장을 넘겨주거나 개설된 통장을 이용하도록 한 소위 '통장이용대가취득형' 등이 있을 것입니다.

여기에서 대포통장 이용형태 ④의 경우와 같이 대가를 받고 통장을 건네주거나 통장을 이용하도록 한 경우에는 보이스피싱 사기에 대한 방조범으로 되어 불법행위로 인한 손해배상책임을 부담한다고 볼 수 있을 것이고, 또한 통장명의자가 보이스피싱 사기범과 공모하여 고의적으로 통장을 개설하거나 개설된 통장을 넘겨준 경우에는 보이스피싱의 방조범으로서 공동불법행위가 성립되어 민·형사상 책임을 지게 되는 것이므로 통장명의자의 고의가 개입된 경우에는 논란의 여지가 없을 것이고, 위 통장 이용형태 중 통장명의자의 과실이 개입된 ①, ②, ③의 경우가 주로 문제될 것이므로 아래에서는 이 경우를 중심으로 살펴보고자 합니다. 그런데 보이스피싱에 이용된 통장명의자의 과실책임에 관하여는 부당이득반환책임과 불법행위책임의 두 관점에서 논의의 대상이 될 수 있을 것인데, 대법원 판례는 갈수록 부당이득반환의무의 관점에서 뿐만 아니라 불법행위책임의 관점에서도 그 책임을 물을 수 없다는 방향으로 가고 있지 않나 싶은 바, 아래에서 자세히 살펴보고자 합니다.

종전의 대법원 판례는 두 가지의 경향이 있다고 보이는데, 송금의뢰인과 통장명의인 사이에 계좌이체의 원인이 되는 법률관계가 존재하지 않음에도 불구하고 계좌이체에 의해 통장명의인이 계좌이체금액 상당의 예금채권을 취득한 경우에는 송금의뢰인은 통장명의인에 대해 위 금액 상당의 부당이득반환청구권을 가지게 된다고 보는 판례가 있는 반면(대판 2010.11.11. 2010다41263·41270, 2007.11.29. 2007다51239, 2010.5.27. 2007다66088), 송금의뢰인이 송금한 금원이 통장명의인의 예금계좌로 입금되었다고 하더라도, 그로 인하여 이체금 상당의 이득을 취하였다고 하기 위해서는 통장명의인이 위 이체금을 사실상 지배할 수 있는 상태에까지 이르러 실질적인 이득의 귀속자가 되었다고 볼 만한 사정이 인정되어야 비로소 부당이득반환의무가 생기는 것이고 실질적인 이득을 얻은 바 없다면 부당이득반환의무가 생기지 않는다고 판시한 판례가 있습니다(대판 2011.9.8. 2010다37325).

이에 따라 종전의 하급심 판결을 살펴보면, 보이스피싱 사기에 이용된 통장명의자의 책임과 관련하여 전자의 대법원 판례를 취하여 보이스피싱 피해자의 통장명의자에 대한 부당이득반환청구를 인용한 판결도 있기도 하지만(서울중앙지법 2015.11.6. 2014나62335), 거의 대부분은 후자의 대법원 판례를 취하여 통장명의자가 실질적인 이득을 얻은 것에 대한 입증이 되지 않는다고 보아 보이스피싱 피해자의 통장명의자에 대한 부당이득반환청구를 부정하고, 다만 통장명의인에게 보이스피싱 사기의 방조 내지 종범으로 인정된 경우에는 공동불법행위책임을 물어 피해자의 통장명의자에 대한 불법행위로 인한 손해배상책임을 인정하되, 피해자의 과실과의 상계를 인정하여 불법행위책임의 범위를 제한하는 방식으로 처리해오고 있는 것으로 보이며, 앞서 본 대포통장 이용형태 중 ①과 ②의 경우가 여기에 해당될 것입니다.

한편 종전의 위 대법원 판례 후 나온 대법원 판례는 위 두 견해를 요약하여 송금의뢰인이 송금한 금원이 통장명의인의 예금계좌로 입금되면 원칙적으로 통장명의인이 부당이득을 하였다고 보되, 그 예금에 대한 인출행위를 제3자가 기망행위에 의해 습득한 통장명의자의 계좌번호와 비밀번호를 이용하여 직접 한 경우에는 통장명의자에게 실질적인 이득이 귀속된 바 없으므로 부당이득반환의무를 면할 수 있다고 판시하고 있습니다(대판 2014.10.15. 2013다207286). 따라서 통장명의자의 통장에 피해자의 돈이 입금된 경우에 있어서 통장명의자가 직접 그 입금된 돈을 인출하여 보이스피싱 사기범에게 입금해 준 경우에는 통장명의자가 실질적인 이득을 얻은 것으로 되어 부당이득반환책임이 인정될 것이로되, 통장명의자가 인출한 것이 아니라 보이스피싱 사기자가 그 습득한 통장명의자의 계좌번호와 비밀번호를 이용하여 직접 계좌이체행위를 한 경우로서 통장명의자가 그 인출행위에 관여하지 않아 실질적인 이득이 귀속된 바 없음이 입증된 경우에는 부당이득반환책임이 면해질 수 있는 것입니다. 이에 따라 하급심 판결에서도 앞서 본 대포통장 이용형태 중 ③의 경우와 같이 통장명의자가 금전대출을 해주겠다는 보이스피싱 사기범에 속아 자신의 통장에 입금된 돈을 직접 인출하여 보이스피싱 사기범에게 이체까지 해 준 경우에는 통장명의자가 실질적인 이득을 얻었다고 볼 수 있으므로 부당이득반환의무가 있다고 볼 수 있을 것이고, 한편으로는 보이스피싱 범죄를 방조한 것으로 보아 불법행위로 인한 손해배상책임을 부담할 수 있다고 판시하고 있습니다(서울중앙지법 2015가단5303280).

그런데 최근의 대법원 판례는 보이스피싱 사기의 피해자가 통장명의자에 대하여 불법행위책임을 묻는 것도 부정하는 판례가 나왔습니다. 즉 위 사례 ①과 같이 통장명의자가 금전대출을 해주겠다는 보이스피싱 사기범의 제의에 속아 통장을 개설한 후 주민등록증 사본과 함께 보이스피싱 사기범에게 넘겨준 후 위 계좌에 역시 보이스피싱 사기범에 속아 금전을 입금한 경우와 관련해서는 통장명의자도 보이스피싱 사기범에 속아 보이스피싱 범죄를 예상하지 못한 상태에서 통장을 제공한 것이고 그 통장은 보이스피싱 사기에 이용된 수단에 불과하여 피해자의 손해와 통장명의자의 주의의 태만 사이에 인과관계가 없다고 보아 통장에 잔고가 남아 있는 돈을 제외하고는 보이스피싱 사기범이 인출해간 금전에 대해 통장명의자는 피해자에게 부당이득반환의무가 없고, 대출을 받기 위해 통장을 넘겨준 행위만으로는 불법행위책임도 부담하는 것이 아니라고 판시하고 있습니다(2015.1.15. 2012다84707).[52] 즉 통장명의자가 성명불상자의 기망에 의해 어떤 대가도 받지 않고 보이스피싱 범죄자에게 통장과 현금카드를 각각 한 개씩 교부해 주었고, 보이스피싱 범행은 그 후에 발생한 경우에 있어서는 그 통장 등이 보이스피싱에 사용되리라는 점을 예견하였다고 볼 수 없어 통장명의자의 주의의무위반과 피해자의 손해 사이에 상당인관계가 인정되지 않으므로 통장명의자에게 불법행위책임을 물을 수 없다는 것입니다.

이와 같은 취지로 하급심 판결에서도 통장계좌번호와 함께 현금카드를 건네주어 보이스피싱에 이용되게 한 사례에서 불법행위책임을 인정하지 않는 판결을 내리고 있는 것으로 보입니다(대구지법 2015.5.20. 2014나303714). 물론 통장명의자가 자기 명의의 통장을 타인에게 넘긴 행위는 전자금융거래법 위반죄로 될 수 있고, 아울러 「전기통신금융사기 피해방지 및 피해금 환급에 관한 특별법」 위반죄 내지 사기죄의 방조범으로 처벌을 받을 수 있을 것이나, 이는 별개의 문제입니다.[53)]

이에 귀하의 사례를 살펴보건대, 귀하의 사례에 대해서도 최근의 대법원 판례의 입장이 적용될 수 있을 것으로 보이는 바, 귀하께서는 통장명의자 甲을 상대로 부당이득반환청구나 불법행위로 인한 손해배상청구는 곤란할 것으로 보이고, 보이스피싱 사기범에 대해서만 그 책임을 물을 수 있을 것으로 보입니다. 다만 이와 같이 보이스피싱 피해자의 통장명의자에 대한 부당이득반환청구나 손해배상청구가 기각되는 추세에 있다고는 하지만 그 성립이 항상 부정되는 것은 아니므로 귀하께서 입증자료를 부지런히 챙기고 논리를 잘 구성해서 소송을 제기할 경우에는 소기의 성과를 볼 수 있다고 보입니다.

참고로 보이스피싱 사고를 당한 피해자가 그 피해금에 대한 조속하고 신속한 환급을 위하여 사기이용계좌에 대한 채권소멸절차와 피해금에 대한 환급절차를 규정하여 신속히 피해자의 재산상 피해를 회복하기 위하여 「전기통신금융사기 피해 방지 및 피해금 환급에 관한 특별법」이 2011년 3월 29일 제정되어 동년 9월 30일부터 시행되고 있으니, 보이스피싱 사고를 당한 피해자로서는 피해를 당한 즉시 금융회사에 대하여 사기이용계좌에 관한 지급정지 등의 조치를 신청하고, 아울러 관할 경찰서 등에 고소도 하여 피해를 구제받는 절차를 밟도록 해야 할 것입니다.

---

52) 통장이나 현금카드 등 전자식 카드나 비밀번호 등 전자금융거래의 접근매체를 통해 전자금융거래가 이루어진 경우에 그 전자금융거래에 의한 법률효과를 접근매체의 명의자에게 부담시키는 것을 넘어 그 전자금융거래를 매개로 이루어진 개별적인 거래가 불법행위에 해당된다는 이유로 접근매체를 양도한 명의자에게 과실에 의한 방조로 인한 손해배상책임을 지우기 위해서는 접근매체 양도 당시의 구체적인 사정에 기초하여 접근매체를 통해 이루어지는 개별적인 거래가 불법행위에 해당된다는 점과 그 불법행위에 접근매체를 이용하게 함으로써 그 불법행위를 용이하게 한다는 점을 명의자가 예견할 수 있어 접근매체의 양도와 불법행위로 인한 손해 사이에 상당인과관계가 인정되어야 할 것이며, 이는 접근매체를 양도하게 된 목적 및 경위, 양도목적의 실현가능성, 양도의 대가나 이익의 존재, 양수인의 신원, 접근매체를 이용한 불법행위의 내용 및 그 불법행위에 대한 접근매체의 기여도, 접근매체 이용상황에 대한 양도인의 확인여부 등을 종합

제 2 장 가사 편

제1절 친자·입양·부양·혼인

[사례 1·2·1] 가사사건의 종류와 가사사건별 관할법원

문 저는 평소 가사사건에 대해 관심이 많은데다 조만간 처와 간통 행위를 한 상간자를 상대로 손해배상청구소송도 제기하고자 합니다. 처와는 현재 이혼한 상태입니다. 그런데 가사사건에 대해 규정하고 있는 가사소송법을 들여다보면 사건의 종류도 너무 많고 관할법원에 관한 규정도 여기저기 흩어져 있어서 잘 이해가 되지 않습니다. 그래서 박사님께 가사사건의 종류와 각 사건별 관할법원에 대해 문의하고 싶고, 상간자에 대한 소송을 제 주소지에서 제기할 수 있는지 아니면 다른 법원에 제기해야 하는지 알고 싶어 박사님께 문의드리고 싶습니다.

답 가사사건은 이를 크게 분류해 보면 가사소송사건과 가사비송사건으로 분류할 수 있는데, 전자의 가사소송사건은 다시 '가류', '나류', '다류'로 분류되고, 후자의 가사비송사건은 '라류'와 '마류'로 분류됩니다.

아래에서 가사사건의 분류에 관하여 구체적으로 살펴보도록 하겠습니다.

먼저 가사소송사건에 관하여 살펴보면, 가사소송사건은 '가류', '나류', '다류' 사건으로 분류됩니다.

첫째, '가류' 가사소송사건은 혼인무효, 이혼무효, 인지무효, 친생자관계존부확인, 입양무효, 파양무효소송이 여기에 해당됩니다.

둘째, '나류' 가사소송사건은 사실상혼인관계 존부 확인, 혼인취소, 이혼취소, 재판상이혼, 아버지의 결정, 친생부인, 인지취소, 인지에 대한 이의, 인지청구, 입양취소, 파양취소, 재판상 파양, 친양자 입양취소, 친양자 파양, 미성년후견인의 순위확인의 소, 양친자관계존부확인 소송이 여기에 해당됩니다.

적으로 고려해서 판단해야 할 것입니다(대법원 2015.1.15. 선고 2012다84707 판결).

53) 금융회사 또는 전자금융업자에 등록된 이용자번호 등의 접근매체를 양도·양수한 자나 접근매체를 대여받거나 대여한 자 또는 이를 보관·전달·유통한 자는 3년 이하의 징역 또는 2천만원 이하의 벌금에 처하여집니다(전자금융거래법 제6조 제3항, 제49조 제4항).

셋째, '다류' 가사소송사건은 주로 가사소송사건에서의 손해배상청구 및 원상회복청구 사건이 여기에 해당됩니다. 즉 약혼파기 또는 사실혼관계 부당파기로 인한 손해배상청구(제3자에 대한 청구 포함) 및 원상회복의 청구, 혼인무효(취소)·이혼무효(취소)·이혼을 원인으로 하는 손해배상청구(제3자에 대한 청구 포함) 및 원상회복청구, 입양무효(취소)·파양무효(취소)·파양을 원인으로 하는 손해배상청구(제3자에 대한 청구 포함) 및 원상회복청구, 재산분할청구권 보전을 위한 사해행위취소 및 원상회복청구, 상속재산분할 후의 피인지자 등의 상속분에 상당한 가액의 지급청구소송이 그것입니다.

이러한 가사소송사건은 관할법원이 중요한데, 관할법원은 사건에 따라 아래와 같습니다.

① 혼인무효소송, 혼인취소소송, 이혼무효소송, 이혼취소송, 재판상 이혼소송의 관할은 다음의 순서에 의합니다. 즉 ⓐ 부부가 같은 가정법원의 관할 구역 내에 보통재판적이 있을 때는 그 가정법원, ⓑ 부부가 마지막으로 같은 주소지를 가졌던 가정법원의 관할 구역 내에 부부 중 어느 한쪽의 보통재판적이 있을 때는 그 가정법원, ⓒ 부부 중 어느 한쪽이 다른 쪽을 상대로 소송을 하는 경우에는 상대방의 보통재판적이 있는 곳의 가정법원, 제3자가 부부 모두를 상대로 하는 경우에는 부부 중 어느 한쪽의 보통재판적이 있는 곳의 가정법원, ⓓ 부부 중 어느 한쪽이 사망한 경우에는 생존한 다른 쪽의 보통재판적이 있는 곳의 가정법원, ⓔ 부부가 모두 사망한 경우에는 부부 중 어느 한쪽의 마지막 주소지의 가정법원이 관할법원이 됩니다.

② 친생부인의 소, 인지무효나 취소 또는 아버지를 정하는 소의 관할법원은 자녀의 보통재판적이 있는 곳의 가정법원이 전속관할하고, 자녀가 사망한 경우에는 자녀의 마지막 주소지의 가정법원이 전속관할하게 되며, 인지에 대한 이의의 소나 인지청구의 소 또는 친생자관계 존부 확인의 소는 상대방(상대방이 여러 명일 때는 그중 1명)의 보통재판적 소재지의 가정법원이 전속관할하고, 상대방이 모두 사망한 경우에는 그중 1명의 마지막 주소지의 가정법원이 전속관할하게 됩니다.

③ 입양무효의 소나 입양 또는 친양자 입양취소의 소, 파양 또는 친양자의 파양의 소, 파양의 무효나 취소의 소는 양부모 중 1명의 보통재판적 소재지의 가정법원이 전속관할하고, 양부모가 모두 사망한 경우에는 그중 1명의 마지막 주소지의 가정법원이 전속관할하게 됩니다.

④ 위에서 본 가사소송사건을 제외한 그밖의 가사소송사건의 관할법원은 원칙적으로 피고의 보통재판적이 있는 곳의 가정법원이 관할하게 됩니다.

위에서 피고의 보통재판적이란 피고의 주소, 거소 또는 마지막 주소지 관할법원을 말하며, 이러한 주소나 거소 또는 마지막 주소가 국내에 없거나 이를 알 수 없을 때에는 대법원 소재지인 서울가정법원이 관할하게 됩니다. 만약 소송의 전부 또는 일부에 대해 관할권이 없을 때에는 가정법원은 관할법원으로 이송하게 됩니다. 그리고 여러 개의 가사소송사건 또는 가사소송사건과 가사비송사건의 청구의 원인이 동일한 사실관계에 기초하거나 1개의 청구의 당부가 다른 청구의 당부의 전제가 되는 경우에는 이를 1개의 소로 제기할 수 있으며, 이때 관할법원이 다를 때에는 가사소송사건 중 1개의 청구에 대한 관할권이 있는 가정법원에 소를 제기할 수 있습니다. 또한 '가류' 또는 '나류' 가사소송사건에 대한 소의 제기가 있고 그 사건과 청구의 원인이 동일한 사실관계에 기초하거나 1개의 청구의 당부가 다른 청구의 당부의 전제가 되는 관계에 있는 '다류' 가사소송사건 또는 가사비송사건이 각각 다른 가정법원에 계속된 경우에는 '가류' 또는 '나류' 가사소송사건의 수소법원이 직권 또는 당사자의 신청에 따라 '다류' 가사소송사건 또는 가사비송사건을 병합할 수 있습니다.

다음으로 가사비송사건은 '라류'와 '마류'로 분류되는데, 아래에서 가사비송사건에 관해 살펴보기로 하겠습니다.

첫째, '라류' 가사비송사건에는 다음과 같은 사건이 여기에 해당됩니다.

즉 성년후견개시심판과 그 종료심판, 취소할 수 없는 피성년후견인의 법률행위의 범위 결정 및 그 변경, 한정후견개시심판과 그 종료심판, 피한정후견인이 한정후견인의 동의를 받아야 하는 행위의 범위 결정과 그 변경 및 한정후견인의 동의를 갈음하는 허가, 특정후견심판과 그 종료심판, 부재자재산의 관리에 관한 처분, 친권자 또는 미성년후견인의 임무를 대행할 사람의 권한을 넘는 행위의 허가, 실종선고와 그 취소, 성·본창설허가, 혼인외의 자가 인지된 경우의 자녀의 종전 성과 본의 계속사용허가, 자녀의 성·본 변경허가, 부부재산약정의 변경허가, 미성년자 입양허가, 피성년후견인이 입양하거나 양자가 되는 것에 대한 허가, 입양에 대해 부모의 동의에 갈음하는 심판, 양자의 친족 또는 이해관계인의 파양청구에 대한 허가, 친양자 입양허가, 혼인 중의 부모의 의견 불일치시 친권행사 방법의 결정, 단독친권자로 정해진 부 또는 모의 사망이나 입양취소·파양 또는 단독친권자로 정해진 부 또는 모나 양부모 쌍방의 결격사유 발생의 경우에 하는 친권자 지정과 미성년후견인 선임 및 임무대행자의 선임, 미성년후견의 종료 및 친권자 지정, 미성년자에 대해 감화 또는 교정기관에 위탁하는 것에 대한 허가, 자에게 무상으로 재산을 수여한 제3자가 친권자 또는 후견인의 관리에 반대한 경우의 재산관리인선임 또는 개임과 재산관리에 관한 처분, 친권자와 자녀간 또는 후견인과 피후견인간의 이해상반행위에 대한 특별대리인의 선임, 친권자의 법률행위대리권 및 재산관리권의 사퇴 또는 회복에 대한 허가, 친권자가 지정되거나 미성년후견인이 선임된 후 단독친권자이었던 부 또는 모나 양부모 일방 또는 쌍방에게 권리회복의 사유가 있는 경우의 친권자 지정, 미성년후견인이 지정된 후에 미성년자의 복리를 위한 후견의 종료 및 친권자의 지정, 미성년후견인·성년후견인·한정후견인·특정후견인의 선임 또는 변경, 성년후견인의 법정대리권의 범위 결정과 그 변경 및 성년후견인이 피성년후견인의 신상에 관해 결정할 수 있는 권한의 범위 결정과 그 변경, 미성년후견감독인·성년후견감독인·한정후견감독인·특정후견감독인의 선임 또는 변경, 미성년후견인·성년후견인·한정후견인·특정후견인·미성년후견감독인·성년후견감독인·한정후견감독인·특정후견감독인·임의후견감독인의 사임에 대한 허가, 후견인의 재산목록작성을 위한 기간의 연장허가, 피성년후견인 또는 피한정후견인의 격리에 대한 허가 및 피미성년후견인·피성년후견인 또는 피한정후견인에 대한 의료행위의 동의에 대한 허가, 피미성년후견인·피성년후견인 또는 피한정후견인이 거주하는 건물 또는 그 대지에 대한 매도 등에 대한 허가, 여러 명의 성년후견인·한정후견인·특정후견인·성년후견감독인·한정후견감독인·특정후견감독인·임의후견감독인의 권한 행사에 관한 결정과 그 변경 또는 취소 및 성년후견인·한정후견인·특정후견인·성년후견감독인·한정후견감독인·특정후견감독인·임의후견감독인의 의사표시를 갈음하는 재판, 미성년후견감독인·성년후견감독인·한정후견감독인의 동의를 갈음하는 허가, 피미성년후견인·피성년후견인·피한정후견인 또는 피특정후견인의 재산상황에 대한 조사 및 그 재산관리 등 후견임무 수행에 관해 필요한 처분명령, 친권자가 지정되거나 미성년후견인이 선임될 때까지 선임된 임무대행자의 미성년자의 재산상황에 대한 조사 및 그 재산관리 등 임무대행자의 임무 수행에 관해 필요한 처분명령, 미성년후견인·성년후견인·한정후견인·특정후견인·미성년후견감독인·성년후견감독인·한정후견감독인·특정후견감독인·임의후견감독인에 대한 보수의 수여, 후견 종료시 관리계산기간의 연장허가, 한정후견인에게 대리권을 수여하는 심판과 그 범위 변경 및 한정후견인이 피한정후견인의 신상에 관해 결정할 수 있는 권한의 범위 결정과 그 변경, 피특정후견인의 후원을 위해 필요한 처분명령, 특정후견인에게 대리권을 수여하는 심판, 임의후견감독인의 선임 또는 변경, 임의후견감독인에 대한 감독사무에 관한 보고 요구와 임의후견인의 사무 또는 본인의 재산상황에 대한 조사명령 또는 임의후견감독인의 직무에 관해 필요한 처분명령, 임의후견인의 해임, 후견계약 종료허가, 상속의 승인 또는 포기를 위한 기간의 연장허가, 상속재산 보존을 위한 처분, 상속의 한정승인신고 또는 포기신고의 수리와 한정승인 취소신고 또는 포기·취소신고의 수리, 한정승인시의 조건 있는 채권이나 존속기간의 불확정한 채권의 감정이나 유류분 산정시의 조건부의 권리 또는 존속기간이 불확정한 권리의 감정을 위한 감정인의 선임, 공동상속재산을 위한 관리인의 선임, 상속재산의 분리, 상속재산분리 후의 상속재산 관리에 관한 처분, 관리인의 선임 및 그 공고와 재산관리에 관한 처분, 상속인 수색의 공고, 상속재산의 분여, 유언의 검인, 유언증서 또는 녹음의 검인, 유언증서의 개봉, 유언집행자의 선임 및 그 임무에 관한 처분, 유언집행자의 승낙 또는 사퇴를 위한 통지의 수리, 유언집행자에 대한 보수의 결정, 유언집행자의 사퇴에 대한 허가, 유언집행자의 해임, 부담 있는 유언의 취소의 청구 사건이 그것입니다.

이러한 '라류' 가사비송사건의 관할법원은 사건에 따라 다른데, 다음과 같습니다.

① 실종사건, 성·본 창설 사건, 자녀의 종전 성·본 계속 사용에 관한 사건, 자녀의 성·본 변경에 관한 사건은 사건 본인의 주소지의 가정법원이 관할합니다.

② 미성년후견·성년후견·한정후견·특정후견 및 임의후견에 관한 사건은 각 피후견인(피후견인이 될 사람 포함)의 주소지의 가정법원이 관할합니다.

③ 부재자 재산관리에 관한 사건은 부재자의 마지막 주소지 또는 부재자의 재산이 있는 곳의 가정법원이 관할합니다.

④ 부부 사이의 재산약정의 변경에 관한 사건이나 공동의 자녀에 대한 친권 행사방법의 결정사건은 다음의 순서, 즉 ⓐ 부부가 같은 가정법원의 관할 구역 내에 보통재판적이 있을 때에는 그 가정법원, ⓑ 부부가 마지막으로 같은 주소지를 가졌던 가정법원의 관할 구역 내에 부부 중 어느 한쪽의 보통재판적이 있을 때에는 그 가정법원, ⓒ 부부 중 어느 한쪽이 다른 쪽을 상대로 하는 소송의 경우에는 상대방의 보통재판적이 있는 곳의 가정법원의 순으로 관할법원이 되며, 이때 제3자가 부부 모두를 상대로 하는 소송의 경우에는 부부 중 어느 한쪽의 보통재판적이 있는 곳의 가정법원이 관할하게 됩니다.

⑤ 입양·친양자 입양 또는 파양에 관한 사건은 양자·친양자의 주소지 또는 양자·친양자가 될 사람의 주소지의 가정법원이 관할합니다.

⑥ 친권에 관한 사건(부부 사이의 공동의 자녀에 대한 친권 행사방법의 결정사건은 제외)은 미성년자인 자녀의 주소지의 가정법원이 관할합니다.

⑦ 상속에 관한 사건은 상속개시지의 가정법원이 관할합니다.

⑧ 유언에 관한 사건은 상속개시지의 가정법원(다만, 유언의 검인사건은 상속개시지 또는 유언자 주소지의 가정법원)이 관할합니다.

둘째, '마류' 가사비송사건은 다음과 같은 사건이 해당됩니다.

즉, 부부의 동거·부양·협조 또는 생활비용의 부담에 관한 처분, 부부재산의 관리자의 변경 또는 공유재산의 분할을 위한 처분, 이혼·혼인취소·인지에 따른 자녀의 양육에 관한 처분(양육자 결정·양육비용 부담)과 그 변경, 면접교섭권의 처분 또는 제한·배제·변경, 이혼 또는 혼인취소를 원인으로 하는 재산분할에 관한 처분, 혼인외의 자가 인지된 경우와 부모가 이혼하는 경우 또는 혼인취소에 따른 친권자 지정과 변경, 친권자의 동의가 필요한 행위에 대한 친권자의 동의에 갈음하는 재판, 친권의 상실·일시정지·일부 제한 및 그 실권 회복의 선고 또는 법률행위대리권과 재산관리권의 상실 및 그 실권회복의 선고, 부양의무자가 수인인 경우의 부양에 관한 처분(부양의무자의 결정 또는 부양료의 결정), 공동상속시의 기여분 결정, 상속재산분할시 현물로 분할할 수 없거나 분할로 인해 현저히 그 가액이 감손될 염려가 있는 때의 경매처분명령, 친권의 일시정지기간 연장 청구 사건이 그것입니다.

이러한 '마류' 가사비송사건은 모두 상대방의 보통재판적이 있는 곳의 가정법원이 관할하게 됩니다. 여기에서 보통재판적이 있는 곳의 가정법원이란 주소지의 가정법원을 말하고, 주소가 없을 때 또는 대한민국 내의 주소를 알지 못할 때에는 거소지의 가정법원을, 거소가 없을 때 또는 거소를 알지 못할 때에는 마지막 주소지의 가정법원을, 마지막 주소가 없을 때 또는 그 주소를 알지 못할 때에는 재산이 있는 곳 또는 대법원이 소재지를 관할하는 서울가정법원을 말합니다.

이에 귀하의 사건을 보건대, 귀하께서 처와 불륜을 저지른 상간자에 대한 불법행위로 인한 손해배상청구소송 사건은 일반 민사소송사건이 아니라 가사소송사건 중 '다류' 사건에 해당되고, 이는 가사소송사건의 일반 원칙에 따라 피고의 보통재판적 있는 곳의 가정법원이 관할법원이 되므로 귀하께서는 일반 불법행위와 달리 귀하의 주소지 관할 지방법원에는 소를 제기할 수 없을 것이고, 부득이 상간자의 주소지 관할 가정법원에 소를 제기해야 할 것으로 보입니다.

[사례 1·2·2] 친자관계의 확정 방법

문 저는 현재의 남편 甲과 혼인관계에 있던 중 결혼 전에 사귀었던 乙과 잠자리를 하였고 엉겁결에 아이를 낳았는데 법에 따라 현재의 남편 甲이 부로 호적에 올려져 있습니다. 그런데 최근에 남편과 가정불화로 이혼하게 되었고, 이제는 더 이상 감출 것이 없어서 아이의 친아버지를 찾아주고 싶습니다. 이에 친자관계를 확정하는 방법이나 그 절차에 관하여 박사님께 문의드리고 싶습니다.

답 부모와 자녀의 관계는 혈연에 기초한 친생자관계와 입양 등 당사자의 의사에 기초한 법정친자관계로 구분되는데, 여기의 친생자에는 다시 「혼인 중의 출생자」와 「혼인 외의 출생자」로 구분되고, 「혼인 중의 출생자」는 다시 「친생자의 추정을 받는 혼인 중의 출생자」와 「친생자의 추정을 받지 않는 혼인 중의 출생자」 및 「친생자의 추정이 미치지 않는 자」(예, 부부사이에 사실상 이혼상태가 장기간 지속되고 있는 상태에서 출생한 경우)로 구분됩니다.

아래에서 친자관계에 대한 확정방법에 관하여 사안별로 살펴보기로 하겠습니다.

첫째, 혼인 중의 출생자 가운데서 「친생자의 추정을 받는 혼인 중의 출생자」는 혼인성립의 날로부터 200일 후에 출생한 자로서 법에 의해 부(夫)의 자로 추정되는 자를 말합니다(민법 제844조 제2항). 이러한 자에 대한 친자관계의 지위는 확고하여 제척기간이 경과되지 않는 한 원칙적으로 친생부인의 소에 의해서만 다툴 수 있고, 친생자관계부존재확인의 소로써는 다툴 수 없도록 하고 있습니다(대판 2000.8.22. 2000므292, 1997.2.25. 96므1663).

친생부인의 소는 부 또는 처가 다른 일방 또는 자(子)를 상대로 제기할 수 있고, 친생부인의 사유가 있음을 안 날로부터 2년 이내에 제기해야 하며, 상대방이 될 자가 모두 사망한 때에는 그 사망을 안 날부터 2년 내에 검사를 상대로 하여 친생부인의 소를 제기해야 합니다(민법 제846조, 제847조).

둘째, 혼인 중의 출생자 가운데 「친생자 추정을 받지 않는 혼인 중의 출생자」란 예컨대, 혼인성립의 날로부터 200일이 되기 전에 출생한 자를 말합니다. 이러한 자에 대하여는 부 또는 이해관계인이 친생자관계존부확인의 소를 통해 친자관계를 확정할 수 있습니다(민법 제865조).

셋째, 위에서 본 첫째항, 둘째항의 혼인 중의 자라고 하더라도 「친생자의 추정이 미치지 않는 혼인 중의 자」가 있습니다. 예컨대, 혼인 중에 부가 장기간 교도소에 수감 중인 경우라든가 장기간 해외에 출항 중인 경우 또는 별거 등으로 사실상 이혼상태가 장기간 지속되고 있는 상태에서 자녀를 출생한 경우가 그것입니다. 이러한 자에 대해서는 부 또는 모에 의한 친생부인의 소에 의할 수도 있지만, 이해관계인에 의한 친생자관계존부확인의 소[54]에 의해서도 친자관계를 확정할 수 있습니다(대판 1983.7.12. 82므59).

친생자관계존부확인의 소는 친생부인의 소나 인지청구의 소, 인지에 대한 이의의 소, 부를 정하는 소[55]의 제기자가 이들의 소와 다른 사유를 들어 상대방이 생존해 있는 동안 기간의 제한 없이 제기할 수 있는 소입니다(민법 제865조 제1항).[56] 다만 당사자 일방이 사망한 경우에는 그 사망을 안 날로부터 2년 내에만 검사를 상대로 하여 소를 제기할 수 있습니다(민법 제865조 제2항).

이러한 친생자관계존부확인의 소는 허위의 친생자 출생신고에 의해 가족관계등록부상 친자관계로 기재되어 있는 경우나 병원에서 신생아가 바뀌어 가족관계등록부상 타인의 친생자로 기재되어 있는 경우, 부가 자기의 혼인 외의 출생자로 오해하여 인지의 의사로써 출생신고한 경우 등의 경우에도 제기할 수 있습니다(대판 1984.9.25. 84므73, 1984.5.15. 84므4, 1981.12.22. 80므102, 1993.7.16. 92므372).

넷째, 「혼인 외의 출생자」란 혼인 중의 출생자가 아닌 자를 말합니다. 이러한 자는 모(母)와의 사이에서는 출산과 동시에 당연히 친자관계가 발생하지만 부(父)와의 사이에서는 당연히 친자관계가 발생하지 않고 따라서 인지 또는 인지청구의 소를 통해 친자관계를 확정해야 하며, 생부 아닌 자가 인지한 경우에는 인지무효의 소나 인지에 대한 이의의 소 등을 통해 친자관계를 확정할 수 있을 것입니다.

인지청구의 소는 자(子)와 그 직계비속 또는 그 법정대리인이 상대방이 생존하고 있는 동안 기간의 제한 없이 부 또는 모를 상대로 제기할 수 있고, 인지에 대한 이의의 소는 자(子) 기타 이해관계인이 인지의 신고 있음을 안 날로부터 1년 내에 제기할 수 있습니다(민법 제862조, 제863조). 만약 부 또는 모가 사망한 때는 그 사망을 안 날로부터 2년 내에만 검사를 상대로 인지에 대한 이의 또는 인지청구의 소를 제기할 수 있습니다(민법 제864조).

이에 귀하의 사례가 위에서 설명한 사항 중 어디에 해당하는지 여부를 판단해서 해당되는 소를 제기해야 할 것으로 보입니다.

---

54) 실무상 친생자관계존부확인의 소에서는 유전자감정서를 법원에 제출해야 하는 바, 이는 소장 제출 전에 유전자감정을 받은 후 소장제출과 동시에 제출하는 경우도 있고, 재판 중 법원의 명령에 의해 감정을 받은 후 제출하는 경우도 있습니다. 유전자 감정은 대학병원 또는 사설감정기관에서 실시하는데, 대학병원에서 실시할 경우에는 약 2개월 정도가 소요되고, 사설감정소에서는 약 15일 정도 소요되는 것으로 알려져 있습니나. 현재 우리나라에서 비교적 저렴한 유전자 감정기관으로는 (주) 휴먼패스(2명 기준 약 40만원 정도, 출장감정도 가능하며 약 5만원 정도 추가), (주)삼성유전자연구센터(2명 기준 약 30만원 정도) 등이 있습니다.

55) 재혼한 여자가 해산한 경우에 재혼성립일부터 200일 내에 출생하는 등으로 그 자의 부를 정할 수 없는 때에 당사자가 법원에 청구해서 부를 정하는 소를 말합니다(제845조).

56) 이와 관련하여 판례는 "신분관계 존부의 확정에 관해 민법이나 가사소송법 등에서 구체적으로 소송유형을 규정하고 있는 예가 많으나(가사소송법 제2조 제1항 가. 가사소송사건의 (1) 가류사건 중 1 내지 6호, (2) 나류사건 중 1 내지 3호, 5 내지 11호가 이에 속한다), 그와 같이 실정법상 소송유형이 규정되어 있는 경우에 한해 신분관계존부확인에 관한 소송을 제기할 수 있는 것으로 볼 것은 아니며, 소송유형이 따로 규정되어 있지 아니하더라도 법률관계인 신분관계의 존부를 즉시 확정할 이익이 있는 경우라면 일반 소송법의 법리에 따라 그 신분관계존부확인의 소송을 제기할 수 있다(대법원 1993.7.16. 선고 92므372 판결)" 라고 판시하고 있습니다.

[사례 1·2·3] 인지청구의 소와 친생자관계부존재확인의 소에서 제소기간의 기산점이 되는 '사망을 안 날'의 의미

문 제 부친은 가족관계등록부상으로는 '민일기'로 되어 있으나, 사실은 '민삼기'가 제 친생부친입니다. 그런데 두 분 다 10여년 전에 돌아가셨고, 친생부친이 바뀐 사실은 최근에 들어서야 알게 되었습니다. 이에 '민일기'를 상대로 해서는 친생자관계부존재확인의 소를, '민삼기'를 상대로 해서는 인지청구의 소를 제기하려고 하는데, 제소기간이 도과되어 법원에서 받아들여 주지 않을까봐 걱정됩니다. 이와 같이 제 친생부모가 바뀐 사실을 최근에 안 경우에도 두 분이 돌아가신지 오래 되었다면 이러한 소를 제기할 수 없게 되는지 박사님께 문의드리고 싶습니다.

답 민법상 부 또는 모가 사망한 경우의 인지청구의 소는 그 사망을 안 날로부터 2년 내에 검사를 상대로 제기해야 하고(민법 제864조), 부의 결정이나 친생부인 또는 인지청구 등과 다른 사유를 원인으로 제기할 수 있는 친생자관계존부의 확인의 소는 당사자 일방이 사망한 때에는 그 사망을 안 날로부터 2년 내에 검사를 상대로 제기해야 합니다(민법 제865조). 이와 같이 인지청구의 소나 친생자관계부존재확인의 소는 당사자 일방이 사망한 경우 검사를 상대로 소를 제기할 수 있으되, 그 소는 사망을 안 날부터 2년 내에 제기해야 하는 것으로 제소기간이 정하여져 있는 것입니다.

여기에서 문제되는 것은 '사망을 안 날'의 의미인데, 그것이 사망사실을 안 날을 의미하는지, 사망사실 외에 사망자와 친생자관계에 있거나 없다는 사실까지 안 날을 의미하느냐 여부입니다.

인지청구 등의 소에서 제소기간을 둔 것은 친생자관계를 진실에 부합시키고자 하는 사람의 이익과 친생자관계의 신속한 확정을 통해 법적 안정을 찾고자 하는 사람의 이익을 조화시킨다는 의미가 있는데, 당사자가 사망함과 동시에 상속이 개시되어 신분과 재산에 대한 새로운 법률관계가 형성되기 때문에 오랜 시간이 지난 후에 인지청구 등의 소의 제기를 허용하게 되면 상속에 따라 형성된 법률관계를 불안정하게 할 우려가 있다는 점, 친생자관계의 존부에 관하여 알게 된 때를 제소기간의 시점으로 삼는 경우에는 사실상 이해관계인이 주장하는 시기가 제소기간의 기산점이 되어 제소기간을 두는 취지를 살리기 어렵게 된다는 점 등을 고려할 때, 인지청구 등의 소에서 제소기간의 기산점이 되는 '사망을 안 날'이란 사망이라는 객관적 사실을 아는 것을 의미하고, 사망자와 친생자관계에 있다는 사실까지 알아야 하는 것은 아니라고 해석함이 타당할 것입니다.

따라서 인지청구의 소나 친생자관계부존재확인의 소 모두 사망사실을 안 날을 기준으로 하는 것이지, 자신이 사망자와 친생자관계에 있거나 있지 않다는 사실을 안 날을 기준으로 하는 것은 아니라고 할 것입니다.

이에 귀하께서는 두 분의 사망사실을 최근까지 객관적으로 알지 못한 사정이 있어서 알지 못하였다면 몰라도 사망사실을 안지 2년이 경과되었다면 인지청구의 소나 친생자관계부존재확인의 소는 제소기간의 도과로 제기할 수 없을 것으로 보입니다.

[사례 1·2·4] 부부간에 혼인 후 200일 후, 이혼 후 300일 내에 출생한 자녀이지만 생부가 따로 존재한 경우에 그 생부의 자녀로 호적을 올리는 방법

문 저는 남편 甲과 가정불화가 심하여 얼마 전에 이혼하였는데, 이혼 직전에 다른 남자 乙을 알게 되어 잠자리를 하게 되었고, 이혼한 후 200일 정도 지나서 아이를 출산하게 되었습니다. 그런데 이혼 후 300일 내에 출생한 자녀는 전 남편인 甲의 자녀로 추정되어 생부인 乙 앞으로 호적을 올리기 힘들다고 하는데, 쉬운 방법이 없는지 박사님께 여쭈어보고 싶습니다.

답 부부가 혼인 중에 처가 임신한 자녀는 남편의 자녀로 추정됩니다. 그런데 임신이 아니라 혼인 중에 출생한 자녀는 조금 다릅니다. 즉 부부간에 혼인이 성립한 날부터 200일 전, 그 혼인관계가 종료된 날부터 300일 후에 출생한 자녀는 남편이 아닌 다른 남자(생부)의 자로 추정될 것이로되, 혼인성립의 날부터 200일 후~혼인종료의 날부터 300일 사이에 출생한 자녀는 혼인 중에 임신한 것으로 추정되어 남편의 자녀로 추정됩니다(민법 제844조).

문제는 혼인성립일부터 200일 후~혼인종료일부터 300일 내의 기간 중에 출생하였지만 사실은 처가 다른 남자와 성교를 맺어 출생한 자녀로서 생부가 따로 존재하는 경우인데, 이러한 경우에도 남편을 생부로 하여 출생신고를 한 후 다시 생부의 자녀로 호적을 바로 잡아야 한다는 것은 일반인의 입장에서 보아 상식적이지 않고 바람직하지도 않을 것입니다. 따라서 처가 남편 아닌 다른 남자와 사이에 성교를 맺어 출생한 자녀인 경우에는 설령 부부간에 혼인성립일부터 200일 후~혼인관계종료일부터 300일 내에 출생하였다고 하더라도 남편이 아니라 생부 앞으로 호적을 올려주도록 하는 것이 타당하다고 할 것인데, 그 방법에 대하여 민법에서 마련한 제도가 있는지 문제됩니다. 이는 혼인종료일 전에 출생한 자녀냐 혼인종료일 후에 출생한 자녀냐에 따라 다릅니다.

먼저 부부간의 혼인성립일부터 200일 후~혼인종료일까지 사이에 출생한 자녀에 대한 경우입니다. 이 경우에는 친생부인의 소나 친생자관계존부확인의 소를 통해서만 바로잡을 수 있습니다. 친생부인의 소는 부부의 일방, 즉 남편이나 부인이 다른 일방 또는 자녀를 상대로 그 사유가 있음을 안 날부터 2년 내에 제기할 수 있고, 만약 상대방이 될 자가 모두 사망한 때에는 그 사망을 안 날부터 2년 내에 검사를 상대로 제기할 수 있습니다(민법 제846조, 제847조). 자녀가 사망한 후에도 그 직계비속이 있는 때에는 그 모를 상대로, 모가 없으면 검사를 상대로 친생부인의 소를 제기할 수 있으며, 남편이나 부인이 유언으로 친생부인의 의사를 표시한 때는 유언집행자가 친생부인의 소를 제기할 수 있습니다(민법 제849조, 제850조). 또한 남편이 자녀의 출생 전에 사망하거나 남편 또는 부인이 친생부인의 사유가 있음을 안 날부터 2년 내에 사망한 때에는 남편 또는 부인의 직계존속이나 직계비속에 한해 그 사망을 안 날부터 2년 내에 친생부인의 소를 제기할 수 있습니다(민법 제851조). 그런데 친생부인의 소는 이와 같이 제소기간의 제한이 있기 때문에 제소기간의 도과로 친생부인의 소를 제기할 수 없는 경우에는 부득이 친생자관계존부확인의 소를 통하여 친부 앞으로 호적을 바로잡을 수 있는지를 검토하는 수밖에 없으며, 이때 당사자 일방이 사망한 때에는 그 사망을 안 날로부터 2년 내에 검사를 상대로 하여 본소를 제기해야 할 것입니다(민법 제865조).

다음으로 부부간의 혼인종료일 후 300일 내에 출생한 자녀에 대한 경우입니다. 이 경우에는 아직 출생신고를 하지 않았느냐 이미 출생신고를 한 후이냐에 따라 그 방법이 달라집니다.

첫째, 혼인종료일 후 300일 내에 출생한 자녀로서 아직 출생신고를 하지 않은 경우에는 친생부인허가청구제도나 인지허가신청제도를 이용하여 생부 앞으로 호적을 바로잡을 수 있습니다. 이 두 제도는 2017년 10월 31일 민법 개정으로 도입되어 2018년 2월 1일부터 시행되고 있는 제도입니다.

먼저 친생부인허가청구제도는 친부가 따로 있는 상태에서 부부간의 혼인관계가 종료된 날부터 300일 내에 출생한 자녀에 대하여 전 남편 또는 자녀의 어머니가 자녀의 주소지 관할 가정법원에 친생부인허가를 청구하여 생부 앞으로 출생신고를 할 수 있도록 하는 제도인데, 이러한 신청이 있는 경우 가정법원에서는 혈액채취에 의한 혈액형 검사나 유전인자의 검사 등 과학적 방법에 따른 검사결과 또는 장기간의 별거 등 그밖의 사정을 고려하여 허가 여부를 결정하게 되고, 이에 따라 법원으로부터 허가결정이 나오게 되면, 그 자녀는 전 남편의 자녀로서의 친생추정이 미치지 않게 되어 생부를 부친으로 하여 출생신고를 할 수 있게 되는 것입니다(민법 제854조의2). 이 경우에는 인지허가신청과는 달리 법원의 허가결정 자체만으로 친생추정이 깨어지게 됩니다.

다음으로 인지허가신청제도는 생부가 따로 있는 상태에서 부부간의 혼인관계가 종료된 날부터 300일 내에 출생한 자녀가 있는 경우에 그 생부가 자녀의 주소지 관할 가정법원에 인지허가청구를 하여 생부의 자녀로 출생신고를 할 수 있도록 하는 제도인데, 이러한 신청이 있게 되면 가정법원에서는 혈액채취에 의한 혈액형 검사나 유전인자의 검사 등 과학적 방법에 따른 검사결과 또는 장기간의 별거 등 그밖의 사정을 고려하여 허가여부를 결정하게 되고, 이에 따라 허가결정이 이루어지게 되면, 생부가 자신의 자녀로 출생신고를 할 수 있게 하는 것으로서, 이러한 출생신고가 이루어지게 되면 그 자녀는 어머니의 전 남편의 자녀로서의 친생추정이 미치지 않게 되는 것입니다(민법 제855조의2). 이 경우에는 친생부인허가청구의 경우와는 달리 법원의 허가결정만으로는 친생추정이 깨어지지 않고, 생부가 출생신고를 해야만 비로소 친생추정이 깨어지게 됩니다.

둘째, 혼인종료일 후 300일 내에 출생한 자녀로서 이미 출생신고가 이루어진 후에는 위 친생부인허가청구제도나 인지허가신청제도를 이용할 수 없고, 부득이 앞서 본 친생부인의 소나 친생자관계존부확인의 소를 통해 친부 앞으로 호적을 바로잡을 수밖에 없을 것으로 보입니다.

이에 귀하께서는 아직 아이에 대한 출생신고를 하기 전이라면 위에서 살펴본 바와 같은 친생부인허가청구제도나 생부에 의한 인지허가신청제도를 통해 생부의 자녀로 출생신고를 할 수 있을 것이로되, 이미 전 남편의 자녀로 출생신고가 되어 있는 상태라면 조금 까다롭고 복잡하지만 친생부인의 소나 친생자관계존부확인의 소를 통해서만 생부를 찾아주는 수밖에 없을 것으로 보입니다.

[사례 1·2·5] 친권자의 지정·변경과 친권의 상실·정지

문 저는 3년 전에 이혼하면서 열 살된 딸에 대한 친권자를 전남편 甲으로 하였습니다. 당시에는 몸과 마음도 지쳐 있었고 경제력도 없었던 터이고 전남편이 잘 키운다고 해서 그랬던 것 같습니다. 그 후 저는 재혼하게 되었고, 그 사이에 아들을 낳았는데 후남편 乙도 바람을 피워 또다시 이혼하게 되었고 역시 친권자를 후남편 乙로 하였습니다. 그런데 최근에 전남편 甲이 사망했다는 소식이 들려왔고, 후남편 乙은 아들이 부득이 다른 학교로 전학해야 하는데도 동의를 해주지 않고 있습니다. 이에 딸에 대한 친권이 전편남 甲의 사망으로 제게 자동적으로 넘어오는지 알고 싶고, 후남편 乙의 부동의로 전학하지 못하고 있는 아들에 대한 전학문제를 해결할 수 있는 방법이 있는지 박사님께 문의드리고 싶습니다.

답 친권이란 부 또는 모가 미성년의 자녀를 보호·양육하고 그 재산을 관리하는 것을 내용으로 하는 권리·의무의 총칭이라고 할 수 있는데, 그 친권을 행사하는 부모를 친권자라고 하고, 그 친권을 행사하는 부 또는 모가 그의 법정대리인이 됩니다. 친권은 미성년의 자녀에 대해서만 해당되고 성년의 자녀에게는 적용되지 않습니다.

그렇다면 이러한 친권은 누가 행사할까요? 친권은 부모가 혼인 중에 있는 때에는 원칙적으로 부모가 공동으로 행사하고, 상호 의견이 일치되지 않는 때에는 당사자의 청구에 의해 가정법원이 정하게 됩니다. 그리고 부모의 일방이 친권을 행사할 수 없을 때는 다른 일방이 행사하게 됩니다.

자녀가 입양된 경우에는 친부모가 아니라 양부모가 친권을 행사하게 됩니다. 혼인 외의 자가 인지된 경우와 부모가 협의이혼하는 경우에는 부모가 협의해서 정할 것이로되, 협의할 수 없거나 협의가 불가한 경우에는 가정법원이 그 직권이나 부모의 청구에 따라 친권자를 정하게 됩니다. 이 경우 법원은 원칙적으로 부모 중 어느 일방을 친권자로 지정하게 되지만, 부모 공동으로 친권자를 지정할 수도 있습니다.

반면 혼인이 취소되거나 재판상 이혼의 경우 또는 인지청구의 소에 있어서는 부모간의 협의에 의해서는 친권자를 정할 수 없고, 가정법원이 해당 재판에서 친권자를 직권으로 정하게 됩니다. 이 경우에도 법원은 원칙적으로 부모 중 어느 일방을 친권자로 지정하게 되지만, 부모 공동으로 친권자를 지정할 수도 있습니다.

그리고 부모의 협의로 정했든 가정법원에서 직권으로 정했든 기왕에 정해진 친권자도 자녀의 4촌 이내의 친족의 청구에 의하여 가정법원이 친권자를 다른 일방으로 변경할 수 있습니다.

그런데 위에서 본 바와 같이 가정법원이 부모 중 일방을 단독친권자로 정하였는데, 그 정해진 부 또는 모가 사망한 경우에는 다른 일방이 자동적으로 단독친권자가 되는지 궁금할 것입니다. 종전에는 단독친권자로 정해진 부 또는 모의 일방이 사망한 경우에는 자동적으로 다른 일방이 친권자가 되었습니다. 그러다 보니 그와 같은 자동적인 친권자 변경이 오히려 그 자녀에게 불합리한 경우가 발생한다는 지적에 따라 2011년 5월 19일 만법이 개정되어 2013년 7월 1일부터는 가정법원이 개입해서 생존하는 부 또는 모나 미성년자 본인이나 그 친족의 청구에 의해 가정법원에서 생존하는 부 또는 모로 친권자를 정하도록 하고 있습니다.

입양이 취소되거나 파양된 경우 또는 양부모가 모두 사망한 경우에도 친생부모 일방 또는 쌍방, 미성년자 본인이나 그 친족의 청구로 가정법원에서 친생부모 일방 또는 쌍방을 친권자로 지정하게 됩니다. 그런데 이러한 친권자 지정 청구는 부모나 양부모의 사망 또는 입양취소나 파양사실을 안 날부터 1개월, 그 사실이 있은 날부터 6개월 내에 가정법원에 청구해야 합니다. 그런데 만약 위 기간 내에 친권자지정 청구가 없을 때에는 어떻게 될까요? 이 경우에는 친권자가 지정될 수 없고 가정법원이 직권이나 미성년자 본인 및 그 친족 또는 이해관계인, 검사, 지방자치단체장의 후견임선임청구에 의하여 가정법원이 미성년후견인을 선임할 수 있게 됩니다.

다만 위와 같이 미성년후견인이 선임된 경우라도 그 선임 후 양육상황이나 양육능력의 변동, 미성년자의 의사, 그밖의 사정에 변화가 생긴 경우에는 가정법원은 생존하는 부 또는 모나 친생부모 일방 또는 쌍방 또는 미성년자 본인의 청구로 후견을 종료하고, 생존하는 부 또는 모나 친생부모 일방 또는 쌍방을 친권자로 지정할 수 있습니다(민법 제909조의2 제6항).

가정법원은 친권자 지정이나 미성년후견인의 선임시까지 공백을 없애기 위해 친권자가 지정되거나 미성년후견인이 선임될 때까지 그 임무를 대행할 사람을 선임할 수 있습니다(제909조의2 제5항).

한편 앞서 본 바와 같이 친권자는 그 자녀에 대한 보호·교양·양육의무, 거소지정권, 징계권, 자녀의 특유재산에 대한 관리, 제3자가 자녀에게 무상으로 수여한 재산에 대한 관리권 등의 막강한 권한을 가지고 있습니다. 따라서 친권자가 그 친권을 남용하거나 남용의 염려가 있는 때에는 이에 대한 방어 수단이 필요한데, 이에 관하여 법에서는 친권상실제도, 친권일시정지제도, 친권의 일부 제한 제도, 법률행위의 대리권과 재산관리권 상실제도, 친권자의 동의에 갈음하는 재판 제도 등을 마련해 놓고 있습니다. 즉 친권자가 그 친권을 남용하여 자녀에 대한 복리를 현저히 해치거나 해칠 우려가 있는 경우에는 그 자녀 본인이나 친족, 검사 또는 지방자치단체장이 가정법원에 청구해서 그 친권을 상실시키거나 일시 정지시킬 수 있도록 하고 있습니다.

다만 이때 친권의 정지기간은 2년을 초과할 수 없지만, 2년의 범위 내에서 한 차례 연장할 수 있습니다. 또한 경우에 따라서는 친권의 일부 제한도 가능합니다. 즉 친권자가 자녀에 대한 거소지정이나 징계, 그밖의 신상에 관한 결정 등 특정한 사항에 관하여 친권을 행사하는 것이 곤란하거나 부적당한 사유가 있어 자녀의 복리를 해치거나 해칠 우려가 있는 경우에는 해당 자녀나 그 친족, 검사 또는 지방자치단체장이 가정법원에 청구해서 친권 중 구체적인 범위를 정하여 친권의 일부를 제한할 수 있도록 할 수 있습니다. 그리고 법정대리인인 친권자가 자녀의 재산에 대한 부적당한 관리로 그 재산을 위태롭게 한 경우에는 자녀의 친족이나 검사 또는 지방자치단체장은 가정법원에 청구해서 친권자의 법률행위대리권과 재산관리권을 상실시킬 수도 있습니다.

또한 자녀의 전학이나 입원·수술 등과 같이 친권자의 동의가 필요한데 친권자가 정당한 이유 없이 동의해주지 않아서 자녀의 생명, 신체 또는 재산에 중대한 손해가 발생할 위험이 있는 경우에는 자녀 본인이나 그 친족, 검사 또는 지방자치단체장이 가정법원에 청구해서 친권자의 동의에 갈음하는 재판을 받아 친권자의 동의가 필요한 행위에 대하여 그 직접적인 동의 없이도 할 수 있도록 하고 있습니다.

이에 귀하의 사례를 살펴보건대, 전남편 甲이 사망했다고 해서 그 딸에 대한 친권이 자동적으로 귀하에게 넘어 오지는 않으므로 전남편의 사망사실을 안 날부터 1개월, 사망한 날부터 6개월 내에 가정법원에 귀하를 친권자로 지정해 달라고 청구해서 그 결정에 따라 귀하가 딸에 대한 친권자로 될 수 있을 것으로 보이며, 아들의 전학에 대한 후남편 乙의 부동의에 대해서는 가정법원에 친권자의 동의에 갈음하는 재판을 받아 그 결정문을 첨부해서 전학신청을 하면 전학이 가능할 것으로 보입니다.

[사례 1·2·6] 성년후견제도 및 미성년후견제도와 그 실익

문 저에게는 지체장애가 있는 다 큰 아들 甲이 있는데, 부모와 상의 없이 고가의 핸드폰을 구입하고 인터넷을 통하여 많은 물품을 구입하는 등 일을 마구 저질러대서 어떻게든 조치를 취해야 할 단계에 이르렀습니다. 그런데 이를 위한 제도로 예전에는 한정치산이나 금치산 선고 제도가 있었지만 최근에는 그 대신 성년후견제도 등이 도입되어 복잡하다고 들었는데, 이에 관하여 박사님께 자세히 안내를 받고 싶습니다.

답 후견제도는 미성년자에게 친권자가 없거나 친권자가 친권의 전부 또는 일부를 행사할 수 없는 경우라든가 미성년자든 성년자든 질병, 장애, 노령, 그밖의 사유로 인한 정신적 제약 때문에 사무를 처리할 능력이 지속적으로 결여되거나 부족하게 된 경우에 그 미성년자나 피후견인의 행위능력을 보충해주기 위해 마련된 제도입니다.

후견인으로 선임된 자에게는 미성년자나 피후견인의 법정대리인이 되어 친권자와 동일한 권리의무가 주어지고, 피후견인의 법률행위에 대한 대리권이나 동의권 등 막강한 권한이 주어지게 되는 것입니다.

원래 2011년 3월 7일 개정되어 2013년 7월 1일부터 시행되는 개정 민법 전에는 행위무능력자를 미성년자와 무능력자(금치산자·한정치산자)로 구별했기 때문에, 후견인에도 미성년자후견인, 금치산자후견인, 한정치산자후견인으로 구별하고 있었지만, 개정 민법이 시행되는 2013년 7월 1일부터는 행위무능력자를 미성년자와 제한능력자(성년피후견인·피한정후견·특정피후견인)로 구분하고,[57] 후견인에는 미성년후견인, 성년후견인, 특정후견인, 임의후견인을 두도록 하였으며, 이들 후견인을 견제하기 위해 후견감독인 제도를 두어, 후견인의 사무에 대한 감독이나 후견인이 없는 경우의 후견인 선임 청구, 피후견인의 신상·재산에 대한 급박한 사정시 필요한 행위 및 처분권, 후견인과 피후견인 사이의 이해상반행위시 피후견인의 대리권을 가지도록 하였습니다.

이해의 편의를 위하여 개정 민법에서의 변화된 행위무능력자 제도에 대해 좀 더 자세히 설명드리도록 하겠습니다.

① 종전에 심신상실(금치산선고)이나 심신박약 또는 재산낭비(한정치산선고)시 선고하여 획일적으로 행위능력을 제한하는 문제점을 내포하고 있는 금치산·한정치산제도 대신 더욱 능동적이고 적극적인 사회복지시스템인 성년후견 및 한정후견제도를 마련하여 질병, 장애, 노령, 그밖의 사유로 인한 정신적 제약 때문에 사무처리능력이 결여되거나 부족한 자가 이용할 수 있도록 하였고, 다만 이들과 거래하는 상대방에 대한 최소한도의 보호를 위하여 일용품의 구입 등 일상생활에 필요하고 그 대가가 과도하지 않는 법률행위는 취소할 수 없도록 하였습니다.

② 또한 특정후견제도를 마련해서 질병, 장애, 노령, 그밖의 사유로 인한 정신적 제약 때문에 일시적 후원 또는 특정한 사무에 관한 후원이 필요한 자에게 특정후견의 기간 또는 사무의 범위를 정하여 특정후견 및 특정후견인을 심판·선임할 수 있도록 하였습니다.

③ 그리고 후견제도들간의 관계를 정리하기 위하여 피한정후견인 또는 피특정후견인에 대해 성년후견개시의 심판을 할 때에는 종전의 한정후견 또는 특정후견의 종료 심판을 하고, 종전의 피성년후견인 또는 피특정후견인에 대해 한정후견개시의 심판을 할 때에는 종전의 성년후견 또는 특정후견의 종료 심판을 하도록 하였습니다(민법 제14조의3).

④ 또한 후견인에 대한 감독 등을 위하여 후견감독인 제도를 도입하였고, 성년후견인 등의 청구권자에 후견감독인과 지방자치단체장을 추가하였습니다.

⑤ 그리고 임의후견제도를 도입하여 질병, 장애, 노령, 그밖의 사유로 인한 정신적 제약 때문에 사무를 처리할 능력이 부족한 상황에 있거나 부족하게 될 상황에 대비하여 자신의 재산관리 및 신상보호에 관한 사무의 전부 또는 일부를 다른 자에게 위탁하고, 그 위탁사무에 관해 대리권을 수여하는 것을 내용으로 하는 후견계약을 공정증서로 체결

할 수 있도록 하고, 임의후견인에 대한 감독 등을 위해 본인이 사무를 처리할 능력이 부족한 상황에 있다고 인정된 때에는 임의후견감독인을 두도록 하였습니다.

⑥ 한편 피후견인들과 거래하는 상대방을 보호하기 위해 성년후견 등에 관한 공시제도를 마련하여 성년후견 등을 등기하도록 하였습니다.

⑦ 또한 종전에는 후견인의 법정 순위가 정하여져 있었으나 개정 민법에서는 그 순위를 폐지하고 종전의 순위에 관계없이 후견인을 선임할 수 있도록 하였습니다.

⑧ 개정 민법에서는 법인도 후견인이 될 수 있도록 하였습니다.

⑨ 개정 민법에서는 청소년의 조숙화에 따라 성년연령을 낮추는 세계적 추세에 맞추어 미성년자의 연령을 20세 미만에서 19세 미만으로 낮추었습니다.

여기에서 행위무능력자가 단독으로 한 법률행위는 어디까지 허용되고 그 허용 범위를 벗어나거나 유효하기 되기 위해서 거쳐야 하는 절차를 위배한 경우에는 그 행위의 효력이 어떻게 되는지 문제됩니다.

먼저 미성년자의 법률행위는 법정대리인의 동의를 얻어야 하며, 그렇지 않으면 취소할 수 있습니다. 다만 권리만을 얻거나 의무만을 면하는 행위는 취소할 수 없으며, 법정대리인이 범위를 정하여 처분을 허락한 재산의 처분이나 법정대리인으로부터 허락을 얻은 특정한 영업에 관한 행위에 대해서는 취소할 수 없습니다. 다음으로 피성년후견인의 법률행위는 성년후견인의 동의 여부와 관계없이 취소할 수 있으며, 피한정후견인이 한정후견인의 동의가 필요한 법률행위에 대하여 그 동의 없이 하였을 때에는 그 법률행위를 취소할 수 있습니다.

물론 앞서 본 바와 같이 피성년후견인이든 피한정후견인이든 그가 일용품의 구입 등 일상생활에 필요하고 그 대가가 과도하지 않는 법률행위를 한 경우나 후견개시의 심판에서 달리 정한 것은 그 취소가 불가할 것이고, 피한정후견인의 법률행위의 경우에는 가정법원에서 한정후견인의 동의 사항으로 결정한 것이 아닌 이상 확정적으로 유효한 법률행위로 인정됩니다. 피특정후견인의 법률행위는 특정후견인의 선임 여부에 불구하고 어떠한 법적 제약 없이 유효하게 됩니다. 후견인과 피후견인간의 이해상반행위에 대해서는 후견감독인이 있는 경우를 제외하고는 특별대리인을 선임하여 그 선임된 특별대리인과 법률행위를 해야 합니다.

그리고 후견계약은 이를 등기해야 하며 가정법원이 임의후견감독인을 선임한 때부터 후견계약의 효력이 발생하는 것이므로 후견계약에 따라 선임된 임의후견인은 그때부터 후견행위를 할 수 있으며, 다만 피임의후견인의 법률행위는 임의후견인의 선임 여부에 불구하고 어떠한 법적 제약 없이 유효하게 됩니다. 그리고 후견계약이 등기되어 있는 경우에는 가정법원은 본인의 이익을 위하여 특별히 필요할 때에만 임의후견인 또는 임의후견감독인의 청구에 의해 성년후견, 한정후견 또는 특정후견의 심판을 할 수 있으며, 이 경우 후견계약은 본인이 성년후견 또는 한정후견개시의 심판을 받은 때에 종료하게 됩니다.

따라서 귀하께서는 아들 甲의 나이나 정신상태에 따라서 또는 귀하께서 어떠한 행위까지 제한하고 싶은지 여부에 따라서 미성년후견이나 한정후견 또는 성년후견을 선택해서 가정법원에 신청하면 될 것으로 보입니다.

[사례 1·2·7] 보통입양의 요건과 입양의 효력

문 저희 부부는 결혼한지 10년이 넘었지만 불행하게도 아직 아이가 없습니다. 그래서 입양을 생각하고 있는데, 그 요건이나 입양의 효력에 대해서 잘 몰라 박사님께 입양에 관하여 문의드리고 싶습니다.

답 현행법상 입양제도로는 보통양자제도와 2008년 1월 1일부터 시행되고 있는 친양자입양제도가 있습니다. 보통양자제도는 입양된 후에도 여전히 친생부모의 성과 본을 따르게 되고, 양친의 가족관계등록부에 친생자가 아닌 양자로 기재되며 친생부모와의 친족관계가 여전히 유지되도록 되어 있는데 반해, 친양자입양제도는 입양이 이루어진 후에는 양자는 친생부모나 그 혈족과의 친족관계가 단절되고, 법적으로나 실제적으로 양

---

57) 2011년 3월 7일 개정되어 2013년 7월 1일부터 시행되는 개정 민법에서는 종전에 심신상실(금치산선고)이나 심신박약 또는 재산낭비(한정치산선고)시 선고하여 획일적으로 행위능력을 제한하는 문제점을 내포하고 있는 금치산·한정치산제도 대신 더욱 능동적이고 적극적인 사회복지시스템인 성년후견·한정후견 및 특정후견제도를 마련해 질병, 장애, 노령, 그밖의 사유로 인한 정신적 제약으로 사무처리능력이 결여되거나 부족한 자가 이용할 수 있도록 하였고, 이들과 거래하는 상대방에 대한 최소한도의 보호를 위해 일용품의 구입 등 일상생활에 필요하고 그 대가가 과도하지 않는 법률행위는 취소할 수 없도록 한 외에 성년후견 등에 관한 공시제도를 마련해 성년후견 등을 등기하도록 하였고, 후견인에 대한 감독 등을 위해 후견감독인 제도를 도입하였으며, 성년후견인 등의 청구권자에 후견감독인과 지방자치단체장을 추가하였고, 임의후견제도를 도입해 질병, 장애, 노령, 그밖의 사유로 인한 정신적 제약으로 사무를 처리할 능력이 부족한 상황에 있거나 부족하게 될 상황에 대비해 자신의 재산관리 및 신상보호에 관한 사무의 전부 또는 일부를 다른 자에게 위탁하고 그 위탁사무에 관해 대리권을 수여하는 것을 내용으로 하는 후견계약을 공정증서로 체결할 수 있도록 하고 임의후견인에 대한 감독 등을 위해 본인이 사무를 처리할 능력이 부족한 상황에 있다고 인정된 때에는 임의후견감독인을 두도록 하였습니다. 한편 위 개정 민법에서는 청소년의 조숙화에 따라 성년연령을 낮추는 세계적 추세에 맞추어 미성년자의 연령을 20세 미만에서 19세 미만으로 낮추었습니다.

친의 친생자로서 양부의 성과 본을 따르게 되며, 가족관계등록부상으로도 친생자로 기재되어 양가의 완전한 일원이 됨으로써 친가와는 단절되도록 하고 있고, 원칙적으로 파양도 인정하지 않는 제도를 말합니다.

친양자입양제도에 관해서는 별도로 살펴보기로 하고, 여기에서는 귀하의 질문사항인 보통양자제도에 대해서만 살펴보고자 합니다.

입양이 성립되기 위해서는 일정한 조건이 갖추어져야 합니다(민법 제866조~제874조). 즉,

① 입양당사자 사이에 입양의 합의가 있을 것[58]

② 양친은 성년자일 것(양친이 미성년자인 경우에는 입양불가)

③ 양자로 되는 자가 미성년자인 경우에는 법원의 허가를 얻어야 하고, 15세 미만인 경우에는 법원의 허가 외에 법정대리인의 입양대락이 있을 것

④ 양자가 될 자는 성년·미성년인 여부를 불문하고 모두 부모의 동의가 필요하고, 이때 미성년자에게 부모 또는 다른 직계존속이 없으면 후견인의 동의를 얻을 것[59]

⑥ 피성년후견인이 입양하려면 후견인의 동의가 필요하고, 양자가 되려면 후견인의 동의 외에 가정법원의 허가가 있을 것

⑦ 배우자 있는 자가 입양을 할 때에는 공동으로 입양해야 하고, 양자가 될 때에는 다른 일방의 동의를 얻을 것

⑧ 양자는 양친의 존속 또는 연장자가 아닐 것

그리고 위와 같은 입양의 요건이 갖추어진 후 「가족관계의 등록 등에 관한 법률」(이하 '가족관계등록법')이 정하는 바에 따라 신고사건 본인의 등록기준지 또는 신고인의 주소지나 현재지의 시·군·구청 등에 신고해야만 입양의 효력이 생기게 됩니다(가족관계등록법 제20조).

한편 입양이 성립되면 양부모 및 그 혈족이나 인척 사이에는 입양신고일로부터 혼인 중의 출생자와 동일한 것으로 보고(민법 제772조 제1항), 양자는 친생부모의 친권을 벗어나 양부모의 친권에 따르게 됩니다(민법 제909조 제1항 후단). 또한 양자와 양부모 사이에는 상호 부양의무와 상속관계도 인정됩니다. 다만, 입양으로 양자의 종래의 친족관계에 어떠한 영향이 미치는 것은 아니므로 친생부모로부터 상속을 받는데 지장이 있는 것은 아니며, 양자의 성도 양부의 성으로 변경되지 않습니다. 따라서 양자의 성을 변경하려면 별도로 성 변경절차를 거쳐야 할 것입니다(민법 제781조 제6항).

한편 18세 미만의 요보호아동[60]에 관한 입양의 요건과 절차에 관하여는 민법에 대한 특례로서 입양특례법이 제정되어 있으니 이를 참고하시기 바랍니다.

[사례 1·2·8] 친양자 입양제도

문 저는 수년 전에 부인과 사별한 뒤 혼자 살다가 최근에 좋은 사람을 만나 재혼하게 되었습니다. 그런데 재혼한 처에게는 딸이 하나 있는데 제 친딸처럼 키우고 싶습니다. 들리는 말로는 친양자입양제도가 있다고 하는데, 이에 관하여 좀 자세히 알고 싶어 박사님께 문의드리고자 합니다.

답 친양자 입양제도란 민법 개정으로 2008년 1월 1일부터 시행되고 있는 제도인데, 양친과 양자를 친생자관계로 보아 종전의 친족관계를 종료시키고, 양친과의 친족관계만을 인정하며, 양친의 성과 본을 따르도록 하는 제도를 말합니다(민법 제908조의2~제908조의8).

친양자를 입양하려는 자는 일정한 요건을 갖추어 가정법원에 친양자 입양의 청구를 해야 합니다(민법 제908조의2 제1항). 여기에서 일정한 요건이란 다음과 같은 조건을 말합니다.

① 3년 이상 혼인 중인 부부로서 공동으로 입양할 것(다만, 혼인 중인 부부의 일방이 그 배우자의 친생자를 친양자로 하는 경우에는 1년 이상이면 가능)

② 친양자로 될 자가 미성년자일 것

③ 친양자로 될 자의 친생부모가 친양자 입양에 동의할 것(다만, 부모의 친권상실, 소재불명, 그밖의 사유로 동의 불가시는 예외)

④ 친양자의 연령이 13세 이상인 경우에는 법정대리인의 동의, 13세 미만인 경우에는

---

58) 이때 양자가 될 사람이 13세 이상의 미성년자인 경우에는 법정대리인의 동의를 받아 입양을 승낙해야 하며, 양자가 될 사람이 13세 미만인 경우에는 승낙할 능력이 없으므로 법정대리인이 그에 갈음해 입양을 승낙해야 합니다. 다만 법정대리인이 정당한 이유 없이 동의 또는 승낙을 거부하는 경우 또는 법정대리인의 소재를 알 수 없는 등의 사유로 동의 또는 승낙을 받을 수 없는 경우에는 가정법원은 법정대리인의 동의나 승낙 없이도 입양을 허가할 수 있습니다(민법 제869조).

59) 그러나 부모의 동의가 필요치 않는 경우가 있습니다. 수 먼저 미성년자입양의 경우에는 그의 입양의 의사표시에 관해 부모가 동의하거나 승낙한 경우, 부모가 친권상실의 선고를 받은 경우, 부모의 소재를 알 수 없는 등의 사유로 동의를 받을 수 없는 경우에는 부모의 동의가 필요치 않도록 하고 있으며, 부모가 3년 이상 자녀에 대한 부양의무를 이행하지 아니한 경우 또는 부모가 자녀를 학대·유기하거나 그밖에 자녀의 복리를 현저히 해친 경우에는 부모가 동의를 거부하더라도 입양허가를 받을 수 있도록 하고 있습니다(민법 제870조). 다음으로 성년자입양의 경우에도 부모가 정당한 이유 없이 동의를 거부하는 경우에는 양부모가 될 사람이나 양자가 될 사람이 부모의 동의에 갈음하는 심판을 청구할 수 있도록 하고 있고, 부모의 소재가 불명인 경우 등의 사유로 그 동의를 받을 수 없는 경우에는 부모의 동의가 필요치 않도록 하고 있습니다(민법 제871조).

60) 여기에서 요보호아동 또는 보호대상아동이란 보호자가 없거나 보호자로부터 이탈된 아동 또는 보호자가 아동을 학대하는 등 그 보호자가 아동을 양육하기에 적당하지 않거나 양육할 능력이 없는 경우의 아동을 말합니다(입양특례법 제2조 제2호, 아동복지법 제3조 제4호).

법정대리인의 입양대락이 있을 것

이상의 요건에서 가장 어려운 과제가 친생부모 등의 동의나 입양대락의 문제인데, 가정법원에서는 이를 고려하여 법정대리인이 정당한 이유 없이 동의 또는 승낙을 거부하거나(단, 법정대리인이 친권자인 경우에는 예외), 친생부모의 책임 있는 사유로 3년 이상 부양의무를 이행하지 않고 면접교섭을 하지 않는 경우 또는 친생부모가 자녀를 학대·유기하거나 그밖에 자녀의 복리를 현저히 해친 경우에는 그 동의나 입양대락 없이도 입양을 허가할 수 있도록 하고 있습니다.

친양자 입양을 신청하려면 친양자입양심판청구서를 작성해서 친양자로 될 자의 주소지의 가정법원 또는 지방법원·지원에 제출해야 합니다(가사소송법 제44조 제1호). 이후 가정법원의 허가로 친양자 입양이 확정되면 친양자는 부부의 혼인 중의 출생자로 보게 되며, 친양자의 입양 전의 친족관계는 친양자 입양이 확정된 때에 종료하게 됩니다(민법 제908조의3 제1항 본문). 따라서 상속관계도 친양자와 양부모 사이에서만 이루어질 뿐 친생부모와는 상속관계가 단절됩니다.

다만, 친양자입양의 경우에도 부부단독 입양의 경우, 즉 부부의 일방이 그 배우자의 친생자를 단독으로 입양한 경우에 있어서의 배우자 및 그 친족과 친생자간의 친족관계는 종료되지 않고 종전과 같이 그대로 유지됩니다(민법 제908조의3 제1항 본문).

이에 귀하께서 친양자입양을 하고자 한다면 이러한 친양자 입양의 요건과 효과에 관하여 잘 숙지하신 후 절차를 밟으시기 바랍니다.

[사례 1·2·9] 양육비 지급 확보를 위한 여러 방법

문 저는 다문화가정으로서 베트남에서 한국으로 시집와서 어린 아이 2명을 낳고 살던 중 직장생활을 하는 남편의 외도와 폭언 때문에 더 이상 살 수 없어 이혼소송을 하였고, 그 소송에서 아이들은 제가 키우고 남편은 양육비조로 매월 80만원씩 제게 지급하라는 판결을 받았는데, 이혼 후 남편이 수개월째 양육비를 지급하지 않고 있습니다. 양육비를 제대로 지급받을 수 있는 방법이 없는지요?

답 물 좋고 산 좋은 한국에서 좋은 가정을 꾸리며 행복하게 살아가면 좋으련만, 세상사가 그리 순탄한 경우만 있는 것은 아니므로 너무 낙담하지 마시고 희망을 가지고 사시기 바랍니다. 어찌되었건 아이 둘을 혼자 키우면서 생활을 꾸려가야 하니 전 남편으로부터 양육비를 확보하는 것이 필수적이라 보입니다. 다만 법이라는 것이 그 집행에 있어서 일정한 한계가 있기 마련입니다.

아래에서 현행법의 테두리 안에서 양육비의 지급을 확보할 수 있는 방법에 관하여 몇 가지를 알려드리겠습니다.

첫째, 재산명시 및 재산조회제도입니다.

귀하께서 양육비 지급 판결을 받았다고 하니 상대방의 재산을 찾는 것이 가장 큰 관건이라 할 수 있습니다. 재산명시는 양육비 채무자로 하여금 자발적으로 본인의 재산 내역을 법원에 신고하라는 제도이고, 이러한 재산명시를 거친 후 강제적으로 그의 재산을 찾는 절차가 재산조회입니다. 만약 양육비 채무자가 재산명시기일에 불출석하거나 재산목록을 제출하지 않는 경우 또는 선서를 거부한 경우에는 20일 이내의 감치에 처해질 수 있고, 허위의 재산목록을 제출한 때에는 3년 이하의 징역 또는 5백만원 이하의 벌금에 처해질 수 있습니다(민사집행법 제68조).

둘째, 양육비 직접지급명령제도가 있습니다.

이는 양육비 채무자가 직장생활을 하고 있고 2회 이상 정기적 양육비를 지급하지 않는 경우에 양육비 채무자의 직장으로 하여금 양육비 채권자에게 직접 양육비를 정기적으로 지급하도록 하는 것입니다(가사소송법 제63조의2).

셋째, 양육비 채무자에 대한 담보제공명령 및 일시금 지급명령제도가 있습니다.

즉 양육비 채무자가 정당한 사유 없이 정기적 양육비를 지급하지 않는 경우에는 법원에 신청해 양육비 채무자로 하여금 상당한 담보를 제공하도록 명하게 하고, 이에 응하지 않을 경우에는 양육비의 전부 또는 일부를 일시금으로 지급하도록 명하게 하는 제도입니다(가사소송법 제63조의3).

넷째, 이행명령과 감치명령제도가 있습니다.

이행명령은 양육비 채무자가 정당한 이유 없이 양육비를 지급하지 않는 경우에 일정한 기간을 주어 그 기간 내에 의무를 이행하도록 하는 법원의 명령을 말하는데, 이 명령에 위반한 때에는 1천만원 이하의 과태료에 처해질 수 있고, 이행명령을 받고도 3기 이상의 양육비를 지급하지 않을 경우에는 30일의 범위 내에서 감치에 처해지도록 할 수 있습니다(가사소송법 제64조, 제67조, 제68조). 양육비의 일시금 지급명령을 받은 사람이 30일 내에 정당한 사유 없이 그 의무를 이행하지 않는 경우에도 마찬가지로 감치에 처해질 수 있습니다(제68조).

다섯째, 채무불이행자명부등재제도가 있습니다.

이는 양육비 채무자가 그 지급판결을 받고도 6월이 경과하도록 이를 이행하지 않는 경우에 채무불이행자로 등재시켜 각종 카드거래나 할부거래 등을 할 수 없도록 함으로써 경제적 압박을 가하는 수단입니다(민사집행법 제70조).

여섯째, 2015년 3월 25일부터 시행되고 있는 「양육비 이행확보 및 지원에 관한 법률」에 따라 설치된 양육비이행관리원(T.1644-6621)을 통해 지원을 받는 것입니다.

양육비이행관리원에서는 당사자 간 양육비의 협의 성립 지원, 양육비 채무자의 주소, 소득, 재산 등에 대한 조사, 양육비 이행확보를 위한 법률 및 추심의 지원, 양육비 불이행 채무자에 대한 제재 조치, 한시적 양육비 긴급지원(최장 9개월 동안 자녀 1인당 월 20만원 지원) 등의 업무를 수행하고 있습니다.

이와 같이 양육비의 지급 확보를 위한 직접적 또는 심리적 여러 강제 수단이 있으므로, 귀하께서는 이러한 수단 내지 제도들을 총동원하여 양육비를 지급받을 수 있을 것으로 보입니다. 다만 아무리 좋은 제도라도 이를 현실적으로 실행하기에는 여러 어려움이 따를 수 있으므로 대한법률구조공단을 잘 활용하는 것도 하나의 현명한 수단일 수 있을 것입니다.

[사례 1·2·10] 이혼시의 양육자 및 친권자에게 유아를 인도해 주지 않는 경우에, 그 대응방법

문 저는 최근에 남편의 외도로 재판상 이혼을 하면서 5살짜리 딸아이의 친권행사자 및 양육자로 제가 지정받은 사실이 있습니다. 그런데 남편이 이혼소송 중, 재판의 결론이 날 때까지 자기가 아이와 함께 있겠다면서 데리고 간적이 있었는데, 이제 와서 이혼재판이 자기에게 불리하게 끝나자 아이를 내 줄 수 없다고 합니다. 아이를 데려올 수 있는 방법이 없는지요?

답 아이를 무리하게 데려오려 할 경우에는 아이가 다칠 염려가 있기 때문에 강제집행을 통하여 아이를 인도받는 것은 그리 쉽지 않는 일입니다.

이러한 경우를 대비하여 가사소송법 제64조에서는 유아의 인도의무를 이행해야 할 자가 정당한 이유 없이 유아를 인도하지 않는 경우에는 법원에 신청하여 일정한 기간 내에 그 의무를 이행하라는 명령을 내리도록 할 수 있습니다(유아인도에 대한 이행명령신청). 만약 상대방이 이러한 명령에 불응한 경우에는 100만원 이하의 과태료에 처해질 수 있고, 이러한 과태료 처분을 받고도 30일 이내에 유아를 인도하지 않으면, 다시 법원에 신청하여 30일 이내의 범위 내에서 감치처분을 내리게 할 수도 있습니다(가사소송법 제64조 제1항, 제68조 제1항).

또한 이러한 가사소송법상의 간접강제의 방법 외에도 귀하께서는 법원에 유아인도청구소송을 제기하여 판결을 받은 후, 집행관으로 하여금 유아를 강제로 데려오도록 하는 방법도 이용할 수 있습니다. 그러나 실무상 상대방이 완강히 버티며 아이를 넘겨주지 않으면 집행관을 통하여도 유아인도집행이 이루어지지 않는 경우가 많은 것이 현실입니다.

참고로 이혼 후 자녀를 양육하지 않는 부모가 면접교섭권(민법 제837조의2)을 행사하려고 할 때에 양육하고 있는 부모가 이를 거부하거나 방해하는 경우에도 이행명령을 신청할 수 있습니다(가사소송법 제64조 제1항 제3호).

[사례 1·2·11] 양육권자의 면접교섭의무 불이행에 대해 면접교섭권을 확보할 수 있는 방법

문 저는 아이 엄마와 협의이혼하면서 미성년의 아들에 대한 양육권자를 아이 엄마로 정하였고, 저는 양육비를 지급해주기로 하였습니다. 그리고 면접교섭과 관련해서는 매주 토요일 하루로 정하여 아이 엄마가 제 집에 데려다 주기로 하였습니다. 그런데 몇 달 전부터 아이 엄마가 아들을 데려 오지도 않고 찾아가도 만나지 못하게 합니다. 이에 제가 어떻게 해야 아들을 볼 수 있는지 박사님께 문의드리고 싶습니다.

답 면접교섭권이란 부부 사이에 이혼시 양육권자로 지정되지 않는 부모 중 일방이 미성년의 자녀를 주기적으로 만나거나 전화·편지 등을 할 수 있는 권리를 말하며, 그 횟수와 관련해서는 부부간의 합의나 가정법원의 결정에 의하겠지만, 통상적으로는 일주일에 한번 정도와 그밖에 생일이나 입학식 또는 졸업식 같은 중요한 시기에 추가적으로 인정하고 있는 것으로 보입니다.

그런데 이혼은 부부 상호간의 갈등이나 좋지 않는 사유로 헤어지는 경우가 비일비재하여 실무상 자녀를 양육하고 있는 부모 중 일방이 면접교섭권 있는 타방 부모에 대해 면접교섭을 방해하거나 면접교섭의무를 이행하지 않는 경우가 많습니다.

이와 같이 자녀를 양육하고 있는 부모 중 일방이 면접교섭의무를 불이행한 경우에 면접교섭권을 가진 타방 부모가 이에 대응하는 방법이 무엇이 있는지 알아둘 필요가 있을 것입니다.

첫째, 이혼 단계에서 합의서나 판결 등에 면접교섭의무 위반에 대한 위약금의 제재를 정해놓는 방법입니다. 즉 부부간에 협의이혼이나 이혼소송시 자녀에 대한 면접교섭권의무를 이행하지 않는 경우를 대비해서 위약금으로 위반 1회당 얼마씩의 금전을 지급하도록 구하는 내용으로 합의를 하거나 청구취지에 이를 기재하여 조정이나 판결에 반영해놓는 것은 면접교섭권의 이행확보수단으로 요긴할 수 있는 것입니다. 이는 면접교섭권 문제를 정하지 않은 채로 이혼한 관계로 나중에 면접교섭권에 대한 허가를 신청할 때나 기존에 정해진 면접교섭권에 대한 변경을 신청할 때에도 마찬가지일 것입니다.

둘째, 면접교섭권에 관한 판결 등이 있는 경우에는 이행명령을 신청하는 방법입니다. 즉 가정법원으로부터 받은 판결이나 심판, 조정조서, 조정에 갈음하는 결정 또는 양육비부담조서 등에 면접교섭의무의 내용이 들어가 있는 경우에는 면접교섭권자는 면접교섭의무자의 정당한 이유 없는 불이행에 대해 일정한 기간 내에 면접교섭의무를 이행하도록 가정법원에 이행명령을 신청할 수 있는 것입니다(가사소송법 제64조 제1항 제4호).

가정법원에서 이행명령을 내릴 때에는 특별한 사정이 없는 한 미리 당사자를 심문하고 그 의무를 이행하도록 권고하게 되며, 의무불이행에 대한 제재로서 과태료부과의 제재도 고지하게 됩니다(가사소송법 제64조 제2항). 이러한 이행명령을 받았음에도 불구하고 면접교섭의무자가 그 의무를 이행하지 않는 경우에는 면접교섭권자의 신청에 의한 결정이나 가정법원 또는 조정위원회나 조정담당판사의 직권에 의해 1천만원 이하의 과태료에 처해질 수 있습니다(가사소송법 제67조 제1항). 다만 면접교섭의무에 대한 이행명령에 응하지 않는다고 해서 감치에 처해지는 제재까지는 받지 않습니다.

이에 귀하께서는 아직 면접교섭권에 대한 가정법원으로부터의 결정이 없는 것으로 보이므로 우선 가정법원에 면접교섭허가신청을 하면서 신청취지상에 면접교섭의무 불이행시 위반 1회당 30만원~50만원 정도의 위약금의 지급을 구하는 신청을 해서 가정법원의 결정에 의하여 면접교섭권을 확보하시고, 그럼에도 불구하고 귀하의 전처가 면접교섭의무를 이행하지 않으면 역시 가정법원에 이행명령을 신청해서 그 불이행시 1천만원 이하의 과태료에 처해지도록 하는 간접강제의 방법을 취해보시는 것이 어떨까 싶습니다. 물론 면접교섭의무 불이행에 대한 제재로서의 위반 1회당 30만원~50만원 정도의 위약금에 관한 결정도 받아놓은 경우라면 위 금원에 대해서도 아울러 청구할 수 있을 것입니다.

[사례 1·2·12] 양육비 직접지급명령제도

문 저는 수년 전에 성격상 차이로 남편과 협의이혼을 하게 되었고, 이혼하면서 남편은 자녀 2명에 대한 양육비조로 매월 1백만원씩 지급하기로 약정한 사실이 있습니다. 그런데 남편은 1년 정도 양육비를 지급해주다가 그 뒤로 지급을 중단하였고, 이에 저는 부득이 양육비 청구소송을 제기하여 판결까지 받아 놓았습니다. 남편은 현재 대기업에서 직장생활을 하고 있어 급여가 어느 정도 될 것 같은데, 제가 손쉽게 양육비를 지급받을 수 있는 방법이 있는지 몰라 박사님께 여쭈어보고 싶습니다.

답 양육비 지급을 명하는 판결도 받아 놓았고, 남편이 직장생활 등을 하고 있어 정기적으로 급여를 받고 있는 경우에는 양육비 직접지급명령제도를 이용하면 좋을 것 같습니다.

이는 남편에게 급여를 지급하는 회사나 직장으로 하여금 남편을 거치지 않고 직접 귀하에게 급여 중 일부를 양육비조로 지급하도록 하는 제도입니다. 즉, 이 제도는 양육비를 정기적으로 지급할 의무가 있는 사람(이하 '양육비채무자')이 정당한 사유 없이 2회 이상 양육비를 지급하지 않는 경우에, 가정법원이 정기금 양육비 채권에 관한 집행권원을 가진 채권자(이하 '양육비채권자')의 신청에 따라 양육비채무자에 대해 정기적 급여채무를 부담하고 있는 소득세원천징수의무자(이하 '회사 등')로 하여금 양육비채무자의 급여에서 정기적으로 양육비를 공제하여 이를 양육비채권자에게 직접 지급하도록 명하는 것을 말합니다(가사소송법 제63조의2 제1항).

이러한 양육비 직접지급명령제도는 민사집행법에 따라 압류 및 전부명령을 동시에 명한 것과 같은 효력이 있는 것으로서(가사소송법 제63조의2 제2항 본문), 정기금 양육비채권자가 신청할 수 있고, 그 정기금 양육비채권자가 장래의 양육비 채권을 집행채권으로 하여 양육비채무자(상대방 배우자)의 장래의 급여채권에 대해 압류 및 전부명령을 동시에 명한 것과 같은 효력을 인정하는 특수한 제도인 것입니다(가사소송법 제63조의2).

양육비 직접지급명령신청은 양육비채무자의 보통재판적이 있는 곳의 가정법원에 신청하되, 양육비채무자가 국내에 주소나 거소 등이 없고 마지막 주소도 판명되지 않을 때와 같이 보통재판적이 없는 경우에는 회사 등의 보통재판적이 있는 곳의 가정법원에 신청하면 됩니다.

신청서에는 ① 신청서 외에 집행력 있는 정본, ② 소득세원천징수의무자가 법인인 때는 그 자격증명, ③ 대리인에 의한 신청일 때는 위임장, ④ 그밖에 강제집행개시의 요건을 증명하는 서면 등을 첨부해야 하며, 양육비채권자가 양육비채무자의 급여의 존재 여부나 급여액 등을 파악하고 싶은 경우에는, 가정법원에 신청해서 회사 등으로 하여금 양육비 직접지급명령을 송달을 받은 날부터 1주일 이내에 서면으로 양육비채무자에게 줄 채무의 존재 여부나 지급의사 또는 제3자로부터 압류된 여부 등에 대해서 진술하도록 할 수 있습니다.

이와 같은 절차를 통해 양육비 직접지급명령이 확정되면 양육비 직접지급명령이 급여를 지급할 회사 등에게 송달된 때로 소급하여 양육비채무자의 정기적 급여채권이 양육비채권자에게 이전되며, 양육비채무자는 양육비 채무를 변제한 것으로 보게 됩니다. 이때 급여의무자인 회사 등은 피전부채권인 정기적 급여채권이 존재하는 한 양육비채무자에 부담하는 채무 중 일부를 양육비채권자에게 부담하며, 양육비채권자에게 직접 이행해야 하는 것입니다. 만약 급여채무자인 회사 등이 이러한 법원의 명령에 응하지 않는 경우에는 법원의 직권 또는 양육비채권자의 신청에 의해 결정으로 1천만원 이하의 과태료에 처해질 수 있습니다(가사소송법 제67조 제1항, 제63조의2).

[사례 1·2·13] 양육권 없는 부모 중 일방이 자녀를 양육한 경우에 양육권 있는 타방에 대해 양육비를 청구할 수 있는지

문 저는 남편과 협의이혼하면서 미성년의 자녀인 아들과 딸 모두에 대한 친권 및 양육권자로 제가 지정되어 있었습니다. 그런데 딸은 제가 데리고 있는 관계로 제가 키우고 있지만, 아들은 이혼 당시 남편이 데리고 있으면서 제게 인도해 주지 않은 채 수년간 남편이 키워오고 있습니다. 이에 제가 딸에 대한 양육비를 청구하니 남편은 아들에 대한 양육비와 상계하자고 주장하면서 양육비를 지급해 주지 않고 있습니다. 과연 남편의 주장이 맞는지 박사님께 문의드리고 싶습니다.

답 부모가 이혼한 경우에는 협의이혼이든 재판상 이혼이든 미성년의 자녀가 있으면 그에 대한 친권 및 양육권자를 지정하도록 되어 있고, 양육권자로 지정되어 있지 않은 부모는 양육권자로 지정되어 자녀를 양육하고 있는 부모에게 미성년의 자녀가 성년이 될 때까지 양육비를 지급해줘야 합니다.

그런데 귀하의 사례와 같이 양육권자로 지정되어 있지 않은 부모가 자녀를 데리고 있으면서 양육권자로 지정된 부모에게 인도해 주지 않고 무단으로 양육하면서 양육비를 요구할 경우에 그것이 인정될 수 있는지 문제됩니다.

이에 대해 판례는 "청구인과 피청구인 사이에 자녀의 양육에 관하여 특정 시점까지는 피청구인이 양육비의 일부를 부담하면서 청구인이 양육하기로 하고, 그 이후는 피청구인이 양육하도록 인도하기로 하는 의무를 부담하는 소송상의 화해가 있었다면, 이 화해조항상의 양육방법이 그 후 다른 협정이나 재판에 의하여 변경되지 않는 한 위 특정 시점 이후에는 청구인에게는 사건본인들을 양육할 권리가 없고, 그럼에도 불구하고 이들을 피청구인에게 인도함이 없이 스스로 양육하였다면 이는 피청구인에 대한 관계에서는 위법한 양육이라고 할 것이니, 위 화해에 갈음하여 새로운 양육방법이 정해지기 전에는 피청구인은 청구인에게 그 위법한 양육에 대한 양육비를 지급할 의무가 있다고 할 수 없다." 라고 판시하여 양육권자 아닌 자가 양육권자의 의사에 반하여 무단으로 위법하게 양육한 경우에는 양육비를 청구할 수 없도록 하고 있습니다(대판 1992.1.21. 91므689).

따라서 귀하의 남편의 청구는 인정되지 않을 것으로 보이고, 딸에 대한 귀하의 남편에 대한 청구는 인정될 수 있을 것으로 보입니다. 만약 남편이 굳이 아들에 대한 양육을 하면서 양육비를 청구하려면 상황의 변경 때문에 종전에 정해진 양육방법을 변경할 필요가 생겼음을 증명하여 법원에 양육권자변경신청을 하고 그 허가를 받아야 할 것이며, 만약 새로운 협정이나 재판이 있을 때까지 종전에 정해진 양육방법을 고수하게 되면 피양육자의 원만한 보호가 심히 어려워지는 급박한 사유를 증명해서 사전처분(가사소송법 제62조)[61]의 방법에 따라 임시로 종전의 협정을 변경해 남편의 양육을 적법화시킨 후 귀하께 임시로 양육비를 분담시키는 처분을 구하는 방법으로 구제를 받아야 할 것으로 보입니다(대판 1992.1.21. 91므689).

[사례 1·2·14] 과거의 양육비에 대한 소멸시효기간

문 저는 이혼한지 15년 정도 지났는데, 아직까지 미성년자인 아이들 2명을 저 혼자 키워오고 있습니다. 이혼 후 남편과 연락이 두절되어 양육비를 청구하지 못하고 있었는데, 최근 사업에 성공해서 어느 정도의 재산을 보유하고 있다는 사실을 알게 되었고, 이에 과거의 양

---

61) 가사소송법 제62조(사전처분) "① 가사사건의 소의 제기, 심판청구 또는 조정의 신청이 있는 경우에 가정법원, 조정위원회 또는 조정담당판사는 사건을 해결하기 위해 특히 필요하다고 인정하면 직권으로 또는 당사자의 신청에 의해 상대방이나 그 밖의 관계인에게 현상을 변경하거나 물건을 처분하는 행위의 금지를 명할 수 있고, 사건에 관련된 재산의 보존을 위한 처분, 관계인의 감호와 양육을 위한 처분 등 적당하다고 인정되는 처분을 할 수 있다. ② 제1항의 처분을 할 때는 제67조(의무 불이행에 대한 제재) 제1항에 따른 제재를 고지해야 한다. ③ 급박한 경우에는 재판장이나 조정장은 단독으로 제1항의 처분을 할 수 있다. ④ 제1항과 제3항의 처분에 대하여는 즉시항고를 할 수 있다. ⑤ 제1항의 처분은 집행력을 갖지 아니한다."

육비를 청구하고자 합니다. 따라서 과거의 양육비에 대한 청구 가능 여부와, 과거 얼마 정도의 기간까지 양육비를 청구할 수 있을까요?

답 부모는 미성년의 자녀를 공동으로 양육할 책임이 있고, 그 양육에 드는 비용도 원칙적으로 부모가 공동으로 부담해야 합니다. 이러한 부모의 자녀에 대한 양육의무는 자녀의 출생과 동시에 발생하는 것으로서, 양육자가 홀로 자녀를 양육한 것이 일방적이고 이기적인 목적 내지 동기에서 비롯되었다거나, 자녀의 이익을 위해 도움이 되지 않는 경우, 또는 그 양육비를 상대방에게 부담시키는 것이 오히려 형평에 어긋나게 되는 등의 특별한 사정이 없는 한, 한쪽의 양육자가 양육비를 청구하기 전의 과거의 기간에 관해서도 상대방에 대해 그 양육에 관한 비용을 청구할 수 있다고 보아야 할 것입니다.

다만 이와 같은 이른바 과거의 양육비는 양육자가 자녀를 양육하게 된 경위와 그에 소요된 비용의 액수, 상대방이 부양의무를 인식하였는지 여부 및 그 시기, 그것이 양육에 소요된 통상의 생활비인지 아니면 치료비 등과 같이 이례적이고 불가피하게 소요된 다액의 특별한 비용인지 여부는 물론이고, 나아가 당사자들의 재산상황이나 경제적 능력 또는 부담의 형평성 등 여러 사정을 고려하여 적절하다고 인정되는 분담의 범위를 정할 수 있다고 할 것입니다(대판 1994.5.13. 92스21, 2011.7.29. 2008스67).

이와 같이 양육비는 과거의 것도 청구할 수 있다고 할 것인데, 과거 10년 것까지만 청구할 수 있는지, 아니면 그 이상의 기간 것도 청구가 가능한지 문제됩니다.

이에 관해 판례는 "미성년의 자녀를 양육한 자가 공동 양육의무자인 다른 쪽 상대방에 대해 과거 양육비의 지급을 구하는 권리는 당초에는 기본적으로 친족관계를 바탕으로 하여 인정되는 하나의 추상적인 법적 지위이었던 것이 당사자의 협의 또는 해당 양육비의 내용 등을 재량적·형성적으로 정하는 가정법원의 심판에 의하여 구체적인 청구권으로 전환됨으로써 비로소 보다 뚜렷하게 독립한 재산적 권리로서의 성질을 가지게 되는 것으로서, 당사자의 협의 또는 가정법원의 심판에 의하여 구체적인 지급청구권으로 성립하기 전에는 과거 양육비에 관한 권리는 양육자가 그 권리를 행사할 수 있는 재산권에 해당한다고 할 수 없으므로 그 상태에서는 소멸시효가 진행할 여지가 없다고 보아야 한다."라고 판시하고 있습니다(대판 2011.8.16. 2010스85, 2011.7.29. 2008스113).

따라서 종전에 당사자 간에 합의가 이루어졌거나 가정법원의 심판으로 구체적인 양육비가 정해진 경우라면 그때로부터 10년의 일반 채권의 소멸시효에 걸린다고 할 수 있을 것이지만(민법 제162조 제1항), 그러한 합의나 가정법원의 심판이 없는 채로 양육해 온 것이라면 양육비청구권은 소멸시효에 걸리지 않는 것이어서 과거 어느 기간 것까지든 그 양육비의 전액을 청구할 수 있을 것입니다.

이에 귀하의 사건을 보건대, 귀하께서 이혼하면서 남편과 양육비에 관해 구체적으로 합의한 사실이 있었다거나 재판상 이혼재판을 받으면서 판결문에 양육비에 관한 구체적인 사항이 정하여졌다면 그때로부터 10년의 소멸시효가 진행되는 것입니다. 따라서 이 경우 만약 양육비를 일시금으로 지급하기로 되어 있었다면 그때로부터 10년이 경과될 경우 소멸시효에 걸려 양육비 전액을 청구할 수 없을 것이고, 양육비를 분할지급하기로 되어 있었다면 각 지급일로부터 10년이 경과된 부분은 역시 소멸시효에 걸려 청구가 불가할 것이어서 아직 10년이 경과되지 않는 부분만 청구가 가능할 것입니다.

그러나 이와 달리 남편과의 합의 또는 가정법원의 심판에 의해 양육비에 관한 사항이 구체적으로 정해진 바가 없다면 양육비청구권은 소멸시효가 진행되지 않는 관계로 귀하께서는 과거의 기간 모두에 대한 양육비를 그 전액에 대해 청구가 가능할 것으로 보입니다.

[사례 1·2·15] 친족간의 부양의무와 과거의 부양료 청구 가능 여부

문 제 딸은 20여년 전에 혼인한 후 잘 살고 있다가 교통사고를 당하여 척추를 못 쓰고 휠체어에 의지하면서 살고 있는데, 몇 년 전에 사위가 바람이 났는지 다른 여자와 살면서 집에 들어오지도 않고 생활비도 주지 않고 있습니다. 그래서 할 수 없이 딸 가진 죄로 제가 몇 년 전부터 간병을 하면서 돌보아 오고 있습니다. 그 동안 병원비며 생활비도 많이 들어갔습니다. 사위는 사업을 하고 있어서 어느 정도 재력이 있는데도 나 몰라라 하고 있습니다. 딸도 도저히 안되겠던지 3년 전부터 부양을 청구하기도 했지만 여전히 묵묵부답인 것 같습니다. 이에 사위를 상대로 부양료를 청구하고 싶은데, 가능하겠는지요?

답 배우자, 혈족(8촌 이내), 인척(4촌 이내)을 친족이라고 합니다. 여기에서 배우자란 법률상의 배우자를 말하며, 혈족은 직계존속, 직계비속, 형제자매, 직계존속의 형제자매 및 그 형제자매의 직계비속, 형제자매의 직계비속을 포함합니다.

혈족 중 직계존속과 직계비속을 직계혈족이라고 하고, 그밖의 혈족을 방계혈족이라고 합니다. 인척은 혈족의 배우자, 배우자의 혈족, 배우자의 혈족의 배우자를 말합니다. 배우자의 경우에는 일방이 사망한다고 해서 인척관계가 끊어지지 않지만 홀로된 배우자가 재혼하게 되면 인척관계도 끊어지고 친족관계도 사라지게 됩니다. 우리가 흔히 말하는 가족이란 친족 중에서 배우자, 직계혈족, 형제자매(이상 생계를 같이하는 여부를 불문)와, 생계를 같이하는 직계혈족의 배우자·배우자의 직계혈족·배우자의 형제자매를 말합니다.

이와 같은 친족간에는 일정한 범위에서 상호간 부양의무가 주어져 있는데, 크게 ① 부모의 미성년의 자녀에 대한 부양의무, ② 부부간의 부양의무, ③ 기타 친족간의 부양의무로 구분할 수 있습니다. 위 ③의 기타 친족간의 부양의무란 직계혈족 및 그 배우자간의 부양의무와 생계를 같이하는 기타 친족간의 부양의무를 말하며, 부모와 성년의 자녀 사이의 부양의무도 여기에 포함됩니다.

이 중 위 ①과 ②의 부모의 미성년의 자녀에 대한 부양의무(양육의무)와 부부간의 부양의무는 제1차적 부양의무라고 해서 경제적 여유가 없더라도 자신의 생활과 같은 정도로 부양해야 할 의무에 해당하며, 위 ③의 생계를 같이 하는 기타 친족간의 부양의무는 자기의 사회적 지위에 상응하는 생활을 하면서 생활에 여유가 있음을 전제로 피부양자가 그 자력 또는 근로에 의해 생활을 유지할 수 없는 경우에 한하여 그 생활을 지원하는 것을 내용으로 하는 제2차적 부양의무입니다. 즉 부모의 미성년의 자녀에 대한 부양의무와 부부간의 부양의무는 성년의 자녀에 대한 부모의 부양의무나 부모에 대한 성년의 자녀의 부양의무보다 우선하는 것입니다.

따라서 제1차적 부양의무자가 해야 할 부양의무를 제2차적 부양의무자가 대신 해준 경우에는 제1차적 부양의무자에 대해 그 소요비용을 청구할 수 있는 것입니다.

한편 과거에 지급받지 못한 부양료도 청구가 가능한지 문제됩니다. 판례는 과거의 부양료에 대해서도 그 청구를 인정하고 있으며, 과거의 부양료 청구채권은 그것이 당사자간의 합의나 판결 등에 의해 특정되어 있지 않는 이상 소멸시효에도 걸리지 않는다고 판시하고 있습니다(대판 2011.8.16. 2010스85, 2011.7.29. 2008스113).

다만, 자녀의 부모에 대한 양육비 청구와는 달리, 부부간의 과거의 부양료 청구에 대해서는 주의할 점이 있습니다. 즉 부부간의 상호부양의무는 부부의 일방에게 부양을 받을 필요가 생겼을 때에 당연히 발생되는 것이기는 하지만, 과거의 부양료에 대해서는 특별한 사정이 없는 한 부양을 받을 자가 부양의무자에게 부양의무의 이행을 청구하였음에도 불구하고 부양의무자가 그 의무를 이행하지 않음으로써 이행지체에 빠진 후의 것만 부양료로 청구할 수 있을 뿐 부양의무자가 부양의무의 이행을 청구받기 전의 부양료에 대해서는 그 지급을 청구할 수 없는 것입니다. 요컨대 부부간의 부양의무를 이행하지 않는 경우에는 언젠가 주겠지 하면서 방치해둬서는 안되고 일단 내용증명 등을 통해서 부양료를 청구해놓고 보아야 한다는 것입니다.

이에 귀하의 사건을 보건대, 귀하가 딸을 부양해야 할 의무는 제2차적 부양의무이고, 사위가 그 처인 귀하의 딸을 부양해야 할 의무는 제1차적 부양의무에 해당하므로, 귀하께서는 사위를 상대로 부양료를 청구할 수 있을 것으로 보입니다. 다만 과거의 부양료에 대해서는 딸이 그 남편인 귀하의 사위에게 부양의무의 이행을 청구한 후의 것만 청구가 가능한 것이어서 그 전의 것은 청구가 불가할 것이로되, 부양의무의 이행을 청구한 후의 부양료에 대해서는 과거의 부양료라도 청구가 가능할 것으로 보입니다. 조금이나마 귀하에게 도움이 되었으면 합니다.

[사례 1-2-16] 성년의 자녀가 부모를 상대로 유학비용 상당의 부양료를 청구할 수 있는지

문 저는 고등학교 때 미국으로 유학가서 현재 미국 대학교에 재학 중인 성년인데, 부친께서는 이제 국내에 들어와서 대학에 다니라고 하면서 미국 유학비를 대주지 않고 있습니다. 이에 제가 부친께 유학비를 대달라고 청구할 수 있는지 박사님께 문의드리고 싶습니다.

답 민법상 미성년 자녀의 양육·교육 등을 포함한 부부간 상호부양의무(민법 제826조 제1항)는 혼인관계의 본질적 의무로서 부양을 받을 자의 생활을 부양의무자의 생활과 같은 정도로 보장해서 부부공동생활의 유지를 가능하게 하는 것을 내용으로 하는 제1차적 부양의무이고, 반면 부모가 성년의 자녀에 대해 직계혈족으로서 민법상 부담하는 부양의무(민법 제974조 제1호, 제975조)는 부양의무자가 자기의 사회적 지위에 상응하는 생활을 하면서 생활에 여유가 있음을 전제로 하여 부양을 받을 자가 자력 또는 근로에 의해 생활을 유지할 수 없는 경우에 한하여 그의 생활을 지원하는 것을 내용으로 하는 제2차적 부양의무입니다(대판 2012.12.27. 2011다96932, 2013.8.30. 2013스96).

따라서 성년의 자녀는 자신이 요부양상태, 즉 객관적으로 보아 생활비 수요가 자기의 자력 또는 근로에 의해 충당할 수 없는 곤궁한 상태인 경우에 한하여 부모를 상대로 그 부모가 부양할 수 있을 한도 내에서 생활부조로서 생활필요비에 해당하는 부양료를 청구할 수 있을 뿐이고, 나아가 이러한 부양료는 부양을 받을 자의 생활정도와 부양의무자의 자력 기타 제반사정을 참작하여 부양을 받을 자의 통상적인 생활에 필요한 비용의 범위로 한정됨이 원칙입니다.

이에 성년인 귀하께서는 특별한 사정이 없는 한 통상적인 생활필요비라고 보기 어려운 유학비용의 충당을 위해 부친을 상대로 부양료를 청구할 수는 없을 것으로 보입니다.

[사례 1·2·17] 연로한 부모에 대한 성년 자녀들의 부양의무의 순위와 그 정도

문 저희들은 형제가 3남매인데, 부모님이 연로하시고 노환이 있어 거동이 불편합니다. 자녀 사이에 저희 부모님에 대한 부양과 관련하여 서로 협의가 잘 되지 않고 있는데, 이때 누가 부양해야 하고 어느 정도로 부양해야 할지 몰라 박사님께 문의드립니다.

답 직계혈족 및 그 배우자간이나 생계를 같이 하는 친족간에는 상호 부양의무가 있습니다(민법 제974조). 성년의 자녀와 고령 또는 노환 중인 부모 사이에도 이러한 친족간의 부양의무에 해당되어 상호간에 부양의무가 생기게 됩니다.

그렇다면 부양의무자로서는 어느 정도로 부양해줘야 할까요? 부양의 정도나 방법에 관해서는 당사자 간에 협정이 우선하고, 그러한 협정이 없는 때에는 당사자의 청구에 따라 부양권리자의 생활정도와 부양의무자의 자력 기타 제반사정을 참작해서 법원이 정하게 되는데, 법원에서는 부모의 미성년 자녀에 대한 부양이나 부부간 상호부양의무와 같은 제1차적 부양의무 관계에 있는 경우에는 부양의무자의 생활과 같은 정도로 보장해주도록 하고 있고, 부모의 성년 자녀에 대한 부양이나 성년 자녀의 부모에 대한 부양 등 친족간의 부양의무와 같은 제2차적 부양의무 관계에 있는 경우에는 부양의무자가 자기의 사회적 지위에 상응하는 생활을 하면서 생활에 여유가 있음을 전제로 하여 부양권리자가 그의 자력 또는 근로에 의해 생활을 유지할 수 없는 경우에 한하여 그 생활을 지원해주는 정도로 부양하면 족하도록 하고 있습니다(대판 2012.12.27. 2011다96932).

즉 귀하의 사례와 같이 성년 자녀의 부모에 대한 부양과 같은 경우에는 무조건 부양의무가 인정되는 것이 아니고, 그 의무의 성격은 생활부조의 부양의무로서 부양권리자인 부모가 자신의 자력 또는 근로에 의해 생활을 유지할 수 없는 경우에 한하여 부양의무자인 성년 자녀가 자신의 현재의 생활을 유지할 수 있는 경제적 여유가 있는 경우에만 부양의무가 생기는 것이어서 성년 자녀가 자신의 배우자 및 자녀에 대한 부양 및 양육, 대출금 채무의 액수, 월 수입 등 제반 사정을 종합해서 현재의 생활을 유지하면서 부모를 부양할 수 있을 만큼 경제적인 여유가 없는 경우라면 부양의무가 인정되지 않는 것입니다(청주지법 2012.9.27. 2012느단299). 예컨대, 성년의 자녀에게 부모가 있는 경우라도 자기가 잘 살지 못한 경우에는 부양의무가 인정되지 않는다는 것입니다.

한편 부양의무자가 수인인 경우에 누가 부양해야 하는지 그 순위가 문제됩니다. 이에 관하여는 수인의 자녀들간에 협정이 있으면 그 협정이 우선하고, 협정이 없으면 당사자의 청구에 따라 법원이 정하게 됩니다. 이는 부양권리자가 수인이고 부양의무자들의 자력이 그 전원을 부양할 수 없는 때에도 마찬가지입니다. 이때 법원은 1인의 부양의무자 또는 1인의 부양권리자를 선정할 수도 있고, 수인의 부양의무자 또는 수인의 부양권리자를 선정할 수도 있습니다. 다만 귀하와 같이 수인의 성년 자녀의 부모에 대한 부양의무의 경우에는 원칙적으로 동순위로 부양의무자가 될 것이고, 다만 부양정도나 방법과 관련하여 동거부양하는 인수부양자와 금전지급의 급여부양자의 구분, 같은 급여부양자끼리도 경제력에 따른 금전부담의 차등 등에 있어서 각자 차이 날 뿐이라고 보입니다.

그리고 부양의무자 중 일부가 이미 지출한 과거의 부양료에 대하여도 다른 부양의무자에 대해 그에게 분담시킴이 상당하다고 인정되는 범위에서 비용에 대한 상환을 청구할 수 있으며, 분담비율이나 분담액에 관해서는 당사자의 재산상황이나 자력 기타 제반 사정을 참작하여 적절하다고 인정되는 범위 내에서 법원이 그 구체적인 분담비율이나 분담액을 정하게 될 것으로 보입니다(대판 1994.6.2. 93스11).

수인의 부양의무자 또는 수인의 부양권리자의 경우에 그 순위나 부양의 정도 또는 방법에 관한 종전의 협정이나 법원의 판결이 있은 후에도 이에 관한 사정변경이 있는 때에는 당사자의 청구에 의하여 법원이 그 협정이나 판결을 취소 또는 변경할 수 있습니다(민법 제978조). 부양의무자가 수인인 경우에 그중 부양의무를 이행한 1인의 다른 부양의무자에 대한 부양료 청구는 가사비송사건으로서 가정법원의 전속관할에 속하게 됩니다.

이에 귀하의 사례를 살펴보건대, 귀하의 경우와 같이 부양의무자가 수인이고 당사자들간에 부양의 순위와 방법에 관하여 협의가 이루어지지 않으면 결국 법원의 재판으로 가서 판사가 결정할 것으로 보이는데, 판사는 귀하 형제들 각자의 재산상태와 부모의 생활능력 등을 고려해서 귀하 형제들 중 1인 또는 수인의 부양의무자와 부양방법에 관하여 결정하게 될 것으로 보입니다. 물론 법원에서 부양의무자를 선정할 때에는 귀하 형제들 각자의 경제 사정을 고려해서 그 자녀와 배우자를 양육하고 현재의 생활을 유지할 수 있을 정도로 경제적 여유가 있는 형제들에 대해서만 부양의무자로 선정할 것으로 보이며, 부양의무자로 선정된 자의 부양의무의 정도에 관해서도 자신이 그 사회적 지위에 상응해서 누리고 있는 생활정도까지 부양을 해줘야 하는 것이 아니고 객관적으로 부모가 생계를 유지할 수 있는 정도까지만 부양해 주도록 결정할 것으로 보입니다.

[사례 1·2·18] 나이 든 부모에 대한 부양의무자와 부양의 정도

문 저의 부모님은 현재 각각 87세, 85세이며, 그 자식으로 큰형 甲과 저 乙 그리고 출가한 여동생 丙이 있습니다. 부모님께서는 저희들을 모두 분가시킨 후 두 분이서만 사시고 계시는데, 최근에 부양문제로 형제들 간에 실랑이가 있었습니다. 큰형 甲은 제가 형편이 제일 나으니 부모님을 제가 모셔야 한다고 합니다. 부모님을 모시기 싫어서가 아니라, 제가 부양료를 모두 부담하기에는 무리가 따를 것 같아서 그러는데, 이와 같은 경우에 누가 부양의무자가 되고, 부양료는 얼마나 부담해야 할까요?

답 직계혈족 및 배우자간, 기타 생계를 같이하는 친족간에는 상호 부양의무가 있습니다(민법 제974조). 또한 부양의무자가 수인인 경우에 부양을 할 자의 순위에 대하여는 당사자 간에 협의하기 나름이고, 이러한 협의가 이루어지지 않으면 결국 당사자의 청구에 의해 법원이 정하게 됩니다(민법 제976조).

이 경우에 법원은 어느 1인 또는 수인의 부양의무자를 선정할 수 있습니다. 그리고 부양의 정도나 방법에 관하여 당사자 간에 협의가 이루어지지 않으면, 법원은 당사자의 청구에 의하여 부양을 받을 자의 생활정도와 부양의무자의 자력 기타 제반사정을 참작해 정하게 됩니다. 즉, 부양의무자가 부양권리자와 동거하면서 부양하느냐(인수부양), 아니면 부양료만 지급하느냐(급여부양)의 부양의 방법에 관한 것이라든가, 부양료의 액수 등에 관한 것은 당사자 간의 협의가 가장 우선하고, 이것이 이루어지지 않으면 결국 법원을 통하여 결정하는 수밖에 없을 것입니다.

따라서 귀하의 사안을 살펴보면, 귀하의 부모에 대하여는 귀하 乙과 귀하의 큰형 甲, 그리고 출가한 여동생 丙은 모두 부양의무자가 되고, 그 순위와 방법에 대하여는 우선 당사자인 귀하의 부모와 자식들 모두의 협의에 따르되, 이러한 협의가 이루어지지 않는 경우에는 결국 법원의 재판을 통하여 결정이 되겠습니다. 그러면 법원에서는 자식들 중 1인 또는 수인을 부양의무자로 선정할 것이며, 또한 인수부양을 할 것이냐 급여부양으로 할 것이냐의 여부라든가 부양료의 구체적인 액수도 정하게 됩니다. 물론 수인을 부양의무자로 선정할 경우에 그 사이의 부양료의 분담문제는 각자의 재력에 따라 결정될 것으로 보입니다.

다만 제1차적 부양의무 관계인 미성년 자녀에 대한 부모의 부양의무와 달리, 성년 자녀의 부모에 대한 부양의무는 제2차적 부양의무 관계이어서 부모가 자신의 자력 또는 근로에 의해 생활을 유지할 수 없는 경우에 한하여 부양의무가 인정되고, 또한 성년의 자녀 중 자신의 현재의 생활을 유지할 수 있는 경제적 여유가 있는 경우에만 부양의무가 생기는 것이어서 자신의 배우자 및 자녀에 대한 부양 및 양육, 대출금 채무의 액수, 월 수입 등 제반 사정을 종합해서 현재의 생활을 유지하면서 부모를 부양할 수 있을 만큼의 경제적인 여유가 없는 경우에는 부양의무자에서 제외될 것으로 보입니다.

[사례 1·2·19] 배우자 일방이 자녀 학자금으로 차용한 금전에 관하여 타방배우자도 연대책임을 지게 되는지

문 저는 농촌에서 남편과 함께 과수원을 하고 있는데, 이웃에 사는 아주머니 甲이 자신의 둘째 딸 乙의 대학입학금의 납부기일이 오늘까지라고 하면서 5백만원만 빌려주면 꼭 한 달 안에 갚겠다고 애걸복걸 사정하길래, 평소 그 집안이 괜찮게 사는 것 같아서 마침 과일을 팔아 보관하고 있던 돈이 있어 빌려준 사실이 있습니다. 그런데 몇 달이 지나도 돈을 갚지 않기에 알아보니 모든 재산이 남편 丙 앞으로 되어 있고 甲은 빈털터리인 것입니다. 甲은 조금만 더 기다려 보라고 하지만 저도 돈 쓸데가 생겨서 갑갑합니다. 이에 甲에게 매달려 보았자 답이 없을 것 같은데, 어떻게 그 남편 丙한테 청구할 수 없는지요?

답 부부별산제의 원칙상 부부지간이라도 재산취득이든 채무부담이든 각자 취득하고 각자 부담하는 것이 원칙입니다. 다만 일상의 가사에 대해서는 부부 상호간에 일정한 범위 내에서 대리권이 인정되는 것으로 보아 일방 배우자의 행위로 인해 발생한 채무에 대해서 타방배우자에게도 책임을 지우는 경우가 있습니다. 이를 일상가사대리권이라고 합니다.

이는 부부의 일방과 거래한 채권자를 보호하기 위한 것인데, 예컨대 채권자가 거래한 일방 배우자에게는 재산이 하나도 없는 반면 타방배우자에게는 채무부담 능력이 있는 경우에 일상의 가사로 인한 채무임에도 불구하고 무자력한 일방 배우자에게만 책임이 있고 자력이 있는 타방배우자에게는 아무런 책임이 없다고 하는 것은 부당하기 때문에 부부가 연대책임을 지도록 하는 것이 합리적이라는 의도에서 도입된 제도라고 봅니다.

그렇다면 부부가 공동으로 책임을 지게 되는 일상의 가사란 어느 범위까지 포함되는지가 문제됩니다. 일상의 가사란 부부가 공동생활을 영위하는데 통상 필요한 법률행위로서 그 내용과 범위는 부부공동체의 생활 구조, 정도와 그 부부의 생활 장소인 지역사회의 사회통념에 의해 결정되는 것이며, 문제가 된 구체적인 법률행위가 해당 부부의 일상의 가사에 관한 것인지를 판단함에 있어서는 그 법률행위의 종류·성질 등 객관적 사정과 함께 가사처리자의 주관적 의사와 목적, 부부의 사회적 지위·직업·재산·수입능력 등 현실적 생활상태를 종합적으로 고려하여 사회통념에 따라 판단하게 됩니다.

이러한 기초하에 관례나 실무에서 일상의 가사에 포함시키고 있는 행위를 예시해 보면, ① 식량·의복의 구입, ② 주택의 임차, ③ 집세의 지급 또는 수령, ④ 가재도구의 구입 또는 할부거래, ⑤ 전기·수도·가스 공급계약의 체결 및 비용지급, ⑥ 가족의 치료를 위한 의료계약체결 및 비용지급, ⑦ 자녀의 양육 및 교육비 마련을 위한 금전차용, ⑧ 가족의 병원비·수술비 조달을 위한 금전차용, ⑨ 가족의 필수적인 주거공간을 마련하기 위한 전세·임차 또는 매입자금의 차용, ⑩ 주택분양대금을 납입하기 위한 금전차용 등이 여기에 해당되며, 이러한 행위들을 부부 중 일방이 한 경우에는 타방배우자도 연대하여 책임을 지게 되는 것입니다.

반면 일상의 가사에 해당되지 않아 직접 행위를 한 일방 배우자만 책임을 지게 되는 행위가 있는데, ① 가족공동생활상의 필요와 관계없는 금전차용, ② 대규모 주택을 매입하기 위한 금전차용, ③ 고급승용차를 구입하기 위한 금전차용, ④ 교회에의 건축헌금을 위한 금전차용, ⑤ 가게의 인수대금을 위한 금전차용, ⑥ 장남의 주택임대차보증금을 위한 금전차용, ⑦ 거액의 대출금에 대한 이자지급을 위한 금전차용, ⑧ 주택의 임대, ⑨ 부부의 일방이 타방배우자 명의로 된 부동산을 매도하거나 담보로 제공하는 행위, ⑩ 부부의 일방이 타방배우자를 대리하여 자신의 채무나 제3자의 채무에 대해 연대보증을 하는 행위 등이 그것입니다. 이러한 행위들은 일상가사의 범위를 벗어난 행위로서 그 행위를 직접 한 일방 배우자만 책임을 질 뿐 타당 배우자에게는 그 책임이 인정되지 않습니다.

이에 귀하의 사례를 살펴보건대, 귀하께서 甲에게 빌려준 돈은 그녀의 둘째 딸 乙의 학비를 마련하기 위한 것이고, 이는 일상의 가사에 속한다고 보이므로 돈을 빌려간 甲뿐만 아니라 그 남편 丙에 대해서도 연대하여 지급을 청구할 수 있을 것입니다. 다만 甲이 돈을 빌려 갈 당시 자녀 학비를 위해 빌려간 것이라는 사실만은 귀하께서 증명해야 할 것이므로 만약 차용증에 그 용도를 적어 놓았다면 몰라도 그렇지 않다면 지금이라도 甲을 만나서 빌려준 돈이 그녀의 자녀 乙의 학비를 위한 것이지 않았느냐는 사실을 끄집어 내어 녹음해놓는 등으로 나중을 대비하는 것이 현명할 것으로 보입니다.

[사례 1·2·20] 부부 일방에게 주택마련 자금을 대여해 준 경우에 타방배우자도 연대책임을 지게 되는지

문 저는 서로 알고 지내던 처지인 甲의 처 乙에게 그 자녀와 함께 거주할 주택을 임차하는데 보증금이 부족하다며 1천만원을 빌려달라고 하기에, 마침 수중에 가진 돈이 있어 1년만 쓰는 조건으로 빌려준 사실이 있습니다. 그런데 1년이 지난 후 해외에 근무하던 甲이 돌아왔기에 그의 처 乙이 빌려간 돈 1천만원을 반환해 달라고 요구하였더니 자기가 빌린 돈이 아니니 乙에게 이야기하라는 것입니다. 乙은 현재 가진 재산이 아무것도 없습니다. 이에 그나마 재산이 있는 甲에게 이 돈을 받을 길이 없겠는지요?

답 일상의 가사에 대해 부부의 일방이 제3자와 법률행위를 한 때에는, 다른 일방이 이미 그 제3자에게 책임이 없음을 명시하지 않는 한, 그 채무를 부부가 함께 연대하여 책임을 지게 되어 있습니다(민법 제832조).

여기에서 부부가 연대책임을 지게 되는 일상가사에는 어떤 것들이 포함되는지 문제됩니다. 이에 관해 민법에는 명백한 규정을 두고 있지 않으며, 다만, 판례에 의하면 "일상가사채무란 부부의 공동생활에서 필요로 하는 통상의 사무에 관한 법률행위를 말하는 것으로, 그 구체적인 범위는 부부공동체의 사회적 지위·직업·재산·수입 능력 등 현실적 생활 상태뿐만 아니라 그 부부의 생활 장소인 지역 사회의 관습 등에 의해 정해지나, 해당 구체적인 법률행위가 일상의 가사에 관한 법률행위인지 여부를 판단함에 있어서는 그 법률행위를 한 부부공동체의 내부 사정이나 그 행위의 개별적인 목적만을 중시할 것이 아니라, 그 법률행위의 객관적인 종류나 성질 등도 충분히 고려해서 판단해야 한다"라고 판시하고 있습니다(대판 1997.11.28. 97다31229).

따라서 부부가 연대책임을 지게 되는 일상가사채무의 범위에는 가족공동생활에 꼭 필요하고 가족의 부양과 관련된 양식이나 의복의 구입, 가족을 위한 필수적 주거공간인 주택의 임차(대판 1999.3.9. 98다46877), 집세·방세의 지급 또는 수령, 가재도구 구입, 전기·수도·가스공급계약의 체결, 자녀와 배우자의 의료비, 자녀 양육 및 교육비, 남편 명의의 45평형 아파트 분양금 납입명목의 금전차용(대판 1999.3.9. 98다46877) 등은 여기에 포함되지만, 상가의 임차나 가게의 인수대금, 사업상 필요에 의해 부담한 채무(대판 2000.4.25. 2000다8267), 고급승용차 구입명목의 금전차용(대판 1997.11.28. 97다31229), 거액의 대출금에 대한 이자지급, 대규모의 수택이나 거액의 아파트 구입자금명목의 금전차용(대판 1997.11.28. 97다31229), 가옥의 임대, 남편이 자신의 사업상의 채무에 대해 처 명의로 연대보증약정을 한 경우(대판 1997.4.8. 96다54942, 1998.7.10. 98다18988), 부부의 일방이 다른 일방

명의의 부동산에 대해 매도·담보제공행위를 한 경우(대판 1966.7.19. 66다863, 1985.3.26. 84다카1621, 1993.9.28. 93다16369) 등은 원칙적으로 일상가사채무에 포함되지 않습니다.

이에 귀하의 사례를 살펴보면, 귀하가 甲의 처인 乙에게 빌려 준 돈은 甲 가족의 필수적인 주거공간인 주택을 임차하기 위한 것이고, 따라서 이는 일상가사에 해당되며 甲과 乙이 연대해서 귀하께 변제해야 할 채무라 보입니다. 요컨대 귀하께서는 甲과 乙을 상대로 대여금 청구소송을 제기할 경우 승소할 수 있을 것으로 사료되며, 승소판결문에 의해 甲의 재산에 대해 강제집행을 할 수 있을 것으로 보입니다.

[사례 1·2·21] 장기간 별거 중인 유부녀와 불륜관계시 위자료 배상책임 여부

문 저는 등산모임에서 알게 된 여자분 甲과 차도 마시고 금전거래도 하면서 친밀하게 지내왔는데, 甲은 법적으로 가정이 있는 유부녀로서 경제적인 문제, 성격 차이 등으로 가정불화를 겪다가 가출해서 15년 째 남편 乙과 별거를 하고 있는 중입니다. 최근 甲은 남편 乙을 상대로 이혼소송을 제기하여 소송이 진행 중에 있는데, 서로 힘들고 외롭다보니 잠자리를 하게 되었고 방심하다가 남편 乙한테 들켜서 저한테도 위자료를 청구한다고 합니다. 간통죄도 폐지되었다고 하는데, 제가 그 남편 乙에게 위자료를 물어주어야 하는지요?

답 법률혼주의를 채택하고 있는 우리나라에서는 유효한 혼인의 합의가 이루어져 혼인신고를 마치고 법률상의 혼인이 성립하면 부부공동체로서의 동거·부양·협조관계가 형성되고, 그 혼인관계의 해소는 민법에서 정한 이혼절차에 따라야 합니다.

이와 같이 법률상 혼인에 의해 형성되는 부부공동생활은 법적으로 보호되어야 하고, 이는 부부가 서로 협조하고 애정과 인내로써 상대방을 이해하며 보호하기 위한 노력을 기울일 때 그 유지가 가능하므로 민법은 부부에게 그에 대한 의무를 지우고 있는 것입니다. 이러한 동거의무 내지 부부공동생활 유지의무의 내용으로서 부부는 부정행위를 하지 말아야 하는 성적인 성실의무를 부담하며, 따라서 부부의 일방이 부정행위를 한 경우에는 재판상 이혼사유가 될 뿐만 아니라 부부의 일방은 그로 인해 배우자가 입게 된 정신적 고통에 대하여 불법행위로 인한 손해배상책임까지 지게 됩니다.

한편 제3자도 타인의 부부공동생활에 개입하여 파탄을 초래하는 등 혼인의 본질에 해당하는 부부공동생활을 방해해서는 안됩니다. 제3자가 부부의 일방과 부정행위를 함으로써 혼인의 본질에 해당하는 부부공동생활을 침해하거나 그 유지를 방해하고 그에 대한 배우자로서의 권리를 침해하여 정신적 고통을 가하는 행위를 하면 이는 원칙적으로 불법행위를 구성하게 됩니다(대법원 2005.5.13. 선고 2004다1899 판결). 이와 같이 제3자가 부부의 일방과 부정행위를 해서는 안되는 것은 혼인의 본질에 해당하는 부부공동생활이 보호되고 유지되어야 하기 때문입니다.

그런데 혼인에 의해 형성된 부부공동생활이 실제 혼인생활을 해본 결과 혼인당시 의도하였던 것과는 달리 상호간의 협조와 노력을 게을리함으로써 파탄상태에 이르게 되었고, 그 파탄상태가 굳어져 외형적으로나 실질적으로 부부공동생활의 실체가 더 이상 존재하지 않고 객관적으로 회복할 수 없는 상황에 이르게 되었다면, 비록 민법에서 정한 이혼절차에 따라 혼인관계가 해소되지 않았다고 하더라도 혼인의 본질에 해당하는 부부공동생활의 실체가 유지되고 있다고 할 수 없을 것입니다. 물론 법률상 혼인은 보호되어야 하고 아직 법률상 혼인이 해소된 상태가 아니므로 부부로서는 민법에서 정한 의무내지는 이를 이행해야 하는 부담이 당연히 소멸한다고 할 수는 없을 것이지만 부부공동생활의 실체가 소멸되어 객관적으로 회복할 수 없는 상태에 이른 이상 개인의 존엄과 양성평등의 원칙에 비추어 독립된 인격체로서의 사생활에 관여하여 회복 불가능한 부부공동생활을 강제하기는 어려울 것입니다.

따라서 그와 같은 상태에서 제3자가 부부의 일방의 생활에 관여하였다고 하더라도 그러한 제3자의 행위로 인해 이미 실체가 소멸하여 회복 불가능한 부부공동생활이나 그에 관한 배우자의 권리가 새삼스레 침해되거나 부부공동생활의 유지에 방해가 되었다고 할 수 없을 것이므로 제3자의 행위로 인한 불법행위가 성립한다고 할 수 없으며, 이는 제3자가 관여한 행위가 성적인 행위라고 하더라도 마찬가지일 것입니다. 뿐만 아니라 부부공동생활이 파탄되어 객관적으로 회복할 수 없을 정도에 이른 경우 이는 재판상 이혼사유로 정한 '혼인을 계속하기 어려운 중대한 사유가 있을 때'에 해당하여 이혼사유가 될 수 있는데, 이때에는 법률적으로 혼인의 해소가 가능하고, 부부는 이를 예상하거나 각오하고 있을 터이므로, 아직 이혼 전이라고 하더라도 더 이상 배우자 상호간에 부부공동생활에 따른 동거의무나 성적 성실의무를 기대하기 어려움은 분명하다고 할 것입니다.

이로 볼 때 부부의 일방이 상대방으로부터 이혼의사를 전달받았거나 재판상 이혼을 청구해야만 부부로서의 동거의무 및 성적 성실의무를 면할 수 있다고 볼 것은 아니며, 이러한 사정 여하에 따라 제3자의 성적 행위로 인한 불법행위의 성립 여부가 달라지는 것은 아니라고 봅니다(대법원 2014.11.20. 선고 2011므2997 전원합의체 판결).

이에 귀하의 사건을 살펴보건대, 귀하께서는 그 여자분 甲과 남편간의 혼인관계가 불화와 장기간의 별거로 파탄되어 그 파탄상태가 고착된 후에 그 甲을 만난 것이고, 불륜관계도 그들 부부 사이에서는 더 이상 부부공동생활이라는 실체가 존재하지 않게 되어 혼인관계가 회복할 수 없는 상태에 이른 상태에서 맺은 것이어서, 비록 그 여자분 甲과의 불륜행위 당시 제1심 이혼판결이 확정되지 않았다고 하더라도 그 행위가 부부공동생활에 관한 권리를 침해한 불법행위를 구성한다고 보기 어려울 것이므로 귀하께서는 그 남편 乙에게 위자료를 물어주지 않아도 될 것으로 보입니다.

[사례 1·2·22] 부부간의 부양료청구와 생활비분담청구를 따로따로 청구할 수 있는지 여부

문 저희 부부는 평소 성격이 잘 맞지 않는데다 아이들의 학교문제로 서로 별거하면서 살고 있습니다. 그런데 어느 때부터인가 남편이 생활비를 주지 않아서 법원에 생활비분담청구의 소의 제기하여 월 100만원의 지급을 명하는 판결을 받은 사실이 있습니다. 그런데 이것으로는 생활비가 턱 없이 부족해서 부부간의 부양료청구를 따로 청구하고 싶은데, 가능할지 박사님께 문의드리고 싶습니다.

답 부부는 동거하며 서로 부양하고 협조해야 하되, 정당한 이유로 일시적으로 동거하지 않는 경우에는 이를 서로 인용해야 합니다(민법 제826조 제1항). 즉 부부간에 합의하여 별거를 하거나 직장 등 관계로 주말부부 또는 월말부부가 되거나 자녀에 대한 유학문제로 기러기 아빠가 되거나 기러기 엄마가 되는 경우에는 동거를 하지 않지만 서로 부양하고 협조해야 하는 것입니다. 그리고 부부의 공동생활에 필요한 비용은 당사자간에 특별한 약정이 없으면 부부가 공동으로 부담해야 합니다(민법 제833조).

이러한 부부간의 부양·협조의무와 생활비용부담의 관계에 관하여 판례는 부부간의 부양·협조는 부부가 서로 자기의 생활을 유지하는 것과 같은 수준으로 상대방의 생활을 유지시켜 주는 것을 의미하는 것으로 보고, 이러한 부양·협조의무를 이행하여 자녀의 양육을 포함한 공동생활로서의 혼인생활을 유지하기 위해서는 부부간에 생활비용의 분담이 필요한 것이어서 위 둘 간의 관계는 서로 무관한 별개의 청구원인에 기한 청구라고 할 수 없다고 하고 있습니다(대판 2017.8.25. 2014스26). 즉 부부간의 부양료 청구(민법 제826조 제1항)와 생활비분담청구(민법 제833조)는 전자는 부부간의 부양·협조의무의 근거를, 후자는 부양·협조의무 이행의 구체적인 기준을 제시한 조항으로서, 위 두 청구가 전혀 무관한 별개의 청구원인에 기한 청구라고 볼 수 없고 단순청구의 관계라고 할 것이어서 부양료 청구와 생활비분담청구를 따로따로 청구할 수 없다는 것입니다.

이에 귀하께서 기존에 남편을 상대로 생활비분담청구를 해서 확정판결을 받아 놓은 상태라면 귀하께서 별도로 부부간의 부양·협조의무를 들어 부양료를 청구하는 경우에는 인정되지 않을 것으로 보입니다.

[사례 1·2·23] 이혼의 요건과 그 절차

문 저희 부부는 결혼한지 40년이 되었습니다. 그 동안 서로 성격이 맞지 않아서 몇 번이고 헤어지려고 했으나 아이들 생각 때문에 참고 살아왔습니다. 이제 아이들도 모두 결혼해서 잘 살고 있는 관계로 이번 기회에 이혼하려고 합니다. 이에 이혼절차에 대해 박사님께 문의드리고자 합니다.

답 이혼을 하는 방법에는 협의상 이혼과 재판상 이혼의 두 가지가 있고, 그밖의 방법은 인정되지 않으므로, 아무리 오랫동안 별거를 한다고 하더라도 자동 이혼이 되지 않으며, 결국 판사 앞에 서지 않고는 이혼을 할 수 없는 것입니다.

이혼을 하려면 그것이 협의상 이혼이든 재판상 이혼이든 둘 다 관할법원에 신청해야 합니다.

그중 재판상 이혼의 관할법원에 관해서는 그 순서가 정해져 있는데, ① 부부가 같은 가정법원의 관할구역 내에 보통재판적이 있을 때는 그 가정법원에, ② 부부가 최후의 공통의 주소지를 가졌던 가정법원의 관할구역 내에 부부 중 일방의 보통재판적이 있을 때는 그 가정법원에, ③ 위 ①호 및 ②호에 해당되지 않는 경우로서 부부의 일방이 타방을 상대로 하는 때는 상대방의 보통재판적소재지, 부부의 쌍방을 상대로 하는 때는 부부 중 일방의 보통재판적소재지의 가정법원에, ④ 부부의 일방이 사망한 경우에는 생존한 타방의 보통재판적소재지의 가정법원에, ⑤ 부부 쌍방이 사망한 경우에는 부부 중 일방의 최후 주소지의 가정법원에 위의 순서에 따라 정해지는 관할법원에 신청해야 하는 것입니다(가소소송법 제22조). 협의상 이혼의 관할법원은 양당사자 중 어느 일방의 주소지 또는 등록기준지 관할 가정법원이나 시·군법원에서 관할합니다. 다만 미성년의 자녀가 있는 경우에는 부모가 교육을 수강해야 하는 관계로 시·군법원에서는 불가하고 가정법원에서만 협의이혼이 가능합니다. 부모의 교육시간은 자녀가 초등학생 이하이면 3시간, 중학생 이상이면 1시간 30분의 시청각교육입니다. 이하에서는 귀하께서 문의하신 이혼절차 등에 관하여 살펴보고자 합니다.

먼저 협의상 이혼입니다.

협의상 이혼은 당사자 간의 이혼의사의 합치만 있으면 그 사유를 불문하고 할 수 있으며, 가정법원의 확인 및 이혼신고에 의하여 이혼을 할 수 있습니다. 협의이혼의사확인신청은 가정법원에 해야 하는데, 협의이혼의사확인신청서가 접수되면 가정법원에서는 이혼에 관한 안내와 필요한 경우 당사자에게 전문적인 지식과 경험을 갖춘 전문상담인의 상담을 받을 것을 권고하게 되고, 이혼숙려제도가 있어서 당사자가 이혼안내를 받은 날부터 포태자를 포함한 미성년자를 두고 있는 경우에는 3개월, 그밖의 경우에는 1개월의 기간이 경과되어야만 가정법원의 확인을 받을 수 있도록 하고 있습니다(민법 제836조의2 제1항, 제2항). 다만 이러한 이혼숙려기간은 가정폭력으로 인하여 당사자 일방에게 참을 수 없는 고통이 예상되는 등 급박한 사정이 있는 경우에는 기간을 단축 또는 면제할 수 있습니다(민법 제836조의2 제3항). 또한 일방이 해외장기체류를 목적으로 즉시 출국해야 하는 사정이 있는 경우나 일방 또는 쌍방이 재외국민이어서 이혼의사확인에 장기간 소요되는 경우 등 이에 상응하는 일정한 사유가 있는 경우에도 이혼숙려기간은 당사자의 신청에 따라 법원의 재량에 의해 단축 또는 면제될 수 있습니다.

그리고 협의이혼을 하려면 이혼당사자 간에 미성년의 자녀가 있는 경우에는 그 자녀의 양육자, 양육비용부담, 면접교섭권 등 자의 양육에 관한 사항 및 친권자결정에 관한 협의서 또는 이에 관한 가정법원의 심판정본을 제출해야 합니다(민법 제836조의 제4항). 또한 협의이혼시 양육비를 효율적으로 확보하기 위해 양육비의 부담에 관하여 당사자 간에 협의해서 그 부담내용이 확정된 경우에는 가정법원은 그 내용을 확인하는 양육비부담조서를 작성하게 되는데, 이러한 양육비부담조서는 그 자체로 채무명의가 됩니다(민법 제836조의2 제5항, 가사소송법 제41조).

이러한 절차를 통하여 가정법원으로부터 협의이혼의사확인등본을 교부받은 경우에는 그로부터 3개월 내에 부부 일방의 주소지 관할 시·군·구청이나 읍·면·동사무소의 호적계에 협의이혼신고를 하면 비로소 협의이혼이 이루어지는데, 주의할 것은 위 3개월의 기간 내에 협의이혼신고를 하지 않으면 협의이혼의사확인등본이 무효로 되고, 따라서 이혼신고를 할 수 없게 되며, 굳이 협의이혼신고를 하려면 다시 처음부터 새로이 절차를 밟아야 합니다. 또한 부부 일방에 의한 이혼의사철회서가 이혼신고서보다 먼저 남편의 등록기준지 관할 시·군·구청의 호적계에 제출되면 이혼 자체가 성립되지 않으므로 협의이혼의사가 있는 당사자라면 느릿느릿 빼지 말고 신속히 협의이혼신고서를 제출하도록 해야만 낭패를 당하지 않을 수 있을 것입니다.

한편 민법상 협의이혼신고는 당사자 쌍방과 성년자인 증인 2인[62]이 연서한 서면으로 하도록 하고 있으나(민법 제836조), 실무상으로는 증인 2인도 필요치 않고 또한 당사자 일방도 협의이혼신고를 할 수 있습니다.

다음으로 재판상 이혼입니다.

재판상 이혼은 협의상 이혼과 달리 상대방에게 귀책사유가 있어야만 가능합니다. 따라서 상대방 배우자에게 6가지 사유, 즉 ① 배우자에 부정한 행위가 있었을 때, ② 배우자가 악의로 다른 일방을 유기한 때, ③ 배우자 또는 그 직계존속으로부터 심히 부당한 대우를 받았을 때, ④ 자기의 직계존속이 배우자로부터 심히 부당한 대우를 받았을 때, ⑤ 배우자의 생사가 3년 이상 분명하지 아니한 때, ⑥ 기타 혼인을 계속하기 어려운 중대한 사유가 있는 때 중의 어느 하나에 해당되어야만 가정법원에 이혼을 청구할 수 있는 것입니다(민법 제840조).

다만 배우자의 부정행위로 인한 이혼청구의 경우에는 다른 일방이 사전동의나 사후용서를 한 때 또는 이를 안 날로부터 6월, 그 사유가 있은 날로부터 2년이 경과된 때에는 이혼을 청구하지 못하며, 기타 혼인을 계속하기 어려운 중대한 사유로 인한 이혼청구의 경우에도 다른 일방이 그 사유를 안 날로부터 6월, 그 사유가 있은 날로부터 2년이 경과된 경우에는 재판상 이혼을 청구하지 못하게 됩니다(민법 제841조, 제842조).

재판상 이혼이 제기되면 가정법원에서는 조정절차를 거쳐 이혼심판을 하게 됩니다. 이혼심판을 거쳐 이혼판결이 나온 때에는 배우자 일방이 그 주소지의 시·군·구청이나 읍·면·동사무소의 호적계에 이혼판결문을 첨부해서 이혼신고를 하면 이혼이 이루어지는 것입니다. 재판상 이혼의 경우에는 협의상 이혼과 달리 이혼신고 없이도 이혼판결의 효력에 의해 이혼의 효력이 발생하게 되지만 이혼판결확정시부터 1개월 내에 이혼신고를 하지 않으면 과태료에 처해지게 됩니다.

협의상 이혼이든 재판상 이혼이든 이혼이 이루어지게 되면 부부관계가 소멸되며, 따라서 당사자 사이에 정조의무, 동거·부양·협조의무, 부부재산관계, 인척관계 등 부부사이의 모든 권리의무 관계가 소멸하게 됩니다. 다만 이혼한 후에도 자녀에 대한 친권과 양육권 문제,[63] 면접교섭권의 문제, 재산분할청구권의 문제, 위자료의 문제, 이혼파탄에 원인이 있는 제3자에 대한 불법행위청구권의 문제 등은 남게 될 것입니다. 여기에서 재산분할청구권은 이혼한 때부터 2년 내에, 위자료 청구권이나 손해배상청구권은 3년 내에 행사해야만 할 것입니다. 과거의 양육비도 구체적인 지급청구권으로서 성립되기 전의 것은 소멸시효가 진행되지 않으므로 기간에 제한 없이 청구할 수 있을 것입니다(대판 2011. 7.29. 2008스67).

[사례 1·2·24] 협의상 이혼시의 구비서류와 구체적인 절차

문 저와 남편은 결혼한지 10년 정도 되었는데, 그 동안 남편은 가정도 돌보지 않고 무능해서 생활비도 제대로 가져다주지 않는데다가 다른 여자와 동거까지 하고 있는 듯합니다. 여지껏 어린 아이들을 생각해서 참고 살았지만 이제는 더 이상 그렇게 살고 싶지 않아 혼인관계를 마무리하고 새로운 삶을 살고 싶습니다. 다행이 남편도 이혼을 해줄 것 같아서 협의이혼절차를 밟으면 될 것 같은데, 이혼서류라든가 그 세부적인 절차를 잘 몰라서 박사님께 문의드리고자 합니다.

답 우리나라의 이혼제도에는 협의상 이혼제도와 재판상 이혼제도의 두 가지가 있으며, 그 이외의 방법으로는 이혼을 할 수 없습니다. 따라서 가출한 후 6개월이 아니라 수십 년을 별거한다고 하더라도 자동으로 이혼되는 제도는 없습니다. 또한 어떤 식으로든 판사를 거치지 않으면 이혼을 할 수 없게 되어 있습니다.

협의상 이혼의 경우에는 부부간의 이혼에 대한 합의만 있으면 가능하고, 누구의 잘잘못도 따지지 않지만, 재판상 이혼을 청구하려는 경우에는 이혼을 청구하는 자에게는 가정의 파탄에 대하여 잘못이 없거나 미약한데 비하여 상대방의 잘못이 큰 경우에만 인정됩니다. 상대방이 잘못한 사유로서 민법 제840조에서는 다음의 6가지의 사유(재판상 이혼사유)를 들고 있는데, 즉, ① 배우자의 부정행위, ② 배우자가 악의로 유기한 때, ③ 자기가 배우자나 배우자의 직계존속으로부터 심히 부당한 대우를 받은 경우, ④ 자기의 직계존속이 배우자나 배우자의 직계존속으로부터 심히 부당한 대우를 받은 경우, ⑤ 배우자의 3년 이상의 생사불명, ⑥ 기타 혼인을 계속하기 어려운 중대한 사유가 그것입니다. 물론 협의상 이혼이든 재판상 이혼이든 그 과정에서 자녀에 대한 친권행사 및 양육문제, 재산분할 문제, 위자료 문제 등이 협의되거나 함께 청구할 수 있을 것입니다.

62) 민법은 아직 개정되지 않아서 증인 2명을 요구하고 있으나, 실무상 증인제도가 폐지되어 현재는 증인의 연서 없이도 이혼신고가 가능하게 되어 있습니다.

63) 양육에 관한 사항과 친권자결정이 각각 다른 조문에서 규정하고 있어서 친권과 양육권자가 분리되어 각각 다른 부모의 일방에게 속할 수 있습니다.

여기에서는 귀하가 원하시는 협의이혼의 요건과 구비서류 및 그 구체적인 절차에 관하여만 살펴보도록 하겠습니다.

우선 협의이혼을 하시려면 자녀에 대한 친권자지정·양육문제, 재산분할문제, 위자료문제 등 모든 부분에 관하여 부부간에 의사의 합치가 있어야 가능할 것입니다. 그것은 어느 한 부분이라도 의사가 합치되지 않아서 부부의 일방에게 불만이 생기게 되면 이혼을 위하여 판사 앞에 가지 않으려고 할 것이고 그리되면 협의이혼 자체를 진행할 수 없기 때문입니다. 그리고 협의이혼시 친권자 지정과 관련하여 그 정해진 친권자를 협의이혼 후에 다른 부모로 변경하려고 할 경우에는 종전과 같이 부모의 협의만으로 시·군·구청의 호적계에 변경신고를 하여 가능했던 것과는 달리 현재는 반드시 법원으로부터 친권자변경허가결정을 받아야만 가능하므로 신중히 결정해야 할 것으로 보입니다.

이와 같은 모든 방면에서 부부간에 합의가 이루어진 경우에는 협의이혼에 필요한 구비서류를 갖춘 후 법원에 함께 출석해서 협의이혼의사확인신청을 해야 합니다. 종전에는 부부 일방에 의한 신청이 가능하였지만 현재는 특별한 사정이 없는 한 부부 쌍방이 함께 출두해야만 협의이혼신청을 받아주고 있습니다.

협의이혼의사확인신청의 구체적인 절차는 부부 쌍방이 일정한 구비서류, 즉 ① 남편과 부인의 가족관계증명서 및 혼인관계증명서 각 1통, ② 주민등록등본 1통, ③ 이혼신고서(시·구·읍·면·동사무소에 비치) 3통을 작성하고, ④ 만약 미성년의 자녀가 있는 경우에는 그 양육에 관한 사항 및 친권자결정에 관한 협의서를 작성한 후(다만 가정법원의 심판정본이 있으면 그 심판정본 및 확정증명서로 갈음), 신분증과 도장을 지참하여, 부부 중 어느 일방의 등록기준지나 주소지의 관할법원(시·군법원 포함)에 가서, ⑤ 협의이혼의사확인신청서(법원에 비치) 1통을 작성에서 제출하면 됩니다.

협의이혼의사확인신청서가 제출되면 법원에서는 부부 모두에게 법원 자체에서 운영하는 4시간 정도의 사전 교육을 수강하도록 하고, 부부가 함께 판사 앞에 참석해야 할 기일을 지정해주는데, 그 지정된 날짜와 시간에 부부가 함께 참석하면 됩니다. 그런데 법원에서 부부 쌍방이 참석해야 할 기일을 지정할 때에는 이혼숙려기간을 두고 정하기 때문에 미성년의 자녀가 있는 때는 3개월, 미성년의 자녀가 없으면 1개월 후로 그 기일을 지정하게 될 것입니다. 따라서 협의이혼절차는 신청서 접수 즉시 마무리될 수 있는 것이 아니며, 최소 1개월 내지 3개월 정도의 시간이 소요되는 것입니다. 다만 가정폭력 등으로 협의이혼하려는 경우 등 일부 예외적인 경우에는 이혼숙려기간에 대한 면제 또는 단축신청을 함으로써 위 숙려기간을 면제 또는 단축할 수는 있을 것입니다.

한편 법원에서 지정한 확인기일에 부부 쌍방이 참석해서 담당판사로부터 협의이혼의사가 있는지 여부에 대한 확인절차를 통하여 그 의사가 확인된 경우에는 법원에서는 담당판사의 도장이 날인된 협의이혼의사확인서등본 2통과 이혼신고서 3통을 돌려주게 되는데, 이를 가족관계증명서 1통과 함께 등록기준지나 주소지의 시·구·읍·면·동사무소 등에 부부 일방이나 쌍방이 신고하면 협의이혼절차가 마무리됩니다. 이러한 협의이혼의 신고는 재판상 이혼의 경우와는 달리 반드시 협의이혼의사확인서등본을 법원으로부터 교부받은 날로부터 3월 내에 신고해야 하는 것이며, 그 기간이 경과되면 협의이혼의사확인등본이 무효가 되어버린 관계로 이혼신고를 할 수 없다는 점을 유의해야 합니다. 또한 부부 일방에 의한 이혼의사철회서가 이혼신고서보다 먼저 남편의 등록기준지 관할 시·군·구청의 호적계에 제출되면 이혼이 성립되지 않습니다.

따라서 귀하께서는 이와 같은 절차에 따라 협의이혼절차를 밟으시면 될 것으로 보입니다. 다만 남편께서 처음에는 협의이혼을 해줄 것 같이 하면서도 막상 협의이혼신청서를 접수할 때나 담당판사에게 협의이혼의사를 확인받으러 갈 때에는 나몰라라 하고 참석하지 않게 되면 협의이혼 자체가 진행될 수 없게 됩니다. 따라서 이러한 경우에는 부득이 남편의 귀책사유에 대한 증거를 수집해서 이를 토대로 재판상 이혼을 진행하는 수밖에 없을 것으로 보입니다.

[사례 1·2·25] 수감자 또는 재외국민과의 협의이혼절차

문 저는 한국인으로서 몇 년 전에 베트남 여자와 국제결혼을 해서 아이도 낳고 잘 살고 있었는데, 처가 한국 국적을 취득한 뒤로 마음이 변했는지 아이만 남겨놓고 베트남으로 들어가서 협의이혼을 요구하고 있습니다. 저도 마음을 정리하고 싶은데, 협의이혼 절차가 까다로울 것 같아 망설여집니다. 그리고 저와 비슷한 처지에 있는 사촌 여동생도 수감 중인 남편과 협의이혼을 하고 싶다면서 저한테 그 절차에 관하여 알아봐 달라고 합니다. 이에 이 문제에 관하여 박사님께 상의드리고 싶습니다.

답 외국인 또는 외국에 거주하는 배우자와의 협의이혼절차는 이를 국내에서 진행할 것인지 거주하는 외국에서 진행할 것인지에 따라 각기 그 절차가 달라집니다. 아래에서 사안에 따라 협의이혼을 어떻게 할 수 있는지 그 절차에 관하여 차례대로 살펴보고자 합니다.

첫째, 「부부 중 일방이 외국인인 때」에 협의이혼을 국내에서 하고자 한다면, 부부 쌍방이 한국인인 경우와 마찬가지로, 부부 각자의 등록기준지 또는 주소지 가정법원이나 시·군법원에서 관할하며, 그중 어느 한 곳에 협의이혼의사확인신청서를 제출하면 됩니다.

신청서는 반드시 부부가 함께 출석해서 제출해야 하며, 일방만 참석하거나 우편, 구술 또는 대리인에 의한 신청은 불가합니다. 신청서에는 부부 쌍방의 가족관계증명서와 혼인관계증명서 각 1통, 미성년의 자녀나 태아가 있는 경우에는 양육 및 친권자결정에 관한 협의서 또는 가정법원의 심판정본 및 확정증명서 3통을 제출해야 합니다. 등록기준지가 아닌 주소지 관할법원에 신청하려면 주민등록등본 1통도 추가로 제출해야 합니다.

위와 같이 협의이혼의사확인신청서가 제출되면 법원사무관 등은 협의이혼안내서, 이혼신고서를 부부 각자에게 교부한 후, 이혼의사확인기일 2개를 일괄해서 고지해 주는데, 확인기일은 이혼숙려기간, 즉 미성년의 자녀가 있는 경우에는 3개월, 그밖의 경우에는 1개월이 경과한 후의 날로 지정해 줍니다. 다만 이러한 이혼숙려기간은 가정폭력으로 인한 이혼의 경우에는 단축하거나 면제될 수 있습니다.

법원이 지정해준 확인기일에 부부 쌍방이 참석하면 담당판사는 이혼의사를 확인한 후, 협의이혼확인서와 양육 및 친권자결정에 관한 협의서 및 법원사무관 등이 작성한 양육비부담조서에 각각 날인한 후 당사자 쌍방에게 각 1통씩을 교부해 줍니다.

이후 부부의 일방이나 쌍방이 부부 중 일방의 등록기준지나 주소지 또는 현재지의 시·구·읍·면·동장에게 3개월 내에 이혼신고를 하게 되면 협의이혼절차가 마무리됩니다. 이혼신고시 증인 2인의 연서는 필요치 않습니다.

둘째, 「부부 중 일방이 교도소에 수감 중인 때」에는 수감되어 있지 않는 다른 일방이 협의이혼의사확인신청서를 관할법원에 제출하면 되는데, 그 확인서가 제출되면 법원사무관 등은 담당 판사의 보정을 거쳐 수감 중인 교도소장에게 이혼의사 등을 촉탁하게 되고, 그 촉탁서에는 협의이혼안내서, 양육 및 친권자결정에 관한 협의서 또는 가정법원의 심판정본 및 확정증명서 사본, 이혼의사확인회보서를 각각 1통씩 첨부해서 송부하게 됩니다. 그 후 수감자로부터 이혼의사 등이 있다는 취지의 이혼의사확인회보서가 송부되어 오면, 이혼신청인인 배우자 일방에게 2개의 확인기일을 지정하여 통지한 후, 담당판사가 그 기일에 출석한 배우자 일방의 이혼의사를 확인하게 됩니다. 나머지 절차는 앞서 본 것과 같습니다.

셋째, 「부부 중 일방이 재외국민인 때」에도 수감자와의 협의이혼절차와 유사합니다.

다만 법원에서의 촉탁은 당사자 일방이 거주한 재외공관장에게 하고, 그 재외공관장이 당사자 일방으로부터 절차를 밟아 촉탁회보서를 법원에 송부해 준다는 점만 다를 뿐입니다.

한편 부부 쌍방이 재외국민이거나 그 일방이 재외국민이어서 외국 거주지에서 협의이혼을 하고 싶은 경우가 있을 수 있는데, 이러한 경우에는 재외공관을 통해서도 할 수 있습니다. 즉 이러한 경우에는 당사자의 쌍방 또는 일방이 그 거주지 재외공관장에게 협의이혼의사확인신청을 하면 되며, 이때 재외공관장은 당사자 쌍방 또는 일방을 출석시켜 앞서 본 이혼관련 서류를 제출받고, 이혼의사 유무 등을 확인한 후, 이를 토대로 작성한 진술요지서 등을 서울가정법원으로 송부하게 됩니다. 이후 서울가정법원에서는 당사자 쌍방이 재외국민인 경우에는 그 송부된 서류만으로 이혼의사 등을 확인하게 되고, 당사자 일방만이 재외국민인 경우에는 국내 거주의 일방 당사자를 출석시켜 이혼에 관한 안내를 하고, 출석한 일방 당사자의 이혼의사 등을 확인한 후, 해당 확인서 등을 재외공관장에게 다시 송부함으로써 이혼절차를 밟을 수 있도록 해줍니다.

만약 부부 양쪽이 재외국민으로서 서로 다른 국가에 거주하고 있는 경우에는 어떻게 협의이혼을 할 수 있을까요? 이러한 경우에는 부부 일방이 자신의 거주지 재외공관장에게 협의이혼의사확인신청서를 제출하면 되는데, 이때 그 재외공관장은 신청인인 일방 당사자를 출석시켜 이혼의사를 확인한 후, 협의이혼확인신청서와 진술요지서 및 첨부서류를 서울가정법원에 송부하고, 서울가정법원에서는 타방 당사자의 거주지의 재외공관장에게 협의이혼의사확인을 촉탁하여 그 회보서를 받은 후, 서면만으로 쌍방의 이혼의사 등을 확인한 후, 해당 확인서 등을 이혼이 신청된 재외공관장에게 송부해 줌으로써 이혼절차를 밟을 수 있도록 하고 있습니다.

넷째, 부부 중 어느 일방이 재외국민이라면 몰라도 부부 중 일방이 외국인인 경우에는 앞서 본 바와 같이 국내에서의 협의이혼은 가능할 것이지만, 외국에서의 우리나라의 재외공관을 통한 협의이혼은 불가하게 됩니다. 다만 이와 같은 경우에는 거주지 나라의 방식에 따라 협의이혼신고를 하고, 그 사실을 증명하는 서면(외국의 인증이 필요한 경우도 있음)을 교부받아, 국내의 등록기준지 관할 시·구·읍·면장에게 우편으로 송부함으로써 협의이혼신고를 할 수는 있을 것입니다.

이상과 같이 사안에 따라 간략하게나마 부부의 일방이 외국인인 경우나, 부부 쌍방 또는 일방이 재외국인인 경우, 또는 부부의 일방이 수감 중인 경우에 있어서의 협의이혼 절차에 관하여 설명드렸는바, 귀하와 귀하 지인의 협의이혼절차에 있어서 조그마한 도움이라도 되었으면 하는 바램이고, 차후 협의이혼절차를 잘 밟으시기를 기대합니다.

[사례 1·2·26] 사실혼에 대한 파기 사유와 그 절차

문 저는 남편 甲과 혼인신고를 하지 않은 채 수년간 살아오고 있는데, 甲의 잦은 외박과 잔소리로 인하여 사실혼 관계를 해소하고자 합니다. 이에 사실혼을 해소할 수 있는 방법에 관하여 문의드리고 싶고, 지금 함께 살고 있는 집은 제가 마련한 집인데, 사실혼 해소 후 甲이 더 이상 제 집에 들어오지 못하게 하려면 어떻게 해야 하는지도 알고 싶어 박사님께 문의드리고 싶습니다.

답 사실혼 관계란 당사자 사이에 혼인의 의사가 있고 객관적·사회관념상으로 가족질서적인 면에서 부부공동생활을 인정할 만한 혼인생활의 실체가 있지만 법률상 혼인신고를 하지 않아 법률상 부부관계로 인정되지 않는 혼인관계를 합니다. 다만 법률상 배우자 있는 자는 그 법률혼 관계가 사실상 이혼상태라는 등의 특별한 사정이 없는 한 타방배우자와 사실상 부부로서 생활하고 있더라도 사실혼 관계가 인정되지 않습니다(대판 1995.7.3. 94스30).

사실혼 관계는 사실상의 관계를 기초로 해서 존재하는 것이므로 당사자 일방의 의사에 의하여 해소될 수 있고, 당사자 일방의 파기로 인하여 공동생활의 사실이 없게 되면 사실혼관계는 해소되는 것입니다. 또한 사실혼 관계에 있어서는 당사자 사이에 부부로서의 실체가 없어지게 되면 어떠한 형식적 절차를 받을 필요도 없이 그 관계가 해소되는 것입니다(서울고법 1985.12.2. 85르114). 이러한 사실혼의 해소는 사실혼 배우자의 일방이 타당 배우자에 대하여 일방적인 사실혼 관계에 대한 해소통지로써 해소되며, 재판상 이혼청구와 달리 유책배우자라도 사실혼 관계의 해소를 통지할 수 있습니다.

다만 타방배우자에게 재판상 이혼사유에 해당하는 정도의 사유가 존재하지 않음에도 불구하고 일방 배우자의 사실혼 관계 해소통지로 사실혼 관계가 해소되거나 유책배우자의 해소통지로 사실혼 관계가 해소된 때에는 타당 배우자에 대하여 손해배상책임을 지게 될 것입니다(대판 1977.3.22. 75므28). 예컨대, 사실혼 관계 배우자의 일방이 정당한 이유 없이 서로 동거, 부양, 협조해야 할 부부로서의 의무를 포기한 경우에는 사실혼 관계가 해소될 수 있으되, 그 배우자는 악의의 유기에 의한 사실혼 관계의 부당파기로 되어 타방배우자에 대하여 손해배상책임을 지게 되는 것입니다(대판 1998.8.21. 97므544).

사실혼 관계의 당사자 중 일방이 의식불명된 상태라도 타방배우자는 사실혼 관계의 해소를 주장할 수 있습니다(대판 2009.2.9. 2008스105). 의식불명자에 대한 사실혼 관계의 해소는 어떤 경우에 의미가 있을까요? 사실혼 관계에 있어서는 당사자 쌍방이 모두 생존해 있는 상태에서 사실혼 관계가 해소된 때에는 재산분할청구권이 인정될 것이지만, 당사자 일방이 사망한 경우에는 상속이나 재산분할청구권이 인정되는 것이 아닐진대(대판 2006. 3.24. 2005두15595), 의식불명자는 사망자가 아닌 관계로 의식불명으로 생존한 상태에서 타방 당사자가 사실혼 관계의 해소를 주장하면서 재산분할을 청구할 수 있을 것이고, 따라서 이러한 경우에 그 의미가 크다고 할 수 있는 것입니다.

이에 귀하의 사건을 살펴보면, 귀하께서는 사실혼 관계에 있는 甲에 대해 사실혼 관계를 더 이상 유지하고 싶지 않다는 의사를 일방적으로 통지함으로서 사실혼 관계를 해소할 수 있을 것입니다. 다만 甲에게 재판상 이혼사유에 해당하는 정도의 사실혼 관계 해소에 대한 책임이 있는지 여부에 따라 손해배상책임 문제만 상호간에 남게 될 것으로 보입니다.

이와 같이 귀하의 일방적인 사실혼 관계에 대한 해소 통지에 의해 사실혼 관계가 해소된 후에는 甲은 더 이상 사실혼 관계의 남편에 해당되지 않으므로, 귀하께서는 甲을 귀하의 집에 들어오지 못하도록 말할 수 있고, 열쇄도 바꿔서 들어오지 못하게 할 수 있는바, 그럼에도 불구하고 열쇄조차 부수고 甲이 들어온 경우에는 주거침입죄 등으로 형사고소 및 손해배상청구를 해볼 수 있을 것으로 보입니다.

[사례 1·2·27] 이혼시 위자료 액수의 범위에 관한 법원의 인정 추이

문 저의 남편은 결혼 초기와는 달리 몇 년 전부터 주식에 빠져 재산을 탕진하고 가정에 너무 무관심해서 더 이상 살고 싶지 않아 이혼하려고 합니다. 만약 제가 협의이혼이든 재판상 이혼이든 이혼을 하게 되면 남편으로부터 위자료를 얼마나 받을 수 있는지 궁금해서 박사님께 여쭙게 되었습니다.

답 협의상 이혼이든 재판상 이혼이든 이혼시의 위자료는 반드시 남자가 여자에게 지급한다거나 재산이 있는 배우자가 그렇지 못한 배우자에게 지급해야 하는 것은 아니며, 귀책사유가 있는 배우자가 타방배우자에게 정신적 고통에 대한 대가로 지급하는 것입니다.

이와 같이 위자료란 정신적 고통에 대한 손해배상의 성격을 가지게 됩니다. 그런데 정신적 고통이라는 것은 눈으로 보이는 것이 아니어서 이를 객관적으로 측정할 수 없기 때문에 당사자 간의 합의가 이루어진 경우에는 그에 의할 것이지만, 합의가 이루어지지 않는 경우에는 결국 법원에서 귀책배우자의 귀책사유의 종류나 그 정도 또는 타방배우자의 귀책사유의 존재 여부나 그 정도, 타방배우자의 고통의 기간, 혼인기간, 양당사자의 재산상태, 양당사자의 장래의 예상수입 등 여러 가지 사정을 종합적으로 고려해서 판단하게 될 것입니다.

이러한 위자료 청구권은 일종의 불법행위로 인한 손해배상청구권이라고 할 수 있기 때문에 대부분 이혼시 합의하거나 이혼시 청구하는 것이 일반적일 것이지만, 이혼한 후에도 불법행위의 시효기간이 만료되기 전이라면 그 청구가 가능합니다. 즉 가해자 및 손해를 안 날부터 3년, 불법행위시부터 10년이 경과되지 않은 경우에는 청구할 수 있는 것입니다(민법 제756조). 다만 가해자 및 손해를 안 날이란 특별한 사정이 없는 한 이혼시에 알았다고 볼 수 있기 때문에 위자료는 원칙적으로 이혼시부터 3년 내에 청구해야 할 것입니다.

그렇다면 이혼시 귀책사유 있는 상대방에 대하여 얼마만큼의 위자료를 청구하는 것이 적정한 액수일까요? 이는 시대에 따라서 다르겠지만 법원의 실무에서는 줄곧 인상해 왔습니다.

이혼시 위자료의 액수에 관한 과거의 실무례를 살펴보면, 혼인기간에 따라 혼인기간이 5년 미만일 경우 600만원~1천만원, 5~9년은 1천만원~2천만원, 10~14년은 2천만원~3천만원, 15~20년은 1천만원~2천만원, 25~30년은 2천만원~3천만원을 인정해 오고 있다는 통계가 있습니다(2007년 4월 19일자 법률신문, 서울가정법원 이정엽 판사 분석자료 참고).

또한 일반사건에서 위자료의 상한액이 6천만원인 과거 2008년 2월 1일경 광주지방법원에서는 민·가사 사건에서 위자료의 액수에 관한 통일적인 기준을 마련하여 시행했었는데, 이에 의하면 이혼시 위자료는 3천만원을 기준금으로 삼고, 여기에 혼인기간이 1년 미만인 경우(즉, 혼인 정착기간)에는 기준금의 50% 범위 내에서 감액하고, 혼인기간이 30년 이상인 경우(즉, 자녀의 양육이 끝나는 시기)에는 기준금의 50% 범위 내에서 증액하는 방식으로 산성하였다고 합니다(2008년 2월 11일자 법률신문 참고).

다만 최근 법원의 실무에서 사망시의 위자료의 최고한도를 대략 10여년을 주기로 하여 종전의 6천만원에서 1억원으로, 1억원에서 2억원으로 점차 늘려오고 있는 추세에 있으며, 이에 따라 이혼시의 위자료 액수도 이에 맞춰 점차 늘려왔을 것으로 보입니다. 예컨대 사망시의 최고의 고통의 대가가 2억원의 위자료라고 볼 때, 이를 기준으로 구체적인 이혼 사건에서 귀책사유 없는 배우자의 고통의 정도가 얼마나 되는지를 가늠해서 위자료의 구체적인 액수를 정하고 있다고 보면 될 것입니다. 그런데 최근 법원의 실무례를 보면 이혼시 위자료의 액수가 과거보다 다소 인상된 것 같기는 하지만 크게 달라진 것 같지는 않으며 통상적인 가정이라면 보통 1천만원~3천만원의 범위 내에서 정해지고 있는 것으로 보입니다.

참고로 위자료는 이혼에 귀책사유 있는 배우자뿐만 아니라 그 배우자와 불륜행위를 저지른 상간자와 같이 이혼의 원인을 제공한 불법행위자에 대해서도 청구할 수 있습니다.

[사례 1·2·28] 이혼시의 재산분할청구

문 저와 남편은 혼인한지 15년 정도 되었는데, 가정주부인 저는 혼인한 후 회사에 다니는 남편의 월급을 알뜰히 저축해서 1억원 상당의 주택 1채를 구입하였고, 예금으로 5천만원 정도를 모았습니다. 그런데 저와 남편은 평상시 성격이 잘 맞지 않아 갈등을 겪어왔고, 최근에는 남편에게 다른 여자가 생긴 것 같기도 해서 이혼을 하고자 합니다. 그러나 저는 직장생활을 한 적이 없어, 남편 명의의 재산 말고는 딱히 가진 돈이 없으므로 이혼을 망설이고 있는데, 이혼할 경우의 재산분할문제가 어떻게 되는지요?

답 이혼을 청구한 당사자의 주된 관심사 중의 하나는 부부가 혼인생활 중에 함께 벌어서 늘어난 재산에 대해 어떻게 하면 상대방으로부터 보다 많이 받아낼 수 있느냐의 문제일 것입니다(재산분할청구권). 주의할 것은 재산분할의 대상이 되는 재산은 부부의 모든 재산을 대상으로 하는 것이 아니고, 혼인한 후 늘어난 재산 중 빚을 공제하고 남는 재산만이 그 대상이 된다는 것입니다. 즉, 부부의 일방이 결혼하기 전부터 가지고 있던 재산이라든가 혼인생활 중 다른 사람으로부터 증여 또는 상속을 받은 재산 등은 그 특유재산으로서 재산분할의 대상이 되지 않습니다.

재산분할의 액수는 재산증가에 대한 기여도에 따라 정해지게 되는데, 귀하와 같이 가정주부로만 생활하였다고 할지라도 도시일용노임 또는 농촌일용노임정도의 수입이 있었던 것으로 보고, 그 기여도를 따지게 됩니다. 이러한 재산분할청구권은 이혼의 경우뿐만 아니라 약혼해제의 경우 또는 사실혼관계의 해소의 경우에도 인정되고, 혼인관계의 파탄에 책임 있는 배우자라도 청구할 수 있습니다. 그리고 이러한 재산분할청구권은 이혼한 날로부터 2년이 경과되면 청구할 수 없게 된다는 점을 주의해야 합니다.

따라서 귀하의 사안을 살펴보면, 우선 남편과 협의이혼을 시도하면서 재산분할문제를 협의해 보고, 그것이 여의치 않을 경우에는 재판상 이혼을 청구하면서 아울러 재산분할청구를 해볼 필요가 있을 것으로 보입니다. 그리고 귀하께서 직장에 다니지 않고 가사노동만 하고 있었다고 하더라도 귀하의 가사노동을 월급으로 환산한 금액(약 100만원~300만원)과 남편의 월급 등을 비교하여 개략적으로 재산분할의 비율을 산정하고, 여기에 혼인 후 늘어난 재산으로부터 빚을 턴 금액을 기준으로 재산분할비율을 곱하여 분할받을 수 있는 금액을 산정해보고 이를 토대로 남편과 협의해 보시기 바랍니다. 이때 남편의 퇴직금이나 국민연금도 재산분할의 대상이 되는 것이니, 이 부분도 감안해서 협의를 해보시기 바랍니다. 이러한 협의가 잘 이루어지지 않게 되면 결국 재판으로까지 가서 판사가 결정하도록 하는 수밖에 없을 것으로 보입니다.

[사례 1·2·29] 혼인 중 이루어진 재산분할에 관한 협의가 재산상 이혼시에도 그 효력이 인정되는지

문 저는 남편과 성격 차이로 인한 잦은 갈등으로 서로 협의이혼하기로 하고 재산분할에 관해서도 약정을 한 사실이 있었는데, 남편이 합의이혼을 해주지 않는 것입니다. 이에 저는 재판상 이혼을 청구하고자 하는데, 이 경우에도 종전에 협의이혼을 전제로 해둔 재산분할에 관한 약정이 인정될 수 있는지 박사님께 문의드립니다.

답 부부 사이에 혼인 중 당사자 쌍방의 협력으로 이룩한 재산에 관하여 그 분할에 관한 협의를 해둔 경우가 있습니다. 이러한 협의는 아직 이혼하지 않은 부부 사이에서 한 경우도 있을 것이고, 이미 이혼을 마친 부부 사이에서 한 경우도 있을 것입니다. 후자와 같이 이미 이혼한 부부 사이의 재산분할에 관한 협의는 사적 자치의 원칙상 당연히 그 효력이 인정됩니다.

문제는 아직 이혼하지 않은 부부 사이에 재산분할에 관한 약정을 한 경우입니다.

이에 관하여 판례는 아직 이혼하지 않은 부부가 장차 협의상 이혼할 것을 약정하면서 이를 전제로 하여 재산분할에 관한 협의를 하는 경우에 있어서는 특별한 사정이 없는 한 장차 당사자 사이에 협의상 이혼이 이루어질 것을 조건으로 하여 조건부 의사표시가 행하여지는 것이라고 할 것이므로 그 협의 후 당사자가 약정한대로 협의상 이혼이 이루어진 경우에 한하여 그 협의의 효력이 발생하는 것일 뿐 어떠한 사유로든지 협의상 이혼이 이루어지지 않고 혼인관계가 존속하게 되거나 당사자 일방이 제기한 이혼청구의 소에 의하여 재판상 이혼이 이루어진 경우에는 위 협의는 조건의 불성취로 인하여 그 효력이 발생하지 않는다고 판시하고 있습니다(대판 1995.10.12. 95다23156, 2000.10.24. 99다33458, 2001. 5.8. 2000다58804, 2003.8.19. 2001다14061). 즉 아직 이혼하지 않은 부부 사이의 재산분할에 관한 협의는 협의 이혼시에만 그 효력이 인정될 뿐 원만히 협의이혼이 이루어지지 않고 재판으로까지 가서 이혼이 이루어진 경우에는 그 재산분할에 관한 협의가 효력이 없어진다는 것입니다.

따라서 이와 같은 경우에는 재판상 이혼 성립 후 새로운 협의가 성립되지 않는 한 이혼소송과 별도의 절차로 또는 이혼소송의 절차에 병합해서 가정법원에 재산분할에 관한 심판을 청구해야 할 것이지 당초의 재산분할에 관한 협의의 효력이 유지됨을 전제로 하여 민사소송으로써 그 협의 내용 자체의 이행을 구할 수는 없다고 할 것입니다(대판 1995.10.12. 95다23156). 다만 종전에 협의가 이루어진 경위나 그 내용은 가정법원에서 재산분할의 액수와 방법을 정할 때 참작사유(민법 제839조의2 제2항)로는 작용할 수 있을 것입니다.

이에 귀하의 사례를 보건대, 귀하께서 협의이혼을 전제로 한 재산분할약정은 그 약정대로 협의이혼으로 가게 되면 그 효력이 인정될 수 있을 것이지만, 재판상 이혼으로 가게 되면 약정 자체 그대로의 효력을 인정받기는 어려울 것으로 보입니다. 다만 그 약정이 전혀 무용지물이 되는 것은 아니고 재판시 그러한 약정 경위나 내용이 참작될 것으로 보입니다.

참고로 부부간의 재산에 관한 협의분할은 부부 각자의 고유재산을 포함해서 분할의 협의를 하는 것도 가능할 수 있지만, 재판상 재산분할의 경우에는 원래 재산분할의 대상이라는 것이 부부 각자의 고유재산을 제외하고 혼인 중 부부 공동의 노력으로 이룩하거나 늘어난 재산 또는 감소가 방지된 재산[64]만이 그 대상으로 되는 것이므로 이러한 재산만 그 분할의 대상으로 될 것입니다.

[사례 1·2·30] 부부 사이에 채무를 분담하기 위한 재산분할청구도 가능한지

문 저희 부부는 협의이혼을 하려고 하는데, 재산분할문제에 대한 협의가 잘 이루어지지 않고 있습니다. 남편은 빚보다 재산이 더 많은 반면, 저는 반대로 재산보다 빚이 더 많으며, 우리 부부 총재산과 부채를 따져보면 부채가 재산보다 더 많습니다. 이에 저는 채무도 감안

64) 대법원 2002.8.28.자 2002스36 결정.

해서 재산분할을 하자고 해도 남편이 이에 응하지 않고 있어 합의점을 찾지 못하고 있습니다. 이와 같은 경우에 제가 남편을 상대로 재산분할청구를 하면 받아들여질 수 있을까요?

답 재산분할제도는 이혼 등의 경우에 부부가 혼인 중 공동으로 형성한 재산을 청산·분배하는 것을 주된 목적으로 합니다. 이는 민법이 혼인 중 부부의 어느 일방이 자기 명의로 취득한 재산은 그의 특유재산으로 하는 부부별산제를 취하고 있는 것을 보완하여, 이혼을 할 때에는 그 재산의 명의와 상관없이 재산의 형성 및 유지에 기여한 정도 등 실질에 따라 각자의 몫을 분할하여 귀속시키고자 하는 제도입니다.

따라서 부부가 이혼을 할 때 쌍방의 협력으로 이룩한 적극재산이 있는 경우는 물론 부부 중 일방이 제3자에 대해 부담한 채무라도 그것이 공동재산의 형성에 수반하여 부담한 것이거나 부부 공동생활관계에서 필요한 비용 등을 조달하는 과정에서 부담한 것이면 재산분할의 대상이 되는 것입니다(대판 1993.5.25. 92므501).

민법도 재산분할에 관하여 "이혼한 자의 일방은 다른 일방에 대해 재산분할을 청구할 수 있다."라고 규정하고 있고, 나아가 "가정법원은 당사자의 청구에 의하여 당사자 쌍방의 협력으로 이룩한 재산의 액수 기타 사정을 참작하여 분할의 액수와 방법을 정한다."라고 규정하고 있을 뿐 분할대상인 재산을 적극재산으로 한정하고 있지는 않습니다(민법 제839조의2 제1항 및 제2항). 따라서 이혼 당사자 각자가 보유한 적극재산에서 소극재산을 공제하는 등으로 재산상태를 따져 본 결과 재산분할청구의 상대방이 그에게 귀속되어야 할 몫보다 더 많은 적극재산을 보유하고 있거나 소극재산의 부담이 더 적은 경우에는 적극재산을 분배하거나 소극재산을 분담하도록 하는 내용의 재산분할은 어느 것이나 가능하다고 보아야 할 것입니다. 그러므로 소극재산의 총액이 적극재산의 총액을 초과하여 재산분할을 한 결과가 결국 채무의 분담을 정하는 것이 되는 경우에도 법원은 그 채무의 성질, 채권자와의 관계, 물적 담보의 존부 등 일체의 사정을 참작하여 이를 분담하게 하는 것이 적합하다고 인정되면 그 구체적인 분담의 방법 등을 정하여 재산분할청구를 받아들일 수 있다고 할 것입니다. 그것이 부부가 혼인 중 형성한 재산관계를 이혼에 즈음해 청산하는 것을 본질로 하는 재산분할제도의 취지에 맞고, 당사자 사이의 실질적 공평에도 부합한다고 볼 것입니다(대판 2013.6.20. 2010므4071·4088 전원합의체판결).[65]

다만 재산분할청구 사건에 있어서는 혼인 중에 이룩한 재산관계의 청산뿐 아니라 이혼 이후 당사자들의 생활보상에 대한 배려 등 부양적 요소 등도 함께 고려할 대상이 되므로, 재산분할에 의해 채무를 분담하게 되면 그로써 채무초과 상태가 되거나 기존의 채무초과 상태가 더욱 악화되는 것과 같은 경우에는 그 채무부담의 경위, 용처, 채무의 내용과 금액, 혼인생활의 과정, 당사자의 경제적 활동능력과 장래의 전망 등 제반 사정을 종합적으로 고려하여 채무를 분담하게 할지 여부 및 그 분담의 방법 등을 정할 것이고, 적극재산을 분할할 때처럼 재산형성에 대한 기여도 등을 중심으로 일률적인 비율을 정하여 당연히 분할 귀속되게 해야 하는 것은 아닙니다(대판 2013.6.20. 2010므4071·4088 전원합의체판결).

이에 귀하께서도 적극재산뿐만 아니라 소극재산인 채무에 대해서도 이를 분담하기 위한 재산분할청구를 할 경우에는 일정 부분 인정될 수 있을 것으로 보입니다.

[사례 1·2·31] 사실혼 부부 사이에서도 재산분할청구가 가능한지

문 저는 남편의 반대로 혼인신고를 하지 않은 채 사실혼 관계로 산지 10여년이 되었습니다. 그 동안 같이 벌어서 마련한 부동산도 있고 예금도 있습니다. 저와 같이 사실혼 관계에 있는 경우에도 재산분할청구권이 인정되는지 궁금해서 박사님께 문의드리고자 합니다.

답 사실혼 부부란 당사자 사이에 혼인의 의사가 있고 객관적으로도 혼인생활의 실체가 있으나, 혼인신고가 되어 있지 않아 법적인 부부로서의 효력이 인정되지 않는 부부를 말합니다. 이러한 사실혼 부부 사이에도 사실혼 관계가 깨진 경우에는 재산분할청구가 인정되는지 문제됩니다. 이에 관하여 판례는 사실혼에 관하여는 법률혼에 대한 민법의 규정 중 혼인신고를 전제로 하는 규정은 유추적용할 수 없으나, 부부재산에 관한 청산의 의미를 갖는 재산분할에 관한 법률 규정은 부부의 생활공동체라는 실질에 비추어 인정되는 것으로서 사실혼 관계에도 이를 준용 또는 유추적용할 수 있기 때문에 사실혼 관계에 있었던 당사자들이 생전에 사실혼 관계를 해소한 경우에는 재산분할청구권을 인정할 수 있다고 판시하고 있습니다(대판 2006.3.24. 2005두15595, 대판 1995.3.28. 94므1584).

따라서 사실혼 부부간의 합의 또는 일방의 통보로 사실혼 관계가 파탄된 경우에는 그 일방은 타방에 대해 재산분할청구를 할 수 있을 것입니다.

그런데 사실혼 부부 일방이 사망한 경우에도 재산분할청구가 인정될까요? 이에 관하여 판례는 법률상 혼인관계라도 일방 당사자의 사망으로 인하여 종료된 경우에는 생존

65) 본 대법원 판례에 의해 종전에 부부의 일방이 청산의 대상이 되는 채무를 부담하고 있어 총 재산가액에서 채무액을 공제하면 남는 금액이 없는 경우에는 상대방의 재산분할청구는 받아들여질 수 없다고 한 대법원 판례들(대법원 1997.9.26. 선고 97므933 판결, 대법원 2002.9.4. 선고 2001므718 판결)은 위 견해에 저촉되는 범위에서 모두 변경되었습니다.

배우자에게 재산분할청구권이 인정되지 않고 단지 상속에 관한 법률 규정에 따라서 망인의 재산에 대한 상속권만이 인정된다는 점 등에 비추어 보면, 사실혼 관계가 일방 당사자의 사망으로 인하여 종료된 경우에는 그 상대방에게 재산분할청구권이 인정될 수 없다고 판시하고 있습니다(대판 2006.3.24. 2005두15595). 따라서 사실혼 관계가 부부 중 일방의 사망으로 종료된 경우에는 재산분할청구권이 인정되지 않습니다. 따라서 이러한 경우에는 그 상속인들과 협의를 하든지, 아니면 자신의 공유지분권을 주장하거나, 사망한 배우자 명의의 재산에 대하여 그 소유권이 자신에게 있음을 증명하여 소유권을 주장하든지 해야 할 것으로 보입니다.

이에 귀하께서도 사실혼 관계의 남편이 살아있는 동안 헤어진 경우에는 재산분할청구권이 인정될 것이지만, 남편이 사망한 경우에는 그 상속인들과 사이에 상속이 이루어질 뿐 재산분할청구권은 인정되지 않습니다. 따라서 사실혼 관계에 있는 경우에는 그 취득한 재산에 대해 처음부터 부부 각자 명의로 적당히 분배해서 해놓는 것이 분란의 소지를 미연에 막는 현명한 방법이라고 사료됩니다.

[사례 1·2·32] 국민연금 수급권과 이혼시 배우자의 노령연금분할청구권

문 저는 나이가 60년 생으로 곧 60세가 다 되어 가는데, 평소 남편과 성격이 잘 맞지 않는데다 평생 구박만 당하고 살아서 더 이상 혼인관계를 유지하고 싶지 않습니다. 제가 만약 이혼을 하게 되면 남편의 노령연금에 대하여 그 절반을 받을 수 있다고 들었는데, 과연 그러한지 국민연금에 대한 재산분할에 관하여 박사님께 문의드리고 싶습니다.

답 국민연금의 가입대상은 18세 이상~60세 미만의 국민이며, 별도로 연금제도를 가지고 있는 공무원이나 군인, 사립학교교직원, 별정우체국직원 등은 제외됩니다. 국민연금에 관한 업무는 국민연금공단에서 담당하고 있는데, 다만 연금보험료의 징수업무는 건강보험공단에 위탁하여 처리하고 있습니다(국민연금법 제88조 제1항).

이러한 국민연금은 일반 국민이 의무적으로 가입해야 하는 일종의 공익보험에 해당하고, 연금보험료의 납부를 전제로 해서 연금이 지급되는 것이어서 연금보험료를 연체할 경우에는 건강보험공단으로부터의 독촉과 국세체납처분의 예에 따른 징수가 강제됩니다(국민연금법 제95조). 국민연금가입자는 그 대상에 따라 지역가입자, 사업장가입자, 임의가입자, 임의계속가입자로 구분할 수 있고, 급여의 종류에 따라 노령연금, 장애연금, 유족연금, 반환일시금으로 분류할 수 있습니다. 국민연금수급자는 급여수급전용계좌를 만들어 위 계좌로 급여가 입금되도록 국민연금공단에 신청할 수 있고, 위 계좌에 입금된 급여에 대해서는 압류가 불가하게 되어 있습니다(국민연금법 제58조 제3항). 국민연금의 각종 급여 중 귀하께서 궁금해 하고 대상자가 가장 많은 노령연금에 관하여 살펴보도록 하겠습니다.

노령연금은 가입기간이 10년 이상이고, 「연령별로 60세~65세」[66]가 된 때로부터 생존하는 기간 동안 지급받게 되는 연금을 말합니다. 물론 가입기간이 10년 이상이고 55세 이상인 자가 소득이 없는 경우에는 「연령별로 60세~65세」[67]가 되기 전이라도 본인이 희망할 경우에는 매월 연금액이 다소 적게 지급되기는 하지만 조기노령연금을 신청할 수 있고,[68] 60세 이상~65세 미만자가 매월 연금액의 0.6%를 더 받기 위해 65세 이후로 연금지급의 연기를 희망하는 경우에는 65세 전까지의 기간에 대한 연금의 전부 또는 일부의 지급을 1회에 한하여 연기할 수 있습니다(국민연금법 제61조, 제62조). 국민연금수급권자의 반환일시금청구권은 10년 내에, 그밖의 각종 급여청구권 및 과오납금반환청구권은 5년 내에, 국민연금공단의 연금보험료·환수금·징수금 등의 징수 및 환수권은 3년 내에 이를 행사하지 않으면 소멸시효가 완성됩니다(국민연금법 제115조 제1항).

한편 국민연금의 각 급여 중 노령연금만은 부부간 이혼한 경우에 배우자가 수령할 노령연금액을 분할하여 지급받을 수 있는 분할연금수급권이 인정됩니다. 즉 타방배우자가 노령연금수급권자이고, 혼인기간이 5년 이상인 상태에서[69] 이혼하였으며, 분할청구자의 연령이 연급수급연령에 도달한 경우(60세~65세)[70]에는 타방배우자의 노령연금액 중 혼인기간에 해당하는 연금액에 대하여 분할청구자가 생존하는 동안 이를 균등하게 분할한 금액으로 지급받을 수 있는 것입니다(국민연금법 제64조 제1항). 다만 여기에서 균등하게 분할한 금액을 지급받는다는 것은, 연금분할에 관한 부부간의 합의나 법원의 재산분할결정이 없는 경우에 한하는 것이며, 만약 부부간의 합의나 법원의 분할결정이 있는 경우에는 그에 따르게 됩니다. 또한 분할연금액은 혼인기간에 해당하는 연금액만 대상으로 하는 것이므로 혼인기간이 길수록 분할연금액도 많아질 것입니다.

이혼한 부부가 이러한 분할연금을 청구하려면 위 분할연금청구의 요건이 모두 갖추어진 때로부터 5년 내에 청구해야 합니다. 다만 청구인이 60세가 되기 전에 이혼한 경우에는 3년 내에 선청구를 할 수 있으되, 분할연금은 위 분할연금수급을 위한 모든 요건이 갖추어진 때로부터 지급받을 수 있게 됩니다.

분할연금수급권은 그 수급권을 취득한 후에 배우자였던 자에게 생긴 사유로 노령연금수급권이 소멸 또는 정지된 경우에도 그 영향을 받지 않으며, 분할연금수급권자가 재혼하여 다시 이혼한 경우 등과 같이 2 이상의 분할연금수급권이 생기게 되면 2 이상의 분할연금액을 합산해서 지급받게 됩니다. 또한 분할연금수급권자에게도 노령연금수급권이 발생한 경우에는 이들을 합산해서 지급받게 됩니다.

이에 귀하께서도 남편이 국민연금에 가입하고 있는 중에 혼인기간이 5년 이상 되었고, 그 상태에서 이혼하게 되었으며, 남편이 노령연금수급권자이고, 위 분할연금청구의 각 요건이 모두 갖추어진 때로부터 5년 내에 국민연금공단에 분할연금을 청구할 경우에는, 귀하께서 국민연금을 탈 수 있는 때(예, 62세)로부터 사망시까지 남편이 받는 노령연금 중 혼인기간에 해당되는 노령연금액에 대해서 그 절반을 국민연금공단으로부터 지급받을 수 있을 것으로 보입니다.

[사례 1·2·33] 공무원·교사의 연금수급권과 그중 퇴직연금에 대한 이혼시의 분할청구권

문 저는 공무원인 남편과 혼인한지 오래되었고 나이도 많이 들었지만, 남편의 불륜과 가정불화로 이혼하고 싶습니다. 제가 만약 이혼하게 되면 남편이 받게 되는 퇴직연금에 대해서도 재산분할권을 행사해서 그 권리를 주장할 수 있을까요?

답 공무원연금은 공무원이 퇴직하거나 사망 또는 공무로 인하여 부상·질병·장애를 입은 경우에 이에 대비하기 위한 연금을 말하며, 공무원연금공단에서 그 업무를

66) 노령연금에 대해서는 최근 기금의 고갈문제로 연령의 구별에 따라 수급개시연령이 상향조정되어 1952년생 이전은 60세, 1953~56년생은 61세, 1957~60년생은 62세, 1961~1964년생은 63세, 1965~1968년생은 64세, 1969년생 이후는 65세부터 노령연금을 탈 수 있습니다(국민연금법 2011.12.31.개정, 2013.1.1. 시행. 부칙 제8조에 근거함).

67) 조기노령연금에 대해서는 최근 기금의 고갈문제로 연령의 구별에 따라 수급개시연령이 상향조정되어 1952년생 이전은 55세, 1953~56년생은 56세, 1957~60년생은 57세, 1961~1964년생은 58세, 1965~1968년생은 59세, 1969년생 이후는 60세부터 조기노령연금을 탈 수 있습니다(국민연금법 2011.12.31.개정, 2013.1.1. 시행. 부칙 제8조에 근거함).

68) 조기노령연금액은 정상적으로 받을 수 있는 노령연금액(부양가족연금액 별도)의 일정 비율만 받을 수 있는데, 55세부터 지급받는 경우 70%, 56세부터 지급받는 경우 76%, 57세부터 지급받는 경우 82%, 58세부터 지급받는 경우 88%, 59세부터 지급받는 경우 94%의 금액만 지급받을 수 있습니다(국민연금법 제63조 제2항).

69) 여기의 혼인기간에는 배우자의 가입기간 중의 혼인 기간을 말하는 것으로서, 별거, 가출 등의 사유로 인하여 실질적인 혼인관계가 존재하지 않았던 기간을 제외한 기간을 말합니다(국민연금법 제64조 제1항).

70) 분할연금에 대해서는 최근 기금의 고갈문제로 연령의 구별에 따라 수급개시연령이 상향조정되어 1952년생 이전은 60세, 1953~56년생은 61세, 1957~60년생은 62세, 1961~1964년생은 63세, 1965~1968년생은 64세, 1969년생 이후는 65세부터 분할연금을 탈 수 있습니다(국민연금법 2011. 12. 31.개정, 2013. 1. 1. 시행. 부칙 제8조에 근거함).

처리하고 있습니다.

공무원연금법상 단기급여로는 공무상요양비, 재해부조금, 사망조위금이 있고, 장기급여로는 퇴직급여, 장해급여, 유족급여, 퇴직수당이 있는데, 그중 퇴직급여는 다시 퇴직연금, 퇴직연금일시금, 퇴직연금공제일시금, 퇴직일시금으로 구분할 수 있습니다. 이러한 공무원연금의 각 급여는 급여사유발생일로부터 일정기간 행사하지 않으면 권리를 행사하지 못하는데, 단기급여는 3년간, 장기급여는 5년간 행사하지 않으면 소멸시효가 완성됩니다.

그런데 공무원연금 중 퇴직급여나 퇴직수당은 공무원이 형사처벌 등을 받게 되는 경우에는 일정 부분 감액이 이루어집니다(공무원연금법 제64조 제1항, 동법 시행령 제56조 제1항). 즉 ① 재직 중 범죄로 금고 이상의 형이 확정된 경우 및 파면된 경우에는 퇴직급여에 대해서는 재직기간이 5년 미만이면 1/4, 5년 이상이면 1/2이 감액되고, 퇴직수당에 대해서는 재직기간에 상관없이 1/2만큼 감액되어 지급되며, ② 해임(단, 금품·향응수수 및 공금횡령에 한함)된 경우에는 퇴직급여에 대해서는 재직기간이 5년 미만이면 1/8, 5년 이상이면 1/4이 감액되고, 퇴직수당에 대해서는 재직기간에 상관없이 1/4만큼 각각 감액되어 지급됩니다.

귀하께서 궁금해 하는 이혼한 부부에게 인정되는 분할연금청구권의 문제는 퇴직연금(조기퇴직연금 포함)에 한하여 인정되는 것이므로, 이하에서는 퇴직연금(조기퇴직연금 포함)과 이에 대한 분할연금에 대해서만 살펴보기로 하겠습니다. 퇴직연금은 공무원으로 10년 이상 재직하고 퇴직한 후 65세가 된 때부터, 계급정년으로 퇴직시에는 퇴직한 후 5년이 경과된 때부터 사망시까지 탈 수 있는 것입니다. 물론 공무원으로 10년 이상 재직하고 퇴직연금 지급 시점 전에 퇴직한 경우에는 미달연수에 따라 감액되는 조건으로 조기퇴직연금을 받을 수 있습니다(공무원연금법 제46조 제2항).

이러한 퇴직연금과 조기퇴직연금에 대해서는 이혼한 부부의 일방에게 분할청구권이 인정됩니다. 즉 타방배우자가 공무원으로 재직하는 중 혼인기간이 5년 이상인 상태에서 이혼하였고, 타방배우자가 퇴직연금 또는 조기퇴직연금수급권자이며, 분할청구자가 65세에 도달한 경우에는 타방배우자의 퇴직연금 또는 조기퇴직연금 중 혼인기간에 해당하는 연금액에 대하여 이를 균등하게 분할한 금액으로 지급받을 수 있는 것입니다(공무원연금법 제46조의3). 다만 여기에서 균등하게 분할한 금액을 지급받는다는 것은 연금분할에 관한 부부간의 합의나 법원의 재산분할결정이 없는 경우에 한하는 것이며 만약 부부간의 합의나 법원의 분할결정이 있는 경우에는 그에 따르게 됩니다(공무원연금법 제46조의4).

분할연금수급권은 그 수급권을 취득한 후에 타방배우자였던 자에게 생긴 사유로 퇴직연금 또는 조기퇴직연금수급권이 소멸 또는 정지된 경우에도 그 영향을 받지 않으며, 분할연금수급권자가 재혼하여 다시 이혼한 경우 등과 같이 2 이상의 분할연금수급권이 생기게 되면 2 이상의 분할연금액을 합산해서 지급받게 됩니다. 또한 분할연금수급권자도 공무원이어서 자신의 퇴직연금 또는 조기퇴직연금수급권이 발생한 경우에는 이들을 합산해서 지급받게 될 것이지만, 자신의 퇴직연금 또는 조기퇴직연금도 분할의 대상이 되므로 이러한 경우에는 당사들간의 합의에 따라 각각의 분할연금을 지급하지 않을 수 있습니다.

이에 귀하께서도 남편이 공무원으로 재직하는 기간 동안 혼인기간이 5년 이상이 된 상태에서 이혼하게 되었고, 남편이 퇴직연금수급권자인 경우에는 귀하께서 분할연금청구의 각 요건이 모두 갖추어진 때로부터(예, 65세) 3년 내에 공무원연금공단에 분할연금을 청구할 경우에는, 귀하께서 분할연금을 탈 수 있는 때로부터(예, 66세) 사망시까지 남편이 받는 공무원연금 중 혼인기간에 해당되는 퇴직연금에 대하여 그 절반을 공무원연금공단으로부터 지급받을 수 있을 것으로 보입니다.

한편 사립학교교직원연금법에서는 거의 대부분 공무원연금법을 준용하고 있으므로(사립학교교직원연금법 제42조), 사립학교 교사의 경우에도 위에서 설명한 공무원의 경우와 유사하다고 보면 됩니다.

[사례 1·2·34] 외국인 배우자가 이혼으로 인한 재산분할청구권을 피보전권리로 하여 사해행위취소소송을 제기하려고 할 경우에, 가능한지 여부

문 저는 러시아국 여자로서 한국인과 결혼해서 몇 년 동안 살았지만 남편의 폭행 등으로 살기가 힘들어서 이혼을 하려고 하며 동시에 재산분할청구권도 행사하려고 하는데, 남편이 다른 사람한테 그 소유의 유일한 부동산을 처분해버린 상태에 있습니다. 이에 이혼으로 인한 재산분할청구권을 피보전권리로 하여 사해행위취소소송을 제기하고 싶은데, 러시아국에서는 사해행위취소제도가 존재하지 않아 이러한 소송이 한국에서도 받아들여지지 않을까봐 걱정입니다. 이에 박사님께 이 문제에 관하여 상의드리고자 합니다.

답 채권에 관한 법률관계에 외국적 요소가 있는 경우에, 당사자가 그 준거법을 선택한 바가 없고, 국제사법에도 해당 법률관계에 적용할 준거법을 정하는 기준에 관한 직접적 규정이 없는 경우에는 그 법률관계와 가장 밀접한 관련이 있는 국가의 법에 의해야 합니다(국제사법 제26조).

외국의 법률에 의해 권리를 취득한 채권자가 우리나라에서 사해행위취소권을 행사할 경우의 준거법에 관하여 국제사법에서는 달리 정한 바가 없으므로, 이때에도 그 법률관계와 가장 밀접한 관련이 있는 국가의 법이 준거법으로 되어야 할 것인데, 사해행위취소권의 행사에서 피보전권리는 단지 권리행사의 근거가 될 뿐, 취소 및 원상회복의 대상이 되는 것은 사해행위이며, 사해행위취소가 인정되면 채무자와 법률행위를 한 수익자 및 이를 기초로 다시 법률관계를 맺은 전득자 등이 가장 직접적으로 이해관계를 가지게 되므로 거래의 안전과 제3자의 신뢰를 보호할 필요도 있을 것입니다. 이러한 요소 등을 감안하면, 외국적 요소가 있는 사해행위취소권의 행사에서 가장 밀접한 관련이 있는 국가의 법은 취소대상인 사해행위에 적용되는 국가의 법이라고 할 것입니다(2016.12.29. 2013므4133).

이에 귀하의 사건을 보건대, 러시아국인 귀하께서 이혼으로 인한 재산분할청구권을 피보전채권으로 하여 사해행위취소권을 행사함에 있어서 그 준거법은 사해행위취소의 대상인 부동산매매계약에 적용되는 법이 되어야 할 것이고, 매매계약 당사자들이 준거법을 지정하지 않는 경우에는 부동산 소재국의 법이 가장 밀접한 관련이 있는 것으로 추정되므로, 결국 부동산이 소재한 대한민국법이 귀하의 사해행위취소권의 행사에 적용할 준거법이 되는 것이며, 피보전채권의 준거법과 사해행위의 준거법이 다른 경우 두 준거법에서 정한 행사요건을 누적적으로 충족해야만 사해행위취소권을 행사할 수 있는 것은 아니라고 할 것입니다.

따라서 이혼으로 인한 재산분할청구권의 준거법인 러시아국법에 사해행위취소제도가 존재하지 않는다고 하더라도 사해행위취소의 대상인 부동산매매계약에 적용되는 법인 대한민국에는 민법상 사해행위취소제도가 존재하므로(민법 제839조의3), 귀하께서는 이혼으로 인한 재산분할청구권을 보전하기 위한 사해행위취소소송을 제기할 수 있을 것으로 보입니다.

[사례 1·2·35] 신용불량자나 파산자의 개명신청에 대한 허가 여부

문 저는 여러 사업을 하다가 부도가 발생하여 신용불량자가 되었고, 파산도 신청해서 현재 면책절차가 진행 중에 있습니다. 그래서 근자에 답답해서 사주를 봤는데, 이름이 너무 좋지 않다고 하면서 개명하라고 하여 이름 몇 개를 받아왔습니다. 저와 같이 신용불량자나 파산자도 개명허가가 나올 수 있는지요?

답 현행법상 개명허가요건에 관한 구체적인 규정은 없습니다. 따라서 개명허가 여부는 법원의 재량에 따라 이루어지고 있습니다.

실무상 개명허가사유를 보면 이름의 의미가 부정적인 경우(사회적으로 비난받거나 범죄인의 이름과 동일·유사한 이름, 욕설의 의미가 담긴 이름, 따돌림을 당하는 이름 등), 가족 중에 동일한 이름 또는 비슷한 이름을 가지고 있는 경우, 출생신고서에 착오로 이름이 기재되어 있는 경우, 이름의 발음이 곤란한 경우, 사실상 부르고 있는 이름으로 개명하려는 경우, 항렬이 일치하지 않아 개명하려는 경우, 성별의 혼란이 있는 이름(남자인데 여자이름인 경우 또는 여자인데 남자이름인 경우), 한글이름으로만 되어 있는 것을 한자가 있는 이름으로 개명하려는 경우 등이 있습니다.

개명사유와 관련하여 대법원의 최근 판례는 개명을 허가할 만한 상당한 이유가 있다고 인정되고, 범죄를 기도 또는 은폐하거나 법령에 따른 각종 제한을 회피하려는 불순한 의도나 목적이 개입되어 있는 등 개명신청권의 남용으로 볼 수 있는 경우가 아니라면, 원칙적으로 개명을 허가함이 상당하다고 판시하고 있습니다(대판 2009.8.13. 2009스65, 2005.11.16. 2005스26). 또한 개명신청권의 남용으로 볼 사정이 없는 한 수차례의 개명도 가능하다고 하고 있습니다(대판 2009.8.13. 2009스65).

그리고 대법원 판례는 자신의 이름이 비록 주관적으로라도 '흔하고 개성이 없어 시대에 뒤떨어진다'고 생각되어 이를 고쳐야겠다는 의욕에서 비롯된 경우와 같이 개명신청을 하는 사람이 신청이유로 제시하는 바가 개인적인 평가 또는 판단에서 나왔다고 하더라도 그것이 일시적·즉흥적인 착상이 아니고 신중한 선택에 기하였다고 판단되며, 그 자체로 현저히 불합리한 것이 아니라면, 개명허가를 하는 것이 타당하다고 판시하고 있습니다(대판 2009.10.16. 2009스90).

그러나 개명신청인이 그 신청사유에서 사주나 성명철학 등의 사유를 들어 개명하려고 한다고 하는 경우에는 여전히 개명허가가 나오지 않을 수 있으므로 설령 이러한 이유로 개명하고자 하는 경우에도 다른 사유를 들어 개명을 신청하는 것이 현명합니다. 또한 개명신청이 범죄를 기도·은폐하거나 법령에 따른 각종 제한을 회피하려고 한 경우 또는 부정한 금전적 이익을 얻으려는 의도가 개입되는 등 개명신청권이 남용으로 볼 수 있는 경우에는 개명허가가 나오지 않을 수 있습니다(대판 2009.10.16. 2009스90).

그렇다면 귀하께서 문의한 바와 같이 개명신청인이 신용불량자이거나 파산자인 경우에는 개명허가가 나오지 않을 수 있을까요? 개명신청인이 신용불량자로 등록되어 있더라도 법령상의 제한을 회피하기 위한 목적에서 개명신청을 하였다거나 다른 불순한 의도나 목적이 개입되어 있는 등 개명신청권의 남용에 해당하지 않는다면 개명허가가 이루어질 것으로 보입니다(대판 2005.11.16. 2005스26). 파산자도 개명신청자 스스로 파산선고 및 면책결정을 받은 사실을 개명신청 이유의 하나로 명시함으로써 개명신청권의 남용이 아니라는 사실을 소명한 경우에는 역시 개명허가가 나올 것으로 보입니다(대판 2009.10.16. 2009스90).

이에 귀하의 사례를 살펴보건대, 귀하께서 설령 성명철학상으로 이름이 좋지 않다고 해서 개명하고자 하는 경우에도 다른 사유를 들어 얼마든지 개명할 수 있을 것으로 보이므로 개명신청서에는 성명철학 이외의 사유를 기재하여 개명신청을 해야 할 것으로 보이며, 귀하께서 신용불량자 및 파산자라고 하더라도 법령상의 제한을 회피하기 위한 불순한 의도에서 개명신청을 하는 것이 아니라는 점을 잘 소명할 경우 개명허가가 나올 수 있을 것으로 보입니다.

제2절 상속·유언

[사례 1·2·36] 상속순위와 법정상속분

문 제 부친은 1992년 5월 4일 사망하셨는데, 유산으로 시골에 밭 500평을 남기셨습니다. 상속인으로는 제 모친 甲과 딸인 저 乙 그리고 시골에 사시는 오빠 丙 한 분이 계시는데, 위 밭에 대하여는 상속등기를 하지 않은 채 시골에 사시는 오빠가 경작해 오고 있었으나, 최근 오빠가 모친을 제대로 모시지 않는 문제로 갈등이 빚어져 상속문제가 거론되었습니다. 그래서 부친명의로 되어 있는 위 밭 500평에 대한 상속순위와 상속지분에 대하여 상세히 알고 싶습니다.

답 먼저 상속의 순위에 관하여는 민법 제1000조에서 규정하고 있는데, 이에 의하면 상속순위는 ① 피상속인의 직계비속 및 피상속인의 배우자, ② 피상속인의 직계존속 및 피상속인의 배우자, ③ 피상속인의 형제자매, ④ 피상속인의 4촌 이내의 방계혈족의 순으로 상속이 이루어진다고 규정하고 있습니다.

이때 만약 상속인이 될 직계비속 또는 형제자매가 상속개시 전에 사망하거나 결격자가 된 경우에는 그 직계비속과 배우자가 사망하거나 결격된 자의 순위에 갈음하여 대습상속인이 됩니다(민법 제1001조, 제1003조 제2항). 또한 선순위의 상속인이 상속을 포기하게 되면 다음 순위의 자가 상속을 받게 됩니다(대판 1995.9.26. 95다27769).

그런데 한편, 피상속인이 채무만 남겨둔 채 사망한 경우에는 위와 같이 선순위자가 상속을 포기함으로써 순차적으로 4촌 이내의 방계혈적까지 상속이 이루어지게 되는 관계로 피해가 갈 수 있기 때문에 실무에서는 이러한 피해를 차단시킬 목적으로 선순위의 공동상속인 중 1명이 한정승인을 하고, 나머지는 모두 상속을 포기하는 경우가 많습니다.

다음으로 상속분에 대하여는 피상속인의 사망시점에 따라 그 동안 여러 차례의 법 개정이 있었습니다. 민법 개정에 따른 상속지분의 변천을 살펴보면 다음과 같습니다(생활법률 상권 1475p, 2012, 대한법률구조공단).

① 1959년 12월 31일 이전
- 호주사망시는 호주상속인이 재산 전부를 단독상속(대판 1969.2.18. 56다2105)
- 호주 아닌 가족 사망시는 직계비속(단, 출가녀 제외)이 평등하게 공동상속(대판 1990.2.27. 88다카33619)

② 1960년 1월 1일 이후~1978년 12월 31일까지
- 호주상속인 1.5, 동일가적내 여자 0.5, 출가녀 0.25, 기타 상속인 1의 비율로 상속
- 처는 직계비속과 공동상속시는 0.5, 직계존속과 공동상속시는 1의 비율로 됨

③ 1979년 1월 1일 이후~1990년 12월 31일까지
- 장남 1.5, 출가녀 0.25, 기타자녀 1, 처 1.5의 비율로 상속

④ 1991년 1월 1일 이후~현재까지
- 장남, 차남, 재가녀, 출가녀 구분 없이 각 1의 비율로 상속
- 처는 1.5의 비율로 상속

따라서 귀하의 경우에는 부친이 1992년 5월 4일 사망하였으므로, 모친 甲 1.5, 귀하 乙 1, 오빠 丙 1의 비율(모친 甲 3/7, 귀하 乙 2/7, 오빠 丙 2/7)로 법정상속이 됩니다.

참고로 분묘에 속한 1정보 이내의 금양임야와 600평 이내의 묘토인 농지, 족보와 제구의 소유권은 위에서 본 바와 달리 상속인에게 상속되는 것이 아니고 제사를 주재하는 자가 이를 승계하게 됨을 주의해야 합니다(민법 제1008조의3).

그리고 상속권이 참칭상속권자로 인하여 침해된 때에는 상속권자 또는 그 법정대리인

은 그 침해를 안 날부터 3년 내, 상속권의 침해행위가 있은 날부터 10년 내에 상속회복의 소를 제기할 수 있습니다(민법 제999조).

[사례 1·2·37] 상속포기와 한정승인의 실익

문 제 부친께서는 한 달 전에 사망하셨는데, 상속인으로는 모친 甲이 계시고, 자식으로 저 乙을 포함한 세 명이 있는데, 모두 결혼을 하지 않은 상태입니다. 그리고 윗분들도 모두 돌아가셨습니다. 그런데 부친께서는 사업을 하셨던 분이라 부동산 등을 포함한 재산도 남겨 놓았지만 채무도 만만치 않은 것 같습니다. 아직 채무 상태도 파악이 안된 상태입니다. 얼핏 보기에는 재산과 채무가 비슷할 것 같은데, 상속을 받아야 할지 어떨지 모르겠습니다. 이에 박사님의 고견을 듣고 싶습니다.

답 피상속인이 사망하면 그 사실로써 상속인은 피상속인이 사망한 때로부터 그의 재산에 관한 포괄적 권리의무를 승계하게 됩니다. 즉 등기나 인도 등의 추가적인 행위 없이도 상속인에게 자동적으로 피상속인의 재산 및 채무가 승계되는 것입니다. 등기나 인도 등은 이미 이루어진 권리관계에 대한 외관을 권리관계에 맞추어 정리하는 절차라고 보면 됩니다.

그런데 시중에 많은 사람들은 상속이라 함은 재산만 상속될 뿐 채무는 상속과 무관하다고 생각해서 이를 방치해 둠으로서 나중에 낭패를 보는 경우가 많습니다. 요컨대 피상속인이 재산은 하나도 없고 채무만 몽땅 남겨둔 채 사망한다든지 재산도 있고 채무도 있지만 어느 것이 많은지 판단이 서지 않을 때에는 상속인은 상속포기나 한정승인이라는 후속조치를 밟아 주어야만 한다는 것입니다.

상속포기는 피상속인의 재산이고 뭐고 전혀 상속을 받지 않겠다는 법원에 대한 의사표시를 말하고, 한정승인은 피상속인의 재산과 채무상태를 고려해서 재산이 조금 더 많을 것 같을 때 피상속인의 재산의 범위 내에서만 피상속인의 채무를 갚고 남는 재산이 있으면 이를 상속받겠다는 법원에 대한 의사표시를 말합니다. 또한 한정승인은 피상속인에게 채무만 있는 상태여서 상속포기를 해야 할 상황이지만 자신의 상속포기로 인하여 4촌 이내의 방계혈족까지 순차적으로 상속이 이루어짐으로써 피해를 주는 사태를 막기 위하여 한정승인을 선택하는 경우도 있습니다.

상속포기나 한정승인은 상속인이 피상속인의 사망 사실을 안 날로부터 3월 내에 피상속인의 주소지 관할 가정법원에 신청해야 하며, 위 기간이 지나면 특별한정승인의 요건에 해당되지 않는 한 피상속인의 사망으로 인하여 자동적으로 상속이 된 사실이 확정됩니다(민법 제1019조 제1항). 다만 이 기간은 이해관계인이나 검사의 청구에 의하여 가정법원이 이를 연장할 수 있습니다(민법 제1019조 제3항).

그런데 피상속인의 사망 당시 노출된 재산과 채무만을 고려해서 상속을 받는 것이 유리하겠다고 해서 상속포기를 하지 않았는데, 나중에 예상치 못한 채무가 튀어 나와 재산보다 채무가 많게 됨으로써 상속을 받을 실익이 없게 되는 경우가 있습니다. 이와 같은 상황임에도 불구하고 해당 상속인으로 하여금 상속을 받도록 하는 것은 부당하므로 2012년 1월 14일 민법 개정으로 구제를 받을 수 있도록 하였습니다. 즉 상속인이 상속채무가 상속재산을 초과한다는 사실을 중대한 과실 없이 피상속인의 사망 사실을 안 날부터 3개월 이내에 알지 못하고 단순승인을 한 경우에는 그 사실을 안 날부터 3월내에 특별한정승인을 할 수 있도록 한 것입니다(민법 제1019조 제3항).

주의할 것은 상속인이 상속을 받지 않겠다거나 상속재산의 범위 내에서만 채무를 갚겠다고 하면서 상속포기나 한정승인을 하였어도 상속포기나 한정승인의 전후에 걸쳐 상속인이 상속재산에 대한 처분행위를 하거나 은닉·부정소비를 한 경우 또는 한정승인시 고의로 피상속인의 재산을 재산목록에 기입하지 않은 때에는 상속포기나 한정승인의 효력이 상실되고 단순승인으로 간주되어 피상속인의 채무를 고스란히 떠안아야 하므로 이러한 행위를 하지 않도록 조심해야 할 것입니다.

한편 상속포기나 한정승인을 한 후에 후속조치를 취해 주어야 하는지 여부가 문제되는데, 상속포기의 경우에는 상속재산을 건드리지 않은 채 그대로 두어도 되지만, 한정승인의 경우에는 피상속인의 재산을 피상속인의 채권자들에게 분배해 주는 청산절차를 밟아주어야 합니다. 그런데 피상속인에게 부동산 등이 있는 경우에는 한정승인시 세금과 관련하여 크게 주의할 점이 있습니다. 즉 한정승인시는 피상속인의 채무를 상속재산의 범위 내에서 변제한다는 것일 뿐 여전히 상속인의 지위에 있는 것이므로 청산절차를 밟기 위해서는 피상속인 소유의 부동산 등에 대한 상속등기를 한 후에 경매 등의 청산절차를 밟아야 할 것인데, 이 과정에서 상속세와 취득세 등 각종 세금을 부담해야 하며 이는 피상속인의 채무가 아니라 상속인 고유의 채무가 되므로 세금을 내야 하는 문제가 있습니다. 부동산 등이 고가인 경우에는 설령 해당 부동산에 저당권 등이 몽땅 설정되어 있는 관계로 청산가치가 없다고 하더라도 세금은 부동산의 시가를 기준으로 매기는 것이므로 예상치 못한 큰 세금이 나올 수 있어 피상속인에게 부동산이 있는 경우에는 한정승인을 함에 있어 신중히 접근해야 할 것입니다.

이에 귀하의 사건을 보건대, 피상속인 소유의 재산과 채무가 엇비슷하다고 하므로 한정승인을 고려해 보시는 것이 타당할 것으로 보이지만, 한정승인은 청산절차 등 후속절차를 밟아야 하는 문제도 있을 수 있고, 피상속인의 재산 중에는 부동산도 있는 관계로 한정승인자가 세금을 부담해야 하는 문제가 있을 수 있습니다. 그렇다고 공동상속인 모두 상속을 포기하게 되면 다음 순위의 상속인이 상속을 받게 되어 피해를 입힐 수 있으므로 상속인들과 협의가 이루어진 경우에는 어느 한 사람이 한정승인을 하고, 나머지는 모두 상속을 포기하는 것이 현명할 수 있을 것입니다. 다만 한정승인자는 세금 부담이나 청산절차를 밟아야 하는 문제가 있을 수 있으므로 귀하의 모친 甲이 연로하고 재산이 없다면 귀하의 모친 甲이 한정승인을 하고, 귀하를 포함한 나머지 귀하의 형제자매들은 모두 상속을 포기하는 것이 낫다고 봅니다. 모친 甲이 한정승인자가 됨으로써 떠안아야 하는 의무들은 민사채무에 지나지 않고, 막말로 한정승인자인 귀하의 모친 甲이 금전이나 유체동산 등 눈에 보이는 재산을 상속받아 채권자들에게 분배해 주지 않고 자신의 사적인 용도에 썼다고 한들 채권자들로서는 민사소송을 제기하여 판결을 받아놓을 수 있을 뿐이지 재산이 없는 모친 甲을 상대로 강제집행을 한다는 것은 그리 쉬운 일이 아닐 것이기 때문입니다. 또한 위와 같이 귀하의 형제들이 모두 상속을 포기한다고 하더라도 귀하의 형제들이 결혼을 하지 않아서 귀하 부친의 손자녀들이 없을 것이고, 귀하 집안에 윗분들도 모두 안계신다고 하므로 귀하 형제들이나 귀하 집안의 윗분들에게 상속이 되는 일은 없을 것이고 귀하의 모친 甲이 단독상속인으로 될 것이어서 그밖에 별다른 문제는 없을 것으로 보입니다.

[사례 1·2·38] 피상속인의 배우자와 자녀 중 자녀 전부가 상속을 포기한 경우에 배우자가 단독상속인으로 되는지

문 저희 부친께서는 몇 달 전에 채무만 몽땅 남겨두고 사망하셨고, 그 유족으로는 배우자인 모친 甲과 저 乙 그리고 제 미성년의 아이 丙이 한 명 있습니다. 이에 저는 제가 상속을 포기하게 되면 피상속인의 배우자인 제 모친 甲에게 모두 상속이 되는 것으로 잘못 알고 저만 상속을 포기하고 제 아이 丙에 대해서는 상속포기 절차를 밟지 않았습니다. 그런데 그로부터 몇 달 후에 제 부친의 채권자 丁이 제 모친 甲과 제 아이 丙을 상대로 상속인들이라고 주장하면서 대여금 청구소송을 제기해 온 것입니다. 이럴 줄 알았다면 진즉 제 아이 丙에 대해서도 상속포기절차를 밟아주었을 것인데, 이제 와서 어떻게 대응해야 할지 몰라 박사님께 문의드리고 싶습니다.

답 상속을 포기한 자는 상속개시된 때로부터 상속인이 아니었던 것과 같은 지위에 놓이게 되므로(대결 2006.7.4. 2005마425), 피상속인의 배우자와 자녀 중 자녀 전부가 상속을 포기한 경우에는 배우자와 피상속인의 손자녀 또는 직계존속이 공동으로 상속인이 되고, 피상속인의 손자녀 및 직계존속이 존재하지 않으면 그때 비로소 배우자가 단독으로 상속인이 되는 것입니다(대판 2015.5.14. 2013다48852).

그런데 문제는 실무상 피상속인이 채무만 남겨놓고 사망한 경우에 피상속인의 배우자는 상속을 포기하지 않은 채 그대로 있고, 피상속인의 자녀들만 모두 상속을 포기하게 되면 그 배우자만 단독상속인으로 될 줄 알고 그 피상속인의 손자녀나 피상속인의 직계존속에 대해서는 상속포기나 한정승인을 하지 않는 경우가 있고, 이와 같이 되면 피상속인의 배우자와 그 손자녀 또는 직계존속이 공동상속인으로 되어 피상속인의 손자녀나 직계존속이 피해를 보게 된다는 것입니다.

이러한 피해를 구제하기 위하여 대법원에서는 판례에 의하여 피상속인의 손자녀를 보호해 주려고 하고 있는 것으로 보입니다. 즉 대법원 판례는 "상속인은 상속개시 있음을 안 날로부터 3개월 내에 상속포기를 할 수 있고(민법 제1019조 제1항), 상속개시 있음을 안 날이란 상속개시의 원인이 되는 사실의 발생을 알고 이로써 자기가 상속인이 되었음을 안 날을 의미하지만(대판 1986.4.22. 86스10), 종국적으로 상속인이 누구인지를 가리는 과정에서 법률상 어려운 문제가 있어 상속개시의 원인사실을 아는 것만으로는 바로 자신이 상속인이 된 사실까지 알기 어려운 특별한 사정이 있는 경우에는 자신이 상속인이 된 사실까지 알아야 상속이 개시되었음을 알았다고 할 것이다. 그런데 피상속인의 배우자와 자녀 중 자녀 전부가 상속을 포기한 때에는 피상속인의 손자녀가 배우자와 공동으로 상속인이 된다는 것은 상속의 순위에 관한 민법 제1000조, 배우자의 상속순위에 관한 민법 제1003조, 상속포기의 효과에 관한 민법 제1042조 등의 규정들을 종합적으로 해석하여 비로소 도출되는 것이지 이에 관한 명시적 규정이 존재하는 것은 아니므로, 일반인의 입장에서 피상속인의 자녀가 상속을 포기하는 경우 자신들의 자녀인 피상속인의 손자녀가 피상속인의 배우자와 공동으로 상속인이 된다는 사실까지 안다는 것은 오히려 이례에 속한다고 할 것이다(대판 2005.7.22. 2003다43681)."라고 판시하고 있는 바, 따라서 미성년자들인 피상속인의 손자녀는 그 부모 겸 친권자가 상속을 포기함으로써 상속인으로 되었지만 상속채권자가 그 피상속인의 손자녀를 상대로 상속채무를 원인으로 한 대여금청구소송에서 그 판결이 선고되기까지는 피상속인의 손자녀가 상속인이 되었다는 사실을 알지 못하였다고 인정할 여지가 충분하다고 보아 그 피상속인의 손자녀에 대하여는 아직 민법 제1019조 제1항에서 정한 상속포기나 한정승인의 기간이 도과되지 않았다고 보아 장차

상속포기나 한정승인을 할 수 있다고 판시하고 있는 것입니다. 그러나 판례는 그럼에도 불구하고 선의의 상속채권자를 보호하기 위하여 상속채권자의 대여금청구에 대해서는 이를 기각할 사유로는 되지 않고, 나중에 상속포기나 한정승인의 사유를 들어 청구이의의 소로써 구제를 받아야 한다고 판시하고 있습니다(대판 2015.5.14. 2013다48852).

이에 귀하께서는 지금이라도 귀하 자녀 丙에 대한 상속포기를 신청해 주고, 그에 따라 법원으로부터 승인결정이 나오게 되면, 그 시점이 아직 재판이 확정되기 전이라면 제1심이나 항소심 또는 상고심에서 준비서면으로 상속포기의 사실을 주장하면 될 것이고, 만약 판결이 확정된 후에 승인결정이 나온 경우라면 청구이의의 소로써 다투면 될 것으로 보입니다.

[사례 1·2·39] 상속을 포기하면 각종 보험금도 포기해야 되는지

문 저의 부친께서는 여러 가지 사업을 하다가 실패하여 약 2억원의 빚을 진 상태에서, 2개월 전에 공사현장에서 일하다가 높은 곳에서 떨어져 돌아가셨습니다. 그런데 부친께서는 생전에 가족들 모르게 乙생명보험회사에 피보험자를 부친 甲으로 하고, 보험수익자를 피보험자의 상속인으로 하는 생명보험에 가입해 놓은 사실이 있었습니다. 보험금은 1억 5천만원 정도 된다고 합니다. 상속인으로는 저와 어머니 그리고 여동생 이렇게 3명이 있습니다. 부친의 빚이 너무 많아 상속을 포기하고 싶은데, 들리는 말로는 상속을 포기하면 보험금도 포기해야 한다는 말도 있고, 또 보험금을 타게 되면 부친의 빚 2억원도 갚아야 한다는 말도 있는데, 어떻게 해야 할지 갈피를 잡지 못하고 있습니다. 이에 박사님의 고견을 부탁드립니다.

답 큰돈이 걸린 문제이니 속 시원히 답변해 줄 사람도 없겠고, 참으로 고민이 많겠습니다. 일단 부친의 빚 2억원을 상속받지 않으려면, 부친의 사망사실을 안 날부터 3개월 내에 세 사람 모두 법원에 상속포기신고를 해야 합니다. 그런데 상속을 포기하게 되면 보험금 1억 8천만원도 포기해야 하느냐가 문제됩니다.

일반적으로 보험계약자가 생명보험이나 상해보험 등을 가입하면서 '보험수익자'를 기재하는 방법에는 ① '특정인을 지정'하여 기재하는 경우, ② '상속인'이라고 기재하는 경우, ③ '빈 공란'으로 놓아두는 경우의 3가지 유형이 있습니다. 이 3가지 유형 중에서 피보험자가 사망할 경우에 보험수익자로 될 자는 위 ①의 경우에는 그 지정된 특정인이 될 것이고, ②, ③의 경우에는 피보험자의 상속인이 될 것입니다. 그런데, 위 ①의 경우에 그 지정된 특정인이 수령하게 될 보험금은 상속재산이 아니라 그의 고유재산에 속할 것이므로, 가령 그 지정된 자가 피보험자의 상속인이라 할지라도 큰 문제가 되지 않습니다. 그런데 그 지정된 특정인이 피상속인(사망자)으로 되어 있는 경우에는 조심해야 하는데, 이 경우의 보험금은 피상속인의 재산에 해당되어 상속재산에 속하는 것이므로 만약 상속포기자가 이를 수령하여 착복한 경우에는 단순승인으로 간주되어 피상속인의 채무도 함께 상속을 받게 되니 주의해야 합니다.

문제는 위 ②, ③의 경우와 같이, 보험수익자인 피보험자의 상속인이 수령하게 될 보험금이 피보험자의 상속재산에 속하느냐, 아니면 보험수익자의 고유재산에 속하느냐입니다.

이와 관련된 대법원 판례를 보면, 위 ②, ③의 경우에 보험수익자가 수령하게 되는 보험금은 상속재산이 아니라 상속인의 고유재산이라고 하며, 이는 생명보험뿐만 아니라, 상해의 결과로 사망한 때에 사망보험금이 지급되는 상해보험에 있어서도 마찬가지라고 하고 있으며, 이러한 원리는 인보험뿐만 아니라 물보험에 있어서도 마찬가지로 적용되는 것이라고 보입니다. 즉, 판례는 상속인이 보험수익자인 경우 자동차상해보험의 사망보험금을 수령한 행위는 민법 제1026조에 정한 '상속인이 상속재산에 대해 처분행위를 한 때'에 해당되지 않으므로 그 후에 한 상속포기신고는 적법하다는 취지로 판시하고 있는 것입니다(대판 2004.7.9. 2003다29463, 2001.12.28. 2000다31502).

이와 같은 판례의 취지로 볼 때, 귀하께서는 보험금을 수령한 후에도 상속을 포기할 수 있고, 상속을 포기한 후에도 보험금을 청구할 수 있을 것으로 사료됩니다(서울고등법원 2000.5.24. 2000나777). 고유재산으로 된 보험금에 대해서는 수인의 공동상속인이 있다고 하더라도 모두 공동으로 청구할 필요가 없고, 자기 지분에 해당되는 보험금만큼은 직접 청구할 수 있다고 보입니다.

요컨대 보험수익자가 지정되어 있거나 빈 공란으로 되어 있는 경우에는 그 보험금은 상속인의 고유재산으로 되기 때문에 상속포기자라도 그 수령이 가능하고 한정승인자도 청산의 대상으로 삼을 필요가 없을 것으로 보입니다. 그러나 보험수익자가 피상속인(사망자)으로 지정되어 있는 경우에는 그 보험금은 상속재산으로 되는 것이므로 상속인이 그 보험금을 수령하여 착복한 경우에는 상속을 포기한다고 하더라도 단순승인으로 간주되어 피상속인의 빚을 갚아야 하며, 한정승인자도 채권자들에게 청산의 대상이 될 보험금을 착복한 것이 되어 역시 단순승인으로 간주되어 피상속인의 빚 전액을 고스란히 갚아야하는 불상사가 생길 수 있습니다. 이 점을 각별히 유의하시기 바랍니다.

이에 피상속인에게 많은 빚도 있고 그가 가입한 보험도 있는 경우에는 섣불리 보험금을 수령하거나 상속포기 또는 한정승인을 하지 말고, 해당 보험증권 등을 가지고 대한법률구조공단이나 법률전문가를 찾아가서 상담한 후 일처리를 하는 것이 현명할 것으로 사료됩니다.

[사례 1·2·40] 상속포기신고 후 수리심판 전에 상속재산을 처분한 경우에 단순승인으로 될 수 있는지

문 저는 채무가 있는 남편이 사망한 후 상속포기신고를 하였는데, 그 심판일 전에 남편이 생전에 소유하던 화물차량을 지입하였던 회사 측에서 연락이 와서 위 화물차량을 폐차하거나 매도해서 그 대금을 주겠다고 하여 허락한 후 그 대금을 수령하였는데, 이것이 상속재산에 대한 처분행위로 되어 상속의 단순승인으로 간주되고, 결국 남편의 채무를 떠안을 수 있게 되는지요?

답 민법에 의하면, 상속인이 상속포기나 한정승인 전에 상속재산을 처분한 때에는, 그것이 상속재산에 대한 은닉이나 부정소비에 해당되지 않는다고 할지라도, 상속의 단순승인으로 간주하고 있지만(민법 제1026조 제1호), 상속포기나 한정승인을 한 후에 있어서는 상속재산에 대한 처분행위를 한다고 할지라도, 그것이 상속재산을 은닉하거나 부정소비에 해당되지 않는 한, 단순승인으로 간주하고 있지 않습니다(민법 제1026조 제1호, 제3호). 즉, 상속재산에 대한 처분행위가 단순승인으로 간주되는지의 문제는 상속포기나 한정승인의 효력이 생기기 전에만 적용되는 문제라고 할 것입니다(대판 2004.3.12. 2003다63586).[71] 예컨대, 상속포기나 한정승인 후에 있어서 상속재산을 처분하고 그 대가를 착복한 경우라면 상속재산에 대한 부정소비에 해당되어 단순승인으로 간주될 소지가 있지만, 상속재산을 처분하고 그 대가 전액을 상속채권의 우선변제권자에게 지급한 것이라면 상속재산의 부정소비에 해당되지 않아 단순승인으로 간주되지 않을 것입니다(대판 2004.3.12. 2003다63586).

한편 상속의 포기나 한정승인은 상속인의 의사표시만으로 그 효력이 발생하는 것이 아니라 가정법원에 대한 신청을 통하여 그 심판이 당사자에게 고지됨으로써 비로소 그 효력이 발생하게 된다고 보입니다(대판 2004.6.25. 2004다20401). 이는 상속포기나 한정승인의 의사표시의 존재를 명확히 하여 상속으로 인한 법률관계가 획일적으로 처리되도록 함으로써 상속재산에 이해관계를 가지는 공동상속인이나 차순위상속인, 상속채권자, 상속재산 처분의 상대방 등 제3자의 신뢰를 보호하고 법적 안정성을 도모하고자 하는 취지입니다.

따라서 상속인이 가정법원에 상속포기의 신청을 하였다고 하더라도 이를 수리하는 가정법원의 심판이 고지되기 전에 상속재산을 처분하였다면, 이는 상속포기의 효력 발생 전에 상속재산에 대한 처분행위를 한 것에 해당하여, 설령 그것이 상속재산에 대한 은닉이나 부정소비에 해당하는 행위가 아니라고 할지라도, 단순승인으로 간주된다고 보아야 할 것입니다(대판 2016.12.29. 2013다73520).

이에 귀하께서는 비록 법원에 상속포기신청을 하였다고 하더라도 그 심판결정이 아직 귀하께 도달되기 전의 상태에서 화물차량에 대한 처분행위를 한 것이므로 상속의 단순승인으로 간주되어 남편의 채무도 갚아야 할 것으로 보입니다. 만약 귀하께서 상속포기의 심판결정을 받은 후에 위와 같이 화물차량에 대한 처분을 승낙하여 그 대금을 수령하였고, 그 대금을 상속채권자들에게 우선순위에 따라 나누어준 경우였다면 상속재산에 대한 부정소비에 해당되지 않아 단순승인으로 간주되지는 않았을 것입니다. 따라서 피상속인에게 채무가 있는 상태에서 사망한 경우에는 먼저 상속포기를 할 것인지 한정승인을 할 것인지 아니면 상속을 받을 것인지를 결정한 후 피상속인의 재산에 손을 대야 할 것이고, 그 전에는 상속재산에 대한 관리행위라면 몰라도 섣불리 처분행위를 해서는 안될 것입니다.

---

71) 민법 제1026조는 "다음 각 호의 사유가 있는 경우에는 상속인이 단순승인을 한 것으로 본다."라고 하면서 제1호로 '상속인이 상속재산에 대한 처분행위를 한 때'를, 제3호로 '상속인이 한정승인 또는 포기를 한 후에 상속재산을 은닉하거나 부정소비하거나 고의로 재산목록에 기입하지 아니한 때'를 규정하고 있는 바, 민법 제1026조 제1호는 상속인이 한정승인 또는 포기를 하기 이전에 상속재산을 처분한 때에만 적용되는 것이고, 상속인이 한정승인 또는 포기를 한 후에 상속재산을 처분한 때는 그로 인해 상속채권자나 다른 상속인에 대해 손해배상책임을 지게 될 경우가 있음은 별론으로 하고, 그것이 위 제3호에 정한 상속재산의 부정소비에 해당되는 경우에만 상속인이 단순승인을 한 것으로 보아야 하며, 나아가 위 제3호에 정한 '상속재산의 부정소비'라 함은 정당한 사유 없이 상속재산을 써서 없앰으로써 그 재산적 가치를 상실시키는 행위를 의미하는 것이라고 봄이 상당할 것입니다. 이에 상속인들이 상속을 포기한 후에 상속재산을 처분한 경우에는 민법 제1026조 제1호는 적용될 여지가 없고, 같은 조 제3호에 정한 상속재산의 부정소비에 해당하는지 여부만이 문제된다고 할 것이며, '상속재산의 부정소비'란 정당한 사유 없이 상속재산을 써서 없앰으로써 그 재산적 가치를 상실시키는 행위를 의미한다고 할 것이어서 만약 상속재산을 처분하여 그 처분대금 전액을 우선변제권자에게 지급한 것이라면, 다른 특별한 사정이 없는 한 이러한 행위는 상속재산의 부정소비에 해당한다고 볼 수는 없을 것입니다(대법원 2004.3.12. 선고 2003다63586 판결).

[사례 1·2·41] 상속포기의 효력이 피상속인을 피대습자로 하여 개시된 대습상속에도 미치게 되는지

문 저희 가족은 저를 포함해서 부친 甲, 모친 乙, 그리고 할머니 丙이 계시는데, 최근 부친 甲이 사망하셨고, 몇 달 있다가 할머니 丙도 사망하셨습니다. 그런데 생전에 부친 甲이 사업을 하시면서 은행으로부터 많은 돈을 대출받았고, 이때 할머니 丙이 연대보증을 섰던 것 같습니다. 저와 모친 乙은 부친 甲이 사망하자마자 상속을 포기하였는데, 그 후 할머니 丙이 사망한 경우에도 다시 상속을 포기해야만 할머니 丙의 채무를 상속받지 않게 되는지 몰라 박사님께 문의드리고자 합니다.

답 상속은 재산만 되는 것이 아니고 채무도 상속이 됩니다. 그리고 민법상 대습상속이라는 것이 있습니다. 즉 상속인이 될 직계비속 또는 형제자매가 상속개시 전에 사망하거나 결격자가 된 경우에 그 직계비속이나 배우자가 있는 때에는 그 직계비속이나 배우자가 사망하거나 결격된 자의 순위에 갈음하여 상속인이 되도록 하고 있습니다(민법 제1001조, 제1003조).

이에 귀하의 경우와 같이 할머니 丙이 사망하기 전에 부친 甲이 사망하였고, 그 후에 할머니 丙이 사망한 경우에는 사망한 귀하의 부친 甲에게 상속된 몫에 대하여 귀하와 귀하의 모친 乙이 대습상속을 하게 되어 있습니다. 이에 귀하의 부친 甲과 같이 재산은 남겨두지 않고 채무만 몽땅 남겨둔 경우에는 상속을 포기해야 하는데, 이때 상속포기한 효력이 귀하의 할머님 丙이 사망한 경우에 귀하의 부친 甲에게 상속된 몫에 대해서도 상속포기의 효력이 미쳐 다시 상속을 포기하지 않아도 할머님 丙의 채무가 상속되지 않는지 문제됩니다.

이에 관하여 판례는 "피상속인의 사망으로 상속이 개시된 후 상속인이 상속을 포기하면 상속이 개시된 때에 소급하여 그 효력이 생긴다(민법 제1042조). 따라서 제1순위 상속권자인 배우자와 자녀들이 상속을 포기하면 제2순위에 있는 사람이 상속인이 된다. 상속포기의 효력은 피상속인의 사망으로 개시된 상속에만 미치고, 그 후 피상속인을 피대습자로 하여 개시된 대습상속에까지 미치지는 않는다. 대습상속은 상속과는 별개의 원인으로 발생하는 것인 데다가 대습상속이 개시되기 전에는 이를 포기하는 것이 허용되지 않기 때문이다. 이는 종전에 상속인의 상속포기로 피대습자의 직계존속이 피대습자를 상속한 경우에도 마찬가지이다. 또한 피대습자의 직계존속이 사망할 당시 피대습자로부터 상속받은 재산 외에 적극재산이든 소극재산이든 고유재산을 소유하고 있었는지에 따라 달리 볼 이유도 없다. 따라서 피상속인의 사망 후 상속채무가 상속재산을 초과하여 상속인인 배우자와 자녀들이 상속포기를 하였는데, 그 후 피상속인의 직계존속이 사망하여 민법 제1001조, 제1003조 제2항에 따라 대습상속이 개시된 경우에 대습상속인이 민법이 정한 절차와 방식에 따라 한정승인이나 상속포기를 하지 않으면 단순승인을 한 것으로 간주된다. 위와 같은 경우에 이미 사망한 피상속인의 배우자와 자녀들에게 피상속인의 직계존속의 사망으로 인한 대습상속도 포기하려는 의사가 있다고 볼 수 있지만, 그들이 상속포기의 절차와 방식에 따라 피상속인의 직계존속에 대한 상속포기를 하지 않으면 효력이 생기지 않는다. 이와 달리 피상속인에 대한 상속포기를 이유로 대습상속 포기의 효력까지 인정한다면 상속포기의 의사를 명확히 하고 법률관계를 획일적으로 처리함으로써 법적 안정성을 꾀하고자 하는 상속포기제도가 잠탈될 우려가 있다."라고 판시하고 있습니다(대판 2017.1.12. 2014다39824).

따라서 귀하와 귀하의 모친 乙이 귀하의 부친 甲과 할머니 丙의 채무 모두를 상속받지 않으려고 한다면 먼저 사망한 부친 甲의 사망으로 인한 상속포기와 별도로 나중에 사망한 할머니 丙의 사망으로 인한 상속포기도 해두어야만 두 분 모두에 대한 채무를 상속받지 않을 것으로 보입니다.

[사례 1·2·42] 장기간 연락두절된 피상속인의 사망과 상속포기의 기간

문 저는 어렸을 때 아버님의 불륜 때문에 이혼한 어머님 밑에서 자라왔고, 그 뒤로 아버님과 연락이 단절된 채 살아왔는데, 1년 전에 아버님이 사망하셨고 많은 채무를 지고 있다는 소식을 먼 친척으로부터 비로소 듣게 되었습니다. 이에 제가 상속을 포기하고자 하는데, 사망하신지 1년이나 넘어 그것이 가능한지 모르겠습니다. 이에 박사님께 이 문제에 대해 문의드리고 싶습니다.

답 상속인은 상속개시 있음을 안 날로부터 3개월 내에 단순승인이나 한정승인 또는 상속포기를 할 수 있습니다(민법 제1019조 제1항). 다만 상속인이 상속채무가 상속재산을 초과하는 사실을 중대한 과실 없이 위 3개월의 기간 내에 알지 못하여 단순승인하거나 단순승인으로 간주되는 경우에는 그 사실을 안 날부터 3개월 내에 특별한정승인을 할 수 있습니다(민법 제1019조 제3항).

또한 상속인이 미성년자나 피성년후견인 또는 피한정후견인 등과 같이 제한능력자인 경우에는 위 3개월의 기간은 그의 친권자 또는 후견인이 상속이 개시된 사실을 안 날부터 기산합니다(민법 제1020조).

위에서 상속인은 「상속개시 있음을 안 날」로부터 3개월 내에 단순승인이나 한정승인 또는 상속포기를 할 수 있다고 하였는데, 여기에서 「상속개시 있음을 안 날」이란 상속개시의 원인이 되는 사실, 즉 피상속인의 사망 사실을 앎으로써 자기가 상속인이 되었음을 안 날을 말하는 것으로 해석되는 것이지(대판 1984.8.23. 84스17~25), 상속재산 또는 상속채무의 존재를 알아야만 비로소 위 고려기간이 진행되는 것은 아니라고 할 것입니다. 즉 위 3개월 내의 기간이란 피상속인의 사망사실에 대한 인지 및 그로 인하여 자신이 상속인으로 되었음을 안 날로부터 기산하게 되는 것이고, 피상속인의 채무초과상태를 안 날로부터 기산하는 것이 아니라는 것입니다.

판례도 상속인으로서는 피상속인이 사망한 날에 그 사망사실과 자신들이 상속인이 되었음을 알았다고 볼 것이어서 특별한 사정이 없는 한 그로부터 3개월 내에 상속포기를 하지 않으면 부적법하게 되는 것이며, 상속채무의 존재를 안 날로부터 3개월이 경과되지 않았다고 해서 사망일부터 3개월이 경과한 후의 상속포기가 적법하게 되는 것은 아니라고 판시하여 같은 취지를 표명하고 있습니다(대판 1991.6.11. 91스1).

만약 사망 당시에는 상속채무가 상속재산을 초과하는 사실을 중대한 과실 없이 알지 못하다가 3개월이 경과된 후에 비로소 상속채무가 발견되어 상속재산을 초과하는 일이 벌어진 경우에는 상속포기는 하지 못하고 그로부터 3개월 내에 특별한정승인을 하는 수밖에 없을 것입니다(민법 제1019조 제3항).

그런데 피상속인과 장기간 연락두절된지 오래되어 사망사실을 전혀 모르고 있다가 나중에 알게 된 경우라든가, 선순위 상속인의 상속포기로 나중에서야 자신이 상속인으로 된 사실을 알게 된 경우가 있을 수 있습니다. 이러한 경우에는 그로부터 3개월 이내에 상속포기나 한정승인을 할 수 있을 것입니다.

이에 귀하께서 어렸을 때 연락두절되어 최근까지도 귀하의 부친이 사망한 사실을 전혀 몰랐다고 하므로 귀하께서는 귀하의 부친이 사망한 사실을 안 날, 즉 귀하께서 상속인으로 되었음을 안 날로부터 3개월 내에 상속포기를 할 수 있을 것으로 보입니다.

[사례 1·2·43] 채무자가 배우자와 자녀 및 손자녀를 남겨 놓고 사망한 경우에, 그 손자녀에게 채무가 상속되지 않도록 하는 방법

문 제 부친은 사업을 하다가 망해서 재산은 하나도 없고 부채만 몽땅 남겨놓은 채 최근에 사망하셨습니다. 가족들로는 제 모친 甲과 저희 형제 乙, 丙, 그리고 저희 형제의 자식들

인 丁, 戊가 있습니다. 들리는 말로는 저희 모친 甲과 저희 형제 乙, 丙이 모두 상속을 포기하게 되면, 다음 순위인 저희들 자식 丁, 戊에게 채무가 상속되어 피해가 간다고 해서 부득이 저희 모친 甲과 저희 형제 乙, 丙 중에서 한 사람은 한정승인을 하고, 나머지는 상속을 포기하고자 합니다. 이때 저희 모친 甲을 한정승인자로 하고 싶은데, 그렇게 해도 저희 형제의 자식들인 丁, 戊에게 채무가 상속되지 않고 아무 탈이 없게 되는지요?

답 통상적으로 사망자에게 채무가 많은 경우 그 상속인들이 채무를 상속받지 않으려면 선순위 상속인들이 상속을 포기하면 될 것처럼 보이지만, 이들 선순위 상속인들이 순차적으로 상속을 포기하게 되면 다음 순위의 상속인들에게 순차적으로 채무가 승계될 것이고, 이와 같이 해서 피상속인의 4촌 이내의 방계혈족까지 채무가 상속되는 것이어서, 결국 마지막 상속 순위인 피상속인의 4촌 이내의 방계혈족까지 모두 상속을 포기해야만 종국적으로 문제가 해결됩니다.

따라서 실무에서는 선순의 상속인들의 상속포기로 인하여 후순위 상속인들에게 채무가 상속되는 민폐를 끼치지 않을 목적으로 선순위의 공동상속인 중 한 명만은 한정승인을 하고 나머지는 모두 상속을 포기하는 묘수를 쓰고 있습니다.

귀하의 사례도 이와 관련된 것으로서 상속포기와 한정승인의 효력과 연관되어 있는 문제로 보이는데, 얼핏 대습상속과도 관련되는 문제일 것으로 보일 수 있지만 이 문제는 대습상속과는 무관한 문제로 보입니다. 아래에서 논점에 따라 차례대로 살펴보기로 하겠습니다.

상속개시의 원인이 되는 사망자를 피상속인이라고 하고, 피상속인의 사망으로 그의 재산을 승계받게 되는 자를 상속인이라고 하는데, 승계받게 되는 재산에는 적극재산뿐만 아니라 소극재산, 즉 채무도 포함되므로 채무를 승계받지 않기 위해서는 상속포기나 한정승인을 해야 합니다. 사망자의 상속인으로 될 자의 범위는 사망자의 직계비속들, 사망자의 직계존속들, 사망자의 형제자매들, 사망자의 4촌 이내의 방계혈족들이고, 그 순위는 위에 나열한 순서대로 상속이 이루어집니다.

여기에서 주의해야 할 점은 상속인이 될 수 있는 자와 구체적인 상속인은 상호 구별되는 개념으로서 선순위자만이 구체적인 상속인이 되는 것이고, 그 다음 순위자들은 잠정적으로 상속인이 될 수 있는 자일 뿐 선순위자들 모두가 없거나 결격자가 되어야만 구체적인 상속인이 되는 것입니다. 다만 피상속인에게 배우자가 있는 경우에는 조금 다른데, 그 배우자는 피상속인의 직계비속들이 있으면 그들과 동순위로 공동상속인이 되고, 그 직계비속들이 한 명도 없으면 피상속인의 직계존속과 동순위로 공동상속인이 되며, 그들 모두가 없을 때에 비로소 단독상속인이 됩니다.

귀하의 사례가 대습상속의 문제와 관련되어 있는지 알아보기 위해 대습상속에 관하여 살펴보기로 하겠습니다. 대습상속이란 피상속인의 사망 전에 그 직계비속 또는 형제자매가 사망하거나 결격자가 되었고, 그들에게 배우자나 자녀 또는 손자녀 등 직계비속이 있는 경우에 그 사망한 직계비속이나 형제자매가 상속받을 몫을 그들의 배우자나 직계비속이 공동으로 상속받게 되는 것을 말합니다(민법 제1001조). 다만 여기에서 피상속인의 형제자매로 인한 대습상속은 그 예가 매우 드물다고 할 수 있는데, 이는 피상속인에게 배우자 및 직계존·비속 모두가 존재하지 않거나 상속결격자가 되어 이들 선순위자들이 한 명도 존재하지 않게 됨으로써 피상속인의 형제자매가 구체적인 상속인으로 되었을 경우에만 대습상속이 이루어지게 되기 때문입니다. 그리고 위에서 본 바와 같이 대습상속이 생기게 되는 원인은 사망과 상속결격이 있는데, 여기에서 상속결격이란 상속인으로 될 자가 ① 고의로 직계존속, 피상속인, 그 배우자 또는 상속의 선순위나 동순위자를 살해하거나 살해하려고 한 경우, ② 고의로 직계존속, 피상속인과 그 배우자에게 상해치사케 한 경우, ③ 사기 또는 강박으로 피상속인의 상속에 관한 유언 또는 유언의 철회를 방해한 경우, ④ 사기 또는 강박으로 피상속인의 상속에 관한 유언을 하게 한 경우, ⑤ 피상속인의 상속에 관한 유언서를 위조·변조·파기 또는 은닉한 경우에 한하는 것이고, 상속포기는 대습상속의 원인이 되지 않기 때문에 상속을 포기한다고 해서 대습상속이 이루어지는 것은 아닙니다. 즉 상속인으로 될 자의 상속포기와 대습상속의 문제는 무관하다는 것입니다.

이에 귀하의 사례와 같이 피상속인에게 채무만 있는 상태에서 선순위 상속인들 모두의 상속포기로 인하여 순차적으로 4촌 이내의 방계혈족까지 채무가 상속되는 민폐를 끼치지 않기 위하여 선순위의 공동상속인 중 나머지는 상속을 포기하더라도 누군가 한 명은 한정승인을 하려고 할 경우에, 누가 한정승인자가 될 것이냐에 따라 이러한 목적을 달성할 수도 있고 그렇지 못한 경우도 있습니다. 이는 피상속인에게 손자녀 등 직계비속이나 조부모 등 직계존속이 존재하는 경우에 주로 문제가 됩니다. 아래에서 사안별로 살펴보도록 하겠습니다.

첫째, 상속인으로 될 자가 피상속인의 자녀들로만 구성된 경우입니다. 이 경우에는 자녀들 중 한 명만 한정승인을 하고, 나머지는 모두 상속을 포기하게 되면, 그 상속을 포기한 자의 몫은 동순위의 다른 공동상속인에게 귀속될 것이어서(민법 제1043조) 한정승인자에게 모두 상속이 이루어지게 되고, 따라서 상속포기자의 자녀(즉, 피상속인의 손자녀)에게는 채무가 승계되지 않을 것이므로 별다른 문제가 없을 것입니다.

둘째, 상속인으로 될 자가 피상속인의 배우자와 그의 자녀들 및 손자녀 이하의 직계비속으로 구성되어 있거나, 피상속인의 배우자와 그의 부모 및 조부모 이상의 직계존속으로 구성되어 있는 경우입니다. 둘 다 같은 원리가 적용되므로 이해의 편의를 위하여 전자의 피상속인의 배우자와 그의 자녀 및 손자녀로 상속인이 될 자가 구성되어 있는 경우를 예로 들어 설명하겠습니다. 이와 같은 경우에는 누가 한정승인자로 될 것이냐 하는 문제에 관하여는 조심해야 합니다.

먼저 피상속인의 자녀들 중 한 명이 한정승인을 하고, 피상속인의 배우자를 포함한 나머지 자녀들은 모두 상속을 포기한 경우입니다. 이러한 경우에는 상속포기를 한 자의 상속 몫이 한정승인자에게 넘어갈 것이어서 상속포기자의 자녀들(즉, 피상속인의 손자녀)에게 채무가 넘어가는 문제는 발생하지 않으므로 문제가 되지 않습니다.

다음으로 피상속인의 배우자가 한정승인을 하고, 피상속인의 자녀들은 모두 상속을 포기한 경우입니다. 이에 관하여 판례는 "상속을 포기한 자는 상속개시된 때부터 상속인이 아니었던 것과 같은 지위에 놓이게 되므로(대판 2006.7.4.2005마425), 피상속인의 배우자와 자녀 중 자녀 전부가 상속을 포기한 경우에는 배우자와 피상속인의 손자녀 또는 직계존속이 공동으로 상속인이 되고, 피상속인의 손자녀와 직계존속이 존재하지 않으면 배우자가 단독으로 상속인이 된다."라고 판시하고 있습니다(대판 2015.5.14. 2013다48852). 따라서 피상속인의 배우자가 한정승인을 하고, 피상속인의 자녀들이 모두 상속포기를 하는 경우에는 상속포기자의 자녀들(즉, 피상속인의 손자녀)에게 채무가 상속되는 것을 막을 수 없게 됩니다. 따라서 피상속인의 채무가 피상속인의 손자녀에게 승계되는 것을 막기 위해서는 이러한 형태의 한정승인과 상속포기의 조합은 피하는 것이 바람직할 것입니다. 다만 이와 같은 원리를 잘 알지 못하여 원래의 의도는 피상속인의 배우자에게 재산과 채무를 몽땅 몰아준다는 취지에서 피상속인의 배우자는 한정승인을 하고, 그의 자녀들은 모두 상속을 포기한 것인데, 그러한 의도와는 달리 법적으로는 상속포기자의 자녀들(즉, 피상속인의 손자녀)에게 채무가 상속되어버린 그런 불상사를 해결해 주기 위하여 대법원 판례에서는 묘수를 찾아주고 있습니다. 즉, 판례는 이러한 경우에 피상속인의 손자녀에 대해서는 아직 상속포기나 한정승인의 신청기간이 도과되지 않았다고 보아 그의 상속포기나 한정승인신청이 가능하다고 판시하고 있는 것입니다(대판 2015.5.14. 2013다48852).

이에 귀하의 사례를 살펴보건대, 선순위 상속인들인 귀하들께서 후순위 상속인들인 귀하 형제의 자녀들인 丁, 戊에 채무가 승계되지 않도록 하려는 목적을 달성하기 위해서는 귀하의 모친 甲이 한정승인자가 되면 안될 것이고, 귀하의 형제 乙, 丙 중 한 명이 한정승인을 하고, 귀하의 모친 甲과 나머지 한 명의 자녀는 상속을 포기하도록 하는 것이 해결하는 방책이 될 것입니다. 그렇게 하고 싶지 않다면 귀하의 모친 甲, 귀하의 형제 乙, 丙, 귀하 형제의 자녀들 丁, 戊 모두 동시에 상속을 포기하면 될 것이로되, 귀하들의 상속포기로 인하여 상속이 이루어지게 될 4촌 이내의 방계혈족까지의 후순위 상속인들에 대해서는 자신들이 알아서 상속포기를 하든지 한정승인을 하든지 그들에게 맡겨두는 수밖에 없을 것으로 보입니다.

[사례 1·2·44] 상속의 한정승인을 한 경우에 밟아주어야 할 후속절차

문 저의 남편은 오랜 지병 끝에 최근에 사망하였고, 재산과 부채가 비슷해서 한정승인을 하게 되었습니다. 그런데 한정승인자는 채권자들에게 남편의 재산을 나누어주는 청산절차를 밟아주어야 한다고 하는데, 아무리 변호사나 법무사를 찾아다녀 봐도 그 절차에 관하여 속 시원한 답변을 들을 수 없습니다. 이에 박사님께 한정승인 후의 절차에 대하여 자세히 문의드리고 싶습니다.

답 상속포기자와 달리 한정승인자는 한정승인을 한 후 피상속인의 채권자들을 찾아서 그의 재산을 분배해 주는 절차인 청산절차를 밟아주어야 합니다. 청산절차를 제대로 밟지 않아 채권자들에게 손해를 끼친 경우에는 손해배상책임을 부담하게 됩니다(민법 제1038조).

한정승인자는 먼저 피상속인의 채권자들을 찾기 위해 일간신문에 한정승인한 사실을 공고해야 합니다. 즉 한정승인자는 법원으로부터 한정승인심판결정서를 송달받은 다음날부터 5일 내에 일반상속채권자 및 유증받은 자에게 한정승인의 사실과 2월 이상 일정한 기간 내에 그 채권 또는 수증을 신고할 것을 공고하는 절차를 밟아주어야 합니다(민법 제1032조 제1항). 이는 상속인들이 파악하지 못한 상속채권자들로 하여금 한정승인 사실을 알려 권리행사의 기회를 주기 위함입니다.

이 공고에는 공고기간 내에 상속채권자가 신고하지 않으면 청산에서 제외된다는 내용이 기재되어야 합니다. 신문에 공고하는 방법은 그 상속지 관할 지방법원장이 선정한 신문에 2개월 이상 공고하되, 1회 이상 위 공고사항을 공고해야 하는데(비송사건절차법 제65조의2,3), 통상 일간신문에 공고하도록 되어 있습니다.[72] 공고비용은 각 신문사마다 다르지만 15만원~20만원 정도가 소요되는 것으로 보입니다. 만약 상속지 관할 지방법원장이 선정한 신문이 없는 경우에는 상속지 관할 등기소와 상속지 관할 시·군·구에 게시함으로써 신문공고에 갈음할 수 있습니다(비송사건절차법 제65조의4). 그리고 한정승인자는 신문공고와는 별도로 본인이 알고 있는 채권자와 수증자에 대하여는 각각 그 채권신고를 최고해야 합니다.

다만 이러한 한정승인 사실의 공고 및 최고를 게을리한다고 하더라도 이미 발생한 한정승인의 효력에는 아무런 영향이 없고, 또한 이와 같은 공고 및 최고를 태만히 한 채 진행된 한정승인에 따른 청산절차가 진행되어 상속채권 등의 변제가 이루어진 경우에도 그 변제는 유효하게 되며, 그 한도에서 상속채무는 소멸하게 됩니다. 그러나 한정승인자가 위 공고 및 최고를 게을리하여 어느 상속채권자나 유증받은 자에게 변제함으로써 다른 상속채권자나 유증받은 자에 대하여 변제할 수 없는 때에는 한정승인자는 자기의 고유재산으로 그 손해를 배상해야 하는 것이며, 이 경우 그 사정을 알고 변제를 받은 상속채권자나 유증받은 자도 구상채무를 부담하게 됩니다.

따라서 청산절차를 게을리한 경우의 위험부담이 그리 크지 않기 때문에 실무상 피상속인에게 청산할 재산이 전혀 없는 경우에는 이러한 공고절차를 생략하고, 아무런 조치를 취하지 않은 채 방치해두는 경우가 많습니다.

위와 같은 절차를 통하여 한정승인자가 피상속인의 채권자들을 찾는 절차를 밟은 후에는 법이 정하는 절차에 따라 위 채권자들에게 분배해 주는 절차를 밟아주어야 합니다(민법 제1033조~제1040조).

분배방법은 모든 채권자들과 협의가 이루어지면 그 협의가 우선하며 이에 따라 분배해 주면 됩니다. 다만 상속재산 중에는 부동산(저당권·가압류 등이 많이 설정되어 있어서 청산가치가 거의 없는 경우가 많음), 자동차, 동산, 채권 등 가액산정이 곤란한 경우도 많고 따라서 이를 환가해서 청산하는 방법도 만만치 않은 것입니다.

따라서 보통 한정승인자가 특정한 날을 지정해서 그 기일에 모든 채권자들을 불러 모아 놓고 상호 협의를 통하여 취득 청산 또는 가액평가 청산 등 채권자간에 분배·청산을 하는 경우가 많습니다. 이때 일부 채권자는 부동산을 갖는 대신 자신의 분배 범위를 넘는 부분에 대하여 그 대가를 내놓고 이를 다른 채권자들에게 분배하는 등 그 청산 및 분배의 방법은 채권자들간에 협의하기 나름일 것입니다.

이러한 협의가 이루어지지 않으면 결국 한정승인자가 형식적 경매 등의 절차를 통하여 피상속인의 재산을 가액으로 환산한 후 이를 각 채권자들의 변제순위와 채권액에 비례하여 공평하게 분배해 주면 됩니다. 이를 위해 한정승인자는 신고기간 만료 전에는 상속채권의 변제를 거절할 수 있고, 신고기간이 만료된 후에는 그 기간 안에 신고한 채권자와 본인이 알고 있는 채권자에 대해 각 채권액의 비율로 변제해 주어야 합니다.

상속채권자들에 대한 분배시에는 우선권이 있는 상속채권자의 권리를 해하면 안될 것입니다. 배당변제의 우선순위는 ① 유치권, 질권, 저당권 등 우선권 있는 채권자, ② 일반채권자, ③ 유증을 받은 자의 순입니다. 변제기에 이르지 않은 채권도 마찬가지로 위와 같은 순서에 따라 변제해 줘야 합니다. 그리고 채권신고기간 안에 신고하지 않았고, 한정승인자 또한 알지 못한 상속채권자와 유증을 받은 자에 대해서는 변제를 완료하고 남은 재산이 있는 경우에 한하여 변제를 받을 수 있습니다.

따라서 귀하께서는 이와 같은 한정승인 후의 청산 및 배분절차를 법이 정하는 절차에 따라 잘 밟아 주어야 할 것이며, 이에 위반함으로 인하여 채권자들에게 손해를 끼친 경우에는 손해배상책임을 부담할 수 있으므로 그 절차를 잘 숙지해서 차질이 없도록 해야 할 것입니다.

[사례 1·2·45] 한정승인결정을 받았음에도 불구하고 한정승인자의 고유재산에 강제집행이 들어온 경우의 대응방법

문 저는 부친이 사망함에 따라 가정법원에 한정승인을 신청하여 그 심판결정을 받았습니다. 그런데 부친의 채권자 중 한 사람이 제가 한정승인심판결정을 받은 사실을 몰랐던지 저를 상대방으로 해서 부친의 채무를 갚으라는 대여금 청구소송을 제기하였는데, 저는 이미 한정승인심판결정을 받아놓은 터라 무관하다고 생각하고 아무런 대응을 하지 않았더니 그 사람의 의도대로 판결이 나온 것 같습니다. 그런데 그로부터 얼마 지나지 않아 그 채권자는 제 소유의 부동산에 강제경매를 신청한 것입니다. 그래서 이 경우에 제가 어떻게 대응해야 할지 몰라 박사님께 문의드리고 싶습니다.

---

72) 한정승인에 관한 공고문은 정형적으로 신문사에서 보관하고 있을 것이므로 굳이 한정승인공고문을 작성할 필요 없이 신문사에 의뢰하면 될 것입니다. 참고로 한정승인공고의 예시문은 다음과 같습니다. 즉 "피상속인 망 ㅇㅇㅇ(123456-1234567, 20ㅇㅇ년 ㅇㅇ월 ㅇㅇ일 사망, ㅇㅇ시 ㅇㅇ구 ㅇㅇ동 ㅇㅇ-ㅇㅇ)의 법정상속인 ㅇㅇㅇ은 위 망인의 상속재산에 대하여 한정승인 하고자 ㅇㅇ가정법원 20ㅇㅇ느단ㅇㅇㅇ호로 한정승인 사건을 신청하여 20ㅇㅇ년 ㅇㅇ월 ㅇㅇ일 한정승인 심판을 받았으므로 망 ㅇㅇㅇ에 대하여 채권 또는 유증을 받으신 분은 본 공고 게재 익일로부터 2개월 이내에 그 채권 및 수증을 신고하여 주시기 바라며, 만약 위 기간 내에 신고가 없으면 청산에서 제외됩니다. 이 사실을 민법 제1032조에 의하여 공고합니다. 20ㅇㅇ년 ㅇㅇ월 ㅇㅇ일. 한정상속인 ㅇㅇㅇ. 채권신고장소 ㅇㅇ시 ㅇㅇ구 ㅇㅇ동 ㅇㅇ-ㅇㅇ".

답 귀하와 같이 상속인이 한정승인심판결정을 받았음에도 피상속인의 채권자들이 상속인들을 피고로 소송을 제기해 온 경우에는 답변서에 한정승인결정문을 첨부해서 법원에 제출하면 법원에서는 "피고는 피상속인으로부터 상속받은 재산의 범위 내에서 원고의 채권을 변제하라."는 내용으로 유책책임취지의 판결을 내리게 됩니다. 즉 위 판결이 확정되더라도 피상속인의 재산이 아닌 상속인 고유의 재산에 대해서는 집행당할 소지가 없다는 것입니다. 문제는 귀하와 같이 위 소송에서 아무런 대응을 하지 않게 되면 판사도 귀하께서 한정승인을 하였는지 여부를 알 수 없기 때문에 소제기자의 주장대로 아무런 단서 없이 판결을 내릴 수밖에 없습니다.

따라서 채권자는 위 판결을 토대로 상속인인 귀하 고유의 재산에 대해서도 강제집행을 할 수 있는 것입니다.

그러나 이 경우에도 한정승인심판결정을 받은 귀하와 같은 상속인은 구제를 받을 수 있습니다. 즉 피상속인의 채권자가 한정승인자를 상대로 상속채무의 이행을 구하는 소송에서 한정승인자가 한정승인을 하였음에도 불구하고 사실심변론종결시까지 그 사실을 주장하지 않아 아무런 유보 없는 채권자 승소의 확정판결이 선고되었고, 이를 집행권원으로 상속인의 재산에 대해 강제집행이 들어온 경우에는 한정승인자는 청구이의의 소를 통하여 구제를 받을 수 있는 것입니다(대판 2006.10.13. 2006다23138).

이에 귀하께서는 청구이의의 소의 제기 및 집행정지신청을 통하여 강제집행에 대한 정지와 그 후 청구이의의 소에 대한 승소판결에 따라 강제집행의 취소를 구할 수 있을 것으로 보입니다.

한편 귀하께서 채권자가 제기한 이행청구의 소에서 대응하여 한정승인 사실을 주장하고 그 항변이 받아들여져서 판결문에 상속재산의 범위 내에서 금전채무의 이행을 명하는 이른바 유한책임의 취지가 명시되어 있음에도 불구하고 채권자가 위 집행권원에 기해 한정승인자의 고유재산에 강제집행을 한 경우가 있는데, 이러한 경우에는 한정승인자는 제3자이의의 소를 통하여 구제를 받을 수 있고, 만약 전부명령이 들어온 경우라면 즉시항고를 통하여 구제를 받을 수 있을 것으로 보입니다(대결 2005.12.19. 2005그128).

참고로 상속인이 한정승인이 아니라 상속포기를 하였는데 채권자가 제기한 소송에서 사실심변론종결시까지 이를 주장하지 않음으로써 채권자 승소의 확정판결이 나왔고, 채권자가 이에 근거하여 상속인 고유의 재산에 강제집행을 실시한 경우에 그 상속포기자는 구제를 받을 수 있을까요? 이에 대하여 판례는 한정승인의 경우와는 달리 상속포기자는 청구이의의 소를 통하여 구제를 받을 수 없다고 판시하고 있습니다(대법원 2009.5.28. 선고 2008다79876). 다만, 예외적으로 그 확정판결에 기한 강제집행이 현저히 부당하고 상속인에게 그 집행을 수인하도록 하는 것이 정의에 반함이 명백해서 사회생활상 용인할 수 없다고 인정되는 경우(예컨대, 채권자가 채무자의 상속포기사실을 안 경우)에는 권리남용에 해당되어 상속인은 청구이의의 소를 제기하여 그 강제집행을 배제할 수 있을 것입니다(대판 2009.5.28. 2008다79876).

[사례 1·2·46] 피상속인 소유의 부동산이 있는 상태에서 한정승인을 하려고 할 경우에 취득세 부담의 위험성 고려 필요

문 사업을 하시는 제 부친이 최근에 사망하셨는데, 저당권 등이 몽땅 설정되어 있어 실질적인 가치가 하나도 없는 땅 몇 필지를 가지고 계셨고, 그밖에는 달리 재산은 없고 사업상 지게 된 빚만 몽땅 남겨 놓으셨습니다. 이에 저희 형제들 중 한 명을 제외한 나머지는 모두 상속을 포기하고, 한 명은 다음 순위의 상속인들에게 채무가 상속되지 않도록 하기 위하여 한정승인을 하고자 합니다. 한정승인자는 부친의 재산을 한도로 빚을 갚으면 되기 때문에 한정승인자에게는 별다른 피해가 돌아가지 않는다고 들었는데, 과연 그러한지 박사님께 문의드리고 싶습니다.

답 상속의 한정승인이란 상속에 의해 얻은 피상속인의 재산의 한도 내에서만 피상속인의 채무 및 유증을 변제하고, 남는 것이 재산이면 이를 상속받되, 남는 것이 채무이면 그 채무는 상속받지 않도록 하는 것을 말합니다. 상속인으로서는 피상속인의 재산과 채무를 비교해서 채무가 월등히 많으면 상속포기를 할 것이고, 재산과 채무 중 어느 것이 더 많을지 우열을 가리기 힘든 경우에는 한정승인을 하는 것이 일반적일 것이지만, 전자의 경우에도 공동상속인 모두가 상속을 포기함으로서 순차적으로 4촌 이내의 방계혈족까지 채무가 상속되는 민폐를 끼치지 않도록 위하여 공동상속인들 중 일부는 한정승인을 하는 경우가 있습니다.

따라서 한정승인의 속성상 특별한 사정이 없는 한 피상속인의 재산에 대한 청산절차를 거쳐 피상속인의 채권자들에게 배분을 해줘야 하는 번거로움을 제외하고는 한정승인자에게 큰 피해가 가지는 않습니다. 그러나 피상속인에게 부동산이 있는 경우에는 설령 그 부동산에 저장권이나 가압류 등이 몽땅 설정되어 있어서 실질적인 가치가 하나도 없을 때라도 세금과 관련해서는 조심해야 합니다. 즉 한정승인자도 유한책임만 부담한다는 것일 뿐 상속인임에는 다름이 없는 것이므로 피상속인의 재산은 일단 한정승인자에게 상속되는 것이고, 따라서 그 재산이 유체동산일 경우에는 인도만 받으면 될 것이나 그것이 부동산이나 자동차 등과 같은 등기·등록이 필요한 재산인 경우에는 상속등기나 등록절차가 이루어져야 하는 것입니다. 이때가 문제됩니다. 즉 부동산이나 자동차 등에 대하여 상속에 따른 이전등기·등록을 할 때에는 취득세 등의 세금부담이 따르게 되며, 더군다나 덩치가 큰 부동산일 경우에는 이러한 세금문제가 더욱 부담이 될 것입니다. 그리고 이러한 세금은 한정승인자 자신이 부담해야 할 납부의무에 속하는 것으로서 피상속인의 납부의무에 속하는 것이 아니어서 그 세금에 대하여도 피상속인의 재산의 한도 내에서만 납부할 의무가 있다는 주장은 받아들여지지 않을 것입니다. 판례도 "부동산취득세는 재화의 이전이라는 사실 자체를 포착해 거기에 담세력을 인정하고 부과하는 유통세의 일종으로서 부동산의 취득자가 그 부동산을 사용·수익·처분함으로써 얻어질 이익을 포착해 부과하는 것이 아니므로, 지방세법상의 '부동산취득'이란 부동산 취득자가 실질적으로 완전한 내용의 소유권을 취득하는지 여부와 관계없이 소유권이전의 형식에 의한 부동산취득의 모든 경우를 포함하는 것으로 해석된다. 한편, 민법상 이른바 특별한정승인의 경우 비록 상속채무가 상속재산을 초과한다 하더라도 상속으로 취득하게 될 재산의 한도로 상속채무에 대한 책임이 제한되는 점에서 통상의 한정승인과 다를 바 없고, 상속인이 한정승인을 할 경우 책임이 제한된 상태로 피상속인의 재산에 관한 권리·의무를 포괄적으로 승계하는 것이다."라고 판시하여 같은 취지의 태도를 보이고 있습니다(대판 2007.4.12. 2005두9491).

이에 귀하께서도 귀하의 부친께서 가지고 있는 부동산에 대해 이를 귀하 명의로 상속등기를 할 경우에 나올 수 있는 취득세 등의 세금이 얼마나 되는지를 알아본 후 한정승인을 할지 여부를 결정해야 낭패를 보지 않을 것으로 보입니다.

[사례 1·2·47] 공동상속인 중의 1명이 상속재산분할협의를 해주지 않는 경우에, 그 대응방법

문 제 부친께서 1개월 전에 돌아가시면서 상속재산으로 허름한 주택 한 채와 밭 1,100㎡를 남겨놓으셨습니다. 상속인으로는 저 甲과 남동생 乙, 丙, 제 모친 丁, 그리고 결혼한 누나 戊가 계십니다. 그런데, 근자에 어떤 매수인이 시가의 두 배를 줄 테니 이 밭을 지기에게 팔라고 하며 간청하는 것입니다. 이 밭은 모래가 많이 섞여 있어 농사에는 그리 적합하지 않았던터라, 누나 戊가 비닐하우스 농사를 지어오고 있었습니다. 저와 남동생들 그리고 모친은 기꺼이 이 밭을 파는데 동의하고, 저에게 등기서류 일체를 넘겨주기로 하였습니다. 그런데 평소 그 밭에서 비닐하우스 농사를 지어오고 있던 누나 戊만이 이에 반대하며, 상속재산분할협의도 해주지 않고 인감증명도 떼주지 않는 것입니다. 어떻게 해야 하는지요?

답 공동상속인 간에 상속재산분할협의가 이루어져 귀하들의 밭을 어느 1인이 상속받기로 한 경우에는, 상속재산분할협의서를 첨부하여 그 1인 명의로 상속등기를 신청할 수 있을 것입니다. 그런데 상속재산분할협의는 전원이 공동으로 해야 하며, 어느 1인이라도 그 협의에 참여하지 않으면 그 분할협의는 무효가 되고 맙니다.

따라서 귀하의 사안과 같이 공동상속인 중에 어느 한 사람의 반대로 상속재산분할협의가 이루어지지 않는 경우에는, 결국 상속받은 각 부동산별로 각 상속지분등기를 하는 수밖에 없으며(누나 戊의 동의 없이도 대위의 상속등기에 의해 상속등기는 가능함), 이러한 상속지분등기가 이루어진 다음에 협의가 되지 않는 상속인의 지분등기는 그대로 둔 채, 협의가 이루어진 상속인간에만 매매나 증여에 의한 이전등기의 형식으로 각 상속지분을 어느 한 사람에게 몰아주는 수밖에 없을 것입니다(다만, 상속분양수제도는 있음). 즉, 귀하의 사안에서 밭 1,100㎡의 경우에는 귀하 甲과 누나 戊가 공동으로 소유하게 되는 것입니다(누나 戊의 공유지분 2/11, 귀하 甲의 공유지분 9/11).

이에 귀하는 땅 매수인에게 위 밭의 공유지분인 9/11만 매도할 수 있고, 나머지 누나 戊의 공유지분 2/11에 대하여는 매도할 수 없게 됩니다. 문제는 땅 매수인이 이러한 형식의 밭을 사고 싶어 하지 않는다는데 있을 것입니다.

그러면 어떻게 해야 할까요? 이 경우에는 우선 누나 戊의 몫(200㎡)을 떼어내어 분할등기를 한 후, 나머지 부분을 매도해야 할 것입니다. 공유물을 분할해서 등기하는 절차는, 우선 당사자 간에 협의가 이루어지면 그 협의대로 분할등기를 신청하면 될 것이고, 이러한 협의가 이루어지지 않는 경우에는 법원에 공유물분할청구 소송을 제기하여 법원의 재판을 통해 분할한 후, 그 결과에 따라 분할등기를 하는 수밖에 없을 것입니다(민법 제268조, 제269조).

[사례 1·2·48] 북한주민의 상속회복청구권의 제척기간

문 제 가족들은 북한이 고향인데 6. 25 사변 때 저만 북한에 남겨지고, 모두 남한으로 피난가서 부산에서 정착해 살고 있습니다. 저도 최근에 탈북해서 남한으로 입국하였는데, 제 부친은 15년 전에 이미 사망하셨고, 부친이 남겨놓은 재산은 모두 남한에서 살고 있는 다른 형

제들이 상속을 받아 처리된 것 같습니다. 이와 같이 제 부친이 사망하신지 10년이 넘었는데도 제가 상속회복청구권을 청구해서 제 상속 몫을 찾을 수 있는지요?

답 민법에 의하면 상속권이 참칭상속권자로 인해 침해된 때에는 상속권자 또는 그 법정대리인이 상속회복의 소를 제기할 수 있고, 이러한 상속회복청구권은 그 침해를 안 날부터 3년 내, 상속권의 침해행위가 있은 날부터 10년 내에 청구하도록 하고 있습니다(민법 제999조).

한편 남한주민과 북한주민 사이의 가족관계와 상속·유증 등에 관한 법률관계의 안정을 도모하고자 2012년 2월 11일「남북 주민 사이의 가족관계와 상속 등에 관한 특례법」(이하 '남북가족특례법')이 제정되어 동년 5월 11일부터 시행되고 있는데, 남북가족특례법 제11조에서는 상속회복청구에 관한 특례조항을 마련하여 "① 남북이산으로 인해 피상속인인 남한주민으로부터 상속을 받지 못한 북한주민(북한주민이었던 사람 포함) 또는 그 법정대리인은 민법 제999조 제1항에 따라 상속회복청구를 할 수 있다. 이 경우 다른 공동상속인이 이미 분할, 그밖의 처분을 한 경우에는 그 상속분에 상당한 가액으로 지급할 것을 청구할 수 있다. ② 제1항의 경우에 공동상속인 중에 상당한 기간 동거·간호, 그밖의 방법으로 피상속인을 특별히 부양하거나 피상속인의 재산의 유지 또는 증가에 특별히 기여한 사람이 있을 때는 상속개시 당시의 피상속인의 재산의 가액에서 공동상속인의 협의로 정한 그 사람의 기여분을 공제한 것을 상속재산으로 보고 상속회복청구권자의 상속분을 산정한다. ③ 제2항에 따른 협의가 되지 아니하거나 협의할 수 없는 경우에는 가정법원은 제2항에 규정된 기여자의 청구에 따라 기여의 시기·방법 및 정도와 상속재산의 액, 그밖의 사정을 참작해 기여분을 정한다. ④ 제2항 및 제3항에 따른 기여분은 상속이 개시된 때의 피상속인의 재산가액에서 유증의 가액을 공제한 액을 넘지 못한다." 라고 규정하고 있는 바, 귀하의 사안은 이러한 남북가족특례법 제11조 제1항의 해석과 관련해서 민법 제999조 제2항에서 정한 "상속권의 침해행위가 있은 날부터 10년"이 경과한 경우라도 위 남북가족특례법에 따라 북한주민인 귀하께서 상속회복청구권을 행사할 수 있는지의 문제와 관련됩니다.

이에 관하여 판례는 다음과 같이 판시하고 있습니다. 이해의 편의를 위하여 판례 전문 모두를 실도록 하겠습니다. 즉 "제척기간은 권리자로 하여금 해당 권리를 신속하게 행사하도록 함으로써 법률관계를 조속히 확정시키는데 그 제도의 취지가 있는 것으로서, 소멸시효가 일정한 기간의 경과와 권리의 불행사라는 사정에 의해 권리소멸의 효과를 가져오는 것과는 달리 제척기간의 경과 자체만으로 곧 권리소멸의 효과를 가져오므로, 제척기간 진행의 기산점은 특별한 사정이 없는 한 원칙적으로 권리가 발생한 때이다(대판 1995.11.10. 94다22682·22699). 민법 제999조 제2항이 '상속회복청구권은 그 침해를 안 날부터 3년, 상속권의 침해행위가 있은 날부터 10년을 경과하면 소멸된다.'라고 규정하여 상속회복청구권의 행사에 제척기간을 둔 취지 역시 상속을 둘러싼 법률관계를 조속히 확정시키려는 것이며, 그중 10년의 장기 제척기간은 3년의 단기 제척기간과 달리 상속권 침해행위로 인해 상속회복청구권이 발생한 때부터 바로 진행한다. 남북가족특례법은 남한주민과 북한주민 사이의 가족관계와 상속 등에 관련된 사항을 규정함으로써 그들 사이의 가족관계와 상속 등에 관한 법률관계의 안정을 도모할 목적으로 제정되었다(제1조). 그에 따라 남북가족특례법은 남한주민인 아버지나 어머니의 혼인 중의 자 또는 혼인 외의 자로 출생한 북한주민이 친생자관계존재확인의 소나 인지청구의 소를 제기할 경우에 민법의 관련 규정에서 정한 제척기간에 대한 특례를 인정해서, 분단의 종료, 자유로운 왕래, 그밖의 사유로 인하여 소의 제기에 장애사유가 없어진 날부터 2년 내에 소를 제기할 수 있도록 규정하고 있다(제8조 제2항, 제9조 제2항).

한편 남북이산 후 남북가족특례법 공포일 전에 실종선고를 받은 북한주민이 실종선고의 취소심판이 확정된 경우에는 실종선고를 직접원인으로 하여 재산을 취득한 자를 상대로 그 재산의 반환을 청구할 수 있도록 하면서도, 악의인 상대방에 대한 재산의 반환범위를 기본적으로 현존이익으로 제한하고(제10조 제1항, 제2항), 북한주민이 상속회복청구를 한 경우에는 피상속인 재산의 유지·증가에 기여한 사람의 기여분을 공제한 것을 상속재산으로 보고 상속회복청구권자의 상속분을 산정하도록 규정하고 있다(제11조 제2항). 이처럼 남북가족특례법의 규정들은 남·북한주민 사이의 가족관계 및 상속 등에 관한 법률관계에 관해 특례를 인정하여, 일정한 경우에는 제척기간을 연장함으로써 북한주민의 권리를 보호하는 한편, 그 권리 행사로 인하여 남한주민 등에게 발생할 수 있는 법률관계의 불안정을 최소화함으로써, 남·북한주민 사이의 이해관계를 합리적으로 조정하고 있다. 그런데 남북가족특례법은 상속회복청구와 관련해서는, 제11조 제1항에서 남북이산으로 인하여 피상속인인 남한주민으로부터 상속을 받지 못한 북한주민(북한주민이었던 사람 포함) 또는 그 법정대리인은 민법 제999조 제1항에 따라 상속회복청구를 할 수 있다고 규정하고 있을 뿐, 친생자관계존재확인의 소나 인지청구의 소의 경우와 달리 민법 제999조 제2항에서 정한 제척기간에 관해 특례를 인정하는 규정을 두고 있지 아니하다. 상속회복청구의 경우에도 친생자관계존재확인이나 인지청구의 경우와 마찬가지로 남북 분단의 장기화·고착화로 인해 북한주민의 권리행사에 상당한 장애가 있음을 충분히 예측할 수 있음에도, 이들 법률관계를 구분하여 상속회복청구에 관해 제척기간의 특례를 인정하지 아니한 것은 입법적인 선택이라 할 것이다.

가족관계는 개인적 신분관계 및 가족공동체의 기초가 될 뿐 아니라, 사법적 및 공법적 법률관계도 가족관계를 전제로 이루어지는 경우가 많아 사회적으로도 미치는 영향이 매우 크다. 헌법 제36조가 국가로 하여금 가족생활을 유지하고 보장하도록 함으로써 가족에 관한 권리를 보호하고 있는 것도 이러한 가족관계의 중요성을 고려한 것이다. 이에 비추어 보면, 친생자관계존재확인이나 인지청구는 가족관계의 존부 내지 형성 그 자체에 영향을 미치는 사항으로서 재산에 관한 법률관계에 그치는 상속회복청구의 경우보다 보호의 필요성이 훨씬 크다고 할 수 있으므로, 남북가족특례법은 이러한 차이를 고려하여 입법에 반영한 것으로 보인다. 따라서 친생자관계존재확인이나 인지청구에 관한 특례를 이유로 들어 상속회복청구의 경우에도 반드시 동일하거나 유사한 처우를 해야 한다고 단정하기 어렵고, 또한 그러한 처우를 하지 아니한다 하여 남북가족특례법의 입법 취지에 위배된다고 할 수 없다. 법률의 해석은 해당 법 규정이 속하는 법 체계 전체의 논리적 맥락에 따라 입법 목적을 고려하여 법률에 사용된 개념과 문언의 의미를 구체화하는 것이다. 남북 분단의 장기화·고착화로 인해 민간 차원의 남북교류가 단절된 현실에서 남한주민과의 가족관계에서 배제된 북한주민을 보호할 필요가 있음을 부정할 수 없으며, 이러한 사정은 남·북한주민 사이의 가족관계와 상속 등에 관한 법률관계의 안정을 도모할 목적으로 제정된 남북가족특례법을 해석·적용할 때에 적절히 반영해야 할 것이다.

그렇지만 남·북한주민 사이의 상속과 관련된 분쟁에서 북한주민을 배려할 필요가 있더라도, 이는 민법상 상속회복청구권의 행사에 제척기간을 둔 취지나 남북가족특례법의 입법 목적 및 관련 규정들을 감안하여 해당 규정에 관한 합리적인 법률해석의 범위 내에서 이루어져야 한다. 상속의 회복은 해당 상속인들 사이뿐 아니라 그 상속재산을 전득한 제3자에게까지 영향을 미치므로, 민법에서 정한 제척기간이 상당히 지났음에도 그에 대한 예외를 인정하는 것은 법률관계의 안정을 크게 해칠 우려가 있다. 상속회복청구의 제척기간이 훨씬 지났음에도 그 특례를 인정할 경우에는 이로 인한 혼란이 발생하지 않도록 예외적으로 제척기간의 연장이 인정되는 사유 및 그 기간 등에 관해 구체적이고 명확하게 규정할 필요가 있고, 또한 법률관계의 불안정을 해소하고 여러 당사자들의 이해관계를 합리적으로 조정할 수 있는 제도의 보완이 수반되어야 할 것이며, 결국 이는 법률해석의 한계를 넘는 것으로서 입법에 의한 통일적인 처리가 필요하다. 이와 같은 상속회복청구에 관한 제척기간의 취지, 남북가족특례법의 입법 목적 및 관련 규정들의 내용, 가족관계와 재산적 법률관계의 차이, 법률해석의 한계 및 입법적 처리 필요성 등의 여러 사정을 종합해 보면, 남북가족특례법 제11조 제1항은 피상속인인 남한주민으로부터 상속을 받지 못한 북한주민의 상속회복청구에 관한 법률관계에 관해서도 민법 제999조 제2항의 제척기간이 적용됨을 전제로 한 규정이라 할 것이며, 따라서 남한주민과 마찬가지로 북한주민의 경우에도 다른 특별한 사정이 없는 한 상속권이 침해된 날부터 10년이 경과하면 민법 제999조 제2항에 따라 상속회복청구권이 소멸한다고 해석된다."라고 판시하고 있습니다(대판 2016.10.19. 2014다46648 전원합의체판결).

따라서 이러한 판례에 의할 경우 귀하께서는 비록 북한주민이고 세터민이라고 할지라도 귀하의 부친이 사망하고 그 상속인들인 귀하의 형제자매들이 상속재산을 분할해서 이전등기 등을 한지 이미 10년이 경과되었다면 법적으로는 상속회복청구권을 행사하여 귀하의 상속재산을 찾는 것은 불가할 것으로 보이고, 결국 귀하 형제들의 온정에 기대하는 수밖에 없을 것으로 보입니다.

[사례 1·2·49] 유언의 5가지 방식

문 제 할머니께서는 젊었을 때 사업을 하시면서 돈을 좀 벌어 여기저기 땅도 사놓고 예금도 많이 해놓은 것 같습니다. 요즘 들어 연로하신 할머니께서 기력이 떨어지셨는지 자신을 모시거나 평상시 가장 잘 보살펴준 자식에게 유산을 더 분배해 주고자 한다면서 유언을 하고자 하니 그 방식에 대해 알아봐 달라고 합니다. 알기로는 유언의 방식이 까다로워 잘못하면 무효로 된다고 하는데, 어떤 방식으로 유언을 해야 유언이 유효하게 될지 박사님께 문의드리고자 합니다.

답 유언이란 유언자가 생전에 단독의 의사표시로 자신의 사망과 동시에 일정한 법률효과를 발생시킬 목적으로 행하는 요식의 법률행위를 말하는데, 보통 상속재산분할, 인지, 친생부인, 후견인지정, 재단법인설립, 유증, 신탁설정 등을 목적으로 이루어집니다.

유언은 만 17세에 달한 자만 할 수 있고, 피성년후견인인 경우에는 의사능력이 회복된 때에만 유언을 할 수 있어서 의사가 심신회복의 상태를 유언서에 부기하고 서명날인을 해야 합니다. 유언은 그 특성상 유언자의 사망 후에 그 효력이 발생하는 것이고 사망한 유언자를 통해서는 그 진위 여부에 대한 입증이 불가하기 때문에 법에서 정해 놓은 엄격한 방식을 따르지 않으면 그 효력이 인정되지 않으며, 유언의 방식에 어긋난 유언은 설령 유언자의 진정한 의사에 합치된다고 하더라도 무효로 됩니다.

유언의 방식에는 자필증서에 의한 유언, 녹음에 의한 유언, 공정증서에 의한 유언, 비밀증서에 의한 유언, 구수증서에 의한 유언의 5종만 인정되며, 각 유언의 방식에서 요구되는 요건 중 어느 하나라도 빠뜨리면 무효가 됩니다.

각 유언에서 요구되는 방식은 다음과 같습니다. 즉,

첫째, 자필증서에 의한 유언입니다.

이는 유언자가 그 전문과 연월일, 주소, 성명을 자서하고, 날인해야 합니다. 반드시 자필로 기재해야 하며, 타인에게 필기시키거나 컴퓨터 사용 또는 복사본은 자필증서로 인정되지 않습니다. 연월일의 기재가 없거나 연월만 기재하고 일의 기재가 없으면 무효로 됩니다. 다만 연월일은 숫자로 기재된 날짜뿐만 아니라 가령 회갑일, 정년퇴직일 등으로 그 연월일을 특정할 수 있으면 됩니다. 주소를 기재하지 않으면 무효로 됩니다(대판 2014.10.6. 2012다29564). 다만 주소의 기재는 본문에 기재하는 방법 외에 봉투에 기재해도 되고, 반드시 주민등록상의 주소가 아니더라도 생활근거지를 기재하면 족합니다. 성명은 호나 예명을 쓰더라도 괜찮지만 누가 유언한 것인지 알 수 있어야 합니다. 유언자의 날인은 도장 외에 무인도 무관합니다. 자필증서에 의한 유언에는 증인이 필요치 않습니다.

둘째, 녹음에 의한 유언입니다.

이는 유언자가 유언의 취지, 그 성명과 연월일을 구술하고, 이에 참여한 1인 이상의 증인이 유언의 정확함과 그 성명을 구술해야 합니다.

셋째, 공정증서에 의한 유언입니다.

이는 공증인 사무실에서 하는데, 유언자가 증인 2인이 참여한 공증인의 면전에서 유언의 취지를 구수하고, 공증인이 이를 필기·낭독해 유언자와 증인이 그 정확함을 승인한 후, 각자 서명 또는 기명날인하는 방식으로 합니다.

넷째, 비밀증서에 의한 유언입니다.

이는 유언자가 필자의 성명을 기입한 증서를 엄봉·날인하고, 이를 2인 이상의 증인의 면전에 제출해 자기의 유언서인을 표시한 후, 그 봉서 표면에 제출연월일을 기재하고, 유언자와 증인이 각자 서명 또는 기명날인하는 방식으로 하며, 그 유인봉서는 표면에 기재된 날로부터 5일내에 공증인 또는 법원서기에게 제출해 그 봉인상에 확정일자인을 받아두어야 합니다. 비밀증서에 의한 유언은 그 방식에 어긋나더라도 자필증서에 의한 유언의 방식을 갖추고 있으면 자필증서에 의한 유언으로 그 효력이 인정됩니다.

다섯째, 구수증서에 의한 유언입니다.

이는 질병 기타 급박한 사유로 인하여 위 첫째~넷째 방식에 의할 수 없는 경우에 하는 것으로서, 유언자가 2인 이상의 증인의 참여로 그 1인에게 유언의 취지를 구수하고, 그 구수를 받은 자가 이를 필기·낭독해 유언자의 증인이 그 정확함을 승인한 후, 각자 서명 또는 기명날인하는 방식으로 하는데, 그 증인 또는 이해관계인은 급박한 사유가 종료한 날로부터 7일 내에 법원에 검인을 신청해야 합니다.

한편 유언자가 사망한 경우에는 이상의 각종 유언의 방식 중 검인을 받을 필요가 없는 공정증서에 의한 유언과 미리 검인을 받아 놓아야 하는 구수증서에 의한 유언을 제외하고는 모두 검인을 받아야 하므로, 유언의 증서나 녹음을 보관한 자 또는 이를 발견한 자는 유언자가 사망한 후 지체 없이 법원에 제출해서 그 검인을 청구해야 하며, 법원은 검인을 위해 봉인된 유언증서를 개봉할 때에는 유언자의 상속인, 그 대리인 기타 이해관계인을 참여시키도록 해야 합니다. 물론 법원의 검인이나 유언증서의 개봉절차는 위조 또는 변조의 방지 및 증거보전절차에 지나지 않는 것이므로 그 절차를 지키지 않았다고 해서 유언서가 무효로 되지는 않습니다.

유언은 한번 해놓았다고 해서 절대불변인 것은 아니며 유언자로서는 언제든지 다른 유언 또는 생전행위로써 유언의 전부나 일부를 철회할 수 있고, 전후의 유언이 저촉되거나 유언 후의 생전행위가 유언과 저촉되는 경우에는 그 저촉된 부분의 전 유언은 이를 철회한 것으로 보며, 유언자가 고의로 유언증서 또는 유증의 목적물을 파훼한 때는 그 파훼한 부분에 관한 유언은 이를 철회한 것으로 봅니다. 또한 유언증서가 적법하게 성립된 후 멸실되거나 분실되더라도 다른 증거방법에 의해 유언증서의 내용을 입증함으로써 유언의 효력을 주장할 수 있게 됩니다.

이상 유언의 방식 5가지에 대해 말씀드렸는바, 귀하께서는 할머니께 위 5가지의 유언의 방식에 대해 잘 설명드리고, 그중 가장 적당한 방식을 골라 유언을 하시도록 하면 될 것으로 보입니다.

[사례 1·2·50] 유류분이 침해된 경우에 상속인의 구제방법

문 제 부친은 몇 개월 전에 모친 甲과 저 乙 그리고 여동생 丙을 유족으로 남기고 사망하셨습니다. 그런데 살아생전에 저와 사이가 좋지 않았던 부친은 그의 유일한 유산인 시가 1억 4천만원 상당의 단독주택 1채를 제 여동생 丙에게 증여한다는 유언을 남기셨습니다. 저도 사업에 실패해서 형편이 좋지 않은데, 듣자 하니 유류분제도가 있다고 들었습니다. 제 형편상 일부라도 상속을 받고 싶은데, 가능한지 박사님께 문의드리고 싶습니다.

답 피상속인(사망한 사람)이 자기의 재산에 대하여 상속인들의 사정도 감안하지 않은 채 상속재산의 전부나 대부분의 재산을 특정한 상속인이나 제3자에게 증여를 하거나 유증을 할 수는 있어도 사후에 일정 부분 이를 무력화시킬 수 있는 제도가 있습니다. 즉, 민법 제1112조에서는 일정한 범위의 상속인이 피상속인의 재산의 일정한 비율을 확보할 수 있는 제도를 마련해 놓고 있는데, 이러한 제도가 유류분제도인 것입니다. 유류분제도는 민법에 규정되어 있는 상속인으로 될 자 모두에게 인정되는 것이 아니고 구체적으로 상속인이 된 자에게만 인정되는 제도입니다(선순위의 상속인이 상속을 포기하거나 상속결격자가 되지 않는 한 그 선순위자에게만 유류분권이 인정된다는 의미).

이러한 유류분권은 피상속인의 직계비속과 배우자, 직계존속, 형제자매가 구체적으로 상속인이 되었을 경우에만 인정되는데, 그 보장되는 유류분에 대해서는 피상속인의 직계비속과 배우자가 상속인으로 되었을 경우에는 법정상속분의 1/2이고, 피상속인의 직계존속과 형제자매가 상속인으로 되었을 경우에는 법정상속분의 1/3입니다. 그리고 유류분 산정의 기초가 되는 재산은 피상속인이 상속개시 시점에 가지고 있는 재산의 가액에 증여재산을 가산하고, 채무의 전액을 공제해서 산정합니다. 다만 증여재산의 가산에 대하여는, 상속인에게 증여한 재산은 기간의 제한 없이 가산하게 되고, 그 이외의 자에게 증여한 재산은 상속개시 전의 1년간에 행한 것에 한해서만 가산하게 됩니다.

따라서 귀하의 경우를 살펴보면, 상속재산을 1억 4천만원이라고 할 경우에 구체적인 법정상속분은 모친 甲 6천만원(3/7), 귀하 乙 4천만원(2/7), 여동생 丙 4천만원(2/7)이고, 다른 증여가 없다는 전제하에 귀하의 유류분은 귀하의 법정상속분인 위 4천만원의 1/2인 2천만원이 될 것이고, 따라서 2천만원을 귀하의 유류분으로서 여동생 丙에게 청구할 수 있을 것으로 사료됩니다.

참고로 유류분반환청구권은 상속의 개시와 반환해야 할 증여 또는 유증을 한 사실을 안 때로부터 1년 내, 상속이 개시된 때로부터 10년 내에 청구해야 하며, 분묘에 속한 1정보 이내의 금양임야와 600평 이내의 묘토인 농지는 제사를 주재한 자에게 그 소유권이 귀속되므로, 유류분반환청구권의 기초인 상속재산에 포함되지 않습니다.

제 2 편

임대차·상사 편

제1장 임대차 편
제1절 주택임대차
제2절 상가건물임대차
제2장 상사 편
제1절 상사일반
제2절 어음·수표·보험

제1장 임대차 편

제1절 주택임대차

[사례 2·1·1] 세입자로서 주택을 임차할 때 반드시 알아두어야 할 사항

문 저는 세입자로 살아가고 있는 처지로 기간이 만료되면 다른 집을 구해서 이사를 가야 하는 등 몇 년에 한 번씩은 집을 옮겨 다녀야 합니다. 그런데 제 보증금은 전 재산이나 다름이 없어서 자칫 떼이면 절대로 안됩니다. 그래서 박사님께 저와 같은 임차인이 주택을 임차할 때 반드시 주의해야 할 사항이 무엇인지 문의드리고 싶습니다.

답 예, 세입자로 사는 것도 서러운데 임차주택을 잘못 얻어서 평생 모아 놓은 보증금을 떼인다면 절대로 안될 것입니다. 따라서 귀하와 같은 세입자가 임차주택을 구할 때에는 여러 가지 주의할 사항이 많지만 그중 중요한 몇 가지만 아래에서 살펴보기로 하겠습니다.

① 반드시 등기부등본을 열람해 보아야 합니다.

등기부등본은 소유자와 각종 권리관계를 확인할 수 있는 수단이기 때문입니다. 또한 임차주택에 먼저 들어가 있는 세입자가 나중의 세입자보다 우선적으로 보호를 받기 때문에 누가 임차주택에 살고 있는지 여부를 파악해 보는 것도 필수입니다. 이는 읍·면·동사무소에 가서 해당 임차주택에 대한 전입세대를 파악하고 싶다면서 「주민등록 전입세대 열람신청서」를 작성해서 제출하면 열람이 가능할 것입니다.

② 미등기건물은 가급적이면 피하는 것이 좋습니다.

물론 경매시에는 미등기건물의 세입자도 보호가 되기는 할 것이지만 기간 만료로 보증금을 빼려고 할 때에는 임대인이 바로 빼주면 좋겠지만 그렇지 않다면 새로운 세입자를 구하거나 경매를 신청해서 빼가야 할 텐데 두 방법 모두 만만치 않는 작업이 될 것이기 때문입니다. 특히 미등기건물이라도 건축물대장에 올라가 있으면 이에 대한 가압류나 경매신청은 가능할 것이지만 건축물대장도 없는 경우에는 나중에 집주인이 보증금을 빼주지 않는 경우에는 경매를 통해서 보증금을 빼기도 힘들 것이므로 그 대지의 시세가 충분하지 않는 한 더더욱 피해야 할 것입니다.

③ 저당권이나 가압류가 많이 설정되어 있으면 가급적 피하는 것이 좋습니다.

이는 집주인의 채무관계가 복잡하다는 의미이기 때문입니다. 설령 담보가치가 보증금을 반환받기에 부족함이 없다고 하더라도 이는 경매까지 간 경우에 그렇다는 것이지 기간만료나 도중에 보증금을 빼서 나가고 싶을 때는 새로운 세입자가 들어오려고 하지 않을 것이므로 집주인이 보증금을 빼주지 않으면 결국 경매로까지 가야 할 것인데, 경매란 1년 이상이 걸릴 수도 있는 것이어서 보증금을 빼기는 요원할 것이기 때문입니다.

④ 임차주택의 시세와 설정된 금액을 비교해 보고 임대차계약 여부를 결정해야 합니다.

등기부등본상으로 권리가 설정된 것이 하나도 없는 집이 가장 좋을 것이지만 그런 집을 드물 것이어서 부득이 저당권 등이 설정된 집을 얻으려 할 경우에는 공인중개사 등을 통하여 주택시세를 파악한 후 그 주택시세의 70%와 이미 설정된 저당권이나 가압류된 금액의 합계를 개략적으로 비교해 본 후, 그 차액이 자기의 임차보증금을 보전하고도 충분히 남는지 여부를 확인하고 계약여부를 결정해야 할 것입니다.

⑤ 임대차계약을 체결한 후에는 반드시 주민등록과 확정일자를 받아두어야 합니다.

주민등록과 확정일자는 입주하기 전이라도 이미 계약서가 작성되어 있으면 가능하므로 미리 해두는 것이 현명합니다. 주민등록은 세입자 본인뿐 아니라 가족의 주민등록이라도 주택임대차보호법의 적용이 가능하므로 임차인 본인이 주민등록을 해놓기 어려운 처지라면 배우자나 자녀 등 가족의 주민등록이라도 반드시 해두어야 합니다. 주민등록은 반드시 등기부등본 또는 건축물관리대장상의 지번으로 해야 하고, 아파트나 연립주택 또는 다세대주택 등 공동주택은 반드시 동·호수까지 신고하도록 해야 합니다. 단독주택이나 다가구주택은 동·호수를 신고하지 않더라도 지번까지만 신고해 놓으면 보호가 됩니다. 주택의 인도와 주민등록 및 확정일자를 받아 놓으면 구태여 집주인에게 사정하여 전세권설정등기를 해놓지 않아도 될 것입니다.

⑥ 임대차기간 중에 이사갈 사정이 있다면 점유관계에 대한 증거를 남겨두는 것이 좋습니다.

즉, 임대차기기간 중에 직장이나 개인사정으로 부득이 이사가려고 할 경우에는 보증금을 다 받았으면 몰라도 그렇지 않은 경우에는 임차인의 주민등록은 그대로 남겨 두도록 해야 하고(부득이한 경우에는 가족의 주민등록만이라도 남겨 놓아야 함), 짐도 몽땅 가져가지 말고 필요 없는 물건 몇 가지는 남겨 놓도록 하는 것이 현명하며, 열쇠도 집주인에게 건네주지 않도록 해야 합니다.

⑦ 임차주택에서 2년 이상 오래 살 것이 아니라면 기간을 짧게 계약하는 것이 좋습니다.

즉, 임대차계약을 2년 미만으로 계약한 경우에도 최소 2년간이 보장되므로 임차인으로서는 특히 그 임차주택에서 오래 살 필요가 있는 경우가 아니라면 기간을 가급적 짧게 해놓는 것이 유리할 것입니다. 세입자에게는 2년 미만으로, 예컨대 1년 또는 6개월로 계약을 해놓는 경우라도 더 오래 살고 싶으면 법적으로 2년까지 살 수 있고, 짧은 계약기간대로 살다가 나가고 싶으면 그 짧은 기간이 만료되면 나갈 수 있기 때문입니다. 반면 집주인의 입장에서는 임대차기간은 무조건 2년으로 계약을 해놓는 것이 유리할 것입니다.

⑧ 기간만료 후 더 살고 싶다면 재계약하지 않고 자동갱신제도를 이용하는 것이 좋습니다.

즉, 임대차기간이 만료되었을 경우에는 자동연장되기 때문에 세입자로서는 굳이 재계약을 할 필요 없이 그대로 내버려 두는 것이 유리합니다(반면, 집주인은 계약기간을 정해서 재계약을 하는 것이 유리함). 자동연장되기 때문입니다. 이 경우에 세입자는 자기 마음대로 더 살고 싶으면 법적으로 2년까지 더 살 수 있고, 중간에 나가고 싶으면, 언제든지 나가겠다고 통지한 후 3개월이 지나면 보증금을 내어 달라고 해서 나갈 수 있습니다. 결국 집주인은 세입자의 의사에 따라 세입자가 2년 더 살고 싶다면 살게 해주어야 하고, 중간에 나가고 싶다면 통지받은 후 3개월 후에는 돈을 내어 주어야 합니다. 집주인이 자동연장 되었으니까 2년까지 더 살아라고 하든지 3개월 있다 나가라고 할 권리는 없습니다.

⑨ 계약이 자동연장되는 것을 막으려면 기간만료 1개월 전에 해지통지를 해야 합니다.

즉, 세입자가 기간만료 후 더 이상 살고 싶지 않다면 기간만료 1개월 전에 임대인에게 나가겠다고 통지해야 하고, 임대인이 세입자를 더 이상 살게 하고 싶지 않다면 기간만료 전 6월부터 1개월 사이에 세입자에게 나가라고 통지해야 합니다.[73] 그렇지 않으면 임대차기간이 자동연장되어 임대인이 세입자를 내보내려면 향후 2년까지 기다려야 할 것이로되, 세입자는 나가겠다고 통지한 후 3개월 있다가 보증금을 내어 달라고 해서 나갈 수도 있고 2년 연장을 주장해서 2년까지 더 살 수 있게 됩니다. 만약 임대인이 임대차기간 만료 전 1개월도 남지 않는 시점에서 나가라고 하면 세입자는 자동연장을 주장함으로써 기간만료 후 2년까지 더 버티며 살 수 있을 것입니다.

73) 다만 2년 미만의 기간으로 체결한 임대차계약에 있어서 기간만료로 인한 임대인의 해지통보의 경우에는 설령 임대인이 기간만료 전 1개월~6개월 사이에 해지통보를 한다고 해서 기간만료 즉시 계약이 해지되는 것이 아니고 임차인에게는 최소 2년까지 보장되는 것이므로, 이러한 임대인의 해지통보에 대하여 임차인

[사례 2·1·2] 주택임대차보호법상의 확정일자제도와 전세권설정등기의 차이점

문 저는 주택을 전세보증금 3천만원에 임차하려고 하는데, 이 경우 전세보증금을 보호받기 위한 제도로써 전세권설정등기 이외에 확정일자제도가 있다고 하는데, 이 두 가지 제도의 특성과 차이점에 관하여 알고 싶어 박사님께 문의드리고 싶습니다.

답 주택에 대한 임대차에 있어서 적용되는 전세권등기와 확정일자제도의 큰 차이점은 전세권등기는 물권적 효력을 부여하는 제도이고, 확정일자제도는 채권적 효력밖에 없는 것에 물권적 효력에 유사한 효력을 부여하는 제도라고 할 수 있을 것입니다. 즉, 전세권등기는 민법상 전세권에 관한 규정에 근거하여 그 설정순위에 따라 물권적 효력인 순위보호가 인정되는 것인데 반하여, 확정일자제도는 1989년 12월 30일 시행된 주택임대차보호법에 근거하여 사회적 약자인 세입자를 보호하기 위하여 원칙적으로 채권계약인 주택임대차에 대하여 물권적 효력을 부여하는 제도라는 점에서 근본적인 차이가 있는 것입니다.

아래에서 확정일자제도와 전세권에 관하여 구체적인 차이점을 살펴보도록 하겠습니다.

첫째, 확정일자제도에 의한 순위가 인정되기 위해서는 등기소나 공증사무소 또는 읍·면·동사무소에서 확정일자를 받는 이외에 전입신고 및 주택을 인도받아 점유할 것을 그 요건으로 함에 반하여, 전세권은 등기만 설정해두면 그것만으로 그 순위에 따라 권리가 보장됩니다. 따라서 확정일자제도는 전입신고(주민등록)만 해두었을 뿐 주택을 인도받지 못하였거나, 주택을 인도받아 점유하고 있지만 전입신고(주민등록)를 해두지 않는 경우에는 보호를 받지 못한다는 단점이 있는데 반하여, 전세권은 등기만 경료해두면 그것만으로 충분하고, 그밖에 전입신고(주민등록)나 주택을 인도받아 점유하는 요건은 필요치 않습니다.

둘째, 확정일자제도는 등기소나 공증인사무실 또는 읍·면·동사무소에서 600원의 저렴한 비용으로,[74) 75)] 또한 임대차계약서만 있으면 되므로 임대인의 동의여부와는 관계없이 신속·간편한 절차에 의해 그 요건을 갖출 수 있음에 반하여, 전세권은 임대인의 협력 없이는 등기 자체가 불가능하고, 그 절차도 다소 복잡하여 대부분 법무사의 협조를 얻는 경우가 많으며, 그 비용 또한 확정일자를 받는데 비하여 많이 소요됩니다. 또한, 전세기간 만료시에는 전세권설정등기를 말소해주어야 하는 번거로움도 있습니다.

셋째, 전세계약기간이 만료된 경우에 이사를 하고자 하지만 임대인이 보증금을 반환치 않는 경우에는, 확정일자를 받아둔 임차인은 별도로 임차보증금반환청구소송을 제기하여 승소판결을 받은 후 그 확정판결문에 기해서만 강제집행을 신청할 수 있음에 반하여, 전세권설정등기를 경료한 전세권자는 민사집행법상 담보권실행 등을 위한 경매(임의경매)규정에 근거하여 판결절차 없이도 직접 경매신청이 가능하게 됩니다.

넷째, 확정일자만 갖춘 경우에는 경매절차에서 별도로 배당요구를 해야만 배당을 받을 수 있지만, 전세권설정등기를 한 전세권자는 별도의 배당요구 없이도 그 순위에 따른 배당을 받을 수 있습니다.

다섯째, 주택임대차보호법에 의한 대항요건과 확정일자를 갖춤으로써 보호되는 확정일자제도에서는 임차주택 외에 그 대지의 환가대금으로부터도 우선배당을 받을 수 있으나, 주택(대지 불포함)에 대해서만 전세권설정등기 한 전세권자의 경우에는 대지의 환가대금으로부터는 우선배당을 받을 수 없게 됩니다.

[사례 2·1·3] 임대차계약을 하면서 확정일자도 받아 놓고 동시에 전세권등기도 해놓는 경우에, 두 제도간의 관계

문 저는 주택에 대한 임대차계약을 체결한 후 그 인도 및 주민등록에 의하여 대항요건을 갖추었고 동사무소에서 확정일자도 받아 두었는데, 그 후 임대인이 甲 은행으로부터 돈을 빌리면서 甲 은행에 근저당권을 설정해 준 것입니다. 이에 불안해서 임대인에게 부탁해서 별도로 전세권설정등기를 해놓았습니다. 이 경우 저는 임차인 겸 전세권자가 되는데, 둘 간의 관계가 어떻게 되는지 알고 싶어 박사님께 문의드리는 바입니다.

이 순순히 응한다면 몰라도 2년까지 더 살겠다고 주장하면 2년까지 보장해 주어야 할 것이어서, 임대인의 기간만료 전 1개월~6개월 사이의 해지통보에 의한 계약의 해지는 2년 이상의 기간으로 정한 임대차계약에 있어서 적용되는 것임을 유의해야 할 것입니다.

74) 특히 주택임대차계약의 경우 확정일자는 인터넷을 통하여 500원의 수수료로 24시간 동안 언제든지 온라인 확정일자를 받을 수 있는데, 대법원인터넷등기소 사이트의 '확정일자'란에 들어가서 신청하면 됩니다. '민원24시(정부24)' 인터넷 사이트에서는 전입신고만 가능할 뿐 온라인 확정일자는 받을 수 없습니다. 온라인 확정일자를 신청하게 되면 미리 스캔을 떠서 올린 임대차계약서에 확정일자가 찍혀서 출력이 되고 이에 의하여 확정일자를 인정받을 수 있습니다. 온라인 확정일자는 위와 같이 집에서도 받을 수 있는 장점이 있는 반면 공인인증서가 필요하고 주택임대차계약서를 스캔 떠서 올려야 하는 등 컴퓨터에 익숙지 않은 분들은 이용이 복잡해질 수 있고, 상가임대차의 경우에는 이용할 수 없는 문제가 있으니 감안하시기 바랍니다.

75) 확정일자는 등기소나 읍·면·동사무소 등에서 받을 수 있는데, 최근에는 각 기관간 전산망이 연결되어 있어서 동일인이 동일지번에 관하여 어느 한 기관에서 확정일자를 받은 경우에는 다른 기관에서 중복하여 확정일자를 받을 수 없게 되어 있으니 참고하시기 바랍니다.

답 귀하의 사례처럼 주택에 관하여 임대차계약을 체결하면서 대항요건 및 확정일자를 갖추어놓았으면서도 불안하기 때문에 자신의 지위를 보다 강화하기 위한 방편으로 따로 임대인에게 부탁해서 전세권설정계약서 작성 및 이에 따른 전세권설정등기를 해놓는 경우가 있습니다. 이 경우 계약자는 주택임차인으로서의 지위와 전세권자로서의 지위를 함께 가지고 있는 것이 됩니다.

그렇다면 둘 간의 관계가 문제됩니다. 그런데 주택임차인으로서 우선변제를 받을 수 있는 권리와 전세권자로서 우선변제를 받을 수 있는 권리는 그 근거규정이나 성립요건을 달리하는 별개의 것이라고 보아야 할 것이므로 임차인은 두 제도 모두에 의해 보호를 받을 수 있다고 봅니다. 판례도 임차인이 먼저 주택에 대한 임대차계약을 체결하고 대항요건 및 확정일자를 갖춘 후에, 임대인이 제3자에게 근저당권설정등기를 해주었고, 그 후에 위 임차인이 별도로 전세권설정등기를 경료한 상태에서, 위 주택에 대한 경매가 이루어진 경우에 위 주택임차인 겸 전세권자가 전세권자로서만 배당절차에 참가하여 전세금 중 일부에 대하여 우선변제를 받았다고 하더라도 나머지 변제받지 못한 임차보증금에 기한 대항력의 행사에 있어서 어떠한 장애가 있다고 볼 수 없다고 판시하고 있습니다(대판 1993.12.24. 93다39676).

한편 먼저 작성된 임대차계약서와 나중에 따로 작성된 전세권설정계약서간의 관계가 문제됩니다. 그러나 두 계약서는 계약일자가 서로 다르더라도 계약당사자와 계약목적물 및 보증금액(전세금액) 등에 비추어 동일성이 인정된다면 그 전세권설정계약서 또한 원래의 임대차계약에 관한 증서로 볼 수 있고, 전세권등기필증에 찍힌 등기관의 접수인은 등기원인계약서에 대하여 확정일자에 해당한다고 할 것이므로 설령 원래의 임대차계약서에는 확정일자가 없다고 하더라도 전세권설정계약서가 첨부된 전세권등기필증에 등기관의 접수인이 찍혀 있다면 원래의 임대차계약서에 확정일자가 있는 것으로 보아야 할 것인 바, 이는 원래의 임대차가 대지 및 건물 전부에 관한 것이고 전세권설정계약서는 사정상 건물에 관하여만 작성되고 전세권등기도 건물에 관하여만 마쳐졌다고 하더라도 전세금액이 임대차보증금액과 동일한 금액으로 기재된 이상 대지 및 건물 전부에 관한 임대차계약서에 확정일자가 있는 것으로 보아야 할 것입니다(대판 2002.11.8. 2001다51725).

요컨대, 임대차계약(임대차계약서)과 전세권(전세권설정계약서)간에 동일성이 인정된 이상 둘 간의 관계는 임차인에게 유리하게 해석해서 어떤 때에는 별개인 것으로 볼 수 있고, 어떤 때에는 한 몸이라고 볼 수 있는 것입니다.

참고로 확정일자제도와 전세권제도는 둘 다 후순위권리자보다 우선변제권이 인정된다는 점과 물권 내지 물권 유사의 권리성이 인정되어 둘 간의 우선순위는 대항요건 및 확정일자를 갖춘 시점과 전세권설정등기를 한 시점을 기준으로 정해진다는 점에서 공통적이지만, 다음과 같은 점에서 차이가 납니다. 즉 ① 확정일자제도는 주택임대차보호법에 근거한 것이고, 전세권제도는 민법 및 부동산등기법에 근거하는 것이라는 점, ② 확정일자제도는 건물만에 대한 임대차계약시에도 대지에 대한 환가배금으로부터 우선배당권이 인정되지만, 전세권제도는 집합건물의 경우를 제외하고는 건물만에 대한 전세계약만으로는 대지에 대한 환가대금으로부터 우선배당을 받을 수 없다는 점, ③ 확정일자는 읍·면·동사무소나 등기소 또는 공증인사무실에서 받을 수 있으나, 전세권은 등기소에서만 등기가 가능하다는 점, ④ 확정일자는 임대인의 동의 없이도 임차인이 일방적으로 받을 수 있지만, 전세권은 임대인의 협조가 있어야 등기가 가능하다는 점, ⑤ 확정일자제도의 경우에는 경매를 시키려면 별도로 판결 등 집행권원을 얻어 강제경매를 시켜야만 가능하지만, 전세권은 판결 등이 없이도 전세권이 등기된 등기부등본만 첨부해서 임의경매를 신청할 수 있다는 점, ⑥ 확정일자제도의 경우에는 경매절차에서 별도로 배당요구를 해야만 배당을 받을 수 있는데 반하여, 전세권제도는 별도의 배당요구가 없더라도 배당이 이루어지게 된다는 점 등에서 차이가 나게 됩니다.

이에 귀하께서는 위 두 제도의 관계에 관하여 잘 살펴보시되, 임대차계약서상에 확정일자를 받아놓고 주택의 인도 및 전입신고가 된 상태였다면 굳이 번거롭게 전세권설정등기까지 해놓을 필요는 없었을 것으로 보입니다. 그리고 귀하의 사례에서 권리보장의 우선순위 관계는 귀하의 확정일자, 甲 은행의 저당권, 귀하의 전세권의 순위로 보장이 이루어질 것입니다.

[사례 2·1·4] 주택임대차보호법상 대항력과 우선변제권 및 최우선변제권의 의미

문 저는 주택을 갖지 않은 무주택자로서 아직 경제적인 형편이 되지 못하여 앞으로도 당분간은 세입자로 살아야 할 것 같은데, 제 보증금을 보호받기 위해서는 법에 대해서 조금은 알고 있어야 될 것 같습니다. 그런데 임차주택을 알아보려고 중개사를 찾아가면 대항력이니 확정일자니 하면서 설명하는데 도대체 무슨 말인지 알아들을 수 없습니다. 이에 대항력이나 확정일자 또는 최우선변제권에 대해 알고 싶어 박사님께 문의드립니다.

답 주택을 임차하려는 임차인으로서 보증금을 떼이지 않기 위해서는 주택임대차보호법에 관하여 잘 숙지하고 있어야 합니다. 그런데 주택임대차보호법을 보면 대항력(동법 제3조 제1항)이라든가 확정일자에 의한 우선변제권(동법 제3조의2 제2항) 또는 최우선변제권(동법 제8조)이라는 개념이 있는데, 이러한 개념을 알지 못하고서는 자신의 권리가 보호를 받을 수 있는지 여부를 판단할 수 없습니다.

따라서 이 3가지의 개념이 무엇을 의미하고 어떤 때에 작용하는지를 알아둘 필요가 있습니다. 다만 이들 3가지의 개념은 임차보증금의 회수와 관련되는 것이므로 주로 민사집행법에 따른 경매나 국세징수법에 따른 공매절차에서 적용되는 문제일 것입니다.

첫째, 대항력입니다. 대항력이란 자신의 임차권을 제3자에 대한 관계에서 보호를 받을 수 있는지 여부에 관한 문제입니다. 원래 임차권이란 물권이 아니고 채권에 지나지 않는 것이므로 임차권등기를 해놓지 않는 한 제3자에 대하여 그 효력을 주장할 수 없습니다. 즉 대항력이 없다는 것입니다. 그러다 보니 임차주택이 팔리거나 임차주택에 물권이 설정된 경우에는 매수인이나 물권자에게 임차권을 주장하여 보호를 받을 수 없는 것입니다. 이에 임차인을 보호하기 위하여 제정된 주택임대차보호법에서는 주택임차인이 임차권등기를 하지 않는 경우라도 주택을 인도받고 주민등록을 해놓으면 그 임차권을 제3자에게 주장할 수 있도록 하고 있습니다.

따라서 주택임대차보호법상 대항력을 취득하기 위한 요건(이하 '대항요건')은 주택의 인도(열쇠를 건네받는 등 임차주택을 넘겨받는 것)와 전입신고(주민등록)를 해놓는 것이며, 이러한 대항요건을 갖춘 경우에는 그 다음날부터 제3자에게 임차권을 주장할 수 있는 대항력이 생기는 것입니다. 대항력의 요건은 둘 다 모두 갖추는 것을 기준으로 하므로 주택의 인도를 받고 나중에 주민등록을 한 경우에는 주민등록을 한 날의 다음날부터, 주민등록을 하루 전에 먼저 해놓은 경우에는 주택의 인도를 받은 날부터, 주민등록과 주택의 인도가 동시에 이루어진 경우에는 주민등록을 한 날의 다음날부터 대항력이 인정됩니다. 이와 같이 대항요건의 하나로서 주민등록을 요구하고 있기 때문에 주택임대차보호법의 적용을 받을 수 있는 임차인은 주민등록이 가능한 개인만 가능하고, 주민등록이 불가한 법인이나 단체 등은 법에 특별한 규정이 없는 한 원칙적으로 적용되지 않습니다.

이러한 대항력의 문제는 평상시에는 임차주택의 양수인에 대한 효력으로써 나타나고, 경매나 공매시에는 낙찰자나 배당권자와 관련해서 작용하게 됩니다. 전자의 평상시와 관련해서는 대항력을 갖춘 임차인은 임차주택의 양수인에 대하여 그 효력을 주장할 수 있게 되어 임차주택의 양수인은 임대인의 지위를 승계하는 것으로 되는 것입니다. 후자의 경매·공매시와 관련해서는 대항력을 갖춘 시점에 따라 등기부등본상의 다른 권리자보다 가장 먼저 대항력을 갖춘 경우에는 낙찰자에 대해서도 임차권을 주장할 수 있는 효력이 인정되며, 그밖의 경우에는 낙찰자에 대해서는 임차권을 주장할 수 없고 확정일자에 의한 우선변제권이나 최우선변제권과 결합해서 배당순위나 배당금액과 관련하여 작용하게 됩니다. 주의할 것은 전자의 평상시와 같은 경우에는 대항요건을 어느 시점에서 갖추었느냐에 관계없이 임차주택이 양수되기 전까지만 갖추게 되면 임차주택의 양수인에 대해서 임차권의 효력을 주장할 수 있게 되지만, 후자의 경매·공매시의 경우에는 반드시 첫 경매개시결정등기 전에 갖추어져 있어야만 낙찰자에 대한 임차권의 주장이나 확정일자에 의한 우선변제권 또는 최우선변제권의 효력이 인정된다는 점이다.

대항력은 주택임대차보호법을 관철하는 가장 중요한 개념으로서 주택임대차보호법상의 모든 권리의 필수적인 전제 요건이 될 뿐만 아니라 대항요건을 갖춘 시점도 중요해서 어느 시점까지 갖추었느냐에 따라 임차인에 대한 보호의 강도가 달라지는 것입니다. 요컨대, 임대인에 대한 관계에서는 임대차기간 중에 대항요건을 갖추면 주택임대차보호법상의 각종 권리에 대한 보호가 가능하고, 임차주택의 양수인에 대한 관계에서는 임차주택의 양도 전까지만 대항요건이 갖추어지면 대항할 수 있는 것이며, 확정일자에 의한 우선변제권이나 최우선변제권은 경매·공매절차와 관련되는 것으로서 그중 확정일자에 의한 우선변제권의 경우에는 배당요구종기까지만 대항요건과 확정일자를 갖추기만 하면 그 순위에 따라 배당받을 권리가 보장되는 반면, 최우선변제권의 경우에는 첫 경매개시결정등기 전에 대항요건을 갖추고, 그것이 배당요구종기까지 줄곧 유지되고 있어야만 보호가 이루어지는 것입니다.

둘째, 확정일자에 의한 우선변제권의 문제입니다. 원래 저당권이나 전세권 등 물권은 채권에 우선하며 같은 물권끼리는 먼저 설정된 물권이 우선하게 됩니다. 그런데 임차권은 채권에 지나지 않으므로 원칙적으로 저당권이나 전세권 등과 같은 물권에 우선할 수 없는 것입니다. 그런데 임차인을 보호하기 위하여 주택임대차보호법에서는 임차인이 대항요건을 갖추고 읍·면·동사무소나 등기소 등으로부터 임대차계약서상에 확정일자를 받아 놓으면 물권과 유사한 효력을 인정하고 있습니다. 이를 확정일자에 의한 우선변제권이라고 합니다. 확정일자에 의한 우선변제권은 그보다 후에 설정된 저당권 등 물권이나 채권에 비해서 우선적으로 변제받을 수 있는 효력을 말합니다.

따라서 이러한 확정일자에 의한 우선변제권을 가진 임차인은 경매나 공매절차에서 임차주택(대지 포함)의 환가대금으로부터 후순위권리자나 그밖의 채권자보다 우선적으로 보증금을 변제받을 수 있게 됩니다. 다만 확정일자에 의한 우선변제권은 주택의 인도와 전입신고라는 대항요건의 구비를 필수적인 전제로 하는 것이므로 대항요건이 확정일자보다 먼저 갖추어진 경우에는 확정일자를 기준으로, 대항요건이 확정일자보다 늦게 갖추어진 경우에는 대항요건을 갖춘 날짜를 기준으로 보장이 이루어지는 것입니다.

셋째, 최우선변제권의 문제입니다. 확정일자에 의한 우선변제권이 그 보다 후에 설정된 저당권 등 물권이나 채권에 비해서 우선적으로 변제받을 수 있는 효력을 말하는데 반하여, 최우선변제권은 대항력을 갖춘 시점보다 먼저 설정된 저당권 등 물권이나 가압류에 대해서도 우선해서 보증금 중 일정액을 변제받을 수 있는 권리를 말합니다. 최우선변제권도 대항요건의 구비를 필수적인 전제로 하는 것이고, 그 시점도 첫 경매개시결정등기 전에 대항력이 갖추어져 있어야 하며, 그것이 배당요구종기까지 유지되고 있어야만 보장이 이루어집니다. 다만 최우선변제권은 경매·공매시 주택매각가격의 1/2 범위 내에서만 보장이 됩니다.

[사례 2·1·5] 옥탑방이나 미등기 주택도 주택임대차보호법상의 적용대상이 되는지

문 저는 비교적 싼 가격에 나온 옥탑방을 임차하여 살고 있습니다. 그런데 건물주가 저당채무를 변제하지 못해 경매로 넘어갈 수도 있다는 소문이 돌고 있습니다. 저와 같은 옥탑방의 임차인도 주택임대차보호법상의 적용을 받아 보호가 되는지 몰라 박사님께 여쭈어보고 싶습니다.

답 주택임대차보호법은 주택의 임대차에 관하여 민법에 대한 특례를 규정함으로써 국민의 주거생활의 안정을 보장함을 목적으로 하고 있고, 주택의 전부 또는 일부의 임대차에 관하여 적용됩니다. 이와 같이 주택임대차보호법은 주거용 건물에 대한 임대차에 적용되는데, 여기에서 주거용건물인지의 여부는 공부상의 표시에 불구하고 그 실지용도에 따라서 가려져야 하고, 또한 한 건물의 비주거용 부분과 주거용부분이 함께 임대차의 목적이 되어 각기 그 용도에 따라 사용되는 경우 그 주거용부분에 관하여도 적용되느냐의 여부는 구체적인 경우에 따라 합목적적으로 결정하게 될 것입니다(대판 1987. 8.25. 87다카793).

그리고 임대차의 목적물이 주거용인 한 그것이 관할관청의 허가를 받은 건물인지, 등기를 마친 건물인지 여부를 불문하고, 그 건물이 국민의 주거생활의 용도로 사용되는 주택에 해당하는 이상 비록 그 건물에 관하여 아직 등기를 마치지 않았거나 등기가 이루어질 수 없는 사정이 있다고 하더라도 다른 특별한 규정이 없는 한 주택임대차보호법의 적용대상이 되어 그 보호를 받게 됩니다.

이에 귀하께서 임차한 방이 옥탑방이라고 하더라도, 그것이 불법건축물이어서 행정기관에 의해 철거되는 것은 별론, 건물의 형태가 실질적으로 주거용이고 이를 임차한 경우에는 주택임대차보호법이 적용됩니다. 참고로 미등기 주택의 임차인에 대해서도 대항요건 및 확정일자를 갖춘 임차인과 소액임차인에게 우선변제권을 인정한 주택임대차보호법상의 보호가 이루어지게 됩니다(대판 2007.6.21. 2004다26133).

[사례 2·1·6] 오피스텔·여관·모텔에 대한 임대차계약시 주택임대차보호법상의 적용대상이 되어 주택임차인으로서 보호를 받을 수 있는지

문 저는 직장 부근에 위치한 오피스텔의 방 한 개를 임차하여 주민등록을 하고 확정일자도 받아놓은 후 거주해 오고 있습니다. 그런데 등기부등본상 오피스텔로 되어 있고 주거로 되어 있지 않는 관계로 이와 같은 오피스텔의 임차인도 주택임대차보호법상의 적용을 받아 보호를 받을 수 있는지 걱정됩니다. 이에 박사님께 이 문제에 대해 여쭈어보고 싶습니다.

답 주택임대차보호법은 주거용 건물의 임대차에 관하여 그 임차인을 두텁게 보호하기 위해 민법에 대한 특례를 규정할 목적으로 제정된 법입니다. 즉 이 법은 원칙적으로 주거용 건물 내지 주택의 전부 또는 일부에 대한 임대차에 관하여 적용하되, 임차주택의 일부가 주거 외의 목적으로 사용되는 경우에도 적용하고 있지만, 그밖에 상가나 주거 외의 건물에 대한 임대차에 있어서는 적용대상이 되지 않습니다. 상가건물 등은 상가건물임대차보호법의 적용 영역에 속하는 것입니다.

여기에 사무용과 주거용이 겸용되고 있는 오피스텔도 이 법의 적용대상이 되어 임차인이 두터운 보호를 받게 되는지 문제됩니다. 오피스텔이란 오피스(office)와 호텔(hotel)의 합성어로 낮에는 주로 업무를 보되, 저녁에는 숙식이 가능한 공간을 만들어 호텔 분위기가 나게 설계한 형태의 건축물을 말하며, 주용도가 업무시설로서 업무공간이 50% 이상이고 주거공간이 50% 미만인 건축물을 말하고 있어 과연 이를 주거용 건물이라고 보아 주택임대차보호법의 적용대상이 되도록 할 수 있는지 애매하기 때문입니다.

판례는 "주택임대차보호법 제2조 소정의 주거용 건물이란 공부상의 표시에 불구하고 그 실지용도에 따라서 정해야 하고 또한 한 건물의 비주거용 부분과 아울러 주거용 부분이 함께 임대차의 목적이 되어 각기 그 용도에 따라 사용되는 경우 그 주거용 부분에 관하여 본 법이 적용되느냐의 여부는 구체적인 경우에 따라 합목적적으로 결정해야 하며, 더욱이 위 주택임대차보호법이 적용되려면 먼저 임대차계약 체결당시를 기준으로 하여 그 건물의 구조상 주거용 또는 그와 겸용될 정도의 건물의 형태가 실질적으로 갖추어져 있어야 한다."라고 판시하여 공부상의 표시가 아니라 실제 어느 용도로 사용하고 있느냐에 따라 정해야 한다고 하고 있습니다(대판 1986.1.21. 85다카1367, 1995.3.10. 94다52522).

같은 원리로 판례는 "소득세법상 주택에 해당하는지 여부는 건물공부상의 용도구분에 관계없이 실제 용도가 사실상 주거에 공하는 건물인가에 의하여 판단해야 하는 바, 오피스텔이 공부상 근린생활시설 등으로 신축되었으나 위 오피스텔 중 55개의 구분건물은 임차인과 그 가족들에 의해 사실상 주거로 사용되고 있었고 주민등록상 전입신고도 되어 있었던 점과 오피스텔에는 화장실(세면대, 좌변기), 씽크대, 세탁기, 에어컨, 옷장, 책상, 전기조리기구가 기본사양으로 설치되어 있었던 점 등을 고려하여, 위 오피스텔 중 사실상 주거용으로 사용된 구분건물은 소득세법상 주택에 해당한다."라고 판시하고 있습니다(대판 2010.7.22. 2008두21768). 이는 여관이나 모텔 또는 호텔에 장기투숙하기 위하여 임대차계약을 체결한 경우에도 마찬가지라고 보입니다.

이에 귀하의 사건을 보건대, 귀하께서 임대차계약을 체결할 당시의 실질을 기준으로 하여 귀하께서 임차한 오피스텔의 용도가 무엇이냐에 따라 주용도가 업무용으로 임차하여 사무실로 사용해 왔다면 주택임대차보호법의 적용대상이 되지 않을 것이지만, 원룸처럼 주용도가 주거용으로 임차하여 주거로 사용해 왔다면 주택임대차보호법의 적용대상이 되어 그 보호를 받을 수 있을 것으로 보입니다. 주의할 점은 오피스텔은 일종의 다세대건물에 해당하기 때문에 동·호수까지 정확히 주민등록이 되어 있어야만 보호가 되며, 동·호수에 대한 주민등록이 되어 있지 않으면 주택임대차보호법상 보호가 이루어지지 않게 되므로 유의하시기 바랍니다.

[사례 2-1-7] 여러 호실로 된 단독주택과 다가구 주택을 임차한 경우에 지번 외에 호수까지 주민등록을 해놓아야 보호가 되는지

문 저는 여러 방으로 구분된 다가구주택 중 한 방에 대한 임대차계약을 체결한 후, 그 지번과 호수까지 주민등록을 해놓고 살고 있는 중 제 방에 누수가 발생해서 옆방으로 이동하게 되었습니다. 이와 같은 경우에도 다시 호수를 변경하는 주민등록을 해놓아야만 주택임대차보호법상의 보호가 이루어지는지 박사님께 문의드리고 싶습니다.

답 주택임대차보호법에서는 임차권을 제3자에게 대항할 수 있는 대항요건으로서 주택의 인도와 더불어 주민등록을 들고 있는데, 이는 거래의 안전을 위하여 임대차의 존재를 제3자가 명백히 인식할 수 있게 하는 공시방법으로서 두 요건을 요구하고 있는 것입니다.

그렇다면 주민등록은 지번과 동·호수 등 어느 부분까지 해놓아야만 위 공시요건을 충족할까요? 단독주택과 같이 단일지번만 있는 경우에는 큰 문제가 없을 것이지만, 단독주택이나 다가구주택이라도 한 건물에 여러 호수가 있는 경우이거나 구조적으로 한 건물에 여러 호수가 있을 수밖에 없는 아파트나 연립주택 또는 다세대주택의 경우에는 문제가 됩니다. 이에 관하여 판례는 주민등록이 어떤 임대차를 공시하는 효력이 있는가의 여부는 일반 사회통념상 그 주민등록으로 해당 임대차 건물에 임차인이 주소 또는 거소를 가진 자로 등록되어 있는지를 인식할 수 있는가의 여부에 따라 결정된다고 하고 있습니다.

따라서 아파트나 연립주택 또는 다세대주택과 같이 구분건물로 되어 있는 경우에는 동·호수까지 주민등록을 해놓아야만 공시방법으로 인정되어 보호를 받을 수 있으며 지번만 주민등록을 해놓는 것만으로는 보호가 되지 않습니다. 구분건물로 되어 있는 오피스텔도 마찬가지로 동·호수까지 주민등록을 해놓아야 할 것입니다.

그렇다면 여러 방이 있는 단독주택이나 다가구주택은 어떨까요? 판례에 의하면 "다가구용 단독주택의 경우 건축법이나 주택건설촉진법상 이를 공동주택으로 볼 근거가 없어 단독주택으로 보아야 하는 이상 주민등록법 시행령에 따라 임차인이 위 건물의 일부나 전부를 임차하여 전입신고를 하는 경우 지번만 기재하는 것으로 충분하고, 나아가 위 건물 거주자의 편의상 구분하여 놓은 호수까지 기재할 의무나 필요가 있다고 할 수 없으며, 임차인이 실제로 위 건물의 어느 부분을 임차하여 거주하고 있는지 여부의 조사는 단독주택의 경우와 마찬가지로 위 건물에 담보권 등을 설정하려는 이해관계인의 책임하에 이루어져야 하므로, 임차인이 위 건물의 지번으로 전입신고를 한 이상 일반 사회통념상 그 주민등록으로 위 건물에 위 임차인이 주소 또는 거소를 가진 자로 등록되어 있는지를 인식할 수 있어 임대차의 공시방법으로 유효하고, 그 임차인이 위 건물 중 종전에 임차하고 있던 부분에서 다른 부분으로 옮기면서 그 옮긴 부분으로 다시 전입신고를 하였다고 하더라도 이를 달리 볼 것은 아니다."라고 판시하고 있고(대판 1998.1.23. 97다47828), 또한 "처음에 다가구용 단독주택으로 소유권보존등기가 경료된 건물의 일부를 임차한 임차인은 이를 인도받고 임차건물의 지번을 정확히 기재하여 전입신고를 하면 주택임대차보호법 소정의 대항력을 적법하게 취득하고, 나중에 다가구용 단독주택이 다세대 주택으로 변경되었다는 사정만으로 임차인이 이미 취득한 대항력을 상실하게 되는 것은 아니다."

라고 판시하고 있습니다(대판 2007.2.8. 2006다70516). 요컨대 여러 방실이 있는 단독주택이나 다가구주택에 있어서의 동·호수는 편의상 구분해놓는 것에 지나지 않는 것으로서 지번만 주민등록을 해놓으면 동·호수가 등록되어 있지 않더라도 제3자에 대한 공시로써 충분하다는 것입니다. 원룸도 구분건물이 아니라 다가구주택에 해당되므로 역시 동·호수는 필요 없고 지번만 주민등록을 해놓으면 될 것입니다(물론 원룸도 등기부등본상 구분건물로 되어 있는 경우에는 동·호수까지 주민등록 필요).

이에 귀하의 사례와 같이 단독주택이나 다가구주택에 여러 호실이 있고 그것이 독립호실로 구분되어 있다고 하더라도 임차인으로서는 자신이나 그 가족이 지번까지만 주민등록을 해놓으면 보호가 될 것입니다. 물론 동·호수까지 주민등록이 되어 있더라도 문제될 것은 없습니다. 따라서 귀하께서 중간에 다른 호실로 이사를 간다고 하더라도 굳이 동·호수를 변경하는 주민등록이전신고는 할 필요가 없다고 보입니다.

[사례 2·1·8] 부모 등 친인척의 소유 주택에 대한 임대차계약체결시에도 주택임대차보호법상 임차인으로서 보호를 받을 수 있는지

문 저는 직장 부근에 부모님의 단독주택이 있어서 다른 집을 임차하는 것보다는 부모님과 함께 살면서 아이도 부탁드릴 수 있어 부모님 집의 2층 전체를 임차하여 살고 싶습니다. 이와 같이 부모님의 집을 임차하여 임대차계약서도 작성하고 주민등록과 확정일자를 받아놓고 사는 경우에도 주택임대차보호법상 임차인으로서 보호를 받아 경매시 우선변제권이나 최우선변제권을 인정받을 수 있는지요?

답 주택임대차보호법(이하 '법')은 주거용 건물의 임대차에 관하여 민법에 대한 특례를 규정함으로써 임차인을 두텁게 보호하려는 법입니다. 이 법에 의하면 주거용 건물의 임대차는 그 등기가 없는 경우에도 임차인이 주택의 인도와 주민등록이라는 대항요건을 갖춘 때에는 제3자에 대하여 대항력이 인정되고(법 제3조 제1항), 대항요건과 임대차계약증서상의 확정일자를 갖춘 때에는 민사집행행법에 따른 경매 또는 국세징수법에 따른 공매를 할 때에 대지를 포함한 임차주택의 환가대금에서 후순위권리자나 그밖의 채권자보다 우선하여 보증금을 변제받을 수 있는 우선변제권이 인정되며(법 제3조의2 제2항), 또한 경매신청등기 전에 대항요건을 갖춘 임차인에 대해서는 보증금 중 일정액을 다른 담보물권자보다 우선하여 변제받을 수 있는 소액임차인의 최우선변제권이 인정되고 있습니다(법 제8조 제1항).

이와 같이 주택임대차보호법에서는 보호대상이 되는 임차인의 요건으로서 타인의 주택을 임차한 임차인을 규정하고 있을 뿐 그 타인이 제3자인지 부모 등 친·인척인지에 관하여는 그 요건으로 하고 있지 않습니다. 따라서 부모 등 친인척의 주택을 임차한 경우에도 주택임대차보호법상 임차인으로서 보호를 받을 수 있는 것입니다.

그러나 문제는 부모 등 친·인척과 임대차계약을 체결한 경우에는 임차인이 임대인의 재산이나 채무 상태를 속속들이 알 수 있는 관계에 있다는 것이고, 경우에 따라서는 채무초과상태에 있는 임대인과 짜고 소임임차인으로서 최우선변제권을 인정받기 위하여 소액임차인으로 가장해서 임대차계약을 체결하는 것으로 오해 내지 추정을 받을 수 있다는 점일 것입니다.

따라서 부모 등 친인척의 재산상태가 좋아서 임차주택이 절대로 경매나 공매로 넘어가지 않는다면 큰 문제가 발생하지 않을 것입니다. 또한 임대차계약을 체결한 당시 부모 등 친·인척의 재산상태가 양호하여 채무초과상태에 있지 않는 경우라면 큰 문제가 되지 않을 것입니다. 따라서 이와 같은 상태에서 임차보증금에 대한 지급내역이 은행거래사실 등으로 증명되고, 실제 거주하면서 관리비 등을 지출해왔으며, 해당 주택에 대한 임차보증금이 다른 임차인들에 비하여 과소하다는 사정 등이 존재하지 않는다면 단순히 임대인과 임차인이 친·인척 사이라는 사유만으로 경매에서 소액임차인으로 우선변제가 배척될 것으로 보이지는 않습니다(청주지법 2015.4.14. 2014고단1936).

그러나 임대차계약체결 당시 임차주택에 저당권이나 가압류 등이 설정되어 있거나, 다른 임차인이나 그밖에 채권자들이 존재하는 등 임대인이 채무초과상태에 있는 단계에서 임차한 경우가 문제될 것입니다. 이와 같은 경우에는 임차주택에 대한 경매나 공매시 소액임차인의 최우선변제권이 보장되는 임차권설정행위에 대해 사해행위취소소송이 제기될 수도 있고, 다른 채권자들에 의한 배당이의의 대상이 될 수도 있을 것입니다. 즉 판례에 의하면, 주택임대차보호법상 소액임차인의 최우선변제권은 일종의 법정담보물권을 부여한 것으로서 임대인이 채무초과상태에서 그 소유의 유일한 주택에 대하여 소액임차인의 최우선변제권이 인정되는 임차권설정행위는 사해행위취소의 대상이 된다고 할 것이어서 임대인의 채무초과상태 여부에 대한 임차인의 선의 여부에 따라 취소될 수 있을 것인데, 이때 임차인의 선의를 판단함에 있어서는 실제로 보증금이 지급되었는지, 그 보증금의 액수는 적정한지, 등기부상 다수의 권리제한관계가 있어서 임대인의 채무초과상태를 의심할 만한 사정이 있었는데도 굳이 임대차계약을 체결할 사정이 있었는지, 임대인과 친·인척관계 등 특별한 관계는 없는지 등을 종합적으로 고려하여 논리와 경험칙을 통하여 합리적으로 판단하게 된다고 판시하고 있습니다(대판 2005.5.13. 2003다50771). 또한 경매나 공매의 배당절차에서 임차인에게 배당될 것이 있고, 임대인과 임차인 사이에 부모, 부부, 형제, 삼촌·고모 또는 친구지간 등 상호 밀접한 관계에 있다는 사실이 발견된 경우에는 거의 다른 채권자들에 의하여 배당이의가 제기될 수 있을 것입니다.

따라서 귀하께서도 부모님의 재산상태가 채무초과상태에 있는지 또는 부모의 주택에 저당권이나 가압류 등 권리관계가 설정되어 있는지 여부 등을 검토하신 후 임대차계약을 체결하는 것이 현명하다고 보이며, 그렇지 않아 자칫 부모님의 집이 경매로 넘어갈 경우에는 실제로 귀하께서 부모님에게 임대차보증금을 지급한 경우라도 다른 채권자들에 의해 사해행위취소의 소가 제기되거나 배당이의의 소가 제기되어 소송에 휩쓸릴 수 있음을 감안해야 할 것입니다.

[사례 2·1·9] 중소기업의 직원용 주택 임차시 대항력 및 우선변제권 인정 여부

문 저희 회사는 중소기업체인데, 최근 회사의 자금사정이 좋아져서 직원들의 복지향상을 위해 아파트 몇 채를 임차하여 기숙사로 활용코자 합니다. 주택임대차보호법은 원칙적으로 개인에게만 적용되고 법인은 대상에서 제외된다고 하지만, 우리와 같은 중소기업체가 기숙사로 활용하기 위해 주택을 임차한 경우에는 예외적으로 대항력 및 우선변제권이 인정되어야 한다고 보는데, 현행법이 어떻게 되어 있는지 궁금합니다. 이에 이 문제에 관하여 박사님께 문의드리고자 합니다.

답 임대차에 관하여는 민법에서도 규정하고 있지만, 특히 주거용 임대차에 관하여는 특별법인 주택임대차보호법(이하 '법')이 있어서 강력한 보호가 이루어지고 있습니다. 즉 임대차는 그 등기가 없는 경우에도 주택의 인도와 주민등록을 마친 때에는 그 다음날부터 제3자에 대하여 임대차의 효력을 주장할 수 있는 대항력이 생기게 되는 것입니다(법 제3조).

대항력이 인정되면 소액임차인의 경우에는 일정한 요건하에 보증금 중 일정액을 다른 담보물권자보다 우선하여 변제받을 수 있는 최우선변제권이 인정됩니다(법 제8조). 나아가 임대차계약서에 확정일자를 받아두면 전세권과 유사한 우선변제권도 인정됩니다(법 제3조의2 제2항). 주택임대차에 있어서의 이와 같은 대항력이나 우선변제권은 상가건물임대차의 경우와는 달리 보증금이나 월차임 액수의 크기에 상관없이 모든 주거용 건물의 임대차에 대하여 적용됩니다.

그런데 종전에는 개인이 주택을 임차한 경우에만 주택임대차보호법이 적용되었고 법인의 경우에는 제외되어 있었습니다. 그러나 법인의 경우에도 무주택·저소득층에게 임대주택을 지원하는 경우나 기숙사 등과 같이 주거용 건물을 임차한 경우 또는 주택임차인이 임차보증금을 담보로 금융기관 등 법인으로부터 쉽게 전세자금을 빌릴 수 있도록 할 필요성 등 때문에 법인이 주거용 건물을 임차한 경우에도 일정한 경우에는 적용되어야 하지 않느냐의 논의가 줄곧 있어 왔습니다. 이에 2007년 8월 3일 법을 개정해서 법인이 저소득층의 무주택자에게 전세임대주택을 지원하는 경우에는 대항력 및 우선변제권이 인정되도록 하였고(2007. 11. 4. 시행), 2013년 8월 13일의 개정법에서는 중소기업 법인이 직원의 주거 지원을 위해 주택을 임차하는 경우에도 대항력을 취득할 수 있도록 하였으며, 주택임차인이 보증금반환채권을 담보로 전세자금을 빌리는 경우에 보증금반환채권을 양수한 금융기관 등에 대해서도 우선변제권을 인정받을 수 있도록 함으로써 주택임차인이 낮은 금리로 전세자금 등을 빌릴 수 있도록 하였습니다.

아래에서 세부적으로 살펴보도록 하겠습니다. 즉, 국민주택기금을 재원으로 해서 저소득층의 무주택자에게 주거생활안정을 목적으로 전세임대주택을 지원하는 법인, 즉 한국토지주택공사 또는 주택사업 목적의 지방공사가 주택을 임차한 후 지방자치단체장 또는 해당 법인이 선정한 입주자가 그 주택에 관하여 인도와 주민등록을 마친 때에는 대항력을 가지도록 하였습니다(법 제3조 제2항).

또한 중소기업에 해당하는 법인(중소기업기본법 제2조)이 그 소속 직원의 주거용으로 주택을 임차한 후 그가 선정한 직원이 해당 주택을 인도받고 주민등록을 마쳤을 때에도 역시 대항력을 가지도록 하였으며, 이때 임대차가 끝나기 전에 직원이 변경된 경우에는 그 새로운 직원이 주택을 인도받고 주민등록을 마친 다음날부터 제3자에 대하여 효력이 생기도록 하였습니다(법 제3조 제3항). 아울러 은행, 중소기업은행, 한국산업은행, 농협은행, 수협은행, 체신관서, 한국주택금융공사, 보증보험회사, 주택도시보증공사와 같은 금융기관 등이 우선변제권을 취득한 임차인의 보증금반환채권을 계약으로 양수한 경우에는 양수한 금액의 범위 내에서 우선변제권을 승계받을 수 있도록 하였습니다(법 제3조의2 제7항). 다만 위 금융기관 등의 우선변제권은 임차인이 대항력을 상실하면 행사할 수 없으며, 우선변제권을 행사할 목적으로 임차인을 대리하거나 대위하여 임대차를 해지하지 못하도록 하였습니다. 참고로 법인이 주거용 주택을 임차한 경우에 확정일자를 받은 경우에는 우선변제권은 인정되지만, 개인이 주거용 주택을 임차한 경우와는 달리, 보증금 중 일정액을 다른 담보물권자보다 우선적으로 변제받을 수 있는 소액임차인의 최우선변제권은 인정되지 않으므로 주의해야 할 것입니다.

이에 귀하의 사건을 살펴보건대, 귀하의 회사는 직원들의 주거용으로 주택을 임차한 것이기 때문에 귀하 회사가 선정한 직원이 해당 주택을 인도받고 주민등록을 마친 경우라면 그 다음날부터 대항력이 인정될 것으로 보이고, 만약 임대차계약이 끝나기 전에 직원이 바뀐 때에는 그 바뀐 직원이 주택을 인도받고 주민등록을 마친 다음날부터 대항력이 인정될 것으로 보입니다. 물론 우선변제권을 인정받기 위해서는 확정일자를 받는 것이 필수적이므로 임대차계약을 체결한 후 즉시 등기소 등에 가셔서 확정일자를 받아놓도록 해야 할 것입니다.

[사례 2-1-10] 건축물대장상 임야지번으로 된 주택에 관하여 '산'자를 빼고 주민등록을 한 경우에, 주택임대차보호법의 적용 여부

문 저는 최근 단독주택을 임차하여 주민등록을 하면서 임차주택의 실제 지번이 '전남 곡성군 곡성읍 산 55의 6'인 것을 '산'자를 빼고 '전남 곡성군 곡성읍 55의 6'으로 전입신고를 해서 주민등록을 해놓은 사실이 있습니다. 이러한 경우에도 주택임대차보호법상의 보호가 가능한지 박사님께 문의드리고 싶습니다.

답 주택임대차보호법의 적용을 받아 그 보호를 받으려면 반드시 올바른 주소로 주민등록을 해놓아야 합니다. 이 경우 주택의 인도와 더불어 대항력의 요건으로 규정하고 있는 주민등록은 거래의 안전을 위하여 임차권의 존재를 제3자가 명백히 인식할 수 있는 공시방법으로 마련된 것이라고 볼 수 있으므로 주민등록이 어떤 임대차를 공시하는 효력이 있는가의 여부는 일반 사회통념상 그 주민등록으로 해당 임대차건물에 임차인이 주소 또는 거소를 가진 자로 등록되어 있는지를 인식할 수 있는가의 여부에 따라 결정된다고 할 것입니다(대판 1999.5.25. 99다8322 판결, 1999.9.3. 99다15597, 1999.12.7. 99다44762·44779).

그리고 이때 주소지란 건물이 들어서 있는 「토지」의 번지, 즉 지번을 말하는 것으로서 「토지대장」상의 토지소재지를 기준으로 하는 것이며, 건축물대장 또는 건물등기부등본상의 주소지와 건물의 실제의 지번이 다른 경우에는 건물의 실제 지번, 즉 토지대장이나 토지등기부등본을 기준으로 주민등록을 해놓아야만 주택임대차보호법상 보호가 이루어질 수 있습니다.

따라서 임차건물의 실제 지번이 '○○시 ○○동 산 ○○의 ○'으로 되어 있음에도 불구하고, 건축물대장 및 건물등기부상으로는 실제 지번과 달리 '○○시 ○○동 ○○의 ○'으로 되어 있음을 기화로 '산'자를 빼고 'ㅇㅇ시 ㅇㅇ동 ㅇㅇ의 ㅇ'으로 주민등록을 한 경우에는 임차인이 위 임차건물 소재지에 주소를 가진 자로 등록되었다고 제3자가 인식할 수 없다고 할 것이므로 임대차의 공시방법으로 유효한 것이라고 볼 수 없고, 임차건물의 양수인이 해당 건물의 실제 지번과 등기부상 지번이 다르다는 것을 알고 있었다거나 임차인이 해당 건물의 실제 지번을 주소지로 주민등록·전입신고를 하려고 의도하였다는 등의 주관적인 사정은 위 주민등록이 임차인의 임대차에 대한 공시방법으로 유효한 것인지 여부를 판단하는데 아무런 영향이 없다고 할 것입니다(대판 2000.6.9. 2000다8069).

이에 귀하께서는 빨리 '산'자를 붙인 주소로 주민등록을 다시 해놓아야만 그 다음날부터 주택임대차보호법상의 대항력을 취득해서 그 보호를 받을 수 있을 것으로 보입니다.

[사례 2-1-11] 외국국적동포의 국내거소신고나 거소이전신고에도 주택임대차보호법상의 대항력이 인정되는지

문 저는 캐나다국 영주권을 취득한 재외국민으로서 임대차보증금 3억 3천만원에 아파트를 임차하여 확정일자를 받고, 이 아파트를 인도받은 다음 현재까지 거주하고 있으며, 그 후 캐나다 국적을 취득한 외국국적동포인 저의 아내와 딸이 이 아파트를 거소로 한 국내거소신고를 마치고, 그 무렵부터 현재까지 이 아파트에서 거주해오고 있습니다. 이와 같이 외국국적동포인 저의 아내와 딸의 국내거소신고도 주택임대차보호법상 대항력의 요건인 주민등록으로 볼 수 있는지 박사님께 문의드리고 싶습니다.

답 우선 외국국적동포의 국내거소신고나 거소이전신고는 주택임대차보호법상 대항요건으로 규정된 주민등록과 동등한 법적 효과가 인정된다고 보아야 할 것입니다(대판 2016.10.13. 2014다218030·218047). 그 근거에 관하여 차례대로 살펴보기로 하겠습니다.

첫째, 출입국관리법에서는 외국인은 입국한 날부터 90일을 초과하여 대한민국에 체류하는 경우 그 입국한 날부터 90일 이내에 체류지를 관할하는 출입국관리사무소장 등에게 국내체류지 등의 외국인등록을 해야 하고, 체류지를 변경한 때에는 14일 이내에 변경신고를 해야 하며, 이와 같은 외국인등록과 체류지 변경신고는 주민등록과 전입신고를 갈음한다고 규정하고 있습니다(출입국관리법 제88조의2 제2항). 또한 「재외동포의 출입국과 법적 지위에 관한 법률」(이하 '재외동포법')에서는 재외국민에 관하여 대한민국의 국민으로서 외국의 영주권을 취득한 자 또는 영주할 목적으로 외국에 거주하고 있는 자를 의미한다고 하고 있고, 외국국적동포에 관하여는 대한민국의 국적을 보유하였던 자 또는 그 직계비속으로서 외국국적을 취득한 자 중 대통령령이 정하는 자를 의미한다고 하고 있으며, 재외동포체류자격으로 입국한 외국국적동포가 국내에 거소를 정하여 국내거소신고 및 거소이전신고를 하면 출입국관리법에 따른 외국인등록과 체류지 변경신고를 한 것으로 본다고 규정하고 있습니다(재외동포법 제10조).

이와 같이 출입국관리법과 재외동포법이 외국국적동포가 국내거소신고와 거소이전신고를 하면 주민등록법에 의한 주민등록 및 전입신고를 한 것으로 간주하는 것은, 외국국적동포는 주민등록법에 의한 주민등록을 할 수 없는 대신 국내거소신고와 거소이전신고를 하면 주민등록을 한 것과 동등한 법적 보호를 해주고자 하는데 그 취지가 있고, 이는 특히 주택임대차보호법에 의하여 주택의 인도와 주민등록을 마친 임차인에게 인정되는 대항력 등의 효과를 부여하는데서 직접적인 실효성을 발휘하게 된다고 할 것입니다.

둘째, 거래의 안전을 위하여 임대차의 존재를 제3자가 인식할 수 있게 하는 공시방법으로서는, 출입국관리법에 의한 외국인등록 및 체류지 변경신고와 재외동포법에 의한 국내거소신고 및 거소이전신고는 주민등록법에 의한 주민등록에 비하여 그 효과가 제한적입니다. 그러나 주민등록의 경우에도 열람이나 등·초본의 교부가 본인이나 세대원 또는 정당한 이해관계가 있는 자 등에게만 허용되어 그 공시기능은 부동산등기와 같은 정도에 미치지 못하는 한계가 있어, 외국인등록 등과 비교한 공시효과의 차이는 상대적인데 그치게 됩니다.

한편 주택임대차보호법은 주택임대차계약에 대한 확정일자 부여기관에 확정일자 부여일, 차임 및 보증금, 임대차기간 등을 기재한 확정일자부를 작성할 의무를 지우고, 주택의 임대차에 이해관계가 있는 자는 확정일자 부여기관에 위와 같은 임대차 정보의 제공을 요청할 수 있도록 하는 확정일자 부여 및 임대차 정보제공제도를 신설하면서, 외국인(외국국적동포 포함)도 확정일자 부여를 받을 수 있는 대상자에 포함시켰습니다(주택임대차보호법 제3조의6). 이는 주민등록과 외국인등록부 등의 제한된 공시기능을 보강하고자 한 것이고, 이로써 확정일자부에 의한 임대차계약 공시의 효과는 내국인과 외국인 사이에 차이가 없게 되었다고 할 것입니다.

셋째, 이와 같은 점들을 고려하면, 외국인 또는 외국국적동포가 출입국관리법이나 재외동포법에 따라서 한 외국인등록이나 체류지변경신고 또는 국내거소신고나 거소이전신고에 대하여는, 주택임대차보호법 제3조 제1항에서 주택임대차의 대항력 취득 요건으로 규정하고 있는 주민등록과 동일한 법적 효과가 인정된다고 보아야 할 것입니다. 이는 외국인등록이나 국내거소신고 등이 주민등록과 비교하여 그 공시기능이 미약하다고 하여 달리 볼 수 없을 것입니다.

그리고 주택임대차보호법 제3조 제1항에 의한 대항력 취득의 요건인 주민등록은 임차인 본인뿐만 아니라 그 배우자나 자녀 등 가족의 주민등록도 포함되고(대판 1996.1.26. 95다30338), 이러한 법리는 재외동포법에 의한 재외국민이 임차인인 경우에도 마찬가지로 적용된다고 보아야 할 것입니다. 재외국민이 임대차계약을 체결하고 동거가족인 외국인 또는 외국국적동포가 외국인등록이나 국내거소신고 등을 한 경우와 재외국민의 동거가족인 외국인 또는 외국국적동포가 스스로 임대차계약을 체결하고 외국인등록이나 국내거소신고 등을 한 경우와 사이에 법적 보호의 차이를 둘 이유가 없기 때문입니다(대판 2016. 10.13. 2014다218030·218047).

이에 귀하의 사건을 보건대, 재외국민인 귀하의 동거가족으로서 외국국적동포인 배우자 및 딸이 재외동포법에 따라 이 아파트를 거소로 하여 한 국내거소신고는 주택임대차보호법상 대항력의 요건인 주민등록과 동일한 법적 효과가 인정된다고 보아야 할 것이며, 따라서 이 아파트를 인도받은 귀하께서는 동거가족인 배우자 및 딸의 국내거소신고로써 이 아파트에 대하여 주택임대차보호법 제3조 제1항에서 정한 대항력을 취득하였다고 할 것입니다.

[사례 2·1·12] 아파트의 수분양자와 임대차계약을 체결하고 대항력을 갖춘 후 분양계약이 해제된 경우에도 제3자에 대한 임차권 주장이 가능한지

문 저는 아파트를 분양받은 수분양자와 임대차계약을 체결한 후 그에게 임대차보증금을 지급하고 주택을 인도받아 주민등록까지 마친 상태인데, 그 수분양자가 분양계약상의 의무를 다하지 못하여 분양계약이 해제되고 말았습니다. 이 경우에 저는 주택임대차보호법상의 대항력을 아파트소유자인 분양자에 대하여 대항할 수 있는지 박사님께 문의드리고 싶습니다.

답 주택의 임대차는 그 등기가 없는 경우에도 임차인이 주택의 인도와 주민등록을 마친 때에는 그 다음날부터 제3자에 대하여 효력이 생기게 됩니다(주택임대차보호법 제3조 제1항). 그런데 이때 임대인은 반드시 등기부상의 소유자이어야 하는지 문제됩니다. 이에 관하여 판례는 주택임대차보호법이 적용되는 임대차로서는 반드시 임차인과 주택의 소유자인 임대인 사이에 임대차계약이 체결된 경우에 한정된다고 할 수는 없고, 나아가 주택의 소유자는 아니지만 주택에 관하여 적법하게 임대차계약을 체결할 수 있는 권한을 가진 임대인과 사이에 임대차계약이 체결된 경우도 포함된다고 판시하고 있습니다

(대판 1995.10.12. 95다22283, 2008.4.10. 2007다38908).

따라서 매매계약의 이행으로 매매목적물을 인도받은 매수인은 그 물건을 사용·수익할 수 있는 지위에서 그 물건을 타인에게 적법하게 임대할 수 있으며, 이러한 지위에 있는 매수인으로부터 매매계약이 해제되기 전에 매매목적물인 주택을 임차받아 주택의 인도와 주민등록을 마침으로써 주택임대차보호법상의 대항요건을 갖춘 임차인은 계약해제로 인하여 권리를 침해받지 않는 제3자에 해당하므로 임대인의 임대권원의 바탕이 되는 계약의 해제에도 불구하고 자신의 임차권을 새로운 소유자에게 대항할 수 있습니다(대판 2003.8.22. 2003다12717). 마찬가지로 아파트 수분양자가 분양자로부터 열쇠를 교부받아 임차인을 입주케 하고 임차인이 주택임대차보호법상 대항력을 갖춘 후, 수분양자가 분양계약상 아파트 입주를 위하여 요구되는 의무를 다하지 못하여 분양계약이 해제되어 수분양자가 주택의 소유권을 취득하지 못한 경우라도 임차인은 아파트소유자인 분양자에 대하여 임차권으로 대항할 수 있다고 할 것입니다(대판 2008.4.10. 2007다38908, 2008.4.10. 2007다38908, 2009.1.30. 2008다65617).

이에 귀하께서는 아파트의 분양자로부터 그 지위를 양수받은 수분양자와 임대차계약을 체결하였다고 할지라도 그에게 임차보증금을 교부하고 위 주택을 인도받아 주민등록까지 마쳤다면 아파트 분양자를 포함한 제3자에 대하여도 대항력을 취득하였다고 볼 것입니다.

[사례 2·1·13] 신탁등기된 건물에 대한 임대차계약체결시 주의할 점

문 저는 신탁등기된 아파트에 관하여 임대차계약을 체결하고자 합니다. 그런데 분양회사에서는 신탁회사의 동의를 받았다고 하면서 자기 회사와 직접 계약을 체결해도 주택임대차보호법상 보호를 받을 수 있으니 임대차계약을 체결하자고 합니다. 이에 과연 분양회사의 말이 맞는지 박사님께 문의드리고자 합니다.

답 신탁이란 위탁자와 수탁자간의 신임관계에 기하여 위탁자가 수탁자에게 특정의 재산을 이전하거나 담보권설정 또는 그밖의 처분을 하고, 수탁자로 하여금 수익자의 이익 또는 특정의 목적을 위하여 그 재산의 관리·처분·운용·개발, 그밖에 신탁목적의 달성을 위하여 필요한 행위를 하게 하는 것을 말합니다(신탁법 제2조).

따라서 부동산을 신탁하여 수탁자 앞으로 소유권이전등기가 이루어진 후에는 그 소유권이 대·내외적으로 수탁자에게 완전히 이전되고, 이와 같은 신탁의 효력으로서 신탁재산의 소유권이 수탁자에게 이전되는 결과, 수탁자는 대·내외적으로 신탁재산에 대한 관리처분권을 갖는 것이고, 다만 수탁자는 신탁의 목적 범위 내에서 신탁계약에 정해진 바에 따라 신탁재산을 관리해야 하는 제한을 부담할 뿐입니다(대판 1994.10.14. 93다62119, 2002.4.12. 2000다70460). 신탁등기를 확인하는 방법은 등기부등본을 떼어보면, 그 갑구란에 등기원인이 '신탁'으로 되어 있고, 소유권자로서 수탁자인 신탁회사가 기재되어 있는 것으로 확인할 수 있습니다. 신탁등기시에는 등기신청서에 첨부된 신탁계약서 등을 토대로 등기관이 신탁원부를 작성하는데, 이러한 신탁원부는 등기의 일부가 되므로(부동산등기법 제81조 제1항, 제3항), 신탁원부에 기재된 신탁재산에 관한 관리·처분·운용·개발, 그밖에 신탁 목적의 달성을 위하여 필요한 방법 등은 그 기재된 대로 효력이 발생하게 됩니다. 신탁원부는 관할 등기소에 직접 방문해야만 그 열람이나 복사가 가능합니다.

이와 같이 신탁등기가 된 주택에 대해서는 신탁원부가 포함된 등기부등본을 떼어보고, 신탁원부에 기재된 내용을 잘 살펴보신 후, 등기부등본상 수탁자로 되어 있는 신탁회사 등과 임대차계약을 체결해야만 주택임대차보호법상의 보호를 받을 수 있는 것이어서, 위탁자인 건설회사 등과 임대차계약을 체결하게 되면 대항력과 확정일자를 갖추어놓더라도 그 보호가 이루어지지 않습니다. 실무상 시공사인 건설회사가 아파트에 대한 부동산신탁을 해놓고도 임의로 아파트에 대한 임대차계약을 직접 체결하는 경우가 많아 선의의 피해를 입게 되는 임차인이 발생한 사례가 많습니다. 물론 신탁등기가 이루어지기 전의 주택소유자인 위탁자와 주택에 관한 임대차계약을 체결하고 대항력을 갖춘 후에 신탁등기가 이루어진 경우에 있어서는 수탁자가 위탁자의 임대인으로서의 지위를 승계하게 되는데, 이는 신탁등기가 채권담보의 목적으로 이루어진 이른바 담보신탁이라거나 신탁등기 후에도 실질적으로 위탁자가 임차인에 대한 임대차계약 관련 업무를 수행하고 있다고 해서 달리 볼 것은 아닙니다(판 2002.4.12. 2000다70460).

그런데 한편 신탁원부도 등기기록의 일부에 해당되어 제3자에 대해서도 효력이 인정되므로 신탁원부상 임대차계약의 체결방법에 관하여 "신탁계약체결 후 신규 임대차계약은 수탁자(또는 수탁자 및 우선수익자)의 승낙을 조건으로 신탁자가 그 명의로 체결하되, 임차보증금은 수탁자에게 지급해야 한다."라는 조항이 포함되어 있는 경우에는 그 기재된 바에 의하여 효력이 발생하는 것이므로, 이와 같은 경우에는 수탁자 또는 수탁자 및 우선수익자의 동의서를 첨부하여 위탁자와 그 명의로 임대차계약을 체결하여도 주택임대차보호상 보호를 받을 수 있다고 보입니다. 주의할 점은 수탁자 또는 수탁자 및 우선수익자의 동의서가 첨부되었다고 해서 무조건 보호가 되는 것이 아니라 신탁원부상에 그 동의서를 첨부하면 위탁자와 계약을 체결할 수 있다는 조항이 들어가 있어야만 보호가 된다는 점입니다.

이에 귀하께서는 가급적 수탁자인 신탁회사와 계약을 체결하는 것이 안전할 것으로 보이지만, 신탁원부를 열람해 보고 그 신탁원부상에 수탁자 또는 수탁자 및 우선수익자의 승낙을 조건으로 신탁자와 계약을 체결하는 것도 가능하게 되어 있다면 그 수탁자 또는 수탁자 및 우선수익자의 승낙서를 첨부하여 위탁자인 건설회사와 계약을 체결하는 것도 가능할 것이로되, 신탁원부상 임차보증금에 대해서는 이를 수탁자에게 지급하도록 되어 있다면 임차보증금은 위탁자가 아니라 수탁자인 신탁회사의 계좌에 입금되어야 그 보호를 받을 수 있을 것입니다.

참고로 신탁원부상으로 우선수익자가 기재되어 있는 경우에는 그 우선수익자의 우선수익금에 대해서는 선순위로 근저당권이 설정되어 있다고 보고 그러한 선순의의 저당권이 설정되어 있는 주택에 임차인으로 들어간다고 생각하고 권리관계를 따져 임대차계약을 체결해야 할 것입니다.

[사례 2·1·14] 주택에 대한 전대차시 대항력의 취득 또는 유지의 요건

문 저는 최근에 甲소유의 아파트에 대하여 임차보증금 5천만원, 기간 2년으로 하는 임대차계약을 체결하였습니다. 그런데 갑자기 입주하지 못할 사정이 생겨서 甲에게 임차보증금을 빼어 달라고 하였더니, 자기도 현재 가진 돈이 없어 임차보증금을 내어 줄 수는 없고, 대신 전대차에 대하여 동의해 줄 테니 내놓고 나가라는 것입니다. 그래서 전대차에 대하여 몇 가지 문의드리고 싶습니다. 즉, 전대차의 경우에, ① 저는 주민등록을 해놓지 않고, 저와 계약한 전차인만이 주민등록을 해놓으면 주택임대차보호법상 대항력을 인정받을 수 있는지 여부와, ② 저만 주민등록을 해놓고, 전차인은 주민등록을 해놓지 않은 경우에도 주택임대차보호법상 대항력이 인정되는지 여부에 대하여 알고 싶습니다.

답 주택의 전대차와 관련된 판례를 살펴보면, "주택임차인이 임차주택을 직접 점유하여 거주하지 않고 간접점유하여 자신의 주민등록을 이전하지 않는 경우라도, 임대인의 승낙을 받아 임차주택을 전대하고 그 전차인이 주택을 인도받아 전차인의 주민등록을 마친 때에는 그때로부터 임차인은 제3자에 대하여 대항력을 가진다."라는 취지의 판례가 있습니다(대결 1995.6.5. 94마2134).

따라서 귀하가 첫 번째로 문의한 사안과 같이, 귀하의 주민등록을 옮겨 놓을 수 없는 사정이 있는 경우에는 전차인만 주민등록을 해놓고 주택을 인도받아 점유하고 있어도 주택임대차보호법상 대항력을 인정받을 수 있을 것으로 보입니다.

또 다른 판례를 보면, “대항력을 갖춘 임차인이 임대인의 동의를 얻어 적법하게 전대한 경우에 있어서, 전차인이 임차인의 주민등록퇴거일로부터 주민등록법상의 전입신고 기간 내에 전입신고를 하고 주택을 인도받아 점유를 계속하고 있으면, 임차인의 점유와 주민등록이 변경되었다 하더라도 임차인의 대항력은 소멸되지 않는다.”라는 취지의 판례가 있고, 또한 “대항력은 임차인이 간접점유하는 경우에도 인정되지만, 해당 주택에 실제로 거주하지 않는 간접점유자인 임차인의 주민등록은 적법한 주민등록이 아니며 따라서 임차인 자신의 주민등록만으로는 대항력의 요건을 갖출 수 없고, 해당 주택에 실제로 거주하는 직접점유자(전차인 등)가 주민등록을 마친 경우에 비로소 임차인이 대항력을 취득한다.”라는 취지의 판례도 있습니다(대판 2001.1.19. 2000다55645).

따라서 귀하가 질의한 두 번째의 문제에 대하여 살펴보면, 위 임차주택에 귀하의 주민등록은 그대로 둔 채 이사를 가고, 전차인은 자신의 주민등록을 이 주택에 옮겨놓지 않는 상태로 이사를 와서 사는 경우에는 주택임대차보호법상의 보호를 받을 수 없을 것으로 사료됩니다.

참고로 소액전차권자(전대인 및 전차인 모두 소액임차인인 경우)에게도 주택임대차보호법 제8조에 의한 최우선변제권이 있는 임차권자로서 경매대금으로부터 일정 부분을 보장받을 수 있느냐가 문제되는데, 전차인은 임대인(목적물 소유자)에 대하여 직접 임차보증금의 반환을 청구할 권리가 없기 때문에 해석론상으로는 불가능하다고 보지만, 대법원예규 재민 84-10(주택임대차보호법 제8조에 관한 질의회답)에 의하면, 소액전차인에게도 최우선변제권이 인정되어야 한다는 취지의 적극설을 지지하는 것으로 질의해석하고 있고, 실무상으로도 법원에서는 배당을 해주고 있는 것 같습니다.

이에 귀하의 사건을 보건대, 귀하의 사례와 같이 임차인이 임대인의 동의를 받아 전대차한 경우에 있어서 대항력을 인정받으려면 귀하와 같은 임차인 겸 전대인의 주민등록만으로는 인정이 될 수 없고, 반드시 직접점유자인 전차인의 주민등록이 필수적인 요건이 된다고 할 것입니다.

[사례 2·1·15] 주택의 임대차기간과 계약의 자동갱신제도

문 저는 몇 년 전에 아파트 한 채를 분양받아 세를 내놓고 있는데, 기간 개념을 이해하지 못해 곤란을 겪는 경우가 많습니다. 임대차기간이 남았는데도 세입자가 집을 나갈테니 보증금을 빼달라고 하면 빼주어야 하는지, 임대차기간 만료 즈음에 세입자가 마음에 들지 않아 내보내고 싶은데 언제까지 해지통보를 해야 하는지 모를 때가 많습니다. 이에 주택의 임대차기간과 자동갱신제도에 관하여 박사님께 문의드리고자 합니다.

답 일반적으로 민법상 건물이나 토지 등의 임대차기간은 임대차계약시 임차인과 임대인 사이에 정하기 나름이고, 그 정해진 기간의 만료로 임대차가 해지됩니다. 기간이 만료된 후에도 자동갱신에 이르지 않는 상당한 기간 내에 임대인이나 임차인이 계약의 해지를 통고하면 임대차가 종료될 것입니다. 그러나 임대차기간이 만료된 후 임차인이 임차물에 대한 사용·수익을 계속하는데도 임대인이 상당한 기간 내에 이의를 제기하지 않으면 자동갱신이 이루어집니다. 이 경우에는 기간의 약정이 없는 임대차로 되어 임차인이나 임대인은 언제든지 해지의 통고를 해서 계약을 종료시킬 수 있고, 이때 임차인이 통고한 경우에는 1개월, 임대인이 통고한 경우에는 6개월이 경과되면 계약이 해지됩니다(민법 제635조). 이러한 원리는 주택이라도 전입신고(주민등록)를 해놓지 않는 등으로 주택임대차보호법상의 대항요건을 갖추지 못한 경우에 마찬가지로 적용됩니다.

그러나 주택의 인도 및 전입신고로 주택임대차보호법이 적용되는 주택의 임대차에 있어서는 임차인에게 강력한 보호가 이루어집니다. 즉 임대차기간을 2년 이상으로 정한 경우에는 그 기간에 의할 것이지만, 2년 미만의 단기로 정한 경우에는, 임차인이 굳이 그 단기를 주장해서 기간만료 1개월 전까지 해지통고를 하지 않는 한, 2년까지 보장되는 것입니다. 여기에서 2년 보장이란 처음 계약시부터 2년간 보장이라는 의미이지 자동갱신된 시점부터 다시 2년이 추가로 보장된다는 의미가 아님을 주의해야 합니다(대법원 2002.9.24. 선고 2002다41633 판결). 그렇다면 2년 미만의 단기로 정한 임대차, 예컨대 1년을 기간으로 한 임대차에 있어서 1년이 경과하도록 아무런 이의제기가 없어서 자동갱신된 경우 그 임대차기간은 무조건 1년이 추가되어 최초로부터 2년으로 간주될까요? 2년 미만의 단기로 정한 임대차에서 2년까지 보장된다는 것은 오로지 임차인을 보호하기 위한 것이므로 임차인으로서는 임대차기간 1년이 경과되어 자동갱신된 후에도 2년을 주장하지 않고 언제든지 계약해지의 통고를 함으로써 그로부터 3개월이 경과되면 계약이 해지되었음을 주장할 수 있다고 봅니다.

다만 1년 미만의 단기의 임대차에서 2년까지 보장된다는 의미는 임차인에게 계약해지사유가 존재하지 않는 것을 전제로 하므로 임차인이 2기의 차임액을 연체한 경우에는 2년 보장을 주장할 수 없게 될 것입니다.

그리고 기간을 정하지 않는 임대차든 2년 미만으로 정한 임대차든, 임차인이 단기를 주장함으로써 임대차를 종료시키지 않는 한, 임대차기간이 2년으로 연장된다는 점은 앞서 본 바와 같은데, 2년 이상으로 된 임대차에 대하여 더 이상 임대차관계를 유지하고 싶지 않다면 어떻게 해야 할까요? 임대인이 기간 연장을 원하지 않으면 2년 이상의 임대차기간 만료 시점 전 6개월~1개월까지, 임차인이 기간 연장을 원하지 않으면 2년 이상의 임대차기간 만료 시점 전 1개월까지 해지통보 내지 갱신거절의 통지를 해야만 하며, 위 기간 내에 상호간에 해지통보가 없으면 2년 이상의 임대차기간 만료 시점에서 자동갱신되어 추가로 2년이 연장됩니다. 즉 임대인이 임대차기간 만료 시점 전 6개월 전에 통지하거나 1개월 미만 기간 내에 통지한 경우 또는 임차인이 임대차기간 만료 시점 전 1개월 미만 내의 기간에 해지통보를 한 경우에는 해지통보의 효력이 없게 되어 2년이 경과된 시점에서 자동갱신이 이루어지게 되는 것입니다.

따라서 자동갱신 이후에 임대인이 해지통보를 하려면 다시 2년이 경과되는 시점 전 6개월~1개월까지 기다려야 할 것이고, 임차인이 해지통보를 하려면 자동갱신 후 재차 해지통보를 해서 그로부터 3개월이 경과되기까지 기다려야 할 것입니다.

이와 같이 임대차기간의 자동갱신은 2년 단위로 이루어질 수 있으므로 자동갱신된 후 다시 2년이 경과하도록 양당사자로부터 아무런 이의가 없으면 또다시 자동갱신되어 2년이 자동연장될 것입니다. 따라서 임대인이 자동갱신된 임대차계약에 대하여 해지통보를 하려면 자동갱신 시점을 기준으로 2년, 4년, 6년 등과 같이 2년 단위로 기간을 계산해서, 그 2년, 4년, 6년 등의 각 기간이 만료되는 시점 전 6개월~1개월까지 사이에 해지통보를 해야만 할 것입니다. 반면 임차인의 경우에는 조금 다릅니다. 즉 임차인은 자동갱신 후에도 언제든지 일방적으로 해지통보함으로써 그로부터 3개월이 경과된 시점에서 계약해지를 주장하여 임차보증금의 반환을 청구할 수 있습니다. 한편 임대차기간을 2년 이상, 예컨대 3년으로 약정한 경우에는 위 3년의 기간이 만료되기 전까지는 임차인이나 임대인 모두 일방적으로 그밖의 기간을 주장할 수 없고 3년의 기간이 상호 보장되는 것이며, 그 이상의 기간으로 계약을 연장하고 싶지 않다면, 역시 임대인은 3년의 기간 만료 시점 전 6개월~1개월까지 사이에, 임차인은 3년의 기간 만료 시점 전 1개월까지 해지통보를 해야 할 것입니다. 참고로 3년 이상의 기간으로 된 임대차에 있어서도 자동갱신시의 기간연장은 2년 단위로 이루어지는 것이지 3년 이상으로 된 기간 단위로 연장되는 것이 아님을 주의해야 합니다.

이에 귀하의 문의사항에 대한 요점을 정리해보면, 임차인은 기간 문제를 잘 몰라도 큰 손해를 볼 것이 없지만, 귀하와 같은 임대인의 경우에는 자칫 해지통보 기간을 놓친 경우에는 2년을 더 기다려야 세입자를 내보낼 수 있는 것이므로 위에서 살펴본 주택임대차에 있어서 기간 문제를 잘 숙지하고 계셔서 손해를 입지 않도록 해야 할 것입니다.

[사례 2·1·16] 주택임대차기간을 1년으로 약정하였는데, 임대인이 기간을 연장해주지 않는 경우 얼마나 더 살 수 있는지

문 저는 임차인으로 산 후 주택을 사서 나가려고 임대차기간을 1년으로 하는 임대차계약을 체결했습니다. 그런데 분양주택의 건설이 예상외로 늦어져 1년으로는 부족할 것 같습니다. 제가 1년만 계약했는데 언제까지 살 수 있는지 궁금해서 박사님께 여쭈어보고 싶습니다.

답 주택임대차에 있어서는 주택의 인도와 주민등록을 해놓는 경우에는 주택임대차보호법(이하 '법')에 의하여 2년 미만으로 정한 임대차도 2년간 보장되어 최소 2년까지는 살 수 있으되, 2년 미만으로 정한 단기의 임대차기간을 주장해서 그 2년 미만으로 정한 임대차기간이 만료되면 임차보증금을 받고 그 주택에서 나올 수도 있습니다(법 제4조 제1항).

그런데 귀하의 사례처럼 2년 미만으로 약정한 임대차, 예컨대, 임대차기간을 1년으로 약정하였을 경우에 위 1년의 기간이 만료되면 임차인이 더 살고 싶어도 임대인이 나가라고 하면 나가야 하는지 문제됩니다.

이에 관하여 주택임대차보호법에서는 임차인을 두텁게 보호하기 위하여 임대차기간을 정하지 않았거나 2년 미만으로 정한 임대차는 그 기간을 2년으로 본다고 규정하여 최소한 2년간의 기간을 보장하고 있으되, 임차인이 2년 미만으로 정한 기간 동안만 살고 싶다면 그 2년 미만으로 정한 임대차기간이 유효하도록 하고 있습니다(주택임대차보호법 제4조 제1항).

여기에서 2년 미만으로 정한 임대차, 예컨대, 1년으로 정한 임대차라도 최소한 2년간 보장된다고 하였는데, 2년간 보장이라는 의미에 관하여는 이를 최초의 임대차기간인 1년이 만료되는 시점으로부터 추가로 2년간 더 보장된다는 의미인지, 아니면 최초의 임대차계약시로부터 2년간 보장된다는 의미인지에 관하여 논란이 있을 수 있습니다.

이에 관하여 판례는 "임차인이 주택임대차보호법 제4조 제1항의 적용을 배제하고 2년 미만으로 정한 임대차기간의 만료를 주장할 수 있는 것은 임차인 스스로 그 약정 임대차기간이 만료되어 임대차가 종료되었음을 이유로 그 종료에 터잡은 임차보증금 반환채권 등의 권리를 행사하는 경우에 한정되고, 임차인이 2년 미만의 약정 임대차기간이 만료되고 다시 임대차가 묵시적으로 갱신되었다는 이유로 같은 법 제6조 제1항, 제4조 제1항에 따른 새로운 2년간의 임대차의 존속을 주장하는 경우까지 같은 법이 보장하고 있는 기간보다 짧은 약정 임대차기간을 주장할 수는 없다."라고 판시하고 있습니다(대판 1996.4.26. 96다5551). 즉 2년 미만으로 정한 임대차기간에 관하여 2년간 보장된다는 의미는 최초의 임대차기간의 개시일로부터 통틀어 2년까지 보장된다는 것을 말한다는 것입니다.

따라서 귀하께서도 임대인과 합의가 이루어지는 등 특별한 사정이 없는 한 최초 임대차기간이 개시된 날로부터 2년간은 그 주택에서 살 수 있을 것으로 보입니다.

[사례 2·1·17] 임차인의 사정으로 기간만료 전에 이사하고자 하는데, 임대인이 세를 올려서 임대한다고 할 경우에 그 에 따라야만 하는지

문 저는 원룸 임차인으로서 보증금 5백만원, 월세 30만원, 기간 2년으로 하는 계약을 하였는데, 1년쯤 살던 중 직장이 다른 곳으로 발령나 부득이 도중에 이사할 사정이 생겨서 집주인에게 말했더니, 기간만료시까지 월세를 선납하고 나가든지, 아니면 다른 세입자를 구해서 방을 빼되, 현재의 차임이 낮으니 보증금은 그대로 두더라도 월세는 50만원으로 인상해서 내놓아야 한다고 합니다. 이런 집주인의 주장에 제가 따라야만 하는지 박사님께 문의드리고 싶습니다.

답 임대차에 있어서 약정된 기간은 임차인과 임대인 모두를 구속하는 것이므로 임대차에 있어서 중요한 요소가 됩니다. 약정된 임대차기간이 있는 때에는 임차인이라도 기간만료 전에 자기의 사정으로 일방적으로 나가면서 보증금을 빼달라고 할 수 없고, 임대인으로서도 마찬가지로 기간만료 전에 나가라고 할 수 없는 것입니다. 또한 월세 약정이 있는 임대차의 경우에 있어서는 임차인이 설령 도중에 임차건물에서 일방적으로 퇴거하여 살지 않고 있다고 하더라도 기간만료시까지는 월세를 납부해야 합니다. 즉 기간만료 전까지는 임대인은 임차인에게 보증금을 빼줄 의무가 없고 월세도 기간만료시까지 받을 수 있다는 것입니다.

그래서 기간약정은 잘해야 하는 것입니다. 상가의 경우에도 세입자로서는 장사가 잘 될 것 같으면 보다 긴 기간으로 임대차계약을 체결하는 것이 좋을 것이고, 그것이 불투명하다면 보다 짧은 기간으로 임대차계약을 체결하는 것이 현명할 것입니다. 이러한 임대차기간 동안은 임대인으로서는 월세를 대폭 올릴 요인이 있어도 1년 단위로 연 5%[76]까지만 올릴 수 있을 뿐 임차인에게 가게를 빼서 나가라고 할 수는 없을 것이며, 임차인도 임대차기간 동안은 장사가 잘되지 않아 손해만 보고 있다고 해서 기간만료 전에 보증금을 빼달라고 하거나 월세를 납부하지 않겠다고 하는 주장은 받아들여지지 않을 것입니다.

이에 귀하의 사건을 살펴보건대, 귀하께서 귀하의 사정으로 임대차기간 만료 전에 나가고자 하더라도 임대인에 대해서 보증금을 빼달라고 하거나 귀하께서 일방적으로 나간 시점부터 월세를 내지 않겠다고 하는 주장은 받아들여지지 않을 것이며, 또한 기간만료 시까지는 임대인에게 권리가 있는 것이어서 귀하께서 새 임차인을 구하여 들이고 싶더라도 임대인이 그 새 임차인의 입주를 거부할 수 있고, 기간만료시까지는 임대인에게 권리가 있는 관계로 집 자체를 새 임차인에게 내놓지 않을 수 있는 권리까지 있는 것이어서 귀하의 요청에 따라 새 임차인을 구함에 있어서도 보증금과 월세를 아무리 많이 올린다고 하더라도 아쉬운 처지인 귀하께서는 이를 받아들이지 않을 수 없을 것입니다. 따라서 귀하께서는 임대인과 기간만료시까지의 월세의 전부 또는 일부를 선납하는 조건으로 협상을 하든지, 새 임차인을 구함에 있어서 임대인이 제시한 조건으로 새 임차인을 구하든지 해야 할 것으로 보입니다.

[사례 2-1-18] 임대차기간이 만료되기 전에 타지로 발령이 나서 부득이 임차주택에서 퇴거한 경우에도 만기까지 월세를 내야 하는지

문 저는 보증금 1천만원에 월세 30만원으로 주택을 임차하여 거주하던 중 새집을 사서 부득이 기간만료 전에 임차주택을 비우고 이사를 한 적이 있습니다. 이럴 경우 제가 몇 개월분만 더 주고 보증금을 뺄 수 있는지, 아니면 만기까지 월세 모두를 지급해줘야 보증금을 뺄 수 있는지 몰라 박사님께 문의드립니다.

답 임대차계약이 체결되면 임차인이든 임대인이든 그 계약에 따른 구속을 받게 됩니다. 따라서 계약의 일반원리에 따라 상대방에게 귀책사유가 없는 한 당사자 일방의 의사표시로써 계약을 해지할 수 없습니다.

이에 귀하의 사례와 같이 귀하의 사정만으로는 일방적으로 위 임대차계약을 만기 전

76) 종전에는 연 9%까지 인상이 가능하였으나 상가건물임대차보호법 시행령의 개정으로 2018년 1월 26일부터는 연 5%까지만 인상이 가능하게 되었습니다(시행령 제4조).

에 해지할 수 없으며, 따라서 임대인과의 협의를 통하여 수개월분 또는 만기까지의 월세 합계액을 미리 지급하고 보증금을 반환받아야 할 것이며, 이러한 합의가 이루어지지 않는다면 만기까지의 월세 합계액을 지급한다고 하더라도 만기 전에 임차보증금을 돌려받기는 불가할 것입니다. 따라서 이러한 경우에는 열쇄를 잠궈놓고 주민등록을 옮기지 않은 채 또는 가족의 주민등록을 유지해 놓은 채 이사를 하더라도 해야 할 것입니다.

다만 중간에 다른 세입자가 구해지고 그 세입자가 들어오는 것에 대하여 임대인이 동의한다면 새로운 세입자가 입주한 시점에서 계약이 해지되는 것으로 보아 그때부터는 월세를 지급하지 않아도 될 것입니다. 이는 임대인의 주선으로 새로운 세입자가 구해지고 그 세입자가 입주한 경우에도 마찬가지일 것입니다.

그런데 만기 전에는 임대인에게 기간에 대한 권리가 있기 때문에 귀하께서 새로운 세입자를 구했다고 하더라도 임대인은 그 세입자와 계약하는 것을 거부할 수 있으며, 새로운 세입자와 전대차 하는 것도 임대인의 동의가 없으면 불가합니다. 또한 임대차기간 중에는 임대인에게 권리가 주어져 있으므로 새로운 세입자에 대하여 귀하와 다른 임대차 조건, 예컨대 보증금을 인상한다든가 월세를 인상해서 내놓는 것에 대하여 귀하께서는 이의를 제기할 수 없게 됩니다. 그러한 인상된 조건으로라면 새로운 세입자를 구할 수 없을 것이라는 귀하의 주장은 큰 의미가 없는 것입니다. 그래서 임대차에 있어서는 기간 문제가 중요한 것입니다.

그런데 귀하께서 타지로 이사하면서 임차주택을 임대인에게 인도해 주었고, 임대차기간 만료 전에 임대인이 새로운 세입자를 구하여 살고 있다면 그 입주시점부터는 묵시적으로 귀하와의 임대차계약이 해지된 것으로 볼 수 있을 것이므로, 새로운 세입자가 입주한 시점 이후부터는 월세를 부담하지 않아도 되고 귀하의 보증금에 대해서도 반환을 청구할 수 있을 것으로 보입니다.

다만 위와 같이 임대인이 새로운 세입자를 들였다고 하더라도 이는 귀하에 대한 배려 차원에서 손해를 적게 입히려는 의도로 그렇게 하였다는 임대인의 주장이 받아들여져 귀하와의 임대차계약이 묵시적으로 해지된 것이 아니라고 인정될 경우에는 어떻게 될까요? 임대인이 새로운 세입자로부터 지급받는 월세 등은 부당이득으로서 그 반환을 청구하거나 귀하께서 임대인에게 지급해야 할 월세와 상계처리하는 것은 가능할 것으로 보입니다.

[사례 2·1·19] 기간이 만료되었는데도 임대인이 보증금을 빼주지 않고 있는 상태에서 부득이 이사해야 하는 경우의 대응방법

문 저는 세입자인데 기간이 만료되었는데도 집주인이 보증금을 빼주지 않습니다. 직장이 타지로 발령이 나서 빨리 이사를 해야 하는데 새로운 세입자가 들어오면 돈을 빼주겠다고 합니다. 그런데 주민등록을 옮기거나 이사를 해버리면 주택임대차보호법상 보호를 받지 못한다고 하는데, 어떻게 해야 할지 몰라 박사님께 문의드리고 싶습니다.

답 임차인이 주택임대차보호법상의 각종 보호를 받으려면 주택의 인도와 전입신고(주민등록)라는 대항요건을 갖추고 이를 배당요구종기까지 유지하고 있어야 합니다. 이러한 대항요건의 구비는 소액임차인의 최우선변제권이나 확정일자에 의한 우선변제권을 인정받기 위해서도 그 필수적인 전제로 작용하게 됩니다.

따라서 대항요건의 하나인 주민등록을 다른 곳으로 옮긴다거나 임대인에게 열쇠를 건네는 등으로 임차건물을 인도해 준 경우에는 임차주택이 경매될 경우에도 주택임대차보호법상 임차인으로서의 보호를 받지 못하게 됩니다.

이에 귀하의 경우와 같이 임대차기간 만료 1개월 전에 집주인에게 나가겠다고 통지하였고, 기간이 만료되었는데도 집주인이 새로운 세입자가 들어오면 그 돈으로 받아서 나가라고 하면서 나몰라라 하는 경우에는 난감하게 될 것입니다. 물론 집주인을 상대로 임차보증금반환 청구의 소를 제기하여 판결을 받아 임차주택을 경매시키면 보증금은 회수할 수 있을 것이지만, 그런 절차를 밟으려면 적어도 수개월 이상 걸리기 때문에 문제됩니다. 귀하처럼 당장 보증금은 뺄 수 없더라도 직장이동이나 질병치료 등으로 다른 곳으로 이사를 해야 할 사정이 생긴 경우에는 무엇인가 주택임대차보호법상 조치를 취해놓아야만 임차인으로서의 보호를 받을 수 있을 것입니다. 다른 곳으로 이사를 간다면서 주민등록을 옮겨버리거나 주택을 임대인에게 인도해 버린 경우에는 주택임대차보호법상의 보호를 받을 수 없기 때문입니다.

그렇다면 어떤 조치를 취해 놓고 이사를 해야만 주택임대차보호법상의 보호를 받을 수 있을까요?

첫째의 방법은 주민등록을 그대로 두고, 열쇠도 잠궈놓은 채 이사를 하면 주민등록의 유지 요건과 주택에 대한 점유 요건이 충족됩니다. 먼저 주민등록의 유지와 관련해서는 가족과 함께 살다가 임차인 본인을 포함한 일부만 이사를 하는 경우라면 배우자나 자녀 등 가족 중 한 사람의 주민등록만 남겨 놓은 채 다른 가족들은 모두 주민등록을 옮겨도 됩니다. 함께 살고 있는 가족 모두 다른 곳으로 이사할 사정이 생긴 경우에는 함께 살고 있지 않는 다른 가족의 주민등록을 새로이 해놓고 함께 살고 있는 가족들 모두 주민등록을 옮기면 됩니다. 다음으로 주택에 대한 점유의 계속과 관련해서는 주택을 임대인에게 넘겨주지 않으면 되는 것이므로 이사를 하더라도 임대인에게 열쇄를 넘겨주지 않고 짐도 몇 가지 두어 외관상 주택에 대한 점유상태를 만들어 놓으면 주택에 대한 점유의 유지가 인정될 것입니다.

다만 이러한 방법은 임대차가 종료했더라도 온전히 주택을 임대인에게 인도해주기 전까지는 월세가 있으면 이를 납부해야 하는 점과 임대차관계가 종료되었음에도 불구하고 보증금에 대한 이자를 받을 수 없다는 단점이 있습니다.

둘째의 방법은 임차권등기명령을 신청해서 임차권등기를 해놓는 것입니다. 임차권등기명령은 임차주택의 소재지를 관할하는 지방법원이나 시·군법원에 신청할 수 있습니다. 임차권등기명령에 의하여 등기가 이루어지면 등기부등본상에 임대차에 관련된 거의 모든 사항이 공시되므로, 이사를 하거나 주민등록을 옮겨놓더라도 대항력이 상실되지 않으며, 확정일자에 의한 우선변제권도 그대로 유지됩니다. 따라서 임차권등기명령에 의한 등기를 한 후 주택을 임대인에게 넘겨주고 이사한 경우에는 그때부터 보증금에 대한 법정이자를 청구할 수 있고, 월세가 있더라도 이를 납부할 의무가 없어지게 됩니다.

또한 임차권등기명령에 의한 등기가 이루어진 경우에는 나중에 임차주택에 대하여 경매가 이루어진다고 하더라도 종전의 대항력이나 확정일자의 효력이 그대로 인정되는 것이므로, 별도로 배당요구를 하지 않더라도 그 순위에 따라 배당을 받을 수 있게 됩니다. 다만 주의할 점은 임차권등기명령을 신청했다고 해서 곧바로 등기가 이루어져 그 효력이 발생하는 것이 아니고 신청시부터 등기까지는 약 2주 정도가 소요될 것이므로 그 등기가 이루어지기 전까지는 임차주택을 인도해 주거나 주민등록을 옮겨서는 안된다는 점입니다. 또한 임차권등기명령은 첫 경매개시결정등기 전후와 무관하게 신청할 수 있고, 그에 따라 등기가 이루어지게 되면 종전의 대항력이나 확정일자의 효력이 그대로 인정될 것이지만, 배당요구와 관련하여 첫 경매개시결정등기 전에 그 등기가 이루어진 경우에는 별도로 배당요구를 하지 않더라도 배당을 받을 수 있을 것이로되, 첫 경매개시결정등기 이후에 그 등기가 이루어진 경우에는 반드시 배당요구를 해야만 배당을 받을 수 있다는 점도 유의해야 할 것입니다.

[사례 2·1·20] 임차주택에 대한 경매로 낙찰이 이루어진 경우에 주택임차인은 언제까지 매수인에게 임차주택을 인도해 주어야 하는지

문 저는 주택을 임차해서 임차인으로 살고 있었는데, 위 임차주택에 대해 경매가 이루어져 제3자 甲에게 낙찰이 되었고, 그 낙찰자 甲은 임차인인 저한테 조속히 나가달라고 독촉이 심합니다. 저는 아직까지 임차보증금에 대한 배당도 법원으로부터 수령하지 못하고 있는데, 제가 언제까지 위 甲에게 임차주택을 비워줘야 하는지 박사님께 문의드리는 바입니다.

답 귀하와 같은 고민은 남의 주택을 임차해서 살고 있는 대다수의 임차인들에게 고민이 되는 문제이기도 합니다. 임차주택이 언제라도 경매가 될 수 있기 때문입니다. 그렇다면 경매로 낙찰이 이루어진 임차주택에 대하여 임차인은 언제까지 이를 매수인에게 인도해 주어야 할까요? 이 문제는 주택임차인이 대항력을 가지고 있는 임차인이냐, 대항력이 없는 임차인이냐에 따라 달라지게 됩니다.

먼저 권리관계가 깨끗한 주택을 임차한 관계로 대항력을 가지고 있는 임차인이 배당을 신청해서 배당을 받는 경우입니다. 이러한 경우 임차인이 배당절차에서 보증금 전액을 배당받지 못한 경우에는, 회수하지 못한 보증금 일부에 대하여 경매절차의 매수인에게 대항할 수 있는 것이므로, 위 보증금 잔액을 매수인으로부터 전액 변제받을 때까지는 위 임차주택을 인도해 줄 필요가 없습니다. 그러나 대항력 있는 임차인이 그 보증금 전액을 배당받을 수 있는 경우에는 특별한 사정이 없는 한 임차인이 그 배당금을 지급받을 수 있는 때, 즉 임차인에 대한 배당표가 확정된 때에 인도해 주어야 합니다. 반면 배당표가 확정될 때까지는 임차권이 소멸되지 않는 관계로 비록 낙찰자가 낙찰대금을 납부하여 임차주택에 대한 소유권을 취득하였다고 하더라도 임차인로서는 임차주택을 낙찰자에게 인도해 줄 필요가 없고, 배당표가 확정되기 전까지는 임차인이 임차주택을 점유하여 사용·수익한 부분도 부당이득이 되지 않아 이를 낙찰자에게 반환해 줄 필요가 없습니다(대판 2004.8.30. 2003다23885).

다음으로 임차인이 기존에 저당권이나 가압류 등이 설정된 주택에 대해 임대차계약을 체결한 관계로 대항력을 가지고 있지 않는 임차인인 경우입니다. 원래 경매절차에서 낙찰을 받아 매각대금을 납부한 매수인은 그 매각대금(낙찰대금)을 납부한 때로부터 소유권을 취득하게 되는 것이므로 대항력이 없는 임차인으로서는 낙찰자가 매각대금을 납부한 때부터 임차주택에 대한 불법점유가 되어 임대료 상당의 손해를 매수인에게 배상해 줘야 하는 것입니다. 즉 대항력이 없는 임차인의 경우에는 낙찰자가 매각대금을 납부하게 되면 그 즉시 임차주택을 매수인에게 인도해 주어야 하는 것입니다. 실무에서는 간혹 대항력 없는 임차인이 경매절차의 매수인에게 임차주택을 인도해 주지 않으면서 이사비조로 일정 금액을 줘야 나가겠다고 하면서 버티는 경우가 가끔 있는데, 이러한 경우 어떤 때에는 매수인이 명도집행절차를 밟는 것이 귀찮아서 임차인에게 이사비조로 일정금액을 주어 협상하는 경우도 간혹 있지만, 이는 법적인 지급의무가 있는 것이 아니어서 자칫 명도소송이 제기되고 그에 따른 집행비용도 물어 주어야 하는 문제도 생길 수 있으므로 사람을 잘 봐서 버티든지 해야 낭패를 보지 않을 수 있을 것입니다.

이에 귀하의 사건을 살펴보건대, 귀하께서 입주시 권리관계가 깨끗한 집에 들어간 관계로 대항력이 인정된 경우에는 귀하의 보증금을 전액 받을 수 있을 때까지 버티면 될 것이로되, 귀하께서 배당을 신청해서 다행히 그 전액을 배당에서 받을 수 있는 것으로 배당표가 작성된 때에는 그 배당표가 확정될 때까지만 그 집에서 살 수 있을 것입니다. 그러나 귀하께서 입주시 저당권이나 가압류 등 권리관계가 설정된 집에 들어간 관계로 대항력이 인정되지 않는 경우에는 낙찰자가 매각대금을 전액 납부하게 되면 그 즉시 그 집에서 나와야 할 것으로 보입니다.

[사례 2·1·21] 임차주택이 양도된 경우 임대인의 지위가 자동적으로 양수인에게 승계되는 것을 막는 방법

문 저는 아파트에 세를 들어 살고 있는 세입자인데, 저도 모르게 최근에 위 아파트의 주인 겸 임대인이 甲에서 乙로 바뀐 사실을 알게 되었습니다. 제가 알기로는 이 경우 임대인의 지위가 자동적으로 양수인에게 넘어가서 세입자에게는 별로 피해가 가지 않는다고 하지만, 그 동안 저는 다른 곳으로 이사하고 싶었던 차이고, 새 주인의 재산상태도 잘 알지 못해서 이번 기회에 보증금을 빼서 나가고 싶습니다. 아파트 주인이 바뀐지 조금 된 것 같은데, 이제라도 전 주인 甲한테 요구해서 보증금을 빼달라고 할 수 있는지 박사님께 문의드리고 싶습니다.

답 임차인이 임차주택을 인도받고 주민등록을 해놓으면 그 다음날부터 제3자에 대하여 임차권을 주장할 수 있는 대항력이 생깁니다. 이러한 대항력을 갖춘 상태에서 임차주택에 대한 양도가 이루어지면 그 대항력의 효력에 의해서 임차주택의 양수인이 임대인의 지위를 자동적으로 승계받고, 종전의 임대인은 임대인의 지위를 벗어나게 됩니다(주택임대차보호법 제3조 제4항). 따라서 임차인은 임차주택의 양수인과 새로이 계약서를 작성하지 않아도 종전의 임차권의 효력이 인정되어 임대차관계가 종료되면 양수인으로부터 보증금을 반환받을 수 있습니다. 즉 계약서를 따로 쓸 필요가 없고 확정일자를 새로 받을 필요가 없다는 것입니다.

임차주택이 양도되었다고 하더라도 임차보증금이나 월세는 종전과 같이 1년 단위로 연 5%의 범위 내에서만 인상이 가능할 뿐 양수인이 마음대로 보증금이나 월세를 올려달라고 요구할 수는 없습니다. 요컨대 임차인은 가만히 있어도 되는 것이고 나중에 임대차기간 만료 1개월 전에 나가겠다고 통지한 후 임대차기간이 만료되면 그 보증금을 양수인으로부터 받아서 나가면 되는 것입니다.

그런데, 실무상 임차주택이 양도된 경우에는 양수인이 확실히 해두자고 하면서 임대인도 새로 바뀌어졌으니 임대차계약서를 다시 작성하자고 하는 경우가 있습니다. 이 경우에도 임차인으로서는 굳이 새로 임대차계약서를 작성해 줄 의무나 필요가 없는 것이며, 다만 임차인도 임대차계약서상에 현재의 소유자가 아닌 다른 사람으로 임대인이 기재되어 있는 것이 꺼림칙하다고 생각되면 새로이 임대차계약서를 작성해도 될 것이로되, 종전의 임대차계약서는 새로운 소유자에게 넘겨줘서는 안되고 별도로 보관하고 있거나, 최소한 그 사본이라도 보관하고 있어야 할 것입니다.

한편 귀하의 경우처럼 임차주택이 양도된 경우에는 임대인이 바뀌는 것이기 때문에 임차인으로서도 반갑지 않는 경우가 있습니다. 또한 새 임대인의 재산상태에 따라 보증금을 회수하는 문제가 수월하느냐 그렇지 않느냐의 여부도 달려 있을 것인 바, 임차인이 임대차기간 만료로 보증금을 빼려고 할 경우에 임대인의 재산상태가 좋다면 자기의 다른 재산으로 내줄 수 있을 것이므로 보증금을 빼기가 쉬울 것이지만, 그렇지 않은 경우에는 새로운 세입자가 들어오면 내주겠다든가 새로운 세입자를 구해와야 내주겠다고 하는 경우가 많고 이럴 경우에는 결국 경매를 통해서 보증금을 회수해야 할 것이어서 그만큼 보증금을 빼기가 어려워질 것이기 때문입니다.

따라서 원래 임차주택이 양도될 경우 임대인의 지위가 자동승계되도록 하는 것은 임차인을 보호하기 위한 것이기는 하지만, 경우에 따라서는 임차인에게 불리하게 작용할 때도 있고, 임차인으로서도 이를 기화로 해서 임대차계약을 해지하고 싶을 때도 있을 것입니다. 이에 판례는 이와 같이 임차주택이 양도된 경우에 있어서는 임차인으로 하여금 그 사실을 안 때로부터 상당한 기간 내에 임대인 및 양수인에 대해 임대차계약에 대한 해지통보에 의하여 계약을 해지할 수 있도록 함으로써 임대인의 지위가 양수인에게 자동승계되는 것을 차단할 수 있다고 판시하고 있습니다(대판 2002.9.4. 2001다64615).

이와 같이 계약해지통지 내지 자동승계에 대한 이의제기는 상당한 기간 내에 제기해야 하는데, 여기에서 상당한 기간이란 임차인이 임차주택이 양도된 사실을 알게 된 날로부터 임대차계약에 대한 해지를 통보하기에 충분한 기간을 말한다고 보이며, 따라서 해지통보를 할 수 있는 시간적 여유가 충분히 있었음에도 불구하고 한참 지난 후에 이르러서야 비로소 이의를 제기하는 것은 받아들여지지 않을 것으로 보이며, 그 여부는 구체적인 사안에서 재판이 이루어졌을 때 판사가 여러 가지 사정을 종합적으로 고려하여 판단할 것으로 보입니다.

또한 임차인이 양수인과 새로이 임대차계약서를 작성한다든가, 양수인이 임차인에게 보증금을 반환해 주겠다는 의사표시에 대하여 아무런 이의를 제기하지 않은 경우, 또는 양수된 임차주택에 대한 임의경매절차에서 임차인으로서 권리신고 및 배당요구를 하는 등으로 임차인이 양수인에 의한 임대인의 지위승계를 전제로 행동한 경우에는 더 이상 양수인에 의한 임대인 지위의 자동적 승계를 차단시킬 수 없다고 봅니다.

이에 귀하의 사건을 보건대, 귀하께서는 최근까지도 임차주택이 양도된 사실을 알지 못하였다고 하므로 지금이라도 전 주인 甲과 새 주인 乙 모두에게 내용증명을 발송해서 임차주택의 양도에 따른 임대인 지위의 자동적 승계에 대하여 이의를 제기하고, 전 주인 甲에게 보증금을 빼달라고 해서 보증금을 받아 나갈 수 있을 것으로 보입니다. 그럼에도 불구하고 전 주인 甲이 보증금을 빼주지 않으면 전 주인 甲을 상대로 하여 임대차보증금 반환 청구의 소를 제기하고, 그 판결에 의하여 전주인 甲의 재산에 대해 강제집행을 실행함으로써 귀하의 보증금을 회수할 수 있을 것으로 보입니다.

참고로 임대차보증금반환채권에 대한 압류 및 전부명령이 이루어진 후에 임대인이 그 주택을 매도한 경우에도 임대인의 지위는 그 양수인에게 자동적으로 승계가 이루어지는 것이므로 종전의 임대인은 그 전부채권자에 대해서도 임대차보증금의 지급의무를 면하게 되고, 양수인이 그 지급의무를 부담하게 되는 것입니다(대판 2005.9.9. 2005다23773).

[사례 2·1·22] 임차보증금 중 일부만 지급하고 대항력과 확정일자를 갖춘 후 다른 세입자가 보증금 전액을 지급하고 들어온 경우의 우선 관계

문 저는 2018년 2월 1일 甲 소유의 다가구주택 101호에 보증금 5천만원, 월세 30만원, 기간 2년으로 하는 임대차계약을 체결한 후, 계약금 5백만원은 당일 지급하고, 나머지 4천5백만원에 대해서는 입주해서 살면서 한달 후에 지급하기로 약정하였는데, 그로부터 며칠 지난 2월 5일경 비어있던 옆집 102호에 다른 세입자 乙이 보증금 5천만원 전액을 주고 들어왔고, 그 뒤에 제가 보증금 잔액을 임대인 甲에게 지급했습니다. 그런데 다가구주택은 다세대주택과는 달리 집 전체를 따져서 우선 순위를 정한다고 들었는데, 제가 보증금을 완납하기 전에 보증금 전액을 주고 들어온 102호 세입자 乙보다 후순위로 밀릴까봐 걱정됩니다. 이에 박사님께 이 문제에 관하여 문의드리고자 합니다.

답 임차인을 보호하기 위한 법인 주택임대차보호법(이하 '법')에 의하면, 주택을 임차한 경우에는 등기를 해놓지 않더라도 주택을 인도받고 주민등록을 마친 때에는 그 다음날부터 제3자에 대하여 임차권을 주장할 수 있는 대항력이 생겨, 소액임차인인 경우에는 후순위담보권자뿐만 아니라 선순위담보권자에 대해서도 보증금 중 일정액을 최우선적으로 보장받을 수 있고(법 제8조), 여기에 확정일자까지 받아두면 그 전액에 대하여 그 후의 담보권자나 후순위권자보다 우선적으로 변제받을 수 있습니다(법 제3조의2 제2항).

문제는 귀하의 사례처럼 최우선변제권이나 우선변제권을 인정받기 위해서는 주택의 인도와 주민등록(최우선변제권 요건) 또는 확정일자(우선변제권 요건) 외에 보증금의 전액 지급도 그 요건이 되는지 여부입니다. 만약 보증금을 전액 지급해야 한다는 요건도 충족되어야 한다고 하면 귀하와 같이 계약금 또는 보증금 중 일부만 지급하고 들어온 경우에는 아무리 대항요건이나 확정일자를 받아두었다고 하더라도 그 잔액을 지급하기 전까지 사이에 저당권이 설정되어버리거나 보증금 전액을 지급하고 들어온 다른 임차권자가 있는 경우에는 이들보다 경매절차의 배당에서 후순위로 밀리게 될 것입니다.

이에 관하여 판례는 귀하의 사례처럼 보증금 중 일부만 지급하고 들어와서 산 후 나중에 보증금 잔액을 지급하였다고 하더라도 이러한 보증금의 전액 지급 문제는 대항력의 문제나 최우선변제권 또는 우선변제권 인정 여부에 있어서 변수가 되지 않으며, 특별한 사정이 없는 한 대항력의 문제나 최우선변제권 또는 우선변제권의 문제는 대항요건을 갖춘 시점 내지 확정일자를 갖춘 시점만을 따져 우선순위를 정해야 한다고 판시하고 있습니다(대판 2017.9.6. 2017다212194). 또한 판례에 의하면 대항요건 중 하나인 주택의 인도란 주택에 대한 점유의 이전을 말하며, 이때 점유를 이전받는다는 의미는 사회통념상 어떤 사람의 사실적 지배하에 있다고 할 수 있는 객관적 관계를 가리키는 것으로서 반드시 주택을 물리적·현실적으로 지배할 필요는 없고, 주택과 사람의 시간적·공간적 관계, 본권 관계, 타인의 간섭가능성 등을 고려해서 사회통념에 따라 합목적적으로 판단하면 되는 것이기 때문에, 임대인이 임차인에게 현관이나 대문의 열쇠를 넘겨주었는지 여부나, 자동문 비밀번호를 알려주었는지 여부, 그밖에 즉시 이사를 할 수 있는 여건이 되어 있는지 여부 등을 고려해서 판단하도록 하고 있습니다. 그리고 귀하의 말처럼 등기부등본상 다세대주택의 경우에는 아파트나 연립주택과 마찬가지로 각 호수별로 우선순위를 따지게 되지만, 다가구주택은 단독주택과 같이 각 호수와 상관없이 해당 다가구주택 전체를 하나의 주택으로 보고 우선순위관계를 따지는 것입니다.

이에 귀하께서도, 계약에 따른 것이든 임대인의 양해에 의한 것이든, 보증금 중 일부만 지급하고 들어와 살다가 나머지를 나중에 지급한 경우라고 하더라도 주택의 인도시점과 전입신고(주민등록) 시점 및 확정일자를 받은 시점을 기준으로 다른 권리자와 그 순위를 따지는 것이기 때문에 귀하보다 늦게 들어온 102호 세입자 乙보다는 경매절차의 배당에서 우선권을 보장받을 수 있을 것으로 보입니다.

[사례 2·1·23] 임차보증금 중 일부만 지급하고 대항요건과 확정일자를 갖춘 다음 저당권이 설정되고 그 후에 보증금 잔액을 지급한 경우의 우선 관계

문 저는 2018년 7월 1일 甲소유의 단독주택 401호를 임차보증금 6천 5백만원에 임차하면서, 계약금 500만원과 보증금 중 일부인 1천만원은 당일 지급하고, 나머지 보증금 5천만원에 대해서는 甲의 양해를 얻어 입주해 살면서 두 달 후에 지급하기로 한 후, 계약 당일 현관 자동문의 비밀번호를 제공받고, 그 다음날 이사짐도 옮긴 후 전입신고와 확정일자까지 마쳤습니다. 그런데 제가 입주한지 얼마 후인 2018년 7월 25일경 甲이 乙은행으로부터 돈을 차용하면서 채권최고액 1억원으로 하는 근저당권을 설정해 준 사실이 있습니다. 저는 약속대로 2018년 9월 1일 보증금 잔액 5천만원 전액을 지급하였습니다. 이와 같은 경우에 저는 乙은행의 근저당권등기보다 나중에 보증금을 지급했는데, 제가 乙은행보다 순위에서 밀릴까봐 걱정입니다. 이에 관하여 박사님께 문의드리고 싶습니다.

답 주택임대차보호법(이하 '법')상 주택의 임대차에 있어서는 주택의 인도와 주민등록이라는 대항요건과 임대차계약증서상의 확정일자를 갖춘 경우 민사집행법에 따른 경매나 공매시에 임차주택(대지 포함)에 대한 환가대금으로부터 후순위권리자나 그 밖의 채권자보다 우선해서 보증금을 변제받을 권리가 있습니다(법 제3조의2 제2항).

여기에서 주택의 인도란 임차목적물인 주택에 대한 점유의 이전을 말하는 것으로서 사회통념상 어떤 사람의 사실적 지배에 있다고 할 수 있는 객관적 관계를 가리키는 것이며, 이때 사실상의 지배가 있다고 하기 위해서는 반드시 물건을 물리적·현실적으로 지배할 필요는 없고, 물건과 사람의 시간적·공간적 관계, 본권관계, 타인의 간섭가능성 등을 고려해서 사회통념에 따라 합목적적으로 판단해야 할 것이며, 임대인이 임차인에게 현관이나 대문의 열쇠를 넘겨주었는지, 자동문 비밀번호를 알려주었는지, 이사를 할 수 있는지 여부 등을 종합적으로 고려해 판단할 사항이라고 할 수 있을 것입니다.

한편 주택임대차보호법에서는 임차인이 우선변제권을 인정받기 위한 요건으로서 대항요건과 임대차계약증서상의 확정일자를 갖추는 것 외에는 계약 당시 임차보증금 전액을 지급하는 것을 그 요건으로 하고 있지 않습니다. 따라서 임차인이 임대인에게 임차보증금 중 일부만을 지급하고 주택임대차보호법에서 정한 대항요건과 임대차계약증서상의 확정일자를 갖춘 다음 나머지 보증금을 나중에 지급하였다고 하더라도 특별한 사정이 없는 한 대항요건과 확정일자를 갖춘 시점을 기준으로 임차보증금 전액에 대해서 후순위 권리자나 그밖의 채권자보다 우선하여 변제를 받을 수 있는 권리를 갖는다고 보아야 할 것입니다(대판 2017.8.29. 2017다212194).

이에 귀하의 사건을 보건대, 귀하께서 임대차계약을 체결한 당일 임대인이 귀하에게 현관자동문의 비밀번호를 알려주었고, 그 다음날 귀하께서 일부의 짐을 옮겨 놓았다고 하므로 귀하께서는 늦어도 일부 이사를 마친 시점에서 임차주택을 인도받았다고 할 수 있고, 또한 이삿짐을 옮긴 날 전입신고와 확정일자를 받았다고 하므로 귀하의 우선변제권의 기준 시점은 주택의 인도와 전입신고를 마친 다음날이라고 할 것인데, 乙은행의 저당권설정은 그 후인 2018년 7월 25일경에 이루어진 것이므로 귀하께서는 특별한 사정이 없는 한 乙은행의 저당권보다 우선해서 임차보증금 6천 5백만원 전액을 변제받을 권리가 있다고 판단되며, 따라서 귀하께서는 안심하셔도 될 것 같습니다.

[사례 2·1·24] 임차주택이 경매될 경우 소액임차인이 배당받을 수 있는 최우선변제금액은 얼마나 되는지

문 저는 몇 년 전에 임차주택에 저당권 등이 몇 개 설정된 것을 알면서도 다급하기도 하고 보증금도 그리 많지 않아서 별 생각 없이 임대차계약을 체결한 후 주민등록을 해놓고 이 집에 들어와 현재까지 살고 있습니다. 그런데 최근 이 집이 경매로 넘어갈 것이라고 합니다. 제가 후순위인 것 같은데, 경매가 진행될 경우 제가 얼마나 보증금을 건질 수 있는지 박사님께 급히 문의드립니다.

답 임차주택에 세들어 살고 있는 사람 중에서도 특히 소액보증금으로 살고 있는 영세한 세입자에게는 그 보증금이 전 재산이라고 할 수 있는데, 어쩌다 보니 저당권 등이 많이 설정된 주택에 세입자로 들어가게 되어 자칫 임차주택이 경매나 공매로 넘어

감에 따라 보증금을 한 푼도 건지지 못하게 되면 그 타격이 다른 어떤 사람보다도 심할 것입니다.

이에 주택임대차보호법에서는 이러한 영세한 소액임차인을 보호하기 위하여 소액임차인이 임대차계약을 체결하고 주택에 대한 인도 및 전입신고(주민등록)를 하기 전에 이미 저당권 등 선순위의 권리가 설정되어 있는 경우에도 임차주택이 경매 또는 공매될 경우에는 이들보다 우선해서 보증금 중 일정액을 배당에서 변제받을 수 있도록 하고 있습니다. 이를 소액임차인의 최우선변제권이라고 합니다.

다만 이러한 최우선변제권을 인정받으려면 몇 가지 조건이 충족되어야 합니다.

첫째, 첫 경매개시결정등기 전에 대항요건, 즉 주택의 인도를 받고 전입신고(주민등록)를 해놓아야만 합니다. 또한 단독주택의 동일 방실이나 아파트·연립주택·다세대주택의 동일 동호수에는 하나의 최우선변제권만 인정되므로 이미 임차권등기명령에 따른 임차권등기가 되어 있는 동일 방실이나 동호수에 세입자로 들어간 경우에는 소액임차인이더라도 최우선변제권을 인정받을 수 없습니다.

둘째, 최우선변제권을 인정받을 수 있는 소액임차인 내지 소액임차보증금의 범위와 그에 따라 보장되는 최우선변제금액은 지역별로 다르고 또한 그 동안 수차례 법이 개정되어 왔으므로 각 시대별로 다릅니다(보증금만을 기준으로 하며 월세는 무시함). 즉,

① 1984. 1. 1~1987. 11. 31.까지는 서울 및 직할시는 보증금 3백만원 이하로 살 경우에 그 전액, 기타 지역은 2백만원 이하로 살 경우에 그 전액이 보장되었습니다.

② 1987. 12. 1~1990. 2. 18.까지는 서울 및 직할시는 보증금 5백만원 이하로 살 경우에 그 전액, 기타 지역은 4백만원 이하로 살 경우에 그 전액이 보장되었습니다.

③ 1990. 2. 19~1995. 10. 18.까지는 서울 및 직할시는 보증금 2천만원 이하로 살 경우에 7백만원, 기타 지역은 1천 5백만원 이하로 살 경우에 5백만원까지 보장되었습니다.

④ 1995. 10. 19~2001. 9. 14.까지는 서울 및 광역시(군지역 제외)는 보증금 3천만원 이하로 살 경우에 1천 2백만원, 기타 지역은 2천만원 이하로 살 경우에 8백만원까지 보장되었습니다.

⑤ 2001. 9. 15~2008. 8. 20.까지는 과밀억제권역(서울 포함)은 보증금 4천만원 이하로 살 경우에 1천 6백만원, 광역시(군지역 및 인천 제외)는 3천 5백만원 이하로 살 경우에 1천 4백만원, 기타 지역은 3천만원 이하로 살 경우에 1천 2백만원까지 보장되었습니다.

⑥ 2008. 8. 21~2010. 7. 25.까지는 과밀억제권역(서울 포함)은 보증금 6천만원 이하로 살 경우에 2천만원, 광역시(군지역 및 인천 제외)는 5천만원 이하로 살 경우에 1천 7백만원,

기타 지역은 4천만원 이하로 살 경우에 1천 4백만원까지 보장되었습니다.

⑦ 2010. 7. 26.~2013. 12. 31.까지는 서울은 보증금 7,500만원 이하로 살 경우에 2,500만원, 과밀억제권역(서울 제외)은 6,500만원 이하로 살 경우에 2,200만원, 광역시(과밀억제권역 및 군지역 제외) 및 안산시·용인시·김포시·광주시는 5,500만원 이하로 살 경우에 2,200만원, 기타 지역은 4,000만원 이하로 살 경우에 1,400만원까지 보장되었습니다.

⑧ 2014. 1. 1.~2016. 3. 30.까지는 서울은 보증금 9,500만원 이하로 살 경우에 3,200만원, 과밀억제권역(서울 제외)은 8,000만원 이하로 살 경우에 2,700만원, 광역시(과밀억제권역·군지역 제외) 및 안산시·용인시·김포시·광주시는 5,500만원 이하로 살 경우에 2,200만원, 기타 지역은 4,000만원 이하로 살 경우에 1,400만원까지 보장되었습니다.

⑨ 2016. 3. 31.~현재까지는 서울은 보증금 1억원 이하로 살 경우에 3,400만원, 과밀억제권역(서울 제외)은 8,000만원 이하로 살 경우에 2,700만원, 광역시(과밀억제권역·군지역 제외)·세종특별자치시·안산시·용인시·김포시·광주시는 6,000만원 이하로 살 경우에 2,000만원, 기타 지역은 5,000만원 이하로 살 경우에 1,700만원까지 보장되고 있습니다.

여기에서 과밀억제권역이란 수도권정비계획법 및 동법 시행령에 의하게 되는데, 그 개정에 따라 시대별로 각각 달라집니다. 즉 과밀억제권역이란 1996. 6. 4.~2011. 3. 8.까지는 서울, 인천(강화군·옹진군·운남동·운북동·운서동·중산동·남북동·덕교동·을왕동·무의동·대곡동·불노동·마전동·금곡동·오류동·왕길동·당하동·원당동·연수구송도매립지·남동유치지역은 제외), 의정부시, 구리시, 남양주시(호평동·평내동·금곡동·일패동·이패동·삼패동·가운동·수석동·지금동·도농동에 한함), 하남시, 고양시, 수원시, 성남시, 안양시, 부천시, 광명시, 과천시, 의왕시, 군포시, 시흥시(반월특수지역은 제외)를 말하고, 2011. 3. 9.~현재까지는 서울, 인천(강화군·옹진군·대곡동·불로동·마전동·금곡동·오류동·왕길동·당하동·원당동 및 인천경제자유구역·남동국가산업단지는 제외), 의정부시, 구리시, 남양주시(단, 호평동· 평내동·금곡동·일패동·이패동·삼패동·가운동·수석동·지금동·도농동만 해당), 하남시, 고양시, 수원시, 성남시, 안양시, 부천시, 광명시, 과천시, 의왕시, 군포시, 시흥시(단, 반월특수지역은 제외) 지역을 말합니다(수도권정비계획법 시행령 제9조 별표 1).

그런데 위에서 설명한 소액임차인의 최우선변제금액은 임차인이 해당 임차주택에 들어갈 당시 등기부등본상에 저당권이나 가압류 등 아무런 권리관계가 없을 때를 기준으로 하는 것이며, 만약 등기부등본상에 저당권등기나 가압류등기 등이 되어 있는 경우에는 그 저당권이나 가압류 등과의 관계에서는 그 등기된 시점의 법을 기준으로 해서 최우선변제권의 인정 여부나 그 보장 금액을 따져야 한다는 점을 유의해야 합니다.

또한 소액임차인의 최우선변제권은 임차주택에 여러 소액임차인이 살고 있더라도 주택(대지 포함) 가액의 1/2 범위 내에서만 보장되는 것이므로, 위 주택(대지 포함) 가액의 1/2을 가지고 여러 소액임차인 각자의 최우선변제금액의 비율에 따라 배당을 받게 될 것입니다.

[사례 2·1·25] 주택임대인이 개인회생면책을 받은 경우에는 우선변제권 있는 임차권자라도 보증금을 일부 떼일 수 있는지

문 저는 아파트를 1억원의 보증금에 임차하여 주민등록을 하고 확정일자를 받아놓은 후 거주해 오고 있는데, 임대인이 은행에 보증 빚을 감당하지 못해서인지 개인회생을 신청하였는바, 임대인이 작성한 개인회생채권자목록을 보니 제 임차보증금도 기재되어 있고, 변제계획상으로는 제 보증금 중 2천만원에 대하여 3년간에 걸쳐 변제하는 것으로 되어 있는 것 같습니다. 이와 같은 경우 나중에 임대인이 개인회생면책을 받게 되면 제 나머지 보증금 8천만원도 면책이 되어 떼이게 되는지요?

답 채무자가 개인회생신청을 하여 변제계획이 인가되고 개인회생채권자목록에 기재된 개인회생채권을 변제계획에 따라 변제를 한 경우에는 나머지 변제하지 않는 부분은 면책을 받게 됩니다. 즉 개인회생채권자목록에 기재된 바에 따라 개인회생채권 중 일부만 변제하게 되면 나머지는 면책을 받게 되어 갚지 않아도 되는 것입니다. 다만 개인회생채권자목록에 기재되지 않은 개인회생채권이라든지, 개인회생채권자목록에 기재되어 있지만 개인회생채권에 해당되지 않는 채권은 면책이 되지 않습니다.

그렇다면 귀하의 임대차보증금과 같이 임대인인 채무자가 개인회생을 신청하면서 개인회생채권자목록에 기재하였고 변제계획에도 반영되어 개인회생기간인 3년간에 걸쳐 줄곧 변제받아 온 경우에 나머지 임차보증금 잔액 부분은 면책되어 변제받을 수 없는지 문제됩니다.

이에 관하여 판례는 주택임차인은 대지를 포함한 임차주택이 경매될 경우 그 환가대금에 대하여 우선변제권을 행사할 수 있고, 이와 같은 우선변제권은 이른바 법정담보물권의 성격을 갖는 것으로서 임대차성립시의 임차목적물인 임차주택의 가액을 기초로 주택임차인을 보호하고자 인정되는 것으로서 우선변제권 있는 주택임차인은 개인회생절차에서 별제권자에 준하여 보호된다고 하면서(대판 2007.6.21. 2004다26133), 이와 같이 주택임차인은 「채무자 회생 및 파산에 관한 법률」(이하 '통합도산법')상 우선변제권의 한도(통합도산법 제415조 제1항, 제2항, 제586조) 내에서는 임대인에 대한 개인회생절차에 의하지 않고 자신의 임대차보증금반환채권의 만족을 받을 수 있으므로 설혹 주택임차인의 임대차보증금반환채권 전액이 개인회생채무자인 임대인이 제출한 개인회생채권자목록에 기재되었다고 하더라도 주택임차인의 임대차보증금반환채권 중 이와 같이 우선변제권이 인정되는 부분을 제외한 나머지 부분만이 개인회생절차의 구속을 받아 변제계획의 변제대상이 되고,[77] 면책결정의 효력이 미치는 개인회생채권자목록에 기재된 개인회생채권에 해당한다고 보아야 한다고 하면서, 임대인에 대한 개인회생절차의 진행 중에 임차주택에 대한 환가가 이루어지지 않아 주택임차인이 그 환가대금에서 임대차보증금반환채권을 변제받지 못한 채 임대인에 대한 면책결정이 확정되어 개인회생절차가 종료되었다고 하더라도 특별한 사정이 없는 한 주택임차인의 임대차보증금반환채권 중 우선변제권의 한도 내에서는 면책되지 않는 '개인회생채권자목록에 기재되지 아니한 청구권'(통합도산법 제625조 제2항 단서 제1호)에 해당되어 면책결정의 효력이 미치지 않는다고 판시하고 있습니다(대판 2017.1.12. 2014다32014).

이에 귀하께서는 임대인인 채무자의 개인회생면책에도 불구하고 우선변제권 있는 귀하의 임차보증금은 면책의 대상이 되지 않을 것으로 보이므로 귀하께서는 개인회생절차에서 변제받지 못한 임차보증금 잔액 8천만원에 대하여는 임대인에 대한 개인회생면책 후에도 임대인을 상대로 청구할 수 있을 것으로 보입니다.

[사례 2·1·26] 임대차계약서에 확정일자를 받아놓은 후 임대인의 요구로 보증금이 증액된 경우에, 임차인이 취할 조치와 그 효력

문 저는 주택을 임차한 후 전입신고를 하고 임대차계약서에 확정일자도 받아놓고 살아오고 있는데, 기간이 만료되어 임대인과 재계약을 하려고 합니다. 재계약시 임대인이 보증금을 조금 올려 달라고 해서 보증금이 증액될 것 같은데, 이럴 경우 제가 따로 확정일자를 받아두어야 하는지, 그 증액된 보증금도 우선변제권이 인정되는지 알고 싶어 박사님께 문의드리고자 합니다.

답 주택에 관하여 임차인이 임대차계약을 체결한 후 주택의 인수 및 주민등록을 해놓고 임대차계약서상에 확정일자를 받아 놓은 상태에서 살다가 임대인의 요구로

---

77) 여기에 해당되는 경우란 예컨대, 주택임차인이 주택의 인도와 주민등록이라는 대항요건 중 전부나 일부를 결여하여 주택임대차보호법상의 보호대상이 되지 못한 임차보증금 등이 해당될 것입니다.

임차보증금을 증액해 준 경우가 많습니다.

이 경우의 확정일자는 확정일자를 받아 놓는 시점에서의 임차보증금의 액수에만 효력이 미치는 것이어서 나중에 증액된 부분에 대해서는 처음에 받아 놓은 확정일자의 효력이 미치지 않습니다. 따라서 이러한 경우에는 종전의 임대차계약서상에 증액된 임차보증금을 별도로 기재한 후 따로 확정일자를 받아 놓거나, 종전의 임대차계약서와 별도로 따로 증액된 부분만에 대한 임대차계약서의 작성 또는 종전의 임차보증금과 증액된 부분을 포함한 금액으로 임대차계약서를 작성한 후 여기에 확정일자를 따로 받아 놓아야만 할 것입니다. 물론 따로 임대차계약서를 작성한 경우에는 종전의 임대차계약서도 반드시 함께 보관하고 있어야 할 것입니다. 참고로 증액된 임차보증금에 대한 확정일자도 읍·면·동사무소나 등기소 등에서 받을 수 있지만, 읍·면·동사무소에서 받을 때에는 종전의 임대차계약서에 증액분을 기재한 것으로는 받을 수 없고 새로 임대차계약서를 작성한 경우에만 가능하다는 것이 실무임을 유념하시기 바랍니다.

이와 같이 해놓으면 증액되기 전의 임차보증금에 대해서는 종전의 확정일자에 의해 그 확정일자일을 기준으로, 나중에 증액된 부분에 대해서는 나중에 받은 확정일자에 의해 새로 받은 확정일자일을 기준으로 우선변제권이 인정되는 것입니다.

따라서 대항력을 갖춘 임차인이 저당권설정등기 이후에 임대인과 보증금을 증액하기로 합의하고 초과부분을 지급한 후 확정일자를 받아 둔 경우에는 그 증액 부분에 관하여는 저당권자에게 대항할 수 없다고 할 수 있으므로 임차인은 위 저당권에 기하여 건물을 경락받은 소유자의 건물명도청구에 대하여 증액 전 임차보증금을 상환받을 때까지 그 건물을 명도할 수 없다고 주장할 수 있을 뿐 저당권설정등기 이후에 증액된 임차보증금으로써는 소유자에게 대항할 수 없다고 할 것입니다(대판 1990.8.14. 90다카11377). 귀하의 사례도 이와 같다고 할 수 있으니 참고하시기 바랍니다.

[사례 2·1·27] 주택임대차계약기간 중의 월세 인상의 한도와 재계약시의 월세 인상의 한도

문 저는 단독주택에 대해 임대차기간을 3년으로 하는 계약을 체결하고 1년째 살고 있는데, 임차주택이 정원도 있고 전망도 좋아 3년 이후에도 더 살고 싶습니다. 그런데 임대인이 임대차기간 중인데도 돈이 좀 궁하다고 하면서 보증금과 월세를 올려 달라고 하며, 기간만료 후에 더 살고 싶다면 지금보다 더 올린 금액으로 살아야 된다고 하고 있습니다. 이럴 경우 보증금

및 월세의 증액에 한도가 없는지 궁금해서 박사님께 문의드리고 싶습니다.

답 귀하와 같이 주택임차인이라면 누구나 당면한 문제가 보증금 및 월세의 인상 문제일 것입니다. 임대인으로서도 입장이 있겠지만 영세한 세입자에게 보증금 등의 인상은 큰 부담으로 작용할 수 있습니다. 보증금 등의 인상 문제는 임대차기간 중의 인상과 임대차기간 만료 후 재계약시의 인상에 있어서 차이가 있습니다.

아래에서 월세 및 보증금의 인상한도에 관하여 구체적으로 살펴보고자 합니다.

먼저 임대차기간 중의 인상 부분입니다. 주택임대차에 있어서는 임대인이든 임차인이든 당사자는 그 약정한 차임이나 보증금이 임차주택에 관한 조세, 공과금, 그밖의 부담의 증감이나 경제사정의 변동으로 인하여 적절하지 않게 된 때에는 장래에 대하여 그 증감을 청구할 수 있습니다(주택임대차보호법 제7조). 즉 보증금 등은 인상도 가능하고 인하 요인이 있으면 인하도 가능한 것입니다. 그러나 실무상 인하가 받아들여지는 경우는 거의 드물 것이고 대부분 물가상승이나 주변시세를 들어 인상하는 경우일 것입니다.

문제는 증액의 한도가 있느냐 여부일 것입니다. 주택임대차보호법상 임차인에 의한 감액청구의 경우에는 그 한도에 제한이 없지만, 임대인에 의한 증액청구의 경우에는 1년 단위로 증액청구를 할 수 있으되, 임차인의 보호를 위하여 그 한도에 제한을 두어서 연 5%를 초과하지 못하도록 하고 있습니다(주택임대차보호법 시행령 제8조).

따라서 임대차기간 중에는 임대인으로서는 보증금 및 월세를 각각 1년 단위로 인상할 수 있으되, 각각 연 5%를 초과해서 인상할 수는 없습니다. 예컨대 보증금 1억원, 월세 48만원이라고 한다면 그 인상의 최대한은 보증금 연 5백만원, 월세 2천원(48만원 × 5/100 × 1/12)까지만 인상이 가능한 것입니다. 또한 이러한 원리는 임대차기간 만료 6개월~1개월 전에 임대인이 아무런 이의제기가 없고 임차인도 임대차기간 만료 1개월 전까지 아무런 이의제기가 없어 임대차계약이 자동갱신된 경우에도 마찬가지로서 이러한 주택임대차보호법상의 인상폭의 제한이 적용된다고 할 것입니다.

한편 임대료의 인상은 1년 단위로만 가능한 것이므로, 예컨대 임대인이 2년이 지나도록 임대료를 인상하고 있지 않다가 한꺼번에 2년분을 합산해서 연 10%를 인상할 수는 없으며, 이러한 경우에도 임대인은 연 5%만 인상이 가능합니다.

다음으로 임대차기간이 종료된 후의 재계약시의 인상부분입니다. 이때는 처음부터 다시 계약을 시작하는 것이어서 주택임대차보호법상 인상폭의 제한이 적용되지 않습니다.

판례도 "주택임대차보호법 제7조에서 '약정한 차임 또는 보증금이 임차주택에 관한 조세·공과금 기타 부담의 증감이나 경제사정의 변동으로 인하여 상당하지 않게 된 때에는 당사자는 장래에 대하여 그 증감을 청구할 수 있다. 그러나 증액의 경우에는 대통령령이 정하는 기준에 따른 비율을 초과하지 못한다.'고 정하고 있기는 하나, 위 규정은 임대차계약의 존속 중 당사자 일방이 약정한 차임 등의 증감을 청구한 때에 한하여 적용되고, 임대차계약이 종료된 후 재계약을 하거나 또는 임대차계약 종료 전이라도 당사자의 합의로 차임 등이 증액된 경우에는 적용되지 않는다고 할 것이므로, 위 통지 당시 그 임대차보증금 및 차임 인상분의 적정 여부는 원고의 이 사건 임대차계약 갱신거절의 의사표시 효력과는 아무런 관계가 없다고 할 것이다."라고 판시하여 같은 취지를 보이고 있습니다(대판 1993.12.7. 93다30532, 2002.6.28. 2002다23482).

따라서 재계약시에는 임대인이 자기 마음대로 얼마든지 인상이 가능한 것이며, 임차인이 그 인상을 받아들이지 못한다면 재계약이 불가할 것이고, 따라서 임차인은 그 주택에서 나와야 할 것입니다. 이에 귀하께서도 임대차기간 중이거나 자동갱신된 경우의 만기까지는 임대인의 요구에 따라 1년 단위로 연 5%의 범위 내에서만 보증금과 월세를 각각 인상해 주면 될 것이지만, 기간이 만료되기 전 1개월~6개월까지 사이에 임대인에 의한 해지통지로 임대차가 종료된 후 재계약시에는 보증금이나 월세의 인상폭에 제한이 없어 임대인의 요구대로 모두 올려주어야 할 것이니 이 점을 감안하여 재계약을 하든지 나가든지 해야 할 것으로 보입니다.

[사례 2·1·28] 임차주택에서 원인불명의 화재가 발생한 경우, 임차인과 임대인간의 책임소재

문 저는 단독주택 전체를 임차보증금 5천만원에 임차하여 거주하던 중, 원인불명의 화재가 발생하여 임차주택의 전부가 소실되었습니다. 그 피해액은 소방서 추산으로 8천만원에 달한다고 합니다. 임대인은 제 책임이라고 주장하며 임차보증금 5천만원을 공제하고도 나머지 3천만원을 더 물어내라고 합니다. 과연 제가 물어주어야 하는지 알고 싶습니다. 그리고 그 화재가 전기누전으로 인하여 발생한 경우라면 책임소재가 어떻게 되는지도 알고 싶습니다.

답 임대차에 있어서 임대인에게는 임대차 목적물에 대하여 임차인이 사용·수익하는데 필요한 상태를 유지해 주어야 할 의무가 있고, 임차인에게는 임대차 목적물을 임대인에게 반환할 때까지 선량한 관리자의 주의로써 보관해야 할 의무가 있습니다(민법 제623조, 제374조). 따라서 귀하와 같은 사안에서, 그 책임문제는 결국 이러한 임대인의 유지·수선의무와 임차인의 선량한 관리자의 주의의무 중 어느 부분을 보다 더 중시하느냐에 따라 달라진다고 할 수 있습니다.

이와 관련된 판례를 보면, "임차인의 임차물 반환의무가 이행불능이 된 경우에 임차인이 그 이행불능으로 인한 손해배상책임을 면하려면 그 이행불능이 임차인의 귀책사유로 말미암은 것이 아님을 입증할 책임이 있으며, 임차건물이 화재로 소훼된 경우에 있어서 그 화재의 발생원인이 불명인 때에도 임차인이 그 책임을 면하려면 그 임차건물의 보존에 관하여 선량한 관리자의 주의의무를 다하였음을 입증해야 한다."라고 판시하고 있습니다(대판 1999.9.21. 99다36273). 따라서 이러한 판례에 의한다면, 임차건물에 대하여 화재가 발생한 경우에 그 화재원인이 불명인 경우에는 원칙적으로 임차인이 책임을 지게 되는 것으로 보는 것 같습니다.

그런데 또 다른 판례는 "임차건물이 전기배선의 이상으로 인한 화재로 일부 소훼되어 임차목적물반환채무가 일부 이행불능이 되었으나 임차인이 전기배선의 이상을 미리 알았다고 보기 어렵고, 따라서 임차인의 임차목적물에 대한 보존에 관하여 선량한 관리자의 주의의무를 다하지 아니한 결과가 아니므로 임차인의 손해배상책임이 없다."라는 취지의 판례가 있습니다(대판 2000.7.4. 99다64384). 따라서 이러한 판례에 의한다면, 임차건물에 대하여 화재가 발생한 경우에 그 화재원인이 어떤 식으로든 밝혀진 경우(예, 전기배선이상, 누전 등)에는 그 책임소재에 따라 임대인에게도 책임이 인정되는 경우가 있는 것 같습니다. 이는 전기배선의 이상 등에 의한 화재와 같은 경우에는 임대인이 정기적으로 화재점검이나 전기안전검사를 실시하였느냐 여부 등에 의하여 임대인에게도 과실책임을 인정할 소지가 있기 때문입니다.

결국 귀하의 사안을 살펴보면, 귀하의 임차주택이 원인불명의 화재로 인하여 소실된 경우에 해당된다고 보이므로 임차인으로서의 귀하의 책임이 면해지기가 힘들 것으로 사료됩니다. 그러나 그 결과는 재판을 받아 보아야 할 것이므로, 귀하께서는 희망을 버리지 마시고 임대인의 귀책사유를 입증하는데 최선을 다하시기 바랍니다.

[사례 2·1·29] 건물의 일부에 대한 임대차의 경우에 임차 부분에서 화재가 발생하여 임차 외 부분까지 불에 탄 경우의 손해배상책임의 범위

문 저는 2층짜리 단독주택 중 1층 부분을 임차하여 살고 있고, 2층 부분에 대해서는 종전부터 임대인이 살고 있는데, 1층에서 원인불명의 불이 나서 2층까지 번지게 되었고, 이에 따라 1층 대부분과 2층 일부가 불에 타는 손해가 발생하였습니다. 이러한 경우에 제가 1층 부분뿐만 아니라 2층 부분에 대해서도 그 발생 손해 전부를 물어주어야 하는지 박사님께 문의드리고 싶습니다.

답 귀하의 사례와 같이 임대차의 목적물이 건물의 일부인 경우, 예컨대 2층짜리 단독주택 중 1층 부분만 임차하고 1층과 구조상 불가분의 일체를 이루고 있는 2층 부분은 임대인이 거주하고 있는데, 임대차의 목적물인 1층에서 원인 모를 화재가 발생하였고, 그 불이 번져 2층까지 훼손된 경우가 있을 수 있습니다.

이때 화재의 원인이 밝혀진 경우에는 그에 따라 책임을 부담하면 될 것이므로 문제되지 않을 것이고, 임차인의 고의·과실에 의한 위법행위로 인하여 화재가 발생한 것이 입증된 경우에도 임차인이 불법행위책임을 지게 되므로 이 또한 문제되지 않을 것입니다.

문제는 화재의 원인이나 귀책사유가 명확하게 밝혀지지 않는 경우일 것입니다. 즉 임차인이 임대인 소유 건물의 일부를 임차하여 사용·수익하던 중 임차건물 부분에서 화재원인이나 귀책사유 불명의 화재가 발생하여 임차건물 부분이 아닌 임차외 건물 부분까지 불에 타서 그로 인해 임대인에게 재산상 손해가 발생한 경우에 임차인과 임대인 중 누가 입증책임을 부담하며 누가 어느 부분까지 손해배상책임을 지게 되는지 문제되는 것입니다.

특히 이와 같은 경우에는 입증이 불가할 것이기 때문에 입증책임이 누구에게 있다고 보느냐에 따라 결과적으로 누가 손해를 볼 것인지의 문제가 결정될 것입니다. 접근하는 방법은 불법행위책임과 채무불이행책임의 두 관점에서 논의될 수 있을 것인데, 불법행위책임은 채권자인 임대인이 채무자인 임차인의 고의·과실에 대한 입증책임을 지게 되는 것이므로 화재의 원인이나 귀책사유가 명확하게 밝혀지지 않는 경우에는 임차인에게 불법행위책임을 물을 수 없을 것이어서 그 손해는 고스란히 임대인이 부담해야 할 것입니다.

따라서 임차인에게 채무불이행책임을 물을 수 있느냐의 문제만 남게 된다고 봅니다.

이에 관하여 판례는 귀하와 같은 사례에서 임차건물 부분인 1층과 임차외 건물 부분인 2층을 구별해서 화재로 불에 탄 부분이 임차물 자체인지 임차물 외의 부분인지에 따라 손해배상책임의 성립요건이나 증명책임을 달리 보아야 한다고 하고 있습니다. 즉 판례는 귀하의 사례에서 화재원인이나 귀책사유 불명의 화재로 임차인이 임차하고 있는 부분인 1층 부분이 소멸됨으로써 임차인의 목적물 반환의무가 이행불능이 된 경우에는 임차인은 이행불능이 자기에게 책임질 수 없는 사유로 인한 것이라는 증명을 다하지 못하는 한 목적물 반환의무의 이행불능으로 인한 손해배상책임을 지며, 이는 화재 등의 구체적인 발생 원인이 밝혀지지 않는 때에도 마찬가지인 바, 이러한 법리는 임대차 종료 당시 임대차 목적물 반환의무가 이행불능 상태는 아니지만 반환된 임차건물이 화재로 인하여 훼손되었음을 이유로 손해배상을 구하는 경우에도 동일하게 적용된다고 판시하고 있습니다(대판 2017.5.18. 2012다86895·86901).

이에 의하면 임차인이 임차한 건물 부분이 화재원인이나 귀책사유 불명의 화재로 훼손된 경우에는 임차인에게 입증책임이 있으며, 따라서 임차인이 임차건물의 보존에 관하여 선량한 관리자로서의 주의의무를 다하였음을 증명하지 못하는 이상 채무불이행으로 인한 손해배상책임을 부담하게 되는 것입니다. 임차인은 선량한 관리자의 주의를 다하여 임대차 목적물을 보존하고, 임대차 종료시에 임대차 목적물을 원상에 회복하여 반환할 의무를 부담하며, 채무자가 채무의 내용에 좇은 이행을 하지 않은 때에는 채무자에게 고의·과실 없음을 입증하지 못하는 한 손해배상책임을 부담하기 때문입니다(민법 제374조, 제654조, 제615조, 제390조).

반면 판례는 귀하의 사례에서와 같이 임차인이 임차한 부분인 1층에서 화재원인이나 귀책사유 불명의 화재가 발생하여 임차인이 거주하고 있지 않는 2층 부분까지 불에 번져 훼손된 경우와 같이 임차인이 임차한 건물 부분에서 화재가 발생하여 임차 부분이 아닌 임차외 건물 부분까지 불에 타서 그로 인해 임대인에게 재산상 손해가 발생한 경우에는 임대인 쪽에서 임차인의 보존·관리의무라는 계약위반으로 화재가 발생하였고, 그러한 의무위반과 임차외 건물 부분의 손해 사이에 상당인과관계가 있으며, 임차외 건물 부분의 손해가 그러한 의무 위반에 따른 통상적인 손해에 해당하거나 임차인이 그 사정을 알았거나 알 수 있었을 특별한 사정으로 인한 손해에 해당한다고 볼 수 있다는 사실 모두를 입증해야만 채무불이행에 따른 손해배상책임을 물을 수 있다고 판시하고 있습니다(대판 2017.5.18. 2012다86895·86901).[78)]

이에 의하면 임차인이 임차한 건물 부분과 구조상 불가분의 일체를 이루고 있지만 임차인이 임차한 건물 부분이 아닌 2층 부분에 대해서는 임대인에게 입증책임이 있고, 임대인이 이를 입증하지 않는 한 임차인에게 손해배상책임을 물을 수 없다는 것인데, 화재원인이나 귀책사유 불명의 화재의 경우에는 어차피 입증을 할 수 없을 것이고 따라서 입증책임을 부담하게 되는 자가 손해배상책임을 부담하게 될 것이므로, 결과적으로 이러한 경우에는 임대인이 그 손해를 감수하는 수밖에 없을 것입니다. 또한 앞서 본 바와 같이 불법행위책임을 물으려고 해도 불법행위책임에 있어서는 그에 대한 입증책임이 채권자인 임대인에게 있을 것이어서 입증을 한다는 것이 불가한 이러한 경우에는 임차인에게 불법행위책임도 물을 수 없을 것이므로 결국 불법행위로 인한 손해도 임대인이 감수하는 수밖에 없을 것입니다.

따라서 귀하의 사례를 살펴보면, 귀하께서 임차하여 거주하고 있는 1층 부분에 대한 손해에 대해서는 귀하께서 잘못 없음을 입증하기 불가한 위 사례에서는 귀하께서 손해배상을 해주어야 할 것이지만, 2층 부분은 그것이 1층과 구조상 불가분의 일체를 이루고 있다고 하더라도 임대인이 화재발생과 관련된 귀하의 계약상 의무 위반 사실과 그에 따른 2층 부분의 손해에 대한 상당인과관계, 2층 부분의 손해가 그러한 의무 위반에 따른 통상의 손해에 해당하거나, 귀하께서 그 사정을 알았거나 알 수 있었을 특별한 사정으로 인한 손해라는 사실을 모두 입증하지 못하는 한 귀하께서 손해배상책임을 부담하지 않을 것이고, 그 부분은 결국 임대인이 고스란히 감수하는 수밖에 없을 것으로 보입니다.

[사례 2·1·30] 임차인이 거주하고 있는 위층에서 누수가 발생한 경우에, 위층의 소유자와 임차인 중 누구에게 손해배상책임을 물어야 하는지

문 저는 아파트에 거주하는데, 위층에서 발생한 누수로 인하여 거실 안의 소파와 옷가지들이 손상되었고 벽지도 물에 젖어 못쓰게 되었습니다. 알고 보니 위층에도 임차인 甲이 살고 있고, 보일러배관이 깨져서 누수가 생긴 것 같습니다. 위층 임차인 甲은 내 아파트가 아니니 아파트소유자 乙한테 말하라고 합니다. 이럴 경우 저는 위층의 임차인 甲과 위층 아파트의 소유자 乙 중 누구한테 손해배상을 청구해야 하는지 박사님께 문의드리고 싶습니다.

---

78) 이와 관련하여 종전의 대법원 판례에서는 임차인이 임대인 소유 건물의 일부를 임차하여 사용·수익하던 중 임차건물 부분에서 화재가 발생하여 임차외 건물 부분까지 불에 타 그로 인해 임대인에게 재산상 손해가 발생한 경우에, 건물의 규모와 구조로 볼 때 건물 중 임차건물 부분과 그밖의 부분이 상호 유지·존립함에 있어서 구조상 불가분의 일체를 이루는 관계에 있다면, 임차인은 임차건물의 보존에 관하여 선량한 관리자의 주의의무를 다하였음을 증명하지 못하는 이상 임차건물 부분에 한하지 아니하고 건물의 유지·존립과 불가분의 일체 관계에 있는 임차외 건물 부분이 소훼되어 임대인이 입게 된 손해도 채무불이행으로 인한 손해로 배상할 의무가 있다고 판단하여 임대인의 주장·증명이 없는 경우에도 임차인이 임차건물의 보존에 관하여 선량한 관리자의 주의의무를 다하였음을 증명하지 못하는 이상 임차외 건물 부분에 대해서까지 채무불이행에 따른 손해배상책임을 지게 된다고 판시하였으나(대법원 1986.10.28. 선고 86다카1066 판결, 대법원 1992.9.22. 선고 92다16652 판결, 대법원 1997.12.23. 선고 97다41509 판결, 대법원 2003.8.22. 선고 2003다15082 판결, 대법원 2004.2.27. 선고 2002다39456 판결, 대법원 2010.4.29. 선고 2009다96984 판결), 본 대법원 2017.5.18. 선고 2012다86895·86901 전원합의체 판결에 의하여 이 부분에 대한 판단이 변경된 것입니다.

답 아파트는 민법상 공작물에 해당하며, 임차인은 공작물의 점유자에 속하므로 귀하의 사건에서 위층의 임차인인 甲의 지위는 '공작물의 점유자'로서의 지위와 동시에 '임차인으로서의 지위'에 있는 것이며, 따라서 공작물의 점유자로서의 책임과 임차인으로서의 책임이 모두 인정되지 않아야 甲이 누수에 대한 책임을 지지 않을 것입니다.

먼저 공작물의 점유자로서의 책임 부분입니다. 이에 관하여 법에서는 "공작물의 설치 또는 보존의 하자로 인하여 타인에게 손해를 가한 때에는 공작물 점유자가 손해를 배상할 책임이 있다(민법 제758조 제1항). 그러나 점유자가 손해의 방지에 필요한 주의를 해태하지 아니한 때에는 그 소유자가 손해를 배상할 책임이 있다."라고 규정하고 있고, 판례는 "공작물의 설치·보존상의 하자로 인한 사고는 공작물의 설치·보존상의 하자만이 손해발생의 원인이 되는 경우만을 말하는 것이 아니고, 공작물의 설치·보존상의 하자가 사고의 공동원인 중 하나가 되는 이상 사고로 인한 손해는 공작물의 설치·보존상의 하자로 생긴 것이라고 보아야 한다."라고 판시하고 있습니다(대판 2017.8.29. 2017다227103).

따라서 위층 점유자인 甲이 책임을 지지 않으려면 손해의 방지에 필요한 주의를 해태하지 않았어야 하고, 공작물 자체의 보존상 하자와 공동원인이 되는 다른 손해발생의 원인이 甲에게 존재하지 않아야 할 것입니다. 여기에서 임대차 관계에 있어서 임차인에게 요구되는 손해의 방지에 필요한 주의란 ① 임차인이 손쉽게 고칠 수 있을 정도의 사소한 하자라면 임차인에게 수선의무가 있는 것이므로 발견 즉시 수선해야 하는 것이고, ② 임차인이 손쉽게 고칠 수 있을 사소한 정도를 벗어난 하자에 대해서는 그 사실을 알게 된 즉시 임대인에게 통지하여 수리를 요청하는 것이라고 보입니다. 그밖에 임차주택 내부에 숨은 하자이어서 임차인이 쉽게 발견할 수 없는 관계로 미리 그 손해발생을 예견하여 방지한다는 것이 불가능한 경우에는 그 책임이 없다고 할 수 있고, 따라서 임차인은 점유자로서의 책임에서 벗어나게 되며 그 책임은 무과실의 손해배상책임을 지게 되는 임대인에게 귀속될 것입니다.

다음으로 임차인으로서의 甲의 책임 부분입니다. 이와 관련하여 법에서는 "임대인은 목적물을 임차인에게 인도하고 계약존속 중 그 사용·수익에 필요한 상태를 유지하게 할 의무를 부담한다."라고 규정하고 있는데(민법 제623조), 여기에서 사용·수익에 필요한 상태를 유지할 의무가 무엇이냐에 관하여 판례는 임차인이 별 비용을 들이지 않고도 손쉽게 고칠 수 있을 정도의 사소한 것이어서 임차인의 사용·수익을 방해할 정도의 것이 아니라면 임대인은 수선의무를 부담하지 않지만, 그것을 수선하지 않으면 임차인이 계약에 의하여 정해진 목적에 따라 사용·수익할 수 없는 상태로 될 정도의 것이라면 임대인이 그 수선의무를 부담하되, 다만 이와 같은 임대인의 수선의무는 특약에 의해 이를 면제하거나 임차인의 부담으로 돌릴 수 있다고 판시하고 있습니다(대판 1994.12.9. 94다34692·34708, 2004.6.10. 2004다2151). 즉 임대차 목적물에 하자가 생긴 경우에는, 그 하자의 정도에 따라, 그것이 임차인이 손쉽게 고칠 수 있을 정도의 사소한 것이라면 임차인에게 수선의무가 있을 것이고, 그 정도를 벗어난 하자에 대해서는 임대인에게 수선의무가 있다는 것입니다.

이에 귀하의 사건을 보건대, 귀하의 아파트 위층의 하자는 보일러 누수로 인한 것이고, 그러한 하자는 위층 임차인 甲이 쉽게 발견할 수 있는 하자가 아니라고 보이므로, 그 甲이 그러한 하자를 알았거나 알 수 있었음에도 불구하고 방치했다는 증명이 없는 한 甲에게는 책임이 없고, 결국 무과실의 손해배상책임을 지게 되는 위층 아파트의 소유자인 乙의 책임이라고 보이므로, 귀하께서는 위층 아파트의 소유자 乙을 상대로 손해배상을 청구하는 것이 타당할 것으로 보입니다. 다만 그 입증이 곤란하거나 애매하다면 위층 임차인 甲과 위층 아파트의 소유자 乙 모두를 공동피고로 하여 연대책임을 묻거나, 주위적으로 점유자 甲, 예비적으로 소유자 乙을 피고로 해서 소송을 제기하면 큰 위험부담 없이 소송에서 이길 수 있을 것으로 보입니다.

[사례 2·1·31] 남편 명의의 임대차계약을 도중에 처 명의로 변경한 경우에도 남편의 채권자에 의한 가압류나 추심명령이 여기에 미칠 수 있는지

문 저는 2017년 1월 9일 乙 소유의 아파트에 대하여 임대차보증금 1억 8천만원, 월차임 2백만원, 임대차기간 2년으로 하는 임대차계약을 체결한 후 제 처인 丙과 거주해 오고 있는데, 도중에 돈이 필요해서 임대인 乙에게 월세를 인상하는 대신 보증금을 인하해 달라고 요청하였고, 이에 관한 합의가 잘 이뤄져서 재계약서를 작성하면서 임차인 명의는 제 처인 丙으로 하고, 보증금은 3천만원 인하하여 1억 5천만원으로, 월세는 20만원 인상하여 2백 20만원으로 하기로 한 바, 이에 따라 임대인 乙은 보증금 차액 3천만원을 제 처인 丙의 계좌로 입금해 주면서 나머지 보증금 1억 5천만원에 대해서는 임대차보증금의 수령 명목으로 丙에게 영수증을 작성해 주었습니다. 그런데 그 후 제 채권자인 甲이 저를 채무자로, 임대인 乙을 제3채무자로 하여, 저의 乙에 대한 임대차보증금반환채권에 대하여 채권가압류를 하였고, 이어서 채권가압류를 본압류로 이전하는 내용의 채권압류 및 추심명령을 실행하였습니다. 이와 같이 임차인의 명의가 제 처인 丙으로 바뀐 후에 비로소 들어온 甲의 채권가압류 및 추심명령의 효력이 제 처 丙 명의의 乙에 대한 임대차보증금반환채권에도 미치게 될 수 있는지요?

답 임대차보증금 반환채권을 양도하는 경우에는 확정일자 있는 증서로써 이를 채무자에게 통지하거나 채무자가 확정일자 있는 증서로써 이를 승낙하지 않는 이상 그 양도에 의하여 채무자 이외의 제3자에게 대항할 수 없으며(민법 제450조), 이러한 법리는 임대차계약상의 지위를 양도하는 등 임대차계약상의 권리의무를 포괄적으로 양도하는 경우에도 그 권리의무의 내용을 이루고 있는 임대차보증금 반환채권의 양도 부분에 있어서는 마찬가지로 적용된다고 할 것입니다.

따라서 기존 임차인과 새 임차인 및 임대인 사이에 임대차계약상의 지위 양도 등 그 권리의무에 관한 포괄적 양도 계약이 확정일자 있는 증서에 의하여 체결되거나, 임대차보증금 반환채권의 양도에 대한 통지·승낙이 확정일자 있는 증서에 의하여 이루어지는 등의 절차를 거치지 않는 한, 기존의 임대차계약에 따른 임대차보증금 반환채권에 대하여 채권가압류명령, 채권압류 및 추심명령 등을 받은 채권자 등 그 임대차보증금 반환채권에 관하여 양수인의 지위와 양립할 수 없는 법률상의 지위를 취득한 제3자에 대해서는 임대차계약상의 지위 양도 등 그 권리의무의 포괄적 양도에 포함된 임대차보증금 반환채권의 양도로써 대항할 수 없다고 보아야 할 것입니다(대판 1996.7.9. 96다16612, 2014.5.29. 2011다40557).

한편, 민법 제450조 제2항에서 정하는 지명채권양도의 제3자에 대한 대항요건은 양도된 채권이 존속하는 동안에 그 채권에 관하여 양수인의 지위와 양립할 수 없는 법률상의 지위를 취득한 제3자가 있는 경우에 적용되는 것이므로, 임대차보증금 반환채권이 양도되거나 그 임대차보증금 반환채권에 대하여 채권가압류명령 등이 이루어지기에 앞서 임대차계약의 종료 등을 원인으로 한 변제, 상계, 정산합의 등에 의하여 임대차보증금 반환채권이 이미 소멸하였다면, 이러한 채권양도나 채권가압류명령 등은 모두 존재하지 않는 채권에 대한 것으로서 효력이 없고, 이와 같은 대항요건의 문제는 발생할 여지가 없다고 할 것입니다(대판 2011.7.28. 2010다63690).

그러나 임대인이 임대차계약 후 그 임대차계약과 관련하여 제3자와 새로이 임대차계약을 체결하는 행위를 한 때에도, 그것이 실제로는 임차인이 기존의 임대차계약상의 지위를 제3자에게 양도하는 등 임대차계약상의 권리의무를 포괄적으로 양도하거나, 오로지 기존의 임대차보증금 반환채권을 제3자에게 귀속시키는 것에 해당하는 경우가 있을 수 있고, 여기에서 위 행위가 기존의 임대차계약 관계 및 임대차보증금 반환채권을 완전히 소멸시키고, 제3자의 새로운 임대차보증금 반환채권을 발생시키는 것인지, 아니면 기존의 임대차계약상의 권리의무를 포괄적으로 양도하거나 기존의 임대차보증금 반환채권을 양도하는 것인지는, 위 행위를 이루고 있는 계약 내지 의사의 해석 문제에 해당한다고 할 것이며, 따라서 위와 같은 행위가 이루어진 동기와 경위, 당사자가 그 행위에 의하여 달성하려는 목적과 진정한 의사, 거래의 관행 등을 종합적으로 고려하여 논리와 경험칙에 따라 위 행위에 담긴 의사를 해석함으로써, 그 법률관계의 성격 내지 기존의 임대차보증금 반환채권의 소멸 여부에 관하여 합리적으로 판단해야 할 것이고, 결국 기존의 임차인과 제3자와의 관계, 새로운 임대차계약의 체결 경위 및 기존의 임대차계약과 새로운 임대차계약의 각 내용, 새로운 임대차계약과 기존의 임대차계약의 각 보증금 액수가 같은지 여부 및 같지 않을 경우에는 그 차액의 반환 내지 지급관계, 새로운 임대차계약을 전후한 해당 부동산의 점유·사용관계, 새로운 임대차계약에 따른 월차임의 지급관계 등의 여러 사정을 모두 종합하여 그 의사를 해석·판단해야 할 것입니다(대판 2011.7.28. 2010다63690).

이에 귀하의 사건을 보건대, 귀하와 丙은 부부관계로서 기존의 임대차계약 이후에도 임대차 목적물인 위 아파트에서 계속 함께 거주하여 왔으므로 위 아파트에 대한 점유·사용에 변화가 없으며, 나중에 귀하의 처 丙과 임대인 乙이 새로이 재계약한 임대차계약은 기존 임대차계약의 기간 중에 이루어졌을 뿐 아니라 기존 임대차계약과 새로운 재계약의 각 임대차기간 만료일이 동일하므로, 재계약은 기존 임대차계약 범위 내에서 이루어졌다고 할 수 있고, 더욱이 기존 임대차보증금에서 감액된 3천만원을 귀하의 계좌로 지급받지 않고 귀하의 처인 丙의 계좌로 지급받았으므로, 이에 의하면 기존 임대차계약 및 재계약으로 체결한 나중의 임대차계약에 따른 임대차보증금의 귀속에 관하여는 둘 사이에 이해관계를 같이 한다고 볼 수 있을 것입니다.

결국 이러한 사정들을 종합해보면, 귀하께서는 기존 임대차계약상의 임차인 지위를 재계약에 의하여 귀하의 처인 丙에게 양도하는 등 기존 임대차계약상의 권리의무를 포괄적으로 양도하고, 이와 아울러 기존 임대차보증금 반환채권을 양도하면서 귀하의 처인 丙 명의로 임대인 乙과 재계약을 한 것으로 봄이 타당하며, 이와 달리 귀하의 처 丙과 임대인 乙 사이에 별개의 새로운 임대차계약이 체결되어 기존 임대차계약에 관한 권리관계가 완전히 소멸하고 귀하의 처 丙이 임대인 乙에게 새로이 임대차보증금을 지급함으로써 귀하의 처 丙에게 새로운 임대차보증금 반환채권이 성립되었다고 볼 수는 없다고 할 것입니다(대판 2017.1.25. 2014다52933).

따라서 기존 임대차보증금 반환채권에 관한 채권가압류결정에 앞서 반환된 3천만원의 범위 내에서는 기존 임대차보증금 반환채권이 소멸되었다고 할 수 있을 것이나, 나머지

1억 5천만원의 기존 임대차보증금 반환채권에 관하여는, 채권가압류결정에 앞서 확정일자 있는 증서에 의하여 재계약서가 작성되었거나 기존 임대차보증금 반환채권의 양도에 대한 귀하의 임대인 乙에 대한 통지 또는 임대인 乙의 승낙이 있었다는 사정이 없었던 한, 채권가압류결정을 받은 귀하께서는 기존 임대차보증금 반환채권의 양도 사실을 가지고 귀하의 채권자 甲에게 대항할 수 없다고 보아야 할 것입니다.

여담이지만 귀하께서 굳이 귀하의 처 丙 명의로 임차인을 바꾸고자 할 요량이었다면 재계약서를 작성하면서 이를 확정일자 있는 증서에 의하여 작성하거나 기존 임대차보증금 반환채권에 대한 양도에 관하여 귀하께서 임대인 乙에게 확정일자 있는 증서에 의하여 통지하거나 임대인 乙의 승낙을 받아두었어야만 가압류 및 추심명령권자인 甲 등 제3자에 대한 대항이 확실했을 것으로 보입니다.

[사례 2·1·32] 공사대금 등 채권을 주택의 임대차보증금으로 전환한 경우에, 대항력을 인정받을 수 있는지 여부

문 건설업자인 저는 5개월 전에 甲으로부터 주택신축공사를 도급받아 최근에 공사를 완성하였고, 이에 따라 공사대금 3천만원을 청구했는데, 甲은 당장 형편이 어렵다며 공사대금 대신에 위 주택에 대하여 임대차계약을 체결해 주겠다고 제안한 사실이 있습니다. 이에 저도 현재 살고 있는 집에서 이사를 해야 할 형편이어서 그렇게 하자고 하여 저는 甲과 임대차보증금 3천만원, 기간 2년으로 하는 임대차계약을 체결했습니다. 저는 입주한 후 바로 주민등록도 하고 확정일자도 받아 두었습니다. 그리고 그 후 甲은 위 주택을 乙에게 매도한 사실이 있는데, 저와 같이 공사대금 등의 채권을 임차보증금으로 전환해서 임대차계약을 체결한 경우에도 주택임대차보호법상의 대항력이 인정되어 乙에게 임차권을 주장할 수 있는지요?

답 주택임대차는 그 등기가 없는 경우에도 주택의 인도와 주민등록을 마친 때에는, 그 다음날부터 제3자에 대하여 대항할 수 있습니다(주택임대차보호법 제3조 제1항). 문제는 정상적으로 임차보증금을 지급하고 임대차계약을 체결한 것이 아니라, 공사대금이나 대여금 등 기존의 채권을 임차보증금으로 전환하기로 하고 이를 임대차보증금으로 하고 임대차계약을 체결한 후 주택의 인도와 주민등록을 마침으로써, 주택임차인로서의 대항력을 취득한 것과 같은 외관을 만들었을 경우에도 주택임대차의 대항력이 인정되느냐의 여부일 것입니다.

이에 관한 판례의 입장을 보면, "주택임대차의 대항력의 인정 여부는 주택임대차보호법 제3조 제1항에서 정한 요건인 주택임대차의 성립, 주택의 인도, 주민등록의 요건을 갖추었는지의 여부에 의하여 결정되는 것이므로, 해당 임대차계약이 통정허위표시에 의한 계약이어서 무효라는 등의 특별한 사정이 없는 한, 기존채권을 임대차보증금으로 전환하여 임대차계약을 체결하였다는 사정만으로는 대항력을 갖지 못한다고 볼 수 없다." 라고 판시하고 있습니다(대판 2002.1.8. 2001다47535). 즉, 대항력이 인정되느냐의 여부는 결국 임차인이 그 주택을 실제 주거용으로 사용·수익하고 있었느냐의 여부에 달려 있다는 것입니다.

따라서 귀하의 사안과 같이, 기존채권을 임차보증금으로 전환해서 임대차계약을 체결하고 주택임대차보호법 소정의 대항요건을 갖춘 경우에 주택임대차보호법상의 보호를 받을 수 있느냐의 여부는 주택임대차계약의 주된 목적이 실제의 주거용으로 사용·수익하려는데 있었느냐의 여부에 따라 결정된다고 보이며, 그 주된 목적이 주거용으로 사용·수익하는데 있었다면 그 보호를 받을 수 있을 것이지만, 채권담보의 목적으로만 임대차계약을 체결하고 단순히 점유하고 있는 경우라면 그 보호를 받을 수 없을 것으로 사료됩니다(대판 2002.3.12. 2000다24184, 2001.10.9. 2001다41339). 이 문제에 관하여 다툼이 있다면 결국 그 최종 결론은 이러한 판례를 토대로 하여 그 사실관계의 입증여부에 따라 판사가 내리게 될 것으로 보입니다.

[사례 2·1·33] 임차건물에 비용투자를 한 경우에 인정되는 필요비·유익비상환청구권과 유치권행사

문 저는 甲소유의 단독주택에 대하여 보증금 2천만원, 기간 2년으로 하는 임대차계약을 체결한 후 입주하여 살고 있습니다. 그런데 위 임차주택은 오래되어서 여기저기 손 볼 곳이 많았습니다. 그래서 저는 입주하자마자 수도꼭지 교체, 화장실 변기통 수리, 옥상방수 등 이것저것 수리하느라고 100만원이 들었고, 임대차기간을 얼마 남겨 놓지 않은 상태에서는 페인트와 니스칠도 하느라고 200만원이 들었습니다. 그런데 임대차기간이 만료되자 임대인이 집을 비워달라고 합니다. 이 집에 투자한 비용을 얼마라도 인정받고 싶은데, 어떻게 해야 하는지요?

답 임차인에게는 필요비와 유익비의 상환청구권이 있습니다. 필요비란 수도꼭지 교체 등 임차인이 임대차 목적물의 보존을 위하여 지출한 비용을 말하고, 유익비란 페인트칠 등 임차인이 임대차 목적물의 객관적인 가치를 증가시키기 위하여 투입한 비용을 말합니다. 이 중 필요비는 그 지출한 즉시 임대인에게 청구할 수 있고, 유익비는 임대차가 종료한 때에 그 가액의 증가가 현존한 경우에 한하여 청구가 가능합니다(민법 제626조). 이러한 필요비나 유익비는 임대인에게 그 목적물을 반환한 날로부터 6개월이 경과하면 청구할 수 없게 됩니다.

그리고 유익비나 필요비청구권은 차임연체 등 임차인의 채무불이행으로 인하여 임대차가 종료한 경우에도 인정됩니다. 다만, 임대차계약을 체결할 때에 이러한 유익비나 필요비를 청구하지 않겠다고 약정을 한 경우에는 청구할 수 없게 됩니다. 임차인은 이러한 필요비나 유익비를 상환받을 때까지 임차물에 대하여 유치권을 행사할 수 있습니다(민법 제320조).

따라서 귀하의 사안을 살펴보면, 귀하가 수도꼭지 교체나 화장실 변기통 수리 등을 위하여 지출한 필요비 100만원에 대하여는 그 지출한 즉시 임대인에게 청구할 수 있고(다만, 임대차 목적물 반환 후 6개월 이내에 청구하여도 됨), 페인트와 니스칠 등 임차주택에 투자한 유익비에 대하여는 임대차가 종료한 때에, 임차인이 지출한 금액과 임차주택의 가치의 증가액 중에서 임대인이 선택한 바에 따라 청구할 수 있습니다. 또한 귀하는 이러한 필요비와 유익비를 상환받을 때까지 임차주택에 대하여 유치권을 행사할 수도 있을 것입니다.

참고로 임차목적물에 비용을 지출한 경우라도 간판이나 부대시설 등과 같이 그것이 자기의 영업이나 자기만을 위하여 지출한 경우에는 원상회복의 대상으로 될 뿐 필요비나 유익비의 청구는 인정되지 않습니다(대판 1968.12.17. 68다1923). 또한 임차인의 임대인에 대한 임차보증금반환청구권에 기하여는 임차주택에 대하여 유치권을 행사할 수 없음도 알아두어야 합니다(대판 1976.5.11. 75다1305).

[사례 2·1·34] 임차인의 필요비청구권과 임대차 종료시의 원상회복의 범위

문 저는 甲 소유의 아파트에 대하여 임대차계약을 체결한 후 현재까지 입주해서 살아오고 있습니다. 그런데 1년쯤 살던 중 가스보일러가 고장이 나서 10만원을 들여 수리한 적이 있었고, 벽쪽 타일도 깨져서 5만원을 들여 수리한 적이 있습니다. 이제 기간이 만료되어 이사를 하려고 하는데, 임대인이 원상회복 차원에서 벽지와 장판을 다시 깔아달라고 요청합니다. 겉으로 보기에는 벽지나 장판에 긁힌 흔적도 별로 없고 아직 쓸 만합니다. 벽지와 장판을 다시 깔아주어야 하는지 박사님의 고견을 듣고 싶습니다.

답 임대차의 경우에는 임대인이 임차인으로 하여금 임차목적물을 사용하고 수익하는데 필요한 상태를 유지해 주어야 할 의무가 있는 반면(민법 제623조), 전세권(전세권등기가 된 경우)의 경우에는 전세권자에게 전세목적물을 유지하고 수선해야 할 의무가 있습니다(민법 제309조). 즉, 임대차나 전세목적물에 대한 수선·유지의무와 관련해서는, 임대차의 경우에는 임대인이 부담하고(임차인의 필요비상환청구권 인정), 전세권의 경우에는 전세권자가 부담(전세권자의 필요비상환청구권 불인정)하는 것입니다.

귀하의 경우에는 전세권등기를 한 경우가 아니므로 임차인에 해당하고, 따라서 임대차건물에 대한 기본적인 유지·관리의무가 임대인에게 있습니다. 이에 귀하가 임차아파트에 입주하여 살던 중, 자연발생적으로 발생하는 임차건물의 마모나 손상 또는 보일러 등 부속물의 고장에 대한 수리나 수선의무는 당연히 임대인이 부담해야 할 것으로 보입니다.

따라서 귀하께서는 가스보일러 및 벽쪽 타일 수리비 15만원에 대하여 필요비로서 임대인에게 청구할 수 있으며, 자연발생적으로 마모된 벽지나 장판에 대해서도 다시 깔아줄 필요가 없을 것으로 보입니다. 다만, 귀하의 고의나 과실로 인하여 임대차 목적물이 손상되거나 고장난 경우에는 귀하가 그 비용을 부담해야 할 것인데, 귀하의 과실로 인하여 손상·고장이 난 것인지 아니면 자연발생적인 것인지 여부에 대하여는 당사자 간에 의견일치가 없으면 결국 재판을 통하여 판가름이 날 것으로 보입니다.

[사례 2·1·35] 건물의 소유를 목적으로 한 토지임차인에게 인정되는 건물매수청구권

문 저는 철물점을 운영하기 위하여 甲 소유의 토지 65평에 대하여 기간 5년, 임차보증금 2천만원, 월세 10만원으로 하는 임대차계약을 체결한 후, 그 지상에 건물을 신축하여 임차권등기도 해놓고 그 곳에서 5년여 가까이 철물점을 운영해 오고 있습니다. 그런데 甲이 위 임대차기간의 종료일이 임박하자 위 토지를 명도하라며 내용증명을 보내왔습니다. 저는 투자한 돈도 많고 하여 앞으로 5년간은 더 임차하고 싶은데, 가능한지 박사님께 무의드리고 싶습니다.

답 건물 기타 공작물의 소유 또는 식목, 채염, 목축을 목적으로 한 토지임대차에 있어서 그 기간이 만료한 경우에, 그 지상에 건물, 수목, 기타 시상시설이 현존한 때에는 임차권자는 임대인에 대하여 계약의 갱신을 청구할 수 있고, 만약 임대인이 이러한 계약의 갱신을 원하지 않는 때에는 임차인은 임대인에 대하여 상당한 가액으로 현존하는 건물이나 공작물, 수목, 기타 지상시설을 매수해 줄 것을 청구할 수 있습니다(민법

제643조, 제283조). 이는 임차권자뿐만 아니라 지상권자에게도 마찬가지로 인정됩니다(민법 제283조). 또한 이러한 토지임차인의 지상물매수청구권은, 이를 인정하지 않기로 하는 계약상의 내용이 존재한다 하더라도, 그것이 임차인에게 불리한 약정이면 효력이 없습니다(민법 제652조).

지상물매수청구의 대상이 되는 건물은, 그 토지에 대한 임대차가 건물의 소유를 목적으로 하여 체결된 이상, 임대인의 동의를 얻지 않고 신축한 것이어도 무방하며, 무허가건물이라도 인정이 됩니다(대판 1997.12.23. 97다37753). 다만 비닐하우스의 경우에는 건물매수청구권이 인정되지 않습니다(대판 1997.2.14. 96다46668). 그리고 건물매수청구권의 상대방은 임차권 소멸 당시의 임대인이 되는 것이 보통이지만, 임차권 소멸 후 그 토지를 제3자가 양수한 경우에는 그 양수인에 대하여 건물매수청구권을 행사할 수 있습니다(대판 1996.6.14. 96다14517). 다만, 이러한 지상물매수청구권은 임차인이 2기분 이상의 차임 연체 등 채무불이행을 이유로 하여 계약이 해지된 경우에는 인정되지 않습니다(대판 2003.4.22. 2003다7685).

귀하의 사례를 살펴보면, 귀하의 경우에는 채무불이행으로 인하여 계약이 해지된 경우가 아니라 기간이 만료된 경우이므로, 임대인에 대하여 계약기간을 연장해 달라고 청구를 해보고, 그럼에도 불구하고 임대인이 계약갱신을 원하지 않는 경우에는 임차토지상의 건물을 상당한 가격으로 매수하여 줄 것을 청구할 수 있을 것으로 사료됩니다. 상당한 가액이 얼마나 되느냐는 당사자 간에 합의하기 나름이겠지만, 합의가 이루어지지 않는다면 결국 법원의 감정과 재판을 통하여 결정될 것으로 보입니다.

[사례 2·1·36] 건물의 소유를 목적으로 토지를 임차하였지만, 그 지상에 비닐하우스를 축조한 경우에도 건물매수청구권이 인정되는지

문 저는 오래 전에 농가주택 신축 용도로 甲 소유의 토지를 임차한 후, 주택을 신축하려고 했으나 자금이 부족해서 비닐하우스만 축조한 후 그곳에서 거주해 오고 있는데, 1년 전쯤 위 토지가 乙에게 매매되었고, 최근 제 임대차기간이 만료될 즈음에 이르러서 자신이 위 지상에 농가주택을 짓겠다고 하면서 나가라고 합니다. 저희들은 나갈 데도 마땅치 않고 해서 계약기간을 연장해 달라고 요청했으나 완강히 거절해서 할 수 없이 나가고자 합니다. 이러한 경우 비닐하우스에 대해서도 건물매수청구권이 인정되는지 알고 싶고, 만약 인정된다면 위와 같이 토지소유자가 바뀐 경우에는 누구를 상대로 건물매수청구권을 행사할 수 있는지도 알고 싶어 박사님께 여쭈어보고 싶습니다.

답 토지를 임차할 때 임대인에게 그 지상에 건물을 소유할 목적이라는 사실을 표시하고 계약을 체결한 후 건물을 지었고, 이후 임대차기간이 만료됨에 따라 임대인에게 임대차기간의 연장을 요청했으나 임대인이 계약갱신을 원하지 않는 경우에는 임차인은 임대인에 대하여 상당한 가액으로 그 건물을 매수해 달라고 청구할 수 있습니다(민법 제643조, 제283조). 이를 토지임차인의 건물매수청구권이라고 합니다. 이러한 건물매수청구권은 토지임대인에 의한 해지통고에 의하여 임차권이 소멸한 경우에는 임차인의 계약갱신에 대한 청구 여부에 불문하고 건물매수청구권이 인정됩니다(대판 1995.12.26. 95다42195). 다만 토지임차인에게 건물매수청구권이 인정되더라도 차임연체 등과 같은 임차인의 채무불이행을 사유로 임대차계약이 해지된 경우에는 건물매수청구권이 인정되지 않습니다(대판 2003.4.22. 2003다7685).

건물매수청구권은 임차인뿐만 아니라 전차인에게도 인정되는데(민법 제644조), 임차인이나 전차인이 건물매수청구권을 포기하기로 하는 약정을 한 경우에도 그것이 임차인이나 전차인에게 불리한 경우에는 효력이 인정되지 않고 건물매수청구권을 행사할 수 있습니다(민법 제652조, 제643조). 또한 토지임차인이 건물매수청구권을 행사할 수 있음에도 불구하고 이를 행사하지 않은 채 토지임대인이 제기한 토지인도 및 건물철거청구 소송에서 패소하여 그 판결이 확정되었다고 하더라도 그 확정판결에 의하여 건물철거가 집행되지 않은 이상 토지임차인으로서는 건물매수청구권을 행사하여 별소로써 임대인에 대하여 건물매매대금의 지급을 구할 수 있습니다(대판 1995.12.26. 95다42195).

문제는 귀하의 사건과 같이 비닐하우스에 대해서도 건물매수청구권이 인정되느냐 여부입니다. 이에 관하여 판례는 건물매수청구권은 무허가건물에 대해서도 인정되지만(대판 1997.12.23. 97다37753), 비닐하우스에 대해서는 인정되지 않는다고 판시하고 있습니다(대판 1997.2.14. 96다46668). 즉, 판례는 "임차인이 화초의 판매용지로 임차한 토지에 설치한 비닐하우스가 화훼판매를 위하여 필요한 시설물이라 하더라도 그 자체의 소유가 그 임대차의 주된 목적은 아니었을 뿐 아니라, 비용이 다소 든다고 하더라도 주 구조체인 철재파이프를 토지로부터 쉽게 분리, 철거해 낼 수 있는 점 등에 비추어 비닐하우스를 철거할 경우 전혀 쓸모가 없어진다거나 사회경제적으로 큰 손실을 초래하지 않으므로 임차인의 매수청구권은 인정될 수 없다."라고 판시하고 있는 것입니다(대판 1997.2.14. 96다46668).

따라서 귀하께서는 비닐하우스 건축에 많은 돈이 소요되었다고 하더라도 토지의 신소유자인 乙뿐만 아니라 전 소유자인 甲에 대해서도 비닐하우스에 대한 매수청구권을 행사할 수 없다고 봅니다.

참고로 귀하에게 비닐하우스에 대한 매수청구권이 인정되지 않는 관계로 귀하께는 해당되지 않는 것이지만, 기왕에 귀하께서 문의하셨으니, 건물매수청구권의 상대방에 관하여 살펴보기로 하겠습니다.

이 문제는 토지에 대한 임대차기간 중에 토지소유자가 변경된 경우에 생기는 문제일 것입니다. 즉, 토지에 대한 임대차계약을 체결한 후 중간에 토지소유자가 바뀐 경우가 있는데, 이러한 경우에는 종전 소유자 겸 임대인과 현재의 토지소유자 중 누구를 상대로 건물매수청구권을 행사할 수 있는지의 문제인 것입니다. 이에 관련하여 판례는 건물 소유를 목적으로 한 토지임차인의 건물매수청구권 행사의 상대방은 통상의 경우 기간의 만료로 인한 임차권 소멸 당시의 토지소유자인 임대인일 것이지만 임차권 소멸 후 임대인이 그 토지를 제3자에게 양도하는 등으로 그 소유권이 이전되었을 때에는 제3자에 대하여 대항할 수 있는 차지권을 가지고 있던 토지임차인은 그 신소유자에게 대하여도 위 매수청구권을 행사할 수 있다고 판시하고 있습니다(대판 1977.4.26. 75다348). 따라서 토지임차인이 토지에 대한 임차권등기를 해놓는 등으로 신소유자에게 토지임차권을 대항할 수 있으면 그 신소유자에게 건물매수청구권을 행사할 수 있고, 토지임차인이 토지에 대한 임차권등기를 해놓지 않는다고 하더라도 건물의 소유를 목적으로 한 토지임대차에 대해서는 임차인이 그 지상건물을 등기한 때에는 제3자에 대하여 임대차의 효력이 생기는 것이므로(민법 제622조 제1항),[79] 이와 같은 경우에는 토지임차인이 토지에 대한 임대차등기를 해놓지 않은 경우에도 신소유자에 대해서 건물매수청구권을 행사할 수 있을 것입니다. 그러나 토지임차인이 그의 임차권을 신소유자에게 대항할 수 없는 경우에는 그 신소유자에 대해서는 건물매수청구권을 행사할 수 없고, 종전 소유자인 임대인을 상대로 건물매수청구권을 행사해야 할 것입니다.

[사례 2·1·37] 토지를 임차하여 그 지상에 건물을 신축한 후 토지소유자가 변경된 경우에 있어서의 건물매수청구권의 상대방

문 저는 전원주택을 짓기 위하여 甲 소유의 토지를 임차한 후 그곳에 주택을 신축하였습니다. 그 당시 토지소유자인 甲의 요청으로 토지임차권에 대해서는 등기를 하지 않았지만

79) 다만 위와 같이 건물의 소유를 목적으로 한 토지임대차는 이를 등기하지 아니한 경우에도 임차인이 그 지상건물을 등기한 때에는 토지에 관하여 권리를 취득한 제3자에 대하여 그 임대차의 효력을 주장할 수 있지만, 이 경우의 제3자는 토지임대인을 제외한 제3자를 말하는 것으로서 토지임대인에 대하여도 임차권을 취득하려면 별도로 임대인의 동의가 있어야 하는 것입니다(대판 1974.5.28. 74다212, 1975.7.30. 74다2032, 1993.4.13. 92다24950).

주택에 대해서는 보존등기를 해놓은 상태입니다. 그런데 그 후 위 토지를 매수한 乙이 임대차기간이 만료될 즈음에 이르러서 건물에 대한 철거를 요구하고 있습니다. 새 토지소유자 乙은 임대차기간의 갱신에 대한 제 요청에도 불구하고 이를 거절하고 있어 할 수 없이 건물매수청구권을 행사하고자 합니다. 이때 저는 원래의 토지소유자 겸 임대인인 甲과 새 토지소유자인 乙 중 누구를 상대로 건물매수청구권을 행사해야 하는지요?

답 건물 기타 공작물의 소유 또는 식목, 채염, 목축을 목적으로 한 토지임대차의 기간이 만료한 경우에 건물, 수목 기타 지상시설이 현존하고 토지임대인이 계약의 갱신을 원하지 않는 때에는 토지임차인은 상당한 가액으로 그 공작물이나 수목의 매수를 청구할 수 있습니다(민법 제643조, 제283조 제2항). 이에 따라 귀하의 사례와 같이 건물을 소유할 목적으로 토지를 임차하여 건물을 건축하였는데, 임대차기간이 만료하였고, 귀하께서 기간갱신을 요구하였으나 임대인이 이를 거절한 경우에는 토지임대인에 대하여 건물매수청구권을 행사할 수 있는 것입니다.

그런데 임대차기간 중에 토지소유자가 변경된 경우가 있는데, 이 경우에는 누구를 상대로 건물매수청구권을 행사할 수 있는지 문제됩니다. 이에 관하여 판례는 "건물 등의 소유를 목적으로 하는 토지임대차에서 임대차기간이 만료되거나 기간을 정하지 않은 임대차의 해지통고로 임차권이 소멸한 경우에 임차인은 민법 제643조에 따라 임대인에게 상당한 가액으로 건물 등의 매수를 청구할 수 있다. 임차인의 지상물매수청구권은 국민경제적 관점에서 지상 건물의 잔존 가치를 보존하고 토지소유자의 배타적 소유권 행사로부터 임차인을 보호하기 위한 것으로서, 원칙적으로 임차권 소멸 당시에 토지소유권을 가진 임대인을 상대로 행사할 수 있다. 임대인이 제3자에게 토지를 양도하는 등으로 토지소유권이 이전된 경우에는 임대인의 지위가 승계되거나 임차인이 토지소유자에게 임차권을 대항할 수 있다면 새로운 토지소유자를 상대로 위 매수청구권을 행사할 수 있다(대판 1977.4.26. 75다340). 한편 토지소유자가 아닌 제3자가 토지 임대행위를 한 경우에는 제3자가 토지소유자를 적법하게 대리하거나 토지소유자가 제3자의 무권대리행위를 추인하는 등으로 임대차계약의 효과가 토지소유자에게 귀속되었다면 토지소유자가 임대인으로서 지상물매수청구권의 상대방이 된다. 그러나 제3자가 임대차계약의 당사자로서 토지를 임대하였다면, 토지소유자가 임대인의 지위를 승계하였다는 등의 특별한 사정이 없는 한 임대인이 아닌 토지소유자가 직접 지상물매수청구권의 상대방이 될 수는 없다."라고 판시하고 있습니다(대판 2017.4.26. 2014다72449).

이러한 판례에 따를 경우, 귀하의 사례와 같이 건물의 소유를 목적으로 하는 임대차계약을 체결한 후 토지소유자가 변경된 경우에 지상물매수청권의 행사는 만약 새로운 토지소유자에게 임대인의 지위가 승계되거나 토지임차인이 새로운 토지소유자에게 임차권을 대항할 수 있는 경우에는 새로운 토지소유자에게 건물매수청구권을 행사할 수 있으되, 그렇지 않는 경우에는 원래의 임대인에게 건물매수청구권을 행사해야 할 것입니다.

여기에서 새로운 토지소유자에게 임대인의 지위가 승계되는 경우란 토지임차권등기가 되어 있는 경우나, 새로운 토지소유자가 임차보증금을 떠안고 매수하는 등 원래의 임대인과의 관계에서 임대인의 지위를 승계하기로 약정한 경우가 이에 해당될 것이고, 토지임차인이 새로운 토지소유자에게 임차권을 대항할 수 있는 경우란, 민법상 건물의 소유를 목적으로 한 토지임대차는 이를 등기하지 않은 경우에도 임차인이 그 지상건물을 등기한 때에는 제3자에 대하여 임대차의 효력이 생긴다는 규정(민법 제622조 제1항)에 의하여, 토지임차권을 등기하지 않았지만 신축건물에 대한 소유권보존등기를 해놓음으로써 토지임차권의 효력을 토지의 양수인 등 제3자에게 주장할 수 있는 경우 등을 말합니다.

이에 귀하께서는 토지임대차에 관하여는 등기를 해놓지 않았지만 신축건물에 대해서는 소유권보존등기를 해놓았다고 하므로 새 토지소유자 乙에게 대항할 수 있어 새 토지소유자 乙을 상대로 건물매수청구권을 행사할 수 있을 것으로 보입니다. 참고로 귀하의 경우와 달리 만약 토지임차인이 토지에 대한 임차권도 등기해 놓지 않았고 건물에 대해서도 소유권보존등기를 해놓지 않은 상태에서 새 토지소유자에게 토지소유권이 넘어간 경우라면 건물매수청구권은 새 토지소유자가 아니라 전 토지소유자 겸 토지임대인에 대해서 청구하는 수밖에 없을 것이며, 이때 건물이 철거될 처지에 놓인 경우에는 이에 갈음하는 손해배상청구로 구제를 받아야 할 것으로 보입니다.

[사례 2·1·38] 임차건물에 시설투자를 한 경우에 인정되는 임차인의 부속물매수청구권

문 저는 식당을 운영할 목적으로 甲 소유의 건물에 대하여 기간 2년, 임차보증금 2천만원, 월세 10만원으로 하는 임대차계약을 체결하였습니다. 그 후 저는 임대인의 동의를 얻어 빈 공간에 화장실도 만들고 방도 하나 늘리는 등 1천 5백만원을 들여 시설물에 투자를 하였습니다. 다만, 계약서에는 이러한 시설물투자에 대하여는 임대인에게 그 비용을 청구하지 않겠다는 내용이 들어 있습니다. 저는 기간이 만료되어 다른 곳으로 이사하려고 하는데, 시설물에 투자한 돈이 아까워서 일부라도 회수하고 싶습니다. 그것이 가능한지 박사님께 문의드리고 싶습니다.

답 건물 기타 공작물의 임차인이 그 사용의 편익을 위하여 임대인의 동의를 얻어 부속하거나, 임대인으로부터 매수한 부속물이 있는 때에는 임차인은 임대차 종료시에 임대인에 대하여 부속물의 매수를 청구할 수 있습니다(민법 제646조). 여기에서 부속물이란 건물에 부속된 물건으로서, 건물의 구성부분이 아니라 건물과는 독립한 별개의 물건이어야 하며(대판 1977.6.7. 77다50·51), 부속물에 해당되는지 여부는 건물의 구조, 위치 및 사용목적 기타 제반사정을 참작하여 객관적으로 정해지게 되는데(대판 1993.2.26. 92다41627), 차양시설이나 전기·수도시설, 독립된 화장실, 딴 방 등이 부속물에 해당된다고 할 수 있습니다.

또한 이러한 부속물매수청구권을 인정하지 않기로 한 당사자 간의 약정으로서 임차인에게 불리한 것은 무효가 됩니다(민법 제652조). 다만, 차임연체 등 임차인의 채무불이행으로 인하여 임대차계약이 해지된 경우에는 이러한 부속물매수청구권을 행사할 수 없게 됩니다(대판 1990.1.23. 88다카7245).

이에 귀하의 경우를 살펴보면, 독립된 화장실이나 딴 방은 부속물로 인정될 소지가 있고, 임대차도 귀하의 채무불이행이 아니라 기간만료로 종료된 것이며, 부속물매수청구권은 이를 포기한다는 약정이 있었다 하더라도 임차인에게 불리한 것은 무효가 되므로, 귀하께서는 甲을 상대로 하여 부속물매수청구권을 행사할 수 있을 것으로 보입니다.

다만, 그 구체적인 액수에 대하여는 당사자 간에 합의하기 나름이겠지만, 합의가 이루어지지 않는다면 결국 재판을 통하여 결정될 수밖에 없을 것입니다. 물론 임차인은 부속물에 관하여 이러한 부속물매수청구권을 행사하지 않고 이를 철거해 갈 수 있음은 당연하다고 할 것입니다.

[사례 2·1·39] 주택임차인이 그 대지 부분만에 관한 양수인에게 임대인으로서의 지위승계를 주장할 수 있는지

문 저는 권리관계가 깨끗한 甲 소유의 단독주택에 대하여 임대차계약을 체결하여 대항력을 가지고 있는데, 대지 부분에 설정된 근저당권에 기하여 대지 부분이 임의경매로 넘어가 乙이 소유하게 되었습니다. 저는 임차인으로서 위 대지 부분에 대한 임의경매절차에서 보증금 중 일부를 배당받았습니다. 그런데 건물이 낡아 건물 부분에 대해 경매를 신청하더라도 낙찰받을 사람이 없을 것이어서 고민입니다. 이럴 경우 제가 주택의 대지 부분을 양수한 乙에 대해 그가 임대임의 지위를 승계한 자라고 주장하면서 乙에게 제 보증금 중 잔액을 청구할 수 있는지 박사님께 문의드리고 싶습니다.

답 주택임차인의 보호를 위하여 제정된 주택임대차보호법(이하 '법')은 주거용 건물, 즉 주택에 대한 전부 또는 일부를 임차한 경우에 적용되는 것입니다. 주택에 대한 임대차는 그에 관한 등기가 없더라도 임차인이 주택을 인도받고 주민등록을 마친 때에는 그 다음날부터 제3자에 대하여 효력이 생기게 되므로 그에게 임차권의 효력을 주장할 수 있으며, 임차주택의 양수인이나 그밖에 임대할 권리를 승계한 자는 '임대인의 지위를 승계'한 것으로 보아 양수인이 임대인으로서의 지위를 갖게 되고, 전의 임대인 겸 양도인은 임대인으로서의 지위에서 벗어나게 됩니다(법 제3조 제4항).

이와 같이 주택임대차에 있어서 건물 부분에 대하여 소유권을 이전받는 자는 당연히 임대인으로서의 지위도 승계받게 될 것입니다. 그런데 단독주택 등과 같이 건물과 대지가 따로 구분되어 있는 건물에 대하여 주거를 목적으로 임대차계약을 체결한 경우에는 건물 부분과 따로 대지 부분만이 독립적으로 매도되거나 경매되어 그 소유권자가 바뀌는 경우가 비일비재하고, 특히 건물 부분이 무허가건물일 경우에 그 예가 많은데, 이와 같이 건물 부분과 따로 대지 부분만의 소유권자가 바뀐 경우에 그 대지 부분만의 양수인이 임대인으로의 지위를 승계받게 되어 임대인으로서의 지위를 갖게 되는지 문제됩니다.

이는 주택에 대한 임대차에 있어서 대항요건과 확정일자를 갖춘 경우에 그 임차인은 그 대지 부분에 대한 경매 또는 공매시에도 그 환가대금으로부터 후순위권리자나 그밖의 채권자보다 우선하여 보증금을 변제받을 권리가 인정되고 있기 때문에[80] 논란이 되는 것입니다(법 제3조의2 제1항).

이에 관하여 판례는 주택임대차보호법(제3조 제2항)에서 말하는 '임대인의 지위를 승계' 한 것으로 보는 임차주택의 양수인이란 임대차의 목적이 된 주거용 건물의 양수인만을 의미하고, 임차주택의 대지만을 낙찰받은 자에 대해서는 임차주택의 양수인이라고 할 수 없다고 판시하고 있습니다(대판 1998.4.10. 98다3276).

이로 볼 때, 대지 부분만에 대한 양수인이나 낙찰자는 임대인의 지위를 승계받는 자에 해당되지 않으므로 대항력 있는 주택임차인으로서도 주택의 대지 부분에 대한 양수인이나 낙찰자에 대해서는 그 임차권을 주장해서 임차보증금의 전부 또는 일부에 대한 반환을 청구할 수 없을 것으로 보입니다. 귀하의 사례에서도 마찬가지로 위 원리가 적용될 것입니다.

80) 다만 이와 같이 임차주택의 환가대금 및 주택가액에 건물뿐만 아니라 대지의 환가대금 및 가액도 포함된다

[사례 2·1·40] 임대차계약 종료 당시 이미 소멸시효가 완성된 차임채권에 대해서도 임대차보증금반환채권에서 공제할 수 있는지

문 저는 아파트 임대인인데, 몇 년 전에 세입자 甲과 임대차보증금 6천만원, 월세 50만원으로 하는 임대차계약을 채결한 후 주택을 인도해 주었습니다. 그런데 그 세입자 甲은 실직되어 월세를 낼 돈이 없다고 하면서 4년 전부터 월세를 내지 않고 있습니다. 그런데 최근에 세입자 甲이 집을 나간다고 하면서 임차보증금에서 밀린 월세로 3년분만 까고, 그 전의 연체차임은 소멸시효가 완성된 것이니 공제해서는 안된다고 주장하는데, 과연 그러한지 박사님께 문의드리고 싶습니다.

답 민법상 이자, 부양료, 급료, 사용료 기타 1년 이내의 기간으로 정한 금전 또는 물건의 지급을 목적으로 한 채권은 3년의 단기소멸시효에 걸리므로 세입자 甲의 말대로 월세의 소멸시효기간은 3년입니다(민법 제163조 제1호). 이 때문에 귀하의 사례의 경우에 있어서 이미 소멸시효가 지난 3년 전의 연체차임에 대해서는 임대차보증금에서 공제할 수 없는지 문제됩니다.

이에 관하여 판례는 "임대차보증금은 차임의 미지급, 목적물의 멸실이나 훼손 등 임대차 관계에서 발생할 수 있는 임차인의 모든 채무를 담보하는 것이므로, 차임의 지급이 연체되면 장차 임대차 관계가 종료되었을 때 임대차보증금으로 충당될 것으로 생각하는 것이 당사자의 일반적인 의사이다. 이는 차임채권의 변제기가 따로 정해져 있어 임대차 존속 중 소멸시효가 진행되고 있는데도 임대인이 임대차보증금에서 연체차임을 충당하여 공제하겠다는 의사표시를 하지 않고 있었던 경우에도 마찬가지이다. 더욱이 임대차보증금의 액수가 차임에 비해 상당히 큰 금액인 경우가 많은 우리 사회의 실정에 비추어 보면, 차임 지급채무가 상당기간 연체되고 있음에도, 임대인이 임대차계약을 해지하지 아니하고 임차인도 연체차임에 대한 담보가 충분하다는 것에 의지하여 임대차관계를 지속하는 경우에는, 임대인과 임차인 모두 차임채권이 소멸시효와 상관없이 임대차보증금에 의하여 담보되는 것으로 신뢰하고, 나아가 장차 임대차보증금에서 충당 공제되는 것을 용인하겠다는 묵시적 의사를 가지고 있는 것이 일반적이다. 한편 민법 제495조는 '소멸시효가 완성된 채권이 그 완성 전에 상계할 수 있었던 것이면 그 채권자는 상계할 수 있다.'라고 규정하고 있다. 이는 당사자 쌍방의 채권이 상계적상에 있었던 경우에 당사자들은 채권·채무관계가 이미 정산되어 소멸하였다고 생각하는 것이 일반적이라는 점을 고려하여 당사자들의 신뢰를 보호하기 위한 것이다. 다만 이는 '자동채권의 소멸시효 완성 전에 양 채권이 상계적상에 이르렀을 것'을 요건으로 하는데, 임대인의 임대차보증금 반환채무는 임대차계약이 종료된 때에 비로소 이행기에 도달하므로, 임대차 존속 중 차임채권의 소멸시효가 완성된 경우에는 소멸시효 완성 전에 임대인이 임대차보증금 반환채무에 관한 기한의 이익을 실제로 포기하였다는 등의 특별한 사정이 없는 한 양 채권이 상계할 수 있는 상태에 있었다고 할 수 없다. 그러므로 그 이후에 임대인이 이미 소멸시효가 완성된 차임채권을 자동채권으로 삼아 임대차보증금 반환채무와 상계하는 것은 민법 제495조에 의하더라도 인정될 수 없지만, 임대차 존속 중 차임이 연체되고 있음에도 임대차보증금에서 연체차임을 충당하지 않고 있었던 임대인의 신뢰와 차임연체 상태에서 임대차관계를 지속해 온 임차인의 묵시적 의사를 감안하면 연체차임은 민법 제495조의 유추적용에 의하여 임대차보증금에서 공제할 수는 있다."라고 판시하고 있습니다(대판 2016.11.25. 2016다211309).

따라서 귀하께서는 세입자 甲이 연체한 월세에 대해서는 그것이 3년 내의 것이든, 3년 전의 것이든, 모두 세입자 甲의 임차보증금에서 이를 공제하고 그 나머지만 반환해 주면 될 것으로 보입니다.

[사례 2·1·41] 아파트 임차인이 납부한 장기수선충당금에 대하여 이를 임대인 겸 소유자로부터 반환받을 수 있는지

문 저는 아파트를 임차하여 세입자로서 거주하고 있으며, 매월 관리사무소로부터 우편함에 넣어진 관리비납부고지서에 의해 아파트관리비를 납부하고 있습니다. 그런데, 장기수선충당금은 아파트소유자가 낸다고 들었는데, 관리비고지서에는 장기수선충당금도 함께 납부가 고지되어 있는 관계로 제가 장기수선충당금도 납부해 오고 있습니다. 이에 임대차기간이 만료되어 제가 이사를 갈 때에는 그 동안 제가 납부한 장기수선충당금에 대하여 이를 임대인 겸 소유자로부터 반환받아 나갈 수 있는지 박사님께 문의드리고 싶습니다.

답 장기수선충당금이란 공동주택을 오랫동안 안전하고 효율적으로 사용하기 위하여 필요한 주요 시설의 교체 및 보수 등을 위하여 적립하는 금원을 말합니다. 장기수

고 규정하고 있는 주택임대차보호법 제3조의2 제1항 및 제8조 제3항의 각 규정과 같은 법의 입법 취지 및 통상적으로 건물의 임대차에는 당연히 그 부지 부분의 이용을 수반하는 것인 점 등을 종합하여 보면, 대지에 관한 저당권의 실행으로 경매가 진행된 경우에도 그 지상 건물의 소액임차인은 대지의 환가대금 중에서 소액보증금을 우선변제받을 수 있다고 할 것이나, 이와 같은 법리는 대지에 관한 저당권 설정 당시에 이미 그 지상 건물이 존재하는 경우에만 적용될 수 있는 것이고, 저당권 설정 후에 비로소 건물이 신축된 경우에까지 공시방법이 불완전한 소액임차인에게 우선변제권을 인정한다면 저당권자가 예측할 수 없는 손해를 입게 되는 범위가 지나치게 확대되어 부당하므로, 이러한 경우에는 소액임차인은 대지의 환가대금에 대하여 우선변제를 받을 수 없다고 보아야 할 것입니다(대법원 1999.7.23. 선고 99다25532 판결).

선충당금은 아파트 등 공동주택과 관련하여 부과·징수하는 것이므로 장기수선충당금을 살펴보기 전에 먼저 공동주택에 관한 몇 가지의 주변 지식에 관하여 알아둘 필요가 있을 것입니다.

공동주택이란 ① 주택법에 따른 공동주택, ② 건축법에 따른 건축허가를 받아 주택 외의 시설과 주택을 동일 건축물로 건축하는 건축물, ③ 주택법에 따른 부대시설 및 복리시설을 말하며, 이러한 공동주택에 대한 관리주체는 입주자대표회에 의하여 자치관리기구의 대표자로 선임된 공동주택의 관리사무소장, 관리업무를 인계하기 전의 사업주체, 주택관리업자, 임대사업자, 「민간임대주택에 관한 특별법」에 따른 주택임대관리업자로서 공동주택을 관리하는 자가 됩니다(공동주택관리법 제2조).

그리고 공동주택 중 ① 300세대 이상의 공동주택, 150세대 이상으로서 승강기가 설치된 공동주택, ② 150세대 이상으로서 중앙집중식 난방방식(지역난방방식 포함)의 공동주택, ③ 건축법에 따른 건축허가를 받아 주택 외의 시설과 주택을 동일건축물로 건축한 건축물로서 주택이 150세대 이상인 건축물의 경우에는 자치의결기구로서 입주자대표회의를 의무적으로 두어야 하는데, 입주자대표회의에서는 관리규약, 관리비, 시설의 운영에 관한 사항 등을 의결하게 됩니다. 이러한 의결기구인 입주자대표회의는 4명 이상으로 구성하되, 동별 세대수에 비례하여 관리규약으로 정한 바에 따라 2개 동 이상으로 묶거나 통로나 층별로 구획하여 정해진 선거구에 따라 선출된 동별 대표자로 구성되며, 회장 1명, 감사 2명 이상 및 이사 1명 이상의 임원을 두게 되어 있습니다.

공동주택 중 300세대 이상의 공동주택, 승강기가 설치된 공동주택, 중앙집중식 난방방식 또는 지역난방방식의 공동주택을 건설·공급하는 사업주체 등은 공동주택의 공용부분에 대한 장기수선계획을 수립하여 사용검사 또는 사용승인을 신청할 때에 사용검사권자에게 제출해야 하고, 사용검사권자는 이를 공동주택의 관리주체에게 인계해야 하며, 입주자대표회의와 관리주체는 장기수선계획을 3년마다 검토 및 조정하고 그 수립 또는 조정된 장기수선계획에 따라 주요시설을 교체하거나 보수해야 합니다.

이를 위하여 관리주체는 장기수선계획에 따라 공동주택의 주요 시설의 교체 및 보수에 필요한 장기수선충당금을 해당 주택의 소유자로부터 징수하여 적립해야 하는 것입니다(공동주택관리법 제30조 제1항). 만약 공동주택의 소유자를 대신하여 임차인 등 그 사용자가 납부한 경우에는 소유자가 그 금액을 반환해 주어야 합니다(공동주택관리법 시행령 제31조 제7항).

따라서 귀하께서 아파트소유자 대신 매월 납부한 장기수선충당금에 대해서는 귀하의 임대차기간이 만료되어 이사를 갈 때 아파트소유자로부터 그 반환을 청구할 수 있을 것으로 보이며, 실무상으로는 아파트관리사무소에 청구할 경우 아파트관리사무소에서 반환해 주고 있는 것으로 보입니다. 참고로 공동주택에서의 장기수선충당금과 같은 목적으로 공공임대주택이나 민간임대주택의 경우에는 특별수선충당금을 적립하도록 하고 있는데, 특별수선충당금은 공공주택사업자 또는 민간임대주택의 임대사업자가 적립하도록 하고 있습니다(공공주택특별법 제50조의4, 민간임대 주택에 관한 특별법 제53조).

[사례 2·1·42] 공유주택의 과반수 지분권자와 임대차계약을 체결한 임차인이 그 보증금을 반환받기 위해 임차주택 전체를 경매에 부칠 수 있는지

문 저는 등기부등본상 甲, 乙, 丙의 공동소유로 된 주택에 대해 공유자 중 2명인 甲, 乙과 임대차계약을 체결하였습니다. 공유 지분은 모두 1/3로 같은데, 공유자 중 한 명인 丙이 외지에 나가 있어 연락이 잘 되지 않는 관계로 위 2명과 계약한 것입니다. 이와 같은 경우에 저와 계약하지 않은 다른 공유자 丙에게도 임대료를 주어야 하는지와 제가 보증금을 제때 반환받지 못할 경우 위 3명 공유의 임차주택 전체를 경매에 부칠 수 있는지 궁금해서 박사님께 문의드리고자 합니다.

답 공유물에 대한 임대차는 공유물의 관리에 관한 사항으로서 공유자의 지분의 과반수로써 결정할 수 있으며, 이는 과반수 지분의 공유자가 다른 공유자와 미리 공유물의 관리방법에 관한 협의가 없었다 하더라도 지분 과반수 공유자의 단독으로 결정할 수 있습니다(대판 2002.5.14. 2002다9738). 따라서 공유자 지분 과반수권자와 임대차계약을 체결한 경우에는 계약당사자에서 배제된 소수지분권자로부터 퇴거 등 점유의 배제를 청구당하지 않게 되며, 그 소수지분권자에 대하여도 그 지분에 상당하는 임대료를 지급할 의무가 없게 됩니다.

따라서 귀하께서는 3명의 공유자 중 2명과 계약함으로써 공유자 지분의 합계가 2/3로 과반수를 넘는 공유자와 임대차계약을 체결한 것이므로 그 임대차계약은 적법하며, 위 계약당사자인 甲, 乙 2명의 공유자에게만 임대료를 주면 되고, 나머지 한 명인 丙의 공유자에 대해서는 임대료를 지급하지 않는다고 하더라도 그에 의하여 쫓겨나지는 않을 것으로 보입니다.

문제는 나중에 임대차계약이 종료될 경우에 임차보증금을 반환받는 문제에 있어서 애로사항이 있을 수 있습니다. 즉 임차보증금의 반환은 귀하께서 계약한 당사자인 甲, 乙 2명의 공동임대인 각자 대하여 그 전부를 청구할 수 있을 것이지만(대판 1998.12.8. 98다43137), 계약당사자가 아닌 다른 공유자 丙은 임대인이 아니므로 그에게 임차보증금의 반환을 청구할 수 없을 것입니다. 다행히 임대인인 甲, 乙 2명의 공유자 중 어느 누구라도 재산이 있어서 보증금을 전액 회수할 수 있다면 좋겠지만, 둘 다 무일푼이어서 회수할 수 있는 재산이라고는 임대주택에 대한 공유지분만 있는 경우일 것입니다. 이러한 경우에 임차인이 그 보증금을 회수하기 위하여 임차건물 전체를 경매시킬 수 있을까요? 공유물의 관리행위인 임대차는 공유자의 지분의 과반수로써 할 수 있을 것이지만, 공유물에 대한 매각은 공유물에 대한 처분행위로서 공유자 전원의 동의나 공유자 전원을 대상으로 한 판결이 없으면 불가하게 됩니다(민법 제265조, 제264조).

따라서 귀하께서는 임대인으로 된 공유자 甲, 乙 2명의 지분을 대상으로 공유지분에 대한 경매를 통하여 보증금을 회수하는 수밖에 없을 것으로 보이며, 제3자에 의하여 공유물인 임차주택 전부에 대해 경매가 이루어지는 경우에도 임대인인 甲, 乙 2명의 공유지분에 대한 매각대금으로부터만 배당을 받을 수 있을 뿐, 나머지 공유자 중 1명인 丙의 지분에 대한 매각대금으로부터는 배당을 받을 수 없을 것으로 보입니다.

물론 甲, 乙 2명의 공유자 지분의 환가대금이 귀하의 임차보증금을 포함한 다른 이해관계인들 모두의 채권을 감당하고도 남는 경우에는 문제가 되지 않을 것이지만, 그렇지 않는 경우에는 귀하의 보증금 중 일부에 대한 회수가 곤란할 수 있으니, 공유 주택에 대하여 임차하려는 경우에는 가급적 공유자 전부와 계약을 하는 것이 현명할 것이고, 만약 계약시 공유자 중 일부가 계약에 참가하지 못한 경우에는 전화녹음 등으로 동의를 받아 놓거나, 사후에라도 그의 동의를 받아 임대차계약서에 임대인으로서 추가해놓는 조치를 취하는 것이 안전하다고 할 것입니다.

[사례 2-1-43] 임차인이 임차주택에 대한 경매에서 낙찰자가 된 경우에도 배당받지 못한 보증금 잔액에 대하여 임대인에게 청구할 수 있는지

문 저는 주택을 임차하여 수년째 거주해 오고 있는데, 사업을 하는 임대인이 채무를 많이 졌던지 위 임차주택에 대한 경매가 이루어졌고, 이에 제가 경매절차에 참가해서 낙찰자가 되었으며, 임차인으로서 배당도 신청하여 보증금 중 일부는 회수하였습니다. 이와 같이 제가 임차주택에 대한 낙찰자가 된 경우에도 제가 위 경매절차에서 일부 회수하지 못한 보증금에 대해서 이를 종전의 임대인에게 청구할 수 있을까요?

답 예, 귀하와 같이 주택임차인으로 살고 있던 중 임차주택에 대하여 경매가 이루어지는 경우에는 보증금을 떼이는 것을 최소화하기 위하여 또는 시세보다 낮은 가격으로 임차주택을 매수하고 그 대금 중 일부에 대해서는 임차보증금에 대한 배당금으로 상계하고자 경매에 참가해서 낙찰을 받는 사례가 종종 있습니다.

이와 같이 임차인이 경매절차에 참가해서 임차주택에 대한 낙찰을 받아 그 매수인으로 되었지만, 위 경매절차에서 자신이 보증금 전부를 회수하지 못한 경우에 그 보증금 잔액에 대하여는 종전의 임대인에게 청구할 수 있는지 문제됩니다.

이 문제는 주택임차인이 대항력이 있는 임차인인지 아니면 대항력이 없는 임차인인지 여부에 따라 달라집니다.

먼저 임차주택에 대해 가압류나 저당권 등 아무런 권리관계가 설정되어 있지 않은 깨끗한 상태에서 임차인으로 들어가서 주택의 인도와 주민등록을 해놓음으로써 대항력을 갖춘 후 위 임차주택에 대한 경매절차에서 매수인으로 된 경우에는 임차인 자신이 위 임차주택에 대한 종전의 임대인의 지위를 승계받는 자가 되어 자기 자신이 임대인의 지위에 들어서고 종전의 임대인은 임대인으로서의 지위를 벗어나게 되므로 임차인이 설령 경매절차에서 자신의 보증금 중 일부만 배당받고 회수하지 못한 잔여 보증금이 있는 경우에도 그 보증금은 자신이 고스란히 떠안게 되어 혼동으로 소멸하게 되므로 잔여 보증금에 대해서는 그 회수가 불가능하게 될 것이고, 따라서 종전의 임대인을 상대로 보증금 잔액에 대한 반환청구도 인정되지 않을 것입니다(대판 2009.5.28. 2009다15794). 따라서 위와 같이 대항력이 있는 임차인이라면 경매절차에서의 매수인이 되는데 신중해야 할 것이며, 굳이 경매에 참가해서 매수인으로 되려는 경우에는 반드시 배당신청을 해서 보증금 중 일부라도 회수하도록 해야 할 것입니다.[81] 본인이 대항력 있는 임차인인데도 배당신청도 하지 않은 채 임차주택에 대한 매수인으로 된 경우에는 배당도 받지 못할 뿐더러 자신이 임대인으로서의 지위도 승계받게 되어 전의 임대인을 상대로 한 보증금반환청구도 불가하게 됨으로써 보증금도 한 푼 회수할 수 없게 될 것이기 때문입니다.

다음으로 자신이 임대차계약을 체결하기 전에 해당 주택에 가압류나 저당권 등이 설정되어 있는 관계로 주택의 인도와 주민등록을 갖추더라도 대항력이 인정되지 않는 주택임차인이 임차주택에 대한 경매절차에 참가하여 낙찰을 받아 매수인으로 된 경우에는 배당절차에서 보증금 중 일부만 배당받았거나 아예 그 전부를 회수하지 못한 경우에도 그 회수하지 못한 보증금의 일부나 전부에 대하여 전의 임대인에 대하여 반환청구를 할 수 있습니다. 이 경우와 같이 대항력이 없는 임차인으로서는 경매절차에서 자신이 매수인이 되든 제3자가 매수인이 되든 무조건 배당신청을 해서 보증금 중 일부라도 회수하도록 해야 할 것입니다.

참고로 대항력이 있는 주택임차인이 거주하고 있는 임차주택을 낙찰받은 매수인이 대항력 있는 주택임차인을 내보내기 위하여 그의 보증금을 반환해준 경우라도 그 반환해준 보증금을 회수하기 위하여 이미 임대인으로서의 지위에서 벗어난 종전 임대인을 상대로 구상금이나 손해배상금 명목으로 청구하는 것은 인정되지 않을 것입니다(대판 1998.9.25. 97다28650).

[사례 2·1·44] 저당권 등이 설정되어 담보가치가 전혀 없는 주택에 소액임차인으로서 계약한 경우에도 최우선변제권이 인정될 수 있는지

문 저는 저당권 등이 설정되어 있는 아파트에 소액임차인으로 들어가려고 하는데, 그 아파트의 시세와 그 설정된 저당권 등과 비교해 보면 실질적인 담보가치가 전혀 없습니다. 사정이 이렇다 보니 임대인은 아주 저렴한 조건으로 임대를 내놓고 있기는 합니다. 이와 같은 상태에서 제가 그 아파트에 임차인으로 들어가려면 소액보증금의 최우선변제권이 보장되는 정도의 작은 보증금만 주고 들어가야 할 것인데, 이와 같은 경우에도 제가 소액임차인으로서 보호를 받을 수 있을까요?

답 대법원 판례에 의하면, 임차인이 자신의 아파트를 별도로 소유하고 있음에도 불구하고 근저당권 채권최고액의 합계가 시세를 초과하고 경매가 곧 개시될 것으로 예상되는 아파트를 소액임차인의 요건에 맞도록 시세보다 현저히 낮은 임차보증금으로 임차한 다음, 당초 임대차계약상 잔금지급기일과 목적물인도기일보다 앞당겨 보증금 잔액을 지급하고 전입신고 후 확정일자를 받았는데, 그 직후 개시된 경매절차에서 배당을 받지 못하자 배당이의를 제기한 것과 관련하여, 임차인이 경매개시결정 전에만 대항요건을 갖추면 최우선변제권을 인정하는 주택임대차보호법을 악용하여 부당한 이득을 취하고자 임대차계약을 체결한 경우에는 주택임대차보호법의 보호대상인 소액임차인에 해당하지 않는다고 판시하고 있습니다(대판 2013.12.12. 2013다62223).

또한 대법원 판례는, 소액임차인의 최우선변제권이 보장되는 임대차계약은 사해행위

81) 이와 같이 대항력 있는 임차인으로서는 임차주택에 대한 경매절차에서 본인이 직접 낙찰을 받으려고 하는 경우가 아니라면 임차보증금에 대한 배당을 신청해도 되고 신청하지 않아도 되는 것이며, 자신의 임차보증금에 대한 전부 또는 일부에 대하여는 이를 임차주택을 낙찰받아 매수인이 된 자로부터 회수하면 될 것입니다.

취소의 대상이 될 수 있다고 판시하고 있습니다. 즉, 주택임대차보호법 제8조의 소액보증금 최우선변제권은 임차목적 주택에 대하여 저당권에 의하여 담보된 채권, 조세 등에 우선하여 변제받을 수 있는 일종의 법정담보물권을 부여한 것이므로, 채무자가 채무초과상태에서 채무자 소유의 유일한 주택에 대하여 위 법조 소정의 임차권을 설정해 준 행위는 채무초과상태에서의 담보제공행위로서 채무자의 총재산의 감소를 초래하는 행위가 되는 것이고, 따라서 그 임차권설정행위는 사해행위취소의 대상이 된다고 하고 있는 것입니다(대판 2005.5.13. 2003다50771).

이에 귀하의 사건을 살펴보건대, 귀하께서는 비록 선의로 계약한 것이라고 할지라도 소액임차인으로 인정되지 않거나 사해행위취소소송에 휘말릴 수 있으므로 가급적 이러한 계약은 체결하지 않는 것이 좋을 것으로 보이며, 굳이 귀하께서 입주하고 싶다면 보증금 없이 전액 월세로만 들어가는 것이 현명하다고 보입니다.

[사례 2·1·45] 임차인이 행방불명된 경우에 임대인이 임대건물을 명도받을 수 있는 방법

문 저는 다방 종업원인 甲에게 제 소유의 단독주택 중 방 1칸을 임차보증금 200만원, 월세 20만원, 기간 1년으로 하여 임대한 사실이 있습니다. 그런데 임차인 甲은 빚이 많아서인지 들어온지 얼마 되지도 않아 종적을 감춰버렸고, 계약기간이 만료된지 1년이 지난 지금까지도 나타나지 않고 있습니다. 방안에는 가재도구 몇 가지를 제외하고는 거의 비어있는 것 같습니다. 임대료로 생활을 유지하고 있는 저로서는 하루라도 빨리 이 방을 다른 사람에게 월세로 내놓고 싶은데, 어떻게 해야 할지 막막해서 박사님께 문의드립니다.

답 임대차계약기간이 만료되었다고 하더라도 임대인이 임차인의 동의없이 함부로 임차건물에 들어가면 주거침입죄가 성립될 수 있습니다(형법 형319조). 주거침입죄의 형량은 3년 이하의 징역 또는 500만원 이하의 벌금형입니다. 따라서 귀하께서 형사처벌을 피하면서 임대주택을 인도받으려면 우선 임차인을 상대로 건물명도청구소송을 제기하여 승소판결을 받은 후, 집행관을 통하여 건물을 인도받는 수밖에 없을 것입니다. 그러나 이러한 절차를 밟으려면 오래 시일이 걸리게 되고, 더군다나 임차인의 주민등록번호도 모르는 경우에는 공시송달에 의한 건물명도청구소송조차도 어렵게 되기 때문에 문제입니다.

이와 같은 사정 때문에 일부 임대인은 궁여지책으로 경찰관이나 통·반장 또는 이웃주민 등의 입회하에 임차인의 짐을 들어내는 경우도 있지만, 대부분 경찰관 등이 입회를 해주지 않을 뿐더러, 입회한다고 하더라도 주거침입죄의 죄책을 면할 수는 없을 것입니다. 다만, 경찰관 등의 입회하에 임차인의 주거에 들어간 경우에는 그렇지 않는 경우에 비하여 그 죄가 가벼워질 소지가 있으며(벌금을 무는 정도), 또한 이렇게 행방을 감춰버린 임차인이 나중에 나타나서 이를 문제삼는 경우란 거의 없을 것이기 때문에 큰 문제없이 넘어가는 경우가 많습니다.

이에 귀하와 같이 빈번히 임대를 내놓아야 할 입장이라면 임대차계약서상에 특약으로 "계약이 기간만료 기타 사유로 종료된 후에 임차인과 1월 이상 연락이 되지 않을 경우에는 임대인이 임의로 임차인의 점유건물에 들어가 임차인의 짐을 들어낼 수 있고, 임대인이 임차인의 물건 등을 보관하던 중 멸실·훼손·임의처분 등의 조치를 취하더라도 임차인은 임대인에게 일체 민·형사상의 책임을 묻지 않을 것을 약정합니다."라는 조항을 두고, 이에 임차인의 서명날인을 받아두는 것이 현명할 수 있습니다. 물론 이렇게 한다고 해서 전혀 문제가 되지 않는다고 말할 수는 없지만(즉, 이러한 약정을 무효로 본 판례가 있음. 대판 2005.3.10. 2004도341), 이러한 약정도 없이 임차건물에 들어가 짐을 들어내는 것에 비하면, 형사책임에 있어 감안이 되어 그 죄가 훨씬 가벼워질 소지가 클 것으로 봅니다.

결국 귀하의 사안을 살펴보면, 귀하께서는 행방이 묘연한 임차인을 상대로 명도소송을 제기한 후 집행관을 통하여 주택의 인도를 받거나, 아니면 나중에 벌금 등의 형사처벌을 감수하고, 이웃 등의 증인을 입회한 후 임의로 임차인의 방에 들어가 짐을 들어내는 수밖에 없을 것으로 사료됩니다.

[사례 2·1·46] 주택임대차분쟁조정위원회를 통한 임대차 관련 분쟁조정제도

문 저는 아파트를 임차하여 수년간 살다가 기간이 만료되어 나가고자 합니다. 그런데 임대인과 사이에 원상복구 문제로 갈등이 조금 있습니다. 임대인께서 도배나 장판 등도 모두 갈아야 하니 그 비용의 일부를 제가 부담해야 한다고 하면서 보증금에서 까고 내주겠다고 합니다. 이런 문제로 소송을 하기도 조금 꺼려지는데, 임대인과 조정을 통해서 쉽게 해결해 주는 기관이 없는지 박사님께 문의드리고 싶습니다.

답 예, 귀하의 사례를 해결하는데 꼭 들어맞는 기관으로 주택임대차분쟁조정위원회(이하 '조정위원회')가 있습니다. 주택임대차보호법에서는 이 법의 적용을 받는 주택임대차와 관련하여 임대인과 임차인 등 양당사자 간의 분쟁을 합리적으로 조정하기 위해 조정위원회를 두도록 하고 있고, 이에 따라 2017년 5월 30일부터 위 조정위원회가 설치되기 시작하여 현재는 대한법률구조공단의 6개 지부(서울, 수원, 대전, 대구, 부산, 광주)에 설치되어 있습니다.[82)]

이러한 조정위원회에서는 ① 차임 또는 보증금의 증감에 관한 분쟁, ② 임대차기간에 관한 분쟁, ③ 보증금 또는 임차주택의 반환에 관한 분쟁, ④ 임차주택의 유지·수선 의무에 관한 분쟁, ⑤ 그밖에 대통령령으로 정하는 주택임대차에 관한 분쟁에 대하여 심의·조정하는 업무를 담당하고 있습니다. 조정위원회는 위원장 1명을 포함하여 5명 이상 30명 이하의 위원으로 구성되며, 위원장은 위원들의 호선에 의하여 선출되고 그 임기는 3년으로 하되 연임할 수 있으며, 위원회의 의결은 재적과반수의 출석과 출석과반수의 찬성으로 합니다.

이에 주택임대차에 관하여 발생한 분쟁에 관하여 조금만 절충하면 합의가 이루어질 것 같은 경우에는 임대차의 당사자인 임대인이나 임차인이 대한법률구조공단 조정위원회에 분쟁조정을 신청하면 소기의 목적을 달성할 수 있습니다(법 제21조 제1항). 다만 이미 법원에 소가 제기되어 있거나 조정신청 후 소가 제기된 때에는 조정의 대상에서 제외됩니다.

조정위원회에 조정신청서가 접수되면 이를 피신청인에게 송달하고, 그 송달받은 피신청인이 조정에 응하고자 하는 의사를 통지하게 되면 조정절차가 개시되며, 원칙적으로 조정신청을 받은 날부터 60일 이내에 분쟁조정을 마치도록 하고 있습니다. 조정위원회는 당사자의 진술, 제출자료 등을 토대로 조정안을 작성한 후 이를 각 당사자에게 통지하고, 그로부터 7일 내에 각 당사자가 서면으로 조정안을 수락한 경우에는 그 조정안과 동일한 내용의 합의가 성립된 것으로 간주되며, 이와 같이 합의가 성립한 경우에는 조정위원회위원장은 조정안의 내용을 조정서로 작성하는데, 이때 각 당사자 간에 금전, 그밖의 대체물의 지급 또는 부동산의 인도에 관하여 강제집행을 승낙하는 취지의 합의가 있는 경우에는 그 내용을 조정서에 기재하게 됩니다(법 제26조). 이와 같이 강제집행을 승낙하는 취지의 내용이 기재된 조정서정본은 집행력 있는 집행권원과 같은 효력을 가지게 됩니다(법 제27조 본문). 위와 같은 조정에 대하여는 청구이의의 소 등 이의를 제기할 수 있는데, 그 이의의 주장에 대하여는 조정이 성립되기 전의 사유로도 가능합니다(법 제27조 단서).

조정수수료는 수급자 등 면제대상도 있지만 그렇지 않는 경우라도 아주 저렴한 바, 조정목적의 값에 따라 1억원 미만이면 10,000원, 1억원 이상 ~ 3억원 미만이면 20,000원, 5억원 이상 ~ 10억원 미만이면 50,000원, 10억원 이상이면 100,000원 정도만 소요됩니다. 이에 귀하께서는 귀하의 거주지와 가장 가까운 대한법률구조공단 주택임대차분쟁조정위원회에 조정을 신청하면 신속하고 간편하게 임대차에 관한 분쟁을 해결할 수 있을 것으로 보입니다.

제2절 상가건물임대차

[사례 2·1·47] 상가건물임대차보호법의 적용범위와 대항력

문 저는 임가공 공장을 운영하기 위하여 상가건물을 하나 얻으려고 합니다. 공장 규모가 비교적 커서 임대차보증금과 월세도 만만치 않고 그 보증금은 제 전 재산이라고 할 수 있어 절대로 떼어면 안됩니다. 그런데 요즘 세상은 세입자로 살아가려고 해도 본인 스스로 지켜야만 재산을 보전할 수 있겠기에 기본적인 법은 알고 있어야 한다고 봅니다. 이에 상가건물의 세입자를 보호하기 위한 상가건물임대차보호법이 적용되는 임차인의 범위와 위 법의 보호를 받기 위한 여건에 요건에 관하여 박사님께 문의드리고 싶습니다.

답 예, 그렇습니다. 법을 알아야 재산을 지킬 수 있고 재산도 취득할 수 있습니다.

상가임대차보호법(이하 '상가임대차법')은 영세한 상가임차인을 보호하기 위하여 제정된 법으로서 사업자등록의 대상이 되는 상가건물을 임차하려는 임대차에 있어서 적용됩니다. 물론 100% 상가건물용으로 임대차하는 경우에만 적용되는 것이 아니고 임차건물의 주된 부분을 영업용으로 사용하기만 하면 보호가 됩니다(상가임대차법 제2조 제1항 본문). 그리고 상가임대차법은 영세한 상가임차인을 보호하기 위한 것이므로 임대차보증금의 환산액, 즉 {보증금 + (월세 × 100)}으로 산정된 금액이 일정 금액을 초과함으로써 영세한 범위를 벗어나는 상가임차인에 대해서는 예외적인 일부분의 규정을 제외하고는 상가임대차법상의 보호를 받지 못합니다.

82) 각 지역별 조정위원회의 주소와 연락처는 아래와 같습니다.
서울(서울시 서초구 법원로 2길 21, T. 02-6941-3430)
수원(경기도 수원시 영통구 월드컵로150번길 10, YM 빌딩 3층, T. 031-8007-3430)
대전(대전광역시 서구 둔산북로 121, 117호~121호 1층, T. 042-721-3430)
대구(대구광역시 수성구 달구벌대로 2461 디에스라이프빌딩 3층, T. 053-710-3430)
부산(부산광역시 연제구 법원남로 15번길 4, 5층, T. 051-711-3430)
광주(광주광역시 동구 지산로 85 서동빌딩 3층, T. 062-710-3430)

이러한 상가임대차법의 보호를 받으려면 대항요건을 갖추어야 합니다. 대항요건이란 임차인 임대차의 효력을 제3자에게 주장할 수 있는 대항력을 취득할 수 있는 요건을 말하는 것으로서 상가건물의 임대차에 있어서는 사업자등록과 상가건물을 인도받는 것을 요건으로 하며, 두 요건을 모두 갖춘 시점을 기준으로 대항력이 취득됩니다. 다만 사업자등록을 상가건물을 인도받는 것보다 늦게 한 경우에는 사업자등록을 한 날의 다음날부터 대항력이 취득됩니다(상가임대차법 제3조 제1항). 이러한 대항요건을 갖추어야 최우선변제권이 인정될 수 있고, 여기에 더하여 관할 세무서장으로부터 확정일자[83)]까지 받아놓으면 우선변제권이 인정됩니다. 대항력이나 우선변제권 또는 최우선변제권의 의미나 기능에 관하여는 주택임대차에 있어서와 같습니다.

이와 같이 상가임대차법이 적용되기 위해서는 관할 세무서장에게 사업자등록이 가능한 사업을 하기 위한 임차인이라야 합니다. 사업자등록의 근거법률은 부가가치세법(제8조)과 소득세법(제168조) 및 법인세법(제111조)이므로 이에 근거하여 사업자등록이 가능한 경우여야 하는데, 여기에서 사업자등록이 가능한 경우는 사업자인 경우입니다. 사업자란 사업목적이 영리든 비영리든 사업상 독립적으로 재화·용역을 공급하는 자 또는 사업소득이 있는 거주자를 말합니다(부가가치세법 제2조 제3호, 소득세법 제1조의2 제5호).

따라서 상가임대차법은, 원칙적으로 주민등록이 가능한 개인만 적용대상이 되는 주택임대차보호법과는 달리, 개인뿐만 아니라 법인(국가·지방자치단체 및 지방자치단체조합 포함), 법인격이 없는 사단·재단 또는 그밖의 단체도 사업자등록이 가능한 한 모두 적용대상이 되며, 사업의 목적이 영리든 비영리든 불문하고 재화··용역을 공급하거나 사업소득이 있는 개인인 한 적용됩니다(부가가치세법 제3조, 제2조 제3호). 점포나 공장, 지하상가를 운영할 목적이거나 오피스텔(주된 부분이 영업용인 경우)의 경우에도 사업자등록이 가능할 것이므로 상가임대차법이 적용됩니다.

이에 귀하께서 건물을 공장으로 운영하려는 경우에도 사업자등록이 가능할 것이므로 해당 건물이 소재한 세무서에 찾아가셔서 사업자등록을 하고 해당 건물을 인도받을 경우 상가임대차법의 적용을 받아 그 보호를 받을 수 있을 것이며 아울러 그 세무서에서 확정일자까지 받아놓는다면 상가임대차법상의 우선변제권도 인정받을 수 있을 것입니다.

---

83) 확정일자는 상가건물이 소재한 세무서에서 부여하며, 사업자등록신청서 또는 사업자등록증과 임대차계약서 사본, 임차부분 도면(상가건물 중 일부만 임차한 경우), 신분증 등을 가지고 가면 됩니다. 다만 상가임대차법의 적용범위를 벗어난 환산보증금으로 임대차계약을 체결하려는 경우에는 확정일자를 받을 수 없습니다. 확정일자의 신청이 있게 되면 관할 세무서장은 확정일자부에 상가건물소재지, 확정일자부여일, 차임 및 보증금 등을 기재하고, 신청인이 제출한 임대차계약서에 확정일자를 찍어서 돌려줍니다.

[사례 2·1·48] 상가임대차에서 임대인의 요구로 이중계약서를 작성한 경우에, 그 효력을 인정받을 수 있는 임대차계약서

문 저는 상가건물에 대해 임대차계약을 체결하면서 임대인의 요구로 이중계약서를 작성하였고, 그중 세무서에 신고하여 확정일자를 받아 놓은 계약서는 실제보다 낮게 허위로 작성한 임대차계약서입니다. 그와 같은 상황에서 임차건물이 경매로 넘어갈 경우 두 계약서 중 어떤 계약서를 기준으로 제가 배당을 받을 수 있는지요?

답 예, 상가건물에 대해 임대차계약을 체결할 때에는 실무상 간혹 임대료에 대한 세금을 적게 낼 목적으로 임대인이 요청해서 2개의 계약서를 작성하는 경우가 있는데, 하나는 실제의 보증금 내용대로 작성하고, 다른 하나는 실제의 보증금보다 적은 금액으로 작성해서 교부해 주는 경우가 있습니다.

이러한 경우 나중에 임차주택이 경매로 넘어가게 된다면 어느 것을 기준으로 임차인이 배당을 받을 수 있게 되는지 문제됩니다. 이는 결국 상가건물임대차보호법(이하 '법')에 대한 해석의 문제로 귀착됩니다.

법에 의하면, 상가건물에 대한 임대차에 있어서는 그 등기가 없는 경우에도 임차인이 건물의 인도와 사업자등록이라는 대항요건을 갖추게 되면 제3자에 대하여 임대차의 효력이 생기도록 하고 있고(법 제3조 제1항), 임차인이 이러한 대항요건을 갖추고 있으면 민사집행법에 따른 경매 또는 국세징수법에 따른 공매시 임차건물(임대인 소유의 대지 포함)의 환가대금에서 보증금 중 일정액을 선순위의 다른 담보물권자보다 우선해서 변제받을 수 있도록 하는 최우선변제권을 인정하고 있고(법 제14조 제1항), 더 나아가 대항요건을 갖춘 임차인이 관할 세무서장으로부터 임대차계약서상에 확정일자까지 받아 놓으면 경매 또는 공매시 임차건물(임대인 소유의 대지 포함)에 대한 환가대금에서 후순위권리자나 그밖의 채권자보다 우선해서 보증금을 변제받을 수 있는 우선변제권도 인정하고 있습니다(법 제5조 제2항).

요컨대 경매나 공매시의 최우선변제권이나 우선변제권은 관할 세무서에 신고한 금액을 기준으로 하는 것입니다. 따라서 귀하께서 허위의 다운계약으로 실제 임대인에게 준 보증금보다 적게 표기된 임대차계약서로 관할 세무서장에 신고하고 확정일자를 받아 둔 경우에는 임차건물에 대한 경매 또는 공매절차에서 허위의 다운계약에 의한 임대차계약서에 기재된 금액을 기준으로 배당을 받게 될 것으로 보입니다.

다만 귀하께서 실제 임대인에게 준 보증금과 배당받은 금액과의 차액에 대해서는 임대인에게 별도로 청구할 수 있을 것이지만, 자신의 건물이 경매나 공매까지 넘어간 마당에 그의 재산이 있을리 만무할 것이어서 보증금 중 일부를 떼일 소지가 다분할 것이므로 가급적이면 임대인의 사정을 봐줘서는 안되고, 실제로 임대인에게 준 보증금을 토대로 사실과 맞는 임대차계약서를 작성해서 관할 세무서장에게 사업자등록도 신청하고 확정일자도 받아두는 것이 현명할 것으로 보입니다.

[사례 2·1·49] 상가건물임대차보호법상의 적용 범위를 초과하는 보증금으로 계약을 체결한 임차인에 대해서도 보호가 이루어지는 부분

문 저는 2018년 3월경 광주에다 옷가게를 하고 싶어 甲 소유의 상가에 대하여 보증금 3억원, 월세 1백만원, 기간 2년으로 하는 상가임대차계약을 체결하려고 합니다. 그런데 들리는 말로는 상가건물의 임차인을 보호하기 위해 제정된 상가건물임대차보호법에서는 보증금에 상한선의 제한을 두어서 이를 초과하는 보증금으로 계약을 체결하게 되면 그 보호를 받지 못하게 되어 있다고 해서 걱정입니다. 이에 보증금의 상한선을 초과하게 되면 상가건물임대차보호법상 전혀 보호가 되지 않는 것인지 박사님께 문의드리고자 합니다.

답 귀하께서 알다시피 상가건물임대차보호법(이하 '상가임대차법')에서는 보증금에 상한선의 제한을 두어서 그 상한선을 벗어나는 보증금으로 임대차계약을 체결하게 되면 보호를 받지 못하게 되어 있습니다. 상가임대차법은 생계와 직결된 비교적 영세한 상가임차인에 대해서만 임대인의 희생하에 보호를 해줄 목적으로 제정된 법이기 때문입니다.

상가임대차법이 적용될 수 있는 임차보증금의 범위에 관하여는 각 시기별로 또한 각 권역별로 차이가 있습니다. 다만 2018년 1월부터 현재까지를 기준으로 살펴보면, ① 서울은 6억 1천만원 이하, ② 과밀억제권역(단, 서울 제외) 및 부산은 5억원 이하, ③ 광역시(단, 과밀억제권역·부산 제외) 및 세종특별자치시·파주시·화성시·안산시·용인시·김포시·광주시는 3억 9천만원 이하, ④ 기타 지역은 2억 7천만원 이하로 계약한 경우에만 상가임대차법에 의해서 보호가 이루어지고,[84] 이를 초과한 보증금으로 계약한 임차인에 대해서는 상가임대차법에서 정해 놓은 각종 상가임차인을 위한 혜택을 받을 수 없게 됩니다.

여기에서 과밀억제권역이란 수도권정비계획법 및 동법 시행령에 의하게 되는데, 그 개정에 따라 시대별로 각각 달라집니다. 즉 과밀억제권역이란 1996. 6. 4.~2011. 3. 8.까지는 서울, 인천(강화군·옹진군·운남동·운북동·운서동·중산동·남북동·덕교동·을왕동·무의동·대곡동·불노동·마전동·금곡동·오류동·왕길동·당하동·원당동·연수구송도매립지·남동유치지역은 제외), 의정부시, 구리시, 남양주시(호평동·평내동·금곡동·일패동·이패동·삼패동·가운동·수석동·지금동·도농동에 한함), 하남시, 고양시, 수원시, 성남시, 안양시, 부천시, 광명시, 과천시, 의왕시, 군포시, 시흥시(반월특수지역은 제외)를 말하고, 2011. 3. 9.~현재까지는 서울, 인천(강화군·옹진군·대곡동·불로동·마전동·금곡동·오류동·왕길동·당하동·원당동 및 인천경제자유구역·남동국가산업단지는 제외), 의정부시, 구리시, 남양주시(단, 호평동· 평내동·금곡동·일패동·이패동·삼패동·가운동·수석동·지금동·도농동만 해당), 하남시, 고양시, 수원시, 성남시, 안양시, 부천시, 광명시, 과천시, 의왕시, 군포시, 시흥시(단, 반월특수지역은 제외) 지역을 말합니다(수도권정비계획법 시행령 제9조 별표 1).

그리고 상가임대차계약시에는 보증금 외에 별도로 월세를 약정한 경우가 대부분인데, 이와 같이 보증금 외에 월세를 지급하도록 되어 있는 경우에 있어서 위 상한금액을 산정할 때에는 보증금에 더하여 월세에 100을 곱한 금액을 합산해서 산정해야 합니다. 즉 {보증금 + (월세 × 100)}의 산식에 의하여 계산한 금액으로 상한금액을 산정하는 것입니다. 또한 임대차계약시 차임 외에 '부가가치세 별도'라는 특약을 하거나, 이를 임차인이 부담하기로 한 경우에는 부가가치세를 뺀 순수한 차임만을 기준으로 해서 산정해야 하는 것이며, 차임에 부가가치세를 포함시켜 산정해서는 안되는 것입니다(수원지방법원 2009.4.29. 선고 2008나27056 판결).

그런데 한편 같은 상가임차인임에도 불구하고 보증금이 조금 과다하다고 해서 상가임대차법상의 보호를 전혀 해주지 않는 것은 가혹하다는 지적에 따라 2013년 8월 13일 및 2015년 5월 13일의 두 차례에 걸친 법 개정으로 상가임대차법상 일부 조항에 대해서는 법의 적용 범위를 벗어난 보증금으로 계약을 체결한 상가임차인(이하 '과다보증금 상가임차인')에 대해서도 적용될 수 있도록 하였습니다.

과다보증금 상가임차인에 대해서도 적용되는 상가임대차법상의 조항에 관하여 구체적으로 살펴보면 다음과 같습니다(상가임대차법 제2조 제3항).[85] 즉,

첫째, 대항력 부분에 대한 조항입니다. 따라서 과다보증금 상가임차인도 건물의 인도와 사업자등록을 하게 되면 등기 없이도 제3자에 대하여 그 임차권을 주장할 수 있게 되고, 임차건물이 양도된 경우에는 양수인이 임대인의 지위를 승계하게 됩니다.

둘째, 계약갱신요구권 조항도 적용됩니다. 따라서 임차인은 임대차기간 만료 6개월 전부터 1개월 전까지 사이에 계약갱신을 요구할 수 있고, 이러한 계약갱신요구권은 특별한

사정이 없는 한 5년간 보장이 됩니다. 주의할 것은 여기에서 5년간 보장이란 최초의 계약시부터 5년간 보장을 말하는 것이며, 자동갱신되었다든지 임대인 또는 소유자가 중도에 바뀌었다고 해서 그때로부터 5년간 추가로 보장되는 것은 아니라는 점입니다. 또한 보증금 및 차임의 증감청구와 관련해서 통상적인 임대차에 있어서는 임대차기간 중 임대인이 증액청구를 할 때에는 1년 단위로 연 5%[86]의 범위 내에서만 증액할 수 있는 제한이 있지만, 과다보증금 상가임차인에 대해서는 1년 단위의 제한이라든가 연 5%의 제한을 적용함이 없이 민법에 따라 언제든지 임대인이 증액을 청구할 수 있다는 점도 주의해야 합니다(민법 제628조). 물론 임차인의 경우에는 법 개정 전이나 후나 변함없이 1년 단위의 제한이나 연 5%의 제한 없이 시세의 감축 부분만큼 감액청구를 할 수 있다는 점은 동일합니다.

셋째, 권리금 보장 규정도 적용이 됩니다. 따라서 과다보증금 상가임차인은 임대차계약 종료시 신규 임차인으로부터 권리금을 회수할 수 있으며, 임대인도 임대차기간이 끝나기 3개월 전부터 임대차 종료시까지 임차인이 주선한 신규 임차인으로부터 권리금을 회수하려는 것을 방해해서는 안되고, 이를 위반해서 임차인에게 손해를 끼친 경우에는 손해배상책임을 부담하게 됩니다.

한편 위에서 상가임차인에게는 계약갱신권과 권리금회수권이 보장된다고 하였지만, 임차인이 3기의 차임액에 달하도록 차임을 연체한 경우에는 계약을 해지당할 수 있고, 따라서 계약갱신권이나 권리금회수권도 보장되지 않을 수 있으므로 임차인으로서는 차임이 연체되지 않도록 주의해야 할 것입니다.

이에 귀하의 사례를 보건대, 귀하께서 계약을 체결하려고 하는 2018년 3월을 기준으로 상가임대차법이 적용되는 보증금의 범위를 살펴보면, 광주지역의 경우에는 광역시에 해당되어 3억 9천만원이 상한금액이고, 이를 초과하게 되면 과다보증금 상가임차인으로 되는 것인데, 귀하의 경우에는 보증금이 3억원이고, 월세가 1백만원이므로 월세를 보증금으로 환산하면 1억원이 될 것이고(1백만원 × 100), 이를 합산하면 4억원이 되어 과다보증금 상가임차인이 됩니다. 따라서 상가임대차법상의 임차인의 보호를 위한 규정의 전부가 적용될 수는 없을 것이고, 다만 개정법에 의해 과다보증금 상가임차인에게도 적용되는 부분인 대항력 조항, 계약갱신요구권 조항, 권리금 회수 조항 만큼은 적용될 수 있어 그 보호를 받을 수 있을 것으로 보입니다.

따라서 귀하께서는 이를 감안해서 계약을 체결하든지, 아니면 임대인과 별도로 합의해서 전세권 등기를 해놓든지 해야 할 것으로 보입니다.

[사례 2·1·50] 상가임차인이 선순위의 근저당권자보다 우선적으로 배당받을 수 있는 최우선변제금액

문 저는 2018년 5월경 커피숍을 운영하고 싶어 서울 변두리에 소재한 甲 소유의 조그마한 상가에 대하여 보증금 2,000만원, 월세 400,000원, 기간 2년으로 하는 상가임대차계약을 체결하고자 합니다. 그런데 위 상가의 등기부등본을 열람해 보니 제가 입주하기 바로 전인 2018년 3월경 乙 명의의 채권최고액 5억원의 근저당권이 설정되어 있는 것입니다. 그럼에도 불구하고 차임도 비교적 싸고 길목도 마음에 들어 계약하고 싶은데, 자칫 상가가 경매에 넘어가기라도 하면 제 보증금을 몽땅 떼일까봐 걱정입니다. 혹시 저보나 선순위인 근저당권자 乙보다도 저와 같은 소액임차인권자에 대해서는 보증금 중 일부라도 우선적으로 보장해 주는 법이 없는지 박사님께 문의드리고 싶습니다.

답 상가건물임대차보호법(이하 '상가임대차법')에서는 귀하와 같은 영세한 상가임차인을 보호하기 위하여 일정한 요건을 갖춘 소액임차인에 대해서는 비록 임차권자보다 먼저 해당 상가건물에 대하여 저당권이나 가압류 등의 권리관계를 설정해놓는 경우가 있다고 하더라도 경매나 공매절차에서 이들보다 우선해서 일정한 소액보증금을 보장해 주고 있습니다. 이를 상가건물임대차에 있어서 소액임차인의 최우선변제권이라고 합니다.

다만 위와 같이 소액임차인이 선순위의 권리자보다 우선적으로 권리를 보장받기 위해서는 일정한 요건을 갖추어야 합니다. 즉 경매개시결정등기 또는 체납처분압류등기 전에 상가건물을 인도받아야 하고, 사업자등록을 해놓아야 하며, 보증금 및 월세의 환산액의 합계(이하 '환산보증금')가 일정한 금액 이하이어야 합니다. 여기에서 환산보증금은 {보증금액 + (월세 × 100)}의 산식에 의하여 산출된 금액을 말하며, 이 금액이 일정금액 이하에 해당되어야 최우선변제권이 인정되는 것입니다.

소액임차인에 대한 최우선변제권의 인정요건과 범위에 관하여는 상가임대차법이 제정된 이래 몇 차례 변동되어 왔습니다(상가임대차법 제14조, 시행령 제6조, 제7조). 아래에서 최우선변제권을 인정받기 위한 소액보증인의 환산보증금에 관한 조건과 그에 따른 최우선변제금액의 변동내역을 시대별로 살펴보도록 하겠습니다.

(1) 2002년 11월 1일~2010년 7월 25일까지

① 서울특별시 : 환산보증금이 4,500만원 이하일 경우에 1,350만원까지 보장

② 과밀억제권역(서울 제외) : 환산보증금이 3,900만원 이하일 경우에 1,170만원까지 보장

③ 광역시(인천·군지역 제외) : 환산보증금이 3,000만원 이하일 경우에 900만원까지

보장

④ 기타 지역 : 환산보증금이 2,500만원 이하일 경우에 750만원까지 보장

(2) 2010년 7월 26일~2013년 12월 31일까지

① 서울특별시 : 환산보증금이 5,000만원 이하일 경우에 1,500만원까지 보장

② 과밀억제권역(서울 제외) : 환산보증금이 4,500만원 이하일 경우에 1,350만원까지 보장

③ 광역시(인천·군지역 제외)·안산시·용인시·김포시·광주시 : 환산보증금이 3,000만원 이하일 경우에 900만원까지 보장

④ 기타 지역 : 환산보증금이 2,500만원 이하일 경우에 750만원까지 보장

(3) 2014년 1월 1일~현재까지

① 서울특별시 : 환산보증금이 6,500만원 이하일 경우에 2,200만원까지 보장

② 과밀억제권역(서울 제외) : 환산보증금이 5,500만원 이하일 경우에 1,900만원까지 보장

③ 광역시(과밀억제권역·군지역 제외)·안산시·용인시·김포시·광주시 : 환산보증금이 3,800만원 이하일 경우에 1,300만원까지 보장

④ 기타 지역 : 환산보증금이 3,000만원 이하일 경우에 1,000만원까지 보장

따라서 소액임차인이 어떤 조건하에서 얼마만큼의 최우선변제금액을 보장받을 수 있는지 여부는 소액임차인이 상가를 인도받고 사업자등록을 한 시점을 기준으로, 그 당시 시행되고 있는 위 법률을 적용해서 판단하면 될 것입니다. 물론 최우선변제금액이 상가건물가액의 1/2을 초과하는 경우에는 상가건물가액의 1/2 한도 내에서만 우선변제권이 인정될 수 있으므로 상가건물 내에 다른 소액임차인이 많거나 상가건물가액이 적을 경우에는 계약체결시 특히 보증금 인상이나 재계약체결시에는 반드시 이 점을 염두해 두어야 할 것입니다(상가임대차법 시행령 제7조 제2항).

이에 귀하의 사건을 살펴보건대, 귀하의 환산보증금은 보증금액 2,000만원과 월세환산액 4,000만원(월세 400,000원 × 100)을 합한 금액인 6,000만원이 되고, 귀하께서 상가 인도 및 사업자등록을 할 시점은 2018년일 것으로 보이므로 2018년에 시행되고 있는 위 법률을 적용해 보면, 서울지역의 경우 보증금환상액이 6,500만원 이하로 살 경우에 2,200만원까지 보장된다고 할 것인 바, 귀하께서는 환산보증금이 6,000만으로서 소액보증인의 최우선변제권의 요건에 해당된다고 할 것이며, 이에 따라 2,200만원까지 선순위의 근저당권자인 乙보다도 경매절차에서 우선적으로 변제를 받을 수 있을 것으로 보입니다.

[사례 2·1·51] 부가가치세가 있는 상가임대차의 경우에, 상가임대차보호법상의 적용 여부를 결정하기 위한 보증금의 산정 방법

문 저는 상가건물에 대하여 임대인 甲과 임대차계약을 체결하면서 부가가치세액에 대해서는 임차인인 제가 부담하기로 약정하였습니다. 이 경우 상가건물임대차보호법의 적용 여부를 따지는 보증금을 산정할 때 이러한 부가가치세를 포함시켜서 산정해야 하는지, 이를 공제하고 산정해야 하는지 알고 싶어 박사님께 문의드립니다.

답 귀하의 문의사항에 관하여는 판례의 입장을 살펴보는 것이 현명할 것으로 보입니다. 다만 이에 관하여는 아직까지 대법원 판례는 나와 있는 것 같지 않고, 하급심 판결만 나와 있는 것으로 보이는데, 이에 의하면 "임차인이 부담하기로 한 부가가치세액이 상가건물임대차보호법 제2조 제2항에서 정한 '차임'에 포함되는지 여부에 관하여 보건대, 부가가치세법 제2조, 제13조, 제15조에 의하면 임차인에게 상가건물을 임대함으로써 임대용역을 공급하고 차임을 지급받는 임대사업자는 과세관청을 대신하여 임차인으로부터 부가가치세를 징수하여 이를 국가에 납부할 의무가 있는 바, 임대차계약의 당사자들이 차임을 정하면서 '부가세 별도'라는 약정을 하였다면 특별한 사정이 없는 한 임대용역에 관한 부가가치세의 납부의무자가 임차인이라는 점, 약정한 차임에 위 부가가치세액이 포함된 것은 아니라는 점, 나아가 임대인이 임차인으로부터 위 부가가치세액을 별도로 거래징수할 것이라는 점 등을 확인하는 의미로 해석함이 상당하고, 임대인과 임차인이 이러한 약정을 하였다고 하여 정해진 차임 외에 위 부가가치세액을 상가건물임대차보호법 제2조 제2항에서 정한 '차임'에 포함시킬 이유는 없다."라고 판시하고 있습니다(수원지방법원 2009.4.29. 2008나27056).

따라서 위 하급심 판결의 법리에 의할 경우에는 임차인이 부담하기로 한 부가가치세액에 대해서는 상가건물임대차보호법이 적용될 수 있는 범위 내의 임차인에 해당되느냐의 여부를 따지기 위한 보증금을 산정할 때에는 이를 공제하고 산정하는 것이 타당하다고 보입니다.

이에 귀하께서 부담하기로 해서 월차임 속에 부가가치세액을 합산하여 임대인에게 납부하기로 하였다면 위 부가가치세액을 뺀 월세와 보증금만으로 보증금의 총액을 산정하여 그것이 상가건물임대차보호법이 적용되는 범위 내의 보증금으로 계약을 체결한 임차인에 해당되는지 여부를 따져보면 될 것으로 보입니다.

84) 상가임대차법이 적용될 수 있는 보증금의 범위를 시기별로 살펴보면 아래와 같으며, 이를 초과한 금액으로 계약한 경우에는 상가임대차법에서 정해 놓은 임차인을 위한 각종 혜택을 받을 수 없도록 하고 있었습니

[사례 2·1·52] 상가의 임대차기간과 계약의 자동갱신제도

문 저는 대구에서 식당을 운영하고 있는데, 식당을 하다 보면 좋은 길목을 찾아 자주 다른 곳으로 옮겨서 장사를 해야 하기 때문에 보증금을 빼는 과정에서 건물주와 기간 문제로 다툼이 간혹 있습니다. 이에 상가임대차에 있어서 기간문제나 자동연장 문제 등에 관하여 자세히 알고 싶어 박사님께 여쭈어보고 싶습니다.

답 일반적으로 민법상 건물이나 토지 등에 대한 임대차기간은 임대차계약시 임차인과 임대인 사이에 정하기 나름이고, 그 정해진 기간의 만료로 임대차가 해지됩니다. 기간이 만료된 후에도 자동갱신에 이르지 않은 상당한 기간 내에 임대인이나 임차인이 임대차에 대한 해지를 통지하게 되면 임대차가 종료됩니다. 다만 임대차기간이 만료된 후 임차인이 임차물에 대한 사용·수익을 계속하는데도 임대인이 상당한 기간 내에 이의를 제기하지 않으면 자동갱신이 이루어집니다. 이 경우에는 기간의 약정이 없는 임대차로 되어 임차인이나 임대인으로서는 언제든지 계약의 해지를 통고해서 계약을 종료시킬 수 있고, 이 경우 임차인이 통고한 때에는 1개월, 임대인이 통고한 때에는 6개월이 경과되면 계약이 해지됩니다(민법 제635조). 이러한 원리는 상가라도 사업자등록을 해놓지 않는 등으로 상가건물임대차보호법(이하 '상가임대차법')이 적용되지 않는 경우에는 마찬가

다. 즉,

1. 2002년 11월 1일~2008년 8월 20일까지
   ① 서울 : 2억 4천만원 이하, ② 과밀억제권역(단, 서울 제외) : 1억 9천만원 이하, ③ 광역시(부산 포함) : 1억 5천만원 이하, ④ 기타 지역 : 1억 4천만원 이하
2. 2008년 8월 21일~2010년 7월 25일까지
   ① 서울 : 2억 6천만원 이하, ② 과밀억제권역(단, 서울 제외) : 2억 1천만원 이하, ③ 광역시(부산 포함) : 1억 6천만원 이하, ④ 기타 지역 : 1억 5천만원 이하
3. 2010년 7월 26일~2013년 12월 31일까지
   ① 서울 : 3억원 이하, ② 과밀억제권역(단, 서울 제외) : 2억 5천만원 이하, ③ 광역시(부산 포함) 및 안산시·용인시·김포시·광주시 : 1억 8천만원 이하, ④ 기타 지역 : 1억 5천만원 이하
4. 2014년 1월 1일~2018년 1월 25일까지
   ① 서울 : 4억원 이하, ② 과밀억제권역(단, 서울 제외) : 3억원 이하, ③ 광역시(부산 포함) 및 안산시·용인시·김포시·광주시 : 2억 4천만원 이하, ④ 기타 지역(세종특별자치시 포함) : 1억 8천만원 이하
5. 2018년 1월 26일~현재까지
   ① 서울 : 6억 1천만원 이하, ② 과밀억제권역(단, 서울 제외) 및 부산 : 5억원 이하, ③ 광역시(단, 과밀억제권역·부산 제외) 및 세종특별자치시·파주시·화성시·안산시·용인시·김포시·광주시 : 3억 9천만원 이하, ④ 기타 지역 : 2억 7천만원 이하

85) 즉, 상가임대차법 제2조 제3항에서는 "상가임대차법 제3조, 제10조제1항, 제2항, 제3항 본문, 제10조의2부터 제10조의8까지의 규정 및 제19조는 보증금액을 초과하는 임대차에 대하여도 적용한다."라고 규정하고 있는 것입니다.

86) 종전에는 차임인상의 최대한도가 연 9%이었으나, 법이 개정되어 2018년 1월부터는 연 5%로 인하되었습니다(상가임대차법 시행령 제4조).

지로 적용됩니다.

그러나 상가를 인도받고 사업자등록을 해놓는 등에 의하여 상가임대차법이 적용되는 상가건물의 경우에는 임차인에게 강력한 보호가 이루어집니다. 즉 임대차기간을 1년 이상으로 정한 경우에는 그 기간에 의할 것이지만, 1년 미만의 단기로 정한 경우에는 임차인이 굳이 그 단기를 주장해서 계약을 해지하지 않는 한 1년까지 보장이 되며, 기간의 약정이 없는 임대차의 경우에는 임대차기간이 1년으로 간주됩니다.

물론 임차인이 3기의 차임액을 연체한 경우에는 이러한 기간의 주장을 하지 못하게 됩니다(상가임대차법 제10조의8). 그리고 그 정해진 기간만료 6개월 전부터 1개월 전까지 사이에 임대인과 임차인 모두 아무런 이의 제기가 없으면 임대차기간은 기간만료시에 자동갱신되어 1년 단위로 연장이 됩니다. 이때 1년 단위의 연장 기간이 만료되기 전까지는 임대인은 일방적으로 계약을 해지할 수 없지만, 임차인은 언제든지 해지할 수 있고 그 해지통보일부터 3개월이 경과되면 계약이 해지됩니다.

한편 임대인이나 임차인이 더 이상 임대차 관계를 유지하고 싶지 않을 때에는 어떻게 해야 할까요? 먼저 기간이 정해진 임대차나 기간을 정하지 않은 최초의 계약으로서 기간이 1년으로 간주되는 임대차에 있어서는 임대인이 기간 연장을 원하지 않는다면 그 기간만료 6개월~1개월 전까지 해지통보를 하면 될 것이고(상가임대차법 제10조 제4항), 임차인이 기간 연장을 원하지 않는 경우에는, 임대인과 같은 해지통보기간에 대한 제한이 없으므로, 기간만료시까지 해지통보를 하면 될 것으로 보입니다.

다음으로 정해진 기간의 해지통보 기간 안에 임대인이나 임차인의 이의 제기가 없어 자동갱신된 후에는 1년 단위로 기간이 연장되는데, 이때 임대인이 해지를 하려면 1년 단위로 연장된 기간만료일 6개월~1개월까지 사이에 해지통보를 해야만 해지가 가능할 것이로되(상가임대차법 제10조 제4항), 임차인은 언제든지 해지통보를 할 수 있고, 그 통보일부터 3개월이 경과되면 계약이 해지됩니다(상가임대차법 제10조 제5항).

그런데 문제는 위에서 본 임대인의 계약해지통보에 의한 계약의 해지는 임차인이 이의제기를 하지 않는 때를 말하는 것이고, 임차인이 기간연장을 원하게 되면 임대인으로서는 계약을 해지하고 싶어도 해지를 하지 못하고 5년간 임대차기간을 보장해 줘야 하는 경우가 있다는 것입니다. 즉 임대인은 임차인이 임대차기간 만료 6개월~1개월 전까지 사이에 계약갱신을 요구할 경우에는 정당한 사유, 즉 상가임대차법(제10조 제1항 제1호~제8호)에서 정하여 놓은 8가지의 사유가 없는 한 이를 거절하지 못하게 되어 있습니다.

여기에서 5년간의 기간보장과 관련해서 주의할 점은 임차인이 임대차기간 만료 6개월~1개월 전에 한 번만 계약갱신을 주장하는 것으로써 무조건 5년간 자동적으로 보장되는 것이 아니고 한 번의 계약갱신의 주장에 의해서는 1년간만 연장되는 것이어서, 차후 다시 1년이 되기 6개월~1개월 전까지 사이에 갱신을 주장하는 등 5년간이 되기까지 매번 갱신주장을 해야만 총 5년간이 보장된다는 것입니다.

물론 5년간 보장이라는 것은 임대인이 내보내고 싶을 때에도 임차인에게 최소 5년간 보장을 해줘야 한다는 의미일 뿐이므로 법정갱신의 경우에는 5년이 초과되어도 법정갱신의 규정(상가임대차법 제10조 제4항)에 의해 연장된 해당 기간이 보장되는 것입니다.[87] 또한 임대차기간이 총 5년간 보장된다고 하더라도 임대인은 1년 단위로 연 5%[88]를 초과지 않는 범위 내에서 보증금 및 월세에 대한 증액청구를 할 수 있을 것입니다.

이에 귀하께서는 이러한 기간 문제에 대해서 미리 숙지하고 계셨다가 향후 상가를 옮기고자 할 때에 차질이 없도록 해야 할 것입니다.

[사례 2·1·53] 상가임차인에게는 최소한 5년간 보장이 된다는데, 과연 그러한지

문 저는 광주에서 식당을 운영하기 위하여 甲 소유의 상가건물에 대하여 임차보증금 5천만원, 월세 30만원, 기간 2년으로 하는 임대차계약을 체결한 후 입점하였습니다. 이후 저는 3천만원을 들여 내부시설과 인테리어를 하고 영업을 잘 해오고 있는데, 계약만기가 3개월 정도 남은 시점에서 임대인이 저한테 기간이 만료되면 가게를 비우라고 합니다. 저는 내부시설에 투자한 것도 있고 영업도 비교적 잘되기 때문에 기간을 더 연장해서 장사를 하고 싶습니다. 들리는 말로는 상가임대차의 경우에는 최소한 5년간 보장이 된다는데, 과연 그러한지 박사님께 문의드리고 싶습니다.

---

87) 즉, 판례는 "구 상가건물임대차보호법 제10조 제1항에서 정하는 임차인의 계약갱신요구권은 임차인이 임대차기간이 만료되기 전 6개월부터 1개월까지 사이에 계약의 갱신을 요구하면 그 단서에서 정하는 사유가 없는 한 임대인이 그 갱신을 거절할 수 없는 것을 내용으로 하여서 임차인의 주도로 임대차계약의 갱신을 달성하려는 것이다. 이에 비하여 같은 조 제4항은 임대인이 위와 같은 기간 내에 갱신거절의 통지 또는 조건변경의 통지를 하지 않으면 임대차기간이 만료된 때에 임대차의 갱신을 의제하는 것으로서, 기간의 만료로 인한 임대차관계의 종료에 임대인의 적극적인 조치를 요구한다. 이와 같이 이들 두 법조항상의 각 임대차갱신제도는 그 취지와 내용을 서로 달리하는 것이므로, 임차인의 갱신요구권에 관하여 전체 임대차기간을 5년으로 제한하는 같은 조 제2항의 규정은 같은 조 제4항에서 정하는 법정갱신에 대하여는 적용되지 아니한다."라고 판시하고 있습니다(대법원 2010.6.10. 선고 2009다64307 판결).

88) 종전에는 차임인상의 최대한도가 연 9%이었으나, 법이 개정되어 2018년 1월부터는 연 5%로 인하되었습니다(상가임대차법 시행령 제4조).

답 상가를 임차할 때에는 주택과 달리 권리금도 주어야 하고 임차 후에는 많은 시설투자를 해야 하기 때문에 임대차기간이 중요합니다. 그렇다고 기간을 너무 길게 해놓으면 장사가 잘 안 돼 중간에 나가고 싶을 때 곤란할 것이고, 너무 짧게 해놓으면 장사가 잘 되었을 경우에 건물주가 나가라고 하거나 재계약시 보증금 및 월세를 몽땅 올릴 수 있기 때문에 문제됩니다.

이에 상가임대차보호법(이하 '상가임대차법')에서는 임차인을 보호하기 위하여 몇 개의 기간 보장에 관한 규정을 마련해 놓고 있습니다. 즉 임대차기간을 1년 이상으로 정한 경우에는 그 기간에 의할 것이지만, 1년 미만의 단기로 정한 경우에는 임차인이 굳이 그 단기를 주장해서 나가고자 하지 않는 한 1년까지 보장됩니다. 또한 기간의 약정이 없는 임대차의 경우에는 임대차기간이 1년으로 간주됩니다. 그리고 기간을 정한 경우에도 그 기간 만료 6개월~1개월 전까지 사이에 임대인과 임차인 모두 아무런 이의 제기가 없으면 임대차기간은 기간만료시에 자동갱신되어 1년 단위로 연장이 됩니다. 또한 임차인은 총 5년을 초과하지 않는 범위 내에서 매년 갱신요구를 함으로써 5년간 보장을 받을 수 있으며 임대인은 정당한 사유가 없는 한 5년간 보장된 임차인의 권리를 침해할 수 없습니다.

그런데 임차인에 대한 5년간의 기간 보장에는 일정한 예외가 있습니다. 즉 아무리 임차인라고 하더라도 법에서 정하여 놓은 8가지의 정당한 사유(상가임대차법 제10조 제1항 제1호~제8호)가 존재하는 경우에는 갱신요구권의 행사가 저지될 수 있는 것입니다. 즉 ① 임차인이 3기의 차임액을 연체한 경우, ② 임차인이 거짓 그밖의 부정한 방법으로 임차한 경우, ③ 쌍방 합의하에 임차인에게 상당한 보상을 한 경우, ④ 임차인이 임차건물의 전부 또는 일부를 무단으로 전대한 경우, ⑤ 임차인의 고의 또는 중대한 과실로 건물이 파손된 경우, ⑥ 임차건물의 전부 또는 일부가 멸실되어 임대차의 목적을 달성하지 못할 경우, ⑦ 임대인이 일정한 사유에 의하여 건물의 전부 또는 대부분을 철거하거나 재건축하기 위하여 임차건물의 점유를 회복할 필요가 있는 경우, 즉 임대차계약 체결 당시 공사시기 및 소요기간 등을 포함한 철거나 재건축계획을 임차인에게 구체적으로 고지하고 그 계획에 따르는 경우 또는 건물이 노후·훼손·일부멸실 등으로 안전사고가 우려되는 경우, 다른 법령에 따라 철거·재건축이 이루어지는 경우 중 어느 하나에 해당되는 경우, ⑧ 그밖에 임차인의 현저한 의무위반 또는 임대차를 존속하기 어려운 중대한 사유가 있는 경우에는 임대인은 임차인의 갱신요구를 거절할 수 있고, 따라서 임차인은 5년간의 기간 보장을 받을 수 없게 되는 것입니다.

이에 귀하께서는 위에서 본 바와 같은 8가지의 임대인에 의한 갱신거절사유에 해당되지 않는 한 갱신요구권을 행사함으로써 최소한 5년간은 임대차관계의 유지를 주장할 수 있을 것입니다. 다만 5년간 보장이 된다고 해서 한 번의 갱신요구만으로 5년간 쭉 보장되는 것이 아니며, 한 번의 갱신요구로 연장되는 기간은 1년인 관계상 차후 1년이 되기 전 6개월~1개월까지 사이에 다시 갱신을 주장하는 등 5년간이 되기까지 매번 갱신주장을 해야만 총 5년간 보장이 되는 것입니다. 또한 5년간의 기간을 보장한다는 것은 해당 상가에서 임차인에게 보장되는 임대차기간이 통틀어 5년간이라는 것으로서 중간에 임대인이 바뀌었다든지 처음에 정한 기간이 만료된 후부터 추가로 5년간 더 보장된다는 의미가 아님을 주의해야 합니다(대판 2006.3.23. 2005다74320).

[사례 2·1·54] 상가임차인의 계약갱신권 행사 후 임대차계약서를 재작성한 경우에, 종전 계약의 연장인지 재계약인지 여부

문 저는 甲 소유의 상가건물에 대하여 2년 약정으로 임대차계약을 체결한 후 장사를 해오고 있는데, 만기를 약 2개월 정도 남겨둔 시점에서 임대인이 더 이상 계약을 갱신하지 않겠다고 하면서 나가라고 했지만, 저는 장사를 더 하고 싶다면서 계약갱신을 요구했습니다. 그 후 저와 임대인은 절충점을 찾아 다시 임대차계약서를 작성하기로 하였는데, 계약서 작성시 임대인 甲은 이번 계약은 전번의 계약과는 별개의 재계약이라고 주장하면서 월세를 연 5%보다 상회한 15%의 인상을 주장하고 있고, 이에 대해 저는 이번 계약은 제가 계약갱신권을 행사한 후의 계약으로서 재계약이 아니라 종전 계약의 연장선상에 있는 것이니 월세를 인상하더라도 법에서 정한 연 5%의 범위 내에서만 인상해야 한다고 주장하여 합의점이 찾아지지 않고 있습니다. 이에 누구의 말이 맞는지 박사님께 문의드리고 싶습니다.

답 상가건물임대차보호법(이하 '상가임대차법') 제11조 제1항에서는 "차임 또는 보증금이 임차건물에 관한 조세, 공과금 그밖의 부담의 증감이나 경제사정의 변동으로 인하여 상당하지 아니하게 된 때에는 당사자는 장래에 대하여 그 증감을 청구할 수 있다. 그러나 증액의 경우에는 대통령령이 정하는 기준에 따른 비율(즉, 연 5%[89])을 초과하지 못한다. 제1항의 규정에 의한 증액청구는 임대차계약 또는 약정한 차임 등의 증액이 있은 후 1년 이내에는 이를 하지 못한다."라고 규정하고 있는 바, 위 규정은 임대차계약의 존속 중 당사자 일방이 약정한 차임 등의 증감을 청구한 경우에 한하여 적용되고, 임대차계약이 종료한 후 재계약을 하거나 임대차계약 종료 전이라도 당사자의 합의로 차임 등을 증액하는 경우에는 적용되지 않는다고 봅니다(대판 2014.2.13. 2013다80481 참조).

그리고 상가임대차법 제10조에 의하면, 임대인은 임차인이 임대차기간 만료되기 전

6개월부터 1개월까지 사이에 계약갱신을 요구할 경우에는 법에서 정한 8가지의 거절사유에 해당되지 않는 한 이를 거절하지 못하고, 임차인의 계약갱신요구권은 최초의 임대차기간을 포함하여 전체 임대차기간이 5년을 초과하지 않는 범위에서 행사할 수 있으며, 갱신되는 임대차는 전 임대차와 동일한 조건으로 다시 계약된 것으로 보되, 차임과 보증금은 대통령령이 정하는 기준에 따른 비율(즉, 연 5%)의 범위 안에서 증감할 수 있다고 규정하는 한편, 임대인이 임차인의 갱신요구기간인 임대차기간 만료 전 6개월부터 1개월까지 사이에 임차인에게 갱신거절의 통지나 조건 변경의 통지를 하지 않은 경우에는 그 기간이 만료된 때에 전 임대차와 동일한 조건으로 다시 임대차한 것으로 보되, 임대차의 존속기간은 1년으로 본다고 규정하고 있습니다(상가임대차법 제10조 제2조, 제3조, 제4조).

위와 같은 상가임대차법상의 문언 및 체계로 볼 때, 임차인의 계약갱신요구권 조항은 임차인의 주도로 임대차계약의 갱신을 달성하려는 것인 반면, 기간만료로 인한 임대차관계의 종료에 있어서 임대인의 적극적인 조치를 요구하는 조항은 그 취지와 내용을 서로 달리하는 것인 점을 고려하면 임대인의 갱신거절의 통지의 선후와 관계없이 임차인은 계약갱신요구권을 행사할 수 있고, 그러한 계약갱신요구권의 행사로 인하여 종전 임대차는 갱신되는 것이라고 할 것입니다(대판 2014.4.30. 2013다35115). 또한 이와 같이 임차인이 계약갱신요구권을 행사한 이후 임차인과 임대인이 종전 임대차기간이 만료할 무렵 신규 임대차계약의 형식을 취한 경우에도 그것이 임차인의 계약갱신요구권 행사에 따른 갱신의 실질을 갖는다고 평가되는 한 이를 두고 종전 임대차에 관한 재계약으로 볼 것은 아니라고 할 것입니다(대판 2014.4.30. 2013다35115).

이에 귀하의 사건을 보건대, 임대인의 계약갱신거절의 통지가 설령 귀하의 계약갱신요구권의 행사보다 먼저 있었다 하더라도, 임대인의 계약갱신거절통지를 정당화하는 8가지의 사유에 해당되지 않는 한, 귀하의 계약갱신요구권의 행사만 유효하다고 할 것이고, 따라서 나중에 재차 체결된 임대차계약은 재계약이 아니라 귀하의 계약갱신요구권 행사에 따른 종전 임대차계약의 갱신으로 보는 것이 타당할 것이어서, 그 갱신된 임대차에 대해서는 상가임대차법상의 차임증감폭의 제한이 적용되어 임대인 甲은 연 5%를 초과하여 차임을 인상할 수 없을 것으로 보이는 바, 따라서 귀하의 주장이 맞다고 사료됩니다.

---

89) 종전에는 차임인상의 최대한도가 연 9%이었으나, 법이 개정되어 2018년 1월부터는 연 5%로 인하되었습니다(상가임대차법 시행령 제4조).

[사례 2·1·55] 상가에 대한 임대차기간 중의 월세 인상과 재계약시의 월세 인상의 한도에 차이가 있는지

문 저는 상가건물에 대해 임대차기간을 5년으로 하는 임대차계약을 체결하고 1년째 살고 있는데, 현재의 위치가 마음에 들어 기간만료 후에도 계속 더 장사를 하고 싶습니다. 그런데 임대인이 임대차기간 중인데도 보증금과 월세를 올려 달라고 하며, 기간만료 후에도 더 장사를 하려면 지금보다 훨씬 더 올린 금액으로 장사를 해야 한다고 합니다. 이럴 경우 보증금 및 월세의 증액에 한도가 없는지 궁금해서 박사님께 문의드리고 싶습니다.

답 귀하와 같은 문제는 상가건물을 임차해서 상행위를 하는 임차인이라면 누구나 겪는 문제일 것입니다. 월세 등을 올리는 문제는 임대인의 입장도 있겠지만 영세한 세입자에게는 생계와 직결되는 큰 문제가 아닐 수 없습니다. 이와 같은 보증금 및 월세의 인상 문제는 임대차기간 중의 인상과 임대차기간 만료 후 재계약시의 인상에 있어서 차이가 있습니다.

먼저 임대차기간 중의 인상 부분입니다. 상가건물임대차보호법(이하 '상가임대차법')에 의하면 상가건물임대차에 있어서는 임대인이든 임차인이든 모두 그 약정한 차임이나 보증금이 임차건물에 관한 조세, 공과금, 그밖의 부담의 증감이나 경제 사정의 변동으로 인하여 상당하지 않게 된 경우에는 장래의 차임 또는 보증금에 대하여 그 증감을 청구할 수 있도록 하고 있습니다(상가임대차법 제11조 제1항). 즉 보증금 등은 인상요인이 있으면 인상도 가능하고, 인하 요인이 있으면 인하도 가능한 것입니다. 그러나 실무상 인하가 이루어지는 경우는 거의 드물 것이고 대부분 물가상승이나 주변 시세를 들어 인상되는 경우일 것입니다.

문제는 증액의 한도에 제한이 있느냐 여부일 것입니다. 상가임대차법상 임차인에 의한 감액청구의 경우에는 그 한도에 제한이 없지만, 임대인에 의한 증액청구의 경우에는 1년 단위로 증액청구를 할 수 있으되, 임차인의 보호를 위하여 그 한도에 제한을 두어서 연 5%[90])를 초과하지 못하도록 하고 있습니다(상가임대차법 제11조 제2항, 시행령 제4조).

따라서 임대차기간 중에는 임대인으로서는 보증금 및 월세를 각각 1년 단위로 인상할 수 있을 것이로되, 각각 연 5%를 초과해서 인상할 수는 없을 것입니다. 예컨대 보증금 5억원, 월세 100만원이라고 한다면 그 인상폭은 보증금 연 2천 5백만원, 월세 50,000원(100만원 × 5/100)까지만 인상이 가능한 것입니다. 이러한 원리는 임대차기간 만료 6개월~1개월 전에 임차인이나 임대인 모두 아무런 이의제기가 없어 임대차계약이 자동갱신된 경우에도 임대차기간 중에 해당하는 것이어서 마찬가지로 적용된다고 할 것입니다.

다만 이러한 인상한도의 제한은 임대인에 의한 일방적인 차임 인상시에 그렇다는 것이고, 당사자 간에 합의가 있으면 임대차기간 중이라도 얼마든지 한도의 제한 없이 차임에 대한 증액이나 감액이 가능할 것이어서 당사자 간의 합의로 그 차임을 연 5%를 초과하여 인상하는 것은 상관이 없다고 할 것입니다(대판 2014.2.13. 2013다80481).

한편 임대료의 인상은 1년 단위로만 가능한 것이므로, 예컨대 임대인이 2년이 지나도록 임대료를 인상하고 있지 않다가 한꺼번에 2년분을 합산해서 연 10%를 인상할 수 없고, 이와 같은 상황이라도 임대인은 연 5%만 인상할 수 있는 것이어서, 임대인이 임대차기간 중 계속 차임을 인상하고 싶다면 1년마다 연 5%에 대한 인상청구를 해야만 할 것입니다.

다음으로 임대차기간이 종료된 후의 재계약시의 인상 부분입니다. 이때에는 처음부터 다시 시작하는 것이어서 상가임대차법상 인상폭의 제한이 적용되지 않습니다. 판례도 "상가임대차법 제11조 제1항에서 '차임 또는 보증금이 임차건물에 관한 조세, 공과금, 그 밖의 부담의 증감이나 경제사정의 변동으로 인하여 상당하지 아니하게 된 경우에는 당사자는 장래의 차임 또는 보증금에 대하여 증감을 청구할 수 있습니다. 그러나 증액의 경우에는 대통령령으로 정하는 기준에 따른 비율을 초과하지 못한다.'라고 규정하고, 제2항에서 '제1항에 따른 증액 청구는 임대차계약 또는 약정한 차임 등의 증액이 있은 후 1년 이내에는 하지 못한다.'라고 규정하고 있는 바, 위 규정은 임대차계약의 존속 중 당사자 일방이 약정한 차임 등의 증감을 청구한 경우에 한하여 적용되고, 임대차계약이 종료한 후 재계약을 하거나 임대차계약 종료 전이라도 당사자의 합의로 차임 등을 증액하는 경우에는 적용되지 않는다."라고 판시하여 같은 취지를 보이고 있습니다(대판 2014.2.13. 2013다80481).

따라서 재계약시에는 임대인이 마음대로 얼마든지 차임에 대한 인상이 가능한 것이며, 임차인으로서 그 인상을 받아들일 수 없다면 그 상가에서 나오는 수밖에 없을 것입니다.

이에 귀하께서도 임대차기간 중이거나 자동갱신된 경우 또는 5년 보장 청구에 의해 5년이 보장되는 경우에 있어서는 그 만기까지 임대인의 요구에 따라 1년 단위로 연 5%의 범위 내에서만 보증금과 월세를 각각 인상해 주면 될 것이지만, 그밖에 임대차기간 만료 등의 사유로 임대차가 종료된 후에 있어서 재계약시에는 보증금이나 월세의 인상폭에 제한이 없을 것이니 이 점을 감안하시어 재계약을 하든지 나가든지 해야 할 것으로 보입니다.

[사례 2·1·56] 상가건물임차인에 대한 권리금 회수 보장

문 저는 몇 년 전에 사람들이 많이 붐비는 전통시장 근처에서 매운탕집을 하기 위해 甲 소유의 상가건물에 대해 보증금 1억원, 월세 50만원, 권리금 3천만원을 주고 임대차계약을 체결하였고, 현재까지 줄곧 장사를 해오고 있습니다. 자리가 좋아서 그런지 비교적 손님이 많았습니다. 그런데 남편 직장이 바뀌어서 타지로 이사할 사정이 생긴데다 임대차기간도 얼마 남지 않아서 부득이 매운탕집을 내놓고자 합니다. 문제는 투자한 권리금이 많아서 회수하지 못할까봐 걱정이 됩니다. 이에 권리금의 회수와 관련된 문제에 관하여 박사님께 자세한 조언을 듣고자 합니다.

답 권리금이란 임대차목적물인 상가건물에서 영업을 하는 자 또는 영업을 하려는 자가 영업시설·비품, 거래처, 신용, 영업상의 노하우, 상가건물의 위치에 따른 영업상의 이점 등 유·무형의 재산적 가치에 대한 양도 또는 그 이용대가로서 신규 임차인이 임대인이나 종전의 임차인에게 보증금과는 별도로 지급하는 금전 등의 대가를 말합니다. 또한 임차권양도계약에 수반되어 체결되는 권리금계약은 임차권양도계약과는 별개의 계약이지만 권리금계약이 임차권양도계약과 결합하여 전체가 경제적·사실적으로 일체로 행하여진 것으로서 그 계약 전부가 하나의 계약인 것과 같은 불가분의 관계에 있다고 보아야 할 것입니다(대판 2017.7.11. 2016다261175).

이러한 권리금에 대해서는 종전에는 특별한 사정이 없는 한 원칙적으로 그 회수가 보장되지 않았습니다. 그러나 권리금은 상가건물 임차시 관행적으로 거래되었고, 그 액수도 만만치 않으므로 이를 보장해야 되지 않느냐는 논의가 꾸준히 제기되었고, 마침내 2015년 5월 13일 상가건물임대차보호법(이하 '상가임대차법')의 개정으로 그 보장이 이루어지게 되었습니다. 즉 상가건물의 임차인은 보증금이나 월차임의 액수에 관계없이 임대차 종료시에 신규 임차인으로부터 권리금을 지급받을 수 있는 권리가 보장된 것입니다. 다만 개정된 상가임대차법에 의하더라도 전대인과 전차인 사이의 계약으로 이루어지는 전대차관계에 있어서의 전차인은 임대인에 대해 권리금의 보장을 주장할 수 없을 것으로 보입니다(상가임대차법 제13조).

주의할 것은 권리금의 회수는 임대차기간이 끝나기 3개월 전부터 임대차 종료시까지 종전의 임차인이 신규 임차인을 구해야 하고 그 신규 임차인으로부터 회수할 수 있는 것일 뿐 임차인이 임대인에게 권리금을 주고 들어왔다거나 신규 임차인을 구할 수 없다

---

90) 종전에는 차임인상의 최대한도가 연 9%이었으나, 법이 개정되어 2018년 1월부터는 연 5%로 인하되었습니다(상가임대차법 시행령 제4조).

는 등의 사유로 임차인이 직접 임대인에게 청구할 수 있는 권리가 아니라는 점입니다.[91) 물론 임대인은 신규 임차인으로 하여금 임차인에게 권리금을 주지 못하도록 한다거나 보증금 또는 차임을 대폭 올리는 등으로 임차인이 신규 임차인으로부터 권리금을 지급받는 것을 방해해서는 안되며, 임대인이 이를 위반할 경우에는 임차인에 대하여 손해배상 책임을 지게 됩니다.

그렇다고 모든 경우에 권리금의 회수가 보장되는 것은 아니며, 권리금을 보장받지 못할 일정한 예외 사유가 있습니다. 즉 ① 임차인이 3기의 차임액을 연체한 경우, ② 임차인이 거짓이나 그밖에 부정한 방법으로 임차한 경우, ③ 서로 합의하여 임대인이 임차인에게 상당한 보상을 제공한 경우, ④ 임차인이 임대인의 동의 없이 상가건물의 전부 또는 일부를 전대한 경우, ⑤ 임차인이 임차한 상가건물의 전부 또는 일부를 고의나 중대한 과실로 파손한 경우, ⑥ 임차한 상가건물의 전부 또는 일부가 멸실되어 임대차의 목적을 달성하지 못할 경우, ⑦ 임대차계약 체결 당시 임대인이 임차인에게 공사시기 및 소요기간 등을 포함한 철거 또는 재건축 계획을 구체적으로 고지하고 그 계획에 따르는 경우나 상가건물이 노후·훼손·일부멸실 등 안전사고의 우려가 있는 경우 또는 다른 법령에 따라 철거·재건축이 이루어지는 것과 같은 사유로 건물의 전부 또는 대부분을 철거하거나 재건축하기 위한 경우, ⑧ 임차인이 임차인으로서의 의무를 현저히 위반하거나 임대차를 계속하기 어려운 중대한 사유가 있는 경우, ⑨ 임차인이 주선한 신규 임차인에게 보증금 또는 차임을 지급할 자력이 없는 경우, ⑩ 임차인이 주선한 신규 임차인이 임차인으로서의 의무를 위반할 우려가 있거나 그밖에 임대차를 유지하기 어려운 상당한 사유가 있는 경우, ⑪ 임차인이 임대차 목적물인 상가건물을 1년 6월 이상 영리목적으로 사용하지 않는 경우, ⑫ 임대인이 선택한 신규 임차인이 임차인과 권리금 계약을 체결하고 그 권리금을 지급한 경우, ⑬ 임대차 목적물인 상가건물이 대규모점포 또는 준대규모점포의 일부인 경우이거나 국유재산 또는 공유재산인 경우에는 권리금이 보장되지 않는 것입니다.

한편 권리금과 관련해서는 그 적정규액 여부 등에 관하여 분쟁이 발생할 수 있으므로 국토교통부장관은 권리금에 대한 감정평가의 절차와 방법 등에 관한 기준을 고시할 수 있고, 임대인을 보호하기 위하여 임차인은 신규 임차인의 보증금 및 차임을 지급할 자력 또는 그밖에 임차인으로서의 의무를 이행할 의사 및 능력에 관하여 자신이 알고 있는 정보를 임대인에게 제공해야 합니다.

이에 귀하의 사례를 살펴보건대, 귀하의 매운탕집이 비교적 장사가 잘된다고 하니 신규 임차인을 구하는 것은 그리 어렵지 않을 것으로 보입니다. 따라서 귀하께 앞서 본 권리금을 보장받지 못할 일정한 예외 사유가 있는 경우가 아니라면 법적으로 임대인이 귀하의 권리금에 대한 회수를 방해할 수 없게 되어 있으므로 귀하께서 임대차기간 만료 전 3개월 이내에 권리금을 주고 들어올 신규 임차인을 구한다면 그 신규 임차인으로부터 권리금을 회수할 수 있을 것으로 보입니다.

[사례 2·1·57] 임차인이 과다한 권리금을 요구하며 영업허가명의를 이전해 주지 않는 경우의 대응방법

문 저는 학교주변에서 포장마차를 운영하던 중 우연히 생활정보지에 식당건물이 비교적 싸게 나온 것을 보고 임차보증금 1천만원, 월세 30만원으로 하는 점포임대차계약을 체결하였습니다. 그런데 종전의 임차인이 권리금으로 500만원을 요구하며 영업허가명의를 이전해 주지 않고 있습니다. 계약당시에는 점포가 모두 비워져 있는 상태라 권리금을 주어야 한다는 생각은 전혀 하지 못하였습니다. 이러한 사정을 건물주에게 이야기 하였더니 임차보증금만은 돌려주겠다고 합니다. 그러나 그 자리가 마음에 들어 어떻게든 식당을 하고 싶습니다. 좋은 방법이 없는지 박사님의 고견을 듣고 싶습니다.

답 영업허가를 받은 자 또는 영업신고를 한 자로부터 영업을 양수한 자는 당연히 영업자의 지위를 승계하게 됩니다(식품위생법 제39조 제1항). 또한 경매에 의하여 영업시설의 전부를 인수한 자도 마찬가지로 영업자의 지위를 승계하게 됩니다(식품위생법 제39조 제2항 제1호항). 따라서 이와 같이 영업자의 지위승계를 받은 자는 1월 이내에 시·군·구청장에게 신고만 하면 됩니다(양도양수계약서 사본 및 양도인의 인감증명서 첨부). 만약 영업양도인이 인감증명을 떼어 주지 않는 등 영업자의 지위승계에 협조해 주지 않는다면, 영업양수인은 영업양도인을 상대로 하여 영업허가명의의 변경절차를 이행하라는 소송을 제기하여 판결을 받은 후, 그 판결문 사본을 첨부하여 영업자지위승계신고를 할 수 있을 것

---

91) 이와 관련하여 5년이 넘는 상가임차인에 대해서도 상가임대차법상 권리금회수기회를 보장해 주어야 하는 것이 아닌지에 관하여 하급심 판결에서 논의가 되고 있는 바, 대전지방법원 제1심에서는 상가임대차법 제10조의4를 해석·적용함에 있어 같은 법 제10조 제2항을 유추적용하여, 5년의 갱신요구권행사 기간이 경과된 임차인에 대해서는 상가임대차법 제10조의4 규정에 의한 권리금회수기회가 보장되지 않는다는 취지로 판시하고 있고(대전지방법원 2016.9.22. 선고 2015가단220228·35192 판결), 이에 대한 항소심에서는 반대로 그러한 유추적용은 법원의 법률해석에 대한 권한의 한계를 넘는 것으로 보아 1심판결을 취소하고, 권리금회수기회가 보장된다는 취지로 판시하고 있습니다(대전지방법원 2017.5.19. 선고 2016나108951 판결). 현재 위 사건은 상고되어 대법원에 계속 중에 있는 바(대법원 2017다236039), 그 귀추가 주목된다고 할 것입니다(대한법률구조공단 강무석 계장님 사례 제공).

입니다.

그런데 귀하의 경우에는 위와 같은 영업양수를 받은 자에 해당되지 않기 때문에, 어떻게 해야 할지 궁금할 것입니다.

우선 생각할 수 있는 방법으로는, 행정관청에 종전 영업자의 영업허가를 취소해 달라고 신청해서 종전 영업자의 영업허가가 취소되면, 신규로 영업허가를 신청해 볼 수 있을 것입니다. 즉 식품위생법에 의하면, 영업시설의 전부를 철거하여 식품위생법상 시설기준(제36조)에 적합하지 않는 경우에는 영업자에게 영업시설의 개수명령을 한 다음 이에 응하지 않으면 영업허가를 취소할 수 있게 되어 있고, 이러한 사유로 인한 영업허가의 취소의 경우에는 기간의 제한 없이 곧바로 영업허가를 신청할 수 있으므로,[92] 종전의 영업자가 영업시설 전부를 철거해서 퇴거한 경우라면 이러한 방법을 취해 볼 수 있다는 것입니다(식품위생법 제74조, 제75조 제1항 제17호, 제75조 제2항, 제38조 제1항 제2호 단서). 또한 종전 영업자가 사실상 폐업했음을 사유로 하여 관할 세무서장에게 사업자등록에 대한 직권말소를 신청하고 그 결과에 따라 시·군·구청장에게 종전 영업자에 대한 영업허가의 직권말소를 신청해 보는 방법도 검토해 볼 수 있을 것입니다(식품위생법 제37조 제7항).

다만, 신규로 영업허가를 신청할 경우에는, 종전의 영업자가 영업허가를 받을 때의 기준과는 달리, 신규로 영업허가를 신청할 당시의 하수도법상의 기준에 맞는 정화조시설과 하수종말처리시설분담금의 납부 문제가 있어서 현실적으로 이 방법을 쓰기는 힘들 것으로 보입니다. 또한 폐업신고를 하는 방법도 생각해 볼 수 있지만, 폐업신고는 영업허가를 받은 자만이 할 수 있으므로 이 방법 역시 쓰기가 힘들다고 보입니다.

결국 귀하의 입장에서 가장 현명한 방법은, 귀하와 같은 임차인을 영업양수인에 준하는 자로 보아 식품위생법 제39조(영업 승계)에 근거하여 종전 영업자를 상대로 하여 식당 영업허가명의의 변경절차를 이행하라는 소송을 제기하여 판결을 받은 후, 그 판결문 사본을 첨부하여 영업지위승계신고를 하는 것이라고 사료됩니다. 다만 판결을 받는데 걸리는 2~3개월 동안은 영업을 할 수 없게 되므로, 이 점을 가벌히 고려하시기 바랍니다.

---

92) 원래 영업허가가 취소된 경우에는 같은 장소에서 6개월 내에는 같은 종류의 영업을 할 수 없게 되어 있지만(식품위생법 제75조 제1항, 제2항, 제38조 제1항 제2호 본문), 영업시설의 전부를 철거함으로 인하여 영업허가가 취소된 경우에는 이러한 기간의 제한이 없이 영업허가를 신청할 수 있습니다(식품위생법 제38조 제1항 제2호 단서).

[사례 2·1·58] 상가임차인이 2기분의 차임을 연체한 경우에도 계약이 해지당할 수 있는지

문 저는 甲 소유의 상가건물을 임차하여 영업을 하고 있는 임차인입니다. 제가 알기로는 3기의 차임액을 연체하지 않는 이상 상가임대인은 임차인의 계약갱신 요구를 거절할 수 없는 것으로 알고 있는데, 제가 체결한 임대차계약서에는 2기분의 차임액을 연체하는 경우에도 임대인이 계약을 해지할 수 있다고 되어 있습니다. 이러한 내용은 임차인을 보호하기 위한 상가건물임대차보호법에 위반되어 무효가 되는 것이 아닌지 아니면 제가 잘못 알고 있는지에 관하여 박사님께 조언을 구하고 싶습니다.

답 상가건물에 대한 임대차에 있어서 몇 기분의 차임이 연체되어야 계약이 해지될 수 있는지에 관하여 논란이 되는 이유는 차임연체로 인한 계약해지에 관하여 민법에서는 2기분의 연체라고 규정하고 있는데 대하여(민법 제640조[93]), 상가건물임대차보호법(이하 '상가임대차법')에서는 이에 관하여 규정하고 있지 않고, 대신 임차인의 계약갱신요구에 대한 임대인의 갱신거절 사유의 하나로서 3기분의 차임연체를 들고 있어서(상가임대차법 제10조 제1항 제1호), 이를 근거로 3기분의 차임연체가 계약해지사유로도 작용할 수 있지 않는가 하는 의문 때문이라고 보입니다.

이에 관하여 판례는 "상가임대차법에서 정한 임대인의 갱신요구거절권은 계약해지권과 행사시기, 효과 등이 서로 다를 뿐만 아니라, 상가임대차법 제10조 제1항이 민법 제640조에서 정한 계약해지에 관하여 별도로 규정하고 있지 아니하므로, 상가임대차법 제10조 제1항 제1호가 민법 제640조에 대한 특례에 해당한다고 할 수 없다. 그러므로 상가임대차법의 적용을 받는 상가건물의 임대차에도 민법 제640조가 적용되고, 상가건물의 임대인이라도 임차인의 차임연체액이 2기의 차임액에 이르는 때에는 임대차계약을 해지할 수 있다. 그리고 같은 이유에서 민법 제640조와 동일한 내용을 정한 약정이 상가임대차법의 규정에 위반되고 임차인에게 불리한 것으로서 위 법 제15조에 의하여 효력이 없다고 할 수 없다."라고 판시하고 있습니다(대판 2014.7.24. 2012다28486).

따라서 귀하의 사건을 보건대, 귀하와 임대인 甲간에 임대차계약을 체결하면서 임대차계약서에 2기분의 차임연체시 임대인 甲이 계약해지권을 가진다는 조항을 삽입했든 삽입하지 않았든 귀하께서 2기분의 차임을 연체하게 되면 임대인 甲에게 계약해지권이 생기는 것이며, 따라서 2기분의 차임연체시 임대인 甲에게 해지권을 유보한다는 내용을 임대차계약서에 기재했다고 해서 그것이 무효로 되는 것이 아니라고 할 것입니다.

---

93) 건물 기타 공작물의 임대차에는 임차인의 차임연체액이 2기의 차임액에 달하는 때에는 임대인은 계약을 해지할 수 있습니다(민법 제640조).

[사례 2·1·59] 상가임차인의 연체차임이 몇 기분에 달해야만 임대인이 계약해지를 할 수 있는지

문 저는 아파트 단지 내에 상가건물을 소유하고 있어 그중 한 점포를 甲에게 임대해 주었는데, 임차인 甲은 장사가 잘 안되었던지 차임을 연체해서 2기분에 달하고 있습니다. 이에 저는 甲과의 임대차계약을 해지하고 그 점포를 다른 사람한테 내주고 싶은데, 임차인 甲은 꼭 2기분만 연체할 뿐 3기분에 달하려고 하면 1기분은 납부해서 3기분까지는 연체하고 있지 않습니다. 이에 제가 계약을 해지하려고 할 경우 임차인 甲이 몇 기분에 해당하는 차임을 연체해야만 가능한지 박사님께 문의드리고자 합니다.

답 귀하의 사례와 같이 상가임차인이 차임을 연체한 경우에 2기분만 연체해도 계약을 해지할 수 있는지, 아니면 3기분 이상을 연체해야만 계약을 해지할 수 있는지 문제됩니다. 이러한 문제가 논란이 되는 것은 민법에서는 "건물 기타 공작물의 임대차에는 임차인의 차임연체액이 2기의 차임액에 달하는 때에는 임대인은 계약을 해지할 수 있다."라고 규정하고 있지만(민법 제640조), 상가건물임대차보호법(이하 '상가임대차법')에서는 임차인의 3기분에 달하는 차임의 연체를 임차인의 계약갱신요구에 대한 임대인의 거절사유의 하나로서 규정하고 있을 뿐 차임연체로 인한 계약해지에 관하여는 규정하고 있지 않기 때문입니다(동법 제10조 제1항 단서 제1호).

생각건대, 민법과 상가임대차보호법상의 위 두 조항은 병립이 가능한 별개의 조항이라고 보이며, 민법상 2기분의 차임 연체 부분은 계약해지와 관련되는 부분이고, 상가임대차법상 3기분의 차임 연체 부분은 계약갱신과 관련되는 부분으로서, 각각 계약해지와 계약갱신을 따질 때 적용하는 것이라고 보입니다. 즉 상가임대차법에서 규정한 3기분의 차임을 연체한 경우의 계약갱신요구거절권 조항은 말 그대로 임대차기간 만료시의 갱신과 관련되는 것으로서 임대차기간 만료 시점에서 3기분의 차임액이 연체된 경우가 아니라면, 예컨대 2기분의 차임만 연체된 경우에는 상가임대차법에 의해 임대인은 임차인의 갱신요구를 거절하지 못하고 부득이 갱신해 주어야 할 것이지만, 임대인으로서는 민법에 의해 2기분의 차임 연체 사실을 들어 계약해지권을 행사할 수 있다는 것입니다(대판 2012다28486).

그렇다면 위 두 규정 각자의 실익은 무엇일까요? 임대차계약을 체결할 때에 3기분의 차임이 연체되어야만 계약을 해지할 수 있다는 특약을 해놓는 경우에 의미가 있을 것으로 보입니다. 이러한 특약은 해당 임대차건물에서의 영업수익성이 불투명한 상태여서 임차인을 구하기 힘든 상태이고 임대인으로서도 연체차임을 임차보증금에서 공제해 나가는 것이 더 낫다고 판단할 때에 이루어지게 될 것입니다. 이와 같은 계약을 체결해 놓은 상태에서는 2기분의 차임연체로는 계약해지사유가 되지 않고, 계약갱신거절사유에도 해당되지 않아 2기분 이상 3기분 미만의 차임을 연체한 임차인으로서는 얼마든지 계약갱신을 주장하여 더 오랫동안 영업을 할 수 있는 것입니다.

이에 상가임대인인 귀하께서는 임대차계약시에 3기분의 연체차임에 달해야 계약을 해지할 수 있다고 하는 특약을 해놓지 않은 이상 2기분의 차임을 연체한 상가임차인 甲을 상대로 민법상 계약해지 규정에 의해 계약해지를 통보하고, 점포의 명도를 구할 수 있을 것으로 보입니다. 그리고 임차인의 차임연체로 인한 계약의 해지는, 일반의 계약해지의 경우와는 달리, 임차인에게 차임지급의 최고절차를 거칠 필요도 없이 곧바로 계약해지를 통보함으로써 계약을 해지할 수 있을 것입니다(대판 1962.10.11. 62다496).

[사례 2·1·60] 차임 등이 연체된 상태에서 상가건물을 양수한 자도 임차보증금에서 연체차임 등을 공제할 수 있는지

문 저는 甲 소유의 상가건물을 양수하면서 임대인의 지위도 승계받았는데, 종전부터 그 상가에서 영업을 하고 있던 임차인 乙이 제가 상거건물을 인수하기 전부터 현재까지도 계속해서 차임과 관리비를 연체하고 있습니다. 이에 할 수 없이 저는 乙에게 계약해지를 통보하고 임차보증금을 내주려고 하는데, 이 경우 제가 상가건물을 양수하기 전에 연체된 차임 및 관리비도 임차보증금에서 공제하고 내줄 수 있는지 박사님께 문의드리고 싶습니다.

답 상가건물임대차보호법상 임차인이 대항력을 갖춘 후에 임차건물을 양수한 경우에는 그 양수인은 임대인의 지위를 승계받도록 하고 있습니다(상가건물임대차보호법 제3조 제2항). 이는 임차인이 취득하는 대항력의 내용을 정한 것으로서 상가건물의 임차인이 제3자에 대한 대항력을 취득한 다음 임차건물의 양도 등으로 소유자가 변동된 경우에는 양수인 등 새로운 소유자가 임대인의 지위를 당연히 승계받도록 한 것입니다.

이러한 원리는 소유권 변동의 원인이 매매 등 법률행위이든, 상속·경매 등 법률의 규정이든, 상관없이 적용됩니다. 따라서 임대를 한 상가건물을 여러 사람이 공유하고 있다가 이를 분할하기 위한 경매절차에서 건물의 소유자가 바뀐 경우에도 양수인이 임대인의 지위를 승계받게 되어 있습니다. 이에 따라 임차건물의 양수인이 임대인의 지위를 승계하게 되면 양수인은 임차인에게 임대보증금반환의무를 부담하고, 임차인은 양수인에게 차임지급의무를 부담하게 됩니다.

그렇다면 임차건물이 양수되기 전에 이미 발생한 연체차임이나 관리비 등도 당연히 양수인에게 승계가 이루어진다고 할 수 있을까요? 차임이나 관리비 등은 임차건물을 사용한 대가로서 임차인에게 임차건물을 사용하도록 할 당시의 소유자 등 처분권한 있는 자에게 귀속된다고 볼 수 있기 때문에 원칙적으로는 임차건물의 소유권이 이전되기 전에 이미 발생한 연체차임이나 관리비 등은 별도의 채권양도절차가 없는 한 양수인에게 이전되지 않고 종전의 임대인만이 임차인에게 청구할 수 있다고 보아야 할 것입니다. 그러나 한편 임대차계약에서 임대차보증금은 임대차계약 종료 후 목적물을 임대인에게 명도할 때까지 발생하는 임대차에 따른 임차인의 모든 채무를 담보하게 되며, 따라서 이러한 채무는 임대차관계 종료 후 목적물이 반환될 때에 특별한 사정이 없는 한 별도의 의사표시 없이 보증금에서 당연히 공제되는 것이라고 할 것이며(대판 2005.9.28. 2005다8323·8330), 임차건물의 양수인이 건물소유권을 취득한 후 임대차관계가 종료되어 임차인에게 임대차보증금을 반환해야 하는 경우에 임대인의 지위를 승계하기 전까지 발생한 연체차임이나 관리비 등이 있는 경우에도 마찬가지로 특별한 사정이 없는 한 임대차보증금에서 당연히 공제된다고 보아야 할 것입니다. 이는 일반적으로 임차건물의 양도시에 연체차임이나 관리비 등이 남아 있다고 하더라도 나중에 임대차관계가 종료되는 경우에는 임대차보증금에서 이를 공제하겠다는 것이 당사자들의 의사나 거래관념에 부합하기 때문이기도 할 것입니다.

따라서 상가건물의 양수인인 귀하께서는 귀하께서 甲으로부터 임대인의 지위를 승계받기 전에 발생한 乙의 연체차임과 관리비 등을 모두를 귀하께서 乙에게 반환해줘야 할 임차보증금에서 공제할 수 있으며, 공제하고 나면 반환해 줄 임차보증금이 남아 있지 않는 경우라면 곧바로 乙에게 명도를 요구하고 이에 응하지 않으면 명도소송을 제기하여 판결을 받은 후 집행관을 통해서 명도집행을 할 수 있을 것으로 보입니다.

[사례 2·1·61] 상가건물임대차에서 연체차임이 갱신 전에 1기분, 갱신 후에 1기분 합하여 2기분이 연체된 경우에 계약해지가 가능한지

문 저는 상가건물을 甲에게 임대한 사람인데, 임대차기간의 만료 즈음에 이르러 임차인 甲의 갱신요구권의 행사로 임대차계약계약이 갱신되어 있습니다. 그런데 임차인 甲은 임대차계약 갱신 전후에 걸쳐 각 1기분씩 차임을 연체하여 총 2기분의 차임을 연체하고 있습니다. 이에 제가 임차인에게 2기분의 연체차임을 들어 계약을 해지할 수 있는지 박사님께 문의드리고자 합니다.

답 상가건물임대차보호법(이하 '상가임대차법')은 상가건물에 대한 임대차에 관하여 민법의 특례를 규정함으로써 상가건물의 임차인을 보호하기 위한 법이므로, 상가건물에 대한 임대차에 관하여 상가임대차법에서 규정하고 있는 사항에 대하여는 민법의 적용이 배제됩니다.

민법 제640조는 "건물 기타 공작물의 임대차에는 임차인의 차임연체액이 2기의 차임액에 달하는 때에는 임대인은 계약을 해지할 수 있다"라고 규정하고 있는데, 이는 차임의 연체를 이유로 임대인이 계약을 해지할 수 있는 근거를 명문화함으로써 임차인에게 차임지급의무의 성실한 이행을 요구하는데 그 취지가 있으므로, 임대인은 임대차기간이 만료되기 전이라도 해지권을 행사하여 신뢰를 상실한 임차인과 사이의 계약관계를 더 이상 유지하지 않고 곧바로 계약관계를 해소할 수 있다고 할 것입니다. 그런데 연체차임을 이유로 한 계약해지에 관하여 상가임대차법에서는 이를 따로 규정하고 있지 않는 관계로 상가임대차법의 적용을 받는 상가건물에 대한 임대차에 관하여도 위 민법 제640조가 적용된다고 보이며, 상가건물의 임차인이 2기의 차임액에 달하도록 차임을 연체한 때에는 임대차계약을 해지할 수 있도록 약정한 경우에도 그것이 임차인에게 불리한 것으로서 상가임대차법 제15조에 의하여 효력이 없다고 할 수는 없을 것입니다(대판 2014.7.24. 2012다28486).

한편 상가임대차법 제10조 제1항에서는 상가임대차법의 적용을 받는 상가건물의 임차인이 임대차기간이 만료되기 전 6개월부터 1개월까지 사이에 계약갱신을 요구할 경우 임대인이 정당한 사유 없이 계약갱신을 거절할 수 없다고 규정하고 있는데, 위 규정에 따라 갱신된 임대차계약은 내용 및 성질에 있어서 갱신 전의 임대차계약과 동일성이 있다고 할 것인 바, 즉 상가건물임대차보호법 제10조 제3항 본문이 "갱신되는 임대차는 전 임대차와 동일한 조건으로 다시 계약된 것으로 본다"라고 규정하고 있고, 대법원도 대항력과 우선변제권을 갖춘 임대차계약이 갱신된 경우 종전 임차보증금의 범위 내에서는 최초 임대차계약에 의한 대항력과 우선변제권이 그대로 유지된다고 판시한 것(대판 2012.7.12. 2010다42990)도 이와 같은 전제에 서 있다고 볼 수 있을 것입니다.

따라서 갱신 전후 상가건물에 대한 임대차계약의 내용과 성질, 임대인과 임차인 사이의 형평, 상가건물임대차보호법 제10조와 민법 제640조의 입법 취지 등을 종합해 보면, 상가건물의 임차인이 갱신 전부터 차임을 연체하기 시작하여 갱신 후에 차임연체액이 2기의 차임액에 이른 경우에도 임대차계약의 해지사유인 '임차인의 차임연체액이 2기의 차임액에 달하는 때'에 해당한다고 볼 수 있으므로, 특별한 사정이 없는 한 임대인은 2기

이상의 차임연체를 이유로 갱신된 임대차계약을 해지할 수 있다고 보아야 할 것입니다 (대판 2014.7.24. 2012다28486).

따라서 귀하께서는 임차인 甲을 상대로 2기의 차임 연체를 사유로 계약을 해지하고, 상가건물에 대한 명도를 청구할 수 있을 것으로 보입니다.

[사례 2·1·62] 상가건물의 양수인이 그 양수 전에 발생한 임차인의 2기분의 연체차임을 이유로 임대차계약을 해지할 수 있는지

문 저는 최근에 상가임차인 甲이 세들어 있는 상가건물을 매수함으로써 임대인의 지위를 승계받았는데, 상가임차인 甲은 제가 상가를 매수하기 전에 이미 2기분 이상의 차임을 연체하고 있었습니다. 이에 제가 임대인의 지위를 승계받은 양수인으로서 위 상가임차인 甲을 상대로 2기분의 차임연체를 사유로 들어 계약을 해지하고 내보낼 수 있는지 박사님께 문의드리고 싶습니다.

답 귀하의 사례는 임차인이 임대인에게 2기분 이상의 차임을 연체한 상태에서 위 임대인으로부터 상가건물을 매수하는 등으로 임대차계약상 임대인의 지위를 승계한 양수인이 그 양수 전에 발생한 임차인의 차임연체를 이유로 임대차계약을 해지한다는 의사를 표시함으로써 임대차계약을 종료시킬 수 있는지에 관한 것으로 보입니다.

생각건대, 임대인의 지위가 양수인에게 승계된 경우 이미 발생한 연체차임 채권은 따로 채권양도의 요건을 갖추지 않는 한 승계되지 않으며, 따라서 양수인이 연체차임 채권을 양수받지 않은 이상 승계 이후의 연체차임액이 2기분 이상의 차임액에 달하지 않는 한 임대차계약을 해지할 수 없다고 봅니다(대판 2008.10.9. 2008다3022).

이에 귀하의 사건을 보건대, 귀하께서 임대차계약을 해지하려면 종전의 임대인으로부터 2기분 이상의 연체차임 채권을 양수받은 후 계약을 해지하든가, 아니면 귀하가 양수인으로 된 후에 2기분 이상의 차임연체를 기다렸다가 계약해지를 해야 할 것으로 보이며, 이와 달리 귀하께서 종전의 임대인으로부터 2기분 이상의 연체차임 채권도 양수받지 않는 상태에서 단순히 임대인의 지위를 승계받았다는 사실만으로는 계약을 해지할 수 없을 것으로 보입니다.

[사례 2·1·63] 상가임차인이 월세를 장기간 연체하고 연락두절된 경우의 건물명도청구

문 저는 상가를 임대해서 거기에서 나온 월세로 생활하고 있는데, 점포 한 군데의 세입자 甲이 월세도 수개월째 내지 않고 현재는 가게문도 닫아놓은 채 연락두절 상태에 있습니다. 이에 하루속히 짐을 빼서 다른 사람한테 점포를 내놓아야 하겠는데, 점포를 명도받은 절차를 잘 몰라서 박사님께 문의드리고 싶습니다.

답 예, 건물을 임대해 준 사람들에게는 세입자가 월세를 안내고 나몰라라 하는 경우에 애를 많이 먹습니다. 그나마 세입자가 영업을 하고 있는 경우라면 말이라도 할 수 있어서 조금 낫지만 귀하의 사례처럼 월세도 안내고 수개월째 잠적한 경우에는 난감할 것입니다. 그렇다고 세입자의 동의 없이 점포에 들어가 임의로 짐을 들어내면 주거침입죄로 고소당할 수 있고 민사상 손해배상책임도 생기게 됩니다.[94)]

좋은 방법은 전화통화나 핸드폰 문자를 통하여 세입자의 동의를 받은 후 점포에 들어가 짐을 끌어내는 것이 궁여지책은 될 수 있을 것입니다. 그러나 세입자와 아예 연락이 되지 않으면 어떻게 할까요? 건물의 임대차에 있어서는 임차인이 2기의 차임액에 달하도록 차임을 연체한 때에는 임대인이 계약을 해지할 수 있고(민법 제640조), 이와 같이 세입자가 합계 2기분의 차임액을 연체함으로 인해서 임대인이 임대차계약을 해지하는 경우에는 계약일반의 해지의 경우와는 달리 임대인이 최고절차를 거치지 않고도 계약을 해지할 수 있습니다(대판 1962.10.11. 62다496).

따라서 귀하께서는 임차인 甲이 과거부터 밀린 월세의 합계액이 총 2기분 이상에 달한다면 계약해지의 통보 없이 바로 건물명도와 아울러 연체된 월세의 지급을 구하는 민사소송을 제기할 수 있을 것이며, 그 판결이 확정되면 송달 및 확정증명과 집행문을 부여받아 집행관사무실에 위임해서 강제로 점포 내의 짐을 끄집어내고 인도를 받을 수 있을 것입니다. 점포 내에서 끄집어 낸 임차인 甲의 물건에 대해서는 물품공탁절차를 밟아 공탁소에 보관을 의뢰하든가, 귀하께서 선량한 관리자의 주의의무로써 적당한 곳에 보관한 후 그 비용을 임차인 甲에게 청구할 수 있을 것이고(민사집행법 제247조), 공탁이나 보관이 적당하지 않는 경우에는 법원의 허가를 받아 경매를 시킨 후 경매비용과 임차인 甲이 연체한 월세 등을 공제한 후 그 차액을 공탁하는 방법으로 처리하면 될 것으로 보입니다(민법 제490조).

---

94) 실무에서는 적법한 절차를 거쳐 세입자의 짐을 끄집어내는 데는 수개월 이상의 오랜 시간이 걸릴 수 있으므로, 나중에 벌금을 낼 각오를 하고 몇몇 이웃 사람을 입회시키고, 비디오나 핸드폰으로 명도과정을 촬영하면서 세입자의 짐을 끄집어내는 경우도 있습니다.

[사례 2·1·64] 상가임차인이 나갈 때 원상복구해 주어야 할 범위

문 저는 甲소유의 점포에 대하여, 제가 들어오기 전에 위 점포를 임차하여 식당을 하고 있었던 乙이 기간 만료 후 내부시설을 그대로 놓아둔 채 나간 후, 甲과 임대차계약을 체결하고 내부시설을 일부 개조하여 영업해 오고 있습니다. 저도 최근에 임대차기간이 만료되어 위 점포를 甲에게 명도해 주고 임차보증금을 반환해 달라고 요청하였습니다. 그런데 甲은 제가 들어 온 상태대로가 아니라, 저 보다 먼저 들어와 영업을 하고 있었던 乙이 들어왔을 당시대로 원상복구를 해주어야만 임차보증금을 돌려주겠다고 합니다. 과연 임대인의 주장이 맞는지요?

답 임차인에게는 임대차계약이 종료된 경우에 원상회복의무가 있습니다(민법 제615조, 654조). 다만 어느 범위까지 원상회복을 해주어야 하느냐가 문제됩니다. 이에 관한 판례를 보면, "임차인에게 임대차 종료로 인하여 목적물을 원상회복하여 반환할 의무가 있다고 하여도, 별도의 약정이 없는 한, 그것은 임차인이 개조한 범위 내의 것으로서 임차인이 그가 임차받았을 때의 상태대로 반환하면 되는 것이지, 그 이전의 사람이 시설한 것까지 원상회복할 의무가 없다."라는 취지의 판례가 있습니다(대판 1990.10.30. 90다카12035).

따라서 귀하의 경우에도, 전의 임차인인 甲이 시설한 부분까지 귀하께서 원상회복해 주기로 하는 별도의 약정이 없는 한, 귀하께서 임차한 후 개조한 시설부분만 원상복구해 주면 될 것으로 보이며, 乙이 시설한 부분에 대해서까지 원상복구해 주어야 할 의무는 없다고 사료됩니다.

참고로 임대인이 도배나 장판 부분까지 원상회복을 요구하는 경우가 많은데, 임차인이 자신의 고의나 중대한 과실로 이를 손상하는 등과 같은 특별한 사정이 없는 한, 자연발생적으로 닳아지거나 마모된 부분까지 원상회복해 주어야 할 의무는 없다고 보입니다.

[사례 2·1·65] 종전의 영업을 인수하고 들어온 상가임차인이 원상회복해 주어야 할 범위

문 저는 종전에 다른 세입자 甲이 노래방으로 개조하여 영업을 하던 건물을 임차한 후, 몇 가지 보수공사만 하고 그대로 영업을 해오고 있던 차에 기간이 만료되어 나가려고 하는데, 임대인이 전의 임차인 甲이 시설한 부분까지도 원상복구하고 나가라고 합니다. 이에 저는 억울한데, 임대인의 말처럼 전의 임차인 甲이 시설한 부분까지도 제가 철거해 주어야 하는지 박사님께 문의드리고 싶습니다.

답 임대차에 있어서 임차인은 임대차 관계가 종료된 경우 원상회복의무가 있습니다(민법 제654조, 제615조). 예컨대, 임차인이 점포를 인도받아 인테리어 공사라든가 자신의 편익을 위하여 설치한 각종 천정 및 조명시설, 배전판공사, 간판, 칸막이 등에 대해서는 임대차가 종료된 후 이를 원상으로 회복시켜놓은 후 나가야 하는 것입니다. 원상으로 회복시켜놓지 않고 나간 경우에는 원상회복에 드는 비용과 임대차계약종료 다음날부터 임대인이 원상복구를 할 수 있었던 기간까지의 임대료 상당의 손해배상을 해주어야 합니다(대판 1990.10.30. 90다카12035, 2001.10.26. 2001다47757[95]).

물론 임차인이 그 사용의 편익을 위하여 설치한 물건이라도 임대인의 동의를 얻어 부속하였거나 임대인으로부터 매수한 물건에 대해서는 원상회복할 필요가 없으며, 오히려 이에 대하여는 부속물매수청구권을 행사해서 임대인으로 하여금 매수하도록 할 수 있을 것입니다(민법 제646조). 또한 임차인이 건물에 방수공사나 페인트공사를 했다든가 방범창을 만드는 등으로 임차건물을 개량하기 위해 지불한 비용으로서 유익비로 인정받은 경우에는 그 가액의 증가가 현존한 경우에 한하여 임대인의 선택에 따라 그 지출금액이나 증가액의 상환을 청구할 수 있을 것입니다(민법 제203조 제2항). 유익비로서 청구할 수 있느냐, 아니면 원상복구로 철거되어야 하느냐의 문제는 임차주택에 대한 객관적인 가치의 증가 여부를 기준으로 하며, 상호 협의가 이루어지지 않으면 결국 법원으로 넘어가서 판사가 구체적인 사안에 따라 판단할 것으로 보입니다.

그리고 임차인의 원상복구의무는 임대인의 귀책사유로 임대차계약이 해지된 경우에도 부담하게 되며, 임차인이 자신의 영업을 위하여 설치한 시설에 관한 비용을 임대인에게 청구하지 않기로 약정하였다고 하더라도 원상복구의무를 부담하게 됩니다(대판 2002.12.6. 2002다42278).

다만, 임차인이 임차건물에 대한 증·개축 기타 필요한 시설을 하되, 임대인에게 그 투입비용의 변상이나 일체의 권리주장을 포기하기로 특약을 한 경우에는 임차인이 임차건물을 반환시에 비용상환청구 등 일체의 권리를 포기하는 대신 원상복구의무도 부담하지 않는다는 내용을 포함하는 약정을 한 것으로 볼 것이어서 설령 임차계약서상에 '임차인은 임대인의 승인하에 가옥을 개축 또는 변조할 수 있으나 가옥에 대한 반환 기일 전에 임차인이 일체의 비용을 부담하여 원상복구키로 함'이라는 인쇄된 부동문구가 그대로 남아 있다고 하더라도 마찬가지로 임차인에게는 원상복구의무가 없다고 볼 것입니다(대판 1981.11.24. 80다320).

한편 임차인에게 원상복구의무가 있다고 할 때 임차인은 어느 정도로 원상복구를 해주어야 하는지 문제됩니다. 임대차 종료로 인한 임차인의 원상회복의무에는 임차인이 사용하고 있던 부동산의 점유를 임대인에게 이전하는 것은 물론 임대인이 임대 당시의 부동산 용도에 맞게 다시 사용할 수 있도록 협력할 의무도 포함된다고 할 것이며, 따라서 임대인 또는 그 승낙을 받은 제3자가 임차건물 부분에서 다시 영업허가를 받는데 방해가 되지 않도록 임차인은 임차건물 부분에서의 영업허가에 대하여 폐업신고절차도 이행할 의무가 있다고 할 것입니다(대판 2008.10.9. 2008다34903).

그런데 실무에서는 임차인이 새 건물을 임차해서 인테리어 등을 하는 경우는 드물고, 대부분 다른 임차인이 영업을 하고 있는 건물에 새 임차인으로 들어가서 자신의 상황에 맞게 인테리어 등을 하는 경우가 많습니다. 이러한 경우에 있어서 임차인은 전의 임차인의 부분까지 원상복구해 주어야 하는지 아니면 자신이 임차인으로 들어가서 설치한 부분만 철거해주면 되는지 문제됩니다. 이와 관련하여 판례는 "전 임차인이 무도유흥음식점으로 경영하던 점포를 임차인이 소유자로부터 임차하여 내부시설을 개조·단장하였다면 임차인에게 임대차 종료로 인하여 목적물을 원상회복하여 반환할 의무가 있다고 하여도 별도의 약정이 없는 한 그것은 임차인이 개조한 범위 내의 것으로서 임차인이 그가 임차받았을 때의 상태로 반환하면 되는 것이지 그 이전의 사람이 시설한 것까지 원상회복할 의무가 있다고 할 수는 없다."라고 판시하고 있고(대판 1990.10.30. 90다카12035), 또한 "건축물 소유자가 종전 임차인과 사이의 임대차계약이 종료된 후 종전 임차인이 무단으로 유흥주점으로 용도변경한 시설을 그대로 현 임차인에게 임대하여 유흥주점이 설치되어 있는 채로 사용수익을 하게 한 경우, 건축물 소유자는 이를 추인하였거나 이로 인한 경제적 이익을 누리는 등으로 그 설치를 용인하였다고 할 것이다"라고 판시하고 있습니다(대판 2002.10.25. 2002다35089).

이러한 판례에 의한다면, 새 임차인이 임대차계약을 체결하면서 전의 임차인이 시설한 물건들이 자신에게 소용된다고 보아 자신이 나중에 퇴거시 철거하겠다고 약정한 경우에는 새 임차인이 전의 임차인이 시설한 부분까지 철거해 주어야 할 의무가 있다고 할 것이지만, 아무런 단서 없이 점포를 인도받아 개조해서 영업을 하는 경우라면 자신이 임차한 후 개조한 부분까지만 철거해 주면 원상복구의무를 다하는 것으로 보아야 할 것입니다.

이에 귀하의 사건을 보건대, 귀하께서 위 노래방을 임차할 당시 전의 임차인 甲이 시설한 부분에 대해 원상복구하지 않도록 요청하면서 나중에 나갈 때 그 부분까지도 원상복구해 주기로 하였다면 몰라도, 그렇지 않는 경우에는 귀하께서 들어간 시점 이후에 시설한 부분까지만 원상복구해 주면 될 것으로 보입니다. 따라서 임대인이 전의 임차인 甲에 대한 원상복구 부분까지 계산해서 귀하의 보증금에서 공제하고 준 경우에는 그 부분에 대하여 부당이득으로 반환을 청구할 수 있을 것으로 보입니다.

---

95) 농지가 흙더미의 방치나 논두렁의 훼손 등으로 인하여 경작이 이루어질 수 없었던 경우에 그로 인한 손해는, 실제로 소유자에 의한 원상회복이 완료되어 경작이 가능할 때까지 계속하여 발생하는 것이 아니라 소유자 스스로 원상회복을 할 수 있었던 상당한 기간까지만 발생하는 것으로 봄이 상당합니다(대법원 2001. 10.26. 선고 2001다47757 판결).

제 2 장 상사 편

제1절 상사일반

[사례 2·2·1] 상호 선정의 자유와 동일상호 사용금지의 제한

문 저는 청정고을 곡성에서 '청자연'이라는 상호로 한정식을 개업하고자 합니다. 그런데 상업등기부를 열람해 보니 이미 곡성에도 '유한회사 청자연'이라는 상호가 등록되어 있습니다. 확실치는 않으나 들리는 말로는 섬진강변에서 펜션을 하는 업체라고 하는데, 위 상호를 사용할 수 있는지 걱정입니다. 이런 문제를 포함하여 이번 기회에 상호에 관한 일반적 지식도 알고 싶어서 박사님께 문의드리고자 합니다.

답 상호란 상인이 자기를 표시하는 명칭을 말하는 것으로서 성명 기타 명칭으로 자유로이 정할 수 있습니다. 다만 상호는 상표와 달리 구두발음이 가능하고 문자로 표시할 수 있는 것이어야 합니다. 또한 법에서는 무질서한 상호의 선정으로 인한 폐단을 막기 위하여 일정한 제한을 두고 있습니다. 즉 누구든지 부정한 목적으로 타인의 상호를 사용하지 못하며 이에 위반하여 사용하면 손해를 받을 염려가 있는 자 또는 상호를 등기한 자에 의하여 그 폐지를 청구당할 수 있고, 손해배상도 청구될 수 있으며, 아울러 200만원 이하의 과태료에 처해질 수도 있습니다(상법 제28조).

역으로 이미 타인이 사용하고 있는 상호라도 부정한 목적만 없으면 사용할 수 있다고 할 것인데, 여기에서 부정한 목적이란 타인이 사용하고 있는 명칭을 자기의 상호로 사용함으로써 일반인으로 하여금 자기의 영업을 그 타인의 영업으로 오인시키고자 하는 의도를 말하는 바, 동일 특별시·광역시·시·군에서 동종영업으로 타인이 등기한 상호를 사용하는 자는 부정한 목적으로 추정됩니다.

이에 타인이 등기한 상호를 사용하는 자는 부정한 목적이 없음을 입증해야 하는 관계로 상호를 등기해 놓은 자가 유리한 고지를 점하게 될 것이지만, 자본금 1천만원 미만의 소상인은 상호등기를 할 수 없습니다. 그밖에 상호의 선정과 관련한 제한을 보면 회사의 경우에만 합명·합자·주식·유한·유한책임회사라는 명칭을 사용할 수 있고, 동일 영업에 관하여는 수개의 영업소가 있어도 하나의 상호만 사용할 수 있습니다.

그리고 상호는 한글 또는 한글과 아라비아 숫자로만 사용이 가능할 뿐 아라비아 숫자로만 된 상호는 사용이 불가하며, 로마자는 한글이나 한자와 병기하여 사용할 수 없습니다. 즉 '주식회사 1234'나 'ABC 식당'이라는 상호는 등기할 수 없는 것입니다. 또한 상호는 본점과 종속하는 관계가 아닌 한 지점, 지사, 지부, 출장소, 영업부, 판매부라는 문자를 사용할 수 없으되, 대리점, 특약점이라는 문자는 종속관계가 없더라도 사용이 가능합니다.

동일 상호인 경우에는 설령 그 상호의 등기자가 동의를 해준다 하더라도 등기할 수 없습니다. 한편 동일한 상호인지 여부는 일반인의 입장에서 타인과 같은 업종, 즉 동일 또는 동종의 영업인지 및 그 목적을 비교하여 판단하는 것이며, 회사의 종류를 표시하는 문자나 상호에 병기된 로마자는 이를 없는 것으로 보고 판단합니다.

따라서 귀하의 사례를 보건대, '유한회사 청자연'과 귀하가 사용하고자 하는 '청자연'은 '유한회사'라는 단어를 떼고 판단하는 것이므로 같은 상호라고 볼 수 있는 바, 만약 '유한회사 청자연'이 음식점으로서 동일 업종에 해당하면 사용할 수 없을 것이로되, 펜션 같은 업종을 하는 업체라면 사용이 가능할 것으로 보입니다.

한편 타인에게 상호를 사용하여 영업할 것을 허락한 자는 자기를 영업주로 오인하여 거래한 제3자에 대하여 그 타인과 연대하여 변제할 책임이 있으니 타인에게 상호를 빌려줄 때에는 이를 감수해야 하는 것이며, 상호를 양도할 때에는 영업을 폐지하거나 영업과 함께 하는 경우에 한하여 가능하고, 상호를 등기한 자가 정당한 사유없이 2년간 사용하지 않는 때에는 이를 폐지한 것으로 봅니다. 또한 영업양수인이 양도인의 상호를 계속 사용할 경우에는 양도인이 종전에 부담하고 있던 제3자에 대한 영업으로 인한 채무도 변제할 책임이 있으므로 이를 떠안고 싶지 않다면 영업양도를 받은 후 지체없이 양도인의 채무에 대하여 책임이 없음을 등기해 놓거나 양도인과 함께 제3자에 대하여 그 책임이 없다는 뜻을 통지해야 할 것입니다. 참고로 자본금액이 1천만원 미만의 소상인으로서 회사가 아닌 자에게는 상법상 상호에 관한 규정이 적용되지 않으므로 자신의 상호권도 보호되지 않는 반면 타인의 상호권을 침해하더라도 문제가 되지 않습니다(상법 제9조, 상법 시행령 제2조).

[사례 2·2·2] 영업임대차에 있어서 임차인이 상호를 속용하는 경우에는 임대인의 영업상의 채무에 대하여도 책임을 지게 되는지

문 저는 주식회사 빛가람골프연습장과 영업임대차계약을 체결하였는데, 그 조건은 제가 골프연습장 운영에 필요한 자금을 조달하고, 비용·세금·공과금을 지급하며, 비용 등을 공제한 후의 잔액은 제 수입으로 하되, 주식회사 빛가람골프연습장에 대하여는 매월 5천만원을 지급하기로 한 내용이었습니다. 이후 저는 제 이름으로 사업자등록을 하고 '빛가람골프연습장'이라는 상호로 골프연습장을 운영하였습니다. 그런데 위 주식회사 빛가람골프연습장의 채권자가 골프연습장 영업의 임차인인 제게 임대인인 주식회사 빛가람골프연습장의 상호를 계속 사용하였다고 하면서 영업상의 채무를 변제하라고 합니다. 이러한 경우에도 제가 상법상 상호속용의 책임이 인정되어 임대인의 영업상 채무도 변제해야 하는지 박사님께 문의드리고 싶습니다.

답 우리의 사법질서는 개인이 자신의 법률관계를 그의 자유로운 의사에 의하여 형성할 수 있다는 사적 자치의 원칙과 개인은 자기에게 귀책사유가 있는 행위에 대하여만 책임을 지고 그렇지 않는 타인의 행위에 대하여는 책임을 지지 않는다는 자기책임의 원칙 등을 근간으로 하고 있습니다(대판 2014.8.21. 2010다92438 전원합의체판결).

따라서 타인의 채무에 대한 변제책임이 인정되는 것은 채무인수와 같이 당사자가 스스로의 결정에 따라 책임을 부담할 의사를 표시한 경우에 한정되는 것이 원칙이고, 예외적으로 법률의 규정에 의하여 당사자의 의사와 관계없이 타인의 채무에 대한 변제책임이 인정될 수 있으나, 그러한 법률 규정을 해석·적용할 때에는 가급적 위와 같은 원칙들이 훼손되지 않도록 배려해야 하고, 특히 유추적용 등의 방법으로 그 법률 규정들을 확대·적용하는 것은 신중히 해야 할 것입니다.

상법 제42조[96] 제1항에 의한 상호를 속용하는 양수인의 책임은, 일반적으로 영업상의 채권자의 채무자에 대한 신용은 채무자의 영업재산에 의하여 실질적으로 담보되어 있는 것이 대부분인데도 영업양도가 이루어지면서 채무승계가 제외된다면 영업상의 채권자의 채권이 영업재산과 분리되어 채권자를 해치게 되는 일이 일어나므로, 이러한 채권자를 보호하기 위하여 양도인의 상호를 계속 사용함으로써 대외적으로 영업양도 사실이나 채무승계 사실을 알기 어렵게 해서 양도인의 채권자로 하여금 채권추구의 기회를 상실토록 한 양수인에게 그 책임을 물어 타인인 양도인의 채무에 대한 변제책임을 지우기 위하여 마련된 규정이라고 할 것입니다(대판 1989.12.26. 88다카10128, 2010.9.30. 2010다35138).

그런데 영업임대차의 경우에는 상호를 속용한 영업양수인의 책임을 인정한 상법 제42조 제1항과 같은 법률 규정이 없을 뿐만 아니라, 영업상의 채권자가 제공하는 신용에 대하여 실질적인 담보의 기능을 하는 영업재산의 소유권이 재고상품 등 일부를 제외하고는 모두 임대인에게 유보되어 있고, 임차인은 그 사용·수익권만을 가질 뿐이어서 임차인에게 임대인의 채무에 대한 변제책임을 부담시키면서까지 임대인의 채권자를 보호할 필요가 있다고 보기는 어려울 것입니다. 여기에 영업양수인이 부담하는 책임은 양수한 영업재산에 한정되지 않고 그의 전 재산에 미친다는 점 등을 더하여 보면, 영업임대차의 경우에는 상호를 속용한 영업양수인의 책임을 인정한 상법 제42조 제1항을 그대로 유추적용할 것은 아니라고 할 것입니다(대판 2016.8.24. 2014다9212).

이에 귀하의 사건을 보면, 귀하께서는 골프연습장에 대한 영업양수인이 아니고 영업임차인에 불과한 자이므로, 비록 귀하께서 임대인이 사용하고 있었던 '빛가람골프연습장'이라는 상호를 계속 사용하였다고 하더라도 영업양수인에게 적용되는 상법 제42조 제1항이 유추적용되는 것은 아니라고 할 것이어서 귀하께서는 골프장영업임대인인 주식회사 빛가람골프연습장의 영업상의 채무에 대해서는 이를 변제할 책임이 없다고 보입니다.

[사례 2-2-3] 식당에서 신발을 분실한 경우에, 손님과 주인간의 손해배상책임 관계

문 저는 친구들과 함께 곡성 장미축제에 놀러갔다가 저녁을 먹으러 식당에 갔는데, 평소 장사가 잘된 집이어서 그런지 손님들이 붐볐고, 신발장도 모두 차서 할 수 없이 바닥에 신발을 벗어 놓고 밥을 먹고 나왔는데 신발이 없어진 것입니다. 아마 다른 손님이 신고 간 모양입니다. 이에 저는 식당 주인에게 변상을 요구했으나 제 잘못이라며 변상을 못해 주겠다는 것입니다. 식당 주인의 말대로 과연 변상을 받을 수 없는 것인지 고견을 듣고 싶어서 박사님께 문의드리고자 합니다.

답 음식점이나 커피숍, 극장, 여관, 모텔, 목욕탕, 사우나, 안마시술소, 기타 고객들의 왕래를 위한 시설을 갖추어 놓고 영업을 하는 자를 통틀어 공중접객업자라 합니다(상법 제151조). 이러한 공중접객업자가 고객을 받을 때에는 내방하는 고객으로부터 소지품을 맡아 달라는 부탁을 받고 맡는 경우도 있고 그렇지 않는 경우도 있는데, 각각의 경우에 따라 책임 소재가 달라지게 됩니다. 즉, 공중접객업자가 고객으로부터 임치받은

96) 상법 제42조(상호를 속용하는 양수인의 책임) "① 영업양수인이 양도인의 상호를 계속사용하는 경우에는 양도인의 영업으로 인한 제3자의 채권에 대하여 양수인도 변제할 책임이 있다. ② 전항의 규정은 양수인이 영업양도를 받은 후 지체없이 양도인의 채무에 대한 책임이 없음을 등기한 때에는 적용하지 아니한다. 양도인과 양수인이 지체없이 제3자에 대하여 그 뜻을 통지한 경우에 그 통지를 받은 제3자에 대하여도 같다."

물건에 대해서는 그 멸실이나 훼손에 대하여 천재지변과 같은 불가항력에 의한 것이었다는 사실을 입증하지 못하는 한 공중접객업자가 무조건 손해배상책임을 부담하게 됩니다. 반면 공중접객업자가 고객으로부터 임치를 받지 않은 물건에 대해서는 공중접객업자나 그 사용인에게 과실이 있는 경우에만 손해배상책임을 지게 되고, 과실이 없는 경우에는 그 책임을 지지 않습니다.

이러한 공중업객업자의 책임은 당사자 간에 별도로 특약을 한 경우에는 감면될 수 있으나, 단순히 시설 내에 "손님이 휴대한 물건에 대해서는 분실 책임을 지지 않습니다"라는 표시를 해놓는 것만으로는 공중접객업자의 책임이 감면되지 않습니다(상법 제152조 제3항). 그리고 전자의 임치 받은 물건의 경우에 그 멸실이나 훼손이 불가항력에 의한 것이었다는 사실은 공중접객업자가 입증책임을 지게 되어 있고, 후자의 임치받지 않은 물건에 대하여 그 멸실 또는 훼손이 공중접객업자의 과실에 의하였다는 사실은 고객이 입증책임을 지게 되어 있습니다(상법 제153조).

또한 현금이나 어음·수표 등 유가증권, 금·은·시계 등 귀금속, 골동품, 고서화 등 고가물에 대해서는 고객이 그 종류와 가액을 명시하여 공중접객업자에게 임치하지 않는 한 그 멸실이나 훼손에 대하여 공중접객업자가 손해배상책임을 지지 않습니다(상법 제152조 제1항, 제2항). 이는 고가물에 대하여 공중접객업자로 하여금 특별한 주의로써 관리하도록 한 반면 고객으로 하여금 고가물의 명시를 촉진하게 하기 위한 것으로 고가물임이 명시되지 않는 물건에 대해서는 공중접객업자는 보통물로서의 책임도 지지 않게 됩니다. 다만 공중접객업자가 우연히 고가물임을 알고 있었던 경우에는 그 멸실·훼손에 대하여 고가물로서가 아니라 보통물로서의 주의를 해태한 경우에만 고가물로서의 책임을 지게 됩니다.

이러한 공중접객업자의 책임은, 공중접객업자나 그 사용인이 악의의 경우가 아닌 한, 공중접객업자가 임치물을 반환하거나 고객이 휴대물을 가져간 후 6월이 경과되면 소멸시효가 완성되며, 물건이 전부 멸실한 경우에 있어서는 위 소멸시효 기간은 손님이 그 시설에서 퇴거한 날로부터 기산하게 됩니다(상법 제154조).

여기에서 귀하의 사례를 살펴보면, 우선 귀하께서 식당에 들어갈 때 귀하의 신발을 식당 주인에게 맡기지 않았으므로 신발 분실에 대하여 식당 주인에게 변상을 청구하려면 귀하께서 직접 식당 주인이나 그 종업원의 과실을 입증해야만 합니다. 그런데 위 식당은 평소 내방하는 손님에 비하여 평균적으로 신발장 수가 적었고, 따라서 부득이 신발을 바닥에 벗어놓을 수밖에 없었던 상황이었다면 식당 주인에게도 과실이 있다고 보이므로 손해배상청구소송을 제기할 경우 일정 부분 승소할 수 있다고 보입니다. 다만 손해배상청구시에는 손해액까지도 귀하께서 입증해야 할 것인데, 오래된 구두 등 평범한 신발일 경우에는 과연 그 산정된 신발 가액이 소송으로까지 갈 실익이 있는지는 의문이 듭니다. 따라서 적당한 선에서 식당주인과 조정 내지 합의로 마무리하시는 것이 어떨까 싶습니다.

참고로 여관이나 모텔의 주차장에 차량주차시 임치가 성립되느냐 여부에 관하여 판례는 주차장에 시정장치가 된 출입문이 설치되어 있거나 출입을 통제하는 관리인이 있는 경우 또는 여관 측에서 감시카메라 등 주차사실을 통제하거나 확인할 수 있는 조치가 되어 있다면 자동적으로 임치가 성립될 수 있지만, 여관 측에서 단지 주차의 장소만 제공할 뿐인 경우에는 자동적으로 임치가 성립되지는 않고 별도로 차량열쇠를 맡긴다거나 주차사실을 고지한 경우에만 임치가 성립될 수 있다고 판시하고 있습니다(대판 1992.2.11. 91다21800).

[사례 2·2·4] 영업양도인의 동종 영업 가능 여부 및 종전 상호 사용시의 책임

문 저는 甲으로부터 甲이 운영하는 횟집을 5천만원에 인수하여 간단한 내부시설을 한 후 종전의 상호를 그대로 사용하면서 운영해 오고 있습니다. 그런데 몇 달 후 甲이 길 건너 편에 또 다른 회센타를 개업하여 저의 집 단골들이 종종 그곳으로 몰려가는 것이 보여 속이 많이 상합니다. 그리고 甲이 저에게 영업양도를 하기 전에 乙 수산으로부터 횟감을 들여오면서 밀린 외상값이 있었는지 乙 수산에서는 저한테 대신 갚으라고 난리입니다. 어떻게 대응해야 할지 박사님께 문의드리고 싶습니다.

답 상법 제41조(영업양도인의 경업금지)에 의하면 영업양도인은 동일한 특별시·광역시·시·군과 인접 특별시·광역시·시·군에서 10년간 동종영업을 하지 못하며, 특히 약정한 경우에는 20년을 초과하지 않는 범위 내에서 동종영업을 하지 못하도록 할 수 있다고 규정되어 있습니다.

따라서 귀하의 사안과 같이, 甲이 귀하에게 영업양도를 하였음에도 불구하고 인근에서 동종영업을 하는 경우에는 甲을 상대로 하여 경업금지위반을 이유로 영업금지소송을 제기할 수 있고, 아울러 이로 인하여 귀하에게 손해가 발생하였다면 손해배상도 청구할 수 있겠습니다.

그리고 상법 제42조(상호를 속용하는 양수인의 책임)에 의하면, 영업양수인이 영업양도인의 상호를 계속 사용하는 경우에는 영업양수인은 영업양도인의 영업으로 인한 제3자의 채권에 대하여도 변제할 책임이 있으며, 따라서 영업양수인이 이러한 책임을 벗어나려면 영업양수인이 영업양수 후 지체 없이 영업양도인의 채무에 대하여 책임이 없음을 등기하거나, 영업양도인 및 영업양수인이 지체 없이 제3자에 대하여 영업양수인은 책임이 없다는 뜻을 통지해야만 한다고 규정되어 있습니다. 다만, 영업양수인의 이러한 책임은 영업양수 후 2년이 경과하면 소멸됩니다.

따라서 귀하의 사안과 같이, 귀하가 영업양수 후 甲이 사용한 종전의 상호를 그대로 사용하여 왔고, 또한 영업양수 후 2년이 경과되지 않았다면 귀하는 乙 수산에게 甲의 외상대금을 물어주어야 할 것으로 보이며, 다만 귀하께서는 이를 구상금으로 甲에게 청구할 수 있을 것입니다. 참고로 영업양도인이 제3자에 대하여 한 불법행위로 인하여 발생한 손해배상채권에 대하여도 이와 같은 원리에 의하여 영업양수인이 변제하게 됨을 유의하시기 바랍니다(대판 2002.6.28. 2000다5862).

[사례 2·2·5] 영업허가가 취소된 장소에서는 무조건 6개월간 동종영업허가신청을 할 수 없게 되는지

문 저는 최근에 10여 년간 다니던 직장을 그만두고 식당을 운영해 보고 싶어서 임차보증금 3천만원, 월세 30만원으로 하는 상가임대차계약을 체결하고, 관할구청에 영업허가신청을 하였습니다. 그런데 구청에서는 2개월 전에 같은 장소에서 식당영업을 하던 종전 임차인 甲의 식품위생법위반으로 영업허가가 취소되어 앞으로 4개월간은 영업허가를 내줄 수 없다고 합니다. 저는 실직한 후 많은 돈을 들여 인테리어에 투자한 상태라 또 다른 사업에 투자할 여력이 없으며, 그렇다고 해서 4개월 동안 가만히 앉아서 기다릴 수도 없는 노릇이어서 박사님께 고견을 듣고자 합니다.

답 식품영업허가를 받아 영업을 하는 자는 식품위생법이 정하는 각종 법규를 준수해야 하며, 이를 위반할 경우에는 시·군·구청장 등은 해당 영업허가를 취소하거나, 6월 이내의 기간을 정하여 영업정지를 명하거나, 영업소의 폐쇄를 명할 수 있습니다(식품위생법 제75조).

이러한 영업허가취소처분을 받은 자는 2년(단, 경우에 따라 3년, 5년)이 경과되지 않으면 취소된 영업과 동종영업허가를 받을 수 없고, 영업허가가 취소된 장소에서는 제3자라도

6개월(단, 청소년 고용·성매매로 인한 경우는 2년)간은 같은 영업을 할 수 없게 됩니다(식품위생법 제38조). 다만, 영업시설의 전부를 철거한 것이 원인이 되어 영업허가가 취소된 경우에는 이러한 기간의 제한을 받지 않습니다(식품위생법 제38조 제1항 제2호 단서).

따라서 귀하의 경우에도, 종전 영업자가 영업시설의 전부를 철거함으로써 영업허가가 취소된 경우가 아닌 이상, 영업허가가 취소된 날로부터 6개월이 되는 시점인 향후 4개월간은 영업허가를 받을 수 없을 것으로 사료됩니다. 다만, 임대인이 영업허가가 취소된 사실을 알고 있었음에도 불구하고 귀하에게 위 상가건물을 임대한 경우라면 귀하께서는 임대차계약을 해제하고, 임차보증금의 반환과 손해배상을 청구할 수 있을 것으로 보입니다.

[사례 2·2·6] 대규모 상가에서의 업종제한약정의 효력

문 저는 상가 내 점포를 중국음식점의 용도로 분양받으면서 다른 상가와 업종이 중복되지 않도록 해야 한다는 권리와 의무의 제한이 있다는 약정을 맺고 계약을 체결하였습니다. 그런데 1년 쯤 지나서 옷가게를 하는 다른 점포 주인 甲이 장사가 잘 안되었는지 몰라도 그 옷가게를 중국음식점으로 개조해서 乙에게 세를 내놓으려고 하고 있습니다. 이러한 업종제한은 상가분양계약서에도 나와 있고, 상인들이 가입한 상가번영회의 회칙에도 나와 있습니다. 이에 제가 어떤 조치를 취할 수 있는지 박사님께 문의드리고 싶습니다.

답 업종제한의 문제는 대규모 상가를 분양할 때 분양자와 수분양자간의 의무의 문제로서 발생할 수 있고, 상가가 모두 분양된 후에 구성된 상가번영회에 의하여 제정된 상가관리규약에 의거하여 구분소유자간의 의무의 문제로 발생할 수도 있습니다.

먼저 대규모 상가를 분양할 경우 분양자는 수분양자들과 업종제한약정을 하는 경우가 있습니다. 이와 같이 특정 영업을 정하여 분양하는 이유는 수분양자들이 해당 업종을 독점적으로 운영하도록 보장하는 한편, 상가 내의 업종 분포와 업종별 점포 위치를 고려하여 상가를 구성함으로써 적절한 상권이 형성되도록 하고, 이를 통하여 분양을 활성화하기 위한 측면이 있고, 수분양자들로서도 해당 업종에 관한 영업이 보장된다는 전제 아래 분양회사와 계약을 체결한 측면도 있는 것이므로, 지정업종에 관한 경업금지의무는 수분양자들에게만 적용되는 것이 아니라 분양자에게도 적용된다고 할 것입니다(대판 2008.5.29. 2005다25151).

즉 분양회사가 수분양자에게 특정 영업을 분양하는 것은 수분양자들에게 그 업종을 독점적으로 운영하도록 보장하는 의미가 내포되어 있는 것입니다(대판 2009.12.24. 2009다61179). 또한 상가를 분양함에 있어 상가 내의 기존 업종과 중복되지 않는 업종을 지정하여 분양한다는 의미는 분양계약 체결 이후라도 수분양자가 경업금지의 약정을 위배하는 경우에는 분양자가 그 분양계약을 해제하는 등의 조치를 취함으로써 그 기존 점포 상인들의 영업권이 실질적으로 보호되도록 최선을 다해야 할 의무를 부담한다는 것을 말합니다(대판 1995.9.5. 94다30867).

다음으로 건물에 대하여 구분소유관계가 성립되면 「집합건물의 소유 및 관리에 관한 법률」(이하 '집합건물법')에 의하여 구분소유자 전원을 구성원으로 해서 건물과 그 대지 및 부속시설의 관리에 관한 사업의 시행을 목적으로 하는 관리단이 자동적으로 설립되며, 관리단집회에서는 구분소유자의 3/4 이상 및 의결권의 3/4 이상의 찬성을 얻어 관리단 규약을 제정할 수 있고, 그 규약은 구분소유자의 특별승계인에 대하여도 효력이 있으며, 구분건물의 점유자도 구분소유자가 건물이나 대지 또는 부속시설의 사용과 관련하여 규약에 따라 부담하는 의무와 동일한 의무를 지게 됩니다(집합건물법 제23조 제1항, 제28조 제1항, 제29조 제1항, 제42조).

한편 상가를 운영하는 구분소유자 또는 임차인으로 구성된 임의단체로서 상가번영회가 있는데, 통상적으로 구성원간에 업종제한을 포함한 상가번영회회칙을 제정하여 운영하고 있습니다. 그런데 이러한 상가번영회의 회칙이 관리단 규약으로 인정되어 상가의 구분소유자나 그 특별승계인 또는 임차인 등 점유자에게도 적용되어 구속할 수 있는지 문제됩니다. 판례에 의하면 "관리단은 어떠한 조직행위를 거쳐야 비로소 성립되는 단체가 아니라 구분소유관계가 성립하는 건물이 있는 경우 당연히 그 구분소유자 전원을 구성원으로 하여 성립되는 단체라 할 것이고, 이에 부합하는 것이면 그 존립형식이나 명칭에 불구하고 관리단으로서의 역할을 수행할 수 있으며, 구분소유자와 구분소유자가 아닌 자로 구성된 단체라 하더라도 구분소유자만으로 구성된 관리단의 성격을 겸유할 수도 있다. 따라서 상가번영회가 비록 그 구성원에 구분소유자 아닌 세입자가 포함되어 있다 하더라도 경우에 따라서는 구분소유자만으로 구성되는 관리단으로서의 성격을 겸유할 수도 있고, 상가번영회의 상가관리규약을 제정함에 있어서도 점포당 1명씩만이 결의에 참여하였다면 세입자가 구분소유자를 대리하여 의결권을 행사하였거나 서면에 의한 결의를 하였다고 볼 여지가 있으며, 그러한 경우 그 상가관리규약은 관리단 규약으로서의 효력을 갖게 되는 것이다."라고 판시하고 있습니다(대판 1996.8.23. 94다27199).

즉 상가번영회가 그 명칭에 불구하고 그 구성원을 볼 때 관리단으로서 인정될 수 있으면 상가번영회회칙도 관리단 규약으로서 효력이 인정되어 상가번영회의 구성원뿐만 아니라 상가의 구분소유자나 그 특별승계인 또는 임차인 등 그 점유자에 대해서도 효력이 미칠 수 있다는 것입니다. 물론 상가번영회가 관리단으로서의 성격을 갖지 못하는 경우라면 그 회칙은 상가번영회 내부의 구성원에 대해서만 그 효력이 미치는 것이라고 할 수 있을 것입니다.

결국, 건축주가 상가를 건축하여 각 점포별로 업종을 정하여 분양한 후에 점포에 관한 수분양자의 지위를 양수한 자 또는 그 점포를 임차한 자는 특별한 사정이 없는 한 상가의 점포 입점자들에 대한 관계에서 상호 묵시적으로 분양계약에서 약정한 업종 제한 등의 의무를 수인하기로 동의하였다고 봄이 상당하므로, 상호간의 업종 제한에 관한 약정을 준수할 의무가 있다고 보아야 하고, 따라서 점포 수분양자의 지위를 양수한 자나 임차인 등이 분양계약 등에 정해진 업종 제한 약정을 위반할 경우, 이로 인하여 영업상의 이익을 침해당할 처지에 있는 자는 그 침해배제를 위하여 동종업종의 영업금지를 청구할 권리가 있다는 것입니다(대판 2004.9.24. 2004다20081). 이는 수분양자들로 구성된 관리단에서 제정한 규약에 업종제한 규정이 있는 경우에도 마찬가지이고, 상가번영회가 관리단으로서의 성격을 가지고 있고 그 회칙에 업종제한에 관한 규정이 있는 경우에도 마찬가지라고 볼 것입니다.

이에 귀하께서는 옷가게 점포를 개조해서 중국음식점으로 영업을 하려는 乙을 상대로 영업금지가처분신청 후 영업영금지의 소를 제기함으로써 구제를 받을 수 있을 것으로 보이고, 이로 인하여 손해가 발생한 경우에는 그 손해를 입증해서 점포를 개조하여 중국음식점으로 세를 내놓으려는 甲을 상대로 영업권보호의무위반을 이유로 한 손해배상청구를 해볼 수 있을 것으로 보입니다.

[사례 2·2·7] 상사유치권을 행사하기 위해서는 그 유치물이 채무자 소유이어야 하는지 여부 등 상사유치권행사의 요건

문 저는 甲 소유의 상가건물 중 점포 한 개에 대한 분양계약을 체결한 후 분양대금의 일부만 지급하고 위 점포를 인도받아 부동산임대업의 사업자등록을 마쳤는데, 얼마 지나지 않아서 甲은 乙 은행에게 상가건물 전체를 담보로 제공하고 대출을 받으면서 근저당권설정등기를 해준 사실이 있습니다. 한편 저는 위 근저당권이 설정되기 전에 甲에 대하여 위 상가건물 내의 여러 점포에 대한 중개로 인하여 중개비청구권을 가지고 있습니다. 그 후 甲이 제때 채무를

변제하지 않자 乙 은행은 상가건물 전체에 대하여 임의경매를 신청하였고, 乙 은행 자신이 경매에서 낙찰을 받아 위 상가건물의 소유권을 취득했습니다. 이와 같은 경우에 제가 중개비청구권에 기하여 상사유치권을 행사해서 위 상가건물을 낙찰받은 乙 은행에게 대항할 수 있는지 박사님께 문의드리고 싶습니다.

답 상사유치권은 민사유치권과 달리 그 피담보채권이 '목적물에 관하여' 생긴 것일 필요는 없지만, 유치권의 대상이 되는 물건은 '채무자 소유'일 것을 요구하고 있습니다(상법 제58조, 민법 제320조 제1항). 이와 같이 상사유치권의 대상이 되는 목적물을 '채무자 소유의 물건'으로 한정하는 취지는, 상사유치권의 경우에는 목적물과 피담보채권 사이의 견련관계가 완화됨으로써 피담보채권이 목적물에 대한 공익비용적 성질을 가지지 않아도 되는 것이어서 피담보채권이 모든 상사채권으로 무한정 확장될 수 있고, 그로 인하여 이미 제3자가 목적물에 관하여 확보한 권리를 침해할 우려가 있으므로 상사유치권의 성립범위 내지 상사유치권으로 대항할 수 있는 범위를 제한하는 것으로 볼 수 있을 것입니다. 즉, 유치권 성립 당시 이미 유치 목적물에 대하여 제3자가 제한물권을 설정해 놓은 경우라면 상사유치권은 그와 같이 제한된 채무자의 소유권에 기초하여 성립할 뿐, 기존의 제한물권이 확보하고 있는 담보가치를 사후적으로 침탈하지는 못한다고 보아야 한다는 것입니다.

그러므로 채무자 소유의 부동산에 관하여 이미 선행의 저당권이 설정되어 있는 상태에서 상사유치권이 성립한 경우에 상사유치권자는 채무자 및 그 후 채무자로부터 부동산을 양수하거나 제한물권을 설정받은 자에 대해서는 대항할 수 있을 뿐, 선행 저당권자나 선행 저당권에 기한 임의경매절차에서 부동산을 취득한 매수인에 대한 관계에서는 상사유치권으로 대항할 수 없는 것입니다(대판 2013.2.28. 2010다57350).

이에 귀하의 사건을 보건대, 귀하께서는 乙 은행의 근저당권보다 먼저 甲으로부터 중개비청구권이라는 상사채권을 취득하였으며, 상사유치권의 성립에 있어서는 귀하가 취득한 상사채권과 귀하가 점유하고 있는 점포 사이에 견련관계가 없어도 가능한 것이고, 또한 귀하가 점유하고 있는 점포는 채무자 甲의 소유인 것이므로 귀하께서는 근저당권자 乙 은행이 신청한 임의경매의 매수인인 乙 은행에 대항해서 귀하의 상사유치권을 주장할 수 있을 것으로 보입니다.

[사례 2·2·8] 신용카드의 분실·도난과 그 대응방법

문 저는 얼마 전에 甲 신용카드사로부터 신용카드를 하나 발급받았습니다. 그런데 저는 이 카드 외에도 5개의 다른 회사 카드를 더 소지하고 있어서 항상 카드를 분실하거나 도난당할 위험을 안고 있습니다. 이에 카드를 발급받은 후 주의해야 할 사항과 카드를 분실하거나 도난당한 경우에 취해야 할 조치 및 보상방법에 대하여 알고 싶어 박사님께 문의드리고 싶습니다.

답 일반인들이 신용카드를 발급받게 되면 신용카드와 함께 개인회원약관도 지급받게 됩니다. 그런데 이러한 개인회원약관은 깨알같은 글씨로 쓰여져 있어 제대로 읽어본 사람은 거의 없을 것입니다.

신용카드 회사별로 카드도난과 분실에 관한 개인회원규약은 거의 비슷하여 이를 예시적으로 살펴보면, "① 회원은 카드를 분실하거나 도난당한 경우에는 즉시 카드사에 신고해야 합니다. ② 회원은 분실·도난신고 접수시점으로부터 60일 전 이후(현금인출 및 현금서비스는 신고시점 이후)에 발생한 제3자의 카드부정사용금액에 대하여는 카드사가 정한 방식에 따라 카드사로부터 보상을 받을 수 있으며, 분실·도난신고 접수시점으로부터 60일 이전에 발생한 제3자의 카드부정사용금액에 대하여는 회원이 부정사용임을 입증하고, 회원의 귀책사유가 없는 경우에 한하여 보상을 받으실 수 있습니다. 다만 카드 1매당 최고 2만원까지는 회원이 부담해야 합니다. ③ 회원의 고의에 의한 부정사용, 카드의 미서명, 카드의 대여·양도·담보제공, 비밀번호 누설, 회원의 가족·동거인에 의한 부정사용, 카드의 분실·도난 사실을 알고도 즉시 신고하지 않은 경우에는 카드의 부정사용(분실·도난신고 시점 이후에 발생한 경우를 제외)에 따른 모든 책임을 부담한다."라고 규정되어 있고, 카드의 관리와 관련해서는 "회원은 카드를 발급받은 즉시 서명해야 하며, 이를 태만히 하여 발생하는 모든 책임은 회원에게 귀속한다."라고 규정되어 있습니다. 다른 신용카드개인회원약관도 이와 같거나 유사하게 규정되어 있습니다.

따라서 귀하께서는 신용카드를 발급받은 즉시 카드 뒷면에 서명을 해야 하며, 카드를 분실하거나 도난당한 경우에는 신용카드사에 즉시 신고를 해야 합니다. 카드사에 따라서는 이러한 신고를 서면으로 요구하고 있는 경우도 있으므로, 일단 전화상으로 신고한 후 바로 서면으로 통지하는 것이 바람직할 것입니다. 카드분실·도난의 경우에 보상받을 수 있는 금액은 약관의 개정 시점에 따라 다소 차이가 있으나, 현재로서는 위 개인회원규약에서 살펴본 바와 거의 같습니다.

[사례 2·2·9] 남편의 사업자금 명목으로 처에게 금전을 대여한 경우에, 그 남편을 상대로 하여 반환청구가 가능한지

문 저는 전파상을 운영하는 甲의 처인 乙이 제게 찾아와서 자기 남편 甲이 운영하는 전파상의 자재구입대금의 지불에 필요하다고 사정하기에 500만원을 빌려준 사실이 있었고, 실제로 그 돈은 위 자재대금으로 지불된 사실이 있습니다. 그런데 乙은 얼마 전에 부부싸움을 하고 가출해 버렸습니다. 이러한 경우에 제가 돈을 빌려준 사람은 乙인데, 그 남편인 甲에 대해서도 위 대여금에 대한 반환을 청구할 수 있는지요?

답 상법 제47조(보조적 상행위)에 의하면 "상인이 영업을 위하여 하는 행위는 상행위로 본다."라고 규정하여 보조적 상행위를 규정하고 있고, 상법 제48조(대리의 방식)에 의하면 "상행위의 대리인이 본인을 위한 것임을 표시하지 아니하여도 그 행위는 본인에 대하여 그 효력이 있다."라고 규정하여 상행위의 비현명성을 표현하고 있습니다. 여기에서 보조적 상행위란 개업자금의 차입, 영업자금의 차입, 고용계약, 점포의 임차행위 등이 포함된다고 할 수 있습니다.

따라서 귀하의 사안을 살펴보면, 상인 甲의 처인 乙이 자기의 남편인 甲의 영업을 위하여 한 금전차용행위는 甲의 보조적 상행위라고 할 수 있으며, 이러한 보조적 상행위는 그의 대리인이 본인(甲)을 위한 것임을 표시하지 않더라도 본인에 대하여 그 효력이 발생하는 것이므로, 결국 귀하께서는 甲의 영업자금을 위한 그의 처 乙의 차입행위에 대하여 그 본인인 甲에게 청구할 수 있을 것으로 사료됩니다.

[사례 2·2·10] 음반을 직접 구입하여 백화점 내에 틀어놓는 경우에도 별도로 공연보상금을 지급해야 하는지

문 저희 회사는 대형백화점인데, 음악곡이 수록되어 있는 판매용 음반을 구입해서 저희 백화점 내에 고객들을 위하여 틀어놓았습니다. 그런데 음반제작사로부터 이는 판매용 음반을 사용하여 공연한 행위에 해당한다고 하면서 별도로 공연보상금을 지급하라고 합니다. 저희 백화점측에서는 음반을 무료로 받은 것도 아니고 돈주고 구입한 것인데도 이와 별도로 공연보상금까지 지급해야 하는지요?

답 저작인접권자의 공연보상금청구권을 규정한 저작권법 제76조의2 제1항, 제83조의2 제1항에서는 '판매용 음반'을 '사용'하여 공연을 하는 자로서는 상당한 보상금을 해당 '실연자'나 '음반제작자'에게 지급하도록 규정하고 있습니다. 저작권법상의 각 규정에서 '실연자'와 '음반제작자'에게 '판매용 음반'의 공연에 대한 보상청구권을 인정하는 것은 판매된 음반이 통상적으로 예정하고 있는 사용 범위를 초과해서 공연에 사용되는 경우 그로 인하여 '실연자'의 실연 기회 및 '음반제작자'의 음반판매 기회가 부당하게 상실될 우려가 있어서 그 부분을 보상해 주고자 하는데 그 목적이 있다고 보입니다.

여기에서 '판매용 음반'에는 불특정 다수인에게 판매할 목적으로 제작된 음반뿐만 아니라 어떠한 형태로든 판매를 통해 거래에 제공된 음반이 모두 포함되며, '사용'에는 판매용 음반을 직접 재생하는 직접 사용뿐만 아니라 판매용 음반을 스트리밍 등의 방식을 통하여 재생하는 간접사용도 포함된다고 해석함이 타당할 것입니다(대판 2015.12.10. 2013다219616).

이에 귀하의 백화점에서는 비록 음반을 돈주고 구입했다고 하더라도 이를 사용해서 귀하의 백화점 내에 실시간으로 음악을 틀어놓는 경우에는 별도로 공연보상금을 지급해 줘야 할 것으로 보입니다.

제2절 어음·수표·보험

[사례 2·2·11] 피사취 신고로 인하여 은행에서 약속어음에 대한 지급을 거절한 경우에 그 대응방법

문 저는 甲으로부터 물품대금 명목으로 甲이 발행한 액면 1,000만원짜리 약속어음을 교부받았습니다. 저는 위 어음의 만기일에 이르러 지급은행에 위 어음금의 지급을 청구하였으나, 그 은행에서는 이 어음이 이미 甲에 의하여 '피사취 신고'가 이루어졌다면서 그 지급을 거절하였습니다. 이 경우 제가 취할 수 있는 조치방법을 알려주시기 바랍니다.

답 피사취 어음이란 어음발행인이 사기를 당하여 해당 어음을 발행하였거나 교부하였음을 이유로 하여 지급지 은행에 그 사유를 신고하고, 어음금의 지급이 거절되도록 요구한 경우에 그 신고된 어음을 말합니다. 그런데 어음발행인이 피사취 신고를 할 경우에는 어음금액에 해당하는 현금을 사고신고담보금조로 별단예금 계좌에 예치하도록 하고 있으므로, 귀하의 사안의 경우에도 어음의 발행인인 甲이 어음의 지급지 은행에 1,000만원을 별단예금계좌로 입금해 놓았을 것입니다.

따라서 귀하께서는 우선 위 어음의 지급지 은행을 관할하는 법원에 어음발행인 甲을 상대로 하여 어음금청구소송을 제기하고, 그 소송절차에서 승소하게 되면 판결문을 은행에 제시함으로써 위 사고신고담보금에 대한 지급을 청구하는 방법으로 어음금을 회수할 수 있을 것입니다.

참고로 피사취 신고를 한 자와 어음발행인이 다른 경우에도 어음소지인은 어음발행인을 상대로 하여 어음금청구소송을 제기해야 하며, 이 소송에서 어음소지인이 해당 어음을 선의취득하였음을 입증하여 승소판결을 얻게 되면, 어음소지인은 직접 그 판결문을 제시하여 별단예금계좌에 예치된 사고신고담보금의 지급을 청구하는 방식으로 어음금을 회수해야 하며, 어음발행인의 사고신고담보금에 대한 반환청구권에 대하여 채권압류 및 전부명령을 신청하는 방법으로 은행에 대하여 그 반환을 청구할 수는 없을 것입니다(대판 1995.12.5. 94다44835).

[사례 2·2·12] 각종 증권 분실시의 공시최고 및 제권판결신청

문 저는 백화점에서 쇼핑을 하다가 핸드백을 분실하였는데, 그 속에는 현금과 어음 및 상품권이 들어 있습니다. 현금이야 얼마 되지 않지만, 어음과 상품권은 거래처로부터 받은 것이라 고액권입니다. 이에 어음과 상품권을 분실한 경우에 제가 어떤 조치를 취해야 하는지 박사님께 문의드리고자 합니다.

답 예, 귀하께서는 공시최고 및 제권판결절차를 밟아서 구제를 받아야 할 것입니다.

공시최고신청이란 법원이 당사자의 신청에 의하여 불특정·불명확한 이해관계인에 대하여 일정한 기간 내에 권리 또는 청구가 있으면 이를 신고하도록 하고, 이러한 신고가 없을 때에는 실권이 된다는 경고를 붙여 공고하는 재판상의 절차를 말합니다.

공시최고는 ① 어음 · 수표나 주권 등 증권이나 증서를 분실, 도난, 멸실 당한 경우에 해당 증권이나 증서에 대한 무효선언을 하기 위한 경우와, ② 부동산등기, 자동차등록 등에 있어서 권리자가 의무자의 행방불명으로 인하여 어떤 등기·등록의 말소신청이 불가능한 경우에 공시최고절차를 거쳐 등기권리자가 단독으로 그 말소등기·등록을 신청하기 위한 목적으로 이용됩니다.

그리고 제권판결신청이란 공시최고신청에서 신청대상이 된 권리(예, 분실된 어음·수표의 권리)를 무효화시키는 재판을 말합니다. 제권판결신청은 공시최고신청 후 별도로 신청해도 되지만, 실무상으로는 공시최고신청과 함께 제권판결을 신청하고 있습니다.

그렇다면 어느 법원에 공시최고 및 제권판결을 신청해야 할까요? 공시최고신청은 도난, 분실, 멸실 당한 증권이나 증서의 이행지(지급지)의 표시가 있는 때에는 그 지방법원에, 그 표시가 없는 때에는 발행인의 주소지 지방법원에 신청해야 합니다. 공시최고신청서에는 무효선언을 구하는 증권의 표시 또는 실권되어야 할 권리의 표시, 신청취지, 신청이유를 기재하고, 첨부서류, 작성연월일, 신청인, 법원을 기재한 후 기명날인하면 되며, 소명자료로써 경찰서에 신고한 도난신고증명서, 분실광고한 신문, 소방관서의 화재증명서, 은행발행의 미지급증명서 등을 첨부하면 됩니다.

그렇다면 이후 법원의 절차는 어떻게 진행될까요? 공시최고신청이 적법하면 법원은 공시최고를 허가하는 결정을 하고, 이를 일간신문에 1회 공고하게 됩니다. 이에 따라 공시최고의 대상이 되는 증권이나 증서에 대하여 권리를 가진 자는 공시최고의 다음단계로 행하여지는 제권판결을 저지하기 위하여 공시최고 법원에 공시최고기일까지 서면 또는 구두로 신고해야 합니다(다만, 제권판결이 선고되기 전까지 신고하면 실권되지 않음).

공시최고기일은 이러한 공시최고 공고일부터 3개월 후로 정하여집니다. 법원은 공시최고와 공시최고기일을 거쳐 공시최고신청이 이유 있다고 인정하면 제권판결을 선고하고, 이유 없다고 인정하면 신청각하의 결정을 하게 됩니다.

제권판결은 공시최고절차의 마지막 단계로서 신청대상이 된 권리를 무효화시키는 형성적 재판입니다. 제권판결을 받은 자는 증권이나 증서 없이도 제권판결에 의하여 그 증권이나 증서의 채무자에 대하여 권리를 행사할 수 있습니다(민사소송법 제497조). 제권판결이 있게 되면, 증권이나 증서의 실질적 권리자라도 제권판결에 대한 불복의 소(제권판결 있음을 안 날부터 1월, 선고된 날부터 3년 내 제기)를 제기하여 취소판결을 얻지 못하는 한, 그 권리행사가 불가능하게 됩니다(대판 1990.4.27. 89다카16215).

여기에서 제권판결을 받은 자와 증권·증서를 선의취득한 자로서 공시최고법원에 권리신고를 하지 않는 자가 있는 경우에 누가 우선하는지 문제됩니다. 이에 관하여 판례는 제권판결취득자가 우선한다고 하며, 제권판결 전에 선의취득자가 생겼고, 공시최고신청인이 이러한 사실을 알았다고 하더라도 선의취득자가 공시최고법원에 권리신고를 하지 않아 일단 제권판결이 선고된 이상 선의취득자로서는 증권이나 증서상의 권리를 행사할 수 없다고 하고 있습니다(대판 1994.10.11. 94다18614).

[사례 2·2·13] 어음·수표를 분실하거나 도난당한 경우의 대응방법

문 저는 액면금 10만원짜리 자기앞수표 10장과 액면금 100만원짜리 약속어음 1장을 분실하였습니다. 이 경우에 제가 취해야 할 조치와 위 분실된 수표와 어음을 회수할 수 있는 방법에 대하여 알려주시면 감사하겠습니다.

답 어음·수표[97]를 분실하거나 도난당한 경우에 가장 먼저 취해야 할 조치는 우선 관할경찰서에 분실이나 도난신고를 한 후에, 해당 어음·수표의 발행은행에 대하여 지급정지를 신청하는 것입니다. 그리고 나서 지급지를 관할하는 법원에 공시최고 및 제권판결을 신청해야 합니다. 공시최고신청을 하려면 어음·수표의 번호, 금액, 분실일시, 분실장소, 최후소지인 등을 일간신문에 일정기간 공고하는 절차를 거쳐야 합니다.

따라서 분실한 어음·수표의 번호를 알지 못하면 공시최고신청도 곤란하게 되므로, 어음·수표를 교부받은 경우에는 항상 그 번호를 적어두거나 핸드폰 등으로 촬영해 두는 습관을 가지고 있어야 합니다.

제권판결신청이 있은 후 3개월 내에 그 어음·수표에 대한 권리신고자가 없으면, 법원으로부터 제권판결을 받을 수 있습니다. 제권판결이 확정되면 그때로부터 분실·도난당한 해당 어음·수표는 무효가 되며, 따라서 어음·수표의 분실자나 도난자는 해당 제권판결문을 은행에 제시함으로써 어음·수표금을 지급받을 수 있을 것입니다.

다만 제권판결이 있기 전에 어음·수표의 소지인으로부터 권리신고가 있을 경우에는 그 권리신고자에 대한 권리만을 유보한 채 제권판결이 선고될 수 있으며, 이 경우에 제권판결을 받은 자와 권리신고자 중 누가 우선하느냐의 여부는 해당 권리신고자(어음소지자)가 발행인을 상대로 하여 제기한 어음·수표금청구 소송에서 그가 선의취득자로 인정되느냐의 여부에 따라 결론이 달라진다고 할 수 있습니다.

97) 어음이나 수표는 예나 지금이나 개인간의 거래보다는 주로 사업상 거래에서 대금결제용으로 활용해 왔고, 다만 10만원권 자기앞 수표만큼은 개인간의 거래에서도 많이 활용되어 왔으나, 최근 5만원권 지폐의 출현으로 수표마저도 개인간의 거래에서 자취를 감추게 되었습니다. 그러나 아직도 거래금액이 큰 경우에는 어음이나 수표에 의하여 거래가 이루어지고 있으므로 어음·수표에 관한 지식은 필요한 것입니다.

[사례 2·2·14] 약속어음공정증서를 받아놓은 후에도 별도로 판결을 받기 위하여 소송을 제기할 수 있는지

문 저는 가까운 친구에게 돈 1천만원을 빌려주면서 차용증서를 작성하였고, 서로 합의하에 공증인사무실에 가서 약속어음공정증서도 받아놓았습니다. 그런데 그로부터 얼마되지 않아 그 친구가 잠수를 타서 당분간 대여금을 회수하기가 곤란할 것 같은데, 들리는 말로는 약속어음공정증서를 받아놓아도 판결처럼 소멸시효기간이 연장되지 않는다고 해서 판결을 받아놓고 싶은데, 가능한지 박사님께 문의드리고 싶습니다.

답 공정증서란 공증인이 법률행위 기타 사권에 관한 사실에 대하여 작성하는 증서를 말하는데, 주로 법원 부근에 소재한 공증인사무실에서 작성하며, 공정증서 중 집행력이 부여되어 집행권원이 있는 공정증서로는 금전소비대차공정증서와 약속어음공정증서가 대표적입니다. 전자는 공증인이 금전소비대차에 덧붙여 강제집행을 인낙한다는 취지를 기재한 공정증서를 말하고, 후자는 공증인이 약속어음에 첨부하여 강제집행을 인낙한다는 취지를 기재한 공정증서를 말합니다.

그런데 이들 공정증서에는 채무명의로서 집행력은 있으나 확정판결과 같은 기판력이 없고, 소멸시효를 연장시킬 수 있는 '판결에 의하여 확정된 채권'(민법 제165조 제1항)에도 해당되지 않으므로 소멸시효기간도 공증의 대상이 되는 증서상의 채권의 종류에 따라 금전소비대차공증의 경우에는 상사적 금전소비대차공정증서는 5년, 민사적 금전소비대차공정증서는 10년, 약속어음공정증서는 3년의 소멸시효에 해당할 뿐 공정증서라고 해서 단기의 소멸시효가 10년으로 연장되지는 않습니다(대판 1992.4.14. 92다169).

이와 같이 집행력 있는 공정증서는 집행력이 있을 뿐이고 기판력이 없기 때문에 기판력 있는 판결을 받기 위하여 공정증서의 내용과 동일한 청구를 소로써 제기할 이익이 있으며(대판 1996.3.8. 95다22795), 이는 설령 집행력 있는 공정증서상의 단기의 소멸시효기간이 많이 남아있다고 하더라도 마찬가지라고 할 것입니다.

따라서 귀하께서는 공증인사무실에서 약속어음공정증서를 받아두었다고 하더라도 별도로 법원에 대여금 청구소송을 제기하여 판결을 받아놓을 수 있으며, 이와 같이 판결을 받아놓으면 소멸시효기간이 판결확정일부터 10년간 연장되게 될 것입니다.

한편 대여금채무의 이행을 보장하기 위하여 약속어음공정증서를 발행하였더라도 위 채무가 약속어음채무로 변모하는 것은 아니어서 채권자는 일반채권으로도 청구할 수 있고 소멸시효기간도 일반채권과 동일하게 되므로 약속어음공증증서를 작성한 후 3년이 경과되었다고 하더라도 약속어음공증의 원인인 대여금채무가 아직 10년의 소멸시효에 걸린 경우가 아니라면 대여금청구소송을 제기할 수 있습니다(대판 1961.2.8. 4294민상816).

참고로 2013년 11월 29일부터는 건물이나 토지 또는 선박, 건설기계, 자동차, 항공기, 공장재단이나 광업재단으로 등기된 기업재산, 그밖에 다른 법령에 따라 등기·등록된 동산의 인도 또는 반환을 목적으로 하는 청구에 대하여 강제집행을 승낙하는 취지를 기재한 공정증서를 받을 수 있는데, 이러한 공정증서도 강제집행의 집행권원이 됩니다(공증인법 제56조의3 제1항, 동법 시행령 제37조의2).

[사례 2·2·15] 보험금에 대한 압류 가능 여부와 그 범위

문 저는 10여년 전에 농촌으로 귀농해서 살고 있는데 사업마다 잘 안되어 많은 빚을 지게 되었습니다. 가진 재산은 없지만 만약을 대비하여 의료실비보험을 포함한 몇 개의 보험을 들어놓은 것이 있습니다. 그런데 들리는 말로는 이러한 보험에도 압류가 들어올 수 있다고 해서 걱정입니다. 해약하면 아까울 것 같아 그대로 두어도 되는지 아니면 해약해서 일부라도 건지는 것이 나은지 선생님의 고견을 듣고 싶습니다.

답 안타깝습니다. 귀하께서 고민하고 있는 이 문제는 빚이 많은 채무자라면 누구나 걱정거리가 되는 문제이기도 합니다. 아플 때를 대비해서 암보험이나 질병보험 또는 상해보험 한두 개 들어놓지 않은 사람은 거의 없을 것입니다. 빚이 있든 없든 생명보험은 말 그대로 생명줄이나 마찬가지입니다.

따라서 법에서는 일정한 보험에 대해서는 압류할 수 없도록 제도를 마련해 놓고 있습니다. 즉 압류가 금지되는 보험금과 관련하여 민사집행법 제246조 제1항 제7호에서는 "생명, 상해, 질병, 사고 등을 원인으로 채무자가 지급받는 보장성보험의 보험금(해약환급 및 만기환급금을 포함한다). 다만, 압류금지의 범위는 생계유지, 치료 및 장애 회복에 소요될 것으로 예상되는 비용 등을 고려하여 대통령령으로 정한다."라고 규정하고 있고, 여기의 대통령령에 해당하는 민사집행법 시행령 제6조에서는 압류금지 보장성 보험금 등의 구체적 범위에 대하여 규정하고 있는 것입니다.

먼저, 전액 압류가 금지되는 보장성보험의 보험금, 해약환급금 및 만기환급금이 있습니다. 여기에 해당되는 것으로는 ① 사망보험금 중 1천만원 이하의 보험금, ② 상해·질병·사고 등을 원인으로 채무자가 지급받는 보장성보험의 보험금 중 진료비, 치료비, 수술비, 입원비, 약제비 등 치료 및 장애 회복을 위하여 실제 지출되는 비용을 보장하기 위한 보험금(이하 '의료실비보험금'), ③ 채권자가 채권자대위권의 행사에 따라 채무자의 보험계약해지권을 대위행사하거나 추심명령 또는 전부명령을 받은 채권자가 해지권을 행사하여 발생하는 보장성보험의 해약환급금이 있습니다.

다음으로, 일부만 압류가 금지되는 보장성보험의 보험금, 해약환급금 및 만기환급금이 있습니다. 여기에는 ㉮ 상해·질병·사고 등을 원인으로 채무자가 지급받는 보장성보험의 보험금 중 앞서 본 '의료실비보험금'을 제외한 보험금의 2분의 1에 해당하는 금액, ㉯ 보장성보험의 해약환급금 중 앞서 본 채권자대위권의 행사에 따른 보험계약해지나 추심명령 또는 전부명령에 의한 보험계약해지 이외의 해약사유(예, 채무자의 임의해지)로 발생하는 해약환급금 중 150만원 이하의 금액, ㉰ 보장성보험의 만기환급금 중 150만원 이하의 금액이 그것입니다. 그밖의 보험들은 모두 압류가 금지되어 있지 않으므로 해당 보험금에 압류가 들어올 수 있습니다.

한편 채무자가 보험계약을 둘 이상 들고 있는 경우가 많은데, 이러한 경우에는 압류금지 범위를 산정할 때 일정한 제한이 있습니다. 즉 위 ①, ㉯, ㉰의 경우에 있어서는 해당하는 보험계약별 사망보험금, 해약환급금, 만기환급금을 각각 합산한 금액에 대하여 해당 압류금지채권의 상한을 계산하도록 하고 있고, 위 ③, ㉮의 경우에는 각 보험계약별로 압류금지채권의 범위를 계산하도록 하고 있는 것입니다.

이에 귀하께서 의료실비보험 외에 어떤 보험을 더 들고 있는지 모르겠지만 위 기준에 따라 압류 가능 여부 및 그 범위가 정해지는 관계로 이를 감안하여 보험계약에 대한 해약여부를 결정해야 할 것으로 보입니다. 요컨대 의료실비는 전액 압류가 금지되는 보험에 해당하므로 해약할 필요가 없을 것으로 보이고, 다른 생명, 상해, 질병, 사고를 원인으로 한 보장성보험이 있다면 위 기준에 따라 취사선택하여 해약 여부를 결정하면 될 것이며, 그밖의 다른 보험계약들은 해약하는 것이 현명할 것으로 보입니다.

[사례 2·2·16] 고지의무 불이행과 보험사고 발생시의 법률관계

문 저는 몇 년 전에 보험모집에 종사하는 지인의 권유로 의료실비보험에 가입한 적이 있습니다. 그 당시는 별로 가입하고 싶지 않은 터라 질문표도 제대로 읽어보지 않은 채 싸인한 것 같았고, 고혈압이 조금 있었으나 장기복용 중이 아니니 괜찮다는 지인의 말에 질문표에도 표시하지 않았던 것 같습니다. 그런데 최근 저는 맹장수술을 받고 보험금을 청구하였는데, 보험사에서는 제가 고지의무를 위반했다고 하면서 보험계약을 해지하고 보험금도 지급하기 곤란하다고 합니다. 의료실비보험은 알다시피 한번 해지되면 다시 가입하기 힘들 것이어서 너무 걱정되어 박사님께 문의드리고자 합니다.

답 요즘은 보험에 대한 인식이 좋아서 많은 분들이 각종 인적·물적 보험에 가입하고 있습니다. 보험은 계약체결시가 아니라 제1회 보험료를 납입한 후부터 보험금을 수령할 수 있고, 타인의 사망을 내용으로 하는 보험계약은 그 타인의 서면에 의한 동의가 있어야 하며, 15세 미만자, 심신상실자 또는 심신박약자의 사망을 보험사고로 한 계약은 무효가 됩니다.

한편 보험계약체결시에는 보험사측의 약관교부·설명의무와 보험계약자의 고지의무라는 것이 있습니다. 약관교부·설명의무란 계약체결시 보험사측에서 약관을 교부한 후 그 중요한 내용을 설명해 주어야 할 의무를 말합니다. 이때 약관의 모든 내용을 설명해 주어야 하는 것은 아니며 보험계약자가 별도의 설명을 듣지 않아도 충분히 예상할 수 있었던 사항이나 이미 법령에 의하여 정해진 것을 되풀이 또는 부연하는 정도에 불과한 사항, 보험계약자가 이미 약관의 내용을 충분히 알고 있는 사항에 대해서는 별도의 설명이 필요치 않습니다.

만약 보험사가 약관을 교부하고 설명하지 않은 경우에는 보험계약자는 3개월 이내에 취소할 수 있고, 그렇지 않다 하더라도 보험사는 설명치 않는 약관의 내용을 보험계약자에게 주장할 수 없게 됩니다. 그리고 보험계약체결시에는 보험계약자도 보험사에 대하여 질병전력 등 중요한 사항을 고지해 주어야 합니다. 이를 고지의무라고 합니다.

통상 보험계약청약서에 첨부한 질문표에 기재한 질문사항은 중요한 사항으로 추정되며, 이를 읽어보지 않아 고지하지 못했다는 주장은 중대한 과실로 인정되어 받아들여지지 않습니다. 고지는 보험사에 대하여 해야 하므로 보험대리점에 대한 고지는 인정되지만 보험모집인이나 외무사원은 고지수령권이 없으므로 이들에 대한 고지는 회사가 인식하지 않는 한 인정되지 않습니다. 위와 같은 고지의무에 대한 위반이 있으면 보험사는 그 위반사실을 안 날부터 1월, 계약체결일로부터 3년 내에 계약을 해지할 수 있습니다. 아울러 고지의무 위반이 동시에 민법상의 사기 또는 착오에 해당하는 경우에는 보험사는 위 상법상의 해지 외에도 민법상 그 사실을 안 날부터 3년, 계약체결일로부터 10년 내에 보험계약을 취소할 수 있습니다. 물론 보험사가 보험계약 당시 고지의무 위반 사실을 알았거나 중대한 과실로 알지 못한 경우 또는 보험사의 약관교부·설명의무를 위반함으로 인하여 보험계약자가 고지를 하지 못하였다는 것이 입증된 경우에는 보험사는 고지의무 위반을 이유로 계약을 해지할 수 없을 것입니다.

문제는 귀하의 사례처럼 고지의무를 이행하지 않은 상태에서 보험계약을 체결한 뒤 보험사고가 발생한 경우에 보험사가 이를 구실로 보험계약을 해지하고 보험금도 지급하지 않으려는 경우가 문제됩니다. 귀하의 사례를 보건대 고혈압과 맹장수술과는 인과관계가 있다고 보이지 않습니다. 위와 같은 경우에 보험사의 계약해지가 가능한지 문제되는데, 종전의 판례는 고지의무 위반과 보험사고 간에 인과관계가 인정되지 않으면 보험계약을 해지할 수 없다고 하였으나, 최근에는 위 둘 사이에 인과관계가 없더라도 계약을 해지할 수 있는 것으로 판시하고 있습니다. 다만 보험금은 고지의무 위반과 보험사고 사이에 인과관계가 없음이 입증된 경우에는 상법상 보험사가 지급하도록 하고 있습니다.

따라서 귀하의 사례에서 고지의무 위반 사실이 인정된다면 보험금을 지급받을 수 있으되, 향후 보험계약은 해지당할 것으로 보입니다. 다만 보험계약을 체결한 날부터 3년이 경과된 경우, 보험사가 고지의무 위반사실을 알았거나 중대한 과실로 알지 못한 경우, 그밖에 보험사측의 약관교부·설명의무 위반으로 인하여 귀하가 고지하지 못했던 사실이 입증된 경우에는 귀하의 보험계약은 해지당하지 않을 것으로 보입니다.

제 3 편

경매·공매·등기 편

제1장 보전처분·경매 편
제1절 가압류·가처분
제2절 강제집행일반
제3절 강제경매·임의경매
제4절 공 매
제2장 등기·공탁 편

제1장 보전처분·경매 편

제1절 가압류·가처분

[사례 3·1·1] 채무자의 은행예금에 대한 가압류·압류 방법

문 저는 사업상 알게 된 채무자 甲이 급히 자재를 구입하는데 필요하다면서 한 달간만 돈을 빌려달라고 해서 5천만원을 빌려준 사실이 있습니다. 그런데 채무자 甲은 변제일이 지난 후에도 차일피일 미루며 돈을 갚지 않고 있습니다. 그래서 채무자 甲의 은행예금에 대해 가압류를 하고자 하나 구체적으로 어느 은행에 예금을 해놓고 있는지 모르고 있는데, 이러한 경우에도 가압류가 가능한지요?

답 채무자가 은행이나 농협 등에 예금을 해놓는 경우가 많습니다. 그러나 채권자로서는 채무자가 어느 금융기관에 예금을 해놓았는지 알 수 없고, 이를 파악하기 위해서는 채무자를 상대로 해서 판결을 받은 다음 재산명시 및 재산조회절차를 거쳐야 비로소 가능하게 될 것입니다. 물론 채무자가 어떤 금융기관에 예금을 해놓은 사실을 알고 있는 경우에는 구체적으로 그 계좌번호나 종류 또는 액수 등을 잘 모른다고 하더라도 가압류나 압류가 가능할 것입니다. 이에 아래에서 두 경우를 구분해서 채무자의 은행예금에 대한 가압류·압류의 방법에 관하여 구체적으로 살펴보도록 하겠습니다.

첫째, 채무자가 예금을 해놓은 것이 있는지 없는지 조차도 알지 못한 경우에는, 재산명시 및 재산조회신청절차를 통해서 파악해 볼 수 있을 것입니다. 즉 채무자가 금융기관에 예금을 해놓았는지 여부에 대한 정보를 전혀 가지고 있지 않는 경우에는 우선 채무자를 상대로 민사소송을 제기하여 판결 등의 집행권원을 확보한 후, 이를 근거로 재산명시를 신청하고, 그 후 재산조회신청을 통하면 채무자의 예금 상태에 대한 파악이 가능합니다. 채권자가 재산조회신청을 하게 되면 법원에서는 재산조회신청의 대상이 된 금융기관에 통지해서 채무자에게 어떤 예금이 존재하는지 여부를 법원에 통지해 주도록 하고 있고, 이를 통해서 예금재산이 추적되는 것입니다. 그러나 이와 같은 절차를 거쳐서 채무자의 예금 상태를 파악하기에는 오랜 시간이 필요하고, 이러한 낌새를 눈치챈 채무자가 언제라도 예금을 인출해 버릴 수 있는 것이어서 큰 실속이 없습니다.

그래서 실무에서는 무작위로 은행을 선정해서 가압류나 압류를 집행하는 경향이 있습니다. 즉 채무자가 은행과 거래하고 있는 것 같은데 구체적으로 알지 못한 경우에는 국내의 대형 은행, 우체국, 농협을 비롯하여 채무자의 거주지와 인근지에 소재한 금융기관들을 제3채무자로 선정해서 무작위로 가압류나 압류를 하는 방법을 쓰고 있는 것입니다. 다만 이와 같이 여러 은행에 가압류·압류를 한 경우에는 자신의 채권금액을 각 은행별로 쪼개서 가압류·압류를 해야 하는 관계로 어느 한 은행에 예금이 몽땅 되어 있는 경우에는 압류의 효력이 예금의 일부분에만 미치게 되는 문제점이 있기는 합니다.

둘째, 채무자가 어떤 금융기관에 예금을 해놓고 있는지를 알고 있다면, 구체적으로 계좌번호나 예금의 종류 또는 그 액수 등에 관하여 자세한 내역을 알지 못한 경우라고 하더라도 그리 어렵지 않게 채무자의 예금에 대하여 가압류나 압류를 할 수 있습니다. 채권자는 가압류신청서나 압류신청서에 채무자의 예금에 대하여 가압류나 압류를 신청한다는 취지로 신청취지를 기재해서 특정하면 되는데(예금주, 주민등록번호 기재), 이때 계좌번호는 기재하지 않아도 되고, 예금의 종류에 대하여는 줄줄이 모든 종류의 예금을 열거하여 기재한 후 이를 모두 그 대상으로 한다고 기재하면 됩니다. 은행의 어느 지점에 예금이 되어 있는지를 알지 못한다면 본점만 표시하여도 되지만, 지점을 알고 있다면 신속한 집행을 위해 지점을 표시해 주는 것이 현명합니다. 본점에서 그 지점에 가압류·압류명령의 사실을 통지하기 전에 채무자가 예금을 인출해 버리면 그 변제는 유효한 변제로 되어(민법 제470조), 가압류·압류의 목적을 달성할 수 없기 때문입니다. 또한 예금주의 주민등록번호를 알고 있으면 당연히 주민등록번호도 기재해 주는 것이 바람직합니다. 그리고 예금주가 가명이나 제3자의 이름으로 예금을 해둔 경우라면, 예금주의 본명만 표시된 압류명령의 효력은 이러한 예금에는 미치지 않으므로, 본명과는 별도로 가명이나 제3자의 이름도 함께 기재해 주도록 해야 할 것입니다. 예금의 액수는 반드시 기재할 필요가 없으며 채권자의 청구금액만 기재하면 됩니다.

이에 귀하께서 채무자 甲의 은행예금에 대해 어느 정도 파악하고 있는지 여부에 따라 위에서 말한 수단들을 동원해서 가압류를 하면 될 것으로 보입니다.

[사례 3·1·2] 채권가압류에 따른 소멸시효중단의 효력이 가압류신청시 발생하는지 아니면 제3채무자에게 송달된 때 발생하는지 여부

문 저는 몇 년 전에 甲건설회사로부터 담장 설치공사를 요청받고 공사를 완료해 주어 공사대금채권이 있는데, 그 甲건설회사는 차일피일 미루면서 위 공사대금을 제때 주지 않고 있어서 고민입니다. 나중에 알고 보니 甲건설회사는 건설공제조합 乙에 대하여 출자 1좌금 1,391,660원, 출자좌수 25좌인 출자증권을 보유하고 있고, 그 출자증권은 건설공제조합 乙에서 보관하고 있는 것입니다. 이에 저는 공사대금채권을 피보전채권으로 하여 甲 건설회사가 건설공제조합 乙에 대하여 갖는 출자증권의 인도청구권에 대해 가압류를 신청하였습니다. 그런데 문제는 제가 가압류를 신청해서 제3채무자인 건설공제조합 乙에 가압류결정문이 송달되는 사이에 공사대금채권의 소멸시효기간인 3년에 걸리게 되어 있었던 것입니다. 이에 가압류를 신청할 때에 소멸시효중단의 효력이 생긴다고 하면 문제가 되지 않을 것이지만, 제3채무자인 건설공제조합 乙에 가압류결정문이 송달되는 때에 비로소 소멸시효 중단의 효력이 생긴다고 하면 낭패가 아닐 수 없습니다. 이에 박사님께 이 점에 관하여 문의드리고 싶습니다.

답 공사도급계약에서 소멸시효의 기산점이 되는 보수청구권의 지급시기는 당사자 사이에 특약이 있으면 그에 따르고, 특약이 없으면 관습에 의하며(민법 제665조 제2항, 제656조 제2항), 특약이나 관습이 없으면 공사를 마친 때로 보아야 할 것입니다. 그리고 민법에서는 가압류를 시효중단사유에 해당한다고 하고 있지만(민법 제168조 제2호), 가압류로 인한 시효중단의 효력이 언제 발생하는지에 관해서는 명시적으로 규정하고 있지 않습니다. 그러나 한편 민사소송법에서는 시효중단사유 중 하나로서 '재판상의 청구'(민법 제168조 제1호, 제170조)에 대해서는 소를 제기한 때에 시효중단의 효력이 발생한다고 규정하고 있습니다(민사소송법 제265조).

이에 가압류에 관해서도 이러한 민사소송법의 규정을 유추적용하여 '재판상의 청구'와 유사하게 가압류를 신청한 때에 시효중단의 효력이 생기는지 여부가 문제됩니다. 가압류는 법원의 가압류명령을 얻기 위한 재판절차와 가압류명령에 대한 집행절차를 포함하는데, 가압류도 재판상의 청구와 마찬가지로 법원에 신청을 함으로써 이루어지고(민사집행법 제279조), 그에 따른 가압류명령의 집행 또는 송달에 의하여 고지됨으로써 완성되는 바, 민법에서 가압류를 시효중단사유로서 규정한 이유는 가압류에 의하여 채권자가 권리를 행사하였다고 할 수 있기 때문이고, 가압류채권자의 권리행사는 가압류를 신청한 때에 시작되므로, 채권가압류에 의한 시효중단의 효력은 가압류명령이 제3채무자에게 송달된 때에 발생하지만 그 효력은 가압류를 신청한 때에 소급한다고 할 수 있을 것입니다.

한편 건설공제조합의 조합원에게 발행된 출자증권은 위 조합에 대한 출자지분을 표창하는 유가증권으로서, 위 출자증권에 대한 가압류는 민사집행법상 지시채권 가압류의 방법으로 하고(민사집행법상 제233조), 법원의 가압류명령으로 집행관이 출자증권을 점유해야 합니다(건설산업기본법 제59조 제4항). 다만 출자증권을 채무자가 아닌 제3자가 점유하고 있는 경우에는 채권자는 채무자가 제3자에 대하여 가지는 유체동산인 출자증권의 인도청구권을 가압류하는 방법으로 가압류집행을 할 수 있을 것입니다(민사집행법 제242조, 제243조). 이 경우 유체동산에 관한 인도청구권의 가압류는 원칙적으로 금전채권의 가압류에 준해서 집행법원의 가압류명령과 그 송달로써 하는 것이므로(민사집행법 제223조, 제227조, 제242조, 제243조, 제291조), 가압류명령이 제3채무자에게 송달됨으로써 유체동산에 관한 인도청구권 자체에 대한 가압류집행은 끝나고 그 효력이 생긴다고 할 것입니다(대판 1994. 3.25. 93다42757). 따라서 채무자가 건설공제조합에 대하여 갖는 출자증권의 인도청구권을 가압류한 경우에는 법원의 가압류명령이 제3채무자인 건설공제조합에 송달되면 가압류의 효력이 생기고, 이 경우 가압류로 인한 소멸시효 중단의 효력은 가압류신청시에 소급하여 생긴다고 보아야 할 것입니다(대판 2017.4.7. 2016다35451).

이에 귀하의 사건을 보건대, 귀하께서 가압류를 신청하여 가압류결정이 제3채무자인 건설공제조합 乙에게 송달되면 법원에 가압류를 신청할 때에 소급하여 소멸시효 중단의 효력이 생기게 되는 것이므로 귀하의 공사대금채권은 소멸시효에 걸리지 않을 것으로 보이니 걱정하지 않아도 될 것으로 보입니다.

[사례 3·1·3] 채권가압류 또는 추심명령시 제3채무자가 수인인 경우, 각 제3채무자별로 가압류 또는 압류할 채권을 특정해서 신청해야 하는지

문 저는 채무자 甲에 대한 대여금 채권에 기하여 위 채무가 甲이 제3채무자 乙, 丙, 丁에 대하여 가지는 공사대금채권에 대하여 압류 및 추심명령을 하고자 합니다. 이러한 경우에 제3채무자별로 압류할 금액을 쪼개서 신청해야 하는지, 아니면 제3채무자별로 압류할 금액을 쪼개지 않고 제3채무자별로 전액 신청해도 되는지 박사님께 문의드리고 싶습니다.

답 채권에 대한 가압류 또는 압류를 신청하는 채권자는 신청서에 압류할 채권의 종류와 액수를 밝혀야 하고(민사집행법 제225조, 제291조), 채무자가 수인이거나 제3채무자가 수인인 경우에는 집행채권액을 한도로 하여 가압류 또는 압류로써 각 채무자나 제3채무자별로 어느 범위에서 지급이나 처분의 금지를 명하는 것인지를 가압류 또는 압류할 채권의 표시 자체로 명확하게 인식할 수 있도록 특정해야 하며, 이를 특정하지 않는 경우에는 집행의 범위가 명확하지 않아 특별한 사정이 없는 한 그 가압류결정이나 압류명령은 무효라고 보아야 할 것입니다(대판 2014.5.16. 2013다52547).

이는 각 채무자나 제3채무자별로 얼마씩의 압류를 명하는 것인지를 개별적으로 특정하지 않고 단순히 채무자들의 채권이나 제3채무자들에 대한 채권을 포괄하여 압류할 채권으로 표시하고 그중 집행채권액과 동등한 금액에 이르기까지의 채권을 압류하는 등으로 금액만을 한정한 경우에, 각 채무자나 제3채무자는 자신의 채권 혹은 채무 중 어느 금액의 범위 내에서 압류의 대상이 되는지를 명확히 구분할 수 없고, 그 결과 각 채무자나 제3채무자가 압류의 대상이 아닌 부분에 대하여 권리를 행사하거나 압류된 부분만을 구분하여 공탁을 하는 등으로 부담을 면하는 것이 불가능하기 때문입니다.

그리고 압류의 대상인 수인의 채무자들의 채권 합계액이나 수인의 제3채무자들에 대한 채권 합계액이 집행채권액을 초과하지 않는다고 하더라도, 개별 채무자 및 제3채무자로서는 자신을 제외한 다른 모든 채무자들의 채권액이나 모든 제3채무자들의 채무액을 구체적으로 알고 있는 특별한 경우가 아니라면 자신에 대한 집행의 범위를 알 수 없다는 사실은 마찬가지이므로 이와 달리 볼 것은 아니라고 할 것입니다(대판 2014.5.16. 2013다52547).

따라서 귀하께서는 채권압류 및 추심명령을 신청할 경우에 압류 및 추심할 채권을 표시할 때에는 제3채무자인 乙, 丙, 丁별로 압류 및 추심명령에 의하여 얼마씩의 지급을 구하는 것인지를 구분해야 할 것이고, 따라서 귀하의 압류채권액을 제3채무자별로 쪼개서 신청하되, 그 합계가 귀하의 압류채권을 초과하지 않도록 해야 할 것으로 보입니다.

[사례 3·1·4] 임대차보증금반환채권에 대한 가압류 후 임차주택이 양도된 경우에, 가압류의 제3채무자로서의 지위도 자동적으로 승계가 되는지

문 저는 아파트 임차인으로 살고 있는 甲에 대한 대여금 채권이 있어서 아파트소유자 겸 임대인인 乙을 제3채무자로 하여 임차인 甲의 임대차보증금에 대하여 채권가압류를 하였습니다. 그런데 그 후 위 아파트의 소유자가 甲에서 丙으로 바뀌었습니다. 이와 같은 경우 제 가압류도 丙에게 승계가 되는지 알고 싶어 박사님께 무의드리고 싶습니다.

답 주택임대차보호법 제3조(대항력)에 의하면 대항요건을 갖춘 임대차의 목적이 된 임대주택이 양도된 경우 그 양수인은 임대인의 지위를 승계한 것으로 본다고 규정하고 있는 바, 이는 법률상의 당연승계 규정으로 보아야 할 것이므로, 임대주택이 양도된 경우에 그 양수인은 주택의 소유권과 결합하여 임대인의 임대차 계약상의 권리·의무 일체를 그대로 승계하며, 그 결과 양수인이 임대차보증금반환채무를 면책적으로 인수하고, 양도인은 임대차관계에서 탈퇴하여 임차인에 대한 임대차보증금반환채무를 면하게 됩니다(대판 1987.3.10. 86다카1114, 2004.4.16. 2003다58010).

나아가 임차인에 대하여 임대차보증금반환채무를 부담하는 임대인임을 당연한 전제로 하여 그 임대차보증금반환채무의 지급금지를 명령받은 제3채무자의 지위는 임대인의 지위와 분리될 수 있는 것이 아니므로, 임대주택의 양도로 임대인의 지위가 일체로 양수인에게 이전되는 것이라면 채권가압류의 제3채무자의 지위도 임대인의 지위와 함께 이전된다고 볼 수밖에 없을 것입니다.

한편 주택임대차보호법상 임대주택의 양도에 양수인의 임대차보증금반환채무의 면책적 인수를 인정하는 이유는 임대주택에 관한 임대인의 의무 대부분이 그 주택의 소유자이기만 하면 이행가능하고, 임차인이 같은 법에서 규정하는 대항요건을 구비하면 임대주택의 매각대금에서 임대차보증금을 우선변제받을 수 있기 때문인데, 임대주택이 양도되었음에도 그 양수인이 채권가압류의 제3채무자의 지위를 승계하지 않는다면 가압류권자는 장차 본집행 절차에서 그 주택의 매각대금으로부터 우선변제를 받을 수 있는 권리를 상실하게 되는 중대한 불이익을 입게 될 것입니다.

이러한 사정들을 고려한다면, 임차인의 임대차보증금반환채권이 가압류된 상태에서 임대주택이 양도되면 양수인이 채권가압류의 제3채무자의 지위도 승계하고, 가압류권자 또한 임대주택의 양도인이 아니라 양수인에 대하여만 위 가압류의 효력을 주장할 수 있다고 보아야 할 것입니다(대판 2013.1.17. 2011다49523 전원합의체 판결).

따라서 귀하의 임차보증금에 대한 채권가압류는 임대주택의 양도로 제3채무자의 지위가 종전의 임대인 乙로부터 현재의 소유자 丙으로 바뀌게 되는 것이며, 이에 따라 그 가압류의 효력도 乙이 아니라 丙에 대해서만 주장할 수 있을 것으로 보입니다.

[사례 3·1·5] 채권자로부터 가압류·가처분을 당한 경우에 채무자의 대응방법

문 저희 부부는 결혼한지 20년이 되었는데, 그 동안 부부간의 갈등, 성격차이 등으로 이혼을 하려고 합니다. 그런데 위자료와 재산분할문제가 아직까지 협의가 되지 않았고, 협의가 지지부진하던 차에 제 처가 어디서 듣고 왔는지 협의가 될 때까지 제 명의로 된 집과 전답에 대하여 가압류 및 가처분을 해놓겠다고 합니다. 이에 가압류·가처분 제도에 대해 알고 싶고, 만약 가압류·가처분이 들어올 경우에 제가 대처할 수 있는 방법에 관하여 박사님께 문의드리고 싶습니다.

98) 단, 보전처분에 대한 취소신청기간에 관하여는 다음과 같은 변천이 있어왔습니다. 즉,

답 가압류나 가처분은 모두 채무자의 재산을 잠정적으로 묶어두는 보전절차입니다. 채권자가 채무자를 상대로 소송을 제기하여 판결을 받기까지는 오랜 시일이 걸리게 마련이고 따라서 그 사이에 채무자가 재산을 처분해 버릴 수도 있고 멸실되거나 훼손 또는 변경이 생길 수 있기 때문에 소제기 전에 또는 소제기 후 판결이 나오기 전에 채무자의 재산이 있거나 찾은 경우에는 이러한 보전조치를 취해 놓아야만 나중에 판결을 받은 후 그 권리를 실현함에 있어서 낭패를 보지 않을 것입니다. 이러한 보전조치로서 대표적인 것이 가압류와 가처분이 있습니다.

가압류란 대여금, 약정금, 공사대금, 임차보증금, 손해배상, 위자료 등과 같은 금전채권을 보전하기 위하여 채무자의 일반 재산을 묶어 놓는 절차이고, 가처분은 매매로 인한 소유권이전등기, 점유취득시효완성으로 인한 소유권이전등기, 부동산명도소송, 재산분할청구, 점유이전금지, 건물철거, 사해행위취소 등과 같이 특정 목적물 자체에 관하여 분쟁이 발생하거나 공사금지, 직무집행정지, 인도·철기·수거단행가처분, 업무방해금지와 같이 권리나 법률관계에 다툼이 있는 경우에 그 특정 목적물 자체를 보전하거나 그 권리·법률관계에 관한 지위를 임시적·잠정적으로 정하기 위한 보전절차입니다.

그런데 당하는 채무자의 입장에서는 이러한 채권자의 가압류나 가처분이 부당하다고 생각되는 경우가 있고, 채권자가 가압류나 가처분을 해놓는 상태로 소송도 제기하지 않은 채 장기간 방치해 둔 경우가 있을 것입니다.

이와 같은 경우에 채무자가 대응할 수 있는 방법 내지 수단으로는 이를 크게 나누어 보면, ① 가압류·가처분결정 자체에 대한 이의신청 또는 취소신청제도, ② 가압류·가처분결정에 근거하여 실시된 가압류·가처분집행에 대한 집행취소(해제)신청제도, 그리고 ③ 부당한 가압류·가처분에 대한 손해배상청구제도가 있을 것입니다. 아래에서 차례대로 살펴보기로 하겠습니다.

첫째, 가압류·가처분결정에 대한 이의신청입니다.

가압류·가처분에 대한 이의신청제도란 가압류·가처분결정이 변론없이 결정의 형식으로 이루어짐으로써 채무자가 이에 전혀 관여하지 못한 채 결정이 난 것이기 때문에, 변론이나 심문기일을 열어 가압류결정에 대하여 재심사를 해달라고 신청하는 것을 말합니다. 이의신청 사유와 관련해서는 아무런 제한이 없으며 이의신청 사건의 사실심변론종결시까지 발생한 모든 이의사유를 들어 이의신청을 할 수 있고, 이의신청의 시기도 가압류·가처분의 효력이 존속하는 한 제한 없이 신청할 수 있습니다.

둘째, 가압류·가처분결정에 대한 취소신청입니다.

가압류·가처분결정에 대한 취소신청이란 보전처분이 정당하게 이루어졌는지 어떠한지 그 당시의 일은 일단 덮어두고, 현재의 여러 가지 사정을 고려해서 앞으로 해당 가압류·가처분을 유지하는 것이 부적당하다는 사유를 들어 가압류·가처분결정을 취소해 달라고 신청하는 것을 말합니다. 취소신청의 시기와 관련해서는 가압류·가처분이 유효하게 존속하는 한 언제든지 신청을 할 수 있으며, 이의신청사건에서 이를 인가하는 결정이 확정된 후에도 취소신청이 가능합니다.

다만 이러한 취소신청을 하려면 일정한 취소사유가 있어야 합니다. 즉, ① 본안의 제소명령에 따른 제소기간 내에 소제기를 하지 않음으로 인한 취소신청(민사집행법 제287조), ② 사정변경(피보전권리의 변제 등)에 따른 취소신청(민사집행법 제288조 제1항 제1호), ③ 가압류·가처분 집행 후 3년간[98] 본안의 소를 제기하지 않는 때의 취소신청(민사집행법 제288조 제1항 제3호), ④ 담보제공으로 인한 취소신청(민사집행법 제288조 제1항 제2호), ⑤ 가처분에 있어 특별한 사정이 있는 때의 가처분의 취소신청(민사집행법 제307조) 등이 그것입니다.

셋째, 가압류·가처분집행에 대한 취소(해제)신청입니다.

앞서 본 가압류·가처분결정에 대한 이의신청 또는 취소신청과 이에 근거하여 실시된 가압류·가처분집행에 대한 취소(해제)신청은 구별되어야 합니다. 전자는 가압류·가처분결정 자체에 대한 효력을 소멸시키는 제도임에 반하여, 후자는 가압류·가처분결정에 근거하여 이루어진 집행행위를 실효(예, 부동산등기부등본상의 가압류등기 말소)시키기 위한 제도이기 때문입니다. 집행처분에 대한 취소는 채권자나 채무자의 신청 또는 법원의 직권으로 행하여집니다. 가압류해방공탁에 의한 가압류집행취소신청도 여기에 해당됩니다.

넷째, 손해배상청구입니다.

가압류·가처분집행 후 채권자가 본안소송에서 패소한 경우에, 채무자는 채권자에 대하여 부당한 가압류·가처분의 집행으로 인한 손해배상을 청구할 수 있습니다(대판 2002. 9.24. 2000다46184). 문제는 얼마나 청구할 수 있느냐 하는 것인데, 판례를 살펴보면, "가압류의 경우에 가압류청구금액을 공탁(예, 해방공탁)하였다면, 그 공탁금에 대한 연 5% 상당의 이자에서 공탁금의 이자를 공제한 정도의 손해배상을 청구할 수 있다."라고 판시하고 있고(대판 1995.12.12. 95다34095), 또한 채무자 소유의 부동산을 채권자의 부당한 가처분으로 인하여 처분하지 못하게 된 결과 발생한 손해액에 대하여는 "그 부동산의 처분대금에 대한 연 5% 상당의 이자 정도가 통상 발생할 수 있는 손해"라고 판시하고 있습니다(대판 2001.11.13. 2001다26774). 얼마 되지 않는다는 얘기입니다.

이에 귀하의 사건을 살펴보건대, 귀하의 처는 귀하의 재산에 대하여 위자료청구권을 보전하기 위하여 가압류를 할 수 있을 것이고, 재산분할의 대상이 되는 부동산에 관해서는 가처분을 신청할 수 있을 것으로 보이는바, 귀하께서는 위에서 설명한 바를 참고하시어 처의 가압류와 가처분에 대하여 잘 대응하시기 바랍니다.

[사례 3·1·6] 제3채무자에게 가압류·압류가 들어온 경우의 대응방법

문 저는 제 소유의 아파트를 세놓고 살고 있는 사람인데, 여태껏 한 번도 그런 적이 없었는데, 근자에 법원으로부터 세입자 甲을 채무자로, 저를 제3채무자로 하여 임차보증금에 대하여 가압류가 들어왔고, 연이어 채권압류 및 추심명령이 들어왔습니다. 당황스럽기 그지없는데 제가 어떻게 대응해야 할지 몰라 박사님께 문의드리는 바입니다.

답 귀하의 사례처럼 주택을 소유하고 있는 사람이 세를 내놓았는데, 그 세입자가 빚을 지고 있어서인지, 임차보증금에 대하여 법원으로부터 가압류나 압류명령이 날아온 경우가 더러 있습니다. 여기에서 가압류·압류권자를 집행채권자, 세입자를 집행채무자, 그리고 귀하와 같이 주택소유자 겸 임대인을 제3채무자[99]라고 합니다.

이와 같이 주택소유자로서는 세를 내놓았을 뿐인데 어느 날 갑자기 이러한 가압류나 압류서류가 법원으로부터 날아오면 다소 황당하지 않을 수 없을 것입니다.

이러한 경우에 임대인인 주택소유자(제3채무자)는 어떻게 대응해야 할까요? 채무자에게 임차보증금을 내주어서는 절대로 안됩니다. 제3채무자(임대인)가 가압류나 채권압류 및 추심명령을 송달받았음에도 불구하고, 아무런 생각없이, 채무자(임차인)에게 임대차기간이 만료되었다고 해서 자기의 채무(임차보증금 반환)를 변제하게 되면 나중에 가압류권자나 추심채권자에게 이중으로 변제해야 하는 문제가 생길 수 있기 때문입니다.

따라서 이러한 경우에는 제3채무자로서는 법원에 임차보증금을 공탁하는 것이 가장 현명합니다. 제3채무자(주택임대인 등)에게 가압류가 들어오거나 또 다른 채권자들로부터 압류 등이 들어와 채권관계가 복잡하게 얽혀져 있는 경우에는 법원에 집행공탁을 하는 것이 가장 현명할 것입니다(민사집행법 제297조, 민사집행법 제248조 제1항). 물론 수인의 가압류

① 1990. 8. 31. 이전 : 해당규정 없음
② 1990. 9. 1~2002. 6. 30 : 10년
③ 2002. 7. 1~2005. 7. 27 : 5년
④ 2005. 7. 28~현재 : 3년

99) 제3채무자란 채권자에게 줄 돈이 있는 채무자가 다른 제3자로부터 받을 금전채권이 있는 경우에 그 제3자

나 압류권자가 있고 이들 중에 추심채권자가 있는 경우에는 그에게 채무를 변제해도 그 효력이 있을 것이지만 이러한 경우에도 분란의 소지가 있다면 역시 공탁하는 것이 현명할 것입니다. 즉 나중에 다른 채권자들로부터 왜 한 사람에게만 전액을 지급하였느냐고 사실상의 항의가 들어올 것이 뻔하기 때문에 비록 추심명령권자가 있다고 하더라도 공탁을 하는 것이 바람직한 것입니다. 특히, 제3채무자가 가압류권자나 압류권자 또는 배당요구권자로부터 해당 압류된 채권을 공탁하라는 내용의 내용증명을 송달받은 경우에는, 이러한 추심명령권자가 있다고 하더라도, 반드시 공탁을 해야 할 것입니다.

임대차의 경우에는 세입자(채무자)가 집을 비워줄 때까지는 임차보증금을 공탁하지 않아도 되며(임차보증금반환의무가 없으므로), 공탁을 해야 할 경우에도 임차인이 집을 비울 때까지 밀린 월세나 관리비 또는 원상회복청구비용 등이 있으면 이를 공제하고 그 나머지만 공탁하면 될 것입니다. 따라서 월세나 관리비 등의 공제로 인한 불이익을 방치하고 싶지 않는 추심채권자나 전부채권자로서는 임대인을 대위하여 세입자를 상대로 한 임대차목적물에 대한 인도청구권을 행사함으로써 세입자를 하루라도 빨리 내쫓아야 할 것입니다(대판 1989.4.25. 88다카4253·4260).

한편 제3채무자가 집행공탁을 한 때에는 그 사유를 법원에 신고해야 합니다(민사집행법 제248조 제4항). 사유신고를 해야 할 법원은 가장 먼저 압류명령을 송달한 법원입니다. 즉, 가압류가 먼저 들어오고 나중에 다른 채권자에 의하여 압류가 들어온 경우에는 선행의 가압류법원이 아닌 후행의 압류명령을 발령한 법원에 공탁해야 하고, 그 법원에 공탁사유를 신고해야 하는 것입니다. 집행공탁에 있어서는 피공탁자를 기재하지 않습니다. 제3채무자가 집행법원에 공탁사유를 신고한 후에는 다른 채권자들은 배당요구를 할 수 없게 됩니다. 다만, 단일의 가압류집행에 대한 제3채무자의 집행공탁은 그 실질에 있어서 변제공탁에 해당하는 것이므로 채무자를 피공탁자로 기재해야 하며, 가압류 발령법원에 공탁사유를 신고해야 할 것이지만(대법원행정예규 제481호), 이는 가압류집행의 목적물에 대한 공탁이기 때문에 배당절차는 개시되지 않고 따라서 다른 채권자의 배당가입도 차단되지 않습니다.

이에 귀하께서도 세입자가 집을 비울 때까지는 위와 같은 가압류나 추심명령에 불구하고 그대로 두었다가 나중에 세입자가 집을 명도해 주면 그때 가서 세입자에게 내어줄 임차보증금 중 밀린 월세, 관리비, 또는 원상회복에 소요될 비용 등을 모두 공제한 후, 그 잔액만 관할법원에 집행공탁하면 그 책임을 면할 것으로 보입니다.

를 채무자와 구별해서 제3채무자라고 합니다.

[사례 3·1·7] 부동산에 대한 가압류집행 후 매매계약이 해제되어 전 소유자에게 소유권이 원상복구된 경우에 있어서의 가압류의 효력

문 저는 채무자 乙에 대하여 대여금채권이 있어서 채무자 乙 명의로 된 부동산에 대하여 가압류를 해놓았습니다. 그런데 위 부동산은 채무자 乙과 전 소유자 甲 사이에 잔금이 지급되지 않은 상태에서 소유권이전등기를 한 후 이를 담보로 은행에서 금전을 차용하여 잔금을 치르기로 한 것 같은데, 채무자 乙이 약속을 지키기 않아 전 소유자 甲이 매매계약을 해제하였고, 현재는 전 소유자 甲 명의로 되어 있습니다. 이럴 경우 제 가압류는 어떻게 되는지 알고 싶어 박사님께 문의드리고 싶습니다.

답 당사자 일방이 계약을 해제한 때에는 각 당사자는 그 상대방에 대하여 원상회복의무가 있습니다(민법 제548조 제1항 본문). 따라서 부동산에 대한 매매계약이 해제되면 매수인 명의로 된 부동산에 대해서는 소유권이전등기말소 또는 전 소유자에게로 소유권이전등기가 이루어져야 합니다. 다만 계약해제로 인한 원상회복시에도 제3자의 권리를 해치지 못하도록 되어 있어 계약해제 전에 이해관계를 맺은 제3자는 보호된다고 할 것입니다(민법 제548조 제1항 단서).

귀하의 사례는 이러한 제3자에 가압류권자도 포함됨으로써 그 보호를 받을 수 있는지 여부에 관한 것일 것입니다. 이에 관하여 판례는 "민법 제548조(해제의 효과, 원상회복의무) 제1항 단서에서 말하는 제3자란 일반적으로 해제된 계약으로부터 생긴 법률효과를 기초로 하여 별개의 새로운 권리를 취득한 자를 말하는 것인 바, 해제된 계약에 의하여 채무자의 책임재산이 된 계약의 목적물을 가압류한 가압류채권자는 그 가압류에 의하여 해당 목적물에 대하여 잠정적으로 그 권리행사만을 제한하는 것이나 종국적으로는 이를 환가하여 그 대금으로 피보전채권의 만족을 얻을 수 있는 권리를 취득하는 것이므로 그 권리를 보전하기 위해서는 위 조항 단서에서 말하는 제3자에는 위 가압류채권자도 포함된다고 보아야 할 것이다."라고 판시하여 가압류권자도 제3자에 포함되는 것으로 하고 있습니다(대판 2000.1.14. 99다40937).

따라서 부동산에 대한 전 소유자는 매매계약이 적법하게 해제됨으로써 그 계약에 의하여 현 소유자 앞으로 소유권이전등기가 되었던 부동산의 소유권이 소급하여 복귀되었다고 하더라도 현 소유자에 대한 금전채권을 보전하기 위하여 위 부동산에 대하여 가압류집행을 한 자에 대해서는 계약해제의 소급효를 주장할 수 없게 됩니다.

이에 귀하께서는 위 부동산에 대한 가압류권자로서 계약해제로 인하여 소유권이 전 소유자에게 복귀된다고 하더라도 그 보호가 이루어지는 제3자에 해당된다고 할 것이므로 귀하의 가압류등기는 말소되지 않을 것이며, 차후 채무자 乙에 대한 판결을 받은 후 가압류를 본압류로 이전하는 부동산강제경매신청을 통하여 현재 甲 명의로 된 부동산으로부터 귀하의 채권을 회수할 수 있을 것으로 보입니다.

[사례 3·1·8] 가압류집행에서 벗어나기 위한 가압류해방공탁

문 저는 제 소유의 땅에 집을 짓고자 하는 甲이 나타나서 매도해 줄 것을 요청함에 따라 매매가격도 괜찮은 것 같아서 매매계약을 체결하고 계약금까지 받아 놓은 상태입니다. 그런데 저에게 돈을 빌려주었던 지인 乙이 불안했던지 아직 변제기일이 남아 있는데도 위 땅에 가압류집행을 한 것입니다. 잘못하면 이것 때문에 계약이 파기되어 계약금의 배액을 물어주어야 하는 상황이 올 수도 있을 것 같은데, 위 가압류집행을 풀어서 매수인 甲에게 온전한 땅을 넘겨줄 수 있는 방법이 무엇인지 박사님께 문의드리고 싶습니다.

답 예, 귀하의 사건은 가압류해방공탁과 관련됩니다. 즉 채무자에게 부동산 등 재산이 있는 경우에는 아직 변제기가 남아 있음에도 불구하고 채권자가 그 채권을 미리 확보해 둘 목적으로 가압류를 신청해놓는 경우가 많습니다. 변제기에 이르지 않는 채권에 기하여 가압류를 신청한 경우라도 그 타당성이 인정되면 법원에서는 가압류결정을 하게 되는데, 이때 법원에서는 그 가압류집행으로부터 벗어나기 위한 해방금액을 정해 놓고 이를 공탁함으로써 가압류집행에서 벗어날 수 있도록 하고 있습니다. 이에 채무자가 가압류결정에 따른 그 집행의 정지를 구하거나 이미 가압류가 집행된 것을 취소시키기 위하여 가압류결정문에서 정해진 해방금 전액을 공탁하는 것을 가압류해방공탁이라고 합니다(민사집행법 제282조).

이러한 가압류해방공탁은 채무자에 의한 공탁만 가능하고 제3자에 의한 해방공탁은 불가하며, 그 성질이 변제공탁이 아니라 일종의 집행공탁에 해당되며,[100)] 따라서 공탁신청시 피공탁자란은 기재할 필요가 없습니다. 가압류해방공탁금은 가압류의 목적물에 갈음하는 것으로서 가압류해방금이 공탁되면 그 가압류의 효력은 채무자가 가지는 공탁금회수청구권에 존속하게 되며, 변제공탁이 아니고 집행공탁에 해당되므로 변제로서의 효력은 인정되지 않습니다(대판 2004.8.20. 2003도4732). 가압류해방공탁은 금전에 의한 공탁만 허용되며 유가증권에 의한 공탁은 불가합니다(대판 1996.10.1. 96마162 전원합의체결정).

따라서 귀하께서 가압류집행에 대한 취소를 구하려면 가압류해방공탁을 한 후 그 공탁서를 첨부해서 가압류집행법원에 가압류집행취소신청을 하면 되며, 이 경우 집행법원은 그 집행한 가압류를 반드시 취소하게 되어 있습니다. 이와 같은 절차를 통하여 귀하께서는 등기부등본상 가압류집행등기를 말소시킨 후 권리관계가 깨끗한 부동산을 매수인 甲에게 넘겨줄 수 있을 것으로 보입니다.

참고로 가압류채권자의 입장에서 채무자에 의한 가압류해방공탁이 이루어진 후에는 그 채권의 운명이 어떻게 되어 있을까요? 채권자가 한 부동산가압류의 효력은 가압류해방공탁금에 대한 채무자의 회수청구권 위에 존속하게 됩니다. 즉 부동산가압류집행의 목적물에 갈음하여 가압류해방금이 공탁된 경우에는 그 가압류의 효력은 해방공탁금 자체가 아니라 공탁자인 채무자의 공탁금회수청구권에 대하여 미치는 것입니다. 다만 가압류채권자라고 해도 위 가압류해방공탁금에 대한 회수청구권으로부터 우선적인 변제를 받는 효력은 인정되지 않습니다.[101] 따라서 채무자의 다른 채권자가 위 공탁금회수청구권에 대하여 압류를 한 경우에는 가압류채권자와 다른 압류채권자의 채권이 경합하게 될 것이고, 그 채권의 성질에 따른 우선순위에 따라 배당이 이루어질 것입니다. 이와 같이 가압류해방공탁금에 대한 회수청구권에 관하여 다른 채권자로부터 압류명령이 송달되거나 압류 등이 경합되어 사유신고를 할 사정이 발생한 경우 공탁공무원은 공탁을 유지한 채 지체 없이 집행법원에 사유신고를 해야 하고,[102] 사유신고서 2통을 작성해서 그 1통은 관할 집행법원에 송부하고 다른 1통은 해당 공탁기록에 합철해 놓아야 할 것이며(공탁사무처리규칙 제52조 제1항), 그 후 집행법원의 배당절차에 따라 공탁금을 각 채권자들에게 분할지급하면 될 것이며, 일반 금전채권에 대하여 압류가 경합된 경우의 처리방법과 같이 공탁공무원이 사유신고도 하지 않은 채 공탁금출급을 신청한 압류 및 추심채권자 1인에게 공탁금을 지급하는 것은 허용되지 않을 것입니다(대판 2002.8.27. 2001다73107). 가압류해방공탁금에 대한 회수청구권에 관하여 압류 등이 경합함으로써 공탁공무원이 사유신고를 하게 되면 배당요구종기가 도래하고, 그 후에는 배당요구를 차단하는 효력이 발생하게 됩니다(대판 2002.8.27. 2001다73107).

100) 가압류해방공탁이 집행공탁이냐 변제공탁이냐를 논하는 실익은 채권자에 의한 대여금 등 청구의 소가 소의 이익이 있다고 볼 것인지의 여부와 관련되는 것으로 가압류해방공탁만 이루어져 있는 경우에는 변제공탁이 아닌 관계로 채권자의 소제기는 소의 이익이 있다고 보이는 것입니다.

101) 즉, 판례는 가압류해방공탁금은 가압류목적물에 갈음하는 것으로서 이를 공탁하게 하는 목적이 가압류의 집행과 마찬가지로 피보전채권의 강제집행을 보전하는데 있고, 가압류채권자가 가압류목적물에 대하여 우선변제를 받을 권리가 없는 것과 마찬가지로 가압류해방공탁금에 대하여는 우선변제권이 없으므로 집행력 있는 채무명의를 가진 다른 채권자가 가압류해방공탁금 회수청구권에 대하여 강제집행절차를 밟는다고 해서 가압류채권자에게 별다른 손해를 주는 것도 아니며, 만일 가압류채권자가 다른 채권자의 채권이 허위채권이라거나 청구채권액이 부당히 과다하다고 판단한다면 이를 이유로 배당이의를 하여 다른 채권자에 대한 배당을 보류시키면 되는 것이므로, 가압류채권자의 배당이의가 있다고 해서 배당절차의 개시 자체가 위법하게 되는 것은 아니라고 판시하고 있습니다(대판 1996.11.11. 95마252).

[사례 3·1·9] 악덕배우자나 채권자가 자신에게 접근하지 못하도록 하기 위한 접근금지가처분제도

문 저는 이혼해서 혼자 살고 있는데, 전 남편 甲이 자꾸 집에 찾아와서 가구를 부수고 행패를 부립니다. 또 예전에 채권자 乙에게 빚진 것이 있어 형편상 아직 갚지 못하고 있는데, 채권자 乙이 밤이고 낮이고 전화나 문자메시지를 보내기도 하고 수시로 찾아와서 고함을 지르며 못살게 굽니다. 이에 이런 사람들이 저에게 접근하지 못하도록 하는 방법이 없는지 박사님께 문의드리고 싶습니다.

답 포악한 배우자로부터 가정폭력을 당하거나, 이혼 후 전 남편이나 전 부인이 거주지에 수시로 찾아와서 상습적으로 폭행을 일삼는 경우가 더러 있습니다. 또한 귀하의 사례처럼 악덕채권자가 시도 때도 없이 채무자의 주거지나 영업장소에 나타나 폭행, 협박 또는 기물파손행위를 일삼으며 채무를 독촉하거나, 전화 또는 핸드폰 문자메시지 등을 통하여 밤이고 낮이고 온갖 폭언, 욕설 등을 일삼아 도저히 정상적인 생활이 불가능한 경우도 있을 것입니다. 이러한 경우에 활용할 수 있는 요긴한 제도가 접근금지명령 내지 접근금지가처분신청 제도입니다.

접근금지를 명하는 방법으로는 「가정폭력범죄의 처벌 등에 관한 특례법」(이하 '가정폭력법')에 의한 임시조치 또는 보호처분에 의한 접근금지명령과 가사소송법·민사집행법에 의한 접근금지가처분신청에 의한 접근금지가처분결정이 있습니다. 아래에서 차례대로 살펴보기로 하겠습니다.

먼저 가정폭력으로 입건된 가해자에 대하여 법원은 직권이나 검사 또는 사법경찰관의 신청에 의하여 임시조치로 피해자에 대한 100미터 이내의 접근금지를 명할 수 있고, 보호처분결정의 하나로 접근금지명령을 내릴 수 있습니다(가정폭력법 제8조, 제29조, 제40조). 다만, 가정폭력피해자는 법원에 대하여 직접 이러한 접근금지명령을 신청할 수 없으며, 검사나 사법경찰관에 대하여 100미터 이내 접근금지의 임시조치를 법원에 신청해 달라고 의견을 개진함으로써 접근금지결정을 받아낼 수 있을 것입니다(가정폭력법 제8조 제3항). 이러한 검사나 사법경찰관을 통한 임시조치 이외에도 가정폭력피해자는 이혼 등 가사소송을 전제로 하는 경우에는 가사소송법에 의한 접근금지가처분신청을, 기타의 경우에는 민사집행법에 의한 접근금지가처분신청을 통하여 접근금지의 목적을 달성할 수도 있습니다.

다음으로 악덕채권자의 접근으로 인하여 괴로움을 당하고 있는 채무자는 민사집행법에 의한 접근금지가처분신청을 통하여 악덕채권자로 하여금 가까이 접근할 수 없도록 할 수 있습니다.

그렇다면 접근금지명령·접근금지가처분신청은 어떻게 할 수 있을까요?

먼저 가정폭력자에 대한 접근금지명령·접근금지가처분신청절차에 관하여 살펴보기로 하겠습니다. 가정폭력이란 배우자, 배우자이었던 자, 자기 또는 배우자의 직계존·비속, 계모자, 적모서자, 동거친족 사이의 폭행·상해 등을 말하는데, 이러한 가정폭력을 당한 피해자는 경찰서나 검찰청에 고소장을 제출하면서, 담당 검사나 사법경찰관에게 가해자로 하여금 100미터 이내에 접근하지 못하도록 하는 임시조치를 법원에 신청해 달라고 진술함으로써 이들의 신청을 통하여 법원의 접근금지명령을 받아내거나, 법원(가정법원 또는 민사지방법원)에 직접 접근금지가처분신청서를 제출하여 그 결정을 받아낼 수 있습니다(가사소송법 제63조, 민사집행법 제300조 이하). 접근금지가처분신청에 대하여는 주로 변론을 거쳐 그 결정이 이루어집니다.

다음으로 악덕채권자에 대한 접근금지가처분신청절차입니다. 악덕채권자가 수시로 채무자의 주택이나 영업장소에 나타나 폭행이나 협박을 일삼은 경우 또는 시도 때도 없이 전화나 핸드폰 문자메시지로 괴롭힌 경우 등 악덕채권자의 접근·출입으로 인하여 피해를 본 채무자는 접근금지가처분신청을 통하여 악덕채권자의 접근을 막을 수 있습니다. 판례도 상대방의 의사에 반하여 끊임없이 면담을 강요하거나 접근하는 행위 등에 대하여 인격권에 기한 침해금지의 청구를 인정하고 있습니다(대판 1996.4.12. 93다40614·40621). 이러한 접근금지가처분을 신청하려면 우선 접근금지가처분신청서를 작성하고, 여기에 악덕채권자의 악덕행위에 대한 소명자료(진단서, 고소장, 목격자진술서, 통화기록, 핸드폰 문자 인쇄 등)를 첨부하여 가처분신청의 관할법원(본안의 관할법원 또는 다툼의 대상이 있는 곳의 관할법원), 즉 채무자의 주택이나 영업장소 등을 관할하는 민사지방법원에 제출하면 됩니다(민사집행법 제303조 이하). 또한 신청서에는 위반행위 1회당 금 얼마씩의 지급을 구한다는 부분도 기재하는 것이 좋습니다. 이러한 접근금지가처분신청에 대하여는 주로 변론을 거쳐 그 결정이 이루어지므로 악덕채권자의 접근을 금지시킬 수밖에 없는 부득이한 사유와 그에 대한 소명자료를 미리 잘 챙겨두는 것이 바람직할 것입니다.

한편 악덕채권자 등이 접근금지가처분명령을 위반한 경우에는 어떤 제재가 따를까요? 접근금지가처분명령의 집행은 그 집행대상자에게 가처분을 고지함으로써 실시하며 별도의 집행행위라는 것이 없으므로, 이러한 접근금지명령을 받은 자가 그 명령에 위반하여 접근한다고 하더라도 민사상의 손해배상만을 청구할 수 있을 뿐 형사처벌은 힘들다고 보입니다. 다만 가정폭력으로 입건된 사건에서 판사가 보호처분의 결정으로 접근금지를 명하였는데, 이에 위반하여 접근행위를 한 경우에는 보호처분의 불이행죄에 해당하여 2년 이하의 징역이나 2천만원 이하의 벌금 또는 구류에 처해지게 됩니다(가정폭력법 제63조).

이에 귀하께서도 악덕배우자 甲이나 악덕채권자 乙의 행패에 대해 더 이상 참기 힘들다면 이러한 접근금지명령 또는 접근금지가처분신청을 활용해 보시기 바랍니다.

제2절 강제집행일반

[사례 3·1·10] 채무자의 인적사항을 파악하기 위한 다양한 방법

문 저는 송금착오로 성명불상의 자에게 돈 5백만원을 잘못 입금하였습니다. 송금한 은행을 통해서 파악할 수 있는 사항은 입금은행과 계좌번호 그리고 상대방의 성명 정도입니다. 제가 상대방을 어떻게 파악해서 소송을 제기할 수 있는지 박사님께 간절히 문의드리는 바입니다.

답 상대방에 대한 이해관계로 소송을 제기하는데 있어 가장 큰 난관은 상대방의 인적사항을 파악하는 문제입니다. 물론 차용증서 등에 기재하는 등으로 상대방의 성명과 주민등록번호 또는 상대방의 성명과 주민등록등본상의 주소를 알고 있는 경우에는 큰 문제가 없을 것이지만, 그밖에 상대방의 인적사항에 대한 파악이 제대로 이루어지지 않고 있으면 소송을 제기하거나 진행함에 있어 곤란한 상황에 처하여질 것입니다. 나중에 상대방의 인적사항을 파악하는 것은 굉장히 어려운 문제이므로 각서나 차용증, 약정서, 계약서 등에는 반드시 상대방의 성명, 주민등록번호, 주소를 기재하도록 하는 것이 바람직합니다.

물론 법원에 소송을 제기함에 있어서는 소장에 상대방의 주민등록번호를 반드시 기재해야 하는 것은 아닙니다. 그러나 주소란 수시로 바뀔 수 있는 것이기 때문에 판결을 받아 놓고 수년이 지난 후 상대방의 재산을 어렵게 찾아 강제집행을 실시하려고 할 때 동일인 증명이 곤란하여[103] 강제집행을 할 수 없게 되는 곤란함을 미연에 방지하기 위하여 상대방의 주민등록번호를 알고 있다면 이를 기재하여 소송을 제기하는 것이 현명할 것입니다.

---

102) 대법원예규 송민 84-6 '가압류해방공탁금의 회수청구권에 대한 압류명령이 있는 경우의 사유신고시기 등'(1984. 5. 23. 송무심의 제35호)

그렇다면 소제기 당시에 상대방의 성명이나 주민등록번호 또는 주소를 모른 경우에는 어떻게 상대방을 파악하여 소송을 제기하고 진행할 수 있을까요? 몇 가지 방법을 생각해 보겠습니다.

첫째, 보이스피싱 사기를 당한 경우라든가 다른 사람의 통장으로 잘못 입금한 경우와 같이 상대방의 인적사항을 전혀 모르는 경우입니다. 이러한 경우에는 상대방의 성명을 알고 있다면 소장의 피고란에 성명을 기재하되, 모르고 있다면 '성명불상'이라고 기재하고, 주민등록번호와 주소란은 '불명'이라고 기재한 후 소장을 법원에 제출하면서, 동시에 입금된 통장의 은행 등 금융기관을 대상으로 법원에 문서송부촉탁이나 사실조회촉탁을 신청해서 그 제출 결과에 따라 상대방(피고)의 주소나 주민등록번호를 보정하는 절차로 진행하면 될 것입니다.

둘째, 상대방의 전화번호나 핸드폰 번호를 알고 있는 경우에는 통신회사인 KT와 SK텔레콤 및 LG텔레콤의 3곳의 회사 모두를 대상으로 역시 문서송부촉탁이나 사실조회촉탁 신청을 통하여 상대방의 인적사항을 파악할 수 있을 것입니다. 만약 상대방의 주민등록번호를 알고 있거나 상대방의 성명과 주민등록등본상의 주소(과거의 주소 포함)를 알고 있는 경우에는 법원에 소장을 제출하면서 주소보정명령 또는 가족관계증명서의 보정명령을 신청해서 보정명령이 나오면, 그 보정명령서를 시·군·구·읍·면·동사무소에 제출하여 상대방의 주민등록초본을 떼어보거나 가족관계증명서를 떼어봄으로써 본인의 인적사항이나 가족관계를 파악할 수 있을 것으로 보입니다.

셋째, 경우에 따라서는 시·군·구·읍·면·동을 상대로 한 문서송부촉탁의 신청을 통해서도 상대방의 주민등록초본이나 가족관계증명서를 입수할 수 있을 것입니다. 상대방이 사업을 하고 있고 사업자등록을 한 사람이라고 하면 역시 법원에 소장을 제출하면서 모르는 인적사항 부분은 '불상'으로 기재한 후 세무서를 대상으로 한 사실조회신청 또는 문서송부촉탁을 통하여 상대방의 인적사항을 파악할 수 있을 것입니다.

넷째, 상대방이 자동차나 건설기계 또는 오토바이를 소유하고 있는 경우에는 그 번호를 알아내서 차량등록사업소나 시·군·구청에 가서 이해관계를 소명하고 자동차등록원부를 발급받거나 그것이 여의치 않다면 역시 법원에 소송을 제기하면서 차량등록사업소나 시·군·구청을 대상으로 자동차등록원부 등에 대한 문서송부촉탁을 통하여 상대방의 인적 사항을 파악할 수 있을 것입니다.

다섯째, 그리고 상대방이 부동산을 소유하고 있을지도 모르므로 상대방의 주소를 알고 있다면 등기소나 인터넷등기소를 통하여 그 주소지의 건물 또는 토지등기부등본을 떼어 확인하는 방법도 있을 것입니다. 상대방이 세입자로 있는 경우에는 역시 법원에 임대인을 상대로 임대차계약사본에 대한 문서제출명령에 의하여 임대차계약서를 입수함으로써 상대방의 인적사항을 파악할 수도 있을 것입니다.

여섯째, 상대방이 법인의 대표나 이사인 경우에는 등기소에서 법인등기부등본을 떼어 그 인적사항을 파악할 수 있을 것입니다. 또한 받을 돈이 있고 상대방에게 사기성이 인정된 경우에는 수사기관에 대한 형사고소를 통하여 입건되도록 할 수 있을 것이므로 수사가 이루어지면 역시 법원에 문서송부촉탁을 통하여 상대방의 인적사항을 파악할 수 있을 것으로 보입니다.

이에 귀하의 사건을 보건대, 귀하께서는 일단 소장을 작성할 때 상대방의 성명만 기재하고,[104] 나머지 주민등록번호, 주소란은 불상으로 기재한 후 소장을 법원에 제출하면서, 입금통장 은행을 대상으로 사실조회촉탁 또는 문서제출명령을 신청해서 그 결과에 따라 상대방을 파악한 후 피고경정신청을 하면 될 것으로 보입니다.

[사례 3·1·11] 채무자의 주민등록등·초본을 열람·교부받을 수 있는 방법

문 저는 몇 년 전에 채무자 甲에게 돈 2천만원을 빌려주고 차용증을 받아 놓은 적이 있었는데, 그 변제기가 지난지 한참 되었습니다. 그래서 차용증상의 채무자의 주소로 찾아가보니 이사한지 오래 되었다고 합니다. 판결이라도 받아 놓으려면 채무자의 주소를 알아야 한다고 하는데, 채무자의 주민등록초본을 뗄 수 있는 방법이 없는지 박사님께 문의드리고자 합니다.

답 채무자를 상대로 가압류나 가처분 등 보전처분을 신청하거나 소제기를 위하여 또는 채무자의 소재지를 파악하기 위해서는 채무자의 주소를 파악하는 것이 가장 급선무일 것입니다. 그런데, 아무리 채권자라 하더라도 요즘처럼 행정기관에서 개인정보 공개에 대하여 민감한 경우에는 채무자의 주민등록을 열람하거나 등·초본을 교부받기는 쉽지 않을 것입니다. 그러나 꼭 불가능한 것만은 아닙니다. 타인의 주민등록을 열람하거나 등·초본을 교부받고자 하는 경우에는 아래와 같은 해당 입증자료를 첨부하여, 시·군·

103) 강제집행실무상 판결문상에 피고의 성명과 주소만 기재되어 있고, 주민등록번호가 기재되어 있지 않으며, 또한 판결문상의 주소가 상대방의 주민등록초본상의 주소 어디에도 나와 있지 않는 경우에는 실무상 판사가 동일인 증명을 하라고 보정명령을 내리게 됩니다.

104) 만약 상대방의 성명도 모르는 경우에는 소장의 성명란에 '○○은행 계좌번호 ○○○의 명의인'이라고 기재하고 소장을 법원에 제출하면 될 것으로 보입니다.

구청이나 읍·면·동사무소에 신청하면 가능할 것으로 보입니다.

먼저 타인의 주민등록등·초본을 열람·교부신청할 수 있는 자에 대해서는 주민등록법(이하 '법') 및 그 시행령에 규정되어 있습니다(법 제29조 제2항, 시행령 제47조 제4항).

여기에서 주민등록등·초본을 열람·교부신청할 수 있는 자를 열거해 보면 아래와 같습니다.

① 국가나 지방자치단체가 공무상 필요로 하는 경우
② 소송·비송사건·경매목적 수행상 필요한 경우[105)]
③ 다른 법령에 주민등록자료를 요청할 수 있는 근거가 있는 경우[106)]
④ 다른 법령에서 본인이나 세대원이 아닌 자에게 등·초본의 제출을 의무화하고 있는 경우[107)]
⑤ 세대주의 배우자·직계혈족·배우자의 직계혈족·직계혈족의 배우자와 세대원의 배우자·직계혈족(단, 주민등록초본만 가능)[108)]
⑥ 채권·채무관계 등 대통령령으로 정하는 정당한 이해관계가 있는 사람이 신청하는 경우(단, 주민등록초본에 한정)

여기에서 위 ⑥항에 해당되는 경우로는 부재자재산관리인 및 부재자에 대한 이해관계인,[109)] 부동산 또는 이에 준하는 것에 관한 권리의 설정·변경·소멸에 관계되는 자,[110)][111)] 연체대출금 회수와 보증채무의 구상권 행사 등 연체채권의 회수를 위하여 채무자 및 그 보증인에 대한 주민등록표 초본의 열람 또는 교부신청이 필요한 금융회사(단, 채무금액이 50만원인 경우와 통신요금 관련 채무금액 3만원 이하인 경우는 제외),[112)] 개인간의 채권·채무 관계로서 50만원을 초과하고 변제기가 도래한 경우, 법인 등의 채권·채무 관계로서 액수와 무관하게 변제기가 도래한 경우 등입니다.[113)]

⑦ 그밖에 공익상 필요하여 대통령령으로 정하는 경우

여기에 해당되는 경우로는 시·군·구청장이 본인 또는 세대원에게 영향을 미치는 공공목적의 사업수행을 위하여 특히 필요하다고 인정하는 경우, 의료·연구·통계 목적의 달성을 위하여 필요한 경우로서 행정안전부장관이 인정하는 경우, 본인 및 세대원 외의 자에게 제공하는 것이 명백히 본인 또는 세대원에게 이익이 되는 경우로서 행정안전부장관이 인정하는 경우입니다.[114)]

이들이 타인의 주민등록표에 대한 열람이나 등·초본에 대한 교부를 신청하려면 신분증명서 또는 사원증이나 재직증명서를 제시하고, 그 사유를 기재한 「주민등록등·초본 열람 또는 교부신청서」 및 이를 증명할 수 있는 자료를 제출해야 합니다. 다만 전자정부법에 따른 행정정보의 공동이용을 통하여 첨부서류 등을 확인할 수 있는 경우에는 그 확인으로써 첨부서류 등의 제출을 갈음할 수 있을 것입니다(법 시행령 제47조 제5항). 그런데 실무상 이와 같은 절차를 통하여 상대방의 주민등록등·초본에 대한 열람 또는 교부를 신청하려면 신청서에 상대방의 성명, 주민등록번호, 주소 등 3가지 항목을 기재하도록 되어 있고, 이 중 두 항목 이상이 일치되어야 발급을 해주고 있으므로 상대방에 대한 인적 사항의 파악이 제대로 되어 있지 않으면 이를 통해서도 상대방의 주민등록등·초본에 대한 열람·교부가 불가하게 되는 경우도 있습니다.

그리고 주민등록표나 주민등록등·초본의 본인도 누가 자신의 주민등록표나 주민등록등·초본을 열람하거나 교부받았는가를 알고 싶을 때에는, 국가나 지방자치단체 등이 공무상 또는 공익상 열람·교부한 것을 제외하고는, 열람 또는 등·초본 교부기관의 장에게 신청해서 그 열람이나 교부사실에 관하여 우편이나 휴대전화에 의한 문자전송 등의 방법으로 주민등록표 열람일자 또는 등·초본 교부일자와 열람 또는 교부신청자의 성명과 신청 사유를 통보받을 수 있습니다(법 시행령 제47조 제8항, 법 시행규칙 제13조 제10항). 그리고 가정폭력피해자는 가정폭력행위자와 그의 가족 중 가정폭력피해자가 지정한 사람으로 하여금 가정폭력피해자 자신의 주민등록표를 열람하거나 등·초본을 교부받을 수 없도록 시·군·구청장에게 제한신청을 할 수 있습니다(법 제29조 제6항).

한편 법에서 정해 놓은 일정 범위의 이해관계인은 어떤 주택이나 건물에 주민등록을 한 전입세대가 있는지 여부를 확인하기 위하여 전입세대를 열람해 볼 수 있습니다(시행규칙 제14조).

여기에서 전입세대에 대한 열람이 가능한 이해관계인을 열거해 보면 아래와 같습니다.

① 경매참가자가 경매에 참가하기 위한 경우
② 신용정보업자 또는 감정평가업자가 임차인의 실태 등을 확인하기 위한 경우
③ 금융회사 등이 담보주택에 근저당을 설정하기 위한 경우
④ 해당 물건의 소유자 본인, 그 세대원 또는 소유자 본인의 위임을 받은 자가 신청하는 경우
⑤ 해당 물건의 임차인 본인, 그 세대원 또는 임차인 본인의 위임을 받은 자가 신청하는 경우
⑥ 해당 물건의 매매계약자, 임대차계약자, 매매계약자 또는 임대차계약자 본인의 위

임을 받은 자가 신청하는 경우

⑦ 법원의 현황조사명령서에 따라 집행관이 신청하는 경우

이들은 해당 물건소재지에 어떤 사람이 주민등록이 되어 있는지에 관한 전입세대 열람을 신청해서 전입세대주와 동일 세대별 주민등록표상의 동거인(말소 또는 거주불명등록된 사람 포함)의 성명과 전입일자를 열람할 수 있는 것입니다. 다만 동일 세대별 주민등록표상의 세대원이 세대주보다 전입일자가 빠른 경우에는 그 세대원의 성명과 전입일자만을 열람할 수 있습니다. 또한 이들 이해관계인은 동일 증명자료에 따라 동일 목적으로 여러 물건지에 대하여 전입세대의 열람을 일괄하여 신청할 수 있습니다.

이에 귀하의 사건을 보건대, 귀하께서 차용증을 가지고 있다고 하니, 어차피 반송되어 올 것이지만, 우선 차용증상에 기재되어 있는 채무자의 주소지로 내용증명을 발송해 보고 반송된 내용증명과 차용증을 시·군·구·읍·면장에게 제출하면 채무자의 주민등록초본을 뗄 수 있을 것이라고 봅니다. 만약 소송을 하려면 이와 같은 방법 외에도 우선 채무자의 종전 주소지를 기재하여 소송을 제기한 후, 법원으로부터 채무자에게 소장부본이 송달되지 않았다고 해서 그 주소를 보정하라는 주소보정명령서가 날아오면, 그 주소보정명령서를 가지고 시·군·구·읍·면장에게 제출함으로써 채무자의 주민등록초본을 보다 쉽게 뗄 수 있을 것이라고 봅니다. 그러나 법원의 일이라는 것이 세월아 내월아 하는 경우가 많으므로 후자에 비해서 전자의 방법이 훨씬 더 빨리 상대방의 주민등록초본을 떼어 볼 수 있을 것으로 보입니다. 그리고 확정판결 등 집행권원을 가지고 있는 경우라면 집행서류인 유체동산경매신청서나 부동산경매신청서 또는 재산명시신청서를 작성해서 집행권원과 함께 시·군·구·읍·면사무소에 가져가면 채무자의 주민등록초본을 떼어 볼 수 있을 것입니다.

---

105) 이때 증명서류로는 ① 주소보정명령서, 주소보정권고 등 사건관계인의 주소를 알기 위해 법원에서 발행한 문서를 제출하거나, ② 법원 판결문 또는 공정증서 등의 집행권원과 유체동산가압류신청서, 부동산경매신청서, 재산명시신청서 등 강제집행 등의 신청서를 제출하면 될 것입니다(법 제29조 제2항, 시행령 제47조 제4항 별표 2, 시행규칙 제13조 제1항 별표).

106) 이때는 주민등록자료를 요청할 수 있는 법령 근거와 그 필요 사유를 명시한 해당 기관(보장시설·공단·조합 등)의 장의 명의로 된 문서를 제출해야 합니다.

107) 이 경우에는 등·초본의 제출을 의무화하고 있는 해당 법령의 규정에 따른 정당한 권한이 있는 자임을 확인할 수 있는 증명서를 제출해야 합니다.

108) 이때는 담당 공무원이 제적등본 또는 가족관계기록사항에 관한 증명서를 통하여 동일 제적부 또는 가족관계등록부 내의 해당 가족임을 확인하게 됩니다.

109) 이때 재산관리인의 경우에는 그 자격을 증명하는 서류를, 이해관계인의 경우에는 부재자와의 매매계약서 등 그 이해관계를 밝혀주는 자료와 반송된 내용증명을 제출해야 합니다.

110) 이때는 해당되는 사안에 따라 ① 권리변동 관련 계약서 및 신청서 또는 행정기관에서 발급한 각종 인허가

[사례 3·1·12] 채무자의 가족관계증명서를 열람·교부받을 수 있는 방법

문 저는 얼마 전에 전원주택을 지으려고 아는 사람을 통해서 시골에 있는 땅을 구입하고 제가 멀리 있는 터라 믿고 등기는 나중에 하기로 한 후 일단 매매대금을 모두 치루었습니다. 그런데 막상 등기를 이전받으려고 보니 매도인 甲이 최근 사망한 것입니다. 그래서 甲의 상속인들로부터 이전등기를 받을 수밖에 없지만, 그들을 만날 수 없으니 부득이 소유권이전등기청구소송을 제기해야 할 것 같은데, 甲의 상속인들이 누구인지 알 수가 없습니다. 이에 박사님께 그 해결책에 대해서 문의드리고자 합니다.

답 사망자의 상속인을 알아보려면 사망자의 가족관계증명서를 떼어보거나 열람해 보아야 합니다. 종전의 호적법을 대체하여 새로 제정된 법이 「가족관계 등록 등에 관한 법률」(이하 '법')인데, 이 법에서 종전의 호적법상의 호적부를 대체한 것이 가족관계등록부이고, 이러한 가족관계등록부는 종전의 호적부와는 달리 5개로 나누어져 가족관계증명서, 기본증명서, 혼인관계증명서, 입양관계증명서, 친양자입양관계증명서의 각종 증명서별로 구분되어 발행되고 있습니다. 이러한 가족관계등록부의 각종 증명서는 원칙적으로 본인 또는 배우자, 그 직계혈족만이 교부를 청구할 수 있되,[115] 본인 등의 위임을 받은 경우에는 그 대리인도 청구할 수 있습니다.[116]

그러나 한편 법에서는 일정한 범위의 이해관계인에 대해서는 본인 등이 아니라도 그 교부를 신청할 수 있도록 하고 있습니다(법 제14조). 법에서 가족관계등록부를 열람할 수 있도록 규정한 이해관계인에는 다음과 같은 자들이 있습니다. 즉,

① 국가·지방자치단체가 직무상 필요에 따라 문서로 신청하는 경우[117]
② 소송·비송·민사집행의 각 절차에서 필요한 경우[118]
③ 다른 법령에서 본인 등에 관한 증명서를 제출하도록 요구하는 경우[119]
④ 그밖에 대법원규칙으로 정하는 정당한 이해관계인

여기에서 정당한 이해관계인이란 민법상의 법정대리인, 채권·채무의 상속과 관련하여 상속인의 범위를 확인하기 위하여 등록사항별 증명서의 교부가 필요한 자, 그밖에 공익목적상 합리적 이유가 있는 경우로서 대법원예규가 정하는 자가 해당됩니다.

이들은 타인의 가족관계등록부의 각종 증명서에 대한 교부를 청구할 수 있는 것입니다(규칙 제19조 제2항).[120] 다만 친양자입양관계증명서는 친양자입양사실의 비밀을 보호해 주기 위하여 그 교부가 제한되어 있어 친양자가 성년이 되어 신청하는 경우나 혼인당사자가 혼인무효 또는 취소사유에 해당되는지 여부를 파악하기 위하여 친족관계를 파악하

고자 하는 경우, 법원의 사실조회촉탁이 있거나 수사기관이 수사상 필요에 따라 문서로 신청하는 경우, 그밖에 대법원규칙으로 정하는 경우에만 그 교부를 청구할 수 있습니다(법 제14조 제2항).

이와 같은 증명서에 대한 교부를 청구하는 자는 사용목적에 필요한 최소한의 등록사항이 기록된 일반증명서 또는 특정증명서를 요구해야 하며, 상세증명서를 요구하는 경우에는 그 이유를 설명해야 하고, 발급받은 증명서는 사용목적 외의 용도로 사용해서는 안 됩니다(법 제14조 제5항).

이에 귀하의 사건을 살펴보건대, 귀하께서는 일단 사망자를 피고로 하여 법원에 소유권이전등기청구소송을 제기하면서, 피고가 사망한 사실을 밝히고 그 상속인들을 찾아서 피고를 경정하고자 하니 사망자에 대한 가족관계증명서를 발급받을 수 있도록 보정명령을 내려달라고 신청하든지, 법원에 사실조회신청을 해서 시·군·구·읍·면장으로 하여금 법원에 사망자에 대한 가족관계증명서를 제출하도록 함으로써 그 상속인을 파악할 수 있을 것으로 보이며, 이러한 절차에 의하여 상속인들을 파악하였으면 법원에 사망자의 상속인들로의 피고경정신청을 통하여 피고를 경정하면 될 것으로 보입니다.

증 및 신고필증 등 그 관계를 밝혀주는 자료와 반송된 내용증명을 제출하거나, ② 판결문(이와 동일한 효력이 있는 것 포함) 또는 공탁서와 반송된 내용증명을 제출해야 합니다.

111) 여기에는 상속으로 인한 소유권이전등기에 대한 채권자 등의 대위신청 등이 해당될 것이며, 이 경우에는 채무자에 대한 과거의 주소변동 사항에 대해서도 열람·교부 청구가 가능합니다.

112) 이때는 ① 채권자와 채무자의 서명 또는 날인이 되어 있고 변제기일이 적혀 있는 계약서 등 채권·채무관계 또는 보증사실을 밝혀주는 자료와 반송된 내용증명우편물 또는 금융회사 등이 발행한 송달불능확인서(송달불능확인서는 채무자 외의 자가 우편물을 수취하는 등의 사유로 반송된 우편물이 없는 경우로 한정)를 제출하거나, ② 채무자의 인적사항과 이해관계 내용 등이 명시되고 해당 기관의 장(지점, 지사 및 지회 등의 장을 포함)이 등록된 인감을 찍어 발급한 이해관계사실확인서와 반송된 우편물 또는 금융회사 등이 발행한 송달불능확인서(송달불능확인서를 제출할 수 있는 경우는 채무자 외의 자가 우편물을 수취하는 등의 사유로 반송된 우편물이 없는 경우로 한정)를 제출해야 합니다.

113) 이때는 채권자와 채무자의 서명 또는 날인이 되어 있고 변제기일이 적혀 있는 계약서 등 채권·채무관계 또는 보증사실을 밝혀주는 자료와 반송된 내용증명우편물을 제출해야 합니다(법 제29조 제2항, 시행령 제47조 제4항 별표 2, 시행규칙 제13조 제1항 별표).

114) 다만, 거짓이나 그밖의 부정한 방법으로 다른 사람의 주민등록표를 열람하거나 그 등본 또는 초본을 교부받은 자는 3년 이하의 징역 또는 3천만원 이하의 벌금에 처해지므로 주의해야 할 것입니다(법 제37조 제5호).

115) 종전에는 여기에 형제자매도 포함되어 있었으나 헌법재판소 2016.6.30.자 2015헌마924 결정에 의해 '형제자매' 부분에 대한 위헌결정이 나옴에 따라 형제자매는 본인의 가족관계등록부를 교부받을 수 없게 되었습니다.

116) 대리인이 교부신청을 하려면 본인 등의 위임장과 주민등록증·운전면허증·여권 등의 신분증명서 사본을 제출해야 합니다.

117) 이때는 그 근거법령과 사유를 기재한 신청기관의 공문 및 관계공무원의 신분증명서를 제출해야 합니다.

[사례 3·1·13] 채무자의 주민등록지에 대한 유체동산 가압류·압류 가능 여부

문 저는 종합터미널 부근에서 살고 있는데, 예전에 알고 지내던 친한 언니 甲이 주민등록을 할 곳이 없다면서 우리 집에 주민등록을 할 수 있게 해달라고 통사정을 하고 있습니다. 그런데 알기로는 그 언니 甲은 사업에 실패하여 여기 저기 많은 채무가 있는 것으로 보입니다. 우리 집에 주민등록을 해놓아도 피해가 없게 되는지 알고 싶고, 저도 빚이 조금 있는데 혹시 집안 살림살이에 압류가 들어오면 모든 물건에 딱지를 붙이는지 궁금해서 박사님께 문의드리고자 합니다.

답 유체동산에 대한 강제집행은 집행관이 실시하게 됩니다. 그 집행방법은 집행관이 집행현장에서 유체동산 하나하나에 조그만 딱지를 붙이는 방법으로 행하는데, 판결 등 집행권원이 나오기 전에 임시적 조치로 집행하는 가압류는 파란딱지나 흰딱지를, 판결 등 집행권원을 받은 후에 집행하는 본집행인 압류는 빨간딱지 또는 빨간 글씨의 딱지를 붙이게 됩니다. 가압류 상태에서는 딱지만 붙여 놓을 뿐 더 이상의 절차로 나아가지 않지만, 그 후 판결 등 집행권원을 받은 채권자에 의하여 본압류 및 경매절차로 진행하게 됩니다.

다만 유체동산이라고 하여도 모든 물건이 가압류 또는 압류의 대상이 되는 것은 아닙니다. 채무자가 최소한도의 생활을 영위할 수 있도록 필수적인 물건들에 대해서는 집행이 제한되어 있습니다. 즉, 다음과 같은 물건들은 집행을 할 수 없는 물건들입니다. 즉,

① 의복·침구·가구·부엌기구, 숟가락·젓가락 등 생활필수품
② 2월간의 식료품·연료 및 조명재료
③ 1월간의 생계비인 150만원 이내의 금전
④ 농기구·비료·가축·사료·종자
⑤ 고기잡이 도구·어망·미끼·새끼고기
⑥ 전문직 종사자·기술자·노무자, 그밖에 주로 자기의 정신적·육체적 노동에 종사하는 사람에게 없어서는 안되는 제복·도구
⑦ 훈장·포장·기장, 그밖에 이에 준하는 명예증표
⑧ 위패·영정·묘비, 상례·제사 또는 예배에 필요한 물건
⑨ 족보·집안의 역사적인 기록·사진첩, 그밖에 선조숭배에 필요한 물건
⑩ 도장·문패·간판
⑪ 일기장·상업장부
⑫ 공표되지 않은 저작 또는 발명에 관한 물건

⑬ 학교·교회·사찰, 교육기관 또는 종교단체에서 사용하는 교과서·교리서·학습용구
⑭ 안경·보청기·의치·의수족·지팡이·장애보조용 바퀴의자
⑮ 장애인용 경형자동차
⑯ 소방설비·경보기구·피난시설

그러나 이와 같은 압류금지물건이라도 경매가 이루어진 후에는 매각이 유효하게 되므로, 집행관이 위 물건들에 대하여 집행을 할 경우에는 채무자는 즉시 집행에 관한 이의를 제기하여 구제를 받아야 할 것입니다.

한편 유체동산 집행은 채무자의 소유인 물건을 전제로 하는 것입니다. 따라서 채무자 이외의 제3자에게 속하는 물건에 대하여 압류가 들어온 경우에는 물건의 진정한 소유자인 제3자로서는 제3자이의의 소와 잠정처분으로 강제집행정지 및 집행처분의 취소를 통하여 압류를 풀도록 조치를 취할 수 있을 것입니다. 그런데 채무자 소유의 물건인지는 집행관이 쉽게 알 수 있는 것이 아니므로 채권자의 입장에서는 주로 채무자가 전입신고를 해놓은 주거지를 집행장소로 지정하여 유체동산의 집행을 신청하고 있고, 집행관으로서는 채권자가 지정한 집행장소로 출두하여 압류딱지를 붙이게 되는데, 채무자가 부재중인 경우에는 문을 따고 임의로 들어가 아무도 없는 상태에서 집행할 수 있을 뿐만 아니라 현장에서 바로 채무자 소유의 물건인지 제3자 소유의 물건인지 파악하는 것이 곤란하므로 집행관으로서는 일단 값어치 있는 물건들에 대하여 모두 딱지를 붙여놓고, 그것이 다른 소유자의 물건이라면 그 진정한 소유자로 하여금 제3자이의의 소를 통하여 구제를 받도록 하는 방식으로 일 처리를 하고 있습니다. 그러나 말이 쉽지 진정한 소유자가 제3자이의의 소를 통하여 압류된 물건을 되찾는다는 것은 현금공탁도 해야 하는 등 그 과정이 만만치 않습니다.

요컨대 빚이 많은 채무자일 경우에는 그가 친한 언니라고 할지라도 가급적 귀하의 집에 전입신고를 하지 않도록 하는 것이 현명하다고 보이고, 부득이 전입신고를 해놓도록 허락할 경우라면 값나가는 귀하의 물건들은 모두 치우는 등으로 혹시나 모를 집행관의 유체동산에 대한 집행에 대비해야 할 것으로 보입니다.

---

118) 이때는 법원의 보정명령서, 재판서, 촉탁서 등 이를 소명하는 자료를 제출해야 합니다.

119) 이때는 이를 소명하는 자료 및 관계법령에 의한 정당한 권한이 있는 사람임을 확인할 수 있는 자료를 제출해야 합니다.

120) 이때는 그 근거와 사유를 기재한 신청서 및 정당한 이해관계를 소명하는 자료와 신청인의 신분증명서를 제출해야 합니다.

[사례 3·1·14] 채무자의 제3채무자에 대한 채권이 존재하는지 여부 및 그 액수를 알아볼 수 있는 제3자 진술최고신청제도

문 저는 공사대금을 받지 못하여 채무자 甲이 은행에 예치해 놓은 예금에 대하여 가압류하고자 합니다. 그런데 저는 채무자 甲이 어느 은행과 거래하는지는 알아도 구체적으로 예금이 존재하는지 여부나 존재한다면 얼마나 예금이 되어 있는지 모릅니다. 이와 같은 경우에 예금의 존재여부와 그 액수에 대하여 알 수 있는 방법이 있는지 박사님께 문의드리고 싶습니다.

답 채권가압류나 채권압류 및 추심명령 또는 채권압류 및 전부명령을 법원에 신청한 경우에는 법원에서는 제3채무자를 심문하는 절차 없이 서류만 검토해서 가압류결정을 하거나 추심명령 또는 전부명령을 내리게 됩니다. 즉 법원에서 가압류결정이나 추심명령 또는 전부명령을 내렸다고 해서 채무자의 제3채무자에 대한 채권이 존재한다든가, 이러한 결정에 대하여 제3채무자가 아무런 이의를 제기하지 않았다고 해서 채무자의 제3채무자에 대한 채권이 존재하는 것으로 되지는 않습니다. 따라서 채권자로서는 채무자가 제3채무자에 대해 채권을 가지고 있는지 여부나 가지고 있다면 그 액수가 얼마나 되는지 모른 상태에서 가압류나 추심명령 또는 전부명령을 신청하는 경우가 많고, 설령 법원에서 가압류결정이나 추심명령 또는 전부명령을 내려주었다고 해도 여전히 채권회수에 있어서는 불투명한 문제가 존재하게 되는 것입니다.

그렇다면 채무자의 제3채무자에 대한 채권이 존재하는지, 존재한다면 그 액수가 얼마나 되는지를 알 수 있는 방법이 있을까요? 제3자 진술최고신청을 통해 이러한 목적을 달성할 수 있을 것입니다. 제3자 진술최고신청이란 가압류 또는 압류채권자가 법원에 신청해서 제3채무자로 하여금 해당 채권에 관한 자세한 내역을 서면으로 제출하도록 하는 제도를 말합니다.

제3채무자가 법원으로부터 가압류 또는 압류명령과 함께 제3자 진술최고신청서를 송달받게 되면 제3채무자는 채권자가 제3자 진술최고서에 의하여 신청하는 바에 따라 ① 채권을 인정하는지의 여부 및 인정한다면 그 한도, ② 채권에 대하여 지급할 의사가 있는지의 여부 및 의사가 있다면 그 한도, ③ 채권에 대하여 다른 사람으로부터 청구가 있는지의 여부 및 청구가 있다면 그 종류, ④ 다른 채권자에게 채권을 압류당한 사실이 있는지의 여부 및 그 사실이 있다면 그 청구의 종류를 기재한 서면을 가압류 또는 압류명령을 송달받은 날부터 1주 이내에 법원에 제출해야 합니다(민사집행법 제237조 제1항, 제2항, 제291조). 만약 제3채무자가 이러한 서면의 제출을 게을리하게 되면 법원에서는 제3채무자를 법원에 출석시켜 위 진술사항에 대하여 심문할 수 있습니다(민사집행법 제237조

제3항).

주의해야 점은 채권자가 이러한 제3자 진술최고신청을 함에는 신청기간의 제한이 있다는 것으로서 제3자 진술최고신청은 가압류 또는 압류명령의 신청과 동시에 하거나 적어도 가압류결정 또는 압류명령이 제3채무자에게 발송되기 전에 해야 하며, 그 후의 제3자 진술최고신청은 부적법하게 되어 각하를 면치 못하게 된다는 것입니다.

따라서 귀하께서는 채무자가 어느 은행과 거래하고 있는지 알고 있다고 하므로 예금의 존재여부나 그 액수를 알지 못한다고 하더라도 채권가압류를 신청할 수 있을 것이로되, 구체적으로 예금채권의 존재여부나 그 액수를 알고 싶다면 은행으로 하여금 그 내역을 법원에 제출토록 하는 제3자 진술최고신청서를 가압류신청과 동시에 법원에 제출하면 될 것이고, 그 내역에 대해서는 가압류결정 후 1~2주 내에 은행에서 법원에 제출하게 되면 그에 따라 열람·복사를 통하여 입수할 수 있을 것으로 보입니다. 이러한 제3자 진술최고신청제도는 채무자가 임차인으로 있는 경우에 그 임차보증금의 존재 여부나 그 액수를 알고자 할 때에도 요긴하게 써먹을 수 있습니다.

[사례 3·1·15] 유체동산가압류 또는 압류집행에 착수했으나 채무자의 재산이 없어서 집행불능된 경우에도 소멸시효중단의 효력이 생기는지 여부

문 저는 몇 년 전에 도매업자인 채무자 甲에게 수박을 밭떼기로 넘긴 후 아직까지 그 대금을 지급받지 못하고 있습니다. 그런데 최근에 알아보니 채무자 소유의 창고에 수박이 보관되고 있다는 정보를 듣고 급히 법원에 신청해서 가압류결정문을 받아 딱지를 붙이려고 집행관과 함께 창고에 출동했는데, 며칠 전에 수박을 다른 사람한테 팔아넘겨 창고가 텅텅 비어있는 것입니다. 그런데 그로부터 며칠 후 수박판매일로부터 3년의 소멸시효기간이 갓 지난 것을 알게 되었습니다. 저와 같이 가압류집행에 착수하였지만 아무것도 없어 집행이 불능이 된 경우에는 소멸시효중단의 효력이 인정되지 않게 되고, 따라서 그 후 경과된 소멸시효완성으로 인하여 채무자에게 더 이상 물품대금을 청구할 수 없게 되는지 박사님께 문의드리고자 합니다.

답 귀하의 사건은 소멸시효기간 및 그 중단과 관련됩니다. 일정한 권리를 가진 자는 무한정 그 권리를 방치해둬서는 안되고 일정기간 내에 행사해야 합니다. 권리자가 그 권리를 행사할 수 있음에도 불구하고 일정기간 계속해서 행사하지 않게 되면 더 이상 그 권리를 행사할 수 없게 되는데, 이를 소멸시효라고 하고, 그 기간을 소멸시효기간이라고 합니다. 예컨대 물품대금은 3년, 일반 민사채권은 10년, 상사채권은 5년, 채권이외의 재산권은 20년간 행사하지 않으면 소멸시효에 걸려 그 권리를 행사할 수 없게 되는 것입니다.

이러한 소멸시효는 자신의 권리를 행사하지 않는 채권자를 보호하지 않겠다는 것이므로 법에서는 소멸시효가 진행되는 도중이라도 그 완성 전에 채권자가 일정한 방식으로 그 권리를 행사하게 되면 지금까지 진행되어 온 소멸시효기간을 전부 무효로 만들고, 중단사유가 종료된 때로부터 새로이 소멸시효기간이 진행되도록 하고 있습니다(민법 제178조 제1항). 이를 소멸시효중단이라고 합니다.

민법에서는 청구, 압류, 가압류, 가처분, 승인을 소멸시효중단의 사유로 규정하고 있습니다(민법 제168조). 이와 같이 가압류나 압류는, 그 권리자에 의하여 취소되거나 법률의 규정에 따르지 않음으로 인하여 취소된 때를 제외하고는, 소멸시효중단 사유로 되고 그 집행이 존속되고 있는 동안 계속해서 소멸시효가 중단되는 것입니다(대판 2013.11.14. 2013다18622·18639).

그런데 가압류나 압류에 착수하기는 했으나 집행할 채무자의 재산이 없어서 집행불능이 된 경우에도 소멸시효가 중단되는지 문제됩니다.[121] 이에 관하여 판례는 "민법 제168조에서 가압류를 시효중단사유로 정하고 있는 것은 가압류에 의하여 채권자가 권리를 행사하였다고 할 수 있기 때문인데, 가압류에 의한 집행보전의 효력이 존속하는 동안은 가압류채권자에 의한 권리행사가 계속되고 있다고 보아야 할 것이므로, 가압류에 의한 시효중단의 효력은 가압류 집행보전의 효력이 존속하는 동안은 계속됩니다. 따라서 유체동산에 대한 가압류결정을 집행한 경우 가압류에 의한 시효중단 효력은 가압류 집행보전의 효력이 존속하는 동안 계속됩니다. 그러나 유체동산에 대한 가압류 집행절차에 착수하지 않은 경우에는 시효중단 효력이 없고, 집행절차를 개시하였으나 가압류할 동산이 없기 때문에 집행불능이 된 경우에는 집행절차가 종료된 때로부터 시효가 새로이 진행된다."라고 판시하고 있습니다(대판 2011.5.13. 2011다10044). 이에 압류결정문이나 가압류결정문만 나왔을 뿐 아직까지 그 집행절차에 착수하지 않는 단계에서는 소멸시효가 중단되지 않습니다. 예컨대 유체동산에 대한 가압류결정이 나왔다고 해서 바로 시효중단의 효력이 발생하는 것은 아니라는 것입니다.

그러나 한편 압류나 가압류결정 후 그 집행에 착수한 상태에서는 설령 채무자의 재산이 없는 관계로 집행이 불능되었다고 하더라도 소멸시효중단의 효력이 생기는 것이며, 따라서 이러한 경우에는 종전까지 진행되어왔던 소멸시효기간은 전부 무효로 되고, 그 집행이 종료된 때로부터 다시 처음부터 새로이 소멸시효가 진행된다고 할 것입니다. 이에 유체동산가압류나 유체동산경매신청의 경우에는 집행관이 현장에 출동해서 압류에 착수한 때에는 가압류 또는 압류할 채무자 소유의 재산이 없어서 집행불능이 되었다고 하더라도 압류에 착수한 시점에서 소멸시효가 중단된다고 할 수 있을 것입니다.

그러므로 귀하의 사건의 경우에도 가압류결정 후 집행관이 집행현장에 출두해서 집행에 착수하였지만 채무자의 재산이 하나도 없어서 집행이 불가능하게 된 것이지만, 일단 집행에 착수한 것이고 집행에 착수한 이상 집행불능이 되었다고 하더라도 소멸시효가 중단되는 것이므로, 수박판매일부터 3년이 경과되었다고 하더라도 아직까지 집행종료일부터 3년이 경과되지 않았다면 채무자를 상대로 물품대금 청구의 소를 제기할 경우 승소할 수 있을 것으로 보입니다. 판결을 받아두면 물품대금 채권이라도 소멸시효기간이 3년이 아니라 10년으로 늘어나게 됩니다.

[사례 3·1·16] 채권압류 및 전부명령이 제3채무자에게 송달되었으나 피압류채권이 부존재한 경우에도 소멸시효중단의 효력이 생기는지

문 저는 채무자 甲에게 빌려준 돈을 받기 위해 채무자 甲의 거래처인 乙 건설회사에 대하여 甲이 가지는 자재대금청구채권에 대하여 채권압류 및 전부명령을 신청하였고, 그 명령은 乙 건설회사에 송달되었습니다. 그런데 알고 보니 乙 건설회사는 이미 甲에게 자재대금 모두를 지급해서 甲에게 줘야할 자재대금이 하나도 남아 있지 않는 것입니다. 그 후 차일피일 미루다가 판결확정일부터 10년의 소멸시효기간이 경과되어 버린 것 같습니다. 이에 저와 같이 채권압류 및 전부명명을 신청하였지만 피압류채권이 부존재하여 무익하게 된 경우에 있어서도 소멸시효중단의 효력이 인정될 수 있는지 박사님께 문의드리고 싶습니다.

답 소멸시효는 가압류나 압류 또는 가처분으로 중단되는데(민법 제168조 제2호), 여기에서 시효중단의 효력이 인정되는 가압류나 압류 또는 가처분이란 그 집행에 착수하는 것을 말하는 것이지 법원으로부터의 결정문만 받아 놓는 것만으로는 시효중단의 효력이 인정되는 것은 아닙니다. 즉, 법원으로부터 받은 가압류결정서나 압류결정서 또는 가처분결정서에 의하여 채무자의 재산에 대한 집행에 착수해야만 비로소 소멸시효가 중단된다는 것입니다. 집행에 착수하여 소멸시효가 중단되면 그 효력은 집행보전이나 집행의

121) 이러한 문제는 집행의 대상이 유체동산이거나 채권인 경우에 발생하는 것으로서, 부동산에 대한 가압류나 압류의 경우에는 가압류나 압류신청의 전제로 부동산의 존재를 증명하는 부동산등기부등본을 미리 첨부하게 되어 있으므로 부동산의 존재 여부가 불투명한 상태에서 가압류결정문이나 압류결정문이 나오는 일은 없을 것이어서 집행에 착수한 이후에야 비로소 집행대상의 부존재가 밝혀지는 일은 없을 것입니다.

효력이 존속하는 동안 계속 유지됩니다(대판 2000.4.25. 2000다11102, 2006.7.27. 2006다32781).

그런데, 채권압류 및 전부명령을 신청하여 그 전부명령이 제3채무자에게 송달됨으로써 집행에 착수하였지만 피압류채권이 부존재하여 집행불능에 이르게 된 경우에도 시효중단의 효력이 생기는지 문제됩니다. 이에 대하여 판례는 이와 같은 경우에도 집행에 착수한 이상 소멸시효중단의 효력이 인정되며, 그 집행절차가 종료된 때로부터 다시 소멸시효가 진행된다고 판시하고 있습니다(대판 2011.5.13. 2011다10044). 요컨대, 채권가압류나 채권압류 및 전부명령 또는 채권압류 및 추심명령의 경우에도 가압류결정문이나 압류결정문이 제3채무자에게 송달이 이루어지게 되면, 채무자에게 전부명령이 송달된 때로 소급해서 소멸시효중단의 효력이 생기게 되고, 이는 채무자에 대한 제3채무자의 채무가 부존재하거나 변제 등으로 이미 소멸되었다고 하더라도 마찬가지일 것이며, 그러한 가압류나 압류절차가 종료된 때로부터 새로이 소멸시효기간이 진행된다고 할 것입니다.

이에 귀하의 사건을 보건대, 귀하께서 채무자 甲의 乙 건설회사에 대한 자재대금청구채권에 대하여 채권압류 및 전부명령을 신청해서 그 전부명령이 乙 건설회사에 송달되었다면, 소멸시효중단의 효력이 발생하는 것이고, 그 후 피전부채권이 부존재한 것으로 밝혀져 집행절차가 종료된 시점에서 재차 소멸시효기간이 진행된다고 할 것이므로, 그때로부터 아직 10년의 소멸시효기간이 경과되지 않았다면 차후 채무자 甲의 다른 재산을 찾아 집행을 한다거나, 시효연장을 위한 대여금 청구의 소를 제기함에 있어서 지장은 없을 것으로 보입니다.

[사례 3·1·17] 법인에 대한 채권에 기하여 대표이사 개인의 재산에도 강제집행이 가능한지 여부

문 저는 건축업체인 甲 주식회사의 대표이사로 있는 乙과 간판공사계약을 체결한 후 그 공사를 완료함으로써 甲 주식회사에 대하여 1천만원의 공사대금채권이 있습니다. 그런데 알고 보니 甲 주식회사는 빈껍데기 회사로 간판만 내걸어 놓았을 뿐 아무런 재산이 없습니다. 이에 저는 乙에 대하여 수차례 위 공사대금의 지급을 요청하였으나 乙은 회사 사정이 어렵다는 말만 할 뿐 도무지 공사대금을 지급하려고 하질 않습니다. 乙의 개인 재산은 많은 것 같은데, 제가 乙의 개인 재산에 대하여 강제집행을 할 수 있는 길이 없는지 알고 싶습니다.

답 자연인과 법인은 별개의 권리의무의 주체이기 때문에, 법인의 채무와 대표이사 개인의 채무는 상호간에 무관함이 원칙입니다. 따라서 원칙적으로 법인의 채무를 가지고 대표이사 개인의 재산에 대하여 강제집행을 한다든지, 반대로 대표이사 개인의 채무를 가지고 법인의 재산에 대하여 강제집행을 할 수는 없습니다. 그렇다면 법인의 채무에 대하여 대표이사 개인에게 그 책임을 물을 수 있는 길이 전혀 없을까요? 그렇지는 않습니다.

아래에서 법인의 채무에 대하여 대표이사 개인에게 책임을 물을 수 있는 경우를 몇 가지 살펴보고자 합니다.

첫째, 상법 제401조(제3자에 대한 책임) 제1항에 의하면 "이사가 악의 또는 중대한 과실로 인하여 그 임무를 해태한 때에는 제3자에 대하여 연대하여 손해를 배상할 책임이 있다."라고 규정되어 있습니다. 따라서 회사가 부도날 것이 예상됨에도 불구하고 어음을 발행한다거나 공사도급을 하는 경우 등 이에 해당되는 경우에는 이사 개인에게 그 책임을 물을 수 있을 것으로 보입니다.

둘째, 회사가 외형상으로는 법인의 형식을 갖추고 있으나 그 실질에 있어서는 완전히 그 법인격의 배후에 있는 타인의 개인기업에 불과하거나, 그것이 배후자에 대한 법률적용을 회피하기 위한 수단으로 함부로 쓰여지는 경우에는 비록 외견상으로는 회사의 행위라 할지라도 그 배후자인 타인에 대하여도 그 책임을 물을 수 있다는 법인격 부인의 이론에 의하여 대표이사 개인에게 그 책임을 묻을 수 있는 경우도 있습니다(대판 2001.1.19. 97다21604). 그러나 이 경우에는 해당 법인이 명목상의 회사(형해화된 회사)라는 것을 입증하기가 곤란하다는데 그 문제점이 있습니다.

셋째, 영세하거나 부실한 법인체와 계약을 체결할 경우에는 애당초부터 대표이사 개인으로 하여금 연대보증을 서도록 하는 방법을 모색해 보아야 합니다. 그러나 태연히 연대보증을 서달라고 하면 이에 응해 줄 대표이사는 거의 없을 것이므로 살살 구슬려서 나중에 문제가 생기면 대표이사 개인이 책임지겠다는 말이 나오도록 유도한 다음, 이를 녹음해 둔다면 대표이사 개인에게 그 책임을 물을 수 있을 것으로 보입니다

따라서 귀하께서는 위에서 언급한 3가지 경우 중 어느 하나에 해당하는 증거를 가지고 있거나 그러한 증거를 만들 수 있다면 대표이사 乙 개인에게도 공사대금을 청구해 볼 소지가 있을 것입니다.

[사례 3·1·18] 채무자의 재산을 찾는 방법

문 저는 채무자한테 받을 돈이 있어 판결도 받아 놓기는 하였는데 채무자의 재산을 찾을 길이 없어 강제집행을 하지 못하고 있습니다. 개략적이나마 채무자의 재산을 찾는 방법에 대해서 박사님께 문의드리고 싶습니다.

답 일반인들의 생각으로는 법원에 소송을 제기하여 판결만 받아 놓으면 돈이 금방 나오는 것으로 믿고 판결을 받는 데만 온 힘을 다하는 경우가 많습니다. 그러나 제아무리 고생해서 판결을 받아 놓는다 한들 이를 환가할 채무자의 재산이 없거나 재산을 찾지 못한다면 거의 무용지물이 되고 말 것입니다. 민사에 있어서는 채무자의 재산을 찾는 문제가 가장 힘들면서도, 민사사건에 있어서 그 중요도로 따진다면 70% 이상을 점유하고 있다고 해도 과언이 아닐 것입니다.

그렇다면 채무자의 재산을 찾는 방법으로는 무엇이 있을까요? 우선 먼저 떠오르는 방법에 대하여 살펴보면 ① 세무서나 동사무소에 찾아가서 전산을 두드려 보면, 채무자 소유의 부동산목록을 입수할 수 있지 않나 하는 것입니다. ② 또 하나의 방법은 요즘 언론에 많이 거론되고 있는 예금계좌를 추적하여 은행에 숨겨놓은 재산을 찾을 수 있지 않나 하는 것입니다. 그러나 이러한 방법은 형사범죄와 관련하여 법원이 발부한 영장이 없으면 안됩니다. 따라서 일반인이 일반 민사 사건을 해결할 목적으로 이 제도를 이용할 수는 없습니다. 혹시 세무서나 동사무소에 아는 직원이라도 있어 열람을 부탁해 볼 수도 있겠지만 형사처벌을 감수해가면서까지 들어줄리 만무할 것입니다.

그래서 법적으로 채무자의 재산을 찾을 수 있는 방법에 관하여 알아두어야 할 것인데, 일단 손쉬운 방법부터 아래에서 살펴보기로 하겠습니다.

첫째, 일단 채무자가 살아왔던 주소지의 이력을 확인해 보는 것입니다. 이를 위해서는 채무자의 주민등록등·초본을 떼어보아야 할 것인 바, 동사무소나 읍사무소에 가서 차용증 및 반송된 내용증명 등 이해관계를 입증하는 서류를 제시하면 채무자의 주민등록초본을 열람하거나 교부받을 수 있을 것입니다. 다만, 동사무소 등에서 주민등록초본을 교부해 줄 때에는 원칙적으로 현재 유효한 기록사항만 기재된 것으로 떼어줄 것이므로 채무자가 태어나서부터 현재까지의 이력 전부가 기재된 초본을 떼어달라고 해야 할 것입니다. 이와 같이 해서 채무자의 주민등록초본을 떼었다면 다음으로 그 주민등록초본상에 나와 있는 채무자의 모든 주소지의 부동산등기부등본을 떼어보는 것입니다. 즉 이와 같이 채무자의 주민등록초본을 떼어보아 그의 주소지를 알게 되면, 채무자의 최후의 주소지뿐만 아니라, 의심이 가는 모든 주민등록지의 등기부등본을 떼어보아 그 소유관계를 확인해 보는 것입니다. 건물이나 토지의 등기부등본은 부동산의 소재지만 알면, 채무자와 이해관계가 있든 없든, 누구든지 떼어볼 수 있습니다.

둘째, 채무자의 현 주소지를 직접 찾아가 보는 것도 한 방법입니다. 위에서 본 주민등록초본 등에 의하여 알게 된 채무자의 주택이나 사무실에 찾아가서 주위 사람들을 탐방하다 보면, 전세로 살고 있는지 여부도 알 수 있고, 가재도구나 집기관계 등 재산이 될 만한 것이 있는지 여부도 탐색할 수 있을 것입니다.

셋째, 채무자의 차량번호를 알아보는 방법입니다. 요즘 자동차를 가지고 있지 않는 사람은 거의 없을 것이기 때문에, 채무자가 잘 다니는 곳을 탐방하다보면 채무자가 몰고 다니는 차량의 자동차번호를 쉽게 알아낼 수 있을 것입니다. 자동차번호만 알면, 시·군·구청이나 차량등록사업소에 가서 이해관계를 소명하는 자료를 제시함으로써 역시 자동차등록원부를 떼어볼 수 있을 것입니다. 또한 자동차등록원부상에는 채무자의 주민등록번호가 기재되어 있으므로 채무자의 주민등록번호를 찾을 수 있는 한 방법일 수도 있을 것입니다.

넷째, 부부나 가족의 거처를 알아보는 것입니다. 채무자는 머리가 좋아 대부분 부인이나 남편 또는 가족명의로 재산을 숨겨놓은 경우가 많고, 경우에 따라서는 부인(또는 남편)과 함께 살면서도 주민등록은 따로 해놓는 경우가 많습니다. 따라서 어떠한 경우에는 부부나 가족들의 거처를 통해서도 재산추적이 가능한 경우가 있습니다. 그런데, 동사무소나 읍사무소에서는 이해관계를 소명하더라도 개인의 신상자료인 주민등록초본만을 떼어줄 뿐, 가족관계가 나와 있는 주민등록등본은 잘 떼어주지 않습니다. 이는 주민등록법상 채권·채무관계 등 정당한 이해관계가 있는 자에 대해서도 채무자의 주민등록초본에 관해서만 그 열람이나 교부가 가능할 뿐, 주민등록등본에 관해서는 그 열람 또는 교부가 불가하게 되어 있기 때문입니다. 따라서 이러한 경우에는 채무자의 가족관계증명서를 떼어본 후 그 배우자나 가족의 주민등록번호를 알아내고, 이를 근거로 그들의 주민등록초본을 떼어봄으로써 거처를 확인할 수 있을 것입니다. 다만, 종전과는 달리 「가족관계등록 등에 관한 법률」이 시행된 후에는 가족관계증명서를 떼기가 훨씬 어려워지게 되어 있으나, 지금도 소송이나 경매를 시키기 위한 전제인 경우에는 가족관계증명서를 뗄 수 있을 것이므로 그 소명자료를 첨부하여 동사무소 등에 신청하면 그 열람·교부가 가능할 것으로 보입니다.

다섯째, 그리고 귀하와 같이 확정판결 등을 받아 둔 경우에는 재산명시신청과 그 후의 재산조회신청을 통해서도 부동산이나 자동차 또는 예금 등과 같이 채무자의 등록된 재산을 찾을 수 있을 것입니다.

[사례 3·1·19] 채무자의 재산을 찾는 방법으로서 재산명시신청제도

문 저는 채무자 甲에 대한 금전채권이 있어서 오래 전에 확정판결을 받아놓았습니다. 그런데 채무자의 재산을 찾지 못해서 여태껏 보고만 있는 상태입니다. 채무자의 재산을 찾는 방법으로 재산명시절차가 있다고 들었는데, 이에 관하여 박사님께 설명을 듣고 싶습니다.

답 법적으로 채무자의 재산을 찾는 방법 중의 하나로서 재산명시신청제도라는 것이 있습니다. 재산명시신청제도란 한마디로 채무자로 하여금 "네 재산이 무엇이 있는지, 또한 최근에 어떠한 거래를 하였는지를 법원에 신고하라!"는 것이고, 이렇게 하여 채무자가 법원에 제출한 재산목록을 통하여 채권자로 하여금 채무자의 재산상태를 파악할 수 있도록 하려는 절차를 말합니다. 이 제도는 아무 때나 활용할 수 있는 것은 아니고, 그 선행조건으로 일단 판결이나 이와 동일한 효력이 있는 집행권원(공정증서도 해당)을 가지고 있어야 하고, 또한 그 집행권원은 금전의 지급을 목적으로 하는 것이어야만 가능합니다.

그렇다면 이러한 재산명시제도는 어떠한 실익이 있을까요?

첫째, 채무자를 압박하는 수단이 될 수 있습니다. 채무자는 법원이 정한 재산명시기일에 출석해야 하고, 재산목록을 제출해야 하며, 그 재산목록이 거짓으로 작성하지 않았다는 것에 대한 선서를 해야 할 의무를 부담하게 되어 있습니다.

둘째, 채무자를 20일 이내의 감치(구속)에 처하게 할 수 있습니다. 재산명시명령을 송달받은 채무자가 정당한 사유없이 ⓐ 재산명시기일에 불출석하거나, ⓑ 재산목록의 제출을 거부한 경우, ⓒ 선서를 거부한 경우에는 법원의 결정으로 20일 이내의 감치에 처하게 할 수 있습니다. 문제는 감치재판의 개시여부가 법원의 재량에 맡겨져 있다는 것입니다. 그러나 채권자로서는 채무자를 감치에 처해야 할 사유가 있다고 판단되면, 법원에 감치재판신청을 해서 감치처분의 촉구를 구해 볼 필요가 있을 것입니다.[122] 법원에서 감치결정을 하게 되면, 채무자는 법원직원이나 교도관 또는 경찰관에 의하여 경찰서유치장이나 교도소 또는 구치소에 유치됨으로써 집행됩니다.

셋째, 채무자를 3년 이하의 징역이나, 500만원 이하의 벌금에 처하게 할 수 있습니다.

채무자가 제출한 재산목록이 허위일 경우, 예컨대, 채무자의 재산을 추적해 본 결과 재산목록에 기재하지 않은 재산이 발견된 경우라든가, 숨겨놓은 재산이 들통 난 경우에는 수사기관에 고소하여 형사처벌을 받게 할 수 있습니다.

넷째, 법원에 가서 채무자가 제출한 재산목록을 열람하거나 복사하여 채무자의 재산상태를 파악할 수 있습니다.

다섯째, 공공기관이나 금융기관에 채무자의 재산내역에 대한 조회를 신청하기 위한 전제, 즉 재산조회신청을 하기 위하여 반드시 거쳐야 하는 절차입니다.

여섯째, 채무불이행자명부에 등재시키기 위한 사유의 하나로서도 작용합니다.

여기에서 재산명시절차를 어떻게 신청하고, 신청 후에는 어떤 절차로 진행되는지 알아둘 필요가 있습니다.

첫째, 재산명시신청서를 작성하여 법원에 제출해야 합니다. 재산명시신청을 하려면 금전채권에 대한 집행권원을 가지고 있는 채권자가 재산명시신청서를 작성하여 채무자의 보통재판적이 있는 곳을 관할하는 지방법원 또는 지원에 제출해야 합니다. 시·군법원에서는 재산명시사건을 취급하지 않습니다. 재산명시신청을 하려면 집행력있는 판결정본과 사본을 각각 1통씩 가지고 가야 하는데, 판결정본만은 접수를 담당하는 법원직원이 그 진위여부를 확인한 후, 곧바로 반환해 줍니다. 또한 채무자의 주소지가 타지여서 우편으로 신청서를 접수할 경우에는 집행권원 정본과 함께 우표를 붙인 반송용 우편봉투(수신자의 주소 및 성명 기재 필요)도 함께 우송해야 할 것입니다.

둘째, 재산명시신청서가 접수되면 법원에서는 재산명시결정을 하여 채무자에게 송달하게 됩니다. 즉 재산명시신청이 있으면 법원에서는 채무자로 하여금 재산목록을 법원에 제출하라는 '재산명시결정'을 하고, 그 결정문을 채무자에게 송달하는 것입니다. 다만 이 결정문은 공시송달이나 우편송달(발송송달)의 방법으로는 송달을 실시할 수 없으며, 반드시 교부송달이나 보충송달 또는 유치송달의 방법에 의해야 합니다. 즉, 채무자가 직접 결정문을 받아볼 수 없는 상황이라면 더 이상 재산명시절차가 진행될 수 없고 각하가 이루어질 수밖에 없게 됩니다.[123)]

셋째, 재산명시결정에 대한 송달이 이루어진 후에는 재산명시기일이 지정되고, 아울러 명시기일 전에 재산목록을 제출할 것을 명하게 됩니다. 즉, 재산명시명령이 채무자에게 송달되고, 이에 대하여 채무자로부터의 이의가 없을 경우에는, 법원은 '재산명시기일'을 정하여 채무자로 하여금 법원에 출석하게 할 것을 요구하는 한편, 빈공란으로 된 재산목록을 채무자에게 송부하여 명시기일 전에 그 목록을 작성해서 제출하도록 하고 있습니다. 채무자가 재산명시기일 전 또는 재산명시기일에 제출해야 할 재산목록에는 주어진 양식에 따라 ⓐ 강제집행의 대상이 되는 부동산, 동산, 채권 등의 재산, ⓑ 재산명시명령이 송달되기 전 1년 이내에 한 부동산의 유상양도, ⓒ 재산명시명령이 송달되기 전 1년 이내에 배우자, 직계혈족, 4촌 이내의 방계혈족과 그 배우자, 배우자의 직계혈족과 형제자매에게 한 부동산 이외의 재산의 유상양도, ⓓ 재산명시명령이 송달되기 전 2년 이내에 채무자가 한 재산의 무상처분 등을 기재해야 합니다.

넷째, 채무자는 재산명시기일에 출석한 후 선서하고 재산관계에 대한 진술을 해야 합니다. 즉 재산명시기일에 채무자는 출석해서 그가 제출한 재산목록이 거짓이 아니라는 것에 대한 선서를 한 후 재산목록에 기재된 것을 근거로 재산관계에 대한 진술을 해야 합니다. 채권자는 재산명시기일에 출석을 해도 되고 안해도 됩니다.

다섯째, 채권자는 채무자가 제출한 재산목록을 열람 또는 복사할 수 있습니다. 채무자가 법원에 제출한 재산목록에 대하여 재산명시신청을 한 채권자는 언제든지 열람이나 복사신청을 할 수 있고, 그 외의 다른 채권자는 집행력 있는 정본이나 집행을 개시함에 필요한 문서를 첨부함으로써 열람이나 복사신청을 할 수 있습니다. 채권자가 재산명시신청서를 제출한 때부터 이러한 목록을 받아 보기까지는, 법원에 따라 다소 차이는 있겠지만, 약 2개월 정도 소요됩니다.

한편 재산명시신청을 여러 번에 걸쳐 재신청할 수 있는지 문제됩니다. 이에 관하여는 특별한 제한이 없으므로 여러 번에 걸쳐 재신청할 수 있으나, 재산명시신청이 기각되거나 각하된 경우에는 그 기각되거나 각하된 사유를 보완하지 않으면 동일한 집행권원으로 재신청할 수는 없습니다.

이에 귀하께서도 법원에 재산명시를 신청해서 채무자로 하여금 재산목록을 제출토록 하고 그 열람·복사를 통하여 일차적으로 채무자의 재산을 찾아볼 수 있을 것입니다. 다만 이 제도는 채무자로 하여금 자발적으로 본인이 가지고 있는 재산을 법원에 신고하라는 것이어서 채무자가 거짓의 재산목록을 제출한 경우도 있을 것이므로 그리 큰 실익은 없을 것이지만, 등록된 채무자의 재산을 찾기 위한 다음의 절차로서 재산조회신청을 하기 위한 전제로 되어 필수적인 절차에 해당되므로 그 실익이 있다고 할 것입니다. 즉 채무자가 재산목록 자체를 제출하지 않거나, 제출하더라도 재산을 숨기거나 허위의 재산목록을 제출한 것이 의심스러운 경우에는 이러한 재산명시절차를 거친 후 재산조회를 신청할 수 있는 것입니다.

[사례 3·1·20] 채무자의 등록된 재산을 찾기 위한 절차로서 재산조회신청제도

문 저는 채무자 甲에게 받을 돈이 있어서 확정판결을 받은 후 채무자의 재산을 찾기 위해 재산명시신청까지 했는데, 재산명시절차에서 채무자는 가진 재산이 하나도 없다고 재산목록을 작성해서 제출했습니다. 그러나 제가 보기에 무엇인가 숨겨 놓은 재산이 있는 것 같은데, 재산명시절차 후의 절차에 관하여 박사님께 문의드리고 싶습니다.

답 예, 귀하께서 문의하신 사항은 재산조회절차와 관련됩니다. 일반 채권자로서는 채무자가 은행이나 보험회사에 아무리 많은 예금이나 보험을 가입해 놓고 있어도 이를 찾기가 쉽지 않을 것이고, 또한 아무리 많은 땅이나 건물을 소유하고 있어도 그 소재지를 알기 힘들 것이므로, 이를 추적한다는 것은 하늘의 별 따기나 마찬가지일 것입니다.

이러한 채권자의 애로사항을 감안하여 민사집행법이 제정되면서 마련된 제도가 재산조회신청제도입니다. 재산조회신청제도란 재산명시절차를 거친 채권자가 법원에 신청해서 금융기관이나 공공기관 또는 단체 등으로 하여금 채무자의 재산 내역을 법원에 제출토록 함으로서 채무자의 재산을 조회할 수 있도록 하는 제도를 말합니다. 쉽게 말하면 재산명시신청제도는 채무자로 하여금 본인의 재산 내역을 자진해서 법원에 신고하라는 것이고, 재산조회신청제도는 채무자의 재산 내역을 관리하고 있는 각종 금융기관 등으로 하여금 채무자의 재산내역을 법원에 신고하라는 제도라고 보면 됩니다.

재산조회신청을 하기 위해서는 일정한 요건이 필요합니다. 즉 재산조회신청을 하려는 채권자로서는 확정판결 등을 받고 나서 먼저 재산명시절차를 거쳐야 합니다. 이는 재산명시신청을 한 채권자만이 재산조회를 신청할 수 있기 때문입니다(민사집행법 제74조 제1항). 그리고 재산명시절차에서 채무자에게 다음과 같은 사유 중 어느 하나에 해당되면 재산조회신청이 가능합니다. 즉,

① 재산명시절차에서 채무자가 도망·소재불명 등으로 재산명시명령을 송달할 수 없는 경우
② 채무자가 재산명시기일에 불출석한 경우
③ 채무자가 재산명시기일이 출석하였더라도 재산목록을 제출하지 않은 경우
④ 재산명시절차에서 채무자가 허위의 재산목록을 제출한 경우
⑤ 재산명시절차에서 채무자가 명시선서를 거부한 경우
⑥ 재산명시절차에서 채무자가 제출한 재산목록만으로는 집행채권의 만족을 얻기에 부족한 경우

그렇다면 재산조회절차에서 채무자의 재산을 조회할 수 있는 기관과 조회가능한 재산이 무엇인지 궁금할 것입니다. 이는 채무자의 재산 내역을 보관하고 있는 공공기관, 금융기관, 단체 중 채권자가 선정한 기관·단체에서 전산망으로 관리하고 있는 채무자 명의의 재산입니다. 물론 채무자 명의의 재산에 대해서만 조회가 가능할 것이므로 채무자가 재산을 가족이나 친척의 명의로 돌려놓는 경우에는 속수무책일 것입니다.

여기에서 재산조회를 신청하는 방법과 재산조회의 과정에 관하여 알아볼 필요가 있습니다.

첫째, 재산조회신청서를 작성해서 재산명시절차의 관할법원, 즉, 채무자의 보통재판적이 있는 곳을 관할하는 법원에 제출해야 합니다(민사집행법 제74조 제1항). 시·군법원에서는 재산명시사건을 관할하지 않으므로 재산조회신청을 할 수 없습니다. 재산조회신청서의 서식은 대법원인터넷 사이트의 전자민원센터에서 다운받을 수 있는데, 그 재산조회신청서의 별지로서 제공된「조회대상기관 및 조회대상재산」서식에 따라 조회할 대상 기관을 임의로 선택하면 됩니다. 신청서에는 1,000원의 인지를 붙여야 하고, 조회기관별로 5,000원 ~20,000원 상당의 조회비용을 예납해야 합니다.[124]. 또한 채무자의 재산을 추적하는 것이므로 채무자의 주소와 주민등록번호 등 채무자의 인적사항에 관한 자료도 함께 제출해야 할 것입니다.[125]

둘째, 재산조회신청이 정당하다고 인정할 때에는 법원은 재산조회를 실시하게 됩니다. 법원에서는 재산조회시스템을 이용하거나, 우편제도를 이용하여 채권자가 선정한 조회대상기관에 의뢰해서 재산내역을 법원에 제출토록 함으로써 재산조회를 실시하게 됩니다.

셋째, 재산조회를 받은 기관장이나 단체장은 조회회보서를 법원에서 정한 날까지 재산조회시스템 등을 통해서 법원에 제출해야 합니다.

넷째, 재산조회회보가 법원에 제출되어 사건이 종결되면, 법원은 조회회보서를 제출한 기관에 대하여 조회비용을 지급하고, 예납된 비용에서 잔액이 남아 있는 때에는 이를 신청인에게 환급해 줍니다.

다섯째, 신청인은 신청일로부터 약 4주 후에 재산조회결과를 열람할 수 있고, 그 도착여부를 대법원 인터넷을 통해서 확인할 수 있습니다. 법원에서는 별도로 그 도착여부에 관하여 통보해 주지 않으므로 채권자가 스스로 재산조회회보가 도착했는지 여부를 확인해야 합니다.

여섯째, 신청인은 법원에 방문하거나 우편으로 신청해서 재산조회 결과를 열람하거나 복사할 수 있습니다. 재산조회결과는 재산명시절차의 재산목록에 준하여 관리하게 되어 있으며, 재산조회신청인은 물론 재산조회신청인이 아니더라도 강제집행을 개시할 수 있는 채권자라면 이를 열람하거나 복사할 수 있습니다.[126] 보통 재산조회를 신청해서 그 결과를 알아볼 수 있는 기간까지는 약 2개월 정도가 소요됩니다.

이에 귀하께서 재산명시절차를 거쳤다고 하니, 이러한 재산조회신청을 통해서 채무자 甲의 등록된 재산을 추적할 수 있을 것입니다. 다만 재산조회신청시에는 모든 공공기관이나 금융기관을 대상으로 조회를 신청하게 되면 그 비용이 만만치 않을 것이므로 채무자의 재산이 있을 법한 공공기관이나 금융기관만을 선택해서 조회신청을 하는 것이 현명할 것으로 보입니다. 주로 채무자의 주소지를 중심으로 그 지역에 소재한 금융기관과 농협·수협, 국내 대형 은행 및 보험사, 특별시·광역시·도, 법원행정처, 우체국 정도만 조회대상으로 하면 어떨까 싶습니다.

[사례 3·1·21] 채무자를 신용불량자로 만들기 위한 절차로서 채무불이행자명부등재신청제도

문 저는 채무자 甲에게 빌려준 돈이 있어 확정판결을 받아 놓은지 벌써 1년이 다 되어 갑니다. 그런데 채무자 甲은 돈이 없어 못 갚는다는 주제에 지금도 자기 부인 명의의 고급차를 몰고 다니면서 돈 있는 행세를 하고 있습니다. 이에 괘씸해서 채무자 甲을 혼내 주고 싶은데, 다른 방법이 없는지 박사님께 문의드리고 싶습니다.

답 예, 귀하께서 화나실만도 하겠습니다. 이런 경우에 고려할 만한 제도가 채무불이행자명부등재제도입니다. 채무불이행자명부등재제도란 채무자가 금전의 지급을 명하는 확정판결 등을 받은 후 또는 공증을 해준 후 그 지급일로부터 6개월이 경과하도

---

122) 다만, 채권자에게 이러한 감치재판신청권이 있는 것은 아니며, 법원으로 하여금 직권발동을 촉구하는 의미가 있을 뿐이지만, 그래도 신청하지 않는 것보다는 나을 것입니다.

123) 다만 위와 같이 채무자에의 송달불능으로 인한 재산명시신청에 대한 기각결정은 다음 절차인 재산조회절차를 진행하는데 있어서는 지장이 되지 않습니다.

124) 다만 과거의 재산조회를 신청하는 경우에는 2배액을, 협회 등의 장에게 재산조회를 하는 경우에는 4배액을 예납해야 합니다.

125) 다만 채무자의 주민등록초본을 재산조회신청 전에 떼기는 곤란할 수 있으므로 일단 법원에 재산조회신청서만 제출한 후 나중에 법원으로부터 주소보정명령이 나오면 그 주소보정명령을 시·구·읍·면·동사무소에 가서 채무자의 주민등록초본을 뗀 후 보정하면 될 것입니다.

126) 이때 열람·출력은 신청 1건마다 500원, 출력물의 교부는 1장마다 100원이 소요됩니다. 다만 재산조회사건의 당사자는 열람·출력의 수수료가 면제됩니다.

록 채무를 이행하지 않거나, 채권자가 신청한 재산명시절차에서 명시기일에 불출석·재산목록제출 거부·선서거부 또는 허위의 재산목록을 제출한 경우에 채무자의 신청과 법원의 결정에 의하여 이러한 채무자에 대한 인적사항을 시·구·읍·면에 통보하여 공개적으로 망신시키고, 금융기관에도 통보하여 신용불량자 내지 연체자로 등록시킴으로써 신용거래도 하지 못하도록 하는 제도를 말합니다. 이와 같이 채무불이행자로 등재된 자는 그 부본이 채무자 주소지의 시·구·읍·면과 전국은행연합회의 장에게 통보되어 사무실에 비치되거나 전산망에 등록됨으로써 금융기관과 신용거래를 하지 못하고 신용카드를 사용하거나 할부거래도 할 수 없는 불이익이 따르게 되는 것입니다.

그렇다면 어떻게 하면 채무자를 채무불이행자명부에 등재시킬 수 있을까요? 그 신청부터 등재까지 순서에 따라 살펴보면 아래와 같습니다.

첫째, 채무불이행자명부등재신청서를 작성해서 관할법원에 제출해야 합니다. 신청서에 첨부할 서류로는 확정판결 등 집행권원이나 명시기일조서등본 등을 소명자료로 제출하면 됩니다. 다만, 법원에서 신청서를 접수할 때에는 집행권원 정본과 신청서에 첨부된 집행권원 사본을 대조한 후 그 정본을 돌려주는 절차를 거치게 되므로 집행권원 정본도 함께 첨부해야 하며, 채무자의 주소지가 타지여서 우편으로 접수할 경우에는 집행권원 정본과 함께 우표를 붙인 반송용 우편봉투(성명 및 주소 기재 필요)도 함께 우송해야 합니다.

둘째, 신청서는 채무자의 보통재판적이 있는 곳의 법원에 제출해야 합니다. 다만 재산명시기일에 채무자의 불출석 등의 사유로 신청하는 경우에는 재산명시절차를 실시한 법원에 제출하도록 되어 있지만, 재산명시절차도 채무자의 보통재판적이 있는 곳의 법원이 관할하게 되므로 결국 채무자의 주소지 등의 관할법원에 제출하면 될 것입니다.

셋째, 채권자의 등재신청에 대하여 정당한 사유가 인정되는 때에는 법원은 채무자에 대하여 채무불이행자명부에 등재하는 결정을 하게 되고, 그 결정을 채권자 및 채무자에게 고지하게 됩니다.

넷째, 채무불이행자명부가 작성되면 법원은 그 명부를 해당 법원에 비치하고, 그 부본을 채무자 주소지의 시·구·읍·면에 보내어 누구든지 그 명부를 열람하거나 복사할 수 있게 하며, 또한 전국은행연합회의 장에게도 그 부본을 보내거나 전자통신매체 등으로 그 내용을 통지하여 신용불량자나 불량거래자로 등재토록 함으로써 금융거래시 불이익을 받게 할 수 있습니다. 다만, 채무불이행자명부에 오른 다음 해부터 10년이 경과되거나, 변제 등으로 채무가 소멸하였다는 증명이 있을 때에는 법원은 직권 또는 채무자의 신청에 의하여 채무불이행자명부에서 말소하는 결정을 하게 됩니다.

[사례 3·1·22] 판결이 나온 후에도 재판을 질질 끌기 위해 상소를 제기한 피고에 대해 조속한 강제집행을 하기 위한 가집행신청제도

문 저는 오래 전에 사업상 알게 된 甲에게 돈을 빌려준 적이 있었는데, 지급일이 지난 후 수차례에 걸친 변제독촉에도 불구하고 이 핑계 저 핑계만 대면서 변제하지 않음에 도저히 참을 수 없어 소송을 제기하게 되었고, 제1심에서 가집행선고가 붙은 승소판결을 받았습니다. 그런데 甲은 조금이라도 강제집행을 지연시키고자 하는 의도가 있는지는 몰라도 뻔한 소송에서 항소를 제기해 놓은 것입니다. 저는 괘씸해서 한시라도 빨리 甲의 재산에 대해 경매를 시켜 본때를 보여주고 싶은데, 그 방법을 몰라서 박사님께 문의드리는 바입니다.

답 빌려준 돈 등과 같은 금전채무에 대해 채무자가 이를 이행하지 않는 때에는 채권자로서는 부득이 확정판결을 받아서 채무자의 재산을 경매시켜 채권을 회수해야 할 것입니다. 그런데 확정판결을 받기까지는 채무자의 상소 여부에 따라 제1심, 항소심, 상고심까지 거쳐야 하는 관계로 오랜 시간이 소요되기 마련이고, 채무자가 이를 악용해서 강제집행을 지연시키고자 상소권을 남용하는 경우가 많습니다.

이에 법에서는 승소한 채권자의 신속한 권리실현과 패소한 채무자의 상소권에 대한 악용을 방지코자 판결이 확정되기 전의 미확정의 종국판결에 대하여도 미리 집행력을 부여하는 재판을 할 수 있도록 하고 있는데, 이를 가집행선고제도라고 합니다. 보통은 채권자가 소를 제기할 경우 청구취지에 "가집행할 수 있다."라는 문구를 기재하여 가집행선고를 청구하면, 법원에서는 특별한 사유가 없는 한 이를 허가하고, 판결주문에 가집행을 선고하는 방식으로 집행력을 부여하고 있습니다. 가집행선고는 국가를 피고로 하는 소송의 판결의 경우에도 가능합니다.

가집행선고는 주로 재산권에 관한 이행판결을 대상으로 하며, 특별한 사유가 없는 한 형성판결이나 확인판결에는 선고할 수 없습니다(대판 1966.1.25. 65다2374). 다만 이행판결이라도 이혼과 동시에 재산분할판결을 선고하는 경우나 소유권이전등기를 명하는 판결과 같이 의사의 진술을 명하는 판결의 경우에는 가집행선고를 붙일 수 없습니다.

법원에서 가집행을 선고할 경우에는, 어음·수표금에 관한 판결의 경우를 제외하고는, 원고로 하여금 담보를 제공하도록 할 수 있고, 채무자에 대해서는 채권전액을 담보로 제공하면 가집행을 면제받을 수 있도록 하는 선고를 할 수 있습니다. 전자를 담보부가집행선고라고 하고 후자를 가집행면제선고라고 합니다. 채무자가 담보를 제공하면 이는 집행정지·취소사유에 해당됩니다(민사집행법 제49조 제3호, 제50조 제1항).

이러한 가집행선고에 대하여는 독립하여 상소할 수 없으므로 이에 대하여 이의가 있으면 본안판결과 함께 불복해야 합니다. 가집행선고는 그 자체로 즉시 집행력이 발생하며 또한 그 자체가 집행권원이 되는 것으로서 상소가 제기된다고 해서 그 집행력이 정지되지 않습니다. 가집행선고로 인한 집행력을 정지시키려면 별도의 강제집행정지신청을 통한 정지결정을 받아야 합니다(민사소송법 제501조, 제502조).

그렇다면 가집행에 의한 집행의 효력은 어느 정도까지 있을까요? 가집행은 가압류·가처분과 같이 임시적인 집행보전에 그치는 것이 아니라 상급심에서 가집행선고 있는 본안판결이 취소되지 않는 한 확정판결에 기한 본집행과 같이 종국적인 권리의 만족에 이를 수 있습니다. 채무자가 항소한 결과 상급심에서 가집행선고 있는 본안판결이 바뀌거나 가집행선고만이 바뀌어서 그 효력이 상실된 경우에도 가집행선고의 실효는 기왕에 소급하지 않고 장래를 향해서만 효력이 인정됩니다. 따라서 아직 집행이 종료되기 전이라면 집행에 대한 정지·취소절차를 밟아 집행을 정지시키거나 취소시킬 수 있을 것이지만, 이미 집행이 종료된 경우에는 그 효력에 영향이 없습니다(대판 1993.4.23. 93다3165). 다만 채권자는 가집행선고의 실효로 인한 원상회복(부당이득반환) 및 손해배상책임(불법행위책임)을 부담하게 될 뿐입니다. 이때 피고가 원상회복 및 손해배상을 청구하는 방법으로는 원고를 상대로 별소를 제기하는 방법과 상소심절차에서 본안판결의 변경을 구하면서 병합하여 원상회복 등의 청구를 하는 방법이 있습니다. 후자의 경우는 후발적 병합소송의 일종으로서 실무상 이를 가지급물반환신청이라고 합니다.

따라서 귀하께서는 가집행선고 있는 제1심 종국판결문에 의하여 채무자 甲의 재산에 대해 강제집행을 실시할 수 있을 것으로 보이므로 위에서 살펴본 바와 같은 가집행절차를 밟으시면 될 것입니다.

[사례 3·1·23] 경매의 대상이 될 수 있는 목적 부동산의 범위

문 저는 대여금에 관한 확정판결을 가지고 있는데, 채무자 甲이 판결이 난 이후에도 채무를 갚지 않고 있어서 甲 소유의 부동산이나 그 정착물에 대하여 경매를 시키고자 합니다. 그런데 부동산이나 그 정착물이라고 해서 모두 경매를 시킬 수 있는 것이 아니고 그 대상에 제

한이 있다고 하는데, 경매의 대상이 되는 부동산 및 그 정착물의 종류에 관하여 박사님께 자세한 설명을 듣고 싶습니다.

답 예, 귀하의 말처럼 모든 부동산이나 그 정착물이 경매의 대상이 되는 것은 아닙니다. 이에 경매의 대상으로 되는 부동산 및 그 정착물에는 어떤 것들이 포함되는지 알아둘 필요가 있는데, 여기에서는 주위에서 쉽게 찾아볼 수 있는 채무자의 부동산 및 그 정착물 중 몇 가지와 각각의 특징적 사항에 관하여 살펴보기로 하겠습니다.

첫째, 토지가 있습니다. 토지는 독립하여 경매의 대상이 됩니다. 토지의 정착물 중에서 독립된 부동산으로 취급할 수 없는 돌담, 논두렁, 도랑, 다리 등은 토지와 운명을 같이 하기 때문에 독립하여 경매의 대상이 되지 않고, 토지가 경매되면 새로운 낙찰자에게 그 소유권이 넘어가게 됩니다.

둘째, 건물입니다. 건물이 독립된 부동산으로 인정되어 경매의 대상이 되려면 최소한 기둥과 지붕 그리고 주벽이 갖추어져 있어야 합니다(대판 2001.1.16. 2000다51872). 그렇지 않는 경우에는 개개의 건축자재 등에 대하여 유체동산경매절차에 따라 집행을 하는 수밖에 없습니다. 공장재단이나 광업재단을 구성하고 있는 개별부동산에 대하여는 독립하여 경매를 시킬 수 없습니다(공장저당법 제18조, 광업재단저당법 제5조).

셋째, 수목의 집단입니다. 수목을 법적인 개념으로 분류하여 보면, ① 개개의 수목(예, 정원수, 집안의 과수, 임야에 있는 수목 몇 그루), ② 명인방법을 갖춘 수목의 집단(예, 새끼줄로 빙 둘러 치거나, 군데군데 팻말을 붙여 누구의 것인지 알 수 있도록 표시하여 놓은 수목의 집단), ③ 소유권보존등기가 된 수목의 집단(입목에 관한 법률), ④ 명인방법도 되어 있지 않고, 소유권보존등기도 되어 있지 않은 수목의 집단을 들 수 있는데, 이 중에서 개개의 수목 및 명인방법이나 소유권보존등기가 되어 있지 않은 수목의 집단은 독립하여 경매를 신청할 수 없으며, 이는 토지소유권과 그 운명을 같이합니다. 따라서 수목 중에서는 명인방법을 갖춘 수목의 집단과 소유권보존등기가 되어 있는 수목의 집단만이 독립하여 경매의 대상이 됩니다.

넷째, 1개월 내에 수확할 수 있는 과실입니다. 과일나무에서 이미 따낸 과실은 유체동산에 해당되기 때문에 유체동산강제집행의 대상이 됩니다. 문제는 나무에 붙어 있는 과실의 경우입니다. 과일나무에 붙어 있는 과실의 경우에는 그것이 1개월 내에 수확할 수 없는 경우에는 나무의 소유권과 운명을 같이하기 때문에 그 과실만을 독립하여 경매시킬 수는 없습니다. 그러나 그것이 1개월 내에 수확할 수 있는 경우라면 나무와는 별개의 유체동산으로 취급을 받게 되고 따라서 과실수취권자를 채무자로 하여 유체동산에 대한 강제경매가 가능합니다(민사집행법 제189조 제2항 제2호).

다섯째, 토지나 건물의 지분에 관한 경매입니다. 토지나 건물이 공유로 되어 있는 경우(예, 갑 1/2, 을 1/2)에는 그 공유지분에 대하여도 독립하여 강제경매를 시킬 수 있습니다. 주의할 것은, 공유지분에 대한 경매란 등기부등본상의 공유지분 자체를 경매시킨다는 의미이지, 토지나 건물 자체를 공유지분 만큼 떼어내어 경매를 시킨다는 의미가 아니라는 점입니다. 이러한 공유지분에 대한 강제경매가 이루어지면 공유지분 자체가 그 권리자로부터 매수자에게 이전등기(예, 갑 1/2 → 병 1/2)가 되는 것입니다.

이에 귀하께서는 위 경매목적이 되는 부동산과 그 정착물에 관하여 숙지하신 후 채무자에게 이러한 경매대상 부동산이나 그 정착물이 있는 경우에는 이에 대하여 경매를 시킬 수 있을 것으로 보입니다.

[사례 3·1·24] 경매에서 매수인이 취득하게 될 경매목적물의 범위

문 저는 시골에서 남의 집을 빌려 농사를 지으면서 살고 있는데, 평상시 꼭 사고 싶었던 인근의 2층 단독주택이 경매로 나왔습니다. 그 주택은 단장을 잘 했던지 정원석이나 정원수도 많고 과일나무도 많이 심어져 있습니다. 이에 경매에 참가하여 매수하고 싶은데, 경매로 위 주택을 낙찰받은 경우 거기에 딸린 정원석이나 정원수 또는 과일나무 모두를 제가 소유할 수 있는지 궁금해서 박사님께 문의드리고 싶습니다.

답 경매에서 어떤 부동산을 매수하려고 보면 그 대상인 토지나 건물에 덤으로 붙어 있는 것들이 많습니다. 예컨대 귀하의 문의 사항과 같은 수목이나 고가의 정원석, 정원수, 또는 미등기의 부속건물 등이 그것입니다.

경매에서는 이들에 대한 소유권과 관련하여 전 소유자와 분쟁이 일어나는 경우가 비일비재합니다. 매수인이 취득하게 될 목적물의 범위는 원칙적으로 압류의 효력이 미치는 범위와 거의 일치하며, 이는 매각부동산의 감정평가의 대상과도 대부분 일치합니다(압류의 효력이 미치는 물적 범위 ≒ 감정평가의 대상 ≒ 매수인이 취득할 물적 범위). 이에 관하여 아래에서 구체적으로 살펴보기로 하겠습니다.

첫째, 부합물입니다. 부합물이란 소유자를 달리하는 수개의 물건이 결합하여 1개의 물건이 되는 것을 말하는 것으로서, 정원석, 석등, 수목(정원수 등), 돌담, 논둑, 교량, 도랑, 도로의 포장, 지하굴착공사에 의한 지하구조물, 유류저장탱크, 건물의 증축, 개축되는 부분(독립된 구분소유권의 객체로 되지 않는 경우) 등을 말하는데(민법 제256조, 제257조), 부합물은 경매의 매수인이 취득하는 경우와 그렇지 못한 경우가 있습니다. 즉 종전 소유자가 부속시킨 부합물은 원칙적으로 매수인이 그 소유권을 취득하게 됩니다. 그러나 종전 소유자 아닌 제3자가 자기의 권원(지상권, 전세권, 임차권 등)에 의하여 부속시킨 부합물은 원칙적으로 매수인이 그 소유권을 취득하지 못합니다. 다만, 종전 소유자 아닌 타인이 그 권원에 의하여 부속시킨 부합물이라도 그 부속물이 「독립성」을 갖지 못하고 부동산의 구성 부분이 되어 버린 경우(예, 아파트 도배, 장판)에는 매수인이 소유권을 취득하게 됩니다(대판 1975.4.8. 74다1743). 또한 수목 중에서 등기된 '입목'과 '명인방법'을 갖춘 수목의 집단에 대하여도 토지의 매수인이 그 소유권을 취득하지 못하며, 그 소유권은 여전히 해당 수목의 소유자에게 남아 있게 됩니다.

둘째, 종물입니다. 종물이란 물건(주물)의 소유자가 그 물건의 상용(常用)에 제공하기 위하여 자기소유의 다른 독립된 물건을 부속시킨 경우에 그 부속물을 말하는 것으로서, 가재도구 등의 보관장소로 사용되고 있는 딴 방, 창고, 화장실, 목욕탕 등 부속건물, 보일러시설, 정화조, 지하수펌프, 전화교환설비, 양수시설 등 종전 소유자가 부속시킨 물건을 말하는데(민법 제100조), 이러한 종물은 경매의 매수인이 그 소유권을 취득하게 됩니다. 경매대상인 건물과 부합관계나 종물관계에 있지 않는 「독립된 건물」에 대하여는, 그것이 경매대상 건물과 동일 지번상에 존재하거나 건축물대장에 부속건물로 기재되어 있는 경우라고 하더라도, 건물의 매수인이 그 소유권을 취득하지 못하며, 이러한 독립된 건물이 부합물이나 종물로 오인되어 평가가 이루어지고 경매가 진행되었다고 하더라도 매수인이 그 소유권을 취득하지 못합니다(대판 1988.2.23. 87다카600).

셋째, 미분리의 과실입니다. 포도·사과·배·감 등의 과실, 벼·보리·감자 등의 농작물, 엽연초 등이 여기에 해당되는데, 이러한 미분리의 과실(나무 등에 달려 있는 과실)에 대하여는 경매로 수목이나 토지의 소유권을 취득한 자에게 그 소유권이 귀속됩니다. 다만 미분리의 과실 중 '명인방법'을 갖춘 경우에는 토지의 매수인이 그 소유권을 취득하지 못하며, 명인방법을 갖춘 소유자에게 귀속됩니다. 매각허가결정시까지 1개월 이내에 수확할 수 있는 과실에 대하여는 유체동산으로 취급되므로(민사집행법 제189조 제2항 제2호), 매각허가결정 전에 과실수취권자의 채권자가 유체동산강제경매를 신청하여 매각이 이루어진 경우에는 경매로 토지의 소유권을 취득한 자가 그 소유권을 취득하지 못할 수도 있습니다.

넷째, 농작물입니다. 농작물 중에는 어느 정도 성숙해서 독립된 물건으로서 실체를 갖춘 경우도 있을 것이고, 이제 갓 심어서 아직 성숙되지 않는 것도 있을 것입니다. 후자에 대하여는 반대의 견해가 있기는 하지만 판례는 전자나 후자 모두 경작자에게 귀속된다는 입장에 서 있는 것 같습니다. 즉 적법한 경작권 없이 타인의 토지를 경작하였더라도 그 경작한 농작물이 성숙하여 독립한 물건으로서 존재를 갖추었으면 그 농작물의 소유권은 경작자에게 귀속하는 것이라고 하고 있으며(대판 1963.2.21. 62다913, 1968.3.19. 67다2729, 1969.2.18. 68다906, 1979.8.28. 79다784, 1965.7.20 65다874, 1967.7.11. 67다893, 1968.6.4. 68다613·614), 심지어 4~5㎝에 불과한 모자리와 같은 미성숙의 농작물에 관하여도 같은 원리를 적용하고 있는 것으로 보입니다(대판 1969.2.18. 68도906). 여기의 농작물에는 입도(벼), 모자리(모), 소자(약초), 양파, 마늘, 고추 등 각종 농작물이 모두 포함되지만 수목은 포함되지 않습니다. 이러한 판례에 의할 경우 농작물은 경작자의 소유에 속한다고 보이므로(불법 경작물도 마찬가지임), 농작물과 토지는 별개로 취급되고, 따라서 토지를 경매로 매수하였다고 해서 그 위의 농작물까지 소유권을 취득하는 것은 아니라고 할 것입니다. 그러나 아무리 그렇더라도 파종만 해놓은 상태에서는 농작물이라고 하기 힘들 것이므로 농작물로서 보호를 받지 못할 것이고 이는 토지에 부합되는 것으로서 매수인에게 귀속된다고 봅니다.

이에 귀하께서도 경매기록을 열람해 보시고 주택 이외에 어느 범위까지 취득할 수 있는지를 검토하신 후 경매에 참여하시기 바랍니다.

[사례 3·1·25] 주택을 경매로 매수한 경우에 그 내부에 소재한 정원석과 정원수에 대해서도 그 소유권을 취득할 수 있는지

문 저는 최근에 경매로 주택 한 채를 낙찰 받았습니다. 그 집에는 대리석으로 예쁘장하게 깎아 세운 정원석 다섯 개와 향나무로 된 정원수 한 그루가 있었습니다. 저희들은 그 집으로 이사를 가서 집도 수리하고 정원도 단장해서 이제 막 새 살림을 시작하려던 참이었는데, 며칠 전에 그 집을 경매로 빼앗긴 종전 주인 甲이 나타나서 그 정원수와 정원석은 자기가 평소 애지중지하던 유체동산이어서 자기 것이라고 주장하며 가져가려고 합니다. 법으로 가면 그 소유권 관계가 어떻게 될지 박사님의 고견을 듣고 싶습니다.

답 보통 수목이나 돌은 특별한 약정이 없으면 토지의 구성부분이 되어 토지의 소유권에 붙어 다닌다고 보면 됩니다. 다만, 수목의 경우에는 '입목에 관한 법률'에 의하여 등기된 수목의 집단이거나, 명인방법을 갖춘 수목의 집단인 경우에는 토지와는 별개로 취급되어 거래되는 경우가 있습니다.

따라서 귀하의 사안처럼, 등기가 되어 있거나 명인방법이 갖추어지지 않은 정원수는 원칙적으로 주택의 대지와 독립된 별개의 물건이 아니라, 그 대지의 구성부분이 되어 주택 및 대지의 소유권에 붙어 다닌다고 보면 됩니다. 판례도 경매의 대상인 토지 위에 생립(生立)하고 있는 채무자 소유의 미등기 수목은 토지의 구성부분으로서 특별한 사정이 없는 한 토지와 함께 경매되는 것이므로, 최저매각가격을 산정할 경우에도 그 수목의 가액을 포함하여 공고해야 한다는 취지로 판시하고 있습니다(대결 1998.10.28. 98마1817). 또한 고가의 정원석은 어느 정도 독립된 물건이라고 인정될 소지는 있으나, 이는 민법상 주택의 종물에 불과하다고 보이며, 따라서 특약이 없는 한 주택의 처분에 따라 그 운명이 결정된다고 할 수 있습니다.

결국 위 정원수와 정원석은 경매의 매수인인 귀하의 소유라 할 것이고, 따라서 甲의 말처럼 자기가 애지중지한 유체동산이기 때문에 자기 것이라고 주장하는 부분은 받아들여지지 않을 것으로 사료됩니다.

[사례 3·1·26] 강제집행의 대상이 되지 않는 금전채권

문 저는 생활이 곤궁해서 생활비에 쓰려고 돈을 조금 빌린 적이 있는데, 이를 제때 갚지 못했더니 채권자가 제 월급이 들어가 있는 일반 통장에 가압류를 해놓았습니다. 그래서 돈을 빼지 못하고 있는데, 구제할 수 있는 방법이 없는지 박사님께 문의드립니다.

답 채무자가 제3채무자에 대하여 일정한 금전채권을 가지고 있는 경우에도 채권자가 이에 대하여 그 종류를 불문하고 강제집행을 할 수 있는 것은 아니며, 그중에는 해당 금전채권의 성질상 또는 법령에 의한 제한에 의하여 압류할 수 없는 채권이 있습니다.

법적으로 압류가 불가한 채권으로는 아래와 같은 것들이 있습니다. 즉,

① 부양료 및 유족부조료

② 구호사업이나 제3자의 도움으로 계속 받는 수입

③ 병사의 급료

④ 근로자·공무원·교직원·군인의 급료·연금·봉급·상여금·퇴직연금·명예퇴직수당 그 밖에 이와 비슷한 성질을 가진 급여채권의 1/2(단, 급여가 150만원 이하인 경우는 전액 압류가 불가하고, 600만원을 초과한 경우에는 1/2 이하 부분도 일정 부분 압류가 가능함)[127]

⑤ 퇴직금 그밖에 이와 비슷한 성질을 가진 급여채권의 1/2

⑥ 주택임대차보호법상 최우선변제금액(동법 제8조)

⑦ 생명, 상해, 질병, 사고 등을 원인으로 채무자가 지급받는 보장성보험의 보험금(해약환급금 및 만기환급금 포함) 중 민사집행법 시행령 제6조에서 정한 범위 부분[128]
⑧ 채무자의 1월간 생계유지에 필요한 예금 등(적금·부금·예탁금·우편대체금 포함)으로서 150만원 이하 금액(민사집행법 시행령 제7조)[129]
⑨ 공무원·교직원·군인의 퇴직금·퇴직연금의 전액과 명예퇴직수당의 1/2
⑩ 공무원연금법에 의한 유족연금·유족보상금
⑪ 근로자의 산업재해보상금
⑫ 실업급여
⑬ 자동차손해배상보장법에 의한 피해자의 보험금청구권·보상청구권·가불금청구권
⑭ 국민건강보험급여를 받을 권리
⑮ 형사보상청구권·국가배상을 받을 권리
⑯ 노인복지법에 의한 수급권
⑰ 모·부자복지법에 의하여 금품을 받을 권리
⑱ 유류분반환청구권
⑲ 종신정기금채권
⑳ 상호계산에 편입된 채권(상법 제72조)
㉑ 수임인의 비용선급청구권(민법 제687조)
㉒ 국민연금법상의 각종 급여를 받을 권리 등

이러한 압류금지채권에 대해 채권자로부터 압류를 당한 채무자는 법원에 「압류금지범위변경신청」을 하여 압류를 풀어달라고 신청할 수 있습니다(민사집행법 제246조 제2항). 즉, 법원은 채권자나 채무자 등 당사자의 신청으로 채권자와 채무자의 생활형편, 그밖의 사정을 고려하여 압류명령의 전부 또는 일부를 취소할 수 있는 것입니다. 다만 위와 같은 압류금지채권으로 인하여 채무자의 보호보다는 오히려 채권자의 생계에 위협이 됨으로서 채권자를 보다 더 보호해 줄 필요성이 인정된다면 채권자는 압류금지의 범위를 축소해 달라는 「압류금지범위축소신청」을 법원에 할 수 있습니다.

주의해야 할 점은 이러한 압류금지채권이란 채무자가 제3채무자에 대하여 가지는 채권 그 자체를 대상으로 하는 것이지 위 압류금지채권이 채무자 명의의 통장에 입금된 후에는 그 돈에 꼬리표가 붙어 다니는 것이 아니므로 압류가 가능한 금전채권으로 변한다는 점입니다. 물론 이 경우라도 압류금지채권의 동일성이 유지된 채로 특정되어 있다면[130] 채무자는 법원에 「압류금지범위변경신청」을 해서 압류를 풀 수 있을 것이지만, 그 절차도 만만치 않을 뿐더러 매번 반복해서 그와 같은 절차를 밟는 것도 쉬운 일이

아닐 것입니다. 따라서 가급적이면 수급자전용통장을 만들어 입금시키도록 한다든가 현금으로 수령하는 방법 또는 입금 당일 인출하도록 하는 방법들을 나름대로 모색해 두는 것이 현명할 것입니다.

이에 귀하의 사건을 보건대, 일반 통장에 입금된 월급이 다른 돈과 혼용되어 있지 않고 급여로서 특정되어 있는 경우라면 위 ④항에 의거, 압류가 금지된 급여의 1/2 부분에 대해 압류금지범위변경신청을 함으로서 가압류를 풀 수 있을 것이고, 그렇지 않다면 위 제⑧항에 의거, 1개월분의 생계비에 해당되는 150만원 부분에 대해서만 압류금지범위변경신청을 통하여 가압류를 풀 수 있을 것으로 보입니다.

[사례 3·1·27] 근로자퇴직급여보장법에 의한 퇴직연금의 경우에도 그 1/2 부분에 대하여는 압류 및 추심명령이 가능한지

문 저희 회사 甲은 근로자에 대한 퇴직급여를 보장하기 위해 근로자퇴직급여보장법에서 정한 퇴직급여제도 중 확정급여형 퇴직연금제도를 설정하고 그에 따른 퇴직급여를 적립해 왔는데, 제 채권자 乙이 저희 회사 甲을 제3채무자로 해서 제 퇴직연금채권 중 1/2에 해당하는 금액에 관하여 채권압류 및 추심명령을 받았고, 그 후 저는 위 회사를 퇴사했습니다. 이러한 경

---

127) 단, 급여 중 150만원까지는 압류가 불가한 관계로 급여가 300만원 미만인 경우에는 150만원을 공제한 나머지 부분만 압류가 가능하며, 600만원을 초과한 경우에는 「300만원 + (임금의 1/2 - 300만원) × 1/2」의 공식에 의하여 산출된 금액을 초과한 부분은 압류가 가능합니다(민사집행법 제246조 제1항 제4호). 결국 정확히 급여의 1/2 부분이 압류가 되지 않는 급여의 수준은 300만원 이상~600만원 이하인 구간이라고 할 수 있을 것입니다.

128) 즉, ① 사망보험금 중 1천만원 이하의 보험금, ② 진료비·치료비·수술비·입원비·약제비 등 치료 및 장애 회복을 위하여 실제 지출되는 비용을 보장하기 위한 보험금 전액, ③ 치료 및 장애 회복을 위한 보험금 중 위 ②의 보험금을 제외한 보험금의 1/2, ④ 채권자가 채무자의 보험계약해지권을 대위행사하거나 추심명령 또는 전부명령을 받은 채권자가 해지권을 행사하여 발생하는 보장성보험의 해약환급금 전액, ⑤ 위 ④항 외의 사유로 발생하는 보장성보험의 해약환급금 중 150만원 이하 금액, ⑥ 보장성보험의 만기환급금 중 150만원 이하 금액을 말합니다(민사집행법 시행령 제6조 제1항). 만약 보장성보험의 보험금, 해약환급금 또는 만기환급금 채권을 취득하는 보험계약이 둘 이상인 경우에는 위 ①, ⑤, ⑥의 경우에는 보험계약별 사망보험금, 해약환급금, 만기환급금을 각각 합산한 금액에 대하여 해당 압류금지채권의 상한을 계산하며, ③, ④의 경우에는 보험계약별로 계산합니다.

129) 여기에서 1월간의 생계비로서 150만원 이하의 금전은 압류할 수 없는 물건에 속하는데(민사집행법 제195조 제3호), 그것이 여기의 예금 등의 금전에 해당하는 경우에는 둘을 합해서 150만원 이하 부분만 압류가 되지 않는 것임을 주의해야 합니다.

130) 예컨대, 압류된 통장이 일반 통장이더라도 거기에 입금된 압류금지채권이 다른 금전들과 혼용되어 있지 않고 구별될 수 있는 관계로 동일성이 그대로 유지된 경우에는 압류금지범위변경신청이 가능하다는 것입니다.

우 저는 줄곧 제 퇴직연금 중 1/2만 지급받을 수 있는 건가요?

답 채무자의 제3채무자에 대한 금전채권이 법률의 규정에 의하여 양도가 금지된 경우에는 특별한 사정이 없는 한 이를 압류하더라도 현금화할 수 없으므로 피압류적격이 없으며, 또한 이와 같이 채권의 양도를 금지하는 법률의 규정이 강행법규에 해당하는 이상 그러한 채권에 대한 압류명령은 강행법규에 위반되어 무효라고 할 것이어서 실체법상 효력이 발생하지 않으므로, 제3채무자는 압류채권의 추심금 청구에 대하여 그러한 실체법상의 무효를 들어 항변할 수 있습니다(대판 2000.7.4. 2000다21048).

근로자 퇴직급여제도의 설정 및 운영에 필요한 사항을 정함으로써 근로자의 안정적인 노후생활 보장에 이바지함을 목적으로 2005년 1월 27일 「근로자퇴직급여보장법」(이하 '퇴직급여법')이 제정되면서, 그 제7조에서 퇴직연금을 받을 권리에 대하여는 이를 양도할 수 없도록 금지하고 있고, 위 양도금지 규정은 강행법규에 해당한다고 볼 것입니다. 따라서 퇴직연금을 받을 권리에 대한 압류명령은 실체법상 무효이고, 제3채무자는 그 압류채권의 추심금 청구에 대하여 위 무효를 들어 지급을 거절할 수 있을 것입니다.

그런데, 민사집행법은 제246조 제1항 제4호에서는 퇴직연금 그밖에 이와 비슷한 성질을 가진 급여채권은 그 1/2에 해당하는 금액만 압류하지 못하는 것으로 규정하고 있습니다. 그렇다면 위 퇴직급여법과 민사집행법 중 어느 법률을 적용해야 할까요? 퇴직급여법과 민사집행법의 관계는 일반법과 특별법의 관계에 있고, 퇴직급여법이 특별법에 해당되므로 퇴직급여법이 우선적으로 적용된다고 할 것입니다. 따라서 퇴직급여법상의 퇴직연금채권은 그 전액에 관하여 압류가 금지된다고 보아야 할 것입니다(대판 2014.1.23. 2013다71180).

따라서 귀하께서는 귀하의 퇴직연금에 대한 채권자 乙의 압류 및 추심명령에 불구하고 그 전액을 지급받을 수 있을 것으로 보입니다.

[사례 3·1·28] 압류할 수 없는 유체동산의 범위

문 저는 사업상 진 빚 때문에 민사소송을 제기당하여 확정판결까지 나왔습니다. 제가 가진 재산이라고는 아무것도 없지만 유일하게 변변치 않은 집안 살림살이 정도가 있습니다. 그런데 이마저도 경매를 당할까봐 걱정입니다. 이에 집행관이 압류를 집행할 때 숟가락이나 밥그릇까지 모두 다 압류해버리는지 박사님께 문의드리고자 합니다.

답 통상적으로 채무자에게 받을 돈이 있고 달리 눈에 띄는 재산이 없다면 채권자로서는 마지막 수단으로 채무자 주소지의 살림살이와 같은 유체동산에 압류하는 것을 검토할 것입니다. 따라서 빚이 있는 채무자로서는 이 점을 감안해서 언제든지 살림살이에 압류가 들어올 수 있다는 것을 예상하고 집안에는 값비싼 물건을 두지 않도록 해야 할 것입니다. 집행관에 의한 압류집행은 채무자가 집에 없다고 해서 할 수 없는 것은 아니며, 열쇄공으로 하여금 문을 따게 해서 집안으로 들어가 압류딱지를 붙이는 것이기 때문에 채무자가 부재중이라면 압류딱지를 붙일 수 없겠지 하는 착각을 해서는 안됩니다.

그렇다면 채권자가 채무자의 주거지를 어떻게 알아내서 압류신청을 할 수 있을까요? 주로는 재산명시신청 등을 통해서 채무자의 주민등록초본을 떼어본 후 그 주소지가 채무자의 주거일 것으로 예상하고 일단 유체동산압류를 신청하는 경우가 태반일 것입니다. 따라서 혹여나 빚을 진 사람을 내 집에 함부로 주민등록을 해놓지 않도록 주의해야 합니다. 즉 집행관이 현장에서 입류딱지를 붙일 때 집주인이 그것은 채무자 소유의 물건이 아니고 다른 사람의 물건이라고 항변하더라도 일단 압류딱지를 붙이고 나서 나중에 진정한 소유자로 하여금 제3자 이의의 소를 통해 찾아가라고 할 것인데, 제3자 이의의 소를 통해서 자기의 물건을 찾아오는 절차는 만만치 않는 것이어서 가급적이면 채무자를 내 집에 들이지 않도록 하는 것이 현명하다는 것입니다.

그런데 채무자의 물건이라도 모든 물건이 압류의 대상이 되는 것은 아닙니다. 법에서는 채무자에 대한 최소한도의 생계를 보장해주기 위하여 압류를 할 수 없는 물건에 대하여 명시해 두고 있습니다. 즉, 아래와 같은 것들에 대해서는 압류를 할 수 없는 것입니다(민사집행법 제195조).

① 생활에 필요한 의복·침구·가구·부엌기구 등 생활필수품
② 2월간의 식료품·연료 및 조명재료
③ 1월간의 생계비로서 150만원 이하의 현금·금전
④ 농업인에게 필수적인 농기구·비료·가축·사료·종자 등
⑤ 어업인에게 필수적인 고기잡이 도구·어망·미끼·새끼고기 등
⑥ 전문직 종사자·기술자·노무자 등의 직업·영업상 필수적인 제복·도구 등
⑦ 채무자 또는 그 친족이 받은 훈상·포장·기장 등 명예증표
⑧ 위패·영정·묘비 등 상례·제사 또는 예배에 필요한 물건
⑨ 족보·집안의 역사적인 기록·사진첩 등 선조숭배에 필요한 물건

⑩ 채무자의 생활·직무상 필수적인 도장·문패·간판 등
⑪ 채무자의 생활·직업상 필수적인 일기장·상업장부 등
⑫ 공표되지 않은 저작 또는 발명에 관한 물건
⑬ 학교·교회·사찰 등 교육기관 또는 종교단체에서 사용하는 교과서·교리서·학습용구 등
⑭ 안경·보청기·의치·의수족·지팡이·장애보조용 바퀴의자 등 신체보조기구
⑮ 일상생활에 필요한 자동차로서 장애인용 경형자동차
⑯ 재해의 방지 또는 보안상 필수적인 소방설비·경보기구·피난시설 등

이러한 물건 등은 비록 그것이 채무자의 소유라고 할지라도 압류를 할 수 없는 것입니다. 반면 위 압류금지의 대상이 되는 유체동산을 제외한 그밖의 물건에 대해서는 모두 압류가 가능한 물건이 됩니다. 물론 집행관으로서도 현장에서 압류딱지를 붙일 때 환가가치가 있는 물건만 붙이는 것이기 때문에 실무상 값어치 없는 물건들에 대해서는 압류딱지를 붙이지 않을 것입니다.

한편 법에서는 압류의 대상이 되는 물건이든 위와 같이 압류금지의 대상이 되는 물건이든 당사자의 신청에 따라 채권자와 채무자의 생활형편이나 그밖의 사정을 고려해서 유체동산의 전부 또는 일부에 대해 압류를 취소하도록 명할 수도 있고, 압류금지의 대상으로 된 유체동산에 대하여 압류를 할 수 있도록 명할 수도 있습니다(민사집행법 제196조 제1항). 그러나 실무상 법원에서 이러한 신청을 받아주는 것은 그리 많지 않습니다.

이에 귀하께서는 위에서 살펴본 압류의 대상이 되는 물건과 압류의 대상에서 제외되는 물건이 무엇인가를 구별해서 숙지하시고 귀하의 집안에 있는 물건 중 값어치 있고 압류의 대상도 되는 물건들에 대해서는 가급적이면 다른 곳으로 치워놓도록 하는 것이 현명할 것으로 보입니다.

[사례 3·1·29] 강제집행에 대하여 채무자가 불복할 수 있는 각종 절차

문 저는 사업체를 몇 개 가지고 있어서 금전거래가 많은데다 평소 경매에 대하여 관심이 많습니다. 그래서 경매를 당하기도 하고 경우에 따라서는 경매에 참가해서 낙찰을 받기도 하는데, 간혹 경매가 들어오는 것을 보면 부당하다는 생각이 들 때가 있습니다. 이에 경매를 당한 채무자가 불복을 할 수 있는 각종 절차에 관하여 박사님께 문의드리고 싶습니다.

131) 배당요구권자라고 하여도 배당요구종기까지 배당요구를 하지 않은 경우에는 이러한 배당이의의 소를 제

답 채권자가 강제집행을 실시하려는데 대하여 법원에서 제동을 거는 경우라든가 반대로 채무자나 제3자가 채권자로부터 강제집행을 당한 경우에, 이에 대응하는 방법은 경매의 실무에서 중요한 부분을 차지하고 있습니다. 이에 강제집행에 대하여 민사집행법에서 정하고 있는 불복절차에 관하여 단계별로 살펴보기로 하겠습니다.

첫째, 강제집행개시 전 단계에서의 불복절차입니다.

판결 등 집행권원을 작성하는 기관(재판법원)과 집행기관(집행법원, 집행관)간의 다리 역할을 해주는 것이 집행문인데, 법원의 이러한 집행문부여행위에 대하여 채권자와 채무자는 이해관계가 서로 상충하게 됩니다. 즉, 채권자의 입장에서는 법원에서 집행문을 부여해 주지 않는 경우에 이를 문제 삼을 것이고, 반면, 채무자의 입장에서는 왜 집행문을 부여해 주었느냐고 문제 삼을 것이기 때문입니다. 집행문부여와 관련하여 민사집행법에서는 채권자와 채무자에게 각각 이에 대한 불복제도를 마련해 주고 있는데, 다음의 4가지, 즉 ① 집행문부여 거부처분에 대한 이의신청(채권자신청, 민사집행법 제34조 제1항, 제59조 제2항), ② 집행문부여의 소(채권자신청, 민사집행법 제33조), ③ 집행문부여에 대한 이의신청(채무자신청, 민사집행법 제34조), ④ 집행문부여에 대한 이의의 소(채무자신청, 민사집행법 제45조)가 그것입니다.

둘째, 강제집행절차 단계에서의「절차상의 위법」을 이유로 한 불복절차입니다.

여기에는 ① 즉시항고(민사집행법 제15조)와, ② 집행에 관한 이의신청(민사집행법 제16조)이 있습니다. 먼저 즉시항고는 집행절차에 관한 집행법원의 재판 중 항고법원에 의한 판단을 요하는 것에 관하여 법에서 특별히 규정을 두어 불복할 수 있게 한 제도입니다. 따라서 즉시항고는 법에 특별한 규정이 있는 경우에만 가능합니다. 집행절차의 하자를 다투고 싶지만 법에 이에 관한 특별규정이 없는 경우에는 즉시항고를 제기할 수 없고, 집행에 관한 이의신청을 해야 합니다. 즉시항고를 할 수 있는 자는 채권자, 채무자, 제3자(매수인, 매수신고인 등)입니다. 즉시항고는 재판의 고지를 받은 날로부터 1주일 이내에 항고장을 원심법원에 제출함으로써 합니다. 다음으로 집행에 관한 이의신청은 집행관의 집행처분 그밖에 집행관이 지켜야 할 집행절차에 대한 하자를 다투고 싶은 경우에, 즉시항고를 할 수 없는 것에 대하여 불복하는 절차입니다. 집행에 관한 이의신청은 채권자나 채무자 또는 제3자가 할 수 있습니다. 집행에 관한 이의신청에 대하여 한 법원의 재판에 대하여는 원칙적으로 불복할 수 없습니다.

셋째, 강제집행절차 단계에서의「실체적 권리의 하자」를 이유로 한 불복절차입니다.

여기에는 ① 청구이의의 소(민사집행법 제44조)와, ② 제3자이의의 소(민사집행법 제48조)가 있습니다. 청구이의의 소는 채무자가 변론이 종결된 후(또는 판결이 선고된 후)에, 채권자에게 변제를 하였거나 공탁을 함으로써 채권자의 실체상의 권리가 소멸하였다고 주장하는 방법으로써 확정판결의 집행력을 배제하여 강제집행을 더 이상 진행시키지 못하도록 하는 제도입니다. 제3자이의의 소는 제3자가 강제집행이 이루어지고 있는 목적물이 채무자의 소유가 아니라 자기의 소유라고 주장하거나, 유치권을 가지고 있다고 주장하는 등 목적물의 양도나 인도를 막을 수 있는 권리를 가지고 있을 때에 채권자를 상대로 강제집행에 대한 이의를 제기하여 강제집행을 실행하지 못하도록 하는 것입니다. 쉽게 말하면, 채무자의 소유물이 아니라 내 물건인데, 왜 잘 알지도 못하면서 여기에 강제집행을 하였느냐고 이의를 제기하는 것을 말합니다.

넷째, 배당절차 단계에서의 불복절차로서 배당이의의 소(민사집행법 제156조)가 있습니다.

이는 매수인이 납부한 매각대금에 대하여 배당을 실시하는 단계에서, 배당채권이나 그 순위에 관련된 실체적 권리를 다투기 위한 절차입니다. 즉, 배당요구종기까지 적법하게 배당신청을 하였지만 배당이 잘못되었다고 판단되는 경우에 그 배당에 대하여 이의를 주장하는 소를 말합니다.[131] 다만 배당이의의 소를 제기하려면 먼저 채무자나 다른 채권자가 기일에 출석해서 배당표에 대한 이의를 제기해야 합니다(민사집행법 제151조 제1항, 제3항). 다만 채무자는 배당표원안이 비치된 이후 배당기일이 끝날 때까지 서면으로도 이의제기가 가능합니다(민사집행법 제151조 제2항). 물론 채무자나 배당요구채권자가 배당이의를 하지 못하였거나 배당이의의 소를 제기하지 못함으로 인하여 자신의 배당 몫을 받지 못한 경우에는 별도로 자신의 배당 몫을 받아간 자를 상대로 부당이득반환청구의 소를 제기함으로써 회수할 수는 있을 것으로 보입니다(대판 2011.5.26. 2011다16592).

이에 귀하께서는 위와 같은 경매절차의 각 단계별 불복방법에 관하여 숙지하고 계셨다가 필요할 경우 잘 활용하시기 바랍니다.

[사례 3·1·30] 채권추심업체를 통한 채권회수의 실익과 주의할 점

문 저는 채무자 甲에게 빌려준 돈이 약 1억원 정도 되는데, 채무자 甲은 재산을 다른 곳에 다 빼돌려놓았는지 재산명시신청이나 재산조회신청을 통하여 조회를 해보아도 노출된 재산이 없습니다. 그래서 요즘 신문광고에 자주 나오는 채권추심회사 乙에게 채권추심을 맡기고

기할 수 없을 뿐만 아니라 자신이 적법하게 배당요구를 하였다면 배당받을 수 있었던 금액 상당의 금원이 후순위채권자에게 배당되었다고 하여 이를 법률상 원인이 없는 이득이라는 명목으로 부당이득반환청구를 하는 것도 인정되지 않습니다(대법원 2005.8.25. 2005다14595 판결).

싶습니다. 그래서 박사님께 그 실익이 있는지 여부와 주의해야 할 점에 관하여 문의드리고 싶습니다.

답 채권추심업은 「신용정보의 이용 및 보호에 관한 법률」(이하 '법')에 따라 등록된 채권추심회사에서 담당하게 됩니다. 우리나라에는 많은 채권추심회사가 있는데, 채권추심회사는 채권자의 위임을 받아 변제하기로 약정한 날까지 채무를 변제하지 않는 채무자에 대한 재산조사, 변제의 촉구 또는 채무자로부터의 변제금 수령을 통해서 채권자를 대신하여 추심채권을 행사하는 행위를 할 수 있습니다.

다만 채권추심회사로서는 채권자가 위임한 채권이면 어떤 채권이라도 제한 없이 모두 추심할 수 있는 것은 아닙니다. 채권추심회사에서 채권자로부터 위임받아서 추심할 수 있는 채권으로는 상행위로 생긴 금전채권, 민사채권 중 확정판결 등 집행권원이 있는 채권,[132] 특별법에 따라 설립된 조합·공제조합·금고 및 그 중앙회·연합회 등의 조합원·회원 등에 대한 대출·보증, 그밖의 여신 및 보험 업무에 따른 금전채권, 다른 법률에서 신용정보회사에 대한 채권추심의 위탁을 허용한 채권이 있으며, 이들 채권만 추심할 수 있는 것입니다(법 제2조 제10호, 제11호).

채권자가 채권추심회사에 채권추심을 위임하려면 채권자의 인적사항과 채무자의 인적사항을 알려주고, 절차의 반복을 막는다는 취지에서 기존에 채권자가 알고 있는 채무자의 재산상태에 대해서도 알려줄 필요가 있습니다.

그렇다면 채권추심회사에게 채권추심을 위임할 실익이 있을까요? 물품대금이나 부도수표·어음 등 상거래로 인하여 받을 돈이 있는 채권자나 판결 등 집행권원을 가지고 있는 민사채권자의 입장으로서는 당장 채무자에게 노출된 재산도 보이지 않고 법적으로 해보아도 실익이 없다고 판단된다면 채권추심회사에 한번 의뢰해서 채권을 추심하도록 하는 것도 고려해 볼 만합니다. 다만 신용정보업자도 법의 테두리 내에서만 채권추심업무를 수행할 수 있기 때문에 한계가 없다고는 할 수 없지만 나름대로 꾸준한 내용증명, 전화독촉, 현장방문, 재산추적, 신용조회 등 각 회사마다 가지고 있는 노하우가 있기 때문에 의외의 성과를 거두는 경우도 많습니다.

문제는 추심수수료입니다. 보통 계약하기 나름이겠지만, 기본수수료 300,000원 정도와 여기에 기존 법적 비용을 추가하고, 회수된 채권에 대하여 사건의 종류와 난이도에 따라 보상비가 추가되는 것으로 알고 있습니다. 따라서 채권추심회사가 제시한 계약서대로 하면 수수료가 기하급수적으로 소요되어서 자칫 실제의 회수금은 없으면서 절차비용만 들어가게 되는 경우도 많습니다.

이에 귀하께서 채권추심회사 乙과 계약할 때에는 추심회사 乙에서 제시한 정형적인 계약서대로 계약을 체결하는 것은 바람직하지 않고, 별도로 특약을 해서 채권추심에 소요되는 절차비용은 전적으로 채권추심회사 乙이 부담하고 귀하께서는 오로지 실제로 회수된 채권을 기준으로 이에 대한 일정한 비율로 수수료를 지급하는 방식으로 계약을 체결하는 것이 현명할 것이고, 이렇게 해야만 낭패를 보지 않을 수 있을 것으로 보입니다.

제3절 강제경매·임의경매

[사례 3·1·31] 경매로 부동산을 구입할 때 주의해야 할 권리분석

문 저는 평소 경매에 관심이 많고 가진 돈도 조금 있어서 부동산을 구입하고 싶은데, 경매를 통하면 시세보다 싸게 건물이나 토지를 구입할 수 있다고 해서 경매에 참가하고자 합니다. 그런데 자칫하면 낭패를 볼 수도 있다고 하는데, 경매시 주의해야 할 점이 무엇인가요?

답 경매절차에서는 시가로 거래되는 일반 매매에 비하여 훨씬 저렴한 가격으로 부동산을 구입할 수 있기 때문에 일반인들의 재테크 수단으로 많은 각광을 받고 있습니다. 문제는 경매시장에서 부동산에 대한 권리분석을 잘못하여 예기치 못한 문제가 발생하면 시가보다 훨씬 비싼 대가를 치러야 하는 위험부담이 따른다는 사실입니다.

따라서 경매에 참가하려면 다음과 같은 권리사항에 대하여 깊이 있는 검토와 주의가 필요할 것입니다.

첫째, 최저매각가격과 시세의 비교입니다. 경매에서 필요한 부동산을 구입하려면 해당 부동산이 몇 번이나 유찰되었는지를 따져보기 전에 법원에서 공시한 최저매각가격이 시세와 비교해서 얼마나 차이가 나는지를 검토해 보는 것이 우선일 것입니다. 최초의

132) 여기에는 확정된 종국판결, 가집행의 선고가 있는 종국판결, 외국법원의 확정판결 또는 이와 동일한 효력이 인정되는 재판으로서 한국 법원에서 집행판결을 받은 경우, 항고로만 불복할 수 있는 재판, 가집행의 선고가 내려진 재판, 확정된 지급명령, 공증인이 일정한 금액의 지급이나 대체물 또는 유가증권의 일정한 수량의 급여를 목적으로 하는 청구에 관하여 작성한 공정증서로서 채무자가 강제집행을 승낙한 취지가 적혀 있는 것, 소송상 화해, 청구의 인낙 등 그밖에 확정판결과 같은 효력을 가지는 것이 포함됩니다.

입찰기일이라 하더라도 최저매각가격이 시세와 비교해서 낮게 책정되어 있다면 이에 응찰하는 것이 현명할 것입니다. 또한 감정가격이 시세에 비하여 반드시 낮게 책정되어 있을 것이라는 막연한 기대는 금물입니다. 즉, 경매에 있어서의 입찰의 중심은 시세를 정확하게 파악하고, 이러한 시세에 비하여 얼마를 남기면 되겠다는 관점을 유지하고 참여해야 할 것입니다.

둘째, 유치권의 존재입니다. 부동산경매에서 유치권이란 타인의 부동산을 점유한 자가 그 부동산에 관하여 생긴 채권을 변제받을 때까지 해당 부동산을 유치할 수 있는 권리로서 경매의 매수인에게 인수되는 권리를 말합니다. 예를 들면, 신축건물이나 기존건물의 수리과정에서 건축업자가 공사대금을 받지 못하여 유치권신고를 하는 경우 등이 대표적입니다. 경매정보지를 보거나 매각물건명세서 등을 열람해 보면, "유치권 있음"이라는 문구가 기재되어 있는 경우를 가끔 보게 되는데, 이러한 유치권은 감정인의 감정평가과정 또는 유치권자의 권리신고에 의하여 노출되는 경우도 있지만 최고가매수신고인으로 지정될 때까지 노출되지 않는 경우도 더러 있습니다. 정당한 유치권은 매수인이 그대로 인수하게 되는 것이기 때문에 현장답사를 통해서 유심히 살펴보아야 합니다. 그러나 유치권이 존재하는 것으로 권리신고가 되어 있지만 실은 유치권이 성립되지 않는 경우도 있으므로, 유치권이 신고되어 있는 경우에는 오히려 아주 싼 가격으로 부동산을 매수할 수 있는 계기가 될 수도 있습니다. 이러한 유치권은 직접점유뿐만 아니라 간접점유로도 그 성립이 가능합니다(대판 2013.10.24. 2011다44788).

셋째, 법정지상권입니다. 타인의 토지에 건물 기타 공작물이나 수목을 소유하기 위하여 그 토지를 사용하는 권리를 지상권이라고 하는데, 보통은 당사자 사이의 약정에 의하여 성립되지만, 일정한 경우에는 당사자의 의사와 상관없이 법률의 규정에 의하여(법정지상권) 또는 판례에 의하여(관습법상의 법정지상권, 분묘기지권) 당연히 지상권이 성립되는 것으로 간주되는 경우가 있습니다. 후자의 경우를 법정지상권이라고 합니다. 경매정보지나 매각물건명세서 등에 법정지상권의 존재에 대한 기재가 되어 있는 경우에는 입찰에 있어서 조심해야 합니다. 잘 모르고 법정지상권이 설정되어 있는 토지를 경매에서 매수한 경우에는 그 토지상에 존재한 건물에 대하여 철거소송을 할 수도 없고 고스란히 그 부담을 떠안아야 하기 때문입니다.

넷째, 최선순위의 대항력 있는 임차권자의 존재입니다. 주택과 상가를 경매에서 매수하려면 반드시 최선순위의 임차권자가 존재하는지 여부를 파악해 보아야 합니다. 최선순위의 대항력 있는 임차권자란 등기부등본을 떼어보았을 때 그 등재된 저당권자나 가압류권자 등의 이해관계인보다 가장 먼저 주택의 인도와 주민등록을 갖추었거나(주택임차인) 또는 상가의 인도와 사업자등록을 갖춘 임차인(상가건물임차인)을 말합니다. 이러한 임차권자는 경매절차에서 배당요구를 한 경우도 있고 그렇지 않는 경우도 있는데, 배당요구를 하지 않는 경우에는 매수인이 그 부담을 고스란히 떠안아야 하기 때문에 더욱 주의를 요한다고 할 것입니다. 참고로 경매대상 주택에 전입되어 있는 세대를 알아보려면 경매의 입찰에 참여하려는 자라는 증거자료를 가지고 읍·면·동사무소에 가서 이해관계를 소명함으로써 전입세대 여부를 파악할 수 있습니다.

다섯째, 제시외 건물의 존재 여부입니다. 제시외 건물이란 경매신청채권자가 경매신청서상의 '경매할 부동산의 표시'란에 기재하지 않았고 따라서 감정평가의뢰서에도 기재되지 않았으나, 감정평가를 촉탁받은 감정평가사가 실제로 현장에 가서 감정을 한 결과 발견된 건물을 말합니다. 이러한 제시외 건물은 경매신청채권자가 경매목적물에서 제외시켰으나 당연히 매각대상에 포함되어야 할 부합물이나 종물인 경우도 있고, 매각대상에서 제외되는 독립된 건물(즉, 매각외 건물)인 경우도 있습니다. 문제가 되는 것은 후자의 매각대상에서 제외되는 독립된 건물이 있는 토지를 경매에서 매수한 경우일 것입니다. 제시외 건물이 있는 상태에서 경매목적물인 토지를 매수한 경우에는 그 제시외 건물의 소유자가 법정지상권을 취득한 경우도 있고, 그렇지 않는 경우라고 하더라도 나중에 건물철거소송 등 복잡한 절차를 거쳐 경매토지를 인도받아야 하기 때문에 제시외 건물이 있는 경우에는 꼼꼼히 따져 보고 입찰에 참여해야 할 것입니다.

이에 귀하께서 경매에 참가하고 싶다면 위에서 살펴본 경매목적물에 관한 기본적인 권리관계를 잘 분석하신 후 낙찰을 받든가 해야 큰 차질이 없을 것으로 보입니다.

[사례 3·1·32] 강제경매의 진행 절차

문 저는 채무자 甲으로부터 공사대금을 받지 못하여 소송을 제기해서 확정판결을 받아 놓은 사실이 있습니다. 다행이 채무자 甲 소유의 부동산이 있어서 강제경매를 시키고자 합니다. 그런데 제가 경매는 처음이라 잘 몰라서 그러는데, 향후 경매절차가 어떤 방식으로 진행되는지 개략적으로나마 알고 싶어 박사님께 여쭈어 봅니다.

답 예, 일반인들도 요즘은 경매에 눈이 많이 뜨여서 참가하는 분들이 많은 것으로 보이지만, 그렇다고 무턱대고 참가하면 낭패를 볼 수 있기 때문에 개략적인 사전 지식을 가지고 참가할 필요가 있습니다. 강제경매절차를 크게 나누어 보면, 경매의 목적물에 대하여 압류절차(강제경매개시결정등기·채무자에의 송달) → 현금화 절차(매각의 실시) → 변제절차(배당절차)의 3단계로 진행된다고 볼 수 있습니다.

경매절차에 관하여 이를 순서대로 살펴보면 다음과 같습니다. 즉,

① 채권자가 강제경매신청을 합니다.

② 이에 따라 법원에서는 강제경매개시결정을 하게 됩니다.

③ 그런 다음 등기소에 촉탁해서 등기부에 「강제경매개시결정」 기입등기를 하도록 합니다.

④ 그리고 경매개시결정정본을 채무자에게 송달합니다.

⑤ 그 다음 「배당요구종기」를 정하여 공고하는데, 배당요구의 종기는 경매개시결정에 따른 압류의 효력이 생긴 때부터 1주일 내에 결정하되, 첫 매각기일 이전의 날로 정하게 됩니다.

⑥ 그리고 나서, 현금화를 위하여 집행관에게 부동산의 현황에 관한 조사를 명하고, 감정인에게 매각부동산을 평가하게 합니다.

⑦ 법원에서는 이러한 감정평가액을 참작하여 최저매각가격을 정합니다. 만약 이때에 최저매각가격으로 경매신청인에 우선하는 채권자의 채권을 변제하고 나면 경매신청인에게 돌아 갈 몫이 없다고 판단될 경우에는, 경매신청인으로 하여금 1주일 이내에 매수신청보증을 하게 한 다음, 이에 응하지 않으면 경매절차를 취소하게 됩니다(민사집행법 제102조).

⑧ 이 절차가 끝나면, 법원에서는 담당판사의 판단에 따라 통상의 방법처럼 진행하는 기일입찰방법과 일정기간의 입찰기간을 정하여 입찰을 실시하는 기간입찰방법 또는 호가경매방법 중 하나를 택하여 「매각 및 매각결정기일」을 지정하고, 이를 통지·공고하게 됩니다.

⑨ 매각기일에 있어서는, 집행관의 매각실시로 최고가매수인을 정하게 되며, 최고가매수인이 정해지면, 법원은 매각결정기일에 이해관계인의 의견을 들은 후 매각의 허부를 결정합니다.

⑩ 허가할 매수가격의 신고가 없는 경우(즉, 최저매각가격 이상으로 신청한 자가 없는 경우)에는, 법원에서는 최저매각가격을 저감하고(20%~30%), 매각기일을 정하여 다시 새매각을 실시합니다.

⑪ 그러나 매각허가결정이 확정되었을 때에는, 법원은 대금지급기한을 정하여(1개월 내) 매수인에게 대금의 지급을 명하게 되는데, 매수인은 대금이 준비되는 대로 정해진 대금지급기한까지 대금을 납부할 수 있습니다(즉, 대금지급기일의 당일에만 한정하여 납부할 수

있는 것이 아님). 만약 매수인이 지정한 기한까지 대금을 완납하지 않으면 차순위매수신고인에 대하여 매각허가여부를 결정하게 되고, 차순위매수신고인도 없는 때에는 재매각을 명하게 됩니다.

⑫ 매수인이 대금을 완납하면 부동산의 소유권을 취득하므로, 집행법원은 매수인으로부터 필요한 서류의 제출을 받아 매수인을 위하여 소유권이전등기, 매수인이 인수하지 않는 부동산등기부상의 부담의 말소등기를 등기관에게 직권으로 촉탁하게 됩니다.

⑬ 매수인이 대금을 완납한 경우에는 배당절차를 실시하는데, 법원은 매수인의 대금완납 후 3일 안에 배당기일을 지정하되, 배당기일은 매수인의 대금완납 후 4주 안의 날로 정하게 되어 있습니다. 배당기일이 지정되면, 법원은 이해관계인과 배당을 요구한 채권자에게 늦어도 배당기일 3일 전까지 통지합니다. 배당표는 채권계산서 제출기간이 지난 뒤에 작성하되, 배당기일의 3일 전에 배당표원안을 작성하여 비치하도록 되어 있습니다.

⑭ 매수인으로서는, 매각허가결정이 선고된 후에는 「매각부동산의 관리명령」을, 이후 대금을 완납한 후에는 경매로 매수한 부동산의 점유자에 대하여 「부동산인도명령」을 신청할 수 있습니다. 이와 같이 일련의 과정을 거쳐 경매절차가 진행됩니다.

이에 귀하께서 채무자 甲 소유의 부동산에 대한 경매를 신청한 경우에는 이러한 일련의 절차를 거치게 되는 것이므로, 각 단계별 일정을 파악하고 계시면 도움이 될 것으로 보입니다.

[사례 3·1·33] 부동산경매의 실전 현장에서의 실무

문 저는 이번에 경매를 통해서 조금 싸게 아파트 한 채를 구입하려고 합니다. 그런데 제가 경매초보자라서 경매현장에서 실제로 어떤 절차로 경매에 참여해야 하는지 잘 모르고 있습니다. 이에 박사님께 경매의 실전 현장에서 어떤 방식으로 경매가 진행되고, 이때 주의해야 할 점이 무엇인지 알고 싶어 이렇게 문의드리는 바입니다.

답 경매절차를 통해서 부동산을 구입하게 되면 정상적인 매매의 경우보다는 저렴한 가격으로 부동산을 구입할 수 있어서 경매는 재테크 수단으로 유용할 수 있습니다. 그렇다고 무조건 경매시장에 뛰어들어서는 안되며, 경매가 이루어지는 실제 현장에서의 실무에 관하여 최소한도의 지식을 습득하신 후 참여해야 할 것입니다.

이에 아래에서 경매의 실전 현장에서 구체적으로 어떤 일련의 과정을 통해서 낙찰을 받게 되는지 또한 각 과정별 주의사항으로는 어떤 것이 있는지에 대하여 살펴보고자 합니다.

① 경매를 시작하는 첫 단계로 집행관이 입찰기일개시를 선언하게 됩니다. 즉 입찰은 집행관이 매각을 실시한다는 취지를 선언하고, 출석한 입찰참여자에게 입찰표를 제출하도록 하며, 입찰마감시각 및 개찰시각을 알림으로써 시작합니다.

② 집행관이 입찰참여자에게 매수신청을 하도록 최고합니다(입찰표 제출의 최고). 집행관은 사건번호의 순서에 따라, 사건번호, 사건명, 채권자, 소유자, 매각목적물의 개요 및 최저매각가격을 부르고, 특별매각조건을 고지한 다음, 법원이 정한 매각방법에 따라 매수가격을 신고하도록 합니다.

③ 경매에 참가하려는 자는 다음과 같은 서류를 미리 준비하고 있어야 합니다. 매수인이 경매에 참가하기 전에 준비해야 할 서류로는 ⓐ 신분증(주민등록증, 운전면허증 등)·도장, ⓑ 미성년자 등 무능력자의 명의로 입찰하려면 법정대리인 증명서(가족관계증명서 등), ⓒ 법인의 대표자가 법인 명의로 입찰하려면 그 자격을 증명하는 서면(법인등기부등본 등), ⓓ 종중, 사찰, 교회 등 법인 아닌 사단이나 재단의 이름으로 입찰하려면 정관(규약), 대표자 증명서면, 사원총회결의서, 대표자의 주민등록등본 등이 그것입니다. 한편 대리인이 입찰하려고 할 경우에는 위 준비서류 외에도 본인의 위임장과 인감증명을 입찰표에 첨부해야 합니다. 주의할 것은 위임장에 찍힌 인영과 인감증명서의 인영은 반드시 동일해야 한다는 것입니다. 대리인은 동일한 경매물건에 관하여 다른 입찰자 1인의 대리인이 될 수는 있어도, 2인 이상의 다른 입찰자의 대리인이 될 수 없습니다. 다만 예외적으로 공동입찰의 경우에는 공동입찰자가 다른 공동입찰자의 대리인이 될 수도 있고, 공동입찰자 이외의 자가 공동입찰자 전원의 대리인이 될 수도 있습니다. 그런데 모든 사람이 입찰에 참가할 수 있는 것은 아닙니다. 즉 채무자, 집행관, 감정인, 재매각절차에서 전의 매수인은 입찰에 참가할 수 없습니다. 경매대상 부동산의 소유자(채무자가 아닌 경우), 연대보증인, 보증인, 연대채무자, 일반채권자, 경매신청채권자는 입찰에 참가할 수 있습니다.

④ 입찰용지를 교부받습니다. 입찰에 참가하려는 자는 집행관으로부터 ⓐ 「입찰표」(뒷면에 위임장 양식이 인쇄되어 있음), ⓑ 「매수신청보증봉투」(편지봉투), ⓒ 「입찰봉투」(황색 큰 봉투) 3종의 규격용지를 무상으로 교부받을 수 있습니다.

⑤ 입찰표를 작성합니다. 입찰표에는, ⓐ 사건번호, ⓑ 부동산의 표시, ⓒ 입찰자의 이름과 주소, 주민등록번호, ⓓ 대리인을 통하여 입찰하는 때에는 대리인의 이름과 주소, ⓔ 입찰가격, ⓕ 입찰보증금액을 기재해야 합니다. 입찰가격은 일정한 금액으로 표시해야 하며, 수정해서는 안됩니다. 수정을 하려면 새 용지를 사용하여 다시 작성해야 합니다. 입찰가격이 정정되어 있는 경우에는, 정정인을 날인하였다 하더라도, 무효로 처리됩니다.

또한 동일인이 2개의 매수신고를 한 경우에는 2개의 입찰 모두가 무효로 됩니다.

⑥ 입찰보증금(매수신청보증금)을 납입해야 합니다. 매수신청의 보증은 집행법원이 정하는 금액과 방법에 따라야 합니다. 기일입찰에서 매수신청의 보증금액은 최저매각가격의 1/10입니다. 그러나 매수인으로 결정된 자가 매수대금을 납입하지 않음으로 인하여 실시하는 「재매각」의 경우에는 입찰보증금이 최저매각가격의 2/10입니다. 매수보증의 제공방법으로는 금전이나 자기앞수표 또는 지급보증위탁계약체결문서(지급보증서) 중의 하나로 제출하면 됩니다. 다만 집행법원은 상당하다고 인정하는 때에는 보증의 제공방법을 현금으로만 한다든가, 지급보증서로만 하는 등 보증의 제공방법을 제한할 수 있습니다(민사집행규칙 제64조 단서). 개찰의 결과, 최고가로 입찰한 자가 '소정의 입찰보증금'을 제출하지 않았음이 밝혀진 경우에는 그의 입찰은 무효로 처리됩니다.

⑦ 입찰표와 입찰보증금봉투(편지봉투)를 황색 큰 봉투에 넣어 제출해야 합니다.

⑧ 입찰을 마감하고, 개찰을 실시합니다.

⑨ 최고가매수신고인을 결정합니다. 집행관은 개찰 결과 최고의 가격으로 입찰하고 소정의 매수보증금을 제출한 자를 최고가매수신고인으로 정하여 그의 이름과 가격을 부릅니다. 만약 최고가로 입찰한 자가 둘 이상이 되는 경우에는, 그들로 하여금 다시 입찰하게 하여 최고가매수신고인을 정합니다(추가입찰). 추가입찰자는 전의 입찰가격 미만으로는 입찰에 응할 수 없습니다. 최고가매수신고인이 결정된 다음에는, 차순위매수신고를 최고한 뒤, 차순위매수신고가 있으면 차순위매수신고인을 정하여 그의 이름과 가격을 부른 다음 매각기일을 종결한다고 고지합니다.

⑩ 입찰을 종결합니다. 집행관은 최고가매수신고인과 차순위매수신고인을 고지한 다음, 입찰종결을 선언합니다.

⑪ 입찰보증금을 반환해주는 절차를 밟게 됩니다. 매각기일의 종결이 고지되면, 집행관은 최고가매수신고인과 차순위매수신고인 이외의 입찰자에 대하여는 「입찰자용 수취증」을 교부받고, 입찰봉투의 연결번호 및 간인과의 일치여부를 확인한 후, 매수신청보증(입찰보증금)을 즉시 반환해주며, 입찰표 하단의 영수증란에 서명 또는 날인하게 한 다음, 이를 기일입찰조서에 첨부하여 놓습니다.

⑫ 법원은 매각결정기일에 매각허부의 결정을 하게 됩니다. 즉 매각결정기일에는 법원이 매각허부의 결정을 위하여 출석한 이해관계인의 진술을 듣고 이의사유가 있는지 여부를 직권으로 조사한 후 매각허가결정 또는 매각불허가결정을 하게 됩니다. 농지가 경매되는 경우의 농지취득자격증명서, 어업권의 경우의 어업권이전의 인가서 등 행정관청의 증명서는 매각허가결정시까지 제출해야 하며, 그렇지 않으면 직권으로 매각불허가결정을 하게 됩니다.

⑬ 매수인은 매각대금을 납부해야 합니다. 법원은 매각허가결정이 확정된 날로부터 3일 안에 대금지급기한을 정하되, 매각허가결정이 확정된 날로부터 1월 안의 날로 정하게 됩니다. 매수인은 법원이 정한 기한까지는 언제든지 매각대금을 납입할 수 있습니다. 또한, 매수인(최고가매수신고인 또는 차순위매수신고인)이 지정된 기한까지 매각대금을 납입하지 않았다고 하더라도 전혀 구제받을 수 없는 것은 아니며, 매수인은 재매각기일의 3일 전까지 매각대금, 매각대금에 대한 연 20%의 비율에 의한 지연이자 및 경매절차비용을 납입한 때에는 재매각절차가 취소되고 매수인이 확정적으로 소유권을 취득하게 되는 것입니다. 이때 최고가매수신고인과 차순위매수신고인 모두 매각대금을 납입하지 않아 재매각을 실시하는 경우에는 위 두 사람 중 먼저 매각대금을 납입한 매수인이 소유권을 취득하게 됩니다. 실무에서는 위 3일 이후라도 재매각기일까지 매수인이 매각대금의 납입을 원할 경우에는 이를 허가하는 경우가 많습니다(이 경우에는 재매각기일을 변경하게 됨).

⑭ 매각대금의 납부로 매수인은 매각부동산의 소유권을 취득하게 되며(민사집행법 제135조), 법원은 매수인으로부터 촉탁 관련 서류를 제출받은 후 3일 안에 등기소에 소유권이전등기의 촉탁과 매수인이 인수하지 않는 등기부등본상의 등기의 말소와 경매개시결정등기의 말소를 명하게 됩니다(민사집행법 제144조 제1항). 이를 위해 매수인은 소유권이전등기·말소등기의 촉탁에 필요한 서류와 등록세납부영수증 등을 법원에 제출해야 합니다.

⑮ 종전 소유자나 대항력 없는 임차인 등이 매수 후에도 경매부동산을 점유한 채 인도해 주지 않는 경우에는 인도명령을 신청하여 집행관을 통해서 해당 부동산을 인도받을 수 있습니다. 인도명령이란 매수인이 매각대금을 전부 납입한 후 아직 6개월이 경과되지 않은 경우에 있어서, 매수인이 경매로 매수한 부동산에 대하여 채무자나 종전의 소유자 또는 세입자 등이 점유하고 있으면서 이를 매수인에게 인도하지 않고 버티고 있는 경우에, 이를 쫓아내고 해당 부동산을 인도받을 수 있는 절차인데(민사집행법 제136조), 명도소송보다 훨씬 절차도 간단하고 결정이 나오기까지의 기간도 아주 짧습니다.

이에 귀하께서도 위에서 본 바와 같이 경매의 실전 현장에서 이루어지는 경매절차와 준비서류 또는 주의사항 등에 관하여 잘 숙지하신 후 경매에 참가해야 큰 차질이 없을 것으로 보입니다.

[사례 3·1·34] 미등기부동산에 대한 경매신청도 가능한지

문 저는 채무자 甲에 대한 공사대금 채권이 있어 민사소송의 제기를 통하여 확정판결을 받아둔 사실이 있습니다. 그런데 채무자 甲이 가진 재산이라고는 그가 거주하고 있는 미등기주택 밖에 없는 것 같습니다. 이에 위 미등기주택이라도 경매시켜서 공사대금을 회수하고 싶은데, 가능한지 여부에 대하여 박사님께 문의드리고 싶습니다.

답 부동산을 경매시키려면 원칙적으로 부동산등기부상에 기재되어 있어야 가능합니다. 등기되어 있지 않은 부동산에 대하여는 그것이 채무자의 소유인지 여부를 쉽게 확인할 수 없기 때문입니다. 즉, 엉뚱한 사람의 부동산이 경매될 수도 있기 때문인 것입니다. 따라서 미등기부동산에 대하여도 그것이 채무자의 소유라는 것이 확실하게 입증만 된다면, 미등기상태에서도 강제경매를 신청할 수 있는 것입니다. 미등기부동산에 대한 경매신청에 대하여 법원이 강제경매개시결정을 하게 되면, 법원은 위 미등기부동산에 대하여 소유권보존등기와 강제경매개시결정등기를 등기소에 촉탁하게 됩니다. 미등기부동산에는 미등기토지와 미등기건물이 있습니다.

아래에서는 미등기토지와 미등기건물에 대한 경매의 가능 여부 및 그 절차에 관하여 차례대로 살펴보기로 하겠습니다.

먼저 미등기 토지에 대한 경매절차입니다. 미등기토지를 경매시키기 위해서는, 경매신청시에 해당 미등기부동산을 즉시 채무자의 명의로 등기할 수 있음을 증명할 수 있는 토지대장(임야대장)이나, 소유권확인판결, 또는 수용증명서 등을 첨부해야 합니다(부동산등기법 제130조). 건축물대장에 등재되어 있지 않은 건물이 많은 것과는 달리, 토지대장에 등재되어 있지 않은 토지는 거의 없을 것이므로, 미등기토지에 대한 경매의 경우에는 토지대장 등에 의하여 채무자의 소유임을 입증하기가 비교적 수월한 편입니다(민사집행법 제81조 제1항 제2호 본문에 의한 경매).

다음으로 미등기건물에 대한 경매절차입니다. 미등기건물을 경매시키려면 ① 건물이 채무자의 소유임을 증명할 서류, ② 건물의 지번·구조·면적을 증명할 서류, ③ 건물에 관한 건축허가(건축신고)를 증명할 서류를 제출해야 합니다(민사집행법 제81조 제1항 제2호 단서).

문제는 미등기건물의 경우에, 과연 이러한 입증서류들을 구비할 수 있느냐는 것입니다. 미등기건물을 크게 분류하면, ① 건축허가(건축신고)도 받지 않은 무허가건물(건축물대장 없음), ② 건축허가(건축신고)는 받았으나, 사용승인을 받지 않은 건물(건축물대장이 없는 경우가 많음), ③ 건축허가(건축신고)를 받았고, 사용승인도 받았으나, 아직 등기를 하지 않은 건물(건축물대장 있음)로 대별할 수 있습니다. 아래에서 위와 같은 미등기건물의 종류별로 경매신청이 가능한지 여부에 대하여 구체적으로 검토해 보기로 하겠습니다.

첫째, 무허가 건물(건축허가·건축신고를 하지 않은 건물)에 대한 경매신청 가능 여부입니다.

건축허가나 건축신고도 하지 않은 무허가 건물의 경우에는, 그 당연한 결과로서 건축물대장도 없을 것이고, 따라서 채무자의 소유임을 증명할 수 있는 서류나 건축허가(건축신고)를 증명할 서류를 제출하는 것이 사실상 어렵기 때문에, 경매신청은 거의 힘들다고 보아야 합니다. 실무상으로도 이러한 무허가건물에 대하여 경매가 이루어지는 경우는 희박한 듯합니다. 물론 이러한 무허가건물도 확정판결이나, 시·읍·면장의 확인서면(예, 재산세과세증명서 등) 또는 수용증명서에 의하여 채무자의 소유임을 입증할 수는 있을 것이고(부동산등기법 제2호, 제4호, 제3호), 건물의 지번·구조·면적을 증명할 서류도 법이 정하는 바에 따라 어찌 어찌해서 뗄 수 있을 것으로 보이나(민사집행법 제81조 제2항, 제3항), 건물에 대한 건축허가·건축신고를 증명할 서류를 갖추기가 곤란할 것입니다. 따라서 무허가건물에 대하여는 원칙적으로 경매를 시킬 수 없다고 봅니다.

둘째, 건축허가(건축신고)를 받았고, 「완공된」 건물이나, 아직 사용승인을 받지 못한 건물에 대한 경매신청 가능 여부입니다. 이 경우에는 신설된 민사집행법의 규정에 따라 보다 쉽게 경매신청을 할 수 있게 되었습니다(민사집행법 제81조 제1항 제2호). 다만, 완공되지 않은 건물은, 비록 민법상으로는 독립된 건물로 볼 수 있는 정도라고 하여도, 민사집행법상 신설된 법 규정에 의해서도 경매신청을 할 수 없습니다. 여기에서 완공된 건물이란, 건축법상의 용어는 아니지만, 건축법상의 사용승인만 받지 않았을 뿐, 사용승인이 가능할 정도에 이른 건물을 의미한다고 사료됩니다.

셋째, 건축허가(건축신고)를 받았고, 「완공된」 건물로서, 사용승인도 받았으나, 미등기인 건물인 경우의 경매신청 가능 여부입니다. 이 경우에도 건축물대장이 있을 것이므로 경매신청은 그리 어렵지 않을 것으로 보입니다.

미등기건물(단, 무허가·무신고건물 제외)에 대한 경매를 신청하려면 경매신청서를 작성하고, 여기에 일정한 서류를 첨부해서 법원에 제출하면 됩니다. 여기에서 경매신청서에 첨부할 서류로는 ① 건물이 채무자의 소유임을 증명할 서류로서 건축허가서·건축신고서[133](단, 미흡할 경우에는 건축도급계약서 등을 추가로 요구하기도 함), ② 건물의 지번·구조·면적을 증명할 서류, ③ 건물에 관한 건축허가(건축신고)를 증명할 서류, ④ 건축법상 사용승인을 받았는지 여부를 증명하는 서면(소명으로 족함), ⑤ 소유자의 주민등록번호와 주소를 알 수 있는 서면(주민등록등·초본 등) 등이 있습니다. 만약 이러한 첨부서류 중 위 ①②③의 첨부서류를 구비하기 힘들 경우에는, 해당 공공기관(시청 건축과 등)에 그 증명을 청구하여 제출하면 되며(민사집행법 제81조 제2항), 그럼에도 불구하고 채권자가 위 ②의 「건물의 지번·구조·면적」을 증명할 수 없을 때에는 경매신청과 동시에 그 조사를 집행법원에 신청하면 됩니다(민사집행법 제81조 제3항). 이 경우에는 집행법원의 명에 의하여 집행관이 작성한 조사서면이 그 입증서면으로 되는 것입니다.

이에 귀하께서 채무자 甲 소유의 미등기주택에 대하여 경매를 신청하려면 경매신청이 가능한지 여부를 먼저 검토하신 후, 경매신청이 가능하다고 판단되면, 위에서 본 바와 같은 일련의 절차를 거쳐 경매를 신청하면 될 것으로 보입니다.

[사례 3·1·35] 상속등기가 안된 부동산에 대한 경매신청절차

문 저는 건축업자인데, 재작년 채무자 甲으로부터 주택건축비 중 일부인 3천만원을 받지 못해 확정판결을 받아 놓은 사실이 있습니다. 그런데 최근 채무자 甲이 그 명의로 된 주택을 남겨 놓은 채 사망하였습니다. 가족들 간에 상속재산분할협의가 잘 안되었던지 아직 상속등기가 이루어지지 않았습니다. 그러나 저도 다급하므로 위 사망자 甲 명의의 주택에 대해 경매를 시키고 싶은데, 그 절차를 알고 싶어 박사님께 문의드리는 바입니다.

답 사망자 명의의 부동산에 대하여 경매를 신청하려면 대위에 의한 상속등기를 한 후에 경매를 신청해야 합니다. 즉 사망자나 그 상속인들에 대하여 채권을 가지고 있는 채권자가 아직 상속등기가 이루어지지 않은 사망자 명의의 부동산에 대하여 경매를 신청하려면 먼저 대위에 의한 상속등기(민법 제404조, 부동산등기법 제28조)를 한 다음에, 그 상속인들에 대하여 승계집행문을 부여받아 경매를 신청해야 하는 것입니다.

만약 대위에 의한 상속등기를 거치지 않고 경매신청을 한 경우에는 어떻게 될까요? 강제경매냐 임의경매냐에 따라서 그 결과가 달라집니다. 즉, 강제경매의 경우에는, 경매개시결정 당시 이미 채무자나 소유자가 사망하였으나 채권자가 이러한 사실을 모르고 강제경매신청을 하였고 이에 따라 강제경매개시결정이 이루어졌으나 그 후에 비로소 사망사실이 밝혀진 경우에는, 강제경매신청은 각하되고, 강제경매개시결정은 취소될 것입니다(대결 1991.12.16. 91마239). 그러나 임의경매의 경우에는, 그 소유자의 표시를 상속인으

133) 건물이 채무자의 소유임을 입증할 서류로는, 부동산등기법 제131조 2호, 3호에 의한 판결이나 시·읍·면장의 확인서면 또는 수용증명서 등이 있습니다. 다만, 여기에서 말하는 판결이란 건축물대장상의 소유자를 상대로 한 판결이어야 하며, 건축주나 건축허가자를 상대로 한 소유권확인판결 또는 국가를 상대로 한 소유권확인판결은 이에 해당되지 않습니다. 시·읍·면장의 확인서면으로는 재산세과세증명서, 건축물사용승인서, 건축물의 사용검사필증 등을 들 수 있습니다. 다만, 납세완납증명서, 세목별과세증명서, 재산세납세증명서, 임시사용승인서, 착공신고서, 건축허가서 등은, 비록 채무자의 성명이 기재되어 있다 하더라도, 채무자의 소유임을 증명하는 서류로서의 자격은 없습니다.

로 경정하면 될 것이며, 따라서 임의경매신청이 각하되거나 임의경매개시결정이 취소되지는 않습니다. 다만, 상속인들로 경정하였으나 상속인들이 모두 상속을 포기한 사실이 밝혀진 경우에는 상속재산관리인을 선임하여 경매절차를 진행해야 하며, 그렇지 않으면 부적법 각하됩니다.

한편 경매개시결정 이후에 채무자가 사망하거나, 경매목적 부동산의 소유권이 이전된 경우에는 어떻게 될까요? 이 경우에는 특별히 채무자의 상속인들이나 경매목적 부동산의 새로운 소유자에 대하여 별도로 승계집행문을 부여받을 필요가 없으며, 종전처럼 그대로 강제집행절차가 진행될 것입니다.

이에 귀하께서는 위 사망자 甲 명의의 주택에 대해 그 상속인들을 대위하여 상속등기를 한 후 경매신청을 하면 될 것으로 보입니다.

[사례 3·1·36] 채무자가 가입한 보험에 압류 및 추심명령이 들어온 경우, 채무자의 의사와 무관하게 해당 보험계약이 해지될 수 있는지

문 저는 2년 전에 아는 보험설계사 乙의 권유로 A보험회사에 보험료로 매월 10만원를 불입하는 화재보험에 가입한 사실이 있습니다. 제 집은 지은지 오래되었고 낡기도 해서 언제든지 화재의 위험이 있었고, 따라서 이를 대비하고자 화재보험을 들어 놓은 것인데, 조건이 아주 좋고 기간도 10년간 보장해 주고 있습니다. 그런데 저는 몇 년 전에 조그만 사업을 하면서 甲 은행으로부터 3천만원을 대출받은 사실이 있는데, 근자에 사업이 잘 안되어서 이자를 몇 달째 못내고 있습니다. 그러자 甲 은행에서는 저를 상대로 대여금 청구소송을 제기하더니 그 판결로 저의 위 보험에 압류 및 추심명령을 제기하였습니다. 이 보험이 해지되면 혹시 화재라도 나게 되면 전혀 보상이 되지 않을 것이어서 어떻게든 위 보험을 유지하고 싶은데, 듣자하니 추심명령을 신청하면 제 의사와 상관없이 보험이 해지되고 해약환급금도 甲은행에서 가져간다고 하는데 과연 맞는 말인시요?

답 금전채권을 압류한 채권자는 추심명령을 얻어 압류된 채권을 추심할 수 있고 또한 그 채권을 추심하기 위한 목적의 범위 내에서 자신의 이름으로 채무자의 권리를 재판상 또는 재판 외에서 행사할 수 있습니다(민사집행법 제229조 제1항, 제2항).

그렇다면 여기에서 보험금의 해약환급금청구권에 관하여 추심명령을 얻은 채권자에게도 이와 같은 권리가 인정되는지 문제됩니다. 이와 관련하여 대법원 판례는 "보험계약에 관한 해약환급금채권은 보험계약자가 해지권을 행사할 것을 조건으로서 효력이 발생하는 조건부 권리이기는 하지만 금전 지급을 목적으로 하는 재산적 권리로서 민사집행법 등 법령에서 정한 압류금지재산이 아니어서 압류 및 추심명령의 대상이 되며, 그 채권을 청구하기 위해서는 보험계약의 해지가 필수적이어서 추심명령을 얻은 채권자가 해지권을 행사하는 것은 그 채권을 추심하기 위한 목적 범위 내의 행위로서 허용된다고 봄이 상당하므로, 해당 보험계약자인 채무자의 해지권 행사가 금지되거나 제한되어 있는 경우 등과 같은 특별한 사정이 없는 한, 그 채권에 관하여 추심명령을 얻은 채권자는 채무자의 보험계약해지권을 자기의 이름으로 행사하여 그 채권의 지급을 청구할 수 있다고 할 것이다."라고 판시하고 있습니다(대판 2009.6.23. 선고 2007다26165). 또한 "보험금 해약환급금 청구권에 관한 추심명령을 얻은 채권자가 위 추심명령에 기하여 제3채무자를 상대로 추심금의 지급을 구하는 소를 제기한 경우에 그 소장에는 추심권에 기초한 보험계약해지의 의사가 담겨 있다고 할 것이므로, 그 소장 부본이 상대방인 보험자에게 송달됨에 따라 보험계약해지의 효과는 발생하는 것으로 해석함이 상당하다."라고 판시하고 있습니다(대판 2009.6.23. 선고 2007다26165).

요컨대, 판결 등 집행권원을 가진 채권자가 채무자의 보험금 해약환급금청구권에 대하여 압류 및 추심명령을 받은 경우에는 보험계약자인 채무자 본인이 보험계약을 해지하지 않더라도 추심채권자가 자신의 이름으로 보험회사에 대하여 보험계약을 해지하여 보험금의 해약환급금을 추심할 수 있다는 것이고, 또한 추심명령을 송달받은 보험회사가 추심에 응하지 않음으로써 추심채권자가 보험회사를 상대로 제기한 추심의 소에는 그 소장 부본의 송달 자체에 보험계약해지의 효과가 인정되므로 사전에 보험계약해지의 통지를 하지 않았다고 하더라도 해당 추심의 소에서 승소하여 해약환급금을 추심할 수 있다는 것입니다. 이러한 원리는 압류 및 전부명령의 경우에도 마찬가지라고 보입니다.

따라서 귀하께서는, 해당 보험이 민사집행법상의 압류금지 내지 압류제한보험에 해당되지 않는 한(민사집행법 제246조 제7호), 그 보험을 해지당하지 않고 계속 유지할 수 없을 것으로 보이며, 따라서 그 보험을 꼭 유지해야 할 부득이한 사유가 있어 해약당하고 싶지 않다면 추심채권자가 보험계약을 해지하거나 추심의 소를 제기하기 전에 채무를 변제하는 등으로 추심명령의 효력을 저지시켜야만 할 것으로 보입니다.

[사례 3·1·37] 대항력 있는 상가임차인이 허위의 무상거주확인서를 작성해준 후에도 임의경매의 매수인에게 이를 번복하여 주장할 수 있는지

문 저는 임대차보증금 1억원으로 상가를 임차해서 영업을 하고 있는 대항력 있는 상가임차인인데, 상가소유자 겸 임대인인 甲이 乙 은행으로부터 대출을 받고자 한다고 하면서 무상임대차 확인서를 작성해 달라고 사정을 합니다. 저는 무상임차인이 아닌데, 이와 같은 무상임대차 확인서를 써준다고 해서 나중에 무슨 문제가 생길 수 있게 되는지 박사님께 문의드리고 싶습니다.

답 은행 등과 같은 근저당권자가 담보로 제공된 건물에 대한 담보가치를 조사할 당시 대항력을 갖춘 임차인이 그 임대차 사실을 부인하고 그 건물에 관하여 임차인으로서의 권리를 주장하지 않겠다는 내용의 무상임대차 확인서를 작성해 주었고, 그 후 개시된 경매절차에 그 무상임대차 확인서가 제출되어 매수인이 그 확인서의 내용을 신뢰하여 매수신청금액을 결정하는 경우와 같이, 임차인이 작성한 무상임대차 확인서에서 비롯된 매수인의 신뢰가 매각절차에 반영되었다고 볼 수 있는 사정이 존재하는 경우에는, 비록 매각물건명세서 등에 위 건물에 대항력 있는 임대차 관계가 존재한다는 취지로 기재되었다고 하더라도 임차인이 제3자인 매수인의 건물인도청구에 대하여 대항력 있는 임대차를 주장하여 임차보증금 반환과의 동시이행의 항변을 하는 것은 금반언 내지 신의성실의 원칙에 반하여 허용될 수 없다고 할 것입니다(대판 2016.12.1. 2016다228215).

따라서 귀하와 같은 상가임차인이 그 상가소유자의 부탁에 따라 그가 담보대출을 받을 수 있도록 은행에 무상거주확인서를 작성해 주었고, 상가소유자는 은행에 근저당권을 설정해 주고 대출을 받았는데, 그 후 임의경매절차에서 상가를 매수한 자나 그로부터 지분을 승계취득한 자들이 귀하와 같은 상가임차인을 상대로 건물인도 등을 청구한 경우에 귀하께서 대항력 있는 임차인이라고 주장하면서 동시이행의 항변을 주장하는 것은 허용될 수 없을 것입니다.

이에 귀하께서는 임대인 甲이 어떠한 감언이설로 꼬시더라도 무상거주확인서 같은 서류를 작성해줘서는 안될 것이며, 이러한 확인서를 작성해준 경우에는 나중에 귀하의 임차상가가 경매라도 되어 제3자에게 넘어갈 경우에는 임차보증금도 받지 못하고 쫓겨날 수 있으니 조심해야 할 것입니다.

[사례 3·1·38] 사해행위 이후 취득한 채권을 가지고 사해행위취소로 원상회복된 재산에 대한 강제집행절차에서 배당요구를 할 수 있는지

문 저는 채무자 甲으로부터 토지와 건물을 매수하여 소유권이전등기까지 마쳤는데, 위 매매계약이 사해행위라는 이유로 취소채권자 乙에 의해 제기된 사해행위취소소송에서 패소하여 제 명의의 소유권이전등기가 말소되었고, 이후 취소채권자 乙에 의해 경매가 신청되었습니다. 그리고 저는 사해행위취소에 따른 소유권이등기말소에 따라 채무자 甲으로부터 반환받을 매매대금에 대하여 5천만원에 합의하고 공정증서를 작성하였습니다. 이 경우에 저는 위 공정증서로 사해행위취소에 의하여 채무자 甲 명의로 원상회복된 토지와 건물에 대한 강제집행절차에서 배당요구를 할 수 있는지 박사님께 문의드리고 싶습니다.

답 채무자가 채권자의 요구에 따라 그 채권자에 대한 기존채무의 변제를 위하여 소비대차계약을 체결하고 강제집행을 승낙하는 취지가 기재된 공정증서를 작성해 주어 전체적으로 채무자의 책임재산이 감소하지 않는 경우에는 특별한 사정이 없는 한 다른 채권자를 해하는 사해행위가 된다고 할 수 없습니다(대판 2011.12.22. 2010다103376, 2012.11.15. 2011다34088). 이와 같은 법리에 의하면 채무자의 부동산에 관한 매매계약 등의 유상행위가 사해행위라는 이유로 취소되고 그에 따라 원상회복이 이루어짐으로써 수익자에 대하여 부당이득반환채무를 부담하게 된 채무자가 그 부당이득반환채무의 변제를 위하여 수익자와 소비대차계약을 체결하고 강제집행을 승낙하는 취지가 기재된 공정증서를 작성해 준 경우에도 다른 채권자를 해하는 새로운 사해행위가 된다고 볼 수 없을 것입니다.

그러나 이러한 수익자의 채무자에 대한 채권은 당초의 사해행위 이후에 취득한 채권에 불과해서 민법 제407조 소정의 '사해행위취소와 원상회복의 효력이 미치는 채권자'에 포함되지 않아 그 수익자는 원상회복된 재산에 대한 강제경매절차에서 배당을 요구할 권리가 없습니다(대판 2009.6.23. 2009다18502).

이에 귀하께서 사해행위 이후에 취득한 합의금 및 이에 기한 공정증서작성은 사해행위에 해당되지는 않을 것이지만 종전의 사해행위가 취소되어 원상회복된 토지와 건물에 대한 강제경매절차에서는 설령 배당을 신청하더라도 배당을 받지 못할 것으로 보입니다.

[사례 3·1·39] 근저당권에 대한 말소신청 또는 임의경매개시결정에 대한 이의를 제기하기 위해서는 얼마만큼을 변제해 주어야 하는지

문 저는 최근 근저당권이 설정된 주택을 구입한 적이 있습니다. 위 주택의 등기부등본을 열람해 보면 근저당권 등기에는 甲이 채권자로 되어 있고, 채권최고액은 5천만원으로 되어 있습니다. 가진 돈도 있어서 위 근저당권을 말소하고 싶은데, 얼마만큼을 근저당권의 채권자 甲에게 변제하면 말소청구가 가능한지 알고 싶어서 박사님께 문의드립니다.

답 귀하의 사례는 부동산에 근저당권을 설정해준 후 위 근저당권의 피담보채권을 변제하고 근저당권을 말소시키고 싶을 때나 위 근저당권에 기해 임의경매를 당한 상태에서 피담보채권을 변제하고 경매개시결정에 대한 이의신청을 통해서 경매를 정지·취소시키고자 할 때 얼마만큼의 돈을 준비해야 하는지 문제와 관련됩니다. 근저당권은 부동산등기부상 등기사항으로서 등기되어 있는 채권최고액과 실제의 채권액이 다르기 때문에 논란이 있는 것입니다.

이에 관하여는 변제자가 근저당권설정자 겸 채무자이냐 아니면 물상보증인 또는 해당 부동산의 제3취득자이냐에 따라서 다릅니다.

먼저 채무자가 자신의 부동산에 설정해준 근저당권등기를 말소시키기 위해서는 채권최고액이 아니라 자신이 진 채무의 전액(채무가 채권최고액을 초과하면 그 초과한 채무의 전액)과 이에 대한 지연이자를 변제해야만 근저당권의 말소를 구할 수 있고, 여기에 집행비용까지 변제해야만 경매개시결정에 대한 이의를 신청할 수 있을 것입니다(대판 1981.11.10. 80다2712).

다음으로 채무자 아닌 제3자가 물상보증인으로 근저당권을 설정해 준 경우 또는 근저당권이 설정된 부동산의 소유권을 취득한 제3취득자의 경우에는 채권최고액만 변제함으로써 근저당권의 말소를 구할 수 있고(대판 1974.12.10. 74다998), 여기에 더하여 집행비용을 변제함으로써 경매개시결정에 대한 이의를 청구할 수 있을 것입니다(대결 1971.5.15. 71마251).

참고로 임의경매절차에서 경매개시결정에 대한 이의는 절차상의 하자 외에도 피담보채권에 대한 변제·변제공탁, 저당권의 부존재·무효, 피담보채권에 대한 이행기의 연기 등 실체상의 하자를 이유로 해서도 제기가 가능하며, 이때 피담보채권의 소멸은 경매개시결정 전에 소멸된 경우뿐만 아니라 경매개시결정 후 매각대금의 납부시까지 소멸된 경우도 해당됩니다.

이에 귀하께서는 근저당권이 설정된 부동산의 제3취득자에 해당되므로, 등기되어 있는 근저당권의 채권최고액만 변제하거나 공탁함으로써 근저당권설정등기에 대한 말소를 청구할 수 있을 것으로 보입니다.

[사례 3·1·40] 경매는 몇 번까지 유찰될 수 있고, 최저매각가격은 얼마나 떨어질 수 있는지

문 저는 채무자 甲에 대해 손해배상청구소송을 제기해서 확정판결을 받았고, 이에 기하여 채무자 甲 소유의 임야에 대해 경매를 신청하여 경매가 진행 중인데, 임야의 위치가 외진데다 이용가치가 없다고 보았던지 입찰에 참가하는 자가 없을 것 같습니다. 그래서 향후 몇 번까지나 유찰될 수 있고, 계속 유찰되면 어떻게 되는지 알고 싶어 박사님께 문의드리고자 합니다.

답 경매가 여러 차례에 걸쳐 유찰될 경우 최저매각가격은 한 없이 떨어질 수 있고, 따라서 기다리면 기다릴수록 헐값에 경매부동산을 매수할 수 있는 것이 아닌지 궁금해 하는 사람들이 많습니다. 결론적으로 말하자면 최저매각가격은 경매절차비용(약 100만원 예상) 및 경매신청인에 우선하는 채권자들이 받아 갈 돈을 합산한 금액의 미만으로는 떨어질 수 없으며, 그 미만으로 떨어질 것이 예상된다면 경매가 취소될 수밖에 없을 것입니다. 이를 남을 가망이 없을 경우의 경매취소라고 합니다(민사집행법 제102조).

달리 표현하면, 다른 권리자는 없고 오로지 경매신청인만이 이해관계인이라고 한다면 매각대금 중에서 경매비용을 공제한 나머지는 모두 경매신청인에게 돌아갈 것이므로 여러 번 유찰될 경우 최저매각가격은 한 없이 떨어져 경매절차비용 수준(약 100만원)까지 떨어질 수도 있다는 것입니다. 물론 이렇게 되는 경우란 거의 없을 것이지만 대항력 있는 임차권 등 권리관계가 복잡한 경우에는 종종 있을 수 있는 일입니다. 이하에서 구체적으로 살펴보기로 하겠습니다.

앞서 남을 가망이 없을 경우에는 경매가 취소될 수 있다고 하였는데, 여기에서 '남을 가망이 없는 경우'란 어떠한 경우를 말할까요? 법원은 최저매각가격으로 경매신청인의 채권보다 우선하는 부동산 위의 모든 부담(우선부담)과 경매절차비용을 변제하고 나면 경매신청인에게 돌아갈 것이 없다고 인정되는 때에는 이러한 사실을 경매신청인에게 통지해서, 이러한 부동산 위의 모든 부담과 경매절차비용을 넘는 가격으로 입찰하는 자가 없을 경우에는 경매신청인 스스로 이를 매수할 것을 신청하도록 하고, 이에 대한 충분한 보증을 제공하지 않으면 경매절차를 취소하게 되는 것입니다(민사집행법 제102조 제2항). 쉽게 말하면, 경매신청자에게 돌아갈 것이 있느냐의 여부에 따라서 경매절차의 취소여부가 좌우된다는 것입니다.

이는 경매신청인이 자기에게 돌아올 것이 전혀 없음에도 불구하고 악의로 채무자의 부동산을 경매시켜버리지는 의도와 무익한 경매진행을 막아보자는데 그 취지가 있는 것입니다. 여기에서 경매신청인에 우선하는 채권이란 ① 선순위의 저당권·근저당권,[134] ② 선순위의 전세권(다만, 최선순위의 전세권은 배당요구를 한 경우에만 포함), ③ 선순위의 가등기담보권(단, 담보가등기임을 신고한 경우에 한함), ④ 선순위 임차보증금(단, 배당요구를 한 경우일 것), ⑤ 임금, 퇴직금, 산업재해보상금, 그밖의 근로관계로 인한 채권(단, 가압류를 하였거나 배당요구를 한 경우일 것), ⑥ 국세, 지방세, 지방자치단체의 공과금(사용료, 수수료 등), ⑦ 해당 부동산에 필요비, 유익비를 지출한 제3취득자의 비용상환청구권(단, 배당요구를 한 경우일 것), ⑧ 절차비용(등록세, 교육세, 감정료, 현황조사비용, 각종 증명서 작성비용, 매각수수료 등 제반비용) 등을 말합니다.

법원으로부터 잉여의 가망이 없다는 통지를 받은 경매신청인은 그 실익을 따져 매수신청을 할 것인지 여부를 결정해야 할 것이고, 이때 매수신청을 하는 경우에만 경매가 취소되지 않습니다. 즉 경매신청인이 법원으로부터 남을 가망이 없다는 취지의 통지를 받으면 그로부터 1주일 내에 자기보다 우선하는 부동산 위의 모든 부담과 경매절차비용을 변제하고도 남을 만한 가격을 정하여 그 가격 이상으로 매수신고한 자가 없을 때에는 자신이 그 가격으로 매수하겠다고 신청하고, 이에 대한 보증을 제공해야만 경매절차가 취소되지 않고 계속 진행되는 것입니다. 이때 보증제공액은 최저매각가격과 자신이 매수하겠다고 신청한 가격과의 차액입니다(현금 또는 보증보험증권).

만약 법원이 잉여의 가망이 없음에도 불구하고 그 사실을 모른 채 경매절차가 진행된 경우에는 어떻게 될까요? 이 경우에도 다행히 최고가매수인의 매수가격이 '우선채권의 총액과 경매절차의 비용을 합한 금액'을 초과한다면 상관이 없을 것이지만, 그렇지 않은 경우에는 매각불허가사유가 됩니다. 그럼에도 불구하고 법원이 이러한 사실을 모르고 매각허가결정을 확정하였다면 이러한 하자는 치유되며, 매수인으로서는 매각대금을 납부함으로써 확정적으로 소유권을 취득하게 됩니다.

한편 유찰로 인한 새매각에서는 최저매각가격이 얼마나 저감될까요? 매각기일에 매수가격의 신고가 없는 경우에는 법원은 최저매각가격을 상당히 낮추고 새매각기일과 매각결정기일을 다시 정하여 공고하게 되는데, 최저매각가격의 저감비율은 법원의 자유재량이므로 1회의 저감액이 30%라 하여도 위법은 아니라고 할 것이지만, 현재의 실무에서는 20%씩 저감하고 있습니다. 가격의 저감은 매각명령서에 기재하고, 매각기일공고에도 기재하게 됩니다.

이에 귀하께서도 잉여의 가망이 없을 경우에는 경매가 취소될 수 있다는 점을 예상하시고 차후 매수신청의 보증을 해야 하는 경우도 있을 수 있으므로, 이에 대비하시는 것이 좋을 것 같습니다.

[사례 3·1·41] 상계신청 또는 채무인수신고에 의한 경매대금의 납부방법

문 저는 보증금 5천만원, 월세 50만원으로 아파트를 얻어 세입자로 살고 있는데, 사업하는 집주인 甲이 부두가 나서 아파트가 경매로 넘어가게 되었는데, 저도 손해를 보지 않으려고 경매에 참가해서 그 아파트를 낙찰받았습니다. 특별한 대책도 없이 아파트를 낙찰받은지라 매각대금의 전액을 당장 준비하기가 만만치 않습니다. 들리는 말로는 제 임차보증금에 대한 배당 몫으로 매각대금을 대체할 수 있다고 하는데, 과연 그러한지 박사님께 문의드리고 싶습니다.

답 경매절차에서는 법원이 경매허가결정을 함으로써 매수인이 결정되고, 매각허가결정이 확정된 경우에는 그로부터 1월 안의 날로 대금지급기한을 정하여 매수인에게 납부할 것을 통지하게 됩니다. 이때 매수인은 대금지급기한 내에 법원으로부터 납부명령서를 교부받아 각 법원별 취급점(보통 법원 안에 있는 은행)에 비치되어 있는 법원보관금 납부서를 작성한 후 납부해야 합니다. 그런데 매수인이 해당 경매절차의 채권자로서 배당에 참가하여 법원으로부터 배당받을 금액이 있다거나 다른 배당채권자로부터 채무를 인수하는데 합의가 이루어진 경우가 있을 수 있습니다. 이러한 경우에는 매각대금 전액을 현금으로 준비해서 납입할 필요가 없이 자기의 배당 몫으로 상계하거나 다른 채권자의 배당 몫을 인수하는 방식으로 그 몫만큼 매각대금의 납부에 갈음할 수 있습니다. 전자를 '상계신청에 의한 매각대금 납부'라고 하고, 후자를 '채무인수신고에 의한 매각대금 납부'라고 합니다. 아래에서 순서대로 살펴보기로 하겠습니다.

먼저 상계신청에 의한 매각대금 납부입니다. 이는 경매의 매수인이 자신도 채권자로서 매각대금으로부터 배당받아 올 금원이 있는 경우에, 이를 상계하고 나머지의 차액만을 납부하게 해달라고 신청하는 제도를 말합니다(차액지급신청). 즉, 매수인이 동시에 채권

134) 이러한 저당권에는 원본(등기된 액), 등기된 이자(기간의 제한 없음), 등기된 지연손해금(1년분)이 포함되며, 근저당권은 등기된 채권최고액(실제의 채권액이 적으면 실제의 채권액)을 기준으로 합니다.

자인 경우에는 자신도 경매의 매각대금으로부터 배당받아 올 금원이 있을 것이고, 따라서 자기가 배당받아 올 금액과 상계하고, 나머지의 차액만으로 납부할 수 있게 해달라고 법원에 신청할 수 있는 것입니다(민사집행법 제143조 제2항). 이러한 상계신청이 인용되면, 매수인은 자기가 배당받아 올 금액을 상계하고 남은 금액만을 배당기일에서 납부하면 됩니다.

예컨대, 귀하의 경우처럼 임차인이 살고 있는 주택에 대하여 경매가 이루어진 경우에, 임차인이 임차보증금에 기하여 배당요구를 한 후, 이를 경매로 매수한 경우가 많은데, 이 경우의 주택임차인 겸 매수인이 법원에 신청하여, 자기가 배당받아 올 금액을 상계하고, 나머지의 금액만을 매각대금으로 납부하게 해달라고 신청하는 경우가 상계신청의 대표적인 예입니다. 이러한 상계신청은 매각결정기일이 끝날 때까지 법원에 신청해야 합니다. 상계신청이 있게 되면 법원에서는 따로 대금지급기한을 정하지 않고 바로 배당기일을 정하게 되며, 이 배당기일에 나머지의 차액을 납부하면 되는 것입니다. 상계신청이 법원으로부터 인용되지 않고 바로 대금지급기한이 정해지거나, 재매각명령이 공고된 경우에는 상계신청인(매수인)은 「집행에 관한 이의」를 제기할 수 있고, 집행에 관한 이의를 제기하지 않고 있는 사이에 재매각이 진행되어 매각허가결정이 선고된 경우에는 「매각허가결정에 대한 즉시항고」를 제기할 수 있습니다.

다음으로 채무인수신고에 의한 매각대금 납부입니다. 이는 경매의 매수인이 자기가 납부해야 할 매각대금으로부터 배당을 받아갈 채권자가 있는 경우에, 그와 협상하여 그 채권자의 배당액을 자기의 채무로 인수하고, 나머지의 금액만을 납부하게 해달라고 신청하는 제도를 말합니다. 다만, 이러한 방법은 매수인과 배당을 받아갈 채권자간에 합의가 이루어져야만 가능할 것입니다. 즉, 매수인이 자기가 납부해야 할 매각대금으로부터 배당을 받아 갈 채권자의 승낙이 있다면, 그 채권자의 몫을 자기의 채무로 인수하고(민사집행법 제143조 제1항), 나머지의 부분만을 매각대금으로 납부하게 해달라고 신청하는 제도가 바로 채무인수신고에 의한 대금납부제도인 것입니다(예, 매각대금 1천만원이고, 배당받을 채권자의 몫이 300만원이라면, 그 300만원을 매수인의 채무로 인수하고, 나머지의 차액인 700만원만 매각대금으로 납부하는 방법). 매수인이 배당받을 채권자의 승낙서를 첨부하여 신청한 채무인수신고가 인용되면, 매수인이 인수해야 할 채권액의 구체적인 금액은 배당절차에서나 비로소 가려지게 되므로, 법원에서는 따로 대금지급기한을 정하지 않고 바로 배당기일을 정하게 되며, 이 배당기일에 매수인은 나머지의 차액만을 납부하면 되는 것입니다.

이에 귀하께서도 법원으로부터 배당받을 몫이 있다면 상계신청에 의하여 매각대금으로 대체할 수 있을 것이고, 그것도 부족한 경우에는 다른 배당채권자와 협상을 해서 그 배당채권자의 몫을 인수하는 방법으로 나머지 매각대금의 납부를 대체하도록 하는 것도 검토해 보시기 바랍니다.

[사례 3·1·42] 경매에서의 유치권

문 저는 경매로 대지가 딸린 농어가주택을 조금 싸게 구입해서 컨테이너 집도 짓고 비닐하우스로 계절 작물을 심어보고 싶습니다. 그런데 경매에서는 유치권자가 있는 경우에는 낭패를 볼 수 있다고 하는데, 박사님께 유치권에 대해 상세한 문의를 드리고 싶습니다.

답 유치권이란 타인의 물건(동산, 부동산 포함) 또는 유가증권을 점유한 자가 그 물건이나 유가증권에 관하여 생긴 채권을 가지는 경우에, 그 채권의 변제를 받을 때까지, 그 물건이나 유가증권을 유치할 수 있는 권리를 말합니다(민법 제320조 제1항). 유치권이 성립하려면 ① 채권이 유치권의 목적물에 관하여 생긴 것이어야 하고, ② 채권자가 해당 목적물을 점유하고 있어야 합니다. 경매에서 매수인이 인수하게 되는 부동산유치권이 인정되는 경우로는 임차인의 필요비·유익비상환청구권, 전세권자의 유익비상환청구권, 도급계약(건물신축, 주택수리 등)의 수급인이 가지는 공사대금청구채권 등이 있습니다.

부동산경매에서 유치권이 문제되는 이유는 무엇일까요? 경매부동산에 대한 유치권의 존재여부는 집행관의 현황조사나 감정인의 감정평가시에 노출된 경우도 있지만, 유치권의 권리신고는 보통 경매가 한참 진행되는 도중에 신고되는 경우가 대부분이고, 경우에 따라서는 매각이 이루어질 때까지도 유치권자가 권리신고를 하지 않아 유치권의 존재 자체가 노출되지 않는 경우도 있습니다. 이러한 유치권은 고스란히 매수인이 그 부담으로 인수하게 되는 것입니다. 경매절차에서 유치권이 문제되는 또 다른 이유는, 유치권에 대한 권리신고자가 소유자와 공모하여 허위의 채권으로 유치권신고를 한다든지, 과다한 유치권의 금액을 신고한 경우 또는 유치권의 요건에 해당되지 않음에도 불구하고 그에 대한 권리신고를 해놓음으로써 다른 입찰자가 입찰에 참가하는 것을 꺼리게 만들어 자신들이 싼 가격에 매수하려고 하는 등 경매의 폐단이 양산될 수도 있다는데 있습니다.

유치권은 등기부등본상으로 등기를 할 수 있는 권리가 아니며, 경매개시결정등기 이후에도 얼마든지 성립될 수 있는 것입니다(예, 임차인의 필요비·유익비상환청구). 다만, 경매개시결정등기 후에 채무자 등으로부터 해당 부동산의 점유를 이전받은 종전의 공사대금채권자 또는 경매개시결정등기 후에 해당 부동산의 점유를 이전받아 공사를 한 채권자는, 압류로 인한 처분금지효 때문에, 그 부동산에 관한 경매절차의 매수인에 대하여 자기의 공사대금채권에 기한 유치권을 주장할 수 없습니다(대판 2005.8.19. 2005다22688).

그렇다면 경매절차에서 유치권자는 유치권의 권리신고를 어떻게 하며, 그 실익이 무엇인지 알아볼 필요가 있습니다. 이는 공사대금 청구 채권 등으로 경매목적물에 대하여 유치권을 가지고 있는 채권자는 경매절차에서 반드시 유치권을 가지고 있다는 권리신고를 해야 하는지의 문제와 관련됩니다. 유치권자는 그 존재 자체만으로 경매절차의 매수인에게 대항할 수 있는 것이므로 경매절차에서 권리신고를 하지 않았다고 해서 유치권이 소멸되거나 어떤 불이익이 따르지는 않습니다. 다만, 부동산 위의 권리자로서 권리를 증명한 사람은 경매절차에서 이해관계인으로 되기 때문에(민사집행법 제90조), 유치권자가 권리신고를 할 경우에는 경매절차의 이해관계인이 될 수 있고, 그렇게 될 경우에는 경매절차에서 각종 기일의 통지를 받을 권리나 집행에 관한 이의신청권, 매각허부결정에 대한 즉시항고권 등 이해관계인으로서 각종 권리를 누릴 수 있게 되는 실익이 있는 것입니다. 또한 사실상의 문제로서 경매절차에서 유치권을 주장하지 않고 가만히 있다가 낙찰자(매수인, 이하 동일)에 대하여 갑자기 유치권자라고 주장할 경우에는 유치권의 존재에 대한 입증문제로 소송에 휘말릴 수 있고, 더군다나 낙찰자의 거센 반발이 불을 보듯 뻔하게 되므로 경매절차에서 미리 유치권의 존재를 예고해 둠으로써 낙찰자로 하여금 이를 감안하여 매수를 할테면 하라는 식으로 처리하는 것이 나중에 낙찰자와 협상을 하거나 소송을 통하여 채권을 회수하는데 유리한 고지를 차지할 수 있을 것으로 사료됩니다.

유치권에 대한 권리신고는 배당요구종기까지 이루어져야만 경매절차의 이해관계인으로 됩니다(대판 2005.5.19. 2005마59). 경매부동산에 존재한 정당한 유치권에 대하여는, 그것이 경매절차에서 신고되어 있든, 그렇지 않든, 매수인이 부담해야 합니다(민사집행법 제91조 제5항). 따라서 매각물건명세서 등에 유치권이 신고되어 있는 것으로 기재되어 있는 부동산을 매수하려면 신중하게 접근하는 자세가 필요합니다. 물론 유치권이 감정평가에 반영되어 있다면 큰 문제는 없을 것이나(실무상으로는 거의 반영이 되고 있지 않는 듯함), 그렇지 않는 경우에는 유치권을 인수한다고 보고 입찰에 응해야 할 것이며, 이러한 유치권의 존재사실을 모르고 매수신청을 한 경우에는 매각허가에 대한 이의(민사집행법 제121조 제6호)나 매각허가결정에 대한 즉시항고(민사집행법 제130조 제1항) 또는 매각허가결정에 대한 취소신청(민사집행법 제127조) 등으로 다투어야 할 것입니다.

그러나 한편 유치권의 권리신고가 되어 있는 부동산에 대하여는 일반인들이 입찰에 참가하는 것을 꺼려할 것이므로 최저매각가격이 계속 떨어질 수 있고, 또한 허위의 유치권의 권리신고가 되어 있다든가 유치권의 권리신고가 되어 있을 뿐 실제로는 유치권이 인정되지 않는 경우(예, 유치물을 점유하고 있지 않은 경우)에 있어서는 의외로 높은 수익률을 올릴 수도 있으므로 유치권이 신고되어 있는 부동산에 대하여는 오히려 이를 경매의 주된 공략대상으로 검토해 볼 필요가 있을 것입니다.

이에 귀하께서도 경매로 부동산을 낙찰받으려면 경매기록을 잘 살펴보고, 항시 현장에도 방문해서 유치권자가 존재하는 여부를 미리 파악해본 후 입찰여부를 결정해야 할 것입니다.

[사례 3·1·43] 공사수급인이 공사대금을 받기 위하여 건물에 대하여 유치권을 행사할 수 있는지

문 저는 甲으로부터 공사대금 1억원에 주택신축공사를 도급받아 공사를 완료한 후 사용검사도 필하여 甲 명의로 보존등기까지 마쳤습니다. 그런데 甲은 공사 잔대금 5천만원을 차일피일 미루며 지급하지 않고 있어 위 주택의 등기부등본을 떼어보았더니 벌써 은행에 저당까지 잡혀먹었습니다. 저는 위 주택의 열쇠를 가지고 있습니다. 甲은 열쇠를 넘겨주지 않으면 명도소송을 제기하겠다고 합니다. 어떻게 대응해야 하나요?

답 민법 제320조에 의하면 "타인의 물건 또는 유가증권을 점유한 자는 그 물건이나 유가증권에 관하여 생긴 채권이 변제기에 있는 경우에는 변제를 받을 때까지 그 물건 또는 유가증권을 유치할 권리가 있다."라고 규정되어 있습니다. 이를 유치권이라고 합니다. 즉, 귀하의 경우와 같이 건물의 신축공사를 한 수급인이 그 건물에 관하여 생긴 공사대금채권이 있고, 또한 그 건물을 점유하고 있는 경우에는 그 채권을 변제받을 때까지 해당 건물을 유치할 권리가 있는 것입니다(대판 1995.9.15. 95다16202).

여기에서 주의할 것은 수급인이 열쇠를 건네주는 등으로 말미암아 그 점유를 상실하게 되면 유치권을 행사할 수 없게 된다는 점입니다. 따라서 귀하께서도 공사대금을 모두 지급받을 때까지 위 주택의 인도를 거부할 권리가 있다고 보입니다. 다만, 위에서 말한 바와 같이 주택의 점유를 상실하게 되면 유치권을 행사할 수 없게 되므로, 귀하께서도 단순히 열쇠를 가지고 있는 것으로 만족할 것이 아니라 실질적으로 위 주택을 점유함으로써 점유상실 여부에 대한 분쟁을 미연에 방지해 둘 필요가 있다고 보입니다. 열쇠를 가지고 있는 경우에 과연 해당 주택을 점유하고 있는 것으로 보는지 여부에 관하여 다툼의 소지가 있기 때문입니다.

한편 유치권의 목적이 된 부동산에 대하여 경매가 이루어진 경우에 있어서는 그 유치권이 압류등기 전에 성립된 것이냐 압류 후에 성립된 것이냐에 따라 그 효력이 달라집니다. 즉 채무자 소유의 건물 등 부동산에 대하여 경매로 인한 압류의 효력이 발생하기 전에 유치권을 취득한 경우에는 그것이 근저당권설정 후에 취득한 것이라고 하더라도 대항할 수 있고, 그 경매가 유치권 취득 전에 설정된 근저당권에 기하여 개시된 경우라고 하더라도 경매절차의 매수인에 대하여 유치권을 주장할 수 있는 것입니다. 반면 경매개시결정에 대한 기입등기가 경료된 후에 비로소 유치권을 취득한 경우에는 경매절차의 매수인에게 그 유치권을 주장할 수 없는 것입니다(대판 2009.1.15. 2008다70763). 따라서 경매기입등기가 이루어진 채무자 소유의 건물을 수리한 경우에는 공사대금 채권이 있다고 하더라도 유치권을 주장할 수 없으니 조심해야 할 것입니다.

유치권이 성립된다고 하더라도 유치권자는 유치권으로 담보된 공사대금 등 채권을 변제받을 때까지 점유하고 있는 부동산의 인도를 거절할 수 있을 뿐, 공사대금 등 채권을 경매의 매수인에게 직접 청구할 수는 없습니다(대판 1996.8.23. 95다8713).

이에 귀하께서는 甲의 주택을 점유하고 있는 경우에는 공사대금을 다 받을 때까지 유치권을 행사하여 甲의 주택을 명도하지 않아도 될 것으로 보입니다. 다만 열쇄를 가지고 있는 것 외에 甲의 주택 주위를 줄로 빙 둘러 쳐놓는 등으로 실질적으로 甲의 주택을 점유하는 있다는 외관을 적극적으로 만들어 놓는 것이 현명할 것으로 보입니다.

[사례 3·1·44] 저당권이 설정된 부동산을 취득한 후 비용을 들여 수리했는데, 경매가 이루어진 경우에 그 필요비·유익비에 대한 회수 가능 여부

문 저는 저당권이 설정된 허름한 주택을 甲으로부터 매수해서 화장실도 새로 만들고 조그마한 창고도 만드는 등 나름대로 투자를 많이 했습니다. 위 주택을 甲으로부터 매수할 때 위 저당권은 제가 떠안지 않고 甲이 조만간 변제하기로 한 것이었는데, 甲이 약속과 달리 제때 피담보채무를 변제하지 않자 위 저당권에 기하여 임의경매가 신청되어 버렸습니다. 저도 돈이 없어 피담보채권을 변제할 형편이 되지 못하는데, 제가 위 주택에 투자한 돈이라도 건질 수 있는지에 대하여 박사님께 문의드리고 싶습니다.

답 권리관계가 깨끗한 부동산을 구입하려고 아무리 찾아다녀봐도 저당권이 설정되어 있지 않는 부동산을 찾기란 그리 쉽지 않을 것입니다. 따라서 부동산을 매수할 경우에는 이러한 저당권을 떠안든지, 아니면 저당권의 피담보채권을 매수대금에서 공제하고 매수하는 경우가 대부분인데, 부동산을 새로 구입한 후에는 통상적으로 자기 구미에 닿게 이리저리 뜯어 고치기도 하고, 없던 방도 하나 더 만들며, 페인트도 칠하고 도배를 하는 등 적지 않은 돈을 들이는 게 보통일 것입니다. 그런데 어쩌다가 저당권의 피담보채권을 제때 변제하지 못해서 경매가 신청되어 버린 경우가 있을 것입니다. 이와 같이 경매대상 부동산에 대하여 필요비나 유익비를 지출한 제3취득자가 그러한 지출비용을 회수할 수 있는 방법이 있는지 여부가 문제됩니다. 저당권이 설정된 후에 해당 부동산의 소유권을 취득한 제3취득자가 그 부동산의 보존이나 개량을 위하여 지출한 필요비나 유익비에 대하여는 경매대금에서 우선상환을 받을 권리가 인정됩니다(민법 제367조). 이러한 권리는 임의경매절차에서만 인정되는 것이 아니고, 강제경매가 이루어진 경우에도 인정됩니다. 다만, 제3취득자가 이러한 필요비나 유익비를 매각대금으로부터 우선적으로 상환받으려면 배당요구의 종기까지 법원에 그 상환을 청구해야 할 것입니다.

제3취득자가 경매절차에서 적법하게 배당신청을 했음에도 불구하고 상환을 받지 못한 경우에는, 그 금액에 관하여 배당을 받은 후순위권리자에 대하여 부당이득반환청구를 할 수 있습니다. 제3취득자가 기한을 놓쳐 배당요구를 하지 못한 경우라도, 압류의 효력발생 전의 제3취득자로서 줄곧 해당 경매목적 부동산을 점유해온 자는 경매의 매수인에 대하여 그 비용을 상환받을 때까지 유치권을 행사할 수 있습니다(민사집행법 제91조 제5항). 제3취득자는 그 부동산을 점유하고 있으면서 버티다 보면 매수인으로부터 돈이 나오게 되어 있는 것입니다. 다만, 유치권행사의 요건상 그 부동산에 대한 점유를 상실하게 되면 더 이상 유치권을 행사할 수 없게 되므로, 이 점을 유의해야 할 것입니다.

이에 귀하께서도 위에서 살펴본 바와 같은 절차를 통하여 유익비 내지 필요비상환청구권 등을 행사함으로써 귀하가 투자한 비용을 회수할 수 있을 것으로 보입니다.

[사례 3·1·45] 경매에서의 '제시외 건물'의 의미와 그 지위

문 저는 부동산 경매에 참가하고자 경매기록을 열람해 보니 '제시외 건물 있음'이라는 문구가 기재되어 있습니다. 이 부분이 궁금해서 그러는데, '제시외 건물'이란 무엇을 말하는 것인지, 그리고 경매에서의 지위는 어떻게 되는지도 알고 싶어 박사님께 여쭈어보고 싶습니다.

답 경매실무에서 '제시외 건물'이란 경매신청채권자가 경매신청서상의 "경매할 부동산의 표시"란에 기재하지 않았고, 따라서 감정평가의뢰서에도 기재되지 않았으나, 감정평가를 촉탁받은 감정평가사가 실제로 현장에 가서 감정을 한 결과 발견된 건물을 말합니다. 이러한 '제시외 건물'은 경매신청채권자가 경매신청목적물에서 제외시켰으나, 당연히 매각대상에 포함되어야 할 부합물이나 종물인 경우도 있고, 매각대상에서 제외되는 독립된 건물인 경우도 있습니다. 따라서 '제시외 건물'은 매각외 건물(매각대상이 아닌 건물)과는 구별되는 개념입니다.

감정평가의 결과, '제시외 건물'이 채무자 소유의 독립된 미등기건물로 판명된 경우에는, 경매신청인으로서는 대위에 의한 보존등기를 하여 일괄매각신청을 해야만 이러한 '제시외 건물'에 대해서도 경매에 포함시킬 수 있는 것입니다. '제시외 건물'이 있는 경우에, 감정인은 경매개시결정 당시를 기준으로 하여 이러한 '제시외 건물'이 경매대상 부동산과는 별개의 독립된 건물인지, 아니면 경매대상 부동산의 구성부분이거나 부합물 또는 종물에 해당되는지 여부를 판단하여 경매목적물에 포함시킬 것인지 여부를 결정하게 됩니다. 만약 경매대상 부동산의 구성부분이거나 부합물(증축·개축부분 등) 또는 종물(화장실, 창고, 정화조 등)에 해당된다고 판단되면, 감정인은 이의 가격을 평가하게 되고, 법원에서는 이러한 감정인의 평가액을 참작하여 최저매각가격의 결정에 반영시킬 것입니다. 그러나 이에 해당되지 않는 것으로 판단되어 매각목적물에서 제외시켜야 할 물건에 대하여는, 법원은 「매각물건명세서」에 그러한 사실을 명확히 기재함으로써, 입찰관계자 등 경매절차의 이해관계인에게 그 취지를 알 수 있도록 하고 있습니다. 법원에서는 보통 '제시외 건물'이 있는 경우에 그것이 매각대상부동산의 종물이거나 부합물임이 명백한 경우가 아닌 한, 매각물건에 포함시키지 않고 있습니다(대결 1999.8.9. 99마504).

그렇다면 토지(건물)의 매수인이 '제시외 건물'의 소유권을 취득하게 되는지 궁금할 것입니다. '제시외 건물'이 경매대상 부동산의 구성부분이거나 부합물 또는 종물에 해당되면 당연히 최저매각가격에 반영되었을 것이나, 반영되지 않았다고 하더라도 매수인은 그 소유권을 취득하게 됩니다(이 경우에 '제시외 건물'의 소유자는 매수인을 상대로 하여 부당이득반환청구를 하는 것은 가능할 것으로 사료됨). 반면, '제시외 건물'이 경매대상 부동산의 구성부분이거나 부합물 또는 종물에도 해당되지 않고, 또한 일괄경매도 신청되지 않은 경우에는 매수인은 그 소유권을 취득하지 못하게 되는 것입니다.

'제시외 건물'이 부합물이나 종물에 해당되느냐의 여부는, 경매신청 후에 행하여지는 집행관의 현황조사보고서나 감정인의 평가서 또는 법원의 매각물건명세서 등에 그에 대한 판단여부가 기재되어 있으므로 이를 참고하면 될 것입니다. 물론 이러한 집행관이나 감정인 또는 법원의 판단이 절대적인 것은 아니며, 종국적으로 '제시외 건물'이 부합물이나 종물에 해당되느냐의 여부는 결국 민법 제256조 및 민법 제256조의 해석에 의하여 결정될 문제이며, 궁극적으로는 법원의 재판에 의해 결정될 것입니다. 그러나 이러한 집행관이나 감정인 또는 법원의 판단을 번복하기는 쉽지 않을 것입니다. '제시외 건물'에 대하여 매수인이 소유권을 취득하지 못할 경우에는 법정지상권 또는 관습법상의 법정지상권이 인정되느냐의 여부에 따라, 매수인은 지료만 받고 그대로 인수하든지, 아니면 철거소송으로 해당 '제시외 건물'을 철거시키든지 해야 할 것입니다.

이에 귀하께서도 이러한 '제시외 건물'의 의미와 그 지위에 관하여 정확히 판단해 보신 후 경매에 참가해야만 큰 차질이 없을 것으로 보입니다.

[사례 3·1·46] 경매서류상 "법정지상권 있음"이라는 말이 나오는데, 이는 어떠한 권리인지

문 저는 무주택자로서 경매를 통하여 대지를 낙찰받아 그곳에 주택을 짓고 싶어서 평소에 경매 쪽에 관심이 많았는데, 근자에 위치도 좋고 마음에 드는 땅이 경매에 나온 것 같아 경매서류를 열람해 보았더니 "법정지상권 있음"이라는 문구가 기재되어 있는 것을 보았습니다. 이를 무시하고 경매에 참여해도 되는지 궁금하고, 법정지상권에 대하여도 알고 싶습니다.

답 다른 나라와 달리, 우리나라는 토지와 건물을 별개의 독립된 부동산으로 다루고 있습니다. 건물은 토지위에 건립하는 것이고 따라서 건물을 건축하기 위하여는 토지에 대한 사용권(소유권, 임차권, 지상권 등)을 취득해야 하며, 그렇지 않는 경우에는 건물이 철거당할 수도 있습니다. 그런데 간혹 건물소유자가 토지소유자로부터 토지사용권을 취득하지 못한 부득이한 경우가 있을 수 있는데, 이 경우에까지 건물이 철거당하도록 하는 것은 건물소유자에게 가혹한 것이므로 법에서는 일정한 경우에 한하여 건물소유자가 토지에 대한 지상권을 취득한 것으로 간주하고 있는데, 이를 법정지상권이라고 합니다.

그렇다면 어떠한 경우에 토지소유자의 사용승낙을 받지 않는 건물소유자에게 이러한 법정지상권이 인정되어 건물이 철거당하지 않을 수 있을까요? 다음과 같은 경우입니다. 즉,

첫째, 토지와 지상건물이 동일한 소유자에게 속한 상태에서, 건물에 대하여만 전세권이 설정된 후 토지소유자가 변경된 경우에(경매를 통한 대지의 매수인 등), 그 토지소유자는 전세권설정자(건물소유자)에 대하여 지상권을 설정한 것으로 보게 됩니다(민법 제305조 제1항).

둘째, 토지와 지상건물이 동일한 소유자에게 속한 상태에서, 어느 한 쪽에만 저당권이 설정된 후 그 저당권의 실행(즉, 임의경매)으로 토지와 건물의 소유자가 달라진 경우에는, 토지소유자는 건물소유자에 대하여 지상권을 설정한 것으로 보게 됩니다(민법 제366조).

셋째, 토지와 건물이 동일한 소유자에게 속한 상태에서, 어느 한 쪽에만 가등기담보권이나 양도담보권 또는 매도담보권이 설정된 후 그 담보권의 실행으로 토지와 건물의 소유자가 다르게 된 경우에는, 토지소유자는 건물소유자에 대하여 지상권을 설정한 것으로 보게 됩니다(가등기담보 등에 관한 법률 제10조).

넷째, 입목의 경매 등으로 인하여 토지와 입목의 소유자가 달라진 경우에, 토지소유자는 입목소유자에 대하여 지상권을 설정한 것으로 보게 됩니다(입목에 관한 법률 제6조).

다섯째, 또한 법정지상권은 이러한 법률에 의하여 성립되는 경우 이외에도 관습법에 의하여 성립하는 것으로 판례가 인정하는 경우가 있습니다. 즉, 토지와 건물(무허가건물 포함)이 같은 소유자의 소유에 속하였다가 그 건물 또는 토지가 매매, 강제경매, 공매, 증여 등의 원인으로 인하여 그 소유자가 달라진 때에는, 특히 그 건물을 철거한다는 조건이 없는 이상, 건물소유자는 토지소유자에 대하여 소위 관습에 의한 법정지상권을 취득하게 됩니다(대판 1999.12.10. 98다58467).

따라서 귀하의 경우에도 법정지상권의 존재를 무시하고 토지를 낙찰받은 경우에는, 그 지상에 존재하는 건물에 대하여 철거를 청구할 수 없게 되므로 주의하셔야 할 것으로 사료됩니다.

[사례 3·1·47] 경매로 매수한 아파트의 연체된 관리비를 경매의 매수인이 전부 부담해야 하는지

문 저는 무주택자로서, 경매로 낡은 아파트 한 채를 낙찰받아 입주하게 되었습니다. 그런데 입주한 첫날 아파트 관리사무소로부터 전 소유자가 10개월 동안 연체한 아파트관리비 950,000원을 납부하라는 것입니다. 그동안 관리사무소에서는 무엇을 하고 있었기에 관리비도 제대로 수금하지 못했느냐고 따졌더니, 전 소유자를 도무지 만날 수 없었다는 것입니다. 관리사무소에서는 체납된 아파트관리비는 새소유자가 승계해야 한다는 아파트관리규약만을 들어, 체납된 아파트관리비의 전액을 납부하지 않으면 단전·단수조치를 하겠다며 으름장을 놓고 갔습니다. 과연 제가 체납된 관리비 전액을 부담해야 하는지 박사님의 고견을 듣고 싶습니다.

답 아파트 관리사무소에서는 「집합건물의 소유 및 관리에 관한 법률」(이하 '집합건물법') 제42조 1항(관리규약 및 관리단집회의 결의는 구분소유자의 특별승계인에게도 효력이 있다는 규정) 등에 근거하여, 위와 같은 주장을 하고 있지 않나 싶습니다. 종전에는 이러한 문제로 새입주자와 관리사무소간에 많은 갈등이 있었던 것으로 보입니다.

그런데, 대법원이 2001년 9월 20일 판결을 내려 이 부분을 정리하였습니다. 즉, 대법원 판례에 의하면, 관리규약은 구분소유자 이외의 자의 권리를 해하지 못한다는 집합건물법 제28조 제3항을 들어 구분소유자의 특별승계인이 관리규약을 명시적·묵시적으로 승인하지 않는 이상 그 관리규약은 특별승계인에 대하여 효력이 없다는 것입니다. 다만, 대법원은 집합건물의 공용부분에 대한 채권에 대하여는 구분건물의 특별승계인에 대하여도 행사할 수 있다는 집합건물법 제18조의 규정을 들어 관리규약 중 공용부분의 관리비에 관한 부분은 유효하다고 함으로써, 아파트의 특별승계인은 전 입주자의 체납관리비 중 공용부분에 해당하는 부분에 대하여는 납부해야 할 책임이 있다고 판결을 내렸습니다(대판 2001.9.20. 2001다8677). 요컨대, 전 입주자의 관리비 중 공용부분의 관리비는 납부해야 하고, 전용부분의 관리비는 납부하지 않아도 된다는 것입니다.

따라서 귀하께서는 아파트관리비 납부명세서를 보고 승강기나 복도 등 공용부분의 전기요금, 일반관리비(경비 월급), 오물수거비, 소독비, 청소비 등 공용부분의 관리비 부분과 전 입주자가 단독으로 사용한 전기요금, 수도요금, 하수도료, TV수신료 등 전용부분의 관리비 부분을 구분하여, 공용부분에 해당하는 체납관리비만 납부하시면 될 것으로 사료됩니다.

[사례 3·1·48] 토지임차인이 건축한 건물을 경매로 매수한 경우에, 토지임대인으로부터 위 건물이 철거당하지 않고 유지될 수 있는지

문 전원주택을 지을 목적으로 甲 소유의 토지를 임차한 乙이 그 지상에 전원주택을 신축한 후 자금이 필요해서 丙 은행으로부터 돈을 빌리면서 위 전원주택을 담보로 잡혔는데, 乙이 제때 돈을 갚지 못하자 위 전원주택에 대한 임의경매가 이루어졌고, 제가 그 건물을 낙찰받았습니다. 이와 같은 경우 제가 종전의 토지임차인 乙이 甲에 대하여 가지는 토지임차권에 관한 승계취득을 주장해서 토지를 인도당하지 않고 건물도 철거당하지 않을 수 있는지 박사님께 여쭈어보고 싶습니다.

답 귀하의 사례에서와 같이 건물을 소유할 목적으로 남의 토지를 임차한 사람이 그 토지 위에 건물을 지은 후 그 건물에 저당권을 설정한 경우에 있어서 저당권의 효력은 그 건물뿐만 아니라 그 건물의 소유를 목적으로 한 토지의 임차권에도 미치므로(민법 제358조 본문), 건물에 대한 저당권이 실행되어 경락인이 건물의 소유권을 취득한 때에는 특별한 다른 사정이 없는 한 그에 수반하여 그 건물의 소유를 목적으로 한 토지임차권도 그 건물의 소유권과 함께 경락인에게 이전되는 것입니다(대판 1993.4.13. 92다24950). 그러나 이는 종전의 토지임차인과 경락인 사이에 임차권의 양도가 이루어진 경우와 같은 것이어서 양당사자 사이에는 그대로 효력이 인정될 것이지만 이를 토지임대인에게도 주장하려면 토지임대인의 동의가 있어야만 하는 것입니다(민법 제629조 제1항).

한편 건물의 소유를 목적으로 한 토지임대차는 이를 등기하지 않은 경우에도 임차인이 그 지상건물을 등기한 때에는 제3자에 대하여도 임대차의 효력이 생기도록 하고 있는데(민법 제622조 제1항), 이는 토지임대인 이외에 토지에 관한 권리를 취득한 제3자에 대하여 그 임대차의 효력을 주장할 수 있다는 말이지 토지임대인에 대해서도 그의 동의 없이 임차권의 취득을 주장할 수 있다는 것은 아니어서(대판 1974.5.28. 74다212, 1975.7.30. 74다2032), 토지임대인에 대해서도 이를 주장할 수 있으려면 그의 동의를 받거나 전대차를 한 경우 또는 그에게 차임을 지급하였다는 등과 같은 특별한 사정이 있어야 하는 것이며, 이러한 경우라야 비로소 임대인으로서도 자신의 동의 없이 임차권이 이전되었다는 것만을 내세워 임대차계약을 해지할 수 없게 된다고 할 것이고 경락인도 그 임차권의 이전을 임대인에게 대항할 수 있는 것입니다(대판 1993.4.13. 92다24950).

따라서 임의경매에서의 낙찰자인 귀하께서도, 토지소유자 겸 임대인 甲으로부터 임차권양도에 관한 동의를 받거나 전대차한 경우 또는 그에게 차임을 지급해오고 있음으로 인하여 임차권의 이전이 임대인에 대한 배신행위가 아니라고 하는 특별한 사정이 입증되지 않는 한, 위 전원주택은 철거되고 그 토지는 반환되어야 할 것으로 보입니다. 물론 귀하의 사례와 달리 토지임차인이었던 乙이 토지임차권을 등기해 놓았던 경우라면 건물의 낙찰자인 귀하로서도 당연히 그 토지임차권을 토지임대인 甲에게 주장할 수 있었을 것입니다.

[사례 3·1·49] 임차주택이 임의경매로 넘어갈 경우에 임차인이 자신의 보증금을 확보하기 위해 피담보채권을 대위변제할 실익이 있는지

문 저는 甲 은행을 근저당권자로 하는 선순위의 근저당권이 설정되어 있는 주택에 대해 임대차계약을 체결한 후 거주해 오고 있는데, 그 후 임대인이 또다시 乙 신용금고에 후순위로 저당권을 설정해 주었고 乙 신용금고에 의해 임차주택에 대해 경매가 이루어지게 되었습니다. 그대로 두게 되면 경매가 된 후 제 임차보증금 중 일부만 받고 그 주택에서 쫓겨나게 될 것 같은데, 무슨 방도가 없는지 박사님께 여쭈어보고 싶습니다.

답 부동산에 대한 경매절차에서 주택임대차보호법상 대항요건을 갖춘 임차권보다 선순위의 근저당권이 있는 경우에는 그보다 후순위인 임차권도 선순위 근저당권이 확보한 담보가치의 보장을 위하여 그 대항력이 상실됩니다. 그러나 경매절차에서의 매수인(실무상 '낙찰자')이 소유권을 취득하게 되는 시점인 매각대금납부 전에 선순위의 근저당권이 어떤 사유로든 소멸한 경우에는 임차권의 존재로 인하여 담보가치의 손상을 받을 선순위의 근저당권이 없게 되므로 임차권의 대항력도 소멸하지 않게 됩니다.

따라서 귀하께서도 선순위의 근저당권자의 피담보채권이 그리 많지 않다면 선순위의 근저당권자와 협의하여 피담보채권을 대위변제하거나, 협의가 되지 않는다면 피담보채권을 공탁함으로써 선순위의 근저당권을 소멸시키면 귀하의 대항력이 살아나게 되어 매수인에게도 귀하의 임차권을 주장할 수 있게 됩니다.

이에 귀하의 사건을 보건대, 귀하께서도 배당절차에서 배당받을 수 있는 금액과 선순위의 근저당권에게 대위변제함으로써 입게 될 손해액 등과의 비교를 통하여 대위변제로 선순위의 근저당권을 소멸시키는 것이 보다 더 실익이 있다고 판단된다면 매수인이 매각대금을 모두 납부할 때까지 대위변제를 함으로써 선순위의 근저당권을 소멸시킬 필요가 있다고 보입니다.

참고로 귀하와 같은 후순위의 임차권자가 대위변제를 통하여 선순위의 근저당권을 말소시킴으로써 대항력의 존속을 선택한 경우에 그 피해를 볼 수 있는 낙찰자의 대응방법이 문제됩니다. 즉 선순위의 근저당권의 존재로 후순위의 임차권이 소멸하는 것으로 알고 부동산을 매수하였으나, 그 후 임차권자가 대항력을 존속시킬 목적으로 선순위의 근저당권의 피담보채무를 모두 변제함으로써 근저당권을 소멸시킨 경우에 매수인은 어떠한 방법을 통하여 피해를 최소화할 수 있는냐 하는 것입니다. 이러한 경우 매수인으로서는 아직 매각허가결정이 나오기 전이라면 매각불허가신청을, 매각허가결정이 확정된 후 매각대금을 납부하기 전에는 매각허가결정의 취소를 신청할 수 있고(민사집행법 제127조 제1

항), 만약 매수인이 임차인의 대항력의 존속 사실을 알지 못한 채 매각대금까지 납부한 경우에는 아직 배당이 이루어지기 전이라면 집행법원에 경매에 의한 매매계약을 해제하고 납부한 매각대금의 반환을 청구하는 방법으로 담보책임을 추급할 수 있고(대판 1997. 11.11. 96그64, 민사집행법 제96조), 이미 배당이 종료된 후라면 계약을 해제하고 채무자 또는 채무자에게 자력이 없는 때에는 배당받은 채권자로부터 그 대금의 전부나 일부에 대한 반환을 구하거나, 계약해제와 함께 또는 그와 별도로 경매목적물에 그와 같은 흠결이 있음을 알고 고지하지 않은 채무자나 이를 알고 경매를 신청한 채권자에게 손해배상을 청구할 수 있을 것입니다(대판 1996.7.12. 96다7106, 2003.4.25. 2002다70075, 민법 제578조 제3항).

[사례 3·1·50] 공유물에 대한 경매와 공유지분에 대한 경매의 경우에 모두 다 공유자의 우선매수권이 인정되는지

문 저는 저당권이 설정된 토지를 친구 甲과 함께 공동으로 구입하여 1/2지분씩 공유로 등기해 놓은 공유자입니다. 처음 토지를 구입할 때와 달리 친구 甲의 사업이 잘 안되어 재정 상태가 그리 좋지 않은데, 만약 위 공유토지나 친구 甲의 공유지분에 대해 경매가 이루어질 경우에 제가 공유자로서 우선매수권을 행사할 수 있는지 박사님께 문의드리고 싶습니다.

답 공유물에 대한 지분을 가지고 있는 자는 다른 공유물의 지분이 경매되는 경우에 우선매수권이 인정됩니다. 이를 위하여 공유물지분을 경매하는 경우에는 채무자의 지분에 대한 경매개시결정이 있음을 등기부에 기입하고 다른 공유자에게 그 경매개시결정이 있다는 것을 통지해야 합니다(민사집행법 제139조 제1항).[135] 이러한 공유물지분에 대한 경매시 공유자는 매각기일까지 보증(최고매수신고가격의 1/10)을 제공하고 최고매수신고가격과 같은 가격으로 공유자의 지분을 우선매수하겠다는 신고를 할 수 있고, 우선매수신고가 있는 때에는 법원은 최고가매수신고가 있더라도 그 공유자에게 매각을 허가해야 하며, 수인의 공유자가 우선매수하겠다는 신고를 한 경우에는 특별한 협의가 없으면 공유지분의 비율에 따라 공유자의 지분을 매수하게 합니다(민사집행법 제140조). 이 경우 최고가매수신고인은 차순위매수신고인으로 됩니다.

공유자의 우선매수권의 행사시기와 종기에 관하여 보면, 그 시기에 대해서는 제한이 없으므로 매각기일 전에 서면으로 신청하여도 되고 매각기일에 출석하여 구두로 신청해도 되지만, 종기에 대해서는 제한이 있어서 매각기일까지 해야 하고, 구체적으로는 집행법원 또는 집행관이 매각기일을 종결한다는 고지를 하기 전까지 해야 합니다(민사집행규칙

제76조 제1항).[136] 보증의 제공과 관련해서는 공유자가 입찰기일 전에 집행법원 또는 집행관에게 공유자우선매수신고서를 제출하는 방식으로 우선매수신고를 한 경우에 있어서도 반드시 이와 동시에 입찰보증금을 집행관에게 제공해야만 적법한 우선매수신고를 한 것으로 볼 것은 아니며, 우선매수신고서만을 제출하거나 최고가입찰자가 제공한 입찰보증금에 미달하는 금액의 보증금을 제공한 경우에도 집행관은 입찰기일에 최고가입찰자와 그 입찰가격을 호창하고 입찰의 종결을 선언하기 전에 그 우선매수신고자의 출석 여부를 확인한 다음, 최고가입찰자의 입찰가격으로 매수할 의사가 있는지 여부를 확인하고 그 즉시 입찰보증금의 제공 또는 추가제공을 하도록 함으로써 최고입찰가격으로 매수할 기회를 주어야만 하는 것입니다(대판 2002.6.17. 2002마2340).

공유자가 매각기일 전에 우선매수신고를 했으나 최저매각가격 이상으로 입찰한 자가 없어서 유찰된 경우에는 최저매각가격을 최고가매수신고가격으로 보아 우선매수를 인정하게 됩니다. 이는 공유자로서도 새매각기일에서 종전의 최저매각가격보다 낮은 가격으로 입찰된다는 보장이 없기 때문에 실익이 있다고 봅니다. 또한 입찰기일 전에 공유자우선매수신고서를 제출한 공유자가 입찰기일에 입찰에 참가하여 입찰표를 제출했다고 해서 그 사실만으로 우선매수권을 포기한 것으로 보지는 않고 여전히 우선매수를 할 수 있으되(대판 2002.6.17. 2002마234), 자신이 최고가매수신고인으로 낙찰된 경우에는 그 가격으로 매수해야 할 것이며 자신을 제외한 차순위매수신고인의 매수가격으로 우선매수하겠다는 주장은 받아들여지지 않을 것입니다.

최고가매수신고가 있은 후에 공유자가 우선매수권을 행사한다고 해서 최고가매수신고인이 더 높은 입찰가격을 제시하는 것은 허용되지 않습니다(대판 2004.10.14. 2004마581). 공유자가 수차례 우선매수신고만을 하여 일반인들의 매수신고를 꺼릴 만한 상황을 만들어 놓은 뒤 다른 매수신고인이 없을 때는 보증금을 납부하지 않는 방법으로 유찰이 되게 하였다가 다른 매수신고인이 나타나면 보증금을 납부하여 자신에게 매각을 허가하도록 하는 것은 최고가매수신고인이 매각의 적정한 실시를 방해한 자에 해당되는 매각불허가 사유에 해당되며(대판 2011.8.26. 2008마637), 이에 따라 최근의 법원 실무에서는 공유자의 우선매수신고를 1회만 허용하고 있는 것으로 보입니다.

그런데 이러한 공유자의 우선매수권은 공유자라고 해서 모든 경우의 경매에서 인정되는 것은 아닙니다. 공유자에게 우선매수권이 인정되지 않는 몇 가지를 살펴보기로 하겠습니다.

첫째, 공유물 전체에 대한 경매에서는 공유자의 우선매수권이 허용되지 않습니다. 즉 공유물 지분을 경매하는 경우에 다른 공유자의 우선매수권을 보장하는 규정은 공유물 전부에 대한 경매에서는 그 적용의 여지가 없고, 공유물지분의 경매라도 경매신청을 받은 해당 지분의 공유자는 우선매수권을 행사할 수 없게 됩니다(대판 2008.7.8. 2008마693). 다만 공유물 전체에 대한 경매시에도 공유자에게 우선매수권이 인정되는 경우가 있습니다. 즉 부부공유의 유체동산을 채무자인 일방 배우자가 점유하고 있거나 타방배우자와 공동으로 점유하고 있는 경우에는 배우자 일방에 대한 채권에 기하여 공유물 전체에 대한 경매신청이 인정되고, 채무자 아닌 타방배우자로서는 매각기일에 출석하여 우선매수권을 행사할 수 있는 것입니다(민사집행법 제190조).

둘째, 공유물분할을 위한 방법으로 판사가 공유물 전체에 대한 경매를 명하여 그 매각대금으로 분배하기 위한 경우, 즉 형식적 경매에 있어서는 공유자라도 우선매수권이 인정되지 않습니다. 따라서 이때에는 다른 공유자에 대한 경매신청통지도 요하지 않습니다(대판 1991.12.16. 91마239).

셋째, 공유물을 포함한 수개의 부동산을 일괄매각하는 경우에는 일부 부동산에 대한 공유자라도 매각부동산 전체에 대한 우선매수권은 인정되지 않습니다(대판 2006.3.13. 2005마1078).

넷째, 부부가 부동산을 공유하던 중 일방 배우자 甲이 사망하여 타방배우자 乙이 그 지분을 상속한 후 위 甲의 공유지분에 설정된 근저당권의 실행으로 매각절차가 진행된 경우에는 乙은 이러한 매각절차에서 채무자인 甲의 상속인으로서 채무자의 지위에 있는 자이므로 매수신청이 금지된 자에 해당되어 공유자의 우선매수권을 행사할 수 없게 됩니다(민사집행법 제121조 제2호, 대판 2009.10.5. 2009마1302).

다섯째, 부동산의 지분에 대하여 강제경매절차가 진행되던 중 목적물 전체에 대하여 공유물분할경매가 개시된 경우에는 부동산지분에 대한 강제경매절차와 공유물분할경매절차를 병합하여 목적물 전체를 한꺼번에 매각하되, 이중경매의 대상인 부동산지분 매각은 강제경매절차에 따라 진행하고, 나머지 지분 매각은 공유물분할경매절차에 따라 진행함이 상당한데, 이러한 경우에는 결과적으로 공유물 전체를 매각하는 것이므로 공유자의 우선매수권은 인정되지 않습니다(대판 2014.2.14. 2013그305).

여섯째, 상호명의신탁관계에 있는 구분소유적 공유관계에 있는 소유자에게는 다른 공유자의 지분에 대한 경매시 우선매수권이 인정되지 않는 경우가 있습니다. 여기에서 상호명의신탁이란 1필지의 토지 또는 1동의 건물 중 위치 및 면적이 특정되고 구조상 및 이용상 독립성이 있는 일부분씩을 2인 이상이 구분소유하기로 약정을 하되, 등기만은 편의상 각 구분소유의 면적에 해당하는 비율로 공유지분등기를 해놓는 경우를 말합니다. 이러한 구분소유적 공유관계에 있는 부동산에 대한 지분경매의 형태는 두 가지가 있는데, 공유지분이 아닌 특정 구분소유 목적물에 대해 평가를 하게 하고 그에 따라 최저경매가격을 정한 후 경매를 실시하는 형태와, 공유지분에 대한 경매의 방법으로 실시하는 형태가 그것입니다. 이때 전자의 경우에는 매수인에게 구분소유적 공유관계가 승계될 것이고, 후자의 경우에는 매수인에게 그 부동산 전체에 대한 공유지분의 취득만 인정될 뿐 구분소유적 공유관계는 소멸하게 된다고 할 수 있는 바(대판 2008.2.15. 2006다68810), 여기에서 전자의 경우에 해당되는 경매에 있어서는 다른 공유자에게 우선매수권이 인정되지 않는 것입니다(대판 2001.6.15. 2000마2633).[137]

일곱째, 선박·항공기·자동차의 공유지분에 대한 강제집행은 '그밖의 재산권에 관한 집행'의 예에 따라 일괄매각절차에 의해야 하므로 공유자의 우선매수권이 인정되지 않습니다(민사집행법 제251조).

이에 귀하의 사건을 보건대, 만약 공유토지에 설정된 저당권에 기하여 공유토지 전체가 경매로 넘어갈 경우에는 귀하께서는 공유자로서 우선매수권을 행사할 수 없을 것이고, 귀하의 친구 甲의 공유지분만 경매가 이루어지는 경우에는 귀하께서 공유자로서 우선매수권을 행사할 수 있을 것으로 보입니다.

---

135) 경매법원은 공유물의 지분을 경매함에 있어 다른 공유자에게 경매기일과 경락기일을 통지해야 하므로 경매부동산의 다른 공유자들이 그 경매기일을 통지받지 못한 경우에는 이해관계인으로서 그 절차상의 하자를 들어 항고를 할 수 있고, 경매법원이 경락대금 납부기일을 정하여 경락인으로 하여금 경락대금을 납부하게 하였다고 하더라도 이는 적법한 경락대금의 납부라고 할 수 없는 것이므로, 공유물 지분의 경매절차상의 경락허가결정에 대한 다른 공유자의 추완항고신청을 허용하고 그 경매절차에서 다른 공유자에 대하여 입찰기일 및 낙찰기일의 통지를 하지 않은 하자가 있는 경우에는 그 추완항고를 받아들여 그 낙찰허가결정을 취소해야 할 것입니다(대법원 1998.3.4.자 97마962 결정).

136) 공유자의 우선매수권은 일단 최고가매수신고인이 결정된 후에 공유자에게 그 가격으로 경락 내지 낙찰을 받을 수 있는 기회를 부여하는 제도이므로, 입찰의 경우에도 공유자의 우선매수신고 및 보증의 제공은 집행관이 입찰의 종결을 선언하기 전까지이면 되고 입찰마감시각까지로 제한할 것은 아니라고 할 것입니다(대법원 2002.6.17.자 2002마234 결정).

137) 즉 판례에 의하면 "상호명의신탁관계에 있는 이른바 구분소유적 공유관계에 해당한 경우에 낙찰에 의한 소유권취득은 성질상 승계취득이어서 1동의 건물 중 특정부분에 대한 구분소유적 공유관계를 표상하는 공유지분을 목적으로 하는 근저당권이 설정된 후 그 근저당권의 실행에 의하여 위 공유지분을 취득한 낙찰자는 구분소유적 공유지분을 그대로 취득하는 것이므로, 건물에 관한 구분소유적 공유지분에 대한 입찰을 실시하는 집행법원으로서는 감정인에게 위 건물의 지분에 대한 평가가 아닌 특정 구분소유 목적물에 대한 평가를 하게 하고 그 평가액을 참작하여 최저입찰가격을 정한 후 입찰을 실시해야 한다."라고 판시하여(대법원 2001.6.15. 선고 2000마2633 판결), 공유지분에 대한 경매시에는 집행법원이 구분소유적 공유지분에 대한 입찰인지 여부를 파악하여 구분소유적 공유지분에 대한 입찰일 경우에는 감정인으로 하여금 공유지분이 아닌 특정 구분소유 목적물에 대한 평가를 하게 하여 구분소유적 공유지분에 대한

[사례 3·1·51] 추심명령과 전부명령의 차이

문 저는 甲으로부터 폭행을 당함에 손해배상청구소송을 제기하여 확정판결을 받아둔 상태입니다. 그런데 甲은 건축업자로서 도급인인 제3채무자 乙로부터 공사대금을 받을 채권이 있습니다. 이에 제가 甲의 乙에 대한 채권에 관하여 채권압류를 하고자 하는데, 추심명령을 하는게 나은지 전부명령을 하는게 나은지 알고 싶어 박사님께 문의드리고자 합니다.

답 채무자의 재산 중 채무자가 제3채무자로부터 받을 채권이 있는 경우에, 채권자로서는 이에 대하여 압류 및 추심명령을 신청할 수도 있고, 압류 및 전부명령을 신청할 수도 있습니다. 여기에서 구체적인 경우에 이 두 가지의 방법 중 어느 방법을 활용하는 것이 보다 더 현명할까요? 이러한 고민을 해결하기 위하여는 두 제도의 장단점과 그 차이를 구별할 수 있어야 합니다.

아래에서 추심명령과 전부명령의 특징 및 장단점에 관하여 살펴보도록 하겠습니다.

첫째, 종전 채무자가 탈락되는지 여부의 문제입니다. 채권자가 추심명령을 얻은 경우(추심채권자가 됨)에도 채무자의 지위에는 변동이 없으며, 채무자는 여전히 제3채무자에 대하여는 채권자이고, 추심채권자에 대하여는 채무자로 존속하게 됩니다. 반면, 채권자가 전부명령을 받은 경우에는(전부채권자가 됨) 그 전부받은 한도 내에서 채무자의 지위에 변동이 생기게 되며, 채무자는 제3채무자에 대하여는 채권자의 지위를 벗어나게 되고, 전부채권자에 대하여도 채무자의 지위에서 벗어나게 됩니다. 전부명령의 경우에는, 제3채무자에 대하여 종전에 채권자의 지위에 있었던 채무자를 대신하여 전부채권자가 새로이 제3채무자에 대한 채권자의 지위에 들어서게 되는 것입니다.

둘째, 효력발생시기의 차이 문제입니다. 추심명령이나 전부명령은 채무자와 제3채무자 모두에게 송달되어야 한다는 점에서는 동일하지만, 그 효력발생과 관련해서는 다소 차이가 있습니다. 즉, 추심명령의 경우에는 해당 추심명령이 채무자에게 송달된 여부를 불문하고 제3채무자에게 송달된 때에 그 효력이 발생하게 됩니다(민사집행법 제229조 제4항, 제227조 제2항). 반면 전부명령의 경우에는 전부명령이 채무자를 포함한 즉시항고권자 모두에게 송달되어야 그 효력이 발생하며(전부명령은 확정되어야 그 효력이 발생하므로), 다만 그로 인한 채무변제의 효과가 제3채무자에게 송달된 때로 소급하여 발생할 뿐입니다(민사집행법 제229조 제7항, 제231조).

셋째, 효력이 미치는 범위의 차이 문제입니다. 추심채권자는 피압류채권(채무자의 제3채무자에 대한 채권)이 집행채권(추심채권자의 채무자에 대한 채권)보다 많은 경우라도, 피압류채권

전액을 추심할 수 있습니다(민사집행법 제232조 제1항 본문). 즉, 추심채권자의 집행채권의 범위를 벗어난 것도 추심할 수 있는 것입니다. 반면 전부채권자는 피전부채권(채무자의 제3채무자에 대한 채권)이 집행채권(전부채권자의 채무자에 대한 채권)과 집행비용의 합산액보다 적으면 피전부채권의 전액이 이전되지만, 피전부채권이 위 합산액보다 많으면 그 합산액만을 한도로 이전됩니다. 즉, 전부채권자의 집행채권의 범위 내에서만 전부되는 것입니다.

넷째, 압류 등이 경합된 경우의 효력의 차이 문제입니다. 추심명령의 경우에는, 추심명령이 제3채무자에게 송달되기 전에 가압류권자나 압류권자 또는 배당요구권자가 경합한 경우에도 해당 추심명령은 그대로 효력이 유지됩니다. 반면 전부명령의 경우에는, 전부명령이 제3채무자에게 송달되기 전에 위와 같은 압류 등의 경합이 있게 되면 해당 전부명령은 그 효력이 상실됩니다(단, 압류의 효력은 그대로 유지됨). 즉, 전부명령의 경우에는 전부명령이 제3채무자에게 송달이 되기 전에 가압류나 압류 등이 되어 있지 않는 경우에만 그 효력이 발생하는 것입니다.

다섯째, 우선변제권의 여부 문제입니다. 추심명령의 경우에는 추심명령이 가장 먼저 제3채무자에게 송달되었다고 하더라도 추심채권자가 법원에 추심의 신고를 하기 전까지 가압류나 압류 또는 배당요구권자가 경합한 경우에는 추심채권자가 우선하여 배당을 받을 수 없습니다(채권금액에 비례하여 다른 경합자들과 평등하게 배당). 반면 전부명령의 경우에는, 전부명령이 가장 먼저 제3채무자에게 송달된 경우라면, 그 이후에 가압류권자나 압류 등이 들어온다고 하더라도 전부명령권자의 채권 전액을 다른 채권자보다 우선하여 변제를 받을 수 있는 것입니다.

여섯째, 제3채무자의 재산상태 때문에 결과적으로 채권을 회수하지 못한 경우에 채무자에게 추가로 청구할 수 있는지 여부 문제입니다. 추심명령의 경우에는, 추심명령을 받은 추심채권자가 제3채무자로부터 추심을 하지 못하였거나 일부만 추심한 경우에는, 그 나머지 부분에 대하여 종전의 채무자에게 청구할 수 있습니다. 반면 전부명령의 경우에는, 전부채권자가 제3채무자로부터 채권을 회수하지 못하였거나 일부만 회수한 경우에도, 그 나머지 부분에 대하여는 종전의 채무자에게 청구할 수 없게 됩니다(단, 피압류채권의 부존재로 인한 경우는 제외). 즉, 제3채무자에게 재산이 없는 경우에 있어서, 추심명령의 경우에는 추심채권자가 그 위험을 부담하지 않게 되지만, 전부명령의 경우에는 전부채권자가 그 위험을 부담하게 되는 것입니다.

그렇다면 어떤 경우에 추심명령을 신청하고, 어떤 경우에 전부명령을 신청하는 것이 유리할까요? 참으로 어렵고 위험한 문제입니다. 채무자가 제3채무자로부터 받을 채권에 대하여 다른 채권자들이 이미 가압류나 압류 등을 해놓은 경우에는, 전부명령을 신청할 수 없으므로 추심명령을 신청하는 수밖에 없을 것입니다. 이러한 선행의 가압류나 압류명령 등이 신청되어 있지 않은 경우에는, 제3채무자의 재산상태를 따져 보아, 재력이 있으면 우선권이 확실하게 보장되는 전부명령을 신청할 것이고, 그렇지 않은 경우에는 위험이 덜한 추심명령을 신청해야 할 것입니다. 부도로 인하여 제3채무자에게 재산이 전혀 없는 상태에서 전부명령을 받아 놓으면 손을 쓸 방법이 없을 것이나 추심명령을 받아 놓은 경우에는 채무자에게 다시 청구하면 될 것이기 때문입니다.

이에 귀하께서도 위에서 본 추심명령과 전부명령의 차이점 및 장단점을 고려하고 제3채무자의 재산상태 등을 검토하여 둘 중 어느 하나를 선택하시는 것이 현명하다고 사료됩니다.

[사례 3·1·52] 가압류 또는 압류의 경합과 전부명령의 효력

문 저는 건설자재를 판매하는 자로서 공사업자인 甲에게 자재를 공급하여 1천만원의 물품대금 채권이 있고, 甲이 제때 위 물품대금을 지급하지 않음에 확정판결까지 받아 놓았습니다. 甲 또한 건설업체 乙로부터 아직 지급받지 못한 공사대금 채권이 있는 것 같습니다. 이에 저는 제 물품대금채권에 대한 우선권을 확보하고자 乙을 제3채무자를 하여 전부명령을 신청하고 싶은데, 위 甲은 저 말고도 여러 채무가 있어서 이미 공사대금 채권에 가압류가 되어 있는지도 모르는데, 이와 같이 선행의 가압류가 되어 있는 경우에도 제 전부명령이 그대로 효력을 발생할 수 있게 되는지 박사님께 문의드리고자 합니다.

답 전부명령은 그것이 제3채무자에게 송달될 때까지 전부명령의 대상이 된 금전채권에 관하여 이미 다른 채권자로부터 가압류나 압류 또는 배당요구가 이루어져 가압류나 압류 등의 경합이 있게 된 경우에는 그 효력이 발생되지 않습니다(민사집행법 제229조 제5항). 이는 전부명령의 대상이 장래의 조건부 채권이거나 불확정채권이라고 하더라도 마찬가지입니다(대판 2000.10.6. 2000다31526, 1998.8.21. 98다15439) 이와 같이 가압류나 압류가 경합된 경우에는 전부명령이 효력이 발생하지 않기는 하지만 그렇다고 해서 압류명령의 효력까지 없어지는 것은 아니므로 이에 기하여 별도로 추심명령을 신청하는 것은 가능합니다.

입찰을 실시하도록 하고 있습니다.

그런데, 주의해야 할 점은 전부명령 이전에 피압류채권에 대해 가압류·압류가 '중복되어 있는 경우'와 가압류·압류가 '경합되어 있는 경우'와는 구별되어야 한다는 것입니다. 즉 전자와 같이 전부명령 이전에 선행의 수개의 가압류나 압류 등이 중복해서 들어왔다고 해서 무조건 전부명령이 효력을 가지지 못하게 되는 것이 아니며, 전부명령이 효력을 가지지 못하게 되는 것은 후자와 같이 전부명령이 제3채무자에게 송달되기 전에 이미 가압류나 압류의 경합이 있는 경우에 한하는 것입니다. 요컨대 가압류나 압류가 중복되어 있어도 그 가압류·압류채권의 합계가 피압류채권액을 초과한 경우에만 압류의 경합이 생겨 나중에 들어온 전부명령이 그 효력을 발생하지 못하는 것이며, 선행의 가압류·압류채권의 합계가 피압류채권액의 일부에 국한되어 피압류채권액을 초과하지 않는 경우에는 그 피압류채권액에서 가압류·압류채권의 합계를 공제한 나머지 부분에 대해서는 전부명령의 효력이 인정되는 것입니다. 또한 장래의 채권에 관한 압류 및 전부명령의 경우에는 그 부분 피압류채권은 이미 전부채권자에게 이전된 것이므로, 그 후 동일한 장래의 채권에 관하여 또다시 압류 및 전부명령이 발하여졌다고 하더라도 압류의 경합은 생기지 않는 것이며, 장래의 채권 중 선행의 전부채권자에게 이전된 부분을 제외한 나머지 부분에 대해서만 후행의 전부채권자에게 이전되는 것입니다(대판 2004.9.23. 2004다29354).

같은 원리로 동일한 피압류채권에 대하여 두 개 이상의 채권압류 및 전부명령이 발령되어 제3채무자에게 동시에 송달된 경우에도 압류가 경합된 상태에서 발령된 것으로서 전부명령이 무효로 되는지의 여부는 그 각 압류채권의 합계가 피압류채권액을 초과하는지 여부를 기준으로 판단해야 할 것으로서, 초과하게 된다면 전부명령은 모두 채권의 압류가 경합된 상태에서 발령된 것이어서 무효로 될 것이지만, 초과하지 않는다면 채권의 압류가 경합된 경우에 해당하지 않아 전부명령은 모두 유효하게 된다고 할 것입니다(대판 2002.7.26. 2001다68839). 그리고 동일한 채권에 관하여 확정일자 있는 채권양도통지와 두 개 이상의 채권압류 및 전부명령 정본이 동시에 송달된 경우에 있어서 전부명령이 채권의 압류가 경합된 상태에서 발령된 것으로서 무효인지의 여부를 판단함에 있어서는, 채권양도는 채권압류명령과 그 성질이 다른 것이므로, 채권양도 부분은 고려하지 않고 판단해야 할 것입니다(대판 2002.7.26. 2001다68839).

전부명령이 제3채무자에게 송달될 당시 이미 가압류나 압류가 경합되어 있어 전부명령이 무효로 된 경우에는 나중에 그 경합된 가압류나 압류가 집행해제되어 소멸된 경우라도 무효로 된 전부명령이 되살아나지는 않습니다(대판 2001.10.12. 2000다19373, 2008.1.17. 2007다73826).

이에 귀하의 사건을 살펴보건대, 귀하의 전부명령이 제3채무자인 건설업체 乙에게 송달되기 전에 가압류가 경합되어 있는지 여부에 따라 그 전부명령의 운명이 좌우될 것으로 보이지만, 설령 가압류가 경합되어 귀하의 전부명령이 그 효력을 발생하지 못한다고 하더라도 압류의 효력까지 없어지는 것은 아니므로 제3채무자인 건설업체 乙의 재무상태가 비교적 양호하다면 나중에야 어찌되든 전부명령을 신청해도 될 것으로 보입니다.

[사례 3·1·53] 강제경매에 대한 정지·취소의 방법과 그 절차

문 저는 건축업자인 甲에게 주택의 신축 공사를 맡겼는데, 공사대금으로 주기로 한 돈을 지인에게 사기당하여 공사대금의 일부를 주지 못했고, 이 때문에 소송을 제기당하여 이행권고결정까지 받게 되었습니다. 甲은 이에 기하여 제 주택에 대해 경매를 신청하였고, 경매 1차에서 유찰되어 현재 2차 경매가 진행 중에 있습니다. 그런데 조만간 공사대금을 마련할 수 있을 것 같아서 甲에게 그간의 사정을 말씀드렸더니 공사대금의 납기를 유예해 줄 의사를 비치고 있습니다. 아직 각서를 받지는 못했지만 어떻게든 빨리 경매를 정지시키거나 취소시키고 싶습니다. 이에 그 방법에 관하여 박사님께 문의드리고 싶습니다.

답 경매진행 중인 채무자 소유의 부동산에 대해 채무자가 이를 정지시키거나 취소시킬 수 있는 방법에 관하여 이를 경매절차 진행 별로 살펴보면 ① 경매개시결정에 대한 이의신청, ② 매각허가에 대한 이의신청, ③ 매각허가결정에 대한 이의신청, ④ 집행에 관한 이의신청, ⑤ 강제집행 정지서류의 제출에 의한 취소·정지 등을 들 수 있을 것입니다. 이를 순서대로 살펴보기로 하겠습니다.

첫째, 경매개시결정에 대한 이의신청은 경매개시결정 전의 절차적·형식적 사유인 경매신청방식의 적부, 매각부동산 표시의 불일치, 집행정본의 불일치, 집행채권의 기한미도래 등의 사유를 들어 매각대금 납부시까지 경매개시결정의 취소를 구하는 것입니다.

둘째, 매각허가에 대한 이의신청은 민사집행법에서 정해 놓은 매각허가에 대한 이의사유인 최저매각가격의 결정, 일괄매각의 결정 또는 매각물건명세서 작성상이 중대한 흠 등의 사유를 들어 법원으로 하여금 매각을 불허토록 하기 위한 것입니다.

셋째, 매각허가결정에 대한 이의신청은 매각허가결정이 이루어진 후에 이르러 위에서 본 매각허가에 대한 이의사유를 들어 매각허가결정의 취소를 구하는 것입니다.

넷째, 집행에 관한 이의신청은 집행절차에 관한 법원의 재판으로서 즉시항고할 수 없는 것 등을 대상으로 절차적·형식적 흠을 들어 해당 절차의 취소를 구하는 것입니다.

이상의 불복절차에서는 절차적·형식적 사유로만 이의제기가 가능할 뿐 집행채권의 소멸 등 실체적 사유를 들어 이의를 제기할 수 없으며, 이러한 신청만으로는 자동적으로 강제집행이 정지되는 것이 아니므로, 법원의 직권발동을 촉구하는 의미에서 강제집행정지신청도 함께 해두어야 할 것입니다.

다섯째, 강제집행 정지서류의 제출에 의한 경매의 정지·취소는 경매절차 진행 중에 일정한 정지서류를 제출함으로써 강제집행을 정지시키거나 취소시키는 절차를 말합니다. 이는 다른 절차에서의 불복과는 달리 집행채권의 소멸 등 실체적 사유를 주장하는 것도 가능하고, 집행의 정지도 법원의 직권에 의해서 뿐만 아니라 신청에 의해서도 가능합니다.

한편 귀하의 사건은 마지막에 설명한 강제집행 정지서류의 제출에 의한 경매의 정지·취소와 관련되는 것이며, 따라서 이하에서는 강제집행 정지서류의 제출에 의한 정지·취소에 한정해서 자세히 살펴보고자 합니다.

민사집행법에서는 매각절차가 진행되는 중에 채무자가 제출하면 그 절차를 정지하거나 취소해야 하는 정지서류로서 6가지를 두고 있는데, 이러한 정지서류가 제출되면 강제집행이 취소되거나 정지된 후 일시적으로 유지되는 경우가 있습니다.

먼저 해당 서류가 제출되면 강제집행까지 취소되어야 하는 정지서류로는 ① 집행판결 또는 가집행을 취소하는 취지의 집행력 있는 재판정본, 강제집행의 불허·정지를 명하는 취지의 집행력 있는 재판정본, 집행처분의 취소를 명한 취지의 집행력 있는 재판정본, ② 집행을 면하기 위한 담보제공 서류, ③ 집행판결 그밖의 재판이 소의 취하 등의 사유로 효력을 상실하였다는 것을 증명하는 조서등본 또는 법원사무관등이 작성한 증서, ④ 강제집행을 하지 않는다거나 강제집행의 신청이나 위임을 취하한다는 취지의 화해조서 정본 또는 공정증서 정본 등이 있고, 다음으로 해당 서류가 제출되더라도 강제집행은 취소되지 않고 일시 유지되는 서류로는 ① 강제집행의 일시정지를 명한 취지의 재판정본(이 경우의 정지기간은 2월), ② 집행판결 후 채권자에 대한 변제증서(단, 변제공탁서는 여기에 해당되지 않으므로 청구이의의 소 및 집행정지신청에 의한 해당 결정문을 정지서류로 제출해야 함) 또는 의무이행유예를 승낙한 취지의 증서(이 경우의 정지는 2회에 한하며 통산 6월을 초과할 수 없음) 등이 있습니다. 물론 채무자가 이러한 일시 유지 관련 정지서류를 제출한 후 매수인의 매수신고 전에 압류채권자 및 배당요구채권자의 채권과 집행비용에 해당하는 보증을 제공한 때에는 법원은 채무자의 신청에 따라 배당절차 외의 절차를 취소하게 될 것입니다.

그런데 이들 정지서류는 취소서류든 일시유지 서류든 모두 제출시기에 제한이 있어서 매각대금 납부 전에 제출해야 하며, 일부서류의 경우에는 최고가매수신고인 등의 동의가 필요한 경우도 있습니다. 매수인이 매각대금을 다 낸 뒤에 이들 서류가 제출된 때에는 절차는 그대로 속행되며 배당의 문제만 남게 될 뿐입니다.

최고가매수신고인 등의 동의가 필요한 서류로는 취소서류 중에서 집행을 면하기 위한 담보제공 서류, 강제집행을 하지 않는다거나 강제집행의 신청이나 위임을 취하한다는 취지의 화해조서 정본 또는 공정증서 정본이 여기에 해당되고, 일시유지 서류 중에서는 집행판결 후 채권자에 대한 변제증서 또는 의무이행유예를 승낙한 취지의 증서가 여기에 해당되는데, 이들 서류를 제출할 때에는 최고가매수신고인 등의 동의까지 얻어야만 그 효력이 인정됩니다.

이에 귀하의 사례를 살펴보면, 귀하께서는 건축업자 甲으로부터 변제유예증서를 받아 제출한 후 강제집행정지신청을 하면 집행이 정지될 것으로 보이며, 다만 이는 매수신고가 이루어지기 전에 제출해야만 간명할 것으로 보이고, 매수신고가 이루어진 후에는 최고가매수신고인 및 차순위매수신고인의 동의를 얻어야만 하는 관계로 복잡해지며 그 동의를 얻는 것도 만만치 않는 작업이 될 것입니다. 따라서 귀하께서는 매수신고가 이루어지기 전에 서둘러 건축업자 甲으로부터 변제유예증서를 받아 이를 첨부해서 강제집행정지신청을 하는 것이 현명할 것으로 보입니다.

[사례 3·1·54] 임의경매에 대한 정지·취소 사유와 그 절차

문 저는 몇 년 전에 사업자금이 필요해서 甲 농협에 제 집을 담보로 저당권을 설정해 주고 돈을 빌린 사실이 있습니다. 그런데 사업이 잘 안되나 보니 이자도 못 갚고 월급의 지급일도 넘기게 되었는데, 최근에 甲 농협에서 제 집에 임의경매를 신청해서 경매진행 중이고 낙찰까지 이루어진 것 같습니다. 그 집은 조상 대대로 물려받은 지라 어떻게든 낙찰자에게 넘이기는 것은 막아야 할 텐데, 어떤 방법이 없는지 답답해서 박사님에게 임의경매에 대한 정지나 취소에 대하여 조언을 구하고자 합니다.

답 임의경매란 저당권이나 질권 또는 전세권 등 담보물권의 실행을 위한 경매 및 유치권 등에 기한 형식적 경매를 말하는 것으로서, 강제경매가 판결 등 집행력 있는 정본의 존재를 필요로 하는데 반하여, 담보권의 존재를 증명하는 서면만으로 집행이 가능합니다. 임의경매의 대표적인 것은 저당권에 기한 임의경매신청일 것입니다.

임의경매절차에서 경매진행 중인 부동산에 대해 이를 정지시키거나 취소시킬 수 있는 방법으로는 ① 경매개시결정에 대한 이의신청, ② 매각허가에 대한 이의신청, ③ 매각허가결정에 대한 이의신청, ④ 집행에 관한 이의신청, ⑤ 임의경매 정지서류의 제출에 의한 취소·정지 등을 들 수 있을 것입니다. 강제경매에서는 절차상의 하자만을 이의사유로 할 수 있을 뿐이지만 임의경매에서는 절차상의 하자뿐만 아니라 실체상의 하자도 이의사유로 됩니다. 따라서 강제집행에서는 공신적 효과가 인정되어 매각절차가 완결된 후에는 실체법상 청구권의 부존재·무효 또는 변제 등에 의한 소멸이나 재심에 의한 집행권원의 폐기의 경우에도 매수인이 유효하게 소유권을 취득하는 것과 달리, 임의경매에서는 공신적 효과가 인정되지 않음으로써 담보권이 부존재 또는 무효로 되거나 피담보채권이 불발생한 경우 또는 변제 등으로 피담보채권이 소멸하는 등 실체상의 하자에 의하여 담보권에 이상이 생기면 매각절차에 영향을 미치게 되어 경매개시결정에 대한 이의사유가 되고, 매각불허가사유로 작용합니다.

여기에서 임의경매에 영향을 미치게 되는 실체상의 사유란 위에서 본 저당권의 부존재·무효, 저당권설정등기의 원인무효, 피담보채권의 불성립·무효, 피담보채권의 변제 또는 변제공탁 등에 의한 소멸, 피담보채권의 이행기 미도래, 이행기의 연기유예, 채권자지체(대결 1973.2.26. 72마991) 등을 말합니다.[138] 이러한 실체상의 이유사유는 임의경매개시결정 전에 발생한 사유는 물론 임의경매개시결정 후 매각대금 납부시까지 발생한 담보권의 소멸사유도 이의사유로 되는 것입니다(대판 1987.8.18. 87다카671).

그런데 실체상의 이의 사유라도 그 발생 시점에 따라 효력에 다소 차이가 있습니다. 즉 실체상의 이의 사유 중 저당권이 애당초부터 부존재하거나 원인무효인 경우 또는 경매개시결정 전에 피담보채권이 이미 소멸된 경우에는 경매절차가 완결된 후에도 매수인이 매각부동산에 대한 소유권을 취득할 수 없는 것이어서 경매개시결정에 대한 이의 등 임의경매의 각 절차에서 이의 주장을 하지 않았다고 하더라도 매각 전의 소유자는 매수인을 상대로 별소를 제기하여 소유권을 되찾을 수 있습니다(대판 1976.2.10. 75다994, 대판 1999.2.9. 98다51855). 그러나 경매개시결정 후의 실체상의 하자인 변제나 변제기 미도래 또는 변제기 유예 등은 매각대금납부 전까지는 경매개시결정에 대한 이의 등을 주장하여 다툴 수 있을 것이지만, 매각대금을 납부한 매수인에 대해서는 대항할 수 없게 되고, 따라서 매수인은 유효하게 소유권을 취득할 수 있게 됩니다(대결 1992.11.11. 92마719). 다만 경매신청채권자로부터 변제유예를 받았음을 이유로 한 경매개시결정에 대한 이의는 매수신고가 있은 후에도 최고가매수신고인 등의 동의 없이 매수인이 매각대금을 납부하기 전까지 주장하면 될 것입니다(대결 2000.6.28. 99마7385).

물론 절차상의 하자는 그것이 경매개시결정 전에 발생한 사유든 그 후에 발생한 사유든 매수인이 매각대금을 납부할 때까지만 주장이 가능하고, 매수인이 매각대금을 납부한 후에는 더 이상 매수인에게 대항할 수 없게 되므로 매수인은 유효하게 소유권을 취득하게 될 것입니다.

위에서 임의경매에 대한 정지·취소제도 전반에 관하여 알아보았는데, 아래에서는 실무에서 빈번하고 중시되고 있는 임의경매 정지서류의 제출에 의한 취소·정지에 관하여 구체적으로 살펴보고자 합니다.

민사집행법에서는 매각허가결정이 이루어진 후에도 채무자가 일정한 정지서류를 제출하면 경매가 취소되거나 정지 및 일시유지되도록 하는 경우가 있습니다.

먼저 해당 서류가 제출되면 경매가 취소되는 정지서류로는 ① 담보권등기가 말소된 등기부등본, ② 담보권등기의 말소를 명한 확정판결정본,[139] ③ 담보권의 부존재 또는 소멸 취지의 확정판결정본,[140] ④ 채권자로부터 담보권 불실행이나 경매신청 취하 취지 또는 피담보채권에 대한 변제나 변제유예 승낙 취지의 화해조서정본 또는 공정증서정본이 여기에 해당되고, 정지서류가 제출되더라도 강제집행은 취소되지 않고 정지 후 일시유지되는 서류로는 ① 채권자로부터 담보권 불실행이나 경매신청 취하 취지 또는 피담보채권에 대한 변제나 변제유예 승낙 취지의 서류가 사문서, 즉 화해조서정본이나 공정증서정본 이외의 서류인 경우, ② 담보권 실행의 일시정지를 명한 재판정본[141](단 매각절차를 취소하지 않는 경우)이 여기에 해당됩니다. 이때 정지기간은 변제증서의 경우에는 2월, 변제유예증서는 2회에 한하여 통산 6월의 범위 내입니다(민사집행법 제275조, 제51조).

그런데 위와 같은 취소서류나 정지서류에 대해서는 그 제출시한이 정해져 있습니다. 즉, 이들 서류는 매각대금납부 전까지 제출해야 하며, 특히 채권자로부터 담보권 불실행이나 경매신청 취하 취지 또는 피담보채권에 대한 변제나 변제유예 승낙 취지의 서류는, 그것이 화해조서정본 또는 공정증서정본이든 사문서이든, 매수신고가 있은 후에는 최고가매수신고인 및 차순위매수신고인의 동의를 받아야 그 효력이 인정됩니다(민사집행법 제268조, 제93조 제2항, 제3항). 매각대금이 납부된 후에는 이들 서류를 제출한다고 해도 취소나 정지가 되지 않고 배당문제만 남게 됩니다.

이에 귀하의 사례를 살펴보건대, 귀하의 집에 대한 임의경매절차에서 이미 매각허가가 이루어진 상태이므로 현재로서는 매수인과 차순위매수신고인의 동의를 받을 수 있는 경우라면 경매신청인에 대한 변제 또는 공탁 후 그 증서를 첨부해서 집행법원에 제출함으로써 경매절차를 정지시키거나 취소시킬 수 있을 것으로 보입니다. 다만 판례에 의할 경우에는 경매신청인으로부터 변제유예의 승낙을 받은 경우라면 매각대금납부시까지 그 증서를 첨부해서 경매개시결정에 대한 이의를 신청할 수 있고, 이 경우에는 매수신고 후라도 최고가매수신고인 등의 동의를 필요로 하지 않으므로(대결 2000.6.28. 99마7358), 귀하가 원하는 경매절차의 취소·정지라는 목적을 보다 쉽게 달성할 수 있을 것으로 보입니다.

[사례 3·1·55] 유체동산경매절차에서의 배당요구권자와 배당요구절차

문 저는 건축업자인 甲으로부터 고용되어 공사일에 종사했지만 임금을 제때 주지 않아 퇴사하였고, 노동청에 신고하여 체불금품확인원까지 받아 놓았습니다. 그런데 최근 甲의 다른 채권자에 의해 甲의 집안 살림살이에 경매가 들어왔다고 합니다. 저는 아직 판결을 받아두지도 않았는데, 여기에 배당요구를 할 수 있는지 궁금해서 박사님께 여쭈어보고 싶습니다.

답 유체동산경매에서의 배당요구란 유체동산에 대한 경매가 이루어지고 있는 경우에 경매 신청 외의 다른 채권자가 그 경매절차에서 자신의 채권액에 해당하는 금액의 지급을 구하기 위하여 그 경매절차에 참가하는 것을 말합니다. 그런데 부동산경매절차와는 달리 유체동산경매절차에서의 배당요구는 배당요구권자가 제한되어 있는 등 구별되는 특징이 있는데, 아래에서 구체적으로 살펴보도록 하겠습니다.

첫째, 실체법상 우선변제청구권이 있는 자에 한하여 배당요구가 가능합니다. 즉 유체동산경매절차에 있어서는 민·상법 그밖의 법률에 의하여 우선변제청구권이 인정되는 자에 한하여 판결문 등의 집행권원이 없더라도 배당요구를 할 수 있습니다. 예컨대, 임금채권 및 재해보상금의 청구권을 가진 근로자, 질물에 대한 압류를 승인한 질권자, 조세채

138) 법원행정처, 법원실무제요 민사집행(III), 760p.

139) 여기에는 조정조서, 화해조서, 포기조서, 인낙조서가 포함됩니다.

140) 여기에는 저당권의 피담보채권의 존재확인청구의 기각판결, 저당권 부존재확인판결, 제3자 이의의 소에서의 청구인용의 확정판결 등이 해당됩니다.

141) 여기에는 채무부존재확인의 소 또는 근저당권설정등기 말소청구의 소에 따른 매각절차의 일시정지결정, 제3자 이의의 소에 따른 집행의 일시정지결정 등이 있습니다. 이러한 집행정지결정 정본은 집행법원에 제출되어야 비로소 집행이 정지되는 것이지 '경매개시결정에 대한 이의신청에 따른 매각절차의 일시정지결정'과 달리 자동적으로 매각절차가 정지되는 것이 아님을 주의해야 할 것입니다.

권·공과금의 교부청구자 등은 우선변제권을 가지는 자이므로 배당요구를 할 수 있는 것입니다. 그러나 유치권자는 배당요구를 할 수 없습니다.

둘째, 집행력있는 정본을 가진 자라도 배당요구를 할 수 없습니다. 유체동산경매절차에서는, 부동산경매절차나 채권집행절차와는 달리, 아무리 판결 등 집행권원을 가지고 있는 자라고 하더라도 배당요구를 할 수 없으며, 배당을 받기 위하여는 이중압류를 신청해야 합니다(민사집행법 제215조). 다시 말하면, 압류되어 있는 유체동산에 대하여 별도로 경매를 신청해야만 배당을 받을 수 있다는 것입니다.

셋째, 압류(경매신청으로 인한 압류) 이전에 목적물을 가압류한 채권자는 당연히 배당을 받게 됩니다. 그러나 압류 후에 가압류를 한 채권자는 배당요구를 하지 못합니다. 이 점에서 부동산경매절차에 있어서 경매개시결정등기 후에 가압류를 한 채권자가 배당요구를 함으로써 배당을 받을 수 있는 것과 구별됩니다.

넷째, 압류한 유체동산의 공유자임을 주장하는 배우자는 배당요구가 아닌 지급요구를 신청해야 합니다(민사집행법 제221조).

다섯째, 유체동산에 대하여 양도담보를 설정한 양도담보권자는 유체동산경매의 매각대금에서 경매비용을 제외한 잔액으로부터 자신의 채권 전액을 우선적으로 변제받을 수 있습니다. 즉, 유체동산에 대한 양도담보권자는 채무자 외의 제3자에 대한 관계에 있어서는 그 물건에 대한 소유자로서의 지위가 인정되고, 따라서 다른 채권자와 안분비례하여 배당을 받는 것이 아닙니다(대판 1999.9.7. 98다47283 : 제3자 이의설의 입장).

그렇다면 유체동산경매절차에서는 언제까지 배당요구를 해야 할까요? 배당요구의 시기는 집행관이 집행에 착수한 때(압류할 물건 수색시)부터라고 할 수 있습니다. 배당요구의 종기에 관하여는 경매의 목적물에 따라 다릅니다. 금전을 압류한 경우에는 별도의 현금화절차가 필요치 않으므로 집행관이 금전을 압류하기 전까지 배당요구를 해야 합니다. 금전 외의 압류물을 매각하여 현금화하는 절차가 필요한 경우에는 집행관이 매각대금을 영수할 때까지 배당요구를 할 수 있습니다. 금전의 지급을 목적으로 하는 유가증권을 압류한 경우에는 그 매각대금을 영수할 때까지가 배당요구의 종기가 됩니다(민사집행법 제220조 제1항 제1호 후단). 유체동산경매에 있어서의 배당요구종기는 일자를 기준으로 하는 것이 아니라 특정한 시각을 기준으로 해서 정해진다는 점도 하나의 특징이라고 할 수 있을 것입니다.

이에 귀하께서는 실체법상 우선변제권 있는 임금채권자에 해당되므로, 판결문 없이 노동청으로부터 수령한 체불금품확인원 등을 첨부하여 배당요구종기까지 배당요구를 함으로써 그 우선순위에 따라 귀하의 임금을 배당받을 수 있을 것으로 보입니다.

[사례 3·1·56] 가재도구가 경매로 넘어가려고 할 경우에 배우자의 권리행사방법으로서의 우선매수권과 지급요구권

문 저희들은 부부지간인데 제 처 甲이 저도 모르게 사채업자 乙로부터 금전을 차용하면서 공정증서를 작성해 주었고, 위 채무를 변제하지 못하자 위 乙이 저희 집안의 살림살이에 대해 경매를 신청하였습니다. 이때 남편인 제가 어떻게 구제를 받을 수 있는지 박사님께 문의드리고자 합니다.

답 민법은 부부별산제를 원칙으로 하되, 귀속불명재산에 대하여는 부부의 공유로 추정하고 있습니다. 따라서 일방 배우자의 채무로 인하여 타방배우자의 특유재산에 대하여는 강제집행을 할 수 없으되, 부부공유재산이나 귀속불명재산은 부부의 공유재산이므로(민법 제830조 제2항), 채무자인 일방 배우자가 점유하고 있거나 채무자를 포함한 부부가 공동으로 점유하고 있는 경우에는 강제집행의 대상이 될 수 있습니다(민법 제830조 제2항, 민사집행법 제190조). 그러므로 귀하의 사례에서, 압류된 재산이 귀하의 특유재산이라면, 귀하의 처 甲의 소유가 아닌 재산에 대해 압류를 한 것이므로 귀하께서는 압류된 재산이 귀하의 특유재산임을 입증하여 제3자 이의의 소 등을 제기함으로써 집행에서 벗어날 수 있습니다(민사집행법 제48조). 그러나 귀하께서 그 압류된 재산이 귀하의 특유재산임을 입증하지 못한다면, 그 재산은 부부공유재산 또는 귀속불명재산(민법 제830조 제2항)으로 되어 부부의 공유로 됨으로써 압류의 대상이 될 것입니다. 다만 채무자 아닌 타방배우자는 부부공유재산에 대한 유체동산경매절차에서 우선매수권을 행사하거나 자기 공유지분에 대한 매각대금을 지급해 줄 것을 요구하는 권리는 인정됩니다(민사집행법 제206조, 제221조). 이를 배우자의 우선매수권과 지급요구권이라고 합니다.

먼저 배우자의 우선매수권은 부부공유의 유체동산에 관하여 압류가 이루어진 경우(민사집행법 제190조), 채무자 아닌 타방배우자가 매각기일에 출석해서 그 압류목적물에 대해 우선매수권을 행사함으로써 이를 취득할 수 있도록 해주는 제도이며, 민사집행법 제206조(배우자의 우선매수권) 제1항을 근거로 하고 있습니다. 즉 부부공유의 유체동산이 배우자 중 일방의 채무로 인하여 경매가 진행될시 타방배우자는 매각기일에 출석해서 특별한 형식 없이 말로써 집행관에게 우선매수를 신고하되, 최고매수신고가격과 동일한 가격으로 우선매수하겠다는 취지를 표시하면 됩니다. 우선매수신고를 할 경우 그 타방배우자는 최고가매수신고인보다 우선하여 최고매수신고가격과 같은 가격으로 압류목적물을 매수할 수 있습니다(민사집행법 제206조 제1항, 제2항, 140조 제1항, 제2항). 다음으로, 배우자의 지급요구권은 부부공유의 유체동산에 관하여 경매가 이루어진 경우(민사집행법 제190조), 채무자 아닌 타방배우자가 그 공유자로서 목적물에 대한 자기의 지분(1/2)에 해당하는 매각대금을 지급해 줄 것을 요구할 수 있는 제도이며, 민사집행법 제221조(배우자의 지급요구) 제1항을 근거로 하고 있습니다. 이러한 배우자의 지급요구는 배당요구종기, 즉 통상적으로는 집행관이 매각대금을 영수할 때까지 집행관에게 서면으로 신청하거나 매각기일에 직접 출석해서 구두로 신고할 수 있습니다(민사집행규칙 제158조, 제153조). 따라서 귀하의 사안에서 위 압류된 유체동산이 귀하의 특유재산에 해당된다면 이를 증명함으로써 제3자 이의의 소 등의 방법에 의하여 집행에서 벗어날 수 있을 것이고, 이러한 입증이 불가능하거나 부부공유의 유체동산에 해당된다면 타방배우자의 자격으로 매각기일에 출석해서 우선매수를 신청하거나, 배당요구종기 전에 지급요구권을 행사함으로써 일정 부분 구제를 받을 수 있을 것으로 보입니다.

[사례 3·1·57] 부부공유재산이 경매로 넘어갈 경우에, 채무자 아닌 타방배우자의 우선매수권

문 제 남편 甲은 종합보험도 들지 않은 채 얼마 전에 교통사고를 일으켜 피해자 乙로부터 손해배상청구소송을 당하였고 그 소송에서 패소판결을 받았는데, 최근에 乙은 저희 살림살이에 대하여 경매를 신청하였습니다. 그런데 그 살림살이는 제 손때가 묻어 있는지라 다른 사람한테 넘기고 싶지 않은데, 어떤 방법이 있는지 박사님께 문의드리고 싶습니다.

답 부부 중 일방의 채무로 인하여 부부공유의 유체동산이 경매가 될 수 있습니다. 즉 주택의 가재도구나 살림살이는 원칙적으로 부부의 공유로 추정되므로(민법 제830조 제2항), 주택 내에 채무자인 배우자만이 살고 있거나, 채무자를 포함하는 부부가 함께 살고 있는 경우에는 그 살림살이에 대해 경매를 시킬 수 있는 것입니다. 다만, 부부가 별거중이고, 그 주택 내에 채무자 아닌 타방배우자만이 살고 있는 경우에는 집행에 다소 어려움이 있을 것입니다. 채무자 아닌 타방배우자가 집안의 살림살이를 집행관에게 임의로 제출해주면 몰라도, 그렇지 않는 경우에는 채권자로서는 부득이 민사집행법 제243조(유체동산에 관한 청구권의 압류)에 의하여 채무자 아닌 타방배우자에 대한 유체동산인도청구권을 압류함으로써, 이를 집행관에게 인도하게 한 후에야 비로소 압류할 수 있기 때문입니다.

이와 같이 부부일방의 채무에 의하여 부부공유의 유체동산이 경매될 수 있다고 하더라도, 채무자 아닌 타방배우자는 매각기일에 출석해서 위 유체동산을 우선매수하겠다고 신고할 수 있습니다(민사집행법 제206조 제1항). 이를 배우자의 우선매수권이라고 합니다. 배우자의 우선매수신고는 매각기일에 참석해서 말로 신청해도 되고, 미리 법원에 서면으로 신청해도 됩니다(보증의 제공은 필요하지 않음). 다만, 최고매수신고가격과 동일한 가격으로 우선매수하겠다는 의사를 표시해야 합니다.

이러한 우선매수신고가 있은 때에는 법원은 최고가매수신고인보다 우선해서 그 타방배우자에게 매각을 허가하게 됩니다(민사집행법 제206조 제2항, 제140조 제2항). 이때 최고가매수신고인은 차순위매수신고인으로 전락하게 됩니다.

이에 귀하의 사건을 보건대, 귀하의 남편 甲의 채무로 인하여 귀하 부부의 공유재산인 집안 살림살이에 대해 경매가 들어온 상태에서, 그 살림살이를 제3자에게 빼앗기고 싶지 않다면, 귀하께서 매각기일에 직접 참석해서 집행관에게 우선매수신고를 하면 될 것으로 보이며, 이와 같은 신고를 통하여 귀하께서는 최고가매수신고가격의 1/2만 지급하고 그 집안 살림살이를 매수할 수 있을 것으로 보입니다.

참고로 공유의 부동산의 경우에는 채무자의 공유지분만을 경매의 대상으로 하는 반면, 부부공유의 유체동산에 대해서는 채무자인 일방 배우자의 지분만을 경매의 대상으로 하는 것이 아니라 채무자 아닌 타방배우자의 지분을 포함한 공유물 전체에 대하여 경매를 행하는 형태로 이루어지므로 그 타방 공유자가 우선매수권을 행사하지 않는 경우에는 그 타방배우자의 몫에 해당되는 매각대금의 1/2 부분에 대해서는 그 타방배우자에게 돌려줄 것입니다.

[사례 3·1·58] 부부공유재산이 경매로 넘어갈 경우에, 채무자 아닌 타방배우자의 지급요구권

문 미용실을 운영하는 제 처 甲은 미용실을 차릴 때 돈이 필요해서 그 친구인 乙로부터 돈을 빌려쓴 적이 있었는데, 제때 돈을 갚지 못한 관계로 소송을 제기당하여 대여금을 갚으라는 판결을 받은 적이 있습니다. 이로 말미암아 최근에 저희 집의 가재도구에 경매가 들어왔는데, 들리는 말로는 가재도구는 남편인 저한테도 일부 권한이 있어서 낙찰대금 중 일부를 돌려받을 수 있다고 들었는데, 이에 대해 박사님께 문의드리고 싶습니다.

답 부부일방의 채무로 인하여 부부공유의 재산인 살림살이나 가재도구에 경매가 들어올 경우에, 채무자 아닌 타방배우자는 어떻게 구제를 받을 수 있을까요? 법에서는 잘못이 없는 타방배우자를 보호하기 위하여 일정한 제도를 마련해 놓고 있는데, 배우자의 우선매수권제도(민사집행법 제206조)와 공유지분에 대한 매각대금지급요구권(민사집행법 제221조 제1항)이 그것입니다. 이 중 귀하의 사례는 후자의 매각대금지급요구권과 관련됩니다.

부부의 재산은 공유로 추정되고, 따라서 집안의 가재도구는 부부공유로 추정되는데, 이러한 가재도구가 어느 일방 배우자의 채무로 인하여 경매가 들어왔을 경우에 타방배우자는 매각대금의 1/2[142]을 돌려달라고 할 수 있는 것입니다. 이는 자기의 소유물에 대한 매각대금의 반환을 주장한 것으로서 배당요구와는 본질적으로 다릅니다. 또한 1/2이라는 것은 공유지분이 따로 정해져 있지 않는 경우를 전제로 한 것이며, 공유지분이 따로 정해져 있는 경우에는 그 정해진 공유지분의 비율에 따라 매각대금의 지급을 요구할 수 있습니다.

그러나 경매가 이루어진 가재도구가 채무자인 배우자의 특유재산인 경우에는 타방배우자에게 이러한 매각대금지급요구권이 인정되지 않는 것은 당연하다고 할 것입니다. 같은 원리로 경매가 이루어진 가재도구가 채무자 아닌 타방배우자의 특유재산인 경우에도 이는 경매의 대상이 되는 것이 아니므로 그 타방배우자는 제3자이의의 소를 제기함으로써 경매진행 자체를 막을 수 있을 것입니다.

지급요구의 절차는 배당요구에 관한 규정이 준용됩니다. 따라서 집행관에게 지급요구의 이유(부부공유재산)를 밝힘으로써 요구해야 합니다(민사집행법 제218조). 다만, 배당요구는 서면에 의해야 하나, 지급요구는 서면(배우자의 매득금지급요구서)에 의하여도 가능하고, 매각기일에 매각장소에 출석하여 구두상으로도 할 수 있습니다(민사집행규칙 제153조). 지급요구는 배당요구의 시기와 종기의 기준에 따릅니다(민사집행법 제221조 제2항, 제20조). 따라서 집행관이 집행에 착수한 때로부터 집행관이 매각대금을 영수할 때까지 하면 되는 것입니다.

이와 같이 채무자 아닌 타방배우자의 지급요구가 있는 경우에, 이에 대하여 이의가 있는 채권자(집행채권자·배당요구채권자 포함)는 공유관계에 대하여 이의를 한 후 그 타방배우자를 상대로 '공유관계 부인의 소'를 제기하여, 해당 경매목적물이 부부의 공유물이 아니라 채무자의 단독소유라는 것을 입증함으로써, 타방배우자의 부당한 지급요구를 배제할 수 있습니다(민사집행법 제221조 제3항). 이에 관하여는 배당이의의 소에 관한 규정이 준용됩니다(민사집행법 제221조 제4항). 공유관계에 대하여 이의를 제기한 자는 배당기일로부터 1주일 이내에 집행관에게 소제기증명원을 제출해야 합니다.

이에 귀하께서도 귀하 부부 공동의 살림살이에 대한 경매절차에서 집행관이 매각대금을 영수할 때까지 지급요구를 함으로써 매각대금의 1/2을 지급받을 수 있을 것으로 보입니다.

[사례 3·1·59] 부동산에 대한 경매절차에서 공유자의 우선매수권

문 저희 부부는 단독주택을 공동소유로 가지고 있는데, 제 남편 甲이 보증을 서는 바람에 남편 甲의 지분 절반이 경매로 넘어가게 생겼습니다. 지분이 경매로 넘어가면 공유물분할에 의한 경매로 집 전체가 경매될 수 있다고 하는데, 이 집은 저희들이 신혼 때부터 번 돈으로 장만한 집이라 손때가 묻어 있어서 남에게 넘기고 싶지 않습니다. 어떻게 해야 하는지 박사님께 문의드리고 싶습니다.

답 공유로 되어 있는 부동산에 대하여 채무자인 공유자의 지분에 대해 경매가 이루어질 경우(즉, 공유물지분에 대한 경매), 다른 공유자는 매각기일까지 매수신청의 보증을 제공하고 최고가매수신고가격과 동일한 가격으로 채무자의 지분을 매수하겠다는 신고를 할 수 있습니다(민사집행법 제140조). 다만, 공유물분할판결에 의하여 공유물을 현금화하기 위한 경매의 경우에는 공유자의 우선매수권이 인정되지 않습니다(대결 1991.12.16. 91마239). 이와 같이 공유자가 공유물지분에 대하여 우선매수권을 행사하려면 매각기일까지(집행관이 매각기일을 종결한다고 고지할 때까지) 매수신청의 보증을 제공하고, 최고가매수신고가격과 동일한 가격으로 채무자의 지분을 우선적으로 매수할 것을 신고해야 합니다(민사집행법 제113조, 제140조 제1항). 매각이 종결된 후에는 공유자라도 우선매수권을 행사할 수 없게 됩니다.

공유물에 관하여 공유자가 우선매수권을 행사하면, 법원은 최고가매수신고인이 있더라도, 그 공유자에게 매각을 허가하게 됩니다. 공유자가 우선매수신고를 하였으나 매수신고를 한 자가 없는 경우에는 우선매수신고를 한 공유자에게 최저매각가격으로 매수를 인정하게 됩니다. 공유자가 우선매수신고를 한 경우에는 최고가매수신고인은 차순위매수신고인으로 전락하게 됩니다.

142) 여기에서 매각대금의 1/2이란 매각대금에서 집행비용을 공제한 잔액의 1/2을 말하는 것이 아니라 매각대금 자체의 1/2을 말합니다.

이에 귀하의 사건을 살펴보면, 귀하께서는 매각기일까지 공유자의 우선매수권을 행사할 수 있으며, 그리하면 공유자인 귀하께서는 경매의 대상이 되는 甲의 지분을 최고가매수신고인의 신고가격과 동일한 가격으로 매수할 수 있을 것이므로 공유지분을 빼앗기지 않을 것으로 보입니다. 다만 甲의 지분을 매수할 자금은 필요할 것이므로 이에 대한 대책을 마련해 두시기 바랍니다.

[사례 3·1·60] 체납처분압류 후에 유치권을 취득한 자도 경매절차에서의 매수인에게 유치권을 주장할 수 있는지

문 저는 건축업자로서 甲 소유의 호텔에 대한 인테리어공사를 요청받고 공사를 완료하였으나 甲이 공사대금을 주지 않음에 위 호텔을 점유해서 유치권을 행사하고 있습니다. 그런데 위 호텔에는 제가 공사를 맡기 전부터 이미 乙 세무서로부터의 체납처분압류등기와 채권자 丙에 의한 가압류등기가 마쳐져 있었는데, 제가 유치권을 행사한 후 위 채권자 丙에 의해 경매가 신청되었습니다. 이와 같이 체납처분압류등기나 가압류등기가 이루어진 후에 제가 유치권을 취득한 경우에도 경매절차에서 위 호텔을 매수한 자에게 대항할 수 있는지 박사님께 문의드리고 싶습니다.

답 민법상 유치권은 타인의 물건을 점유한 자가 그 물건에 관하여 생긴 채권을 가지는 경우에 법률상 당연히 성립하는 법정담보물권입니다(민법 제320조 제1항). 따라서 어떤 부동산에 이미 저당권과 같은 담보권이 설정되어 있는 상태에서도 민사유치권이 성립될 수 있습니다. 그리고 민사집행법은 경매절차에서 저당권설정 후에 성립한 용익물권은 매각으로 소멸된다고 규정하면서도, 유치권에 관하여는 저당권설정의 선후를 구분하지 않고 경매절차의 매수인이 유치권을 인수하는 것으로 규정하고 있으므로(민사집행법 제91조 제3항, 제5항), 민사유치권자는 저당권설정 후에 유치권을 취득한 경우에도 경매절차의 매수인에게 유치권을 행사할 수 있는 것입니다. 따라서 부동산에 저당권이 설정되거나 가압류등기가 된 뒤에 유치권을 취득하였다고 하더라도 그 유치권자는 경매절차의 매수인에게 대항할 수 있을 것입니다(대판 2009.1.15. 2008다70763, 2011.11.24. 2009다19246).

그러나 부동산에 관하여 이미 경매절차가 개시되어 진행되고 있는 상태에서 유치권을 취득한 경우에는 다릅니다. 즉 경매개시결정등기 후에 비로소 유치권을 취득한 경우임에도 불구하고 아무런 제한 없이 경매절차의 매수인에게 대항할 수 있다고 한다면 이는 경매절차에 대한 신뢰와 절차적 안정성을 위협하여 경매 목적 부동산을 신속하고 적정하게 환가하기가 어렵게 될 것이고 경매절차의 이해관계인에게도 예상치 못한 손해를 줄 수 있으므로, 그러한 경우까지 압류채권자를 비롯한 다른 이해관계인들의 희생하에 유치권자만을 보호할 수 없는 것이어서 대법원 판례는 부동산에 관하여 경매개시결정등기가 된 뒤에 비로소 부동산의 점유를 이전받거나 피담보채권이 발생하여 유치권을 취득한 경우에는 경매절차의 매수인에게 유치권을 행사할 수 없다고 판시하고 있습니다(대판 2005.8.19. 2005다22688, 2006.8.25. 2006다22050).

그렇다면 체납처분압류등기 후에 유치권을 취득한 경우에는 그 후 이루어진 경매절차의 매수인에게 대항할 수 있을까요? 부동산에 관한 민사집행절차에서는 경매개시결정과 동시에 압류를 명하게 되므로 압류가 이루어짐과 동시에 매각절차인 경매절차가 개시되는 반면, 국세징수법에 의한 체납처분절차에서는 체납처분압류와 동시에 매각절차인 공매절차가 개시되는 것이 아닐 뿐만 아니라, 체납처분압류가 반드시 공매절차로 이어지는 것도 아니며, 체납처분절차와 민사집행절차는 서로 별개의 절차로서 공매절차와 경매절차가 별도로 진행되는 것이므로, 부동산에 관하여 체납처분압류등기가 되어 있다고 해서 이를 경매절차에서 경매개시결정에 따른 압류가 이루어진 경우와 같다고 볼 수는 없을 것입니다. 따라서 체납처분압류등기가 되어 있는 부동산이라고 하더라도 그러한 사정만으로 경매절차가 개시되어 경매개시결정등기가 이루어지기 전에 그 부동산에 관하여 민사유치권을 취득한 유치권자가 경매절차의 매수인에게 그 유치권을 행사할 수 없다고 볼 것은 아니라고 할 것입니다(대판 2014.3.20. 2009다60336 전원합의체판결).

이에 귀하의 사건을 보건대, 귀하께서는 비록 위 호텔에 대한 점유를 개시하여 유치권을 취득하기 전에 이미 체납처분압류등기나 가압류등기가 되어 있었다고 하더라도 위 호텔에 관한 경매절차가 개시되어 경매개시결정등기가 마쳐지기 전에 위 호텔에 관한 유치권을 취득한 것이므로 향후 경매절차의 매수인에게 귀하의 유치권을 행사할 수 있을 것으로 보입니다.

[사례 3·1·61] 건물철거소송 등 대체적 작위채무에 관한 소송에서 승소했으나 상대방이 임의로 철거하지 않는 경우의 대체집행절차

문 저는 지방에 선산이 있는 임야를 소유하고 있는데, 자주 가보지 않는지라 관리를 제대로 못하고 있었는데 명절이 되어 벌초하러 갔다가 제 임야에 甲 소유의 불법건축물이 건축된 사실을 발견하고 건물철거소송을 제기하여 확정판결까지 받아놓은 상태입니다. 그럼에도 불구하고 甲이 위 불법건축물을 철거하지 않고 있어서 대체집행으로 철거하고 싶은데, 그 절차에 관하여 박사님께 문의드리고자 합니다.

답 채권자가 건물철거소송에서 승소판결을 받았다고 하더라도 이 판결문만 가지고 건물철거라는 소송의 목적을 종국적으로 달성할 수는 없습니다. 채무자가 판결의 결과에 따라 임의로 철거해주면 몰라도 그렇지 않는 경우에는 법원에 다시 대체집행신청을 하여 그 허가를 받은 후 집행관 등을 통해서 집행을 해야만 합니다. 이를 대체집행이라고 합니다. 이와 같이 대체집행이란 '하는 채무' 중 대체적 작위채무(건물철거나 프랑카드의 철거 등 다른 사람이 대신할 수 있는 채무)에 대하여, 채무자가 이를 임의로 이행하지 않는 경우에 채권자가 법원에 신청하여 채무자 외의 사람으로 하여금 그 행위를 하도록 하고, 그 비용을 채무자로부터 강제로 추심하는 절차를 말합니다(민사집행법 제260조). 쉽게 말하면, 채무자가 직접 실행하지 않더라도 다른 사람이 대신할 수 있는 채무에 대하여, 우선 다른 사람을 시켜서 그 일을 처리하게 하고, 그 처리비용을 채무자로부터 청구하는 제도를 말는 것입니다.

대체집행을 실시하려면 2단계를 거쳐야 하는데, ① 우선 채권자가 법원으로부터 대체집행의 권한을 부여받는 수권결정의 단계와, ② 이와 같이 받은 수권결정에 기하여 채권자가 실제로 집행을 하는 단계가 그것입니다. 아래에서 순서대로 살펴보기로 하겠습니다.

첫째, 수권결정(대체집행)의 신청절차입니다. 수권결정을 신청하려면 먼저 판결문 등 집행권원이 있어야 합니다. 즉 건물철거나 수목제거 등 대체적 작위채무를 명하는 소송을 제기해서 집행력 있는 판결문 등을 얻은 후 수권결정신청서(대체집행신청서)를 작성해서 법원에 수권결정을 신청해야 하는 것입니다. 수권결정신청서에는 집행당사자의 표시, 대체집행실시의 허가를 구하는 신청취지와 신청이유, 신청 연월일, 제출할 법원의 표시를 하고, 신청인의 성명을 기재한 후 기명날인하면 됩니다. 수권결정신청시 채권자는 대체집행(작위)을 실시할 자를 지정해도 되고, 지정하지 않아도 되지만, 지정을 한 경우에는 반드시 그 지정된 자로 하여금 대체집행을 실시하게 해야 합니다. 실무상으로는 주로 집행관을 지정하는 것이 현명하다고 봅니다. 지정을 하지 않는 경우에는 채권자가 스스로 대체집행을 실시하거나, 제3자를 지정하여 실시하게 할 수 있습니다. 수권결정신청서를 작성한 후에는 이를 판결 등 집행권원을 받은 제1심법원에 제출하면 됩니다.

둘째, 법원이 수권결정을 내려주게 됩니다. 수권결정신청서를 제출받은 법원은 수권결정을 하기 전에 채무자를 심문해야 하지만(민사집행법 제262조), 반드시 변론을 열어 심문할 필요는 없고, 서면이나 구두로 의견진술의 기회만 주면 됩니다. 이에 따라 수권결정의 신청이 타당하다고 인정되면 법원은 수권결정에 인용결정을 해서 그 결정정본을 신청인과 채무자에게 송부하여 고지하게 됩니다. 수권결정에 대하여는 별도의 집행문 없이 즉시 집행력이 발생하게 됩니다. 수권결정신청에 대한 재판에 대하여는 당사자가 즉시항고할 수 있으나(민사집행법 제260조 제3항), 집행정지의 효력은 없습니다.

셋째, 수권결정을 근거로 하여 대체집행을 실시하면 됩니다. 수권결정에서 대체집행자가 지정되어 있으면 채권자는 그 지정된 자로 하여금 대체집행을 실시하게 해야 합니다. 집행관이 실시자로 지정되어 있으면 채권자는 대체집행을 실시할 장소를 관할하는 지방법원의 집행관에게 그 실시를 위임하면 됩니다. 만약 그 지정이 없으면 채권자가 직접 대체집행을 실시하여도 되고, 제3자와 도급계약을 체결하여 그로 하여금 실시하게 하여도 됩니다.

넷째, 채권자는 대체집행비용을 선지급해 달라고 신청할 수 있습니다. 채권자는 채무자로 하여금 대체집행비용을 미리 채권자에게 지급하라는 결정을 법원에 신청할 수 있습니다(민사집행법 제260조). 보통 위 비용선지급신청은 수권결정신청과 동시에 신청하는 것이 보통이지만, 그 후에도 대체집행이 완료되기 전까지는 언제든지 신청할 수 있으며, 이는 수권결정의 관할법원이 관할하게 됩니다. 비용선지급신청서에는 청구금액을 기재할 필요는 없으며, 법원도 이에 구속되지 않습니다. 다만, 법원이 지급할 비용을 결정하는데 필요한 견적서 등은 제출해야 할 것입니다. 비용선지급결정은 그 자체가 집행권원이 되므로(민사집행법 제56조 제1항), 집행문을 부여받아 강제집행을 실시할 수도 있습니다. 비용선지급결정에 의하여 추심한 돈과 실제로 들어간 돈 사이에 차이가 발생한 경우에는 정산문제가 발생하는 바, 부족한 경우에는 추가로 청구할 수 있으되, 남는 경우에는 이를 채무자에게 반환해야 합니다.

다섯째, 부작위의무위반에 대한 결과물의 제거를 위한 대체집행도 가능합니다. 통행방해금지의무나 출입금지의무 등 부작위채무 자체는 대체성이 없으므로 부작위채무 자체의 이행을 강제할 목적으로 대체집행을 실시할 수 없습니다(따라서 간접강제에 의하는 것이 원칙). 그러나 통행방해물의 제거 등 부작위의무의 위반으로 발생한 결과물을 제거하거나, 반복된 위반행위를 방지하기 위하여 적당한 처분(예, 담을 쌓는 것)을 하는 것은 대체성이 있는 것이므로, 예외적으로 대체집행이 가능할 것입니다(민사집행법 제260조 제1항).

이와 같이 귀하께서는 수권결정신청절차를 통한 대체집행절차를 통하여 건물철거의 목적을 달성할 수 있을 것으로 보입니다.

[사례 3·1·62] 부대체적 작위채무에 대한 이행강제수단으로서의 간접강제방법

문 저는 십여 년간의 혼인생활 끝에 남편 甲의 불륜과 성격 차이로 이혼소송을 제기하여 재판상 이혼을 하게 되었고, 아이에 대한 양육 및 친권자로 제가 지정되었습니다. 그런데 위 甲은 아이를 데리고 있으면서 제게 인도해 주지 않는 것입니다. 그렇다고 해서 제가 강제로 데려오게 되면 아이가 다칠 수도 있기 때문에 고민입니다. 어떤 해결책이 있는지 박사님께 문의드리고자 합니다.

답 귀하의 사안과 같은 문제의 해결 수단은 간접강제와 관련됩니다. 간접강제란 부대체적 작위채무(다른 사람이 대신하여 할 수 없는 채무)나 부작위채무(출입금지 등 하지 말라는 채무)와 같이 대체집행이 어려운 경우에, 채무불이행에 대한 금전적인 제재를 고지함으로써 채무를 이행하도록 간접적으로 강제하는 집행방법을 말합니다. 예컨대, 그림을 그리기로 한 채무, 유아인도채무, 연기자가 공연을 해주기로 한 채무 등이 간접강제의 대상이 되는 채무입니다.

이에 간접강제를 신청하는 방법에 관하여 알아둘 필요가 있습니다.

간접강제를 신청하기 위하여는 먼저 간접강제신청의 근거가 되는 부대체적 작위채무나 부작위채무를 명하는 판결 등 집행력 있는 집행권원이 필요합니다. 그 후 간접강제신청서를 작성하여 법원에 제출해야 하는데, 신청서에는 채무자가 해야 할 작위를 구체적으로 명시해야 합니다. 배상금 등의 액수는 구체적으로 기재해야 하는 것은 아니며, 기재하더라도 법원이 이에 구속되지 않습니다. 그럼에도 불구하고 법원의 판단에 참고가 될 수 있도록 가급적이면 기재하는 것이 바람직할 것입니다. 간접강제신청서를 작성했다면 이를 판결 등 집행권원을 받은 제1심 법원(판결을 받은 제1심법원)에 제출하면 됩니다(민사집행법 제261조).

간접강제의 신청에 대하여 그 타당성이 인정되면 법원은 간접강제를 명하는 결정을 하게 됩니다. 이 결정에는 판결 등 집행권원에서 명한 부대체적 작위채무가 무엇이고, 이를 언제까지 이행해야 하며, 채무자가 그 기간 내에 이행하지 않으면 그 늦어진 기간에 따라 일정한 금액을 배상해야 한다는 내용이 포함되어 있습니다(민사집행법 제261조). 간접강제의 결정을 받으면 그 자체가 배상금액에 대한 독립된 집행권원이 되며, 따라서 여기에 집행문을 부여받아 상대방의 재산에 대해 강제집행을 실시할 수 있습니다.

이에 귀하께서도 강제적인 수단으로 아이를 인도받을 수 없는 상황이라면 이와 같이 甲이 아이를 인도할 때까지 금전적인 손해에 대한 압박을 가함으로써 아이를 인도받을 수 있도록 할 수 있는 간접강제의 절차를 밟아보시면 어떨까 싶습니다.

[사례 3·1·63] 아파트 위층에서 물이 새는데도 방치하고 있는 경우에 아래층 소유자의 소유권에 기한 방해배제청구

문 저는 건축된지 십여 년이 다 되어가는 아파트 3층에 거주하고 있습니다. 그런데 화장실의 천정부근에서 물이 누수되고 있어 여름철에는 악취도 나고, 화장실에서 볼 일도 제대로 보지 못하고 있습니다. 저는 위층 소유자 겸 거주자인 甲에게 수차례에 걸쳐 그 수리를 요청하였으나, 별 반응이 없습니다. 어떻게 해야 할지 박사님의 고견을 듣고 싶습니다.

답 소유자는 소유권을 방해하는 자에 대하여 방해의 제거를 청구할 수 있고(소유권에 기한 방해제거청구권), 소유권을 방해할 염려가 있는 행위를 하는 자에 대하여는 그 방해의 예방을 청구(소유권에 기한 방해예방청구권)할 수 있습니다(민법 제214조). 귀하의 사안의 경우에도 아파트 위층에서 생긴 누수로 인하여 소유권을 방해받고 있는 것이므로, 귀하께서는 법원에 소유권에 기한 방해의 제거를 청구할 수 있습니다.

그렇다면 구체적으로 어떠한 절차를 밟아야 할까요? 일단 누수가 발생하고 있는 부위의 도면을 그려 누수부분을 특정한 다음, 위층 소유자 겸 점유자 甲을 상대로 하여 "해당 누수부분에 대한 하자보수의무를 이행하라."는 소송을 제기하여 이행판결을 받은 후, 이러한 이행판결을 기초로 하여 집행관에 대체집행신청을 하면 될 것입니다.

대체집행절차는 대체집행의 권한을 부여받는 수권결정의 단계와, 실제로 집행을 하는 단계의 2단계 구조로 이루어져 있습니다. 수권결정의 신청은 확정된 이행판결정본을 첨부하여 제1심법원에 신청하면 됩니다. 수권결정을 신청할 때에는 채무자(위층소유자 겸 점유자 甲)에 갈음하여 작위를 실시할 자를 지정하여 신청할 수도 있고, 지정하지 않고 신청할 수도 있지만, 보통은 집행관을 실시자로 지정하는 것이 좋습니다. 또한 수권결정의 신청과 동시에 대체집행비용에 대한 선지급신청을 할 수도 있는데, 이 경우에는 수권결정과 동시에 대체집행비용선지급결정이 나오게 됩니다. 이러한 수권결정을 받은 경우에는, 별도로 집행문을 부여받을 필요없이, 집행관사무실(단, 집행관을 실시의무자로 지정한 경우에 한함)에 가서 대체집행신청을 하면 될 것입니다. 대체집행비용의 회수와 관련하여 채권자가 대체집행비용선지급신청을 하지 않은 경우에는 대체집행이 모두 이루어진 후에 소송비용액확정결정신청을 통하여 대체집행비용을 청구하면 될 것입니다.

제4절 공 매

[사례 3·1·64] 공매의 의미와 경매와의 차이

문 저는 최근에 명예퇴직을 하고 여윳돈이 있어서 부동산 재테크를 하고자 합니다. 그런데 제 친구 중에 공매물건만 열심히 쫓아다니면서 돈을 번 친구가 있는데, 함께 공매에 참여하자고 권유하고 있습니다. 경매는 많이 들어봤는데 공매는 생소해서 공매가 무엇이고 경매와 어떤 차이가 나는지 박사님께 여쭤보고 싶습니다.

답 예, 귀하의 말처럼 공매분야는 생소하고 아는 사람만 참가할 뿐이어서 재테크 수단으로 많이 알려져 있지 않습니다. 공매란 세무서장이 압류한 체납자의 동산, 유가증권, 부동산, 무체재산권 등과 그밖에 체납자를 대위하여 받은 물건에 대해 이를 환가처분하고, 그 대금으로부터 세금에 충당한 후, 나머지는 채권자 등에게 배분해주는 절차를 말하는데, 그 절차에 관하여는 국세징수법에서 규정하고 있습니다(국세징수법 제61조~제84조).

공매는 세무서장이 직접 실시하는 경우도 있지만 압류한 재산의 공매에 관한 전문지식이 필요하거나 그밖에 특수한 사정으로 직접 공매하는 것이 적당하지 않다고 판단될 때에는 한국자산관리공사(KAMCO)로 하여금 공매를 대행하게 할 수 있는데(국세징수법 제61조 제5항), 실무상 공매의 대부분은 한국자산관리공사에서 대행하고 있습니다. 공매는 체납처분 압류된 물건뿐만 아니라 압수물 중 보관이 곤란한 물건에 대한 매각을 위해서도 행하여지며, 입찰 또는 경매(정보통신망 포함)의 방법으로 실시합니다(국세징수법 제67조 제1항).

그렇다면 공매는 경매와 어떤 차이가 있을까요? 경매는 일반 채권자나 저당권자 등 담보권자의 신청에 따라 법원에 의하여 이루어지는 강제집행인데 반하여, 공매는 일반인이나 법인이 국가·지방자치단체나 국민건강보험공단·국민연금관리공단 등 공적기관에 대하여 세금이나 세금에 준하는 공과금 또는 과태료·추징금 등을 납부하지 않은 경우에 세무서장의 체납처분압류에 따라 한국자산관리공사에 의하여 이루어지는 강제매각이라는 점에서 근본적인 차이가 있습니다. 물론 경매나 공매의 대상은 부동산·선박, 자동차·건설기계, 채권, 유가증권, 동산 등으로 큰 차이가 없습니다. 경매와 공매의 이러한 근본적인 차이점 때문에 그 매각진행 방식이나 절차 또는 매각물건의 인도와 관련된 절차에 있어서 여러 가지 차이가 발생합니다. 몇 가지만 비교해 보겠습니다.

첫째, 경매나 공매 모두 강제적인 집행절차라는 점에서 공통적이지만 경매는 대출금이나 금융기관채무 등 사적인 민사관계를 해결하기 위한 절차이고, 공매는 체납세금이나 공과금의 회수 등 공적인 채무관계를 해결하기 위한 절차입니다. 이에 경매는 민사집행법에 근거하여 강제경매 또는 임의경매의 형태로 법원에서 실행하는 절차이고, 공매는 국세징수법에 근거하여 세무서 등 공적 기관의 위임을 받은 한국자산관리공사에서 공개경쟁입찰방식으로 실행하는 절차입니다. 그리고 경매는 주로 기일입찰방식으로 진행하나, 공매는 기간입찰방식으로 행합니다.

둘째, 경매에서는 현황조사서나 매각물건명세서 등에 권리관계나 임차인 정보 등이 비교적 상세히 파악되어 있어서 이를 통하여 권리관계나 임차인 여부를 쉽게 파악할 수 있는 반면, 공매에서는 인터넷으로 제공되는 소수의 자료만에 의하여 권리관계를 파악해야 하는 관계로 대상물에 대한 정보 취득면에서 차이가 있습니다.

셋째, 경매에 참가하려면 원칙적으로 법원이나 목적물 소재지에 직접 참석해서 신청해야 하는 반면, 공매에의 참가는 인터넷 공매포탈시스템인 '온비드(www.onbid.co.kr)'[143]에 의한 온라인을 통하여 입찰신청을 해야 합니다. 따라서 경매절차에 참가하려면 신분증과 입찰보증금 정도만 준비하면 될 것이지만 공매절차에 참가하려면 사전에 '온비드'의 공매사이트에 회원으로 가입하고 공인인증서등록을 마쳐야 합니다. '온비드'에서는 통합검색, 지도검색, 상세조건검색 등을 통하여 입찰물건에 대한 파악이 가능하며, 인터넷입찰서의 작성과 인터넷제출로 입찰에 참여하고, '온비드'에서 지정한 보증금납부계좌에 입찰보증금을 입금해야 합니다.

넷째, 경매에서는 경매받은 물건을 인도받기 위한 절차로서 간이한 인도명령제도가 있는 반면, 공매에서는 매각받은 물건을 인도받기 위해서는 별도의 명도청구소송을 통해야 합니다.

다섯째, 경매의 경우에는 입찰보증금으로 최저매각가격의 10%를 입찰과 동시에 납부해야 하지만, 공매에 있어서는 입찰금액(입찰자가 써내는 금액)의 10%를 인터넷입찰 마감시간 전까지 '온비드' 지정 예금계좌로 입금하면 됩니다.[144]

여섯째, 경매에서는 유찰된 경우 다음 회차에서는 통상적으로 1개월 뒤에 실시하고 최저매각가격을 20%씩 저감하여 실행하는데 반하여, 공매에서는 유찰된 경우 통상적으로 1주일 뒤에 실시하고 최저매각가격도 10%씩 저감하여 실행하게 됩니다.

일곱째, 경매와 공매는 그 근거법이 달라 각각 서로 관여할 수 없도록 되어 있으므로 동일 목적물에 관하여 경매와 공매가 동시에 진행될 수 있고, 양 절차 중 어느 한쪽에서 먼저 진행되어 낙찰자가 잔대금을 납부하게 되면 소유권을 취득하게 되므로 다른 쪽의 절차는 취소될 수밖에 없게 됩니다. 즉 경매로 낙찰받은 자와 공매로 낙찰받은 자가 동시에 발생한 경우는 먼저 낙찰대금을 전액 납부한 자가 우선적으로 소유권을 취득하게 되는 것입니다. 이때 먼저 낙찰대금이 완납된 기관에서는 다른 기관, 즉 집행법원에서는 한국자산관리공사에, 한국자산관리공사에서는 집행법원에 경매 또는 공매중지요청서를 통지하게 되고 이에 따라 경매절차를 취소하거나 공매절차를 해제하게 됩니다. 따라서 경매와 동시에 공매가 진행되고 있는 대상 목적물에 대하여 경매나 공매에 참가하려면 양 절차의 진행 과정을 면밀히 추적할 필요가 있을 것입니다.

그런데 2011년 4월 11일 개정·시행된 국세징수법 개정 법률에서는 공매절차에 관한 규정을 대대적으로 정비하여 민사집행법상의 경매와 유사하도록 함으로써 집행기관의 점을 제외하면 공매절차나 경매절차가 거의 유사하게 되었습니다.

이에 귀하께서는 이러한 공매의 특성을 잘 파악하신 후 공매에 참가할 경우 간단한 절차에 의하여 입찰을 받아 의외의 소득을 얻을 수도 있을 것입니다. 돈은 남의 눈에 잘 띄지 않는 곳에 숨어 있는 경우가 많습니다.

[사례 3·1·65] 공매의 실시기관과 실시장소

문 저는 제 이웃집이 공매로 넘어가게 되었다는 소문을 접하고서 공매에 참가하여 입찰을 받아 제 집을 조금 넓힐 생각을 하고 싶습니다. 그런데 공매를 어디에서 실시하는지를 잘 모르겠고 공매를 실시하는 사무실이 따로 존재하는지 몰라 박사님께 문의드리고 싶습니다.

답 예, 공매란 세무서장 등으로부터 체납처분압류된 채무자의 재산 등을 인터넷 공매포탈시스템인 '온비드(www.onbid.co.kr)'에서 공개입찰을 통하여 일반인들에게 매각하는 절차를 말합니다. 귀하처럼 공매에 참가하고 싶다면 최소한 공매를 어디에서 실

143) '온비드'란 한국자산관리공사가 실시할 공매절차를 위한 인터넷사이트로서 입찰정보를 실시간으로 제공하고 입찰을 진행하며 낙찰자의 잔대금 납부에 따른 등기 등의 절차를 원스탑(One stop)으로 처리할 수 있도록 만든 전자입찰시스템을 말합니다. 그밖에 '온비드'에서는 정부의 불용물품이나 불용부동산 등에 관한 공개입찰도 실시합니다.

144) 공매의 근거법인 국세징수법의 개정으로 체납처분압류된 재산에 대한 공매보증금은 2015. 12. 31. 전까지는 '입찰가격'의 10% 이상을, 2016. 1. 1.부터는 '매각예정가격(매수하고자 하는 금액)'의 10% 이상을 납부하도록 변경되었습니다. 다만 이는 체납처분압류된 재산에 대한 공매보증금을 말하는 것으로서, 국유재산에 대한 공매의 경우에는 매각예정가격(매수하고자 하는 금액)의 5%만 공매보증금으로 납부하면 입찰이 가능하도록 하고 있습니다.

시하고 어느 곳에서 입찰에 참가해야 하는지 알고 있어야 합니다.

공매의 실시기관은 원칙적으로 세무서장입니다. 즉 체납처분압류된 동산, 유가증권, 부동산, 무체재산권 등과 체납자를 대위하여 받은 물건을 대상으로 공매를 실시하는 것입니다.[145] 이러한 공매는 세무서장이 직접 실시할 수도 있지만 압류한 재산의 공매에 전문 지식이 필요하거나 그밖에 특수한 사정이 있어 직접 공매하기에 적당하지 않다고 인정하는 때에는 한국자산관리공사로 하여금 공매를 대행케 할 수 있으며 이 경우의 공매는 세무서장이 한 것으로 보게 됩니다(국세징수법 제61조 제5항). 실무상으로는 세무서장이 직접 공매를 실행하는 경우는 거의 없고 대부분 한국자산관리공사에 대행시키고 있으므로 공매는 한국자산관리공사에서 실시하고 있다고 보면 됩니다.

그렇다면 공매는 어느 곳에서 실시할까요? 공매는 세무서장이 직접 실시하는 경우에는 지방국세청, 세무서, 세관 또는 재산소재지의 특별자치도·시·군·자치구에서 하되, 세무서장이 필요하다고 인정하는 때에는 다른 장소에서 공매를 실시할 수 있도록 하고 있습니다(국세징수법 64조). 그러나 공매의 대부분은 한국자산관리공사에 대행시켜 실시하고 있으므로 공매절차는 한국자산관리공사에서 운영하는 인터넷 공매사이트인 '온비드(www.onbid.co.kr)'에서만 실시하고 있고, 그밖의 장소나 방법으로는 공매를 실시하지 않고 있습니다.

따라서 귀하께서 한국자산관리공사에서 실시하는 공매에 참가하려면 인터넷 공매사이트인 '온비드'에 들어가서 회원으로 가입해야 하고, 이를 위한 공인인증서도 준비하고 있어야 할 것입니다.

[사례 3·1·66] 공매절차의 개요

문 저는 현재 경매에 참가하여 수차례 낙찰을 받았지만 그리 돈이 되지 않는 것 같아서 남한테 잘 알려지지 않은 공매에 대해 관심을 가지게 되었고 공매와 관련된 인터넷 사이트를 부지런히 뒤져보고 있습니다. 그러나 단편적인 지식만 있을 뿐 공매절차에 관한 전체적인 윤곽이 잘 그려지지 않고 있습니다. 이에 공매에 관한 일련의 절차에 관하여 박사님께 문의드리고 싶습니다.

---

145) 다만 압류된 재산이 증권시장에 상장된 증권일 때에는 해당 시장에서 직접 매각할 수 있습니다(국세징수법 제61조 제1항).

146) 공매보증금과 관련해서는 2015. 12. 29. 국세징수법이 개정되어 2016. 1. 1. 시행되기 전까지는 '입찰가격'

답 예, 공매란 세무서장 등으로부터 체납처분압류된 채무자의 재산 등을 인터넷 공매포탈시스템인 '온비드(www.onbid.co.kr)'에서 공개입찰을 통하여 일반인들에게 매각하는 절차를 말합니다. 따라서 공매에 참가하려면 최소한 공매가 어떻게 진행되는지 정도는 알고 있어야 합니다. 아래에서 기본적인 공매절차에 관하여 살펴보도록 하겠습니다.

첫째, 공매실시기관에서 공매공고를 합니다. 공매공고는 지방국세청, 한국자산관리공사의 본사·지사·출장소, 세관, 특별자치시·특별자치도·시·군·자치구, 그밖의 적절한 장소에 게시하되, 필요에 따라서는 관보 또는 일간신문에 게재할 수 있고, 이를 공고할 때에는 게시 또는 게재와 함께 정보통신망을 통하여도 공고 내용을 고지하게 됩니다(국세징수법 제67조 제3항, 제4항). 공매를 한국자산관리공사에서 대행하는 경우에는 한국자산관리공사가 일정 사항을 공고해야 하는데, 공고시에는 동일한 공매대상 물건에 대하여는 공매·재공매 등 여러 차례의 공매에 관한 사항을 한꺼번에 공고할 수 있습니다(국세징수법 제67조 제2항 후단). 아래에서는 한국자산관리공사에서 공매를 대행하는 경우를 전제로 살펴보기로 하겠습니다. 공매시 공고사항은 다음과 같습니다(국세징수법 제67조 제2항 선난). 즉,

① 매수대금의 납부기한
② 공매재산의 명칭·소재·수량·품질·매각예정가격(최저매각가격)
③ 입찰 또는 경매장소와 일시(기간입찰의 경우에는 입찰기간)
④ 개찰장소와 일시
⑤ 공매보증금을 받을 때에는 그 금액
⑥ 공매재산이 공유물의 지분인 경우에는 공유자에게 우선매수권이 있다는 사실
⑦ 배분요구종기(원칙적으로 최초의 입찰기일 전의 날일 것)
⑧ 배분요구종기까지 배분을 요구해야 배분을 받을 수 있는 채권
⑨ 매각결정기일(개찰일로부터 3일 이내)
⑩ 매각으로도 소멸되지 않는 공매재산에 대한 지상권·전세권·대항력 있는 임차권 또는 가등기가 있는 경우에는 그 사실
⑪ 공매재산의 매수인으로서 일정한 자격을 필요로 하는 경우에는 그 사실
⑫ 공매재산명세서·감정인평가자료·그밖의 입찰가격결정자료의 제공내용 및 기간
⑬ 차순위매수신고의 기간과 절차

둘째, 공매공고에 대한 등기·등록의 촉탁 및 공매통지를 합니다. 공매공고를 한 압류재산이 등기·등록을 필요로 하는 때에는 한국자산관리공사는 공매공고를 한 즉시 그 사

실을 등기부 또는 등록부에 기입하도록 관계 관서에 촉탁합니다(국세징수법 제67조의2 제1항). 또한 한국자산관리공사에서 공매공고를 하였을 때에는 그 내용을 즉시 체납자, 납세담보물소유자, 공매재산이 공유물의 지분인 경우에는 공매공고의 등기·등록 전날 현재의 공유자, 공매재산에 대하여 공매공고의 등기·등록 전날 현재의 전세권·질권·저당권·그밖의 권리를 가진 자에 대하여 통지를 해줍니다(국세징수법 제68조).

셋째, 현황조사 및 매각예정가격(최저매각가격)을 결정합니다. 한국자산관리공사는 공매대상 물건에 대한 매각예정가격을 결정하기 위하여 공매대상 물건의 현상, 점유관계, 임차인의 차임 또는 보증금의 액수 등의 현황을 조사해야 하고, 이를 통하여 공매대상 물건에 대한 매각예정가격을 결정하게 되는데, 매각예정가격을 결정하기가 어려운 경우에는 감정인에게 평가의뢰를 하고 이를 참고하여 결정할 수 있습니다(국세징수법 제62조의1, 제63조).

넷째, 공매재산명세서를 작성하여 비치합니다. 한국자산관리공사는 공매재산명세서, 감정인의 평가가액자료, 그밖에 입찰가격을 결정하는데 필요한 자료를 입찰 시작 7일 전부터 입찰 마감 전까지 한국자산관리공사에 갖추어 두거나 정보통신망을 이용하여 게시함으로써 입찰에 참가하려는 자가 열람할 수 있도록 합니다(국세징수법 제68조의3 제2항). 여기에서 공매재산명세서는 공매재산에 대한 현황조사를 기초로 작성하는데, ① 공매재산의 명칭·소재·수량·품질·매각예정가격·그밖의 중요한 사항, ② 공매재산의 점유자 및 점유권원, 점유할 수 있는 기간, 차임 또는 보증금에 관한 관계인의 진술, ③ 배분요구현황 및 채권신고 현황, ④ 공매재산에 대하여 등기된 권리 또는 가처분으로서 매각으로 효력을 잃지 않는 것, ⑤ 매각에 따라 설정된 것으로 보게 되는 지상권의 개요가 포함되어 있습니다(국세징수법 제68조의3 제1항).

다섯째, 공매기간을 공고합니다. 공매는 공매공고를 한 날부터 10일이 경과된 후에 실시하되, 공매대상 물건을 보관하는데 많은 비용이 소요되거나 물건의 가액이 현저히 줄어들 우려가 있는 경우에는 10일이 경과되기 전이라도 공매를 할 수 있습니다(국세징수법 제70조).

여섯째, 공매참가에는 일정한 제한이 있고 공매보증금도 준비해야 합니다. 공매는 특별한 제한이 없는 한 누구나 참가가 가능합니다. 다만 일정한 이해관계인은 공매절차에 참가할 수 없는 제한이 있습니다. 즉 세무서장이 직접 공매를 진행하는 경우에는 체납자 또는 세무공무원은 직접적으로든 간접적으로든 압류재산을 매수하지 못하고(국세징수법 제66조), 한국자산관리공사가 공매를 대항하는 경우에는 체납자 또는 한국자산관리공사의 임직원은 직접적으로든 간접적으로든 압류재산을 매수하지 못합니다(국세징수법 제66조, 제61조 제6항). 또한 한국자산관리공사는 입찰을 하려는 자의 공매참가나 최고가격입찰자의 결정 또는 매수인의 매수대금 납부를 방해한 사실이 있는 자, 공매에서 부당하게 가격을 떨어뜨릴 목적으로 담합한 사실이 있는 자, 거짓 명의로 매수신청을 한 사실이 있는 자에 대하여는 그 사실이 있은 후 2년간 공매장소에의 출입을 제한하거나 입찰에 참가시키지 않을 수 있으며, 그 사실이 있은 후 2년이 지나지 않는 자를 사용인이나 그밖의 종업원으로 사용한 자와 이러한 자를 입찰대리인으로 한 자에 대하여도 공매장소에의 출입을 제한하거나 입찰에 참가시키지 않을 수 있습니다(국세징수법 제72조).

그리고 공매에 참가하려면 공매보증금을 준비하고 있어야 합니다. 즉 한국자산관리공사는 체납처분압류된 재산을 공매하는 경우에 필요하다고 인정하면 공매보증금을 받을 수 있으며, 공매보증금은 매각예정가격(매수하고자 하는 금액)의 10% 이상으로 하되,[146] 국공채 또는 증권시장에 상장된 증권 또는 보험회사가 발행한 보증보험증권으로 갈음할 수 있도록 하고 있습니다(국세징수법 제65조 제1항, 제2항, 제3항). 낙찰자 또는 경락자가 매수계약을 체결하지 않게 되면 그 공매보증금은 체납처분비, 압류와 관계되는 국세·가산금의 순으로 충당한 후, 남은 금액은 체납자에게 반환하게 됩니다(국세징수법 65조 4항). 다만 국유재산에 대한 공매의 경우에는 매각예정가격의 5%만 공매보증금으로 납부하면 입찰이 가능하도록 하고 있습니다.

일곱째, 입찰 및 개찰과 차순위 매수신고입니다. 입찰하려는 사람은 그 주소·거소·성명, 매수하려는 재산의 명칭, 입찰가격, 공매보증금, 그밖에 필요한 사항을 적어 개찰이 시작되기 전에 공매를 집행하는 한국자산관리공사의 직원에게 제출해야 하며, 개찰은 공매를 집행하는 한국자산관리공사의 직원이 공개함으로써 매각예정가격 이상인 최고액의 입찰자를 낙찰자로 결정하게 됩니다(국세징수법 제73조 제1항). 이때 낙찰이 될 가격의 입찰을 한 자가 둘 이상일 때에는 추첨 낙찰자를 정하고, 매각예정가격 이상으로 입찰한 자가 없을 때에는 즉시 그 장소에서 재입찰에 부칠 수 있습니다(국세징수법 제73조 제4항, 제6항). 물론 이러한 절차는 모두 인터넷 공매사이트인'온비드'에서 온라인으로 이루어집니다.

한편 낙찰자가 결정된 후에 해당 낙찰자 외의 입찰자는 매각결정기일 전까지 공매보증금을 제공하고 매각결정이 취소되는 경우에 최고입찰가격에서 공매보증금을 뺀 금액 이상의 가격으로 공매재산을 매수하겠다는 차순위 매수신고를 할 수 있습니다(국세징수법 제73조의3 제1항). 이때 차순위 매수신고자가 둘 이상인 경우에는 최고액의 매수신고자를 차순위 매수신고자로 하되, 최고액의 매수신고자가 둘 이상인 경우에는 추첨으로 차순위 매수신고자를 정하게 됩니다(국세징수법 제73조의3 제2항). 차순위 매수신고가 있는 경우에는 한국자산관리공사는 매각결정을 취소한 날부터 3일 내에 차순위 매수신고자를 매수인으로 정하여 매각결정을 할 것인지 여부를 결정해야 합니다(국세징수법 제73조의3 제3항).

여덟째, 공유자의 우선매수권입니다. 공매물건이 공유물의 지분인 경우에는 공유자는 매각결정기일 전까지 공매보증금을 제공하고 매각예정가격 이상인 최고입찰가격과 같은 가격으로 공매물건을 우선매수하겠다는 신고를 할 수 있고, 이 경우 한국자산관리공사는 그 공유자에게 매각결정을 해야 합니다(국세징수법 73조의2 1항). 집안의 가재도구는 부부공유의 유체동산에 해당되므로 공매절차에서도 채무자 아닌 타방 배우자에게 우선매수권이 인정됩니다. 수인의 공유자가 우선매수하겠다는 신고를 한 경우에는 특별한 협의가 없으면 공유지분의 비율에 따라 공매재산을 매수하게 합니다(국세징수법 제73조의2 제2항). 공유자의 우선매수권 신청에 따라 공유자에게 매각결정이 이루어졌지만 해당 공유자가 매각대금을 납부하지 않는 경우에는 매각예정가격 이상인 최고액의 입찰자에게 다시 매각결정을 할 수 있습니다(국세징수법 제73조의2 제3항).

아홉째, 재공매입니다. 재산을 공매하여도 매수희망자가 없거나 입찰가격이 매각예정가격 미만일 때에는 재공매를 실시하며, 공매재산의 매수인이 매수대금의 납부기한까지 대금을 납부하지 않는 때에도 그 매매를 해약하고 재공매를 실시합니다(국세징수법 제74조 제1항, 제2항). 재공매시에는 재공매를 할 때마다 매각예정가격(최저매각가격)의 10%에 해당하는 금액을 차례로 줄여 공매하며, 매각예정가격의 50%에 해당하는 금액까지 차례로 줄여 공매하여도 매각되지 않을 때에는 새로 매각예정가격을 정하여 재공매할 수 있습니다(국세징수법 제74조 제3항 본문). 다만 유찰 즉시 재입찰에 부친 때에는 매각예정가격을 저감하지 않고 재공매를 할 수 있습니다(국세징수법 제74조 제3항 단서). 재공매는 재공매공고일부터 5일이 경과한 후에 실시할 수 있습니다(국세징수법 제74조 제4항 단서).

열째, 매각결정과 매각결정의 취소입니다. 낙찰자가 결정되면 한국자산관리공사는 특별한 사유가 없는 한 낙찰자를 매수인으로 정하여 매각결정기일에 매각결정을 하게 됩니다(국세징수법 제75조 제1항). 다만 매각결정 전에 공매중지사유가 있는 경우나, 낙찰자가 공매참가제한을 받는 자로 확인된 경우, 공유자가 우선매수의 신고를 한 경우 또는 그밖에 매각결정을 할 수 없는 중대한 사실이 있다고 인정되는 경우에는 낙찰자에 대하여 매각결정을 할 수 없습니다. 매각결정의 효력은 매각결정기일에 매각결정을 한 때에 발생하며, 이때로부터 낙찰자의 신분에서 매수인의 신분으로 바뀌게 됩니다.

매각결정이 이루어졌다고 하더라도 일정한 사유가 있으면 한국자산관리공사는 매각결정을 취소하고 그 사실을 매수인에게 통지할 수 있습니다. 즉 ① 매각결정 후 매수인이 매수대금을 납부하기 전에 체납자가 매수인의 동의를 받아 압류와 관련된 체납액을 납부하고 매각결정의 취소를 신청하는 경우, ② 매수인이 매수대금 납부기한까지 납부하지 않아 한국자산관리공사에서 기간을 정하여 최고하였음에도 매수인이 그 지정된 기한까지 매수대금을 납부하지 않는 경우에는 매각결정이 취소될 수 있는 것입니다(국세징수법 제78조 제1항). 이때 위 ①항에 의하여 매각결정이 취소된 때에는 공매보증금은 매수인에게 반환하고, 위 ②에 의하여 매각결정이 취소된 때에는 공매보증금은 체납처분비와 압류와 관계되는 국세·가산금의 순으로 충당하고, 그 남은 금액은 체납자에게 반환하게 됩니다(국세징수법 제78조 제2항).

열한번째, 매수대금의 납부와 그 효과입니다. 매각결정이 이루어진 때에는 한국자산관리공사는 매수인으로 하여금 매수대금의 납부기한을 정하여 매각결정통지서를 발급하되, 권리 이전에 등기·등록을 필요로 하지 않는 매각물건에 대한 매수대금을 즉시 납부시킬 때에는 구술로 통지할 수 있습니다(국세징수법 제75조 제2항, 제3항). 매수대금의 납부기한은 매각결정을 한 날부터 7일 내로 하되, 필요하다고 인정할 때에는 30일을 한도로 납부기한을 연장할 수 있습니다(국세징수법 제75조 제4항). 매수인이 매수대금을 납부한 때에는 매각재산의 소유권을 취득하며, 납부된 매수대금의 한도에서 체납자는 체납액을 납부한 것으로 보게 됩니다(국세징수법 제77조).

열두번째, 배분요구입니다.

배분요구는 경매에서의 배당요구에 대응하는 개념인데, 경매에서와 마찬가지로 공매공고의 등기·등록 전에 자신의 권리를 등기·등록해 놓은 채권자는 배분요구를 하지 않더라도 배분을 받을 수 있을 것이므로 별도의 배분요구는 요구되지 않을 것이지만, 공매공고의 등기·등록 전에 자신의 권리를 등기·등록해 놓지 않은 채권자는 배분요구종기까지 반드시 배분요구를 해야만 공매절차에서 배분을 받을 수 있습니다. 배분요구종기는 한국자산관리공사에서 공매공고를 할 때 함께 정하여 공고를 하고 있습니다.

열세번째, 매각물건에 대한 권리이전절차입니다. 매각물건에 대한 이전절차는 매수인이 등기·등록의 촉탁에 필요한 구비서류를 준비하여 한국자산관리공사에 촉탁을 신청하면, 이에 따라 한국자산관리공사에서 관할등기소나 관청에 등기·등록을 촉탁함으로써 이루어집니다(국세징수법 제79조 단서).

열네번째, 공매의 중지와 취소입니다. 공매를 집행하는 한국자산관리공사의 직원은 매각결정기일 전에 체납자 또는 제3자가 그 체납액을 완납하면 공매를 중지해야 하고, 그 사실을 매수하려는 자들에게 구술이나 그밖의 방법으로 알리거나 공고해야 합니다(국세징수법 제71조 제1항). 만약 여러 재산을 한꺼번에 공매하는 경우에 그 일부의 공매대금으로 체납액 전액에 충당될 때에는 남은 재산에 대해서만 공매를 중지하게 됩니다(국세징수법 제71조 제1항). 또한 한국자산관리공사는 일정한 사유가 발생한 때에는 공매를 취소할 수 있습니다. 즉 해당 재산의 압류가 해제된 때, 체납처분이 유예된 때, 법원이 체납처분에 대한 집행정지결정을 한 때, 그밖에 공매를 진행하기 곤란한 경우로서 세무서장이 직권으로 또는 한국자산관리공사의 요구에 따라 해당 재산에 대한 공매대행 의뢰가 해제된 경우에는 공매를 취소할 수 있는 것입니다(국세징수법 제69조 제1항, 시행령 제73조의5). 이때 매각결정기일 전에 공매를 취소한 때에는 공매의 취소를 공고해야 합니다(국세징수법 제69조 제3항). 다만 한국자산관리공사가 공매를 취소한 후 그 사유가 소멸되어 공매를 계속할 필요가 있다고 인정할 때에는 재공매를 할 수 있습니다(국세징수법 제69조 제2항). 한국자산관리공사에서 공매취소의 공고를 한 경우나 공매를 중지한 경우 또는 매각결정을 취소한 때에는 공매공고의 등기·등록을 말소할 것을 관할등기소 등 관계 관서에 촉탁하게 됩니다(국세징수법 제71조의2).

이상에서 공매절차에 관하여 비교적 상세히 안내드렸는 바, 귀하의 공매에 관한 지식 습득에 많은 참고가 되었으면 합니다.

[사례 3·1·67] 실전 공매 참가절차

문 저는 공인중개사를 하는 지인으로부터 좋은 공매물건이 나왔으니 한번 참가해보라고 해서 현장에 가보았더니 땅의 위치도 좋고 장래성도 있을 것 같아 공매에 참가하고자 합니다. 이에 실제로 공매에 참가해서 입찰을 받는 세부적인 절차에 관하여 박사님께 문의드리고 싶습니다.

답 공매는 입찰 또는 경매의 방법으로 지방국세청, 세무서, 세관 또는 재산소재지의 특별자치도 · 시 · 군 · 자치구에서 실시하지만, 대부분은 한국자산관리공사에 대행시켜 공매를 실시하고 있습니다(국세징수법 제64조, 제61조 제5항). 한국자산관리공사에 대행시켜 공매를 실시하는 경우에는 인터넷 공매사이트인 '온비드'에서 온라인으로 공매를 실시합니다.

공매를 할 때에는 미리 공매공고를 한 후에 실시하는데, 공고사항으로는 ① 매수대금

의 10% 이상으로 되어 있었으나, 위 개정 국세징수법이 시행된 후에 시행되는 공매부터는 '매각예정가격(최저매각가격)'의 10% 이상을 납부하도록 하고 있습니다.

의 납부기한, ② 공매재산의 명칭, 소재, 수량, 품질, 매각예정가격(최저매각가격), 그밖의 중요사항, ③ 입찰 또는 경매장소와 일시(기간입찰의 경우에는 입찰기간), ④ 개찰장소와 일시, ⑤ 공매보증금을 받을 때에는 그 금액, ⑥ 공매재산이 공유물의 지분인 경우에는 체납자를 제외한 공유자에게 우선매수권이 있다는 사실, ⑦ 배분요구종기, ⑧ 배분요구종기까지 배분을 요구해야 배분받을 수 있는 채권, ⑨ 매각결정기일, ⑩ 매각으로 소멸되지 않는 공매재산에 대한 지상권·전세권·대항력 있는 임차권·가등기가 있는 경우에는 그 사실, ⑪ 공매재산의 매수인으로서 일정한 자격을 필요로 하는 경우에는 그 사실, ⑫ 공매재산명세서에 대한 자료제공 내용 및 기간, ⑬ 차순위매수신고의 기간 및 절차 등입니다(국세징수법 제67조 제2항).

그렇다면 실제로 공매에 참가하려면 어떤 절차를 밟아야 할까요? 공매절차는 인터넷 전자입찰사이트인 '온비드'에서만 이루어집니다. 이러한 '온비드'를 통한 공매에서는 일정 기간 동안 입찰할 수 있는 기간입찰의 방식으로 진행되는데, 그 구체적인 절차는 다음과 같습니다. 즉,

① '온비드' 인터넷 공매사이트에 들어가서 회원가입을 해야 합니다. 회원가입은 개인, 개인사업자, 법인, 비법인단체, 공익법인 등의 명의로 가입할 수 있습니다. 다만 가입시에는 공인인증서가 있어야 하며, 없으면 해당 사이트에서 발급받아야 합니다.

② 입찰물건을 검색해야 합니다. 이는 '온비드'의 통합검색란에서 '지도검색 또는 입찰물건' 등의 검색기능을 이용하거나, '온비드' 상단의 '부동산 또는 동산/기타자산'으로 들어가서 '지도검색 또는 상세조건검색' 등을 통하여 검색할 수 있습니다. 이러한 화면은 회원가입 후 로그인 절차를 거쳐야 생성됩니다.

③ 입찰물건을 검색하였으면 검색한 해당 물건의 하단에 있는 '입찰' 버튼을 눌러 입찰화면으로 들어가야 합니다. '입찰' 버튼은 현재 진행 중인 공매물건에 대해서만 '관심물건등록' 버튼 옆에 생성됩니다. '입찰' 버튼을 누르고 들어간 후 입찰자정보, 공고내용 입찰참가자 준수규칙준수 동의란 등에 체크하고 '다음단계' 버튼을 누르면 '입찰서 작성 및 제출화면'이 뜹니다.

④ '입찰서 작성 및 제출화면'이 뜨면 입찰서를 작성합니다. 여기에서는 입찰물건이 맞는지 확인한 후 '입찰금액 및 보증금 납부방식 선택'란에서 본인입찰인지 대리입찰인지 또는 공동입찰인지 여부를 선택하고, 입찰금액, 공매보증금액(매수하고자 하는 금액의 10%),[14)] 보증금 납부방식(현금 또는 전자보증서), 보증금 납부은행 및 계좌, 보증금 환불계좌 등을 기재한 후 '입찰서제출' 버튼을 눌러 작성한 입찰서를 전자적으로 제출하면 됩니다. 보증금 납부은행은 신한은행, 하나은행, 우리은행, 기업은행, 부산은행 중 하나입니다.

이때 입찰금액은 입찰에 응하고자 하는 금액을 말하는 것으로서 해당 화면의 바로 위에 기재되어 있는 최저입찰가와 같거나 그보다 높은 금액으로 기재해야 합니다. 입찰보증금이 1,000만원을 초과하면 분할납부가 가능하되, 그 이하인 경우에는 일시불로 납부해야 합니다. 입찰보증금은 입찰마감일시까지 납부해야 하며 그렇지 않으면 제출된 입찰서는 무효로 됩니다. 입찰보증금은 인터넷뱅킹이나 폰뱅킹, ATM, 은행창구입금 등의 수단을 이용하면 됩니다.

⑤ '입찰서제출' 버튼을 눌러 입찰서를 제출하면 입찰서의 제출이 마무리됩니다. 남아 있는 문제는 보증금 납부와 공동입찰·대리입찰·미성년자입찰의 경우에 해당 구비서류를 정해진 기간까지 제출하는 일입니다. 구비서류의 제출을 기한 내에 제출하지 않으면 유효한 입찰을 받을 수 없게 됩니다.

⑥ 기간입찰 기간이 경과된 후 입찰에 응한 자 중에서 최고가로 매수신고한 자에 대하여, 다른 하자가 없으면, 해당 입찰공고에서 고지한 날에 낙찰자로 선정합니다. 입찰결과는 결과통지서비스를 신청한 자에 대하여는 이메일이나 문자서비스(SMS)를 통하여 통지됩니다. 입찰결과는 '온비드'의 '부동산입찰결과' 또는 '동산/기타자산입찰결과'란에서 확인할 수 있습니다.

⑦ 낙찰자는 '온비드'의 '입찰결과내역'란에서 매각결정통지서를 발급받을 수 있습니다. 그러나 낙찰자가 낙찰대금을 모두 납부하기 전에 체납자나 제3자가 압류의 원인인 체납세금 등을 납부함으로서 압류해제사유가 발생하여 세무서 등 공매대행의뢰기관으로부터 공매중지가 요청된 경우에는 매각결정이 취소될 수 있으니 다소 불안정한 지위에 있다고 할 수 있습니다.[148]

⑧ 낙찰자가 매각결정통지서를 발급받은 후에는 매각결정통지서에 표시된 납부기한까지 입찰대금에서 선납한 입찰보증금을 뺀 나머지 잔대금을 납부해야 합니다. 통상적으로 납부기한은 매각잔금이 3,000만원 미만이면 7일 내, 3,000만원 이상이면 30일 내로 정해집니다.

⑨ 낙찰자가 낙찰대금을 전부 납부한 후에는 일정한 구비서류를 갖추어 한국자산관리공사에 관할등기소 등에 대한 소유권이전등기를 촉탁하도록 해야 합니다.[149] 등기는 매수인이 직접 등기소에 신청하는 것이 아니고 한국자산관리공사의 등기촉탁에 의해서만 가능하기 때문입니다. 등기가 완료되면 관할등기소 등은 한국자산관리공사에게 등기완료통지서를 우송해주고, 한국자산관리공사는 이를 매수자에게 교부해 주는데, 이로써 공매절차는 완료됩니다. 소유권이전등기촉탁에 필요한 서류로는 ⓐ 매각결정통지서(온비드), ⓑ (입찰)보증금납입영수증(온비드), ⓒ (낙찰)잔대금납입영수증(온비드), ⓓ 낙찰물건의 등기부등본 또는 등록원부, ⓔ 토지·임야·건축물대장, ⓕ 취득세·등록세납부영수증, ⓖ

매수자 주민등록초본, ⓗ 농지취득자격증명서(농지에 한함), ⓘ 국민주택채권매입필영수증(주택에 한함), ⓙ 등기신청수수료 납부영수증,[150] ⓚ 등기청구서 및 등기완료통지서수령요청서(우표 1개 또는 2개 포함) 등입니다.

이에 귀하께서는 이러한 실전 공매절차에 관하여 잘 숙지하고 계셨다가 입찰에 참여하여 소기의 목적을 달성하시기 바랍니다.

[사례 3·1·68] 공매절차에서 아직 대금납부 전이라면 그 체납액을 납부하고 매각결정의 취소를 청구할 수 있는지

문 저는 주택을 상속받아 상속등기를 하였지만 상속세가 과다하여 제때 납부하지 못함에 세무서에서 제 주택에 체납처분압류를 하였고, 한국자산관리공사에 의해 진행된 공매절차에서 甲에게 매각결정이 이루어져 현재 잔금납부기일을 앞두고 있습니다. 위 주택은 조상 대대로 내려온 집이라 다른 사람에게 넘어가면 안될 것 같은데, 지금이라도 세금을 납부하고 위 매각결정을 취소할 수 있는지 박사님께 문의드리고 싶습니다.

답 공매란 세무서장[151]이 압류한 체납자의 동산, 유가증권, 부동산, 무체재산권 등과 그밖에 체납자를 대위하여 받은 물건에 대해 이를 환가처분하고, 그 대금으로부터 세금에 충당한 후, 나머지는 채권자 등에게 배분하는 절차를 말하는데, 그 절차에 관하여는 국세징수법에서 규정하고 있습니다(국세징수법 제61조~제84조). 공매는 세무서장이 직접 실시하는 경우도 있지만 압류한 재산의 공매에 관한 전문지식이 필요하거나 그밖에 특수한 사정으로 직접 공매하는 것이 적당하지 않다고 판단된 때에는 한국자산관리공사

147) 체납처분압류된 재산에 대한 입찰보증금과 관련하여 공매의 근거법인 국세징수법에서는 2015. 12. 31. 전까지는 '입찰가격' 10% 이상으로, 2016. 1. 1.부터는 '매각예정가격(매수하고자 하는 금액)'의 10% 이상으로 하고 있습니다.

148) 공매절차에서 매각결정기일 전에 체납자 또는 제3자가 체납액을 완납하면 공매가 중지되어야 하며, 매각결정이 이루어진 후라도 매수인이 매각대금을 납부하기 전에 체납자가 매수인의 동의를 받아 압류와 관련된 체납액을 납부하고 매각결정에 대한 취소를 신청하는 때에는 세무서장은 압류재산에 대한 매각결정을 취소해야 합니다(국세징수법 제71조 제1항 본문, 제78조 제1항 제1호).

149) 매수인에게 등기가 이루어지는 절차를 요약해 보면, 한국자산관리공사의 등기촉탁 구비서류 확인 및 등기촉탁서의 작성→관할등기소에 등기촉탁서 발송(7일 이내)→관할등기소의 등기실행→관할등기소의 한국자산관리공사로의 등기완료통지서 발송(촉탁서 접수일로부터 14일 이내)→한국자산관리공사의 등기완료통지서 접수→한국자산관리공사의 매수인에게로의 등기완료통지서 교부(우편 또는 방문수령) 등의 절차로 이루어집니다.

150) 등기신청수수료는 토지 또는 건물 한 필지당 기본 15,000원과 여기에 더하여 해당 물건상에 존재하는 근저당이나 가압류, 압류 등의 말소가 필요한 경우에는 말소 건수당 3,000원의 수수료가 소요됩니다.

로 하여금 공매를 대행하게 할 수 있는데(국세징수법 제61조 제5항), 실무상 공매의 대부분은 한국자산관리공사에 의하여 이루어지고 있습니다.

한국자산관리공사에서 실시하는 공매는 인터넷 공매포탈시스템인 '온비드'에서만 실시하며, 일정한 공매사항을 공고한 후 실시합니다. 공매시 공고사항으로는 ① 매수대금의 납부기한, ② 공매재산의 명칭, 소재, 수량, 품질, 매각예정가격, 그밖의 중요한 사항, ③ 입찰 또는 경매의 장소와 일시(기간입찰의 경우에는 입찰기간), ④ 개찰의 장소와 일시, ⑤ 공매보증금을 받을 때에는 그 금액, ⑥ 공매재산이 공유물의 지분인 경우에는 체납자를 제외한 공유자에게 우선매수권이 있다는 사실, ⑦ 배분요구종기, ⑧ 배분요구종기까지 배분을 요구해야 배분받을 수 있는 채권, ⑨ 매각결정기일, ⑩ 매각으로 소멸되지 않는 공매재산에 대한 지상권, 전세권, 대항력 있는 임차권 또는 가등기가 있는 경우에는 그 사실, ⑪ 공매재산의 매수인으로서 일정한 자격을 필요로 하는 경우에는 그 사실, ⑫ 공매재산명세서에 대한 자료제공 내용 및 기간, ⑬ 차순위매수신고의 기간과 절차 등입니다.

다만 공매절차에서 매각결정기일 전에 체납자 또는 제3자가 체납액을 완납하면 공매가 중지되어야 하며, 매각결정이 이루어진 후라도 매수인이 매각대금을 납부하기 전에 체납자가 매수인의 동의를 받아 압류와 관련된 체납액을 납부하고 매각결정의 취소를 신청하는 때에는 세무서장은 압류재산의 매각결정을 취소해야 합니다(국세징수법 제71조 제1항 본문, 제78조 제1항 제1호).

따라서 귀하께서도 매수인 甲에게 사정을 해서 그 동의를 받고 압류와 관련된 체납액을 납부할 경우에는 한국자산관리공사에 매각결정에 대한 취소를 신청할 수 있을 것이고, 그리되면 매각결정이 취소될 것으로 보입니다.

[사례 3·1·69] 공매절차에서의 배분요구와 배분절차

문 저는 채무자 甲으로부터 공사대금 3천만원을 받을 채권이 있어 확정판결까지 받아 놓았는데 채무자의 재산을 찾지 못하여 방치해두고 있던 중 채무자 소유의 숨겨진 땅이 공매로 나왔다고 합니다. 이에 제 공사대금을 회수하기 위하여 배분신청을 하고자 하는데, 그 절차에 관하여 박사님께 문의드리고 싶습니다.

151) 다만 세무서장은 압류한 재산의 공매에 전문 지식이 필요하거나 그밖에 특수한 사정이 있어 직접 공매하기에 적당하지 않다고 인정할 때에는 대통령령으로 정하는 바에 따라 한국자산관리공사로 하여금 공매를 대행하게 할 수 있으며, 이 경우의 공매는 세무서장이 한 것으로 보게 되는데(국세징수법 제61조 제5항), 실무상 공매절차는 거의 한국자산관리공사에서 대항하고 있는 것으로 보입니다.

답 공매에서의 배분절차는 경매에서의 배당절차에 대응하는 개념으로서 공매에서의 매각대금에 대하여 공매공고의 등기·등록 전까지 등기·등록되어 있거나 배분요구종기까지 배분요구를 한 채권자에 대하여 그 우선순위에 따라 공평하게 배분하는 절차를 말합니다. 즉 배분요구는 공매절차의 이해관계인인 채권자가 매각대금으로부터 배분을 받아 자신의 채권을 회수하기 위하여 한국자산관리공사에 대하여 분배를 요구하는 것을 말합니다.

물론 경매에서와 마찬가지로 공매공고의 등기·등록 전에 자신의 권리를 등기·등록해 놓은 채권자는 배분요구가 없더라도 배분을 받을 수 있을 것이므로 별도의 배분요구는 요하지 않을 것입니다. 이들을 채권신고대상채권자라고 합니다. 그러나 이와 달리 공매공고의 등기·등록 전에 자신의 권리를 등기·등록해 놓지 않은 채권자는 배분요구종기까지 반드시 배분요구를 해야만 공매절차에서 배분을 받을 수 있습니다. 이들을 배분요구권자라고 합니다. 아래에서 배분절차와 관련된 중요사항과 그 절차에 관하여 살펴보도록 하겠습니다.

첫째, 어떤 채권자가 배분요구권자가 되고 어떤 채권자가 채권신고대상채권자가 될까요?

먼저 배분요구권자입니다. 공매공고의 등기·등록 전에 자신의 권리를 등기·등록해 놓지 않은 채권자는 배분요구종기까지 반드시 배분요구를 해야만 공매절차에서 배분을 받을 수 있는데, 모든 채권자가 배분요구를 할 수 있는 것은 아니고, 다음과 같은 채권 내지 채권자만 배분요구를 할 수 있는 권한이 주어져 있습니다. 즉, ① 압류재산에 관계되는 체납액, ② 교부청구와 관계되는 체납액·지방세·공과금, ③ 압류재산에 관계되는 전세권·질권·저당권에 의하여 담보된 채권, ④ 주택임대차보호법 또는 상가건물임대차보호법에 따라 우선변제권이 있는 임차보증금 반환청구채권, ⑤ 근로기준법 또는 근로자퇴직급여보장법에 따라 우선변제권이 있는 임금·퇴직금·재해보상금·그밖에 근로관계로 인한 채권, ⑥ 압류재산에 관계되는 가압류채권, ⑦ 집행력 있는 정본에 의한 채권, ⑧ 매각으로 소멸되지 않는 전세권을 가진 자가 배분을 받으려고 한 경우가 그것입니다.

다음으로 채권신고대상채권자입니다. 공매공고의 등기·등록 전에 자신의 권리를 등기·등록해 놓은 채권자는 배분요구를 하지 않더라도 배분을 받을 수 있는 채권자에 해당되는데, 그렇다고 하더라도 그 사이에 이자나 지연손해금이 늘어날 수도 있고 채권이 소멸된 경우도 있을 수 있으므로 한국자산관리공사는 공매공고의 등기·등록 전에 등기·등록된 채권을 가진 채권신고대상채권자로 하여금 채권의 유무, 그 원인 및 액수(원금·이자·비용·부대채권 포함)를 배분요구의 종기까지 한국자산관리공사에 신고하도록 최고하고 있습니다(국세징수법 제68조의2 제4항). 이러한 최고에도 불구하고 채권자가 신고하지 않는 때에는 한국자산관리공사는 등기부등본 등 공매집행기록에 있는 증명자료에 따라 해당 채권신고대상채권자의 채권액을 계산하는데, 이 경우 해당 채권신고대상채권자는 채권액을 추가하지 못하게 됩니다(국세징수법 제68조의2 제5항).

한편 한국자산관리공사는 배분요구권자와 매각으로 우선권 있는 전세권자, 행정안전부장관, 국세청장, 관세청장, 국민건강보험공단이사장, 국민연금공단이사장, 근로복지공단이사장에게 배분요구의 종기까지 배분요구를 해야 한다는 사실을 안내해 줍니다(국세징수법 제68조의2 제6항).

둘째, 언제까지 배분요구를 해야 배분을 받을 수 있을까요? 배분요구종기란 배분요구권자가 배분요구를 할 수 있는 최종 시점을 말합니다. 배분요구종기는 공매공고시 한국자산관리공사가 정하여 공고하게 되어 있습니다. 배분요구종기는 절차에 필요한 기간을 고려하여 정하는데, 최초의 입찰기일 전으로 해야 하되, 공매공고에 대한 등기·등록이 지연되거나 누락되는 등 대통령령으로 정하는 사유로 공매절차가 진행되지 못하는 경우에는 배분요구종기를 최초의 입찰기일 후로 연기할 수 있습니다(국세징수법 제67조 제1항 제7호, 제5항). 배분요구권자가 배분요구종기를 경과하여 배분요구를 하면 배분을 받을 수 없게 됩니다.

셋째, 배분요구를 하였더라도 언제든지 배분요구를 철회할 수 있을까요? 배분요구권자가 일단 배분요구를 한 후에도 배분요구종기 전까지는 이를 철회할 수 있으나, 배분요구종기가 경과되었고 그 배분요구에 따라 매수인이 인수해야 할 부담이 달라지게 되는 경우에는 배분요구를 철회할 수 없습니다(국세징수법 제68조의2 제3항).

넷째, 배분절차는 어떻게 진행될까요? 채권자에게 배분할 금전은 공매절차를 통하여 매각된 공매대상 물건에 대한 매각대금과 그 예치이자가 대상이 됩니다. 한국자산관리공사는 매수인으로부터 해당 금전을 받은 날부터 30일 내에 배분기일을 정하여 배분해야 하되, 30일 내에 배분계산서를 작성하기 곤란한 경우에는 배분기일을 30일 내에서 연기할 수 있습니다(국세징수법 제80조의2 제1항). 한국자산관리공사가 배분기일을 정했을 때에는 체납자, 채권신고대상채권자 및 배분요구를 한 채권자에게 통지해야 하되, 그들이 외국에 있거나 소재지가 분명치 않는 때에는 통지하지 않을 수 있습니다(국세징수법 제80조의2 제2항, 제3항).

매각대금은 공매공고의 등기·등록 전까지 등기·등록되어 있는 채권자와 그밖에 배분요구종기까지 배분요구권자로서 배분을 요구한 채권자에 대하여 민법이나 그밖의 법령에 따른 우선순위 및 우선금액에 따라 배분하게 됩니다(국세징수법 제81조 제1항, 제4항). 구체적으로는 압류재산에 관계되는 체납액, 교부청구를 받은 체납액·지방세·공과금, 압류재산에 관계되는 전세권·질권·저당권에 의하여 담보된 채권, 주택·상가건물임대차보호법에 따라 우선변제권이 있는 임차보증금 반환청구채권, 근로기준법 또는 근로자퇴직급여보장법에 따라 우선변제권이 있는 임금·퇴직금·재해보상금·그밖의 근로관계로 인한 채권, 압류재산에 관계되는 가압류채권, 집행력 있는 정본에 의한 채권에 대하여 그 우선순위 및 우선금액에 따라 배분하게 됩니다. 이러한 배분에 불구하고 남는 금액이 있는 때에는 체납자에게 지급하게 될 것입니다(국세징수법 제81조 제3항).

한국자산관리공사는 배분을 위하여 배분기일 7일 전까지 배분계산서 원안을 작성해야 합니다(국세징수법 제83조 제1항). 채권자 등 이해관계인은 한국자산관리공사에게 교부청구서, 감정평가서, 채권신고서, 배분요구서, 배분계산서 원안 등 배분금액 산정의 근거가 되는 서류에 대한 열람 또는 복사를 신청할 수 있습니다(국세징수법 제83조 제3항).

다섯째, 배분계산서에 이의가 있는 경우에는 어떻게 이의를 제기할 수 있을까요? 배분기일에 출석한 채권신고대상채권자 또는 배분요구채권자 등 이해관계인은 배분기일이 끝나기 전까지 자신의 채권에 관계되는 범위에서 배분계산서 원안에 기재된 다른 채권자의 채권 또는 그 순위에 대하여 이의를 제기할 수 있습니다(국세징수법 제83조의2 제1항). 체납자도 배분기일에 출석하여 이의를 제기할 수 있고 배분기일에 출석하지 않았을지라도 배분계산서 원안이 비치된 이후부터 배분기일이 끝나기 전까지 서면으로 이의를 제기할 수 있습니다(국세징수법 제83조의2 제1항, 제2항). 이러한 이의제기가 있더라도 한국자산관리공사는 이의의 내용이 정당하다고 인정하지 않는 때에는 배분계산서를 원안대로 즉시 확정하되, 이의의 내용이 정당하다고 인정하거나 배분계산서 원안과 다른 내용으로 합의가 있는 때에는 배분계산서 원안을 수정하여 배분계산서를 확정하게 됩니다(국세징수법 제83조의2 제3항, 제4항).

이에 귀하께서는 위에서 설명드린 바와 같은 배분요구절차와 배분절차 및 그 이의절차에 관하여 잘 숙지하신 후 배분절차에서 잘 대응하시기 바랍니다.

[사례 3·1·70] 공매절차에서 배분요구를 하지 않은 임금채권자가 후순위자를 상대로 그 배분액에 대한 부당이득반환청구가 가능한지

문 저는 사용자인 甲 회사로부터 3개월분의 임금 6백만원을 아직까지 지급받지 못하고 있는데, 어정부정 하는 사이에 위 회사 甲의 부동산이 체납처분압류되어 공매로 넘어가버렸습니다. 저는 배분요구종기까지 배분요구를 하지 못해서 위 공매절차에서 한푼도 배분받지 못했는데, 제가 배분요구를 했더라면 저보다 후순위자인 乙에 대해서 그가 배분받은 금원을 부당이득으로 반환해달라고 할 수 있는지 박사님께 문의드리고 싶습니다.

답 공매절차에서 배분을 받으려면 공매공고의 등기·등록 전까지 등기·등록되지 않은 다음의 채권을 가진 자는 배분요구종기까지 세무서장에게 배분을 요구해야 합니다(국세징수법 제68조의2 제1항). 즉 배분요구종기까지 배분요구를 해야만 배분을 받은 있는 채권·채권자로는 ① 압류재산에 관계되는 체납액, ② 교부청구와 관계되는 체납액·지방세 또는 공과금, ③ 압류재산에 관계되는 전세권·질권 또는 저당권에 의하여 담보된 채권, ④ 주택 또는 상가건물임대차보호법에 따라 우선변제권이 있는 임차보증금 반환채권, ⑤ 근로기준법 또는 근로자퇴직급여보장법에 따라 우선변제권이 있는 임금·퇴직금·재해보상금 및 그밖에 근로관계로 인한 채권, ⑥ 압류재산에 관계되는 가압류채권, ⑦ 집행력 있는 정본에 의한 채권을 가진 자 등이 있습니다.

배분절차에서 배분의 대상으로 될 수 있는 금전으로는 압류한 금전, 채권·유가증권·무체재산권 등의 압류에 의하여 체납자 또는 제3채무자로부터 받은 금전, 압류재산의 매각대금 및 그 예치이자, 교부청구에 의해 받은 금전이 있으며, 그에 대한 배분방법은 압류한 금전 및 교부청구에 의해 받은 금전에 대해서는 각각 그 압류 또는 교부청구에 관계되는 체납액에 충당하고, 그밖의 금전에 대해서는 배분의 순위에 따라 체납액과 채권에 배분하며, 그리고 난 후의 잔여금액에 대해서는 이를 체납자에게 지급하는 방법으로 하게 됩니다(국세징수법 제81조).

그런데 공매의 배분절차에서 배분요구종기까지 배분요구를 하지 않은 채권자도, 경매절차에서 배당요구종기까지 배당요구하지 않은 채권자가 배당을 받을 수 없는 것과 마찬가지로(대판 1996.12.20. 95다28304), 배분을 받을 수 없게 되는지 문제됩니다. 공매는 국세징수법에서 규율하고 있고, 경매는 민사집행법에서 규율하고 있는데, 위 문제는 공매의 배분절차에서도 민사집행법상의 배당요구에 관한 규정이 준용되는지 여부와 관련되는 것입니다.

이에 관하여 판례는 "민사집행법상 부동산에 대한 강제경매의 배당절차와 국세징수법상 체납처분에서의 청산·배분절차의 차이는 강제집행절차가 경합하는 일반채권에 대한 할당변제에 의한 사법적 해결을 그 본지로 함에 반하여 체납처분절차는 행정기관에 의한 조세채권의 신속한 만족을 위한 절차라는 점에서 비롯된 것이므로 채권계산서 미제출에 의한 채권액 보충의 실기에 관한 규정이나 배당요구 및 그 시기에 관한 민사집행법상의 규정은 체납처분에서의 청산·배분절차에 관하여 이를 준용할 수 없고, 따라서 세무서장으로서는 국세징수법 제81조 제1항에 규정된 채권자에게 배분할 금액을 직권으로 확정하여 배분계산서를 작성해야 한다"라고 하여 준용되지 않는다고 판시하고 있고(대판 1998.12.11. 98두10578), 또 다른 판례도 "민사집행법상의 강제집행절차는 경합하는 일반채권에 대한 할당변제에 의한 사법적 해결을 그 목적으로 함에 반하여, 국세징수법상의 체납처분절차는 행정기관에 의한 조세채권의 신속한 만족을 그 목적으로 하는 점, 국세징수법이 민사집행법과는 달리 배당요구권자, 배당요구기한의 고지절차, 채권계산서 미제출에 의한 채권액 보충의 실기, 배당받을 채권자의 범위, 배당이의절차 등에 관하여 규정하고 있지 않는 점 등에 비추어 보면, 배분계산서를 작성할 때까지 배분요구를 하지 않은 배분대상자를 배분에서 배제하는 취지는 아니라고 할 것이므로, 국세 또는 가산금에 우선하는 임금채권이 국세징수법상 압류재산 매각대금의 분배대상에 포함되면 체납처분절차를 주관하는 기관은 비록 임금채권자의 배분요구가 없다고 하더라도 임금채권자에게 배분할 금액을 직권으로 확정하여 배분계산서를 작성해야 하고, 만약 임금채권자가 체납처분의 청산절차에서 압류재산의 매각대금을 배분할 때까지 배분요구를 하지 않아 그에게 배분되어야 할 돈이 후순위권리자에게 배분되었다면, 임금채권자는 후순위권리자를 상대로 부당이득의 반환을 청구할 수 있다."라고 하여 배분요구를 하지 않아 배분을 받지 못한 임금채권자는 배분절차에서 배분을 받은 후순위권리자를 상대로 부당이득반환청구를 할 수 있다고 판시하고 있습니다(대판 2003.1.24. 2002다64254, 2006.1.27. 2005다27935).

그런데, 한편 위 판례들이 나온 후인 2011년 4월 4일 국세징수법이 개정되어 공매절차에서 경매절차를 준용하지 못하는 사유로 위 판례들에서 지적한 부분들이 대폭 반영되었으며, 국세징수법 제68조의2(배분요구 등)를 신설하여 배분요구권자로서 주택 또는 상가건물임대차보호법에 따라 우선변제권이 있는 임차보증금 반환채권, 근로기준법 또는 근로자퇴직급여보장법에 따라 우선변제권이 있는 임금·퇴직금·재해보상금 및 그밖에 근로관계로 인한 채권, 압류재산에 관계되는 가압류채권, 집행력 있는 정본에 의한 채권을 가진 자를 배분요구채권자로 추가하였고(제1항 제4호~제7호), 공매공고의 등기 또는 등록 전까지 등기·등록되지 않은 채권을 가지는 자가 배분을 받으려면 배분요구종기까지 세무서장에게 배분을 요구해야 한다고 규정하고 있으며(제1항 본문), 국세징수법 제81조(배분방법) 제1항 단서를 신설하여 "배분요구의 종기까지 배분요구를 해야 하는 채권의 경우에는 배분요구를 한 채권에 대하여만 배분한다."라고 규정하고 있습니다.

따라서 위 개정 국세징수법이 시행되는 2011년 4월 4일부터는 종전의 판례들에 불구하고 아무리 임금채권자라고 하더라도 배분요구종기까지 배분요구를 하지 않는 경우에는 배분을 받을 수 없을 뿐만 아니라 배분절차에서 배분을 받은 후순위권리자를 상대로 공매절차 밖에서 부당이득으로 반환을 청구하는 것도 받아들여지지 않을 것으로 보입니다(저자 견해). 이에 종전의 판례들도 위 개정 국세징수법이 시행된 후에는 같은 취지로 변경될 것이 예상됩니다. 다만 국세징수법에서는 세무서장(또는 한국자산관리공사)으로 하여금 배분요구권자에게 배분요구종기까지 배분요구를 해야 한다는 사실을 안내하도록 하고 있으므로 배분요구권자가 배분요구종기를 놓치는 일은 그리 많지 않을 것으로 보입니다(국세징수법 제68조의2 제6항).

이에 귀하께서는 甲회사의 재산을 잘 파악하고 계셔야 할 것이로되, 공매절차가 진행되는 경우에는 세무서장(또는 한국자산관리공사)이 우선변제권 있는 임금채권자인 귀하께 배분요구종기를 안내해 줄 것으로 보이므로 그 안내서를 받게 되면 귀하께서는 반드시 배분요구종기까지 배분요구를 해야만 할 것이고, 그렇지 않으면 배분절차에서 배분을 받을 수 없을 뿐만 아니라 배분절차에서 배분을 받은 후순위권자 乙을 상대로 공매절차 밖에서 그 배분액을 부당이득으로 반환을 청구하는 것도 곤란할 것으로 보입니다. 만약 귀하께서 우선변제권 있는 임금채권자임에도 불구하고 세무서장으로부터 배분요구종기를 안내받지 못했다면 공매통지의 결여나 위법을 들어 공매처분의 취소 등을 구할 수 있을 것입니다(대판 2011.3.24. 2010두25527).

[사례 3·1·71] 채무자 소유가 아닌 유체동산에 대해 체납처분압류가 이루어진 경우에, 진정한 소유자의 구제방법

문 저는 음식점 영업을 하던 중 장사가 잘 안되어 양도소득세를 내지 못하고 있었는데, 세무서에서 저희 집안 가재도구들에 대해 체납처분압류를 하였습니다. 그런데 위 가재도구들은 종전에 한번 경매로 넘어가서 제 남편 甲이 매수한 것이어서 甲의 고유재산이라고 할 수 있는데, 제 남편 甲은 현재 해외에 나가 있는 관계로 어떻게 대처해야 할지 몰라 박사님께 문의드리는 바입니다.

답 국세징수법상 체납처분의 대상은 어느 경우에나 납세자의 재산에 국한하고 있으므로, 납세자가 아닌 제3자의 재산을 대상으로 한 압류처분은 그 처분의 내용이 법률상 실현될 수 없는 것이어서 당연무효로 됩니다(대판 1993.4.27. 92누12117, 1996.10.15. 96다17424, 2001.2.23. 2000다68924).[152] 또한 과세관청이 조세의 징수를 위하여 체납자가 점유하고 있는 제3자 소유의 동산을 압류한 경우 그 체납자는 압류처분에 의하여 해당 동산에 대한 점유권의 침해를 받은 자로서 그 압류처분에 대하여 법률상 직접적이고 구체적인 이익을 가지는 것이어서 압류처분의 취소나 무효확인을 구할 수 있습니다(대판 2006.4.13. 2005두15151). 그리고 국세징수법에 의하면 압류한 재산에 대하여 소유권을 주장하고 반환을 청구하려는 제3자는 매각 5일 전까지 소유자로 확인할 만한 증거서류를 세무서장에게 제출하도록 규정하고 있지만(국세징수법 제50조 및 시행령 제55조), 이는 압류재산에 대하여 소유권을 주장하는 제3자로 하여금 체납처분과정에서 세무공무원에게 반환청구권을 행사할 경우의 절차를 규정한 것일 뿐, 그와 같은 절차를 밟은 일이 없는 제3자가 압류재산에 대하여 소유권을 주장하지 못한다거나 소송상 소유권을 주장하여 압류처분의 취소를 구할 수 없다는 것은 아니라고 할 것입니다(대판 1986.12.9. 86누482).

한편 부부공유의 유체동산에 관하여는 이를 채무자인 일방 배우자가 점유하거나 부부가 공동으로 점유하고 있는 경우에는 그 유체동산 자체를 압류할 수 있으며(민사집행법 제190조), 이와 관련된 민사집행법상의 규정은 체납처분의 경우에도 유추적용할 수 있다고 할 것이지만(대판 2006.4.13. 2005두15151), 채무자인 일방 배우자의 소유가 아니라 타방배우자의 특유재산인 경우에는 그 타방배우자뿐만 아니라 채무자인 일방 배우자도 체납처분압류에 대해 그 취소나 무효확인을 구할 수 있다고 할 것입니다.

따라서 귀하의 사례를 보건대, 체납처분압류의 대상이 되는 가재도구들은 귀하의 소유물이 아니고 귀하 남편 甲의 고유재산이라고 보이므로 귀하께서는 그들을 점유하고 있는 제3자의 자격에서 체납처분압류에 대한 취소나 무효확인을 청구할 수 있을 것으로 보입니다. 또한 제때 귀하께서 대응하지 못해서 공매가 이루어진 경우라도 낙찰자 또는 경락자의 소유권취득은 무효가 되는 것이므로 귀하의 남편 甲이 귀국해서 경락자 또는 낙찰자로서 매수인이 된 자를 상대로 소유권반환청구소송을 제기하면 될 것으로 보입니다.

---

152) 이와 같은 취지로 당연무효인 체납처분에 기한 압류집행의 제거를 구함은 소유권에 대한 장애배제를 청구하는 것으로 정당한 것이므로(대법원 1985.11.12. 85다81·85다카325 판결), 체납처분에 따른 공매로 소유권을 상실한 자는 공매에서 소유권을 취득한 매수인을 상대로 공매를 원인으로 한 소유권이전등기의 말소를 구할 수 있다고 할 것입니다.

제 2 장 등기·공탁 편

[사례 3·2·1] 부동산등기부등본을 보는 방법과 권리관계의 파악

문 저는 최근 여력이 생겨서 우리 집안의 오랜 숙원인 아파트를 구입하려고 합니다. 그런데 여러 집을 돌아보고 등기부를 떼어보면 권리관계가 복잡해서 도대체 무슨 말인지 이해가 잘 가지 않습니다. 자칫 실수하면 안될 것이기에 이번 기회에 등기부를 보는 방법과 등기부상에 기재된 권리관계 및 각 권리관계별 주의사항에 대해서 박사님께 문의드리고 싶습니다.

답 부동산등기부란 부동산에 관한 권리관계 또는 부동산의 표시에 관한 사항이 기재되어 있는 공적 장부를 말합니다. 부동산에 관한 거의 모든 권리관계는 이 등기부를 기준으로 정해지는 것이므로 부동산에 관하여 거래를 하려는 자는 부동산등기부를 보고 권리관계를 분석할 수 있는 기본적인 지식을 갖추고 있어야 합니다. 부동산등기부는 그 소재지만 알면 누구든지 등기소나 각 시·군·구청의 단말기 또는 인터넷등기소에서 열람이나 발급이 가능합니다.

부동산등기부에는 토지등기부와 건물등기부가 따로 존재합니다. 따라서 주택이나 상가건물을 사려는 사람은 양쪽 모두를 다 떼어보고 판단해야 합니다. 건물등기부에는 두 종류가 있는데, 건물이 단독주택과 같이 일반건물이냐 아니면 아파트와 같이 집합건물이냐에 따라 그 구성에 다소 차이가 있습니다. 부동산등기부는 3장이 한 세트인 1등기용지로 되어 있습니다. 1등기용지는 등기번호란·표제부·갑구·을구의 4부분으로 구성되어 있는데, 표제부는 부동산의 표시에 관한 사항을, 갑구는 소유권에 관한 부분을, 을구는 소유권 외의 권리를 표시하는 부분입니다. 등기부 자체는 영구보존하게 되어 있으나, 등기 신청시에 첨부된 신청서나 부속서류는 5년간만 보존하게 되어 있습니다

여기에서 등기부를 보고 권리관계를 파악하는 방법과 각 기재된 권리관계별 특징과 주의사항에 대하여 살펴보기로 하겠습니다.

첫째, 소유권자를 확인하는 방법입니다. 갑구를 보면 가장 먼저 「소유권보존」이라는 등기가 보이는데, 그 명의인이 최초의 소유자입니다. 그리고 가장 나중에 「소유권이전」 등기가 되어 있는 자가 현재의 소유자라고 보면 됩니다. 부동산이 수차례 거래되어 소유자가 여러 번 바뀐 경우에는 그 순서대로 소유자가 바뀌었다고 보면 되며, 이러한 소유

자의 변동사항은 해당 부동산에 대하여 경매가 이루어진 경우라고 하더라도 말소되지 않습니다. 따라서 부동산을 거래할 때에는 최후로 소유권이전등기를 받은 자와 계약을 체결해야 하는 것입니다.

둘째, 가등기가 설정되어 있는 경우에 관한 것입니다. 가등기란 말 그대로 등기라는 글자 앞에 「가(假)」자가 붙어 있는 바와 같이, 본래의 등기를 하는 준비로서 하는 예비등기를 말합니다. 토지나 건물에 대하여 매매계약을 체결할 경우에는 중도금이나 잔금지급일까지 오랜 시일이 소요되고 따라서 그 사이에 매도인이 저당권을 설정한다거나 다른 사람에게 다시 매도할 수도 있으며, 경우에 따라서는 매도인의 채권자가 가압류 등을 해 놓을 수도 있으므로, 미리 그 순위를 보전해 놓기 위하여 가등기를 해둔 경우가 많습니다. 가등기를 해놓으면 그 후에 다른 권리자들이 등기부상에 어떠한 조치를 취해 놓더라도 나중에 본등기를 하게 되면 그들보다 우선하여 매매의 효력을 주장할 수 있는 것입니다. 이러한 가등기는 소유권뿐만 아니라 부동산의 소유자로부터 저당권이나 전세권, 지상권 등을 취득하고자 하는 경우에도 마찬가지로 적용됩니다. 그밖에 가등기는 담보목적으로 설정된 경우도 있습니다. 따라서 가등기는 갑구와 을구 모두에 기재될 수 있습니다. 등기부상에 가등기가 되어 있는 경우에는, 일단 가등기가 되어 있는 날에 해당 가등기의 종류에 따라서 소유권이나 저당권 등의 권리가 가등기권자에게 취득될 수 있다는 점을 감안하고 거래를 해야 할 것입니다. 요컨대, 갑구에 가등기가 되어 있는 부동산을 매수하려면 반드시 가등기권자와 접촉하여 해당 가등기를 말소해 줄 것인지 여부를 확인하고 매수해야 하며, 그렇지 않는 경우에는 나중에 해당 부동산의 소유권을 가등기권자에게 빼앗길 수도 있는 불상사가 발생할 수 있으므로 조심해야 할 것입니다.

셋째, 가처분등기나 가압류등기가 되어 있는 경우입니다. 가압류란 대여금이나 물품대금, 손해배상 또는 임금 등 금전채권을 보전할 목적으로 미리 채무자의 재산을 동결시키기 위하여 하는 것이고, 가처분은 금전 이외의 물건이나 권리를 대상으로 하는 청구권을 가지고 있을 때 해당 물건이나 권리를 처분하지 못하도록 묶어두는 것을 말합니다. 쉽게 말하면, 돈 받을 것이 있는 경우에는 가압류를 신청하는 것이고, 해당 물건이나 권리에 대하여 소유권과 같은 권리를 주장하는 경우에는 가처분을 신청하는 것입니다. 따라서 가압류등기에는 금액이 표시되어 있고, 가처분등기에는 「처분행위금지」라는 표시가 기재되어 있습니다. 가압류나 가처분등기가 되어 있는 부동산을 매수하려고 하는 경우에는 주의해야 하는데, 가압류된 금액 부분은 그대로 떠안고 매수한다고 생각을 해야 할 것이고, 갑구에 가처분등기가 되어 있는 경우에는 소송의 결과에 따라 해당 부동산의 소유권을 빼앗길 수도 있으므로 반드시 가처분등기가 해결된 후에 매수하는 것이 현명할 것입니다.

넷째, 저당권이나 근저당등기가 되어 있는 경우입니다. 저당권등기나 근저당권등기에는 금액이 표시되어 있는데, 이 금액은 저당권의 경우에는 채권액을 의미하고, 근저당권의 경우에는 채권최고액을 의미합니다. 근저당권등기가 된 부동산을 매수하려는 경우에는 조심해야 합니다. 근저당권의 채권채무관계는 고무줄처럼 늘어났다 줄어들었다 하는 것이므로, 예컨대 채권최고액이 1천만원으로 표시된 근저당권이 설정된 건물을 매수할 당시에는 100만원만 남아있어서 이 부분만 떠안고 매수하였지만 방심하여 근저당권등기를 말소하지 않은 경우에, 나중에 매도인이 근저당권자로부터 추가로 돈을 더 빌려 씀으로써 채무액이 늘어난 경우에는, 그 늘어난 부분에 대해서도 그것이 채권최고액을 초과하지 않는 한 매수자가 부담해야 하는 불상사가 발생할 수도 있는 것입니다. 따라서 근저당권이 설정된 부동산을 매수하려고 하는 경우에는 근저당권등기를 말소(또는 채권최고액의 감축)한 후 매수하는 것이 안전하다고 할 것입니다.

다섯째, 지상권등기가 설정되어 있는 경우입니다. 지상권은 전세권이나 임차권과 같이 다른 사람의 토지를 사용하는 권리입니다. 다만 전세권은 10년 정도 밖에 사용할 수 없고, 임차권은 기간의 제한은 없지만 채권적 권리에 불과한데 반하여, 지상권은 기간의 제한도 없고 물권적 권리에 해당되어 비교적 장기로 안전하게 타인의 토지를 사용할 수 있는 권리입니다. 따라서 지상권이 설정된 토지를 매수하려는 사람은 그 지상권이 존속하는 동안은 해당 부동산을 온전하게 사용할 수 없다는 점을 감수하고 사야 할 것입니다. 은행이나 농협에서 채무자에게 돈을 빌려줄 경우에는 보통 저당권을 설정함과 동시에 지상권을 설정해놓는 경우가 많습니다. 이 경우에 채무자가 돈을 갚으면 저당권은 말소시킬 수 있겠지만, 지상권의 경우에는 그 권리자가 지상권의 말소에 응해 주지 않으면 쉽게 말소시킬 수 없으므로 조심해야 할 것입니다.

여섯째, 가압류와 저당권(또는 전세권)이 섞여있는 경우가 있습니다. 이 경우에는 경우의 수를 나누어서 살펴볼 필요가 있습니다. 즉,

① 가압류만 여러 개 등기되어 있는 경우가 있습니다. 이 경우에는 가압류가 먼저 등기되어 있든 나중에 등기되어 있든 우선권이 인정되지 않으므로 모두 동순위라고 생각하면 됩니다. 가압류만 등기되어 있는 부동산이 경매되었을 경우에는 각 가압류권자는 자기의 채권금액에 비례하여 배당을 받아가게 됩니다.

② 선순위의 가압류권자 甲 → 저당권자(또는 전세권자) 乙 → 후순위의 가압류권자 丙의 순서로 등기되어 있는 경우입니다. 이러한 상태에서 경매가 이루어진다면 '안분 후 흡수

설'에 따라 일단 채권금액의 비율대로 경매대금을 나눈 다음, 선순위의 가압류권자 甲에게는 그대로 배당하고, 저당권자인 乙은 자기의 채권금액 전액을 받아갈 때까지 후순위의 가압류권자 丙에게 배분된 금액을 흡수하게 됩니다. 그리고 나머지가 있을 경우에만 후순위의 가압류권자 丙에게 배당이 이루어집니다(대판 1992.3.27. 91다44407).

③ 선순위의 저당권자(또는 전세권자) 甲 → 후순위의 전세권자(또는 저당권자) 乙의 순으로 등기가 되어 있는 경우입니다. 이러한 상태에서 경매가 이루어진다면, 선순위의 저당권자 甲이 자기의 채권 전액에 대하여 배당을 받아간 다음, 남는 것이 있어야 후순위의 전세권자 乙에게 배당이 돌아갑니다.

[사례 3·2·2] 공동상속인 중 소재불명자가 있는 경우에, 상속부동산을 어느 한 상속인 앞으로 몰아서 등기하고 싶은데, 가능한지 여부

문 제 부친께서 신신을 남겨두고 얼마 전에 사망하셨습니다. 그런데 상속인들 중 한 명인 甲은 배다른 형제여서 오래 전부터 연락이 두절되어 어디 사는지 알 길이 없습니다. 수소문해봐야 알겠지만 살았는지 죽었는지, 살아 있다면 국내에 있는지 외국에 있는지 모릅니다. 저희 상속인들은 위 선산을 큰 형인 乙의 명의로 해놓고 싶은데 고민입니다. 소재불명된 상속인 甲이 없어도 큰 형 乙의 앞으로 상속등기를 하는 방법이 있는지 궁금합니다.

답 피상속인 명의의 부동산을 어느 한 상속인에게 전부 몰아주고 싶다면 공동상속인 전원이 참여해서 위와 같은 내용으로 상속재산에 대한 분할협의가 이루어지면 가능합니다(대판 1995.4.7. 93다54736). 반면 공동상속인 중의 일부가 상속재산분할협의에 동의해 주지 않는다든가 소재불명으로 협의를 할 수 없는 경우에는 상속재산분할협의를 통하여 어느 한 상속인에게 몰아주는 방식의 상속등기는 불가하게 됩니다.

다만, 소재불명자가 5년 이상 행방불명이 된 경우에는 실종선고를 받아 그 소재불명자의 상속인들과 분할협의를 하는 것은 가능할 것입니다. 공동상속인 중 일부가 재외국민일지라도 그가 상속재산협의분할에 동의해 준다면 협의분할이 가능합니다. 재외국민과 분할협의를 하려면 처분위임장, 주소를 증명하는 서면, 인감증명이 필요한데, 이 중 주소를 증명하는 서면은 국내에 입국한 경우에는 주민등록등·초본을, 외국에 거주시에는 외국주재 한국대사관 또는 영사관에서 발행하는 재외국민거주사실증명 또는 재외국민등록부등본을 첨부하되, 주재국에 본국대사관 등이 없어 그와 같은 증명을 발급받을 수 없을 때에는 주소를 공증한 서면으로 갈음할 수 있고, 인감증명은 국내에 거주시에는 우리나라의 임감증명을, 외국에 거주시에는 상속재산협의분할서상의 서명 또는 날인이 본인의 것임을 증명하는 재외공관의 확인서 또는 이에 관한 공정증서로 대신할 수 있습니다.[153]

그러나 공동상속인 중 일부가 상속재산협의분할에 동의해 주지 않거나 소재불명으로 연락이 닿지 않는 경우에는 그 자를 뺀 나머지만으로 상속재산분할협의를 할 수 없으며, 그렇다고 그 자의 상속지분만을 등기 없이 그대로 놔둔 채 나머지 자만의 상속지분을 상속등기할 수도 없습니다. 즉 동의하지 않는 상속인이나 소재불명자의 지분만 빼고 나머지의 동의가 있거나 동의할 수 있는 상속인들의 지분만을 합해서 어느 한 상속인에게 몰아주는 형식의 상속등기는 불가한 것입니다. 굳이 이와 같은 형식으로 등기를 하고 싶다면 먼저 공동상속인들의 법정상속분대로 상속등기를 한 후, 동의한 상속인들의 지분을 매매나 증여의 형식으로 몰아주고 싶은 상속인 앞으로 다시 이전등기하는 절차를 거쳐야 됩니다. 이는 공동상속인 중에 상속재산분할협의에 동의해 주지 않거나 소재불명자가 있는 경우에도 공동상속인 중 일부의 신청에 의한 대위의 상속등기가 가능하기 때문에,[154] 위와 같은 형식의 등기가 가능한 것입니다. 물론 위와 같은 방식은 상속등기와 지분이전등기라는 두 단계의 절차를 거쳐야 하기 때문에 지분이전등기에 필요한 절차만큼 세금이 더 소요될 것입니다.

소재불명자 등의 지분에 대한 대위의 상속등기를 함에 있어서는 소재불명자 등의 주민등록등·초본을 떼는 문제가 어려운데, 상속등기에 동의하지 않는 상속인의 것은 이해관계를 소명하여 시·군·구·읍면·동사무소에서 떼어 첨부하면 될 것이고, 행방불명자로서 주민등록이 말소된 경우에는 말소된 주민등록표등본을 첨부해서 그 최후주소를 주소지로 하면 될 것이며, 위 주민등록표등본도 제출할 수 없을 때에는 이를 소명하고 기본증명서상의 등록기준지를 그 주소지로 하여 상속등기를 신청하면 될 것입니다.[155] 공동상속인 중에 재외국민이 있고 그가 협의분할에 동의해 주지 않는 때에도 법정상속분에 따른 대위의 상속등기가 가능한데, 이때는 그 사유를 소명하는 자료와 함께 국외이주되어 말소된 재외국민의 주민등록표등·초본을 주소를 증명하는 서면으로 대신 제출하고, 그 최후 주소를 주소지로 하여 상속등기를 신청하면 될 것입니다.[156]

이에 귀하의 사례를 살펴보면, 귀하께서는 소재불명자 甲을 찾거나 실종선고를 받아 甲의 상속인들과 협의를 하지 않는 이상 그 선산을 온전히 귀하의 큰 형 乙 앞으로 상속등기를 할 수 없을 것이고, 따라서 부득이 법정상속분에 따른 대위등기를 통해서 소재불명자 甲의 지분을 포함한 각 지분별로 상속등기를 한 후, 소재불명자 甲의 지분을 제외한 나머지 공동상속인들의 지분을 매매나 증여의 형식으로 귀하의 큰 형 乙에게 이전등기를 해주는 수밖에 없을 것으로 보입니다. 이 경우 선산은 소유 지분은 다르겠지만 귀하의 큰 형 乙과 소재불명자 甲의 공동소유로 될 것입니다.

참고로 차후 공동소유로 된 선산에 대해서는 공유물분할청구를 통해서 그 지분대로 선산을 쪼개서 귀하의 큰 형 乙이 가진 공유지분에 해당하는 만큼 귀하의 큰 형 乙이 온전히 소유할 수 있도록 하는 절차가 있으니 참고하시기 바랍니다.

[사례 3·2·3] 돈을 빌리면서 담보로 맡겨둔 자동차가 행방불명된 경우에, 그 자동차에 대한 등록말소를 할 수 있는 방법이 있는지

문 저는 甲으로부터 1천만원을 차용하면서 제 명의로 된 쏘나타승용차를 담보목적으로 맡겨 놓았는데, 최근에 도로교통법위반으로 인한 각종 과태료 딱지가 자동차명의자인 저에게 빈번히 부과되고 있습니다. 그래서 甲을 수소문해 보았으나 연락이 되질 않고 자동차의 소재지 역시 찾을 수가 없습니다. 듣자하니 사고가 나면 자동차소유자인 저한테 모든 책임이 돌아온다고 하는데, 자동차를 찾을 수 있는 방법과 자동차등록을 말소시킬 수 있는 방법이 있는지 변사님께 문의드리고 싶습니다.

답 자동차소유자는 자동차가 천재지변·교통사고 또는 화재로 인하여 그 본래의 기능을 회복할 수 없게 된 경우에는 시·도지사에게 말소등록을 신청할 수 있고(의무적 등록말소사항), 자동차를 도난당한 경우에도 마찬가지로 말소등록을 신청할 수 있습니다(자동차관리법 제13조 제1항 제5호, 제7항). 그러나 귀하의 사례와 같이 담보목적으로 자동차를 채권자에게 임시로 맡겨 놓았는데 채권자가 이리저리 몰고 다니면서 행방을 감춰버린 경우에는 도난당한 것이 아니므로 현행법상 자동차등록말소는 거의 불가능에 가까울 것입니다. 다만 자동차를 분실한 경우에는 넓은 의미에서 도난의 경우와 유사하다고 보이므로 경찰서에 도난신고를 함으로써 말소등록을 할 수 있는 여지는 있을 수 있습니다.

따라서 유일한 방법은 불법이지만, 형사처벌(벌금형 예상)의 위험을 감수하고서 처음부터 거짓으로 경찰서에 도난신고나 분실신고를 하는 수밖에 없을 것입니다. 즉 실무에서는 나중에 벌금을 맞을 각오를 하고 시나리오를 잘 짜서 완벽하게 경찰관을 속여서 분실신고를 하는 경우도 있을 수 있습니다. 그러나 요즘은 경찰에서도 이러한 사례들을 수없

---

153) 외국인 및 재외국민의 국내 부동산 처분 등에 따른 등기신청절차(등기예규 제1568호).
154) 공동상속인 중 일부가 행방불명인 경우 공동상속재산의 협의분할 가부(등기선례 제5-275호).
155) 공동상속인 중 일부의 주소증명 첨부불능시 처리(등기예규 제1218호).
156) 대위에 의한 상속등기시 행방불명인 재외국민의 주소를 증명하는 서면(등기선례 제7-129호).

이 접하는 관계로 애지간한 노력에 의해서는 분실신고를 접수하는 것도 곤란할 것으로 보입니다.

이에 귀하의 사례를 살펴보건대, 귀하께서는 자동차를 분실하거나 도난당한 것이 아니므로 경찰서에 가서 있는 사실 그대로를 말하고 도난신고나 분실신고를 받아 달라고 하면 이에 응해 줄 경찰관은 하나도 없을 것이어서, 결국 귀하께서는 위에서 예를 든 불법적인 수단을 동원하든가 아니면 채권자 겸 자동차 점유자인 甲을 찾아 나설 수밖에 없을 것으로 사료됩니다.

[사례 3·2·4] 사해행위취소에 의하여 채무자 명의로 회복된 부동산을 재차 제3자에게 처분한 경우, 그 제3자 명의의 등기에 대해서도 말소청구가 가능한지

문 저는 채무자 甲에 대해 받을 돈이 있는데, 채무자 甲이 자기 소유의 부동산을 乙에게 매도하고 소유권이전등기까지 해놓음에 따라, 처분금지가처분절차를 거치지 않고 바로 乙을 상대로 사해행위취소소송을 제기하여 매매계약의 취소와 원상회복으로 乙 명의의 소유권이전등기를 말소하라는 승소판결을 받아 소유권이전등기를 말소시켰는데, 그 후 채무자 甲은 괘씸하게도 그 부동산을 또다시 丙에게 매도하여 소유권이전등기까지 해주었습니다. 이에 제가 丙 명의의 소유권이전등기도 말소시킬 수 있는지 박사님께 문의드리고 싶습니다.

답 사해행위의 취소는 채권자와 수익자 사이에서 상대적으로 채무자와 수익자 사이의 법률행위를 무효로 하는데 그치고, 그밖에 채무자와 수익자 사이의 법률관계에는 영향을 미치지 않는 것이므로, 채무자와 수익자 사이의 부동산매매계약이 사해행위로 취소되고 그에 따른 원상회복으로 수익자 명의의 소유권이전등기가 말소되어 채무자의 등기명의가 회복되더라도, 그 부동산은 취소채권자 및 사해행위취소의 효력을 받는 채권자들과 수익자 사이에서만 채무자의 책임재산으로 취급될 뿐, 채무자가 직접 그 부동산의 소유권자가 되는 것은 아닙니다(대판 2015.11.17. 2012다2743). 즉 취소채권자 및 사해행위취소의 효력을 받는 채권자들을 제외한 그밖의 자와의 관계에서는 수익자가 여전히 소유권자로 되는 것입니다.

따라서 채무자가 사해행위취소에 의하여 그 등기명의를 회복한 경우라고 할지라도 그는 그 부동산을 처분할 수 있는 정당한 권리자가 아니므로 설령 채무자가 그 부동산을 제3자에게 처분한다고 하더라도 이는 무권리자에 의한 처분에 해당되어 채무자로부터 제3자에게 마쳐진 소유권이전등기나 이에 기초하여 순차로 마쳐진 소유권이전등기 등은 모두 원인무효의 등기로서 말소되어야 할 것입니다. 이 경우 취소채권자나 사해행위취소의 효력을 받는 채권자들은 채무자의 책임재산으로 취급되는 그 부동산에 대한 강제집행을 위하여 이와 같이 원인무효인 등기의 명의인을 상대로 그 등기의 말소를 청구할 수 있다고 보아야 할 것입니다(대판 2017.3.9. 2015다217980).

이에 귀하께서는 사해행위취소에 의해 채무자 甲의 책임재산으로 취급될 뿐인 부동산에 대한 강제집행을 위하여 직접 원인무효등기의 명의인인 丙을 상대로 그 등기의 말소를 청구할 수 있다고 보입니다. 그러나 귀하께서는 이러한 불상사를 예방하기 위하여 수익자 乙을 상대로 사해행위취소소송을 제기하기 전에 먼저 처분금지가처분을 해놓았어야 했을 것입니다.

[사례 3·2·5] 공탁의 종류와 용도

문 저는 건설업을 하는 사람인데, 제 직업의 특성상 공사를 완료한 후에는 공사의 하자 문제로 갈등이 있어 가끔씩 제게 공사를 맡긴 사람이 공사대금의 일부를 공제하고 나머지만 공탁하는 경우도 있습니다. 또한 경우에 따라서는 제가 자재대금을 줘야 할 돈에 수개의 압류나 가압류가 들어와 부득이 공탁을 해야 할 경우도 있습니다. 이에 이번 기회에 공탁의 의미나 종류 또는 공탁종류별 용도에 관하여 박사님께 문의드리고 싶습니다.

답 공탁이란 법령에 규정된 일정한 원인에 의하여 금전이나 유가증권 또는 물품을 공탁소에 맡김으로써 법령에서 정한 일정한 목적을 달성할 수 있도록 하는 제도를 말하는데, 공탁을 하게 된 원인에 따라 여러 종류의 공탁으로 분류될 수 있습니다. 일반인들이 주로 활용하고 있는 공탁의 대부분은 변제공탁일 것이나, 그밖에도 보증공탁, 집행공탁, 보관공탁, 몰취공탁, 혼합공탁 등이 있습니다.

공탁의 당사자로는 공탁자·피공탁자·공탁소가 있는데, 공탁자란 공탁을 신청한 자를 말하고, 공탁물을 수령할 자를 피공탁자라고 하며, 공탁절차를 주재하고 공탁물을 보관·관리하는 공탁사무의 관장기관을 공탁소라고 합니다. 집행공탁이나 가압류를 풀기 위한 「가압류해방공탁」의 경우와 같이 피공탁자가 존재하지 않는 경우도 있습니다. 공탁소는 아직까지 공탁소라는 별개의 독립된 관공서가 설립되어 있지 않는 관계로 현재는 지방법원이나 시·군법원의 공탁공무원(공탁계)이 공탁사무를 처리하고 있습니다. 또한 공탁의 목적물인 재산을 공탁물이라고 하는데, 공탁물에는 금전, 유가증권, 기타 물품(공탁가능한 유체물)이 있습니다. 부동산은 그 성질상 공탁물이 될 수 없습니다.

공탁에는 변제공탁, 보증공탁, 집행공탁(가압류해방공탁 포함), 보관공탁, 몰취공탁의 5가지가 있는데, 실무상으로 이용되는 경우는 변제공탁과 보증공탁, 집행공탁의 3가지 정도이고, 나머지 보관공탁이나 몰취공탁은 거의 이용되고 있지 않습니다. 그밖에 변제공탁과 집행공탁이 혼합되어 있는 혼합공탁이 있습니다. 아래에서 공탁의 종류와 그 종류별 용도에 관하여 설명드리겠습니다.

첫째, 변제공탁입니다. 변제공탁이란 채권자의 수령거절 또는 채권자의 주소불명 등 채권자 측의 사정으로 채무자가 변제할 수 없는 경우 또는 사망한 채권자의 상속인이 누구인지 모른 경우와 같이 채무자의 과실 없이 누구에게 변제해야 할지 알 수 없는 경우에, 채무자가 채무이행에 갈음하여 채무의 목적물을 공탁함으로써 채무를 면할 수 있도록 하는 공탁을 말합니다(민법 제487조). 흔히 형사합의가 되지 않는 경우라든가 강제집행이 들어올 경우에 이를 취소시키기 위한 방편으로 변제공탁을 활용하는 예가 많습니다. 변제공탁을 하게 되면 채무자는 자기의 채무를 종국적으로 면하게 됩니다.

둘째, 보증공탁입니다. 보증공탁이란 특정한 상대방이 받을 수 있는 손해를 담보하기 위한 공탁으로 흔히 손해담보공탁이라고 합니다. 보증공탁에는 재판상보증공탁, 영업보증공탁, 납세담보공탁이 있는데, 실무상으로는 재판상보증공탁이 대부분입니다. 재판상보증공탁이란 소송당사자나 이에 관련된 자가 소송절차상 발생할 수 있는 손해배상이나 소송비용의 담보를 목적으로 하는 공탁을 말합니다. 재판상보증공탁의 공탁원인 사실은 가압류보증, 가처분보증, 가압류취소보증, 가처분취소보증, 강제집행정지보증, 강제집행취소보증, 강제집행속행보증, 소송비용담보보증, 가집행담보보증, 가집행면제의 담보보증 등이 있습니다. 이 중 가압류보증이나 가처분보증, 소송비용담보보증의 경우에는 법원의 허가를 얻어 공탁에 갈음하여 보증보험증권으로 제출할 수 있습니다. 재판상보증공탁은 손해를 담보하기 위한 공탁에 해당되므로 공탁자가 이를 회수하기 위해서는 담보취소결정을 받아 회수해야 할 것이며, 피공탁자가 이를 출급하기 위해서는 손해가 발생하였음을 증명하는 서면(대부분 판결문)을 제출해야 합니다. 재판상보증공탁은 제3자에 의한 공탁이 가능하나, 영업보증공탁은 제3자에 의한 공탁이 불가합니다.

셋째, 집행공탁입니다. 집행공탁이란 집행당사자(주로 집행채무자)나 집행기관(집행관 등) 또는 제3채무자가 민사집행법상의 권리나 의무로서 집행절차 또는 보전처분절차의 어느 단계에서 집행의 목적물을 공탁소에 제출하여, 그 관리와 집행당사자에 대한 교부를 공탁절차에 따라 하도록 하기 위한 공탁을 말합니다. 쉽게 말하면, 집행의 목적물을 공탁함으로써 이를 법원에서 배당 등의 절차를 통해 채권자들에게 나누어 주도록 하기 위한 공탁을 말합니다. 가압류를 풀기 위한 가압류해방공탁(민사집행법 제282조), 가압류 또는 압류와 관련된 제3채무자의 금전채권의 공탁(민사집행법 제248조) 등이 집행공탁에 해당됩니다. 집행공탁이나 가압류해방공탁은 제3자에 의한 공탁이 불가하며, 피공탁자가 존재하지 않으므로 공탁서에 피공탁자를 기재하지 않습니다.

넷째, 보관공탁입니다. 보관공탁이란 법령이 정한 바에 따라 목적물을 단순히 보관하기 위한 공탁을 말합니다. 예컨대, 사채권자집회의 소집청구 또는 의결권행사를 위하여 무기명식 채권을 가진 자가 그 채권을 공탁하는 경우(상법 제491조 제4항, 제492조 제2항) 등이 여기에 해당됩니다. 보관공탁은 제3자에 의한 공탁이 불가하며, 피공탁자도 존재하지 않습니다.

다섯째, 몰취공탁입니다. 몰취공탁이란, 법령이 정한 일정한 사유가 발생하였을 경우에, 공탁물에 대한 몰취가 가능하도록 되어 있는 경우의 공탁을 말합니다. 몰취공탁에는 소명에 갈음하기 위한 공탁(민사소송법 제299조 제2항)과 상호가등기공탁(상업등처리규칙 제62조의2) 등이 있습니다. 몰취공탁은 제3자에 의한 공탁이 가능하며, 피공탁자는 국가가 됩니다.

여섯째, 혼합공탁입니다. 혼합공탁이란 공탁원인사실 및 공탁근거법령이 다른 두개의 공탁을 하나의 공탁절차로 하는 공탁을 말합니다. 혼합공탁은 주로 채권양도의 효력과 관련하여 채권자불확지 변제공탁사유와 집행공탁사유가 동시에 존재한 경우에 하게 됩니다. 예컨대, 채권자 甲이 채무자 乙에 대한 금전채권 전부를 丙에게 채권양도를 하고, 채무자 乙에게 채권양도통지를 하여 도달한 후, 채권자 甲을 채무자로 하는 압류 또는 가압류명령이 도달되었으나, 채권양도의 효력 유무에 관해 다툼이 있는 경우라든가, 채권자가 甲인 금전채권의 전액에 대해 채무자 乙에게 가압류명령이 도달한 다음, 그 금전채권의 전부 또는 일부에 대한 채권양도통지가 甲으로부터 도달한 경우에 채무자 乙이 공탁을 하는 경우가 여기의 혼합공탁에 해당됩니다.

혼합공탁은 변제공탁의 성질과 집행공탁의 성질을 모두 가지고 있으므로 피공탁자들 중 1명의 주소지 소재 공탁소에 공탁하면 되고, 피공탁자란에는 변제공탁의 피공탁자만을 기재하고 집행공탁의 피공탁자는 기재하지 않는 것이므로 변제공탁의 피공탁자인 채권양도인 또는 채권양수인을 피공탁자로 기재하고, 집행채권자(가압류 또는 압류채권자)들은 피공탁자로 기재하지 않습니다. 공탁원인사실란에는 채권양도, 가압류, 압류, 압류경합 등의 사실을 구체적으로 기재해야 합니다. 그리고 채권양도와 채권압류의 경합을 원인으로 한 혼합공탁의 경우에는 공탁근거법령란에 '민법 제487조 후단 및 민사집행법 제248

조 제1항'을 기재하면 되고, 채권양도와 채권가압류 경합을 원인으로 한 혼합공탁의 경우에는 공탁근거법령란에 '민법 제487조 후단 및 민사집행법 제291조, 제248조 제1항'을 기재하면 됩니다.

혼합공탁은 변제공탁에 관련된 채권자들에 대해서는 변제공탁으로서의 효력이 있고, 집행공탁에 관련된 집행채권자들에 대해서는 집행공탁으로서의 효력이 있습니다(대판 1996.4.26. 96다2583).

이에 귀하께서는 위에서 살펴본 여러 공탁에 관하여 그 종류와 각 종류별 용도를 숙지하고 계시다가, 구체적인 사안이 발생하였을 경우에 해당된 공탁절차를 밟으시면 될 것으로 보입니다.

제 4 편

교통·형사 편

제1장 교통 편

제2장 형사 편

제1절 형법·특별형법

제2절 형사소송

제1장 교통편

[사례 4·1·1] 교통사고에 대한 형사합의시 피해자측이 유의할 점

문 저는 신호를 위반한 甲 차량에 의해서 교통사고를 당한 후 2주 정도 입원했다가 퇴원했습니다. 그런데 위 가해자 甲이 합의를 해달라고 사정하기에 그에 응해줄까 생각 중입니다. 혹시 몰라서 그러는데 교통사고 합의시 주의해야 할 점이 무엇인지 박사님께 여쭈어보고 싶습니다.

답 교통사고 등 형사사건이 발생하였을 경우에 형사합의를 하면 피해자는 복잡한 민사소송절차를 통하지 않고도 손해배상을 받을 수 있고, 가해자는 형사재판에서 그 합의가 감안이 되어 형량이 가벼워질 수 있습니다. 형사합의가 이루어지지 않을 경우에는 가해자로서는 부득이 공탁을 하게 되는데 공탁과 형사합의는 천지차이라고 보면 되며, 변호사를 살 돈이 있으면 그것으로 형사합의를 하는 것이 훨씬 유리하다고 보입니다.

귀하와 같이 교통사고 피해자가 형사합의를 할 때에는 다음과 같은 점을 유의해야 합니다. 즉,

① 교통사고 피해자가 아무런 단서도 달지 않는 상태에서 가해자로부터 형사합의금을 지급받은 경우에는 그 합의금은 원칙적으로 민사상 손해배상금의 일부로 보게 되므로(대판 1999.1.15. 98다43922), 나중에 가해자나 그 보험회사를 상대로 별도로 민사상 손해배상을 청구할 경우에는 그 합의금 상당의 금원이 공제당할 수 있습니다. 따라서 교통사고시의 형사합의서에는 '위로금조로', '민사상 손해배상금 별도', '위자료 명목으로' 또는 '보험금과는 별도' 라는 문구가 반드시 들어가도록 작성해야 할 것입니다.[157)]

② 교통사고가 발생한 후에 가해자가 피해자에게 형사합의금을 지급하게 되면 가해자는 위 합의금 상당의 금원을 자신의 보험회사에 대하여 청구할 수 있습니다. 따라서 피해자로서는 형사합의서를 작성하여 줄 때 이러한 가해자의 보험금지급청구권까지도 채권양도를 받아 두는 것이 현명합니다. 이러한 조치를 취해 놓지 않으면 형사합의금을 지급한 가해자가 위 합의금 상당의 금원을 자신의 보험회사로부터 수령해 버릴 수 있고, 그렇게 되면 피해자로서는 보험회사로부터 지급받을 손해배상금 중에서 가해자로부터 지급받은 형사합의금 상당의 금원을 공제당하고 나머지의 금원만을 지급받을 수 있기 때문입니다.

③ 피해자는 자동차의 운전자뿐만 아니라 그 소유자에 대해서도 연대하여 손해배상을 청구할 수 있습니다.

④ 후유증의 발생이 예상되는 경우에는 이에 대한 단서규정을 두어 합의하는 것이 현명합니다. 즉 '후유증 또는 장애 발생시 추가청구 가능' 등과 같은 문구를 합의서에 추가해놓는 것이 현명하다는 것입니다. 물론 나중에 합의 당시 전혀 예상할 없는 후유장해가 발생한 경우에는 합의를 한 후에도 별도로 청구할 수 있겠지만, 합의서에 그 부분을 명확히 해둠으로써 분란의 소지를 미연에 방지하는 것이 바람직하기 때문입니다.

이에 귀하와 같은 형사피해자로서는 합의서를 작성할 때 위 주의사항들을 잘 고려해서 차질이 없도록 해야 할 것이며, 한번 한 합의는 번복이 되지도 않고, 가해자가 합의사항을 이행하지 않는다고 해서 형사고소를 하는 것도 불가하게 되므로 신중히 일처리를 하시기 바랍니다.

[사례 4·1·2] 교통사고에 대한 형사합의시 가해자 측이 주의할 점

문 저는 비오는 퇴근길에 중앙선을 침범하는 교통사고를 일으켜 피해자 甲으로 하여금 전치 4주의 상해를 입힌 사실이 있습니다. 甲과 합의를 하고 싶은데, 합의를 안해 줄까 두렵기는 하지만, 혹시 합의를 해준다고 할 경우 제가 주의해야 할 점이 무엇인지 박사님께 문의드리고 싶습니다.

답 교통사고를 비롯한 형사사건에서는 피해자와의 합의가 가장 중요하면서도 어렵습니다. 형사합의를 하게 되면 변호사 몇 명을 쓰는 것보다 형사재판에서 유리하게 작용합니다. 그러나 합의하는 것이 어렵다는 게 문제입니다. 다만 일반형사사건에서는 피해자의 소재나 전화번호 등 연락처를 파악하는 것이 어려운 반면, 교통사고사건에서는 피해자가 입원한 경우도 있고 사고시 상호 연락처를 교환하는 경우도 있어 피해자와 연락을 취하는 것이 비교적 용이할 뿐더러 피해자의 차량번호를 알고 있으면 공탁 등의 이해관계를 소명하여 피해자의 자동차등록원부를 떼어 볼 수 있을 것이고, 이를 통하여 자동차 소유자의 주소지를 파악하기가 비교적 쉬울 것입니다.

이와 같이 해도 연락을 취할 길이 없으면 사건수사를 담당하고 있는 경찰관으로 하여

157) 합의서에 위와 같은 문구가 들어간 경우에는 민사상 손해배상산정의 3가지 항목인 적극손해, 소극손해, 위자료의 항목 중에서 위자료 부분을 산정함에 있어 그 참작사유로 될 뿐이며, 따라서 피해자는 형사합의금과는 별도로 손배배상 전액을 청구할 수 있습니다.

금 피해자에게 연락을 취하여 가해자가 합의를 하고 싶다고 하는데 피해자의 연락처를 줘도 되느냐고 물어봐 달라고 사정하는 등으로 피해자의 연락처를 찾는 것도 한 방법일 것입니다.

그리고 형사합의는 느긋이 해야 합니다. 사고난지 얼마 되지 않았는데도 합의해 달라고 사정한다고 한들 또한 아무리 많은 돈을 준다고 한들 피해자가 병원에 누워있고 피해감정이 살아 있는데 어떻게 합의가 되겠습니까! 형사합의는 수사단계에서만 해야 하는 하는 것이 아니고 재판이 선고될 때까지만 합의서가 들어가면 됩니다. 따라서 사고 즉시 합의하려고 하지 말고 줄곧 합의의 노력을 하되 시간을 질질 끌어서 세월을 벌고, 피해자가 어느 정도 치료가 되고 피해 감정도 누그러질 때까지 기다렸다가 하는 것이 합의도 쉽고 합의 금액의 협상도 용이할 것입니다.

한편 귀하와 같은 가해자가 피해자와의 협상이 진척되어 합의를 할 때에는 다음과 같은 점을 유의해야 합니다. 즉,

① 합의서를 작성할 때에는 "가해자의 형사처벌을 원하지 않는다."라는 문구가 들어가도록 작성해야 합니다.

② 합의서를 피해자가 직접 제출하는 경우에는 피해자의 인감증명이 필요 없지만, 가해자가 합의서를 제출하는 경우에는 피해자의 인감증명을 요구할 수 있으므로 가급적 피해자로부터 인감증명을 받아 두는 것이 좋습니다. 인감증명을 받아둘 때에는 합의서에도 인감도장을 날인하도록 해야 할 것입니다. 다만 피해자가 인감증명을 떼어주지 않으려고 하는 경우가 있는데, 실무상 인감증명의 날인이 없거나 인감증명을 첨부하지 않더라도 합의서를 제출하면 합의의 효력을 인정해 주고 있으므로 무리하게 피해자의 인감증명이나 인감도장의 날인을 고집할 필요는 없을 것입니다.

③ 피해자와 형사합의를 하면서 지급한 합의금이 민사상 손해배상금의 일부로 인정되는 경우라면 가해자는 자신의 보험회사에 대하여 위 합의금 상당의 금원을 청구할 수 있을 것이로되,[158] 합의금을 형사위로금의 명목으로 지급한 경우에는 이를 보험회사에 대하여 청구할 수 없게 될 것입니다. 그러니 가해자가 피해자와 형사합의를 한 경우에는 그것이 손해배상의 일부로 인정되든 형사위로금으로 인정되는 간에 보험회사에 통지해 두는 것이 필요할 것입니다. 무엇이 약이 될지 모르기 때문입니다.

④ 피해자가 사망한 경우에는 사망자의 가족관계증명서 또는 제적등본을 열람하여 상속인들을 빠뜨리지 않고 그들 모두와 합의를 해야 할 것이며, 일부의 상속인들만으로 합의를 한 경우에는 다른 상속인들의 이의제기에 의하여 낭패를 볼 수 있으므로, 이 점을 반드시 유의해야 합니다. 만약 부득이 상속인들 중 일부의 자와 합의를 하려면 다른 상

속인들의 인감증명과 인감도장이 날인된 위임장을 첨부하도록 해야 할 것입니다.

⑤ 아무리 노력하여도 피해자와 합의가 이루어지지 않는 경우에는 합의의 효력만 못하더라도 공탁을 해두는 것이 필요합니다. 공탁금은 정해진 금액이 없으므로 가해자의 경제력을 고려하여 할 수 있는 만큼만 하면 될 것입니다.

이에 귀하와 같은 형사가해자가 합의서를 작성해줄 때에는 위 주의사항들을 잘 고려해서 차질이 없도록 해야 할 것이며, 한번 한 합의는 번복이 되지 않으므로 도장을 찍기 전에 몇 번이고 검토해 보는 자세가 필요할 것입니다.

[사례 4·1·3] 중앙선 침범으로 교통사고를 일으킨 경우에는 예외 없이 중앙선 침범사고로 처벌을 받게 되는지

문 저는 제 승용차를 몰고 편도 1차로의 아스팔트 도로를 주행하던 중, 앞서가던 시내버스가 승객을 태우기 위하여 버스승강장에 정차하고 있어 이를 피해 앞서가기 위하여 부득이 황색실선이 그어져 있는 중앙선을 넘어 추월하려다가 마주오던 차와 충돌하는 교통사고를 낸 사실이 있습니다. 저는 부득이한 사유로 중앙선을 침범하였다고 보는데, 이러한 경우에도 중앙선 침범사고에 해당되는지 알고 싶습니다.

답 교통사고를 일으킨 경우에도 사망사고, 뺑소니 사고, 12개항 위반 사고(교통사고처리특례법 제3조 제2항 제1호~제12호), 업무상 과실·중대한 과실로 인한 중상해 사고만 아니라면 자동차종합보험에 가입되어 있거나 피해자와 합의가 이루어진 경우에는 형사처벌을 받지 않게 됩니다(교통사고처리특례법 제3조, 제4조). 그런데 위 12개항 위반 사고에는 중앙선 침범사고도 포함되어 있으므로(제2호), 중앙선을 침범하여 교통사고를 일으킨 경우에는 설령 자동차종합보험에 가입되어 있거나 피해자와 합의가 이루어진다고 하더라도 형사처벌을 면할 수 없을 것입니다.

여기에서 중앙선을 침범하여 교통사고를 일으키면 어떠한 경우에도 예외없이 중앙선 침범사고로 되어 자동차종합보험에 가입되어 있거나 피해자와 형사합의를 한다고 하더라도 형사처벌을 받게 되는지 문제됩니다. 판례에 의하면, "중앙선 침범사고란 교통사고의 발생지점이 중앙선을 넘어선 모든 경우를 가리키는 것이 아니라 「부득이한 사유없이」 중앙선을 침범하여 교통사고를 발생시킨 경우를 말하며, 여기의 부득이한 사유란 진행차로에 나타난 장애물을 피하기 위하여 다른 적절한 조치를 취할 겨를이 없거나, 자기의

---

158) 다만, 보험회사와 피해자간에 합의가 이루어지기 전까지 보험회사에게 통지해 주어야 할 것입니다.

진행차로를 지켜 운행하려 하였으나 운전자가 지배할 수 없는 외부적 여건으로 말미암아 부득이 중앙선을 침범하게 되어 중앙선을 침범한 운전자를 비난할 수 없는 객관적 사정이 있는 경우를 말한다."라고 판시하고 있습니다(대판 1991.10.11. 91도1783). 즉, 운전자가 중앙선을 침범하지 않을 수 없는 부득이한 사유가 있는 경우에는 중앙선 침범사고로 보지 않는다는 의미입니다.

그렇다면 어떤 경우에는 중앙선 침범 사고에 해당하고 어떤 경우에는 이에 해당되지 않는지는 결국 구체적 사안에 따라 판례를 통하여 정립될 것으로 보입니다. 지금까지 나타난 판례를 보면, 편도 1차선의 도로에서 제한속도로 운전하였으나 비나 눈이 내려 노면이 미끄러운 상태에서 전방에 정차하고 있는 버스를 발견하고 급제동하였으나 미끄러져 중앙선을 침범한 경우(대판 1990.5.8. 90도606), 자기의 차량도 다른 차량에 들이받혀서 이에 떠밀려 중앙선을 침범하게 되었고 이에 따라 마주오던 차와 충돌하여 교통사고가 난 경우(대판 1998.7.28. 98도832)에는 중앙선 침범사고로 보지 않는 반면, 중앙선이 황색실선이었고 앞서가던 버스가 승객을 태우기 위하여 일시 정차하여 진행로를 가로막고 있는 상태에서 이를 피해 앞서가기 위하여 그 중앙선을 침범하여 교통사고를 낸 경우에는 중앙선 침범사고에 해당한다고 판시하고 있습니다(대판 1985.9.10. 85도1264). 또한 이러한 판례에 비추어 볼 때 갑자기 도로에 뛰어든 어린아이 등을 피하기 위하여 중앙선을 침범한 경우나, 피자 등 배달 오토바이가 갑자기 도로에 나타나 이를 피하기 위하여 중앙선을 침범한 경우에는 중앙선 침범사고로 보지 않을 소지가 있다고 보이는 반면, 도로변에 주차되어 있는 차량이나 도로변에 방치되어 있는 물건 등을 피하기 위하여 중앙선을 침범한 경우에는 중앙선 침범사고에 해당한다고 볼 수 있을 것입니다.

이에 귀하의 사례를 살펴보면, 위와 같은 판례에 비추어 볼 때 귀하께서는 중앙선 침범사고로 되어 형사처벌을 받을 가능성이 크다고 보입니다. 다만, 귀하께서 자동차종합보험에 가입되어 있거나 피해자와 형사합의를 한 경우에는 그 형량에 있어서 감안이 될 소지는 있을 것입니다.

[사례 4·1·4] 횡단보도에서 교통사고를 일으킨 경우에는 예외없이 횡단보도 사고에 해당되어 처벌받게 되는지

문 저는 얼마 전에 보행자신호등이 적색이고 차량신호 등은 직진상태인 횡단보도에서 무단횡단하고 있던 甲을 앞서 진행하고 있는 시내버스에 가려 미처 발견하지 못하고 치인 교통사고를 일으켜 甲으로 하여금 전치 10주의 두부파열 및 요추부의 상해를 입힌 사실이 있습니다. 저는 자동차종합보험에 가입되어 있는데, 이러한 경우에도 교통사고처리특례법상 12개항 위반 등의 사고에 해당하여 형사처벌을 받게 되는지 알고 싶습니다.

답 교통사고를 일으킨 경우에도 자동차종합보험에 가입되어 있거나 피해자와 합의가 이루어진 경우에는 사망사고, 뺑소니 사고, 12개항 위반 사고(교통사고처리특례법 제3조 제2항 제1호~제12호), 또는 업무상 과실·중대한 과실로 인한 중상해 사고만 아니라면 형사처벌을 받지 않게 됩니다(교통사고처리특례법 제3조, 제4조). 그런데 위 12개항 위반 사고에는 횡단보도에서의 보행자를 치인 사고도 포함되어 있으므로(제6호), 횡단보도에서 보행자를 치인 교통사고를 일으킨 경우에는 설령 자동차종합보험에 가입되어 있거나 피해자와 합의가 이루어진다고 하더라도 형사처벌을 면할 수 없을 것입니다.

여기에서 횡단보도에서 보행자를 치인 교통사고를 일으키면 어떠한 경우에도 예외없이 횡단보도에서의 보행자보호의무위반으로 되어 자동차종합보험에 가입되어 있거나 피해자와 형사합의를 한다고 하더라도 형사처벌을 받게 되는지 문제됩니다. 이에 관한 판례를 살펴보면, ① 보행자의 보행신호등이 적색등화이고 차량신호등은 녹색등화인 상태에서 보행자가 무단횡단하고 있는 경우에, 차량운전자가 차량진행신호에 따라 진행한 이상 그 횡단보도 앞에서 감속하거나 일단 정지하지 않았다고 하더라도 위 무단횡단하는 보행자를 치인 교통사고는 횡단보도에서의 보행자 보호의무에 위반한 잘못이 없다고 하고 있으며(대판 1985.9.10. 85도1228), ② 보행자의 녹색등화가 깜빡거릴 때에는 보행자는 횡단을 시작해서는 안되며, 깜빡거리기 전에 이미 횡단을 시작하였어도 횡단하는 도중에 깜빡거리는 경우에는 신속히 횡단하거나 그 횡단을 중지하고 되돌아와야 한다는 것을 의미하므로, 보행자가 녹색등화가 깜빡거릴 때에 비로소 횡단보도를 건너기 시작함으로써 횡단 도중에 적색등화로 바뀌었고, 반면 차량신호등은 녹색등화로 바뀐 경우에 차량운전자가 그 차량신호등의 녹색등화(직진신호)에 따라 직직하던 중 위 횡단보도상의 보행자를 치인 경우에는 횡단보도에서의 보행자보호의무에 위반한 잘못이 없다고 하고 있고(대판 2001.10.9. 2001도2939), ③ 횡단보도에서의 보행자보호의무의 대상이 되는 것은 보행자에 한정하므로, 걸어서 횡단보도를 통행하는 사람, 손수레를 끌고 횡단보도를 통행하는 사람, 자전거나 오토바이를 끌고 횡단보도를 통행하는 사람은 그 대상이 되지만, 차를 운전하여 횡단보도를 통행하는 사람이나 자전거·오토바이를 타고 횡단보도를 통행하는 사람은 그 대상이 되지 않는다고 하고 있으며(대판 1990.10.16. 90도761), ④ 횡단보도에서의 보행자보호의무의 대상이 되는 보행자란 횡단보도에 있는 모든 경우를 의미하는 것이 아니라 횡단보도를 통행하고 있는 보행자에 한정되므로 횡단보도상에 엎드려 있었던 보행자를 치인 경우에는 횡단보도에서의 보행자보호의무에 위반되는 것이 아니라고 판시하고 있습니다(대판 1993.8.13. 93도1118).

결국 귀하의 사례에 대하여 살펴보면, 위 판례에 비추어볼 때, 귀하께서는 교통사고처리특례법상의 12개항 위반사고 중의 하나인 「횡단보도에서의 보행자보호의무 위반사건」에는 해당되지 않는다고 보이며, 또한 귀하께서 자동차종합보험에도 가입되어 있다고 하므로 형사처벌도 받지 않을 것으로 사료됩니다.

[사례 4·1·5] 여러 종류의 면허를 동시에 소지하고 있는 경우에 하나의 면허가 취소되면 다른 면허도 취소되는지

문 저는 시골 친척 甲의 아들 결혼식에 갔다가 위 甲의 부탁으로 제 소유의 16인승 승합자동차로 하객들을 마을까지 데려다 주다가 음주운전으로 적발되어 제1종 대형면허와 제1종 보통면허가 모두 취소된 사실이 있습니다. 이 경우에 대형면허라면 몰라도 보통면허까지 취소하는 것은 부당하다고 보여져서 행정소송을 제기하고 싶은데, 가능한지 박사님께 문의드리고 싶습니다.

답 도로교통법 제80조(운전면허)에 의하면 자동차의 운전면허에는 제1종 운전면허(대형, 보통, 소형, 특수), 제2종 운전면허(보통, 소형, 원동기장치자전거), 연습운전면허(제1종 보통, 제2종 보통)로 분류할 수 있고, 이러한 운전면허별로 운전할 수 있는 자동차의 종류는 자동차관리법 및 건설기계관리법에서 정한 자동차의 종류에 따라 도로교통법 시행규칙 제53조 「별표 18」에 규정되어 있습니다. 도로교통법상 자동차란 승용자동차, 승합자동차, 화물자동차, 특수자동차, 이륜자동차, 건설기계[159]를 의미하고, 이륜자동차 중 125cc 이하의 자동차와 50cc 미만의 원동기를 단 차를 원동기장치자전거라고 합니다(도로교통법 제2조 제18호, 제19호). 또한 자동차의 종별 내지 용도별 구분을 보면 승용자동차는 10인승 이하, 승합자동차는 11인승 이상, 화물자동차는 화물운송 바닥면적 2㎡ 이상, 특수자동차는 견인·구난·특수작업용, 이륜자동차(배기량 무관, 1인승 또는 2인승, 이륜자동차에서 파생된 3륜 이상 포함)로 구분됩니다(자동차관리법 시행규칙 제2조).

도로교통법 시행규칙 제53조 「별표 18」에 의하여 면허종류별로 운전할 수 있는 자동차 등을 보면 아래와 같습니다. 즉,

첫째, 대형면허입니다. 대형면허는 제1종만 있습니다. 대형면허로는 승용·승합·화물·긴급자동차, 건설기계 중 덤프트럭·아스팔트살포기·노상안정기·콘크리트믹서트럭·콘크

리트펌프·트럭적재식천공기·도로보수트럭·3톤 미만의 지게차, 특수자동차(견인차·구난차 제외), 원동기장치자전거를 운전할 수 있습니다.

둘째, 보통면허입니다. 보통면허는 제1종과 제2종으로 구분됩니다. 제1종 보통면허로는 승용자동차, 15인승 이하의 승합자동차, 12인승 이하의 승용·승합의 긴급자동차, 12톤 미만의 화물자동차, 3톤 미만의 지게차, 10톤 미만의 특수자동차(견인차·구난차 제외), 원동기장치자전거를 운전할 수 있고, 제2종 보통면허로는 승용자동차, 10인승 이하의 승합자동차, 4톤 이하의 화물자동차, 3.5톤 이하의 특수자동차(견인차·구난차 제외), 원동기장치자전거를 운전할 수 있습니다.

셋째, 소형면허입니다. 소형면허는 제1종과 제2종으로 구분됩니다. 제1종 소형면허로는 3륜화물자동차, 3륜승용자동차, 원동기장치자전거를 운전할 수 있고, 제2종 소형면허로는 이륜자동차, 원동기장치자전거를 운전할 수 있습니다.

넷째, 특수면허입니다. 특수면허는 제1종만 있습니다. 특수면허에는 다시 대형견인차면허, 소형견인차면허(3.5톤 이하), 구난차면허로 구분되며, 해당 면허별로 차종을 운전할 수 있습니다.

다섯째, 연습면허입니다. 연습면허도 제1종보통과 제2종보통으로 구분됩니다. 제1종보통 연습면허로는 승용자동차, 15인승 이하의 승합자동차, 12톤 미만의 화물자동차를 운전할 수 있고, 제2종보통 연습면허로는 승용자동차, 10인승 이하의 승합자동차, 4톤 이하의 화물자동차를 운전할 수 있습니다.

위와 같이 운면면허별로 운전할 수 있는 차종이 구분되어 있으므로 한 사람이 여러 종류의 운전면허를 취득한 경우에 이를 취소하거나 정지함에 있어서는 원칙적으로 서로 별개의 것으로 취급해야 하는 것이 타당할 것이지만, 운전면허는 그 성질상 대인적 면허에 해당되는 관계로 그 취소나 정지사유가 특정의 면허에 관한 것이 아니라 다른 면허와 공통된 것이거나 운전면허를 받은 사람에 관한 것일 경우에는 해당되는 면허 모두가 취소될 수 있습니다.

따라서 제1종 대형면허, 제1종 보통면허, 제1종 특수면허를 가지고 있는 자가 12인승 승합자동차를 음주운전하다 걸린 경우에는 제1종 대형면허와 제1종 보통면허는 취소 또는 정지될 수 있지만 제1종 특수면허는 취소 또는 정지되지 않을 것으로 보이고(대판 1998.3.24. 98두1031), 제1종 특수면허로만 운전할 수 있는 렉커를 음주운전하다 걸린 경우에는 제1종 특수면허만 취소 또는 정지사유에 해당할 뿐 제1종 대형면허나 제1종 보통면허의 취소 또는 정지사유에는 해당되지 않으며(대판 1998.5.29. 98두2515), 제1종 대형면허로만 운전할 수 있는 차량(예, 16인승 이상의 승합자동차)을 음주운전하다가 적발되어 제1종 대형면허가 취소 또는 정지되면 당연히 그와 관련된 제1종 보통면허까지 취소 또는 정지할 수 있다고 보이고(대판 1997.5.16. 96누18106), 제1종 보통면허와 원동기장치자전거 면허를 가지고 있는 자가 제1종 보통면허로 운전할 수 있는 자동차를 음주운전하다 적발되어 제1종 보통면허가 정지 또는 취소되면 원동기장치자전거 면허 또한 취소 또는 정지될 수 있다고 보입니다(대판 1996.11.8. 96누9959). 판례를 조금 더 살펴보면, 제1종 보통면허로 운전할 수 있는 차량으로 음주운전한 경우에는 이와 관련된 면허인 제1종 대형면허와 원동기장치자전거면허까지 취소할 수 있다고 하며(대판 1994.11.25. 94누9672, 1997.3.11. 96누15176), 제1종 보통면허와 제1종 특수면허를 가지고 있는 자가 개인택시로 음주운전한 경우에는 제1종 보통면허뿐만 아니라 제1종 특수면허도 취소된다고 하고 있습니다(대판 1996.6.28. 96누4992).

이러한 여러 판례를 종합해 보면, 한 사람이 여러 종류의 운전면허를 가지고 있는 상태에서 어떤 차량으로 운전하다가 도로교통법 위반으로 면허가 취소·정지되는 사유가 발생한 경우에는 해당 차량을 운전할 수 있는 모든 면허가 취소되는 취지로 보입니다. 즉 여러 종류의 운전면허를 가지고 있는 자가 상위의 운전면허로 운전할 수 있는 자동차를 음주운전하다 적발되어 그에 대한 면허가 취소 또는 정지되면, 「그와 관련된」 하위의 운전면허까지도 취소 또는 정지된다는 의미이며, 여기에서 「그와 관련된」 하위의 운전면허가 무엇인지에 대하여는 주로 판례에 의하여 결정될 것이지만, 승용자동차, 승합자동차, 화물자동차, 원동기자동차 간에는 서로 관련된 것으로 보는 것 같고, 위 자동차들과 특수면허로만 운전할 수 있는 트레일러·렉커간에는 서로 관련되지 않는 것으로 보는 것 같습니다. 예컨대, 오토바이로 음주운전 한 경우에는 제2종 소형면허를 비롯한 제1종 대형면허, 제1종 보통면허, 제1종 소형면허, 제1종 특수면허, 제2종 보통면허까지 모두 취소된다는 의미로 보인다는 것입니다(대판 2018.2.28. 2017두67476).

이에 귀하의 사례를 살펴보면, 귀하의 경우에도 제1종 대형면허가 취소되면 그와 관련된 제1종 보통면허도 취소된다는 것이 판례이므로, 제1종 보통면허가 취소된 부분에 대하여 이를 다투는 것은 힘들 수 있을 것으로 보입니다.

---

159) 여기에서 건설기계란 건설기계관리법 제2조 제1항 제1호에 의하여 동법 시행령 제2조 별표 1에 규정된 건설기계, 즉 불도저, 굴삭기, 지게차, 덤프트럭, 아스팔트살포기, 노상안정기, 콘크리트믹서트럭, 콘크리트펌프, 천공기, 타워크레인 등을 말합니다.

[사례 4·1·6] 교통사고시 뺑소니의 성립여부

문 저는 택시기사로서 생계를 꾸려나가고 있는데, 제 직업의 특성상 항시 교통사고의 위험에 노출되어 있습니다. 가벼운 접촉사고를 모르고 지나칠 때도 있을 수 있는데, 뺑소니에 해당되는 경우와 뺑소니에 해당되지 않는 경우에 대해서 궁금합니다. 이에 관하여 박사님께 문의드리고 싶습니다.

답 교통사고처리특례법(이하 '교특법')에 의하면, 교통사고 가해자가 종합보험에 가입되어 있는 경우에는 그 사고가 사망사고가 아니고, 12개항(교특법 제3조 제2항)에 위반되지 않으며, 업무상과실치상죄 또는 중과실치상죄를 범하여 생명에 대한 위험·불구·불치·난치병을 야기한 경우가 아니라면 피해자에게 상해를 입힌 경우에도 처벌되지 않으며, 나아가 피해자와 합의까지 이루어진 경우에는 업무상과실치상죄 또는 중과실치상죄를 범하여 생명에 대한 위험·불구·불치·난치병이 야기된 사건이라도 처벌을 받지 않습니다(교특법 제4조 제1항, 제32조 제2항).

그러나 예외적으로 뺑소니에 해당되면 종합보험에 가입되어 있거나 피해자와 합의가 이루어진 경우라도 처벌을 면치 못하게 될 뿐만 아니라(교특법 제3조 제2항 단서), 「특정범죄가중처벌 등에 관한 법률」(이하 '특정범죄가중법')에 의하여 가중처벌을 받게 됩니다(특정범죄가중법 제5조의3).

여기에서 뺑소니란 자동차 또는 원동기장치자전거로 인하여 인사 사고를 낸 가해자가 피해자에 대한 구호조치를 하지 않고 도주하거나 피해자를 사고장소로부터 옮겨 유기하고 도주함으로써 특정범죄가중법에 의하여 가중처벌되는 경우를 말합니다. 즉 뺑소니는 인사 사고를 내고 도주 또는 유기도주한 경우만을 말하며, 물적 피해만 일으키고 도주 또는 유기도주한 경우에는 뺑소니와 구별하여 '교통사고 후 미조치'라고 하고 도로교통법상으로는 처벌이 되지만,[160] 우리가 흔히 말하는 뺑소니에는 해당되지 않습니다.

이와 같이 뺑소니 사고는 종합보험에 가입되어 있거나 피해자와 합의를 한다고 하더라도 가중처벌되는 것이기 때문에 어떠한 경우에 뺑소니가 되는지 여부에 관해서 파악해 두고 뺑소니에 해당되지 않도록 주의할 필요가 있습니다. 그리고 교특법상으로는 자동차, 오토바이(50cc미만 포함), 자전거, 경운기사고로 인한 경우도 모두 적용되지만, 특정범죄가중법상 뺑소니는 자동차와 원동기장치자전거(50cc미만 오토바이 포함)로 인한 교통사고만 해당되고, 자전거나 경운기사고로 인한 교통사고는 해당되지 않습니다(특정범죄가중법 제5조의3).

아래에서 판례를 기준으로 뺑소니에 해당되는 경우와 그렇지 않는 경우에 대해서 살펴보기로 하겠습니다.

먼저 뺑소니에 해당되는 경우로는 아래와 같은 경우들입니다. 즉,

① 교통사고를 낸 자가 피해자를 병원에 데려다 주기는 하였으나, 피해자나 병원 측에 아무런 인적사항을 알리지 않고 날이 밝으면 다시 오겠다고 말한 후 병원을 떠난 경우(대판 1999.12.7. 99도2869)

② 운전자가 운행도중 무엇인가 차량에 부딪히는 느낌이 들었지만 별일 아닌 것으로 알고 그냥 지나쳤으나 피해자가 상해를 입은 것으로 확인된 경우(대판 2000.3.28. 99도5023)

③ 교통사고를 낸 자가 현장에 출동한 경찰순찰차에 의하여 피해자가 병원으로 후송되자 교통사고 야기사실을 숨기고 마치 목격자인 것처럼 행세한 경우로서 사고현장을 바로 이탈하지 않은 경우(대판 2003.3.25. 2002도5748)

다음으로 뺑소니에 해당되지 않는 경우로는 아래와 같은 경우들입니다. 즉,

① 교통사고를 낸 자가 피해자와 사고 여부에 대하여 언쟁하다가 동승했던 그의 처에게 사고처리를 부탁하고 그의 처가 사후처리를 한 경우(대판 1997.1.21. 96도2843)

② 교통사고를 낸 자도 부상을 당하여 피해자와 함께 경찰관에 의하여 병원으로 후송되어 치료를 받던 도중 병원비 부담 때문에 아무런 말도 없이 병원에서 나와 버린 경우(대판 2002.11.26. 2002도4986)

③ 교통사고를 낸 자가 사고현장에서 다친 곳이 없다고 말한 피해자와 차량손괴에 대한 합의를 하던 도중 경찰차의 사이렌 소리가 들리자 자신의 운전면허증만 건네주고 가버렸는데, 나중에 피해자가 상해진단서를 첨부하여 고소한 경우(대판 2003.4.25. 2002도6903)

④ 교통사고로 피해자의 승용차를 들이받았으나 피해자가 아픈 곳이 없다고 하여 별일이 없는 것으로 알고 연락처도 알려주지 않고 현장을 이탈하였는데, 나중에 피해자가 전치 1주의 허리통증(요추부통증)의 진단서를 첨부하여 고소하였으나 치료할 필요가 없이 자연적으로 치유될 수 있는 것인 경우(대판 2000.2.25. 99도3910)

⑤ 사고가 대낮에 발생하였고, 교통사고를 낸 자가 사고 직후 차에서 내려 피해자에게 사과하고 몸이 괜찮은지 여부를 확인한바, 피해자가 아프다는 말도 하지 않으므로 피해자의 표정과 손짓으로 보아 괜찮다는 의사를 표시한 것으로 경솔하게 판단하고 피해자에게 아무런 연락처도 남기지 않는 상태에서 현장을 떠났는데, 피해자가 2주간의 치료를 요하는 요추부 염좌상의 진단서를 첨부하여 뺑소니로 고소한 경우(대판 2005.11.24. 2005도6091)

이에 귀하께서는 위에서 살펴본 빵소니 사고의 성립여부에 관한 지식을 참고해서 빵소니 사고로 입건되지 않도록 주의하시기 바랍니다.

[사례 4·1·7] 아파트 단지나 그 지하주차장에서 무면허운전을 한 경우에도 무면허운전으로 처벌될 수 있는지

문 저는 면허가 취소되어 무면허인 상태인데 이웃집 아줌마 甲의 부탁으로 저희 아파트 단지 내에서 지하주차장까지 승용차를 운행해 준 사실이 있습니다. 그런데 甲과 평소 사이가 좋지 않았던 乙이 저를 무면허운전으로 신고해서 경찰이 출동했습니다. 저희 아파트 단지는 경비와 차단기가 설치되어 있고 담장으로 둘러쳐져 있습니다. 이와 같이 아파트 단지 내에서 무면허로 운전한 경우에도 무면허운전으로 처벌을 받게 되는지 박사님께 문의드리고 싶습니다.

답 도로교통법상 자동차를 운행함으로써 처벌되는 경우는 원칙적으로 도로에서 운전하는 경우만 해당되고, 도로가 아닌 곳에서 운전함으로써 처벌되는 경우는 예외적입니다. 여기에서 도로란 불특정·다수인 또는 차마가 통행할 수 있도록 공개된 장소로서 안전하고 원활한 교통을 확보할 필요가 있는 장소를 말하고, 도로가 아닌 곳이란 도로를 제외한 장소를 말하며, 운전이란 도로에서 차마를 그 본래의 용법에 따라 사용 또는 조종하는 것을 말합니다(도로교통법 제2조 제1호, 제2조 제26호). 따라서 무면허운전도 도로에서 운전한 경우에만 처벌될 뿐 도로가 아닌 곳에서 운전한 경우에는 무면허운전으로 처벌받지 않습니다. 예외적으로 도로가 아닌 곳에서 차량을 운전하는 경우에도 처벌되는 경우가 있는데, 다음과 같은 3가지의 경우입니다. 즉 ① 음주운전, ② 약물운전, ③ 인명사상 후 구호조치를 취하지 않거나 물건 손괴 후 인적사항을 남기지 않는 경우[161]입니다(도로교통법 제148조의2 제1항, 제3항, 제44조, 제45조, 제148조, 제54조 제1항).

한편 아파트 단지나 그 지하주차장이 도로에 해당되는지 여부는 아파트 단지 및 주차장의 규모·형태, 아파트 단지 및 주차장에 차단 시설이 설치되어 있는지 여부, 경비원 등에 의한 출입 통제 여부, 외부인이 주차장을 이용할 수 있는지 여부 등에 따라서 달라질 수 있는 바, 해당 아파트 단지나 주차장에 차단시설이 되어 있지 않고, 경비원 등 출

160) 도로교통법 제54조(사고발생시의 조치) "① 차의 운전 등 교통으로 인하여 사람을 사상하거나 물건을 손괴(이하 '교통사고'라고 한다)한 경우에는 그 차의 운전자나 그밖의 승무원(이하 '운전자등')은 즉시 정차하여 1. 사상자를 구호하는 등 필요한 조치, 2. 피해자에게 인적사항(성명·전화번호·주소 등) 제공의 조치를 하여야 한다." 제156조(벌칙) "주·정차된 차만 손괴한 것이 분명한 경우에 제54조 제1항 제2호에 따라 피해자에게 인적사항을 제공하지 않는 사람은 20만원 이하의 벌금이나 구류 또는 과료에 처한다."

161) 주·정차된 차를 손괴하고 피해자에게 성명·주소·전화번호 등 인적 사항을 제공하지 않는 자는 20만원

입통제시설도 없으며, 외부인이 아무런 제약 없이 이용할 수 있게 되어 있다면 도로라고 볼 수 있을 것이로되, 아파트 단지나 그 지하주차장으로서 아파트 주민이나 그와 관련된 용건이 있는 사람만 이용할 수 있고, 경비원 등이 자체적으로 관리하는 곳이라면 도로에 해당되지 않는다고 할 것입니다(대판 2017.12.28. 2017도17762).

이에 귀하께서 출입통제장치가 되어 있는 귀하의 아파트 단지 및 그 지하주차장에서 무면허 운전을 한 경우에는 도로가 아닌 곳에서 운전한 것으로 되어 도로교통법에서 금지하는 무면허운전에 해당하지 않아 무면허운전으로는 처벌받지 않을 것으로 보입니다.

참고로 위와 같이 아파트 단지나 그 지하주차장이 도로에 해당되지 않는다고 하더라도 음주운전을 하거나 사람을 사상한 후 구호조치를 취하지 않는 경우 또는 물건을 손괴하고 인적사항을 남기지 않는 경우에는 형사처벌이 될 수 있음을 주의해야 할 것입니다.

[사례 4·1·8] 운전면허가 취소된 후 운전면허를 재취득할 수 있는 기간

문 저는 직장에서 회식한 후 음주운전하다가 음주수치 0.13으로 면허가 취소되었습니다. 다행히 사고는 나지 않았고 종전에 음주운전한 전력은 없습니다. 부끄러운 질문이지만 제가 다시 운전면허를 따려면 얼마나 기다려야 하는지 박사님께 여쭈어보고 싶습니다.

답 운전면허에 관하여 규정하고 있는 법은 도로교통법입니다. 이에 의하면 운전면허에는 제1종 운전면허, 제2종 운전면허, 연습운전면허가 있고, 제1종 운전면허는 다시 대형면허, 보통면허, 소형면허, 특수면허(대형견인차면허, 소형견인차면허, 구난차면허)로, 제2종 운전면허는 보통면허, 소형면허, 원동기장치자전거면허로, 연습운전면허는 제1종 보통연습면허, 제2종 보통연습면허로 구분할 수 있습니다. 여기에서 제1종 보통면허는 15인승 이하 차량만 운전이 가능하고, 제2종 보통면허는 10인승 이하 차량만 운전이 가능합니다. 운전면허는 18세 이상이 되어야 딸 수 있습니다. 다만 원동기장치자전거는 16세 이상이면 딸 수 있고, 제1종 대형면허 또는 제1종 특수면허는 19세 이상이면서 자동차(이륜자동차 제외)의 운전경험이 1년 이상이어야 딸 수 있습니다.

한편 운전면허가 취소되거나 도로교통법을 위반한 경우에는 일정기간 운전면허를 재취득할 수 없습니다(도로교통법 제82조 제2항 본문). 즉 도로교통법 위반 범죄의 종류나 운전면허에 대한 취소원인에 따라 아래의 괄호기간 내에는 운전면허를 재취득할 수 없는 것

이하의 벌금이나 구류 또는 과료에 처해집니다(도로교통법 제156조 제10호, 제54조 제1항 제2호).

입니다. 즉,

① 무면허 운전자(1년)
② 무면허 3회 이상 위반자(2년)
③ 무면허운전으로 사람을 사상한 후 뺑소니자(5년)
④ 음주운전·과로·질병·약물운전으로 사람을 사상한 후 뺑소니자(5년)
⑤ 무면허·음주운전·과로·질병·약물운전 이외의 사유로 사람을 사상한 후 뺑소니자(4년)
⑥ 음주운전으로 3회 이상 교통사고를 일으킨 자(3년)
⑦ 자동차를 이용한 범죄행위자(3년)
⑧ 자동차 등을 절취·강취한 사람이 무면허 운전시(3년)
⑨ 음주운전 3회 이상(무면허 운전을 함께 위반한 경우 포함)으로 면허취소자 또는 부정면허 취득·자동차이용 살인·강간 및 자동차절취·강취로 인한 면허취소자(2년)
⑩ 그밖의 사유로 면허가 취소된 자(1년)(단 원동기장치자전거 면허는 6개월)

그리고 운전면허취소처분을 받은 사람은 운전면허 재취득의 결격기간이 끝났다고 해도 '특별한 교통안전교육'을 받지 않으면 운전면허를 재취득할 수 없습니다. 다만 적성검사를 받지 않았거나 운전면허증 미갱신으로 면허가 취소된 자는 기간의 제한 없이 언제든지 운전면허를 취득할 수 있습니다. 또한 위 ①~⑩항과 같은 사유로 벌금 미만의 형이 확정되었거나 선고유예의 판결이 확정된 경우 또는 기소유예나 소년법상의 보호처분결정이 있었던 경우에는 위 결격기간에 불구하고 운전면허를 재취득할 수 있습니다(도로교통법 제82조 제2항 단서).

이에 귀하께서는 음주운전을 하였지만 3회 이상 음주운전으로 면허가 취소된 것이 아니고 음주운전으로 인한 사고도 발생하지 않았다고 하므로 1년간만 기다리면 운전면허시험을 다시 봐서 재취득할 수 있을 것으로 보입니다.

[사례 4·1·9] 매수인 앞으로 자동차이전등록이 이루어지기 전에 교통사고가 발생한 경우에 매도인의 책임 여부

문 저는 친구 甲에게 비교적 저렴한 가격으로 제 자동차를 매도한 후 대금 전부를 받고 이전등록에 필요한 일체의 서류까지 넘겨주었으나, 甲이 자기명의로 이전등록을 하기 전에 자동차를 몰고 가다가 사고를 내고 말았습니다. 아직 제 명의로 자동차가 남아 있어서 걱정이 되는데, 이 경우에도 제가 책임을 져야 하는지 궁금해서 박사님께 문의드리는 바입니다.

답 자기를 위하여 자동차를 운행하는 자는 특별한 사정이 없는 한 그 운행으로 다른 사람을 사망하게 하거나 부상하게 한 경우에는 그 손해를 배상할 책임을 지게 됩니다(자동차손해배상보장법 제3조 제1항 본문). 여기에서 자기를 위하여 자동차를 운행하는 자란 자동차에 대한 운행을 지배하여 그 이익을 향수하는 책임주체로서의 지위에 있는 자를 가리키는 것으로서, 자동차의 소유자 또는 보유자는 통상 그러한 지위에 있는 것으로 추인된다고 할 것이므로, 사고를 일으킨 구체적인 운행이 소유자 또는 보유자의 의사에 기하지 않는 경우라도 그 운행에 있어서 소유자 또는 보유자의 운행지배와 운행이익이 완전히 상실되었다고 볼만한 특별한 사정이 없는 한 그 소유자 또는 보유자는 해당 사고에 대하여 자동차 운행자로서의 책임을 부담하게 됩니다. 따라서 자동차의 소유자가 타인에게 자동차를 매도하고 그 타인명의로 소유명의변경등록을 마치기까지 소유자의 명의로 자동차를 운행할 것을 타인에게 허용하였다면 그 자동차의 운행에 대한 책임을 부담하게 될 것입니다(대판 1995.1.12. 94다38212).

그런데, 자동차를 매도하기로 하고 인도까지 하였으나 아직 매수인 명의로 소유권이전등록이 경료되지 않는 경우에 아직 그 등록명의가 매도인에게 남아 있다는 사정만으로 그 자동차에 대한 운행지배나 운행이익이 매도인에게 남아 있다고 단정할 수는 없고, 이러한 경우 법원이 차량의 매매로 인한 매도인의 운행지배권이나 운행이익의 상실 여부를 판단함에 있어서는 위 차량의 매매 경위 및 인도 여부, 인수차량의 운행자, 이전등록서류 교부에 관한 당사자의 합의 내용, 차량의 보험관계 등 매도인과 매수인 사이의 실질적 관계에 관한 여러 사정을 심리하여 사회통념상 매도인이 매수인의 차량운행에 간섭을 하거나 지배·관리할 책무가 있는 것으로 평가할 수 있는지의 여부를 가려서 결정해야 할 것입니다(대판 1996.7.30. 95다54716, 1999.5.14. 98다57501, 2009.12.24. 2009다69432).

따라서 자동차 매도인이 매매대금을 완급받고 차량을 인도한 후 매수인에게 자동차등록부상 소유명의의 이전등록과 할부구입계약상의 채무자 명의변경 및 보험관계의 명의변경 등에 필요한 일체의 서류를 교부하여 매수인이 이전등록과 명의변경이 가능하였는데도, 할부금 보증인을 미처 구하지 못한 매수인의 사정으로 보험계약 만료일까지 명의변경절차를 미루다가 사고가 발생한 것이라면, 매도인은 차량에 대한 운행지배를 행사하거나 운행이익을 얻는 지위에서 벗어났다고 할 것인데 반하여(대판 1992.4.14. 91다41866), 자동차 매도인이 자동차를 매도하여 인도하고 잔대금까지 완제되었다고 하더라도 매수인이 그 자동차를 타인에게 전매할 때까지 자동차등록원부상의 소유명의를 매도인이 그대로 보유하기로 특약하였을 뿐만 아니라 그 자동차에 대한 할부계약상 채무자의 명의도 매도인이 그대로 보유하고 있고 자동차보험도 매도인 명의로 가입하도록 한 채 매수인으로 하여금 자동차를 사용하게 해왔다면, 매도인은 자동차를 운행하는 자에 해당하여 손해배상의 책임이 있다고 볼 것입니다(대판 1995.1.12. 94다38212). 요컨대, 자동차 매도인이 자동차를 매수인에게 인도한 후 이전등록을 마치지 않는 사이에 발생한 사고에 대해 매도인이 책임을 지느냐의 문제는 자동차 매도인에게 그 자동차에 대한 운행지배나 운행이익이 남아 있다고 볼 수 있는지 여부에 달려 있다고 보이는 바, 매도인이 대금 전부를 지급받고 인도한 경우에는 원칙적으로 매도인에게 책임이 없다고 볼 것이로되, 대금 전부를 받았다고 하더라도 매도인 명의로 사용을 승낙한 경우라든가 대금 전부를 아직 지급받지 않는 상태에서 자동차를 인도한 경우 등과 같이 예외적인 경우에는 매도인에게도 책임이 인정된다고 보입니다.

대물변제조로 자동차를 인도한 경우에도, 위에서 살펴본 매매와 마찬가지로, 아직 양수인 명의로 소유명의이전등록이 이루어지지 않았다고 하더라도 정산절차를 거쳐야 할 필요성이 없고 자동차종합보험도 양수인 명의로 가입하였다면 원칙적으로 대물변제자에게 책임이 없다고 보아야 할 것입니다(대판 1999.5.14. 98다57501).

자동차할부매매의 경우에는 어떻게 될까요? 자동차할부매매란 자동차회사가 자동차를 할부로 판매하여 매수인으로 하여금 운행하게 하되, 할부대금채권의 확보를 위하여 소유명의만을 유보한 경우를 말하는 것이기 때문에 자동차회사는 자동차에 대한 운행지배권이나 운행이익을 갖는 것이 아니어서 손해배상책임을 지지 않은 것입니다(대판 1990.11.13. 90다카25413). 따라서 할부로 자동차를 매수한 자가 이를 제3자에게 매도하면서 할부금을 제외한 잔금 전부를 지급받은 경우에는 원칙적으로 그 매도인은 책임을 지지 않는다고 할 수 있습니다(대판 1992.3.31. 92다510, 1996.7.30. 95다54716). 다만 할부로 매수한 자동차를 그 피용자에게 매도하면서 자동차종합보험은 매도인 명의로 가입하고 해당 자동차는 매도인의 사업과 관련된 외판업무에 사용토록 하였다면 매도인에게도 책임이 인정됩니다(대판 1992.4.14. 91다4102).

자동차등록명의를 대여해 준 경우에는 어떻게 될까요? 실제로 자기 소유의 자동차가 아니면서 그 등록명의만을 타인에게 대여해 준 경우에는, 그러한 사실을 피해자가 알고 있었던 경우와 같은 예외적인 경우를 제외하고는, 원칙적으로 책임을 지게 됩니다(대판 2009.9.10. 2009다37138·37145).

이에 귀하의 사건을 보건대, 귀하께서 甲에게 자동차를 매도했으면서도 아직 소유명의가 귀하께 남아 있는 상태에서 매수인 甲이 인도받은 자동차로 사고가 발생한 경우 귀하께서 책임을 지느냐 여부는 귀하에게 자동차에 대한 운행지배권이나 운행이익이 남아 있는지 여부에 따라 달라지는데, 귀하께서는 대금도 전부 지급받았고 이전등록에 필요한 사류까지 모두 넘긴 상태에서 사고가 발생한 경우이어서 귀하께서는 이미 운행지배권이나 운행이익을 상실하였다고 볼 수 있을 것이므로 귀하께서는 위 자동차사고에 대한 손해배상책임을 지지 않을 것으로 보입니다.

[사례 4·1·10] 무보험차에 의해 교통사고를 당한 피해자의 손배보상청구 방법

문 저는 횡단보도를 걷고 있던 중 신호를 위반한 甲의 차량에 의해 교통사고를 당하여 다리골절로 전치 10주의 중상해를 입었고, 제가 소지하고 있는 노트북도 전파된 사실이 있습니다. 그런데 위 차량의 운전자 甲은 종합보험은 물론 책임보험까지도 가입하지 않은데다 무일푼이어서 가진 재산이 하나도 없는 것 같습니다. 이 경우 제가 최소한도의 치료비라도 보상받을 길이 없는지 박사님께 문의드리고자 합니다.

답 예, 귀하의 사례는 자동차손해배상보장법(이하 '법')에 의한 정부의 자동차손해배상보장사업과 관련됩니다. 이 법에서 자동차란 자동차관리법의 적용을 받는 자동차와 건설기계관리법의 적용을 받는 건설기계 중 덤프트럭, 타이어식 기중기, 콘크리트믹서트럭, 트럭적재식 콘크리트펌프, 트럭적재식 아스팔트살포기, 타이어식 굴삭기, 트럭지게차, 도로보수트럭, 노면측정장비 등을 말합니다. 이러한 자동차에 의해 교통사고를 당한 피해자는 해당 자동차의 보유자가 책임보험에 가입하고 있는 경우에는 그 보험회사로부터 보상을 받으면 될 것이지만, 그 자동차가 무보험차량이거나 뺑소니 사고에 해당되는 경우에는 보상을 받기까지 꽤 어려운 과정을 거쳐야 할 것입니다.

이러한 불상사를 대비하기 위해 법에서는 정부로 하여금 피해자가 자동차보유자를 알 수 없는 자동차의 운행으로 사망하거나 부상당한 경우 또는 책임보험이나 공제에 가입하지 않은 차에 의해 교통사고를 당한 경우에는 책임보험금의 한도에서 그 피해를 의무적으로 보상해 주도록 하고 있습니다(법 제30조 제1항). 다만 국제연합군대 보유의 자동차, 미합중국군대 보유의 자동차, 국토교통부장관 지정 외국인 보유의 자동차, 견인되어 육지를 이동할 수 있도록 제작된 피견인자동차와 도로가 아닌 장소에서만 운행하는 자동차에 의해 교통사고를 당한 경우에는 정부에게 책임보험금을 지급할 의무가 인정되지 않습니다(법 제5조 4항).

그리고 이 경우의 손해보상금은 사망이나 부상 등 신체사고에 대해서만 보상이 이루어질 뿐이고 자동차 손괴 피해나 재물손해에 대해서는 보상에서 제외되며, 신체사고에 대한 보상금의 범위도 책임보험금의 한도 내에서 보험약관에서 정하는 기준에 따라 1인당 산정한 금액으로 제한되어 있습니다(대판 2009.3.26. 2008다93964).[162] 여기에서 1인당 산정기준은 아래와 같습니다(법 시행령 제19조). 즉

① 사망한 경우에는 1억 5,000만원의 범위에서 피해자에게 발생한 손해액(단, 손해액이 2,000만원 미만인 경우에는 2,000만원)

② 부상한 경우에는 1급(3,000만원), 2급(1,500만원), 3급(1,200만원), 4급(1,000만원), 5급(900만원), 6급(700만원), 7급(600만원), 8급(300만원), 9급(240만원), 10급(200만원), 11급(160만원), 12급(120만원), 13급(80만원), 14급(50만원)의 범위 내에서 피해자에게 발생한 손해액(단, 손해액이 자동차보험진료수가기준에 미달하는 경우에는 위 금액의 범위에서 진료비 해당액)

③ 후유장애가 발생한 경우에는 1급(1억 5,000만원), 2급(1억 3,500만원), 3급(1억 2,000만원), 4급((1억 500만원), 5급(9,000만원), 6급(7,500만원), 7급(6,000만원), 8급(4,500만원), 9급(3,800만원), 10급(2,700만원), 11급(2,300만원), 12급(1,900만원), 13급(1,500만원), 14급(1,000만원)의 범위 내에서 피해자에게 발생한 손해액

한편 정부는 피해자로부터 보상금에 대한 지급청구를 받으면 지체 없이 이를 심사한 후 보상금을 결정하고, 그 결정일부터 10일 내에 지급해야 하며, 피해자의 보상금 청구를 용이하게 하기 위하여 자동차의 운행으로 인한 사망 또는 부상 사고를 조사한 경찰서장은 정부가 운영하는 책임보험보장사업에 따라 피해자가 보상금을 받을 수 있다는 사실을 알려주도록 하고 있습니다(법 시행령 제10조 제5항, 제20조 제3항). 이러한 정부에 대한 피해자의 보상금청구권에 대해서는 압류할 수 없도록 하되, 피해자가 3년간 청구하지 않으면 소멸시효가 완성되어 청구가 불가하도록 하고 있습니다(법 제40조, 제41조). 한편 국토교통부장관은 이러한 정부의 자동차손해배상보장사업을 금융위원회와 협의하여 보험회사나 보험 관련 단체에 위탁할 수 있도록 하고 있고(법 제45조), 이에 따라 자동차보험을 취급하는 대부분의 보험회사가 여기에 해당되어 책임보험업무를 취급하고 있습니다. 따라서 피해자로서는 이러한 보험회사들 중 임의로 선정한 어느 한 곳에 일정한 구비서류를 갖추어 직접 보상금이나 가불금을 청구할 수 있습니다(법 제10조 제1항, 제11조, 법 시행령 제20조 제1항). 보상금에 대한 지급기준이나 구비서류는 모든 보험회사에 공통적인 것이어서 차이가 없습니다.

피해자의 보상금 청구시 구비서류로는 ① 보상금청구서(청구인의 성명 및 주소, 청구인과 사망자의 관계, 피해자 및 가해자의 성명 및 주소, 사고 발생의 일시·장소 및 개요, 해당 자동차의 종류 및 등록번호, 청구금액 등 기재), ② 진단서 또는 검안서, ③ 가족관계증명서·주민등록등본·인감증명, ④ 교통사고사실확인원 또는 보유자불명 교통사고사실확인원 등입니다.

이에 귀하께서는 무보험차량에 의해 교통사고를 당한 경우이므로 치료비 등 귀하의 사고피해에 대해서는 국내의 책임보험을 취급하는 보험회사 중 어느 한 곳에 위 구비서류를 준비해서 제출하면 책임보험금의 한도 내에서 귀하께서 입은 피해보상금을 10일 내에 지급받을 수 있을 것으로 보입니다. 다만 이를 초과한 신체사고에 대한 피해와 노트북 손괴 부분은 정부의 자동차손해배상보장사업에 의해 보장이 이루어지지 않으므로 자동차소유자나 운전자를 상대로 별도로 민사절차를 통해서 배상받아야 할 것으로 보입니다.

[사례 4·1·11] 횡단보도상 녹색신호가 깜빡일 때 출발한 보행자를 적색신호로 바뀐 후 발견 못하고 충돌한 운전자의 형사책임 여부

문 저는 횡단보도에서 보행자용 녹색신호등이 깜빡거리기 시작할 때 건너기 시작하여 도중에 적색신호등으로 바뀌었음에도 불구하고 계속 횡단보도를 건너는 보행자 甲을 앞차에 가려 미처 발견하지 못하고 제 승용차로 충돌하여 상해를 입힌 사실이 있습니다. 이러한 경우에도 횡당보도상의 교통사고에 해당되어 피해자와 합의를 하거나 자동차종합보험에 가입해 있다고 하더라도 무겁게 형사처벌을 받게 되는지 걱정되어 박사님께 상담을 드리고자 합니다.

답 차량의 운전자가 업무상과실 또는 중과실로 인하여 교통사고를 일으켜 사람을 다치게 한 경우에는 5년 이하의 금고 또는 2천만원 이하의 벌금에 처해집니다(형법 제268조, 교통사고처리특례법 제3조 제1항). 다만 이 경우에도 피해자와 합의를 하거나 자동차종합보험에 가입되어 있고 피해자에게 생명에 대한 위험이 발생하거나 불구·불치 또는 난치의 질병이 생긴 경우가 아니라면 처벌을 받지 않을 수 있지만, 횡단보도에서의 보행자 보호의무를 위반하여 교통사고를 일으킨 소위 횡단보도 사건의 경우에는 설령 피해자와 합의를 하거나 자동차종합보험에 가입되어 있다고 하더라도 처벌을 면치 못하게 됩니다(도로교통법 제27조 제1항, 교통사고처리특례법 제3조 제2항 단서 제6호, 제4조 제1항 단서 제1호, 제2호).

162) 이와 관련하여 판례는 정부의 자동차손해배상보장사업에 따른 신체사고에 대한 보상금의 범위는 실손해액을 기준으로 산정하는 책임보험금과 달리 보험업법에 따라 인가된 책임보험의 보험금 한도액 내에서 책임보험의 약관이 정하는 보험금 지급기준에 의한 금액만을 지급해야 한다고 판시하고 있지만(대법원 2009.3.26. 선고 2008다93964 판결), 둘 사이에 큰 차이는 없는 것으로 보이며, 다만 책임보험의 약관에는 "제5조(보상하지 않는 손해) 보험계약자 또는 피보험자의 고의로 인한 손해는 「대인배상 I」에서 보상하지 않습니다. 다만, 「자동차손해배상보장법」 제10조의 규정에 따라 피해자가 보험회사에 직접 청구를 한 경우, 보험회사는 자동차손해배상보장법령에서 정한 금액을 한도로 피해자에게 손해배상금을 지급한 다음 지급한 날부터 3년 이내에 고의로 사고를 일으킨 보험계약자나 피보험자에게 그 금액의 지급을 청구합니다."라는 규정만 추가되어 있는 것이 다를 뿐입니다.

그렇다면 횡단보도에서의 교통사고 모두가 횡단보도 사건으로 되어 피해자와 합의를 하거나 자동차종합보험에 가입되어 있다고 하더라도 무조건 처벌을 면치 못하게 될까요? 그렇지는 않습니다. 횡단보도에서의 보행자 보호의무를 위반하여 운전한 횡단보도 사건이란 횡단보도상의 신호가 녹색신호등일 때만 해당되고, 적색신호등이어서 통행자가 통행할 수 없는 신호등일 때에는 횡단보도 사건으로 취급되지 않으며, 이는 횡단보도상의 신호가 처음에는 녹색신호였으나 통행자가 횡단보도를 다 건너기 전에 적색신호로 바뀐 후 계속 횡단보도를 통행한 보행자를 충돌한 경우에도 마찬가지로 횡단보도 사건에 해당되지 않습니다. 판례도 위와 같은 경우 운전자로서는 사고발생방지에 관한 업무상 주의의무위반의 과실이 있음은 별론, 도로교통법상의 횡단보도에서의 보행자보호의무를 위반한 잘못이 없다고 판시하고 있고(대판 2001.10.9. 2001도2939), 교통사고발생 당시의 신호가 차량진행 신호였다면 사고지점이 비록 횡단보도상이라고 하더라도 운전자가 그 횡단보도 앞에서 감속하거나 일단 정지하지 않았다고 해서 횡단보도에서의 보행자 보호의무를 위반한 것이라고 할 수 없다고 판시하고 있습니다(대판 1985.9.10. 85도1228).

따라서 귀하의 사건을 보건대, 귀하께서는 비록 횡단보도상에서 보행자 甲을 충돌하였더라도 이는 횡단보도에서의 보행자보호의무를 위반한 횡단보도 사건이라고 할 수 없을 것이어서 甲과 합의를 하거나 자동차종합보험에 가입되어 있고, 甲에게 생명에 대한 위험이 발생하거나 불구·불치 또는 난치의 질병이 생긴 경우가 아니라면 형사처벌을 받지 않을 것으로 보입니다. 다만 귀하께서 甲과 합의를 하지 못하고 자동차종합보험에만 가입되어 있는 경우에는 甲의 상태가 생명에 대한 위험상태이거나 불구·불치 또는 난치의 질병 상태에 있는 경우에는 형사처벌을 면치 못하게 될 것이므로 어떻게든 피해자와 합의를 하는 것이 현명할 것으로 보입니다.

[사례 4·1·12] 도로상의 장애물을 피하기 위하여 중앙선을 침범한 경우에도 중앙선침범사고에 해당되어 처벌을 받게 되는지

문 저는 편도 1차선의 아스팔트 포장도로를 제한속도의 범위 안에서 운행하던 중 우회전하다가 전방에 정차하고 있던 시내버스를 발견하고 급제동조치를 취하였으나 빗길에 미끄러져 중앙선을 침범한 교통사고를 일으켜 甲을 치인 인사사고가 발생하였습니다. 이러한 경우에도 제가 중앙선침범사고에 해당되어 형사처벌을 받게 되는지 박사님께 문의드리고 싶습니다.

답 중앙선을 침범한 교통사고, 즉 중앙선침범사고로 사람이 죽거나 다친 경우에는, 설령 피해자와 합의를 하거나 자동차종합보험에 가입되어 있고 피해자에게 생명에 대한 위험이나 불구·불치 또는 난치의 질병이 생긴 경우가 아니라고 하더라도, 형사처벌을 면치 못하게 됩니다(도로교통법 제13조 제3항, 교통사고처리특례법 제3조 제2항 단서 제6호). 따라서 운전자는 항시 중앙선을 침범하지 않도록 주의해야 합니다. 다만 중앙선침범사고란 교통사고의 발생지점이 중앙선을 넘어서는 모든 경우를 가리키는 것이 아니고, '부득이한 사유' 없이 중앙선을 침범하여 교통사고를 일으킨 경우만을 뜻합니다(대판 1998.7.28. 98도832). 여기에서 '부득이한 사유'란 진행차로에 나타난 장애물을 피하기 위하여 다른 적절한 조치를 취할 겨를이 없었다거나 자기 차로를 지켜 운행하려고 하였으나 운전자가 지배할 수 없는 외부적 여건으로 말미암아 어쩔 수 없이 중앙선을 침범하게 되는 등 중앙선 침범 자체에 운전자를 비난할 수 없는 객관적 사정이 있는 경우를 말하는 것입니다.

따라서 비가 내려 노면이 미끄러운 상태에서 운전자가 우회전을 하다가 전방에 정차하고 있는 앞차를 발견하고 급제동조치를 취하였으나 빗길 때문에 미끄러져 중앙선을 침범하기에 이른 것이라면 운전자가 앞차를 피하기 위하여 다른 적절한 조치를 취할 방도가 없는 상황에서 부득이 중앙선을 침범하게 된 것이어서 중앙선침범사고에 해당되지 않을 것입니다(대판 1990.5.8. 90도606).

이에 귀하의 사건을 보건대, 귀하께서 비록 중앙선을 침범하여 교통사고를 낸 것이지만 빗길 상태에서 정차한 버스를 피하기 위하여 다른 적절한 조치를 취할 방도가 없는 상황에서 부득이 중앙선을 침범하게 된 것이라고 판단되므로 중앙선침범사고로는 처벌되지 않을 것으로 보입니다.

[사례 4·1·13] 위법한 현행범인체포 후 음주측정거부시 도로교통법위반죄(음주측정거부)로 처벌받을 수 있는지

문 저는 전날 밤 술을 마신 뒤 식당 인근 공터에 차량을 그대로 둔 채 귀가하였다가 다음날 아침 차량을 이동시켜 달라는 전화를 받고 약 2m 가량 운전해서 이동·주차하였는데 그 과정에서 차량을 완전히 빼날라는 공사장 인부들과 시비가 붙었고 누군가 저를 음주운전으로 신고하였는지 경찰관이 출동해서 지구대까지 임의동행을 요구하였으나 이를 거부하자 저를 도로교통법위반죄(음주운전)의 현행범으로 체포해서 지구대로 데리고 가서 음주측정을 요구하였습니다. 이러한 경찰관의 행위가 적법한지 박사님께 문의드리고 싶습니다.

답 현행범인은 누구든지 영장 없이 체포할 수 있습니다(형사소송법 제212조). 다만 현행범인으로 체포하기 위해서는 행위의 가벌성, 범죄의 현행성과 시간적 접착성, 범인·범죄의 명백성 이외에 체포의 필요성, 즉 도망 또는 증거인멸의 염려가 있어야 하며, 이러한 요건을 갖추지 못한 현행범의 체포는 법적 근거에 의하지 않는 위법한 체포에 해당한다고 할 것입니다(대판 1999.1.26. 98도3029).

여기에서 현행범인의 체포 요건을 갖추었는지 여부는 체포 당시의 상황을 기초로 판단해야 하며, 이에 관한 검사나 사법경찰관 등 수사주체의 판단에는 상당한 재량이 인정되지만, 체포 당시의 상황으로 볼 때 그 요건의 충족 여부에 관한 검사나 사법경찰관 등의 판단이 경험칙에 비추어 현저히 합리성을 잃은 경우에는 그 체포는 위법하다고 보아야 할 것입니다(대판 2002.6.11. 2000도5701, 2002.12.10. 2002도4227).

이에 귀하의 사건을 보건대, 귀하께서 전날 늦은 밤까지 마신 술 때문에 아직 덜 깬 상태였던 것으로 보이기는 하지만, 술을 마신 때로부터 이미 상당한 시간이 경과한 후에 운전을 하였으므로 도로교통법위반죄(음주운전)를 저지른 현행범이라고 쉽게 속단하기 어렵고, 귀하께서 식당 인근 공터에서 2m 가량 운전하였을 뿐 귀하 스스로 운전할 의도를 가졌다거나 차량을 이동시킨 후에도 계속해서 운전할 태도를 보인 것도 아니어서 사안이 경미하며, 당시에는 아침 시간이었던 데다가 출동한 경찰관으로서도 귀하께서 전날 밤에 술을 마셨다는 얘기를 들어서 술을 마신 때로부터 상당한 시간이 지난 후라는 것을 충분히 알 수 있었고, 출동한 경찰관이 음주측정기를 소지하였더라면 임의동행이나 현행범의 체포 없이도 현장에서 곧바로 음주측정을 시도할 수 있었을 것으로 보이는 등 여러 정황들을 고려해 보면, 경찰관이 귀하를 현행범으로 체포한 것은 그 요건을 갖추지 못해 위법하고, 그와 같이 위법한 체포상태에서 이루어진 경찰관의 음주측정요구 또한 위법하다고 하지 않을 수 없으므로 귀하께서는 도로교통법위반죄(음주측정거부)로 처벌을 받지 않을 것으로 보입니다.

[사례 4·1·14] 운전면허취소·정지처분에 대한 이의신청과 행정심판 및 행정소송

문 저는 4톤 트럭으로 농산물을 판매하면서 생계를 꾸려가고 있는 사람인데, 얼마 전에 집에서 술을 먹고 있던 중 아이가 아파 급히 병원으로 싣고 가다가 혈중알콜농도 0.11의 음주운전으로 걸려 운전면허취소처분을 받았습니다. 제가 운전을 하지 못하게 되면 저희 식구들은 생계를 꾸려나가기가 불가능하게 됩니다. 이에 제게 내려진 운전면허취소처분에 대해 어떠한 절차를 통하여 구제를 받을 수 있는지 박사님께 문의드리고 싶습니다.

답 도로교통법상 자동차운전면허취소·정지처분의 개별기준을 보면, 혈중알콜농도 0.1% 이상의 음주상태에서 운전한 경우와, 0.05% 이상의 음주운전 중 사망 또는 상해사고를 일으킨 경우, 2회 이상 0.05% 이상의 음주운전의 전력이 있는 자가 다시 0.05% 이상으로 음주운전시, 음주운전측정에 불응시, 음주측정불응의 전력이 있는 자가 다시 0.05% 이상으로 음주운전시에는 운전면허취소처분이 가능하도록 되어 있고, 0.05% ~ 0.1% 미만의 상태에서 음주운전한 경우에는 운전면허정지처분을 내릴 수 있도록 되어 있습니다(도로교통법 시행규칙 제91조 제1항 별표 28).

다만 이러한 운전면허행정처분기준은 행정청 내부의 사무처리 기준 준칙을 규정한 것에 지나지 않으므로 음주운전을 한 경우라도 운전면허를 취소·정지처분을 내릴 것이냐의 여부는 행정청의 재량행위에 속합니다. 그러나 사실상 이러한 처분기준에 의하여 운전면허의 취소나 정지처분이 이루어지고 있는 것이 현실입니다.

따라서 혈중알콜농도가 0.1% 이상이 되어 운전면허가 취소되거나, 0.05% 이상 ~ 0.1% 미만이 되어 운전면허가 정지되었다고 하더라도 생계형 운전자인 경우 등 일정한 경우에 그 사유를 잘 소명하면 구제를 받을 수도 있을 것입니다. 운전면허의 취소 또는 정지처분에 대하여 이의 있는 자는 이의신청을 할 수도 있고, 이의신청을 하지 않고 곧바로 행정심판을 청구할 수도 있으며, 여기에서 받아들여지지 않으면 행정소송을 검토하는 것입니다.

먼저 운전면허의 취소 또는 정지처분에 대한 이의신청은 그 처분을 받은 날부터 60일 내에 처분청인 지방경찰청장에게 이의를 신청해야 합니다.

다음으로 행정심판은, 이의신청을 거치지 않고도 청구할 수 있고 이의신청 도중에 청구할 수도 있지만, 운전면허취소 또는 정지처분의 통지서를 받은 날부터 90일 내, 그 처분이 있은 날부터 180일 내에 처분청인 지방경찰청장에게 청구해야 합니다. 다만 이의신청을 한 자가 행정심판을 청구할 때에는 이의신청의 결과를 통보받은 날부터 90일 내에 청구하면 되므로 그만큼 시간을 벌 수 있는 실익이 있습니다. 그런데 이의신청이나 행정심판을 제기한다고 해서 운전면허취소·정지처분의 효력이 정지되는 것은 아니어서 운전을 할 수 없는 상태가 되므로 무면허 운전이 되지 않기 위해서는 이의신청이나 행정심판을 청구하기 전에 또는 이와 동시에 운전면허취소·정지처분에 대한 효력정지신청을 해서 본안심판확정시까지 운전면허취소·정지처분에 대한 효력을 정지시켜 둘 필요가 있을 것입니다.

그리고 마지막 수단인 행정소송은 반드시 행정심판의 재결을 거쳐야만 제기할 수 있으며, 행정심판을 건너뛰고는 제기할 수 없습니다(교통사고처리특례법 제142조). 행정소송은 행정심판의 재결서 정본을 송달받은 날부터 90일 내에, 그 처분이 있은 날부터 1년 내에 제기해야 합니다.

그렇다면 운전면허취소나 면허정지처분에 대한 구제절차에서 어떤 사유가 감경사유로 작용하고 따라서 신청시 어떤 내용을 기재하는 것이 유리할까요? 이의신청시 감경사유가 작용하게 되면 운전면허행정처분 이의심의위원회의 심의·의결을 거쳐 처분이 감경될 수 있습니다.

이의신청에 대한 심사에서 감경사유로 작용하는 것을 구체적으로 살펴보면, ① 운전이 가족의 생계를 유지할 중요한 수단이 된 경우, ② 모범운전자로서 처분당시 3년 이상 교통봉사활동에 종사하고 있는 경우, ③ 교통사고를 일으키고 도주한 운전자를 검거하여 경찰서장 이상의 표창을 받은 사람 등을 들 수 있습니다. 그밖에 ④ 본인 및 가족의 중대질환, ④ 음주운전을 할 수밖에 없었던 긴급사정, ⑤ 사회공헌활동이나 선행사항, ⑥ 마을주민이나 지인들의 탄원서 등이 작용할 수 있을 것이므로 조금이라도 감경에 참작할 만한 사항이 있으면 신청사유로 기재하는 것이 좋을 것입니다(도로교통법 시행규칙 제91조 제1항 별표 28).

이는 행정심판을 청구하거나 행정소송을 제기할 때에도 마찬가지입니다. 다만 다음과 같은 사유들, 예컨대 ① 혈중알코올농도가 0.12퍼센트를 초과하여 운전한 경우, ② 음주운전 중 인적피해 교통사고를 일으킨 경우, ③ 경찰관의 음주측정요구에 불응하거나 도주한 때 또는 단속경찰관을 폭행한 경우, ④ 과거 5년 내에 3회 이상의 인적피해 교통사고의 전력이 있는 경우 또는 과거 5년 이내에 음주운전의 전력이 있는 경우, ⑤ 과거 5년 내에 운전면허 취소처분을 받은 전력이 있는 경우, ⑥ 과거 5년 내에 3회 이상 인적피해 교통사고를 일으킨 경우, ⑦ 과거 5년 내에 3회 이상 운전면허 정지처분을 받은 전력이 있는 경우, ⑧ 과거 5년 내에 운전면허행정처분 이의심의위원회의 심의를 거치거나 행정심판 또는 행정소송을 통하여 행정처분이 감경된 경우에는 감경심사시 불리하게 작용할 수 있습니다.

따라서 귀하께서는 생계형 운전자임을 강력히 주장하면서 위에서 살펴본 감경사유를 비롯하여 귀하께서 찾을 수 있는 모든 감경사유들을 찾아내어 신청서에 기재하는 등으로 이의신청이나 행정심판, 나아가 행정소송을 통하여 구제받는 절차를 거치면 좋은 결과가 나올 수 있을 것으로 보입니다.

제 2 장 형사 편

제1절 형법·특별형법

[사례 4·2·1] 형벌의 종류와 범칙금·과태료 등 행정벌과의 구별

문 저는 노점상을 운영하는 사람인데, 제 직업의 특성상 도로를 점용하여 자판을 깔고 장사를 하는 관계로 늘상 벌금 등의 형벌이나 범칙금 또는 과태료를 달고 삽니다. 그런데 어떤 때는 벌금이 나오고 또 어떤 때는 범칙금이나 과태료가 부과되기도 해서 헷갈립니다. 이에 형벌에 관하여 알고 싶고, 범칙금이나 과태료와는 어떻게 구별되는지 이번 기회에 확실히 알고 싶어 박사님께 문의드리는 바입니다.

답 형벌이란 국가가 범죄자에 대하여 그 책임에 상응하여 과하게 되는 법익의 박탈을 말합니다. 이러한 형벌은 형법과 각종 특별형법에서 규정하고 있습니다. 형벌에는 사형, 징역, 금고, 자격상실, 자격정지, 벌금, 구류, 과료, 몰수의 9종이 있고, 위 순서대로 형의 경중이 따져집니다(형법 제41조). 다만 유기금고의 장기가 유기징역의 장기를 초과하는 때에는 금고를 중한 것으로 합니다(형법 제50조 제1항 단서). 이 중에서 사형을 생명형, 징역·금고·구류를 자유형, 자격정지·자격상실을 명예형, 벌금·몰수·과료를 재산형이라고 합니다.

사형은 교수형 등의 방법으로 생명을 박탈하는 최고의 형벌이고, 징역형은 수형자를 교도소 내에 구치하여 노역을 시키는 자유형이며, 금고형은 징역형과 같이 수형자를 교도소 내에 구치하되, 노역을 시키지 않는 자유형입니다.

자격상실은 사형·무기징역·무기금고의 판결을 받은 자에 대하여 당연히 일정한 자격을 상실시키는 명예형을 말하는데, 공무원이 되는 자격, 공법상 선거권과 피선거권, 각종 법률로 정한 공법상의 업무에 관한 자격, 법인의 이사·감사·지배인 및 법인의 업무에 관한 검사역·재산관리인의 자격을 상실시키는 것을 말하고, 자격정지는 일정 기간 동안 일정 자격의 전부 또는 일부를 정지시키는 명예형을 말하는 것으로서, 유기징역·유기금고의 판결을 받은 자에 대하여 공무원이 되는 자격, 공법상 선거권과 피선거권, 각종 법률로 정한 공법상의 업무에 관한 자격이 당연히 정지되는 당연형 정지와 그밖에 별도로

자격정지형을 선고함으로써 1년 이상~15년 이하의 기간 동안 일정 자격의 전부 또는 일부를 정지시키는 선고형 정지를 포함합니다.

벌금은 범죄인에 대하여 일정한 금전을 강제적으로 지불토록 하는 재산형으로서 5만원 이상을 과하는 것을 말하고, 구류는 수형자를 교도소 내에 구치시키되, 기간이 1일 이상~30일 미만의 단기 자유형을 과하는 것을 말하며, 과료는 벌금과 같이 일정한 금전을 강제적으로 지불토록 하는 재산형이로되, 2천원 이상~5만원 미만으로 소액을 과하는 것을 말하고, 몰수는 범죄와 관련된 물건 등의 재산을 강제적으로 빼앗는 재산형을 말합니다.

벌금형 및 과료는 금전을 납부토록 하는 재산형이지만 이를 납부하지 않게 되면 자유형으로 바뀔 수 있습니다. 즉 벌금과 과료는 판결확정일로부터 30일 내에 납부해야 하며 판결을 선고함에 있어서는 이를 납부하지 않을 경우의 유치기간을 정하여 동시에 선고하게 되는데, 벌금은 1일 이상~3년 이하 기간 동안, 과료는 1일 이상~30일 미만의 기간 동안 노역장에 유치하여 작업에 복무하게 할 수 있도록 하는 것입니다(형법 제69조, 제70조 제1항). 이때 벌금이 1억원 이상~5억원 미만인 경우에는 최소한 300일 이상, 5억원 이상~50억원 미만인 경우에는 최소한 500일 이상, 50억원 이상인 경우에는 최소한 1,000일 이상의 기간 동안 노역장에 유치토록 함으로써 고액의 벌금부과자에 대하여 황제노역이 되지 않도록 일정 기간 이상 노역장에 유치하도록 하고 있습니다(형법 제70조 제2항). 물론 벌금 또는 과료의 선고를 받은 자가 그 일부를 납입한 때에는 벌금 또는 과료액과 유치기간의 일수에 비례하여 납입금액에 상당하는 일수를 공제할 것입니다.

이러한 형벌을 받게 되면 「형의 실효 등에 관한 법률」에 의하여 일정 기간 동안 전과기록으로 남게 됩니다.

한편 이러한 형벌과 구별하여 전과기록으로 남지 않게 되는 행정벌[163]로서 행정형벌의 일종에 속하는 범칙금과 행정질서벌에 속하는 과태료가 있습니다.

범칙금이란 일상생활에서 흔히 발생하는 경미한 범칙행위에 대하여 경찰서장이나 세무서장 또는 관세청장 등의 행정청이 통고처분에 의하여 일정액의 금전 또는 물품의 납부를 통고한 후 그 통고를 받은 자가 납부기간 내에 이를 납부한 경우에는 해당 범칙행위에 대하여 공소를 제기하지 않을 것이로되, 납부하지 않게 되면 즉결심판절차로 회부하여 형사절차로 전환되도록 하는 특수한 제도를 말하는 것으로서, 형벌(행정형벌 포함)과 행정질서벌의 중간에 위치한 행정형벌의 일종에 해당하는 것이라고 할 수 있습니다.

범칙금의 납부대상이 되는 범칙행위에 관하여는 경범죄처벌법이나 도로교통법, 자동차관리법, 자동차손해배상보장법, 출입국관리법, 조세범처벌절차법, 관세법, 수산생물질병관리법 등에서 규정하고 있습니다. 예컨대, 경범죄처벌법에 위반하여 20만원 이하의 벌금이나 구류 또는 과료에 처해지도록 되어 있는 범죄에 대하여는 원칙대로 한다면 형벌인 벌금이나 구류 또는 과료에 처해야 할 것이지만 이러한 행위를 동시에 범칙행위라고 규정해 놓고 형벌을 과하기 전에 먼저 통고처분을 내려 범칙금납부통고서를 발부한 후 이를 납부토록 함으로써 형벌을 피할 수 있도록 하되, 이에 불복하거나 납부하지 않을 경우에만 즉결심판에 회부하여 20만원 이하의 벌금이나 구류 또는 과료라는 형벌에 처해질 수 있도록 하는 것을 말합니다(경범죄처벌법 제6조~제9조). 이는 사소한 범죄 때문에 범법자가 되는 것을 막기 위한 취지에서 도입된 제도라고 할 것입니다.

물론 즉결심판에 회부되어 벌금을 선고받더라도 이는 일반 형사절차에서의 벌금과 달리 전과기록에 해당되지 않아 전과자로 남지 않을 것이로되(형의 실효 등에 관한 법률 제5조 제1항 제1호), 이러한 즉결심판의 결과에 불복하여 정식재판에서 벌금이 선고된 경우에는 전과기록(범죄경력자료)으로 남게 될 것입니다. 구류나 과료는 즉결심판에서 선고받든 일반 형사절차에서 선고받든 판결이 확정되는 즉시 수사경력자료에서 삭제되기 때문에 전과기록으로 남지 않습니다(형의 실효 등에 관한 법률 제8조의2 제2항 제3호).

그리고 과태료는 행정상의 질서유지를 위하여 행정법규상의 각종 신고나 보고 또는 장부비치의무의 위반 등 일정한 행정상의 의무위반행위에 대하여 행정청이 과하는 금전벌을 말합니다. 과태료의 근거는 각종 행정법규 또는 지방자치단체의 조례이며, 행정청이 부과한 과태료에 대하여 불복이 있는 경우에는 비송사건절차법에 따라 과태료재판의 절차로 이행하게 됩니다.

범칙금을 납부한 경우에는 일사부재리의 원칙상 동일한 범칙행위로 인하여 별도로 형벌이 과해지는 경우는 없으나 행정질서벌인 과태료는 형사처벌인 형벌과 그 성질이나 목적 등에 있어서 엄연히 구별되어 별개이므로 일사부재리의 원칙이 적용되지 않음에 따라 과태료를 납부했다고 하더라도 별도로 형사처벌인 형벌이 과해질 수 있습니다.

이에 귀하께서도 위에서 설명드린 바를 참고하시어 형사처벌에 속하는 형벌로서의 벌금과 행정형벌의 일종인 범칙금 및 행정질서벌에 속하는 과태료에 관하여 각각 그 의미와 특성을 잘 파악하셔서 향후 벌금이나 범칙금 또는 과태료가 부과될 경우 잘 대처하시기 바랍니다.

---

163) 행정벌이란 행정법규에 의한 명령이나 금지위반에 대하여 과해지는 제재로서의 벌을 말합니다. 행정벌은 행정형벌과 행정질서벌로 구분되는데, 행정형벌은 형법상의 형벌이 과해지는 행정벌로서 일반 형벌과 동일하고, 행정질서벌은 행정상의 질서유지를 위해 행정법규상의 신고나 보고 또는 장부비치의무의 위반 등 일정한 행정상의 의무위반행위에 대하여 과해지는 금전벌을 말합니다.

[사례 4·2·2] 벌금의 분할납부 또는 납부연기신청과 그 사유 및 절차

문 저는 오리농장에서 일용직으로 취업하여 근로하는 사람인데, 친구들이 놀러와 저녁 늦게까지 술을 먹은 후 음주운전하다가 벌금 200만원과 이를 납부하지 않을 경우 60일간 노역에 유치한다는 약식명령을 받은 사실이 있습니다. 그런데 벌금 200만원이라는 돈은 일용직으로 근근이 살아가는 제 처지로서는 한꺼번에 납부하기가 벅찹니다. 이에 벌금을 분납하거나 납부를 연기할 수 있는지 박사님께 문의드리고자 합니다.

답 형법상 벌금형은 5만원 이상으로 하되, 감경하는 경우에는 5만원 미만으로 할 수 있다고 되어 있지만(형법 제45조), 실무상 벌금형은 즉결심판 등 일부 예외적인 경우를 제외하고는 보통 20만원~30만원 이상으로 선고할 뿐 그 이하로 선고한 예는 거의 없습니다.

벌금은 약식명령이나 판결이 확정된 날부터 30일 내에 납부해야 하며, 이를 납부하지 않으면 1일 이상~3년 이하의 기간 동안 노역장에 유치되어 작업에 복무하게 되는데(형법 제69조), 우리 서민들이야 해당 사항이 없겠지만 고액벌금자에 대해서는 황제노역을 방지한다는 차원에서 예외적으로 하한선을 두어 벌금이 1억원 이상~5억원 미만인 경우에는 300일 이상, 5억원 이상~50억원 미만인 경우에는 500일 이상, 50억원 이상인 경우에는 최소한 1,000일 이상 유치되어 작업에 복무하도록 하고 있습니다(형법 제70조).

벌금은 재판이 확정된 후 체납처분 등 그 집행을 받음이 없이 3년이 경과되면 시효가 완성되므로 납부하지 않아도 되고(형법 제78조 제6호), 붙잡혀서 유치되었다고 하더라도 미납 벌금을 전액 납부하면 그 즉시 유치에서 풀려나게 됩니다.

그런데 가난하고 영세한 우리 서민들은 보통 50만원~500만원 정도의 벌금이 부과되는 경우가 많은데, 이마저도 큰 돈이라 일시불로 내기가 만만치 않을 때가 있습니다. 이에 법에서 마련한 제도가 벌금분할납부(이하 '벌금분납') 또는 납부연기제도입니다. 즉 2016년 1월 6일 형사소송법의 일부 개정으로 벌금·과료·추징·과태료 등의 분할납부나 납부연기 또는 신용카드나 체크카드 등 납부대행기관을 통한 납부의 근거가 마련되어 2018년 1월 7일부터 시행되고 있는 것입니다.[164] 다만 그 구체적인 절차는 법무부령인 「재산형 등에 관한 검찰 집행사무규칙」(이하 '재산형집행규칙')에 의하게 되어 있습니다.

이에 의하면 벌금부과자 모두가 벌금분납이나 납부연기의 혜택을 받을 수 있는 것이 아니고 일정한 자로 제한되어 있습니다. 즉, ① 수급권자, ② 차상위계층 중 의료급여대상자·한부모가족보호대상자·자활사업참여자, ③ 장애인, ④ 본인 외에는 가족을 부양할 사람이 없는 자, ⑤ 불의의 재난으로 피해를 당한 자, ⑥ 납부의무자 또는 그 동거가족이 질병이나 중상해로 1개월 이상의 장기 치료를 받아야 하는 경우 그 납부의무자, ⑦ 개인회생절차개시결정자, ⑧ 실업급여수급자, ⑨ 그밖의 부득이한 사유가 있는 자만이 벌금분납이나 납부연기의 혜택을 받을 수 있는 것입니다(재산형집행규칙 제12조 제1항). 그런데 여기에서 '⑨ 그밖의 부득이한 사유가 있는 자'도 벌금분납이나 납부연기대상자가 될 수 있다는 사실에 주목해야 합니다. 즉 위 ①~⑧항에 해당되지 않는 자도 담당검사의 재량에 따라 벌금분납이나 납부연기를 받을 수 있게 되어 있으므로 자신이 벌금분납이나 납부연기를 할 수밖에 없는 그밖의 사유를 잘 소명해서 신청하면 그 혜택을 받을 수 있다는 것입니다.

벌금을 부과받은 자가 벌금분납 또는 납부연기를 받으려면 검찰청 민원실 또는 검찰청 집행과나 징수과에 비치되어 있는 「벌금분할납부신청서(또는 벌금납부연기신청서)」를 작성해서 검찰청 민원실에 접수하면 되며, 그에 대한 가부결정은 검찰청의 집행과 또는 징수과를 거쳐 담당검사가 하게 됩니다. 신청서에는 납부의무자의 성명·생년월일·주소, 죄명, 벌과금 등의 종류, 납부할 금액, 분할납부 금액, 납부시기 및 방법, 벌금분납 또는 납부연기사유, 신청인 및 전화번호 등을 기재하도록 되어 있습니다.

검사가 이러한 벌금분납 또는 납부연기신청을 받은 경우에는 신청대상자의 경제적 능력, 벌과금 등의 액수, 분할납부 또는 납부연기시 이행가능성, 노역장 유치 집행의 타당성 등을 고려하여 분할납부 또는 납부연기의 필요성이 있다고 인정되는 경우에는 이를 허가하게 됩니다. 분할납부 또는 납부연기 기한은 6개월 내로 하되, 해당 분할납부 또는 납부연기의 사유가 소멸되지 않는 경우에는 3개월의 범위 내에서 그 기한을 2회에 한하여 연장할 수 있습니다. 만약 분할납부 또는 납부연기의 허가를 받은 사람이 정당한 사유 없이 2회에 걸쳐 허가 내용을 이행하지 않는 경우에는 분할납부 또는 납부연기가 취소될 수 있으니 주의해야 합니다.

이에 귀하께서는 벌금분납 또는 납부연기 사유에 관한 위 ①~⑧항에 해당되는지 여부를 파악해 보시고, 여기에 해당되지 않는다고 하더라도 위 ⑨항의 '그밖의 부득이한 사유'를 소명할 수 있는 자료들을 나름대로 잘 수집해 보고 벌금분납신청서나 납부연기신청서를 작성해서 검찰청 민원실에 접수해 보면 담당검사의 판단에 따라 벌금분납이나 납부연기의 혜택을 받을 수 있을 것으로 보입니다.

---

164) 따라서 2018년 1월 7일부터는 「재산형 등에 관한 검찰 집행사무규칙」 제15조의2에 의하여 벌금도 신용카드나 체크카드로 납부할 수 있게 되었고, 신용카드나 체크카드는 그 성질상 할부가 가능한 것이므로

[사례 4·2·3] 벌금형 대신 사회봉사로 대체하여 집행받을 수 있는 제도

문 저는 수급자로서 대구에서 중국음식점에 취업하여 일을 하고 있는데, 술 취한 손님과 시비가 붙어 폭행으로 가게 되었고 급기야 벌금 300만원에 처하는 약식명령까지 받은 사실이 있습니다. 그런데 벌금 300만원이라는 돈은 제 월급으로는 도저히 납부할 수 없는 돈이어서 몸으로 때울 수 있는 방법이 있는지 박사님께 문의드리고자 합니다.

답 벌금형을 선고받은 자는 그 판결이 확정된 날부터 30일 내에 이를 납부해야 하며, 이를 납부하지 않는 때에는 1일 이상~3년 이하의 기간 동안 노역장에 유치되어 작업에 복무하게 됩니다(형법 제69조). 그런데 그날 벌어서 그날 사는 가난한 서민들에게는 소액의 벌금이라도 이를 납부하기 곤란한 때가 많습니다.

이에 벌금미납자에 대한 노역장 유치를 사회봉사로 대체하여 집행할 수 있는 특례와 절차를 규정해서 경제적인 이유로 벌금을 낼 수 없는 사람의 편익을 도모하기 위해서 2009년 3월 25일 「벌금 미납자의 사회봉사 집행에 관한 특례법」(이하 '법')이 제정되었고, 동년 9월 26일부터 시행되고 있습니다. 이에 따라 벌금형을 선고받고 형이 확정된 자는 그 주거지 관할 지방검찰청의 검사에게 사회봉사를 신청할 수 있습니다. 사회봉사를 허가받고 그 전부 또는 일부를 이행한 때에는 집행한 사회봉사 시간에 상응하는 벌금액을 납부한 것으로 보게 됩니다(법 제13조).

그런데 벌금형을 선고받은 자 모두가 이러한 사회봉사를 신청할 수 있는 것이 아니고 일정한 요건에 충족된 자만 신청할 수 있습니다. 아래에서 사회봉사의 요건과 신청절차에 대해 살펴보기로 하겠습니다.

첫째, 벌금이 3백만원 이하라야 사회봉사로 대체집행을 신청할 수 있습니다.

둘째, 검사로부터 벌금에 대한 납부명령을 받은 날부터 30일 내에 신청해야 합니다. 다만 검사로부터 벌금의 일부납부 또는 납부연기를 허가받은 자는 그 허가받은 기한 내에 신청할 수 있습니다.

셋째, 3백만원 이하의 벌금형이라도 법에서 정해 놓은 사회봉사의 부적격자, 즉 ① 징역 또는 금고와 동시에 벌금을 선고받은 자, ② 판결문에 벌금 선고와 동시에 벌금을 완납할 때까지 노역장에 유치한다고 기재되어 있는 자, ③ 다른 사건으로 형 또는 구속영장이 집행되거나 노역장에 유치되어 구금 중인 자, ④ 사회봉사를 신청하는 해당 벌금에 대하여 법원으로부터 사회봉사를 허가받지 못하였거나 취소당한 사람이 재신청한 경우(단, 이후 사회봉사 불허가사유가 소멸한 경우는 예외)에 해당되지 않는 경우이어야 합니다.

이에 의해서도 분할납부의 목적이 달성될 수 있을 것으로 보입니다.

넷째, 사회봉사 불허가사유에 해당되지 않아야 합니다. 여기에서 사회봉사 불허가사유란 ① 벌금이 3백만원을 초과하거나 신청기간이 지난 자가 신청한 경우, ② 앞서 살펴본 사회봉사 부적격자(법 제4조 제2항 각호)가 신청한 경우, ③ 정당한 사유없이 법원의 출석요구나 자료제출 요구를 거부한 경우, ④ 신청인이 일정한 수입원이나 재산이 있어 벌금을 낼 수 있다고 판단되는 경우, ⑤ 질병이나 그밖의 사유로 사회봉사를 이행하기에 부적당하다고 판단되는 경우를 말하며, 이와 같은 경우에는 사회봉사를 신청할 수 없습니다.

벌금형을 받은 사람이 사회봉사를 신청하려면 「사회봉사신청서」를 작성하고, 여기에 소명자료, 즉 ① 판결문 또는 약식명령서 사본, ② 소득금액증명서 또는 소득이 없어 소득신고를 하지 않은 경우에는 그 사실을 확인할 수 있는 자료, ③ 재산세납부증명서, ④ 수급자인 경우에는 수급자증명서, ⑤ 그밖에 일정한 수입원이나 재산이 없음을 확인할 수 있는 자료를 첨부하여 그 주거지를 관할하는 지방검찰청의 검사에게 제출하면 됩니다.

사회봉사신청서를 제출받은 검사는 신청일부터 7일 내에 사회봉사의 요건을 검토한 후 사회봉사 불허가사유가 없으면 법원에 사회봉사허가를 신청하게 되는데, 이때 법원은 사회봉사허가 청구를 받은 날부터 14일 내에 벌금미납자의 경제적 능력, 사회봉사 이행에 필요한 신체적 능력, 주거의 안정성 등을 고려하여 사회봉사허가 여부를 결정하게 되며, 이를 검사와 신청인에게 서면으로 통지하고, 허가확정일부터 3일 이내에 사회봉사 대상자의 주거지를 관할하는 보호관찰소장에게도 사회봉사허가서, 판결문 등본, 약식명령 등본 등과 같은 사회봉사의 집행에 필요한 서류를 송부하게 됩니다.

사회봉사 대상자도 사회봉사허가를 고지받은 날부터 10일 내에 사회봉사 대상자의 주거지를 관할하는 보호관찰소장에게 그 주거, 직업, 성명 및 주민등록번호, 가족관계 또는 교우관계, 최종 학력, 특기, 특정 분야 근무경력 및 자격증, 사회봉사허가 결정 내용, 운전면허증에 관한 사항을 신고해야 합니다. 반면 사회봉사를 허가받지 못한 벌금미납자는 그 결정을 고지받은 날부터 15일 내에 벌금을 납부해야 하며, 이 기간 내에 납부하지 않는 때에는 노역장에 유치될 수 있습니다.

한편 사회봉사의 집행은 보호관찰관이 하되, 보호관찰관은 그 집행의 전부 또는 일부를 국·공립기관이나 그밖의 단체 또는 시설의 협력을 받아 집행할 수 있습니다. 사회봉사의 집행은 사회봉사가 허가된 날부터 6개월 내에 마쳐야 하되, 특별한 사정이 있으면 검사의 허가를 받아 6개월의 범위 내에서 한 번 기간을 연장하여 집행할 수 있습니다(법 제11조). 그런데 사회봉사가 힘들기도 하고 벌금도 일부 준비가 된 경우에는 사회봉사의 이행을 마치기 전에 벌금의 전부 또는 일부를 납부할 수 있으며, 이 경우 사회봉사 시간에 상응하는 금액을 공제하는 방법으로 산정된 벌금 잔액을 납부하면 됩니다.

이에 귀하께서도 귀하의 주거지 관할 검찰청 민원실에 가서 「사회봉사신청서」 서식을 교부받아 작성하고, 위에서 본 바와 같은 소명서류를 첨부해서 제출하면 검사의 결정 및 법원의 사회봉사허가결정에 따라 벌금형을 사회봉사로 대체하여 집행을 받을 수 있을 것으로 보입니다.

[사례 4·2·4] 남의 싸움을 말리거나 맞고 있는 사람을 구하는 과정에서 폭행 등이 이루어진 경우의 정당행위 내지 정당방위 인정 여부

문 저는 평소 의협심이 강해서 불의를 참지 못한 성격이어서 가끔씩 다른 사람의 싸움에 끼어들 때가 많습니다. 요즘은 세상이 요상해서 아무도 맞고 있는 사람을 도와주지 않고 있는데, 그도 그럴 것이 괜히 남의 싸움에 끼어들었다가 경찰서에 불려다니고 법정에 출두해야 하며 심지어는 형사처벌까지 받을 수 있기 때문일 것입니다. 그런데 저와 같이 의협심 많은 사람이 남의 싸움을 말리거나 맞고 있는 사람을 구하는 과정에서 필수적으로 수반되는 물리적 충돌에 대하여 정당행위나 정당행위로 인정받아 형사처벌을 받지 않게 될 수 있는지 박사님께 문의드리고 싶습니다.

답 귀하의 문제와 관련하여, 먼저 일반인들이 길을 가다가 맞고 있는 사람을 본체만체 하거나 구경만 하고 있는 경우에 처벌을 받지 않게 되는지 문제됩니다. 위와 같은 부작위가 범죄로 되려면 그 부작위자에게 피해자를 구해야 할 보증인적 지위가 있어야 합니다. 이러한 보증인적 지위란 법령이나 계약, 조리 또는 선행행위에 의하여 발생하게 됩니다. 예컨대, 친권자의 보호의무, 친족간의 부양의무, 경찰관의 보호조치의무, 의사의 진료 및 응급조치의무, 교통사고를 일으킨 운전자의 구호의무, 고용계약에 의한 보호의무, 간호사의 환자보호의무 등이 보증인적 지위가 인정되는 대표적인 것들입니다. 이러한 보증인적 지위에 있는 자에게는 법적으로 작위의무가 주어져 있으므로 피해자를 방치한 경우에는 형사처벌이 따르게 됩니다. 그러나 지나가는 행인과 같이 피해자와 아무런 보증인적 지위가 인정되지 않는 자에게는 그 피해자가 폭행당하고 있든 말든, 물에 빠져 있든 말든, 이를 구해야 할 법적 의무가 주어져 있는 것이 아니므로 비록 도의적 비난을 받을 수 있을망정 형사처벌은 받지 않습니다.

한편 귀하와 같이 싸움을 하고 있거나 일방적으로 폭행을 당하고 있는 상황을 묵과할 수 없는 의협심 강한 일반인들로서는 싸움을 말린다거나 피해자를 구하는 과정에서 부득이 가해자에게 신체적 타격을 가하는 경우가 있는데, 이러한 행위가 정당행위 내지 정당방위로 인정되어 처벌을 받지 않게 되는지 문제됩니다. 이 문제에 관하여는 먼저 형법과 판례의 태도를 살펴보는 것이 타당할 것입니다.

형법에서는 정당행위와 정당행위를 규정하여 여기에 해당되면 처벌을 받지 않는 것으로 규정하고 있습니다. 즉 형법 제20조(정당행위)에서는 “법령에 의한 행위 또는 업무로 인한 행위 기타 사회상규에 위배되지 아니하는 행위는 벌하지 아니한다”라고 규정하고 있고, 동법 제21조(정당방위)에서는 “자기 또는 타인의 법익에 대한 현재의 부당한 침해를 방위하기 위한 행위는 상당한 이유가 있는 때에는 벌하지 아니한다”라고 규정하고 있습니다. 그리고 판례에 의하면 형법 제20조(정당행위) 소정의 ‘사회상규에 위배되지 아니하는 행위’란 법질서 전체의 정신이나 그 배후에 놓여 있는 사회윤리 내지 사회통념에 비추어 용인될 수 있는 행위를 말하고, 어떠한 행위가 사회상규에 위배되지 않는 정당한 행위로서 위법성이 조각되는 것인지는 구체적인 사정 아래서 합목적적, 합리적으로 고찰하여 개별적으로 판단되어야 하므로, 이와 같은 정당행위가 인정되려면, 첫째 그 행위의 동기나 목적의 정당성, 둘째 행위의 수단이나 방법의 상당성, 셋째 보호이익과 침해이익의 법익 균형성, 넷째 긴급성, 다섯째 그 행위 이외의 다른 수단이나 방법이 없다는 보충성 등의 요건을 갖추어야 하고, 형법 제21조(정당방위) 소정의 정당방위가 성립하려면 침해행위에 의하여 침해되는 법익의 종류, 정도, 침해의 방법, 침해행위의 완급과 방위행위에 의하여 침해될 법익의 종류, 정도 등 일체의 구체적 사정들을 참작하여 방위행위가 사회적으로 상당한 것이어야 한다고 판시하고 있습니다(대판 2003.9.26. 2003도3000, 1992.12.22. 92도2540, 2004.6.25. 2003도4934). 이를 토대로 폭행에 대하여 정당행위 내지 정당방위가 성립하는지 여부에 관한 판례상의 사례를 살펴보면, 아주 예외적인 일부의 경우를 제외하고는 거의 정당행위나 정당방위를 인정하지 않고 있는 것으로 보입니다.

즉, 아래와 같이 대부분의 판례는 싸움 사건에서 정당방위를 인정하지 않고 있는 것입니다.

① 가해자의 행위가 피해자의 부당한 공격을 방위하기 위한 것이라기보다는 서로 공격할 의사로 싸우다가 먼저 공격을 받고 이에 대항하여 가해하게 된 것이라고 봄이 상당한 경우, 그 가해행위는 방어행위인 동시에 공격행위의 성격을 가지므로 정당방위라고 볼 수 없습니다(판 2000.3.28. 2000도228, 2004.6.25. 2003도4934).

② 상호 폭행을 가하는 쟁투는 쟁투사 쌍방이 공격방어를 반복하는 일난의 연속적 쟁투행위이고 이에는 정당방위의 관념을 용납할 여지가 없고, 또한 싸움과 같은 일련의 상

호투쟁 중에 이루어진 구타행위는 서로 상대방의 폭력행위를 유발한 것이므로 정당방위가 성립되지 않습니다(대판 1960.2.17. 4292형상860, 1996.9.6. 95도2945).

③ 피해자 일행 중 1명의 뺨을 때린 데에서 비롯된 가해자 등의 행위는 피해자 일행의 부당한 공격을 방위하기 위한 것이라기보다는 서로 공격할 의사로 싸우다가 먼저 공격을 받고 이에 대항하여 가해하게 된 것이라고 봄이 상당하고 이와 같은 싸움의 경우 가해행위는 방어행위인 동시에 공격행위의 성격을 가지므로 정당방위 또는 과잉방위행위라고 볼 수 없습니다(대판 1993.8.24. 92도1329).

④ 피고인이 그 소유의 밤나무 단지에서 피해자가 밤 18개를 푸대에 주워 담는 것을 보고 푸대를 빼앗으려다 반항하는 피해자의 뺨과 팔목을 때려 상처를 입혔다면 위 행위가 비록 피해자의 절취행위를 방지하기 위한 것이었다고 하여도 긴박성과 상당성을 결여하여 정당방위라고 볼 수 없습니다(대판 1984.9.25. 84도1611).

다만 예외적으로 판례가 정당방위를 인정하는 사례를 살펴보면 아래와 같습니다.

① 서로 격투를 하는 자 상호간에는 공격행위와 방어행위가 연속적으로 교차되고 방어행위는 동시에 공격행위가 되는 양면적 성격을 띠는 것이므로 어느 한쪽 당사자의 행위만을 가려내어 방어를 위한 정당행위라거나 또는 정당방위에 해당한다고 보기 어려운 것이 보통이나, 외관상 서로 격투를 하는 것처럼 보이는 경우라고 할지라도 실지로는 한쪽 당사자가 일방적으로 불법한 공격을 가하고 상대방은 이러한 불법한 공격으로부터 자신을 보호하고 이를 벗어나기 위한 저항수단으로 유형력을 행사한 경우라면, 그 행위가 적극적인 반격이 아니라 소극적인 방어의 한도를 벗어나지 않는 한 그 행위에 이르게 된 경위와 그 목적·수단 및 행위자의 의사 등 제반 사정에 비추어 볼 때 사회통념상 허용될 만한 상당성이 있는 행위로서 위법성이 조각된다고 할 것입니다(대판 1999.10.12. 99도3377, 1984.9.11. 84도1440, 1999.10.12. 99도3377, 2010.2.11. 2009도12958).

② 타인이 보는 자리에서 자식으로부터 인륜상 용납할 수 없는 폭언과 함께 폭행을 가하려는 피해자를 1회 구타한 행위는 피고인의 신체에 대한 법익뿐만 아니라 아버지로서의 신분 또는 법익에 대한 현재의 부당한 침해를 방위하기 위한 행위로써 정황에 비추어 볼 때 피고인으로서는 피해자에게 일격을 가하지 않을 수 없는 상당한 이유가 있는 행위로써 정당방위에 해당합니다(대판 1974.5.14. 73도2401).

③ 피고인 경영의 주점에서 3인이 통금시간이 지나도록 외상술을 마시면서 접대부와 동침시켜 줄 것을 요구하고 이를 거절한데 불만을 품고 내실까지 들어와 피고인의 처가 있는데서 소변까지 보므로 피고인이 항의하자 그중 한 명이 그 일행과 함께 피고인을 집단구타하므로 피고인이 그를 업어치기식으로 넘어뜨려 그에게 전치 12일의 상해를 입

힌 경우에는 정당방위로 되어 죄가 되지 않습니다(대판 1981.8.25. 80도800).

이에 귀하의 사건과 같이, 싸움을 하고 있는 사람들간에 끼어들어 말리거나 일방적으로 맞고 있는 사람을 구하는 과정에서는 필수적으로 가해자와 신체적인 접촉을 할 수밖에 없을 것인데, 실무상으로는 멱살을 잡거나 옷깃을 끄는 행위 또는 손목을 끌거나 비트는 행위들이 모두 폭행에 해당되므로 자칫 쌍방 폭행에 휘말릴 수 있고, 그러다 보면 경찰서나 검찰에 불려가고 법정에 서야 하는 문제가 있고, 때로는 가해자에게 오히려 사정을 해야 하는 문제도 생길 수 있습니다. 따라서 일반인들이 싸움을 말리거나 피해자를 구해주고 싶어도 망설이거나 방관하는 경우도 많은데, 매스컴에서는 왜 행인들이 맞고 있는 피해자를 방치해 두고 그냥 지나치냐고 비난을 하는 경우가 잖지만, 이는 법을 운영하는 경찰이나 검찰 또는 법원의 책임이 크다고 보입니다.

저자의 사견으로는 싸움을 말리거나 남을 구하려다가 쌍방 폭행으로 엮인 경우에는 다소 무리가 뒤따르더라도 사회의 공동체적 판단으로 과감히 정당행위나 정방방위를 인정해서 가해자를 말리거나 피해자를 구하려는 사람에게 피해가 가지 않도록 하는 법 개정이나 법 적용의 개선이 필요하다고 봅니다. 또한 이러한 방향으로의 여론도 형성되어야 할 것으로 보이는 바, 남의 불행을 두 눈 딱 감고 지나침으로써 경찰서나 법정에 불려나가지 않는 것이 상수라는 사회적 풍토가 고착되어서는 안될 것으로 보입니다. 그런 점에서 위와 같은 공익적 성격의 사건들에 대해서는 다른 여느 사건처럼 개인적 사건으로만 보고 자로 재듯이 수사나 재판을 해서는 안된다고 보며, 넓게 사회라는 숲을 보면서 수사나 재판을 해야 한다고 생각됩니다. 이에 싸움을 말리거나 폭행당하고 있는 사람을 구하는 것이 윤리적 미덕으로 뿐만 아니라 법적으로도 보호되고 장려되는 사회가 되기 위한 경찰이나 검찰 또는 법원 판사의 노력이 더욱 절실히 요구되는 이유이기도 합니다. 그렇지 않으면 좋은 일을 하기 위해서는 부득불 경찰이나 검찰에 불려가고 법정에 서야 하며, 심지어는 형사처벌까지 감수해야 한다는 논리가 성립되어 길거리에서 누가 맞아 죽는다고 해도 방관하는 사람이 똑똑하고 당연시되는 그런 세상이 될 수밖에 없을 것입니다.

이로 볼 때 싸움을 말리거나 맞고 있는 피해자를 구하는 행위 등에 대한 정당행위 내지 정당방위의 인정에 아직까지는 인색한 현실을 감안할 때, 귀하께서는 남의 싸움에 개입하거나 맞고 있는 피해자를 구하는 과정에서는 물리력을 행사하지 않도록 주의하시고, 주로 말로 개입하거나 말리도록 할 것이로되, 가급적이면 112나 119 등 공적 기관에 신속히 신고를 해서 그들로 하여금 처리토록 하는 것이 현명할 것으로 보입니다.

[사례 4·2·5] 성범죄와 관련된 형사처벌 법규 개관

문 저는 고등학교 교사로서 이번 신학기부터 학생들의 성상담을 담당하는 직책을 맡게 되었는데, 요즘은 성 관련 범죄를 규율하는 법률들이 많기도 할 뿐더러 자주 바뀌어서 뭐가 뭔지 잘 모르겠습니다. 이에 박사님께 성관련 범죄에 관한 법률들과 해당 법률들에 의한 처벌 관계를 알고 싶어 문의드리고 싶습니다.

답 현행법상 성범죄 내지 성폭력범죄의 처벌과 관련된 법으로는 형법과 「성폭력범죄의 처벌 등에 관한 특례법」(이하 '성폭력처벌법'), 「아동·청소년의 성보호에 관한 법률」(이하 '아청법'), 그리고 「성매매알선 등 행위의 처벌에 관한 법률」(이하 '성매매처벌법') 등이 있습니다. 이에 아래에서 차례대로 위 각 법률에서 규정하고 있는 성범죄 처벌 규정과 그 형량에 관하여 살펴보도록 하겠습니다. 이해의 편의를 위하여 죄명과 그에 다른 형량은 괄호안에 표기하기로 하되, '년'으로 표기된 것은 징역형을, '원'으로 표기된 것은 벌금형을 나타낸 것임을 밝혀둡니다.

첫째, 형법입니다. 형법에서는 성범죄에 관한 가장 기본적인 범죄와 그 형에 관하여 규정하고 있는 법으로서, 다른 특별법에서 규정하고 있지 않는 사항에 대해서만 보충적으로 적용됩니다. 형법상 성범죄의 종류 및 그 처벌에 관하여 아래에서 자세히 살펴보도록 하겠습니다. 즉,

① 강간·준강간(3년 이상), ② 유사강간·준유사강간(2년 이상), ③ 강제추행·준강제추행(10년 이하 또는 1천 500만원 이하), ④ 강간 등 상해·치상(무기 또는 5년 이상), ⑤ 강간 등 살해(사형 또는 무기), ⑥ 강간 등 치사(무기 또는 10년 이상), ⑦ 13세 이상의 미성년자 등에 대한 간음(5년 이하), ⑧ 업무상위력 등에 의한 간음(5년 이하 또는 1천 500만원 이하), ⑨ 법률상 구금자에 대한 감호자의 간음(7년 이하), ⑩ 13세 미만자에 대한 간음·추행(위 성인에 대한 강간·강제추행 등의 죄에 준하여 처벌), ⑪ 음행매개(3년 이하 또는 1천 500만원 이하), ⑫ 음란문서·도화·필름 등 음화의 반포·판매·임대·공연전시·상영(1년 이하 또는 500만원 이하), ⑬ 음화의 제조·소지·수입·수출(1년 이하 또는 500만원 이하), ⑭ 공연음란죄(1년 이하 또는 500만원 이하) 등과 같이 처벌됩니다.

한편 이들 형법상의 성관련 범죄들에 대한 공소시효는 형사소송법상을 적용하게 되며(형사소송법 제249조~253조),[165] 따라서 이들 성범죄로 인하여 살인죄나 살인교사죄(종범 제외)를 저지른 경우에는, 그 법정형에 사형이 규정되어 있는 관계로, 공소시효 자체가 적용되지 않아 아무리 오랜 기간이 경과되어도 처벌을 면치 못하게 됩니다(형사소송법 제253조의2).[166]

둘째, 성범죄에 관하여 형법보다 특별히 중하게 처벌하기 위하여 제정된 법이 성폭력처벌법입니다. 이 법에 의한 성범죄의 처벌 대상과 그 형량은 아래와 같습니다. 즉,

① 주거침입·야간주거침입·특수절도·강도범의 강간·준강간·유사강간·강제추행·준강제추행시(무기 또는 5년 이상), ② 흉기휴대·2인 이상 합동에 의한 강간·준강간시(무기 또는 5년 이상) 또는 강제추행·준강제추행시(3년 이상), ③ 폭행·협박에 의한 4촌 이내의 혈족·인척·동거친족의 강간·준강간시(7년 이상) 또는 강제추행·준강제추행시(5년 이상), ④ 장애인에 대한 강간시(무기 또는 7년 이상) 또는 강제추행시(3년 이상 또는 2천만원~5천만원), ⑤ 위계·위력에 의한 장애인 간음시(5년 이상) 또는 추행시(1년 이상 또는 1천만원~3천만원), ⑥ 장애인에 대한 폭행·협박에 의한 유사강간시(5년 이상), ⑦ 13세 미만자에 대한 강간·준강간시(무기 또는 10년 이상), ⑧ 13세 미만자에 대한 폭행·협박에 의한 유사강간시(7년 이상), ⑨ 13세 미만자에 대한 강제추행·준강제추행시(5년 이상 또는 3천만원~5천만원), ⑩ 13세 미만자에 대한 위계·위력에 의한 간음·추행시(13세 미만자에 대한 강간·강제추행 등에 준하여 처벌), ⑪ 강간 등에 의한 상해·치상시(무기 또는 10년 이상. 단, 친족범죄는 무기 또는 7년 이상), ⑫ 강간 등에 의한 살인시(사형 또는 무기) 또는 치사시(사형, 무기 또는 10년 이상. 단 친족범 또는 특수강간범은 무기 또는 10년 이상, 장애인·13세 미만자에 대한 강간범 등은 사형, 무기 또는 10년 이상), ⑬ 업무상 위력 등에 의한 추행시(2년 이하 또는 500만원 이하), ⑭ 법률상 구금자에 대한 감호자의 추행시(3년 이하 또는 1천 500만원 이하), ⑮ 대중교통·공연·집회장소 등 공중밀집장소에서의 추행시(1년 이하 또는 300만원 이하), ⑯ 성적 목적을 위한 공중화장실·목욕장 등 공공장소에 침입 또는 퇴거불응시(1년 이하 또는 300만원 이하), ⑰ 전화·우편·컴퓨터 등 통신매체를 이용한 음란행위시(2년 이하 또는 500만원 이하), ⑱ 카메라 등을 이용한 수치심 유발의 신체를 촬영·반포·임대·제공·전시·상영시(5년 이하 또는 1천만원 이하) 또는 이들에 대한 사후적인 반포·임대·제공·전시·상영시(3년 이하 또는 500만원 이하) 등과 같이 처벌이 이루어집니다.

한편 성폭력처벌법상의 성폭력범죄에 관하여는 음주·약물로 인한 심신장애 상태에서의 행위라도 형법상 감경규정이 적용되지 않아 감경을 받을 수 없습니다(성폭력처벌법 제20조). 또한 13세 미만자·장애인에 대한 성범죄에 대하여는 공소시효 자체가 적용되지 않으며, 13세 이상의 자에 대한 강간 등 살인죄도 공소시효가 적용되지 않습니다(성폭력처벌법 제21조 제3항, 제4항).

그리고 13세 이상의 미성년자에 대한 성폭력범죄의 공소시효는 형사소송법에 불구하고 그 피해를 당한 미성년자가 성년에 달한 날부터 진행되며, 성범죄에 대한 DNA 증거 등 과학적인 증거가 있는 때에는 공소시효가 10년 연장됩니다(성폭력처벌법 제21조 제3항, 제1항, 제2항).

검사와 사법경찰관은 성폭력범죄의 피의자가 청소년이 아닌 한 죄를 범하였다고 믿을 만한 충분한 증거가 있고, 국민의 알권리 보장, 피의자의 재범 방지 및 범죄예방 등 오로지 공공의 이익을 위하여 필요할 때에는 얼굴, 성명 및 나이 등 피의자의 신상에 관한 정보를 공개할 수 있습니다(성폭력처벌법 제25조).

셋째, 19세 미만자를 아동·청소년이라고 하는데, 이들을 대상으로 한 성범죄에 대하여 그 처벌을 강화하기 위하여 제정된 특례법이 아청법입니다. 이 법에 의한 성범죄의 처벌 대상과 그 형량은 아래와 같습니다. 즉,

① 아동·청소년에 대한 폭행·협박에 의한 강간·준강간(무기징역 또는 5년 이상), ② 아동·청소년에 대한 폭행·협박에 의한 유사성행위(5년 이상), ③ 아동·청소년에 대한 강제추행·준강제추행(2년 이상 또는 1천만원~3천만원), ④ 위계·위력에 의한 간음·추행(위 강간 등의 예에 의해 처벌), ⑤ 장애아동·청소년 또는 13세 이상 아동·청소년에 대한 19세 이상자의 간음·간음교사(3년 이상), ⑥ 장애아동·청소년에 대한 19세 이상자의 추행·추행교사(10년 이하 또는 1천 500만원 이하), ⑦ 강간 등 상해·치상(무기 또는 7년 이상), ⑧ 강간 등 살인(사형 또는 무기)·치사(사형, 무기 또는 10년 이상), ⑨ 아동·청소년이용음란물의 제작·수입·수출(무기 또는 5년 이상), ⑩ 영리목적의 아동·청소년이용 음란물에 대한 판매·대여·배포·제공·소지·운반·공연전시·상영(10년 이하), ⑪ 아동·청소년이용 음란물의 배포·제공·공연전시·상영(7년 이하 또는 5천만원 이하), ⑫ 청소년이용 음란물의 제작자에 대한 아동·청소년 알선(3년 이상), ⑬ 아동·청소년이용 음란물의 소지(1년 이하 또는 2천만원 이하), ⑭ 아동·청소년에 대한 성매매·음란물제작 목적의 매매·국외이송·국내이송(무기 또는 5년 이상), ⑮ 아동·청소년 대상의 성매수 행위(1년 이상~10년 이하 또는 2천만원~5천만원), ⑯ 성매수 목적의 아동·청소년 유인 또는 성매도 권유(1년 이하 또는 1천만원 이하), ⑰ 아동·청소년에 대한 폭행·협박에 의한 성매도 교사(5년 이상), ⑱ 선불금 등의 방법 또는 위계·위력에 의한 아동청소년 성매도 교사(5년 이상), ⑲ 업무·고용 등 자신의 보호·감독하에 있는 아동·청소년에 대한 성매도 교사(5년 이상), ⑳ 영업 목적의 아동·청소년에 대한 성매도 유인·권유(5년 이상), ㉑ 성매도 교사로 인한 대가수령·지급요구·약속(7년 이상), ㉒ 아동·청소년에 대한 영업적 성매도 유인·권유(7년 이하 또는 5천만원 이하), ㉓아동·청소년에 대한 성매수장소 제공영업자(7년 이상), ㉔ 아동·청소년 성매수 알선·정보통신망에의 알선정보제공영업자(7년 이상), ㉕ 성매수 장소제공 영업 또는 성매수알선 영업 목적의 자금·토지·건물제공(7년 이상), ㉖ 성매수 장소제공·알선영업소에 대한 아동·청소년 고용 교사(7년 이상), ㉗ 아동·청소년 성매수 영업에 대한 유인·권유·강요(7년 이하 또는 5천만원 이하), ㉘ 아동·청소년 성매수장소 제공 또는 이에 대한 영업으로 인한 제공 약속(7년 이하 또는 5천만원 이하),

㉙ 아동·청소년 성매수행위 알선·정보통신망에의 알선정보제공 또는 이에 대한 영업으로 인한 알선·제공약속(7년 이상 또는 5천만원 이하), ㉚ 아동·청소년의 성매수 유인·권유·강요(5년 이하 또는 3천만원 이하), ㉛ 아동·청소년이용음란물에 대한 온라인서비스제공자의 미삭제 조치 또는 전송·방지중단 등 기술적 미조치(3년 이하 또는 2천만원 이하) 등과 같이 처벌이 이루어지게 됩니다.

한편 아청법상의 아동청소년 대상 성폭력범죄에 관하여는 음주 또는 약물로 인한 심신장애 상태에서의 행위라도 형법상 감경규정이 적용되지 않아 감경을 받을 수 없습니다(아청법 제19조).

그리고 아동·청소년 대상 성범죄에 대한 공소시효는 해당 성범죄로 피해를 당한 아동·청소년이 성년에 달한 날부터 진행하게 되며, 13세 미만 또는 장애아동·청소년에 대한 강간·준강간, 강제추행·준강제추행, 강간 등 상해·치상, 강간 등 살인·치사 등이나 13세 이상 아동·청소년에 대한 강간 등 살인죄에 대하여는 공소시효 자체가 적용되지 않습니다(아청법 제20조 제3항, 제4항). 또한 아동·청소년에 대한 강간·강제추행 등의 경우에는 DNA 증거 등 과학적인 증거가 있는 때에는 공소시효가 10년 연장됩니다(아청법 제20조 제2항).

넷째, 성매매나 성매매알선 등 행위와 성매매 목적의 인신매매를 근절하기 위하여 제정된 법이 성매매처벌법입니다. 이 법에 의한 성범죄의 처벌 대상과 그 형량은 아래와 같습니다. 즉,

① 폭행·협박에 의한 성매도 강요자(10년 이하 또는 1억원 이하) 및 이에 의한 대가 수령요구약속자(1년 이상), ② 위계 등에 의한 성매도 유도자(10년 이하 또는 1억원 이하), ③ 친족·고용 등 보호·감독자에 의한 성매도 강요자(10년 이하 또는 1억원 이하), ④ 위계·위력에 의한 영상물촬영자(10년 이하 또는 1억원 이하), ⑤ 위계·위력에 의한 청소년·장애인에 대한 성매도 강요자(1년 이상), ⑥ 감금 또는 단체·다중의 위력에 의한 성매매 강요자(3년 이상), ⑦ 폭력 단체·집단의 구성원으로서 성매도 강요·유도 또는 영상물촬영자(1년 이상), ⑧ 폭력단체·집단의 구성원으로서 성매도의 대가수령 또는 요구·약속자(3년 이상), ⑨ 폭력 단체·집단의 구성원으로서 위계·위력에 의한 청소년·장애인에 대한 성매도 강요자(3년 이상), ⑩ 업무·고용 등 보호·감독자가 마약 등을 사용한 성매도 유도자(5년 이상), ⑪ 폭력단체·집단의 구성원으로서 감금 또는 단체·다중의 위력에 의한 성매매 강요자(5년 이상), ⑫ 성매매알선자(3년 이하 또는 3천만원 이하), ⑬ 성매도자 모집행위자(3년 이하 또는 3천만원 이하), ⑭ 성매도 직업 소개·알선자(3년 이하 또는 3천만원 이하), ⑮ 성매매알선영업자(7년 이하 또는

7천만원 이하), ⑯ 성매도자 모집에 대한 대가수령자(7년 이하 또는 7천만원 이하), ⑰ 성매도 직업 소개·알선에 의한 대가수령자(7년 이하 또는 7천만원 이하), ⑱ 성매도·음란행위 등 직업 소개·알선 광고행위자(3년 이하 또는 3천만원 이하), ⑲ 성매매 또는 성매매알선 등 업소에 대한 광고행위자(3년 이하 또는 3천만원 이하), ⑳ 성매매 권유·유인 광고자(3년 이하 또는 3천만원 이하), ㉑ 영업으로 하는 성매매 광고물 제작·공급 또는 광고게재자(2년 이하 또는 1천만원 이하), ㉒ 영업으로 성매매 광고물 또는 광고게재 출판물에 대한 배포행위자(1년 이하 또는 500만원 이하) 등과 같이 처벌됩니다.

한편 성매수자나 성매도자는 처벌되지만(1년 이하 또는 300만원 이하), 성매매 피해자의 성매매 행위는 처벌되지 않습니다(성매매처벌법 제21조 제1항, 제6조 제1항). 그리고 성매매와 관련된 채권은 일체 무효로 되며, 그 채권을 양도하거나 채무를 인수한 때에도 마찬가지로 무효로 됩니다(성매매처벌법 제10조 제1항).

또한 2012년 12월 18일 형법 등 성범죄 관련 법률들이 개정되어 2013년 6월 19일부터는 성범죄에 대한 친고죄 규정이 폐지됨으로써 이후부터는 성범죄 관련 사건들과 관련하여 피해자가 고소를 하든, 하지 않든, 고소를 취하하든, 하지 않든, 합의를 하든, 하지 않든, 모두 처벌될 수 있음을 알아두어야 할 것입니다. 그리고 「특정강력범죄의 처벌에 관한 특례법」에서는 이러한 성범죄들에 대한 형을 선고받고 그 집행이 끝나거나 면제된 후 3년 내에 다시 이러한 성범죄들을 저지른 누범에 대해서는 그 죄에 대하여 정해진 형의 장기 및 단기의 2배까지 가중하도록 하고 있음도 알아두시면 요긴할 것입니다.

이에 귀하께서는 위에서 살펴본 성범죄 관련 법률들을 잘 숙지하고 계셨다가 학생들이 이러한 성범죄 피해를 당하거나 성범죄를 저지른 경우에 참고하시기 바랍니다.

---

165) 형사소송법 제249조(공소시효의 기간) "① 공소시효는 다음 기간의 경과로 완성한다.
1. 사형에 해당하는 범죄에는 25년
2. 무기징역 또는 무기금고에 해당하는 범죄에는 15년
3. 장기 10년 이상의 징역 또는 금고에 해당하는 범죄에는 10년
4. 장기 10년 미만의 징역 또는 금고에 해당하는 범죄에는 7년
5. 장기 5년 미만의 징역 또는 금고, 장기10년 이상의 자격정지 또는 벌금에 해당하는 범죄에는 5년
6. 장기 5년 이상의 자격정지에 해당하는 범죄에는 3년
7. 장기 5년 미만의 자격정지, 구류, 과료 또는 몰수에 해당하는 범죄에는 1년
② 공소가 제기된 범죄는 판결의 확정이 없이 공소를 제기한 때로부터 25년을 경과하면 공소시효가 완성한 것으로 간주한다."

166) 형사소송법 제253조의2(공소시효의 적용 배제) "사람을 살해한 범죄(종범은 제외한다)로 사형에 해당하는 범죄에 대하여는 제249조부터 제253조까지에 규정된 공소시효를 적용하지 아니한다."

[사례 4·2·6] 성폭력과 성폭행, 성추행, 성희롱의 구별과 성희롱의 처벌 관계

문 저는 중소기업체의 여 경리사원으로 근무하고 있는데 직장 내에서 상사 甲이 틈만 나면 성적 농담과 외모 타령을 해서 불편하기도 하고 회식자리에서는 술시중까지 들게 하여 성적 수치감까지 느껴질 때가 많습니다. 그래서 甲을 성폭력범죄나 성희롱으로 처벌받게 하고 싶은데, 가능한지 여부에 관하여 박사님께 문의드리고 싶습니다.

답 귀하께서 직장 내에서 성희롱 등을 당하여 어려움을 많이 느끼고 있다니 안타깝습니다. 그렇다고 회사를 그만둘 수 없으니 이도 저도 못하여 무력감을 느낄 때도 많을 것입니다.

먼저 성범죄와 관련해서는 이해의 편의를 위해 성폭력, 성폭행, 성추행, 성희롱 등의 용어의 정의가 필요할 것입니다.

성폭력이란 성을 매개로 상대방의 의사에 반하여 이뤄지는 모든 가해행위를 뜻하는 것으로서, 강간, 강제추행, 간음, 공연음란, 성매매, 음행매개, 음화제조·반포 등을 포함하는 의미로서 사용됩니다(성폭력방지 및 피해자보호 등에 관한 법률 제2조 제1호, 성폭력범죄의 처벌 등에 관한 특례법 제2조 제1항). 이에 반하여 성폭행이란 폭행·협박을 수단으로 육체적 교접행위를 도모하는 강간 또는 강간미수를 말하고, 성추행이란 폭행이나 협박을 수단으로 교접행위 이외의 신체적 추행행위를 도모하는 강제추행 또는 강제추행미수를 말하며, 성폭행이나 성추행은 위 성폭력에 포함될 것입니다. 그밖에 성희롱이란 직장 내의 고용관계에서 사업주나 상급자 또는 근로자가 직장 내의 지위를 이용하거나 업무와 관련하여 다른 근로자에게 신체적 접촉 없이 성적 언어나 행동 등으로 성적 굴욕감이나 혐오감을 느끼게 하거나 그 피해자에게 고용에서 불이익을 주는 것을 말합니다(남녀고용평등과 일·가정 양립 지원에 관한 법률 제2조 제2호).

이러한 성희롱과 관련해서는 직장 내의 고용관계에서 사업주에 대해서만 법적 처벌대상으로 하고 있을 뿐 사업주 외의 성희롱 가해자에 대해서는 직장 내의 징계사유에 해당될 수는 있어도 법적 처벌대상으로 하고 있지 않으며, 더군다나 직장 관계나 고용관계가 없는 자 사이에서의 성희롱은 법적 처벌이나 직장 내 징계사유의 대상으로도 되지 않습니다. 직장 내 성희롱과 관련하여 사업주는 사업주 자신이 직접 성희롱을 한 경우, 직장 내 성희롱 피해 근로자에 대해 해고 등의 불이익 조치를 한 경우, 성희롱 가해자에 대해 징계조치 등을 취하지 않는 경우, 성희롱예방교육을 실시하지 않는 경우 등과 관련하여 3년 이하의 징역이나 2천만원 이하의 벌금 또는 1천만원 이하의 과태료에 처해질 수 있습니다. 성희롱도 광의로는 성폭력에 포함시킬 수 있을 것이지만 법적으로는 근거가 없으므로 성폭력에 포함되지 않는다고 해야 할 것입니다.

이에 귀하의 사건을 보건대, 성희롱 당사자인 甲이 귀하 회사의 사업주라면 형사고소를 하여 처벌을 받게 할 수 있을 것이로되, 사업주 외의 상사인 경우라면 형사처벌을 받게 하는 것은 곤란할 것이고, 직장 내 징계위원회에 회부토록 하여 회사 내규에 의거하여 성희롱 등의 정도에 따라 해고나 감봉, 전근, 타부서 배치 등의 징계처분을 받도록 할 수는 있을 것으로 보입니다.

[사례 4·2·7] 뇌물·횡령·배임·탈세 등 범죄에 관한 가중처벌과 그 몰수에 관하여 규정하고 있는 특별형법

문 저는 중소기업체를 운영하는 사업가인데, 가끔 분식회계 등이 발각되어 세금포탈죄로 고발을 당한 경우도 있고, 본의 아니게 회사의 자금에 손을 대는 경우도 있으며, 유관기관의 공무원에게 뇌물을 쓰는 경우도 있습니다. 부끄러운 줄은 알지만 기업 현실이 그러다 보니 살아남기 위해 부득이한 측면도 있습니다. 그런데 이러한 범죄들은 형법에 비하여 가중처벌된다고 하는데, 이에 관하여 박사님께 문의드리는 바입니다.

답 귀하께서 문의하시는 사항은 형법상의 각종 범죄 중 특히 중하게 처벌할 필요성 때문에 특별법을 제정해서 가중처벌이 이루어지고 있는 법들로 어떤 것들이 있는지에 관한 것으로 보입니다. 이해의 편의를 위해 형법상의 범죄와 그에 해당되는 특별형법상의 범죄에 관하여 순서대로 살펴보기로 하겠습니다.

우선 특별형법에서 따로 규정하고 있는 형법상의 범죄에 관하여 형법에서는 어떤 형량이 주어지는지에 대해 알아볼 필요가 있습니다. 형법에서는 사기(10년 이하의 징역 또는 2천만원 이하의 벌금), 컴퓨터 등 사용사기(10년 이하의 징역 또는 2천만원 이하의 벌금), 공갈(10년 이하의 징역 또는 2천만원 이하의 벌금), 특수공갈(1년 이상 15년 이하의 징역), 횡령 또는 배임(5년 이하의 징역 또는 1천500만원 이하의 벌금), 업무상 횡령 또는 업무상 배임(10년 이하의 징역 또는 3천만원 이하의 벌금), 수뢰죄(5년 이하의 징역 또는 10년 이하의 자격정지), 사전수뢰죄(3년 이하의 징역 또는 7년 이하의 자격정지), 제3자뇌물제공죄(5년 이하의 징역 또는 10년 이하의 자격정지), 수뢰후부정처사죄(1년 이상의 유기징역), 사후수뢰죄(5년 이하의 징역 또는 10년 이하의 자격정지), 알선수뢰죄(3년 이하의 징역 또는 7년 이하의 자격정지), 뇌물공여죄(5년 이하의 징역 또는 2천만원 이하의 벌금) 등과 같이 처벌이 이루어지고 있습니다. 그리고 이러한 범죄를 저지른 자와 그 사정을 아는 제3자가 받은 뇌물이나 뇌물에 공할 금품은 몰수되며, 몰수하기 불능한 때에는 그 가액을 추징하게 됩니다(형법 제134조).

이러한 형법상의 범죄들에 대하여 특히 가중처벌할 정책적인 이유 때문에 제정된 법이 특별형법이므로 같은 범죄라도 특별형법에서는 형법에 비하여 형량이 가중되고, 이에 따라 공소시효[167]도 늘어나게 됩니다. 이에 아래에서 특별형법에 관하여 차례대로 살펴보기로 하겠습니다.

첫째, 특정경제범죄에 대하여 일반 형법보다 가중처벌을 하기 위하여 제정한 법이 「특정경제범죄 가중처벌 등에 관한 법률」(이하 '특경법')입니다. 이 법에 의하여 가중처벌되는 범죄의 종류와 그 형량은 다음과 같습니다. 즉,

사기, 공갈, 특수공갈, 횡령, 배임, 업무상 횡령, 업무상 배임죄로 본인이나 제3자가 취득한 재물이나 이익이 5억원 이상일 때에는 그 이득액의 크기에 따라 형법보다 가중처벌됩니다. 즉, 취득한 이득액이 5억원 미만인 때에는 일반 형법에 의하여 처벌되지만, 그 이득액이 5억원 이상~50억원 미만인 때에는 3년 이상의 유기징역에, 50억원 이상인 때는 무기 또는 5년 이상의 징역에 처해지게 되고,[168] 아울러 이득액 이하에 상당하는 벌금이 병과될 수 있습니다. 재산을 국외로 이동·은닉·처분 등으로 도피시킨 때에는 그 재산액수의 크기에 따라 역시 가중처벌이 이루어집니다. 즉, 도피 등 재산액수가 5억원 미만인 때에는 1년 이상의 유기징역 또는 도피 등 재산액수의 2배 이상~10배 이하에 상당하는 벌금형에, 50억원 이상일 때는 무기 또는 10년 이상의 징역에, 5억원 이상~50억원 미만일 때에는 5년 이상의 유기징역에 처해지게 되며,[169] 아울러 범인이 도피시키거나 도피시키려고 한 재산은 몰수하게 됩니다.

둘째, 형법, 관세법, 조세범처벌법, 지방세기본법, 「마약류관리에 관한 법률」에 규정된 특정범죄에 대하여 이를 가중처벌하기 위하여 제정된 법이 「특정범죄 가중처벌 등에 관한 법률」(이하 '특정범죄가중법')입니다. 이 법에 의하여 가중처벌되는 범죄의 종류와 형량은 다음과 같습니다. 즉,

공무원이 뇌물을 수수·요구·약속한 때에는, 뇌물가액에 따라, 수뢰액이 1억원 이상인 경우에는 무기 또는 10년 이상의 징역에, 5천만원 이상~1억원 미만인 경우에는 7년 이상의 유기징역에, 3천만원 이상~5천만원 미만인 경우에는 5년 이상의 유기징역에 처해지고,[170] 수뢰죄, 사전수뢰죄, 제3자뇌물제공죄, 알선수죄죄를 범한 자에 대해서는 아울러 그 수뢰액의 2배 이상~5배 이하의 벌금이 병과됩니다(특정범죄가중법 제2조).

공무원의 직무에 속한 사항의 알선에 관하여 금품·이익을 수수·요구·약속한 자는 5년

이하의 징역 또는 1천만원 이하의 벌금에 처해지며(특정범죄가중법 제3조), 아울러 알선수재죄를 범하여 범인이 취득한 해당 재산은 몰수되고, 몰수할 수 없을 때에는 그 가액을 추징당하게 됩니다(특정범죄가중법 제13조).

조세범처벌법상의 조세포탈죄를 저지른 사람에 대해서는, 포탈세액의 크기에 따라, 포탈세액이 연간 10억원 이상인 경우에는 무기 또는 5년 이상의 징역에,[171] 연간 5억원 이상~10억원 미만인 경우에는 3년 이상의 유기징역에 처해지고, 아울러 포탈세액의 2배 이상~5배 이하에 상당하는 벌금이 병과됩니다(특정범죄가중법 제8조). 조세포탈죄에 대해서는 고소나 고발이 없더라도 공소가 제기될 수 있습니다(특정범죄가중법 제16조). 영리를 목적으로 조세범처벌법상의 세금계산서발급의무위반죄를 범한 자는 세금계산서 및 계산서에 기재된 공급가액 등의 합계액이 50억원 이상인 경우에는 3년 이상의 유기징역에, 30억원 이상~50억원 미만인 경우에는 1년 이상의 유기징역에 처해지고, 아울러 공급가액 등의 합계액에 부가가치세의 세율을 적용하여 계산한 세액의 2배 이상~5배 이하의 벌금도 병과됩니다(특정범죄가중법 제8조의2)

셋째, 특정범죄와 관련된 범죄수익의 몰수와 추징을 보다 강력히 하기 위하여 형법의 특례로서 제정된 법이 「범죄수익은닉의 규제 및 처벌 등에 관한 법률」(이하 '범죄수익규제법')입니다. 이 법에 의하여 가중처벌되는 범죄의 종류와 형량은 다음과 같습니다. 즉,

수뢰죄 및 뇌물공여죄, 음행매개·음화제조·반포·공연음란죄, 도박죄, 절도·강도·사기·공갈·횡령·배임죄, 강요죄, 권리행사방해죄, 인질범죄, 장물죄, 관세범죄, 변호사법위반죄, 부정수표단속법위반죄, 여신전문금융업법위반죄, 성매매 등과 관련된 범죄수익을 적법한 취득 재산으로 가장·은닉하면 5년 이하의 징역 또는 3천만원 이하의 벌금에, 범죄수익인 것을 알면서도 이를 수수한 자는 3년 이하의 징역 또는 2천만원 이하의 벌금에 처해지며, 아울러 벌금도 병과될 수 있습니다. 또한 범죄수익이나 범죄수익에서 유래한 재산, 범죄행위에 관계된 범죄수익, 범죄행위에 의하여 생긴 재산 또는 그 범죄행위의 보수로 얻은 재산 등은, 그것이 범죄피해자의 재산이 아닌 한, 몰수될 수 있으며, 몰수할 수 없으면 그 가액을 추징당할 수 있습니다(범죄수익규제법 제8조, 제10조).

이에 귀하께서는 위와 같이 형법에 비하여 가중처벌되는 범죄에 대하여 잘 숙지하고 계시되, 가급적이면 해당 범죄를 저지르지 않도록 주의해야 할 것으로 보입니다.

---

167) 형사소송법 제249조(공소시효의 기간) "① 공소시효는 다음 기간의 경과로 완성한다.
1. 사형에 해당하는 범죄에는 25년
2. 무기징역 또는 무기금고에 해당하는 범죄에는 15년
3. 장기 10년 이상의 징역 또는 금고에 해당하는 범죄에는 10년
4. 장기 10년 미만의 징역 또는 금고에 해당하는 범죄에는 7년

[사례 4·2·8] 선고유예와 집행유예

문 저는 몇 년 전에 폭행사건으로 교도소 생활을 한 사람인데, 제 성깔이 좋지 않아서 그런지 불의를 보면 참지 못하는 성격이라 최근 식당에서 시비가 붙어 또다시 폭행사건에 연루되고 말았습니다. 감옥생활을 해본 경험자로서 다시는 들어가고 싶지 않은데, 혹시 선고유예나 집행유예를 받을 수 있는 방법이 없는지 박사님께 문의드리고자 합니다.

답 귀하의 문의사항은 형사사건에서 선고유예와 집행유예에 관련된 것으로 보입니다. 이에 아래에서 두 제도에 관하여 그 요건이나 절차 및 효력 등에 관하여 살펴보도록 하겠습니다.

먼저 선고유예에 관한 것입니다. 선고유예란, 종전에 자격정지 이상의 전과가 없을 것을 전제로, 새로이 범한 죄에 대해 1년 이하의 징역·금고나 자격정지 또는 벌금형을 선고할 경우에 있어서 개전의 정이 현저하는 등 정상을 참작해서 형의 선고 자체를 유예하는 것을 말합니다(형법 제59조). 따라서 1년을 초과하는 징역·금고나 구류형을 선고할 경우에는 선고유예를 할 수 없습니다. 형을 병과할 경우에는 그 전부 또는 일부에 대하여 선고유예를 할 수 있습니다. 예컨대 징역형과 벌금형을 병과하는 경우에는 징역형에 대해서는 집행유예를, 벌금형에 대해서는 선고유예를 할 수 있는 것입니다. 이러한 선고유예시에는 재범방지를 위하여 지도·원호가 필요하다고 판단될 때에는 1년간 보호관찰을 명할 수도 있습니다(형법 제59조의1).

선고유예를 받은 자는 그 유예를 받은 날로부터 2년이 경과되면 면소[172]된 것으로 간주되어 더 이상 처벌을 받지 않게 됩니다. 그러나 만약 선고유예를 받은 자가 유예기간 중 자격정지 이상의 형에 처한 판결이 확정되거나 자격정지 이상의 형에 처한 전과가 발견된 때에는 유예한 형을 선고받게 되고, 보호관찰을 명한 선고유예를 받은 자가 보호관찰기간 중에 준수사항을 위반하고 그 정도가 무거운 때에는 유예한 형을 선고받게 될 수 있으니 유예기간 중에는 아무리 가벼운 범죄라도 저지르지 않도록 주의해야 할 것입니다(형법 제61조).

다음으로 집행유예에 관한 것입니다. 집행유예란, 종전에 범죄를 저질러서 금고 이상의 형을 확정받고 실형 복부를 완료하였거나 그밖에 집행이 면제된 후 3년이 경과된 상태에서, 또다시 범죄를 저질렀으니 이에 대하여 3년 이하의 징역이나 금고 또는 500만원 이하의 벌금형을 선고할 경우에 정상을 참작해서 1년 이상~5년 이하의 범위 내에서 기간을 정하여 그 형의 집행을 유예하도록 하는 것을 말합니다(형법 제62조).

선고유예가 일단 형을 정하여 놓되 그 형의 선고 자체를 유예하는 것인데 반하여, 집행유예는 일단 형을 선고하되 그 집행만 유예한다는 점에서 구별됩니다. 선고할 형이 3년 이하의 징역·금고 또는 5백만원 이하의 벌금에 대해서만 가능하므로, 3년을 초과하는 징역·금고 또는 500만원을 초과하는 벌금형을 선고할 때에는 집행유예를 할 수 없습니다.

종전에 범한 죄에 대한 형의 집행을 종료하거나 집행이 면제된 후 3년간 사이에 저지른 범죄에 대하여만 집행유예를 할 수 없는 것이므로, 3년이 경과된 후에 범죄를 저지르거나 두 개의 범죄에 대하여 아직 형이 확정되지 않는 상태에 있는 경우에는 두 범죄 모두 집행유예의 선고가 가능할 것입니다. 그리고 종전의 범죄에 대하여 집행유예를 선고받은 경우에는 그 유예기간이 경과되어야 집행이 종료되는 것이므로, 집행유예기간 중에 저지른 범죄에 대해서는 특별한 사정이 없는 한 재차 집행유예를 선고할 수 없을 것이지만(대판 1991.5.10. 91도473), 집행유예기간이 경과된 후에 저지른 범죄에 대해서는 집행유예의 선고가 가능합니다. 집행유예기간 중에 저지른 범죄라도 그 형이 확정되기까지 종전의 범죄에 대한 집행유예기간이 경과되면 재차 집행유예를 선고할 수 있습니다(대판 2007.2.8. 2006도6196).

집행유예기간은 판결확정일부터 최단 1년, 최장 5년입니다. 집행유예도 선고유예와 마찬가지로 형을 병과할 때에는 그 형의 일부에 대하여 집행유예를 선고할 수 있습니다. 집행유예를 선고할 때에는 아울러 보호관찰을 명하거나 사회봉사명령 또는 수강명령을 내릴 수도 있습니다. 집행유예의 선고를 받은 자에 대해서는 그 선고가 실효 또는 취소됨이 없이 유예기간이 경과된 때에는 형의 선고의 효력이 장래에 향하여 상실됨으로써 더 이상 처벌을 받지 않게 됩니다(형법 제65조). 여기에서 형의 선고가 효력을 상실한다는 의미는 형의 집행만 면제되는 것이 아니라 형을 선고한 기왕의 효과까지 장래에 향하여 소멸된다는 것을 말합니다.

집행유예의 선고를 받은 자가 '집행유예기간 중'에 또다시 '고의'로 범한 죄로 금고 이상의 '실형'을 받아 '확정된 때'에는 집행유예의 효력이 당연 실효하게 됩니다(형법 제63조). 집행유예가 실효된 경우에는 그 유예된 형까지 아울러 살아야 하기 때문에 낭패가 아닐 수 없을 것입니다. 다만 '집행유예기간 중'에 범죄를 저지른 경우에만 실효되므로 집행유예의 재판이 선고되기 전에 저지른 범죄로서 나중에 재판을 받게 된 범죄에 의해서는 집행유예가 실효되지 않습니다. 또한 '고의'로 범한 죄의 경우에만 실효되므로 과실로 인한 범죄에 의해서는 실효되지 않습니다. 그리고 '실형'이 확정된 경우에만 실효되는 것이므로 재차 집행유예를 선고받고 확정된 경우에는 실효되지 않을 것이나, 이와 같이 집행유예기간 중에 집행유예가 선고된 사례는 별로 없습니다. 집행유예기간 중에 범한 범죄라도 그 유예기간 중에 금고 이상의 실형이 '확정'된 경우에만 실효되는 것이므로 유예기간이 경과된 후에 실형이 확정된 경우에는 집행유예가 실효되지 않습니다. 따라서 종전의 범죄에 대한 집행유예기간이 얼마 남아 있지 않은 상태에서 새로운 범죄를 저지른 경우에는 그 재판에 대한 제1심, 항소심, 상고심에 이르기까지 각 단계별로 증인신청 등 합법적인 방법을 동원해서 재판을 질질 끌어 집행유예기간이 경과하도록 한 후에 형이 확정되도록 해야 할 것이며, 그 역할을 잘 수행하는 변호사가 유능한 변호사일 것입니다.

집행유예를 선고받았어도 그 범죄가 종전에 금고 이상 형을 선고받고 그 형이 확정된 후 집행종료 또는 집행면제된 때로부터 3년 내에 저지른 범죄라는 사실이 밝혀진 때에는 집행유예가 당연 취소되며, 보호관찰이나 사회봉사·수강명령이 붙은 집행유예를 받은 자가 그에 대한 준수사항이나 사회봉사·수강명령을 위반하고 그 정도가 무거운 때에도 집행유예가 취소될 수 있습니다(형법 제63조, 제64조).

이에 귀하께서도 이러한 선고유예나 집행유예 제도에 대하여 잘 숙지하고 계셨다가 귀하의 사건이 여기에 해당된다면 변론 등에서 이를 주장함으로써 소기의 목적을 달성할 수 있기를 기대합니다.

---

5. 장기 5년 미만의 징역 또는 금고, 장기10년 이상의 자격정지 또는 벌금에 해당하는 범죄에는 5년
6. 장기 5년 이상의 자격정지에 해당하는 범죄에는 3년
7. 장기 5년 미만의 자격정지, 구류, 과료 또는 몰수에 해당하는 범죄에는 1년

② 공소가 제기된 범죄는 판결의 확정이 없이 공소를 제기한 때로부터 25년을 경과하면 공소시효가 완성한 것으로 간주한다."

168) 집행유예는 법정형이 3년 이하인 경우에만 선고가 가능하므로, 이와 같이 사기, 공갈, 특수공갈, 횡령, 배임, 업무상 횡령, 업무상 배임죄로 취득한 이득액이 50억원을 초과한 경우에는 집행유예가 선고될 수 없습니다.

169) 집행유예는 법정형이 3년 이하인 경우에만 선고가 가능하므로, 이와 같이 국외로 이동·은닉·처분한 재산액이 5억원 이상인 경우에는 집행유예가 선고될 수 없습니다.

170) 집행유예는 법정형이 3년 이하인 경우에만 선고가 가능하므로, 이와 같이 공무원이 뇌물로 3천만원 이상을 받은 경우에는 집행유예가 선고될 수 없습니다.

171) 집행유예는 법정형이 3년 이하인 경우에만 선고가 가능하므로, 이와 같이 소세포탈세액이 연간 10억원 이상인 경우에는 집행유예가 선고될 수 없습니다.

172) 면소란 소송조건 중 실체적 소송조건(형사소송법 제326조)을 결하기 때문에 공소제기가 부적당하다고 해서 소송을 종결시키는 형식재판을 말하며, 기판력(일사부재리의 효력)이 인정됩니다.

[사례 4·2·9] 불륜의 목적으로 유부녀의 주거에 들어간 경우에 주거침입죄로 형사처벌을 받을 수 있는지

문 저는 직장생활을 해서 낮 동안 집에 없는데, 그 틈을 타서 제 처 甲이 외간 남자 乙을 집안으로 끌어들여 대낮에 불륜행각을 저질렀습니다. 이러한 사실은 요즘 느낌이 안좋아서 예의주시하고 있던 중 집안으로 함께 들어간 것을 보고 현장을 덮쳐 발각한 것입니다. 그런데 간통죄가 폐지되어 이 죄로는 처벌을 할 수 없다고 하는데, 불륜남 乙을 처벌할 수 없는지 궁금해서 박사님께 문의드리는 바입니다.

답 예, 귀하의 말처럼 현재는 간통죄가 폐지되어 불륜자 모두 형사처벌을 받게 하기는 불가합니다. 즉 배우자의 일방이 타방배우자 아닌 사람과 불륜을 저질러도 민사상 손해배상책임만 물을 수 있을 뿐 형사고소를 통하여 처벌을 받게 하는 것은 안되는 것입니다. 그럼에도 불구하고 귀하의 사례처럼 불륜행각을 호텔이나 모텔 등 제3의 장소에서 하지 않고 부부간의 공동생활공간인 주거에 들어가서 불륜을 저질렀음에도 불륜남에게 아무런 형사제재를 가할 수 없게 되는지 문제됩니다.

이에 관하여 판례는 형법상 주거침입죄의 보호법익은 주거권이라는 사적 생활관계에 있어서의 사실상 주거의 자유와 평온을 말하는 것으로서 그 주거에서 공동생활을 하고 있는 전원의 평온에 관한 권리로서 복수의 주거권자가 있는 경우에는 한 사람의 주거권자가 다른 주거권자의 의사에 직접, 간접으로 반하게 되는 경우에는 일부의 주거권자에 의한 타인의 주거에의 출입은 복수 주거권자의 주거의 평온을 해치는 결과가 되므로 주거침입죄가 성립한다고 판시하고 있습니다(대판 1984.6.26. 83도685).

이러한 원리는 동거자 중의 1인이 부재중인 경우라도 주거의 지배·관리관계가 외관상 존재하는 상태로 인정되는 한 그 영향이 없다고 볼 것입니다. 이에 비추어보면 남편이 일시 부재 중에 간통의 목적으로 그 처의 승낙을 얻어 주거에 들어간 경우라도 남편의 주거에 대한 지배·관리관계는 여전히 존속한다고 봄이 옳고 사회통념상 간통의 목적으로 주거에 들어가는 것은 남편의 의사에 반한다고 보이므로 설령 처의 승낙이 있었다고 하더라도 남편의 주거의 사실상의 평온은 깨어졌다고 할 것이어서 주거침입죄가 성립하게 될 것입니다. 주거침입죄가 성립하면 3년 이하의 징역 또는 500만원 이하의 벌금에 처해지게 됩니다(형법 제319조 제1항).

따라서 귀하께서는 불륜남 乙을 상대로 민사상 손해배상청구소송을 제기할 수 있는 외에, 주거침입죄로 고소해서 형사처벌을 받게 할 수 있을 것입니다. 그렇다고 하더라도 귀하의 처 甲에 대해서는 주거침입죄로 고소해서 형사처벌을 받게 할 수 없으며, 다만 귀하께서는 귀하의 처 甲을 상대로 민사상 손해배상청구소송을 제기할 수 있고, 아울러 이와 같은 배우자의 부정행위를 이유로 이혼청구소송을 제기할 수 있을 것으로 보입니다.

[사례 4·2·10] 신용카드를 과다 사용한 경우에도 사기죄가 성립될 수 있는지

문 저는 최근 직장을 잃고 변변한 수입이 없는 터라 카드를 여러 장 가지고 있는 것을 기화로 카드 돌려막기식으로 생활해 오고 있는데, 이제 한계에 다다른 것 같습니다. 민사문제야 제가 가진 것이 없으니 걱정거리가 되지 않겠지만 사기죄로 고소당할까봐 걱정입니다. 이에 박사님께 카드과다사용으로 인한 사기죄의 성립에 관하여 문의드리고 싶습니다.

답 갚을 의사나 갚은 능력이 없음에도 불구하고 타인의 돈을 빌린 경우에는 사기죄에 해당되어 10년 이하의 징역 또는 2천만원 이하의 벌금에 처해지게 됩니다(형법 제347조 제1항). 그렇다면 신용카드를 과다사용하는 경우에도 이러한 원리가 적용되는지 문제됩니다.

신용카드의 거래는 신용카드업자(카드회사)로부터 카드를 발급받은 카드회원(소비자)이 신용카드를 사용해서 가맹점(백화점 등)으로부터 물품을 구입하면 신용카드업자는 그 물품구입대금을 가맹점에 결제하는 한편, 카드회원에 대해서는 물품대금을 대출해 준 금전채권을 가지는 것이고, 또 카드회원이 현금자동지급기를 통해서 혹은 인터넷 뱅킹이나 폰-뱅킹의 방법으로 현금서비스를 받아 가면 현금대출관계가 성립되어 신용카드업자는 카드회원에게 대출금채권을 가지는 것이므로, 궁극적으로는 카드회원이 신용카드업자에게 신용카드 거래에서 발생한 대출금 채무를 변제할 의무를 부담하게 됩니다.

이와 같이 신용카드 사용으로 인한 신용카드업자의 금전채권을 발생케 하는 행위는 카드회원이 신용카드업자에 대하여 대금을 성실히 변제할 것을 전제로 하는 것이므로 카드회원이 일시적인 자금궁색 등의 사유로 그 채무를 일시적으로 이행하지 못하는 상황이 아니라 이미 과다한 부채의 누적 등으로 신용카드 사용으로 인한 대출금 채무를 변제할 의사나 능력이 없는 상황에 처하였음에도 불구하고 신용카드를 사용하였다면 사기죄에 있어서 기망행위 내지 편취의 범의를 인정할 수 있다고 할 것입니다(대판 2005.8.19. 2004도6859, 2006.3.24. 2006도282).

따라서 귀하께서 직장을 잃은 즈음에 별다른 재산이 없었더라도 다시 재취업의 가능성이 있는 상태에서 일시적으로 카드를 사용한 경우라면 변제할 의사나 변제할 능력에 대한 소명이 가능할 수 있으므로 사기죄가 성립되지 않을 수 있지만, 이와 달리 지속적으로 여러 장의 카드를 돌려막기식으로 사용한 관계로 그 결제금액의 합이 귀하의 변제능력을 과다하게 초과하게 된다면 신용카드업자에 대해 사기죄가 성립될 수 있으므로 주의하셔야 할 것으로 보입니다. 다만 실무상 신용카드업자가 카드대금 미납 때문에 사기죄로 고소한 사례는 그리 많지 않은 것으로 보입니다.

[사례 4·2·11] 처에 대한 강간시에도 강간죄로 처벌받을 수 있는지

문 저는 베트남인으로서 한국인 남자 甲과 결혼한 다문화가정인데, 피곤하고 몸이 아픈데도 甲이 수시로 폭행과 강제력을 행사하여 성폭행을 하고 있습니다. 도저히 참기 힘들어서 이혼도 생각하고 있는데, 이런 남편 甲을 강간죄로 고소해서 처벌받게 할 수 없는지 박사님께 문의드리고 싶습니다.

답 전혀 다른 성장배경을 가진 남녀가 서로 만나 혼인하고 자녀를 낳아 양육하면서 가정을 이루는 토대는 부부 사이의 사랑과 신뢰이고, 어떤 경우에도 부부 사이의 성생활을 제3자가 자신의 기준으로 평가하도록 하는 것은 바람직하지 않을 것이므로 국가도 은밀하게 이루어지는 부부 사이의 성생활에 개입하는 것은 극도로 자제하고 있습니다. 그러나 아내에 대한 성폭력이 가정 내부에서 자율적으로 해결되지 못하고 아내의 성적 자기결정권이 심각하게 유린되는 상황이 지속되고 있음에도 국가가 부부 사이의 내밀한 성생활에 관한 문제라는 이유만으로 그 개입을 자제한다면 헌법이 천명한 개인의 존엄과 양성의 평등에 기초한 혼인생활을 보장할 국가의 책무를 소홀히 하는 것일 것입니다. 특히 부부 사이에서도 양성의 평등과 성적 자기결정권이 존중되어야 한다는 인식이 국민들의 보편적 법의식으로 자리를 잡게 된 오늘날에는 혼인관계가 파탄에 이른 경우는 물론 혼인관계가 실질적으로 유지되고 있는 경우에도 남편의 성폭력이 아내의 성적 자기결정권을 본질적으로 침해하는 정도에 이르렀다면 국가가 이에 개입하여 더 이상의 피해를 방지하고 건강한 부부관계가 회복될 수 있도록 적절한 조치를 취해야 하며, 필요한 경우 국가형벌권의 행사도 고려하지 않을 수 없을 것입니다.

형법에서는 폭행 또는 협박으로 사람을 강간한 자는 3년 이상의 유기징역에 처한다고 규정하고 있는데(형법 제297조), 형법이 강간죄의 객체로 규정하고 있는 사람이란 여자든 남자든, 성년이든 미성년이든, 기혼이든 미혼이든 불문하고 곧 사람을 가리키는 것으로서 형법에서는 법률상의 처를 강간죄의 객체에서 제외하는 명문의 규정을 두고 있지 않으므로 법률상 처가 강간죄의 객체에 포함된다고 새기는데 아무런 지장이 없습니다. 한편 민법에서는 부부의 동거의무를 규정하고 있고(민법 제826조 제1항), 여기에는 배우자와 성생활을 함께 할 의무가 포함되어 부부의 일방이 정당한 이유 없이 서로 동거해야 할 부부로서의 의무를 포기하고 다른 일방을 버린 경우에는 재판상 이혼사유인 악의의 유기에 해당할 수 있다고 할 것이지만, 그렇다고 해서 거기에 폭행, 협박에 의하여 강요된 성관계를 감내할 의무까지 내포되어 있다고 할 수는 없을 것입니다.

따라서 헌법이 보장하는 혼인과 가족생활의 내용, 가정에서의 성폭력에 대한 인식의 변화, 형법의 체계와 그 개정 경과, 강간죄의 보호법익과 부부의 동거의무의 내용 등에 비추어 보면 강간죄의 객체인 '사람'에는 법률상 처가 포함되고, 이는 혼인관계가 파탄된 경우뿐만 아니라 혼인관계가 실질적으로 유지되고 있는 경우에도 남편이 반항을 불가능하게 하거나 현저히 곤란하게 할 정도의 폭행이나 협박을 가하여 아내를 간음한 경우에는 강간죄가 성립된다고 보아야 할 것입니다(대판 2013.5.16. 2012도14788 전원합의체).[173] 다만 남편의 아내에 대한 폭행 또는 협박이 피해자의 반항을 불가능하게 하거나 현저히 곤란하게 할 정도에 이른 것인지 여부는 그 폭행 또는 협박의 내용과 정도가 아내의 성적 자기결정권을 본질적으로 침해하는 정도에 이른 것인지 여부, 남편이 유형력을 행사하게 된 경위, 혼인생활의 형태와 부부의 평소 성행, 성교 당시와 그 후의 상황 등 모든 사정을 종합하여 신중하게 판단해야 할 것입니다.

이에 귀하께서도 남편 甲의 폭행이나 협박에 의한 간음에 대하여 녹음이나 녹화 등을 통해 만들어 놓은 입증자료가 있다면 남편 甲을 강간죄로 고소해서 처벌받게 할 수 있을 것이고, 이를 통하여 이혼소송시에도 유리한 고지를 차지할 수 있을 것으로 보입니다.

[시례 4·2·12] 예금통장 대여행위와 예금통장의 계좌번호를 촬영하도록 허용하는 행위가 접근매체의 대여행위로서 처벌받게 되는지

문 저는 성명불상자로부터 '월 300만원까지 가능한 아르바이트'라는 문자메시지를 받고서 전화해 보니 제 명의의 통장에 들어온 돈을 다시 인출해 주는 일을 해주면 소정의 수수료를 주겠다는 제의를 해서 그 성명불상자를 만나 제 명의의 은행 통장 2개와 신분증을 촬영하

173) 종전의 대법원 판례에서는 실질적인 부부관계가 유지되고 있을 때에는 설령 남편이 폭력으로서 강제로 처를 간음하였다 하더라도 강간죄는 성립되지 않는다고 판시하고 있었으나(대법원 1970.3.10. 선고 70도29 판결), 본 대법원 2013.5.16. 선고 2012도14788 전원합의체판결에 의하여 그 판단이 변경된 것입니다.

도록 허락해 주었습니다. 그 성명불상자는 저에게 비밀번호, 보안카드, 공인인증서 등과 같은 접근매체들을 추가로 요구하지 않았고, 제게 건네받은 예금통장들과 신분증을 휴대전화로 촬영한 다음 곧바로 되돌려 주었습니다. 그 후 성명불상자는 보이스피싱 범행을 저질러서 피해자들로 하여금 제 명의의 위 통장들에 송금하도록 유도하였고, 저는 한 통장에 입금된 2,150만원 중 2,100만원을, 다른 통장에 입금된 2,790만원 중 2,700만원을 인출해서 그 성명불상자에게 교부해 주었습니다. 이러한 경우 제가 '전자금융거래법위반죄'나 '컴퓨터등 사용사기 방조죄'로 처벌되는지 걱정되어 박사님께 문의드리고자 합니다.

답 전자금융거래법(이하 '법')은 전자금융거래의 법률관계를 명확히 해서 전자금융거래의 안전성과 신뢰성을 확보하기 위해 제정된 법인데, 이 법에서는 대가를 수수·요구 또는 약속하면서 '접근매체'를 대여하는 행위를 금지하고 있고(법 제6조 제3항 제2호), 이를 위반하여 '접근매체'를 대여한 자에 대해서는 3년 이하의 징역 또는 2천만원 이하의 벌금에 처해지도록 하고 있습니다(법 제49조 제4항 제2호).

여기에서 '접근매체'란 전자금융거래에 있어서 '거래지시'를 하거나 '이용자' 및 거래내용의 진실성과 정확성을 확보하기 위해 사용되는 '수단 또는 정보'로서 전자식카드 및 이에 준하는 전자적 정보와 그 비밀번호, 전자서명법상의 전자서명생성정보 및 인증서와 그 비밀번호, 금융회사 또는 전자금융업자에 등록된 이용자번호, 이용자의 생체정보를 말하는데, 여기에서 이용자란 전자금융거래를 위하여 금융기관 또는 전자금융업자와 체결한 전자금융거래계약에 따라 전자금융거래를 이용하는 자를 말하고, 거래지시란 이용자가 전자금융거래계약에 따라 금융기관 또는 전자금융업자에게 전자금융거래의 처리를 지시하는 것을 말합니다(법 제2조 제10호, 제17호, 제7호).

이러한 규정의 문언과 내용에 따르면 '접근매체'의 대여는 대가를 수수·요구 또는 약속하면서 일시적으로 타인으로 하여금 접근매체 이용자의 관리·감독 없이 접근매체를 사용해서 전자금융거래를 할 수 있도록 접근매체를 빌려주는 행위를 가리킨다고 볼 수 있을 것입니다. 전자금융거래 기능이 포함된 예금통장에서 접근매체로서 기능을 하는 것은 그 통장에 부착된 마그네틱 띠이므로, 이용자가 대가를 수수·요구 또는 약속하면서 제3자에게 예금통장에 부착된 마그네틱 띠에 포함된 전자정보를 이용하여 전자금융거래를 할 수 있도록 예금통장을 빌려주었다면 이는 접근매체의 대여에 해당합니다. 그러나 예금통장에 기재된 계좌번호가 포함된 면을 촬영하도록 허락한 것에 지나지 않는다면 이는 접근매체를 그 용도에 따라 사용하는 것이 애초에 불가능한 것이므로 접근매체의 대여에 해당한다고 볼 수 없을 것입니다(대판 2017.8.18. 2016도8957).

이에 귀하의 사건을 보건대, 귀하께서는 통장 자체를 빌려줘서 계좌번호 표시 부분을 촬영하도록 허락한 것에 지나지 않았을 뿐 예금통장에 부착된 마그네틱 띠에 포함된 전자정보를 이용하여 전자금융거래를 할 수 있도록 한 것이 아니므로 전자금융거래법상 '접근매체'의 대여행위에 해당한다고 볼 수 없어 '접근매체대여죄'로는 처벌되지 않을 것으로 보이며, '컴퓨터 등 사용사기 방조죄'에도 해당되지 않아 형사처벌은 받지 않을 것으로 보입니다. 그러나 귀하께서는 피해자들로부터 민사상 손해배상청구소송은 제기당할 수 있을 것이므로 이에 대비를 잘 하셔야 할 것으로 보입니다.

[사례 4·2·13] 정치지망생이 국회의원 선거일 1년 전에 명함을 배포한 행위가 사전선거운동에 해당되어 처벌을 받을 수 있는지

문 저는 정치지망생으로서 국회의원선거일 약 1년 전에 제 경력사항을 포함하여 국회의원 선거 당선을 호소하는 내용이 기재된 명함 약 300장을 지역구 내 아파트 지하주차장에 주차된 차량들의 앞 유리창에 꽂아누는 방법으로 배부하였습니다. 이러한 경우에도 사전선거운동에 해당되어 공직선거법 위반죄로 처벌을 받을 수 있는지 박사님께 문의드리고 싶습니다.

답 공직선거법에서는 선거운동기간 전에, 공직선거법에서 규정된 방법을 제외하고는, 선전시설물·용구 또는 각종 인쇄물, 방송·신문·뉴스통신·잡지, 그밖의 간행물, 정견발표회·좌담회·토론회·향우회·동창회·반상회, 그밖의 집회, 정보통신, 선거운동기구나 사조직의 설치, 호별방문, 그밖의 방법으로 선거운동을 한 자는 2년 이하의 징역 또는 400만원 이하의 벌금에 처해지도록 하고 있습니다(공직선거법 제254조 제2항). 다만 이러한 선거운동기간위반죄에 해당되어 처벌이 되려면 '선거운동'을 목적으로 하거나 해당 행위 자체가 '선거운동'으로 인정되어야 할 것입니다.

공직선거법상 선거운동의 의미와 금지되는 선거운동의 범위는 다음과 같은 구체적인 기준에 따라 판단됩니다(대판 2016.8.26. 2015도11812 전원합의체 판결).

첫째, '선거운동'은 특정 선거에서 특정 후보자의 당선 또는 낙선을 도모한다는 목적의사가 객관적으로 인정될 수 있는 행위를 말하는데, 이에 해당하는지 여부는 해당 행위를 하는 주체 내부의 의사가 아니라 외부에 표시된 행위를 대상으로 객관적으로 판단하게 됩니다.

둘째, 이와 같은 목적의사는 특정한 선거에 출마할 의사를 밝히면서 그에 대한 지지를 부탁하는 등의 명시적인 방법뿐만 아니라 당시의 객관적 사정에 비추어 선거인의 관점에서 특정 선거에서 당선이나 낙선을 도모하려는 목적의사를 쉽게 추단할 수 있을 정도에 이른 경우에도 이를 인정할 수 있습니다. 위와 같은 목적의사가 있었다고 추단하려면, 단순히 선거와의 관련성을 추측할 수 있다거나 선거에 관한 사항을 동기로 하였다는 사정만으로는 부족하고 특정 선거에서의 당락을 도모하는 행위임을 선거인이 명백히 인식할 만한 객관적인 사정에 근거해야 합니다.

셋째, 선거운동은 그 대상인 선거가 특정되는 것이 중요한 개념표지이므로 문제된 행위가 특정 선거를 위한 것임이 인정되어야만 선거운동에 해당한다고 볼 수 있는데, 행위 당시의 상황에서 특정 선거의 실시에 대한 예측이나 확정 여부, 해당 행위의 시기와 특정 선거일 간의 시간적 간격, 그 행위의 내용과 당시의 상황, 행위자와 후보자의 관계 등 여러 객관적 사정을 종합하여 선거인의 관점에서 문제된 행위가 특정 선거를 대상으로 하였는지를 합리적으로 판단해야 합니다.

넷째, 정치인이 일상적인 사회활동과 통상적인 정치활동의 일환으로 선거인과 접촉하여 자신의 인격에 대한 공감과 정치적 식견에 대한 찬성과 동의를 구하는 한편, 그들의 의견을 청취·수용하여 지지를 받을 수 있는 정책을 구상·수립하는 과정을 통하여 이른바 인지도와 긍정적 이미지를 제고하여 정치적 기반을 다지는 행위도 위와 같은 판단기준이 그대로 적용됩니다. 따라서 그와 같은 일상적인 사회활동과 통상적인 정치활동에 인지도와 긍정적 이미지를 높이려는 목적이 있다고 하여도, 그 행위가 특정한 선거를 목표로 하여 그 선거에서 특정인의 당선 또는 낙선을 도모하는 목적의사가 표시된 것으로 인정되지 않는 한, 선거운동이라고 볼 것은 아닙니다(대판 2017.4.26. 2017도1799).

이에 귀하의 사건을 보건대, 귀하께서 명함을 배포하는 활동은 선거일에서 멀리 떨어진 시기에 이루어진 일이므로 귀하께서 향후 어떤 선거에 나설지도 모른다는 예측을 주는 정도에 불과하며, 명함의 내용이나 명함 배부 과정에서 명시적으로 국회의원선거에서 귀하에 대한 지지를 부탁하는 행위가 있었음이 인정되지 않고, 선거인의 관점에서 위 선거에서 귀하의 당선을 도모하려는 목적의사를 쉽게 추단할 수 있을 만한 객관적 사정도 부족하므로, 귀하가 선거운동을 목적으로 명함을 배부하였다고 보기 어려우며, 귀하께서 자신의 인지도와 긍정적 이미지를 높이려는 의도에서 명함을 배부하였더라도 그 배부행위를 사전선거운동에 해당한다고 볼 수 없을 것입니다. 따라서 귀하의 명함 배부행위는 사전선거운동에 해당되지 않아 처벌을 받지 않을 것으로 보입니다.

[사례 4·2·14] 냉동 후 해동한 수산물에 '생물'이라고 표시·광고한 것이 식품위생법위반 행위에 해당되는지

문 저는 수산물을 판매하는 상인인데, 제주산 냉동 갈치를 해동시킨 후 이를 '제주의 맛 생물 은갈치'라고 표시하여 판매하였습니다. 그런데 이것이 갈치의 품질에 관하여 사실과 다른 표시·광고를 하였다고 보아 형사고소되었는데, 과연 그러한지 박사님께 문의드리고 싶습니다.

답 식품위생법에서는 누구든지 식품 등의 명칭·제조방법, 품질·영양 표시, 유전자변형식품 등 및 식품이력추적관리 표시에 관하여는 사실과 다르거나 과장된 표시·광고를 해서는 안된다고 규정하고 있습니다(식품위생법 제13조 제1항 제2호).

그런데 수산물의 표시·광고에서 '생물'은 포획 후 냉동하지 않은 채 살아 있거나 그에 준할 정도로 신선한 상태로 유통되는 수산물을 표현하는 용어로 '냉동'과 구별되는 개념으로 사용되고 있습니다. 일반적으로 수산물이 생물인지 냉동인지 아니면 냉동 후 해동한 것인지에 따라 보관기간이나 보관방법 등이 달라지며, 나아가 수산물을 구입하는데 신선도는 가장 중요한 품질 평가요소 중 하나로서, 통상 냉동 수산물보다는 생물인 수산물이 신선도가 더욱 높다고 여겨지고 있고, 이에 따라 냉동 수산물보다는 생물인 수산물이 더 비싸게 거래되고 있는 것입니다.

따라서 귀하께서 냉동 수산물 또는 냉동 후 해동한 수산물에 '생물'이라고 표시·광고하는 것은 그 수산물의 품질에 관하여 사실과 다른 표시·광고를 한 것으로 보아야 할 것이므로, 귀하께서는 식품위생법에서 금지하고 있는 수산물의 품질에 관하여 다른 표시 광고를 한 것으로서 처벌을 받을 수 있을 것으로 보입니다(식품위생법 제13조 제1항 제2호).

[사례 4·2·15] 상해진단서가 첨부되면 폭행죄가 아니라 상해죄로만 처벌을 받게 되는지

문 저는 피해자 甲과 인쟁을 하던 중 甲이 제 앞을 가로막자 양 손으로 甲의 옷을 잡아당겨 옆으로 밀어 넘어뜨렸는데, 甲은 그 당시 약 2주간의 치료를 요하는 요추부 염좌상의 진단서를 발급받고서 그로부터 7개월이 지난 후에야 비로소 저를 고소하였고, 이에 저는 신경쓰기 싫어서 50만원에 형사합의를 한 후 고소도 취하시켰습니다. 그런데 경찰에서는 제가 상해죄로 입건되어서 고소가 취하되어도 벌금이 나올 것이라고 합니다. 제가 보기에 그 당시 甲은 병원에서 진료를 받기는 했지만 의사 문진과 방사선 촬영검사 외에 별다른 치료를 받은 적이 없고 약품도 구입하지 않았던 것으로 보아 폭행에 더하여 상해까지 입은 것은 아니라고 보입니다. 이에

고소에 있어서 상해진단서가 첨부되면 무조건 상해죄로 처벌을 받게 되는지 박사님께 문의드리고 싶습니다.

답 형사사건에서 상해진단서는 피해자의 진술과 함께 피고인의 범죄사실을 증명하는 유력한 증거가 될 수 있습니다(대판 2011.1.27. 2010도12728). 그러나 상해 사실의 존재 및 인과관계 역시 합리적인 의심이 없는 정도의 증명에 이르러야 인정할 수 있으므로, 상해진단서의 객관성과 신빙성을 의심할 만한 사정이 있는 때에는 그 증명력을 판단하는데 신중한 접근이 요구되고 있습니다.

특히 상해진단서가 주로 통증이 있다는 피해자의 주관적인 호소 등에 의존하여 의학적인 가능성만으로 발급된 때에는 그 진단 일자 및 진단서 작성일자가 상해 발생 시점과 시간상으로 근접하고 상해진단서 발급 경위에 특별히 신빙성을 의심할 만한 사정이 없는지, 상해진단서에 기재된 상해 부위 및 정도가 피해자가 주장하는 상해의 원인 내지 경위와 일치하는지, 피해자가 호소하는 불편이 기왕에 존재하던 신체 이상과 무관한 새로운 원인으로 생겼다고 단정할 수 있는지, 의사가 그 상해진단서를 발급한 근거가 무엇인지 등을 두루 살피는 외에도 피해자가 상해 사건 이후 진료를 받은 시점, 진료를 받게 된 동기와 경위, 그 이후의 진료 경과 등을 면밀히 살펴서 논리와 경험칙에 따라 그 증명력이 판단되어야 할 것입니다.

한편 상해죄의 상해는 피해자의 신체의 완전성을 훼손하거나 생리적 기능에 장애를 초래하는 것을 의미합니다. 폭행에 수반된 상처가 지극히 경미하여 일상생활 중 통상 발생할 수 있는 상처나 불편 정도이고, 굳이 치료할 필요 없이 자연적으로 치유되며, 일상생활을 하는 데 지장이 없는 경우에는 상해죄의 상해에 해당된다고 할 수 없을 것입니다. 그리고 피해자의 신체의 완전성을 훼손하거나 생리적 기능에 장애를 초래하였는지는 객관적, 일률적으로 판단할 것이 아니라 피해자의 연령, 성별, 체격 등 신체, 정신상의 구체적 상태 등을 기준으로 판단해야 할 것입니다(대판 2000.2.25. 99도4305, 2005.5.26. 2005도1039, 2016.11.25. 2016도15018).

이에 귀하의 사건을 보건대, 피해자 甲은 귀하와 시비가 있은 후 병원을 방문하여 의사로부터 진료를 받기는 하였으나, 의사 문진과 방사선 촬영검사 외에 물리치료 등 그가 호소하는 통증에 대하여 별다른 치료를 받은 바가 없고, 처방받은 약품도 구입하지 않았으며, 이후 다시 병원을 방문하거나 허리 부위와 관련하여 치료를 받은 흔적을 찾아볼 수 없을 것이어서 병원이 발급한 상해진단서의 발급 경위, 진단 내용과 치료 경과, 의사가 진술하는 진단서 발급의 근거 등 여러 사정에 비추어 보면, 甲이 귀하의 행위에 의하여 요추부 염좌라는 상해를 입었다고 쉽게 단정할 수 없고, 이와 같은 경우에는 설령 상해진단서가 첨부되어 있다고 하더라도 상해죄가 아니라 폭행죄에만 해당될 뿐인 바, 귀하께서 甲과 합의하여 고소취하서를 제출했다고 하므로, 반의사불벌죄인 폭행죄의 특성상, 귀하께서는 형사처벌을 받지 않을 것으로 보입니다.

[사례 4·2·16] 치과의사가 보톡스 시술법을 이용하여 눈가 및 미간의 주름을 치료한 것이 의료법 위반행위에 해당되는지

문 저는 치과의사로서 가끔씩 환자의 안면상태에 따라 환자의 미간과 눈가에 보톡스 시술을 하고 있습니다. 저는 구강악안면외과의 치료영역에 구강이나 턱뿐만 아니라 안면을 포함시키고 있고, 상당수의 외국에서는 안면부를 치과에 속한 구강악안면외과의 진료범위로 허용하고 있어 큰 문제가 될 것 같지 않아 보톡스 시술을 한 건인데, 과연 이러한 시술이 치과의사의 면허범위를 벗어난 의료행위로서 처벌받을 수 있는지 박사님께 문의드리고 싶습니다.

답 의료법 제2조(의료인) 제1항, 제2항 제1호, 제2호, 제3호, 제5조(의사·치과의사 및 한의사 면허), 제27조(무면허 의료행위 등 금지) 제1항 본문, 제87조(벌칙) 제1항에서 의사, 치과의사 및 한의사가 각자 면허를 받아 면허된 것 이외의 의료행위를 할 수 없도록 규정한 취지는, 각 의료인의 고유한 담당 영역을 정하여 전문화를 꾀하고 독자적인 발전을 촉진함으로써 국민이 보다 나은 의료 혜택을 누리게 하는 한편, 의사, 치과의사 및 한의사가 각자의 영역에서 체계적인 교육을 받고 국가로부터 관련 의료에 관한 전문지식과 기술을 검증받은 범위를 벗어난 의료행위를 할 경우 사람의 생명·신체나 일반 공중위생에 발생할 수 있는 위험을 방지함으로써 궁극적으로 국민의 건강을 보호하고 증진하기 위한다는데 있습니다.

이러한 취지에서 의료법은 의료기관의 개설, 진료과목의 설치·운영, 전문의 자격 인정 및 전문과목의 표시 등에 관한 여러 규정에서 의사·치과의사·한의사의 세 가지 직역이 각각 구분되는 것을 전제로 규율하면서 각 직역의 의료인이 '면허된 것 이외의 의료행위'를 할 경우 형사처벌까지 받도록 규정하고 있으나, 막상 각 의료인에게 '면허된 의료행위'의 내용이 무엇인지, 어떠한 기준에 의하여 구분하는지 등에 관하여는 구체적인 규정을 두고 있지 않습니다. 즉 의료법은 의료인을 의사·치과의사·한의사 등 종별로 엄격히 구분하고, 각각의 면허가 일정한 한계를 가짐을 전제로 면허된 것 이외의 의료행위를 금지·처벌하는 것을 기본적인 체계로 하고 있으나, 각각의 업무 영역이 어떤 것이고 면허의 범위 안에 포섭되는 의료행위가 구체적으로 어디까지인지에 관하여는 아무런 규정을 두고 있지 않고 있는 것입니다.

이는 의료행위의 종류가 지극히 다양하고 그 개념도 의학의 발달과 사회의 발전, 의료서비스 수요자의 인식과 요구에 수반하여 얼마든지 변화될 수 있는 것임을 감안하여, 법률로 일의적으로 규정하는 경직된 형태보다는 시대적 상황에 맞는 합리적인 법 해석에 맡기는 유연한 형태가 더 적절하다는 입법 의지에 기인하는 것이라고 봅니다(대판 2016. 7.21. 2013도850 전원합의체판결). 따라서 의사나 치과의사의 의료행위가 '면허된 것 이외의 의료행위'에 해당하는지는 구체적 사안에 따라 의사와 치과의사의 면허를 구분한 의료법의 입법 목적, 해당 의료행위에 관련된 법령의 규정 및 취지, 해당 의료행위의 기초가 되는 학문적 원리, 해당 의료행위의 경위·목적·태양, 의과대학 등의 교육과정이나 국가시험 등을 통하여 해당 의료행위의 전문성을 확보할 수 있는지 등을 종합적으로 고려해서 사회통념에 비추어 합리적으로 판단해야 할 것입니다.

전통적인 관념이나 문언적 의미에 따르면, '치과'는 '치아와 그 지지 조직 및 입 안의 생리·병리·치료 기술 등을 연구하는 의학 분야'를 말하고, '치과의사'는 '입 안 및 치아의 질병이나 손상을 예방하고 치료하는 것을 직업으로 하는 사람'으로 정의함이 일반적이지만, 치과의사의 의료행위와 의사의 의료행위가 이러한 전통적 관념이나 문언적 의미만으로 구분될 수 있는 것은 아닐 뿐더러, 의료행위의 개념은 고정 불변인 것이 아니라 의료기술의 발전과 시대 상황의 변화, 의료서비스에 대한 수요자의 인식과 필요에 따라 달라질 수 있는 가변적인 것이기도 하고, 의약품과 의료기술 등의 변화·발전 양상을 반영하여 전통적인 치과진료 영역을 넘어서 치과의사에게 허용되는 의료행위의 영역이 생겨날 수도 있을 것입니다(대판 2016.7.21. 2013도850 전원합의체판결).

따라서 앞서 살펴본 '면허된 것 이외의 의료행위'에 대한 판단기준과 이러한 관점을 더하여 치과의사의 행위가 '면허된 것 이외의 의료행위'에 해당되는지를 판단하여 의료법에 위반되는지 여부를 결정해야 할 것입니다. 이에 치과의사가 보톡스 시술법을 이용하여 환자의 눈가와 미간의 주름 치료를 함으로써 '면허된 것 이외의 의료행위'를 하였다고 해서 의료법 위반으로 처벌될 수 있는지에 관하여 살펴보면, 의료법 등 관련 법령이 구강악안면외과를 치과 영역으로 인정하고 있고 치과의사 국가시험과목으로도 규정하고 있으며, 구강악안면외과의 진료영역에 문언적 의미나 사회통념상 치과 의료행위로 여겨지는 '치아와 구강, 턱뼈 그리고 턱뼈를 둘러싼 안면부'에 대한 치료는 물론 정형외과나 성형외과의 영역과 중첩되는 안면부 골절상 치료나 악교정수술 등도 포함되고 있고, 여기에 관련 규정의 개정 연혁과 관련 학회의 설립 경위, 국민건강보험공단의 요양급여 지급 결과 등을 더하여 보면, 치아, 구강 그리고 턱과 관련되지 않는 면부에 대한 의료행위라 하여 모두 치과 의료행위의 대상에서 배제된다고 보기 어려우며, 의학과 치의학은 의료행위의 기초가 되는 학문적 원리가 다르지 않고, 각각의 대학 교육과정 및 수련과정도 공통되는 부분이 적지 않게 존재하며, 대부분의 치과대학이나 치의학전문대학원에서 보톡스 시술에 대하여 교육하고 있고, 치과 의료 현장에서 보톡스 시술이 활용되고 있으며, 시술 부위가 안면부라도 치과대학이나 치의학전문대학원에서는 치아, 혀, 턱뼈, 침샘, 안면의 상당 부분을 형성하는 저작근육과 이에 관련된 주위 조직 등 악안면에 대한 진단 및 처치에 관하여 중점적으로 교육하고 있으므로, 보톡스 시술이 의사만의 업무영역에 전속하는 것이라고 단정할 수 없는 것인 바, 환자의 안면부인 눈가와 미간에 보톡스를 시술한 치과의사의 행위가 치과의사에게 '면허된 것 이외의 의료행위'라고 볼 수 없고, 시술이 미용 목적이라 하여 달리 볼 것은 아니라고 할 것입니다(대판 2016.7.21. 2013도850 전원합의체판결).

이에 치과의사인 귀하께서 환자의 눈가와 미간에 보톡스 시술을 한 것은 의료법 위반으로 되지 않을 것이고 따라서 처벌도 이루어지지 않을 것으로 보입니다.

[사례 4·2·17] 노래방·단란주점·유흥주점·룸싸롱의 차이

문 저는 사업을 하는 사람으로서 손님 접대를 위해 노래방이나 단란주점 또는 유흥주점에 자주 들락거리고 있습니다. 이에 평상시 궁금한 것들이 있는데, 이들 간에 어떤 차이가 있고, 어떤 행위가 금지되고 있는지 알지 싶어 박사님께 문의드리고자 합니다.

답 식품위생법상 식품접객업은 몇 가지로 분류되는데(식품위생법시행령 제21조 제8호), 단란주점이나 유흥주점은 식품접객업 중의 하나에 해당되고, 노래연습장은 「음악산업진흥에 관한 법률」에서 규정하고 있습니다(동법 제2조 제13호).

이에 관하여 구체적으로 살펴보도록 하겠습니다.

첫째, 휴게음식점영업입니다. 이는 주로 차, 아이스크림류 등을 조리·판매하거나 패스트푸드점, 분식점 형태의 영업 등 음식류를 조리·판매하는 영업으로서, 음주행위가 허용되지 않는 영업을 말합니다. 다만, 편의점, 슈퍼마켓, 휴게소, 그밖에 음식류를 판매하는 장소나 만화가게 및 인터넷컴퓨터게임시설제공업을 하는 영업소 등 음식류를 부수적으로 판매하는 장소에서 컵라면, 일회용 차 또는 그밖의 음식류에 물을 부어 주는 경우는 제외됩니다.

둘째, 일반음식점영업입니다. 이는 음식류를 조리·판매하는 영업으로서, 식사와 함께 부수적으로 음주행위가 허용되는 영업을 말합니다.

셋째, 단란주점영업입니다, 이는 주로 주류를 조리·판매하는 영업으로서, 손님이 노래를 부르는 행위가 허용되는 영업을 말합니다.

넷째, 유흥주점영업입니다. 이는 주로 주류를 조리·판매하는 영업으로서, 유흥종사자를 두거나 유흥시설을 설치할 수 있고, 손님이 노래를 부르거나 춤을 추는 행위가 허용되는 영업을 말합니다.

다섯째, 위탁급식영업입니다. 이는 집단급식소를 설치·운영하는 자와의 계약에 따라 그 집단급식소에서 음식류를 조리하여 제공하는 영업을 말합니다.

여섯째, 제과점영업입니다. 이는 주로 빵, 떡, 과자 등을 제조·판매하는 영업으로서, 음주행위가 허용되지 않는 영업을 말합니다.

일곱째, 노래연습장업입니다. 이는 연주자를 두지 않고 반주에 맞추어 노래를 부를 수 있도록 하는 영상 또는 무영상 반주장치 등의 시설을 갖추고 공중의 이용에 제공하는 영업을 말합니다.

이에 노래방과 단란주점, 유흥주점, 룸싸롱의 차이를 간략히 살펴보면, 노래방은 노래만 부를 수 있고 술을 팔거나 유흥접객원을 고용할 수 없는 곳이며, 단란주점은 노래와 술을 팔 수 있으되, 유흥접객원을 고용할 수 없는 곳이고, 유흥주점은 노래와 술을 팔 수 있고, 유흥접객원도 고용할 수 있는 곳입니다. 나이트클럽이나 룸싸롱은 유흥주점에 해당한다고 보이며, 특히 룸싸롱은 인테리어를 보다 고급으로 해놓은 고급유흥주점이라고 보면 될 것입니다. 요약하면, 노래방(노래), 단란주점(노래 + 술), 유흥주점·룸싸롱(노래 + 술 + 여자)과 같습니다.

한편 노래방이나 단란주점에서 도우미가 손님을 접대하게 되면 형사문제가 될 수 있는데, 손님은 윤락행위를 하지 않는 한 처벌되지 않지만 도우미와 알선자인 주인은 1년 이하의 징역이나 300만원 이하의 벌금 또는 1천만원 이하의 벌금에 처해지게 됩니다(음악산업진흥에 관한 법률 제22조 제2항, 제34조 제4항, 식품위생법 제44조 제3항, 제98조 제1호). 나아가 이들 장소에서 성매매를 한 자는 1년 이하의 징역이나 300만원 이하의 벌금·구류 또는 과료에 처해지고, 성을 파는 자는 3년 이하의 징역 또는 3천만원 이하의 벌금에 처해지게 됩니다(성매매알선 등 행위의 처벌에 관한 법률 제21조 제1항, 제20조 제1항 제1호).

이상 귀하의 질문에 대해 간단히 답변드렸는 바, 상식적으로 알아두면 실생활에서 요긴할 것이며, 이들 장소에서 허용되는 행위와 그렇지 않는 행위를 구별해서 법에 위반되는 행위를 하지 않도록 하는 것이 현명할 것으로 보입니다.

[사례 4·2·18] 일반음식점에 유흥시설인 무도장을 설치할 수 있는지

문 저는 일반음식점을 운영하는 사람인데, 손님들의 편의와 유흥을 위하여 춤을 출 수 있도록 무도장을 설치하고 여기에 음향시설과 특수조명시설을 달아놓았습니다. 그런데 최근 민원이 제기되었다고 하면서 구청으로부터 무도장을 철거하라는 시설개수명령이 떨어졌습니다. 이러한 무도장에 대해서는 비교적 많은 돈을 들여 설치해 놓은 것인데, 제가 구청의 시설개수명령에 반드시 따라야만 하는지 박사님께 문의드리고자 합니다.

답 식품위생법(이하 '법') 제36조(영업허가 등의 제한) 제1항 제3호에 의하면 일반음식점 등 식품접객업을 하려는 자는 총리령으로 정하는 시설기준(이하 '업종별 시설기준')에 맞는 시설을 갖추어야 한다고 규정하고 있고, 그 위임에 따라 식품위생법 시행규칙 제36조는 [별표 14]에서 업종별 시설기준의 구체적인 내용을 마련해 놓고 있습니다(이하 '위 [별표 14]'). 그리고 법 제74조(시설개수명령 등) 제1항에서는 영업시설이 시설기준에 맞지 않는 영업자에 대해서는 식품의약품안전처장이나 시·도지사 또는 시·군·구청장은 기간을 정하여 시설을 개수할 것을 명할 수 있다고 규정하고 있습니다.

위 [별표 14]에 규정된 업종별 시설기준의 위반은 시설개수명령이나 영업정지 및 영업소폐쇄 등의 행정처분의 대상이 될 뿐만 아니라 곧바로 형사처벌의 대상도 되므로(법 제97조 제4호), 업종별 시설기준은 식품위생법상 각 영업의 종류에 따라 필수적으로 요구되는 시설의 기준을 제한적으로 열거한 것이라고 보아야 할 것이며, 이는 침익적 행정행위의 근거가 되는 행정법규에 해당하므로 엄격하게 해석·적용해야 하고, 그 행정행위의 상대방에게 불리한 방향으로 지나치게 확장해석하거나 유추해석해서는 안되며, 그 해석도 문언의 통상적인 의미를 벗어나서는 안될 것입니다(대판 2013.12.12. 2011두3388).

그런데 위 [별표 14]에서는 일반음식점에서 손님들이 춤을 출 수 있도록 하는 시설(이하 '무도장')을 설치해서는 안된다는 내용이 명시적으로 규정되어 있지 않습니다. 즉 업종별 시설기준에 관한 위 [별표 14]의 '8. 식품접객업의 시설기준'의 구체적 내용을 살펴보더라도, 시설기준 위반의 하나로서 '유흥주점 외의 영업장에 무도장을 설치한 경우'를 금지하고 있다고 해석할 만한 규정을 찾아보기 어렵습니다(대판 2015.7.9. 2014두47853). 다만 식품위생법 시행규칙 제89조(행정처분의 기준)의 [별표 23]에서 '유흥주점 외의 영업장에 무도장을 설치한 경우'에 대한 행정처분의 기준으로서 1차 위반시 시설개수명령, 2차 위반시 영업정지 1개월, 3차 위반시 영업정지 2개월로 규정하고 있을 뿐인데, 이러한 행정처분의 기준은 행정청 내부의 재량준칙에 불과하므로, 그 재량준칙에서 '유흥주점 외의 영업장에 무도장을 설치한 경우'를 위반사항의 하나로서 들고 있다고 해서 이를 금지의무의 근거규정이라고 해석할 수는 없을 것입니다. 그리고 식품위생법령에서 식품접객업의 구체적 종류로서 허가 대상인 유흥주점영업과 신고 대상인 일반음식점영업을 구분하고 있지만(법 제37조 제1항, 제4항, 시행령 제21조), 업종 구분에 기반한 영업질서를 해치는 위반행위를 반드시 업종별 시설기준 위반으로 규제해야 하는 것은 아니고, 이를 업태 위반(법 제94조 제1항 제3호)이나 식품접객영업자의 준수사항 위반(법 제44조 제1항, 제75조 제1항 제13호)으로도 규제할 수 있는 것이므로, 이러한 식품위생법령상 업종 구분만으로 일반음식점에 무도장을 설치하는 것이 업종별 시설기준을 위반한 것이라고 볼 수는 없을 것입니다(대판 2015.7.9. 2014두47853). 또한 업종별 시설기준은 각 영업의 종류에 따라 갖추어야 할 최소한의 기준을 정한 것일 뿐이므로, 업종별 시설기준에서 명시적으로 설치를 금지하지 않는 개개 시설의 이용 형태나 이용 범위를 제한하는 것은 본질적으로 업태 위반이나 식품접객영업자의 준수사항 위반으로 규율해야 할 영역이라고 보입니다.

이와 같은 여러 사정들을 종합해 보면, 업종별 시설기준에 관한 위 [별표 14]에서 '유흥주점 외의 영업장에 무도장을 설치한 것'을 금지하고 있다고 보기는 어려우므로, 일반음식점 내 무도장의 설치·운영행위가 업태 위반 등으로 형사처벌이나 다른 행정처분의 대상이 되는 것은 별론으로 하더라도, 이러한 행위가 위 [별표 14]에서 정한 업종별 시설기준 위반에 해당하여 시설개수명령의 대상이 된다고 할 수는 없을 것입니다(대판 2015.7.9. 2014두47853).

이에 귀하의 사건을 보건대, 일반음식점 내에 음향시설이나 특수조명시설을 설치하는 것을 금지하는 규정이 없고, 이러한 시설들이 손님들로 하여금 영업장에서 춤을 출 수 있도록 하는데 이용된다고 하더라도 시설개수명령으로써 적법한 시설의 이용 형태나 이용 범위를 제한하는 것은 허용되지 않는다고 보이므로 일반음식점인 귀하의 영업장 내에 무도장을 설치했다는 이유로 한 구청의 시설개수명령은 위법하다고 보이므로 행정심판이나 행정소송을 제기할 경우 승소할 수 있을 것으로 보입니다. 그러나 귀하의 사건에서 위와 같은 구청의 시설개수명령이 위법함으로 인하여 무도장을 철거하지 않아도 될 것이지만 업태 위반 내지 식품접객영업자의 준수사항 위반으로 인한 처벌이나 다른 행정처분까지 받지 않게 되는 것은 아니므로 굳이 버텨가면서 괴로움을 당하는 것보다는 자진해서 무도장을 철거하는 것이 어떨까 싶습니다.

[사례 4·2·19] 한국남자와 결혼한 다문화 여성이 남편의 의사에 반하여 아이를 자국으로 데려고 출국한 경우에 형사처벌을 받게 되는지

문 저는 베트남 여자로서 한국 남자 甲과 결혼하여 아이 한 명을 둔 다문화가정인데, 서로 성격이 맞지 않아 甲에게 이혼을 요구하였고, 이혼하더라도 아이는 제가 친권자 및 양육권자로 되어 베트남에서 잘 키우겠다고 말했지만 甲은 아이만은 데려갈 수 없다고 함에 따라 甲 몰래 아이를 베트남 집의 저희 부모한테 맡기고 이혼절차를 밟기 위해 다시 한국으로 돌아왔습니다. 그런데 甲이 아이를 데려오지 않으면 저를 아이에 대한 국외이송약취 및 피약취자국외이송죄로 고소하겠다고 하는데, 고소를 당하면 제가 처벌받을 수 있게 되는지 걱정되어 박사님께 문의드리는 바입니다.

답 형법 제287조의 미성년자약취죄, 제288조 제3항 전단의 국외이송약취죄 등의 구성요건요건으로서 약취란 폭행, 협박 또는 불법적인 사실상의 힘을 수단으로 사용하여 피해자를 그 의사에 반하여 자유로운 생활관계 또는 보호관계로부터 이탈시켜 자기 또는 제3자의 사실상 지배하에 옮기는 행위를 말하고, 구체적 사건에서 어떤 행위가 약취에 해당하는지는 행위의 목적과 의도, 행위 당시의 정황, 행위의 태양과 종류, 수단과 방법, 피해자의 상태 등 관련 사정을 종합하여 판단해야 할 것입니다(대판 2009.7.9. 2009도3816).

미성년자를 보호·감독하는 사람이라고 하더라도 다른 보호감독자의 보호·양육권을 침해하거나 자신의 보호·양육권을 남용하여 미성년자 본인의 이익을 침해하는 때에는 미성년자에 대한 약취죄의 주체가 될 수 있는데, 이 경우에도 해당 보호감독자에 대하여 약취죄의 성립을 인정할 수 있으려면 그 행위가 위와 같은 의미의 약취에 해해당야 할 것이며(대판 2008.1.31. 2007도8011), 그렇지 않고 종전의 보호·양육 상태로부터 이탈시켰다고 볼 수 없는 행위에 대해서까지 다른 보호감독자의 보호·양육권을 침해하였다는 이유로 미성년자에 대한 약취죄의 성립을 긍정하는 것은 형벌법규의 문언 범위를 벗어나는 해석으로서 죄형법정주의의 원칙에 비추어 허용될 수 없다고 할 것입니다.

따라서 부모가 이혼하였거나 별거하는 상황에서 미성년의 자녀를 부모의 일방이 평온하게 보호·양육하고 있는데, 상대방 부모가 폭행, 협박 또는 불법적인 사실상의 힘을 행사하여 그 보호·양육 상태를 깨뜨리고 자녀를 탈취하여 자기 또는 제3자의 사실상 지배하에 옮긴 경우, 그와 같은 행위는 특별한 사정이 없는 한 미성년자에 대한 약취죄를 구성한다고 볼 수 있을 것이지만, 미성년의 자녀를 부모가 함께 동거하면서 보호·양육해 오던 중 부모의 일방이 상대방 부모나 그 자녀에게 어떠한 폭행, 협박이나 불법적인 사실상의 힘을 행사함이 없이 그 자녀를 데리고 종전의 거소를 벗어나 다른 곳으로 옮겨 자녀에 대한 보호·양육을 계속하였다면, 특별한 사정이 없는 한 설령 이에 관하여 법원의 결정이나 상대방 부모의 동의를 얻지 않았다고 하더라도 그러한 행위에 대하여 곧바로 형법상 미성년자에 대한 약취죄의 성립을 인정할 수는 없다고 할 것입니다(대판 2013.6.20. 2010도14328 전원합의체판결).

이에 귀하의 사건을 보건대, 귀하께서는 베트남 여성으로서 한국인 남자 甲과 혼인하여 아이를 출산한 후 甲과 함께 줄곧 아이를 보호·양육해 왔으며, 甲은 직장에 다니고 귀하께서 가사를 전담하였기 때문에 아이에 대한 현실적인 보호·양육은 주로 귀하께서 맡아왔고, 서로 성격이 맞지 않아 이혼 얘기가 오가면서 귀하께서 아이의 친권자 및 양육권자로 주장했다는 점 등에 비추어 아이를 데리고 베트남으로 떠난 행위는 어떠한 실력을 행사하여 종전의 평온하던 아이에 대한 보호·양육 상태에서 이탈시켰다기 보다는 친권자인 모로서 출생 이후 줄곧 맡아왔던 아이에 대한 보호·양육을 계속 유지한 행위라고 보일 뿐, 이를 폭행, 협박 또는 불법적인 사실상의 힘을 사용하여 아이를 자기 또는 제3자의 지배하에 옮긴 약취행위로 볼 수 없다고 보이므로 귀하께서는 형사고소를 당하더라도 처벌을 받지 않을 것으로 보입니다.

[사례 4·2·20] 폭행 또는 상해로 인한 치료행위시 의료보험처리가 가능한지

문 저는 제 소유의 승용차를 몰고 좁은 도로상을 지나가던 중 갓길에 방치되어 있는 甲 소유의 50cc 오토바이를 피하려다가 전봇대에 부딪혀 이마가 찢어지는 상해를 입었습니다. 저는 乙 정형외과에서 사실대로 말하고 치료를 받으려다가 의료보험처리문제로 실랑이가 있었습니다. 乙 정형외과에서는 교통사고나 폭행사건으로 인하여 상해를 입은 경우에는 의료보험처리를 해줄 수 없다고 합니다. 그 말이 맞는지 박사님께 문의드리고 싶습니다.

답 종전의 국민의료보험법 제41조(급여의 제한) 제1항에 의하면 "보험자는 보험급여를 받을 자가 자신의 범죄행위에 기인하거나 또는 고의로 사고를 발생시켰을 때에는 해당 보험급여를 하지 아니한다."라고 규정하고 있었습니다. 여기에서 말하는 자신의 범죄행위에 기인한 사고란 과실(경과실 포함)로 인한 행위도 포함되므로 결국 피해자가 없는 가벼운 교통사고로 인하여 다친 경우라든가 일방적으로 맞아 발생한 상해의 경우에도, 무죄가 입증되지 않는 한, 의료보험의 혜택을 거의 받을 수 없는 구조로 되어 있었습니다.

그런데 2000년 7월 1일부터 시행된 개정 국민건강보험법 제48조(급여의 제한) 제1항 1호에 의하면, 공단은 보험급여를 받을 수 있는 자가 "고의 또는 중대한 과실로 인한 범죄행위에 기인하거나 고의로 사고를 발생시킨 때"에는 보험급여를 하지 않는다고 규정하여 종전에 의료보험급여가 인정되지 않았던 사유 중에서 "경과실로 인한 범죄행위에 기인한 사고"를 제외시켰고, 현행 국민건강보험법 제53조(급여의 제한) 제1항 제1호에서도 같은 규정을 두고 있습니다.

따라서 이제는 가벼운 접촉사고로 인한 교통사고나, 자신의 중대한 과실로 발생하지 않은 상해사건에 대해서는 의료보험의 혜택을 받을 수 있게 되었습니다.

결국 귀하의 경우에도, 위 교통사고가 귀하의 중대한 과실로 인하여 발생한 것인지의 여부에 따라 그 결론이 달라지겠지만, 그것이 중대한 과실에 의하여 발생한 교통사고가 아니라면 의료보험의 혜택을 받을 수 있을 것으로 보입니다. 아마 乙 정형외과에서는 종전의 의료보험처리에 관한 관례를 답습하여 말한 것으로 보입니다.

[사례 4·2·21] 낙찰계가 깨진 경우에 계주가 형사책임을 지게 되는지

문 저는 계원 20명으로 구성된 낙찰계에 가입하였는데, 10회차에 계가 깨져서 계금을 타지 못하고 있습니다. 이 경우에 계주 甲을 형사고소해서 배임죄로 처벌받게 하고 싶은데, 가능한지 여부에 관하여 박사님께 문의드리고 싶습니다.

답 낙찰계의 계주가 계원들과의 약정에 따라 부담하는 계금지급의무를 이행하지 않아 배임죄가 성립하려면 계금지급의무가 단순한 채권관계상의 의무를 넘어 신임관계에 기초하여 타인의 재산을 보호 내지 관리하는데 이르러야 합니다. 따라서 계주가 계원들로부터 계불입금을 징수하지 않았다면 그러한 상태에서 부담하는 계금지급의무는 이와 같은 신임관계에 이르지 않는 단순한 채권관계상의 의무에 불과하여 이를 이행하지 않았다고 해서 배임죄가 성립하는 것이 아니며, 이는 계주가 계원들과의 약정에 위반하여 계불입금을 징수하지 않은 경우라고 하여 달리 볼 것은 아닙니다(대판 2009.8.20. 2009도3143).

반면 계주가 계원들로부터 계불입금을 징수하게 되면 그 계불입금은 실질적으로 낙찰계원에 대한 계금지급을 위하여 계주에게 위탁된 금원의 성격을 지니고, 따라서 계주는 이를 낙찰·지급받을 계원과의 사이에서 단순한 채권관계를 넘어 신의칙상 계금지급을 위하여 위 계불입금을 보호 내지 관리해야 하는 신임관계에 들어서게 되므로, 이 경우에 계주가 계금지급의무를 이행하지 않으면 배임죄가 성립하게 되는 것입니다(대판 2009.

8.20. 2009도3143). 즉 계주가 계원들로부터 월불입금을 모두 징수하였음에도 불구하고 그 임무에 위배하여 정당한 사유 없이 이를 지정된 계원에게 지급하지 않았다면 특별한 사정이 없는 한 그 지정된 계원에 대한 관계에 있어서 배임죄를 구성하며, 계가 정상적으로 운영되고 있음에도 불구하고 계주가 그 동안 성실하게 계불입금을 지급해 온 계원에게 계가 깨졌다는 등의 거짓말을 하여 그 계원이 계금을 탈 수 있는 기회를 박탈하여 손해를 가하였다면 계주의 이와 같은 임무위배는 그 계원에 대한 관계에 있어서 배임죄를 구성한다고 할 것입니다(대판 1995.9.29. 95도1176).

요컨대, 계주가 계원으로부터 징수한 계금에 대해서는 회차별로 모두 태워주었으나 다음 회차의 계금을 징수하지 않은 채 잠적하여 계가 깨진 경우에는 배임죄가 성립되지 않고, 다만 계주는 위 낙찰계를 정상적으로 유지·운영할 의무를 계원들과의 약정에 따라 이행해야 할 일반적 민사적 채무만 남게 된 반면, 계주가 계원으로부터 다음 회차에 태워줄 계금을 징수하였음에도 이를 태워주지 않은 채 잠적한 경우에는 아직 계금을 낙찰받지 못한 계원들에 대한 관계에서 계금을 지급할 임무에 위배되는 것이어서 배임죄가 성립하는 것입니다.

따라서 귀하의 사건에서 계주인 甲이 계금을 지급하지 못한 이유가 무엇이냐에 따라 그에 대한 형사처벌 여부가 결정될 것으로 보이는 바, 甲이 계원으로부터 징수한 계금을 아직 낙찰받지 못한 계원에게 태워주지 않고 착복한 경우에는 배임죄가 성립할 것이고, 甲이 계금징수업무를 게을리하여 계금을 징수하지 못함으로써 아직 계금을 낙찰받지 못한 계원에게 태워줄 계금이 없는 상태에서 잠적한 경우에는 배임죄가 성립되지 않을 것으로 보입니다.

[사례 4·2·22] 과다 지급받은 거스름돈을 모른 체하고 반환하지 않으면 형사처벌을 받을 수 있는지

문 저는 식당에서 4천원 상당의 라면과 김밥을 먹고 5천원짜리를 주었는데, 식당 주인 甲이 5만원짜리를 주는 줄 착각하고 4만 1천원을 내어준 것입니다. 저는 아무 생각 없이 그 돈을 호주머니에 넣고 왔는데, 혹시 과다 지급받은 4만원을 돌려주지 않으면 어떻게 되는지 박사님께 문의드리고 싶습니다.

답 예, 귀하의 질문은 과다 지급받은 거스름돈을 처음부터 알면서도 받거나, 받을 때는 몰랐지만 나중에 그 사실을 알고도 이를 반환해주지 않는 경우에 어떤 처벌을 받게 되는지 여부에 관한 문제인 것 같습니다.

이와 관련하여 판례는 "사기죄의 요건으로서의 기망은 널리 재산상의 거래관계에 있어 서로 지켜야 할 신의와 성실의 의무를 저버리는 모든 적극적 또는 소극적 행위를 말하는 것이고, 그중 소극적 행위로서의 부작위에 의한 기망은 법률상 고지의무 있는 자가 일정한 사실에 관하여 상대방이 착오에 빠져 있음을 알면서도 그 사실을 고지하지 아니함을 말하는 것으로서, 일반거래의 경험칙상 상대방이 그 사실을 알았더라면 해당 법률행위를 하지 않았을 것이 명백한 경우에는 신의칙에 비추어 그 사실을 고지할 법률상 의무가 인정된다고 할 것인 바, 매수인이 매도인에게 매매잔금을 지급함에 있어 착오에 빠져 지급해야 할 금액을 초과하는 돈을 교부하는 경우, 매도인이 사실대로 고지하였다면 매수인이 그와 같이 초과하여 교부하지 아니하였을 것임은 경험칙상 명백하므로, 매도인이 매매잔금을 교부받기 전 또는 교부받던 중에 그 사실을 알게 되었을 경우에는 특별한 사정이 없는 한 매도인으로서는 매수인에게 사실대로 고지하여 매수인의 그 착오를 제거해야 할 신의칙상 의무를 지므로 그 의무를 이행하지 아니하고 매수인이 건네주는 돈을 그대로 수령한 경우에는 사기죄에 해당될 것이지만, 그 사실을 미리 알지 못하고 매매잔금을 건네주고 받는 행위를 끝마친 후에야 비로소 알게 되었을 경우에는 주고받는 행위는 이미 종료되어 버린 후이므로 매수인의 착오 상태를 제거하기 위하여 그 사실을 고지해야 할 법률상 의무의 불이행은 더 이상 그 초과된 금액 편취의 수단으로서의 의미는 없으므로, 교부하는 돈을 그대로 받은 그 행위는 점유이탈물횡령죄가 될 수 있음은 별론, 사기죄를 구성할 수는 없다."라고 판시하고 있습니다(대판 2004.5.27. 2003도4531).

이에 귀하의 사건을 보건대, 귀하께서 처음부터 거스름돈을 과다하게 받는지 알면서도 이를 받은 경우에는 사기죄로 10년 이하의 징역 또는 2천만원 이하의 벌금에 처해질 수 있으며(형법 제347조 제1항), 받을 당시에는 과다하게 거스름돈을 받는 줄 몰랐다가 나중에 알았는데도 과다 받은 돈을 돌려주지 않는 경우에는 점유이탈물횡령죄로 1년 이하의 징역이나 300만원 이하의 벌금 또는 과료에 처해질 수 있습니다(형법 제360조 제1항). 따라서 과다받은 줄 알았으면 그 자리에서 돌려줄 것이고, 나중에 그 사실을 알게 되었다면 알게 된 즉시 과다받은 돈을 돌려줘야만 형사처벌을 면할 수 있을 것으로 보입니다.

[사례 4·2·23] 타인의 핸드폰을 무단으로 사용하는 경우에, 형사처벌을 받게 되는지

문 저는 열차 매표소에서 표를 끊느라고 대기석에 앉아 있는 지인 甲에게 핸드폰을 잠깐 맡겨놓았는데, 甲이 무단으로 제 핸드폰을 가지고 국제통화를 장시간 하는 바람에 핸드폰 요금이 엄청나게 나오게 생겼습니다. 정말 화가 나서 그러는데, 甲을 형사고소할 수 없는지 박사님께 문의드리고자 합니다.

답 귀하와 같이 핸드폰을 잘못 관리하거나 비밀번호를 걸어놓지 않은 채 다른 사람에게 맡겨놓으면 이런 불상사가 생기게 마련입니다. 귀하의 사건은 타인의 유선전화나 핸드폰을 무단으로 사용하여 전화통화를 함으로써 전화요금 상당의 손해를 입힌 경우에 그 타인을 절도죄나 사기죄로 형사고소할 수 있는지 여부와 관련됩니다.

먼저 절도죄가 성립하는지 여부에 관하여 판례는 "타인의 전화기를 무단으로 사용하여 전화통화를 하는 행위는 전기통신사업자가 갖추고 있는 통신선로, 전화교환기 등 전기통신설비를 이용하고 전기의 성질을 과학적으로 응용한 기술을 사용하여 전화기의 음향송수신기능을 부당하게 이용하는 것으로서, 이러한 내용의 역무는 무형적인 이익에 불과하고 물리적 관리의 대상이 될 수 없어 재물이 아니라고 할 것이므로 절도죄의 객체가 되지 않는다."라고 판시하여 절도죄의 성립을 부정하고 습니다(대판 1998.6.23. 98도700).

다음으로 사기죄가 성립하는지 여부에 관하여 판례는 "사기죄가 성립하기 위하여는 기망행위와 이에 기한 피해자의 처분행위가 있어야 할 것인 바, 타인의 일반전화를 무단으로 이용하여 전화통화를 하는 행위는 전기통신사업자인 한국전기통신공사가 일반전화 가입자인 타인에게 통신을 매개하여 주는 역무를 부당하게 이용하는 것에 불과하여 한국전기통신공사에 대한 기망행위에 해당한다고 볼 수 없을 뿐만 아니라, 이에 따라 제공되는 역무도 일반전화 가입자와 한국전기통신공사 사이에 체결된 서비스이용계약에 따라 제공되는 것으로서 한국전기통신공사가 착오에 빠져 처분행위를 한 것이라고 볼 수 없으므로, 결국 위와 같은 행위는 형법 제347조의 사기죄를 구성하지 아니한다 할 것이고, 이는 형법이 제348조의2의 편의시설부정이용죄를 신설하여 부정한 방법으로 대가를 지급하지 아니하고 공중전화를 이용하여 재산상 이익을 취득한 자를 처벌하는 규정을 별도로 둔 취지에 비추어 보아도 분명하다."라고 판시하여 역시 사기죄의 성립을 부정하고 있습니다(대판 1999.6.25. 98도3891).

따라서 귀하께서는 甲에 대한 형사상 고소는 불가할 것으로 보이고, 다만 민사상 손해배상책임을 물어 금전적으로 구제를 받는 수밖에 없을 것으로 보입니다.

참고로 자신 명의의 은행통장에 다른 사람으로부터 잘못 입금된 돈을 임의로 소비하거나 반환을 거부한 경우에는 횡령죄 내지 점유이탈물횡령죄로 처벌을 받을 수 있으니(대판 2005.10.28. 2005도5975, 2010.12.9. 2010도891), 착오송금인을 알게 되었거나 해당 은행으로부터 반환 요청이 있게 되면 귀찮더라도 즉시 반환해 주어야 할 것입니다. 그렇지 않으면 형사고소를 당할 수 있으니 주의하셔야 합니다.

[사례 4·2·24] 소유권유보부 할부매매로 구매한 물품을 할부대금완납 전에 처분한 경우에 형사처벌을 받게 되는지

문 저는 36개월 할부로 자동차를 매수하여 현재 10개월째 납부하고 있는데, 중간에 돈이 궁해서 자동차가 제 명의로 되어 있는 것을 기화로 제3자에게 저당권을 설정해 주었습니다. 이 경우에 제가 형사처벌을 받게 되는 것은 아닌지 걱정이 되어 박사님께 문의드리고자 합니다.

답 예, 매수인이 매노인으로부터 물건을 할부로 구입하는 형태는 두 가지로 구분할 수 있는데, 할부대금을 모두 완납할 때까지 매도인에게 소유권을 유보해 놓고 할부구매물건을 매수인이 인도받는 경우가 있고, 소유권을 매도인에게 유보해 놓지 않은 채 구매 즉시 매수인이 소유권을 취득하되, 할부대금의 채무만 남아 있는 상태로 구매물건을 매수인이 인도받는 경우가 그것입니다.

위 두 형태의 구별은 주로 매매계약서 등에 기재된 바에 따르게 될 것인데, 매매계약서나 그밖의 서류 또는 구두상으로 소유권유보에 관한 별도의 특약을 하거나 소유권유보의 특약이 기재되어 있는 경우에는 매도인에게 소유권이 유보되어 있다고 볼 것이로되, 그밖의 경우에는 매수인이 물건을 구매한 즉시 그 소유권을 취득하게 되고 아직 할부대금 전액을 납부하기 전이라도 매도인에게 소유권이 유보되어 있지 않는 것이라고 추정하는 것이 타당하다고 보입니다. 따라서 할부로 물건을 구매할 경우에는 계약서의 문구를 잘 살펴보아야 하고, 매수인으로 하여금 매매 즉시 그 소유권을 취득하게 할 요량이었다면 인쇄된 계약서상에 기재되어 있을 소유권유보부매매에 관한 문구를 삭제하는 조치를 취해 놓아야 할 것입니다.

소유권유보부 할부매매가 아닌 경우에는 매수인이 인도받은 물건을 제3자에게 매매하거나 저당권을 설정하는 등의 처분행위를 하더라도 매도인에 대하여 횡령죄가 성립되지 않을 것입니다. 그러나 소유권유보부매매에 해당되어 매수인이 할부대금을 모두 납부할 때까지 매도인에게 소유권이 유보되어 있는 경우에는 매수인이 자기 명의나 자기 수중에 물건이 있다고 해서 이를 제3자에게 매도하거나 저당권 등을 설정하는 등으로 처분행위를 한 경우에는 횡령죄에 해당되어 처벌을 받을 수 있습니다.

법원의 하급심 판결도 "소유권유보부 매매에 있어서 매매대금의 채무자인 매수인이 매매대금을 완납할 때까지는 물건에 대한 소유권이 매도인에게 속하는 것이므로 매수인이 사용하고 있는 물건을 대금완납 전에 제3자에게 담보로 제공한 경우에는 채권자인 매도인에 대한 관계에 있어서 횡령죄가 인정된다 할 것이다."라고 판결을 내려 같은 취지를 밝히고 있습니다(서울고법 2009.3.26. 2009노86).

따라서 귀하의 사례에서도 귀하께서 매매계약서상 어느 형태의 할부매매로 자동차를 구입했는지 여부에 따라 형사처벌 여부가 결정될 것으로 보이는데, 소유권유보부할부매매에 해당하는 경우에는 귀하의 저당권 설정행위는 횡령죄가 성립할 것이로되, 그렇지 않는 경우에는 횡령죄는 성립하지 않고 다만 민사상 할부대금에 대한 납부의무만 있을 것으로 보입니다.

[사례 4·2·25] 이자제한법상의 최고이자율을 초과하여 이자를 받은 경우에 형사처벌을 받게 되는지

문 저는 급전이 필요해서 개인채권자 甲과 연 40%의 이자로 금전소비대차를 맺은 후 1천만원을 빌렸고, 이자를 매월 꼬박 갚아 현재는 이자만도 거의 원금 수준에 이르고 있습니다. 그런데 채권자 甲의 원금 변제 독촉이 너무 심해서 스트레스가 이만저만이 아닙니다. 그래서 이자를 너무 많이 받았다는 명목으로 甲을 혼내주고 싶어서 형사고소를 하고자 하는데, 가능한지 여부에 관하여 박사님께 문의드리고 싶습니다.

답 개인채권자로부터의 대차원금이 10만원 미만인 경우의 이자는 제한이 없으므로 얼마든지 이자율을 높게 정할 수 있지만, 대차원금이 10만원 이상인 경우의 금전대차에 관한 계약상의 최고이자율은 연 25%를 초과하지 않는 범위 내에서 대통령령으로 정하게 되어 있고, 이에 따른 최고이자율은 2018년 2월 8일 현재 연 24%입니다(이자제한법 제2조 제1항, 이자제한법 제2조 제1항의 최고이자율에 관한 규정). 따라서 연 24%를 초과하는 이자부분은 무효로 되며, 채무자가 최고이자율을 초과하는 이자를 임의로 지급한 경우에는 그 초과 지급된 이자 상당금액은 원본에 충당되고, 원본이 소멸한 때에는 그 반환을 청구할 수 있는 것입니다.

그리고 당사자 간의 금전소비대차에 있어서 약정이율이 있는 경우에는 대여금채권의 변제기 이후의 기간에 대해서는 약정이율에 따른 지연손해금을 구할 수 있다고 보이고, 약정이율이 인정되지 않는다면 법정이율에 의한 지연손해금을 구할 수 있다고 보아야 하는 바, 이러한 원리는 채무자가 금전소비대차계약공정증서의 집행력을 배제하기 위하여 제기한 청구이의의 소에서 채권자가 금전대여와 함께 약정이율에 따른 지연손해금을 주장한 경우에도 마찬가지로 적용된다고 할 것입니다(대판 2017.9.26. 2017다22407).

한편 이자제한법의 개정으로 2011년 10월 26일부터는 채권자가 법에서 정한 최고이자율을 초과하여 이자를 받은 경우에는 1년 이하의 징역 또는 1천만원 이하의 벌금에 처해질 수 있고, 이때 징역형과 벌금형의 병과도 가능하게 되어 있습니다(이자제한법 제8조). 이는 2011년 10월 26일 전에 금전소비대차약정을 체결하였고 그에 따라 종전의 이자율에 의거하여 이자를 받아온 경우라도 2011년 10월 26일부터는 이자제한법상의 최고이자율의 한도 내에서만 이자를 받아야 할 것이며, 이를 초과하여 이자를 받는 경우에는 역시 형사처벌을 면치 못하게 되어 있습니다(대판 2017.9.12. 2016도12834). 따라서 채권자로서는 항상 이자제한법의 개정을 잘 살펴서 최고이자율이 낮아지면 그 낮아진 최고이자율 이하로만 이자를 받아야 할 것입니다.

이에 귀하께서는 2011년 10월 26일 이후에도 개인채권자 甲이 이자제한법상의 최고이자율을 초과해서 계속 이자를 받은 경우에는 甲에 대하여 형사고소를 해서 1년 이하의 징역 또는 1천만원 이하의 벌금에 처해질 수 있도록 할 수 있을 것으로 보입니다.

[사례 4·2·26] 인터넷 홈페이지나 SNS에 상품에 대한 불편사항을 게시하거나 댓글을 단 경우에 명예훼손죄의 성립 여부

문 저는 평소 시민의식이 투철해서 각종 회사나 공공기관의 부당한 처사에 관해 참지 못하고 인터넷홈페이지나 인터넷신문 또는 트위터 페이스북·카톡단톡방 등 SNS, 인터넷카페, 블로그 등에 상품사용후기나 신문지상에 오르내리는 이슈 등에 대하여 게시글이나 댓글 등으로 글을 많이 올리고 있습니다. 그중에는 공익을 목적으로 하는 경우도 있고 어떤 경우에는 불만사항 등을 올리는 경우도 있는데, 어떤 경우에 명예훼손죄가 성립되고, 어떤 경우에는 명예훼손죄가 성립되지 않는지 박사님께 문의드리고 싶습니다.

답 전기통신설비를 이용하거나 전기통신설비 및 컴퓨터의 이용기술을 활용하여 정보를 수집·가공·저장·검색·송신 또는 수신하는 정보통신체제를 정보통신망이라고 하는데, 이러한 정보통신망의 이용을 촉진하는 한편 개인정보도 보호할 목적으로 제정된 법이 「정보통신망 이용촉진 및 정보보호 등에 관한 법률」(이하 '법')입니다.

이 법에 의하면 누구든지 사람을 비방할 목적으로 공공연하게 사실이나 거짓된 사실을 드러내어 타인의 명예를 훼손하는 내용의 정보를 유통해서는 안되며, 또한 누구든지 정보통신망에 의하여 처리·보관 또는 전송되는 타인의 정보를 훼손하거나 타인의 비밀을 침해·도용 또는 누설해서는 안되도록 되어 있는 바(법 제44조의6 제1항 제2호), 특정한 이용자에 의한 정보의 게재나 유통으로 사생활이 침해되거나 명예훼손 등 권리를 침해당하였다고 주장하는 자는 민·형사소송을 제기하기 위하여 침해사실을 소명함으로써 방송통신심의위원회 내에 설치된 명예훼손분쟁조정부에 해당 이용자인 침해자의 성명·주소 등 민·형사상의 소제기를 위한 최소한의 정보에 대한 제공을 청구할 수 있도록 하고 있습니다(법 제44조의6 제1항).

만약 정보통신망의 이용자가 다른 사람을 '비방할 목적'으로 정보통신망을 통하여 공공연하게 사실을 드러내어 사람의 명예를 훼손한 자는 설령 그것이 진실된 사실일지라도 3년 이하의 징역 또는 3천만원 이하의 벌금에 처해지며, 더 나아가 그것이 거짓된 사실일 경우에는 7년 이하의 징역나 10년 이하의 자격정지 또는 5천만원 이하의 벌금에 처해지게 됩니다(법 제70조 제1항, 제2항).[174] 다만 이들의 죄는 반의사불벌죄로서 피해자가 이용자에 대한 불처벌 의사를 구체적으로 밝힌 경우에는 처벌을 면하게 될 것입니다(법 제70조 제3항).

이와 같이 정보통신망에 글을 잘못 올리게 되면, 그것이 진실된 사실이든 거짓된 사실이든, 명예훼손죄로 처벌을 받을 수 있는데, 글을 올린 모든 경우에 명예훼손죄가 성립되는 것이 아니고 다른 사람을 '비방할 목적'이 있어야 하는 바, 이때 '비방의 목적'이 있었는지 여부에 대하여 판례는 "사람을 비방할 목적이란 가해의 의사 내지 목적을 요하는 것으로서, 사람을 비방할 목적이 있는지 여부는 해당 적시 사실의 내용과 성질, 해당 사실의 공표가 이루어진 상대방의 범위, 그 표현의 방법 등 그 표현 자체에 관한 제반 사정을 감안함과 동시에 그 표현에 의하여 훼손되거나 훼손될 수 있는 명예의 침해 정도 등을 비교, 고려하여 결정해야 하는데, 공공의 이익을 위한 것과는 행위자의 주관적 의도의 방향에 있어 서로 상반되는 관계에 있으므로, 적시한 사실이 공공의 이익에 관한 것인 경우에는 특별한 사정이 없는 한 비방할 목적은 부인된다고 보아야 하고, 공공의 이익에 관한 것에는 널리 국가·사회 기타 일반 다수인의 이익에 관한 것뿐만 아니라 특정한 사회집단이나 그 구성원 전체의 관심과 이익에 관한 것도 포함하는 것이고, 행위자의 주요한 동기 내지 목적이 공공의 이익을 위한 것이라면 부수적으로 다른 사익적 목적이나 동기가 내포되어 있더라도 비방할 목적이 있다고 보기는 어렵다."라고 판시하여 '공공의 이익'을 위한 것인지 여부와 '비방의 목적' 여부를 결부시키고 있습니다(대판 2010.11.25. 2009도12132).

이와 관련된 판례를 몇 가지 살펴보면, 먼저 명예훼손죄의 성립을 인정한 판례로는 "개인 블로그의 비공개 대화방에서 상대방으로부터 비밀을 지키겠다는 말을 듣고 일대일로 대화하였다고 하더라도, 그 사정만으로 대화 상대방이 대화내용을 불특정 또는 다수에게 전파할 가능성이 없다고 할 수 없으므로, 명예훼손죄의 요건인 공연성을 인정할 여지가 있다."라는 판례가 있고(대판 2008.2.14. 2007도8155), "적시한 사실이 이미 사회의 일부에서 다루어진 소문인 경우에도 명예훼손죄의 공연성을 인정할 수 있으며, 떠도는 소문만 듣고 그 진위를 확인하지도 않은 채 인터넷을 통하여 피해자의 명예를 심각하게 훼손하는 내용의 댓글을 단 이상, 피고인에게 비방의 목적이나 명예훼손의 고의가 없었다고 할 수는 없다."라는 판례도 있으며(대판 2008.7.10. 2008도2422), "피해자가 동성애자라는 내용의 글을 인터넷사이트에 게시한 행위는 명예훼손에 해당한다."라는 판례도 있습니다(대판 2007.10.25. 2007도5077).

다음으로 명예훼손죄의 성립을 부정한 판례로는 산후조리원을 이용한 피고인이 인터넷카페나 자신의 블로그 등에 자신이 직접 겪은 불편사항 등을 후기 형태로 게시한 것과 관련하여 "인터넷 게시글에 적시된 주요 내용이 객관적 사실에 부합하고, 게시한 글의 공표 상대방이 인터넷카페 회원이나 산후조리원 정보를 검색하는 인터넷 사용자들에 한정되어 그렇지 않은 인터넷 사용자들에게 무분별하게 노출되는 것이 아니라는 점 등 제반 사정에 비추어 게시한 글은 산후조리원에 대한 정보를 구하고자 하는 임산부의 의사결정에 도움이 되는 정보 및 의견 제공이라는 공공의 이익에 관한 것이라고 봄이 타당하고, 이처럼 게시자의 주요 동기나 목적이 공공의 이익을 위한 것이라면 산후조리원을 비방할 목적이 있었다고 보기 어렵다."라는 판례가 있고(대판 2012.11.29. 2012도10392), 세무공무원이 정보통신망인 국세청 지식관리시스템 '나도 한마디' 코너에 올린 게시글에 대하여 "그 글을 올린 주된 동기, 피해자의 지위 및 행태, 명예 침해의 정도 등 그 판시와 같은 사정을 종합하여 보면 피고인에게 비방의 목적이 있었다고 보기는 어렵다."라는 판례도 있으며(대판 2011.11.24. 2010도10864), 인터넷 포털사이트의 지식검색 질문·답변 게시판에 성형시술 결과가 만족스럽지 못하다는 주관적인 평가를 주된 내용으로 하는 한 줄의 댓글을 게시한 것과 관련하여 "사실을 적시한 것은 맞지만 '비방할 목적'이 있었다고 보기 어렵다."라는 판례가 있고(대판 2009.5.28. 2008도8812), "고등학교 교사가 피해자가 교감으로 근무하고 있는 고등학교의 여학생에 대한 퇴학처분의 부당함을 알리는 내용의 글을 인터넷 사이트 게시판에 게재한 행위는 공공의 이익을 위하여 한 것으로서 비방할 목적이 있다고 단정할 수 없다."라는 판례도 있으며(대판 2006.10.26. 2004도5288), 인터넷신문 기자가 시의회의원이 시청공무원에게 욕설 등 폭언을 하며 질책하였다는 내용의 기사를 작성, 보도한 사안과 관련하여 "위 기사의 내용이 사실을 그대로 적시한 것으로 위 시의회의원을 비방할 목적을 인정하기 어렵다."라는 판례도 있습니다(대판 2006.10.13. 2005도3112).

한편 국가나 지방자치단체는 국민에 대한 관계에서 형벌의 수단을 통해 보호되는 외부적 명예의 주체가 될 수 없고, 따라서 명예훼손죄나 모욕죄의 피해자가 될 수 없으므로 군청 인터넷 홈페이지에 군을 비방할 목적으로 허위 내용의 글을 게시하거나 군에 대한 경멸적인 표현의 글을 게재하여 군의 명예를 훼손하고 모욕하였다고 하더라도 군에 대한 「정보통신망 이용촉진 및 정보보호 등에 관한 법률」 위반(명예훼손) 및 모욕죄는 성립하지 않을 것이지만(대판 2016.12.27. 2014도15290), 군청 홈페이지에 군수 개인에 대한 비방글이나 경멸적인 의사를 표현한 것은 군수 개인에 대한 명예훼손죄 내지 모욕죄가 성립할 수 있습니다.

이에 귀하의 질문 사항에 관하여 살펴보면, 귀하께서 각종 인터넷이나 SNS에 올린 게시글이나 댓글은 그것이 개인의 사생활에 관한 사항이라면 진실된 사실이든 허위의 사실이든 모두 명예훼손죄에 해당될 소지가 큽니다. 다만 상품사용후기나 사회적 이슈에 대한 글들과 같이 공공의 이익성이 인정되어 '비방의 목적'이 인정되지 않는다면 명예훼손죄가 성립되지 않을 것으로 보이지만, 위 판례에서 보듯이 그 판단은 판사에 맡겨져 있어 재량적 판단의 소지가 많을 것이므로 게시글을 올리거나 댓글을 달 때에는 한 번 더 생각해보는 자세가 필요하다고 보입니다.

[사례 4·2·27] 군청 홈페이지에 군청과 군수를 비방하는 글을 게시한 경우에 명예훼손죄로 형사처벌을 받게 되는지

문 저는 평소 군정에 대해 관심을 많이 갖고 있어 수시로 군청 홈페이지를 통해 각종 정책도 건의하고 제안도 많이 하고 있습니다. 그런데 최근 농지형질변경문제로 군청과 갈등이 있었고 그 과정에서 문제점도 발견하여 군청 홈페이지에 군정의 잘못된 점과 군수의 행실에

174) 물론 이 경우에는 형법상 명예훼손죄에도 해당될 것이지만 「정보통신망 이용촉진 및 정보보호 등에 관한 법률」이 형법에 대한 특별법으로서 형량도 중하므로 「정보통신망 이용촉진 및 정보보호 등에 관한 법률」만이 적용될 것입니다.

대하여 글을 올리려고 합니다. 이러한 경우에 제가 명예훼손죄나 모욕죄로 처벌받을 수 있는지 박사님께 문의드리고자 합니다.

답 형법이 명예훼손죄 또는 모욕죄를 처벌함으로써 보호하고자 하는 사람의 가치에 대한 평가인 외부적 명예는 개인적 법익으로서, 국민의 기본권을 보호 내지 실현해야 할 책임과 의무를 지고 있는 공권력의 행사자인 국가나 지방자치단체는 기본권의 수범자일 뿐 기본권의 주체가 아니고, 그 정책결정이나 업무수행과 관련된 사항은 항상 국민의 광범위한 감시와 비판의 대상이 되어야 하며 이러한 감시와 비판은 그에 대한 표현의 자유가 충분히 보장될 때에 비로소 정상적으로 수행될 수 있으므로, 국가나 지방자치단체는 국민에 대한 관계에서 형벌의 수단을 통해 보호되는 외부적 명예의 주체가 될 수는 없고, 따라서 명예훼손죄나 모욕죄의 피해자가 될 수 없습니다(대판 2016.12.27. 2014도15290).

이에 귀하께서는 군청에 대한 잘못이나 군정을 비난하는 것은 문제될 것이 없을 것이지만, 군수를 비방하기나 모욕하는 글 또는 군수 개인에게 대한 비리의 글을 게시하는 것은 개인적 법익을 침해하는 것으로 되어 명예훼손죄 내지 모욕죄로 처벌받을 수 있습니다.

따라서 군수 개인의 비리에 대한 명확한 증거를 가지고 있는 상태에서 군수를 처벌받게 하고 싶다면 경찰서나 검찰청에 고발조치를 하는 것이 어떨까 싶습니다.

[사례 4·2·28] 인터넷사이트의 관리·운영자가 링크 글을 삭제하지 않고 방치해 두고 있는 경우에 저작권법위반방조죄로 처벌받게 할 수 없는지

문 저는 인터넷 카페를 관리·운영하는 사람인데, 카페의 일부 회원들이 게시판에 저작권자로부터 이용 허락을 받지 않은 일본 만화 등 디지털콘텐츠를 카페 이용자가 열람 또는 다운로드(download) 할 수 있도록 외국 블로그(blog)에 연결되는 링크 글을 게재하였는데, 제가 이를 삭제하지 않고 방치해두었다는 이유로 저작권자가 저를 저작권법 위반죄로 고소를 하였습니다. 이와 같은 경우에도 제가 처벌을 받게 되는지 박사님께 문의드리고 싶습니다.

답 이른바 인터넷 링크(Internet link)는 인터넷에서 링크하고자 하는 웹페이지나 웹사이트 등이 서버에 저장된 개개의 저작물 등의 웹 위치 정보나 경로를 나타낸 것에 불과하여, 비록 인터넷 이용자가 링크 부분을 클릭함으로써 링크된 웹페이지나 개개의 저작물에 직접 연결된다고 하더라도 이와 같은 링크를 하는 행위는 저작권법이 규정하는 복제 및 전송에 해당되지 않습니다(대판 2009.11.26. 2008다77405, 2010.3.11. 2009다80637).

그리고 형법상 방조행위는 정범의 실행을 용이하게 하는 직접, 간접의 모든 행위를 가리키는 것인데(대판 2006.4.28. 2003도4128), 링크를 하는 행위 자체는 인터넷에서 링크하고자 하는 웹페이지 등의 위치 정보나 경로를 나타낸 것에 불과하여, 인터넷 이용자가 링크 부분을 클릭함으로써 저작권자로부터 이용 허락을 받지 않는 저작물을 게시하거나 인터넷 이용자에게 그러한 저작물을 송신하는 등의 방법으로 저작권자의 복제권이나 공중송신권을 침해하는 웹페이지 등에 직접 연결된다고 하더라도 그 침해행위의 실행 자체를 용이하게 한다고 할 수 없으므로, 이러한 링크 행위만으로는 저작재산권 침해행위의 방조행위에 해당한다고 볼 수 없습니다(대판 2015.3.12. 2012도13748).

이에 귀하의 사건을 보건대, 귀하가 관리·운영하는 인터넷 카페의 일부 회원들이 링크를 하는 행위는 저작권법이 규정하는 복제 및 전송에 해당하지 않아 이로써 저작권자의 복제권이나 공중송신권을 침해하였다고 할 수 없으며, 또한 비록 외국 블로그에서 디지털콘텐츠에 관한 복제권이나 공중송신권 등의 저작재산권을 침해하고 있고 인터넷 이용자가 위 링크 부분을 클릭함으로써 그러한 외국 블로그에 직접 연결된다고 하더라도, 그러한 링크 행위만으로는 저작재산권 침해의 방조행위에 해당한다고 볼 수 없을 것입니다.

따라서 귀하께서 인터넷 카페를 관리·운영하면서 이와 같은 링크 행위의 공간을 제공하였다거나 그러한 링크를 삭제하지 않고 방치하였다고 하더라도 저작권법위반의 방조죄가 성립한다고 할 수 없어 처벌받지 않을 것으로 보이니 안심하셔도 될 것 같습니다.

[사례 4·2·29] 핸드폰 통화로 욕설이나 협박을 하는 경우에 명예훼손죄나 모욕죄 또는 협박죄가 성립하는지 여부

문 저는 종합의류상사에서 옷을 파는 사람인데, 옷을 구매한 고객 甲이 몸에 맞지 않는다면서 환불요청과 함께 핸드폰 통화를 하면서 모욕적인 언사와 욕설을 하고 경찰서에 고소하겠다는 등의 협박을 하였고 그 내용은 고스란히 녹음이 되어 있습니다. 이와 같은 경우에 제가 甲을 명예훼손죄나 모욕죄 또는 협박죄로 고소할 수 있는지 박사님께 문의드리고 싶습니다.

답 명예훼손죄는 공연히 사실을 적시하거나 공연히 허위의 사실을 적시하여 사람의 명예를 훼손할 때에 성립합니다. 모욕죄도 공연히 사람을 모욕한 경우에 성립하므로 역시 공연성이 있어야 합니다. 즉 공연성이 없으면 명예훼손죄나 모욕죄가 성립하지 않는데, 공연성이란 불특정 또는 다수인이 인식할 수 있는 상태를 의미합니다.

따라서 명예훼손죄는 주로 불특정인이나 다수인 앞에서 타인의 명예를 훼손하거나 모욕행위를 할 때에 성립하겠지만, 비록 개별적으로 한 사람에 대하여 타인의 명예에 관련된 사실을 유포하였더라도 그로부터 불특정 또는 다수인에게 전파될 가능성이 있다면 공연성의 요건을 충족하여 명예훼손죄가 성립할 수 있습니다. 이에 개인 블로그의 비공개 대화방에서 상대방으로부터 비밀을 지키겠다는 말을 듣고 일대일로 대화를 한 경우라도, 그 사정만으로 대화 상대방이 대화내용을 불특정 또는 다수에게 전파할 가능성이 없다고 할 수 없으므로, 명예훼손죄의 요건인 공연성이 인정될 수 있습니다(대판 2008.2.14. 2007도8155). 이는 카톡방에서 일대일 대화를 하거나 핸드폰 문자에 의한 일대일 대화의 경우에도 마찬가지일 것입니다. 그러나 일대일 대화가 그와 같은 전파가능성이 없다면 공연성이 인정되지 않을 것입니다(대판 1998.9.8. 98도1949). 이와 같이 특정인과의 대화가 전파가능성이 있느냐 없느냐의 여부는 대화당사자 간의 관계나 주위상황 등을 종합적으로 고려해서 결국은 판사가 판단할 것으로 보입니다.

그런데, 일대일의 대화당사자 사이에서 일방이 타방을 모욕하거나 명예를 훼손하는 행위를 하는 경우에는 그 타방이 이를 제3자에게 전파한다는 것은 있을 수 없는 일이므로 대화당사자 단둘이 있는 상태에서 일방이 타방에 대하여 있는 사실 없는 사실을 꾸며 험담을 하거나 욕설을 한다고 하더라도 모욕죄나 명예훼손죄가 성립되지 않을 것으로 보입니다.

마찬가지로 상대방의 귀에 대고 귓속말로 상대방을 험담하거나 욕설을 하는 경우, 전화나 핸드폰 통화를 하면서 상대방을 비방하거나 모욕하는 경우, 핸드폰 문자나 개인 이메일로 상대방의 명예를 훼손하거나 모욕적인 글을 보낸 경우 등의 경우에도 공연성이나 전파성이 인정되지 않아 모욕죄나 명예훼손죄가 성립하기는 곤란할 것으로 보입니다. 물론 전화통화나 핸드폰 통화를 하면서 또는 개인 이메일로 문자를 보내면서 모욕적인 언사나 명예훼손적인 글과 함께 죽인다든지 가만두지 않겠다는지 하는 표현을 써서 그것이 협박의 정도에까지 이르게 되었다면 협박죄가 성립될 수 있고, 이로 인해 통화금지 또는 문자금지 등의 접근금지가처분을 신청할 수는 있겠지만 이는 별개의 문제일 것입니다. 그리고 전화나 핸드폰 통화에서 일방이 상대방에 대하여 싫은 소리를 하거나 고함을 치는 등의 행위를 하는 경우에는 상대방으로서는 곧바로 통화를 끊을 수도 있을 것이므로 굳이 그런 소리를 끝까지 들음으로써 협박을 당하였다고 주장하는 것은 협박죄의 성립에 장애가 될 수 있을 것입니다.

이에 귀하와 고객 甲 사이의 일대일 핸드폰 대화는 공연성이나 전파가능성이 있다고 보이지 않으므로 명예훼손죄나 모욕죄로 고소하는 것은 어려울 것으로 보이며, 협박죄가 성립되느냐 여부는 귀하께서 甲으로부터 어떤 내용의 협박을 당하였는지에 따라 좌우될 것으로 보입니다. 다만 이는 이론에 지나지 않는 것이므로 귀하께서 해당 내용들을 녹음해 두었다면 그 내용으로 형사고소를 할 실익이 있다고 보이며, 설령 그 고소에 대해 甲에게 무혐의가 떨어졌다고 하더라도 그동안 甲이 경찰서에 불려다니는 것만큼 수고를 끼쳐 불이익을 줄 수 있을 것이므로 일정 부분 고소의 의미가 있을 것입니다.

[사례 4·2·30] 저작권보호의 대상 및 그 존속기간과 강연의 저작권보호성 여부

문 저는 시인 겸 소설가로서 강연도 가끔씩 다니는데, 제가 쓴 시나 소설에 관한 저작권법상의 보호에 관하여 기본적인 지식을 알고 싶기도 하고, 혹시 제가 강연하는 것을 다른 사람이 녹음하거나 촬영하는 것도 저작권에 의해 보호되는지 여부도 알고 싶어 박사님께 문의 드리고자 합니다.

답 저작자의 권리와 이에 인접하는 권리를 보호하기 위한 법이 저작권법입니다. 이에 의하면 저작물에 해당하는 것으로는 ① 소설·시·논문·강연·연설·각본 그밖의 어문저작물, ② 음악저작물, ③ 연극 및 무용·무언극 그밖의 연극저작물, ④ 회화·서예·조각·판화·공예·응용미술저작물 그밖의 미술저작물, ⑤ 건축물·건축을 위한 모형 및 설계도서 그밖의 건축저작물, ⑥ 사진저작물, ⑦ 영상저작물, ⑧ 지도·도표·설계도·약도·모형 그밖의 도형저작물, ⑨ 컴퓨터프로그램저작물 등이 여기에 해당되고(저작권법 제4조 제1항 각호), 이러한 원저작물을 번역·편곡·변형·각색·영상제작 그밖의 방법으로 작성한 2차적 저작물이나, 편집저작물에 대해서도 독자적인 저작물로서 보호를 하고 있습니다(저작권법 제5조, 제6조). 저작권은 저작권등록부 또는 프로그램등록부에 등록해야 제3자에게 대항할 수 있습니다(저작권법 제54조, 제55조). 저작권자는 저작권을 저작권신탁관리업자에게 위탁하여 관리할 수도 있습니다(저작권법 제105조~제111조).

한편 저작자는 저작물공표권, 실명 또는 이명(異名)에 의한 성명표시권, 복제권, 공연권, 공중송신권, 전시권, 배포권, 대여권, 2차적 저작물작성권 등을 가지며, 이러한 저작재산권은 특별한 규정이 없는 한 저작자가 생존하는 동안 및 사망한 후 70년간 존속하되, 공동저작물의 경우에는 최후로 사망한 저작자의 사망 후 70년간 존속하며(저작권법

第39조), 무명 또는 널리 알려지지 않은 이명(異名)이 표시된 저작물의 저작재산권은 공표된 때부터 70년간 존속합니다(저작권법 제39조, 제40조 제1항).

저작인접권이란 원저작물을 실연하거나 음반을 발행한 경우 또는 방송한 경우에 있어서 실연자,[175] 음반제작자, 방송사업자에게 부여되어 있는 지적재산권을 말하는데, 이러한 저작인접권은 실연하거나 음반발행 또는 방송한 때의 다음 해부터 기산하여 70년간(방송의 경우 50년간) 존속하게 됩니다(저작권법 제86조).

저작재산권자 등은 고의 또는 과실로 그 권리를 침해한 자에 대하여 손해배상을 청구할 수 있고, 이 경우 저작재산권자 등은 그 권리의 행사로 통상 받을 수 있는 금액에 상당하는 액을 손해액으로 하여 청구할 수 있는데(저작권법 제125조), 그에 대한 입증의 곤란을 덜어주기 위하여 사실심변론종결 전이라면 실제 손해액 등에 갈음하여 법정손해배상금으로 침해된 각 저작물마다 1천만원(영리를 목적으로 고의로 권리를 침해한 경우에는 5천만원) 이하의 범위에서 상당한 금액의 배상을 청구할 수 있습니다(저작권법 제125조의2 제1항).

그리고 저작권을 침해한 자는 형사처벌을 받을 수 있습니다. 다만 이들의 죄는 일부를 제외하고는 친고죄에 해당되어 저작권자의 고소가 있어야 공소를 제기할 수 있으되, 영리를 목적으로 또는 상습적으로 저작재산권, 그밖에 법에 따라 보호되는 재산적 권리를 복제·공연·공중송신·전시·배포·대여·2차적 저작물작성의 방법으로 침해하거나 데이터베이스제작자의 권리를 복제·배포·방송·전송의 방법으로 침해한 자 등의 경우에는 고소가 없더라도 공소가 제기될 수 있습니다(저작권법 제140조).

반면 공표된 저작물을 영리를 목적으로 하지 않고 개인적으로 이용하거나 가정 및 이에 준하는 한정된 범위 안에서 이용하려는 경우에는 이를 복제할 수 있고 큰 문제가 되지 않습니다(저작권법 제30조). 또한 영리를 목적으로 하지 않고 실연자에게 통상의 보수도 지급하지 않으며 청중이나 관중 또는 제3자로부터 반대급부를 받지 않는 경우에는 공표된 저작물을 공연 또는 방송할 수 있으며, 상업적 음반이나 상업적 목적으로 공표된 영상저작물이라도 청중이나 관중으로부터 공연에 대한 반대급부를 받지 않는 한 이를 재생하여 공중에게 공연할 수 있습니다(저작권법 제29조).

그리고 공개적인 정치적 연설이나 법정·국회 또는 지방의회에서 공개적인 진술은 이를 편집하지 않는 한 어떠한 방법으로도 이용할 수 있고, 방송·신문 등에 의한 시사보도의 저작물은 보도를 위한 정당한 범위 안에서 복제·배포·공연 또는 공중송신할 수 있으며, 신문 및 인터넷신문 또는 뉴스통신에 게재된 시사적인 기사나 논설은 이용금지의 표시가 없는 한 다른 언론기관이 복제·배포 또는 방송할 수 있습니다(저작권법 제24조, 제26조, 제27조). 또한 청각장애인 등을 위한 경우에는 누구든지 공표된 저작물을 한국수어로 변환할 수 있습니다(저작권법 제33조의2 제1항).

이에 귀하의 시나 소설에 관한 저작권법상의 각종 보호 사항은 위에서 살펴본 내용을 참고하시기 바라며, 또한 귀하의 강연이나 연설도 저작물로서 보호를 받을 수 있습니다(저작권법 제4조 제1항 제1호). 다만 귀하의 강연이나 연설을 영리를 목적으로 하지 않고 개인적으로 이용하거나 가정 및 이에 준하는 한정된 범위 안에서 이용하기 위하여 녹음을 하거나 촬영을 하는 것은 저작권침해행위로 되지 않으니 참고하시기 바랍니다(저작권법 제30조).

[사례 4·2·31] 초상권을 침해한 경우의 형사책임 여부와 손해배상책임 여부

문 저는 비교적 외모가 출중한 편이어서 사진을 찍으면 더욱 빛을 발하게 되는데, 헤어진 전 남친 甲이 제 허락도 없이 얼굴을 찍어 페이스북과 트위터에 무단으로 게재하였습니다. 저는 친구를 통해 이 사실을 알고 甲에게 수차례 그 사진을 내려달라고 요청했는데도 응하지 않고 있습니다. 이에 제가 어떻게 조치를 취해야 할지 박사님께 문의드리고 싶습니다.

답 초상권이란 사람이 자신의 초상에 대하여 갖는 인격적·재산적 이익, 즉 자신의 얼굴 기타 사회통념상 특정인임을 식별할 수 있는 신체적 특징에 관하여 함부로 촬영 또는 그림으로 묘사되거나 공표되지 않을 권리와 영리적으로 이용당하지 않을 권리를 말합니다. 이러한 초상권에 대하여는 현행법상 명문의 규정은 없으나, 헌법상 인간의 존엄과 가치 및 행복추구권(헌법 제10조)과 사생활의 비밀과 자유(헌법 제17조)로부터 도출되는 일반적 인격권으로 보장되는 권리로서(헌법 제10조), 초상권에 대한 부당한 침해는 불법행위를 구성하여 민법상 손해배상청구의 대상이 되고(대판 2006.10.13. 2004다16280), 그것이 공개된 장소에서 이루어졌다거나 민사소송상 증거수집을 목적으로 이루어졌다고 해서 달라지는 것은 아니라고 할 것입니다(대판 2013.6.27. 2012다31628).

초상권에 포함된 권리로는 ① 얼굴 기타 사회 통념상 특정인임을 알 수 있는 신체적 특징을 본인의 동의 없이 함부로 촬영 또는 작성되지 않을 권리(촬영·작성거절권), ② 동의

175) 실연자란 저작물을 연기·무용·연주·가창·구연·낭독 그밖의 예능적 방법으로 표현하거나 저작물이 아닌 것을 이와 유사한 방법으로 표현하는 실연을 하는 자를 말하며, 실연을 지휘, 연출 또는 감독하는 자를 포함합니다.

하에 촬영된 사진 또는 작성된 초상이더라도 이를 함부로 공표·복제되지 않을 권리(공표거절권), ③ 동의하에 초상이 공표되었지만 명예훼손적 표현과 결부되거나 동의의 범위를 벗어나 이용된 경우,[176] 또는 상업적으로 악용되거나 영리의 목적으로 이용되지 않을 권리(초상영리권) 등이 해당되며, 위 공표거절권과 관련해서는 일단 승낙에 의하여 촬영된 사진이라도 동의 없이 함부로 공표되지 않을 권리 또는 일단 공표된 사진이라도 동의 없이 다른 목적에 사용되지 않을 권리가 모두 포함된다고 할 것입니다(서울남부지원 1997.8.7. 97가합8022). 신문기자가 본인의 동의 없이 여자의 얼굴을 무단으로 촬영하고, 그 사진을 게재하여 보도를 한 경우에는 초상권을 침해하는 것으로서 불법행위로 인한 정신적 손해를 배상할 의무가 있다고 할 것입니다(서울고법 2012.3.9. 2011나89080).

초상권을 침해당한 사람은 특별한 사정이 없는 한 정신적 고통이 수반되므로 민사상 손해배상책임을 물을 수 있다고 보며, 그에 따른 위자료 액수는 사실심법원이 여러 사정을 참작하여 재량적으로 확정할 수 있을 것입니다(대판 2006.5.11. 2003다8503, 2012.1.27. 2010다39277). 다만 초상권은 일신전속권이어서 사망자에 대하여는 원칙적으로 권리의 주체가 될 수 없고, 설령 일정한 경우 사망자의 초상권이 인정된다고 하더라도 살아있는 사람과는 달리 그 초상을 사용한 것이 명예를 훼손하는 정도에 이른 경우에만 제한적으로 인정된다고 할 것입니다(서울남부지원 1997.8.7. 97가합8022).[177]

한편 초상권을 침해하면 위 민사상 손해배상책임과는 별도로 형사처벌까지 이루어질 수 있는지 문제됩니다. 초상권이 침해되더라도 이를 처벌할 수 있는 법적 근거가 없는 한 민사상 불법행위로 인한 손해배상책임 외에 별도로 형사상 책임까지 물을 수는 없다고 봅니다. 다만 초상권을 침해하는 행위가 동시에 저작권을 침해하여 저작권법에 위반된 경우, 전과자의 사진을 게시하거나 사진에 명예와 관련되는 댓글이나 소개글을 다는 등으로 「정보통신망 이용촉진 및 정보보호 등에 관한 법률」에 의하여 타인의 명예를 훼손하는 경우, 또는 타인의 신체로서 성적 욕망 또는 수치심을 유발할 수 있는 부위, 예컨대, 여자의 다리부분이나 가슴부분 또는 엉덩이 부분 등을 본인의 의사에 반해 촬영하거나 촬영물을 반포·판매·임대·제공·공공 전시·상영함으로써 「성폭력 범죄의 처벌 등에 관한 특례법」상 '카메라 등을 이용한 촬영죄'에 해당되는 경우에만 각각 해당 법률에 의하여 형사처벌이 이루어질 수 있을 뿐입니다. 따라서, 성형외과에서 병원 홍보 목적으로 수술 환자의 동의 없이 인터넷 카페에 수술 전후의 사진과 게시글을 올린 경우에는 초상권침해로 인한 민사상 손해배상책임과는 별도로 「정보통신망 이용촉진 및 정보보호 등에 관한 법률」상 명예훼손죄로 처벌될 수 있는 있는 것입니다(서울중앙지법 2012.2.27. 2011가단247776).

그러나 아름답다거나 예쁘다는 이유로 다른 사람의 정상적인 얼굴이나 전신을 촬영한 경우 또는 그 촬영물을 인터넷 등에 게시하는 행위는 민사상 손해배상책임을 지는 것 외에는 별도로 형사상의 책임은 지지 않는다고 보입니다. 또한 보험회사 직원들이 민사재판의 증거수집 및 그 제출을 위하여 교통사고 피해자들을 비밀리에 추적하면서 사생활에 대한 사진을 몰래 촬영한 경우에는 교통사고 피해자들의 초상권 및 사생활의 비밀을 침해하는 것이기는 하지만, 교통사고의 내용, 소송진행의 경과, 초상권 및 사생활 침해의 정도 등 제반 사정에 비추어 민사재판의 증거수집 및 제출을 위하여 필요하고도 부득이한 것으로서 비록 교통사고 피해자들의 초상권 및 사생활의 비밀이 침해되었다고 하더라도 위법성이 조각될 수 있습니다(서울중앙지법 2004.2.6. 2003나13979).

이에 귀하의 사례를 보건대, 귀하의 전 남친 甲이 귀하의 얼굴을 촬영한 행위나 촬영한 사진을 허락 없이 SNS에 게재한 행위는 초상권을 침해하는 행위에 해당되며, 따라서 민사상 손해배상책임을 물을 수 있을 것입니다. 다만 형사상 책임을 묻는 것은 원칙적으로 허용되지 않을 것이지만, 귀하의 대한 초상권 침해행위가 귀하의 가슴이나 엉덩이 또는 다리 부분 등과 같은 성적 욕망이나 수치심을 유발할 수 있는 부위를 촬영함으로써 「정보통신망 이용촉진 및 정보보호 등에 관한 법률」이나 「카메라 등을 이용한 촬영죄」에 해당되는 경우에는 甲을 형사고소하는 것도 가능할 것입니다. 또한 귀하께서는 甲을 상대로 게시된 사진에 대한 삭제청구소송도 제기할 수 있을 것으로 보입니다.

[사례 4·2·32] 소년범에 대한 형사처벌의 특례

문 제 아들은 아직 미성년자인데, 오락실에서 게임을 하다가 같은 또래의 친구 甲과 시비가 붙어 폭행을 하게 되었고, 현재 경찰서에서 조사 중에 있습니다. 甲은 상해진단서도 끊

176) 타인의 얼굴 기타 사회통념상 특정인임을 식별할 수 있는 신체적 특징이 나타나는 사진을 촬영하거나 공표하고자 하는 사람은 피촬영자로부터 촬영에 관한 동의를 받고 사진을 촬영해야 하고, 사진촬영에 관한 동의를 받았다 하더라도 사진촬영에 동의하게 된 동기 및 경위, 사진의 공표에 의하여 달성하려는 목적, 거래관행, 당사자의 지식, 경험 및 경제적 지위, 수수된 급부가 균형을 유지하고 있는지, 사진촬영 당시 해당 공표방법이 예견 가능하였는지 및 그러한 공표방법을 알았더라면 당사자가 사진촬영에 관한 동의 당시 다른 내용의 약정을 하였을 것이라고 예상되는지 등 여러 사정을 종합하여 볼 때 사진촬영에 관한 동의 당시에 피촬영자가 사회 일반의 상식과 거래의 통념상 허용하였다고 보이는 범위를 벗어나 이를 공표하고자 하는 경우에는 그에 관하여도 피촬영자의 동의를 받아야 합니다(대법원 2013.2.14. 선고 2010다103185 판결).

177) 이에 상품권 발행업체가 이미 사망한 유명 소설가의 초상을 상속인의 승낙 없이 상품권에 게재한 것은 그 상품권의 사용처나 기재 내용 등에 비추어 사자(死者)의 명예를 훼손하는 정도에 이르지 않아 초상권의 침해를 인정할 수 없다고 할 것입니다(서울동부지방법원 2006.12.21. 선고 2006가합6780 판결).

어 제출한 것 같은데, 앞으로 어떻게 진행될지 걱정이 돼서 박사님께 문의드리고 싶습니다.

답 소년범이란 19세 미만자가 저지른 범죄행위 또는 그 범죄를 저지른 19세 미만자를 말하는데, 이러한 소년범에 대해서는 특별히 소년법을 마련해서 형사상 여러 가지 특례를 규정하고 있습니다. 귀하의 아들도 여기에 해당될 것으로 보입니다. 소년범에 대해서는 연령이나 범죄의 경중에 따라 보호사건으로 분류되어 보호처분이 내려지거나 형사사건으로 분류되어 형사처벌로 나아가게 될 것이지만, 두 절차 모두 특례에 해당되거나 특례가 적용됩니다.

먼저 보호처분의 특례입니다. 보호처분의 대상은 ① 10세 이상~19세 미만의 소년으로서 그 성격 또는 환경상 장차 형법 법령에 저촉되는 행위를 할 우려가 있는 경우, ② 10세 이상~14세 미만의 소년으로서 형벌 법령에 저촉행위를 한 경우, ③ 14세 이상~19세 미만의 소년으로서 비교적 경미한 범죄를 저지른 경우에 내려지는 처분입니다(소년법 제4조). 이때의 연령 기준은 범죄를 범할 당시뿐만 아니라 보호처분의 결정을 할 때까지 유지되고 있어야 보호처분의 특례가 적용됩니다(대판 1997.2.14. 96도1241, 2009.5.28. 2009도2682·2009전도7).

보호처분에 해당하는 소년을 발견한 경찰서장이나 소년에 대한 피의사건을 수사한 결과 보호처분에 해당된다고 판단한 검사는 해당 사건을 관할 가정법원 소년부에 송치해야 하고, 보호처분에 해당하는 소년을 발견한 보호자나 학교장, 사회복리시설의 장 또는 보호관찰소장도 관할 가정법원 소년부에 통고할 수 있습니다(소년법 제4조 제2항, 제3항, 제49조 제1항). 또한 법원에서도 소년에 대한 형사 피고사건을 심리한 결과 보호처분 사건에 해당된다고 판단되면 관할 소년부로 송치해야 합니다(소년법 제50조).

이에 따라 송치 또는 통고받은 소년부에서는 단독판사가 심리하여 보호처분의 종류를 선택·결정하게 되는데, 이때 조사·심리 결과 19세 이상으로 밝혀지거나, 금고 이상에 해당하는 범죄사실이 발견되고 그 동기 및 죄질상 형사처분의 필요성이 인정되는 경우에는 관할 검찰청 검사에게 송치하여 형사절차로 나아가도록 하고 있습니다(소년법 제7조).

보호사건을 담당하는 소년부 판사는 필요할 경우 임시조치로서 3개월의 범위 내에서 보호자·보호시설 등에 위탁하거나 3개월 범위 내에서 병원·요양소에 위탁 또는 1개월 범위 내에서 소년분류심사원에 위탁하는 감호결정을 할 수 있습니다. 형사피의사건으로 구속된 사건에 대해 소년부 송치결정이 있는 때에는 임시조치로서 감호결정이 이루어진 때에 구속영장이 효력이 상실되며, 보호처분을 받은 소년에 대해서는 해당 사건으로 다시 공소가 제기되거나 소년부에 송치되지 않습니다(소년법 제52조 제1항, 제53조).

소년분류심사원에 위탁된 소년에게 보조인이 없는 때에는 법원이 변호사 등으로 보조인을 선정해 주며, 그밖의 경우에도 필요한 경우에는 법원이 보조인을 선정할 수 있도록 하고 있습니다. 또한 소년부 판사는 사안이 가볍다고 판단되는 경우에는 심리불개시결정을 함으로서 보호처분으로 나아가지 않고 훈계만 하거나 보호자에게 엄격히 관리·교육토록 함으로써 종결처리할 수 있고(소년법 제19조 제1항, 제2항), 이 경우 임시조치는 취소된 것으로 간주됩니다. 심리불개시결정의 대상이 아닌 경우에는 보호처분 심리개시결정이 내려지고, 심리의 결과 보호처분을 할 수 없거나 보호처분의 필요성이 없다고 판단되어 보호처분 불처분결정을 하는 경우를 제외하고는, 보호처분을 내리게 됩니다.

보호처분의 종류에는 10가지가 있습니다. 즉 ① 보호자 등에 감호 위탁(6개월), ② 수강명령(12세 이상에 한하며, 100시간 초과불가), ③ 사회봉사명령(14세 이상에 한하며, 200시간 초과불가), ④ 단기 보호관찰(1년), ⑤ 장기 보호관찰(2년), ⑥ 아동복지시설 또는 기타 소년보호시설에 감호 위탁(6개월), ⑦ 병원, 요양소 또는 소년의료보호시설에 위탁(6개월), ⑧ 1개월 이내의 소년원 송치, ⑨ 단기 소년원송치(단, 6개월 초과불가), ⑩ 장기 소년원송치(12세 이상에 한하며, 2년 초과불가)가 있으며, 소년부 판사는 이 중 어느 하나의 처분을 내리거나 그 전부 또는 일부를 병합하여 처분을 내리게 됩니다(소년법 제32조).

다만 이러한 보호처분에 대해서는 위탁받은 자나 보호처분집행자의 신청에 의해 또는 일정한 보호처분에 대하여는 판사의 직권에 의해 변경될 수 있고, 보호처분의 계속 중 해당 소년이 보호처분 당시 19세 이상인 것으로 밝혀지거나 10세 미만인 것으로 밝혀진 때에는 보호처분이 취소되게 됩니다(소년법 제37조, 제38조). 보호처분의 결정이나 그 변경결정에 대해서는 7일 이내에 관할 가정법원 또는 지방법원 본원 합의부에 항고할 수 있고, 항고를 기각하는 결정에 대해서는 대법원에 재항고할 수 있습니다(소년법 제43조 제1항, 제47조 제1항). 소년이 위와 같은 보호처분을 받은 경우라고 하더라도 해당 소년의 장래 신상에 대해서는 어떠한 영향도 미치지 못하게 되어 있습니다(소년법 제32조 제6항).

다음으로 보호처분의 단계를 벗어나 형사처벌로 나아가는 경우에도 특례가 적용됩니다. 앞서 본 바와 같이 소년에 대한 형사상의 특례는 19세 미만의 소년범에 대해서만 적용되고, 19세 미만이라는 연령 조건은 범죄를 저지를 당시뿐만 아니라 판결선고시까지 충족되고 있어야 적용됩니다.

소년형사범에 대한 특례 중 중요한 몇 가지에 관하여 살펴보도록 하겠습니다.

첫째, 소년 형사 피의사건의 경우에도 사안이 비교적 경미하다고 판단되면 검사는 해당 소년 및 법정대리인의 동의를 받아 범죄예방자원봉사위원의 선도나 선도·교육 관련 단체·시설에서의 상담·교육 등의 선도로 대체하고 공소를 제기하지 않을 수 있는 조건부 기소유예처분을 내릴 수 있습니다(소년법 제49조의3).

둘째, 소년에 대해서는 부득이한 사유가 없는 한 구속영장이 발부되지 않습니다(소년법 제55조 제1항).

셋째, 18세 미만의 소년에 대해서는 사형 또는 무기형에 처할 경우에도 15년의 유기징역에 처해지게 됩니다.

넷째, 소년이 법정형으로 장기 2년 이상의 유기징역·금고형에 해당하는 죄를 범한 때에도 정기형이 아니라, 장기 10년, 단기 5년을 초과하지 않는 범위 내에서 장기와 단기를 정하여 선고하는 부정기형을 선고하게 됩니다(소년법 제60조 제1항). 다만 집행유예나 선고유예를 선고할 때에는 정기형을 선고하게 됩니다. 또한 그 집행도 특별히 설치된 교도소나 일반교도소 안에 특별히 분리된 장소에서 하게 되며, 부정기형을 집행하던 중 형의 단기가 지나고 행형성적이 양호하며 교정목적이 달성되었다고 판단되는 경우에는 교도소장 등이 검사의 지휘에 따라 형의 집행을 종료시킬 수도 있습니다.

다섯째, 18세 미만의 소년에 대해서는 벌금 또는 과료를 납입하지 않더라도 노역장에 유치되지 않습니다.

여섯째, 가석방을 허가할 수 있는 기간도 단축되어 무기형의 경우에는 5년, 15년의 유기형의 경우에는 3년, 부정기형의 경우에는 단기의 1/3이 경과되면 가석방을 허가될 수 있습니다(소년법 제65조).

이에 귀하의 아들도 소년범에 해당되어 위와 같은 소년법에 의해 규율될 것으로 보이며, 경우에 따라서는 형사처벌까지 가지 않고 보호처분으로 끝날 수도 있으므로 가급적 피해자 甲 및 甲의 부모와 합의가 잘 이루어지도록 최선의 노력을 다하시는 것이 현명하다고 보입니다.

[사례 4·2·33] 경범죄처벌법에 의해 처벌의 대상이 되는 각종 행위의 유형

문 일상생활을 하다보면 사소한 행위라도 경범죄에 해당되어 처벌의 대상이 되는 경우가 많지만 통상적으로는 그냥 지나쳐버린 경우가 많습니다. 그런데 우리 집 앞에 담배꽁초를 매번 버리고 가거나 침을 뱉고 간 이웃을 처벌받게 하고 싶을 때도 많은데, 이러한 경우 경범죄처벌법 위반으로 고소할 수 있는지 궁금합니다. 이에 경범죄 전반에 관하여 박사님께 문의드리고 싶습니다.

답 경범죄처벌법(이하 '법')은 기초질서에 위반되는 행위를 처벌하기 위해 제정된 법으로서 처벌의 대상이 되는 경범죄의 종류와 형량에 관하여 비교적 상세히 규정하고 있습니다. 이와 같이 경범죄에 해당되어 처벌이 이루어지는 각종 행위의 유형을 살펴보면 다음과 같습니다.

① 다른 사람이 살지 않고 관리하지 않는 집 또는 그 울타리·건조물·배·자동차 내에 정당한 이유 없이 들어간 자
② 칼·쇠몽둥이·쇠톱 등 사람의 생명 또는 신체에 중대한 위해를 끼치거나 집 등 건조물에 침입하는데 사용될 수 있는 연장이나 기구를 정당한 이유 없이 숨겨서 지니고 다니는 자
③ 다른 사람의 신체에 위해를 끼칠 것을 공모하여 예비행위를 한 자와 공모를 한 자
④ 사산아를 감추거나 정당한 이유 없이 변사체 또는 사산아가 있는 현장을 바꾸어 놓은 자
⑤ 자기가 관리하고 있는 곳에 도움을 받아야 할 노인, 어린이, 장애인, 다친 사람 또는 병든 사람이 있거나 시체 또는 사산아가 있는 것을 알면서 이를 관계 공무원에게 지체 없이 신고하지 않는 자
⑥ 국내·외의 공직, 계급, 훈장, 학위 등 법령에 따라 정해진 명칭이나 칭호 등을 거짓으로 꾸미거나 자격이 없으면서 법령에 따라 정해진 제복, 훈장, 기장 또는 기념장 등 표장 또는 이와 비슷한 것을 사용한 자
⑦ 요청하지 않는 물품을 억지로 사라고 한 자, 요청하지 않는 일을 해주거나 재주 등을 부리고 그 대가로 돈을 달라고 한 자, 또는 여러 사람이 모이거나 다니는 곳에서 영업을 목적으로 떠들썩하게 손님을 부른 호객행위자
⑧ 다른 사람 또는 단체의 집 등 인공구조물과 자동차 등에 함부로 광고물 등을 붙이거나 내걸거나 끼우거나 글씨 또는 그림을 쓰거나 그리거나 새기는 행위 등을 한 자 또는 다른 사람이나 단체의 간판 등 표시물 또는 인공구조물을 함부로 옮기거나 더럽히거나 훼손한 자 또는 공공장소에서 광고물 등을 함부로 뿌린 자
⑨ 사람이 마시는 물을 더럽히거나 사용하는 것을 방해한 자
⑩ 담배꽁초, 껌, 휴지, 쓰레기, 죽은 짐승 등 더러운 물건이나 못쓰게 된 물건을 함부로 버린 자
⑪ 길, 공원, 그밖에 여러 사람이 모이거나 다니는 곳에서 함부로 침을 뱉거나 대소변

을 보거나 또는 그렇게 하도록 시키거나 개 등 짐승을 끌고 와서 대변을 보게 하고 이를 치우지 않는 자

⑫ 공공기관 등의 단체 또는 개인이 하는 행사나 의식을 못된 장난 등으로 방해하거나 행사나 의식을 하는 자 또는 그밖에 관계자가 말려도 듣지 않고 행사나 의식을 방해할 우려가 뚜렷한 물건을 가지고 행사장 등에 들어간 자

⑬ 싫다고 하는데도 되풀이하여 단체 가입을 억지로 강요한 자

⑭ 공원·명승지·유원지나 그밖의 녹지구역 등에서 풀·꽃·나무·돌 등을 함부로 꺾거나 캔 자 또는 바위·나무 등에 글씨를 새기거나 하여 자연을 훼손한 자

⑮ 다른 사람의 소나 말, 짐승 또는 매어 놓은 배·뗏목 등을 함부로 풀어 놓거나 자동차 등의 기계를 조작한 자

⑯ 개천·도랑이나 물길의 흐름에 방해될 행위를 한 자

⑰ 다른 사람에게 구걸을 시켜 부당한 이익을 얻은 자 또는 공공장소에서 구걸을 하여 다른 사람의 통행을 방해하거나 귀찮게 한 자

⑱ 정당한 이유 없이 길을 막거나 시비를 걸거나 주위에 모여들거나 뒤따르거나 몹시 거칠게 겁을 주는 말이나 행동으로 다른 사람을 불안하게 하거나 귀찮고 불쾌하게 한 자 또는 여러 사람이 이용하거나 다니는 도로·공원 등 공공장소에서 고의로 험악한 문신을 드러내어 다른 사람에게 혐오를 준 자

⑲ 공회당·극장·음식점 등 여러 사람이 모이거나 다니는 곳 또는 여러 사람이 타는 기차·자동차·배 등에서 몹시 거친 말이나 행동으로 주위를 시끄럽게 하거나 술에 취하여 이유 없이 다른 사람에게 주정한 자

⑳ 악기·라디오·텔레비전·전축·종·확성기·전동기 등의 소리를 지나치게 크게 틀어 놓거나 큰소리로 떠들거나 노래를 불러 이웃을 시끄럽게 한 자

㉑ 충분한 주의를 기울이지 않고 건조물, 수풀, 불붙기 쉬운 물건 가까이에서 불을 피우거나 휘발유 또는 그밖에 불이 옮아붙기 쉬운 물건 가까이에서 불씨를 사용한 자

㉒ 다른 사람의 신체나 다른 사람 또는 단체의 물건에 해를 끼칠 우려가 있는 곳에 충분한 주의를 기울이지 않고 물건을 던지거나 붓거나 쏜 자

㉓ 무너지거나 넘어지거나 떨어질 우려가 있는 인공구조물이나 물건에 대하여 관계 공무원으로부터 고칠 것을 요구받고 필요한 조치를 게을리하여 여러 사람을 위험에 빠트릴 우려가 있게 한 자

㉔ 사람이나 가축에 해를 끼치는 버릇이 있는 개 등 동물을 함부로 풀어놓거나 제대로 살피지 않아 나다니게 한 자

㉕ 소나 말을 놀라게 하여 달아나게 하거나 개 등 동물을 시켜 사람이나 가축에게 달려들게 한 자
㉖ 여러 사람이 다니거나 모이는 곳에 켜놓은 등불이나 다른 사람 또는 단체가 표시를 하기 위하여 켜놓은 등불을 함부로 끈 자
㉗ 여러 사람이 다니는 곳에서 위험한 사고가 발생하는 것을 막을 의무가 있으면서도 등불을 켜놓지 않거나 그밖의 예방조치를 게을리한 자
㉘ 눈·비·바람·해일·지진 등으로 인한 재해, 화재·교통사고·범죄, 그밖의 급작스러운 사고가 발생하였을 때에 현장에 있으면서도 정당한 이유 없이 관계 공무원 또는 이를 돕는 사람의 현장출입에 관한 지시에 따르지 않거나 공무원이 도움을 요청하여도 도움을 주지 않는 자
㉙ 성명, 주민등록번호, 등록기준지, 주소, 직업 등을 거짓으로 꾸며대고 배나 비행기를 타거나 인적사항을 물을 권한이 있는 공무원이 적법한 절차를 거쳐 묻었는데도 정당한 이유 없이 다른 사람의 인적사항을 자기의 것으로 꾸며댄 자
㉚ 근거 없이 신기하고 용한 약방문인 것처럼 내세우거나 그밖의 미신적인 방법으로 병을 진찰·치료·예방한다고 하여 사람들의 마음을 홀리게 한 자
㉛ 전시·사변·천재지변, 그밖에 사회에 위험이 생길 우려가 있는 상황에서 경찰청장이나 해양경찰청장이 정하는 야간통행제한을 위반한 자
㉜ 공개된 장소에서 공공연하게 성기·엉덩이 등 신체의 주요 부위를 노출하여 다른 사람에게 부끄러운 느낌이나 불쾌감을 준 자
㉝ 범죄피의자로 입건된 사람의 신원을 지문조사 외의 방법으로는 확인할 수 없어 경찰공무원이나 검사가 지문을 채취하려고 함에도 정당한 이유 없이 이를 거부한 자
㉞ 여러 사람이 모이거나 쓸 수 있도록 개방된 시설 또는 장소에서 좌석이나 주차할 자리를 잡아 주기로 하거나 잡아주면서 돈을 받거나 요구하거나 돈을 받으려고 귀찮게 따라다닌 자
㉟ 공공장소에서 승차·승선, 입장·매표 등을 위한 행렬에 끼어들거나 떠밀거나 하여 그 행렬의 질서를 어지럽힌 자
㊱ 출입이 금지된 구역이나 시설 또는 장소에 정당한 이유 없이 들어간 자
㊲ 여러 사람이 모이거나 다니는 곳에서 충분한 주의를 하지 않고 총포, 화약류, 그밖에 폭발의 우려가 있는 물건을 다루거나 이를 가지고 장난을 친 자
㊳ 영업용 차 또는 배 등을 타거나 다른 사람이 파는 음식을 먹고 정당한 이유 없이 제 값을 치르지 않는 자
㊴ 정당한 이유 없이 다른 사람에게 전화·문자메시지·편지·전자우편·전자문서 등을

여러 차례 되풀이하여 괴롭힌 자

㊵ 상대방의 명시적 의사에 반하여 지속적으로 접근을 시도하여 면회 또는 교제를 요구하거나 지켜보기, 따라다니기, 잠복하여 기다리기 등의 행위를 반복한 자

㊶ 부당한 이익을 얻을 목적으로 다른 사람 또는 단체의 사업이나 사사로운 일에 관하여 신문, 잡지, 그밖의 출판물에 어떤 사항을 싣거나 싣지 않을 것을 약속하고 돈이나 물건을 받은 자

㊷ 여러 사람에게 물품을 팔거나 나누어 주거나 일을 해주면서 다른 사람을 속이거나 잘못 알게 할 만한 사실을 들어 광고한 자

㊸ 못된 장난 등으로 다른 사람, 단체 또는 공무수행 중인 자의 업무를 방해한 자

㊹ 흥행장, 경기장, 역, 나루터, 정류장, 그밖에 정해진 요금을 받고 입장시키거나 승차 또는 승선시키는 곳에서 웃돈을 받고 입장권·승차권 또는 승선권을 다른 사람에게 되판 자

위의 여러 경범죄의 유형 중 ①~㊵에 해당하는 자는 10만원 이하의 벌금이나 구류 또는 과료에 처해지고, ㊶~㊹에 해당하는 자는 20만원 이하의 벌금이나 구류 또는 과료에 처해지며, ㊺~㊻에 해당하는 자는 60만원 이하의 벌금이나 구류 또는 과료에 처해지게 됩니다.

그리고 위 경범죄의 유형 중 ①~㊹에 해당하는 자를 범칙자라고 하는데, 이들은 경찰서장 등의 통고처분 대상자에 해당되고, 범칙금 납부에 대한 통고처분을 받은 경우에는 그로부터 10일 내에 범칙금을 납부해야 하며, 기간 내에 납부하지 않는 경우에는 범칙금의 20%를 가산해서 납부해야 할 뿐만 아니라 즉결심판에 회부되게 됩니다(법 제7조 제1항, 제8조 제1항, 제2항, 제9조 제1항 제2호).

이에 귀하께서는 귀하의 집 앞에 담배꽁초 등의 쓰레기를 버리거나 침을 뱉고 간 이웃들에 대해서 형사고소를 할 수 있을 것이고, 이에 따라 10만원 이하의 벌금이나 구류 또는 과료에 처해지게 할 수 있을 것으로 보입니다.

[사례 4·2·34] 말기환사 또는 임종과정에 있는 환자에 대한 연명치료 중단절차

문 저희 할아버지는 연세도 많고 말기암 환자여서 고통이 심한 관계로 본인 스스로 안락사를 시켜달라고 요구합니다. 저희 가족들도 고통스러워하는 할아버지를 보기가 힘들고 해서 안락사는 못시키더라도 연명치료중단 여부를 신중하게 고민하고 있는데, 그것이 가능한지 여

부와 가능하다면 그 절차에 관하여 박사님께 문의드리고 싶습니다.

답 말기환자나 임종과정에 있는 환자에 대한 통증과 증상의 완화 등을 포함한 신체적·심리적·사회적·영적 영역에 대한 종합적인 평가와 치료를 목적으로 하는 호스피스·완화의료와 임종과정에 있는 환자의 연명의료 및 그 중단결정에 관하여 필요한 사항을 규정하게 위하여 2016년 2월 3일 제정된 법이 「호스피스·완화의료 및 임종과정에 있는 환자의 연명의료결정에 관한 법률」(이하 '연명의료결정법')인데, 2017년 8월 4일부터 시행되고 있습니다. 여기에서 말기환자란 암, 후천성면연결핍증, 만성폐쇄성호흡기질환, 만성간경화 등의 질환자로서 담당의사와 해당 분야 전문의 1명으로부터 수개월 내 사망할 것으로 예상되는 환자를 말하고, 연명의료란 임종과정에 있는 환자에게 하는 심폐소생술, 혈액투석, 항암제투여, 인공호흡기 착용의 의학적 시술로서 치료효과 없이 임종과정의 기간만을 연장하고 있는 것을 말합니다.

연명의료중단절차, 즉 소위 '존엄사' 절차는 일정한 단계, 즉 연명의료중단결정, 환자의 의사확인, 연명의료중단의 이행이라는 3단계 절차를 거쳐 이루어지지만, 가장 핵심이 되는 것은 연명의료중단결정으로서 어떤 방법에 따라 연면의료중단결정을 하느냐에 따라 그 진행절차도 달라지게 됩니다. 이에 아래에서는 연명의료중단결정의 각 방법별 연명의료중단절차에 관하여 살펴보기로 하겠습니다.

첫째, 담당의사의 「연명의료계획서」가 작성·등록되어 있는 경우입니다.

이는 담당의사가 말기환자 등의 요청으로 환자의 연명의료중단결정이 포함된 연명의료계획서를 작성하고, 이를 해당 의료기관장이 등록·보관하는 경우입니다. 담당의사가 연명의료계획서를 작성할 때에는 사전에 해당 환자에게 연명의료의 시행방법이나 연명의료중단결정에 관한 사항 또는 그 변경·철회 등에 관하여 설명하고, 환자가 그 내용을 이해하였다는 사실을 환자의 서명이나, 기명날인, 또는 녹취나 녹화로 확인을 받아두어야 하며, 이 경우 해당 환자가 미성년자인 때에는 환자 본인 외에 법정대리인에게도 그 내용을 설명하고 확인을 받아두어야 합니다(연명의료결정법 제10조 제3항, 제4항). 연명의료계획서가 등록된 경우에는 해당 의료기관장은 그 결과를 보건복지부 산하의 국민연명의료관리기관장에게 통보해야 합니다. 연명의료계획서에 따라 담당의사가 연명의료행위를 중단함에 있어서는, 연명의료중단결정이 환자가 원하는 것이었고 그것이 임종과정에 있는 환자의 의사에도 반하지 않는 경우라면, 환자의 의사에 대한 별도의 확인절차 없이 임종과정에 있는지 여부에 대해 담당의사가 해당 분야 전문의 1명과 함께 판단한 후 연명의료중단결정을 실행할 수 있습니다(연명의료결정법 제17조 제1항 제1호, 제15조 제1호, 제16조,

제19조 제1항).

둘째, 환자의 「사전연명의료의향서」가 작성·등록되어 있는 경우입니다.

이는 19세 이상의 말기환자 등이 직접 연명의료중단결정이 포함된 사전연명의료의향서를 작성하고, 이를 보건복지부장관이 지정한 등록기관[178]에 등록하는 경우입니다(연명의료결정법 제2조 제9호). 등록기관장이 사전연명의료의향서를 제출받은 때에는 이를 등록·보관하고, 그 결과를 보건복지부 산하의 국민연명의료관리기관장에게 통보해야 합니다. 다만 사전연명의료의향서가 등록된 후에 연명의료계획서가 다시 작성된 경우에는 사전연명의료의향서는 그 효력이 상실됩니다(연명의료결정법 제12조 제8항 제4호). 사전연명의료의향서에 따른 연명의료의 중단절차는 연명의료계획서에 따른 연명의료의 중단절차보다 까다롭게 되어 있습니다. 즉 사전연명의료의향서에 따라 담당의사가 연명의료행위를 중단함에 있어서는 연명의료중단결정이 환자가 원하는 것이었고 그것이 임종과정에 있는 환자의 의사에도 반하지 않으며, 나아가 담당의사가 사전연명의료의향서의 내용에 관하여 환자로부터 확인을 받았거나 환자가 사전연명의료의향서의 내용을 확인하기에 충분한 의사능력이 없다는 의학적 판단이 있고, 담당의사와 해당 분야 전문의 1명이 사전연명의료의향서가 법적 절차에 따라 작성되었다는 사실을 확인했으며, 담당의사가 해당 분야 전문의 1명과 함께 임종과정에 있는지 여부에 관하여 판단한 후 비로소 연명의료중단결정을 실행할 수 있고 또한 실행해야 합니다(연명의료결정법 제17조 제1항 제2호, 제15조 제1호, 제16조, 제19조 제1항).

셋째, 환자 본인의 종전의 연명의료중단결정에 관한 일관된 의사에 대한 「환자가족의 진술」에 의한 경우입니다.

이는 연명의료계획서나 사전연명의료의향서가 작성되어 있지 않는 상태에서, 19세 이상의 환자가 의사를 표현할 수 없는 의학적 상태에 있고, 19세 이상의 환자가족 2명 이상(환자가족이 1명인 경우에는 1명)의 일치된 진술에 의해 환자 본인에 의한 연명의료중단결정의 의사가 충분한 기간 동안 일관되게 표시되었음이 확인된 경우를 말합니다. 여기에서 환자가족이란 배우자, 직계비속, 직계존속을 말하며, 이들이 모두 없는 경우에는 그 형제자매를 말합니다. 환자가족의 진술에 따라 담당의사가 연명의료행위를 중단함에 있어서는 환자가족의 진술을 통해 본 환자의 의사가 연명의료중단결정을 원하는 것이었고 그것이 임종과정에 있는 환자의 의사에도 반하지 않으며, 환자가족의 진술을 통해 본 환자의 의사에 관하여 담당의사와 해당 분야 전문의 1명이 이를 확인하였고, 임종과정에 있는지 여부에 대해 담담의사와 해당 분야 전문의 1명이 함께 판단하였을 경우에만 연명의료중단결정을 실행할 수 있고 또한 실행해야 합니다(연명의료결정법 제17조 제1항 제3호, 제15조 제1

호, 제16조, 제19조 제1항).

넷째, 환자의 의사를 확인할 수 없고 또한 환자가 의사표현을 할 수 없는 의학적 상태에 있는 경우에 그 친권자나 가족 전원의 의사표시에 의하여 환자의 연명의료중단결정을 간주하는 이른바 「연명의료중단결정의 간주」의 경우입니다.

앞서 본 첫째~셋째까지의 방법은 모두 연명의료중단결정에 대한 환자의 의사가 사전적으로 또는 사후적으로 확인될 수 있는 경우에 취할 수 있는 의료중단행위의 경우인데, 환자의 의사를 확인할 수 없는데다 현재 환자의 상태가 의사표현을 할 수 없는 의학적 상태에 있는 경우에 환자의 의사표시에 갈음하여 환자의 친권자나 가족 전원의 의사표시로 환자의 연명의료중단결정을 간주하여 연명의료중단행위를 할 수 있도록 한 것입니다. 즉 환자가 미성년자냐 성년자냐에 따라 미성년자인 경우에는 그 친권자가 연명의료중단결정의 의사표시를 하고 담당의사와 해당 분야 전문의 1명이 이를 확인하게 되고, 환자가 성년인 경우에는 환자가족 전원의 합의로 연명의료중단결정의 의사표시를 하고 담당의사와 해당 분야 전문의 1명이 확인한 경우에 환자를 위한 연명의료중단결정이 있는 것으로 간주하여 연명의료행위를 중단할 수 있도록 한 것입니다(연명의료결정법 제18조). 연명의료중단결정의 간주에 따라 담당의사가 연명의료행위를 중단함에 있어서는 다른 확인절차 없이 임종과정에 있는지 여부에 관한 해당 분야 전문의 1명과 함께 판단한 후 연명의료중단결정을 실행할 수 있고 또한 실행해야 합니다(연명의료결정법 제18조, 제15조 제2호, 제16조, 제19조 제1항).

한편 자살자를 보험금 지급의 대상에서 제외하는 보험약관 등과 관련하여 연명의료결정법에 따라 연명의료행위를 중단함으로서 사망한 경우에 있어서는 보험금이나 연금급여지급시 불리하게 대우를 해서는 안되도록 하고 있습니다(연명의료결정법 제37조). 또한 보건복지부장관은 말기환자 등과 그 가족에게 통증과 증상의 완화 등을 포함한 신체적·심리적·사회적·영적 영역에 대한 종합적인 평가와 치료를 위하여 종합병원을 중앙호스피스센터나 권역별호스피스센터로 지정할 수 있고, 호스피스를 위한 시설·인력·장비 등의 기준을 충족하는 의료기관에 대해서도 입원형·자문형·가정형으로 구분하여 호스피스전문기관을 지정할 수 있도록 하고 있습니다.

따라서 귀하께서도 귀하 할아버지의 연명의료중단과 관련하여 위에서 설명한 여러 방법 중 가장 적당한 방법을 선택해서 그 연명의료중단절차를 밟으면 될 것으로 보입니다. 연명의료결정법에 따른 담담의사의 연명의료중단행위는 법에 근거한 행위이므로 법적 절차에 위배되지 않는 한 담당의사가 처벌받는 일은 없을 것으로 보입니다.

[사례 4·2·35] 청탁금지법의 적용범위와 금지사항

문 저는 공무원으로 재직 중인데 소위 '김영란법'이 시행된지 오래 지났건만 법이 하도 복잡하고 난해해서 몇 번이고 법전을 들춰봐도 어떻게 하라는 건지 도무지 알 수가 없습니다. 이에 청탁금지법에 대해서 간단하고 일목요연하게 설명해 줄 수 없는지 박사님께 문의드리고자 합니다.

답 우리가 흔히 말하는 소위 '김영란법'이란 「부정청탁 및 금품 등 수수의 금지에 관한 법률」(이하 '청탁금지법')을 말하며, 그 제정의 동기가 된 사건의 명칭을 따서 부르는 말인데, 이러한 '김영란법' 내지 청탁금지법은 그 자체만 떼어서 보면 이해가 잘 가지 않으므로 형법과의 연계하에서 살펴보아야 합니다. '공직자 등'의 뇌물 수수를 금지하는 것은 형법에도 규정되어 있기 때문입니다.

그런데 형법에서는 뇌물죄의 성립에 있어서 직무관련성 및 대가성을 모두 요구하고 있습니다. 즉 뇌물죄는 공무원이 직무행위에 대한 대가로서 불법한 보수나 부당한 이익을 취득할 때에 성립하는 것으로 제한하고 있는 것입니다. 직무관련성이 인정되어야 하므로 사적 행위에 대한 이익은 그것이 직무장소에서 직무시간 내에 행해진 것이라도 뇌물이라고 할 수 없습니다. 직무와의 대가관계가 인정되어야 뇌물죄가 성립하는 것이므로 명절이나 연말의 단순한 사교·의례는 뇌물이라고 할 수 없습니다. 다만 대가관계가 있는 경우에는 그 금액이 근소하거나 규모가 적다고 하더라도 이는 사교적 의례를 벗어난 것으로 보아 뇌물죄가 성립할 것입니다(대판 1999.1.29. 98도3584). 형법에서 규정하고 있는 뇌물죄로는 단순수뢰죄, 사전수뢰죄, 제3자 뇌물공여죄, 수뢰후부정처사죄, 사후수뢰죄, 알선수뢰죄, 증뢰죄, 증뢰물전달죄 등이 있습니다.

2015년 3월 27일 제정되어 2016년 9월 28일부터 시행되고 있는 청탁금지법은 이러한 형법에 대한 특별법으로서 공직자 등에 대한 부정청탁의 관행을 근절하고 공정한 직무수행을 보장하기 위하여 직무관련성이나 대가성 여부를 묻지 않고 '금품 등'[179]의 수수를 처벌할 수 있도록 하기 위하여 제정된 법입니다. 여기에서 공직자 등이란 공직자 또는 공적 업무 종사자를 말하는 것으로서, 공무원, 공직유관단체 및 그 기관장과 임직원, 각급 학교장 및 그 교직원과 학교법인의 임직원, 언론사 대표자와 그 임직원을 말합니다(청탁금지법 제2조 제2호). 따라서 청탁금지법은 공직자 등이 아닌 자가 공직자 등에게 또는 공직자 등이 공직자 등에게 금품을 제공한 경우에 적용되는 것이고 공직자 등이 아닌

---

178) 여기에서 등록기관이란 지역보건의료기관, 의료기관, 사전연명의료의향서의 사업을 수행하는 비영리법인·단체, 공공기관 중에서 보건복지부장관이 사전연명의료의향서 등록기관으로 지정한 곳을 말합니다.

자가 공직자 등이 아닌 자에게 또는 공직자 등이 공직자 등이 아닌 자에게 금품을 제공한 경우에는 적용되지 않습니다.

청탁금지법의 주요내용을 살펴보면 아래와 같습니다. 즉,

① 누구든지 직접 또는 제3자를 통하여 직무를 수행하는 공직자 등에게 부정청탁을 하지 못하며, 이에 위반시에는 1천만원~3천만원 이하의 과태료에 처해지고, 이러한 부정청탁에 따라 직무를 수행한 공직자 등은 2년 이하의 징역 또는 2천만원 이하의 벌금에 처해집니다.

② 공직자 등은 직무와 관련이 없더라도 기부·후원·증여 등 그 명목 여하를 불문하고 동일인으로부터 1회에 100만원 또는 매 회계연도에 300만원을 초과하는 금품을 받거나 요구 또는 약속해서는 안되며, 이에 위반시에는 2년 이하의 징역 또는 2천만원 이하의 벌금에 처해집니다. 반면 직무와 관련이 없는 경우라면 동일인으로부터 1회에 100만원 또는 매 회계연도에 300만원 이하의 금품을 받거나 요구 또는 약속하는 것은 허용됩니다.

③ 공직자 등은 그 직무와 관련된 것이라면, 설령 대가성이 없는 경우라도 일체의 금품을 받거나 요구 또는 약속해서는 안되며, 이에 위반시에는 그 위반행위와 관련된 금품 가액의 2배 이상~5배 이하에 상당하는 금액의 과태료에 처해집니다. 이 점에서 형법상 뇌물죄가 직무관련성이 있더라도 대가성만 없으면 뇌물죄로 처벌되지 않는 것과 구별됩니다.

한편 공직자 등의 배우자도 공직자 등의 직무와 관련하여 수수가 금지되는 금품을 받거나 요구 또는 제공받기로 약속해서는 안되며, 이를 알고도 신고하지 않는 공직자 등은 3년 이하의 징역 또는 3천만원 이하의 벌금에 처해지거나 그 위반행위와 관련된 금품 가액의 2배 이상~5배 이하에 상당하는 금액의 과태료에 처해지게 됩니다. 또한 누구라도 공직자 등에게 또는 그 배우자에게 수수 금지 금품을 제공하거나 그 제공의 약속 또는 의사표시를 해서는 안되며, 이에 위반시에는 3년 이하의 징역 또는 3천만원 이하의 벌금에 처해지거나 그 위반행위와 관련된 금품 가액의 2배 이상~5배 이하에 상당하는 금액의 과태료에 처해지게 됩니다.

따라서 공직자 등은 자신이 수수 금지 금품을 받았거나 그 제공의 약속이나 의사표시를 받은 경우 또는 자신의 배우자가 수수 금지 금품을 받았거나 그 제공의 약속이나 의사표시를 받은 사실을 알게 된 경우에는 소속기관장에게 지체 없이 서면으로 신고해야 하고, 그 금품은 제공자에게 지체없이 반환하거나 배우자로 하여금 반환토록 해야 하며, 아직 금품을 수수하지 않은 경우라면 수수 거부의 의사를 밝히거나 배우자로 하여금 밝

히도록 해야만 처벌되지 않을 것입니다.

이와 같이 공직자 등에게는 금품 등의 수수가 금지되어 있지만 일체의 모든 금품의 수수가 금지되고 있는 것은 아닙니다. 즉 외부강의 등의 수수료,[180] 상급 공직자가 하급 공직자에게 제공하는 위로·격려·포상 등 목적의 금품, 증여를 제외한 사적 거래로 인한 채무의 이행 등 정당한 권원에 의하여 제공되는 금품, 공직자 등의 친족이 제공하는 금품, 공직자 등과 관련된 상조회·동호회·동창회·향우회·친목회·종교단체·사회단체 등이 일정 기준에 따라 제공하거나 그 소속구성원이 질병·재난 등을 당한 공직자 등에게 제공하는 금품, 공직자 등의 직무와 관련된 공식적인 행사에서의 교통·숙박·음식물 등의 금품, 불특정 다수인에게 배포하기 위한 기념품·홍보용품 등이나 경연·추첨을 통하여 받는 보상 또는 상품등, 그밖에 다른 법령·기준 또는 사회상규에 따라 허용되는 금품의 수수는 대가성만 없으면 허용되는 것입니다(청탁금지법 제8조 제3항 각호).

또한 원활한 직무수행 또는 사교·의례나 부조의 목적으로 제공되는 음식물·경조사비·선물 등도 역시 대가성만 없으면 일정 가액의 범위 내에서 허용됩니다. 즉 ① 음식물(제공자와 공직자 등이 함께 하는 식사·다과·주류·음료)는 3만원 내, ② 경조사비(축의금·조의금)는 5만원 내로 하되, 이에 대신하는 화환·조화는 10만원 내, ③ 선물(금전·유가증권·음식물·경조사비를 제외한 일체의 물품)은 5만원 내로 하되, 농수산물·농수산가공품은 10만원 내에서 허용되는 것입니다(청탁금지법 제8조 제3항 제2호, 시행령 제17조 별표 1). 다만 이들 중 2개 이상을 함께 받은 경우에는 그중 가장 큰 금액을 한도로 하되, 각각의 가액의 범위를 초과해서는 안됩니다. 예컨대, 축의금과 함께 화환을 받은 경우에는 축의금도 5만원을 초과해서는 안되고, 축의금과 화환의 합계도 10만원을 초과해서는 안된다는 것으로서, 축의금 5만원과 화환 5만원을 받든가, 축의금 3만원과 화환 7만원을 받아야 된다는 것입니다. 이는 선물과 함께 농수산물·농수산가공품을 받는 경우에도 마찬가지입니다.

요컨대 금품의 수수가 공직자 등의 직무관련성과 대가성 모두와 관련된 경우에는 아무리 사소한 금품이라도 무조건 금지되는 것이며, 대가성도 없고 직무관련성도 없는 경우에는 동일인으로부터 1회에 100만원, 매 회계연도별 300만원을 초과하지 않으면 허용되는 것이고, 대가성은 없으되 직무관련성이 인정되는 경우에는 음식물은 3만원 범위 내, 축의금·조의금은 5만원 범위 내(단, 화환·조화는 10만원 범위 내), 선물은 5만원의 범위 내(단, 농수산물·농수산가공품은 10만원 범위 내)에서만 허용되고, 그밖의 일체의 금품의 수수는 금지되는 것이라고 보면 될 것입니다.

179) 여기에서 '금품 등'이란 일체의 재산적 이익이나 편의제공 또는 유·무형의 경제적 이익을 포함하는 것으로서 구체적으로는 금전, 유가증권, 부동산, 물품, 숙박권, 회원권, 입장권, 할인권, 초대권, 관람권, 부동

[사례 4·2·36] 개를 잘못 관리한 경우의 소유자와 점유자의 책임

문 저는 아파트에서 애완견 한 마리를 키우고 있는데, 가끔씩 목줄을 하고 아파트 주변이나 공원 등지에서 운동과 산책을 시키고 있습니다. 그런데 요즘 개에 의한 인사사고가 많아 개를 키우면서 준수해야 할 법규와 이를 위반시 어떤 처벌이 가해지는지 알고 싶어 박사님께 문의드리고자 합니다.

답 개를 예뻐라 할 줄만 알고 그 관리를 소홀히 하게 되면 이웃이나 다른 사람들에게 피해를 주게 되고, 경우에 따라서는 여러 민·형사적인 제재가 따르게 되니 주의하셔야 합니다.

아래에서 개를 키우는 사람들이 알아야 할 준수법규와 그 위반시의 처벌에 관하여 살펴보기로 하겠습니다.

월령 3개월 이상의 개로서 단독주택, 공동주택, 기숙사, 다중생활시설, 노인복지주택, 오피스텔에서 기르는 모든 개와 그밖의 장소에서 반려의 목적으로 기르는 개(반려견)에 대해서는, 도서지역 또는 동물등록업무가 불가한 읍 · 면 지역을 제외하고는, 그 소유자가 시·군·구청장에게 등록해야 하고(동물보호법 제12조 제1항, 동법 시행규칙 제7조), 등록하지 않는 경우에는 1차 위반시 20만원, 2차 위반시 40만원, 3차 이상 위반시 60만원의 과태료에 처해집니다(동물보호법 제47조 제2항 제5호, 동법 시행령 제20조 제1항 별표).

또한 등록대상이 되는 개의 소유자나 일시적 또는 영구적으로 개를 사육·관리·보호하는 자가 등록대상의 개를 기르는 곳에서 다른 곳으로 벗어나게 하는 경우에는 그 소유자의 성명, 전화번호, 동물등록번호를 표시한 인식표를 부착해야 하고, 등록대상의 개를 동반하고 외출할 때에는 다른 사람에게 위해나 혐오감을 주지 않을 정도의 길이를 유지한 목줄을 해야 하며, 배설물이 생겼을 때에는 즉시 이를 수거해야 합니다(동물보호법 제13조 제1항, 제2항, 동법 시행규칙 제11조, 제12조). 만약 이에 위반시에는 과태료에 처해지게 되는데, 인식표를 부착하지 않는 경우에는 1차 위반시 5만원, 2차 위반시 10만원, 3차 이상 위반시 20만원의 과태료에 처해지고, 배설물을 수거하지 않는 경우에는 1차 위반시 5만원, 2차 위반시 7만원, 3차 이상 위반시 10만원의 과태료에 처해지며, 목줄 등 안전조치를 하지 않는 경우에는 1차 위반시 20만원, 2차 위반시 30만원, 3차 이상 위반시 50만원의 과태료에 처해지게 됩니다(동물보호법 제47조 제3항 제3호, 제4호, 동법 시행령 제20조 제1항). 그런데 도시공원지역에서는 과태료의 액수가 다소 적은데, 동반한 애완견의 배설물을 수거하지 않고 방치하거나, 동반한 애완견을 통제할 수 있는 줄을 착용시키지 않고 도시공원지역에 들어간 경우에도 5만원 정도의 과태료에만 처해지게 됩니다(도시공원 및 녹지 등에 관한 법률 제49조 제1항 제4호, 제2항 제2호, 제56조 제2항, 동법 시행령 제51조 제1항). 향후 도시공원 지역에서도 다른 지역과의 형평상 개에 대한 관리 강화와 과태료의 상향 조정이 필요하다고 보입니다.

그리고 사람이나 가축에 해를 끼치는 버릇이 있는 개를 함부로 풀어놓거나 제대로 살피지 않고 나다니게 한 자나 길, 공원, 그밖에 다수인이 모이거나 다니는 곳에 개를 끌고 와서 대변을 보게 하고 이를 치우지 않는 자는 경범죄처벌법 위반으로 되어 10만원 이하의 벌금이나 구류 또는 과료에 처해지게 됩니다(경범죄처벌법 제3조 제1항 제25호, 제12호).

나아가 개에 의한 상해나 사망사고까지 발생한 경우에는 처벌이 더욱 무거워지게 되는데, 목줄 등 안전조치를 해야 할 의무를 위반하여 개가 사람의 신체를 상해에 이르게 한 자는 2년 이하의 징역 또는 2천만원 이하의 벌금에 처해지고, 사망에 이르게 한 자는 3년 이하의 징역 또는 3천만원 이하의 벌금에 처해지게 됩니다(동물보호법 제13조 제2항, 제46조 제1항, 제2항 제1의3호).

특히 맹견[181]의 경우에는 그 관리의무와 위반시의 처벌이 강화됩니다. 즉 맹견의 경우에는 소유자 등이 없이 그 기르는 곳에서 벗어나게 해서는 안되며, 월령 3개월 이상의 맹견을 동반하고 외출할 때에는 목줄 및 입마개 등 안전장치를 하거나 맹견의 탈출을 방지할 수 있는 적정한 이동장치를 해야 합니다. 만약 이러한 의무에 위반한 경우에는 300만원 이하의 과태료에 처해지고(동물보호법 제47조 제1항), 이러한 의무에 위반하여 맹견이 사람의 신체를 상해에 이르게 한 자는 2년 이하의 징역 또는 2천만원 이하의 벌금에 처해지며, 사망에 이르게 한 자는 3년 이하의 징역 또는 3천만원 이하의 벌금에 처해지게 됩니다(동물보호법 제13조의 제1항, 제46조 제1항, 제2항 제1의4호). 그밖에 맹견의 소유자는 맹견의 안전한 사육 및 관리에 관하여 정기적으로 교육을 받아야 하고(동물보호법 제13조의2 제3항), 어린이집, 유치원, 초등학교, 특수학교 또는 불특정 다수인이 이용하는 장소로서 조례로 정하는 장소에 맹견을 출입시켜서는 안됩니다(동물보호법 제13조의3). 만약 맹견에 관한 정기적인 교육을 받지 않거나 출입금지장소에 맹견을 출입시킨 경우에는 300만원 이하의 과태료에 처해지게 됩니다(동물보호법 제47조 제1항).

한편 개에 의해 상해나 상해치사의 피해가 발생한 경우에는 위에서 본 형사책임과는 별도도 민사상 손해배상책임도 함께 지게 됩니다. 이때 목줄이나 입마개 등의 안전조치를 취하지 않는 상태에서 인사사고가 발생한 경우라면 과실비율이 훨씬 높아져서 보다 많은 손해배상금을 물어주어야 할 것으로 보입니다.

최근 개에 의한 상해나 상해치사 사건이 많이 발생함에 따라 개를 잘못 관리한 소유자나 점유자에 대한 처벌이 강화되고 있으므로 개를 키우는 귀하께서도 위에서 살펴본 관련 법규들을 잘 숙지하고 준수해야 할 것이며, 개에 대한 관리도 소홀히 하지 않도록 유념하시기 바랍니다.

[사례 4·2·37] 임대인의 단전·단수조치가 허용되는 경우와 허용되지 않는 경우 및 허용되는 경우에 있어서의 요건

문 저는 장사가 잘되는 전통시장 길목에 상가를 하나 가지고 있고 상가 내 개설된 다수의 점포로부터 세를 받아먹고 살아가고 있는 사람입니다. 그런데 세입자 중의 한 사람인 甲이 수개월째 관리비와 월세를 내지 않고 있어서 고민입니다. 명도소송 등을 통해서 해결하자니 시간도 오래 걸릴 것 같고 돈도 많이 들 것 같아 애당초 甲과 계약시 3개월 이상 관리비나 월세를 연체할 경우 단전·단수할 수 있다는 약정을 들어 단전·단수조치를 취하고자 합니다. 이럴 경우 아무런 문제가 없는지 박사님께 문의드리고자 합니다.

답 통상적으로 아파트나 연립주택 등 집합건물의 관리규약이나 자치회규정에는 '입주민이 3개월 이상 사용료를 체납할 때에는 수도공급 중단 또는 한전 요청 전류제한기 설치 등의 조치를 취할 수 있다."라고 규정해 놓고 이에 대하여 입주민들의 날인이나 서명을 받아둔 경우가 많습니다. 또한 일반 주택이나 시장번영회가 구성되어 있지 않은 일반 상가를 임대차한 경우에도 이와 유사한 문구를 두어 임차인이 관리비나 차임을 연체할 경우의 불이익을 약정해놓는 경우도 있습니다. 이에 위와 같은 약정에 따라 임차인이 관리비나 차임을 연체한 때에 관리주체나 관리사무소, 관리단,[182] 임대인 등이 단전·단수조치를 취하게 되면 업무방해죄(형법 제314조)나 영업방해죄로 처벌받지 않게 되는지 문제됩니다. 이는 임대인 등의 단전·단수조치가 정당행위(형법 제20조)에 해당되느냐의 여부와 관련되어 있는 것으로서 정당행위에 해당된다면 처벌을 받지 않을 것이고 정당행위에 해당된다면 처벌을 면치 못할 것으로 보입니다(대판 2003.11.28. 2002도5726).

산 등의 사용권, 음식물·주류·골프 등의 접대·향응, 교통·숙박 등의 편의제공, 채무면제, 취업제공, 이권부여 등을 말합니다(청탁금지법 제2조 제3호). 이하 '금품 등'은 편의상 '금품'이라고만 표시합니다.

180) 외부강의 등의 수수료는 공무원 및 공직유관단체의 임직원에게는 40만원 내에서, 학교 교직원 및 언론사 임직원에게는 100만원 내에서 허용됩니다(청탁금지법 제8조 제3항, 시행령 제25조 별표 2).

181) 여기에서 맹견이란 ① 도사견과 그 잡종의 개, ② 아메리칸 핏불 테리어와 그 잡종의 개, ③ 아메리칸 스태퍼드셔 테리어와 그 잡종의 개, ④ 스태퍼드셔 불 테리어와 그 잡종의 개, ⑤ 로트와일러와 그 잡종의 개, ⑥ 그밖에 사람을 공격하여 상해를 입힐 가능성이 높은 개를 말합니다(동물관리법 시행규칙 제12조 제2항 별표 3).

182) 공동주택의 경우 관리단 등이 전기·수도공급업체인 한국전력이나 상수도사업본부와 위·수탁계약을 체결

그런데 단전·단수조치의 정당행위 인정 여부와 관련해서는 그것이 관리규약이나 자치회규정 또는 임대차계약서상의 약정에 따른 조치였다는 점만으로는 부족하고 그와 같은 조치를 하게 된 동기와 목적, 수단과 방법, 경위, 그로 인해 입주자가 입게 된 피해정도 등 여러 가지 사정을 종합해서 사회통념상 허용될 만한 정도의 상당성이 있어야만 정당행위가 인정될 것입니다(대판 2006.6.29. 2004다3598·3604).

이런 점에서 판례는 “약정 임대차기간이 이미 만료되었고, 임대차보증금도 연체차임 등으로 공제되어 모두 소멸한 상태에서 영업을 하고 있는 주점이 월 1천만원씩의 차임지급을 연체하고 있어 약정 임대차기간 만료 전부터 계약해지의 의사표시를 하고, 약정 임대차기간 만료 후에는 2회에 걸쳐 연체차임의 지급을 최고함과 아울러 단전·단수조치를 예고한 후에 1회의 단전·단수조치를 한 것인 바, 위 피고인의 행위는 자신의 궁박한 상황에서 임차인의 부당한 의무 불이행에 대해 불가피하게 취한 조치로서, 임차인의 권리를 합리적인 범위를 벗어나 과도하게 침해하거나 제한하는 것으로 사회통념상 현저하게 타당성을 잃은 것으로 보이지 아니하며, 그 동기와 목적, 수단과 방법, 그와 같은 조치에 이르게 된 경위 등 여러 가지 사정에 비추어 볼 때, 사회통념상 허용될 만한 정도의 상당성이 있는 위법성이 결여된 행위로서 형법 제20조에 정해진 정당행위에 해당하는 것으로 볼 여지가 있다.”라고 판시하고 있습니다(대판 2007.9.20. 2006도9157).

이로 볼 때 임대인 등의 단전·단수조치가 정당행위에 해당되어 처벌을 받지 않으려면 ① 관리규약이나 자치회규정 또는 임대차계약서상에 단전·단수조치에 관한 내용과 요건에 관한 규정을 두고 있었을 것, ② 약정 임대차기간이 만료되었을 것, ③ 연체차임 등으로 임대차보증금 모두가 공제되어 소멸한 상태이었을 것, ④ 차임 등 연체로 인하여 임대차기간 만료 전부터 계약해지의 의사표시를 하였을 것, ⑤ 약정 임대차기간 만료 후에도 2회 이상 연체차임의 지급을 최고함과 아울러 단전·단수조치를 예고한 후에 단전·단수조치를 취하였을 것 등의 요건을 모두 구비한 경우라야 할 것이며, 약정 임대차기간이 만료되지 않았고 임대차보증금도 상당히 남아있는 상태에서 계약해지의 의사표시와 경고만을 한 후 단전·단수조치를 취한 경우에는 정당행위로 볼 수 없어 처벌을 면치 못하게 될 것입니다(대판 2006.4.27. 2005도8074). 단전·단수조치가 위법한 경우에는 업무방해죄 외에도 재물손괴죄나 전기사업법 또는 수도법위반 등의 죄로 처벌을 받을 수 있습니다.

그런데 상가소유자나 점포임차인으로 구성된 시장번영회나 상가번영회가 있는 상가에서의 단전·단수조치는 아파트나 주택 또는 일반상가에서의 단전·단수조치와 다소 다르게 판단될 수 있습니다. 즉 판례는 “피고인인 시장번영회의 회장이 단전조치를 하게 된 경위는 단전조치 그 자체를 목적으로 하는 것이 아니고 오로지 시장번영회의 관리규정에 따라 체납된 관리비를 효율적으로 징수하기 위한 제재수단으로서 이사회의 결의에 따라서 적법하게 실시한 것이고, 그와 같은 관리규정의 내용은 시장번영회를 운영하기 위한 효과적인 규제로서 그 구성원들의 권리를 합리적인 범위를 벗어나 과도하게 침해하거나 제한하는 것으로 사회통념상 현저하게 타당성을 잃은 것으로 보이지 아니하며, 피고인 등이 연체된 관리비를 시장번영회에 직접 납부하지 아니하고 법원에 공탁하였다는 이유로 단전조치를 지시한 것으로도 보이지 아니하므로 피고인의 행위는 그 동기와 목적, 그 수단과 방법, 그와 같은 조치에 이르게 된 경위 등 여러 가지 사정에 비추어 볼 때, 사회통념상 허용될 만한 정도의 상당성이 있는 위법성이 결여된 행위로서 형법 제20조에 정해진 정당행위에 해당하는 것으로 볼 여지가 충분하다."라고 판시하고 있고(대판 2004.8.20. 2003도4732), 구분소유자가 집합건물의 규약에서 정한 업종준수의무를 위반할 경우 단전·단수 등 제재조치를 할 수 있다고 규정한 집합건물의 규약을 유효한 것이라고 판시하고 있으며(대판 2004.5.13. 2004다2243), 헌법재판소의 판례도 이와 유사한 견해를 가지고 있습니다(헌재 2012.3.29. 2010헌마770).

따라서 시장번영회가 관리비 체납자에 대하여 단전·단수조치를 취한 행위가 다음과 같은 요건, 즉 ① 관리규약 등에 관리비 체납자에 대한 단전·단수조치의 내용과 요건이 명시되었을 것, ② 단전·단수조치가 이사회 등 건물관리단의 결의에 따라 적법하게 실시되었을 것, ③ 관리비에 대한 계속 체납시 단전·단수조치를 취할 것이라는 사실을 예고하였을 것, ④ 건물관리 및 다른 구분소유자들의 이익을 위하여 단전·단수할 수밖에 없는 사정이 있었을 것(즉 시장번영회를 운영하기 위한 효과적인 규제로서 시장 상인의 권리를 과도하게 침해하지 않았고, 단전·단수조치 자체가 그 목적이 아니고 체납관리비를 징수하기 위한 목적이었을 것), ⑤ 그밖에 피해자에게 관리비 납부를 거부할만한 정당한 사유가 없을 것 등의 요건이 구비되어 있는 경우에는 정당행위가 성립되어 처벌을 받지 않게 될 수 있는 것입니다.

한편 백화점 입주상인들이 영업을 하지 않고 매장 내에서 점거 농성만을 하면서 매장 내의 기존 전기시설에 임의로 전선을 연결하여 각종 전열기구를 사용함으로써 화재위험이 높아 백화점 경영 회사의 대표이사인 피고인이 부득이 단전조치를 취하는 것은 업무방해죄를 구성하지 않는다고 볼 것입니다(대판 1995.6.30. 94도3136).

결국 단전·단수조치가 정당행위에 해당되는지 여부는 아파트 등 주택이나 일반상가에 해당하느냐, 아니면 시장번영회가 구성되어 있는 상가에 해당하느냐의 여부 등에 따라 임대인 등의 단전·단수조치 등 각 행위가 정당행위의 요건에 해당하는지 여부를 개별적으로 따져 판단해야 할 것입니다. 이에 귀하께서도 위 내용을 검토하셔서 귀하의 단전·단전조치가 정당행위의 각 요건에 해당되는지 여부를 파악하신 후 실행해야만 뒤탈이 없을 것으로 보입니다.

제2절 형사소송

[사례 4·2·38] 형량을 정하는 방법과 형의 가중·감경사유

문 저는 상습적으로 포카 놀음을 하는 친구들의 요청으로 제 사무실을 도박장소로 제공하였습니다. 그런데 누군가 경찰서에 찔렀는지 친구들 모두 상습도박죄로 구속되었고, 저도 도박방조죄로 경찰조사 중에 있습니다. 큰 죄의식 없이 친하다는 이유로 도박장소를 제공한 것인데, 일이 이렇게 커질 줄 몰랐습니다. 저는 이번 일이 처음인데다 진지하게 뉘우치고 있는데, 앞으로 형량이 어떤 방식으로 정해지게 될지 몰라 박사님께 문의드리고자 합니다.

답 귀하의 문의사항은 형의 양정과 관련됩니다. 형법 등 형벌법규에는 범죄에 대하여 선고할 수 있는 형의 범위만을 규정해 놓을 뿐으로 구체적인 형의 양정은 법관이 담당하고 있습니다. 어떤 범죄를 저질렀을 때 그 범죄에 대하여 최종적인 형이 정해지기까지는 세 단계를 거치게 됩니다. 즉 법정형, 처단형, 선고형이 그것입니다.

법정형이란 범죄에 적용할 형사 법률과 해당 조문이 정해진 경우에 그 조문에 규정되어 있는 형량을 말하고, 처단형은 법정형에 대해 법률상 또는 재판상 가중·감경의 사유가 있는 경우에 그 가중 또는 감경한 후의 형을 말하며, 선고형은 판사가 처단형의 범위 내에서 구체적으로 형을 양정하여 선고한 형을 말합니다. 예컨대, 형법 등의 조문을 보면 대부분 형량의 상한이나 하한을 두어 몇 년 이상의 징역, 몇 년 이하의 징역, 얼마 이상의 벌금, 얼마 이하의 벌금 등으로 규정되어 있는데, 이를 법정형이라고 하고, 이러한 법정형을 토대로 상습범 가중이나 자수감경과 같은 법률상 가중 또는 감경사유를 반영한 형이 처단형이며, 이러한 처단형의 범위 내에서 재판장이 작량감경 등을 통해 구체적으로 확정하여 선고한 형을 선고형이라고 합니다.

하고 전기·수도물의 공급관리 및 요금징수를 대행하고 있는데, 이 경우에는 단전·단수업무도 대행하고 있는 것으로 볼 수 있을 것입니다.

여기에서 처단형은 선고형의 상·하한의 범위를 결정하는 형으로서 중요한 단계에 해당하며, 따라서 처단형을 정하는데 기초가 되는 법률상 형의 가중 또는 감경사유와 그 적용순서가 중요합니다. 법정형에 대해 법률상 가중·감경사유가 여러 개 경합된 경우 그 적용 순서를 보면 ① 각칙 본조에 의한 가중, ② 간접정범 및 특수교사·방조에 대한 형의 가중, ③ 누범가중, ④ 법률상 감경, ⑤ 경합범 가중의 순으로 적용됩니다(형법 제56조). 작량감경은 처단형이 정해진 후 재판장이 선고형을 내릴 때 가장 늦게 감안하는 감경사유에 해당됩니다. 아래에서 법률상 가중·감경사유에 관하여 순서대로 살펴보도록 하겠습니다.

첫째, 각칙 본조에 의한 가중이란 형법 및 특별형법의 각 조문에서 직접 가중하도록 규정되어 있는 형을 적용하는 것을 말하며, 상습범가중, 특수범죄의 가중 등이 여기에 해당되는데, 주로 그 죄에 정한 형의 1/2까지 가중하도록 규정되어 있습니다(형법 제203조, 제264조, 제279조, 제285조, 제332조, 제351조, 제144조, 제278조).

둘째, 간접정범이란 범죄를 저지르더라도 처벌되지 않거나 과실범으로 처벌되는 자를 교사·방조해서 범죄행위의 결과를 발생하게 한 자를 말하고, 특수교사·방조란 자기의 지휘·감독을 받는 자를 교사·방조해서 범죄행위의 결과를 발생하게 한 자를 말하는데, 이들에 대해서는 교사의 경우에는 정범의 형의 장기 또는 다액에 1/2까지 가중하고, 방조의 경우에는 정범의 형으로 처벌하도록 하고 있습니다.

셋째, 누범이란 금고 이상의 형을 받아 집행을 종료하거나 면제를 받은 후 3년 내에 또다시 금고 이상에 해당하는 죄를 범한 자를 말하며, 누범자는 그 죄에 정한 형의 장기의 2배까지 가중하도록 하고 있습니다.

넷째, 법률상 감경이란 법에서 정한 감경사유에 해당되는 경우에 필수적으로 또는 판사의 재량에 따라 감경하도록 하고 있는 것을 말하는데, 전자의 필수적 감경사유로는 심신미약자, 농아자, 중지범, 종범이 있고, 후자의 임의적 감경사유로는 외국에서 받은 형의 집행으로 인한 감경, 과잉방위·과잉피난·과잉자구행위, 미수범, 불능미수범, 자수·자복, 해방감경이 있습니다.

위 첫째~넷째에서 살펴본 형의 가중·감경을 작량감경과 구별해서 법률상 가중·감경이라고 하며, 법률상 감경사유가 수개 있는 때에는 작량감경과 달리 감경할 사유마다 거듭해서 감경할 수 있습니다(형법 제56조 제2항). 다만 법률상의 감경사유가 있어도 무한정 감경할 수 있는 것은 아니며 하나의 법률상 감경사유에 대하여 감경할 수 있는 범위가

제한되어 있습니다. 즉,

ⓐ 사형을 감경할 때에는 무기 또는 20년 이상~50년 이하의 징역·금고로,
ⓑ 무기징역·무기금고를 감경할 때에는 10년 이상~50년 이하의 징역·금고로,
ⓒ 유기징역·유기금고를 감경할 때에는 그 형기의 1/2로,
ⓓ 자격상실을 감경한 때에는 7년 이상의 자격정지로,
ⓔ 자격정지를 감경할 때에는 그 형기의 1/2로,
ⓕ 벌금을 감경할 때에는 그 다액의 1/2로,
ⓖ 구류·과료를 감경할 때에는 그 장기 또는 다액의 1/2로 감경해야 하는 것입니다.

다섯째, 경합범에는 실체적 경합범과 상상적 경합범이 있습니다. 둘 다 법률상 가중사유에 해당됩니다. 먼저 실체적 경합범이란 판결이 확정되지 않는 수개의 죄 사이 또는 금고 이상의 형에 처한 판결이 확정된 죄와 그 판결확정 전에 범한 죄 사이를 말하며, 형법에서 정한 방식으로 가중하는데, ㉠ 가장 중한 죄에 정한 형이 사형 또는 무기징역·무기금고인 때에는 가장 중한 죄에 정한 형으로, ㉡ 각 죄에 정한 형이 사형 또는 무기징역·무기금고 이외의 동종의 형인 때에는 각 죄의 장기 또는 다액을 합산한 형기 또는 액수를 초과하지 않는 범위 내에서 가장 중한 죄에 정한 장기 또는 다액에 1/2까지 가중하되, 이종의 형인 때에는 병과하도록 하며, ㉢ 과료와 과료, 몰수와 몰수는 병과하도록 하고 있습니다. 이때 징역과 금고는 동종의 형으로 간주하여 징역형으로 처벌합니다. 실체적 경합범 중 판결을 받지 않는 죄가 있는 때에는 그 죄와 판결이 확정된 죄를 동시에 판결할 경우와 형평을 고려하여 그 죄에 대하여 형을 선고하도록 하되, 그 형을 감경 또는 면제할 수 있도록 하고 있습니다. 다음으로 상상적 경합범이란 1개의 행위가 수개의 죄에 해당하는 경우를 말하는데, 이 경우에는 가장 중한 죄에 정한 형으로 처벌하도록 하고 있습니다.

이와 같이 해서 처단형이 정해지면 재판장이 작량감경해서 선고형을 내리게 되는 것입니다. 여기에서 작량감경이란 재판장이 범인의 연령, 성행, 지능·환경, 피해자에 대한 관계, 범행동기, 범행수단과 결과, 범행 후의 정황 등 정상을 참작하여 재량껏 형을 감경하는 것을 말합니다. 다만 작량감경의 경우에도 무한정 감경할 수 있는 것은 아니며, 앞서 본 법률상 감경의 범위 내에서만 감경할 수 있도록 감경의 범위가 제한되어 있습니다. 또한 작량감경의 경우에는, 법률상 감경과 달리, 작량감경의 사유가 여러 개 있다고 해서 거듭 감경할 수는 없고 통틀어 한 번만 감경할 수 있습니다. 예컨대 여러 개의 법률상 감경사유와 여러 개의 작량감경의 사유가 경합되어 있는 경우에는 여러 개의 법률상 감경사유마다 각각 감경한 후에 하나의 작량감경만 하는 것입니다.

이에 귀하의 사건이 향후 어떤 과정을 거쳐 형량이 결정되는지 살펴보면, 먼저 귀하께 적용될 법률을 정하게 되는데, 형사법률에는 형법 외에도 각종 특별형법이 있기 때문에 귀하의 사건을 검토해서 어떤 법률을 적용할 것인지를 판단하는 것이 첫 단계입니다. 귀하의 사건은 형법상 상습도박방조죄에 해당될 것으로 보이며, 형법상 해당 조문에는 그 처벌을 3년 이하의 징역 또는 2천만원 이하의 벌금으로 규정하고 있기 때문에 법정형은 3년 이하의 징역 또는 2천만원 이하가 될 것입니다(형법 제246조 제2항). 이러한 법정형을 토대로 법률상 가중·감경한 형이 처단형인데, 귀하께서는 초범이라고 하므로 형의 가중사유는 없을 것이고 종범에 해당하므로 법률상 필요적 감경사유에 해당되어 법정형의 1/2이 감경되므로 1년 6월 이하의 징역 또는 1천만원 이하의 벌금이 처단형으로 될 것이며, 이러한 법률상 감경 외에 귀하께서는 작량감경사유에도 해당될 수 있을 것으로 보이므로 선고형의 단계에서 작량감경이 이루어질 경우 9월 이하의 징역 또는 5백만원 이하의 벌금의 범위 내에서 선고형이 이루어질 것으로 보입니다.

[사례 4·2·39] 형사고소한 사건에 대한 수사절차가 얼마나 소요되는지

문 저는 6개월 전 甲을 사기죄로 고소하였으나 수사기관에서는 매번 조사 중이라고만 할 뿐 재판으로 넘기질 않아 그 동안 수차례 진정한 사실이 있습니다. 고소장을 접수할 경우 얼마의 기간 동안 수사해서 재판으로 넘기게 되어 있는지 수사기간에 관하여 박사님께 문의 드리고자 합니다.

답 형사소송법 제237조(고소·고발의 방식)에 의하면 형사사건의 고소·고발은 검사 또는 사법경찰관에게 하도록 규정되어 있고, 경찰서 등의 사법경찰관에게 고소·고발을 한 경우에는「사법경찰관리 집무규칙」제39조에 따라 2개월 이내에 수사를 완료하지 못하면 검사에게 소정의 서식에 따른 수사기일연장 지휘건의서를 제출하여 그 지휘를 받아야 합니다.

그리고 형사소송법 제238조(고소·고발과 사법경찰관의 조치)는 "사법경찰관이 고소 또는 고발을 받은 때에는 신속히 조사하여 관계서류와 증거물을 검사에게 송부하여야 한다."라고 규정하고 있고, 같은 법 제246조(국가소추주의)는 "공소는 검사가 제기하여 수행한다."라고 규정하고 있으므로, 모든 고소·고발사건은 검사에게 송치하여야 하고, 검사가 공소제기여부를 결정하는 바, 이것은 검사의 기소독점주의의 원칙에 따른 것입니다(형사소송법 제246조). 물론 재판상의 준기소절차와 즉결심판절차는 예외입니다.

고소·고발사건의 처리기간에 관하여는 구속사건과 불구속사건으로 나누어지는데, 귀하의 경우는 불구속사건으로 보이며, 그 처리기간에 관하여 같은 형사소송법 제257조(고소 등에 의한 사건의 처리)는 "검사가 고소 또는 고발에 의하여 범죄를 수사할 때에는 고소 또는 고발을 수리한 날로부터 3월 내에 수사를 완료하여 공소제기여부를 결정하여야 한다."라고 규정하고 있습니다. 그러므로 검사는 고소·고발을 수리한 날로부터 3개월 내에 수사를 완료하여 공소제기여부를 결정해야 할 것이나 위와 같은 공소제기 기간에 대한 규정은 훈시규정에 불과하여 3개월이 경과한 후에 한 공소제기 여부의 결정도 유효한 것이라고 할 것입니다.

따라서 귀하께서도 수사기관이 고소사건을 처리하지 않고 지연시킨 사유를 담당경찰관에게 문의해 보시고 답변이 신통치 않다면 관할 경찰서장이나 경찰청 또는 국민권익위원회 등에 진정서를 제출함으로써 간접적으로 수사의 진행을 촉구해 보도록 하는 것이 현명할 것으로 보입니다.

[사례 4·2·40] 피고소인이 무혐의처분을 받거나 무죄확정판결을 받은 경우에 고소인을 상대로 손해배상청구를 할 수 있는지

문 저는 고소인 甲으로부터 자기의 불륜행위에 대해 다른 사람들한테 퍼뜨리고 다녔다고 해서 고소를 당하였습니다. 이후 저는 증거불충분으로 무혐의 처분을 받았습니다. 이 경우 제가 고소인을 상대로 불법행위로 인한 손해배상청구를 할 수 있는지 박사님께 여쭈어보고 싶습니다.

답 고소인으로부터 고소를 당한 피고소인이 검찰로부터 무혐의처분을 받았거나 재판에서 무죄의 확정판결을 받았어도, 그 고소가 권리의 남용이라고 인정될 수 있는 정도의 고의 또는 중대한 과실에 의한 것이 아닌 이상, 고소인의 행위가 불법행위를 구성하지 않습니다. 또한 고소인의 고소 내용이 정확을 다소 과장하였거나 법률을 잘못 적용한 것에 불과한 경우에도 사실에 기초한 것이었다면 불법행위를 구성하지 않아 손해배상을 청구할 수 없게 됩니다(대판 1994.1.25. 93다29556, 2006.4.28. 2005다29481, 2007.4.12. 2006다46360, 2006.4.28. 2005다29481).

그러나 허위의 사실에 기초한 고소에 대하여 고소인에게 고의 또는 중대한 과실이 있다거나 터무니없는 허위사실을 들어 고소한 경우에는 나중에 피고소인이 무혐의처분을 받거나 무죄가 확정된 경우 피고소인에 대하여 불법행위책임을 지게 될 것입니다. 또한 고소인들이 상호 명시적 또는 묵시적인 합의하에 피고소인이 형사처벌을 받거나 피고소인에게 오로지 고통을 주기 위하여 허위의 내용을 기재한 진정서를 수사기관에 제출하여 수사의 단서를 제공한 후, 수사기관에 적극적으로 진정 내용과 같은 허위의 진술을 하고, 그에 부합하는 듯한 증거자료들을 제출하여 피고소인을 구속, 기소토록 하였다면, 고소인들은 불법행위로 인한 손해배상책임을 지게 될 것입니다(대판 1997.9.5. 95다21211). 이때 부당고소를 당한 피고소인이 그에 대응하기 위하여 변호사선임비용을 지출하였다면 고소인은 위 변호사선임비용에 대해서도 상당하다고 인정되는 범위 내에서 배상할 책임이 있다고 할 것입니다(대판 1977.4.12. 76다2491, 2009.6.23. 2007다3650).

이에 귀하의 사건을 보건대, 甲의 고소에 대해 귀하께서 무혐의처분을 받았다고 해서 곧바로 甲에게 불법행위로 인한 손해배상을 청구할 수 있는 것이 아니며, 甲이 고의로 허위의 사실에 기초하여 귀하를 고소한 경우이거나 고소사실이 허위인데 대하여 중대한 과실로 알지 못하고 고소한 경우 또는 귀하로 하여금 형사처벌을 받게 하거나 오로지 고통을 줄 목적으로 허위의 내용을 기재한 진정서를 수사기관에 제출함으로써 수사가 이루어진 경우 등의 경우에만 귀하께서는 甲을 상대로 위자료 청구와 부당한 고소를 방어하기 위해 지출한 변호사 선임비용의 전부 또는 일부를 청구할 수 있을 것으로 보입니다.

[사례 4·2·41] 돈을 빌리고 갚지 않는 채무자를 사기죄로 고소할 수 있는지

문 저는 사업상 알게 된 채무자 甲에게 5천만원을 빌려준 사실이 있습니다. 그런데 가져갈 때는 죽는 소리를 다 하면서 빌려가더니만 막상 돈을 갚을 때가 되니 나 몰라라 하는 것입니다. 甲은 달리 가진 돈이 없는 것 같기도 하고 피해자도 몇 명 더 있는 것 같아 돈을 받아내기가 쉽지 않을 것 같아 최후수단으로 甲을 사기죄로 고소하고 싶습니다. 이럴 경우 사기죄가 성립하는지 여부와 민사사건이라면서 경찰서에서 고소장을 받아주지 않게 되면 고소를 어떻게 할 수 있는지 박사님께 문의드리고 싶습니다.

답 채무자에게 돈을 빌려주고 제때 갚지 않는 것만큼 성질날 때가 없을 것입니다. 더군다나 그 채무자에게 재산이 하나도 없고 돈을 갚으라고 하면 배 째라는 식으로 버틸 때는 더더욱 황당하지 않을 수 없을 것입니다. 그래서 마지못해 고려해 보는 것이 사기죄 고소일 것입니다.

그렇다면 채무자가 빌린 돈을 제때 갚지 않는 경우에 사기죄가 성립되는지 따라서 형사고소를 할 수 있는지가 문제됩니다. 채권자의 입장에서 보면 어떻게든 무일푼의 이러한 악덕 채무자를 형사로 엮고 싶은 것이 인지상정일 것이지만 입증여하에 따라서는 사기죄가 될 수도 있고 안될 수도 있습니다. 빌려준 돈을 갚지 않는 채무자를 사기죄로 엮으려면 채무자가 돈을 빌릴 당시에 갚을 능력이나, 갚을 의사가 없었다는 것을 입증해야 하는 것입니다.

이를 어떻게 입증할 수 있을까요? 채무액수가 많다거나 피해자가 많다면 사기성을 보다 쉽게 입증할 소지가 있습니다. 따라서 피해자가 많다면 여러 명의 연명으로 고소를 하는 것도 바람직할 수 있습니다. 갚을 능력이 없다는 사실에 대한 입증이 수월해지기 때문입니다. 또한 채무자의 경제적 능력보다 과다한 금액을 감언이설로 차용한 경우에도 사기죄가 성립될 수 있습니다. 경우에 따라서는 그 용도를 속이고 차용한 경우에도 사기죄가 성립될 수 있습니다(대판 1995.9.15. 95도707, 2005.9.15. 2003도5382). 쉽게 말하면 '갚을 능력이나, 갚을 의사'라는 것은 어떤 의미에서는 '코에 걸면 코걸이고, 귀에 걸면 귀걸이'라는 것입니다.

사기죄에 대한 공소시효는 10년이므로 채무에 대한 변제기로부터 10년이 경과되기 전에 고소를 제기해야 할 것입니다.

형사고소에 있어서는 무고죄가 되는 것을 조심해야 하는데, 사기죄로 고소한 사건에서 피고소인이 무혐의처분을 받았다고 해서 고소인이 무조건 무고죄로 처벌을 받을 수 있을까요? 채권자의 입장에서는 채무자가 돈을 갚지 않으면 일단 사기죄로 고소부터 하고 싶을 것이지만 무턱대고 고소를 했다가는 역으로 무고죄가 성립될 것 같아 망설이는 경우가 많습니다. 결론적으로 말하면, 무고죄는 '허위사실'을 들어 고소한 경우에만 성립될 뿐 '있는 사실' 그대로를 들어 고소한 경우에는 성립되지 않는다는 것입니다. 따라서 돈을 빌려준 사실, 변제기일에 갚지 않는 사실 등 '있는 사실' 그대로를 고소장에 기재하여 제출하면 무고죄가 성립되지 않습니다.

그렇다면 형사고소를 해놓으면 어떤 실익이 있을까요? 일단 채무자가 경찰서나 검찰청에 불려다니는 것을 싫어해서 합의에 응하는 경우도 있을 것이고, 경우에 따라서는 노망 다니는 악덕 채무자로 하여금 기소중지되거나 불심검문에 걸려들게 할 수도 있을 것이며, 또한 채권자의 입장에서도 가만히 앉아서 멍하니 기다림으로써 울화통이 터지는 것 보다는 나쁜 놈을 고소라도 해서 형사로 엮어놓았다는 심리적인 위안을 받을 수도 있을 것입니다.

고소장을 어떻게 써서 제출해야 할까요? 금전관계의 채무자에 대하여 고소를 하려면 일단 고소장을 잘 써야 합니다. 고소장에는 특별한 서식이 있는 것이 아니며, 백지에 '고소장'이라고 제목을 쓰고, 그 아래에 고소인, 피고소인, 고소취지, 고소원인을 차례대로 작성한 후, 작성연월일과 고소인의 성명을 기재한 다음, 이에 날인하면 됩니다. 구태여 죄명은 알지 못해도 되고 죄명을 쓰지 않아도 되며, 고소 내용만 있는 사실 그대로를 편지 쓰듯이 쓰면 됩니다. 고소장은 백지에 써서 제출해도 될 것이지만 그 서식은 경찰서나 검찰청 민원실에도 비치되어 있고, 사이버경찰청이나 대검찰청 인터넷 홈페이지에서도 다운받을 수 있습니다. 고소에 있어서는 무엇보다도 고소 내용을 뒷받침할 수 있는 증거서류들이 중요하게 작용할 것이므로 해당 증거서류들을 가지고 있으면 모두 고소장에 첨부해야 할 것입니다.

그리고 고소장과 진정서간에는 차이가 있으므로 고소를 하려는 경우에는 제목에 '진정서'라고 기재해서는 안됩니다. 고소장이 제출되면 반드시 검찰에서 종결처리되어야 할 것이지만, 진정서는 수사기관 내부에서 내사종결로 마무리지을 수 있기 때문입니다.

그런데 고소장을 경찰서나 검찰청에 접수하려다 보면 대여금 문제는 민사사건이지 형사고소사건에 해당되지 않는다고 하면서 고소장의 접수에 난색을 표명하는 경우가 가끔 있습니다. 이럴 경우에는 경찰서나 검찰청에서 옥신각신하지 마시고 우체국에 가서 등기우편으로 고소장을 접수하면 될 것입니다.

형사고소는 원칙적으로 채무자(피고소인)의 주소지 관할 경찰서나 검찰청에서 수사를 담당하게 되므로 원칙적으로 채무자의 주소지 관할 경찰서나 검찰청에 접수해야 합니다. 다만 채무자의 주소지 관할 경찰서나 검찰청에 고소장을 접수하지 않고 채권자의 주소지 관할 경찰서나 검찰청에 접수한 경우에는 접수를 받은 경찰서나 검찰청에서는 내부적으로 고소장 등을 채무자의 주소지 관할 경찰서나 검찰청으로 이송해서 수사를 하도록 할 것입니다.

이에 귀하께서는 甲에 대한 고소장을 쓸 때에 갚을 의사나 갚을 능력이 없으면서도 돈을 빌렸다는 사실 등의 내역을 잘 기재하고, 이를 뒷받침할 수 있는 차용증이나 내용증명, 甲에게 재산이 없다는 것을 입증하기 위한 甲의 거주지의 부동산등기부등본, 카드연체 통지서, 변제독촉장, 녹취록 등을 첨부해서 甲의 주소지 관할 경찰서나 검찰청에 고소장을 접수하면 될 것으로 보이고, 만약 민사문제라고 하면서 경찰서나 검찰청의 접수 단계에서 고소장을 받아주지 않는다면 등기우편으로 고소장을 접수하면 될 것으로 보입니다.

[사례 4·2·42] 피고소인에 대해 검사가 불기소처분을 내린 경우에, 억울한 고소인의 재정신청절차

문 저는 최근 전통시장 5일장에서 주차문제로 시비가 붙어 甲으로부터 폭행을 해당 고소를 제기했는데, 검사가 증거불충분으로 무혐의 불기소처분을 내렸습니다. 정말 억울해서 잠이 잘 오지 않습니다. 이에 어떻게 해야 甲을 기소해서 처벌받게 할 수 있는지 박사님께 문의드리고자 합니다.

답 귀하께서 문의하신 사안은 재정신청과 관련되는 문제입니다. 재정신청이란 고소·고발[183] 사건에 대하여 검사가 불기소처분[184]을 하였을 때, 고소·고발인이 고등법원에 신청해서 재차 심사를 통해 그 사건에 대하여 공소제기결정을 하도록 함으로써 공소가 제기된 것으로 간주하는 제도를 말하며, 형사소송법(이하 '법')에서 규정하고 있습니다. 재정신청은 검사의 기소독점주의와 재량에 따라 기소여부를 결정하는 기소편의주의의 폐단을 막기 위해 도입된 제도입니다.

이러한 재정신청의 대상은 종전에는 직권남용죄와 불법체포·감금죄, 폭행·가혹행위죄, 피의사실공표죄에 대해서만 인정하고 있었으나, 2007년 6월 1일 개정된 법에 의하여 2008년 1월 1일부터는 고소사건과 고발사건을 구별해서 고소사건의 경우에는 모든 범죄사건에 대해 재정신청이 가능하도록 확대하되, 고발사건의 경우에는 종전과 같이 직권남용죄, 불법체포·감금죄, 폭행·가혹행위죄, 피의사실공표죄(법 제123조~제126)에 대해서만 인정하도록 하였습니다.

여기에서 재정신청을 통하여 공소제기가 간주되도록 하는 과정에 대하여 살펴볼 필요가 있습니다.

첫째, 불기소처분을 통지받은 고소·고발인이 재정신청을 하려면 먼저 검찰항고 절차를 거쳐야 합니다. 즉 검사의 불기소처분 또는 기소유예처분(이하 '불기소처분')에 불복하는 고소·고발인은 불기소처분의 통지[185]를 받은 날부터 30일 내[186]에 그 검사가 속한 지방검찰청을 거쳐 서면으로 관할 고등검찰청 검사장에게 항고할 수 있는데(검찰청법 제10조 제1항, 제4항), 그 항고가 기각된 경우에는, 경우를 나누어서, 재정신청이 가능한 사건의 경우에는 재항고절차 없이 곧바로 재정신청을 제기할 수 있고, 재정신청이 불가한 사건의 경우에는 항고기각통지를 받은 날부터 30일 내에 검사가 속한 고등검찰청을 거쳐 검찰총장에게 재항고에 의하여 불복할 수 있습니다(검찰청법 제10조 제3항). 따라서 재정신청을 하려면 최소한 불기소처분이나 기소유예처분에 대하여 항고까지는 제기해야 할 것이며, 그 항고가 기각되어야만 가능합니다. 다만 예외적으로 항고 자체를 제기하지 않고도 재정신청이 가능한 경우가 있습니다. 즉 ① 항고 이후 재기수사가 이루어진 다음에 다시 공소를 제기하지 않는다는 통지를 받은 경우, ② 항고 후 항고에 대한 처분이 행하여지지 않고 3개월이 경과한 경우, ③ 검사가 공소시효 만료일 30일 전까지 공소를 제기하지 않는 경우가 그것입니다(법 제260조 제2항 단서).

둘째, 재정신청은 항고기각통지를 받은 날 또는 항고절차를 거칠 필요가 없는 위 ①~②의 경우에는 그 사유가 발생한 날부터 10일 내에, 위 ③의 경우에는 그 사유가 발생한 날부터 공소시효 만료일 전날까지 지방검찰청검사장에게 재정신청서를 제출함으로써 제기해야 합니다(법 제260조 제3항).

셋째, 재정신청서를 제출받은 지방검찰청검사장은 7일 내에 재정신청서·의견서·수사관계서류 및 증거물을 관할 고등검찰청을 경유해서 관할 고등법원에 송부해야 합니다(법 제261조 본문). 다만, 위 ①~③의 사유로 지방검찰검사장이 재정신청서를 제출받은 경우에는 그 신청이 이유 있다고 판단되면 즉시 공소를 제기할 것이로되, 그렇지 않는 경우에만 30일 내에 관할 고등법원에 송부하게 됩니다(법 제261조 단서).

넷째, 재정신청서를 송부받은 고등법원에서는 3개월 내에 비공개 재판으로 공소제기결정을 하거나 재정신청기각결정을 한 후 그 결정 정본을 재정신청인·피의자·관할 지방검찰청검사장에게 송부하게 됩니다(법 제262조 제2항).

다섯째, 고등법원에서 공소제기결정을 함에 따라 재정결정서를 송부받은 관할 지방검찰청검사장은 담당 검사를 지정해야 하고, 그 지정받은 검사는 지체 없이 공소를 제기해야 합니다(법 제262조 제6항). 이때 고등법원의 공소제기결정에 대해서는 불복할 수 없습니다(제262조 제4항).

그런데 재정신청까지도 기각된 경우에는 어떻게 대처해야 할까요? 이 경우 고소·고발인은 최후수단으로 재정신청기각결정의 통지를 받은 날부터 3일 내에 재판에 영향을 미친 헌법·법률·명령 또는 규칙의 위반이 있음을 이유로 하여 대법원에 즉시항고할 수 있습니다(법 제262조 제4항, 제415조, 제405조). 대법원에서도 기각되면 더 이상 다툴 길이 없으며 법원의 재판은 헌법소원의 대상도 되지 않으므로 구제를 받을 수 없게 됩니다.

재정신청은 대리인도 제기할 수 있으며, 공동신청권자 중 1인의 신청은 그 전원을 위하여 효력이 발생합니다(법 제264조 제1항). 또한 재정신청이 있으면 재정결정이 확정될 때까지 공소시효의 진행이 정지되며, 공소제기결정이 있는 때에는 공소시효에 관하여는 그 결정이 있는 날에 공소가 제기된 것으로 보게 됩니다(법 제262조의4). 그리고 재정신청기각결정이 확정된 사건에 대하여는 다른 중요한 증거가 발견된 경우를 제외하고는 소추할 수 없게 됩니다(법 제262조 제4항).

이에 귀하께서는 향후 경찰서나 검찰청에의 고소, 고등검찰청검사장에의 항고, 고등법원에의 재정신청, 대법원에의 즉시항고 등 일련의 절차를 밟아 피고소인 甲이 기소될 수 있도록 하는 방안을 연구하여 실행에 옮겨보시기 바랍니다.

[사례 4·2·43] 체포 및 구속의 최장기간

문 저희 삼촌 甲은 며칠 전에 술집에서 옆 테이블 손님 乙과 시비가 붙어 맥주병으로 머리를 치는 바람에 긴급체포되어 현재 경찰서 유치장에 수감되어 있습니다. 구속까지 되어 있는 통에 평생 이런 일을 겪어보지 못한 우리 할머님께서 걱정이 태산 같습니다. 앞으로 삼촌 甲에 대한 재판이 확정되기까지 체포 및 구속의 최장기간이 얼마나 되는지 궁금하여 박사님께 문의드리고 싶습니다.

답 우리나라의 인신구속제도에는 잘 알다시피 체포와 구속이 있습니다. 체포는 수사단계 초기에 피의자를 단기간에 걸쳐 신병을 확보하기 위한 제도이고, 구속은 피의자나 피고인을 비교적 장기간에 걸쳐 구금하는 제도입니다. 여기에서 피의자란 범죄의 혐의로 수사기관의 수사대상이 되어 있지만 아직 공소가 제기되지 않은 자를 말하고, 피고인이란 검사에 의해 공소가 제기되었거나 공소가 제기된 자로 취급되어 있는 자를 말

---

183) 고소란 피해자와 그 법정대리인, 배우자, 친족 등 고소권자가 수사기관에 범죄를 신고하여 그 처벌을 구하는 의사표시를 말하고, 고발이란 범인 및 위 고소권자 이외의 제3자가 범죄용의자를 신고하여 그 처벌을 구하는 의사표시를 말합니다.

184) 여기의 불기소처분에는 협의의 불기소처분뿐만 아니라 기소유예처분도 포함됩니다(검찰사건사무규칙 제69조 제3항 제1목). 기소유예처분이란 범죄혐의가 있고 기소의 조건도 갖추어져 있지만 사건이 경미하고 기존 전과도 없으며 반성하는 등 여러 가지 사정을 종합적으로 판단하여 검사가 기소하지 않는 것을 말합니다. 따라서 기소유예처분에 대해서도 검찰항고를 거쳐 재정신청이 가능합니다(대법원 1998.1.29. 86모58 결정). 기소유예처분에 대한 헌법소원과 관련해서는 피의자로서는 달리 불복절차가 없으므로 헌법소원을 제기할 수 있을 것이지만, 고소·고발인은 위와 같은 검찰항고를 거쳐 재정신청을 할 수 있기 때문에 헌법소원의 제기는 인정되지 않습니다.

185) 검사는 고소·고발 사건에 관하여 불기소처분 또는 공소부제기처분을 하거나 공소취소 또는 타관송치를 한 때에는 그 처분일로부터 7일 내에 서면으로 고소·고발인에게 그 취지를 통지해야 하는 한편(형사소송법 제258조 제1항), 불기소처분의 경우에는 고소·고발인의 청구가 있을 경우에만 7일 내에 그 이유를 서면으로 설명해 주도록 하고 있습니다(형사소송법 제259조). 피의자에 대해서는 불기소처분 또는 타관송치를 한 경우에만 그 취지를 즉시 통지해 주게 됩니다(형사소송법 제258조 제2항).

186) 항고기간이 지난 항고는 기각됩니다. 다만 중요한 증거가 새로 발견된 경우에 고소·고발인이 그 사유를 소명하였을 때에는 기각되지 않을 수 있습니다(검찰청법 제10조 제7항).

합니다.

먼저 체포에는 체포영장으로 체포하는 통상체포와 영장 없이 체포하는 긴급체포 및 현행범인의 체포가 있습니다. 영장에 의하여 체포하였거나 현행범인으로 체포한 피의자에 대해서는 48시간 이내에 구속영장을 청구해야 하고, 긴급체포한 피의자에 대해서도 48시간 이내에 구속영장을 청구하거나 구속영장을 발급받아야 하며, 그렇지 않으면 즉시 석방해야 합니다. 즉 피의자에 대한 체포기간의 최장기간은 48시간(2일)이라는 것입니다.

다음으로 구속은 법관이 발부한 구속영장에 의하게 되는데, 피고인뿐만 아니라 피의자도 그 대상이 되며 체포절차 없이 곧바로 구속영장에 의해 구속될 수 있습니다. 다만 구속영장의 발부에 있어서는 구속전 피의자심문제도인 영장실질심사제도가 있어서 영장전담판사가 구속영장을 발부함에 있어서는 필수적으로 피의자를 직접 심문하여 구속사유를 판단하도록 하고 있고(형사소송법 제201조의2), 구속영장이 발부된 후에도 체포·구속된 피의자나 그 변호인, 법정대리인, 배우자, 직계친족, 형제자매나 가족, 동거인 또는 고용주의 청구에 의해 체포·구속적부심사를 청구할 수 있도록 하고 있습니다(형사소송법 제214조의2).

영장실질심사에 있어서는 영장전담판사는 피의자에 대한 구속영장이 청구된 날 또는 구인을 위한 구속영장의 발부에 의하여 피의자가 구인된 날의 다음날까지 피의자를 심문해야 하고, 구속사유로는 주거부정, 증거인멸우려, 도망 또는 도망우려인데, 영장전담판사가 이러한 구속사유가 있는지 여부를 심사해서 영장발부 여부를 결정하는 것입니다. 이러한 절차를 거쳐 구속영장이 발부되면 피의자 또는 피고인이 구속되는 것입니다. 구속의 집행은 사법경찰관이나 검사 또는 법원에 의하여 이루어집니다.

사법경찰관이 피의자를 구속하여 수사할 수 있는 최장 기간은 10일입니다. 그 후에는 피의자를 검사에게 인치해야 하며, 인치된 피의자를 검사가 구속할 수 있는 기간도 10일입니다. 다만 검사는 10일의 범위 내에서 판사의 허가를 받아 1차에 한하여 구속기간을 연장할 수 있습니다. 즉 검사가 피의자를 구속하여 수사할 수 있는 최장 기간은 20일입니다. 만약 검사가 위 기간 내에 공소를 제기하지 않으면 피의자를 석방해야 합니다.

이후 검사의 공소제기가 있으면 피의자는 피고인 신분으로 바뀌게 되며, 이때부터는 검사의 손을 떠나 법원에서 구속을 집행하게 됩니다. 법원에서의 구속기간은 원칙적으로 2개월이되, 심급별로 제1심에서는 2차에 한하여 2개월 단위로 연장할 수 있고, 제2심과 제3심에서는 각각 3차에 한하여 2개월 단위로 연장할 수 있습니다. 즉 법원에서의 구속기간은 제1심에서 최장 6개월, 제2심에서 최장 6개월, 제3심에서 최장 6개월로 모두 합하여 18개월(1년 6개월)이 됩니다.

한편 법원의 재판을 통하여 피고인의 형이 확정되면 그때부터는 무죄추정의 원칙이 적용되는 피고인의 신분에서 수형자로 바뀌게 되어 형의 집행을 받게 되며, 형의 집행은 재판을 한 법원에 대응하는 검찰청의 검사가 담당합니다.

이에 귀하의 사건을 보건대, 귀하의 삼촌 甲이 저지른 범죄의 죄질이 중하여 계속 구금된다고 볼 때 그 체포로부터 형이 확정되기까지는 체포기간 2일(48시간), 경찰서에서의 구속기간 10일, 검찰에서의 구속기간 20일, 법원에서의 구속기간 18개월 등 총 19개월 2일(1년 7개월 2일) 동안의 체포 및 구속을 집행당하게 될 것으로 보입니다. 마음을 단단히 먹도록 할머님을 잘 위로하시고 장기간에 걸친 삼촌 甲의 구금에 대비해야 할 것으로 보입니다.

[사례 4·2·44] 공소시효와 공소시효의 적용 배제

문 저희 삼촌 甲은 조경사업을 크게 하셨는데 8년 전에 다른 업체를 인수하려고 여기저기서 사업자금을 빌리다가 부도가 발생해서 사기죄로 고소를 당하였고 현재까지 연락 두절 상태에 있습니다. 들리는 말로는 범죄를 저질렀어도 일정 기간이 지나면 처벌을 받지 않게 된다고 하는데 우리 삼촌 甲도 그런 혜택을 받을 수 있는지 궁금해서 박사님께 문의드리고자 합니다.

답 귀하께서 문의하신 사항은 공소시효와 관련된 문제로 보입니다. 알다시피 범죄자에 대한 형사처벌은 고소·고발 또는 수사기관의 인지에 의하여 수사가 개시되고, 이를 토대로 검사가 공소를 제기한 후, 법관의 재판에 의하여 형이 확정되는 일련의 절차를 거치게 되는데, 공소시효란 범죄를 저지른 후 일정한 기간이 경과되면 검사가 공소를 제기할 수 없도록 함으로써 처벌을 면하게 되는 제도를 말합니다.

현행법상 공소시효는 범죄의 종류에 따라 정해져 있으며, 그 기산점은 범죄행위가 종료된 때로부터 진행하고 공범의 경우에는 최종행위를 종료한 때로부터 기산되며, 미성년자에 대한 성폭력범죄의 경우에는 피해를 당한 미성년자가 성년에 달한 날부터 진행됩니다. 이러한 공소시효와 관련해서는 법의 개정으로 2007년 12월 21일과 2015년 7월 31일에 시효기간이 대폭 늘어나거나 그 적용이 배제되기도 했습니다.

현행법상 공소시효는 공소가 제기되기 전의 범죄와 공소가 제기된 후의 범죄에 따라 구별됩니다.

즉 공소 제기 전의 범죄에 대해서는 해당되는 범죄에 대한 형법 또는 특별형법상의 법정형에 따라 ① 사형 : 25년, ② 무기징역·무기금고 : 15년, ③ 장기 10년 이상의 징역·금고 : 10년, ④ 장기 10년 미만의 징역·금고 : 7년, ⑤ 장기 5년 미만의 징역·금고 및 장기 10년 이상의 자격정지, 벌금 : 5년, ⑥ 장기 5년 이상의 자격정지 : 3년, ⑦ 장기 5년 미만의 자격정지, 구류, 과료, 몰수 : 1년이며, 위 기간이 경과되도록 공소제기가 없으면 공소시가 완성되는 것이고, 한편 공소가 제기되었더라도 그로부터 판결의 확정 없이 25년이 경과되면 공소시효가 완성한 것으로 간주됩니다.

이와 같이 공소시효는 법정형을 기준으로 정해지는 것이며, 법정형이 수개의 형 중 어느 하나를 선택하도록 규정되어 있는 경우에는 그중 중한 형을 기준으로 정하게 됩니다(형사소송법 제250조). 그리고 형법상 법정형의 규정 형태 중에는 예컨대,"1년 이상의 유기징역·금고"등으로 단기만 정해져 있고 장기가 규정되어 있지 않는 경우가 있는데, 유기형의 최장기는 30년(가중시는 50년)인 관계로(형법 제42조) 위와 같은 경우의 공소시효는 10년으로 됩니다.

이러한 룰(Rule)을 적용해서 형법상 중요한 범죄에 대한 공소시효를 파악해 보면, 직무유기죄(5년), 선거방해죄(10년), 수뢰죄(7년), 제3자뇌물제공죄(7년), 알선수뢰죄(5년), 뇌물공여죄(7년), 공무집행방해죄(7년), 범인은닉죄(5년), 위증죄(7년), 증거인멸죄(7년), 증인은닉·도피죄(7년), 무고죄(10년), 분묘발굴죄(7년), 유가증권위조·변조죄(10년), 사문서위조·변조죄(7년), 공문서위조·변조죄(10년), 도박죄(5년), 상해죄(7년), 상해치사죄(10년), 폭행죄(5년), 과실치사상죄(5년), 낙태죄(5년), 유기죄(5년), 체포·감금죄(7년), 협박죄(5년), 강간죄(10년), 강제추행죄(10년), 강간등 상해·치상죄(15년), 모욕죄·명예훼손죄(5년), 주거침입죄(5년), 절도죄(7년), 강도죄(10년), 사기죄(10년), 공갈죄(10년), 손괴죄(5년), 유기죄(5년), 유시치사죄(10년) 등이 공소시효 기간으로 됩니다.[187)]

만약 2개 이상의 형을 병과하거나 두 개 이상의 형에서 그 한 개를 과할 때에는 중한 형에 의하여 공소시효 기간을 정하게 되고, 형을 가중하거나 감경한 때에는 가중 또는 감경하지 않는 형을 기준으로 공소시효 기간을 정하게 됩니다. 공범의 1인에 대한 공소시효의 정지는 다른 공범자에 대하여도 효력을 미치게 되며, 해당 사건의 재판이 확정된 때로부터 다시 공소시효가 진행됩니다. 그리고 일정한 성범죄에 대하여는 DNA 증거 등 그 죄를 증명할 수 있는 과학적인 증거가 있는 때에는 그 정해진 공소시효 기간에서 10

년간 추가로 연장됩니다.

한편 어떤 경우에는 일정 기간 동안 공소시효가 정지되는 경우가 있고, 어떤 범죄에 대해서는 아무리 오랜 기간이 경과되어도 아예 공소시효가 적용되지 않는 경우도 있습니다. 즉 범인이 형사처분을 면할 목적으로 국외에 도피하고 있는 경우에는 그 기간 동안 공소시효가 정지되고, 재정신청이 있는 때에도 재정결정이 확정될 때까지 공소시효가 정지됩니다(형사소송법 제262조의4). 대통령은 재직 중 형사상 소추를 받지 않게 되어 있으므로 재직 중에는 공소시효가 정지된다고 봅니다. 그리고 사람을 살해한 범죄(종범은 제외)로 법정형이 사형에 해당할 때, 13세 미만의 여자 및 신체적·정신적 장애가 있는 여자에 대하여 강간, 강제추행, 준강간, 준강제추행, 강간 등 상해·치상, 강간등 살인·치사죄를 범하거나 그밖의 자에 대하여 강간등 살인죄를 범한 경우, 내란·외환죄 등 헌정질서파괴범죄나 집단살해범죄에 대해서는 아예 공소시효 자체가 적용되지 않아 아무리 오랜 기간이 경과되어도 살아 있는 동안 잡히기만 하면 형사처벌을 면치 못하게 됩니다.

이에 귀하의 사례를 보건대, 귀하의 삼촌 甲의 사기죄에 대해서는 공소시효가 배제되는 범죄가 아니고 공소시효 기간은 10년이라고 할 수 있으므로 앞으로 2년 정도만 더 경과되면 공소시효가 완성되어 처벌을 받지 않게 될 것으로 보입니다. 참고하시기 바랍니다.

[사례 4·2·45] 전화통화나 대화내용을 몰래 녹음한 경우에, 처벌되는지 여부와 증거능력 여부

문 저는 수년 전에 가까운 지인 甲에게 1백만원을 빌려준 적이 있습니다. 당시에는 가깝게 지냈던 사이라 계좌이체도 하지 않고 영수증도 받지 않은 채 현금으로 빌려주었습니다. 그런데 최근 다른 친구로부터 듣자니 甲은 제게 돈을 빌려 쓴 적이 없다고 말했다는 것입니다.

187) 공소시효에 관한 2007년 12월 21일 개정 형사소송법이 시행되기 전에는 개정 전의 법이 적용되며, 따라서 2007년 12월 20일까지 종전에 범한 죄에 관하여는 개정 전의 법에 따라 사형에 해당하는 범죄는 15년, 무기징역 또는 무기금고에 해당하는 범죄는 10년의 공소시효가 적용되며, 공소가 제기된 범죄에 대해서는 판결의 확정이 없이 공소를 제기한 때로부터 15년이 경과되면 공소시효가 완성됩니다. 또한 사람을 살해한 범죄(종범 제외)로 사형에 해당하는 범죄에 대하여 공소시효를 배제하도록 하는 규정도 2015년 7월 31일 개정 형사소송법이 시행된 후부터 적용되는 것이므로 그 전에 공소시효가 완성된 범죄에 대해서는 처벌을 받지 않게 될 것입니다. 다만 개정법이 시행되기 전인 2015년 7월 30일까지 공소시효가 완성되지 않는 범죄에 대하여는 개정법이 적용되는 관계로 개정법이 시행되기 전에 사람을 살해한 범죄(종범 제외)로 사형에 해당하는 범죄를 저지르고 2015년 7월 30일까지 아직 공소시효가 완성되지 않는 경우에는 공소시효의 적용이 배제될 것입니다.

그래서 증거를 만들기 위해 제가 甲과 통화하거나 직접 찾아가서 빌려준 내역을 끄집어내서 몰래 녹음을 하려고 하는데, 법에 걸리는지 모르겠습니다. 이에 비밀녹음의 법적 문제에 대하여 박사님께 문의드리고자 합니다.

답 통신과 대화의 비밀 등을 보장하기 위하여 제정된 법률이 통신보호비밀법(이하 '법')입니다. 귀하께서 문의하신 전화통화는 여기의 통신(전기통신)에 해당되고, 대화는 마주보고 이야기를 주고받는 행위를 말합니다. 통상적으로 전화통화나 대화의 비밀은 녹음에 의하여 침해되는 경우가 많습니다.

이에 법에서는 "누구든지 이 법과 형사소송법 또는 군사법원법의 규정에 의하지 아니하고는 우편물의 검열·전기통신의 감청 또는 통신사실확인자료의 제공을 하거나, 공개되지 않는 타인간의 대화를 녹음 또는 청취하지 못한다."라고 규정해 놓고(법 제3조 제1항), 이에 위반해서 불법감청으로 지득·채록된 전기통신의 내용에 대해서는 재판 또는 징계절차에서 증거로 사용할 수 없도록 하는 한편(법 제4조), 전기통신을 감청하거나 공개되지 않은 타인간의 대화를 녹음·청취한 자 또는 그 지득한 통신 또는 대화의 내용을 공개하거나 누설한 자에 대해서는 1년 이상 10년 이하의 징역과 5년 이하의 자격정지에 처하도록 하고 있습니다(법 제16조 제1항).

또한 "누구든지 공개되지 않는 타인간의 대화를 녹음하거나 전자장치 또는 기계적 수단을 이용하여 청취할 수 없다."라고 규정해 놓고(법 제14조 제1항), 이에 위반해서 녹음·청취한 것에 대해서는 재판 또는 징계절차에서 증거로 사용할 수 없도록 하는 한편(법 제14조 제2항, 제4조), 그 지득한 내용을 외부로 공개하거나 누설한 경우에는 역시 1년 이상 10년 이하의 징역과 5년 이하의 자격정지에 처하도록 하고 있습니다(법 제14조 제2항, 제11조 제3항).

비밀녹음이 법에 위배되는 경우에는 형사처벌 외에도 위자료 등 민사상 손해배상까지 해줘야 하는 문제가 생길 수 있으므로 주의해야 할 것입니다.

물론 통화당사자나 대화당사자의 동의를 얻은 후 제3자가 녹음하는 것은 법에 위배되지 않습니다. 그리하여 당사자 간의 합의하에 또는 미리 상대방에게 녹음을 하겠다고 예고한 후 통화나 대화를 녹음하는 경우도 있겠지만, 그리하면 상대방의 조심성으로 인하여 원하는 답을 얻을 수 없기 때문에 현실에서는 법에 걸리더라도 어쩔 수 없다는 식으로 비밀리에 녹음하는 경우가 대부분일 것입니다. 그렇다면 전화통화나 대화를 몰래 녹음하거나 청취하는 경우 모두가 법에 어긋나서 처벌받게 될까요? 그렇지는 않습니다. 이는 녹음의 주체가 통화당사자 내지 대화당사자냐 아니면 제3자냐에 따라 달라집니다.

즉 법에 어긋나는 것은 타인간의 통화나 타인간의 대화를 제3자가 동의 없이 몰래 녹음하는 경우이고, 통화당사자 또는 대화당사자 중 어느 일방이 상대방 몰래 녹음을 한 경우에는 법에 어긋나지 않으며, 합법적으로 그 녹취록을 증거로 써먹을 수 있는 것입니다(대판 2002.10.8. 2002도123, 1999.3.9. 98도3169). 통화자 또는 대화자 사이의 녹음이라면 여러 명의 대화자 중 어느 한 사람이 녹음을 한 경우에도 법에 걸리지 않습니다(대판 2006.10.12. 2006도4981). 택시기사가 차 안에 녹음기를 설치한 경우라도 손님과 대화에 끼어들면서 지속적으로 참여하여 대화당사자가 된 경우에는 법에 걸리지 않습니다. 또한 골프장 운영업체가 예약전용 전화선에 녹취시스템을 설치해서 예약담당직원과 고객간의 골프장 예약에 관한 통화내용을 녹취한 행위도 법에 걸리지 않습니다(대판 2008.10.23. 2008도1237). 공개되지 않는 대화를 녹음한 경우에만 문제되는 것이므로 강연을 녹음한 경우에는, 저작권법 위배는 별론, 통신비밀보호법에는 걸리지 않습니다.

앞서 본 바와 같이 통화당사자 또는 대화당사자 아닌 제3자가 당사자들 몰래 녹음한 경우에는 법에 어긋나는 것이므로 가령 자신의 차량이나 집에 녹음기나 녹음 겸용 무인카메라를 몰래 설치한 후 타인간의 대화를 녹음하는 것은 설령 그 당사자들 사이가 불륜남녀간이라고 하더라도 불법이므로 삼가셔야 할 것으로 보입니다. 또한 녹음이 법에 걸리지 않으려면 대화당사자 모두의 동의를 얻는 경우이어야 하므로 제3자가 대화당사자 일방만의 동의를 받고 녹음한 경우에는 법에 걸리게 됩니다(대판 2002.10.8. 2002도123).

한편 법에 걸리지 않는 녹음의 내용을 기재한 녹취록은 민사재판이나 형사재판에서 모두 요긴하게 써먹을 수 있습니다. 다만 형사재판의 경우에는, 판사의 재량에 맡겨져 있는 민사재판과는 달리, 녹취록을 증거로 써먹기 위해서는 피고인의 동의가 있거나 동의가 없는 경우에는 녹음테이프가 원본 또는 인위적 개작 없는 사본에 해당되고 공판준비 또는 공판기일에서 원진술자의 진술에 의하여 성립의 진정이 증명된 때에만 가능하며(대판 2001.10.9. 2001도3106), 더욱이 피고인의 진술을 기재한 녹취록은 그밖에도 특히 신빙할 수 있는 상태에서 그 진술이 행하여진 때에 한하여 증거로 써먹을 수 있게 됩니다(형사소송법 제313조 제1항).

이에 귀하의 사건을 보건대, 귀하께서는 대화의 당사자로서 상대방 甲과 통화 또는 대화하고 그 내용을 녹음하려는 것이므로 설령 甲에게 미리 녹음한다는 사실을 알리지 않고 녹음을 한 경우라도 법에 걸리지 않을 것으로 보입니다. 다만 귀하께서 원하는 내용으로 녹음을 하려면 미리 스토리를 잘 짜서 연습을 많이 해야 할 것이며, 대화 중에는 당사자가 누구고, 오늘이 며칠이며, 돈을 언제 얼마를 빌려줘서 언제 갚기로 했다는 내용 등이 자연스럽게 들어가도록 해야 실익이 있을 것입니다. 대화녹음이 이루어진 후에는 법원 부근에 위치한 녹취사무실에 가서 녹음내용을 글로 바꾼 결과물인 녹취록을 만든 후 이를 증거 삼아 대여금 청구소송을 제기하면 승소할 수 있을 것으로 보입니다.

[사례 4·2·46] 정신병원에의 강제입원조치와 이에 대응한 강제입원자의 퇴원절차

문 저는 몇 년 전부터 가족들과 등지고 사는 5촌뻘 되는 할머니 甲을 모시고 사는데, 甲에게 재산이 조금 있어서인지 그 가족들이 정신질환을 빌미 삼아 자꾸 정신병원에 입원시켜 저와 떼어 놓으려고 합니다. 甲은 심한 중증 정신질환자도 아니고 정신병원이라면 기겁을 하며 저와 살기를 원하고 있습니다. 이에 혹시 甲의 가족들이 甲을 강제로 정신병원에 입원시킬 수 있는지, 그렇게 강제입원되었을 경우에 빠져나올 수 있는 방법이 있는지에 관하여 박사님께 문의드리고자 합니다.

답 정신질환자란 망상, 환각, 사고나 기분장애 등으로 독립적인 일상생활에 중대한 제약을 받고 있는 사람을 말하며, 이러한 정신질환자에 대한 '보호의무자'는 민법상 후견인 또는 부양의무자가 되고, 정신질환자에 대한 입원·치료·재활은 정신건강복지센터, 정신의료기관, 정신요양시설, 정신재활시설에서 담당하게 되는데,[188] 이 중 정신질환자에 대한 입원은 주로 정신의료기관과 정신요양시설(이하 '정신의료기관 등')에서 이루어지게 됩니다.

'보호의무자'는 정신질환자에 대한 정신의료기관 등에의 입원이나 퇴원의 권한과 의무를 가지고 있기 때문에 정신질환자에 있어서 중요한 위치를 차지하고 있습니다. 정신질환자에 대한 입원조치에는 ① 정신질환자의 자의에 의한 입원(법 제41조), ② 보호의무자의 동의를 받은 정신질환자의 신청에 의한 입원(법 제42조), ③ 보호의무자의 신청에 의한 강제입원(법 제43조), ④ 특별자치시장·특별자치도지사·시장·군수·구청장에 의한 입원(법 제44조), ⑤ 응급입원(법 제50조) 등이 있습니다. 이 중에서 가장 문제가 되고 남용이 이루어지고 있는 입원이 위 ②와 ③의 입원일 것이므로 이 두 입원에 대하여 차례대로 살펴보도록 하겠습니다.

먼저 위 ②의 보호의무자의 동의를 받은 정신질환자의 신청에 의한 입원입니다.
이 경우의 입원은 입원기간이 비교적 단기이고 정신질환자의 의사에 따라 퇴원도 쉽게 이루어질 수 있으므로 정신질환자 본인이 보호의무자의 동의를 받아 입원신청서를 정신의료기관장에게 제출한 것만으로 입원이 가능하게 한 입원입니다. 이때 정신의료기관장은 정신질환자에 대하여 입원을 한 날부터 2개월마다 퇴원의사가 있는지를 확인해야 하고, 정신질환자가 퇴원을 신청한 경우에는 원칙적으로 지체없이 퇴원을 시키도록 하되, 정신질환자가 보호의무자의 동의를 받지 않고 퇴원을 신청한 경우에는 정신건강의학과전문의의 진단에 의하여 환자의 치료와 보호의 필요성이 있다고 인정되는 경우에 한하여 72시간까지 퇴원을 거부할 수 있습니다. 이러한 입원에 대해서는 위 퇴원거부기간 동안 보호의무자의 신청에 의한 강제입원(법 제43조)이나 특별자치시·도지사·시장·군수·구청장에 의한 입원(법 제44조)으로 전환될 수도 있습니다(법 제 42조 제2항). 이러한 퇴원거부에 대응하여 정신질환자가 퇴원하고자 하는 경우에는 본인 또는 보호의무자가 관할 특별자치시·도지사·시장·군수·구청장에게 퇴원심사 또는 재심사청구를 하고 그 결과에 따라 퇴원할 수밖에 없을 것입니다(법 제55조 제1항, 제60조 제1항).

다음으로 위 ③의 보호의무자의 신청에 의한 강제입원입니다.

이 경우의 입원은 정신질환자의 의사에 따라 이루어지는 입원이 아니고 입원기간도 비교적 장기에 걸쳐 이루어지며 퇴원도 까다롭기 때문에 이에 상응하여 입원절차도 까다롭게 되어 있습니다. 즉 보호의무자 2명 이상의 입원신청과 정신건강의학과전문의에 의한 입원필요성의 진단이 있는 경우에만 강제입원이 가능하며, 입원신청과 입원필요성의 진단이 있게 되면 우선 정확한 진단을 위하여 2주의 범위 내에서 일시적으로 입원을 시킨 뒤 서로 다른 정신의료기관 등에 소속된 정신건강의학과전문의 2명 이상의 일치된 소견에 의해 계속 입원이 필요하다고 인정될 경우에만 계속 입원이 가능하도록 하고 있는 것입니다(법 제43조 제1항, 제4항).

강제입원기간은 최초 입원한 날부터 3개월 이내이지만, 그 연장이 가능한 바, 3개월 이후의 1차 연장은 3개월 이내로, 1차 연장 후의 연장은 연장시마다 6개월 이내로 하고 있습니다(법 제43조 제5항). 물론 입원기간의 연장에는 서로 다른 정신의료기관 등에 소속된 2명 이상의 정신건강의학과전문의의 입원기간 연장 필요성의 진단과 보호의무자 2명 이상의 동의서가 있는 경우에만 가능하게 되어 있고, 연장시마다 관할 특별자치시·도지사·시장·군수·구청장에게 연장 심사를 청구하여 입원기간 연장 결정을 받은 경우에만 가능하도록 되어 있습니다(법 제43조 제6항, 제7항). 그러나 이러한 형식적 연장절차만 갖추게 되면 영구히 강제입원이 될 수도 있다는 것입니다.

강제입원이 이루어진 후에도 정신질환자 또는 보호의무자가 퇴원을 신청한 경우에는 지체없이 퇴원시켜야 하되, 정신질환자가 입원치료나 요양을 받을 만한 정도나 성질의 정신질환을 앓고 있다든지 정신질환자 자신의 건강·안전이나 타인에게 해를 끼칠 위험이 있어 계속 입원이 필요한 경우에는 정신의료기관장이 퇴원을 거부할 수 있습니다(법 제43조 제9항). 이러한 퇴원거부에 대응하여 정신질환자가 퇴원하고자 하는 경우에는 본인 또는 보호의무자가 관할 특별자치시·도지사·시장·군수·구청장에게 퇴원심사 또는 재심사청구를 하고 그 결과에 따라 퇴원할 수밖에 없을 것입니다(법 제53조 제10항, 제55조 제1항, 제60조 제1항).

한편 입원을 담당하고 있는 정신의료기관장은 입원 즉시 각 국립정신병원 등에 설치된 입원적합성심사위원회에 정신질환자의 인적사항, 입원일자, 진단명, 입원필요성, 대면조사신청 여부 등을 신고해야 하며, 이때 입원적합성심사위원회는 입원심사소위원회에 회부해서 입원적합성심사를 실시하게 되는데, 그 회부 전에 정신질환자가 대면조사를 신청하거나 입원적합성이 의심되는 등의 사유가 있는 경우에는 직권으로 조사원에게 정신질환자를 직접 면담하고 입원적합성과 퇴원필요성 여부를 조사할 수 있도록 하고 있습니다(법 제45조, 제46조 제1항, 제2항, 제48조 제1항). 이와 같이 정신건강에 관한 중요사항을 심의·심사하기 위하여 시·도지사와 시·군·구청장은 광역정신건강심의위원회 또는 기초정신건강심의위원회를 두도록 하고 있고, 여기에서 퇴원에 대한 심사청구나 재심사청구 또는 입원기간 연장 심사청구 사건에 대한 심사를 담당하게 되는 것입니다(법 제53조).

앞서 본 바와 같이 정신질환자를 정신의료기관 등에 입원시키려면 법적 절차를 따라야 하며, 누구든지 응급입원의 경우를 제외하고는 정신건강의학과전문의에 의한 대면 진단을 실시하지 않고는 정신질환자를 입원시키거나 입원기간을 연장시킬 수 없습니다(법 제68조 제1항).

또한 정신의료기관장은 입원을 한 정신질환자에 대하여 특별한 사유가 없는 한 통신과 면회의 자유를 제한할 수 없으며, 통신과 면회의 자유를 제한하는 경우에도 최소한의 범위에서 해야 하고(법 제74조), 정신질환자의 치료나 재활목적이 아닌 노동을 강요해서는 안되며, 정신건강증진시설의 장이나 그 종사자는 정신질환자를 폭행하거나 가혹행위를 해서는 안됩니다(법 제72조 제2항, 제76조).

만약 퇴원시켜야 할 자를 퇴원시키지 않거나 입원적합성심사위원회에 신고를 하지 않는 자, 정신건강의학과전문의의 대면 진단에 의하지 않고 정신질환자를 입원시키거나 입원기간을 연장한 자, 입원한 정신질환자를 폭행하거나 가혹행위를 한 자는 5년 이하의 징역 또는 5천만원 이하의 벌금에 처해지며, 입원한 정신질환자의 통신과 면회의 자유를 제한하거나 노동을 강요한 자에 대해서는 3년 이하의 징역 또는 3천만원 이하의 벌금에 처하도록 하고 있습니다(법 제84조, 제85조).

이에 귀하의 사건을 보건대, 귀하가 모시고 있는 할머니 甲에 대한 보호의무자가 누구인지가 중요한데, 만약 甲의 가족들이 甲을 제대로 부양하지 않으면서 잇속만 챙기려고 한다면 귀하께서는 甲에 대한 성년후견을 신청해서 귀하가 성년후견인으로 지정받도록 하는 것이 가장 현명할 것으로 보이지만, 그것이 여의치 않다면 향후 있게 될 甲의 가족들의 강제적 입원조치에 대해 법 위반 여부를 면밀히 들여다보시고, 또한 강제입원 후에도 甲의 의사에 따라 퇴원시키고자 하고 그 요건이 갖추어졌는데도 甲의 가족들이나 정신의료기관 등의 관계자가 법 위반의 방해행위를 하고 있다면 수사기관에 고소·고발 등을 통해서 구제를 받도록 하는 것이 현명할 것으로 보입니다.

[사례 4·2·47] 경찰관이 피의자와 접견을 요청하는 변호사의 접견을 방해한 경우에 형사고소가 가능한지

문 저는 변호사인데, 제가 고문으로 있는 甲 회사의 노동조합으로부터 파업현장에서 근로자들이 연행될 경우 적절한 조치를 취해줄 것을 부탁한다는 내용의 공문을 받았고 체포현장에서 변호사 신분증을 제시하면서 변호인이 되려는 자의 자격으로 근로자들과 접견을 요청하였는데도, 경찰관 乙이 접견을 못하도록 방해하고 있습니다. 이 경우에 제가 경찰관 乙을 고소할 수 있는지 박사님께 문의드리고 싶습니다.

답 형사소송법에 의하면 "변호인 또는 변호인이 되려는 자는 신체구속을 당한 피고인 또는 피의자와 접견하고 서류 또는 물건을 수수할 수 있으며 의사로 하여금 진료하게 할 수 있다."라고 규정하고 있는 바(형사소송법 제34조), 따라서 변호인이 되려는 의사를 표시한 자가 객관적으로 변호인이 될 가능성이 있는데도, 형사소송법에서 정한 '변호인 또는 변호인이 되려는 자'가 아니라고 보아 신체구속을 당한 피고인 또는 피의자와 접견을 하지 못하도록 하는 것은 위법하게 됩니다.

물론 변호인 또는 변호인이 되려는 자의 접견교통권도 신체구속제도 본래의 목적을 침해하지 않는 범위 내에서 행사되어야 하므로, 변호인 또는 변호인이 되려는 자가 구체적인 시간적·장소적 상황에 비추어 현실적으로 보장받을 수 있는 한계를 벗어나 피고인이나 피의자를 접견하려고 하는 것은 정당한 접견교통권의 행사에 해당하지 않아 허용될 수 없을 것입니다. 그러나 이를 판단함에 있어서는 신체구속을 당한 자의 헌법상 기본적 권리인 변호인의 조력을 받을 권리의 본질적인 내용이 침해되는 일이 없도록 신중을 기

188) 정신건강증진 및 정신질환자 복지서비스 지원에 관할 법률(이하 '법') 제3조.

해야 할 것입니다(대판 2007.1.31.2006모657).

현행범인체포의 요건을 갖추었는지 여부에 관한 검사나 사법경찰관 등의 판단에는 상당한 재량의 여지가 있으나, 체포 당시 상황으로 보아도 요건 충족 여부에 관한 검사나 사법경찰관 등의 판단이 경험칙에 비추어 현저히 합리성을 잃은 경우에는 그 체포는 위법하다고 보아야 할 것이고, 범죄의 고의는 확정적 고의뿐만 아니라 미필적 고의도 포함되므로 인신구속에 관한 직무를 집행하는 사법경찰관이 자신의 재량범위를 벗어난다는 사실을 인식하면서도 이를 용인한 채 사람을 체포하여 권리행사를 방해하였다면 직권남용권리행사방해죄가 성립한다고 할 것입니다.

이에 변호사인 귀하께서는 귀하의 접견교통권을 방해한 경찰관 乙에 대해 직권남용권리행사방해죄로 형사고소를 하는 것이 가능할 것으로 보입니다.

[사례 4·2·48] 형사재판확정기록에 대한 정보공개청구의 가부

문 저는 법원에서 강도죄 등으로 징역 9년을 선고받았고 그 판결이 항소심과 상고심을 거쳐 확정되었는데, 재심을 청구하고자 형사소송법에 따라 재판확정기록의 열람·등사를 신청했으나 담당 검사가 이를 불허함에 따라 달리 방법이 없어서 정보공개법에 따라 형사재판확정기록에 대한 정보공개청구를 통해서 열람·복사하고자 합니다. 이러한 청구가 가능한지 박사님께 문의드리고 싶습니다.

답 「공공기관의 정보공개에 관한 법률」(이하 '정보공개법') 제4조 제1항에 의하면 "정보의 공개에 관하여는 다른 법률에 특별한 규정이 있는 경우를 제외하고는 이 법에서 정하는 바에 따른다."라고 규정하고 있습니다. 여기에서 '정보의 공개에 관하여 다른 법률에 특별한 규정이 있는 경우'에 해당한다고 해서 정보공개법의 적용을 배제하기 위하여는 그 특별한 규정이 '법률'이어야 하고, 나아가 그 내용이 정보공개의 대상 및 범위, 정보공개의 절차, 비공개대상정보 등에 관하여 정보공개법에서와 달리 규정하고 있는 것이어야 합니다(대판 2007.6.1. 2007두2555).

한편 재판확정기록의 열람·등사와 관련해서 형사소송법 제59조의2 제1항에서는 "누구든지 권리구제·학술연구 또는 공익적 목적으로 재판이 확정된 사건의 소송기록을 보관하고 있는 검찰청에 그 소송기록의 열람 또는 등사를 신청할 수 있다."라고 규정하고 있고, 제2항 본문에서는 "검사는 다음 각 호의 어느 하나에 해당하는 경우에는 소송기록의 전부 또는 일부의 열람 또는 등사를 제한할 수 있다."라고 규정하면서, 그 각 호의 사유로서 "심리가 비공개로 진행된 경우"(제1호), "소송기록의 공개로 인하여 국가의 안전보장, 선량한 풍속, 공공의 질서유지 또는 공공복리를 현저히 해할 우려가 있는 경우"(제2호), "소송기록의 공개로 인하여 사건관계인의 명예나 사생활의 비밀 또는 생명·신체의 안전이나 생활의 평온을 현저히 해할 우려가 있는 경우"(제3호), "소송기록의 공개로 인하여 공범관계에 있는 자 등의 증거인멸 또는 도주를 용이하게 하거나 관련 사건의 재판에 중대한 영향을 초래할 우려가 있는 경우"(제4호), "소송기록의 공개로 인하여 피고인의 개선이나 갱생에 현저한 지장을 초래할 우려가 있는 경우"(제5호), "소송기록의 공개로 인하여 사건관계인의 영업비밀이 현저하게 침해될 우려가 있는 경우"(제6호), "소송기록의 공개에 대하여 해당 소송관계인이 동의하지 아니하는 경우"(제7호)를 규정하고 있는 한편, 제6항과 제7항을 두어 이러한 검사의 열람·등사 제한에 대하여는 해당 기록을 보관하고 있는 검찰청에 대응한 법원에 그 처분의 취소 또는 불복을 신청할 수 있으되, 그 불복신청에 대하여는 준항고의 절차를 준용하도록 규정하고 있습니다.

이와 같은 형사소송법 제59조의2의 내용 및 취지를 고려해 보면, 형사소송법 제59조의2는 형사재판확정기록의 공개여부나 공개범위, 불복절차 등에 대하여 정보공개법에서와는 달리 규정하고 있는 것으로서 정보공개법 제4조 제1항에서 정한 "정보의 공개에 관하여 다른 법률에 특별한 규정이 있는 경우"에 해당된다고 할 수 있을 것입니다.

따라서 형사재판확정기록의 공개에 관하여는 정보공개법에 의한 공개청구가 허용되지 않을 것으로 보입니다(대판 2016.12.15. 2013두20882).

이에 귀하께서는 정보공개법을 통한 형사재판확정기록의 열람·복사는 불가할 것으로 보이고, 형사소송법에 의한 형사재판확정기록의 열람·등사신청과 그 불허시 불허처분을 내린 검찰청에 대응한 법원에 준항고를 제기함으로써 그 결과에 따라 구제를 받아야 할 것으로 보입니다.

[사례 4·2·49] 증인 또는 고소인 등과 같은 참고인을 조사하는 과정에서 작성된 영상녹화물의 독립된 증거능력 여부

문 저는 수사를 담당하는 경찰관인데, 피해자 甲이 가해자 乙과 丙에 대해 공동에 의한 체포·감금 혐의로 「폭력행위 등 처벌에 관한 법률」 위반(공동존속감금)죄로 고소한 사건을 조사하면서 피해자 甲의 동의하에 그 진술을 영상녹화한 영상녹화물과 녹취록을 재판정에 증거로 제출하였으나 증거로 채택되지 않았습니다. 이러한 참고인을 조사하는 과정에서 작성한 영상녹화물이 독립된 증거로 채택될 수 없는지 박사님께 문의드리고 싶습니다.

답 2007년 6월 1일 개정된 형사소송법에서는 제221조(제3자의 출석요구 등) 제1항을 신설하여 수사기관은 피의자 아닌 자(이하 '참고인')의 동의를 얻어 그의 진술을 영상녹화할 수 있도록 하면서도, 제312조(검사 또는 사법경찰관의 조서 등) 제4항에서 위 영상녹화물에 의해 참고인진술조서의 실질적 진정성립을 증명할 수 있도록 하는 한편, 제318조의2(증명력을 다투기 위한 증거) 제2항을 두어 참고인의 진술을 내용으로 하는 영상녹화물은 공판준비 또는 공판기일에서 참고인이 진술함에 있어서 기억이 명백하지 않는 사항에 관하여 기억을 환기시켜야 할 필요가 있을 때에만 재생하여 시청하게 할 수 있도록 함으로써 참고인의 진술에 대한 영상녹화물이 과연 독립적인 증거로 될 수 있는지에 관하여 불분명하게 되어 있습니다.

그러나 형사소송법에서와 달리 「성폭력범죄의 처벌 등에 관한 특례법」(이하 '성폭법') 제30조 제1항 및 「아동·청소년의 성보호에 관한 법률」(이하 '아청법') 제26조 제1항에서는 성폭력범죄의 피해자가 19세 미만이거나 신체적 또는 정신적 장애로 사물을 변별하거나 의사를 결정할 능력이 미약한 경우 및 아동·청소년대상 성범죄 피해자의 경우에 피해자의 진술 내용과 조사 과정을 비디오녹화기 등 영상물 녹화장치로 촬영·보존해야 한다고 규정하고 있고, 나아가 성폭법 제30조 제6항 및 아청법 제26조 제6항에서는 촬영한 영상물에 수록된 피해자의 진술은 공판준비기일 또는 공판기일에 피해자나 조사 과정에 동석했던 신뢰관계에 있는 사람 또는 진술조력인의 진술에 의해 그 성립의 진정함이 인정된 경우에는 증거로 사용할 수 있도록 규정함으로써, 특별한 사정이 없는 한 피해자의 진술을 영상물로 녹화할 의무를 수사기관에 부여하고 있고 그 영상물에 수록된 피해자 진술에 대하여 독립적인 증거능력을 명시해 놓고 있습니다.

위와 같이 2007년 6월 1일 개정된 형사소송법에서는 수사기관에 의한 참고인 진술의 영상녹화를 새로 신설하면서도 그 용도를 참고인에 대한 진술조서의 실질적 진정성립을 증명하기 위한 경우나 참고인의 기억을 환기시키기 위한 용도로 한정하고 있는데 비하여, 영상물에 수록된 성범죄 피해자의 진술에 대하여 독립적인 증거능력을 인정하고 있는 성폭법 제30조 제6항 또는 아청법 제26조 제6항의 규정을 대비하여 보면, 수사기관이 참고인을 조사하는 과정에서 형사소송법 제221조 제1항에 따라 작성한 영상녹화물은, 성폭법이나 아청법과 같이 다른 법률에서 달리 규정하고 있지 않는 한, 공소사실을 직접 증명할 수 있는 독립적인 증거로 사용될 수 없다고 해석함이 타당할 것입니다(대판 2014.

7.10. 2012도5041).

따라서 귀하께서 수사를 하고 있는 사건이, 성폭법이나 아청법상 성폭력범죄의 피해자가 19세 미만이거나 신체적인 또는 정신적인 장애로 사물을 변별하거나 의사를 결정할 능력이 미약한 경우 및 아동·청소년대상 성범죄 피해자의 경우에 피해자의 진술 내용과 조사 과정을 촬영·작성한 영상녹화물이나 그 녹취록이라면 몰라도, 그밖의 형사사건에서는 참고인의 진술에 대한 영상녹화물에 대해서는 이를 독립적인 증거로 사용하는 것이 불가할 것으로 보이며, 따라서 재판장의 영상녹화물에 대한 증거불채택은 타당하다고 하지 않을 수 없을 것입니다.

[사례 4·2·50] 약식명령에 대한 정식재판 절차에서는 최소한 형량이 같아지거나 낮아질 뿐 높아지게 되는 일은 없는지

문 저는 주차문제로 甲과 시비가 붙어 쌍방 폭행으로 甲은 벌금 200만원, 저는 벌금 100만원에 처하는 약식명령을 각각 받았습니다. 저는 일방적으로 맞았을 뿐 폭행한 사실이 없는데도 쌍방폭행으로 되어 있어 억울해서 정식재판을 청구하고자 합니다. 이와 같이 제가 정식재판을 청구하게 되면 약식명령 때보다 벌금형이 낮아졌으면 낮아졌지 높아지게 되는 일은 없게 되는지 박사님께 문의드리고 싶습니다.

답 약식명령이란 형사사건의 사안이 비교적 경미하여 벌금이나 과료 또는 몰수에 처할 정도에 지나지 않는다고 판단하여 검사가 관할 법원에 약식명령을 청구한 경우에 법원에서도 약식명령으로 결정하는 것이 적정하다고 판단하여 공판절차 없이 서면에 의한 재판인 약식명령에 의해 형량을 결정하는 것을 말합니다(형사소송법 제448조, 제449조, 제500조). 다만 법원의 약식명령에 대하여 피고인이나 검사가 형량이 많다든가 낮다든가 해서 불만이 있으면 약식명령을 고지받은 날로부터 7일 이내에 각각 정식재판을 청구할 수 있으나, 정식재판이 청구되면 공판절차에 의해 재판이 다시 진행하게 됩니다.

한편 종전에는 피고인만이 정식재판을 청구한 때에는 불이익변경금지의 원칙이 적용되어 약식명령 때의 형량보다 늘어나지 않고 최소한 같아지거나 그보다 낮아지게 되어 있었습니다. 그러나 형사소송법의 개정으로 2018년 1월 7일부터는 약식명령에 대한 정식재판시 불이익변경금지의 원칙이 적용되지 않게 되었습니다(형사소송법 제457조의2 제2항). 즉 약식명령 때보다 형량이 늘어날 수 있다는 것입니다. 이는 종전의 법원 실무에서 약식명령에 대해서는 무조건 밑가야 본전이라는 식으로 정식재판을 청구해 놓고 보자는 풍토가 만연하여 재판과중의 부담이 될 수 있고 도덕적 해이가 발생할 수 있어 정식재판의 청구를 제한하자는 취지에서 이와 같이 법을 개정한 것으로 보입니다. 다만 종전에는 벌금형에 대해서는 집행유예를 선고할 수 없었으나 2016년 1월 6일 형법의 개정 및 시행으로 500만원 이하의 벌금형에 대해서는 집행유예의 선고도 가능하게 되어 있어 약식명령에 대한 정식재판 절차에서 벌금형이 늘어날 수는 있으되, 벌금형에 대한 집행유예의 선고도 가능하게 되었습니다(형법 제62조 제1항).

물론 개정된 법에 의하더라도 같은 형종 내에서 형량이 늘어날 수 있을 뿐 형종이 변경될 수는 없기 때문에 벌금형이 징역형이나 금고형으로 되거나 과료형이 벌금형으로 되는 일은 없을 것입니다(형사소송법 제457조의2 제1항).

이에 귀하께서 약식명령에 대하여 정식재판을 청구한 시기가 개정된 형사소송법이 시행되기 전인 2018년 1월 6일까지 제기한 경우라면 종전의 법률에 따라 불이익변경금지의 원칙이 적용되어 벌금형이 100만원 보다 늘어나지 않을 것이지만, 2018년 1월 7일 이후에 정식재판을 청구한 경우에는 벌금형이 늘어날 수 있으므로 귀하의 형량을 낮추거나 감안할 증거가 있는지 여부를 잘 따져 정식재판을 청구할지를 결정하는 것이 현명할 것으로 보입니다.

[사례 4·2·51] 탄원서의 작성방법과 이를 수사기관 또는 법원에 제출할 실익 여부

문 우리 마을의 이장 甲은 마을 돈을 주민들의 동의 없이 썼다고 해서 마을 주민 일부의 고소로 횡령죄로 구속되어 현재 재판 대기 중에 있습니다. 그러나 甲은 평소 마을을 위해 헌신하였고 이번 일도 마을을 위해 돈을 쓴 것 같아서 탄원서라도 제출해서 도와주고 싶습니다. 이에 탄원서 작성방법과 이를 법원에 제출할 실익이 있는지 여부에 관하여 박사님께 문의드리고 싶습니다.

답 가족이나 친척 또는 이웃사람이 수사 중에 있거나 구속되어 있는 경우 또는 재판 중에 있는 경우에 그를 선처해 달라고 하거나, 반대로 피해자가 가해자를 엄벌에 처하게 해달라고 호소하고 싶을 때가 많을 것입니다. 이 경우에 제출하는 서류가 탄원서입니다.

이와 같이 탄원서란 주로 형사사건과 관련해서 가해자측이나 피해자측이 더 이상 법적으로 대응할 방법도 없고 그렇다고 가만히 앉아서 하릴 없이 기다리는 것도 답답해서 무엇인가 해봐야 되지 않겠냐는 뜻에서 해당 사건이 계류 중인 경찰서나 검찰청 또는 법원에 탄원서라는 제목으로 피의자 또는 피고인에 대하여 그 선처 또는 엄벌을 호소하기 위해 제출하는 서면을 말합니다.

탄원서를 작성하는 방법은 특별한 서식이 있는 것은 아니며, 일반 백지에 선처를 구하는 사유를 편지 쓰듯이 작성해서 탄원인의 인적사항을 기재하고 날인 또는 서명한 후 제출하면 되는 것입니다. 또한 탄원서에는 그 성질상 보다 많은 이해당사자나 탄원인들이 참여하는 것이 좋고 그것이 실질적으로 도움이 될 수 있으므로 이해당사자나 탄원인들이 많을수록 좋은 것인데, 이때 탄원서를 작성할 때에는 한 면에 탄원사항과 탄원인들 모두를 기재하게 되면 복잡해지게 될 것이므로 가급적 탄원사항란과 탄원인란을 구별해서 앞면에 탄원사항을 기재한 후 별지로 탄원인들의 성명, 전화번호, 주소, 날인 또는 서명을 하고 이를 첨부하는 것이 현명하다고 보이며 그것이 일반적인 탄원서의 모습입니다.

탄원서를 제출할 때에는 해당기관에 직접 접수하거나 우편으로 발송해도 가능합니다. 탄원서를 낸다고 해서 수사나 구속 또는 재판에 큰 영향을 미치는 것은 아닙니다. 다만 피의자나 피고인 또는 탄원인들에게 달리 할 수 있는 방법이 없는 상태에서 무엇인가 했다는 심리적인 안정감을 느낄 수 있고, 수사관이나 검사 또는 판사도 감정이 있는 사람인지라 경우에 따라서는 탄원서의 내용을 감안할 수 있는 것입니다. 예컨대, 가해자측에서 아무리 노력해도 피해자측에서 만나주지 않는다든가 피해액의 대부분을 변제했는데도 피해자측에서 합의를 해주지 않는 경우 이러한 사정을 호소할 때에 탄원서는 요긴한 수단이 될 수 있는 것입니다. 또한 피해자측에서도 가해자측이 나몰라라 하면서 피해배상이나 합의에 노력을 보이지 않아 괘씸할 때에 빈번하게 탄원서를 제출하게 되면 판사나 검사가 가해자를 영장실질심사나 보석을 통해서 쉽게 풀어주기가 사실상 부담스러울 수 있는 것입니다. 즉, 탄원서는 제출하지 않는 것보다 제출하는 편이 낫다는 얘기입니다.

탄원서는 그 제출로 인하여 도움을 받고자 하는 자의 사건이 계류되어 있는 기관에 제출하면 됩니다. 즉, 경찰서나 검찰청, 법원 등 사건의 진행경과에 따라 해당 사건이 계류되어 있는 해당 기관에 제출하면 되며, 여러 번에 걸쳐 제출하더라도 상관이 없습니다. 즉 경찰서에 냈어도 다른 내용 또는 다른 탄원인들로 구성되어 있다면 검찰청이나 법원에 재차 내는 것도 가능하다는 것입니다.

[사례 4·2·52] 형사공판절차에서 민사판결을 받아낼 수 있는 배상명령신청제도

문 저는 몇 년 전에 사업상 알게 된 甲에게 투자금 명목으로 1억원을 건네주었고, 甲은 3년 내에 돈을 불려서 시중 은행보다 높은 이자를 쳐서 돌려주겠다고 했는데, 그 뒤로 연락도 안되고 종적을 감춰버렸습니다. 이에 저는 甲을 사기죄로 고소하였고 사기혐의가 인정되어 甲은 현재 공판대기 중에 있습니다. 그런데 형사재판만으로는 돈이 들어오는 것이 아니기 때문에 민사재판을 해야 할 것 같은데, 甲에게는 돈이 있을 것 같지 않아서 민사판결을 받는데 드는 비용이라도 아끼고 싶은데, 그 방법이 있는지 박사님께 문의드리고 싶습니다.

답 예, 귀하의 경우에는 배상명령신청제도를 이용하면 될 것 같습니다. 배상명령이란 형사사건의 공판과정에서 법원의 직권이나 형사피해자의 신청에 따라 민사적인 손해배상까지도 결정해 주는 제도를 말합니다. 이는 범죄행위로 인하여 손해배상청구권이 발생한 피해자에게 가해자에 대한 형사절차에서 동시에 민사판결까지 받을 수 있게 해줌으로써 복잡한 민사절차를 피하고 신속하게 그 피해를 보상받을 수 있게 하려는데 취지가 있는 제도입니다.

그런데 배상명령을 신청함에는 아래와 같은 일정한 제한과 한계가 있습니다.

첫째, 배상명령은 피해자가 모든 형사사건에 대하여 신청할 수 있는 것이 아니라, 피고인이 상해죄, 존속상해죄, 중상해죄, 존속중상해죄, 상해치사죄, 폭행치사상(존속폭행치사상 제외), 과실치사상, 절도죄, 강도죄, 사기죄, 공갈죄, 횡령죄, 배임죄, 손괴죄로 처벌받는 경우에 한하여 신청할 수 있습니다(소송촉진 등에 관한 특례법 제25조). 다만, 피고인과 피해자 사이에 합의된 손해배상액이 있는 경우에는 그밖의 범죄 사건에 대하여도 배상명령신청이 가능합니다. 또한 「성폭력범죄의 처벌 등에 관한 특례법」이나 「아동·청소년의 성보호에 관한 법률」 상의 일정한 성범죄 관련 범죄의 경우에도 배당명령신청이 가능합니다.

둘째, 배상명령은 공판절차가 열리는 경우에만 가능할 뿐 약식명령과 같이 서면재판에 의하여 벌금형 등으로 종결된 사건의 경우에는 신청할 수 없으며, 또한 배상명령은 피고인에 대하여 유죄판결을 선고할 때에만 명할 수 있고 무죄, 면소, 공소기각을 선고할 때에는 명할 수 없습니다.

셋째, 배상명령신청은 범죄행위로 인하여 발생한 직접적인 물적 피해, 치료비 손해 및 위자료 청구 등 적극적 손해에 대해서만 청구가 가능하고, 일실수입 등 소극적 손해에 대해서는 청구가 불가합니다.

넷째, 배상명령은 그 성질상 금전채권에 한하여 신청이 가능하고, 나아가 차용증이나 각서 등 피해금액을 명확히 특정할 수 있는 경우에만 명하게 될 것이어서, 증거가 없거나 피해금액을 쉽게 특정할 수 없는 경우 또는 사안이 복잡한 경우에는 배상명령을 내리기에 부적합다고 보아 기각될 소지가 있습니다.

그렇다면 배상명령은 어떻게 신청할 수 있을까요? 배상명령은 원칙적으로 피해자 및 그 상속인이 신청할 수 있고, 피해자의 배우자나 직계혈족, 형제자매는 법원의 허가를 얻어 피해자의 대리로서 신청할 수 있습니다. 배상명령은 가해자가 피고인으로 재판받고 있는 제1심 또는 제2심법원에 대하여, 변론이 종결되기 전까지 배상명령신청서를 제출함으로써 신청하며, 상고심절차에서는 배상명령신청이 허용되지 않습니다. 배상명령을 신청하려면 가해자 겸 피고인의 수에 상응하는 신청서 부본을 제출해야 합니다. 다만 인지대나 송달료 등 절차비용은 국고부담으로 하며 무료입니다. 이 점에서 귀하가 고민하고 있는 비용문제가 해결되는 것입니다.

한편 배상명령이 확정되거나 가집행선고가 있는 경우에는 집행력있는 민사판결의 정본과 동일한 효력이 인정됩니다. 다만 배상명령에는 기판력이 인정되지 않으므로 배상명령에서 인용된 금액이 피해자의 손해발생금액에 미치지 않는다고 판단되면 그 부족한 부분에 대하여 추가로 민사소송을 제기할 수 있을 것입니다(단, 인용된 금액의 범위 내에서는 민사소송제기 불가).

따라서 귀하께서는 사기 피고인 甲이 현재 공판대기 중에 있다고 하므로 배상명령신청서를 작성한 후 여기에 차용증 등 입증서류를 첨부해서 공판 대기 중인 해당 형사법원에 제출하게 되면 인지대나 송달료 등 비용의 부담 없이 민사판결과 유사한 효력이 인정되는 배상명령결정문을 받을 수 있을 것으로 보입니다.

[사례 4·2·53] 채무자의 진술에 따라 채권의 존재를 인정하는 내용이 피의자신문조서에 기재되어 있는 경우, 처분문서로서의 효력이 인정되는지

문 저는 상호 다수의 거래관계에 있는 甲에게 받을 돈이 있어 사기죄로 고소하였고 검찰에서 대질신문을 하던 중 甲은 1천만원의 채무의 존재를 인정하였고 그 내용도 피의자신문조서에 기재되었습니다. 그 후 저는 검찰에서의 甲의 진술을 토대로 거래대금을 갚으라고 하니, 甲은 대질신문시에는 두려워서 채무의 존재를 인정했으나 나중에 회계장부와 영수증을 면밀히 검토해 보니 갚을 채무가 없다는 것입니다. 이에 제가 피의자신문조사를 증거로 삼아 甲을 상대로 민사소송을 제기할 경우 승소할 수 있는지 박사님께 문의드리고 싶습니다.

답 채권자와 채무자간의 사적인 약정을 기재한 문서는 특별한 사정이 없는 한 그 내용대로 효력이 발생합니다. 이와 같이 증명하고자 하는 내용을 문서로써 행한 경우에 그 문서 자체를 처분문서라고 합니다. 계약서, 차용증, 각서, 약정서 등이 여기에 해당됩니다.

계약당사자 사이에 어떤 계약 내용을 처분문서인 서면으로 작성한 경우에 문언의 객관적인 의미가 명확하다면, 달리 특별한 사정이 없는 한, 그 문언대로의 의사표시의 존재와 내용을 인정해야 하고, 그 문언의 객관적인 의미가 명확하게 드러나지 않는 경우에는 그 문언의 내용과 계약이 이루어지게 된 동기 및 경위, 당사자가 계약에 의하여 달성하려고 하는 목적과 진정한 의사, 거래의 관행 등을 종합적으로 고찰하여 사회정의와 형평의 이념에 맞도록 논리와 경험법칙, 그리고 사회일반의 상식과 거래통념에 따라 계약 내용을 합리적으로 해석해야 합니다(대판 2011.2.10. 선고 2009다68941).

그런데 일상생활을 하다보면 간혹 채권자나 채무자가 금전문제로 분쟁이 생겨서 사기사건 등으로 경찰서나 검찰에 불려나가 신문을 받는 경우가 있고, 수사과정에서 자신에게 유리하게 하고자 채권·채무관계에 관하여 변제약정이나 채무면제약정 등의 진술을 하는 경우가 있습니다.

이와 같이 사법경찰관이나 검사 앞에서 채권·채무관계에 관하여 진술하고, 그것이 피의자신문조서 등에 기재된 경우에 그러한 문서가 처분문서로 되어 사법상 효력이 발생하는지 문제됩니다.

이에 관하여 판례는 "원래 민법상 채무면제는 채권을 무상으로 소멸시키는 채권자의 채무자에 대한 단독행위이고 다만 계약에 의하여도 동일한 법률효과를 발생시킬 수 있는 것인 반면, 검사 작성의 피의자신문조서는 검사가 피의자를 신문하여 그 진술을 기재한 조서로서 그 작성형식은 원칙적으로 검사의 신문에 대하여 피의자가 응답하는 형태를 취하므로(검찰사건사무규칙 제13조 제1항), 비록 해당 신문과정에서 다른 피의자나 참고인과 대질이 이루어진 경우라고 할지라도 피의자 진술은 어디까지나 검사를 상대로 이루어지는 것이므로 그 진술기재 가운데 채무면제의 의사가 표시되어 있다고 하더라도 그 부분이 곧바로 채무면제의 처분문서에 해당한다고 보기 어렵다."라고 판시하고 있습니다(대판 1998.10.13. 98다17046).

따라서 채권자와 채무자가 조사나 수사를 받으면서 사법경찰관이나 검사에게 채권·채무에 관하여 약정을 하였고 그 내용이 피의자신문조사에 기재되어 있다고 하더라도 이를 근거로 삼아 민사재판을 하는 것은 그 증거능력을 인정받기가 어려울 것입니다. 다만 사법경찰관이나 검사 앞에서의 진술이라고 하여도 그 진술의 대상이 사법경찰관이나 검사가 아니고 상대방에 대한 약정이라고 볼 수 있고 그 내용이 피의자신문조서 외에 별도로 당사자 간의 문서, 예컨대 각서나 약정서 등의 형태로 기재된 때에는 그 문서는 처분문서로서 그 기재된 바에 따라 효력이 발생한다고 보입니다.

이에 귀하께서도 비록 甲이 검사 앞에서 채무 1천만원의 존재를 시인하고 그것이 피의자신문조서에 기재되어 있다고 하더라도 그러한 피의자신문조서만을 유일한 증거로 삼아 민사소송을 제기할 경우 패소할 수도 있을 것이므로, 피의자신문조서 외에 거래장부나 증인 등과 같은 다른 증거로써 거래대금채권의 존재를 입증해야만 승소가 가능할 것으로 보입니다. 여담이지만 귀하께서 甲과의 거래대금채권의 존재에 관한 입증이 곤란한 상태에서 고소한 것이었다면 검사 앞에서의 대질신문시 甲이 거래대금채권의 존재를 인정할 경우에는 곧바로 甲과 별도로 각서나 약정서를 작성해 놓았어야 할 것으로 보이는 바, 차후에는 이런 일이 발생한 경우 위와 같은 조치를 취해놓는 것이 현명할 것으로 보입니다.

[사례 4·2·54] 형사피고인이 법정에 출석하지 않아도 재판이 진행될 수 있는 경우

문 저는 폭행사건에 연루되어 법원으로부터 300만원의 벌금에 처하는 약식명령을 받고 정식재판을 청구했습니다. 그 후 공판기일에 한번 출석하기는 했으나 교통사고를 당하여 그 뒤에 열린 공판기일에는 수차례 나가지 못했습니다. 이럴 경우 제가 법정에 나가지 않아도 판결이 선고될 수 있는지 박사님께 문의드리고 싶습니다.

답 형사재판에서는 피고인이 공판기일에 출석하지 않으면 원칙적으로 변론이나 판결선고 등 재판을 진행할 수 없게 됩니다(형사소송법 제276조). 다만 경미한 사건과 소송촉진을 위하여 필요한 일부의 사건의 경우에는 예외적으로 피고인이 법정에 출석하지 않더라도 재판을 진행할 수 있는 경우가 있습니다.

아래와 같은 경우가 피고인의 출석 없이 재판이 진행될 수 있는 경우입니다(형사소송법 제277조, 소송촉진 등에 관한 특례법 제23조).

① 다액 500만원 이하의 벌금 또는 과료에 해당하는 사건

② 공소기각 또는 면소의 재판을 할 것이 명백한 사건

③ 장기 3년 이하의 징역 또는 금고 사건이나 다액 500만원을 초과하는 벌금 또는 구류에 해당하는 사건에서 피고인의 불출석허가신청이 있고, 법원이 피고인의 불출석이 그의 권리를 보호함에 지장이 없다고 인정하여 이를 허가한 사건(단, 인정신문기일과 판결선고기일은 예외)

④ 피고인만이 정식재판을 청구했으나 2회 연속 불출석하여 판결을 선고하는 사건(형사소송법 제277조 제4호, 제458조 제2항)

⑤ 피고인이 출석하지 않으면 개정하지 못하는 경우에 구속된 피고인이 정당한 사유 없이 출석을 거부하고 교도관에 의한 인치가 불가능하거나 현저히 곤란하다고 인정하여 출석한 검사 및 변호인의 의견을 들어 피고인의 출석 없이 공판절차를 진행하고자 하는 경우

⑥ 제1심 공판절차에서 피고인에 대한 송달불능보고서가 접수된 때부터 6개월이 지나도록 피고인의 소재를 확인할 수 없는 경우(단, 사형, 무기 또는 장기 10년이 넘는 징역이나 금고에 해당하는 사건의 경우는 제외)

이에 귀하의 사건과 같이 벌금형에 대한 정식재판청구사건에서 또다시 벌금형이 선고될 경우이고 귀하께서 2회 연속 불출석시에는 귀하의 출석 없이 판결이 선고될 수 있을 것으로 보이지만, 종전과 달리 법의 개정으로 2018년 1월 7일부터는 약식명령에 대한 정식재판시 무조건 불이익변경금지의 원칙이 적용되는 것이 아니어서 자칫 300만원보다 더 많은 벌금형이 선고될 수 있음도 유의하셔야 할 것으로 보입니다(형사소송법 제457조의2 제2항). 물론 개정된 법에 의하더라도 피고인만이 정식재판을 청구한 사건에서는 벌금형의 형량이 높아질 수는 있으되, 벌금형과 형종이 다른 징역형이나 금고형이 선고될 수는 없으며, 500만원 이하의 벌금형에 대해서는 집행유예의 선고도 가능하게 됩니다(형사소송법 제457조의2 제1항, 형법 제62조 제1항).

[사례 4·2·55] 사선변호사와 약정한 형사사건의 성공보수금을 반드시 지급해야 하는지

문 제 부친은 「특정범죄 가중처벌 등에 관한 법률」 위반(절도) 사건으로 구속되어 다급한 마음에 변호사 甲을 사선변호인으로 선임하면서 착수금으로 1천만원을 지급하되, 석방되면 추가로 성공보수로 1억원을 지급하기로 약정하였습니다. 그 뒤 제 부친은 보석으로 풀려났지만 제 형편상 성공보수금을 지급하지 못하고 있었는데, 변호사사무실에서 성공보수금의 지급을 독촉하고 있습니다. 이와 같이 형사사건에서 약정한 성공보수금에 대해서는 이를 꼭 지급해야 하는 것인지 박사님께 문의드리고 싶습니다.

답 형사사건에서의 변호사는, 재판을 담당하는 법관이나 수사와 공소제기 및 유지를 담당하는 검사와 마찬가지로, 형사절차를 통한 정의의 실현이라는 중요한 공적 이익을 위하여 협력하고 노력할 의무를 부담하는 자로서 개인적 이익이나 영리를 추구하는 단순한 직업인이 아니라, 우리 사회의 법치주의 실현의 한 축으로서 정의와 인권을 수호해야 하는 공적 지위에 있다고 할 수 있을 것입니다.

이에 변호사법에서도 변호사가 판사·검사, 그밖에 재판·수사기관의 공무원에게 제공하거나 그 공무원과 교제한다는 명목으로 금품이나 이익을 받거나 받기로 한 행위와 위와 같은 공무원에게 제공하거나 그 공무원과 교제한다는 명목의 비용을 변호사 선임료나 성공사례금에 명시적으로 포함시키는 행위를 한 경우에는 실제 그와 같은 용도로 금품이 사용되었는지 여부를 묻지 않고 형사처벌하는 규정까지 두고 있는 것입니다(변호사법 제110조).

형사사건에서 변호사 선임과 관련된 변호사의 성공보수약정에서 '성공'의 기준은 개별 사건에서 변호사와 의뢰인간의 합의에 따라 정해질 것이지만, 일반적으로 수사단계에서는 불기소, 약식명령청구, 불구속기소, 재판단계에서는 구속영장청구기각 또는 구속된 피의자·피고인의 석방이나 무죄·벌금·집행유예 등과 같은 유리한 본안판결인 경우가 대부분일 것이므로 성공보수약정에서 정한 조건의 성취 여부는 형사절차의 요체이자 본질에 해당하는 인신구속이나 형벌의 문제와 밀접하게 관련되며, 만약 형사사건에서 특정한 수사방향이나 재판의 결과를 '성공'으로 정하여 그 대가로 금전을 주고받기로 한 변호사와 의뢰인간의 합의가, 형사사법의 생명이라 할 수 있는 공정성·염결성이나 변호사에게 요구되는 공적 역할과 고도의 직업윤리를 기준으로 볼 때, 우리 사회의 일반적인 도덕관념에 어긋나는 것이라면 국민들이 보편 타당하다고 여기는 선량한 풍속 내지 건전한 사회질서에 위반되는 것으로 보아야 할 것입니다. 또한 변호사는 성공보수약정이 따로 없더라도 성실하게 의뢰인의 권리를 옹호하고 선량한 관리자의 주의로써 위임사무를 처리할 의무를 부담하는 것이며, 따라서 변호사가 형사절차에서 변호인으로서 마땅히 해야 할 변론활동을 놓고 특정한 결과와 연계시켜 성공보수를 요구하는 것은 타당성을 인정하기 어렵다고 할 것입니다. 그리고 형사사건에서 성공보수약정의 한쪽 당사자인 의뢰인은 주로 인신구속이나 형벌이라는 매우 급박하고 중대한 불이익을 눈앞에 두고 있는 시기에 이와 같은 약정을 맺는 경우가 많고, 법률 지식이 부족하고 소송절차에 대한 경험과 정보도 없는 다수의 의뢰인은 당장 눈앞의 곤경을 면하기 위하여 자신의 처지에 비추어 과다한 성공보수를 약속할 수밖에 없는 상황에 처해 있다고 할 수 있을 것입니다. 따라서 형사사건에 관하여 체결된 성공보수약정이 가져오는 여러 가지 사회적 폐단과 부작용 등을 고려하면, 비록 구속영장청구기각, 보석 석방, 집행유예나 무죄 판결 등과 같이 의뢰인에게 유리한 결과를 얻어내기 위한 변호사의 변론활동이나 직무수행 그 자체는 정당하다 하더라도, 형사사건에서 변호사의 성공보수약정은 민법 제103조의 선량한 풍속 기타 사회질서에 반하여 무효라고 보아야 할 것입니다(대판 2015.7.23. 2015다200111 전원합의체 판결).

그렇다면 형사사건에서와 달리 민사사건에서는 성공보수약정이 허용되고 있는데, 이는 어떻게 설명될 수 있을까요? 형사사건과 달리 민사사건에서는 대립하는 당사자 사이의 사법상 권리 또는 법률관계에 관한 쟁송으로서 형사사건과 달리 그 결과가 승소와 패소 등으로 나누어지므로 사적 자치의 원칙이나 계약자유의 원칙에 비추어 보더라도 성공보수약정이 허용됨에 아무런 문제가 없고, 의뢰인이 승소하면 변호사보수를 지급할 수 있는 경제적 이익을 얻을 수 있으므로 당장 가진 돈이 없어 변호사보수를 지급할 형편이 되지 않는 사람도 성공보수를 지급하는 조건으로 변호사의 조력을 받을 수 있게 된다는 점에서 성공보수약정 제도의 존재 이유를 찾을 수 있을 것입니다. 반면 형사사건의 경우에는 재판결과에 따라 변호사와 나눌 수 있는 경제적 이익을 얻게 되는 것이 아닐 뿐 아니라 법원은 피고인이 빈곤 그밖의 사유로 변호인을 선임할 수 없는 경우에는 국선변호인을 선정해줘야 하므로(형사소송법 제33조), 형사사건에서의 성공보수약정을 민사사건의 경우와 같다고 할 수는 없을 것입니다(대판 2015.7.23. 2015다200111 전원합의체판결).

이에 귀하께서는 형사사건의 성공보수금을 사선변호인 甲에게 지급하지 않아도 될 것으로 보이며, 설령 甲이 귀하를 상대로 성공보수금의 지급을 구하는 민사소송을 제기한다고 하더라도 귀하께서 패소하지는 않을 것으로 보입니다.

[사례 4·2·56] 형집행정지 및 그 연장 사유와 형집행정지 절차

문 저희 삼촌 甲은 폭행죄로 실형을 선고받고 현재 교도소에서 형을 집행받고 있습니다. 그런데 평소 건강이 좋지 않는 甲이 수감생활을 이기지 못하고 많이 아파 할머님의 고민이 산더미 같습니다. 이에 건강이 좋지 않는 甲의 형집행을 정지시킬 수 있는 방법이 있는지 박사님께 문의드리고 싶습니다.

답 형집행정지사유와 그 절차에 관하여는 형사소송법과 「자유형 등에 관한 검찰집행사무규칙」(이하 '자유형집행규칙')에서 규정하고 있는데, 구치소장이나 교도소장 또는 형의 선고를 받은 자나 관계인은 자유형집행자에게 형집행정지사유가 있다고 판단되는 경우에는 검사에게 형집행정지의 건의 또는 신청을 할 수 있고, 이러한 건의 또는 신청을 받은 검사는 그 사유를 조사하기 위하여 구치소 또는 교도소에 출장하여 임검하되, 필요한 때에는 구치소 또는 교도소의 의무관 또는 다른 의사로 하여금 감정을 하게 할 수 있습니다(자유형집행규칙 제29조 제1항).

형집행정지사유로는 필수적 정지사유와 임의적 정지사유가 있습니다.

먼저 필수적 형집행정지사유로는 징역, 금고 또는 구류의 선고를 받은 자가 심신의 장애로 의사능력이 없는 상태에 있는 경우이며, 이때 형을 선고한 법원에 대응한 검찰청 검사 또는 형의 선고를 받은 자의 현재지를 관할하는 검찰청 검사의 지휘에 의하여 심신장애가 회복될 때까지 형집행을 정지해야 하고, 형의 선고를 받은 자를 감호의무자 또는 지방공공단체에 인도해서 병원 기타 적당한 장소에 수용하게 할 수 있습니다(형사소송법 제470조 제1항, 제2항).

다음으로 임의적 형집행정지사유로는 징역, 금고 또는 구류의 선고를 받은 자에게 일정한 사유, 즉 ① 형의 집행으로 인하여 현저히 건강을 해하거나 생명을 보전할 수 없을 염려가 있는 때, ② 연령 70세 이상인 때, ③ 잉태 후 6월 이상인 때, ④ 출산 후 60일을 경과하지 않은 때, ⑤ 직계존속이 연령 70세 이상 또는 중병이나 장애인으로 보호할 다른 친족이 없는 때, ⑥ 직계비속이 유년으로 보호할 다른 친족이 없는 때, ⑦ 기타 중대한 사유가 있는 때에 가능하며, 이때 형을 선고한 법원에 대응한 검찰청 검사 또는 형의 선고를 받은 자의 현재지를 관할하는 검찰청 검사의 지휘에 따라 형집행을 정지할 수 있으되, 검사가 형집행 정지를 지휘함에는 소속 고등검찰청검사장 또는 지방검찰청검사장의 허가를 얻어야 합니다(형사소송법 제471조).

형집행정지사유에 관한 조사를 마친 검사는 의사의 감정서를 첨부한 임검결과보고서를 작성하여 소속 검찰청장에게 이를 보고하고 형집행정지에 관한 가부의 허가를 받아야 합니다(자유형집행규칙 제29조 제2항). 이때 소속 검찰청장은 형집행정지심의위원회[189]의 심의결과를 고려하여 형집행정지 또는 연장 여부를 결정하게 되는데, 형집행정지를 허가할 때에는 일정한 조건, 즉 ① 의료기관 등으로 주거를 제한하고 이를 변경할 필요가 있는 경우에는 검사의 지시에 따를 것, ② 의료기관 등으로 주거를 제한한 경우에는 외출·외박을 금지하며, 치료 목적 등으로 부득이하게 외출·외박이 필요할 경우에는 검사의 지시에 따를 것, ③ 치료를 위하여 의료기관을 이용하는 경우에는 치료에 반드시 필요한 범위를 초과하여 시설이나 용역을 제공받지 않을 것 중 어느 하나 이상의 조건을 붙일 수 있습니다.

이와 같은 절차를 통해서 귀하의 삼촌 甲은 형집행정지결정을 받아 풀려날 수 있을 것으로 보입니다. 다만 형행정지결정을 받고 형이 정지되고 있는 자가 도망가거나 도망 또는 죄증인멸의 염려가 있는 경우, 소환에 불응시, 피해자나 해당 사건의 증인 또는 그 친족의 생명·신체·재산에 해를 가하거나 가할 염려가 있는 경우에는 형집행정지가 취소될 수 있고(자유형집행규칙 제33조 제1항, 검찰사건사무규칙 제48조 제4항, 형사소송법 제102조 제2항), 형집행정지가 취소된 때에는 잔형을 집행받게 되니 혹시 귀하의 삼촌 甲이 형집행정지결정을 받고 형의 집행이 정지된 상태에 있는 경우에는 형집행정지취소사유에 해당되지 않도록 주의를 환기시켜줄 필요가 있을 것으로 보입니다.

[사례 4·2·57] 가석방의 요건과 그 절차

문 제가 아는 지인 甲이 공갈 및 상습절도죄로 징역 10년형을 선고받고 현재 교도소에 수년 째 수감생활을 하고 있습니다. 甲의 가족들이 걱정을 많이 하고 있는데, 혹시 가석방으로 풀려날 수 있는지 여부와 그 절차에 관하여 박사님께 문의드리고자 합니다.

답 가석방이란 징역형이나 금고형이 확정되어 집행받고 있던 중 뉘우치고 반성하는 정도가 현저한 경우에 형기만료 전에 조건부로 석방하고 일정 기간이 경과되면 형의 집행을 종료한 것으로 간주하는 제도를 말합니다. 이러한 가석방은 가석방심사위원회의 신청을 받아 법무부장관이 행정처분으로 하게 됩니다(형법 제72조 제1항).

가석방을 하려면 다음과 같은 일정한 요건이 갖추어져야 합니다. 즉,

첫째, 징역 또는 금고의 집행 중에 있는 자이어야 합니다. 징역이나 금고 이외의 벌금이나 구류·과료 또는 이에 대한 환형으로서 노역장에 유치되어 있는 자에게는 가석방이 허용되지 않습니다.

둘째, 수형자의 집행기간이 무기에 있어서는 20년, 유기에 있어서는 형기의 1/2이 경과되어야 합니다(형법 제72조 제1항). 다만 19세 미만자를 소년이라고 하는데, 소년의 경우에는 가석방 요건이 완화되어 집행기간이 무기형에 있어서는 5년, 15년 유기형에 있어서는 3년, 부정기형에 있어서는 단기의 1/3이 경과되면 가석방을 할 수 있게 되어 있습니

189) 형집행정지심의위원회는 형집행정지 및 그 연장에 관한 사항을 심의하기 위하여 각 지방검찰청에 두는데, 위원장은 각 지방검찰청 차장검사가 되고, 위원은 학계, 법조계, 의료계, 시민단체 인사 등 학식과 경험이 있는 사람 중 4명 이상~9명 이하로 각 지방검찰청검사장이 임명 또는 위촉합니다. 심의위원회는 심의결과를 검사장에게 보고해야 합니다.

다(소년법 제65조). 여기에서 형기란 선고형을 말하며 사면 등에 의하여 감형이 이루어진 때에는 감형된 형을 기준으로 집행기간을 따지게 됩니다. 그리고 판결선고 전에 구금된 때에는 그 구금일수는 가석방에 있어서 집행기간에 산입하게 됩니다(형법 제73조 제1항).

셋째, 행상이 양호하여 개전의 정이 현저해야 합니다. 이는 수형자가 규율을 잘 준수하고 있고, 범행을 진지하게 뉘우치고 있으며, 재범을 하지 않으리라는 진단이 있는 경우를 말합니다. 이러한 요건이 갖추어진 경우에는 중대한 범죄라고 해서 가석방의 대상에서 제외되지는 않습니다.

넷째, 벌금 또는 과료의 병과가 있는 때에는 그 금액을 완납해야 합니다. 판결 전에 구금된 사실이 있는 때에는 그 구금일수에 해당되는 금액에 대해서는 납입을 한 것으로 간주됩니다(형법 제73조 제2항).

그런데 가석방 기간은 무한정의 기간으로 정할 수 있는 것이 아니며 일정한 한계가 정해져 있는데, 무기형에 있어서는 10년, 유기형에 있어서는 남은 형기로 하되 10년을 넘지 못하도록 하고 있습니다(형법 제73조의2 제1항).

그렇다면 구체적으로 어떤 절차를 거쳐서 가석방이 이루어질 수 있을까요? 이에 관하여는 「형의 집행 및 수용자의 처우에 관한 법률」(이하 '형집행법')에서 규정하고 있습니다.

교도소 등 교정시설에는 분류처우위원회가 설치되어 있는데, 분류처우위원회에서는 수형자 중 가석방심사신청 대상자에 대한 선정을 심의·의결하고 있습니다. 분류처우위원회는 위원장을 포함한 5인 이상 7인 이하의 위원으로 구성되며, 교도소장 등이 위원장이 되고, 위원은 위원장이 소속 기관의 부소장 및 과장(지소의 경우에는 7급 이상의 교도관) 중에서 임명되고 있습니다(형집행법 제62조). 교도소장 등은 가석방요건 기간이 지난 수형자에 대하여 이러한 분류처우위원회에 가석방 적격심사 신청대상자 선정에 관한 심의·의결을 신청하고, 그 의결이 이루어진 수형자에 대하여 법무부장관 소속 가석방심사위원회에 가석방 적격심사를 신청하게 됩니다(형집행법 제119조, 제121조 제1항). 가석방심사위원회에서는 수형자의 나이, 범죄동기, 죄명, 형기, 교정성적, 건강상태, 가석방 후의 생계능력, 생활환경, 재범의 위험성, 그밖에 필요한 사정을 고려하여 가석방의 적격 여부를 결정하게 되고(형집행법 제121조 제2항), 가석방 적격결정이 이루어진 경우에는 5일 이내에 법무부장관에게 가석방의 허가를 신청하게 됩니다. 이러한 가석방 허가신청이 적정하다고 인정되면 법무부장관이 가석방을 허가하게 되는 것입니다(형집행법 제122조). 가석방된 자는 특별한 사정이 없는 한 가석방기간 중 보호관찰을 받게 됩니다.

그런데 가석방이 이루어진 후에도 가석방이 당연 실효되는 경우가 있습니다. 즉 가석방 중 고의로 범한 죄로 금고 이상의 형의 선고를 받아 그 판결이 확정된 때에는 가석방처분이 효력을 상실하게 되는 것입니다. 반면 과실로 인한 죄로 형의 선고를 받았을 때에는 가석방이 실효되지 않습니다. 가석방이 취소되는 경우도 있는데, 가석방처분을 받은 자가 감시에 관한 규칙을 위배하거나, 보호관찰의 준수사항을 위반하고 그 정도가 무거운 때에는 법무부장관의 재량에 따라 가석방처분이 취소될 수 있는 것입니다.

가석방이 실효되거나 취소된 때에는 가석방된 다음날부터 가석방이 실효 또는 취소되어 구금된 전날까지의 일수는 형기에 산입되지 않게 되며. 따라서 가석방이 실효되거나 취소된 자는 가석방 당시의 잔형기간을 모두 집행받아야 합니다. 그러나 가석방처분을 받은 자가 그 실효나 취소를 받음이 없이 가석방기간을 경과한 때에는 형의 집행을 종료한 것으로 간주됩니다(형법 제76조 제1항, 소년법 제66조).

가석방 기간의 경과는, 형의 선고 자체의 효력이 소멸되는 집행유예와 달리, 형의 집행을 종료한 것에 그치게 됩니다. 가석방된 자가 국내주거지를 이전하거나 1개월 이상 국내여행을 하고자 하는 경우 또는 국외이주나 1개월 이상 국외여행을 하고자 하는 경우에는 관할경찰서장에게 신고해야 합니다(가석방자관리규정 제11조 제1항, 제13조 제1항).

이에 귀하의 지인 甲께서도 형기의 1/2인 5년이 경과되었고, 교도소 규칙을 잘 지키고 있으며, 범행을 뉘우치고 있어 재범의 위험이 없다고 판단된다면 교도소장 등의 가석방 적격심사 신청과 가석방심사위원회의 적격 결정 및 법무부장관의 허가로 가석방이 이루어질 수 있을 것으로 보이므로 교도소장 등에게 탄원서 등을 제출해서 가석방을 촉구하는 민원을 제기해 보는 것이 어떨까 싶습니다.

[사례 4·2·58] 국민참여재판의 절차와 그 실익

문 저는 유흥주점을 운영하고 있는데, 우연히 알게 되어 사귀다가 헤어지기를 반복한 여자친구 甲과 어느 날인가 술을 진탕 먹고 잠자리까지 간 것 같은데, 그로부터 며칠 지나지 않아서 甲이 강간당했다고 하면서 저를 경찰서에 고소를 하였고, 저는 강간치상죄로 엮여 공소까지 당하였습니다. 법원으로부터 공소장 부본과 함께 국민참여재판 안내서라는 것도 송달되었습니다. 저는 정말 억울한데 딱히 증거가 없어서 통상적인 형사절차로는 불리할 것 같아 혹시 배심원에게 호소하여 재판을 진행하면 도움이 되지 않을까 싶어 박사님께 국민참여재판에 대해 조언을 구하고자 합니다.

답 국민참여재판이란 만 20세 이상의 국민 중에서 선정된 배심원이 형사재판에 참여하는 것을 말하며, 배심원은 해당 사건에 관하여 사실관계의 인정 여부나 법령의 적용 및 형량에 관한 의견을 제시할 권한을 가지고 있습니다. 국민참여재판은 피고인이 국민참여재판을 원하는 경우에만 진행되는 절차이며, 이에 관하여는 「국민의 형사재판 참여에 관한 법률」(이하 '국민참여재판법')에서 규정하고 있습니다. 따라서 피고인이 판단하기에 판사만이 관여하는 통상적인 절차보다는 배심원이 형사재판에 참여함으로써 피고인 자신에게 유리한 재판이 진행될 수 있을 것이라는 기대감이 들 때 신청할 실익이 있습니다.

다만 국민참여재판은 피고인인 원한다고 해서 무조건 가능한 것이 아니며 일정한 제한이 있습니다. 즉 성폭력범죄피해자가 국민참여재판을 원하지 않는 경우, 배심원이나 그 친족의 생명·신체·재산에 대한 침해 또는 침해 우려로 그 출석이 곤란하거나 공정한 직무수행이 불가할 염려가 있는 때 또는 공범자 중 일부가 국민참여재판을 원하지 않는 경우 등 일정한 예외적인 사유가 있는 경우에는 법원이 직권으로 국민참여재판을 하지 않기로 하는 배제결정을 할 수 있고, 이 경우에는 통상적인 형사절차로만 재판이 진행되게 됩니다. 그리고 국민참여재판은 모든 형사 범죄를 대상으로 하는 것이 아니고, 중형으로 처벌되는 경우에만 가능한 바, 사형, 무기 또는 단기 1년 이상의 징역 또는 금고에 해당하는 사건과 이와 병합할 사건 또는 형사합의부에서 심판할 것으로 결정한 사건 등만이 가능합니다.

한편 지방법원장은 배심원후보예정자명부를 작성하기 위해 매년 행정자치부장관에게 그 관할 구역 내에 거주하는 만 20세 이상 국민의 주민등록정보에서 일정 수의 배심원후보예정자의 성명·생년월일·주소 및 성별에 관한 주민등록정보를 추출하여 전자파일의 형태로 송부해 줄 것을 요청할 수 있고, 이를 토대로 매년 12월 31일까지 배심원후보예정자명부를 작성하는데, 국민참여재판으로 재판을 해야 하는 법원에서는 이러한 배심원후보예정자명부 중에서 각 사건별로 필요한 수의 배심원후보자를 무작위 추출 방식으로 정하여 배심원과 예비배심원을 선정하게 됩니다. 배심원으로 선정되어 출석통지를 받은 배심원·예비배심원·배심원후보자가 정당한 사유 없이 지정된 일시에 출석하지 않는 때에는 200만원 이하의 과태료에 처해지게 됩니다(국민참여재판법 제60조 제1항 제1호).

배심원은 사건에 따라 9인, 7인, 5인으로 구성됩니다. 즉 법정형이 사형·무기징역 또는 무기금고에 해당하는 사건에 대하여는 9인, 그 외의 사건은 7인의 배심원을 원칙으로 하되, 피고인 또는 변호인이 공판준비절차에서 공소사실의 주요내용을 인정한 때에는 5

인의 배심원만으로 가능하며, 배심원의 결원 등에 대비하여 5인 이내의 예비배심원을 둘 수 있도록 하고 있습니다.

국민참여재판에서는 배심원의 영향이 얼마나 되는지가 관건인데, 배심원의 유·무죄에 관한 평결과 양형에 관한 의견 개진은 법원을 구속하지는 않지만 판결서에는 배심원의 의견을 기재하고, 배심원의 평결결과와 다른 판결을 선고하려면 그 이유를 기재해야 하는 등 재판 실무에서는 사실상 어느 정도 배심원의 평결결과 및 의견을 반영하고 있는 것으로 보입니다.

이로 볼 때 귀하의 사건을 살펴보면, 귀하께 유리한 증거나 증인도 달리 없어서 통상적인 형사절차에 의해서는 불리한 결과가 나올 것이 뻔한 경우에는 국민참여재판을 신청해서 배심원에게 귀하의 사정과 심정 그리고 주변 상황 등을 적극적으로 호소함으로써 보다 유리한 판단을 받을 수 있는 여지도 있으므로 국민참여재판에 의한 형사재판을 고려해 보는 것이 어떨까 싶습니다.

[사례 4·2·59] 억울하게 구금되었거나 형의 집행을 받은 자의 형사보상청구권

문 저는 사기죄로 구속되어 6개월간 구금되었다가 항소심에서 증거불충분으로 무죄판결을 선고받고 풀려났습니다. 불구속으로 재판을 받아도 될 것을 검사가 무리하게 구속영장을 청구해서 구속된 상태로 재판을 받아 억울하기만 합니다. 이러한 경우 제가 국가로부터 어떤 보상을 청구받을 수 없는지 박사님께 문의드리고 싶습니다.

답 억울하게 구금되었거나 형의 집행을 받은 자에 대한 보상을 위하여 제정된 법이 「형사보상 및 명예회복에 관한 법률」(이하 '형사보상법')입니다. 즉 피고인이나 피의자로서 구금되었거나 형의 집행을 받은 자가 일반 상소나 상소권회복에 의한 상소 또는 재심이나 비상상고를 통하여 무죄의 확정판결을 받았거나 불기소처분을 받은 경우에는 구금이나 형의 집행에 대한 보상을 청구할 수 있는 것입니다(형사보상법 제2조, 제27조 제1항). 또한 면소재판이나 공소기각의 재판을 받은 경우에도 무죄재판을 받을 만한 현저한 사유가 있었던 경우에는 형사보상을 청구할 수 있으며, 독립적인 치료감호처분에 대해서도 범죄가 되지 않거나 그 증명이 없는 것으로 판명된 때에는 역시 형사보상을 청구할 수 있습니다(형사보상법 제26조). 군사법원으로부터 무죄의 확정판결을 받은 경우에도 마찬가지로 형사보상청구가 가능합니다(형사보상법 제29조 제2항).

그런데 형사보상은 억울한 구금이나 형의 집행에 대한 보상이므로 설령 무죄의 확정판결이나 불기소처분을 받았다고 하더라도 구금이나 형의 집행 사실이 없었던 경우에는 보상의 대상이 되지 않습니다. 또한 무죄의 확정판결을 받은 사유가 14세 미만의 형사미성년자이기 때문인 경우, 심신장애 때문인 경우, 본인의 거짓자백이나 증거조작으로 기소 또는 구금되었다가 무죄판결을 받은 경우, 경합범의 일부로서 무죄판결을 받은 경우에는 역시 형사보상의 대상이 되지 않습니다(형사보상법 제4조, 형법 제9조, 제10조 제1항).

형사보상금액과 보상청구 절차는 피고인 내지 수형자로서 구금 또는 형의 집행을 받은 것이냐 아니면 피의자로서의 구금된 것인지에 따라 다소 다릅니다.

먼저 피고인 또는 수형자로서 구금이나 형의 집행에 대한 보상에 관하여 살펴보도록 하겠습니다. 여기에는 노역장 유치의 경우에도 포함됩니다. 이 경우의 보상금액은 구금의 종류와 기간, 구금기간 중의 재산상의 손실 및 일실이익, 정신적인 고통 및 신체 손상, 경찰·검찰·법원 등의 고의·과실 등을 고려하여 최저임금법상의 일급 최저임금액의 5배의 범위 내에서 산정한 금액을 지급하게 되며, 사형이 집행된 경우에는 집행 전 구금에 대한 보상금 외에 3천만원 내에서 법원이 정하는 금액 및 본인의 사망으로 발생한 재산상의 손실액을 합한 금액을 지급하도록 하고 있습니다(형사보상법 제5조, 시행령 제2조).

보상청구는 무죄재판을 한 법원에 보상청구서를 제출함으로써 해야 하는데, 무죄재판이 확정된 사실을 안 날부터 3년 내, 무죄재판이 확정된 때부터 5년 내에 청구해야 합니다(형사보상법 제7조, 제8조). 이러한 절차를 통해서 법원으로부터 보상결정서가 송달되면 그로부터 2년 내에 보상결정을 한 법원에 대응하는 검찰청에 보상금지급청구서를 제출하여 보상금의 지급을 청구해야 합니다(형사보상법 제21조). 만약 위 각 청구기간이 도과하면 형사보상금을 지급받을 수 없으므로 기간을 놓치지 않도록 주의해야 할 것입니다.

다음으로 피의자로서 구금에 대한 보상에 관하여 살펴보도록 하겠습니다. 이는 피의자로서 구금되었다가 검사로부터 불기소처분을 받은 경우에 억울하게 구금되었던 것에 대한 보상을 말합니다.

따라서 피의자 본인이 거짓자백 또는 증거 조작으로 구금된 경우이거나 구금기간 중 다른 범죄가 성립한 경우 등의 경우에는 보상의 대상에서 제외됩니다(형사보상법 제27조 제1항, 제2항).

보상금액은 피고인이나 수형자의 경우와 마찬가지로 구금일수에 따라 최저임금법에 따른 일급 최저임금액의 5배의 범위 내에서 보상금을 지급하게 됩니다(형사보상법 제5조).

구금되었던 피의자에 대한 보상은 지방검찰청에 설치된 피의자보상심의회에서 담당하는데, 피의자보상을 청구하려면 불기소처분을 고지 또는 통지받은 날부터 3년 내에 불기소처분을 내린 검사가 소속된 지방검찰청의 피의자보상심의회에 공소부제기처분통지서를 첨부하여 형사보상을 청구해야 하며, 피의자보상심의회로부터 보상결정이 송달된 때에는 그로부터 2년 내에 별도로 보상금지급청구를 해야 합니다(제27조 제3항, 제28조). 만약 위 각 청구기간을 놓치면 형사보상금을 지급받을 수 없게 되므로 기간을 놓치지 않도록 주의해야 할 것입니다.

한편 형사보상을 청구할 수 있는 자가 청구를 하지 않고 사망한 때에는 그 상속인이 형사보상을 청구할 수 있습니다(형사보상법 제3조 제1항). 보상청구를 할 수 있는 동순위의 상속인이 여러 명인 경우에는 그 중 1명에 대한 보상결정은 동순위자 모두에 대하여 한 것으로 보게 됩니다(형사보상법 제11조 제1항).

이에 귀하께서는 피고인으로서 구금되었다가 풀려난 것이므로 무죄의 확정판결이 나온 때로부터 5년 내에 무죄판결을 선고한 법원에 형사보상청구를 해야 할 것이고, 이에 따라 법원으로부터 보상결정서가 송달되면 그로부터 2년 내에 해당 법원에 대응하는 검찰청에 보상금지급청구를 하게 되면 소정의 형사보상금을 지급받을 수 있을 것으로 보입니다.

제 5 편

파산·회생 편

제1장　도산일반 편

제2장　파산·회생 편

제1절　개인파산·법인파산

제2절　개인회생·일반회생·법인회생

■ 제1장 도산일반 편 ■

[사례 5·1·1] 파탄상태에 있는 채무자가 법원을 통해 재기할 수 있는 여러 방법

문 저는 오래 전부터 여러 식당을 운영해 왔는데 운이 없었던지 하는 식당마다 잘 안되서 생각지 못하게 많은 빚을 지게 되었습니다. 이에 어떻게든 빚을 털고 재기하고 싶는데, 저와 같이 많은 빚을 지고 있는 사람이 법원을 통해서 재기할 수 있는 도산절차에는 어떤 것들이 있는지 알고 싶어 박사님께 문의드리고자 합니다.

답 예, 귀하와 같이 성실하나 불운한 개인채무자의 재기를 위하여 마련된 법이 「채무자 회생 및 파산에 관한 법률」(이하 '통합도산법')입니다. 이 법에서는 파탄상태에 직면한 개인채무자가 구제를 받을 수 있는 제도로 개인파산과 개인회생 및 일반회생을 마련해 놓고 있습니다.

아래에서 차례대로 살펴보기로 하겠습니다.

첫째, 개인파산입니다.

개인파산은 지급불능상태에 빠진 채무자가 파산선고 당시 가진 자신의 재산을 처분해서 이를 공정하게 채권자들에게 배당한 후 잔여 채무를 면책받아 경제적 재기를 도모하는 절차로서, 공직 취임이 제한되고 일정한 사업자등록 등의 결격사유가 되는 불이익이 있는 반면, 개인회생과 같이 일정기간 동안 채무의 전부 또는 일부를 변제해야 하는 과정 없이 거의 모든 채무를 면책받을 수 있는 제도입니다. 면책의 대상이 되는 채무는 금융기관의 채무뿐만 아니라 법인 또는 개인에 대한 채무도 포함됩니다. 다만 보증인의 책임은 감면되거나 면책되지 않습니다.

둘째, 개인회생입니다. 개인회생은 채무자의 재산이나 직업을 그대로 유지하면서 채무의 전부 또는 일부를 원칙적으로 최장 3년간[190]에 걸쳐 나누어 갚고, 나머지의 채무를 면책받는 절차입니다. 따라서 개인회생은 직장인이나 자영업자 등과 같이 계속적 소득이 있는 채무자만 이용이 가능합니다. 또한 총채무액의 한도도 정해져 있는데, 담보부채무 10억원, 무담보채무 5억원 이하의 채무를 부담하고 있는 채무자만 이용이 가능합니다. 개인회생제도는 금융기관의 채무뿐만 아니라 법인 또는 개인에 대한 채무도 그 대상에 포함되므로 개별 금융기관이 자체협약에 따라 실시하는 개인워크아웃보다 혜택 범위가 넓습니다. 한편 채무자가 잔여채무에 대하여 면책을 받는다고 하더라도 보증인의 책임이 감면되지 않음은 개인파산의 경우와 같습니다.

셋째, 일반회생입니다.

일반회생은 채무자가 장래의 일정한 소득에 의하여 총채무액 중 전부 또는 일부를 변제한다는 점에서 개인회생과 공통되지만, 개인회생과는 달리 총채무액의 제한없이 이용이 가능하고, 개인회생이 별도의 면책신청에 따른 면책결정이 있어야만 면책을 받는 것과 달리 회생계획의 인가에 의하여 권리자체가 변경되고 그 범위에서 면책의 효력이 발생하게 됩니다. 다만 일반회생은 주로 기업형 채무자의 재건을 도모하는 절차이므로 비용이 많이 들고 절차가 복잡한 측면이 있습니다.

그럼에도 불구하고 회생을 도모하고자 하는 개인채무자가 담보부채무 10억원, 무담보채무 5억원을 초과한 채무를 부담하고 있어서 개인회생제도를 이용할 수 없는 경우에는 부득이 일반회생을 통하여 구제를 받는 수밖에 없을 것입니다. 실무상으로는 주로 의사, 한의사, 변호사, 개인사업자, 법인의 대표이사, 연예인 등이 큰 채무를 지고 있는 경우가 많아 일반회생을 이용하고 있는 것으로 보입니다.

한편 일반회생은 개인회생과 달리 저당권 등 담보권도 권리변경 및 그 실효·소멸의 대상이 되는 것이므로 개인회생을 이용할 수 있는 채무자라도 주택이나 전답 등 등기·등록의 대상이 되는 재산을 소유하고 있고 그 재산에 저당권 등 담보권이 설정되어 있는 경우에는 그 실행을 막기 위하여 일반회생을 이용하는 경우가 많습니다.[191] 다만 일반회생은 앞서 본봐와 같이 비용이 많이 소요되고, 절차가 복잡하고 까다로워 인가를 받기가 쉽지 않으며, 변제기간도 10년으로 비교적 길고, 공익채권이나 조세 등 비면책채권은 면책의 대상이 되지 않으며, 채무자의 보증인에 대해서는 면책의 효력이 미치지 않는다는 한계가 있으며, 무엇보다도 가장 큰 난관은 관계인집회에서의 회생담보권자 및 회생채권자들의 가결이 필요하므로 채권자들을 설득하고 우호적인 세력으로 만들어야 하는 어려운 점이 있을 것이다.

넷째, 국제도산입니다.

국제도산이란 도산채무자가 도산채권자 또는 도산재단과의 관계에서 섭외적 요소를 포함하고 있는 도산사건을 말합니다. 최근 국제간의 재화와 용역의 이동 등 상거래 활동이 증가하면서 국제화가 촉진되고 특정 국가에서의 채무자의 도산은 세계 각국에 지대한 파급효과를 미칠 수 있게 되었는데, 이는 상당한 수준의 자본을 가진 개인이 외국에 투자했다가 도산한 경우에도 마찬가지의 문제가 발생할 수 있는 것입니다. 국제도산에 관하여는 통합도산법 제5편(국제도산)에서 규율하고 있습니다. 그런데 통합도산법상 국제도산편(제5편)의 적용범위와 관련하여 다수의 학설은 국제도산 사건 모두를 국제도산편에 의하여 해결해야 한다는 하고 있지만, 판례는 국제도산편에 규정된 외국도산절차의 승인(제631조, 제632조)은 외국도산절차의 지원결정(제636조)을 하기 위한 적격을 갖추고 있음을 확인하는데 지나지 않고, 지원결정 역시 외국도산절차의 대표자가 외국도산절차에 필요한 배당·변제재원을 국내에서 보전·확보하고 이를 기초로 배당 또는 변제계획을 수립하거나 그 계획을 수행할 수 있도록 절차적인 지원을 하는 것일 뿐이라고 하면서 그밖의 문제는 개별적으로 해결해야 한다는 입장을 취하고 있습니다(대판 2010.3.25. 2009마1600). 이러한 판례에 의할 경우 통합도산법상의 국제도산절차는 주로 회사 등 기업과 관련하여 큰 의미가 있는 것이지만 개인채무자와 관련하여 가장 중요시되는 외국면책재판의 국내적 효력의 인정 문제는 그 적용대상이 아니라는 것이어서 개인채무자에게 있어서는 그리 큰 의미를 가지는 것이라고 할 수 없고, 오히려 민사소송법상의 외국판결의 승인 규정(민사소송법 제217조)이 보다 중요한 의미를 가지는 것이라고 할 수 있을 것입니다. 즉 외국도산절차에서 개인채무자가 면책재판을 받은 경우에 그 면책재판의 국내적 효력의 눈제는 민사소송법상 외국재판의 승인절차에 의해야 할 것이고, 그 승인이 이루어지면 외국면책재판의 효력이 인정된다고 보는 것이 판례의 태도인 것입니다.

이에 귀하께서 도산절차를 밟고자 할 경우에는 위에서 살펴본 여러 도산절차 중 귀하께 가장 적합한 절차를 선택함으로써 도산면책을 통한 재기를 도모하시기 바랍니다.

[사례 5·1·2] 파산상태에 직면한 채무자가 재기하기 위하여 이용할 수 있는 사적구제제도로서 어떠한 것들이 있는지

문 저는 사업자금과 생활비를 조달하느라 은행대출과 카드빚 등 주로 금융기관으로부터 많은 채무를 지고 있습니다. 그래서 빚을 털고 재기하고자 하는데 법원을 통한 개인파산이나 개인회생은 여건이 되지 않는 것 같아 그밖의 사적 구제제도에 대해 알고 싶은데, 이에 관하여 박사님께 문의드리고자 합니다.

---

190) 종전에는 원칙적으로 5년간의 최장기간 내에 변제하도록 했으나, 2017년 12월 12일 통합도산법의 개정으로 2018년 3월 13일부터는 원칙적으로 3년간의 최장기간 내에 변제할 수 있도록 하되, 청산가치의 보장을 위해 필요한 경우에만 5년간의 최장기간 내에 변제할 수 있도록 함으로써 변제기간을 단축하였습니다(통합도산법 제611조 제5항, 제614조 제1항 제4호).

191) 채무자의 주택 및 대지에 저당권이 설정되어 있는 경우에 일반회생에서는, 개인파산이나 개인회생과 달리, 회생계획에 따라 그 주택 및 대지를 종전처럼 소유하고 거주하면서 회생계획을 수행함으로써 재기·갱생할 수 있다는데 큰 장점이 있는 것입니다.

답 귀하처럼 많은 채무를 지고 있는 채무자로서는 재기하는데 활용할 수 있는 모든 제도를 상정해 놓고 그중 자신에게 가장 적합한 제도가 무엇인지를 파악해서 선택하는 것이 현명할 것입니다. 따라서 개인파산이나 개인회생 등 법원을 통한 제도뿐만 아니라 그밖의 사적 구제제도에 관해서도 어느 정도 정보를 가지고 있어야만 가장 적합한 제도를 선택할 수 있을 것입니다.

예컨대 개인회생이나 개인파산은 연체자가 아니더라도 이용할 수 있지만 비교적 큰 채무라야 이용이 가능하고 절차도 복잡하며 보증인이 있는 경우에는 큰 실익이 없을 것이기 때문에 채무가 비교적 소액이고 간단한 절차를 통해서 재기하고 싶으며 보증인이 있어 보증인에게도 면책의 혜택이 돌아갈 수 있도록 하고 싶을 때에는 사적 구제제도가 요긴한 것입니다. 이에 아래에서 사적 구제제도에 관하여 살펴보기로 하겠습니다.

첫째, 신용회복위원회가 운영하는 신용회복지원제도가 있습니다.

신용회복위원회는 2002년 신용불량자의 급증에 대한 대책의 일환으로 이들의 조속한 경제적 재기를 지원하기 위하여 「금융기관간 신용회복지원협약」에 기초하여 출범한 후 2013년 금융위원회의 허가를 받아 설립된 비영리 사단법인으로서 채무불이행자의 경제적 재기를 지원하고 가계파산을 예방하는 등 신용회복지원업무를 수행하고 있습니다. 신용회복지원제도는 각 금융기관에서도 개별적으로 시행하고 있기는 하지만 해당 금융기관에서 채무를 조정해 주지 않으면 실익이 거의 없기 때문에 다수의 금융기관의 채무를 한꺼번에 조정하는 제도가 필요한데, 이러한 역할을 하는 것이 신용회복위원회입니다. 신용회복위원회에는 현재 3,653개의 금융기관과 협약이 체결되어 있습니다.

신용회복위원회에서 시행하고 있는 신용회복지원제도에는 개인워크아웃과 프리워크아웃이 있습니다.

먼저 개인워크아웃은 신용회복위원회와 협약이 체결되어 있는 금융기관 중 1개 이상의 금융기관에 대하여 신용카드대금이나 대출원리금이 일정액 이하이고, 일정기간 이상 연체되어 있으며, 최저생계비 이상의 소득이 있는 등 채무상환이 가능하다고 인정된 경우에 채무감면이나 상환기간 연장·유예, 이자율 조정, 금융채무불이행정보 해제 등을 통하여 채무자의 재기를 지원하는 제도입니다. 즉 개인워크아웃은 연체기간이 90일 이상 경과된 금융채무불이행자로서, 총채무액이 15억원(담보부채무 10억원, 무담보채무 5억원) 이하인 자를 지원대상으로 하며, ① 이자 및 연체이자의 전액 감면, ② 원금은 채무성격에 따라 최대 50% 감면, 사회소외계층인 경우 최대 70%까지 감면, ③ 최장 10년 이내에서 장기분할상환 등의 지원을 내용으로 하고 있습니다.

개인워크아웃의 장점은 신청 즉시 채권금융회사의 모든 추심활동이 중단되고, 신청비용 5만원 외에는 별도의 비용이 소요되지 않으며, 신용회복지원협약에 가입된 금융회사의 모든 채무를 통합하여 한꺼번에 조정할 수 있다는 것인데, 협약가입기관에는 은행·신협·새마을금고 등 제도권 금융회사뿐만 아니라 대부업체, 자산관리회사 등도 포함되어 있어서 협약의 대상 범위가 넓은데다 협약가입기관과의 협의를 통한 사적조정이므로 신속한 결정이 가능하고 금융회사의 동의율도 98%로 비교적 높다는 것입니다. 나아가 신용회복지원이 확정되고 그 변제계획에 따라 채무자가 정상적으로 이행절차를 밟고 있는 동안은 보증인에게도 채권추심을 하거나 담보권 실행 등 추심행위를 하지 못할 뿐만 아니라 채무자가 신용회복지원계획에 따라 감면된 채무를 전부 변제한 경우에는 보증인도 나머지의 채무를 면책받는다는데 큰 장점이 있는 것입니다. 특히 채무자가 부동산을 소유하고 있는 경우에는 개인회생이나 개인파산은 담보가치가 없다고 하더라도 매우 까다롭고 오랜 기간이 소요되기 때문에 개인워크아웃의 실익이 있다고 봅니다. 다만 개인워크아웃은 금융채무불이행자로 전락한 연체자만 이용이 가능하고, 금융기관의 채무만을 대상으로 하고 있어서 개인간의 채무는 그 대상이 되지 않으며, 주채무자만 이용이 가능하고 보증인은 이용할 수 없다는데 한계가 있습니다. 개인워크아웃은 2002년부터 시작하여 현재에 이르기까지 시행되고 있는 제도입니다.

다음으로 프리워크아웃(Pre-workout)제도는 신용회복위원회와 협약이 체결되어 있는 금융기관 중 2개 이상의 금융기관에 대한 신용카드대금이나 대출원리금이 과중하여 일시적으로 상환불능에 처하였지만 아직 금융채무불이행자로 전락하기 전의 개인채무자에 대하여 선제적으로 상환기간 연장, 이자율 인하 등의 지원을 통하여 금융채무불이행자로 전락하는 것을 방지하기 위하여 마련된 제도입니다. 즉 프리워크아웃은 연체기간이 30일 초과~90일 미만인 단기 연체 채무자로서 총채무액이 15억원(무담보채무 5억원, 담보부채무 10억원)이하인 개인채무자를 대상으로 하여 무담보채무는 최장 10년, 담보부채무는 최장 20년 이내의 분할상환과 이자율 50%까지의 인하를 지원내용으로 하고 있습니다. 원금 감면은 원칙적으로 없습니다. 프리워크아웃은 개인워크아웃과 같이 협약가입금융기관의 모든 추심활동 중단, 5만원의 저렴한 신청비용, 협약가입금융기관의 채무 모두의 통합·조정, 채무자의 면책에 따른 보증인의 면책 등의 장점이 있습니다. 프리워크아웃은 2009년부터 한시적으로 시행되어온 제도인데, 최근까지 연장해서 시행하고 있습니다.

둘째, 한국자산관리공사(KAMCO)의 한시적 신용회복지원기구가 있습니다.

한국자산관리공사는 「금융회사 부실자산 등의 효율적 처리 및 한국자산관리공사의 설립에 관한 법률」에 따라 1997년 설립되어[192] 금융회사의 부실채권의 인수·정리 및 기업구조조정사업, 금융소외자의 신용회복지원업무, 국유재산관리 및 체납조세정리업무를 수행하고 있는 준정부기관입니다. 한국자산관리공사에서는 카드대란 등 경제위기나 IMF 외환위기와 같은 금융불안 등 사회국가적 위기상황에서 금융채무불이행자 및 서민계층에 대한 신용회복지원사업을 운영해 오고 있습니다. 그 대표적인 것이 2004년 620여개 금융기관을 대상으로 한 한마음금융, 30여개 금융기관을 대상으로 한 희망모아 등 제1·2차 배드뱅크,[193] 2008년의 신용회복기금설치, 그리고 2013년의 국민행복기금설치 등입니다. 이들은 채권자인 금융기관들을 대상으로 하여 금융소외자에 대한 채무감면, 기간유예 등 신용회복수단을 통하여 개인채무자에 대한 회생을 도모할 수 있도록 지원하기 위한 한시적 신용회복지원기구들입니다.

셋째, 경제상황에 따라 지방자치단체가 지원하는 한시적 기구들이 있습니다. 채무자로서는 이러한 기구들의 지원 내용과 특장점을 파악해서 이용해 봄직도 합니다. 예컨대 최근에는 성남시 등 일부 지방자치단체에서 빚탕감프로젝트인 '주빌리은행' 등을 설치해서 운영하고 있는데, 채무자들로서는 이러한 채무자 구제제도에 대한 정보와 그 이용대상 및 절차 등을 습득하여 구제를 받는 것도 고려해 볼 만하다고 봅니다.

그런데 이러한 사적 구제제도의 이용에는 일정한 한계가 있습니다. 즉 사적 구제제도는 채무자와 채권자 사이에 채무감면 등에 관한 사적 조정 또는 합의에 의하여 채무자를 구제하는 제도입니다. 즉 채무 감면 등이 이루어지는 효력의 근거는 기본적으로 신용회복위원회의 '신용복지협약' 등과 같은 당사자 간의 합의인 것입니다. 이러한 당사자 간의 합의 또는 협약의 체결은 사적 채무조정 기관 내부에서 가입회원간의 협약에 의하여 어느 정도 강제될 수 있을 것이지만 결국 채권자와 채무자 상호간의 이해가 맞아 떨어져야 가능한 구조로 되어 있습니다.

또한 협약의 대상이 되는 채권자의 범위도 모든 채권자를 대상으로 하는 것이 아니라 금융기관에 해당되는 채권자만을 대상으로 하는 것이므로 금융기관 이외의 채권자에 대해서는 적용되지 못하는 한계가 있습니다. 이 점에서 통합도산법에 의하여 법적인 구속력이 가해지고 금융기관을 포함한 모든 채권자를 대상으로 하는 개인파산이나 개인회생 또는 일반회생과 구별되는 것입니다.

이에 귀하께서는 법원을 통한 도산 및 면책제도 이외에 이러한 사적 구제제도도 검토하여 활용해 보시면 귀하의 재기에 도움이 될 수 있을 것으로 보입니다.

---

192) 한국자산관리공사의 전신은 한국산업은행법에 따라 1962년 4월 6일 설립된 성업공사입니다.
193) 배드뱅크(bad bank)란 금융기관의 채권을 부실채권과 우량채권으로 구분하고 이 중 부실채권을 따로 떼

[사례 5·1·3] 개인파산과 개인회생 중 어느 제도를 통하여 재기하는 것이 나은지

문 저는 하던 사업이 망하여 많은 채무를 지게 되었습니다. 그 동안 성실히 살아왔고 부도가 난 후에도 벌면 번대로 채권자들에게 변제해 오고 있지만 이제 한계에 다달은 것 같습니다. 이에 제가 채무를 탕감받고 재기를 하려고 합니다. 들리는 말로는 개인파산과 개인회생이 있다고 하는데, 어느 제도를 선택해야 할지 몰라 두 제도의 차이점과 장단점에 대하여 박사님께 여쭈어보고 싶습니다.

답 개인채무자가 감당할 수 없는 채무를 지고 있는 경우에 떠올릴 수 제도가 개인파산과 개인회생일 것입니다. 둘 다 채무자가 과다한 채무로 인하여 도저히 변제할 수 없는 지급불능 내지 지급정지상태 또는 채무초과상태에 있는 경우에 채무를 면책받고 재기하기 위한 제도인데, 개인파산은 파산자라는 신분상 불이익이 있는 반면 파산신청 당시의 채무자의 재산만 청산해서 채권자들에게 분배한 후 나머지 채무를 면책받을 수 있는 제도인데 비하여, 개인회생은 채무자에게 직장이 있거나 사업을 하는 등으로 장래 계속적·반복적 소득의 가능성이 있는 경우에 그 장래의 소득으로 매월 일정금액씩 3~5년간에 걸쳐 변제해야만 면책받을 수 있는 대신 파산자와 달리 신분상의 불이익이 없고 개인회생신청 당시의 채무자의 재산을 청산할 필요가 없는 제도입니다.

그렇다면 구체적으로 개인파산과 개인회생의 차이점이 무엇인지 알아둘 필요가 있을 것입니다.

① 개인파산은 채무자가 자신의 모든 재산으로도 모든 채무를 감당할 수 없는 지급불능상태에 빠져 있고 또한 장래 계속적·반복적 수입을 얻을 가능성도 없는 경우에 이용하게 되나, 개인회생은 장래 계속적·반복적 수입을 얻을 가능성이 있고, 현재의 채무자의 재산에 대한 청산가치보다 장차 변제기간 동안(3~5년)의 총변제예정액의 현재가치가 더 높을 때에 이용할 수 있습니다.

② 개인파산은 채무자의 재산을 청산하여 채무를 갚고 나머지의 채무를 면책받는데 주목적이 있으나, 개인회생은 채무자가 자신의 재산을 그대로 보유한 채 채권자에게 원금 및 이자의 전부 또는 일부만을 일정기간 분할하여 변제한 후 나머지의 채무를 감면받는데 주목적이 있습니다.

③ 개인파산은 채권자들에게 거의 손해만 강요할 뿐이어서 인간관계가 악화될 수 있지만, 개인회생은 채권자들에게도 일정 부분 이득이 될 수 있으므로 인간관계가 그리 악화되지 않을 수 있습니다.

④ 개인파산은 면책결정이 나오지 않을 경우 파산자로서의 여러 가지 불이익이 따르

게 되지만, 개인회생에는 이러한 불이익이 따르지 않습니다. 즉, 면책결정이 나오게 되면 개인파산이 개인회생보다 훨씬 유리하다고 할 수 있으나, 면책결정이 나오지 않게 되면 파산자로서의 불이익만 남게 되므로 개인회생에 비하여 훨씬 불리하다고 할 수 있습니다.

⑤ 개인파산이 진행 중이더라도 개인회생을 신청할 수 있지만 개인회생이 신청되면 개인파산은 중지되는 것이며, 개인회생이 진행 중인 경우에도 개인파산을 신청할 수 있지만 개인파산이 폐지되어야 개인회생이 진행될 수 있습니다. 즉 개인회생이 개인파산보다 우선적으로 진행된다는 것입니다.

위에서 두 제도의 차이점을 알아보았지만 파탄상태에 직면한 개인채무자가 두 제도 중 어떤 제도를 선택하는 것이 유리할지 여부는 막상 실행에 옮기려고 할 때에는 판단하기 어려운 점이 있습니다. 이에 아래에서 몇 가지 선택방법에 관하여 살펴보기로 하겠습니다.

① 개인파산은 면책결정의 가능성이 높은 경우, 예컨대 보증채무자인 경우, 채무 중 많은 부분을 이미 변제한 경우, 이자로서 지급한 부분이 원금에 가까운 경우, 상속채무로 인한 경우 등에는 개인파산을 활용해 볼 것을 권합니다.

② 부동산 등을 소유하고 있는 경우에는 파산신청을 하더라도 환가 및 배당이라는 청산절차를 거쳐야 하기 때문에 면책결정을 받기까지는 오랜 시일이 소요될 수도 있고 또한 면책결정도 잘 나오지 않는 경향이 있기 때문에 가급적이면 부동산이 경매로 넘어간 후 채무자에게 재산이 거의 남겨지지 않는 상태에서 파산신청을 하는 것이 나을 것입니다.

③ 개인회생은 월급 등 정기적인 수입이 있고, 그 수입이 최저생계비 이상일 경우에 가능하므로, 이러한 수입이 없는 가정주부 등 채무자로서는 개인파산을 이용해야 할 것입니다.

④ 다소 주관적이기는 하지만 채무액수가 비교적 크면 개인파산쪽에, 감당할 수 있는 정도의 비교적 적은 액수의 채무인 경우에는 개인회생쪽에 초점을 맞추는 것이 현명할 것입니다.

⑤ 카드회사나 은행 등 금융기관에 대한 채무가 많은 경우에는 개인파산쪽에, 개인채권자가 많은 경우에는 개인회생쪽에 초점을 맞추는 것이 현명할 것입니다.

⑥ 장애인, 노약자, 생활보호수급자, 불치병 또는 난치병자 등은 개인파산을 이용하는 것이 현명하고, 그밖에 신체건강하고 젊은 사람들은 개인회생에 무게를 두어야 합니다. 다만, 개인회생은 3~5년간의 피눈물나는 변제과정이 필요하므로 개인파산에 있어서의

면책불허가사유들을 잘 따져봐서 자신에게 그러한 사유가 없는지를 판단해 보고 개인파산의 여건에 해당된다면 개인파산쪽을 고려해보는 것도 현명하다고 보입니다.

⑦ 채무발생의 원인이 과다한 사치·낭비, 도박 기타 사행행위로 인한 경우에는 개인파산에서 면책결정이 잘 나오지 않을 수 있으므로 이러한 경우에는 개인회생쪽에 무게를 두는 것이 현명합니다.

⑧ 도산사건에 대한 20여년간의 법원의 운영실태를 살펴보면 초창기에는 개인파산에서의 면책인용율이 개인회생의 인가율을 상회하는 경향을 보이고 있다는 점이 특이했습니다. 정책적인 사유도 있었겠지만 도산제도를 운영하는 법원에서도 개인회생은 비교적 생소한데다 변제계획 등 그 절차도 복잡하고 까다로웠기 때문이 아닌가 싶습니다. 그러나 최근의 경향은 이와 반대로 개인회생의 인가율이 개인파산에서의 면책인용율보다 높고 절차도 간소화되어 있어 그 신청사례도 개인파산보다 훨씬 많은 것으로 보입니다.

이에 귀하께서도 위에서 살펴본 내용을 토대로 개인회생이든 개인파산이든 자신의 여건에 가장 잘 맞는 제도를 선택해서 재기를 도모하시기 바랍니다.

어낸 다음 이를 처분하거나 회수하는 일을 하는 은행을 말합니다.

제 2 장 파산·회생 편

제1절 개인파산·법인파산

[사례 5·2·1] 부부 또는 가족의 공동파산이 가능한지

문 저는 여기 저기 사업에 손을 대다가 실패하여 완전히 빈털터리가 되었고, 제 부인도 제가 은행에서 대출받은데 보증을 서서 보증 빚에서 헤어나지 못하고 있습니다. 어차피 저희 부부는 둘 다 파산신청을 해야 하는데, 부부동시파산신청이 가능한지 알고 싶고, 그것이 가능하다면 하나의 신청서로 동시파산신청서를 작성해도 되는지 알고 싶습니다.

답 부부 모두 파산지경에 이르렀다니 안타까운 일입니다. 비단 귀하의 경우뿐만 아니라 가족 중에 파산지경에 이른 채무자가 한 명이라도 있게 되면 그에 대한 보증관계로 인해 온 가족이 파산신청의 문을 두드려야 하는 경우가 많습니다.

결론적으로 말하면 부부동시파산[194] 또는 가족동시파산신청도 가능합니다. 다만, 부부나 가족이라도 각 채무자별로 재산의 상태, 부채의 상태, 채권자의 수, 채권의 종류(주채무 또는 보증채무)가 다르고, 심문여부나 파산선고 여부도 각각 다를 수 있으므로 파산신청서는 채무자별로 각각 작성해서 제출해야 합니다.

다만, 위와 같이 각각 작성한 파산신청서는 동시에 제출할 수 있으며, 이때 부전지를 붙여 부부동시파산 또는 가족동시파산의 취지를 알리게 되면 접수담당 직원이 동일한 재판부에 배당을 해줄 것으로 사료되고, 또한 판사도 면책결정을 함에 있어서 이러한 사정을 반영할 것으로 보입니다.

따라서 귀하 부부께서는 각각 개별적으로 개인파산신청서를 작성하되, 이를 동시에 제출하면서 부전지로 부부동시파산신청임을 고지해 두면, 나중에 파산심문이나 면책심문시 이를 감안하여 보다 쉽게 파산 및 면책결정이 이루어질 수 있을 것으로 보입니다.

194) 이러한 부부동시파산제도는 부부가 동시에 파산을 신청할 수 있다는 것을 말하는 것으로서, 이는 동일절차 내에서 부부에 대하여 동시에 파산절차를 진행할 수 있다는 것을 말하는 부부공동파산제도와 구별되는 것이며, 부부동시파산이 허용되는 것과 달리 부부공동파산은 파산절차의 성질상 부적합하게 됩니다.

[사례 5·2·2] 채권자가 악덕채무자에 대한 파산신청을 통하여 파산자로 만들 수 없는지

문 저는 채무자 甲에 대하여 1억원의 공사대금 채권이 있어서 판결을 받아 놓고 재산명시 신청까지 하였으나 甲이 제출한 재산목록상 기재된 甲의 재산이 하나도 없는 것으로 되어 있습니다. 그런데 甲은 행세를 부리면서 큰소리 빵빵치고 돌아다니는데 성질이 나서 잠이 잘 오지 않습니다. 어떤 희생을 감수하고서라도 甲에게 골탕을 먹이고 싶은데, 좋은 방법이 없는지 박사님께 문의드리고 싶습니다.

답 참으로 속이 많이 상하시겠습니다. 어떤 희행이라도 감수한다고 하니 채무자를 파산자로 만드는 것을 고려해 보는 것이 어떨까 싶습니다. 파산이란 채무자가 과도한 채무를 부담하고 있어 자신의 능력으로는 도저히 그 채무를 변제하기 어려운 지급불능상태에 있는 경우에, 「채무자 회생 및 파산에 관한 법률」(이하 '법')이 정하는 절차에 따라 채무자를 파산자로 만들고, 채무자의 모든 재산을 금전으로 환가시켜 채권자들에게 평등하게 배당하도록 하는 절차를 말합니다.

파산 중에서 개인이 파산하는 것을 개인파산이라고 합니다. 개인파산은 주로 채무자 본인이 파산을 신청하는 자기파산이 대부분일 것이나 채권자도 채무자에 대해 파산을 신청해서 채무자를 파산자로 만들 수 있습니다. 따라서 채권자의 입장에서 볼 때 채무자가 빚도 제대로 갚지 않으면서 버젓이 길거리를 돌아다니거나 심지어는 고급승용차를 타고 다니는 것을 보면 눈이 뒤집혀질 것입니다. 이러할 때에 채무자를 파산자로 만들어 놓으면 여러 가지 불이익이 따를 수 있으므로 개인파산신청을 검토해 보는 것도 한 방법일 수 있습니다.

악덕 채무자를 파산자로 만들어 놓으면 어떠한 불이익이 돌아갈 수 있을까요? 파산자로 되면 파산자라는 불명예뿐만 아니라 공무원이나 변호사, 공인회계사, 변리사, 공증인, 부동산중개업자, 사립학교교원, 의사, 한의사, 약사, 건축사 등이 될 수 없고, 합명회사·합자회사의 사원인 경우에는 퇴사의 원인이 되며, 주식회사·유한회사의 이사의 경우에는 당연 퇴임의 사유가 됩니다. 또한 각종 인·허가와 관련된 사업도 운영할 수 없게 됩니다. 파산자는 그밖에도 파산자의 신원증명업무를 관장하는 등록기준지의 시·구·읍·면장에게 통지되어 신원증명서에 신원증명사항의 하나로 기재되고, 각종 은행이나 카드회사 등 금융기관 등에 통지되어 대출이나 담보대출, 카드발급, 할부거래, 기타 신용과 관련된 일을 하지 못하게 됩니다.

채무자에 대해 파산을 신청하려면 파산신청서를 작성하고 여기에 채무자에 대하여 재산명시신청 등을 통하여 확보한 채무자의 주민등록초본과 가족관계증명서, 차용증 등 채권이 존재한다는 증명서류, 채무자에게 변제자력이 없다는 증명서류(다만, 재산관계명시조서 등 공적 서류일 것)를 첨부해서 채무자가 영업자가 아닌 경우에는 채무자의 주소지를 관할하는 회생법원에, 영업자인 경우에는 채무자의 주소지 관할 회생법원 외에 채무자의 영업소 소재지 관할 회생법원에 신청하면 됩니다. 다만 서울 지역의 경우에는 2017년 3월 1일 도산전문법원인 서울회생법원이 설치되어 있으므로 서울 전지역 모두 서울회생법원에 파산신청서를 제출하면 됩니다. 그런데 위와 같이 파산신청에 필요한 증명서류를 준비하려면 그 전제로서 채무자에 대한 판결 등 집행권원을 확보해야 하고, 이를 토대로 재산명시절차를 거쳐야만 준비가 가능할 것으로 보이니 사전에 이러한 절차를 거친 후 파산신청을 하는 것이 바람직할 것입니다.

채무자에 대한 파산신청시 소요되는 비용은 인지대 1,000원, 송달료 51,600원{(43,000원+(4,300원×2)}, 파산관재인 선임 예납금 300,000원 정도가 소요될 것으로 보입니다.

이에 귀하께서는 채무자 甲에 대한 판결 및 재산명시절차를 이미 거쳤다고 하므로 甲에 대한 파산신청에 필요한 구비서류들은 쉽게 마련할 수 있을 것으로 보이며, 따라서 甲에 대한 파산신청을 통해서 甲을 골탕먹일 수 있도록 하는 절차를 밟아보시기 바랍니다.

[사례 5·2·3] 파산선고를 받아 파산자로 되면 어떤 불이익이 따르게 되는지

문 저는 가족들의 생활비에 쓰느라고 카드빚 등 감당할 수 없는 채무를 지고 있고, 몸도 아파서 개인파산을 신청하고자 합니다. 그런데 파산선고가 되어 파산자로 되면 여러 가지 불이익이 따른다고 해서 망설이고 있습니다. 제가 파산선고를 받으면 어떤 불이익이 따르는지 박사님께 문의드리고 싶습니다.

답 예, 파산신청을 하고자 할 때에 귀하와 같은 고민을 하시는 분들이 많습니다. 이에 파산선고를 받게 되면 어떤 불이익이 따르게 되는지를 미리 알아둘 필요가 있을 것입니다. 아래에서 파산자로서의 불이익에 관하여 자세히 살펴보기로 하겠습니다.

첫째, 파산선고가 확정되고 장차 면책받을 가능성이 없는 경우에는 법원에서 그 사실을 등록기준지나 각종 금융기관 등에 통지하게 됩니다. 다만, 파산선고가 확정되었다고 해서 무조건 등록기준지 등에 통지하는 것이 아니고, 면책신청이 각하·기각되거나, 면책불허가결정이 내려진 때 또는 면책취소결정이 확정된 때에만 통지하게 됩니다. 검사에게는 법원이 필요하다고 인정한 경우에만 통지하게 됩니다(통합도산법 제315조). 파산선고 확정 후 면책가능성이 없다고 판단되어 등록기준지 등에 파산선고 사실을 통지한 경우에도 나중에 면책결정이 확정된 경우에는 법원에서는 그 사실을 등록기준지 등에 통지하게 됩니다.

둘째, 개인채무자가 파산선고를 받게 되면 각종 법률에서 정한 공적 또는 사적 자격제한사유에 해당되어 자격을 취득할 수 없거나 기존의 자격을 상실하게 될 수 있어서 임용결격 또는 퇴직·면직의 불이익을 받을 수 있습니다. 즉 파산선고를 받고 복권되지 않은 자는 변호사, 법무사, 공인노무사, 공인회계사, 관세사, 변리사, 감정평가사, 행정사, 소속공인중개사·중개보조원, 임명공증인, 합명회사·합자회사의 사원, 주식회사·유한회사의 이사, 외국법자문사, 감리원, 결혼중개업운영자 및 그 종사자, 일반경비원, 도선사, 정비사업조합의 임원, 정비사업전문관리업자의 대표자 및 그 임직원, 도시개발조합의 임원, 산림조합 임원, 지구별수협의 임원, 아이돌보미, 사회복지위원회 위원 등을 할 수 없게 됩니다. 또한 파산선고를 받게 되면 일반직·특정직·별정직 공무원, 지방공무원, 교육공무원, 사회복지공무원, 국공립학교교원, 장교·준사관·부사관, 경찰공무원 등 공무원에 임용될 수 없고(국가공무원법 제33조 제2호, 지방공무원법 제31조 제2호), 공무원 재직 중에 파산선고를 받게 되면 면책 여부와 연계하여 면책신청기한 내에 면책신청을 하지 않았거나 면책불허가결정 또는 면책취소가 확정된 경우에는 당연퇴직사유가 됩니다.[195)]

셋째, 파산선고를 받게 되면 일정한 사업의 경우 사업자등록이 허락되지 않게 되고, 이미 이루어진 인허가도 취소되는 불이익을 받을 수 있어 일정한 사업을 영위할 수 없게 됩니다. 즉, 파산선고를 받고 복권되지 않은 사람은 가축분뇨관련영업허가, 감리전문회사등록, 건강기능식품영업허가, 건설업등록, 건설폐기물처리업허가, 건축사무소개설신고 및 간리 등 업무신고, 고압가스관련 허가·등록, 골재채취업등록, 공인중개사개설·등록, 관광사업등록, 직업훈련시설지정, 기부금품모집등록, 기술사무소개설등록, 중·도매업허가, 시장도매인지정, 담배소매업지정, 대부업등록, 먹는물사업관련 허가, 목재생산업등록, 다단계판매업등록, 보험설계사등록, 세무사등록, 폐수처리업등록, 식품관련영업허가, 액화석유가스관련사업허가, 개인택시 등 여객자동차운송사업면허·등록, 어린이집의 설치·운영, 옥외광고업등록, 자동차판매업·자동차정비업, 자동차해체재활용업등록, 전기공사업, 주류판매업, 주택건설사업등록, 직업소개사업의 신고·등록, 도축업·집유업·축산물가공업허가, 근로자파견사업허가, 폐기물처리업등록, 화장품제조·판매업등록, 화물자동차운송사업허가 등이 이루어지지 않게 되고, 이미 인허가가 이루어진 경우에는 그 취소사유에 해당되어 위 업종의 사업에 종사할 수 없게 되는 것입니다.

넷째, 법원은 파산자에게 보내오는 우편물·전보 등 운송물에 대하여 체신관서·운송인 등으로 하여금 파산관재인에게 배달할 것을 촉탁할 수 있고, 파산관재인은 그가 받은 우편물·전보 등 운송물을 열어볼 수 있도록 하고 있습니다(통합도산법 제80조 제1항, 제2항).

그러나 파산선고를 받아 파산자로 된 자도 권리능력, 행위능력, 소송능력은 제한을 받지 않으며, 대통령·국회의원·지방자치단체장 등 정무직 공무원의 직위와 피선거권에도 영향을 받지 않습니다. 또한 파산자라도 변호사의 사무원, 법무사의 사무원, 공인노무사의 직무보조원, 의사·한의사·간호사·약사·한약사[196], 수의사, 사회복지사[197]의 신분·지위의 취득은 가능합니다. 파산선고의 불이익은 파산선고를 받은 자 본인에 한하는 것이며, 그의 가족 등 제3자에 대하여는 신분상 아무런 불이익도 미치지 않게 됩니다.

이에 귀하께서는 위에서 살펴본 파산선고의 불이익을 감안해서 파산신청을 하든지 해야 할 것입니다. 다만 이러한 불이익은 파산선고 후 면책결정 전까지만 해당되는 것으로서 귀하께서 면책결정까지 받은 후에는 이러한 불이익에서 벗어날 수 있습니다. 또한 파산선고 후 10년이 경과된 때에도 자동복권되어 이러한 불이익은 사라지게 됩니다.

[사례 5·2·4] 파산선고를 받게 되면 전기사업영업허가가 취소되는지 여부

문 제 남편은 현재 조그마한 직장에 다니다가 보증을 잘못 서서 많은 빚을 지게 되었고, 따라서 채권자들의 등쌀에 못이겨 부득이 파산신청을 하려고 합니다. 목구멍이 포도청이라 먹고는 살아야 하기 때문에 제 남편은 가진 재주를 살려서 장차 전기사업을 운영하려고 합니다. 그런데 들리는 말로는 파산선고를 받게 되면 전기사업자등록을 할 수 없다고 하는데 과연 그러한지 알고 싶습니다.

195) 공무원으로 재직 중에 파산선고를 받아 확정된 경우에는, 종전에는 당연퇴직사유로 되어 나중에 면책결정을 받아 확정된다고 하더라도 해당 퇴직이 무효로 되거나 복직이 이루어질 수 없었으나, 2015년 5월 18일 개정된 국가공무원법 및 지방공무원법이 시행되는 2015년 11월 19일부터는 공무원이 파산선고를 받더라도 면책결정을 받은 경우에는 그 면책이 취소되지 않는 한 당연퇴직사유에서 제외되어 공무원신분을 유지할 수 있게 되었습니다(국가공무원법 제69조 제1호, 지방공무원법 제61조 제1호).

196) 의료법 및 약사법 개정(2007년 4월 11일 개정 및 시행)으로 면허결격사유 대상자에서 파산선고자를 제외시켰습니다.

197) 사회복지사와 사회복지공무원은 구별되는 것으로 파산자는 사회복지사(자격증)의 자격은 취득할 수 있지만 사회복지공무원에는 임용될 수 없습니다.

답 파산을 신청하여 파산결정이 나오게 되면 파산자로 되는데, 이러한 파산자는 면책결정이 나오기 전까지는 일정한 직업을 갖지 못하거나 일정한 사업에 종사할 수 없게 됩니다. 파산자가 가질 수 없는 직업은 약 150여개에 달하고, 파산자가 종사할 수 없는 사업은 약 100여개에 달합니다.

이러한 직업상 또는 사업상의 제한은 「채무자 회생 및 파산에 관한 법률」(이하 '통합도산법')상의 제한이 아니며 개별 법령상으로 파산자에 대한 직업상 또는 사업상의 자격 제한을 규정하고 있는 바에 따른 제한입니다. 즉, 해당 직업이나 업종에 대하여 규율하고 있는 개별 법령에서 파산자가 일정한 직업을 가질 수 없도록 규정하고 있거나 사업허가를 받을 수 없도록 규정하고 있는 경우에는 그러한 직업이나 사업을 가질 수 없는 것입니다.

귀하의 사안을 살펴보건대, 귀하의 남편께서 하고자 하는 업종이 전기사업이고 이를 규율하고 있는 법이 전기사업법인데, 전기사업법 제8조(결격사유)에서는 파산선고를 받고 복권되지 않은 자는 전기사업의 허가를 받을 수 없도록 규정하고 있습니다(전기사업법 제8조 제2호). 따라서 귀하의 남편께서 파산선고를 받은 후 면책결정을 받기 전까지는 이러한 전기사업허가를 받을 수 없을 것으로 사료됩니다. 다만, 귀하의 남편께서는 위 전기사업 허가를 받아 사업자등록을 한 자에게 고용되어 근로자로서 전기기술 업무에 종사할 수는 있을 것으로 보입니다.

참고로 파산선고를 받게 되면 법원에서는 파산선고가 일정한 자격이나 사업자등록의 임의적 또는 필수적 등록취소 사유로 되어 있는 경우에는 해당 주무관청에 통지를 하게 되며, 따라서 파산자가 종사할 수 없는 사업자등록을 가지고 있는 경우에는 해당 사업자 등록이 취소될 소지가 있을 것으로 보입니다.

[사례 5·2·5] 파산선고를 받으면 다른 가족에게 피해가 갈 수 있는지

문 저는 현재 50대 후반으로서 취직을 눈앞에 두고 있는 아들, 딸들이 있는데, 제가 한 때 사업을 하다가 부도가 발생하여 평생 빚에 얽매여 아무것도 할 수 없기에 부득이 파산신청을 하려고 합니다. 그런데 불안한 것은 제가 파산선고를 받게 되면 자식들에게 어떤 불이익이 돌아갈까 봐서 함부로 파산신청을 하지 못하고 있습니다. 이에 박사님의 고견을 듣고 싶습니다.

답 채무자가 파산선고를 받고 그것이 확정되면 파산자로 되는 것이며, 법원에서는 귀하께서 면책가능성이 없다고 판단되면 이러한 사실을 파산자의 등록기준지의 시·구·읍·면장에게 통지하게 되고(단, 동사무소에서는 관리하지 않음), 이에 따라 신원증명서를 요구하는 직장이나 금융기관 등에 제공됨으로써 취직이나 금융거래에 있어 불이익이 따르게 되는 경우가 있습니다.

다만, 시·구·읍·면에서도 파산자의 기록은 별도로 철하여져 따로 관리하고 있을 뿐으로 가족관계증명서나 주민등록부에 기재되어 발급되는 것은 아닙니다. 또한 파산자가 되면 면책결정이 나오기 전까지 일정한 직업이나 자격, 즉, 공무원, 변호사, 공인회계사, 변리사, 공증인, 부동산중개업자, 사립학교교원, 건축사, 후견인, 유언집행자, 수탁자, 합명회사·합자회사 사원, 주식회사·유한회사의 이사 등이 될 수 없는 제약이 뒤따르게 되지만, 이러한 불이익은 파산자 본인에 국한된 제한이며 그 가족에게는 어떠한 영향도 미치지 않게 됩니다.

따라서 귀하의 자식들이 공무원이나 일반 기업체에 취직할 때에 요구되는 신원증명서에도 귀하의 파산선고사실이 기재되지는 않으며, 위에서 본 바와 같이 가족관계증명서나 주민등록등·초본에도 귀하의 파산선고사실이 기재되어 발급되지는 않습니다.

결국 귀하께서 파산선고를 받는다고 하더라도 귀하의 가족에게는 어떠한 영향도 미치는 것은 아니므로 안심해도 될 것으로 보이니, 귀하께서 파산신청의 요건에 해당된다면 파산신청을 해도 무방할 것으로 보입니다.

[사례 5·2·6] 임차인이 파산선고를 받으면 임대차보증금을 하나도 받지 못하고 쫓겨나야 하는지

문 저는 지방의 광역시에서 임대인 甲소유의 아파트에 임대차보증금 3천만원, 기간 2년으로 하는 임대차계약을 체결한 후 입주해서 살고 있던 중 사업에 실패하여 카드 및 은행빚 등 많은 채무를 짓고 조만간 파산신청을 하려고 합니다. 그런데 제가 파산선고를 받게 되면 제 전 재산이라고 할 수 있는 위 임대차보증금 모두가 청산의 대상이 되어 채권자들에게 배당되고 저는 위 아파트에서 쫓겨나야 하는지 갑갑해서 박사님께 문의드리고자 합니다.

답 귀하께서는 임대차보증금이 유일한 재산이라고 하는데, 파산선고를 받아 이러한 임대차보증금마저 모두 채권자들에게 배당이 된다면 생활이 말이 아닐 것입니다. 이러한 경우를 대비해서 「채무자 회생 및 파산에 관한 법률」(이하 '통합도산법')에서는 파산을 신청한 채무자로 하여금 일정한 기간 내에 임대차보증금 중 일정액을 파산재단의 편입대상으로부터 면제시켜 줄 것을 신청할 수 있도록 하고, 이에 대하여 법원이 면제결정을 해주면 주택임대차보호법 제8조에 의한 최우선변제금액의 범위 안에서 통합도산법 시행령이 정하는 금액을 초과하지 않는 부분에 대하여 이를 파산채권자에게 배당하지 않고 채무자에게 지급해 주도록 하고 있습니다(통합도산법 제383조 제2항 제1호).

임대차보증금 중 일정액에 대한 면재재산신청은 파산신청일 이후부터 파산선고 후 14일 이내까지 면제재산목록 및 소명에 필요한 자료를 첨부하여 파산신청 법원에 신청하면 됩니다(통합도산법 제383조 제3항).

여기에서 통합도산법 시행령이 정하는 금액이란 주택가격의 1/2를 초과하지 않는 범위 안에서 서울 3,400만원, 과밀억제권역은 2,700만원, 광역시·세종특별자치시·안산시·용인시·김포시·광주시는 2천만원, 그밖의 지역은 1,700만원을 말합니다(통합도산법 시행령 제16조 제1항, 주택임대차보호법 시행령 제10조 제1항).

이에 귀하의 사례를 살펴보면, 귀하께서 광역시에 거주하고 있다고 하고, 광역시의 경우에는 면제재산을 신청할 수 있는 범위가 2천만원까지이므로, 귀하께서는 파산신청을 한 때로부터 파산선고 후 14일 이내까지 파산신청 법원에 면제재산신청을 함으로써 임대차보증금 중 2천만원까지는 건져낼 수 있을 것으로 보입니다.

참고로 이러한 면제재산신청제도는 파산신청과 동시에 채무자 소유의 가재도구 등 유체동산에 대해 신청해 놓음으로써 여기에 채권자로부터 가압류나 압류가 들어오지 못하도록 하는데 큰 작용을 하고 있어 실무상 많이 이용되고 있습니다.

[사례 5·2·7] 채무자가 파산선고를 받게 되면 최소한의 생계비조차도 건져낼 수 없게 되는지

문 저는 5년 전에 보증을 살못 서주어 빚더미에 올라시게 되었습니다. 이것저것 다 해보았지만 보증 빚 때문에 아무것도 할 수 없이 부득이 파산신청을 하려고 합니다. 저에게는 유일하게 예금통장에 500만원의 현금이 있습니다. 제가 파산선고를 받게 되면 위 500만원의 예금 전액도 청산되어 채권자들에게 배당되고 저한테는 하나도 남게 되는 것이 없는지 궁금합니다. 이에 박사님의 고견의 듣고 싶습니다.

답 참으로 안타까운 일입니다. 귀하께서 보증을 서주었다는 것은 귀하께서 참으로 너그러운 사람이라는 뜻입니다. 「채무자 회생 및 파산에 관한 법률」(이하 '통합도산법')이 시행되는 2006년 4월 1일부터는 개인채무자가 파산신청을 하면서 법원에 최소한의 생계비에 사용할 특정재산에 대하여는 이를 파산재단의 편입대상에서 면제시켜 줄 것을 신청할 수 있고, 이에 대하여 법원이 면제결정을 해주면 채무자 및 그의 피부양자의 생활에 필요한 6개월간의 생계비에 사용할 특정한 재산으로서 통합도산법 시행령이 정하는 금액을 초과하지 않는 부분에 대해서는 이를 채무자에게 돌려주도록 하고 있습니다(통합도산법 제383조 제2항 제2호). 여기에서 통합도산법 시행령이 정하는 금액이란 900만원[198]을 말합니다(통합도산법 시행령 제16조 제2항).

생계비에 대한 면제재산신청은 파산신청일 이후부터 파산선고 후 14일 이내까지 면제재산목록 및 소명에 필요한 자료를 첨부하여 파산신청 법원에 신청하면 됩니다(통합도산법 제383조 제3항).

따라서 귀하의 사례를 살펴보면, 귀하께서는 500만원의 예금만 가지고 있고, 이는 900만원을 초과하지 않는 금원이므로 귀하께서 생계비에 대한 면제재산신청을 할 경우에는 귀하의 파산신청에도 불구하고 귀하의 예금 500만원은 그 전액을 보장받을 수 있을 것으로 보입니다.

[사례 5·2·8] 파산선고를 받게 되면 기존에 가입해 둔 보험계약도 모두 해지되어야 하는지

문 저는 사업실패로 채무가 약 3억원에 이르고 있고 달리 가진 재산도 없어 부득이 파산신청을 하려고 합니다. 그런데 저는 만기 15년짜리 암보험에 가입해 둔 것이 있으며 현재 10년째 매월 보험금으로 3만원씩 납부해 오고 있습니다. 위 보험은 소멸성보험이어서 만기가 되더라도 환급금이 전혀 없습니다. 제가 파산선고를 받게 되면 이러한 보험도 파산관재인에 의하여 해약처리가 되는지 궁금합니다. 저는 생활고로 담배를 많이 피운 탓에 폐가 좋지 않기 때문에 파산선고를 받더라도 위 보험은 계속 유지하고 싶습니다. 그것이 가능한지 박사님께 고견을 듣고 싶습니다.

답 파산을 신청한 채무자에게 일정한 재산이 있는 경우에는, 그 재산으로 파산절차비용도 충당하기에 부족한 경우를 제외하고는, 파산관재인이 선임되어 이를 환가한 후 채권자들에게 배당을 해주게 됩니다. 다만 「채무자 회생 및 파산에 관한 법률」(이하 '통합도산법')상 파산채무자의 재산 중 압류금지재산에 대해서는 채권자들에게 배당되지

---

198) 종전에는 위 금액이 720만원이었으나, 2013년 2월 13일 개정·시행된 통합도산법에 의하여 900만원으로 상향조정되었습니다.

않고 파산채무자가 계속 보유할 수 있게 됩니다(통합도산법 제383조 제1항).

귀하의 문의는 파산선고와 보험계약의 강제해지 여부와 관련된 것 같습니다. 그런데 보험은 일부를 제외하고는 압류금지재산에 포함되어 있지 않으며 따라서 파산관재인은 이를 환가해서 채권자들에게 배당할 수 있고 그 환가를 위하여 보험계약도 해지할 수 있습니다(통합도산법 제335조 제1항). 이에 파산신청시에는 채무자로 하여금 진술서의 재산목록란에 채무자가 가입한 보험의 해약반환금 예상액을 기재하도록 하고 있고(만약 보험해약반환금 예상액이 없을 경우에는 '없음'이라고 기재하고, 없다는 사실에 대한 보험회사의 증명서를 첨부해야 함), 그에 대한 증명서를 보험회사로부터 발급받아 첨부하도록 하고 있습니다.

다만, 다음과 같은 보험의 경우에는 채무자가 파산신청을 하더라도 예외적으로 해지되지 않고 그대로 유지될 것으로 보여집니다.

첫째, 법률에 의하여 보험가입이 강제되어 있거나 압류금지재산에 해당하는 보험인 경우, 예컨대, 국민건강보험, 자동차책임보험, 국민연금보험 등의 경우에는 보험계약이 해지되지 않을 것으로 보입니다.

둘째, 생명, 상해, 질병, 사고 등을 원인으로 채무자가 지급받는 보장성보험의 보험금(해약환급 및 만기환급금 포함) 중 「일정 금액」은 압류금지 재산에 포함되는바, 따라서 여기에 해당되는 보험도 해지되지 않고 그대로 유지될 것으로 보입니다(통합도산법 제383조 제1항, 민사집행법 제246조 제1항 제7호, 민사집행법 시행령 제6조).

여기에서 「일정 금액」이란 ⓐ 사망보험금 중 1천만원 이하의 금액, ⓑ 상해·질병·사고를 위한 보장성보험금 중 진료비·치료비·수술비·입원비·약제비 등 직접 치료 목적의 보장성보험금은 그 전액, ⓒ 상해·질병·사고를 위한 보장성보험금 중 직접 치료 목적 외의 보장성보험금은 그 1/2, ⓓ 해약환급금 중 채권자의 채권자대위권의 행사 또는 전부명령·추심명령에 따른 해약환급금은 그 전액, ⓔ 해약환급금 중 위 ⓓ를 제외한 해약환급금은 150만원 이하의 금액, ⓕ 보장성보험의 만기환급금 중 150만원 이하의 금액을 말합니다. 다만 채무자가 둘 이상의 보험계약을 체결한 경우에 있어서는 각 보험별로 중복해서 보호가 이루어지는 것은 불합리하므로 위 ⓐ호, ⓔ호, ⓕ호와 관련하여 사망보험금은 통틀어서 1천만원까지만, 해약환급금은 통틀어서 150만원까지만, 만기환급금은 통틀어서 150만원까지만 위 「일정 금액」에 해당됩니다(민사집행법 시행령 제6조 제2항 제1호).

셋째, 채무자가 가입해 놓은 보험이 소멸성 보험이어서 해약반환금 예상액이 없고, 이에 대한 보험회사의 '해약반환금 예상액 없음'의 증명서가 제출된 경우에는 보험계약해지의 실익이 없기 때문에 보험계약이 해지되지 않을 것으로 보입니다.

넷째, 보험을 포함한 채무자의 모든 재산을 환가하더라도 파산절차 비용조차 충당하기에 부족한 경우에는 법원은 파산선고와 동시에 파산폐지결정을 하게 되는데(통합도산법 제317조), 이러한 경우에는 파산관재인이 선임되어 채무자의 재산을 환가하고 채권자들에게 배당하는 절차가 생략되기 때문에 보험계약은 해지되지 않고 그대로 유지될 수 있을 것으로 보입니다.

따라서 귀하의 사안을 살펴보면, 귀하께서는 빚만 있고 별다른 재산이 없다고 보이므로 파산신청을 하게 되면 파산선고 및 동시폐지결정이 내려질 것으로 보이고, 그렇지 않는 경우라 하더라도 귀하의 보험은 압류금지대상 보험 내지 소멸성 보험에 해당되어 귀하의 파산선고에도 불구하고 위 암보험은 해지되지 않고 유지될 것으로 보이니 안심하셔도 될 것으로 보입니다.

[사례 5·2·9] 채무자가 파산신청을 하게 되면 저당권자라도 부동산을 경매시킬 수 없게 되는지

문 저는 사업상 알게 된 甲이 급하게 돈이 필요하다고 해서 5천만원을 빌려주면서 甲소유의 주택에 저당권을 설정해 놓았습니다. 그런데 甲은 사업에 실패하여 조만간 파산을 신청한다고 합니다. 만약 甲이 파산하게 되면 비록 제가 저당권을 설정해 놓았다고 하더라도 함부로 경매를 시키지 못하고 따라서 채권회수도 할 수 없게 되는지 박사님께 문의드리고 싶습니다.

답 파산재단에 속하는 재산상에 존재하는 유치권·질권·저당권 또는 전세권을 가진 자를 별제권자라고 하는데, 「채무자 회생 및 파산에 관한 법률」(이하 '통합도산법')에 의하면 이러한 별제권자는 그 목적 재산에 관하여 파산절차와는 무관하게 권리를 행사할 수 있도록 하고 있습니다(통합도산법 제411조). 다만, 파산관재인은 민사집행법에 의하여 별제권의 목적인 재산을 환가할 수 있는데, 이러한 환가방식에 관하여는 별제권자라도 거절할 수 없게 됩니다(통합도산법 제497조 제1항). 별제권자는 피담보채권액이 피담보재산의 가액보다 커서 별제권을 행사하더라도 모두 변제받을 수 없는 경우에는 그 잔여 채권액에 대해 파산채권자로서 권리를 행사할 수 있습니다(통합도산법 제413조).

따라서 귀하의 사례를 살펴보면, 귀하께서는 비록 甲이 파산선고를 받는다고 하더라도 저당권에 기하여 甲의 주택을 경매시킬 수 있을 것으로 보입니다. 다만, 귀하께서 이러한 저당권을 실행하지 않고 있거나 피담보채권의 변제기가 도래하지 않는 등으로 저당권이 실행되지 않고 있는 사이에 파산관재인이 경매 등 민사집행법상의 환가절차를 밟은 경우에는 귀하께서 이를 거절할 수 없을 것이며, 이때 피담보채권이 확정되지 않는 등으로 귀하께서 받을 금액이 아직 확정되지 않는 경우라면 파산관재인으로서는 그 환가대금을 따로 임치해 둘 것으로 보입니다(통합파산법 제497조 제2항).

[사례 5·2·10] 사용자가 파산선고를 받은 경우에 근로자의 체불임금 중 지연이자 부분도 재단채권에 해당되어 우선변제를 받게 되는지

문 저는 甲 회사로부터 고용되어 근무하다가 임금 및 퇴직금을 지급받지 못한 상태에서 퇴사했는데, 위 甲 회사가 작년에 파산선고를 받아 현재 파산관재인에 의해 파산절차가 진행되고 있습니다. 甲 회사의 재산이 조금 있어 임금 및 퇴직금 중 원금은 그럭저럭 받을 수 있을 것 같은데, 이에 대한 지연이자까지도 우선적으로 변제받을 수 있는지 궁금합니다. 이에 박사님의 고견을 듣고 싶습니다.

답 채무자가 재정적 파탄상태에 이른 경우에는 「채무자 회생 및 파산에 관한 법률」(이하 '법')에서 정한 파산절차를 통하여 채무로부터 벗어나고자 파산신청을 하는 경우가 많습니다. 파산절차란 채무자가 자신의 모든 재산으로 총채권자에 대한 채무를 변제할 수 없어 지급불능 상태에 있는 등으로 채무자에게 파산원인이 존재할 때 총채권자에게 공평한 만족을 얻도록 채무자의 재산을 청산·배당하는 절차를 말합니다. 파산절차 중에서 개인파산은 여기에 더하여 청산 후 잔여 채무의 면책에 의하여 채무자의 갱생이라는 목적이 추가됩니다.

채무자에 대해 파산이 선고되면 파산선고 당시 채무자의 모든 재산은 파산재단에 속하게 되고 이에 대한 권한은 법원이 선임한 파산관재인에게 전속하며, 파산관재인은 채무자의 재산을 공정하게 환가하여 채권자들에게 배당을 실시하게 됩니다. 이때 채권자의 채권을 보면 그 종류에 따라 파산채권인 것과 재단채권인 것의 두 가지로 구분할 수 있습니다. 여기에서 파산채권이란 '채무자에 대하여 파산선고 전의 원인으로 생긴 재산상의 청구권'으로서 파산절차에 의하지 않고는 개별적인 채권행사가 금지되어 있는 채권을 말하고, 재단채권이란 파산절차의 원활한 진행과 공평의 이념을 달성하기 위해 공익적·정책적 이유로 파산절차와 무관하게 수시로 변제되고, 파산채권보다 우선적으로 변제되도록 분류되어 있는 채권을 말합니다(법 제475조, 제476조). 귀하의 사건과 같이 파산채무자로부터 고용된 근로자의 임금이나 퇴직금 또는 재해보상청구채권의 원금 부분은, 그 발생시기가 파산선고 전후인지 여부나 최종 3개월 또는 최종 3년분인지 여부를 불문하고, 그 전액이 재단채권에 해당되어 파산절차에 의하지 않고 수시로 변제받고 파산채권보다

우선적으로 변제를 받게 됩니다(법 제473조 제10호).[199]

문제는 원금 외에 지연이자 부분도 재단채권에 해당되어 우선변제를 받을 수 있는지 여부입니다. 사용자는 근로자가 퇴직할 경우 임금 및 퇴직금을 그 지급사유가 발생한 때로부터 14일 이내에 지급해야 하며, 그렇지 않으면 연 20%의 지연이자를 가산해서 지급해야 합니다(근로기준법 제36조, 제37조, 동법 시행령 제17조). 이러한 지연이자는 파산선고 전에 발생한 부분도 있고 파산선고 후 파산관재인이 선임된 후에 발생한 부분도 있을 것입니다.

그런데 법에서는 '파산재단에 관하여 파산관재인이 한 행위로 인하여 생긴 청구권'을 재단채권의 하나로 규정해 놓고 있고(법 제473조 제4호), 판례는 여기에 재단채권에 대한 수시변제 행위도 포함된다고 판시하여 재단채권인 임금 및 퇴직금을 제때 지급해주지 않음으로 인하여 발생한 지연이자 부분도 재단채권에 해당된다고 하고 있습니다(대판 2014.11.20. 2013다64908).

즉 파산관재인은 그 직무상 재단채권인 근로자의 임금 등을 수시로 변제할 의무가 있다고 할 것이므로 파산관재인이 파산선고 후에 이와 같은 의무의 이행을 지체하여 생긴 근로자의 손해배상청구권, 즉 임금 및 퇴직금에 대한 지연이자 부분은 '파산재단에 관하여 파산관재인이 한 행위로 인하여 생긴 청구권(법 제473조 제4호)'에 해당하여 재단채권에 해당된다는 것입니다(대판 2011.6.24. 2009다38551, 2014.11.20. 2013다64908).

다만 파산선고 전에 발생한 지연이자 부분은 아직 파산관재인이 선임되어 있지 않은 관계로 '파산재단에 관하여 파산관재인이 한 행위로 인하여 생긴 청구권(법 제473조 제4호)'이라고 할 수 없을 것이므로 파산선고 전에 발생한 임금 및 퇴직금에 대한 지연이자 부분은 재단채권이 아니라 파산채권에 해당되고(법 제423조), 따라서 파산관재인에 의한 수시변제나 우선변제가 불가할 뿐만 아니라 채무자에 의한 임의 변제와 채권자의 개별적인 권리행사도 금지되는 관계로 일반 파산채권처럼 배당절차를 통하여 변제받을 수밖에 없을 것입니다. 마찬가지의 원리로 파산선고 후 파산관재인이 선임되기 전까지의 지연이자 부분이나 파산관재인이 아예 선임되지 않은 경우의 지연이자 부분도 '파산재단에 관하여 파산관재인이 한 행위로 인하여 생긴 청구권(법 제423조)'이라고 할 수 없을 것이므로 재단채권이 아니라 파산채권에 해당된다고 보는 것이 타당할 것입니다.

요컨대, 판례에 의할 경우 임금 및 퇴직금의 원금 부분에 대해서는 파산선고 전후나 파산관재인 선임 여부에 불문하고 모두 재단채권에 해당된다고 보되, 그 지연이자 부분에 대해서는 파산관재인이 선임된 후의 지연이자 부분만 재단채권에 해당하고, 그밖의 임금 및 퇴직금의 이자나 지연이자 부분은 모두 파산채권에 해당되는 것이라고 할 것입니다.

이에 귀하의 사건을 보건대, 귀하께서 받지 못한 임금 및 퇴직금의 원금 부분과 이에 대한 파산관재인 선임 후의 지연이자 부분은 재단채권에 해당되어 파산관재인에 의해 수시로 변제받고 다른 채권자보다 우선적으로 변제받을 수 있을 것으로 보이나, 그밖의 지연이자 부분은 파산채권에 지나지 않으므로 배당절차에서 평등하게 배당받는 수밖에 없을 것으로 보입니다.

[사례 5·2·11] 채권자가 제기한 사해행위취소소송에 대하여 부인소송의 제척기간이 경과한 후에도 파산관재인이 수계할 수 있는지

문 저는 종전에 채권자 甲이 채무자 乙의 부동산매도행위가 사해행위라고 주장하면서 매수인 丙을 상대로 사해행위취소소송을 진행하고 있던 중에 甲이 파산함에 따라 파산관재인으로 선임되었고, 파산관재인의 임무로써 위 사해행위취소소송을 수계하여 부인소송으로 청구취지 및 청구원인을 변경하였는데, 그 시점이 파산선고일로부터 2년이 경과된 후였습니다. 이에 丙은 위 부인소송이 이미 제척기간이 경과된 후에 제기된 소송이어서 마땅히 각하되어야 한다고 주장하고 있습니다. 이에 과연 丙의 말대로 위 부인소송이 부적법한 것인지 여부에 관하여 박사님께 문의드리고 싶습니다.

답 「채무자 회생 및 파산에 관한 법률」(이하 '법') 제405조(부인권행사의 기간) 전문에 의하면 "부인권은 파산선고가 있은 날부터 2년이 경과한 때에는 행사할 수 없다."라고 규정하고 있고, 법 제406조(채권자취소소송 등의 중단) 제1항에서는 "민법 제406조(채권자취소권)의 규정에 의하여 파산채권자가 제기한 소송이 파산선고 당시 법원에 계속되어 있는

199) 통합도산법 제473조 제10호에서는 재단채권의 하나로서 '채무자의 근로자의 임금·퇴직금 및 재해보상금'을 규정하고 있는데, 이는 그 문언상 원본채권만을 의미할 뿐 지연이자 부분은 원금 부분과 법적 성질을 달리하는 일종의 손해배상금에 해당되므로 임금·퇴직금에 대한 지연이자 부분은 여기 제10호상의 재단채권에 해당되지 않습니다(대법원 2014.11.20. 선고 2013다64908 전원합의체 판결). 따라서 임금·퇴직금에 대한 지연이자 부분이 재단채권이냐 파산채권이냐의 여부 문제는 또 다른 재단채권의 하나로 규정하고 있는 통합도산법 제473조 제4호 '파산선고 후의 불이행으로 인한 손해배상액 및 위약금'에 해당되는지 여부에 달려 있다고 볼 것입니다. 이에 관하여 대법원 판례의 다수의견은 지연이자 부분은 위 통합도산법 제473조 제4호에 해당된다고 보아 이를 재단채권이라고 보고 있는 반면, 소수의견은 지연이자 부분은 통합도산법 제446조 제1항 제2호의 '파산선고 후의 불이행으로 인한 손해배상액 및 위약금'에 해당한다고 보아 후순위파산채권에 지나지 않는 것으로 보고 있습니다(대법원 2014.11.20. 선고 2013다64908 전원합의체 판결).

때에는 그 소송절차는 수계 또는 파산절차의 종료에 이르기까지 중단된다."라고 규정하면서, 제2항에 의하여 준용되는 법 제347조 제1항 전문에서는 "파산재단에 속하는 재산에 관하여 파산선고 당시 법원에 계속되어 있는 소송은 파산관재인 또는 상대방이 이를 수계할 수 있다."라고 규정하고 있습니다.

위와 같이 법에서는 파산채권자가 제기한 채권자취소소송이 파산채무자에 대한 파산선고 당시 법원에 계속되어 있는 때에는 그 소송절차는 중단된다고 규정하고 있는데, 이는 채권자취소소송이 파산채무자를 당사자로 하는 것은 아니지만 소송 결과가 파산재단의 증감에 직접적인 영향을 미칠 수 있을 뿐만 아니라 파산채권자로서는 파산절차에 의하지 않고는 개별적인 권리행사가 금지되어 있다는 점에서 파산채권자로 하여금 파산선고 후에 있어서는 채권자취소권을 행사할 수 없도록 하기 위한 것이라고 보이고(법 제424조), 대신 법에서는 파산관재인이 채권자취소소송을 수계할 수 있도록 하여 부인권의 행사로 흡수시킴으로써 파산채무자의 재산을 공정하게 환가·배당하는 것을 목적으로 하는 파산절차에서의 통일적인 처리를 꾀하고 있다고 보입니다. 따라서 파산선고 전에 적법하게 제기된 채권자취소소송을 파산관재인이 수계하게 되면 그 소송상 효과도 파산관재인에게 그대로 승계된다고 할 수 있고 파산관재인이 채권자취소소송을 수계한 후 이를 청구변경의 방법으로 부인권을 행사한 경우에는 특별한 사정이 없는 한 그 제척기간의 준수 여부는 중단 전의 채권자취소소송이 법원에 처음 제기된 때를 기준으로 판단하는 것이 타당하다고 보입니다(대판 2016.7.29. 2015다33656).

이에 파산관재인인 귀하께서 채무자 乙에 대한 파산선고가 있은 날로부터 2년이 경과한 시점에서 채권자 甲이 제기한 채권자취소소송, 즉 사해행위취소소송을 수계하여 부인소송으로 청구취지 및 청구원인변경신청서를 제출한 경우에도 사해행위취소소송이 적법한 기간 내에 제기되어 있는 한 제척기간이 경과되어 부적하다고 볼 수는 없을 것이므로 귀하께서는 계속 부인소송을 적법하게 진행할 수 있을 것으로 보입니다.

[사례 5·2·12] 항소심에서 파산관재인이 채권자취소소송을 수계하여 부인권을 행사하는 경우에도 그 부인소송을 파산법원으로 이송해야 하는지

문 저는 채무자 甲으로부터 지급받을 공사대금 채권이 있었는데 甲이 그 소유의 부동산을 乙에게 처분한 사실을 나중에 알게 되어 乙을 피고로 사해행위취소소송을 제기하였고 제1심에서 승소하였지만 乙의 항소로 항소심이 진행되고 있던 도중에 甲이 파산선고를 받아 파산관재인이 위 사해행위취소소송을 수계하여 부인권을 행사하고 있습니다. 이러한 경우에 위 부인소송은 항소심에서 계속 맡게 될지 아니면 파산법원으로 이송될지 몰라 박사님께 문의드리고자 합니다.

답 「채무자 회생 및 파산에 관한 법률」(이하 '통합도산법')상 부인권은 파산관재인이 부인의 소, 부인의 청구 또는 부인의 항변의 방법으로 행사하는데, 부인의 소와 부인의 청구사건은 파산법원의 관할에 전속하게 됩니다(통합도산법 제396조 제1항, 제3항).

한편 파산채권자가 제기한 채권자취소소송이 파산선고 당시 법원에 계속되어 있는 경우에는 해당 소송절차는 중단되고 파산관재인 또는 상대방이 이를 수계할 수 있도록 하고 있는 바(통합도산법 제406조 제1항, 제2항, 제347조 제1항), 이에 따라 파산관재인이 채권자취소소송을 수계하여 청구변경의 방법으로 부인권을 행사하는 경우에는 원칙적으로 위 부인소송은 관할법원인 파산법원으로 이송해야 할 것입니다.

그러나 통합도산법상 관할 규정의 문언과 취지, 채권자취소소송과 부인소송의 관계, 소송진행 정도에 따라 기대가능한 절차상의 편익 등을 종합해보면, 파산채권자가 제기한 채권자취소소송이 항소심에 계속된 후에는 파산관재인이 소송을 수계하여 부인권을 행사하더라도 통합도산법상 부인소송에 관한 관할 규정(통합도산법 제396조 제3항)이 적용되지 않고, 항소심법원이 소송을 심리·판단할 권한을 계속 가지고 있다고 봄이 타당할 것입니다.

따라서 파산채권자인 귀하께서 제기한 채권자취소소송이 항소심에 계속되던 중 파산관재인이 이를 수계하여 부인권을 행사한 경우에는 위 부인소송은 파산법원으로 이송되지 않고 그대로 항소심에서 진행될 것으로 보입니다.

[사례 5·2·13] 개인채무자가 사치로 인한 빚 때문에 파산신청을 한 경우에도 면책결정을 받을 수 있는지

문 저는 평소 씀씀이가 크고 사치 기질이 있어 여러 개의 카드를 발급받아 여기저기 쓰다 보니 빚을 많이 지게 되었습니다. 카드돌려막기도 한계에 다다라 부득이 파산신청을 하는 수밖에 방법이 없을 것 같습니다. 저와 같은 경우에도 파산신청을 하게 되면 면책결정을 받을 수 있는지 궁금해서 박사님께 문의드리고 싶습니다.

답 참으로 안타깝군요. 귀하께서는 자기 관리를 소홀히 하지 않았나 하는 생각이 듭니다. 개인파산의 주된 목적은 채무를 면제받는데 있고, 이러한 채무를 면제받기 위한 전제로서 파산을 신청하는 것인데, 파산신청 후 면책과 관련하여 「채무자 회생 및 파산에 관한 법률」(이하 '통합도산법')에서는 그 제564조(면책허가)를 두어 여기에 규정된 6가지의 면책불허가사유에 해당되지 않는 한 원칙적으로 면책을 허가해 주도록 하고 있습니다. 따라서 파산신청을 하려는 개인채무자는 항시 이러한 6가지의 면책불허가사유에 해당되는지 여부를 염두에 두고 파산신청을 하더라도 해야 할 것입니다.

그런데 위 6가지의 면책불허가사유 중에는 채무자가 과다한 낭비·도박 그밖의 사행행위를 하여 현저히 재산을 감소시키거나 과대한 채무를 부담한 사실이 있는 때가 들어 있습니다.

따라서 귀하께서 파산면책을 받으려고 파산신청을 할 경우라도 귀하의 사치성으로 인한 채무의 증대사실이 노출되는 경우에는 면책결정을 받기가 그리 쉽지만은 않을 것입니다. 이에 귀하께서 굳이 파산신청을 하려고 한다면 진술서를 작성할 때에 사치성으로 인한 채무증대 사실을 부각시키지 말고 가급적 생활고 등과 같은 다른 사유를 들어 채무가 증대되었다는 식으로 잘 꾸며야 할 것으로 보입니다.

[사례 5·2·14] 채무가 소액인 경우에도 파산신청을 통해 면책을 받을 수 있는지

문 저는 이것저것 물건을 사느라고 3군데의 카드빚이 1천만원 정도 됩니다. 저는 현재 몸도 좋지 않아 직장에 취직하거나 아르바이트 하기도 힘들어서 부득이 소액의 채무라도 파산신청을 통해 면책을 받고 싶습니다. 위와 같은 소액의 채무에 대하여도 파산면책이 가능한지 박사님께 문의드리고 싶습니다.

답 개인파산은 채무자가 카드사용이나 은행대출, 사채, 보증 등 그 사유를 불문하고 현재 지급불능상태에 있거나 지급정지상태인 경우에 할 수 있으며, 채무자가 신용불량자(연체자)든 신용불량자가 아니든 신청할 수 있고, 채무액의 많고 적음에 법적인 제한은 없습니다.

그러나 부채 총액이 소액인 경우에는 채무자가 현재 수급자이거나 장애인 또는 질병 등으로 당분간 수입을 기대할 수 없는 예외적인 경우가 아니라면 지급불능상태라고 할 수 없어 파산신청의 사유가 될 수 없다고 사료됩니다. 또한 1천만원이라는 돈은 정상적인 남녀라면 열심히 해서 벌면 금방 모아질 수 있는 돈이기 때문에 이러한 소액의 채무 때문에 파산신청을 하는 것은 그리 바람직하다고 보이지 않습니다. 즉 실무상 개인파산이 받아들여지려면 채무 액수가 이자 등을 포함해서 최소한 3천만원~5천만원 이상은 되어야 하지 않나 싶습니다.

따라서 나이가 젊고 정상적인 생활이 가능한 경우라면 향후 취업이 이루어진 뒤에 개인회생을 하거나 신용회복지원제도 등을 이용하는 것이 현명하다고 보입니다. 다만, 귀하께서 장애인이거나 연로하여 향후 정상적인 소득활동을 기대할 수 없는 경우라면 그러한 사유를 잘 소명해서 파산신청을 해볼 소지는 있을 것으로 보입니다.

[사례 5·2·15] 채무자의 고의에 의한 불법행위 때문에 생긴 채무도 파산면책의 대상이 되는지

문 저는 채무자 甲으로부터 폭행을 당하여 다리가 부러지는 큰 상해를 입고 입원해서 현재까지 치료를 받고 있습니다. 그런데 甲은 사업상 채무가 많은 사람인지라 최근 파산을 신칭하게 되었고, 그 채권자목록에는 지에 대한 불법행위로 인한 손헤배상체무도 들이 있는 것 같습니다. 만약 甲이 향후 면책결정을 받게 되면 저는 甲에게 치료비 등 손해배상 일체를 청구할 수 없게 되는지 불안해서 박사님께 문의드리고자 합니다.

답 채무자가 파산면책을 받으면 애지간한 채무는 모두 면책이 이루어집니다. 그러나 채무자가 면책결정을 받는다고 하더라도 면책을 받을 수 없는 채권이 있습니다.

즉, 통합도산법상 채무자가 파산면책을 받을 수 없는 채권에 관하여 살펴보면, ① 조세, ② 벌금·과료·형사소송비용·추징금 및 과태료, ③ 채무자가 고의로 가한 불법행위로 인한 손해배상채무, ④ 채무자가 중대한 과실로 타인의 생명 또는 신체를 침해한 불법행위로 인한 손해배상채무, ⑤ 근로자에 대한 임금·퇴직금 및 재해보상금채무, ⑥ 근로자에 대한 임치금 및 신원보증금 반환채무, ⑦ 채무자가 악의로 채권자목록에 기재하지 않은 채권(단, 채권자가 파산선고가 있음을 안 때에는 예외), ⑧ 양육비 또는 부양채무, ⑨「취업 후 학자금 상환 특별법」에 따른 학자금대출 원리금 상환채무가 있습니다.

위에서 본 바와 같이 채무자 甲의 귀하에 대한 고의에 의한 불법행위로 인한 손해배상채무는 사회적으로 비난받을 행위로 인한 채무이므로 정의의 관념에서 비면책채무로 되는 것입니다. 다만 채무자의 고의에 의한 불법행위로 인한 손해배상채무만 비면책채무에 해당되므로, 채무자의 과실에 의한 불법행위나 피용자의 고의에 의한 불법행위에 대하여 채무자가 사용자로서 책임을 지게 되는 사용자책임[200]은 여기에 해당되지 않고 면책의 대상이 됩니다.

또한 불법행위로 인한 손해배상채무만 면책되지 않는 것이므로 계약위반으로 인한 손해배상채무나 채무불이행으로 인한 손해배상채무는 면책채권에 해당됩니다. 한편 채무자의 단순한 과실로 인한 손해배상채무는 비면책채무에 해당되지만 중대한 과실로 타인의 생명·신체를 침해한 불법행위로 인한 손해배상채무는 비면책채무에 해당됩니다(통합도산법 제566조 제4호).

그리고 보험자가 채무자의 고의에 의한 불법행위로 인한 손해를 피해자에게 대위변제한 후 채무자에 대하여 구상권을 행사한 경우에 있어서 채무자의 면책항변이 인정되는지 여부에 관하여는 양자가 동일성을 유지한 상태에서 이전되는 것이므로 면책항변은 받아들여지지 않을 것으로 보입니다.[201)]

이에 귀하의 채무자 甲에 대한 치료비 등 손해배상채권은, 그것이 甲의 고의나 중대한 과실에 의하여 발생하는 것인 한, 甲의 파산면책에도 불구하고 면책의 대상이 되지 않는 것이기 때문에 귀하께서는 甲에 대해 청구할 수 있을 것이므로 염려하지 않아도 될 것으로 보입니다.

[사례 5·2·16] 채무자의 중대한 과실로 발생한 손해배상채무도 채무자가 파산면책을 받은 경우 면책의 대상이 될 수 있는지

문 저는 자동차종합보험에도 가입하지 않은 채무자 甲의 중앙선 침범 사고로 교통사고를 당하여 머리 부분에 중상해를 입은 사실이 있습니다. 그런데 그 후 甲은 다른 채권들과 함께 제 손해배상채권까지도 파산채권에 포함시켜서 파산신청을 했습니다. 만약 甲이 나중에 파산면책을 받게 될 경우 제 손해배상채권까지 면책되어 저는 甲에게 더 이상 손해배상을 청구할 수 없게 되는지 불안합니다. 이에 박사님께 이 문제에 관하여 문의드리고 싶습니다.

답 예, 귀하의 염려처럼 채무자에게 받을 돈이 있더라도 면책대상에서 제외되는 채권이 아닌 한 「채무자 회생 및 파산에 관한 법률」(이하 '법')상 파산면책이 이루어진 경우에는 더 이상 채무자에게 그 채권의 변제를 강요할 수 없게 됩니다. 다만 법에서는 아무리 채무자가 파산면책을 받더라도 일정한 채권에 대해서는 공평과 정의의 관념에서 비면책채권으로 하고 있습니다. 즉 채무자가 파산면책을 받게 되면 애지간한 채무는 모두 면책이 이루어질 것이지만 아래와 같은 채권들은 면책이 이루어지지 않고 따라서 파

---

200) 사용자책임은 피용자의 선임·감독에 대한 과실책임이다(민법 제756조).
201) 대법원 2009.5.28. 선고 2009다3470 판결.

산면책 후에도 그 채무를 변제해야 하는 것입니다.

즉, 파산면책을 받을 수 없는 채권 내지 채무[202]로는 ① 조세, ② 벌금·과료·형사소송비용·추징금 및 과태료, ③ 채무자가 고의로 가한 불법행위로 인한 손해배상채무, ④ 채무자가 중대한 과실로 타인의 생명 또는 신체를 침해한 불법행위로 인한 손해배상채무, ⑤ 근로자에 대한 임금·퇴직금 및 재해보상금채무, ⑥ 근로자에 대한 임치금 및 신원보증금 반환채무, ⑦ 채무자가 악의로 채권자목록에 기재하지 않은 채권(단, 채권자가 파산선고가 있음을 안 때에는 예외), ⑧ 양육비 또는 부양채무, ⑨ 「취업 후 학자금 상환 특별법」에 따른 학자금대출 원리금 상환채무가 있으며, 이들에 대해서는 채무자가 파산면책을 받는다고 하더라도 면책되지 않고 변제해야 하는 것입니다.

따라서 채무자의 고의가 아닌 과실로 인하여 발생한 손해배상채무라고 하더라도 채무자의 '단순 과실'이 아닌 '중대한 과실'로 인하여 '타인의 생명·신체'를 침해한 불법행위로 인하여 발생한 손해배상채무는 채무자의 파산면책에도 불구하고 면책되지 않게 됩니다(법 제566조 제4호). 다만 비면책채무로 되는 것은 타인의 생명이나 신체를 침해하는 경우에 한정되므로 타인의 재산권을 침해한 경우에는 비면책채무에 해당되지 않아 파산면책을 받을 경우 변제하지 않아도 됩니다. 또한 비면책채무로 되는 것은 채무자의 중대한 과실로 발생한 경우에 한하는데, 여기에서 중대한 과실이란 채무자가 어떤 행위를 함에 있어서 조금만 주의를 기울였더라면 생명·신체의 침해라는 결과가 발생하리라는 것을 쉽게 예견할 수 있었음에도 그러한 행위를 만연히 계속 하거나 조금만 주의를 기울여 어떤 행위를 했더라면 생명·신체에 대한 침해의 결과를 쉽게 회피할 수 있었음에도 불구하고 그러한 행위를 하지 않는 등 일반인에게 요구되는 주의의무에 현저히 위반되는 것을 말합니다(대판 2010.3.25. 2009다91330, 2010.5.13. 2010다3353). 중대한 과실에 해당되느냐 단순과실에 해당되느냐의 문제는 면책제도의 취지를 고려해서 판단하되, 중대한 과실의 인정은 엄격하게 해석함으로써 비면책채무의 범위를 좁히는 방향으로 운영되어야 할 것으로 보입니다.

구체적으로 살펴보면 음주운전이나 금지약물 복용상태에서의 운전으로 대인적 손해배상책임을 지게 되는 경우 등은 중대한 과실에 해당될 것이나, 벌점 누적으로 운전면허가 취소된 상태에서 졸음운전을 한 경우나(대판 2010.5.13. 2010다3353), 중앙선이 설치된 도로에서 승용차가 눈길에 미끄러지면서 중앙선을 넘어가 반대차로에서 제설작업을 하던 피해자를 충격하여 사망에 이르게 한 경우(대판 2010.3.25. 2009다91330)에는 중대한 과실에 해당되지 않는다고 볼 것입니다.

이에 귀하의 사례처럼 채무자 甲이 중앙선을 침범한 교통사고를 일으켜 귀하께 상해를 입힌 경우에는 甲의 중대한 과실로 인하여 발생한 신체상의 손해배상채권이라고 할 수 있을 것이므로 귀하께서는 甲의 파산면책에도 불구하고 甲에 대해 손해배상을 청구할 수 있을 것으로 보입니다.

[사례 5·2·17] 개인파산자가 면책결정을 받으면 그 보증인도 채무를 면하게 되는지

문 저는 수입 오퍼상을 하기 위하여 은행으로부터 3억원을 대출받으면서 저와 친한 친구 甲을 연대보증인으로 세웠습니다. 처음에는 사업이 아주 잘 되었으나 해외경기가 침체되면서 빚을 많이 지게 되었고 급기야는 파산직전에 이르게 되었습니다. 저는 부득이 파산신청을 해서 재기하고 싶은데, 제가 파산절차에서 면책을 받게 되면 연대보증인 甲도 보증채무에서 벗어날 수 있는지 알고 싶어 박사님께 문의드립니다.

답 귀하의 문의는 채무자의 파산면책으로 보증인도 혜택을 받을 수 있는지 여부에 관한 것으로 보입니다. 채무자가 파산면책을 받게 되면 대부분의 채무 부담에서 벗어나게 됩니다. 그러나 「채무자 회생 및 파산에 관한 법률」(이하 '법')상 채무자가 파산면책을 받았다고 하더라도 그 보증인이나 채무자와 더불어 채무를 부담하는 연대채무자 또는 파산채권자를 위하여 제공된 물상담보에 대해서는 영향을 미치지 못하게 됩니다(통합도산법 제567조). 즉, 채무자의 연대보증인이나 연대채무자 또는 물상담보는 채무자의 파산면책과 무관하게 자신의 채무를 이행해야 하는 것입니다.

따라서 채권자로서는 파산면책을 받은 채무자에 대해서는 그 채무이행을 강제할 수 없을 것이지만 채무자에 대해 보증을 서준 자나 연대채무자 또는 담보제공자에 대해서는 민사소송이나 가압류·가처분 또는 강제집행을 실시할 수 있는 것입니다.

따라서 귀하께서 파산면책을 받는다고 하더라도 연대보증인인 甲은 그 책임을 면치 못할 것이며, 귀하께서 채권자에게 진 빚을 고스란히 변제해야 하는 것입니다. 구태여 연대보증인인 甲도 그 책임에서 벗어나려면 별도로 파산신청을 해서 면책결정을 밟는 수밖에 없을 것으로 보입니다.

---

202) 이는 채권자의 입장에서 보면 비면책채권이지만 채무자의 입장에서 보면 비면책채무로 되는 것이어서 보는 관점에 따라 비면책채권이라고 칭할 수도 있고 비면책채무라고 칭할 수도 있을 것입니다.

[사례 5·2·18] 개인파산자가 면책결정을 받으면 조세채무도 면책을 받게 되는지

문 저는 한 때 부동산에 손을 대어 많은 돈을 주무른 적이 있었고 재미도 꽤 보았습니다. 그런데 정부의 부동산투기억제정책으로 인하여 부동산거래가 뚝 끊기는가 싶더니 부동산경기가 죽는 바람에 양도소득세 등 세금만 몽땅 부담하게 되었고, 여기 저기 끌어다 쓴 돈도 많고 해서 부득이 파산신청을 하려고 합니다. 제가 만약 파산신청을 해서 면책결정을 받게 되면 이러한 세금도 면책받을 수 있는지 박사님께 문의드리고 싶습니다.

답 개인파산자가 면책결정을 받게 되면 파산채권자에 대한 거의 대부분의 채무는 변제할 필요가 없으며 그 책임에서 벗어나게 됩니다. 그러나 「채무자 회생 및 파산에 관한 법률」(이하 '통합도산법')에 의하여 개인파산자가 아무리 면책결정을 받았다고 하더라도 그 책임이 면제되지 않고 변제해야 하는 채무가 있습니다.

즉, ① 조세, ② 벌금·과료·형사소송비용·추징금 및 과태료, ③ 채무자가 고의로 가한 불법행위로 인한 손해배상책임, ④ 채무자가 중대한 과실로 타인의 생명 또는 신체를 침해한 불법행위로 인하여 발생한 손해배상책임, ⑤ 근로자에게 지급해야 할 임금·퇴직금 및 재해보상금, ⑥ 근로자에게 반환해줘야 할 근로자의 임치금 및 신원보증금, ⑦ 채무자가 악의로 채권자목록에 기재하지 않은 채권(단, 채권자가 파산선고가 있음을 안 때에는 예외), ⑧ 채무자가 부담해야 하는 양육비 또는 부양비, ⑨ 「취업 후 학자금 상환 특별법」에 따른 학자금대출 원리금 상환채무 등이 그것입니다(통합도산법 제566조).

따라서 귀하께서 아무리 면책결정을 받는다고 하더라도 귀하께 부과된 세금에 대한 파산면책은 이루어지지 않기 때문에 부득이 변제해야 할 것으로 보입니다.

[사례 5·2·19] 채무자가 파산신청을 하면서 채권자목록에 기재하지 않고 누락시킨 채권에 대해서도 면책의 효력이 미치게 되는지

문 저는 사업상 은행 및 사채 등 많은 채무를 지게 되어 부득이 파산신청을 하게 되었습니다. 그런데 채권자들이 하도 많아서 제대로 파악이 되지 않아 채권자목록에 미처 기재하지 못한 경우도 있을 것 같습니다. 들리는 말로는 채권자목록에 기재하지 않은 누락채권에 대하여는 제가 설령 면책결정을 받는다고 하더라도 면책의 효력을 주장할 수 없다고 하는데, 과연 그러한지 박사님께 문의드리고자 합니다.

답 「채무자 회생 및 파산에 관한 법률」(이하 '통합도산법')상 파산신청서에 첨부하게 되어 있는 서면 중의 하나인 채권자목록에 대하여는 그 기재사항이 누락되거나 허위 또는 부정확하게 기재된 경우에는 파산절차가 지연되거나 면책결정을 받지 못할 수 있으므로 채무자로서는 자신이 알고 있는 채권자를 누락시키는 일이 없도록 철저히 파악한 후 파산을 신청하도록 해야 할 것입니다. 여기의 채권자에는 보증인도 포함됩니다. 만약 채무자가 악의로 채권자목록에 채권자를 기재하지 않았다면 설령 면책결정을 받았다고 하더라도 해당 채권자에 대해서는 면책의 효력이 미치지 않게 됩니다(통합도산법 제566조 제7호 본문). 다만 채권자목록에 기재되어 있지 않은 채권자라도 채무자에 대한 파산선고의 사실을 알고 있었던 경우에는 설령 채무자가 악의로 채권자목록에 자신을 기재하지 않았다고 하더라도 면책의 효력이 미치게 됩니다(통합도산법 제566조 제7호 단서). 이는 파산선고 후 면책과정에서 해당 누락된 채권자가 이의를 제기하는 등으로 구제절차가 마련되어 있기 때문입니다.

여기에서 악의로 채권자를 기재하지 않았다는 의미는 채무자가 어떤 식으로든 채권자의 존재를 알고 있었음에도 불구하고 채권자목록에 기재하지 않는 경우를 말합니다. 따라서 채무자로서는 파산신청서를 작성할 경우 기왕에 알고 있는 채권자를 누락시키는 일이 없도록 해야 할 것이고, 파산신청서 제출 후라도 실수로 누락시킨 채권자를 발견한 경우에는 면책결정 전에 채권자목록을 수정해서 제출하거나 파산선고 받은 사실을 내용증명 등을 통해서 그 누락한 채권자에게 알려 주어야만 누락채권에 대한 면책을 주장할 수 있을 것입니다.

이와 같이 채무자가 알고 있었던 채권자를 채권자목록에 기재하지 않는 경우에만 면책을 받지 못하는 것이므로 채무자가 도저히 알 수 없었던 채권자, 예컨대 인감을 도용당하거나 명의를 도용당하는 등으로 그 채권자의 존재 사실을 알지 못한 경우에는 설령 채권자목록에 이를 기재하지 않았다고 하더라도 면책의 효력을 주장할 수 있을 것입니다.

문제는 채권자의 존재 사실을 과실로 알지 못한 경우 또는 채권자의 존재 사실을 알았지만 과실로 채권자목록에 기재하지 않는 경우일 것입니다. 순서대로 살펴보기로 하겠습니다.

먼저 채무자가 채권자의 존재 사실을 알지 못한 경우에 관하여 살펴보면, 판례는 "파산자가 악의로 채권자명부에 기재하지 아니한 청구권이라 함은 파산자가 면책결정 이전에 채권의 존재 사실을 알면서도 이를 채권자명부에 기재하지 않은 경우를 뜻하므로, 채권자명부에 기재하지 않은 데에 과실이 있는지 여부를 불문하고 파산자가 채권의 존재

사실을 알지 못한 때에는 여기에 해당하지 아니한다."라고 하고 있고(대판 2007.1.11. 2005다76500, 2010.10.14. 2010다49083), 또한 위 판례는 "대출채권의 존재를 알지 못한 데에 과실이 있는 경우"를 전제로 하고 있는 관계상 채권의 존재 사실을 알지 못한 경우에는 설령 그 모른데 대하여 과실이 있는 경우라도 면책이 된다는 해석이 가능하게 됩니다. 따라서 면책절차가 종료된 후 누락된 채권자가 있는 경우에도 채무자가 그 존재 사실을 과실로 알지 못하여 채권자목록에 기재하지 않은 경우라면 책임부존재확인의 소 또는 청구이의의 소(원고의 채권이 판결에 의해 확정된 경우)를 제기하거나 누락채권자가 제기한 이행청구의 소에서 항변하는 등으로 면책주장을 해볼 소지가 있다고 보입니다.

다음으로 채무자가 채권자의 존재 사실을 알았지만 과실로 채권자목록에 기재하지 않는 경우에 관하여 살펴보면, 판례는 "채무자가 채무의 존재를 알고 있었다면 과실로 채권자목록에 이를 기재하지 못하였다 하더라도 면책채권에 해당하지 아니한다."라고 판시하고 있습니다(대판 2010.10.14. 2010다49083). 따라서 채권자가 채무자에 대하여 납부고지서나 독촉장 또는 내용증명을 보내는 등으로 미리 채권의 존재나 채권자인 사실을 알린 사실이 있고 이러한 사실이 입증된 경우에는 누락채권자에 대한 면책을 인정받을 수 없을 것이므로 채무자로서는 알고 있는 채권자를 채권자목록에 기재하지 않는 실수를 범해서는 안될 것입니다.

요컨대, 귀하께서는 귀하가 알고 있는 채권자와 귀하에게 송달된 납부고지서, 독촉장, 내용증명서 등을 샅샅이 뒤져 채권자목록에 채권자의 기재를 누락시키는 일이 없도록 해야 할 것이고, 또한 채권자를 알기는 하나 그 주소를 알지 못한 경우 또는 채권자의 성명을 잘 알지 못하여 특정하기 힘든 경우에도 해당 채권자를 채권자목록에 기재한 후 그 사유를 간단히 기재하거나 별지를 사용하여 채권자의 주소를 찾지 못하거나 특정하지 못한 이유 및 이를 위한 노력 등을 진술서 형식으로 첨부해 놓아 공고에 의한 송달로 갈음할 수 있도록 해야 할 것입니다.

그리고 귀하께서 최선을 다하여 채권자를 찾았으나 일부 채권자에 대한 존재를 알지 못하여 채권자목록에 기재하지 못한 경우에는 면책의 효력을 주장해 볼 수 있을 것으로 보이고, 또한 귀하께서 고의로 채권자목록에 채권자를 기재하지 않았지만 귀하의 파산선고 사실을 전화 통화나 직접 대화 또는 제3자를 통하여 채권자에게 알렸는데도 해당 채권자가 방치하고 있는 사이에 면책결정이 확정되었다면 역시 그 사실을 입증하여 면책의 효력을 주장해 볼 수 있을 것으로 보입니다.

[사례 5·2·20] 파산면책을 받은 채무자에 대해 면책여부를 다투는 채권자가 있는 경우에 파산면책을 확정할 수 있는 방법

문 저는 파산신청을 하여 면책결정까지 받은 사실이 있습니다. 그런데 파산신청시 채권의 존재를 알지 못한 채 채권자목록에서 누락된 카드대금 채권이 있었습니다. 이에 위 누락 채권에 관하여 면책되었음을 확인받고 싶어서 그런데, 이러할 경우 제가 면책확인의 소를 제기해야 할지 아니면 청구이의의 소를 제기해야 할지 박사님께 문의드리고 싶습니다.

답 확인의 소를 제기하려면 권리보호요건으로서 확인의 이익이 있어야 하는데, 이는 확인판결을 받는 것이 원고의 권리 또는 법률상의 지위에 현존하는 불안·위험을 제거하는 가장 유효적절한 수단일 때에 인정되는 것입니다(대판 2007.2.9. 2006다68650·68667, 2017.3.15. 2014다208255). 이러한 확인의 이익은 채권자에게 채무명의가 존재하느냐 그렇지 않느냐에 따라 달라지게 됩니다.

먼저 채무자에 대한 파산면책에도 불구하고 어떤 채권이 비면책채권에 해당하는지 여부에 관하여 다투어지고 있는 경우에는 채무자는 원칙적으로 면책확인의 소를 제기함으로써 그 권리 또는 법률상 지위에 현존하는 불안·위험을 제거할 수 있습니다(대판 2017.10.12. 2017다17771). 그런데, 면책된 채무에 관한 집행권원을 가지고 있는 채권자에 대한 관계에서는 청구이의의 소를 제기하여 면책의 효력에 기한 집행력의 배제를 구하는 것이 그 법률상 지위에 현존하는 불안·위험을 제거하는 유효적절한 수단이 되며, 따라서 이러한 경우에 있어서 면책확인을 구하는 것은 분쟁의 종국적인 해결 방법이 아니어서 확인의 이익이 인정되지 않을 것입니다. 따라서 집행권원을 가지고 있는 채권자의 채권에 대하여는 청구이의의 소를 제기해야 하는 것이고, 단순히 면책확인의 판결을 받는 것만으로는 확정판결의 집행력을 배제할 수 없고 강제집행을 당할 위험이 여전히 제거되지 않게 되므로 집행권원을 가지고 있는 채권자의 채권에 대한 면책확인의 소는 확인의 이익이 없어 부적법 각하를 면치 못할 것입니다(대판 2017.10.12. 2017다17771).

이에 귀하께서는 면책여부를 확인하고자 하는 채권자의 채권이 아직까지 확정판결이 이루어지지 않는 등으로 집행권원이 인정되지 않는 채권인 경우에는 채임부존재확인의 소에 의할 수 있을 것이로되, 이미 확정판결이 이루어지는 등으로 집행권원으로 인정된 채권인 경우에는 청구이의의 소로써만 다투어야 할 것으로 보입니다.

[사례 5·2·21] 종전에 면책결정을 받았으나 재차 파탄상태에 이르러 파산 또는 개인회생을 신청하고 싶은데 가능한지 여부

문 저는 종전에 감당할 수 없는 채무가 있어 파산절차를 통하여 면책결정을 받은 사실이 있습니다. 그런데 그 후 또다시 많은 채무를 지게 되어 한 번 더 개인파산이나 개인회생을 통하여 재기하고 싶은데 가능한지 여부가 궁금해서 박사님께 문의드리고자 합니다.

답 채무자가 도산하는 방법으로는 「채무자 회생 및 파산에 관한 법률」(이하 '통합도산법')상 개인파산과 개인회생 그리고 간이회생과 일반회생이 있습니다. 이때 채무자가 종전에 도산면책을 받은 경우에는 일정기간 동안은 재차 도산절차에서 면책을 받을 수 없게 됩니다. 이에 관하여 도산의 종류에 따라 구체적으로 살펴보기로 하겠습니다.

첫째, 재차 파산면책이 가능한지 여부에 관한 것입니다. 채무자가 종전에 파산신청을 통한 면책을 받은 경우에는 그 면책확정일부터 아직 7년이 경과되지 않았다면 재차 파산면책신청에서는 면책불허가사유에 해당되어 면책을 받을 수 없게 되며, 채무자가 종전에 개인회생을 신청해서 개인회생면책을 받은 경우에는 그 면책확정일부터 아직 5년이 경과되지 않았다면 역시 재차 파산면책신청에서는 면책불허가사유로 되어 면책을 받을 수 없게 됩니다(통합도산법 제564조 제1항 제4호).

둘째, 재차 개인회생면책이 가능한지 여부에 관한 것입니다. 채무자가 재차 개인회생절차개시신청시 그 신청일 전 5년 이내에 파산면책을 받았거나 개인회생면책을 받은 사실이 있는 경우에는 개인회생절차개시신청의 기각사유에 해당되어 재차 개인회생절차를 통한 면책을 받을 수 없게 됩니다(통합도산법 제595조 제5호).

셋째, 신설된 소액영업소득자에 대한 간이회생면책의 요건에 관한 것입니다. 간이회생이란 회생절차개시신청 당시 회생채권 및 회생담보권의 총액이 30억원 이하인 채무를 부담하는 소액영업소득자가 통합도산법상 간이회생절차를 통하여 회생을 도모하는 절차를 말하며, 법인뿐만 아니라 개인채무자도 신청할 수 있는 제도입니다. 물론 소액영업소득자라도 무담보채무 5억원 이하, 담보부채무 10억원 이하의 채무자로서는 보다 간이한 절차인 개인회생을 통해 재기할 수 있을 것이므로 위 채무액을 초과한 소액영업소득자가 주로 간이회생을 이용할 것으로 보입니다. 개인인 소액영업소득자가 이러한 간이회생을 통하여 면책을 받으려면 간이회생신청일 전 5년 이내에 개인회생면책이나 파산면책을 받은 사실이 없어야 하며, 5년 내에 그러한 면책사실이 있는 경우에는 간이회생신청의 대상이 되지 못하고, 따라서 간이회생신청을 통하여 면책을 받을 수 없게 됩니다(통합도산법 제293조의4 제1항).

넷째, 개인채무자가 통합도산법상 회생절차를 통하여 회생을 도모하는 것을 일반회생이라고 하는데, 채무자가 이러한 일반회생절차를 통하여 회생을 도모하려는 경우에는, 다른 도산절차를 통하는 경우와 달리, 종전에 도산면책을 받은 시점과 무관하게 일반회생면책을 받을 수 있습니다. 다만 일반회생절차는 법인회생절차 만큼 그 절차가 복잡하고 까다롭기 때문에 그리 간단치가 않을 것입니다.

이에 귀하께서 재차 신청하려는 도산절차가 무엇인지 몰라도 종전에 면책을 받은 사실이 있는 경우에는 재차 신청하려는 도산절차별로 일정 기간이 경과되지 않으면 면책불허가사유가 되거나 신청대상자에도 해당되지 않을 것이므로 이를 감안하여 일정한 제한기간이 경과되기를 기다렸다가 신청하는 것이 현명할 것으로 보입니다.

[사례 5·2·22] 채무자가 파산면책을 받은 경우에 억울한 채권자가 이를 취소시킬 수 있는 방법이 있는지

문 저는 사업상 알게 된 채무자 甲에게 많은 돈을 빌려준 사실이 있는데, 甲이 개인파산을 신청해서 면책까지 받은 사실을 최근에서야 알게 되었습니다. 그런데 甲이 사는 것을 보면 파산요건에 해당되지도 않은 것 같은데 어떻게 파산면책이 이루어졌는지 모르겠습니다. 정말 괘씸해서 잠이 잘 오질 않는데 이러한 악덕 채무자에 대해 이루어진 파산면책을 취소시킬 수 있는 방법이 있는지 박사님께 문의드리고자 합니다.

답 예, 정말 귀하와 같이 자식과도 같은 귀중한 돈을 채무자의 파산면책으로 떼이게 되면 살 기분이 들지 않을 것입니다. 다만 요건이 조금 한정되어 있기는 하지만 면책결정이 확정된 후에도 채무자가 사기파산으로 유죄의 확정판결을 받거나,[203] 부정한 방법으로 면책을 받은 경우에는 「채무자 회생 및 파산에 관한 법률」(이하 '통합도산법')에 근거해서 면책을 취소시킬 수 있습니다(통합도산법 제569조).

통합도산법에서 사기파산(법 제650조)을 면책취소사유로 한 것은 파산범죄 중 가장 중한 범죄이기 때문이며, 사기파산을 제외한 나머지의 파산범죄행위는 면책취소사유로 하고 있지 않지만, 채무자가 부정한 방법으로 면책을 받은 경우에는 역시 면책취소사유가 되도록 하고 있습니다. 여기에서 부정한 방법이란 파산채권자에 대한 기망이나 공갈·협박행위, 파산관재인에 대한 뇌물공여 등의 수단을 동원하여 면책을 받은 경우를 말하며, 허위의 채권자목록을 제출하거나 재산상태에 관하여 허위의 진술을 한 경우[204] 등 면책불허가사유가 있음에도 불구하고 그 행위가 면책절차에서 노출되지 않음으로써 면책결정을 받은 경우에도 여기에 해당됩니다.

그렇다면 어떤 절차로 면책받은 채무자에 대하여 면책을 취소시킬 수 있을까요?

먼저 채무자가 사기파산으로 유죄의 확정판결을 받은 사실이 있는 때에는 파산채권자가 법원에 면책취소신청을 할 수 있습니다. 이 경우에는 파산채권자의 신청이 없더라도 법원이 그 직권으로 면책취소결정을 할 수 있으며(통합도산법 제569조 제1항 전단), 면책취소신청의 기간에도 아무런 제한이 없습니다. 다음으로 채무자가 부정한 방법으로 면책을 받은 사실이 있는 때에도 역시 파산채권자는 면책취소신청을 할 수 있습니다. 다만 이 경우에는, 사기파산으로 인한 면책취소신청의 경우와는 달리, 파산채권자의 신청 없이 법원의 직권만으로는 면책을 취소시킬 수 없으며, 면책취소신청의 기간도 제한이 있어서 면책 후 1년 내에만 신청이 가능합니다(통합도산법 제569조 제1항 후단). 여기에서 면책 후 1년 내라는 의미는 면책결정확정일부터 1년 내를 말하며, 그 기간이 경과된 후의 면책취소신청은 부적법하게 됩니다.

면책의 취소는 법원의 결정에 의하여 이루어지는데, 법원은 면책취소재판을 하기 전에 채무자 및 신청인의 의견을 들어야 하고(통합도산법 제570조), 의견청취결과 면책취소사유가 인정되면 면책취소결정을 하는 것입니다(통합도산법 제569조). 면책취소결정에 대하여는 채무자가 즉시항고할 수 있습니다(통합도산법 제569조 제2항).

면책취소결정이 확정되면 채무자의 책임은 부활하고 모든 파산채권자의 권리는 면책 전의 상태로 회복됩니다. 다만 면책 후 취소에 이르기까지의 사이에 생긴 원인으로 채권을 가지게 된 신채권자는 다른 채권자에 우선하여 변제를 받을 권리가 보장됩니다(통합도산법 제572조). 여기에서 우선하여 변제를 받는다는 의미는 신채권자가 파산채권자보다 우선하여 채무자의 총재산으로부터 변제받는다는 의미이지, 면책취소 전후를 불문하고 질권, 저당권, 유치권과 같은 물권보다 우선한다는 것이 아님을 주의해야 합니다. 그리고 면책취소결정이 확정되면 면책결정의 확정으로 인한 복권은 효력이 상실되지만, 이는 장래에 향하여만 그 효력이 상실되는 것일 뿐 면책취소결정이 확정되기 전의 복권의 효력에는 영향이 없습니다(통합도산법 제574조 제2항). 또한 면책취소결정이 확정되면 채무자의 등록기준지에 파산선고의 확정사실이 통보되고, 전국은행연합회장에게도 면책취소사실이 서면으로 통지됩니다.[205]

이에 귀하께서도 파산면책받은 채무자 甲에게 위와 같은 면책취소사유에 해당하는 사실이 있음을 알게 된 때에는 그 사유를 들어 법원에 甲에 대한 면책취소신청서를 제출함으로써 그 면책을 취소시킬 수 있을 것으로 보입니다.

[사례 5·2·23] 면책신청이 기각된 경우에 채무자가 재차 파산신청을 통해서 면책결정을 받을 수 있는지

문 저는 장사를 하다가 감당할 수 없는 채무를 부담하게 되어 파산을 하고자 파산 및 면책을 신청하였지만 파산선고만 이루어지고 면책신청은 기각되어버렸습니다. 이럴 경우 제가 면책결정을 받으려면 재면책신청으로는 안되고 다시 처음부터 파산신청을 해서 면책신청을 해야만 가능하다고 하는데, 그것이 가능한지 박사님께 문의드리고 싶습니다.

답 귀하와 같은 경우가 가장 난감할 것입니다. 채무자가 파산신청을 하는 것은 궁극적으로 면책결정을 받기 위한 것이고 그 전제로서 파산신청을 하는 것일 뿐인데 파산선고만 내려지고 면책결정이 이루어지지 않는다면 결국 파산자라는 불이익만 남게 될 것이기 때문입니다.

여기에서 재파산신청을 고민하게 될 것입니다. 재파산신청이란 널리 파산신청 후에 파산신청 자체가 각하·기각되거나 파산신청이 취하된 후 재차 파산신청을 한 경우, 파산선고가 이루어진 후에 면책신청이 각하·기각되거나 면책불허가결정이 된 후 또는 면책신청이 취하된 후에 다시 면책결정을 받을 목적으로 재차 파산신청을 하는 경우를 말합니다.

파산신청이 각하 또는 기각된 경우와 같이 파산선고 자체가 이루어지지 않는 상태에서 재차 파산신청을 하는 것은 종전의 결정에 재소금지의 효력이나 기판력이 인정되는 것이 아니므로 허용될 것이고, 파산선고 여부는 파산선고 당시에 파산원인이 존재하는지 여부에 따라 결정될 것입니다.

문제는 파산선고가 이루어진 후에 다시 파산신청을 하는 경우일 것이며, 특히 면책불허가결정이나 면책기각결정까지 이루어진 후에 재면책신청을 하기 위한 전제로서 재파산신청을 하는 경우일 것입니다. 파산선고가 이루어진 후의 재파산신청은 다시 경우를 나누어서 종전의 파산원인과 '다른 파산원인'으로 파산신청을 하는 재파산신청과 종전의 파산원인과 '동일한 파산원인'에 의하여 재파산신청을 하는 이른바 재도의 파산신청으로 구분할 수 있는데, 각각의 경우에 재파산신청이 가능한지 여부를 살펴볼 필요가 있습니다.

전자와 같이 종전의 파산원인과 '다른 파산원인'에 기하여 재파산신청을 하는 것은 허용된다고 보이며, 따라서 파산선고를 받은 후 새로운 채무를 부담하여 그 신채무에 대하여 파산을 신청하는 것은 종전의 파산원인과 '다른 파산원인'에 의하여 파산을 신청하는 것으로서 재파산신청이 가능하다고 봅니다(서울중앙지법 2003.12.9. 2003하단995). 반면 후자의 경우와 같은 재도의 파산신청에 대해서는 판례는 파산제도의 목적이 청산에 있는 만큼 한 번 파산선고를 받은 이상 재파산신청은 그 이익이 없어 불가하다는 입장을 취하고 있고,[206] 실무도 마찬가지라고 보이며, 누락채권 때문에 부득이 신청하게 된 재파산신청도 실무에서는 허용할 수 없다고 합니다(서울중앙지법, 제4판 개인파산·회생실무, 301p). 이러한 재파산신청의 문제는 결국 나중의 파산신청이 종전의 파산원인과 동일한 원인으로 신청한 것이냐의 여부에 달려 있다고 볼 건인데, 이는 결국 법원의 몫일 것입니다.

이에 귀하의 사건을 보건대, 귀하께서 파산선고를 받은 후 다른 변수 없이 재파산신청을 하는 것은 종전과 동일한 파산원인으로 재파산신청을 하는 것이므로 허용되지 않을 것으로 보이되, 다만 파산선고를 받은 후 오랜 시일이 경과되었고, 그 후 새로운 채무가 늘어나 종전과 다른 파산원인으로 재파산신청하는 것이라고 인정될 정도에 이른 경우에만 재파산신청이 가능할 것으로 보입니다.

참고로 파산선고 후 면책결정 전에 누락된 채권이 발견된 경우에는 누락된 채권에 대해서도 함께 면책을 구한다는 취지의 보정서를 제출해 놓은 경우에는 면책결정 후 나중에 누락채권자로부터 소송이 들어온다고 하더라도 이에 대응하기가 훨씬 수월할 것으로 보입니다.

[사례 5·2·24] 개인채무자가 파산선고를 받았으나 면책결정을 받지 못하여 파산자로만 남게 된 경우에 파산자의 신분에서 벗어날 수 있는 방법

문 저는 생활고에 시달려 카드깡도 많이 하고 수시로 카드돌려막기도 하여 빚이 눈더미처럼 불어나 부득이 파산신청을 하였습니다. 그런데 법원에서는 파산선고만 내리고 면책결정을 해주지 않아 결국 저는 파산자로만 남게 되었습니다. 저는 파산선고를 받은지 5년 정도 지났

---

203) 면책결정이있기 전에 사기파산행위가 있게 되면 유죄의 여부와 무관하게 면책불허가사유가 되는 것과 달리, 이미 결정된 면책취소를 위해서는 사기파산으로 유죄의 확정판결이 있어야 가능하다는 점에서 구별됩니다.

204) 실무상 대표적인 경우가 대여금 채권 등 적극 재산이 있음에도 불구하고 그 노출로 인하여 파산선고 또는 면책에 지장이 있을 것을 염려하여 고의로 누락시킨 경우입니다. 이러한 사유는 면책불허가사유에 해당되는데, 그 행위가 면책절차에서 밝혀지지 않은 채 면책결정을 받은 경우에는 면책취소사유가 될 수 있는 것입니다.

205) 개인파산 및 면책신청사건의 처리에 관한 예규 제6조, 제5조.

206) 대법원 2006.12.21.자 2006마877 결정(면책신청기간 도과로 면책신청이 각하된 채무자의 재도의 파산신청 각하); 대법원 2009.11.6.자 2009마1583 결정(면책기각결정을 받은 채무자의 재도의 파산신청 각하); 대법원 2011.8.16.자 2011마1071 결정(면책불허가결정을 받은 채무자의 재도의 파산신청 각하).

습니다. 제가 파산자의 신분에서 벗어날 수 있는 방법이 있는지 박사님께 문의드리고 싶습니다.

답 참으로 안타깝군요. 개인채무자가 파산신청을 하고 파산선고를 받게 되면 파산자가 됩니다. 이러한 파산자의 신분에서 벗어나려면 면책결정을 받아야 하는데, 어쩌다가 면책결정을 받지 못한 경우에는 파산자라는 멍에만 남게 됩니다.

따라서 파산을 신청하려는 채무자는 면책결정이 이루어지지 않는 경우를 대비하여 파산자의 신분에서 벗어날 수 있는 방법, 즉, 복권이 이루어질 수 있는 경우로 어떠한 방법이 있는지를 알아둘 필요가 있습니다.

「채무자 회생 및 파산에 관한 법률」(이하 '통합도산법')상 복권이 되는 경우를 살펴보면, ① 면책결정의 확정, ② 파산채권자 등의 동의에 의한 파산폐지결정의 확정, ③ 파산선고 후 10년이 경과한 때(단, 사기파산으로 유죄의 확정판결을 받은 때에는 제외), ④ 파산선고를 받은 자가 변제 기타 방법으로 파산채권자에 대한 채무의 전부에 대하여 책임을 면한 후 법원에 신청하여 법원으로부터 복권결정을 받은 때 등이 있습니다(통합도산법 제574조 제1항 제1호, 제2호, 제3호, 제575조 제1항).

따라서 귀하께서는 파산선고를 받은 후 5년이 지났다고 하므로 앞으로 5년만 더 경과되면 복권이 이루어지고 따라서 파산자라는 꼬리표도 떨어질 것으로 보입니다.

[사례 5·2·25] 파산면책받은 이후 채권자의 독촉에 대한 채무자의 대응 및 신용회복절차

문 저는 사업실패로 많은 채무를 지게 되어 파산을 신청하게 되었고 다행히 면책결정도 받았습니다. 그런데도 일부 채권자가 빚을 갚으라고 하면서 독촉이 심합니다, 그리고 제가 면책결정을 받았음에도 불구하고 아직까지 은행 등에서는 카드발급 등 신용거래가 제한되어 있습니다. 그래서 파산면책 이후 채권자의 빚 독촉에서 벗어날 수 있는 방법과 은행 등과의 관계에서 신용을 회복할 수 있는 방법에 관하여 박사님께 문의드리고 싶습니다.

답 파산이나 개인회생을 다루고 있는 법률이 「채무자 회생 및 파산에 관한 법률」, 즉 통합도산법인데, 실무상 채무자가 파산 및 면책신청을 한 이후 면책기각사유가 없고 면책불허가사유에 해당되지 않으면 통상 6개월~12개월 정도가 경과되면 면책허가결정을 받게 됩니다.

그런데 파산면책을 받은 후에도 파산채권자로부터 알게 모르게 채무변제를 독촉받는 경우가 있고, 은행 등 금융기관과의 신용거래도 제한되어 있는 등 여러 가지 애로상항을 겪게 되는 경우가 많을 것입니다.

먼저 면책허가결정 후에도 계속된 채권자의 독촉행위에 대하여 채무자가 어떻게 대응할 수 있는지에 관하여 알아보도록 하겠습니다. 채무자가 면책결정을 받은 경우에는 이러한 면책사실이 한국신용정보원장에게 통보되기 때문에 통상 금융기관들은 면책사실을 알고 있다고 보면 될 것입니다. 그러나 절차상의 문제 때문에 통지되는데 수일이 소요되기 마련이고 따라서 금융기관들에서는 면책사실을 모른 채 관례대로 계속 독촉장이나 전화상 또는 방문독촉으로 면책 채무자에 대하여 추심행위를 하는 경우가 비일비재합니다. 또한 개인채권자나 사채권자(예, 사금융기관, 미등록대부업체 등) 등에게는 면책사실이 통지되지 않을 것입니다. 따라서 파산면책을 받은 채무자는 즉시 각 채권자들에게 면책결정서 사본을 첨부하여 내용증명으로 발송하거나 모사전송기(Fax)를 통하여 파산면책사실을 통지해 줄 필요가 있을 것입니다. 그럼에도 불구하고 이와 같이 파산면책 사실을 알면서 면책된 채권에 기하여 강제집행을 하거나 가압류·가처분의 방법으로 추심행위를 한 자는 500만원 이하의 과태료에 처해지게 됩니다(통합도산법 제600조 제3항).

다음으로 면책받은 후 신용불량등록의 해제 및 은행 등 금융기관과의 신용거래가 가능한지 여부에 관하여 알아보도록 하겠습니다. 채무자가 면책결정을 받으면 그 채무를 변제하지 않아도 되고 변제책임이 없기 때문에 면책받은 채무에서 벗어남은 자명할 것입니다. 그런데 채무자의 대부분은 연체정보 등이 등록된 신용불량자의 신분으로 파산신청을 하거나 파산절차 중에 신용불량자로 될 것이어서 이미 각 금융기관의 신청에 따라 한국신용정보원에 신용불량자로 등록되어 있을 것이므로(일반신용정보관리규약 제13조 제1항) 면책결정을 받은 경우에는 이러한 신용불량자의 신분에서 벗어날 수 있는지 또는 정상적으로 은행거래를 할 수 있는지가 가장 큰 관심사 중의 하나가 될 것입니다.

채무자가 파산면책결정을 받은 경우에는 그 사실이 한국신용정보원장에게 통보될 것이지만 파산면책결정일로부터 5년간은 여전히 개인파산기록이 특수기록정보로서 보관될 것입니다[207] 그리고 위와 같이 5년간의 기간이 경과되어 공식적으로는 개인파산기록이 말소되었다고 하더라도 그것만으로는 은행 등 금융기관들과의 관계에서 신용이 바로 회복되지는 않을 것입니다. 즉 개인파산으로 면책받았다고 하더라도 은행 등 금융기관들의 입장에서 보면 어차피 전부 또는 일부의 돈을 떼인 것이고 따라서 은행 등 금융기관 자체의 전산망에 의해 별도로 그 기록이 보관·관리될 것이기 때문에 단기간에 걸쳐 신용이 회복되기는 곤란할 것이며, 면책받은 이후 금융기관과의 거래에서 꾸준히 예금실적이나 통장거래실적을 쌓는 등으로 다시는 돈을 떼이지 않을 것이라는 신뢰를 주어야만 신용거래가 가능할 것으로 보입니다.

요컨대 파산면책을 받은 채무자로서 은행 등 금융기관과의 거래가 가능한지 여부와 관련해서는 적극재산에 대한 거래 부분, 예컨대 통장개설이나 예금, 적금 등 신용과 무관한 거래는 큰 제약 없이 할 수 있을 것으로 보이지만, 신용과 관련된 부분, 즉 신용카드 발급·사용이나 대부, 할부거래, 보증보험 등 소극재산에 관련된 거래는 어느 정도 신용이 쌓일 때까지는 제약이 있을 것으로 보이며, 이는 파산면책 이후 5년이 경과한 뒤에도 마찬가지로서 면책받은 채무자와 신용거래를 할지 여부는 오로지 해당 금융기관의 선택의 문제일 것으로 보입니다. 이는 개인회생인가를 받은 채무자도 마찬가지일 것입니다.

이에 귀하께서도 위에서 설명한 바를 참고하여서 면책 이후의 채권자의 빚 독촉에 대응해 보시고 은행 등과의 신용회복을 위해 부지런히 예금 등의 실적을 쌓아나가길 바랍니다.

[사례 5·2·26] 법인파산의 목적과 그 실익

문 저는 로스쿨을 졸업한 후 곧바로 개인사무실을 연 새내기 변호사입니다. 저는 로스쿨에 들어가기 전에 경영학과를 전공했기 때문에 평소 기업도산에 관하여 관심이 많았고 앞으로도 이 분야에서 전문화를 이루고 싶습니다. 그런데 최근 법인대표자로부터 법인파산을 신청해 달라는 사건을 수임하였습니다. 무턱대로 사건을 받아놓기는 했지만 아무리 책을 뒤적여봐도 법인파산을 신청하려는 이유나 실익에 관하여 나와 있는 책이 없어 신청서를 작성하는데 애를 먹고 있습니다. 이에 박사님께 법인대표자가 법인파산을 하려는 목적이나 실익에 관하여 진지하게 상담드리고 싶습니다.

답 예, 그렇습니다. 법인파산 사건을 수임하는 변호사나 법무사와 같은 실무가들도 그냥 법인파산을 신청해 달라고 하니 접수해서 법인파산 절차를 밟아주고 있을 뿐 왜 법인파산을 신청하려고 하는지 그 실익이 무엇인지에 관하여는 깊이 생각하고 있지 않는 것 같습니다. 그나마 귀하께서는 이 문제에 관하여 고민을 하고 의문을 가지고 있다고 하니 전도가 양양합니다.

개인파산은 면책 또는 복권절차를 통하여 채무를 감면받고 재기를 도모하는데 주목적

---

207) 개인파산 및 면책신청사건의 처리에 관한 예규(재민 2005-1) 제5조, 일반신용정보관리규약(2017. 12. 28. 개정) 제12조 제1항 「별표 1」.

이 있는 것이어서 얼핏 보아도 그 실익이 있음을 쉽게 알 수 있는데 반하여, 법인파산은 채무면책이나 감면이 목적이 아니라 법인 재산에 대한 청산·배당과 종국적인 법인의 소멸을 주목적으로 하는 것이어서 굳이 비싼 돈을 들이고 복잡한 절차를 거쳐서 법인파산을 신청하려는 이유나 그 실익에 관하여 느낌이 잘 오지 않을 수 있습니다. 이에 무엇 때문에 법인파산을 신청하려고 하는지, 법인파산을 신청하면 어떤 실익이 있는지를 살펴볼 필요가 있고, 아울러 파탄상태에 놓인 법인에 관하여 이를 방치해둬서는 안되는 이유가 있는지에 관하여도 알아둘 필요가 있을 것입니다. 법인파산은 법인 자신이 하는 자기파산이 있을 수 있고 그밖에 채권자의 신청에 의한 법인파산과 법원의 직권에 의한 법인파산이 있는데, 여기에서는 법인대표자가 신청하는 자기파산에 한정하여 살펴보기로 하겠습니다.

먼저, 법인파산과 관련하여 법인 자체의 실익과 법인대표자의 실익으로 구분해서 생각할 필요가 있고, 법인의 해산·청산과의 관계에 관하여도 알아볼 필요가 있습니다. 법인파산은 청산·배당 후 법인의 소멸을 주목적으로 하는 것이지 법인의 재기를 목적으로 하는 것이 아니어서 채무자인 법인 스스로 자기파산을 신청하려는 요인은 법인회생에 비하여 크다고 할 수 없습니다. 다만 채무자인 법인의 대표자나 이사 또는 지배인 등 법인의 경영자(이하 '법인대표자')에게는 법인파산을 신청할 이유나 실익이 많다고 봅니다. 법인의 존재 자체만으로 피해를 볼 수 있기 때문입니다. 주로는 세금과 관련되는 부분이 있고, 법인의 유지·관리와 관련하여 이사(임기는 3년)·감사(임기는 취임 후 3년 내의 최종결산기에 관한 정기총회종결시까지)의 임기만료에 따른 재선임 등기의무 등 일정한 의무가 주어져 있는 경우가 있는데, 이를 해태하게 되면 가산세나 과태료가 부과될 것입니다. 또한 대표이사를 포함한 이사가 고의 또는 과실로 그 임무를 해태한 때에는 해당 법인이나 제3자에 대하여 손해배상책임을 지게 되는 경우도 있을 수 있습니다(민법 제65조, 상법 제399조 제1항, 제401조 제1항). 따라서 유명무실한 법인에 대하여는 장차 이를 소멸시키는 것이 타당할 것인데, 그 절차와 관련해서는 통상적인 해산 및 청산절차를 통하여 소멸시키는 방법이 있고, 법인파산을 통하여 소멸시키는 방법이 있습니다. 전자는 법인의 재산으로 채무를 모두 변제할 수 있을 때, 즉 재산초과상태에 있을 때에 종전의 대표이사나 이사 등이 청산인으로 되어 법인을 소멸시키는 방법이고, 후자는 법인의 재산보다 채무가 초과한 상태, 즉 채무초과상태 등에 있을 때에 법원이 선임한 파산관재인에 의하여 법인을 소멸시키는 방법입니다. 따라서 해산 및 청산절차를 통하여 법인을 소멸시키려는 절차를 진행하던 중이라도 법인의 재산이 그 채무를 완제하기에 부족한 것이 분명하게 된 때에는 해산절차 진행 중에는 이사가, 청산절차 진행 중에는 청산인이 지체 없이 파산신청을 해야 하며(민법 제79조, 제93조 제1항), 이를 해태한 때에는 해당 이사나 감사 또는 청산인은 500만원 이하의 과태료에 처해지게 됩니다(민법 제97조 제6호, 제7호). 결국 채무초과상태에 있는 법인을 소멸시키는 방법은 통상적인 해산 및 청산절차로는 불가하고 부득이 법인파산절차를 통하여 소멸시켜야 하는 것입니다.

다음으로 법인파산신청으로 인하여 법인대표자에게 어떤 실익이 있는지가 중요할 것입니다. 법인파산은 법인의 소멸을 궁극적인 목적으로 하는 것이어서 법인 자체로 보면 이를 추진할 이유나 실익이 크지 않을 수 있습니다. 이에 법인파산의 실익은 법인대표자에서 찾아야 할 것입니다. 파탄상태에 이른 법인이라면 영업을 한다고 해서 이득이 나는 회사도 아닐 것이고 거의 폐업상태로 방치되고 있는 회사가 대부분일 것이므로 법인을 그대로 존속시켜 두더라도 법인대표자에게 아무런 손해가 없다고 한다면 굳이 비싼 돈과 시간과 머리를 싸매면서 복잡한 법인파산절차를 밟아 법인을 소멸시켜야 할 이유가 없을 것입니다. 법인대표자가 법인파산을 추진하려는데는 그만한 이유와 실익이 있어야 한다는 것입니다. 이에 법인대표자가 법인파산을 추진하는 실익으로 어떤 것들이 있는지 몇 가지 살펴볼 필요가 있습니다.

첫째, 법인 자체의 존재만으로 법인대표자에게 책임이 부과되거나 늘어나는 경우가 있습니다. 세금 부담 문제가 대표적일 것입니다. 법인의 경우에는 그 존재만으로 법인세, 주민세(지방세법 제74조), 재산세, 종합부동산세, 국민연금료·건강보험료(장부상 근로자가 존재하는 경우) 등 각종 세금이나 준조세가 발생할 수 있습니다. 이는 법인의 부담일 것이지만 법인대표자가 다른 계열사도 가지고 있는 경우에는 그 다른 계열사가 파산 대상 법인의 법인세에 대하여 연대납부할 의무가 있는 경우가 있고(법인세법 제2조 제4항), 법인대표자가 파산 대상 법인의 무한책임사원 또는 과점주주로서 해당 법인에게 부과된 국세나 가산금 또는 체납처분비에 대한 2차 납세의무자로 되어 있는 경우가 있는데(국세기본법 제39조), 이러한 경우에는 해당 법인을 그대로 방치해 둠으로써 세금 부담이 계속 늘어나도록 하는 것 보다는 법인파산을 통하여 해당 법인을 소멸시키고 그 과정에서 세금의 일부라도 법인의 재산으로부터 변제되도록 하는 것이 법인대표자에게 돌아올 세금 부담을 일부나마 감면받을 수 있는 실익이 있다고 봅니다. 세금은 법인대표자가 개인파산을 하더라도 면책되지 않는 채권입니다. 또한 법인이 영업을 하지 않아 소득이 발생하지 않더라도 법인세 신고 등 각종 회계처리를 해야 하는 문제가 발생할 수 있으며(법인세법 제60조 제3항), 이를 게을리하면 가산세가 붙거나 과태료에 처해질 수 있는 경우도 있을 것입니다.

그리고 법인이 존재하는 경우에는 임기가 정해진 이사나 감사의 임기가 만료된 경우에는 일정 기간 내에 재선임 등기를 해야 하며, 이를 해태하면 500만원 이하의 과태료에 처해질 수 있음은 앞서 본 바와 같습니다(상법 제635조 제1항 제1호, 비송사건절차법 제250조 제1항).

둘째, 법인대표자가 법인의 채무에 대한 연대보증인으로 되어 있어 법인의 채무가 대표자 본인의 채무로 되는 경우가 있습니다. 즉 법인이 금융기관 등으로부터 대출을 받을 때에는 대부분 법인대표자가 연대보증인으로 되어 있는 경우가 많아 법인이 파산하더라도 결국 법인의 채무가 고스란히 자신의 개인 채무로 남게 되어 있으므로 법인의 잔여재산을 청산하여 채권자에게 변제해 줌으로써 본인의 채무를 일부나마 경감받을 수 있는 실익이 있을 것입니다.

셋째, 법인대표자 개인이 장차 개인파산을 하거나 개인회생 또는 일반회생을 통하여 채무면책을 받고자 할 때에 법인파산이 선행되어 있으면 큰 도움이 될 수 있습니다. 법인파산이 이루어진다고 해서 법인대표자 개인의 채무가 면책되는 것이 아니므로 법인대표자가 자신의 채무에서 벗어나려면 부득이 개인파산이나 개인회생 또는 일반회생을 통해야 할 것인데, 이러한 절차에서 채권자들에 대한 변제실적이 중요할 수 있고, 따라서 법인파산절차 내에서 채권자들에게 일부라도 변제한 실적이 있다면 큰 도움이 될 수 있을 것이기 때문입니다.

넷째, 법인대표자에게 법인파산신청이 의무로 되어 있는 경우가 있습니다. 즉 민법상 법인의 이사에게는 해당 법인이 채무를 완제하지 못하게 된 때에는 지체 없이 파산을 신청해야 할 의무가 부과되어 있고(민법 제79조), 청산 중인 민법상 법인이나 합명회사·주식회사·유한회사의 청산인에게도 법인의 재산이 채무를 완제하기에 부족한 것이 분명하게 된 때에는 파산을 신청해야 할 의무가 부과되어 있는데(민법 제93조, 상법 제635조 제1항 제12호), 이러한 파산신청의무를 해태한 때에는 500만원 이하의 과태료에 처해지게 되어 있으므로(민법 제97조 제6호, 상법 제635조 제1항 제12호), 과태료의 불이익을 피하기 위해서도 법인파산을 신청할 실익이 있는 것입니다.

다섯째, 법인의 채권자들에 의한 압박 내지 요청에 따라 법인파산을 신청하는 경우도 있습니다. 법인의 채권자들의 입장에서는 어차피 회수가 불가능한 채권이 자산으로 잡혀 있어 여러 가지 세제상의 불이익이 따를 수 있으므로 어떤 식으로든 기업회계상 회수할 수 없는 부실채권을 대차대조표에서 손실로 털어야 할 것인데, 채권자가 직접 채무자 법인에 대하여 파산절차를 추진하는 것은 그리 만만치 않은 사업이 될 것이므로 법인대표자로 하여금 법인파산을 신청하도록 압박하거나 요청하는 경우가 많고, 이에 따라 법인대표자가 떠밀려서 그 동안 거래해온 정을 생각해서 법인파산을 신청하는 경우가 많습니다. 실무상 법인대표자가 법인파산을 추진하는 사례는 이러한 경우가 많다고 봅니다.

여섯째, 파탄상태에 이른 법인 때문에 법인대표자에게 초래될 수 있는 각종 민사상 손해배상책임이나 형사처벌에 있어서 조금이나마 벗어나기 위하여 법인파산을 신청하는 경우가 있습니다. 대표이사를 포함한 이사가 고의 또는 과실로 법령 또는 정관에 위반된 행위를 하거나 그 임무를 해태한 때에는 해당 이사는 회사에 대하여 연대하여 손해를 배상할 책임이 있고, 고의 또는 중대한 과실로 그 임무를 해태하여 제3자에 대하여 손해를 끼친 때에는 회사와 연대하여 그 제3자에 대하여 손해배상책임을 지게 되는데(상법 제399조 제1항, 401조 제1항, 민법 제65조), 법인파산을 신청하게 되면 아무래도 파탄상태에 이른 법인을 그대로 내팽개쳐둔 것보다 자신의 고의 또는 과실 없음에 대한 소명자료로 작용할 수 있어 그 책임에서 벗어나는데 큰 도움이 될 수 있을 것입니다. 또한 파탄상태에 이른 법인의 채권자들로서는 회사가 부도나서 자신의 채권을 회수하지 못할 상황이 오면 법인대표자를 어떻게든 형사로 엮으려고 할 것이고, 법인대표자에 대하여 사기죄나 업무상횡령·배임죄, 강제집행면탈죄 또는 부정수표단속법위반죄 등으로 형사고소를 할 것이 자명할 것입니다. 특히 근로자들도 노동청에 체불임금신고를 할 것이어서 근로기준법위반죄로 처벌될 것이 분명할 것입니다. 법인대표자가 근로자에게 임금을 체불하게 되면 3년 이하의 징역 또는 3천만원 이하의 벌금에 처해지게 되고(근로기준법 제36조, 제43조, 제109조), 퇴직급여를 지급하지 않은 경우에는 3년 이하의 징역 또는 2천만원 이하의 벌금에 처해지게 됩니다(퇴직급여보장법 제44조).

이에 법인대표자가 법인파산을 신청하게 되면 채권자들에게 애당초 채무를 변제하지 않을 의도가 있었던 것이 아니라 사업이 안되어 부득이 법인파산을 신청하기에 이르렀다는 사유를 내세울 수 있으므로 형사책임에서 벗어나거나 감경받는데 큰 도움이 될 수 있을 것입니다(대판 2001.2.23. 2001도204, 2008.10.9. 2008도5984). 또한 법인파산을 하게 되면 체불임금 및 퇴직금에 대한 지연이자도 발생하지 않습니다(근로기준법 제37조 제2항, 시행령 제18조 제2호).

여섯째, 법인대표자가 법인의 채권자들에 대한 배려차원 내지 장차 재기를 위한 신용을 쌓을 목적으로 법인파산을 신청하는 경우가 있습니다. 즉 법인대표자 중에는 파탄상태에 놓여 있는 법인 때문에 피해를 보고 있는 채권자들을 위하여 그나마 남아 있는 법인의 재산을 청산하여 일부라도 변제해주려는 기업가 정신을 발휘하려는 경우도 있고, 향후 재기를 노리는 법인대표자가 장차 동종업종에서 사업상 부딪히게 될 법인의 채권자들에게 신용을 쌓을 목적으로 법인파산절차까지 밟아서 채무를 변제하려고 노력하였음을 보여주기 위한 방편으로 법인파산을 신청하는 경우도 있을 수 있습니다. 특히 법인파산의 배당절차에서 우선변제권이 인정되는 임금채권자나 세금 등의 채권자에게는 큰 호감을 얻을 수 있을 것입니다.

결론적으로 채무자가 하는 법인의 자기파산의 신청은 결국 법인 자체로서의 입장보다는 법인대표자의 이해관계와 직결되어 있기 때문이라고 할 수 있을 것입니다. 법인파산을 신청하려는 사람도 결국 법인대표자일 것이고 법인대표자가 비싼 돈과 시간을 들여 법인파산을 신청하려는데는 무엇인가 자신의 이해관계와 얽혀 있기 때문일 것입니다. 이에 귀하께서 문의하시는 질문에 대한 답이 조금이라도 되었는지 모르겠습니다.

제2절 개인회생·일반회생·법인회생

[사례 5·2·27] 개인회생과 일반회생의 차이

문 저는 의사인데 개업한 이후 무리한 병원 확장으로 의료기기 대금 등의 많은 채무를 지고 있습니다. 저와 같은 전문직업인들은 개인파산이 잘 안된다고 해서 부득이 개인회생이나 일반회생을 검토하고 있는데, 두 제도에 관하여 잘 알지 못하여 어떤 절차를 통하여 재기하는 것이 나은지 박사님께 문의드리고 싶습니다.

답 개인채무자가 개인파산의 요건을 갖추지 못하고 있거나 개인파산을 피하고 싶은 경우에는 개인회생이나 일반회생 중 어느 하나를 선택하여 회생을 신청해야 합니다. 이에 두 제도의 의미와 특장점에 관하여 알아둘 필요가 있을 것입니다.

첫째, 개인회생은 채무액수의 최고한도의 제한, 즉 담보부채무 10억원, 무담보채무 5억원을 초과하면 이용할 수 없는 제한이 있는 반면, 일반회생은 채무액수의 다과에 불문하고 이용할 수 있습니다.

둘째, 개인회생은 「채무자 회생 및 파산에 관한 법률」(이하 '법') 제4편에서 규율하고 있는 반면, 일반회생은 제2편에서 법인회생과 함께 규율하고 있어서 결의절차가 요구되는 등 개인회생에 비하여 절차가 복잡하고 비용도 많이 들며 시간도 오래 소요됩니다. 따라서 개인회생을 이용할 수 있는 채무자도 일반회생을 이용할 수 있을 것이지만 그 실익이 거의 없을 것이므로 일반회생은 채무액이 많아서 개인회생을 이용할 수 없는 채무자가 부득이 이용하는 제도라고 할 수 있습니다.

셋째, 개인회생에서는 담보권은 별제권으로 취급되어 인가결정 후에도, 담보 목적물의 가액이 허용되는 한, 그 전액에 관하여 실행을 저지할 수 없지만, 일반회생에서는 담보권에 대해서도 권리변경이 가해질 수 있고 권리변경 만큼 담보권도 감축될 수 있습니다(법 제252조 제1항, 제251조, 제256조 제1항).

넷째, 절차 진행의 순서상 개인회생이 일반회생보다 우선하므로(법 제600조 제1항 제1호) 일반회생이 진행하던 중에 개인회생을 신청하는 것은 가능하지만, 반대로 개인회생이 진행하던 중에 일반회생을 신청하려면 개인회생절차가 폐지되는 등으로 개인회생절차가 종료되어야 할 것입니다.

다음으로 어떤 경우에 개인회생을 신청하고 어떤 경우에 일반회생을 신청하며, 각각 그 실익은 무엇인지 알아볼 필요가 있습니다.

첫째, 둘 다 채무자가 회생을 도모하는 절차이지만 두 제도의 선택의 문제는 주로 채무액의 크기에 의존하는 것이 보통입니다. 즉 채무액이 담보부채무 10억원 이하, 무담보채무 5억원 이하인 경우에는 절차도 간소하고 비용도 적게 들며 소요기간도 비교적 짧은 개인회생을 이용할 수 있을 것이지만, 이를 초과한 경우에는 부득이 일반회생절차를 이용하는 수밖에 없을 것입니다.

둘째, 그렇다면 두 제도의 실익은 어떻게 구별될까요?

개인회생의 실익은 개인파산과 대비해서 설명할 수 있을 것인데, 채무자가 공직에 취임하려거나 현재 공직에 종사하고 있는 경우라든가 파산자의 신분으로는 종사할 수 없는 사업을 하려거나 파산자가 되면 사업자등록이 말소될 수밖에 없는 업종에 종사하고 있는 경우에는 개인파산을 통한 재기가 불가할 것이니 개인회생을 통하여 재기해야 할 것입니다. 또한 부동산 등과 같은 등기·등록의 대상이 되는 재산을 보유하고 있는 경우에도 파산면책을 받기가 비교적 어려울 것이므로 실무상 개인회생을 많이 이용하고 있습니다. 특히 채무자가 묘토나 선산 등과 같은 처분되어서는 안될 부동산 등을 소유하고 있는 경우에는 개인파산보다는 개인회생을 이용하는 편이 현명할 것입니다. 개인회생은 변제계획에 따라 통상 3년간에 걸쳐 소득 중 일정액만 매월 변제한 후 잔여 채무에 대해서는 별도의 면책신청을 통하여 면책받을 수 있고, 변제기간 동안 채권자들로부터 채권추심을 당하지 않는 장점이 있는 반면, 개인회생재단채권이나 조세 등 비면책채권은 면책의 대상이 되지 않으며, 저당권자 등 별제권자의 담보권의 실행도 막을 수 없고, 채무자의 보증인에게도 면책의 효력이 미치지 않는 한계가 있습니다.

한편 일반회생은 개인파산을 이용하는 것도 곤란하고 채무액이 커서 개인회생도 이용할 수 없는 채무자가 최후 수단으로 이용할 수 있는 제도입니다. 실무상으로는 의사, 한의사, 변호사, 개인사업자, 법인의 대표이사, 연예인 등과 같은 채무자가 주로 이용하고 있습니다. 일반회생은 개인회생과 달리 저당권 등 담보권도 권리변경의 대상이 될 수 있어(제252조 제1항, 제251조, 제256조 제1항) 개인회생을 이용할 수 있는 채무자라도 주택이나 전답 등 등기·등록의 대상이 되는 재산을 소유하고 있고 여기에 저당권 등 담보권이 많이 설정되어 있는 경우에는 그 실행을 막기 위하여 일반회생을 이용하는 경우도 더러 있습니다.

다만 일반회생은 절차도 복잡하고 비용도 많이 소요되며, 인가받기가 까다롭고, 변제기간도 10년으로 비교적 길며, 공익채권이나 조세 등 비면책채권은 면책의 대상이 되지 않고, 채무자의 보증인에 대해서는 면책의 효력이 미치지 않는다는 한계가 있으며, 무엇보다도 관계인집회에서의 회생담보권자 및 회생채권자들의 가결을 받아야 한다는 어려운 점이 있습니다.

따라서 귀하께서는 먼저 채무액을 검토하신 후 채무액수가 개인회생을 신청할 수 있는 범위를 벗어난 경우에는 부득이 일반회생을 통해야 할 것이며, 개인회생을 신청할 수 있는 범위 내의 채무액에 해당되는 경우에는 가급적 개인회생을 신청하는 것이 유리할 것이로되, 일반회생의 장점이 귀하께 중요하다고 판단된다면 일반회생을 통하여 재기하는 것도 검토해 볼 수 있을 것입니다.

[사례 5·2·28] 채무자가 개인회생을 신청하면서 시효완성된 채무를 개인회생채권자목록에 기재하여 제출하는 행위가 시효이익의 포기에 해당하는지

문 저는 채무자 甲으로부터 받을 공사대금 채권이 있는데, 甲이 최근에 개인회생을 신청하였습니다. 그런데 제게 송달된 개인회생채권자목록을 보니 이미 시효가 완성된 乙의 채권이 버젓이 개인회생채권자목록에 기재되어 변제계획의 대상으로 되어 있는 것입니다. 만약 乙의 채권을 빼면 제 몫이 늘어날 수도 있을 것인데, 이와 같이 채무자 甲이 시효완성된 채권을 개인회생채권자목록에 기재하게 되면 시효이익의 포기로 되어 시효완성된 채권을 가진 乙도 변제계획에 따라 변제받을 수 있는지 박사님께 문의드리고 싶습니다.

답 「채무자 회생 및 파산에 관한 법률」(이하 '통합도산법')에서는 개인회생채권자목록을 제출한 경우 시효중단의 효력이 있다고 규정하고 있습니다(통합도산법 제32조 제3호). 이에 채무자가 시효완성된 채권을 개인회생채권자목록에 기재하여 법원에 제출한 행위가 시효완성 후의 채무승인으로 되고 그것이 시효이익의 포기에 해당되는지 문제됩니다.

시효이익을 받을 채무자는 소멸시효가 완성된 후에도 시효이익을 포기할 수 있고, 이는 시효완성으로 인한 법적인 이익을 받지 않겠다는 효과의사를 필요로 하는 의사표시라고 할 수 있습니다. 이러한 시효이익의 포기와 구별되는 것으로서 채무승인이 있는데, 이는 소멸시효의 완성 전에 하는 소멸시효 중단사유로서의 채무승인을 말하는 것으로서 이른바 관념의 통지에 해당되어 여기에는 어떠한 효과의사가 필요치 않을 것이지만, 채무승인이 소멸시효완성 후에 이루어졌고 그것이 시효완성 후의 시효이익의 포기로 인정되려면 시효이익을 받는 채무자가 시효완성으로 인한 법적인 이익을 받지 않겠다는 효과의사가 필요한 것이기 때문에 시효완성 후에 채무승인이 있었다고 하더라도 그것만으로는 곧바로 소멸시효 이익의 포기라는 의사표시가 있었다고 단정할 수 없을 것입니다.

한편 채무자가 소멸시효 완성 후 채무를 일부 변제한 때에는 채무 전체를 묵시적으로 승인한 것으로 보아야 하고, 이 경우 시효완성의 사실을 알고 소멸시효 이익을 포기한 것으로 추정되므로, 소멸시효가 완성된 채무를 피담보채무로 하는 근저당권이 실행되어 채무자 소유의 부동산이 경락되고 대금이 배당되어 채무의 일부 변제에 충당될 때까지 채무자가 아무런 이의를 제기치 않았다면 특별한 사정이 없는 한 채무자는 시효완성의 사실을 알고 채무를 묵시적으로 승인하여 시효의 이익을 포기한 것으로 볼 수 있을 것입니다. 따라서 배당절차에서 소멸시효가 완성된 채무에 관하여 채무자의 다른 채권자는 그 지위에서 독자적으로는 소멸시효의 완성을 주장할 수 없지만, 자기의 채권을 보전하기 위하여 필요한 한도 내에서 채무자를 대위하여 소멸시효의 완성을 주장할 수 있다고 보이므로 채무자가 배당절차에서 이의를 제기치 않았다고 하더라도 채무자의 다른 채권자가 이의를 제기하고 채무자를 대위하여 소멸시효 완성의 주장을 원용하였다면 채무자가 시효의 이익을 묵시적으로 포기하였다고 볼 수 없을 것입니다.

이러한 원리는 개인회생절차의 경우에도 마찬가지라고 보입니다. 즉 통상적으로 채무자가 개인회생절차를 밟는 이유는 강제집행을 중지시키거나 일정 기간 동안 담보권 실행을 못하게 하는 한편 변제계획에 따른 변제를 완료하여 궁극적으로는 채무에 대한 면책을 받으려는 목적으로 하는 것임에 비추어 볼 때, 채무자가 개인회생신청을 하면서 채권자목록에 소멸시효가 완성된 채권자의 근저당권부 채권을 기재하였다고 해서 시효이익을 포기하려는 효과의사까지 있었다고 보기는 어려울 것입니다(대판 2017.7.11. 2014다32458).

따라서 귀하께서는 시효완성된 乙의 채권이 개인회생채권자목록에 기재되었다고 하더라도 이를 기초로 작성된 변제계획에 따라 乙에게 변제가 이루어지기 전이라면 채무자

甲을 대위하여 소멸시효완성을 주장할 수 있을 것이고, 이에 따라 乙에 대한 변제를 막을 수 있을 것으로 보입니다.

[사례 5·2·29] 사해행위취소소송 중 개인회생절차가 개시되었는데도 채무자에게 소송수계가 이루어지지 않은 채 판결이 선고된 경우의 적법 여부

문 저는 채무자 甲으로부터 그 소유의 주택을 매수한 사람인데, 甲에게 돈을 빌려 준 乙이 그 행위가 사해행위라고 주장하면서 수익자인 저를 피고로 하여 사해행위취소소송을 제기하였습니다. 그런데 그 소송이 진행되던 중에 甲이 개인회생을 신청하여 개시결정이 이루어졌고 그 사실이 준비서면을 통하여 법원에 알려졌는데도 법원에서는 乙로부터 甲에게로 소송수계절차 없이 그대로 소송을 진행하여 판결을 선고하였고, 그 소송에서 제가 패소하게 되었습니다. 이와 같은 경우에 제가 항소하여 절차위반을 다투고 싶은데, 그 실익이 있는지 박사님께 문의드리고 싶습니다.

답 「채무자 회생 및 파산에 관한 법률」에 의하면, 개인회생채권자가 제기한 사해행위취소소송이 개인회생절차 개시결정 당시 법원에 계속되어 있는 때에는 그 소송절차는 수계 또는 개인회생절차의 종료에 이르기까지 중단되도록 하고 있습니다(제584조 제1항, 제406조 제1항).

따라서 사해행위취소소송의 계속 중에 채무자에 대한 개인회생절차 개시결정이 있었는데, 법원이 그 사실을 알고도 채무자에게 소송수계가 이루어지지 않은 상태로 소송절차를 진행하여 판결을 선고하였다면 그 판결은 소송절차를 수계해야 할 채무자가 법률상 소송행위를 할 수 없는 상태에서 심리되어 선고된 것이므로 여기에는 마치 대리인에 의하여 적법하게 대리되지 않았던 경우와 마찬가지의 위법이 있다고 할 것입니다(대판 1996.2.9. 94다24121, 2011.10.27. 2011다56057, 2013.6.13. 2012다33976).

이에 수익자인 귀하와 채권자인 乙간의 사해행위취소소송 중 그 변론종결 전에 채무자 甲에 대한 개인회생절차개시결정이 있었고, 그 변론과정에서 귀하께서 甲에 대한 개인회생절차개시사실을 법원에 알려주었다면 법원으로서는 마땅히 소송절차를 중단하고 甲으로 하여금 사해행위취소소송의 원고인 乙로부터 소송을 수계토록 하여 부인소송으로 진행하였어야 함에도 불구하고 그렇게 하지 않은 절차 위반이 있었다고 보이므로 귀하께서 항소를 할 경우 그 실익이 있다고 보이니 항소심에서 다투어 보시길 권해드립니다.

[사례 5·2·30] 일반회생보다 간이·신속한 절차인 간이회생절차

문 저는 중소기업체를 운영하다가 도산하여 채무가 20억원에 달하고 있습니다. 이에 어떻게든 빚을 털고 재기를 해야 할 것인데, 현재도 조그마한 사업체를 운영하고 있어서 파산을 하기는 조금 그렇고 채무액수가 많아 개인회생의 대상도 되지 않아 부득이 일반회생을 통하여 회생을 도모해야 할 것인데, 지인으로부터 들으니 최근에 간이회생제도가 생겨서 종전처럼 복잡한 절차를 거치지 않고도 회생할 수 있다고 들었습니다. 이에 박사님께 간이회생제도에 관하여 설명을 듣고 싶습니다.

답 채무자가 회생절차를 이용하여 회생을 도모하려면 「채무자 회생 및 파산에 관한 법률」(이하 '통합도산법') 제2편 「회생절차」를 통하여 회생해야 하는데, 이러한 「회생절차」는 주로 대기업의 회생을 염두에 두고 만들어진 절차여서 복잡하고 비용도 많이 들며 회생계획인가시까지 오랜 시일이 걸리는 문제가 있습니다.

따라서 중소기업이나 자영업자 등 소상공인이 이러한 회생절차를 이용하여 회생을 도모하기에는 많은 어려움이 따랐고 이들을 위한 별도의 재건절차의 필요성이 줄곧 제기되어 왔습니다.

이에 최근 통합도산법의 개정을 통하여 소규모의 채무를 부담하고 있는 영업소득자에 대해서는 통상적인 회생절차 중 몇 가지의 절차를 생략하고 보완함으로써 간단하고 빠르게 회생절차를 진행하기 위하여 간이회생절차를 도입하였습니다. 간이회생절차는 통상적인 회생절차와 독립한 별개의 절차가 아니라 위 제2편 「회생절차」 내에 제9장을 신설하여 규율하도록 한 제도로서 기본적으로는 회생절차에 해당되며 다만 회생절차의 일부를 간소화한 절차라고 할 수 있을 것입니다. 즉 간이회생절차란 회생채권 및 회생담보권의 총액이 30억원 이하인 채무를 부담하는 영업소득자가 회생절차 내지 일반회생절차보다 간소화된 절차인 간이회생절차를 통하여 회생을 도모하는 절차를 말하며, 2014년 12월 30일 통합도산법의 일부 개정으로 신설되어 2015년 7월 1일부터 시행되고 있는 제도입니다(통합도산법 제293조의2~제293조의8, 시행령 제15조의3).

이에 종전에는 개인회생의 대상이 되지 못하는 개인채무자가 회생을 도모하고자 할 경우에는 모두 회생절차 내지 일반회생절차를 통하는 수밖에 없었으나 앞으로는 개인채무자 중 소액영업소득자의 경우에는 신설된 간이회생절차를 통하여 보다 쉽고 적은 비용으로 단시일 내에 회생을 도모할 수 있게 되었습니다.

간이회생절차에서는 관리인을 선임하지 않을 수 있고(통합도산법 제293조의6 제1항 본문),

회생위원의 자격이 있는 자를 간이조사위원으로 선임할 수 있으며(통합도산법 제293조의7 제1항 전단), 회생채권자 조에 대한 가결요건을 완화하는 등(통합도산법 제293조의8 제1호, 제2호) 절차와 방법을 간소화함으로써 통상적인 회생절차 내지 일반회생절차에 비하여 소요기간을 3개월 정도 단축하고 조사비용 등의 신청비용도 대폭 절감할 수 있도록 하고 있습니다.

다만 간이회생절차에 관하여는 통합도산법에서 간이회생절차와 관련하여 특별히 규정하고 있는 것을 제외하고는 제2편「회생절차」, 즉 통상적인 회생절차의 규정을 적용하도록 하고 있습니다(통합도산법 제293조의3 제1항).

이에 귀하께서는 채무가 20억원으로서 30억원 이하에 해당되고, 사업체를 운영하고 있다고 하니 소액영업소득자로서 정기적인 소득이 예상될 수 있으므로 간이회생절차를 통하여 회생을 도모할 수 있을 것으로 사료됩니다.

[사례 5·2·31] 법인회생과 기업구조조정의 관계

문 저는 중소기업을 운영하고 있는데, 경기가 좋지 않아서인지 갈수록 기업채무가 늘어나고 있습니다. 이에 조만간 기업회생을 하든 기업구조조정을 하든 해야 할 것 같은데, 이 두 제도에 관하여 개략적으로 알고 싶습니다.

답 기업회생이란 재정적 파탄상태에 이른 그러나 계속기업가치가 청산가치보다 큰 법인이 「채무자 회생 및 파산에 관한 법률」(이하 '통합도산법') 제2편 「회생절차」를 통하여 법원에 회생신청을 하고 그에 따라 법원으로부터 회생계획인가결정을 받아 기업의 회생을 도모하는 절차를 말합니다. 기업회생의 기본원리는 ① 경제성의 판단, ② 채권자·주주 등의 권리행사의 제한·금지, ③ 실체법상의 권리의 우선 순위 존중, ④ 채무자 회사의 지배구조의 변경, ⑤ 개별채권자에 대한 청산가치 보장, ⑥ 계속기업가치와 청산가치 차액의 분배(관리인과 채권단 사이의 협상 또는 강제인가), ⑦ 기업회생인가결정에 따른 권리 자체의 변경 효력 등으로 요약될 수 있습니다.

한편 기업 등의 법인이 도산한 경우 막대한 사회적인 파장이 문제될 수 있으므로 이를 고려하여 그 특례를 마련하고자 종전의 「금융기관의 합병 및 전환에 관한 법률」을 전부 개정하여 1999년 1월 13일 「금융산업의 구조개선에 관한 법률」, 이른바 '금산법'을 제정함으로서 기업워크아웃을 가능하게 하였고, 이와 별도로 보다 신속하고 원활하게 기업의 구조조정을 추진하기 위하여 한시법인 「기업구조조정촉진법」이 제정되었습니다(2001년 8월 14일, 2007년 8월 3일, 2011년 5월 19일, 2014년 1월 1일, 2016년 3월 18일[208] 등 5차례 제정). 이러한 「기업구조조정촉진법」은 부실징후기업의 기업개선이 신속하고 원활하게 추진될 수 있도록 필요한 사항을 규정함으로써 상시적 기업구조조정을 촉진하기 위하여 제정된 법입니다. 「기업구조조정촉진법」에서는 '관리절차'라는 새로운 도산절차를 두었는데, 이는 채무자와 채권자간의 사적 합의에 의한 채무조정절차라는 점에서 기본적으로는 기업워크아웃의 성격을 가지고 있어서 채권금융기관의 주도하에 기존 경영자가 사업을 계속하는 내용의 기업워크아웃이라 할 수 있습니다.

기업회생은 기본적으로 기존 경영진이 종전과 같이 계속 기업체를 운영할 수 있는 여지가 많고 기업을 회생시키는 것이 주목적이므로 채무자인 기업측에서 신청하는 경우가 많지만, 기업구조조정은 주채권은행 내지 금융채권자협의회에 의해 주도된다는 점에서 차이가 있습니다. 즉 기업구조조정에서는 주채권은행의 통보에 따라 부실징후기업으로 하여금 주채권은행에게 기업개선을 위한 자구계획서와 금융채권자의 목록을 첨부하여 금융채권자협의회에 의한 공동관리절차나 주채권은행에 의한 관리절차의 개시를 신청하도록 하고 이에 따라 공동관리절차나 관리절차를 통하여 기업을 구조조정시키고 회생을 도모하는 것입니다. 다만 실무상으로는 부실기업의 경우 다수의 금융기관이 채권자에 포함되어 있을 것이므로 주로 금융채권자협의회에 의한 공동관리절차로 진행하고 있다고 보입니다.

이에 기업의 회생을 도모하는 제도로는 「기업구조조정촉진법」상의 기업워크아웃과 통합도산법상의 기업회생이 양대축이라 할 수 있는데, 「기업구조조정촉진법」이 통합도산법에 우선하여 적용되도록 되어 있는 것은 아니지만(기업구조조정촉진법 제3조), 「기업구조조정촉진법」상의 기업워크아웃이 통합도산법상의 기업회생에 비하여 국내 금융권으로부터의 신규차입 및 신용거래가 용이하고, 절차도 신속하고 효율적으로 진행된다는 점에서 실무상 기업회생에 앞서 우선적으로 고려되고 있는 것으로 보입니다. 다만 부실징후기업에 대한 공동관리절차가 개시된 뒤에도 해당 기업 또는 금융채권자는 통합도산법에 따른 기업회생절차나 파산절차를 신청할 수 있으며, 이때 해당 기업에 대한 기업회생절차개시결정이나 파산선고가 있게 되면 공동관리절차는 중단된 것으로 보게 됩니다(기업구조조정촉진법 제11조 제5항).

---

208) 2016년 3월 18일 제정된 「기업구조조정촉진법」은 2018년 6월 30일까지만 그 효력을 가지게 됩니다(기업구조조정촉진법 부칙 제2조).

[사례 5·2·32] 임금 및 퇴직금의 채권자들도 채무자인 회사에 대하여 회생절차개시신청을 할 수 있는지

문 저희들은 전자제품을 납품하는 회사에서 근무하였거나 근무하고 있는 근로자들인데, 수개월째 임금 및 퇴직금 등을 지급받지 못하고 있습니다. 그런데 우리 회사의 자금 사정이 좋지 않아서 파탄상태에 이르고 있지만 장래의 비전이 좋아 꼭 살리고 싶습니다. 이와 같이 임금 및 퇴직금을 지급받지 못한 저희 근로자들도 채권자의 자격에서 우리 회사에 대한 회생절차개시신청을 할 수 있는지 박사님께 문의드리고 싶습니다.

답 「채무자 회생 및 파산에 관한 법률」(이하 '통합도산법') 제34조(회생절차 개시의 신청) 제2항 제1호 (가)목에서는 "주식회사인 채무자에 대하여 자본의 1/10 이상에 해당하는 채권을 가진 채권자는 회생절차개시의 신청을 할 수 있다."라고만 규정하고 있을 뿐, 여기에 다른 제한을 두고 있지 않습니다.

따라서 임금 및 퇴직금 등의 채권자도 채무자에게 파산원인인 사실이 생길 염려가 있는 경우에는 회생절차를 통하여 채무자나 그 사업의 효율적인 회생을 도모할 이익이 있고, 개별적인 강제집행절차 대신 회생절차를 이용하는 것이 비용과 시간 면에서 효과적일 수도 있을 것입니다. 이에 주식회사인 채무자에 대하여 임금 및 퇴직금 등의 채권을 가진 근로자라도 통합도산법에서 정한 바에 따라 회생절차개시의 신청을 할 수 있고, 이는 임금 및 퇴직금 등의 채권이 회생절차에 의하지 않고 수시로 변제받을 수 있는 공익채권이라고 하여 달리 볼 것은 아닙니다(대판 2014.4.29. 2014마244).

이에 귀하들께서는 귀하 회사에 대한 임금 및 퇴직금 채권자의 입장에서 귀하들의 임금 및 퇴직금의 합계액이 회사자본의 1/10 이상에 해당될 경우에는 귀하 회사의 회생을 도모하기 위하여 회생절차개시신청을 할 수 있을 것으로 보입니다.

제 6 편

노동·공법 편

제1장 노동 편

제2장 공법 편

제1절 행정·조세

제2절 헌법·국적

제1장 노동편

[사례 6·1·1] 4인 이하의 사업장에도 적용되는 근로기준법상의 규정

문 저는 조그마한 가방제조 공장에 취업하여 2년째 영업사원으로 근무하고 있습니다. 우리 공장은 근로자가 3명밖에 되지 않은 영세한 사업장입니다. 우리 공장과 같이 영세한 사업장도 근로기준법이 적용되는지 그래서 퇴직금을 받을 수 있는지 궁금하여 박사님께 자세히 문의를 드리고 싶습니다.

답 근로자란 직업의 종류와 관계없이 임금을 목적으로 사업장에 근로를 제공하는 자를 말하는데, 근로기준법(이하 '법')은 이러한 근로자의 근로조건에 대한 최저기준을 정해 놓은 법이라고 할 수 있습니다. 근로조건은 근로자와 사용사가 동등한 지위에서 자유의사에 따라 결정하게 되어 있지만 상대적 약자인 근로자를 보호하기 위하여 근로기준법에서는 근로조건의 최저기준을 정해 놓아 이보다 더 낮은 근로기준을 정할 수 없도록 하고 있습니다.

그런데 근로기준법은 원칙적으로 상시 5인 이상의 근로자를 사용하는 사업장에만 적용되지만, 상시 5인 이상의 근로자를 사용하는 사업장이라도 동거친족만을 사용하거나 가사사용인에 대하여는 적용되지 않습니다. 그러다 보니 상시 4인 이하의 영세한 사업장에서 근무하는 근로자에 대하여는 법의 사각지대가 되어 보호를 받지 못하게 되는 문제점이 있어서 근로기준법에서는 예외적으로 일정한 항목에 대해서는 상시 4인 이하의 사업장에도 적용되도록 함으로써 이들을 보호하고 있습니다.

상시 4인 이하의 사업장에도 적용되는 근로기준법상의 규정 중 중요한 몇 가지만 살펴보겠습니다(근로기준법 제11조 제2항 및 동법 시행령 제7조 별표 1).

① 사용자는 정당한 사유 없이도 근로자를 해고를 할 수 있으되, 일시보상을 하였거나 폐업할 경우를 제외하고는 업무상 부상 또는 질병의 요양을 위하여 휴업한 기간과 그 후 30일 동안 또는 산전·산후의 여성이 근로기준법에 따라 휴업한 기간과 그 후 30일 동안은 해고하지 못합니다(법 제23조 제2항).

② 사용자가 근로자를 해고하려면 적어도 30일 전에 예고해야 하고, 30일 전에 예고하지 않았을 때에는 30일분 이상의 통상임금을 지급해야 합니다. 다만 천재·사변, 그밖의

부득이한 사유로 폐업할 경우 또는 근로자가 고의로 사업에 막대한 지장을 초래하거나 재산상 손해를 끼친 경우에는 해고예고를 하거나 30일분의 통상임금을 지급할 필요가 없습니다(법 제26조). 또한 일용근로자로서 3개월을 계속 근무하지 않은 자, 2개월 이내의 기간을 정하여 사용된 자, 계절적 업무에 6개월 이내의 기간을 정하여 사용된 자, 수습사용 중인 근로자에 대해서도 해고예고를 하거나 30일분의 통상임금을 지급할 필요가 없습니다(법 제35조).[209]

③ 사용자가 체불한 임금에 대해서는 그 지급사유가 발생한 날부터 14일이 지난 다음 날부터 연 20%의 비율에 의한 지연이자를 지급해야 합니다(법 제37조, 시행령 제17조).

④ 최종 3개월분의 임금과 재해보상금에 대해서는 최우선변제권이 인정되며, 그밖의 임금과 기타 근로관계로 인한 채권도 저당권 등보다 우선하는 조세·공과금을 제외하고는 다른 조세·공과금 및 채권보다 우선해서 변제를 받게 됩니다(법 제38조 제2항).

⑤ 일반공사도급에 있어서 하수급인에게 고용된 근로자의 임금에 대한 직상수급인의 연대책임 규정(제44조), 건설공사도급에 있어서 하수급인에게 고용된 근로자의 임금에 대한 직상수급인의 연대책임 규정(법 제44조의2), 건설공사도급에 있어서 하수급인에게 고용된 근로자의 원수급인 또는 직상수급인에 대한 임금직접청구권 규정(법 제44조의3)도 적용됩니다.

⑥ 사용자는 노무도급 근로자에게도 근로시간에 따라 일정액의 임금을 보장해 주어야 합니다(법 제47조).

⑦ 15세 미만인 자(단, 중학교에 재학 중인 18세 미만인 자 포함)는 근로자로 사용하지 못합니다. 다만 고용노동부장관이 발급한 취직인허증을 지닌 자는 근로자로 사용할 수 있습니다(법 제64조 제1항). 또한 임신 중이거나 산후 1년이 지나지 않은 여성과 18세 미만자에 대해서는 도덕상 또는 보건상 유해·위험한 사업에 사용하지 못합니다(법 제65조).

⑧ 사용자는 임신 중의 여성에게 출산 전후를 통하여 90일의 출산휴가를 주어야 하며, 이 경우 휴가 기간의 배정은 출산 후에 45일 이상이 되어야 합니다(법 제74조 제1항).

⑨ 요양보상·휴업보상·장해보상·유족보상 등 재해보상규정도 적용됩니다(법 제78조~제92조).

⑩ 사용자나 해당 사업장은 근로감독관의 감독을 받게 되며(법 제101조~제106조), 따라서 임금 또는 퇴직금 체불시 근로자는 근로감독관으로부터 체불금품확인원을 발급받을 수 있습니다.

⑪ 상시 4인 이하의 사업장에도 적용되는 근로기준법 규정을 위반할 때에는 근로기준법상의 벌칙 규정이 적용됩니다(법 제107조~제116조).

⑫ 근로자의 퇴직급여에 관하여 규정하고 있는 근로자퇴직급여보장법은 동거친족만을

사용하거나 가구내 고용활동이 아닌 한 근로자를 사용하는 모든 사업장에 적용되므로 상시 4인 이하의 사업장에도 퇴직급여제도가 적용됩니다. 즉 상시 4인 이하의 사업장에서 근무하는 근로자도 이 법에 따라 퇴직급여를 청구할 수 있는 것입니다. 다만 계속근로기간이 1년 미만인 근로자나 4주간을 평균하여 1주간의 소정근로시간이 15시간 미만인 근로자는 퇴직급여의 지급대상이 되지 않습니다(근로자퇴직급여보장법 제4조 제1항 단서). 퇴직급여 중 최종 3년간의 퇴직급여는 최우선변제권이 인정되며, 그밖의 퇴직급여도 저당권 등에 우선하는 조세·공과금을 제외하고는 다른 조세·공과금 및 채권보다 우선해서 변제를 받게 됩니다(근로자퇴직급여보장법 제12조). 사용자는 당사자 간의 합의가 없는 한 퇴직금의 지급사유가 발생한 날부터 14일 이내에 퇴직금을 지급해야 하며, 일시금인 퇴직급여의 지급을 지연시에는 14일이 지난 다음날부터 연 20%의 비율에 의한 지연이자를 지급해야 합니다(법 제37조).

이와 같이 상시 4인 이하의 사업장에도 임금과 퇴직금의 규정이 원칙적으로 적용되지만, 연차유급휴가나 연장·야간 및 휴일근로임금가산 또는 휴업수당의 규정은 적용되지 않습니다. 한편 상시 4인 이하의 사업장에도 휴업수당 규정은 적용되지 않지만 임금과 퇴직금 규정은 적용되므로 휴업수당을 제외한 임금 및 퇴직금에 대한 체당금 신청은 인정됩니다.

이에 귀하의 질문을 살펴보건대, 귀하께서 알고 싶어하는 상시 4인 이하의 사업장에 대하여 적용되는 근로기준법상의 규정은 위에서 설명한 바와 같고, 퇴직금의 경우에는 인턴이나 계약직 또는 아르바이트생이라도 4주간을 평균하여 1주간의 소정근로시간이 15시간 이상이고 계속근로기간이 1년 이상인 경우에는 상시 4인 이하의 영세한 사업장이라도 청구할 수 있을 것입니다.

[사례 6·1·2] 골프장 캐디도 근로기준법상 근로자로 인정될 수 있는지

문 저희들은 甲 회사가 운영하는 골프장에서 수년째 캐디로 일해 오고 있습니다. 그런데 최근 저를 포함한 몇 명의 캐디들이 근로조건 개선을 위한 피켓시위를 하루 한 적이 있었

---

209) 참고로 근로기준법에서는 그밖에도 해고예고를 하거나 30일분 이상의 통상임금을 지급함이 없이 곧바로 해고할 수 근로자로서 '월급근로자로서 6개월이 되지 못한 자'를 규정하고 있으나(제35조 제3호) 이에 대한 헌법소원 사건에서 위헌결정이 내려짐에 따라 '월급근로자로서 6개월이 되지 못한 자'에 대한 해고시에는 해고예고를 하거나 30일분 이상의 통상임금을 지급하여야 하는 것으로 해석됩니다(헌재 2015. 12.23. 2014헌바3).

는데, 이를 빌미 삼아 甲 회사에서는 저희들에게 무기한 출장유보처분이라는 중징계를 내렸습니다. 이에 저희들은 甲 회사를 상대로 징계무효확인소송을 제기하고자 하는데, 이러한 청구가 받아들여질지 몰라 박사님께 문의드리고 싶습니다.

답 근로기준법상의 근로자에 해당하는지 여부는 고용계약인지 도급계약인지의 형식보다 그 실질에 있어 근로자가 임금을 목적으로 종속적인 관계에서 사용자에게 근로를 제공하였는지 여부에 따라 판단되어야 하고, 종속적인 관계가 있는지 여부는 업무 내용을 사용자가 정하고 취업규칙 또는 복무 또는 인사규정 등의 적용을 받으며 업무수행 과정에서 사용자가 상당한 지휘·감독을 하는지, 사용자가 근무시간과 근무장소를 지정하고 근로자가 이에 구속을 받는지, 노무제공자가 스스로 비품·원자재나 작업도구 등을 소유하거나 제3자를 고용하여 업무를 대행하게 하는 등 독립하여 자신의 계산으로 사업을 영위할 수 있는지, 노무제공을 통한 이윤의 창출과 손실의 초래 등 위험을 스스로 안고 있는지와, 보수의 성격이 근로 자체의 대상적 성격인지, 기본급이나 고정급이 정해져 있는지 및 근로소득세의 원천징수 여부 등 보수에 관한 사항, 근로제공 관계의 계속성과 사용자에 대한 전속성의 유무와 그 정도, 사회보장제도에 관한 법령에서 근로자로서 지위를 인정받는지 등의 경제적·사회적 여러 조건을 종합하여 판단해야 할 것입니다.

다만, 기본급이나 고정급이 정해졌는지, 근로소득세를 원천징수했는지, 사회보장제도에 관하여 근로자로 인정받는지 등의 사정은 사용자가 경제적으로 우월한 지위를 이용하여 임의로 정할 여지가 크다는 점에서, 그러한 점들이 인정되지 않는다는 것만으로 근로자성이 부정되어서는 안될 것입니다(대판 2006.12.7. 2004다29736).

한편, 골프장에서 일하는 캐디는, ① 골프장 시설운영자와 사이에 근로계약·고용계약 등의 노무공급계약을 전혀 체결하고 있지 않고, ② 그 경기보조업무는 원래 골프장측이 내장객에 대하여 당연히 제공해야 하는 용역 제공이 아니어서 캐디에 의한 용역 제공이 골프장 시설운영에 있어서 필요불가결한 것이 아니며, ③ 내장객의 경기보조업무를 수행한 대가로 내장객으로부터 직접 캐디 피(caddie fee)라는 명목으로 봉사료만을 수령하고 있을 뿐 골프장 시설운용자로부터는 어떠한 금품도 지급받지 않고, ④ 골프장에서 용역을 제공함에 있어 그 순번의 정함은 있으나 근로시간의 정함이 없어 자신의 용역 제공을 마친 후에는 골프장 시설에서 곧바로 이탈할 수 있으며, ⑤ 내장객의 감소 등으로 인하여 예정된 순번에 자신의 귀책사유 없이 용역 제공을 할 수 없게 되더라도 골프장 시설운용자가 캐디 피에 상응하는 금품이나 근로기준법 소정의 휴업수당을 전혀 지급하고 있지도 않고, ⑥ 내장객에 대한 업무 수행과정에서 골프장 시설운용자로부터 구체적이고 직접적인 지휘·감독을 받고 있지 않으며, ⑦ 근로소득세를 납부하고 있지 않고, ⑧ 내장객에 대한 경기보조업무 수행을 해태하여도 그 용역을 제공하는 순번이 맨 끝으로 배정되는 등의 사실상의 불이익을 받고 있을 뿐 달리 골프장 시설운용자가 캐디에 대하여 회사의 복무질서 위배 등을 이유로 한 징계처분을 하지 않는다는 등의 여러 사정을 종합해볼 때, 골프장 시설운영자에 대하여 사용종속관계하에서 임금을 목적으로 근로를 제공하는 근로기준법상 소정의 근로자라고 볼 수는 없다고 보입니다(대판 1996.7.30. 95누13432).

그러나 한편 '노동조합 및 노동관계조정법'(이하 '노조법')상의 근로자란 타인과의 사용종속관계하에서 노무에 종사하고 그 대가로 임금 등을 받아 생활하는 자를 말하고, 그 사용종속관계는 해당 노무공급계약의 형태가 고용, 도급, 위임, 무명계약 등 어느 형태이든 상관없이 사용자와 노무제공자 사이에 지휘·감독관계의 여부, 보수의 노무대가성 여부, 노무의 성질과 내용 등 그 노무의 실질관계에 의하여 결정되는 것입니다(대판 1993.5.25. 90누1731, 2006.10.13. 2005다64385).

이에 골프장의 캐디들은 사용자의 구체적인 지휘·감독에 따라 자신들의 노무제공을 하고 있고, 캐디들의 업무수행과정에 사용자가 관여하는 정도가 커서 캐디들의 사용자에 대한 업무의 종속성이 상당하며, 캐디들은 지역별 노조이자 그 조합원 자격으로 특정한 사용자에의 종속관계를 필요로 하지 않는, 즉 사용자와 사이의 근로계약관계를 전제로 하지 않는 노동조합의 조합원에는 해당된다고 할 것입니다. 따라서 캐디들이 전속되어 있는 회사는 근로기준법법상의 사용자가 아니어서 근로기준법에서 정한 의무를 부담하지는 않을 것이지만, 노조법상의 사용자에는 해당하므로 노조법에 따른 의무는 부담한다고 할 것입니다(대판 2014.2.13. 2011다78804).

이에 귀하들에 대한 甲 회사의 무기한의 출장유보조치에 대하여는 귀하들께서 근로기준법상의 근로자에는 해당되지 않으므로 근로기준법을 근거로 해서 다툴 수는 없을 것이지만 회사의 무기한의 출장유보조치가 노조법상의 부당노동행위에 해당된다면 이를 근거로 그 무효를 주장해 볼 수 있을 것으로 보입니다.

[사례 6·1·3] 아파트의 관리사무소장이 채용한 근로자에게도 입주자대표회의가 임금을 지급할 책임이 있는지

문 저는 아파트 입주자대표회의의 회장인데, 아파트 관리사무소에서 채용한 직원들에 대한 임금이 체불되어 근로자들이 노동청에 신고를 해놓았습니다. 이와 같이 아파트 관리사무소에서 채용한 근로자에 대하여도 입주자대표회의가 임금 등의 지급 책임을 지게 되는지 박사님께 문의드리고자 합니다.

답 보통 아파트에 대한 관리를 위하여 입주자대표회의와 주택관리업체간 또는 입주자대표회의와 아파트관리업자간에 위·수탁관리계약을 체결하는데, 해당 계약서에는 ① 입주자대표회의가 아파트에 대한 관리업무를 주택관리업체 등에게 위탁한다는 것, ② 주택관리업체 등은 수탁받은 업무를 아파트 입주자의 비용부담하에 그러나 자신의 책임으로 직원을 사용하여 수행한다는 것, ③ 주택관리업체 등이 아파트관리기구를 설치할 때에는 그 조직과 인원에 대하여 입주자대표회의의 승인을 얻어야 한다는 것, ④ 주택관리업체 등이 직원에 대한 임명, 직원 급여와 퇴직급여의 지급, 관리비 부과, 경비를 지출함에 있어서는 입주자대표회의의 동의나 승인을 받아야 한다는 것, ⑤ 주택관리업체 등이 고용한 직원에 대하여 입주자대표회의가 해임을 요구하면 이에 즉시 응해야 한다는 것, ⑥ 주택관리업체 등은 매월 경비집행과 자금관리에 관한 사항을 입주자대표회의에 보고해야 한다는 것 등의 내용을 규정하고 있는 경우가 많습니다. 그러나 이는 형식상의 위·수탁관리계약에 불과할 뿐 실질적으로는 주택관리업체 등이 아파트의 관리사무소에 근무하는 직원들에 대한 인사권과 업무지휘명령권 등을 행사하고 있고 입주자대표회의는 이에 관여하지 않는 것이 실무 관행입니다.

위와 같은 이유에서 입주자대표회의와 위·수탁관리계약을 체결한 아파트관리업자의 대리인이라고 할 수 있는 관리사무소장이 관리사무소에서 근무하게 될 직원들과 근로계약을 체결하였다면 그 직원들은 원칙적으로 아파트관리업자의 피용인이라고 해야 할 것입니다. 따라서 입주자대표회의가 관리사무소 직원들에 대하여 사용자라고 할 수 있으려면 관리사무소장과 체결한 근로계약은 형식적이고 명목적인 것에 지나지 않는 것이고 사실상 관리사무소 직원들은 입주자대표회의와 종속적인 관계에서 근로를 제공하게 되고 그에 대한 대가로서 입주자대표회의가 임금을 지급한다는 근로계약관계가 적어도 묵시적으로라도 성립되어 있어야 할 것입니다. 따라서 입주자대표회의가 아파트관리업자와 체결한 위·수탁관리계약상의 지위에 기한 감독권의 범위를 넘어 일부 직원의 채용과 승진에 관여했거나 관리사무소 업무의 수행상태를 감독하고 또한 관리사무소 직원들의 근로조건인 임금과 복지비 등의 지급수준을 독자적으로 결정해 왔다고 하더라도, 아파트관리업자나 그를 대리한 관리사무소장의 관리사무소 직원들에 대한 임면·징계·배치 등 인사권과 업무지휘명령권이 형해화되어 관리사무소 직원들과 체결한 근로계약이 형식적인 것에 지나지 않게 되었다든가 입주자대표회의가 관리사무소 직원들의 업무내용을 정하고 그 업무수행 과정에 있어서 구체적·개별적인 지휘·감독을 행사하고 있는 경우가 아닌 한, 입주자대표회의는 관리사무소 직원들에 대하여 사용자의 지위에 있다고 할 수는 없을 것입니다(대판 1999.7.12. 99마628).

이로 볼 때 귀하께서 회장으로 있는 입주자대표회의는 아파트관리업자 또는 그를 대리한 관리사무소장이 채용한 관리사무소 직원들에 대해서는, 그의 인사권이나 업무지휘명령권을 형해화시켰거나 관리사무소 직원들의 업무내용을 정하고 그 업무수행 과정에 있어서 구체적·개별적인 지휘·감독권을 행사하고 있었던 것과 같은 특별한 사정이 없는 한, 사용자의 지위에 있다고 할 수 없고 따라서 임금 등의 지급의무도 없다고 보는 것이 타당할 것으로 보입니다.

[사례 6·1·4] 지입계약이 체결된 경우에 지입회사와 지입차주간에 사용자와 피용자의 관계를 인정할 수 있는지

문 저는 지입차주 甲이 고용한 운전자 乙과 컴퓨터 100대에 대한 운송계약을 체결하고 운송을 의뢰하였는데, 위 乙의 졸음운전으로 인하여 교통사고가 발생해서 컴퓨터들이 전부 망가져버렸습니다. 위 지입차량은 종합보험만기가 지난 상태여서 보험금 청구도 불가하고 운전자 乙이나 지입차주 甲에게는 재산이 없는 것 같습니다. 이에 지입회사 丙에게 사용자책임을 물어서 손해배상을 청구하고 싶은데, 가능한지 여부에 관하여 박사님께 문의드리고자 합니다.

답 지입제 내지 지입계약이란 화물자동차운송사업면허를 가진 운송사업자(지입회사)와 실질적으로 자동차를 소유하고 있는 지입차주간의 계약으로 외부적으로는 자동차를 운송사업자 명의로 등록하여 운송사업자에게 귀속시키되, 내부적으로는 각 지입차주들이 독립된 관리 및 계산으로 영업을 하며, 그 대신 운송사업자에 대하여는 지입료를 지불하기로 하는 운송사업형태를 말합니다.

귀하의 사례는 이러한 지입계약에 있어서 지입회사가 지입차주 내지 그 지입차주가 고용한 근로자와의 관계에서 사용자관계가 인정되는지 여부에 관한 문제로 보입니다. 이에 관하여는 이해의 편의를 위해 지입회사와 지입차주간의 관계에 관한 판례를 정리해보는 것으로 해답을 찾고자 합니다. 판례는 지입차주가 단독으로 사업자등록을 낼 수 있도록 한 건설기계관리법이 시행된 후[210]와 그 전으로 구분하여 판시한 듯하지만 결론은 크게 달라지지 않는 것으로 보입니다.

먼저 지입차주가 단독으로 사업자등록을 할 수 있도록 한 건설기계관리법이 시행되기 전에 있어서의 판례를 보면, "이른바 지입제에 있어, 그 지입차주가 지입된 차량을 직접 운행·관리하면서 그 명의로 화물운송계약을 체결하였다고 하더라도, 대외적으로는 그 차량의 소유자인 회사의 위임을 받아 운행·관리를 대행하는 지위에 있는 지입차주가 지입회사를 대리한 행위로서 그 법률효과는 지입회사에 귀속된다. 지입차량의 차주 또는 그가 고용한 운전자의 과실로 타인에게 손해를 가한 경우에는 지입회사는 명의대여자로서 제3자에 대하여 지입차량이 자기의 사업에 속하는 것을 표시하였을 뿐 아니라, 객관적으로 지입차주를 지휘·감독하는 사용자의 지위에 있다 할 것이므로 이러한 불법행위에 대하여는 그 사용자책임을 부담한다고 할 것이다."라고 판시하여 지입회사와 제3자 사이의 대외적인 관계에서는 지입회사의 지입차주나 지입차주가 고용한 자에 대한 사용자성을 인정하고 있는데 반하여(대판 2000.10.13. 2000다20069), "지입차주가 중기를 지입회사 명의로 구입하여 지입회사와 형식상의 관리계약하에 차주 겸 운전사로서 중기임대업에 종사하여 온 경우, 그 지입차주는 지입회사로부터 임금을 받을 것을 목적으로 근로를 제공하는 자라고 할 수 없으므로 근로기준법 소정의 근로자나 산업재해보상보험법 소정의 근로자에 해당하지 않는다."라고 판시하여(대판 1998.5.8. 98다6084), 지입회사와 지입차주간의 대내적인 관계에서는 지입회사의 지입차주에 대한 사용자 관계를 부정하고 있었던 것으로 보입니다.

다음으로 지입차주가 단독으로 사업자등록을 할 수 있도록 한 건설기계관리법이 시행된 후에 있어서의 판례를 보면, "건설기계관리법 및 건설기계관리법시행령이 시행된 후에는 지입차주로서는 지입차량의 등록 명의를 실질관계에 부합하게 자신 앞으로 전환하여 그 차량을 개인이 혼자서 운영하는 개별 건설기계대여업의 형태로 운영하거나 혹은 2인 이상의 법인이나 개인이 공동으로 운영하는 공동 건설기계대여업의 형태로 운영할 수 있음에도 불구하고 여전히 그 등록 명의를 지입회사 앞으로 남겨둔 채 종래의 지입체제를 그대로 유지하여 온 경우, 비록 지입차주가 지입차량의 실질적인 소유자로서 직접 이를 실제로 운영하여 왔다고 할지라도 지입회사는 지입차량의 운행사업에 있어서의 명의대여자로서 제3자에 대하여 그 지입차량이 자기의 사업에 속하는 것임을 표시하였다고 볼 수 있을 뿐만 아니라 객관적으로 지입차주를 지휘·감독하는 사용자의 지위에 있는 것으로 볼 수 있고, 따라서 지입회사는 지입차량의 운전사에 대하여도 직접 근로계약상의 책임을 지는 사용자로서 그 운전사가 근로를 제공하는 과정에서 생명·신체·건강을 해치는 일이 없도록 물적 환경을 정비하고 필요한 조치를 강구할 보호의무 내지는 산업안전보건법 제23조 소정의 안전상의 조치의무를 부담한다."라고 판시하여 지입회사와 제3자 사이의 대외적인 관계에서는 지입회사의 지입차주나 지입차주가 고용한 자에 대한 사용자성을 인정하고 있는데 반하여(대판 1998.1.23. 97다44676), "A가 운수회사인 B 주식회사와, A 소유이나 B 회사 명의로 등록된 화물트럭에 관한 '위·수탁 관리계약' 또는 '제품운송용역 계약'을 체결하여 B 회사가 위탁받은 제품운송업무 중 일부를 수행하면서 용역비 명목으로 매월 일정액을 지급받아 온 사안에서, 제반 사정에 비추어 A는 일정한 자본을 투자하여 운송사업을 영위하는 지입차주로서 지입회사인 B 회사와 별도의 운송용역계약을 체결하고 그에 따른 용역비를 지급받은 것으로 봄이 타당하고, A가 상당기간 고정된 운송일정과 운송경로에 따라 특정 운송업무를 반복 수행하며 B 회사에서 일정한 금원을 지급받은 것은 위 운송용역계약의 내용과 특성에 따른 것일 뿐 그와 같은 사정만으로 A가 B 회사에 대하여 종속적인 관계에서 임금을 목적으로 근로를 제공하는 근로기준법상 근로자에 해당한다고 볼 수 없다."라고 판시하여(대판 2013.7.11. 2012다57040), 지입회사와 지입차주간의 대내적인 관계에서는 지입회사의 지입차주에 대한 사용자성을 부정하고 있었던 것으로 보입니다.

이에 귀하의 경우를 살펴보건대, 귀하의 사건에서 지입회사와 제3자간의 대외적인 관계에서는 어찌되었건 지입회사에게 사용자성이 인정된다고 보이므로 귀하께서는 지입차주 甲이 고용한 운전자 乙의 사고에 대해 지입회사 丙에게 사용자책임을 물어 乙의 과실로 망가진 컴퓨터들에 대한 손해배상을 청구해 볼 수 있을 것으로 보입니다.

[사례 6·1·5] 태업의 경우에도 무노동 무임금 원칙이 적용되어 임금이나 유급휴가를 보장받을 수 없는지

문 저희들은 회사 노동조합의 결의에 따라 노사협상을 유리하게 이끌기 위한 수단으로 근로자들이 태업을 단행하였는데, 이에 대하여 회사에서는 태업기간 동안 생산량이 대폭 감소했다고 주장하면서 개별 근로자의 태업시간 비율로 계산된 금액을 임금에서 공제할 뿐만 아니라 태업기간 중의 유급휴일도 인정하지 못하겠다고 합니다. 회사의 이러한 처사가 과연 합당한지 박사님께 문의드리고 싶습니다.

답 「노동조합 및 노동관계조정법」에 의하면 "사용자는 쟁의행위에 참가하여 근로를 제공하지 아니한 근로자에 대하여는 그 기간 중의 임금을 지급할 의무가 없다."라고 규정하고 있고, "'쟁의행위'라 함은 파업·태업·직장폐쇄 기타 노동관계 당사자가 그

210) 건설기계관리법은 종전의 중기관리법이 1993년 6월 11일 전부개정되어 1994년 1월 1일부터 시행되었고, 이때 건설기계대여업 및 건설기계정비업이 허가제에서 신고제로 전환되었습니다.

주장을 관철할 목적으로 행하는 행위와 이에 대항하는 행위로서 업무의 정상적인 운영을 저해하는 행위를 말한다."라고 규정하고 있습니다(노동조합 및 노동관계조정법 제44조 제1항, 제2조 제6호).

또한 판례의 의하면, 쟁의행위시의 임금 지급에 관하여는 단체협약이나 취업규칙 등에서 이를 규정하거나 그 지급에 관한 당사자 사이의 약정이나 관행이 있다고 인정되지 않는 한, 근로자의 근로제공의무 등의 주된 권리·의무가 정지되어 근로자가 근로를 제공하지 않는 쟁의행위 기간 동안에는 근로제공의무와 대가관계에 있는 근로자의 주된 권리로서의 임금청구권은 발생하지 않는다고 판시하고 있습니다(대판 1995.12.21. 94다26721 전원합의체판결). 근로를 불완전하게 제공하는 형태의 쟁의행위인 태업도 근로제공이 일부 정지되는 것이라고 할 수 있으므로, 여기에도 이러한 무노동 무임금 원칙이 적용된다고 봄이 타당할 것입니다(대판 2013.11.28. 2011다39946).

아울러 근로기준법에 의하면 "사용자는 근로자에게 1주일에 평균 1회 이상의 유급휴일을 주어야 한다."고 규정하고 있고(근로기준법 제55조), 근로기준법 시행령에서는 "법 제55조에 따른 유급휴일은 1주 동안의 소정근로일을 개근한 자에게 주어야 한다."고 규정함으로써(근로기준법 시행령 제30조), 근로자가 1주일을 기준으로 최소한 1일간은 근로하지 않도록 주휴일을 보장하고 있습니다. 또한 단체협약·취업규칙·근로계약 등에 의하여 국경일 등을 유급 또는 무급휴일로 따로 정할 수 있음은 물론입니다. 근로기준법상의 휴일제도는 연속된 근로에서의 근로자의 피로회복과 건강회복 및 여가의 활용을 통한 인간으로서의 사회적·문화적 생활의 향유를 위하여 마련된 것이며, 나아가 유급휴일이란 휴일제도의 취지를 살려 근로자가 이를 충분히 활용할 수 있도록 해주기 위하여 임금의 지급이 보장되어 있는 휴일, 즉 휴식을 취하더라도 통상적인 근로를 한 것처럼 임금이 지급되는 날을 말하는 것입니다. 이러한 휴일 및 유급휴일 제도를 보장한 근로기준법의 취지에서 보면, 근로의 제공 없이도 근로자에게 임금을 지급하도록 한 유급휴일의 특별규정이 적용되기 위해서는 평상적인 근로관계, 즉 근로자가 근로를 제공해 왔고, 또한 계속적인 근로제공이 예정되어 있는 상태가 당연히 전제되어 있다고 볼 것입니다. 따라서 휴직 등과 동일하게 근로자의 근로제공의무 등의 주된 권리·의무가 정지되어 근로자의 임금청구권이 발생하지 않는 쟁의행위인 파업 중에 있는 경우에는 근로자로서는 파업기간 중에 포함된 유급휴일에 대한 임금의 지급 역시 구할 수 없으며(대판 2009.12.24. 2007다73277), 이와 같은 법리는 무노동 무임금 원칙이 적용되는 태업의 경우에도 그대로 적용된다고 할 것이고, 따라서 근로자는 태업기간에 상응하는 유급휴일에 대한 임금의 지급도 구할 수 없다고 봅니다(대판 2013.11.28. 2011다39946).

따라서 귀하들께서는 회사 측에서 태업기간에 상응하는 임금을 삭감하고, 태업기간 중의 유급휴일에 대한 임금도 지급하지 않는 경우라고 하더라도 무노동 무임금 원칙상 소송으로 대응하는 것은 어려울 것으로 보입니다.

[사례 6·1·6] 영농조합법인의 대표이사의 아들이자 이사로 등기되어 있는 자도 근로자로 인정될 수 있는지

문 저는 甲 영농조합법인의 대표이사인 乙의 아들로서 부친의 요구로 형식상으로만 위 영농조합법인의 이사로 등기되어 있지만 실제로 하는 일은 퇴비 생산 업무로서 다른 근로자와 다를 바가 없는데, 일을 하던 도중에 산재사고가 발생하였습니다. 이러한 경우에도 제가 근로자로 인정되어 산업재해보상보험법상의 산재급여의 혜택을 받을 수 있는지 박사님께 문의드리고 싶습니다.

답 귀하의 사례와 같이 비록 명목상으로 영농조합법인의 조합원 및 이사이기는 하나, 이는 형식적인 것에 불과하였을 가능성이 높고, 가족들이 주축이 된 영농조합법인이 상당수 존재하는 현실을 고려하지 않을 수 없으므로, 조합원 등에 해당한다고 하여 그 사정만으로 곧바로 근로자성을 부인할 수는 없고, 근로제공 관계의 실질이 임금을 목적으로 종속적인 관계에서 사용자에게 근로를 제공한 것인지 여부에 따라 근로자성을 판단해야 할 것입니다.

따라서 귀하께 지급된 월 급여액이 우리나라 임금근로자의 평균소득 내지 중위소득 수준이고, 귀하와 다른 근로자들 사이의 매월 급여액에 차이가 크지 않으며, 귀하가 종사하는 퇴비 생산 업무가 다른 업무보다 고된 육체노동에 해당할 뿐 아니라 다른 근로자들보다 비교적 적은 나이의 귀하께서 제공한 육체노동의 질과 강도가 더 높을 것으로 보이므로, 귀하께 지급된 월 급여액이 상대적으로 높다는 사정만으로 그 급여액에 사업소득(이익배당)이 포함되어 있다고 평가하기는 어렵다고 할 것입니다.

이에 귀하는 甲 영농조합법인의 사업내용인 퇴비 생산 업무에 종사하면서 일정한 근무시간 및 근무장소에 구속되어 일하였고, 스스로 비품 등을 소유하거나 제3자를 고용하여 업무를 대행한 적이 없으며, 甲 영농조합법인의 사업실적과 상관없이 일정한 액수의 급여를 받아왔고, 나아가 甲 영농조합법인에서도 귀하에 대한 4대 보험료 관련 보험관계 성립신고 등을 마치고 재해 발생일까지 귀하에 대한 4대 보험료를 지속적으로 납부하였으므로, 귀하는 대표이사인 귀하의 부친 乙 등의 지휘·감독 아래 임금을 목적으로 근로를 제공한 근로기준법상의 근로자에 해당한다고 볼 여지가 매우 크다고 할 것입니다. 따라서 귀하께서는 근로자로서 근로복지공단에 산재처리신청을 할 경우 산업재해보상보험법상의 각종 산재급여를 받을 수 있을 것으로 보입니다.

[사례 6·1·7] 최종합격통지를 해놓고 채용하지 않은 고용주에 대한 손해배상청구 여부

문 저는 중소기업 몇 군데에 경리직으로 응시하여 면접을 본 후 얼마 있다가 응시한 곳 모두에서 합격했다는 통지를 받았고, 그중 가장 마음에 든 甲 회사에 요청받은 각종 입사서류를 제출한 후 다른 회사는 구두로 입사포기의 의사를 밝혔습니다. 그런데 얼마 있다가 甲 회사에서는 순차적으로 합격자들을 입사시킨 후 제 차례가 되어서는 더 이상 인원충원의 필요성이 없어졌다고 하면서 채용할 수 없다는 최종통지를 하였습니다. 이에 저는 억울해서 甲 회사를 상대로 손해배상청구를 하고 싶은데, 가능한지 박사님께 문의드리고 싶습니다.

답 안타깝습니다. 중소기업들은 영세하고 그런데다 인사관리가 제대로 되어 있지 않아 일부 회사들은 채용여부를 자기들 사정만 고려해서 결정하는 경우도 있고 이에 따라 귀하와 같은 피해자가 생길 수 있습니다.

위와 같은 경우에 관하여 판례의 입장을 살펴보면, 예컨대 회사가 사무직원의 공채를 위하여 채용계획을 수립하고 사무직원 모집공고를 낸 다음 사무직원 채용을 위한 공개시험을 실시하여 수십명이 응시하게 된 경우 회사로서는 자신의 재정 형편, 적정한 직원의 수, 업무량 등 여러 사정을 참작하여 채용할 직원의 수를 헤아리고 그에 따라 적정 수의 합격자 발표와 직원채용통지를 해야 할 주의의무가 있다고 할 것인데, 수명의 응시자를 최종 합격자로 결정하고 그들에게 합격통지를 하면서 조만간 발령하겠으니 이력서, 인사기록카드 등 구비서류를 며칠 내에 제출해 달라는 통지를 하여, 합격자들로 하여금 위 통지에 따라 인사기록카드, 이력서, 졸업증명서, 학업성적표, 신원증명서, 경력증명원, 채용신체검사서 등을 제출하게 하였음에도 약속대로 합격자 전부를 발령하지 못한 채 이를 지체하다가 그중 일부만 발령함으로써 나머지 합격자들이 발령문제에 관하여 문의하자 회사재정이 어려워 순차 발령하겠다고 하면서 수차례 발령을 미뤄오다가 최근에서야 더 이상 직원으로 채용할 수 없다는 통지를 한 경우 그동안 채용만을 기다리면서 다른 일에 종사하지 못하였고 그 통지를 믿고 회사의 직원으로 채용되기만을 기다리다가 결국 채용되지 못하게 되어 입게 된 손해를 배상할 책임이 있다고 판시하고 있습니다(대판 1993.9.10. 92다42897).

한편 판례는 회사가 최종합격자로 결정했다고 해서 반드시 그를 직원으로 채용할 법률상 의무가 있는지 여부에 관하여는 가사 회사에게 그러한 의무가 없다고 하더라도 회사는 합격통지와 아울러 제반 구비서류를 제출해 달라고 통지까지 한 경우에는 회사로서는 합격통지를 받는 당사자의 신뢰를 고려하여 합격통지를 받고 채용되지 못한 자에게 합격통지 및 그 후 수차례에 걸친 발령 약속을 신뢰함으로써 입게 되는 손해를 배상할 책임이 있다고 판시하고 있습니다(대판 1993.9.10. 92다42897).

이로 볼 때 귀하께서도 甲 회사에 대하여 그의 불법행위로 인하여 최종합격자 통지와 계속된 발령 약속을 신뢰하여 직원으로 채용되기만을 기대하면서 다른 취직의 기회를 포기함으로써 입게 된 손해배상을 청구할 수 있다고 보입니다. 다만 그 구체적인 손해금액은 당사자 간에 합의에 의할 것이로되, 합의가 되지 않으면 결국 재판으로까지 가서 판사가 결정할 것이지만, 최종합격통지 후 불채용통지시까지의 일실수입, 위자료, 기타 각종 서류 등을 준비하고 발송하는데 소요된 비용 등 일체를 청구할 수 있을 것으로 보입니다.

[사례 6·1·8] 회사가 임금을 체불한 경우에 회사의 명의상 대표이사도 형사책임을 지게 되는지

문 저는 甲 회사의 대표이사로 등기되어 있으나 실제로는 甲 회사와는 전혀 관련이 없고, 단지 甲 회사의 명의가 필요하여 일정한 대가를 지불하고 甲 회사의 대표이사로 등기를 한 후 사무실을 일부 빌려 제 업무를 하고 있을 뿐입니다. 그런데 甲 회사의 근로자들이 임금을 지급하지 않았다고 하면서 저와 甲 회사의 실질적 대표자인 乙을 「근로기준법」 위반으로 고발하여 현재 조사를 받고 있는데, 과연 저와 같은 회사의 명의상의 대표자도 임금지급의 책임을 져야 하는가요?

답 근로기준법에서는 사용자의 정의에 관하여 "이 법에서 사용자라 함은 사업주 또는 사업경영담당자, 그밖에 근로자에 관한 사항에 대하여 사업주를 위하여 행위하는 자를 말한다."라고 규정하고 있습니다(근로기준법 제2조 제1항 제2호).

또한 판례는 "주식회사의 대표이사는 내외적으로는 회사를 대표하고 대내적으로는 회사의 업무를 집행할 권한을 가지는 것이므로, 특별한 사정이 없는 한 근로기준법 제15조(현행 근로기준법 제2조 제1항 제2호) 소정의 사업경영담당자로서 사용자에 해당한다고 할 것이나, 탈법적인 목적을 위하여 특정인을 명목상으로만 대표이사로 등기하여 두고 그를 회사의 모든 업무집행에서 배제하여 실질적으로 아무런 업무를 집행하지 아니하는 경우에 그 대표이사는 사업주로부터 사업경영의 전부 또는 일부에 대하여 포괄적인 위임을 받고 대외적으로 사업주를 대표하거나 대리하는 자라고 할 수 없으므로 사업경영담당자인 사용자라고 볼 수 없다."라고 판시하고 있습니다(대판 2000.1.18. 99도2910).

이와 같이 판례는 사업주인 회사로부터 사업경영의 전부 또는 일부에 대하여 포괄적인 위임을 받고 대외적으로 사업주를 대표하거나 대리하는 자라고 할 수 없으면 근로기준법상의 사용자라고 볼 수 없다고 하면서 근로기준법 위반죄(임금미지급)에 관하여 유죄를 인정한 항소심 판결을 파기한 바 있습니다.

따라서 귀하께서 甲 회사로부터 사업경영의 전부 또는 일부에 대하여 포괄적인 위임을 받아 대외적으로 사업주를 대표하거나 대리하는 권한이 없었다면 甲 회사의 근로자들에 대한 사용자라고 할 수 없어 근로기준법 위반의 죄책을 지지 않을 것으로 보입니다.

참고로 법인등기부상 대표이사직에서 사임했으나, 실제로는 회장으로서 회사를 사실상 경영해 온 경우에는 근로기준법상의 사용자에 해당한다고 판시한 판례가 있습니다(대판 1997.11.11. 97도813, 2002.11.22. 2001도3889).

[사례 6·1·9] 근로자가 사직서를 제출하고 수리되기 전에 무단결근한 경우의 손해배상책임과 이를 면하기 위한 방법

문 저는 건설회사에 취업하여 경리직으로 일하다가 일도 힘들고 직원들과 뜻도 맞지 않아 사직을 고려하던 중 다른 직장이 생겨서 곧바로 회사 측에 사직의 의사를 밝혔습니다. 그런데 회사에서는 다른 경리를 구할 때까지 근무하라고 하면서 사직서를 받아주지 않는 것입니다. 새로 취업한 회사에서는 일손이 딸린다며 하루라도 빨리 와서 일하라고 하는데, 얼마간 더 일해주고 그만둬야 할지 아니면 사직서를 던져놓고 나가지 않아도 되는지 박사님께 문의드리고자 합니다.

답 사용자든 근로자든 고용계약으로 엮여져 있는 경우에는 근로기준법 등 각종 노동관련 법률이 우선적으로 적용되고, 노동관련 법률이 없는 부분에 한해서는 보충법으로 민법이 규율하게 됩니다. 따라서 고용에 의하여 맺어진 사용자와 근로자간의 관계는 사용자의 해고나 근로자의 사직으로 종료될 것이지만 이러한 해고와 사직도 이들 법률의 규율을 받게 됩니다.

먼저 사용자는 정당한 사유 없이 근로자를 해고해서는 안되며, 일시보상을 하였거나 폐업하려는 경우를 제외하고는 업무상 부상 또는 질병의 요양을 위하여 휴업한 기간과 그 후 30일 동안 또는 산전·산후의 여성이 근로기준법에 따라 휴업한 기간과 그 후 30일 동안은 해고하지 못하도록 되어 있습니다(근로기준법 제23조).

또한 사용자가 근로자의 귀책사유 없이 경영상의 이유 등 회사의 사정으로 근로자를 해고하려면 그것이 천재·사변, 그밖의 부득이한 사유로 사업을 계속하는 것이 불가능한 경우라든가 근로자가 고의로 사업에 막대한 지장을 초래 또는 재산상 손해를 끼친 경우가 아니라면 적어도 30일 전에 예고해야 하고, 30일 전에 예고를 하지 않는 경우에는 30일분 이상의 통상임금을 지급해줘야 합니다(근로기준법 제26조). 사용자가 근로자를 해고하려면 해고사유와 해고시기를 알려주고 서면으로 해고의 통지를 해야만 그 효력이 발생합니다(근로기준법 제27조).

다음으로 근로자의 일방적 의사표시인 사직에 관한 것입니다. 이는 고용기간에 관한 약정을 했느냐 하지 않았느냐에 따라 약간 다릅니다.

먼저 고용기간의 약정이 있는 경우입니다. 고용기간의 약정이 있으면 약정기간 동안에는 상호 해지할 수 없지만 3년을 초과한 약정기간을 정한 때에는 3년이 초과되면 각 당사자는 언제든지 계약을 해지할 수 있고, 상대방이 그 통고를 받은 날로부터 3개월이 경과하면 해지의 효력이 생기게 됩니다(민법 제659조). 3년 이하의 고용기간의 약정을 한 때에는 약정기간 동안 고용계약의 효력이 있을 것이지만 약정기간이 만료된 후에도 사용자가 상당한 기간 내에 이의를 제기하지 않으면 전 고용과 동일한 조건으로 재고용한 것으로 보되, 각 당사자는 언제든지 계약을 해지할 수 있고, 상대방이 그 통고를 받은 날로부터 1개월 또는 당기후 1기가 경과하면 그 효력이 생기게 됩니다(민법 제662조, 제660조).

위와 같이 고용기간의 약정이 있는 경우에는 그 약정기간 동안 각 당사자는 원칙적으로 계약을 해지할 수 없을 것이지만, '부득이한 사유'가 있는 경우에는 약정기간 내라도 언제든지 계약을 해지할 수 있으되, 그 '부득이한 사유'가 당사자 일방의 과실로 인하여 생긴 때에는 상대방에게 손해배상책임만 지면 될 것입니다(민법 제661조). 여기에서 부득이한 사유란 질병, 당사자 간의 신뢰관계의 파괴·훼손, 고용계약상 중대한 의무 위반 등이 해당될 것입니다(대판 2004.2.27. 2003다51675).

다음으로 고용기간의 약정이 없는 경우입니다. 고용기간의 약정 없이 고용된 때에는 각 당사자는 언제든지 계약을 해지할 수 있고, 상대방이 그 통고를 받은 날로부터 1개월 또는 당기후 1기가 경과되면 해지의 효력이 생기게 됩니다(민법 제659조, 제660조).

그밖에 근로자의 계약해제와 관련하여 중요한 포인트가 있는데, 근로계약을 체결할 때에는 사용자는 근로자에게 임금, 소정근로시간, 휴일, 연차유급휴가, 그밖의 근로조건이 명시된 근로계약서를 교부하게 되어 있으므로(근로기준법 제17조), 실제 근무하다 보니 근로계약서에 명시된 근로조건과 현실적인 근무조건이 맞지 않는다고 판단되면 근로자는 즉시 계약을 해제할 수 있을 것이고, 그로 인한 손해배상도 청구할 수 있다는 점입니다(근로기준법 제18조). 명시된 근로조건과 실제의 근로조건이 다르다는 것은 구두 또는 근로계약서에 명기된 근로조건과 현재의 근로상황을 비교·검토해 보았을 때 중요 부분에 차이가 난다는 것을 의미할 것입니다.

이에 아래에서는 위에서 살펴본 바를 토대로 귀하의 사건에 관하여 판단해보도록 하겠습니다.

고용계약에 있어서는 고용기간의 약정이 있든 없든 근로자가 사직의 의사표시를 하고 이에 대해 사용자가 수락한다면 그 시점에서 근로관계가 종료될 것이지만, 사용자가 이를 수락하지 않는다면 고용기간의 약정이 있는지 여부에 따라 고용기간의 약정이 있고 근무한 기간이 3년 이하라면 부득이한 사유가 없는 한 약정기간 동안 상호 계약해지가 불가할 것이로되, 3년이 초과된 경우에는 해지통고 후 3월이 경과되면 계약해지가 이루어질 수 있으며, 고용기간의 약정이 없거나 고용기간의 약정기간이 있어도 기간만료 후 자동갱신된 경우에는 해지통고 후 1개월이 경과되면 해지의 효력이 생긴다고 할 것입니다.

그럼에도 불구하고 근로계약서에 퇴사에 관한 규정이 있고 그것이 법에 위반된 것이 아니라면 근로계약서에 따르게 될 것일진대, 실무를 보면 사직통고 후 1개월 정도 후에 퇴사한 경우에는 설령 고용기간이 남아 있다고 하더라도 사용자가 근로자에게 손해배상책임을 묻는 사례는 거의 없는 것으로 보입니다. 1개월의 기간이란 사용자가 새로운 근로자를 구하고 인수인계를 하기 위해 필요한 기간으로서 사용자에게 불측의 손해를 끼치는 것을 예방하기에 족한 통상적인 기간이라고 보는 것입니다.

만약 근로자가 특별한 사유 없이 사직서를 제출하고 무단으로 퇴사한 경우에는 사용자로서는 한 달간 퇴사처리를 해주지 않을 수 있고, 그리되면 최종 3개월분 급여 합계액의 1/3로 산정되는 평균임금에 근로년수를 곱하여 산정하는 퇴직금의 수령액이 대폭 깍일 수 있는 손해가 발생할 수 있으며, 사용자에게 실손해가 발생한 경우에는 별도로 손해배상도 청구당할 수 있을 것입니다.

그런데 앞서 본 바와 같이 근로자에게 부득이한 사유가 있는 경우라든가 명시된 근로조건과 실제의 근로조건이 다른 경우에는 근로자는 즉시 근로계약을 해지할 수 있는 것이어서 근로자가 갑자기 사직의사를 표명한 경우라도 사용자로부터의 손해배상이나 퇴직금의 감액조치를 당하지 않을 수 있으므로 무단퇴사하기보다는 근로자가 위와 같은 사유를 잘 증명하여 이를 사유로 퇴사하는 것이 현명할 것으로 보입니다.

따라서 귀하께서도 퇴사하지 않을 수 없는 부득이한 사유나 사용자가 제시한 근로조건과 실제의 근로조건이 다르다는 것을 증명하지 않는 한 퇴사통고 후 1개월 후에 퇴사하는 것이 현명하고, 그 사이에 인수인계도 하고 하던 일도 잘 마무리해 주는 것이 무난할 것으로 보입니다. 이러한 원리는 알바(아르바이트) 근로자에게도 마찬가지로 적용됩니다. 그리고 사직서를 사용자가 잘 받아주지 않을 때도 있고 또한 사직 의사표시의 시점에 관한 다툼이 있을 수도 있으므로 사직의 의사표시는 가급적 서면으로 하되, 내용증명을 발송하는 방법으로 하는 것이 바람직하고, 그럴 여건이 되지 않는다면 녹음을 해둔다거나 증인을 확보해놓는 것이 좋을 것으로 보입니다.

[사례 6-1-10] 근로자가 업무수행 중 사고를 내서 제3자에게 손해를 끼친 경우에 사용자와 근로자간의 손해분담 관계

문 저는 중국음식점을 운영하는 甲에게 고용되어 오토바이로 배달업무를 하고 있는데, 급하게 배달하다보니 교통사고를 내서 피해자 乙을 다치게 했고 병원비로 1백만원 정도를 고용주로서 甲이 물어준 것 같습니다. 저희 고용주 甲께서는 저한테 그 돈을 물어내라고 하는데, 과연 제가 물어주어야 하는지, 물어주게 된다면 얼마나 물어주어야 하는지 몰라 박사님께 문의드리고자 합니다.

답 귀하의 사례처럼 다른 사람한테 고용되어 일하다가 실수로 사고를 내서 고용주에게 손해를 끼친 경우가 있는데, 이때 근로자로서는 일하다가 그런 것인데 내가 물어주어야 하느냐고 항변하는 경우가 많고 고용주의 입장에서는 누가 일하라고 했지 사고치라고 했냐면서 책임공방이 이루어지는 경우가 종종 있습니다.

위와 같이 피용자가 업무수행 중에 일으킨 불법행위로 인하여 사용자가 직접 손해를 입었거나 제3자에게 사용자로서 손해배상책임을 부담한 결과로 손해를 입게 된 경우에 있어서 피용자와 사용자간의 손해분담 관계가 어떻게 되느냐가 문제되는데, 이에 관하여 판례는 사용자로서는 그 사업의 성격과 규모, 시설의 현황, 피용자의 업무내용과 근로조건 및 근무태도, 가해행위의 발생원인과 성격, 가해행위의 예방이나 손실의 분산에 관한 사용자의 배려의 정도, 기타 제반 사정에 비추어 손해의 공평한 분담이라는 견지에서 신의칙상 상당하다고 인정되는 한도 내에서만 피용자에 대하여 손해배상을 청구하거나 구상권을 행사할 수 있다고 판시하고 있습니다(대판 2017.4.27. 2016다271226, 대판 1996.4.9. 95다52611).

이러한 문제는 도급관계에서도 발생할 수 있습니다. 즉 도급인은 원칙적으로 수급인이 고용한 피용자의 불법행위에 대하여 사용자로서의 배상책임이 없는 것이지만 도급인이 수급인에게 특정한 행위를 지휘하거나 특정한 사업을 도급시키는 경우와 같은 이른바 노무도급의 경우에는 비록 도급인이라고 하더라도 수급인이 고용한 피용자의 불법행위에 관하여 사용자로서의 배상책임이 인정되며(대판 2005.11.10. 2004다37676), 도급인 및 수급인과 그 수급인의 피용자간에 구상권 문제가 발생할 수 있는 것입니다. 실무상으로는 피용자가 업무수행과 관련한 불법행위로 사용자에게 손해를 입힌 경우 그 손해의 전부를 변제하기로 하는 각서를 작성하여 사용자에게 제출하는 경우가 있는데, 그렇다고 하더라도 그와 같은 각서 때문에 사용자가 피용자에 대하여 공평의 견지에서 신의칙상 상당하다고 인정되는 한도를 넘는 부분에 대한 손해의 배상까지 구할 수 있는 것은 아니라고 할 것입니다(대판 1996.4.9. 95다52611).

아래에서는 피용자의 책임을 부정하여 전적으로 사용자가 책임을 지게 되는 판례의 사례 몇 가지를 살펴보도록 하겠습니다.

① 렌트카 회사에서 운전면허가 없는 자임을 알면서도 피용자를 고용하여 야간근무를 하게 하던 중 피용자의 과실로 사고가 발생하여 사망케 된 경우 렌트카 회사의 피용자의 유족에 대한 구상권 행사는 신의칙상 허용되지 않는다고 판시하고 있습니다(대판 1991.5.10. 91다7255).

② 빌딩신축공사장에서 작업반장의 인부들에 대한 감독소홀로 안전사고가 발생한 경우 사용자의 작업반장에 대한 구상금 청구는 신의칙상 허용되지 않는다고 판시하고 있습니다(대판 1992.9.25. 92다25595).

③ 교통사고 발생 약 3개월 전에 입사한 말단 경리직원으로 하여금 부장이 거래처로 출장가는데 운전할 직원이 없자 차량 운전을 담당하게 하여 제3자에게 전치 6주의 중상을 입힌 경우에 경리직원에 대한 구상권 행사와 관련하여 업무수행 중 발생한 사고에 대하여 민사상 책임까지 전가하는 것은 신의칙 위반이라고 하면서 경리직원에 대한 구상권 행사를 부정한 판례가 있습니다(대판 2017다6337).

④ 아파트 관리회사의 전기기사가 곤돌라를 작동하다가 아파트 베란다에 놓인 화분대

를 떨어뜨려 밑에 있던 사람을 충격, 사망케 한 사고로 관리회사가 그 피해자에게 손해배상을 해준 경우에 있어서 전기기사에 대하여는 신의칙을 이유로, 관리소장에 대하여는 법률상 불법행위책임이 없다는 이유로 그들에 대한 구상권 행사를 부정한 판례가 있습니다(대판 1994.12.13. 94다17246).

한편 같은 피용자의 지위에 있다고 하더라도 공무원인 경우에는 민법상 피용자에 비하여 책임 범위가 좁게 되어 있습니다. 즉 공무원은 직무수행 중 불법행위로 타인에게 손해를 입힌 경우에도 고의 또는 중과실이 있는 경우만 불법행위로 인한 손해배상책임을 부담할 뿐 공무원에게 경과실만 있는 경우에는 공무원 개인은 손해배상책임을 부담하지 않게 됩니다.[211] 이는 피해자인 국민의 입장에서 보면 재산권에 대한 제한이 될 수 있다고 볼 수 있지만 공무수행의 안정성이라는 측면과 국가배상책임의 인정 요건이 민법상 사용자책임에 비하여 완화되어 있는 점 등에 비추어 타당성이 인정되고 있습니다(대판 1996.2.15. 95다38677).

이에 귀하의 사건을 보건대, 귀하께서 손해배상책임을 지느냐 또 지게 된다면 얼마나 부담하게 되느냐의 문제는 귀하께서 근무하는 사업장의 성격과 규모, 귀하의 업무내용과 근로조건, 그 동안의 근무태도, 가해행위의 발생원인과 성격, 가해행위의 예방이나 손실분산에 관한 사용자의 배려 정도, 기타 제반 사정에 달려 있고, 손해의 분담 범위도 손해의 공평한 분담이라는 견지에서 신의칙상 상당하다고 인정되는 한도 내에서 부담하게 될 것으로 보이며, 그 구체적인 분담금액은 합의에 의하되, 합의가 이루어지지 않으면 결국 재판으로까지 가서 판사가 결정하게 될 것으로 보입니다.

즉 평상시 고용주인 甲의 귀하에 대한 안전교육 여부, 배달업무량의 과중 정도, 신호위반 등 귀하의 중대한 과실 여부, 고용주에 대한 종합보험 가입 요청 여부 등을 토대로 귀하 및 甲의 각각의 과실비율 등을 고려해서 손해배상책임 여부나 그 분담 범위가 결정될 것으로 보입니다.

다만 실무상 귀하께 팁을 드린다면 귀하께서 큰 실수가 아니라 가벼운 실수에 의하여 사고가 난 경우라면 고용주가 손해를 더 부담해야 할 것으로 보이고, 귀하께서 신호위반이나 중앙선 침범 등과 같은 중대한 과실로 사고가 난 경우라면 귀하께서 보다 더 큰 손해를 부담해야 할 것으로 보이는 바, 애매하다면 5:5로 분담하는 것이 어떨까 싶습니다.

---

211) 민법상 피용자에게는 경과실이 있는 경우에도 불법행위책임을 지게 되어 있습니다.

[사례 6·1·11] 실업급여의 종류와 구직급여의 지급기준

문 저는 최근에 불경기에 따른 인원감축계획에 따라 다니던 회사에서 경영상의 이유 때문에 해고를 당하였습니다. 그런데 저와 같이 해고를 당한 근로자는 일정기간 실업급여를 받을 수 있다고 하는데, 이에 관하여 박사님께 문의드리고자 합니다.

답 예, 귀하와 같이 고용보험에 가입하고 있던 직장에서 비자발적으로 직장을 잃은 근로자나 폐업한 자영업자에게 구직활동과 직업능력개발을 통하여 재기의 발판을 마련해 주기 위하여 제정된 법이 고용보험법(이하 '법')이며, 실업급여에 관한 규정을 두고 있습니다.

이 법은 근로자를 사용하는 모든 사업장에 적용되지만, 65세 이후에 비로소 고용되거나 자영업을 개시한 자, 소정근로시간이 일정시간 미만인 자,[212] 공무원, 사립학교교직원, 외국인, 별정우체국직원, 농업·임업·어업 중 상시 4명 이하의 근로자를 사용하는 개인사업장에 고용된 근로자,[213] 총공사금액이 2천만원 미만인 공사에서 고용된 근로자, 연면적 100㎡ 이하인 건축물의 건축이나 연면적 200㎡ 이하인 건축물의 대수선에 관한 공사에서 고용된 근로자, 가구내 고용활동 및 자가소비생산활동에서 고용된 근로자에 대해서는 원칙적으로 적용되지 않습니다.

귀하께서 궁금해하고 이 법에서 보장하고 있는 실업급여에는 구직급여와 취업촉진수당으로 구분할 수 있고, 후자는 다시 조기재취업수당, 직업능력개발수당, 광역구직활동비, 이주비로 구분할 있습니다. 이러한 실업급여를 받을 권리에 대해서는 양도나 압류 또는 담보제공이 금지되어 있습니다(법 제38조 제1항).

실업급여 중 구직급여는 이직한 근로자가 다음과 같은 요건을 모두 갖춘 경우에 지급하는 급여입니다. 즉 ① 이직일 전 18개월 동안 고용보험에 가입되어 있는 기간(이하 '기준기간')이 통산하여 180일 이상일 것, ② 취업(영리목적 사업 포함)하지 못한 상태일 것, ③ 수급자격의 제한 사유, 즉 금고 이상의 형이나 사업장에 대한 막대한 지장초래 또는 재산상 손해의 초래로 이직한 경우, 정당한 사유없는 장기간 무단결근 등 중대한 귀책사유로 해고된 경우, 전직 또는 자영업을 하기 위하여 이직한 경우, 중대한 귀책사유로 사업주의 권고에 따라 이직한 경우 등에 해당되지 않을 것, ④ 재취업노력을 적극적으로 할 것 등의 요건을 모두 갖추어야 구직급여를 지급받을 수 있는 것입니다.

구직급여를 지급받으려면 이직 후 지체 없이 직업안정기관(지방고용노동청)에 출석해서 실업신고를 해야 하며, 그 신고에는 구직신청과 수급자격인정신청을 함께 해야 하고(법

제42조), 실업신고를 한 날부터 1주~4주의 범위에서 직업안정기관장이 지정한 날에 출석하여 재취업을 위한 노력을 하였음을 신고해야만 직업안정기관장으로부터 실업인정을 받을 수 있습니다.

그렇다면 구직급여는 얼마나 받을 수 있을까요? 구직급여는 구직급여일액에 실업인정일수를 곱하여 산정하되, 최대한인 소정급여일수를 초과할 수 없습니다. 여기에서 구직급여일액이란 이직 전의 임금을 기초로 하여 산정한 임금일액의 1/2로 하되, 최대한 10만원을 한도로 하며(법 제45조), 실업인정 일수란 그 최대치인 소정급여일수를 한도로 직업안정기관장이 인정해주는 실업급여일수를 말하는데, 특별한 사유가 없는 한 소정급여일수 대부분을 인정받을 수 있을 것이므로 실업인정 일수는 소정급여일수까지 보장된다고 보면 될 것입니다. 실업인정 일수의 최대치인 소정급여일수는 이직 전 고용보험 가입기간(피보험기간)과 그 연령에 따라 아래 표에서와 같이 차등적으로 정해집니다. 요컨대, 구직급여는 실업신고일부터 7일간의 대기기간 후부터 12개월간의 기간 내에 소정급여일수를 한도로 해서 직업안정기관장이 인정해 주는 실업인정 일수에 따라 지급되는 급여라고 보면 됩니다(법 제42조, 제44조, 제49조).

「구직급여의 최대치인 소정급여일수」

구 분		피보험기간				
		1년 미만	1년 이상 3년 미만	3년 이상 5년 미만	5년 이상 10년 미만	10년 이상
이직일 현재 연령	30세 미만	90일	90일	120일	150일	180일
	30세 이상 50세 미만	90일	120일	150일	180일	210일
	50세 이상 및 장애인	90일	150일	180일	210일	240일

다만, 구직급여는 일정한 경우에는 소정급여일수를 초과해서도 인정될 수 있는데, 취업이 특히 곤란하고 생활이 어려운 장애인이나 18세 미만자, 65세 이상자, 1개월 이상의 요양환사, 소득이 없는 배우자 등 일정한 수급권자격자에 대해서는 60일의 범위 내에서 소정급여일수를 초과하여 지급받을 수 있고(법 제52조), 실업이 급증하는 경우에는 60일의 범위 내에서 특별연장급여를 실시할 수 있습니다(법 제53조). 또한 실업급여 수급자격자의 연령·경력 등을 고려할 때 재취업을 위해 직업안정기관장으로부터 직업능력개발훈련 등을 받도록 수강을 지시받은 경우에는 소정급여일수를 초과하여 구직급여를 연장받을 수 있습니다(법 제51조).

수급자격자가 사망한 경우에는 어떻게 될까요? 구직급여로서 아직 지급되지 않는 것이 있는 경우에는 수급자격자의 배우자(사실혼배우자 포함)·자녀·부모·손자녀·조부모 또는 생계를 같이 하는 형제자매의 순으로 미지급분을 지급하게 됩니다(법 제57조 제1항).

실업급여 중 조기재취업수당은 구직급여기간 중 조기에 재취업된 경우에 구직급여기간이 단축된 것에 대한 보상으로서 구직급여의 소정급여일수 중 미지급일수의 비율에 따라 일정한 금액을 지급하는 것을 말하고(법 제64조), 직업능력개발수당은 수급자격자가 직업안정기관장이 지시한 직업능력개발훈련 등을 받는 경우에 그 직업능력개발훈련 등을 받는 기간에 대하여 지급하는 급여를 말하며(법 제65조), 광역구직활동비는 수급자격자가 직업안정기관의 소개에 따라 50㎞ 이상 떨어진 지역에서 구직 활동을 하는 경우에 일정한 기준에 따라 지급하는 급여를 말하고(법 제66조), 이주비는 수급자격자가 취업하거나 직업안정기관장이 지시한 직업능력개발훈련 등을 받기 위하여 그 주거를 이전하는 경우에 일정한 기준에 따라 지급하는 급여를 말합니다(법 제67조).

한편 실업급여는 자영업자도 그 대상이 됩니다. 자영업자가 혜택을 볼 수 있는 실업급여의 종류는 원칙적으로 근로자와 같으나, 그중 개별연장급여나 특별연장급여, 훈련연장급여, 조기재취업수당은 대상에서 제외됩니다(법 제69조의2).

자영업자의 구직급여는 폐업한 자영업자가 일정한 요건, 즉 ① 폐업일 이전 24개월간 자영업자인 피보험자로서 갖춘 피보험 단위기간이 통산하여 1년 이상일 것, ② 근로의 의사와 능력이 있음에도 불구하고 취업을 하지 못한 상태에 있을 것, ③ 폐업사유가 수급자격제한 사유에 해당되지 않을 것, ④ 재취업을 위한 노력을 적극적으로 할 것의 4가지 요건을 모두 갖춘 경우에 지급되는 급여를 말합니다(법 제69조의3).

자영업자의 구직급여는 구직급여일액에 소정급여일수의 한도 내에서 직업안정기관장이 인정한 실업인정 일수를 곱하여 산정합니다. 이때 구직급여일액은 폐업 전의 보수액을 기초로 산정한 기초일액의 1/2이고, 소정근로일수란 자영업자가 구직급여를 받을 수 있는 최대한의 기간을 말하는데, 폐업 전의 피보험기간에 따라 1년 이상~3년 미만은 90일, 3년 이상~5년 미만은 120일, 5년 이상~10년 미만은 150일, 10년 이상은 180일입니다.

그런데 폐업한 자영업자라도 일정한 경우에는 실업급여의 지급이 제한됩니다. 즉 ① 법령위반으로 허가가 취소되거나 영업정지를 받음에 따라 폐업한 경우, ② 방화 등 피보험자 본인의 중대한 귀책사유로 폐업한 경우, ③ 매출액 등의 급감 등으로 전직 또는 폐업한 경우 등의 경우에는 수급자격이 인정되지 않으며(법 제69조의7), ④ 보험료를 체납한 경우에도 수급자격이 인정되지 않을 수 있습니다(법 제69조의8).

이에 귀하께서도 이러한 구직급여 등 실업급여를 지급받을 수 있는 요건에 해당되는지 여부를 잘 따져서 그 혜택을 받도록 하시기 바랍니다. 다만 이와 같이 비자발적으로 직장을 잃은 근로자나 폐업한 자영업자의 실업급여를 지급받을 권리는 3년간 행사하지 않으면 시효로 소멸하므로 시효가 완성되기 전에 그 권리를 행사해야 할 것입니다(법 제107조 제1항).

[사례 6·1·12] 공사의 하도급 관계에 있어서 하수급인에게 고용된 근로자의 임금에 대한 직상수급인 또는 원수급인의 연대책임

문 저는 관공서부터 청사신축에 대한 도급을 받은 甲 건설회사로부터 1동의 건물 부분에 대한 하도급을 받은 乙로부터 다시 배관부분에 대한 하도급을 받은 丙에게 고용되어 배관설치공사를 하였으나 아직까지 임금을 지급받지 못하고 있습니다. 그 동안 수차례에 걸쳐 丙에게 임금을 청구했으나 차일 피일 미루기만 하고 주지 않고 있는데, 들리는 바로는 재산이 거의 없다고 합니다. 이에 제가 직상수급인 乙이나 원수급인 甲 건설회사에게 직접 임금을 지급받을 수 있는지 답답해서 박사님께 문의드리고자 합니다.

답 고용주가 임금을 제때 지급해 주지 않으면 근로자는 지급사유가 발생한 날부터 14일이 지난 다음날부터 연 20%의 지연이자를 추가해서 청구할 수 있는데, 이러한 임금은 원칙적으로 자신을 직접 고용한 고용주에 대해서만 청구할 수 있는 것이 원칙입니다. 그런데 건설공사의 현실을 보면 대부분 몇 단계의 하도급에 의하여 공사가 진행되는 경우가 많고, 하수급인도 영세하여 그가 고용한 근로자에게 임금을 제때 주지 못하는 경우가 많습니다.

이에 근로기준법(이하 '법')에서는 건설업의 하도급 관계에 있어서 하수급인에게 고용된 근로자의 임금에 대한 직상수급인의 연대책임 규정(법 제44조의2) 및 직상수급인 또는 원수급인에 대한 임금직접청구권 규정(법 제44조의3), 위 건설업의 하도급을 포함한 모든 공사의 하도급 관계에 있어서 하수급에게 고용된 근로자의 임금에 대한 직상수급인의 연대

212) 이는 1개월간 소정근로시간이 60시간 미만인 자를 말하며, 1주간의 소정근로시간이 15시간 미만인 자를 포함합니다. 다만, 생업을 목적으로 근로를 제공하는 자 중 3개월 이상 계속하여 근로를 제공하는 자와 일용근로자는 여기에서 제외되어 법 적용의 대상이 됩니다(시행령 제3조 제1항).

213) 다만 농업·임업·어업 중 상시 4명 이하의 근로자를 사용하는 사업장이라도 법인인 경우에는 고용보험이 적용됩니다.

책임 규정(법 제44조)을 마련해 놓고 있습니다.[214] 아래에서 순서대로 살펴보기로 하겠습니다.

첫째, 건설업에 대한 하도급 관계에서 하수급인에게 고용된 근로자의 임금에 대하여는 직상수급인과 하수급인이 연대책임을 지도록 하였습니다. 즉 건설업에서 사업이 2차례 이상 하도급이 이루어진 경우에 건설업자가 아닌 하수급인이 그가 고용한 근로자에게 해당 건설공사에서 발생한 임금을 지급하지 못한 경우에는 그 직상수급인은 하수급인과 연대하여 임금지급에 대한 책임을 지도록 한 것입니다(법 제44조의2 제1항). 이때 그 직상수급인이 건설업자가 아닌 경우에는 그 상위수급인 중에서 최하위의 건설업자를 직상수급인으로 봅니다.[215]

둘째, 건설업의 하도급 관계에 있어서 하수급인에게 고용된 근로자가 직접 직상수급인에게 임금을 청구할 수 있도록 특례를 마련하였습니다. 즉 건설업의 하도급이 이루어진 경우로서 일정한 사유가 있는 경우에는 하수급인에게 고용된 근로자가 해당 건설공사에서 발생한 임금에 대하여 직상수급인에게 청구하면 직상수급인은 하도급 대금 채무의 범위 내에서 해당 근로자에게 임금을 직접 지급하도록 한 것입니다(법 제44조의3 제1항). 여기에서 직상수급인이 하수급인에게 고용된 근로자에게 직급 임금을 지급해야 하는 일정한 사유란 ① 직상수급인과 하수급인간의 합의로 직상수급인이 하수급인의 근로자에게 직접 임금을 지급할 수 있도록 한 경우, ② 하수급인의 근로자가 하수급인에 대하여 판결 등 임금청구권에 관한 집행권원을 가지고 있는 경우, ③ 하수급인이 직상수급인에게 임금채무가 존재함을 알려준 상태에서 하수급인의 파산 등으로 임금지급이 불가하게 된 경우가 그것입니다. 또한 직상수급인뿐만 아니라 원수급인도 하수급인의 근로자에게 임금을 직접 지급해야 할 경우가 있습니다. 즉 건설공사의 하도급이 2차례 이상 이루어진 경우로서 하수급인의 근로자가 해당 건설공사와 관련하여 하수급인에게 임금채권에 관한 집행권원을 가지고 있는 경우에는 해당 근로자는 원수급인에게 임금을 직접 청구할 수 있고, 이 경우 원수급인은 근로자가 채권자대위권을 행사할 수 있는 금액의 범위 내에서 임금을 지급해야 하는 것입니다(법 제44조의3 제2항). 물론 이때 하수급인의 근로자의 청구에 따라 직상수급인이나 원수급인이 임금을 지급한 때에는 그 범위에서 하수급인에 대한 하도급 대금 채무는 소멸한 것으로 보게 될 것입니다(법 제44조의3 제2항).

셋째, 건설업을 포함한 모든 공사의 하도급 관계에 있어서 하수급인의 임금체불이 직상수급인의 일정한 귀책사유와 관련되어 있는 경우에는 그 직상수급인도 하수급인과 연대하여 책임을 지도록 하였고, 그 직상수급인의 귀책사유가 그의 상위수급인에게도 귀책사유가 있는 경우에는 역시 그 상위수급인도 연대하여 책임을 지도록 하였습니다(법 제44조 제1항). 여기에서 직상수급인 또는 그의 상위수급인의 귀책사유란 ① 정당한 사유 없이 도급계약에서 정한 도급금액 지급일에 도급금액을 지급하지 않은 경우, ② 정당한 사유 없이 도급계약에서 정한 원자재 공급을 늦게 하거나 공급하지 않은 경우, ③ 정당한 사유 없이 도급계약의 조건을 이행하지 않아 하수급인이 도급사업을 정상적으로 수행하지 못한 경우를 말합니다(법 제44조 제1항 본문, 동법 시행령 제24조).

이와 같이 건설업에 있어서 수차례의 하도급 관계에서 하수급인에게 고용된 근로자가 임금을 지급받지 못한 경우에는 직상수급인 또는 그 상위수급인에 대하여 연대책임을 물을 수 있고, 하수급인에게 고용된 근로자가 하수급인에 대하여 임금청구권에 관한 판결 등 집행권원을 가지고 있는 경우 등 일정한 경우에는 직상수급인 또는 원수급인에게 임금을 직접 청구할 수 있는 것입니다.

이에 귀하를 고용한 하수급 丙에게 재산이 있다면야 큰 문제가 없을 것이지만 丙에게 재산이 없다고 하므로 귀하와 관련된 공사의 하도급 관계가 건설업의 하도급인지 일반 공사의 하도급인지 여부에 따라 다소 다르겠지만 건설업의 하도급 관계라고 보이므로 귀하께서는 위에서 설명드린 바에 따라 직상수급인 乙이나 원수급인 甲 건설회사를 상대로 민사소송 등을 제기할 경우 소기의 목적을 달성할 수 있을 것으로 보입니다.

[사례 6·1·13] 회생절차에서 관리인이 임금 및 퇴직급을 지급하지 않는 경우에 노동청에 신고하여 처벌받게 할 수 있는지

문 저희가 다니는 회사는 가전제품을 생산하는 회사인데 부도가 발생하여 기업회생을 신청하였고 관리인이 선임되었습니다. 그런 탓인지 임금도 제때 주지 않고 해서 더 이상 다

---

214) 즉 건설산업기본법을 위반한 건설업의 하도급으로 인하여 건설일용근로자에 대한 임금체불이 많다는 문제점을 개선하기 위하여 2007년 7월 27일 근로기준법을 일부 개정하여 하수급인에게 고용된 근로자의 임금에 대한 하수급인과 직상수급인의 연대책임을 규정한 외에, 하수급인에게 고용된 근로자로 하여금 직접 직상수급인 또는 원수급인에게 임금을 청구할 수 있도록 하는 등 두 가지의 제도를 도입해서 2008년 1월 28일부터 시행해 오고 있고, 건설업 외의 일반 공사에 있어서도 수차례 하도급에 의하여 이루어지는 경우에 하수급인의 임금체불 사유가 직상수급인의 귀책사유 때문인 경우가 많다는 지적에 따라 2012년 2월 1일 근로기준법을 일부 개정하여 일반 공사의 하도급에 있어서 체불임금지급에 대한 연대책임의 범위를 하수급인과 귀책사유 있는 또는 상위 수급인으로 확대하도록 하여 2012년 8월 1일부터 시행해 오고 있는 것입니다

215) 예컨대, 건설업의 도급인 甲 → 건설업자인 수급인 乙 → 비건설업자인 수급인 丙 → 비건설업자인 수급인 丁의 순으로 순차 하도급이 이루어졌고, 丁에게 고용된 근로자 戊가 임금을 지급받지 못한 경우에는 戊를 직접 고용한 丁과 건설업자인 수급인 乙이 연대책임을 진다는 것입니다.

널 수 없어 퇴사하였는데, 관리인이 임금 및 퇴직금을 지급하지 않고 있습니다. 이와 같은 경우에 관리인을 노동청에 신고해서 처벌받게 할 수 있는지 박사님께 문의드리고 싶습니다.

답 기업이 불황이라는 사유만으로 사용자가 근로자에게 임금이나 퇴직금을 체불하는 것은 허용되지 않습니다. 따라서 근로자는 기업이 회생절차를 밟고 있다고 하더라도 관리인이 임금이나 퇴직금을 체불할 경우에는 노동청에 신고할 수 있습니다. 다만 사용자가 모든 성의와 노력을 다했어도 임금이나 퇴직금의 체불이나 미지급을 방지할 수 없었다는 것이 사회통념상 긍정할 수 있어 더 이상의 적법행위를 기대할 수 없거나 불가피한 사정이 있었음이 인정된 경우에는 책임조각사유로 되어 근로기준법이나 근로자퇴직급여보장법 위반죄로 처벌되지는 않습니다(대판 2001.2.23. 2001도204, 2008.10.9. 2008도5984).

한편 기업에 대하여 회생절차개시결정이 있는 때에는 「채무자 회생 및 파산에 관한 법률」(이하 '통합도산법')에 의하여 종전의 채무자의 업무를 관리인이 전속적으로 관리하게 됩니다(통합도산법 제56조 제1항). 그러나 관리인은 채무자나 그의 기관 또는 대표자가 아니고 채무자와 그 채권자 등으로 구성되는 이른바 이해관계인 단체의 관리자로서 일종의 공적 수탁자에 해당하고(대판 2013.3.28. 2010다63836), 채권자·주주·지분권자 등 이해관계인의 법률관계를 조정하여 채무자의 효율적인 회생을 도모하기 위하여 업무수행을 하는 것이고, 재산의 처분이나 금전의 지출 등의 일정한 행위에 대하여는 미리 법원의 허가를 받아야 하고 채무자의 업무와 재산의 관리상태 등을 법원에 보고해야 하는 등 다양한 방법으로 법원의 감독을 받게 됩니다(통합도산법 제61조, 제91조~제93조). 이러한 회생절차에서의 관리인의 지위 및 역할, 업무수행의 내용 등에 비추어 볼 때, 관리인이 회생업무를 수행하는 과정에서 자금 사정의 악화나 관리인의 업무수행에 대한 법률상의 제한 등에 따라 불가피하게 근로자에게 임금이나 퇴직금을 지급기일 안에 지급하지 못한 것이라면 책임조각사유로 될 수 있고, 불가피한 사정이 있었는지 여부는 채무자가 회생절차의 개시에 이르게 된 사정, 법원이 관리인을 선임한 사유, 회생절차개시결정 당시 채무자의 업무 및 재산의 관리상태, 회생절차개시결정 이후 관리인이 채무자 또는 그 사업의 회생을 도모하기 위하여 한 업무수행의 내용과 근로자를 포함한 이해관계인과의 협의 노력, 회생절차의 진행경과 등 제반 사정을 종합하여 개별·구체적으로 판단해야 할 것입니다(대판 2015.2.12. 2014도12753).

이에 귀하께서 회생절차 진행 중인 회사로부터 임금 및 퇴직금을 지급받지 못하였다면 그 업무를 수행하고 있는 관리인을 노동청에 신고할 수 있을 것이지만, 그 관리인이 형사처벌을 받느냐의 여부는 관리인이 그 업무수행 과정에서 귀하의 임금이나 퇴직금을 기일 안에 지급할 수 없었던 불가피한 사정이 있었느냐의 여부에 달려 있을 것으로 보입니다.

[사례 6·1·14] 산재사고가 발생하였으나 사업주가 산재보험에 가입하지 않았거나 산재처리를 해주지 않는 경우의 근로자의 대응방법

문 저는 종업원이 1명인 甲 회사로부터 고용되어 생산직으로 근무하던 중, 기계에 부딪혀 무릎이 골절되는 중상해를 입고 병원에 입원하여 치료를 받고 있습니다. 의사선생님의 말로는 장애가 나올 수 있다고 하는데, 甲 회사는 개인회사로서 영세하여 산재보험에 가입되어 있는지도 불투명하고, 산재보험에 가입되어 있다고 하더라도 사업주가 산재처리를 해주지 않을 가능성도 있어 제가 대처할 수 있는 방법에 대하여 문의드리고 싶습니다.

답 산업재해보상보험법(이하 '산재법')은 근로자를 사용하는 모든 사업장에 적용되지만, 위험률·규모 및 장소 등을 고려하여 대통령령이 정하는 사업장에 대해서는 예외적으로 적용되지 않습니다(산재법 제6조). 산재법이 적용되지 않는 사업장은 다음과 같습니다(산재법 시행령 제2조). 즉 ① 공무원연금법·군인연금법·사립학교교직원연금법·선원법·「어선원 및 어선 재해보상보험법」에 따른 각종 재해보상사업, ② 가구내 고용활동, ③ 농업·임업·어업·수렵업으로서 상시근로자수가 5인 미만인 사업장(단, 법인으로 되어 있는 경우에는 5인 미만 사업장도 적용됨)의 경우에는 산재법이 적용되지 않는 것입니다.[216)]

이와 같이 산재법이 적용되지 않는 예외적인 사업장을 제외하고는 그밖의 사업장은 강제적인 산재보험가입대상이 되어 사업주가 산재보험에 가입하였는지 여부와 상관없이 자동적으로 산재보험관계가 성립됩니다. 따라서 산재법 강제 가입 대상의 사업장에 고용되어 근로하던 중 산재사고를 당한 경우에는 사업주가 산재보험에 가입했든 말든, 산재처리를 해주든 말든, 산재보험을 담당하고 있는 근로복지공단에 산재신고를 함으로써 산재보험의 혜택을 받을 수 있을 것입니다.

따라서 귀하의 사안을 살펴보면, 귀하께서 근무한 甲 회사는 비록 상시근로자 수가 1명에 불과하다고 할지라도 산재법 적용대상 제외 사업장에 해당되지 않는 것으로 보이므로 甲 회사가 산재보험에 가입하지 않았거나 산재처리를 해주지 않을 경우에는 근로복지공단에 산재신고를 함으로써 산재보험의 혜택을 받을 수 있을 것으로 사료됩니다.

다만, 산재사고가 발생한 사업장에 대하여는 여러 가지의 불이익이 돌아갈 수 있고,

또한 귀하께서 甲 회사에 계속 다닐 요량이라면 회사의 입장을 전혀 도외시하는 것도 문제일 수 있으므로, 우선 회사와 충분히 협상해 보고 그러한 협상결과가 마땅치 않는 경우에만 산재신고를 하는 것이 어떨까 싶습니다.

[사례 6·1·15] 산재사고에 대해 산재처리를 하지 않고 의료보험으로 처리한 경우에 어떤 문제가 생길 수 있는지

문 저는 주물업체인 甲 회사에 고용되어 생산직으로 근무하던 중 주물기계에 왼쪽 손가락 첫째 마디를 절단당하는 중상해를 입었습니다. 甲 회사는 산재처리를 꺼려하며 치료비 전액을 부담할테니 의료보험으로 처리하자고 합니다. 의료보험처리로 치료를 할 경우 나중에 문제되는 점은 없는지 문의드리고 싶습니다.

답 국민건강보험법에 의하면, 국민건강보험공단(이하 '공단')은 보험급여를 받을 수 있는 자가 업무상 또는 공무상 질병·부상·재해로 인하여 다른 법령에 의한 보험급여나 보상 또는 보상을 받게 되는 때에는 보험급여를 하지 않는다고 규정되어 있습니다(국민건강보험법 제48조 제1항 제4호). 즉, 귀하의 경우와 같이 산업재해보상보험법에 의하여 산재처리가 가능한 경우에는 의료보험처리가 되지 않는다는 것입니다.

따라서 귀하께서 회사의 제안에 동의하여 굳이 의료보험으로 처리하려고 한다면 산재사고 사실을 숨기고 의료보험으로 처리해야 할 것이며, 또한 귀하께서 향후 계속 근무하려는 회사와의 관계를 고려하고, 회사에서도 치료부분 외에 장애부분에 대한 보상도 충분히 해준다고 합의하면 굳이 산재처리를 할 필요는 없을 것입니다.

그러나 회사와 이러한 합의도 없이 의료보험처리로만 일관한 경우에는 산재사고에 대한 입증자료의 부족으로 나중에 산재처리를 하거나 회사를 상대로 한 민사소송을 제기하려고 할 경우 애로사항을 느낄 수 있고 의료보험처리비용도 공단으로부터 구상청구당할 수 있습니다.

---

216) 2017. 12. 26. 산업재해보상보험법 시행령의 개정으로 2018. 1. 1.부터는 산업재해보상보험의 적용대상 사업장의 범위가 확대되었습니다. 즉 종전에 산업재해보상보험의 적용대상 사업장에서 제외되었던 주택건설사업자·건설업자·전기공사업자·정보통신공사업자·소방시설업자·문화재수리업자 외의 자가 시공하는 공사로서 총공사금액이 2천만원 미만인 공사이거나 연면적 100㎡(30평) 이하인 건축물의 건축 또는 연면적 200㎡(60평) 이하인 건축물의 대수선에 관한 공사도 포함되게 되었고, 종전에 제외되었던 상시근로자 수가 1명 미만인 사업장도 산업재해보상보험 적용대상에 포함되게 된 것입니다(산업재해보상보험법 시행령 제2조).

따라서 귀하의 경우에도 회사와 원만히 합의가 이루어진다면 몰라도 그렇지 않은 경우에는 산재처리를 하는 것이 현명하다고 보이며, 이미 의료보험으로 처리하고 있는 중이라도 산재보험신청은 가능할 것이므로 사업주가 산재처리에 협조해 주지 않는다면 근로복지공단에 진정을 하거나 직접 요양급여신청서를 제출하면 산재처리가 가능할 것으로 보입니다.

[사례 6·1·16] 출·퇴근 중에 발생한 사고에 대하여 산재처리가 가능한지

문 제 친구는 甲 회사에서 근무하는데, 2018년 1월초 승용차를 운전하고 직장에 출근하던 중 반대차선의 트럭이 중앙선을 침범하는 바람에 뇌출혈로 현재 입원치료하고 있습니다. 의사의 말로는 장애가 나올 수도 있다고 합니다. 그런데 가해 트럭은 책임보험만 가입한 상태이고, 제 친구도 형편이 좋지 않아 책임보험만 가입해 놓은 상태입니다. 그래서 산재처리가 가능하면 좋을 텐데, 이와 같이 출·퇴근 중에 발생한 교통사고에 대해서도 업무상재해로 인정받아 산재처리가 가능한지 문의드리고 싶습니다.

답 근로자가 업무상의 사유로 부상이나 질병·장해 또는 사망과 같은 업무상 재해를 당한 경우에 그 보상에 관하여 규정한 법이 산업재해보상보험법(이하 '산재보험법')입니다. 귀하 친구의 사안과 같이 출·퇴근 중 발생한 사고가 업무상재해에 해당되어 산재보험법상 산업재해보상처리(이하 '산재처리')의 대상이 되는지 문제됩니다. 여기에서 출·퇴근이란 취업과 관련하여 주거와 취업장소 사이의 이동 또는 하나의 취업장소에서 다른 취업장소로 이동하는 것을 말합니다.

이에 관하여 종전의 판례는 '사업주가 제공한 교통수단이나 그에 준하는 교통수단을 이용하는 등 사업주의 지배관리하에서 출·퇴근 중 발생한 사고'에 대해서만 산재처리를 인정하였습니다(대판 2012.11.29. 2011두28165). 그러나 2017년 10월 24일 산재보험법이 개정되어 2018년 1월 1일부터는 '사업주가 제공한 교통수단이나 그에 준하는 교통수단을 이용하는 등 사업주의 지배관리하에서 출퇴근하는 중 발생한 사고'뿐만 아니라 '그밖에 통상적인 경로와 방법으로 출·퇴근하는 중 발생한 사고'에 대해서도 산재처리가 가능하도록 하였습니다(산재보험법 제37조 제1항 제3호 가목, 나목).[217]

따라서 이제부터는 사업주가 제공하는 통근버스 등의 교통수단으로 출근한 경우뿐만 아니라 자가용이나 시내버스·시외버스, 지하철·열차, 오토바이, 자전거, 도보 등의 수단을 통하여 출·퇴근 하던 중에 사고를 당한 경우에도 산재처리가 가능하게 되었습니다.

다만 그렇다고 하더라도 출·퇴근의 경로를 일탈하거나 중단이 있는 경우에는 그 일탈 또는 중단 중의 사고 및 그 후의 이동 중의 사고에 대하여는, 그것이 일상생활에 필요한 행위[218]로서 법령에서 정해 놓은 경우를 제외하고는, 출퇴·근 중의 재해로 보지 않게 되므로 산재처리를 받지 못하게 됩니다(산재보험법 제37조 제3항, 시행령 제35조 제2항). 또한 출·퇴근의 경로와 방법이 일정치 않는 직종인 여객자동차운송사업·개인택시운송사업·배송사업에 종사하는 사람도 마찬가지로 출·퇴근 중의 재해로 보지 않으며 산재처리의 혜택을 받지 못하게 됩니다(산재보험법 제37조 제4항, 시행령 제35조의2).

따라서 귀하의 친구도 자가용을 운전하고 출·근하던 중 사고를 당한 것이고 그것이 출·퇴근의 경로를 일탈했거나 중단이 있는 경우 또는 그 후의 이동 중의 사고가 아니라면 산재처리가 가능할 것으로 보입니다.

참고로 공무원의 출·퇴근 중의 사고가 공무상의 재해인지 여부에 관하여는 공무원연금법에 명확히 규정되어 있지 않아 주로 판례에 의하여 결정될 수밖에 없을 것인데, 판례를 보면, "공무원이 근로를 하기 위하여 주거지와 근무 장소와의 사이를 순리적인 경로와 방법으로 출·퇴근을 하던 중에 발생한 재해는 공무수행과 관련하여 발생한 재해로서 공무원연금법상의 공무상 재해에 해당한다."라고 판시하여 일반인들과 달리 판시하였고(대판 1993.10.8. 93다16161), 이에 따라 공무원의 경우에는 일반인들과는 달리 예전부터 출·퇴근 중의 사고에 대해서도 공무상 재해로 인정받아 공무원연금법상의 급여를 받아왔습니다.

[사례 6·1·17] 근로자가 업무상 스트레스로 자살한 경우에도 업무상 재해로 인정받을 수 있는지

문 제 남편은 은행지점장인데, 지점장으로 부임한 후 영업실적 등에 관한 업무상 부담과 스트레스로 중증의 우울병 에피소드 등의 진단을 받고 정신과 치료를 받아오다가 계속된

---

217) 종전의 산재보험법에서는 출·퇴근 중 발생한 사고의 업무상 재해 인정과 관련하여 사업주가 제공한 교통수단이나 그에 준하는 교통수단을 이용하는 등 사업주의 지배관리 하에서 발생한 사고만을 업무상 재해로 인정하고 있었으나, 이는 공무원·교사·군인 등의 경우 통상적인 경로와 방법으로 출·퇴근 중 발생한 사고를 업무상 재해로 인정받아 공무원연금법에 따른 급여지급의 대상으로 보호받고 있는 것과 관련하여 형평성의 문제가 제기되었고, 이에 따라 일반 근로자도 통상적인 경로와 방법으로 출·퇴근 하던 중 발생한 사고에 대하여는 업무상 재해로 인정하도록 하기 위하여 2017년 10월 24일 산재보험법이 개정되어 2018년 1월 1일부터 시행되고 있는 것입니다.

218) 여기에서 일상생활에 필요한 행위란 생활용품 구입행위, 교육·훈련을 받는 행위, 선거권·국민투표권의 행사, 근로자의 보호하에 있는 아동·장애인을 보육기관 또는 교육기관에 이동하는 행위 등을 말합니다.

업무상 부담으로 중압감을 느낀 나머지 자살하였습니다. 이러한 경우에도 업무상 재해로 인정받아 유족급여를 지급받을 수 있는지 박사님께 문의드리고 싶습니다.

답 산업재해보상보험법상 업무상의 재해란 업무수행 중 그 업무에 기인하여 발생한 근로자의 부상·질병·신체장애 또는 사망을 뜻하는 것이므로 업무와 재해발생 사이에는 인과관계가 있어야 할 것이며(제37조 제1항), 그 인과관계는 이를 주장하는 측에서 증명해야 하지만 반드시 의학적·자연과학적으로 명백히 증명되어야 하는 것이 아니고 규범적 관점에서 상당인과관계가 인정되는 경우에는 그 증명이 있다고 보게 됩니다.

따라서 근로자가 극심한 업무상의 스트레스와 그로 인한 정신적인 고통으로 우울증세가 악화되어 정상적인 인식능력이나 행위선택능력, 정신적 억제력이 현저히 저하되어 합리적인 판단을 기대할 수 없을 정도의 상황에 처하여 자살하게 된 경우라면 망인의 업무와 사망 사이에 상당인과관계가 인정될 수 있고, 비록 그 과정에서 망인의 내성적인 성격 등 개인적인 취약성이 자살을 결의하게 된 데에 영향을 미쳤다거나 자살 직전에 환각, 망상, 와해된 언행 등의 정신병적 증상에 이르지 않았다고 해서 달리 볼 것은 아니라고 할 것입니다(대판 2014.10.30. 2011두14692, 2015.1.15. 2013두23461, 2017.5.31. 2016두58840).

이에 귀하의 사건을 보건대, 귀하의 남편은 은행 지점장으로 부임한 후 영업실적 등에 관한 업무상 부담과 스트레스로 인하여 중증의 우울병 에피소드를 겪게 되었고, 스스로 정신과 의원을 찾아가 치료를 받았음에도 불구하고 계속된 업무상 부담으로 중압감을 느낀 나머지 그 증세가 급격히 악화되었다고 보이고, 이러한 우울증 발현 및 발전 경위에 망인의 유서내용, 자살 과정 등 제반 사정을 종합해 보면, 귀하 남편의 업무와 사망 사이에 상당인과관계를 인정할 수 있을 것이고, 비록 귀하의 남편이 다른 지점장들에 비해 지나치게 과다한 업무를 수행하였다거나 회사로부터 지속적인 압박과 질책을 받는 등 특히 가혹한 환경에서 근무하였던 것이 아니어서 업무상 스트레스라는 객관적 요인 외에 이를 받아들이는 귀하의 남편의 내성적인 성격 등 개인적인 취약성이 자살을 결의하게 된 데에 일부 영향을 미쳤을 가능성이 있고, 한편 자살 직전에 환각, 망상, 와해된 언행 등의 정신병적 증상을 보인바 없다고 해서 달리 볼 것은 아니라고 할 것입니다(대판 2017.5.31. 2016두58840).

따라서 귀하의 남편에 대해서는 업무상 재해로 인정되어 귀하께서는 공무원연금공단로부터 유족연금을 지급받을 수 있을 것으로 보입니다.

[사례 6·1·18] 직장 회식 중 발생한 사고도 업무상 재해로 인정받아 산재처리가 가능한지

문 저는 회사의 영업총괄이사로서 거래처 담당자를 만나 막걸리집, 호프집, 노래방 순서로 옮겨가면서 회식을 한 후 거래처 담당자의 대리운전기사를 기다리던 중 넘어져서 머리를 다친 사실이 있습니다. 이러한 경우에도 업무상 재해로 인정받아 산재처리가 가능한지 문의 드리고 싶습니다.

답 근로자가 근로계약에 따른 업무가 아닌 회사 외의 모임에 참가하던 중 재해를 당한 경우에 이를 업무상 재해로 인정받으려면 모임의 주최자, 목적, 내용, 참가인원과 강제성 여부, 운영방법, 비용부담 등의 사정들에 비추어 사회통념상 행사나 모임의 전반적인 과정이 사용자의 지배나 관리를 받는 상태에 있어야 하고, 근로자가 그와 같은 모임의 정상적인 경로를 일탈하지 않는 상태에 있어야 할 것입니다(대판 1997.8.29. 97누7271, 2007.11.15. 2007두6717).

나아가 산업재해보상보험법(이하 '산재보험법')에 의한 보험급여는 근로자의 생활보장적 성격이 있을 뿐만 아니라 사용자의 과실을 요하지 않음은 물론 법률에 특별한 규정이 없는 한 근로자의 과실을 이유로 책임을 부정하거나 책임의 범위를 제한하지 못하는 것이 원칙이므로, 해당 재해가 산재보험법에 규정된 근로자의 고의·자해행위나 범죄행위 또는 그것이 원인이 되어 발생한 경우가 아닌 이상 재해 발생에 근로자의 과실이 경합되어 있음을 이유로 업무와 재해 사이의 상당인과관계를 부정함에 있어서는 신중을 기해야 할 것입니다(대판 2010.8.19. 2010두4216, 2017.3.30. 2016두31272).

이에 귀하의 사건을 보건대, 귀하는 회사의 업무총괄이사로서 거래처 담당자를 만나 업무협의와 접대를 하려는 것은 업무수행의 연장이라고 할 수 있고, 모든 회식은 거래처의 직원이 동석하였을 뿐 아니라 회식이 마무리될 때까지 참석자에 변동이 없었으며, 호프집과 노래방 비용도 추후 회사에서 업무비용으로 처리해 주었으므로 앞선 회식뿐만 아니라 노래방에서의 회식까지 전반적인 과정이 사용자의 지배나 관리를 받는 상태에 있었다고 봄이 타당할 것이고, 나아가 귀하께서 노래방에서의 회식 직후 술에 취해 비틀거리던 상태에서 거래처 담당자의 대리운전기사를 기다리다가 넘어져 머리를 다친 것이므로 모임의 정상적인 경로를 일탈하였다고 볼 수 없을 것입니다. 따라서 귀하께서는 산재처리를 통하여 요양급여를 받을 수 있을 것으로 보입니다.

[사례 6·1·19] 근로자가 산재사고를 당한 후 사업주가 가입한 자기신체사고보험에 의해 보험금을 수령한 경우, 그것이 산재보험급여에서 공제되는지

문 저는 회사에서 일하다가 다쳐 산재사고를 당하였고, 현재 산재처리가 되어 병원에 입원 중입니다. 그런데 회사에서 가입한 자기신체사고보험에 의해 보험금도 지급받았습니다. 이러한 경우 나중에 근로복지공단에서 산재보험급여를 받을 경우 위 수령한 자기신체사고보험금이 공제되는지 몰라 박사님께 문의드리고 싶습니다.

답 산업재해보상보험법(이하 '산재보험법')에서는 산재보험급여와 다른 보상이나 배상과의 관계에 관하여 "수급권자가 이 법에 따른 보험급여를 받았거나 받을 수 있으면 보험가입자인 사용자는 동일한 사유에 대하여 근로기준법에 따른 재해보상 책임이 면제되고, 수급권자가 동일한 사유에 대하여 이 법에 따른 보험급여를 받은 경우 사용자는 그 금액의 한도 안에서 민법 그밖의 법령에 따른 손해배상 책임이 면제된다."라고 규정하고 있고(산재보험법 제80조 제1항, 제2항 전단), 또한 "수급권자가 동일한 사유로 민법이나 그밖의 법령에 따라 이 법의 보험급여에 상당한 금품을 받으면 공단은 그 받은 금품을 대통령령으로 정하는 방법에 따라 환산한 금액의 한도 안에서 이 법에 따른 보험급여를 지급하지 아니한다"라고 규정하고 있습니다(산재보험법 제80조 제3항 본). 또한 산재보험법에서는 3자에 대한 구상권에 관하여 "공단이 제3자의 행위에 따른 재해로 보험급여를 지급한 경우 그 급여액의 한도 안에서 수급권자의 제3자에 대한 손해배상청구권을 대위하고, 반대로 수급권자가 제3자로부터 손해배상을 받은 경우 배상액을 일정한 방법에 따라 환산한 금액의 한도 안에서 공단은 산재보험급여를 지급하지 아니한다."라고 규정하고 있습니다(산재보험법 제87조는 제1항 본문, 제2항).

이러한 산재보험법상의 각 규정의 취지는 산업재해로 인하여 손해 또는 손실을 입은 근로자로 하여금 재해보상청구권과 산재보험급여수급권을 행사할 수 있도록 하고, 아울러 일정한 요건이 충족되는 경우에는 사용자에 대하여 불법행위로 인한 손해배상청구권도 행사할 수 있도록 하되, 손해의 이중전보를 방지하기 위하여 각 보상간의 조정을 도모하려는데 있다고 보입니다.

따라서 산재보험법 제80조(다른 보상이나 배상과의 관계) 제3항에서 '동일한 사유'로 민법이나 그밖의 법령에 따라 보험급여 상당의 금품을 지급받음으로써 산재보험급여의 지급이 면제되는 그 '동일한 사유'란 산업재해보상보험급여의 대상이 되는 손해와 근로기준법 또는 민법이나 그밖의 법령에 따라 보전되는 손해가 같은 성질의 것이어서 산재보험급여와 손해배상 또는 손실보상이 상호 보완적 관계에 있는 경우에 한하는 것이라고 해야 할 것입니다(대판 1991.7.23. 90다11776).

이에 사용자가 가입한 자기신체사고보험에 의해 근로자가 지급받은 보험금은 사용자의 손해배상의무의 이행으로 지급받은 것이 아니어서 산재보험급여에서 공제될 성질의 것은 아니라고 보이며(대판 2015.1.15. 2014두724), 따라서 귀하께서는 회사가 가입한 자기신체사고보험에 의해 보험금을 지급받은 경우에도 그것과 무관하게 산재보험법에 다른 보험급여 전부를 지급받을 수 있을 것으로 보이니 안심하셔도 될 것 같습니다.

[사례 6·1·20] 도급관계에서 수급인의 근로자에게 발생한 산재사고에 대해 도급인이 손해배상책임을 지게 되는 경우

문 저는 甲 종합건설회사로부터 전기공사 부분을 하도급받은 乙에게 고용되어 전선절단 작업을 하던 중 전신주에서 떨어져 머리를 크게 다쳤고 1급 장해를 입었습니다. 甲 종합건설회사는 공사현장에 현장감독관을 상주시키면서 乙의 공사에 대하여 지시·감독해 오고 있었습니다. 그런데 乙에게는 이렇다 할 재산이 없어서 도급인인 甲 종합건설회사를 상대로 손해배상을 청구하고 싶은데, 가능한지 박사님께 문의드리고 싶습니다.

답 도급인은 수급인이 그 일에 관하여 제3자에게 가한 손해에 대하여 원칙적으로 이를 배상할 책임이 없습니다(민법 제757조 본문). 그러나 도급인이 도급 또는 지시에 관하여 중대한 과실이 있는 때에는 수급인이 제3자에 대하여 가한 손해에 대하여 배상책임을 지게 됩니다(민법 제757 단서). 이와 같이 통상적으로는 도급인과 수급인 사이에는 지휘·감독관계가 없으므로 도급인은 수급인이나 수급인의 피용자의 불법행위에 대하여 사용자로서의 배상책임이 없는 것이지만, 도급인이 수급인에 대하여 특정 행위를 지휘하거나 특정 사업을 도급시키는 경우와 같은 이른바 '노무도급'의 경우에는 비록 도급인이라고 하더라도 수급인이 제3자에 대하여 가한 손해에 대하여 사용자로서의 배상책임을 지게 됩니다(대판 2005.11.10. 2004다37676).

마찬가지의 원리로 도급인이 수급인의 일의 진행 및 방법에 관하여 구체적인 지휘·감독권을 유보한 경우에는 도급인과 수급인의 관계는 실질적으로 사용자 및 피용자의 관계와 다를 바 없으므로 수급인이 고용한 근로자의 불법행위로 인한 손해에 대하여 사용자책임을 면할 수 없고, 이러한 이치는 수급인에 의하여 하도급이 이루어진 경우에도 마찬가지로서 동일한 상황이라면 도급인은 하수급인이나 하수급인이 고용한 근로자의 불법행위로 인한 손해에 대하여도 배상책임을 지게 되는 것입니다(대판 19983.11.22. 83다카1153,

1991.3.8. 90다18432, 1992.6.23. 92다2615, 1993.5.27. 92다48109, 1992.6.23. 92다2615).

다만 여기에서 도급인이 책임을 지게 되는 도급인의 수급인에 대한 지휘·감독 관계란 건설공사의 경우에는 현장에서 구체적인 공사의 운영 및 시행을 직접 지시·지도하고 감시·독려함으로써 시공 자체를 관리함을 말하는 것으로서 도급인의 현장감독관이 공사현장에 상주하면서 구체적인 공사를 직접 지휘·감독한 경우라면 여기에 해당되지만, 단순히 공사의 운영 및 시공의 정도가 설계도 또는 시방서대로 시행되고 있는가를 확인하여 공정을 감독하는데 불과한 이른바 '감리'의 경우에는 해당되지 않습니다(대판 1992.6.23. 92다2615).

이에 귀하의 사건을 보건대, 甲 종합건설회사는 현장감독관을 공사현장에 상주시키면서 乙의 공사를 지휘·감독한 경우라고 사료되므로 귀하께서는 甲 종합건설회사를 상대로 손해배상을 청구해 볼 수 있을 것으로 보입니다. 다만 甲 종합건설회사의 과실과 귀하의 과실이 경합하는 부분만큼은 과실상계가 이루어질 수 있을 것입니다.

제 2 장 공법 편

제1절 행정·조세

[사례 6·2·1] 공무원 임용결격사유와 당연퇴직사유

문 저는 장차 지방공무원 시험에 응시하여 공무원으로 근무하고자 합니다. 그런데 5년 전에 음주운전한 사실로 징역 6월에 집행유예 1년을 선고받은 경력이 있어서 신원조회에 걸릴까봐 걱정입니다. 혹시 공무원 임용결격사유가 되거나 면접에서 불이익을 받지 않을까봐 두렵기도 한데, 이에 대한 자세한 답변을 듣고 싶습니다.

답 공무원 임용결격사유는 국가공무원법 제33조와 지방공무원법 제31조에서 규정하고 있습니다. 위 법에 따르면 공무원 임용결격사유로는, ① 피성년후견인·피한정후견인, ② 파산자로서 미복권자, ③ 금고 이상의 형을 받고 집행종료 또는 집행면제 후 5년 미경과자, ④ 금고 이상의 집행유예를 선고받고 유예기간 만료 후 2년 미경과자, ⑤ 금고 이상의 선고유예를 선고받고 선고유예기간 중에 있는 자, ⑥ 자격상실 또는 자격정지자, ⑦ 공무원 직무와 관련된 횡령·배임죄로 300만원 이상의 벌금형이 확정된 후 2년 미경과자, ⑧ 업무상 위력 등에 의한 간음·추행죄로 300만원 이상의 벌금형이 확정된 후 2년 미경과자, ⑨ 파면처분 후 5년 미경과자, ⑩ 해임처분 후 3년 미경과자 등이 여기에 해당됩니다. 범칙금이나 과태료는 형벌이 아니므로 공무원시험이나 공무원의 신분에 영향을 미치지 않습니다.

따라서 귀하께서는 집행유예기간 만료 후 2년이 훨씬 경과하였으므로 공무원 임용결격사유에는 해당되지 않을 것으로 보입니다.

다만 신원조회회보 결과에 따라 면접시험 등에서 불리하게 작용할 수 있는지 문제됩니다. 범죄 자료로서 국가가 관리하는 것에는 ① 검찰청에서 관리하는 수형인명부, ② 등록기준지 시·구·읍·면에서 관리하는 수인인명표, ③ 경찰청에서 관리하는 수사자료표의 3가지가 있습니다.

수형인명부와 수형인명표는 자격정지 이상의 형에 관해서만 관리하는 자료이고, 수사자료표는 모든 피의자 사건에 대하여 관리하되, 즉결심판대상자와 사법경찰관이 수리한 고소·고발사건 중 불기소처분에 해당하는 사건은 제외시키고 있습니다. 수사자료표란 수사기관이 피의자의 지문, 인적사항, 죄명 등을 기재한 표를 말하는 것으로서 범죄경력자료와 수사경력자료로 구분되는데, 범죄경력자료는 벌금 이상의 형에 관한 자료를 말하고,[219] 수사경력자료는 벌금 미만이나 불기소처분에 관한 자료를 말합니다.[220]

우리가 흔히 말하는 전과기록이란 수형인명부와 수형인명표 그리고 범죄경력자료를 말하는데, 전과기록은 일정 기간이 경과되면 말소됩니다. 즉 수형인이 형의 집행을 종료하거나 면제된 날로부터 3년 초과의 징역·금고는 10년, 3년 이하의 징역·금고는 5년, 벌금은 2년이 경과되면 형이 실효되게 되어 있고, 이와 같이 형이 실효되면 전과기록 중 수형인명부와 수형인명표는 기록이 삭제되거나 폐기됩니다. 그럼에도 불구하고 경찰청에서 보관하는 수사자료표 중 범죄경력자료는 영구보존의 대상이 되고, 벌금 미만의 자료나 불기소처분에 관련된 자료인 수사경력자료도 일정 기간 보존하게 되어 있습니다.[221] 귀하께서 궁금해 하시는 신원조회회보에는 수형인명부와 수형인명표 및 범죄경력자료에 대한 전과경력조회와 수사경력자료에 대한 수사경력조회 등이 있는데, 이 중 어떤 신원조회회보가 통지되는지는 신원조회의 목적에 따라 조회요청기관에서 요청한 바에 따르게 됩니다.

공무원임용을 위한 신원조회로는 범죄경력조회와 수사경력조회가 회보될 것으로 보입니다(형의 실효 등에 관한 법률 제6조 제1항 제9호).

귀하의 경우에는 형의 실효로 인하여 전과기록 중 수형인명부와 수형인명표는 기록이 삭제되거나 폐기되어 문제가 되지 않을 것으로 보이지만 수사자료표가 문제되어 면접관들의 면접자료로서 활용될 소지가 있을 것으로 보입니다. 다만 이는 범죄의 종류나 처벌 후 일정 기간의 경과 등 여러 사정을 감안하여 면접에서 판단될 것으로 보이므로 성실하고 차분하게 면접에 임하게 되면 그리 큰 문제는 없을 것으로 보입니다.

참고로 공무원이 임용된 후에도 재직 중 위와 같은 공무원임용 결격사유가 발생하면 당연퇴직사유가 됩니다. 다만 공무원으로 임용되어 재직 중인 자에 대해서는 공무원으로 임용되기 전의 자에 비하여 보다 더 큰 보호를 받아야 하는 지위에 있으므로 여기에는 일정한 예외가 인정됩니다. 즉 파산선고를 받고 복권되지 않는 자 모두가 당연퇴직사유로 되는 것이 아니라 파산선고를 받은 자 중에서 면책신청을 하지 않았거나 면책불허가결정 또는 면책취소결정이 확정된 경우에만 해당되어 당연퇴직사유로 되며, 금고 이상의 형의 선고유예를 받고 유예기간 중에 있는 자 모두가 당연퇴직사유로 되는 것이 아니라 선고유예를 받은 자 중에서 수뢰죄 등 뇌물관련죄와 업무상위력 등에 의한 간음·추행죄,

직무상 횡령·배임죄 및 업무상횡령·배임죄로 선고유예를 받은 자에 대해서만 당연퇴직 사유로 되는 것입니다.222)

[사례 6·2·2] 지방공무원의 직위해제처분에 대한 불복절차

문 저는 지방공무원으로서 재무과의 계장으로 근무하고 있는데, 공사입찰과 관련하여 상관의 부당한 지시에 따르지 않았다고 해서 업무지시불이행을 이유로 직위해제처분을 받았습니다. 저는 정말 억울한데, 이러한 징계처분에 대해 불복하는 절차에 관하여 박사님께 문의드리고 싶습니다.

---

219) 「형의 실효 등에 관한 법률」 제2조 제5호 "범죄경력자료"란 수사자료표 중 다음 각 목에 해당하는 사항에 관한 자료를 말한다.
① 벌금 이상의 형의 선고, 면제 및 선고유예
② 보호감호, 치료감호, 보호관찰
③ 선고유예의 실효
④ 집행유예의 취소
⑤ 벌금 이상의 형과 함께 부과된 몰수, 추징, 사회봉사명령, 수강명령 등의 선고 또는 처분"

220) 「형의 실효 등에 관한 법률」 제2조 제6호 "수사경력자료란 수사자료표 중 벌금 미만의 형의 선고 및 검사의 불기소처분에 관한 자료 등 범죄경력자료를 제외한 나머지 자료를 말한다."

221) 「형의 실효 등에 관한 법률」 제8조의2(수사경력자료의 정리) "① 다음 각 호의 어느 하나에 해당하는 경우에는 제2항 및 제3항 각 호의 구분에 따른 보존기간이 지나면 전산입력된 수사경력자료의 해당 사항을 삭제한다.
㉮ 검사의 혐의없음, 공소권없음, 죄가 안됨 또는 기소유예의 불기소처분이 있는 경우
㉯ 법원의 무죄, 면소 또는 공소기각의 판결이 확정된 경우
㉰ 법원의 공소기각 결정이 확정된 경우
② 제1항 각 호의 경우에 대한 수사경력자료의 보존기간은 다음 각 호의 구분에 따른다. 이 경우 그 기간은 해당 처분이 있거나 결정 또는 판결이 확정된 날부터 기산한다.
㉮ 법정형이 사형, 무기징역, 무기금고, 장기 10년 이상의 징역·금고에 해당하는 죄: 10년
㉯ 법정형이 장기 2년 이상의 징역·금고에 해당하는 죄: 5년
㉰ 법정형이 장기 2년 미만의 징역·금고, 자격상실, 자격정지, 벌금, 구류 또는 과료에 해당하는 죄: 즉시 삭제. 다만, 제1항 제1호의 기소유예처분이나 제1항 제2호·제3호의 판결 또는 결정이 있는 경우는 5년간 보존한다.
③ 제2항에도 불구하고 제1항 각 호의 처분 당시 또는 판결·결정의 확정 당시 소년법 제2조에 따른 소년에 대한 수사경력자료의 보존기간은 다음 각 호의 구분에 따른다.
㉮ 제1항 제1호의 기소유예의 불기소처분: 그 처분일부터 3년
㉯ 제1항 제1호의 혐의없음, 공소권없음, 죄가안됨의 불기소처분: 그 처분시까지
㉰ 제1항 제2호의 판결 또는 같은 항 제3호의 결정: 그 판결 또는 결정의 확정시까지"

222) 이와 관련하여 청원경찰의 경우에는 종전에는 선고유예를 받으면 무조건 당연퇴직사유가 되었으나(청원경찰법 제10조의6 제1호), 청원결찰법상의 관련 규정이 2018년 1월 25일 헌법재판소에 의해 위헌결정을 받음으로서 향후에는 선고유예의 경우에도 공무원과 같은 일정한 예외가 적용될 것으로 보입니다(헌재 2018.1.25. 2017헌가26 결정).

답 지방공무원에 대한 징계처분 기타 그 의사에 반하는 불이익한 처분에 대한 구제 방법으로는 '소청'과 '소송'이 있습니다. 여기에서 소청이란 징계처분 기타 그의 의사에 반하는 불이익처분을 받은 자가 그 처분에 불복이 있는 경우에 관할 소청심사위원회에 심사청구를 하는 행정심판을 말합니다. 지방공무원법 제67조(처분사유 설명서의 교부 및 심사의 청구) 제2항에 의하면 임용권자가 공무원에 대하여 징계처분을 행할 때와 강임·휴직·직위해제 또는 면직처분을 행할 때에는 그 공무원에게 처분의 사유를 기재한 설명서를 교부해야 하고, 이에 의한 설명서의 교부를 받은 공무원이 그 처분에 불복이 있을 때에는 설명서를 받은 날부터 30일 이내에 심사위원회에 해당 처분에 대한 심사를 청구할 수 있으며, 이 경우에는 변호사를 대리인으로 선임할 수 있다고 규정하고 있습니다.

이와 같이 지방공무원법이 행정심판법에 의한 행정심판의 특례로서 소청제도를 마련한 것은 공무원의 신분을 보다 강하게 보장하려는데 있습니다. 따라서 귀하께서는 직위해제에 대한 처분사유설명서를 교부받은 때 또는 처분사유설명서를 받지 않은 때에는 그 처분이 있음을 안 날로부터 30일 내에 관할 지방공무원 소청심사위원회에 소청을 제기할 수 있으며, 소청이 제기되면 소청심사위원회는 소청사건을 심사한 후 원칙적으로 접수일부터 60일 내에 결정을 하되, 불가피하다고 인정되면 심사위원회의 의결로 30일을 연장할 수 있습니다(지방공무원법 제67조 제6항).

다만 이러한 소청절차를 거치지 않고 곧바로 법원에 행정소송을 제기할 수 있는지 문제됩니다. 그런데 지방공무원법 제20조의2(행정소송과의 관계)에 의하면 "제67조(처분사유 설명서의 교부 및 심사의 청구)의 규정에 의한 처분 기타 본인의 의사에 반한 불리한 처분 또는 부작위에 관한 행정소송은 심사위원회의 심의·결정을 거치지 않으면 이를 제기할 수 없다."라고 함으로써 필요적 전치주의를 규정하고 있습니다. 따라서 귀하께서는 형식적으로라도 소청심사위원회에 대한 소청절차를 거쳐야 할 것으로 보이고, 이를 거침이 없이 곧바로 법원에 직위해제처분의 취소를 구하는 행정소송을 제기하는 것은 불가할 것으로 보입니다. 이에 귀하께서는 먼저 소청절차를 거친 후 만족스러운 결과가 나오지 않을 경우 법원에 행정소송의 제기를 검토해 보시기 바랍니다.

[사례 6·2·3] 국민연금법상 유족연금수급권의 요건과 수령금액 관계

문 저희 부부는 국민연금을 타고 있는데, 나이도 연로하고 몸 상태도 좋지 않아서 언제 사망할지 모릅니다. 이에 우리 부부 중 어느 일방이 사망할 경우에 타방배우자가 유족연금을 타먹을 수 있는지, 타먹을 수 있다면 그 액수가 얼마나 되는지 궁금하여 박사님께 문의드리고자 합니다.

답 국민연금에서 유족연금이란 일정한 요건을 갖춘 연금수급권자가 사망한 경우에 그 유족이 받게 되는 연금을 말합니다. 사망자의 유족이 유족연금을 타먹을 수 있으려면 사망자가 일정한 연금수급권자였어야 하는 바, ① 노령연금수급권자였던 경우, ② 가입기간이 10년 이상인 가입자였던 경우, ③ 연금보험료를 낸 기간이 가입대상기간의 1/3 이상이었던 경우, ④ 사망일 5년 전부터 사망일까지의 기간 중 연금보험료를 낸 기간이 3년 이상이었던 경우, ⑤ 장애등급이 2급 이상인 장애연금수급권자였던 경우 중의 어느 하나에 해당되어야만 유족연금을 탈 수 있는 것입니다(국민연금법 제72조 제1항).

그리고 유족연금을 받을 수 있는 유족의 요건은 사망자의 사망 당시 그에 의하여 생계를 유지하고 있었던 ① 배우자, ② 자녀(단, 25세 미만이거나 장애등급 2급 이상인 자만 해당), ③ 부모(단, 배우자의 부모도 포함하되, 60세 이상이거나 장애등급 2급 이상인 자만 해당), ④ 손자녀(단, 19세 미만이거나 장애등급 2급 이상인 자만 해당), ⑤ 조부모(배우자의 조부모를 포함하되, 60세 이상이거나 장애등급 2급 이상인 자만 해당)가 이에 해당되며, 위 순서에 따라 지급하되, 최우선순위자에게만 지급하게 됩니다(국민연금법 제73조 제2항 본문). 이 점에서 공무원의 유족연금의 경우에는 민법상 상속순위에 따르게 되는 것과 구별됩니다.

이 경우 배우자의 유족연금수급권은 배우자 본인이 사망하거나 재혼하게 되면 소멸되고, 1년 이상 생사불명 등의 사유로 정지될 수 있는데, 이 경우에는 2순위 수급권자인 자녀에게 그 지급이 이루어지게 됩니다(국민연금법 제73조 제2항 단서).

유족연금액은 사망자의 연금가입기간에 따라 다르게 정해져 있는 바, ① 가입기간이 10년 미만인 경우에는 기본연금액의 4/10, ② 가입기간이 10년 이상~20년 미만인 경우에는 기본연금액의 5/10, ③ 가입기간이 20년 이상인 경우에는 기본연금액의 6/10에 해당하는 금액에 부양가족연금액을 추가한 금액으로 하되, 노령연금수급권자가 사망한 경우의 유족연금액은 사망자가 지급받던 노령연금액을 초과하여 지급할 수 없도록 하고 있습니다(국민연금법 제74조).

이러한 유족연금수급권은 일정한 사유가 발생한 경우에는 소멸하게 되는데, ① 유족연금수급권자가 사망한 때, ② 배우자인 유족연금수급권자가 재혼한 때, ③ 자녀나 손자녀인 유족연금수급권자가 파양된 때, ④ 장애등급 2급 이상에 해당되지 않는 자녀인 유족연금수급권자가 25세가 된 때 또는 장애등급 2급 이상에 해당되지 않는 손자녀인 유족연금수급권자가 19세가 된 때에는 유족연금을 받을 수 없게 됩니다(국민연금법 제75조). 또한 부모, 손자녀, 조부모의 유족연금수급권은 연금가입자 또는 가입자였던 자의 사망 당시의 태아가 출생하여 유족연금수급권을 갖게 되면 소멸하게 됩니다.

그리고 배우자의 유족연금수급권은 유족연금수급권이 발생한 때부터 3년 동안만 유족연금을 지급한 후 55세가 될 때까지는 그 지급이 정지됩니다. 다만 일정한 사유가 있는 경우에는 3년 후에도 정지되지 않는데, 그 배우자에게 2급 이상의 장애등급이 있는 경우, 사망자에게 25세 미만의 자녀 또는 장애등급 2급 이상의 자녀가 있고 그에 대한 생계를 책임지고 있는 경우, 사업 또는 근로 등의 소득활동에 종사하지 않고 있는 경우에는 예외적으로 정지되지 않습니다(국민연금법 제76조 제1항, 시행령 제49조, 제45조).

또한 유족연금수급권자인 자녀나 손자녀가 다른 사람에게 입양된 때에는 그때로부터 유족연금이 정지될 것이로되, 입양된 곳에서 파양된 때에는 파양된 때로부터 다시 지급정지가 해제됩니다(국민연금법 제76조 제5항, 제6항).

장애로 유족연금수급권을 취득한 자가 장애등급 2급 이상에 해당하지 않게 된 때에는 그때로부터 유족연금의 지급이 정지될 것이로되, 질병이나 부상이 악화되어 장애등급 2급 이상에 해당하게 되면 그때로부터 다시 지급정지가 해제됩니다(국민연금법 제76조 제7항, 제8항).

이상에서 국민연금 중 유족연금에 관하여 그 지급요건과 수령금액 및 유족연금의 소멸 및 정지사유에 관하여 잘 설명드렸으니 귀하께서 참고하시어 나중을 대비하시는 것이 좋을 듯합니다.

[사례 6·2·4] 공무원 또는 교사가 퇴직연금을 수령하고 있던 중 사망한 경우에 그 배우자에게 인정되는 유족연금수급권과 수령금액 관계

문 저는 공무원과 결혼하여 현재까지 수십 년간 시부모님을 모시고 살아왔는데, 최근에 시부모님도 돌아가시고 남편도 정년퇴직해서 현재는 공무원연금으로 생활하고 있습니다. 그런데 남편의 건강상태가 좋지 않아서 걱정이 되는데, 만약 남편이 사망하게 되면 배우자인 제가 어느 정도로 남편의 퇴직연금을 물려받을 수 있게 되는지 궁금합니다. 이에 대하여 박사님께 문의드리고자 합니다.

답 공무원으로 재직한 후 퇴직한 경우에는 공무원연금공단으로부터 퇴직급여를 지급받을 수 있습니다. 이러한 퇴직급여에는 퇴직연금, 퇴직연금일시금, 퇴직연금공제일시금, 퇴직일시금으로 구분할 수 있습니다. 퇴직연금은 공무원으로 10년 이상 재직하고 퇴직한 경우에 65세로부터 사망시까지 지급받을 수 있는 금원인데, 공무원은 이에 갈음하여 퇴직연금일시금을 지급받을 수 있고, 10년을 초과하여 재직한 경우에는 그 초과한 기간 중 본인이 원하는 기간만큼 퇴직연금에 갈음하여 퇴직연금공제일시금을 지급받을 수 있습니다. 공무원이 10년 미만 재직하고 퇴직한 경우에는 퇴직연금의 수급요건에 해당되지 않으므로 퇴직일시금으로 급여를 지급받게 됩니다.

그런데 이는 공무원이 살아 있는 경우에 해당되는 말이고, 귀하께서 궁금해 하시는 바와 같이, 귀하의 남편께서 퇴직연금을 지급받고 있다가 사망한 경우에는 그 유족이 유족연금 형태로 지급받을 수 있는지의 문제만 남게 됩니다.

이에 아래에서는 유족연금에 관하여 살펴보도록 하겠습니다. 유족이란 공무원이거나 공무원이었던 자가 사망할 당시에 그에 의하여 부양되고 있던 배우자(재직 당시 혼인관계에 있던 자로 한정되며, 사실혼 관계자도 포함됨), 자녀[223], 부모, 손자녀[224], 조부모를 말하며, 급여를 받을 유족의 순위는 민법상 상속받는 순위에 따르되, 동순위자가 2명 이상 있는 때에는 급여를 똑같이 나누어 지급받게 됩니다(공무원연금법 제3조, 제28조, 제29조).

이에 귀하는 공무원의 처이므로 유족에 해당하되, 만약 공무원이었던 남편께서 퇴직 당시 자녀 또는 태아가 있었고, 그 자녀가 남편 사망 당시 19세 미만자이거나 19세 이상의 자로서 장애등급 제1급~제7급의 상태에 있는 경우에는 귀하와 위 자녀들이 동순위로 되어 유족연금을 똑같이 나누어 갖게 될 것이고, 그러한 자녀가 없으되 남편의 손자녀가 유족연금의 요건에 해당된다면 그 손자녀와, 그러한 손자녀가 없으되 남편의 직계존속이 유족연금의 요건에 해당된다면 그 직계존속과 역시 유족연금을 똑같이 나누어 갖게 될 것이로되, 이들 모두가 존재하지 않는다면 귀하께서 단독으로 유족연금 전액을 지급받을 수 있을 것으로 보입니다.

그렇다면 퇴직연금에 대해서 얼마만큼을 유족연금으로 지급받을 수 있을까요? 먼저 유족이 원할 경우에는 유족연금에 갈음하여 유족연금일시금을 지급받을 수 있으되(공무원연금법 제56조 제2항), 그밖의 경우에는 유족연금으로 지급받을 수 있는데, 유족연금은 공무원이 지급받을 수 있었던 퇴직연금의 60%에 상당하는 금액을 지급받을 수 있습니다. 아울러 유족은 10년 이상 재직한 공무원이 재직 중 사망한 경우에는 유족연금 외에 유족연금부가금을 따로 받을 수 있고, 공무원이 퇴직 후 연금지급 개시 전에 사망하거나 퇴직연금수급자가 퇴직한 익월부터 3년 내에 사망한 경우에는 유족연금 외에 유족연금특별부가금을 따로 지급받을 수 있습니다(공무원연금법 제56조 제1항 단서).

다만 유족연금수급권자에게 일정한 사유가 발생한 경우에는 유족연금수급권 자체가 상실됩니다. 즉 유족연금수급권자가 사망한 경우, 재혼한 경우(사실혼 포함), 파양 등으로 공무원이었던 자와 친족관계가 종료된 경우, 장애등급 제1급~제7급 상태에 있는 자녀 또는 손자녀의 장애상태가 해소된 경우, 장애등급 제1급~제7급 상태에 있지 않는 자녀 또는 손자녀가 19세에 이르게 된 때에는 유족연금수급권이 상실되며, 그 수급권은 그와 동순위의 유족이 있으면 그 동순위자에게 넘어가고, 동순위의 유족이 없는 때에는 차순위의 유족에게 넘어가게 됩니다(공무원연금법 제59조 제2항).

이에 귀하의 사건을 살펴보면, 귀하의 남편이 퇴직연금을 받고 있던 중에 사망한 경우에는 귀하의 남편에게 부모 등 직계존속이 없다고 하므로 귀하의 남편에게 자녀가 있는지 여부에 따라 자녀가 없다면 귀하께서 단독으로 퇴직연금의 60%를 유족연금으로 지급받게 될 것이고, 자녀가 있다면 퇴직연금의 60%에 대하여 귀하와 자녀들이 균등하게 분할한 금액으로 지급받게 될 것으로 보입니다. 다만 귀하께서 재혼하거나 다른 남자와 사실혼 관계를 맺게 되면 유족연금수급권이 상실되고 귀하의 몫은 다른 자녀들에게 귀속될 것이므로 재혼을 하려는 경우에는 설령 그것이 사실혼 관계라고 할지라도 신중히 고려해야 할 것으로 보입니다.

한편 사립학교교직원연금법에서는 거의 대부분 공무원연금법을 준용하고 있으므로(사립학교교직원연금법 제42조), 사립학교교사의 경우에도 퇴직연금이나 유족연금은 공무원의 경우와 유사하다고 보면 됩니다.

[사례 6·2·5] 교육훈련 직전에 화장실을 다녀오다가 실족사한 경우에도 순직군경으로 인정받을 수 있는지

문 제 삼촌은 소형 잠수함 통신중계와 군수 및 훈련 지원을 주임무로 하는 해군 선두지원함 갑판병으로서 소화방수 훈련 및 직무수행 절차 교육을 받기 위해 정박 중이던 진두지원함 승조원 식당에 집합했다가 선임병에게 화장실에 다녀오겠다고 보고한 후 우현 함미 해저에서 익사한 채로 발견되었습니다. 아마 화장실에 다녀오다가 실족하여 사망한 것 같은데, 위와 같은 경우에도 훈련과의 상당인과관계가 인정되어 국가보훈처로부터 순직군경으로 인정받을 수

223) 이 경우의 자녀에는 공무원 퇴직 당시의 태아는 포함하되, 퇴직일 이후에 출생하거나 입양한 자녀는 제외되며, 또한 19세 미만자이거나 19세 이상의 자로서 장애등급 제1급~제7급 상태에 있는 자만 해당됩니다.

224) 이 경우의 손자녀에는 공무원 퇴직 당시의 태아는 포함하되, 퇴직일 이후에 출생하거나 입양된 자녀는 제외되며, 또한 19세 미만자이거나 19세 이상의 자로서 장애등급 제1급~제7급 상태에 있고, 그의 아버지가 없거나 그 아버지가 장애등급 제1급~제7급 상태에 있는 자만 해당됩니다.

있는지 박사님께 문의드리고자 합니다.

답 「국가유공자 등 예우 및 지원에 관한 법률」(이하 '국가유공자법')은 국가를 위하여 희생하거나 공헌한 국가유공자, 그 유족 또는 가족을 합당하게 예우하고 지원함으로써 이들의 생활안정과 복지향상을 도모하고자 제정된 법률로서, 국가유공자에 해당하지 않는 보훈보상대상자 및 그 유족 또는 가족에게 합당한 지원을 할 목적으로 제정된 「보훈보상대상자 지원에 관한 법률」(이하 '보훈보상자법')과 구별됩니다. 이러한 구별은 보훈대상 중 국민으로부터 존경과 예우를 받아야 할 사람에 대해서는 국가유공자로, 단순히 보상이 필요한 사람에 대해서는 보훈보상대상자로 구분하여 그에 합당한 예우와 지원 및 보상을 하려는 취지가 아닌가 싶습니다.

국가유공자법에서는 순국선열(제1호), 애국지사(제2호)부터 국가사회발전특별공로자(제18호)에 이르기까지 국가유공자법이 적용되는 국가유공자의 요건을 유형별로 정하면서, 그중 군경에 대하여 전몰군경(제3호), 전상군경(제4호), 순직군경(제5호), 공상군경(제6호)으로 구분하되, 순직군경에 대해서는 "군인이나 경찰·소방공무원으로서 국가의 수호·안전보장 또는 국민의 생명·재산 보호와 직접 관련되는 직무수행이나 교육훈련 중 사망한 사람"이라는 요건에 해당하는 경우에만 인정됩니다(국가유공자법 제4조 제1항). 그러나 군경의 사망 또는 상이·질병이 "불가피한 사유 없이 본인의 고의 또는 중대한 과실로 인한 것이거나 관련 법령 또는 소속 상관의 명령을 현저히 위반하여 발생한 경우", 또는 "공무를 이탈한 상태에서의 사고나 재해로 인한 경우" 및 "장난·싸움 등 직무수행으로 볼 수 없는 사적인 행위가 원인이 된 경우" 중의 어느 하나에 해당되는 경우에는 국가유공자에서 제외됩니다(국가유공자법 제4조 제6항).

그리고 군경이 국가유공자의 요건에 해당하는지에 대한 구체적인 기준과 범위는, 전투 또는 이에 준하는 직무수행의 범위, 직무수행이나 교육훈련과 국가의 수호·안전보장 또는 국민의 생명·재산 보호와의 관련 정도, 사망하거나 상이(질병 포함)를 입게 된 경위 및 본인 과실의 유무와 정도를 종합적으로 고려하여 정하도록 되어 있고(국가유공자법 제4조 제2항), 그 위임에 따라 「국가유공자 등 예우 및 지원에 관한 법률」 시행령(이하 '국가유공자법 시행령')에서는 국가유공자 요건에 관한 기준과 범위를 구체적으로 정해 놓고 있습니다(국가유공자법 시행령 제3조 제1항).

이와 같이 현행 국가유공자법에서는 국가유공자로 인정되는 순직군경의 요건과 관련하여, 종전의 국가유공자법이 사망과 관련된 직무수행이나 교육훈련의 내용을 특별히 정하고 있지 않았던 것과 달리, 직무수행이나 교육훈련의 성격이 '국가의 수호 등과 직접적으로 관련되어 있을 것'을 요구함으로써 그 요건을 강화하고 있으며, 이 점에서 직접적인 관련성을 요건으로 하지 않는 보훈보상자법과도 구별된다고 할 것입니다. 즉 국가유공자법상 순직군인으로 인정되기 위해서는 단순히 직무수행 또는 교육훈련과 사망 또는 상이·질병 사이에 상당인과관계가 있는 것만으로는 부족하고, 그 사망 또는 상이·질병이 국가수호 등과 직접 관련이 있는 직무수행 또는 교육훈련을 주된 원인으로 하여 직접적으로 발생되었다고 인정될 수 있는 경우라야 가능하다고 할 것입니다.

따라서 사망 또는 상이가 전적으로 본인의 과실 또는 사적인 사정에 기인한 것이거나 그 과실 또는 사적인 사정이 상당한 정도로 경합한 경우 등과 같이 직무수행 또는 교육훈련이 그 사망 또는 상이의 주된 원인이 되었다고 볼 수 없는 경우에는 순직군인에 해당한다고 보기 어려울 것이며(대판 2016.8.18. 2014두42896), 같은 취지로 공군에 입대한 후 축구경기나 군가경연대회 관련 안무연습 중 좌측인대가 늘어나고 좌측 슬관절 십자인대와 좌측 슬관절 반월상연골 파열이 발생하였다고 하더라도 이는 보훈보상대상자에 해당하는 것은 별론 국가유공자에는 해당되지 않을 것입니다(대판 2016.8.17. 2015두48570).

이로 볼 때 귀하의 삼촌께서는 보훈보상자법에 따른 보훈보상대상자에는 해당될 수 있어도 국가유공자법상 순직군경으로는 인정받기가 어려울 것으로 보입니다.

[사례 6·2·6] 고속도로의 소음에 대한 예방 또는 방음대책을 강구하라는 청구가 가능할 수 있기 위한 기준

문 저희 아파트는 고속도로 부근에 위치해 있는데, 아파트에서 소음을 측정해 보니 고속도로로부터 65데시벨(dB) 정도가 됩니다. 이에 한국도로공사를 상대로 고속도로의 소음으로 인한 생활방해를 원인으로 소음의 예방 또는 배제를 위한 방음대책에 대해 이행청구의 소를 제기하고 싶은데, 소음기준만 충족되면 이러한 청구가 가능한지 박사님께 문의드리고자 합니다.

답 도로에서 발생하는 소음으로 말미암은 생활방해의 정도가 사회통념상 일반적으로 '참을 한도'를 넘는지 여부는 피해의 성질과 정도, 피해 이익의 공공성, 가해행위의 태양, 가해행위의 공공성, 가해자의 방지조치 또는 손해 회피의 가능성, 공법상 규제기준의 위반 여부, 지역성, 토지이용의 선후관계 등 모든 사정을 종합적으로 고려하여 판단해야 할 것입니다(대판 2007.6.15. 2004다37904·37911).

그런데 도로가 현대생활에서 필수불가결한 시설로서 지역간 교통과 균형개발 및 국가의 산업경제활동에 큰 편익을 제공하는 것이고, 도시개발사업도 주변의 정비된 도로망

건설을 필수적인 요소로 하고 있다는 점, 자동차 교통이 교통의 많은 부분을 차지하고 있고, 도시화·산업화에 따른 주거의 과밀화가 진행되고 있는 현실에서 일정한 정도의 도로소음의 발생과 증가는 사회발전에 따른 피치 못할 변화에 속한다는 점도 충분히 고려되어야 하며, 특히 고속국도는 자동차전용 고속교통에 공용되는 도로로서 도로소음의 정도가 일반 도로보다 높은 반면, 자동차 교통망의 중요한 축을 이루고 있고, 지역경제뿐 아니라 국민경제 전반의 기반을 공고히 하며, 전체 국민 생활의 질을 향상시키는데 중요한 역할을 담당하고 있다는 점을 더하여 보면, 이미 운영 중인 또는 운영이 예정된 고속국도에 근접하여 주거를 시작한 경우의 '참을 한도' 초과 여부는 보다 엄격히 판단되어야 할 것입니다.

또한 도로소음으로 인한 생활방해를 원인으로 제기된 사건에서 공동주택에 거주하는 사람들이 '참을 한도'를 넘는 생활방해를 받고 있는지는 특별한 사정이 없는 한 일상생활이 주로 이루어지고 있는 거실에서 도로 등 해당 소음원에 면한 방향의 모든 창호를 개방한 상태로 측정한 소음도가 환경정책기본법상 소음환경기준 등을 초과하는지 여부에 따라 판단하는 것이 타당할 것이며, 나아가 도로소음으로 인한 생활방해를 원인으로 소음의 예방 또는 배제를 구하는 방지청구는 금전배상을 구하는 손해배상청구와는 내용과 요건을 서로 달리하는 것이어서 같은 사정이라도 청구의 내용에 따라 고려요소의 중요도에 차이가 생길 수 있고, 방지청구는 그것이 허용될 경우 소송당사자뿐 아니라 제3자의 이해관계에도 중대한 영향을 미칠 수 있어 방지청구의 당부를 판단하는 법원으로서는 해당 청구가 허용될 경우에 방지청구를 구하는 당사자가 받게 될 이익과 상대방 및 제3자가 받게 될 불이익 등을 비교·교량해야 할 것입니다(대판 2015.9.24. 2011다91784).

따라서 귀하의 한국도로공사에 대한 65데시벨(dB) 이하 소음방지대책에 대한 이행청구가 받아들여지느냐 여부는 반드시 소음기준만을 토대로 판단하는 것이 아니고, 그밖에 한국도로공사로 하여금 65데시벨(dB) 이하의 소음도를 달성하기 위해 어떠한 조치나 공사를 하도록 하는 것이 필요한 여부나, 그에 소요될 시간과 비용은 어떠한지, 고속도로의 정상적인 통행에 지장이 없는지 등을 종합적으로 고려하여 판단될 것으로 보입니다.

[사례 6·2·7] 악덕 채무자에 대한 출국금지조치 방법

문 저는 사업상 알게 된 甲이 자재대금지불에 필요하다며 1억원을 빌려주면 후한 이자를 쳐서 3개월 후에 틀림없이 갚아준다는 말만 믿고 여기저기서 돈을 조달하여 빌려준 사실이 있습니다. 그런데 甲은 1년이 지난 지금까지도 차일피일 미루면서 갚지 않고 있고 유사한 피해자들도 많아 조만간 외국으로 도주하려 한다는 것입니다. 이에 甲에 대해 출국금지를 시키고 싶은데, 그것이 가능한지, 가능하다면 어떤 절차를 밟아야 하는지 박사님께 문의드리고자 합니다.

답 출국금지 업무는 법무부가 담당하는데, 법무부장관은 중앙행정기관장이나 관계기관장의 요청에 따라 출국금지대상자에 대하여 일정 기간 출국을 금지시킬 수 있습니다. 출입국관리법에서는 출국금지대상자와 각 출국금지대상자별 출국금지기간을 정해 놓고 있습니다. 즉, ① 형사재판이 계속 중인 자, ② 징역형·금고형의 집행이 종료되지 않은 자, ③ 1천만원 이상의 벌금 또는 2천만원 이상의 추징금을 납부하지 않은 자, ④ 5천만원 이상의 국세·관세·지방세를 정당한 사유없이 납부하지 않은 자, ⑤ 병역기피자 등 병역법 위반자, 2억원 이상 국세포탈자, 20억원 이상 허위세금계산서 발행 혐의자, 3천만원 이상 공금횡령 또는 금품수수 혐의자, 그밖에 국가안보나 외교관계를 현저하게 해칠 염려가 있는 자에 대해서는 6개월 이내의 기간 동안 출국을 금지시킬 수 있고, 범죄수사를 위해 출국이 적당하지 않은 자는 1개월 이내, 소재불명으로 기소중지된 자, 도주 등으로 체포영장 또는 구속영장이 발부되거나 지명수배된 자는 3개월 이내, 기소중지된 자로서 체포영장 또는 구속영장이 발부된 자는 영장의 유효기간 동안 각각 출국을 금지시킬 수 있는 것입니다(출입국관리법 제4조). 이러한 대상자들은 출국정지의 대상도 되는데, 최장 3개월 범위 내에서 출국정지가 될 수 있습니다(출입국관리법 제29조, 시행령 제36조).

이러한 출국금지기간은 연장도 가능한데, 출국금지기간을 초과하여 계속 출국을 금지시킬 필요가 있는 때에는 출국금지를 요청한 기관장이 출국금지기간 종료 3일 전까지 법무부장관에게 연장을 요청해야 합니다.

한편 중범죄자에 대하여는 통상적인 절차를 밟기에는 시간이 촉박하기 때문에 긴급출국금지조치를 취할 수 있습니다. 즉 수사기관은 범죄피의자로서 사형·무기 또는 장기 3년 이상의 징역이나 금고에 해당하는 죄를 범하였다고 의심할 만한 상당한 이유가 있고, 증거인멸의 우려 또는 도망하거나 도망할 우려가 있으며, 긴급한 필요가 있는 때에는 직접 출입국관리공무원에게 출국금지를 요청할 수 있는 것입니다(출입국관리법 제4조의6 제1항). 다만 긴급출국금지는 그 요청을 한 때로부터 6시간 내에 검사의 수사지휘서 및 범죄사실의 요지, 긴급출국금지사유를 기재한 긴급출국금지보고서를 첨부하여 법무부장관에게 사후적으로 승인을 받아야 합니다.

결국 출금금지조치는 법무부장관의 심사를 통한 결정으로 하게 되는데, 법무부장관의 심사기간은 긴급조치가 필요한 경우는 1일 이내, 중앙행정기관장과의 협의가 필요한 경우는 10일 이내, 그밖의 경우는 3일 이내에 심사를 완료해서 결정해야 합니다. 이러한 긴급출국금지의 대상자는 긴급출국정지의 대상에도 해당되며, 긴급출국금지의 규정이 준용됩니다(출입국관리법 제29조의2).

이와 같이 출국금지조치는 형사적인 문제로만 가능하고 민사적인 채무관계로는 불가하여 신용불량자나 채무불이행자 등 민사채무자는 출국금지의 대상이 되지 않으며, 형사범죄자라도 1천만원 미만의 벌금형을 받은 자는 출국금지의 대상에서 제외됩니다. 다만 귀하의 사례처럼 민사채무자라고 하더라도 사기죄 등 형사사건으로 고소를 당하여 해당 수사기관장이 법무부장관에게 출국금지를 요청하는 경우에는 그 결정에 따라 출국금지가 이루어질 수 있습니다.

따라서 귀하께서는 일단 경찰서나 검찰청에 甲을 사기죄로 고소한 후 검사나 사법경찰관에게 甲에 대한 출국금지를 신청해 볼 필요가 있다고 보입니다. 다만, 사법경찰관에게 신청하는 경우에는 검사의 지휘서가 첨부되어야 하므로 그 처리가 다소 늦어질 수 있으며 따라서 검찰청에 직접 고소장을 접수한 후 검사에게 출국금지를 신청하는 것이 보다 더 바람직하지 않나 싶습니다.

[사례 6·2·8] 국세체납을 이유로 하여 내려진 출국금지조치에 대하여 그 부당성을 주장하면서 출국금지조치를 취소시킬 수 있는 방법

문 저는 사업하는 사람으로서 해외 바이어를 만나기 위해 자주 해외로 출장을 다니고 있는데, 최근 제가 5천만원 정도의 양도소득세를 체납하였다고 하여 국세청장의 요청에 따라 법무부장관이 출국금지처분을 내렸습니다. 저는 과거 평균 1회당 3~5일 정도의 비교적 짧은 기간 동안 해외에 체류하였고, 달리 재산도 없어서 자식들로부터 생활비를 조달하고 있는 관계로 해외로 재산을 도피할 의도가 없는데도 출국이 금지되어 사업상 막대한 지장이 초래되고 있습니다. 이에 출국금지처분에 대한 취소를 구하고 싶은데, 가능한지 박사님께 문의드리고 싶습니다.

답 국민의 출국의 자유는 헌법이 기본권으로 보장한 거주·이전의 자유의 한 내용을 이루는 것이므로 그에 대한 제한은 필요 최소한도에 그쳐야 하고 그 본질적인 내용을 침해할 수 없으므로 출입국관리법 등 출국금지에 관한 법령 규정의 해석과 운용에 있어서는 같은 원칙에 기초해야 할 것입니다.

출입국관리법에 의하면 5천만원 이상의 국세·관세 또는 지방세를 정당한 사유 없이 납부기한까지 납부하지 않는 자에 대하여는 기간을 정하여 출국을 금지할 수 있다고 규정하고 있으나(출입국관리법 제4조 제1항, 시행령 제1조의3 제2항), 이와 같은 조세 미납을 이유로 한 출국금지는 그 미납자가 출국을 이용하여 재산을 해외에 도피시키는 등으로 강제집행을 곤란하게 하는 것을 방지하는 것에 주된 목적이 있는 것일 뿐 조세 미납자의 신병을 확보하거나 출국의 자유를 제한하여 심리적 압박을 가함으로써 미납 세금을 자진하여 납부하도록 하기 위한 것이 아니라고 할 것입니다. 따라서 재산을 해외로 도피할 우려가 있는지 여부 등을 확인하지 않은 채 단순히 일정 금액 이상의 조세를 미납하였고 그 미납에 정당한 사유가 없다는 사유만으로 바로 출국금지처분을 하는 것은 헌법상의 기본권 보장 원리 및 과잉금지의 원칙에 비추어 허용되지 않는다고 할 것입니다. 나아가 재산의 해외 도피 가능성 여부에 관한 판단에 있어서도 조세 체납의 경위, 조세 체납자의 연령과 직업, 경제적 활동과 수입 정도 및 재산상태, 그간의 조세 납부 실적 및 조세 징수처분의 집행과정, 종전에 출국했던 이력과 목적·기간·소요 자금의 정도, 가족관계 및 가족의 생활정도·재산상태 등을 두루 고려하여, 출국금지로써 달성하려는 공익목적과 그로 인한 기본권 제한에 따라 당사자가 받게 될 불이익을 비교형량하여 합리적인 재량권의 범위 내에서 출국금지 여부를 결정해야 할 것입니다.

한편 중앙행정기관장은 소관 업무와 관련하여 출국금지사유에 해당하는 자가 있다고 인정할 때에는 법무부장관에게 출국금지를 요청할 수 있고(출입국관리법 제4조 제2항, 제3항), 국세청장은 정당한 사유 없이 5천만원 이상의 국세를 체납한 자 중 최근 1년간 정당한 사유 없이 국외 출입 횟수가 3회 이상인 자로서 체납처분을 회피할 우려가 있다고 인정되는 때에는 법무부장관에게 출국금지를 요청하도록 하고 있는데, 이와 같이 국세청장의 출국금지요청이 있었다고 해서 법무부장관이 이에 구속되는 것도 아니고, 또한 국세청장의 출국금지요청이 요건을 구비하지 못했음에도 불구하고 법무부장관이 출국금지처분을 내렸다고 해서 당연히 위법으로 되는 것도 아니며, 이는 재산의 국외도피 가능성 등 출국금지처분의 요건이 갖추어졌는지 여부에 따라 그 적법 여부가 가려지게 될 것입니다(대판 2013.12.26. 2012두18363).

이에 귀하의 사건을 보건대, 귀하께서 5천만원 정도의 국세를 체납한 사실이 있기는 하지만 과세관청에서 그 동안 귀하가 해외에 수시로 드나들었음에도 불구하고 이미 압류한 재산 외에 추가로 귀하 소유의 재산을 찾아냈거나 귀하가 재산을 은닉 또는 해외로 도피시킨 정황을 적발하지 못했고, 귀하의 해외출장이 1회당 평균 3~5일 정도에 불과하며, 귀하께서 별다른 소득 없이 비교적 자주 해외에 출국한 것은 맞지만 자식들로부터 경제적 도움을 받아 생활하고 있다는 점 등에 비추어보면 귀하께서 재산을 해외로 도피시킬 가능성이 있다고 보기는 어려울 것이므로 출국금지처분의 위법을 들어 그 취소를 구하는 행정소송을 제기할 경우 승소할 수 있을 것으로 보입니다.

[사례 6·2·9] 행정소송을 제기하기 전에 반드시 행정심판을 거쳐야 하는지 여부

문 저는 트럭에 물건을 싣고 다니면서 장사를 하는 사람인데 음주운전으로 인하여 면허가 취소되었습니다. 친한 친구와 술 한잔 한다는 것이 이런 결과를 가져온 것 같습니다. 운전면허가 취소되면 제 직업상 생계에 치명적인 것이 되어서 법에다 곧바로 호소하고 싶은데, 이럴 경우 반드시 행정심판을 거쳐서 행정소송을 제기해야 하는지 박사님께 문의드립니다.

답 귀하의 사건에 대한 해답을 찾으려면 먼저 행정소송과 행정심판의 개념에 관하여 살펴볼 필요가 있습니다.

먼저 행정심판이란 행정청의 위법 또는 부당한 처분이나 부작위가 있는 경우에 해당 행정청이나 그 행정청을 관할하는 행정심판위원회에 청구하여 그 취소·변경이나 무효등의 확인 또는 의무이행을 구하는 청구를 말하는 것으로서 실정법상 그 명칭이 행정심판, 이의신청, 심사청구, 심판청구 등으로 불리우는 것들도 이러한 성질을 가지는 청구는 모두 행정심판에 해당됩니다. 행정심판은 일정한 기간 내에 제기해야 하는데, 그 처분이 있음을 알게 된 날로부터 90일 내, 처분이 있었던 날로부터 180일 내에 제기해야 합니다(행정심판법 제27조 제1항, 제3항). 다만, 무효 등 확인심판청구와 부작위에 대한 의무이행심판청구에 대해서는 기간의 제한 없이 언제든지 청구할 수 있으며, 행정청이 심판청구기간을 잘못 알려준 경우에는 그 잘못 알려준 기간 내에 청구할 수 있고, 행정청이 심판청구기간을 아예 알려주지 않았던 경우에는 그 처분이 있었음을 안 경우라도 그로부터 90일이 아니라 180일 내에 제기할 수 있습니다(행정심판법 제27조 제7항, 제5항, 제6항).

행정심판은 심판서 작성이나 심판절차가 간단하기 때문에 행정소송을 준비하는데 시간이 부족한 경우에 시간을 벌 수 있는 장점이 있고, 행정소송과 달리 위법한 행정처분 외에 부당한 행정처분에 대해서도 구제를 받을 수 있다는 이점이 있습니다.

다음으로 행정소송은, 행정심판이 해당 행정청이나 행정심판위원회에 그 당부를 구하는 것과 달리, 해당 행정청 소재지의 행정법원에 소를 제기하여 위법한 행정처분 등의 취소·변경이나 무효 등의 확인 또는 부작위위법확인을 구하는 것을 말합니다. 행정소송을 제기하려면, 언제든지 제기할 수 있는 무효 등 확인소송을 제외하고는, 행정처분이 있었음을 안 날 또는 행정심판을 거친 경우에는 그 재결서정본을 송달받은 날부터 90일 내에, 행정처분이 있은 날 또는 재결일로부터 1년 내에 제기해야 하며, 이 기간을 경과하면 행정소송을 제기할 수 없게 됩니다(행정소송법 제20조).

이에 귀하의 문의사항인 행정심판과 행정소송의 관계에 관하여 살펴보기로 하겠습니다. 행정소송은, 다른 법률에서 행정심판을 거치도록 한 경우를 제외하고는, 행정심판을 거치지 않고 제기해도 되고 이를 거친 후에 제기해도 되며 이는 선택의 문제입니다(행정소송법 제18조 제1항). 여기에서 행정심판을 거쳐야만 행정소송을 제기할 수 있도록 하는 법률들이 있는데, 이러한 경우에는 반드시 행정심판을 거쳐야만 행정소송을 제기할 수 있습니다. 즉 ① 운전면허취소 또는 정지처분 등의 도로교통법상 각종 처분에 대한 불복의 경우(도로교통법 제142조), ② 공무원에 대한 징계처분이나 강임·휴직·직위해제·면직처분 또는 그밖에 본인의 의사에 반한 불리한 처분이나 부작위를 다투는 경우(국가공무원법 제16조 제1항, 지방공무원법 제20조의2, 교육공무원법 제53조 제1항, 제57조 제1항), ③ 국세기본법 또는 세법에 따른 처분으로서 위법·부당한 처분을 받거나 필요한 처분을 받지 못함으로 인하여 권리나 이익을 침해당한 자가 그 처분에 대한 취소·변경 또는 필요한 처분을 구하고자 하는 경우(국세기본법 제56조 제2항), ④ 관세법이나 관세에 관한 법률 또는 조약에 따른 처분으로서 위법한 처분 또는 부당한 처분을 받거나 필요한 처분을 받지 못하여 권리 또는 이익을 침해당한 자가 그 처분에 대한 취소·변경이나 필요한 처분을 구하고자 하는 경우(관세법 제120조 제2항) 등에 있어서는 반드시 행정심판을 거쳐서 행정소송을 제기해야 하는 것입니다.

다만 위와 같이 각종 법률에서 행정심판을 거쳐서 행정소송을 제기토록 한 경우에도 일정한 사유가 있는 때에는 행정심판을 제기함이 없이 곧바로 행정소송을 제기할 수 있는 경우가 있습니다. 즉 ① 행정심판청구가 있은 날로부터 60일이 지나도록 재결이 없는 때, ② 처분의 집행 또는 절차의 속행으로 생길 중대한 손해를 예방해야 할 긴급한 필요가 있는 때, ③ 행정심판기관이 의결 또는 재결을 하지 못할 사유가 있는 때, ④ 그밖의 정당한 사유가 있는 때, ⑤ 동종사건에 관하여 이미 행정심판의 기각재결이 있는 때, ⑥ 서로 내용상 관련되는 처분 또는 같은 목적을 위하여 단계적으로 진행되는 처분 중 어느 하나가 이미 행정심판의 재결을 거친 때, ⑦ 행정청이 사실심의 변론종결 후 소송의 대상인 처분을 변경하여 그 변경된 처분에 관하여 소를 제기하는 때, ⑧ 처분을 행한 행정청이 행정심판을 거칠 필요가 없다고 잘못 알린 때 등이 그것으로서 이러한 경우에는 행정심판을 제기하지 않고 곧바로 행정소송을 제기할 수 있는 것입니다(행정소송법 제18조 제2항, 제3항).

이에 귀하에 대한 운전면허취소 사건은 도로교통법상의 처분에 관한 불복절차에 해당되는 것이므로 특별한 사유가 없는 한 행정심판을 거친 후에 그 재결이 마음에 들지 않을 때 그 재결서 정본을 송달받은 날부터 90일 내, 재결이 있은 날부터 1년 내에 행정소송을 제기해야 할 것으로 보입니다.

[사례 6·2·10] 고속도로에 떨어져 있는 물건 때문에 교통사고가 발생한 경우 도로관리청에게 그 책임을 물을 수 있는지

문 저는 부산에서 서울로 승용차를 운전하고 가던 중 고속도로상에 떨어져 있는 스치로플을 피하려다가 가드레일을 충격하는 교통사고를 일으켜 전치 6주의 다리골절상과 차량전파의 손해를 입었습니다. 이에 제가 도로관리청인 한국도로공사를 상대로 손해배상청구소송을 제기하면 승소할 수 있을지 몰라 박사님께 문의드리고자 합니다.

답 귀하의 사건은 공작물의 설치·보존상의 하자로 인한 손해배상청구와 관련됩니다. 공작물의 설치·보존상의 하자라 함은 공작물이 그 용도에 따라 통상 갖추어야 할 안전성을 갖추지 못한 상태에 있는 것을 말하는 것으로서, 이와 같은 안전성의 구비 여부를 판단함에 있어서는 해당 공작물의 설치·보존자가 그 공작물의 위험성에 비례하여 사회통념상 일반적으로 요구되는 정도의 방호조치의무를 다하였는지 여부를 기준으로 삼아야 하고, 공작물인 도로의 설치·관리상의 하자는 도로의 위치 등 장소적인 조건, 도로의 구조, 교통량, 사고시에 있어서의 교통 사정 등 도로의 이용 상황과 그 본래의 이용 목적 등 제반 사정과 물적 결함의 위치, 형상 등을 종합적으로 고려해서 사회통념에 따라 구체적으로 판단해야 할 것입니다(대판 1999.12.24. 99다45413).

이에 고속도로상에 떨어진 물건이나 고인 물 등으로 인한 사고와 관련하여 판례의 입장 몇 가지를 살펴보기로 하겠습니다.

먼저 고속도로상에 각목이 떨어져 교통사고가 발생한 경우에 도로에 대한 관리·보존상의 책임이 인정되느냐 여부에 관하여 판례는 한국도로공사가 국토교통부장관을 대행하여 해당 고속도로를 관리해 왔다면 한국도로공사는 민법상 공작물의 점유자에 해당하는 것으로 보아야 할 것이며(민법 제758조 제1항), 해당 고속도로의 추월선에 각목이 방치되어 있었던 것은 공작물 보존의 하자에 해당한다고 할 것이고, 이는 한국도로공사가 손해의 방지에 필요한 주의를 해태하지 않았다고 보기 어렵다고 판시하고 있습니다(대판 1996.10.11. 95다56552).

그런데 고속도로상에 철판이 떨어져 교통사고가 발생한 경우에 도로에 대한 관리·보존상의 책임이 있는지 여부에 관하여 판례는 도로설치 후 제3자의 행위에 의하여 그 본래의 목적인 통행상의 안전에 결함이 발생한 경우에는 도로에 그와 같은 결함이 있다는 것만 가지고 도로의 보존상의 하자를 인정할 수는 없고, 해당 도로의 구조, 장소적 환경과 이용상황 등 제반 사성을 종합하여 그와 같은 결함을 제거하여 원상으로 복구할 수 있는데도 이를 방치한 것인지의 여부를 개별적, 구체적으로 살펴서 하자 유무를 판단해야 할 것이고, 객관적으로 보아 도로의 안전상의 결함이 시간적, 장소적으로 그 점유·관리자의 관리행위가 미칠 수 없는 상황 아래 있는 경우에는 관리상의 하자를 인정할 수 없다고 판시하고 있고(대판 1997.4.22. 97다3194, 1992.9.14. 92다3243), 또한 고속도로 1차선상에 크기 36㎝×27㎝×1㎝, 무게 5㎏의 철판이 떨어져 있었고, 그 철판이 앞서가던 차량의 바퀴에 튕겨 뒤에 오던 차량의 조수석에 탑승한 피해자를 충격함으로써 사고가 발생한 경우에 있어서도 사고 당시의 주위 상황, 사고의 발생 경위, 도로상의 결함의 정도와 그 방지를 위한 한국도로공사의 조치 등에 관한 제반 사정을 보았을 때 한국도로공사에게 도로의 보존·관리상의 잘못을 인정할 수 없다고 판시하고 있습니다(대판 1999.7.9. 99다12796). 즉 각목이나 철판이 고속도로상에 떨어져 교통사고가 발생한 경우에 있어서 도로관리청에게 도로에 대한 관리·보존상의 책임이 있는지 여부는 각각의 상황에 따라서 일률적이지 않은 것 같습니다.

다음으로 고속도로상에 고인 물 때문에 교통사고가 발생한 경우에 도로에 대한 관리·보존상의 책임을 인정할 수 있는지에 관하여 판례는 사건 당일 계속하여 비가 내렸다고 하지만 강우의 정도는 매년 장마철을 겪고 있는 우리 나라의 기후 여건하에서는 집중호우라고 할 수 없을 뿐만 아니라 이 정도의 강우에 사고 지점에서 빗물이 고여 있었다면 그 정도가 갓길에서 2차선에 걸친 정도에 불과하다고 하더라도 일단은 고속도로가 본래 갖추어야 할 통행상의 안전에 결함이 없다고 할 수 없을 것이어서 승용차를 운전하여 가다가 사고 지점에 고여 있는 빗물에 미끄러져 180° 회전하여 갓길에 정차한 후 승용차를 점검하고 있는 상태에서 나중에 주행한 트럭 운전자가 같은 사고 지점에 고여 있는 빗물에 미끄러져 역시 180° 회전하면서 트럭 적재함 부분으로 위 승용차를 충격하게 되었다면 두 사고가 모두 전적으로 운전자의 과실에 의하여 발생한 것이라고 보기는 어렵다고 보이므로 도로관리청인 한국도로공사의 도로에 대한 유지·관리상의 과실이 인정되지 않을 수 없다고 판시하고 있습니다(대판 1999.12.24. 99다45413).

이와 같이 도로의 설치·관리상의 하자로 인한 손해배상책임의 여부에 대해서는 일률적으로 판단할 수 없고 구체적인 사건에 따라 제반사정을 고려하여 판사가 결정할 문제라고 할 것입니다. 이에 귀하의 사건을 보건대, 귀하의 사건의 경우에도 도로의 위치 등 장소적인 조건, 도로의 구조, 교통량, 사고시에 있어서의 교통 사정 등 도로의 이용 상황과 그 본래의 이용 목적 등 여러 사정과 물적 결함의 위치, 형상, 도로의 안정상 결함이 시간적·장소적인 관계상 도로에 대한 점유·관리자의 관리행위가 미칠 수 있는지 여부 등이 종합적으로 고려되어 사회통념에 따라 구체적으로 판단될 것으로 보이므로 소송에서 승소여부는 이들 상황을 얼마나 유리하게 귀하께서 잘 입증하느냐에 따라 좌우될 것으로 보입니다.

[사례 6·2·11] 개인소유지상에 개설된 도로폐쇄의 요건과 이에 대한 이의제기 여부

문 저는 시골에 땅을 소유하고 있고 그 땅의 일부가 주민들의 유일한 통행로로 이용되고 있었는데, 최근 군청에서 새로운 도로를 개설하였고, 그 도로로 주민들의 통행이 가능하게 되어 제 땅에 개설되어 있던 구 도로는 필요가 없게 된 것 같습니다. 이에 위 구 도로를 폐쇄하고자 하는데 그 절차를 알고 싶고, 만약 이에 대하여 일부 주민들이 조금 불편하다는 핑계로 이의를 제기하게 되면 어떻게 되는지 박사님께 문의드리고 싶습니다.

답 예, 귀하께서는 귀하의 토지상에 개설된 구 도로가 주민들에 의해 이용될 필요성이 없게 되었음을 증명하여 해당 군수에게 귀하 토지상에 개설된 도로에 대한 폐지허가신청을 하여 그 도로폐지허가처분에 따라 도로를 폐쇄할 수 있을 것으로 보입니다. 문제는 일부 주민들이 새로 개설된 도로를 통행하게 되면 조금 돌아간다는 불편함을 호소하여 군수의 도로폐지허가처분에 대하여 이의를 제기할 수 있는지 여부일 것입니다.

행정처분의 직접 상대방이 아닌 제3자라도 해당 행정처분의 취소를 구할 법률상의 이익이 있는 경우에는 원고적격이 인정된다고 할 것이나, 여기에서 말하는 법률상의 이익이란 해당 처분의 근거 법률에 의하여 보호되는 직접적이고 구체적인 이익을 말할 뿐 공익보호의 결과로 국민 일반이 공통적으로 가지는 추상적, 평균적, 일반적 이익과 같이 간접적이거나 사실적, 경제적 이해관계를 가지는데 불과한 경우에는 여기에 포함되지 않는다고 할 것입니다(대판 1995.9.26. 94누14544, 1997.4.25. 96누14906, 1999.6.11. 96누10614, 1999.12.7. 97누12556).

이로 볼 때 일부 주민들이 구 도로를 계속 이용함으로써 다소 돌아가지 않는 정도의 통행의 이익은 일반 국민들의 추상적·평균적·일반적 이익과 같이 간접적이거나 사실적·경제적 이익에 불과해서 법에 의하여 보호되는 직접적이고 구체적인 이익에 해당한다고 보기 어렵고, 구 도로에 대한 주위토지통행권도 새 도로가 개설됨으로써 이미 소멸하였다고 볼 것이어서 구 도로에 대한 사법상의 통행권을 침해받았다거나 법률상의 이익이 침해되었다고 인정될 수 없는 관계로 받아들여지지 않을 것으로 보입니다(대판 1999.12.7. 97누12556).

따라서 귀하께서는 군수로부터 도로폐지에 대한 허가처분을 받은 경우에는 구 도로를 폐쇄할 수 있을 것이며, 이에 대해 일부 주민들이 다소의 불편함을 주장하며 이의를 제기한다고 하더라도 소송에서는 받아들여지지 않을 것으로 보이니 안심하셔도 될 것 같습니다.

[사례 6·2·12] 과태료 부과의 소멸시효와 부과된 과태료 징수의 소멸시효

문 저는 10여년 전의 건축법위반행위로 인하여 최근에 구청으로부터 50만원의 과태료에 처하는 부과처분을 받았습니다. 제가 알기로는 개인에 대한 국가나 지방자치단체의 금전채권은 5년의 소멸시효에 걸린다고 알고 있는데, 이렇게 10년이 지난 후에도 과태료를 부과하는 것이 위법하지 않는지 박사님께 문의드리고자 합니다.

답 과태료를 부과하는 과태료부과처분의 문제와 과태료부과처분 후 이를 징수하는 절차와는 구별되는 것입니다. 먼저 과태료부과처분과 관련하여 살펴보면, 과태료의 제재는 범죄에 대한 형벌이 아니므로 성질상 처음부터 공소시효나 형의 시효에 걸린다는 문제는 있을 수 없고 이에 상당하는 규정도 없으므로 한번 과태료에 처해질 위반행위를 한 자는 그 처벌을 면할 수 없는 것이며, 국가재정법상 금전의 급부를 목적으로 하는 국가의 권리는 5년의 소멸시효에 걸린다고 하지만 위반행위자에 대한 과태료의 처벌권, 즉 과태료부과처분을 이와 같은 금전채권과 동일시할 수 없으므로 위반행위 후 아무리 오랜 기간이 경과되어도 과태료부과처분은 내릴 수 있다고 할 것입니다(대판 2000.8. 24. 2000마1350).

그러나 과태료부과처분 후 그 과태료에 대한 징수는 국가재정법상 금전채권에 대한 징수로써 '금전의 급부를 목적으로 하는 국가의 권리로서 시효에 관하여 다른 법률에 규정이 없는 것은 5년 동안 행사하지 않으면 시효로 인하여 소멸한다.'라는 규정이 적용되는 것이므로 5년의 소멸시효에 걸린다고 할 것입니다(국가재정법 제96조 제1항).

따라서 귀하에 대한 구청의 과태료부과처분은 귀하의 위반행위로부터 10여년이 경과되었다고 하더라도 위법하지 않는 것이며, 귀하께서는 부과된 과태료를 납부할 의무가 있다고 할 것입니다. 다만 구청에서 귀하께 이러한 과태료부과처분을 내린 후 과태료납부고지서를 발송하는 등과 같은 소멸시효중단 조치를 취함이 없이 5년이 경과된 후라면 과태료징수의 소멸시효기간인 5년에 걸려 귀하께서는 과태료를 납부하지 않아도 될 것으로 보입니다.

[사례 6·2·13] 부동산을 타인명의로 해놓고 싶을 때 세금을 적게 낼 수 있는 방법

문 저는 사업하는 사람으로서 부동산을 몇 채 가지고 있는데, 아직 이렇다할 채무는 없지만 제가 사업을 하는지라 장차 언제 사업상 채무가 생길지도 알 수 없어서 생전에 제 처를 비롯한 자식들에게 부동산을 분배해주고 싶습니다. 그러나 세금이 많이 나오게 되면 어차피 상속으로 이전하는 수밖에 없을 것 같은데, 부동산 명의를 타인에게 돌려놓고 싶을 때 세금이 가장 적게 나오는 방법이 무엇인지 박사님께 문의드리고 싶습니다.

답 다른 채권자들로부터 가압류 등이 들어오지 못하게 할 목적이든지 아니면 생전에 자식들에게 재산을 물려주고 싶은 경우와 같이 부동산을 다른 사람의 이름으로 등기해 놓고 싶을 때가 있을 것입니다. 이러한 경우에 어떤 방식으로 처리해 놓는 것이 세금이 가장 적게 나오는지가 귀하의 문의사항인 것 같습니다. 이는 누구한테 부동산 명의를 돌려놓느냐에 따라서 경우를 나누어서 살펴보기로 하겠습니다.

첫째, 자녀의 명의로 돌려놓고 싶을 때가 있을 것입니다. 이 경우에는 상속이 가장 저렴합니다. 상속의 경우에는 상속일괄공제가 5억원이나 되기 때문에, 돌려놓고 싶은 재산이 5억원이 넘지 않는다면, 매매, 증여, 상속 중에서 상속의 형식으로 등기를 해놓는 방법이 세금이 가장 적게 듭니다. 그러나 상속의 경우에는 사망해야 가능하기 때문에 생전에 해놓을 수 없는 문제가 있습니다.

그렇다면 생전에 넘기고 싶을 때는 어떤 방식이 세금이 가장 적게 나올까요? 생전에는 매매나 증여 방식을 선택해야 하는데, 돌려놓고 싶은 부동산이 5천만원 이하일 경우에는 증여세를 내지 않아도 되기 때문에 매매방식과 증여방식 중에서 증여방식을 선택하는 것이 현명할 것이고, 돌려놓고 싶은 부동산이 5천만원을 초과한 경우에는 우선 해당 부동산의 매매차익(매입가액에서 매도가액을 뺀 차액)이 얼마나 되느냐를 따져 보아 만약 매매차익이 거의 없다면 양도소득세의 부담이 없을 것이기 때문에 매매의 형식으로 돌려놓는 것이 현명할 것이고, 매매차익이 있다면 해당 매매차익을 기준으로 하여 양도소득세를 계산해 보고 이것과 5천만원 초과분에 대한 증여세를 계산해서 그 결과를 비교해본 후 보다 세금이 적게 나오는 방법을 선택하면 될 것입니다. 다만 실무상 거의 대부분 매매의 방식이 증여의 방식보다 세금이 적게 나온다고 보면 될 것입니다.

둘째, 부동산의 명의를 배우자의 이름으로 해놓고 싶을 때가 있을 것입니다. 이때 상속에 의하여 이전등기를 하는 경우에는 세금부과의 기초가 되는 상속재산에서 30억원을 인적 공제하고 세금을 계산하기 때문에 상속세가 거의 부과되지 않아 상속이 가장 유리할 것입니다. 그러나 상속은 생전의 이전수단이 되지 못하는 관계로 생전에 명의를 돌려놓고 싶다면 부득이 증여나 매매의 형식 중 어느 하나를 선택해서 돌려놓아야 할 것입니다. 이때 배우자간의 증여의 경우에는 증여재산의 가액에서 6억원을 공제하고 세금을 계산하기 때문에 부동산의 가액이 6억원을 초과하지 않는다면 증여의 형식으로 돌려놓는 것이 가장 세금이 적게 나올 것입니다. 그러나 부동산의 가액이 6억원을 초과한다면 증여보다는 매매의 형식이 보다 세금이 적게 나올 것으로 보입니다.

셋째, 부동산의 명의를 자녀나 배우자 아닌 제3자의 명의로 돌려놓고 싶을 때가 있을 것입니다. 제3자가 친족이 아닌 한 상속의 문제는 거의 발생하지 않을 것이므로 제3자의 명의로 돌려놓는 문제는 결국 매매의 형식이냐 증여의 형식이냐의 둘 중에 하나를 골라야 할 것입니다. 그러나 제3자에 대하여는 증여공제가 거의 인정되지 않기 때문에 증여재산이 바로 증여세과세표준이 될 것이고 따라서 증여의 형식보다는 매매의 형식이 훨씬 더 세금이 적게 나올 것으로 예상됩니다.

이에 귀하께서는 증여의 대상이 되는 부동산의 가액이 얼마나 되는지를 파악한 후 자녀에 대한 이전등기냐 처에 대한 이전등기냐를 구별해서 각각 세금관계를 따져 증여의 형식이나 매매의 형식으로 이전등기를 하면 될 것으로 보이되, 그럼에도 불구하고 세금이 부담된다면 유언을 통해 귀하의 사후에 상속을 원인으로 이전등기를 하도록 하는 것이 현명한 것으로 보입니다.

[사례 6·2·14] 이혼으로 인한 배우자간 부동산명의 이전시 재산분할이나 위자료 또는 양육비명목 중 어느 것이 세금이 가장 적게 나오는지

문 저는 남편과의 사이에 자녀 2명을 두고 있고 혼인한 후 열심히 생활해서 아파트도 한 채 구입하여 남편명의로 해놓고 있는데, 서로 간에 성격이 맞지 않아 부부싸움이 잦은 관계로 협의이혼을 하고자 합니다. 남편은 재산분할명목과 위자료 및 자녀 양육비조로 남편 명의로 된 아파트를 제게 넘겨준다고 합니다. 이러한 경우에도 양도소득세를 부담해야 하는지 알고 싶어 박사님께 문의드리고 싶습니다.

답 귀하의 문의는 이혼시 남편 명의로 된 부동산을 귀하께 이전하려고 하는 경우에 재산분할이나 위자료 또는 양육비 중 어떤 명목으로 해야 양도소득세가 부과되지 않거나 적게 부과되느냐의 문제와 관련된 것 같습니다.

먼저 재산분할의 명목으로 부동산의 소유명의를 이전하는 경우입니다. 재산분할은 공유물분할과 관련되는데, 공유물분할은 법률상으로는 공유자 상호간의 지분의 교환 또는 매매라고 볼 것이나 실질적으로는 공유물에 대하여 관념적으로 그 지분에 상당하는 비율에 따라 제한적으로 행사되던 권리, 즉 지분권을 분할로 취득하게 되는 특정 부분에 집중시켜 그 특정 부분에만 존속시키게 하는 것으로의 소유형태가 변경된 것 뿐이어서 이를 자산의 유상양도라고 할 수 없으며, 이러한 법리는 이혼시 재산분할의 방법으로 부부 일방의 소유명의로 되어 있는 부동산을 상대방에게 이전한 경우에도 마찬가지라고 할 것입니다(대판 2003.11.14. 2002두6422).

즉 이혼시의 재산분할제도는 혼인 중에 부부 쌍방의 협력으로 이룩한 실질적인 공동재산을 청산 분배하는 것을 주된 목적으로 하는 것으로서, 이와 같이 협의이혼시에 실질적인 부부공동재산을 청산하기 위하여 이루어지는 재산분할은 법적 성격, 분할대상 및 범위 등에 비추어 볼 때 실질적으로는 공유물분할에 해당하는 것이라고 봄이 상당하므로, 이혼시 재산분할의 일환으로 부부 각자의 소유명의로 되어 있던 각 부동산을 상대방에게 서로 이전하였다고 하여도 특별한 사정이 없는 한, 공유물분할에 관한 법리에 따라 그와 같은 부동산의 이전이 유상양도에 해당한다고 볼 수 없어 양도소득세의 과세대상이 되지 않는다고 할 것이고(대판 1998.2.13. 96누14401), 그것이 재산분할의 취지에 반하여 상당하지 않을 정도로 과다하고 상속세나 증여세 등의 조세회피의 수단에 불과하여 실질적으로 증여라고 평가할 만한 특별한 사정이 없는 한 증여세의 부과대상도 되지 않을 것이며, 부과하더라도 상당한 부분을 초과하는 부분에 한해서만 증여세의 부과대상이 된다고 할 것입니다(대판 2017.9.12. 2016두58901).

다음으로 위자료나 양육비조로 부동산소유권을 이전하는 경우입니다. 조세법률주의 원칙상 비과세요건에 관한 법령은 과세요건에 관한 법령과 마찬가지로 엄격하게 해석해야 하고, 합리적인 이유 없이 확장해석 또는 유추해석하는 것은 허용되지 않는 것인 바, 이혼을 하게 되어 위자료를 지급하기 위한 방편으로 아파트를 양도한 경우에는 1세대 1주택의 비과세 양도소득의 요건인 '취학, 근무상의 형편, 질병의 요양, 그밖에 부득이한 사유로 세대전원이 다른 시·군으로 이전하는 경우'에 해당하지 않음이 명백하고(소득세법 시행령 제154조 제1항, 동법 시행규칙 제71조 제3항), 또한 여기에 포함되는 것으로 확대해석할 수도 없으므로 위자료 명목이나 자녀양육비 지급의 명목으로 아파트를 양도하는 경우에는 양도소득세 부과의 대상이 되는 것입니다(대판 1996.11.22. 96누11440).

이에 귀하의 사건을 살펴보건대, 귀하께서 이혼하면서 재산분할의 명목으로 남편에게서 아파트를 이전받는 경우에는 양도소득세의 부과요건인 유상양도에 해당되지 않아 양도소득세를 부담하지 않아도 될 것이지만, 위자료나 자녀양육비의 명목으로 이전받을 때에는 양도소득세의 부과요건인 유상양도에 해당되어 양도소득세가 부과될 것으로 보입니다. 물론 그렇다고 하더라도 취득세나 등록세의 부담은 피할 수 없을 것입니다. 따라서 귀하께서는 이혼시 재산분할을 원인으로 아파트의 명의를 이전받는 것이 세금을 가장 적게 내는 방식이라고 할 수 있을 것입니다.

제2절 헌법·국적

[사례 6·2·15] 헌법소원심판청구 절차

문 저는 식당에서 이웃 주민 甲과 식사를 하던 중 담장 설치 문제로 시비가 붙어 일방적으로 폭행을 당하였고, 진단서를 끊어 甲을 고소했는데, 검사가 甲에 대해서는 벌금형의 약식기소를 하면서 동시에 제게도 쌍방폭행이라고 하면서 기소유예처분을 내렸습니다. 그러나 저는 맞기만 했지 때린 적이 없으며, 기소유예처분이란 범죄의 혐의가 전혀 없다는 것이 아니어서 억울합니다. 이에 기소유예처분에 대하여 다툴 방법이 있는지 박사님께 문의드리고자 합니다.

답 귀하의 사안은 헌법소원과 관련됩니다. 헌법소원은 권리구제의 최후 수단으로서 헌법재판소에서 담당하는데, 헌법과 헌법재판소법(이하 '법')을 근거로 하고 있습니다.

이해의 편의를 위하여 헌법재판소에 대하여 간단히 살펴보도록 하겠습니다.

헌법재판소는 9인의 재판관으로 구성되어 있고, 위헌법률심판을 비롯하여 탄핵심판, 정해당산심판, 권한쟁의심판, 헌법소원심판을 관장하는데, 사건을 접수한 날부터 180일 이내에 선고를 하도록 하고 있습니다. 심판과 결정에 대해서는 재판관 7인 이상의 출석으로 심리하되, 위헌법률결정이나 탄핵결정, 정해당산결정, 헌법소원인용결정, 종전의 판례변경결정에 대해서는 재판관 6인 이상의 찬성으로, 그밖의 경우에는 재판관 과반수의 찬성으로 결정하게 됩니다.

이 중 헌법소원은 두 가지의 형태가 있습니다. 먼저 공권력의 행사 또는 불행사로 인하여 기본권이 직접·현실적으로 침해를 받은 사람이 헌법재판기관인 헌법재판소에 공권력의 위헌 여부에 대하여 심사해 달라고 청구해서 기본권의 구제를 받는 절차가 있습니다(법 제68조 제1항). 이를 권리구제형헌법소원이라고 합니다. 다음으로 헌법소원은 그밖에도 위헌법률여부의 심판을 위해서도 제기할 수 있습니다. 즉 재판진행 도중 당사자가 해당 재판에 적용될 법률이 헌법에 위반되어 자신에게 불리하다고 판단될 때 법원에 신청해서 헌법재판소에 위헌여부의 심판을 제청하도록 할 수 있는데, 이러한 제청신청이 기각된 때에는 본인이 직접 헌법재판소에 법률의 위헌 여부에 대한 심판을 구할 수 있는 것입니다(법 제68조 제2항). 이를 위헌심사형헌법소원이라고 합니다.

귀하께서 문의하신 사건은 전자의 권리구제형헌법소원과 관련됩니다. 이에 아래에서는 권리구제형헌법소원을 중심으로 그 요건과 절차에 대하여 알아보고자 합니다.

첫째, 청구권자는 기본권을 침해당한 국민으로서 사인이든, 법인이든, 비법인사단·재단이든 모두 가능합니다. 다만 국가기관이나 공무원은 헌법소원의 제기가 불가합니다(헌재 2000.8.31. 2000헌마156).

둘째, 심판청구서에는 청구인 및 대리인, 침해된 권리, 침해의 원인이 되는 공권력의 행사 또는 불행사, 청구이유, 다른 법률에 따른 구제절차의 경유에 관한 사항, 청구기간의 준수에 관한 사항 등을 기재해야 합니다.

셋째, 헌법재판소의 각종 심판절차에서 당사자가 사인인 경우에는 그가 변호사의 자격이 있지 않는 한 변호사를 대리인으로 선임하지 않으면 심판청구를 하거나 심판수행을 할 수 없습니다(법 제25조 제3항). 따라서 헌법소원을 제기하려면 반드시 변호사를 통해야 합니다. 그러다 보니 돈 없는 사람은 헌법소원도 제기할 수 없는가라는 문제가 생길 수 있어서 법에서는 국선대리인선임신청제도를 두어(법 제70조 제1항), 그 선임된 국선대리인으로 하여금 선정된 날부터 60일 내에 심판청구서를 제출하도록 하고 있습니다(법 제70조 제5항).

넷째, 헌법소원은 기본권 침해 사유가 있음을 안 날부터 90일 내, 기본권 침해가 있은 날부터 1년 내에 청구해야 하되, 다른 법률에 따른 구제절차를 거친 경우에는 그 최종결정의 통지를 받은 날부터 30일 내에 청구해야 합니다(법 제69조 제1항). 다만 자력이 없는 자가 국선대리인선임신청을 한 경우에는 위 청구기간은 그 선임신청일을 기준으로 기산하되, 만약 불선임결정이 나온 경우에는 국선대리인선임신청일부터 불선임결정의 통지를 받은 날까지의 기간은 위 청구기간에 산입하지 않도록 하고 있습니다(법 제70조 제1항, 제4항). 참고로 위헌심사형헌법소원의 경우에는 법원으로부터 위헌법률제청신청기각결정의 통지를 받은 날부터 30일 내에 청구하도록 하고 있습니다(법 제69조 제2항).

다섯째, 헌법소원은 최후의 구제수단이므로 다른 법률에 구제절차가 마련되어 있는 경우에는 그 절차를 모두 거친 후에만 제기할 수 있습니다. 따라서 다른 법률에 구제절차가 하나도 없는 경우에는 즉시 헌법소원을 제기할 수 있을 것입니다. 또한 다른 구제절차가 있더라도 그 전심절차로써 권리가 구제될 가능성이 없다거나 권리구제절차가 허용되는지 여부가 객관적으로 불확실하여 권리구제의 기대가능성이 없는 경우 또는 권력적 사실행위의 경우에는 전심구제절차를 거치지 않고 직접 헌법소원을 제기할 수 있습니다(헌재 1998.10.29. 98헌마4, 1999.12.23. 97헌마136, 1993.7.29. 89헌마31).

여섯째, 헌법소원의 대상 범위의 문제입니다. 헌법소원은 공권력을 대상으로 하므로 행정기관의 사법상의 행위는 대상이 되지 않지만, 행정계획이나 공고 등은 그 대상이 되는 것이며(헌재 1992.10.1. 92헌마68, 2001.9.27. 2000헌마159), 공법인이나 국립대학교의 공적 작용도 대상이 됩니다. 그러나 행정기관 내부의 해석지침에 불과한 훈령이나 통첩 또는 질의에 대한 회신은 헌법소원의 대상이 되지 않습니다. 행청청의 부작위는 헌법상 작위의무가 구체적으로 규정되어 있는 경우에만 헌법소원이 가능합니다(헌재 2001.12.20. 2000헌마722). 법률·명령·규칙·조례 자체에 의하여 직접 기본권이 침해된 경우에는 이들을 대상으로 하여 직접 헌법소원을 제기할 수 있습니다(헌재 2001.3.21. 99헌마139, 1999.11.25. 98헌마55, 1999.5.27. 97헌마368). 구히이 단순입법부작위는 헌법소원의 대상이 되지 않지만, 헌법에서 입법의무가 부여되어 있는데도 전혀 입법하지 않는 경우의 위헌서 진정입법부작위는 헌법소원의 대상이 됩니다(헌재 1999.1.28. 97헌마9). 법원의 재판(판결·결정·명령)은 원칙적으로 헌법소원의 대상이 되지 않지만(법 제68조 제1항), 헌법재판소가 위헌으로 결정한 법령을 적용하여 기본권을 침해한 경우에는 예외적으로 헌법소원의 대상이 됩니다(헌재 1997.12.24. 96헌마172). 행정처분에 대해서는 행정소송 등 법원을 통한 구제절차가 마련되어 있고 법원의 재판은 헌법소원의 대상이 되지 않으므로 헌법소원의 대상이 되지 못합니다.

헌법소원의 대부분을 차지하고 있는 부분이 검사의 불기소처분(공소권 없음·혐의 없음·기소중지) 또는 기소유예처분에 대한 헌법소원의 제기인데, 불기소처분에 대한 헌법소원은 고소하지 않은 피해자가, 기소유예처분에 대한 헌법소원은 피의자가 주로 신청하게 됩니다. 즉 피해자라도 고소한 피해자는 피의자에 대한 불기소처분이나 기소유예처분에 대하여 검찰항고 및 재정신청을 통해 구제를 받는 절차가 마련되어 있고 법원의 재판은 헌법소원의 대상이 되지 않으므로 헌법소원은 고소하지 않은 피해자, 즉 수사기관의 인지에 의해 수사가 되었거나 제3자의 고발에 의해 수사가 이루어진 경우에만 제기가 가능한 것입니다. 반면 피의자로서는 불기소처분의 경우에는 이를 다툴 실익이 없어서 헌법소원의 제기는 무의미할 것이고, 다만 기소유예처분은 불기소처분과 달리 범죄혐의가 없다는 처분이 아니므로 이에 대한 헌법소원의 제기는 가능할 것입니다(헌재 2001.5.31. 2000헌마314, 2000.10.25. 2000헌마405). 고발인은 설령 피고발인이 불기소처분이나 기소유예처분을 받았다고 하더라도 검찰항고 및 재정신청 또는 검찰항고 및 재항고를 통하여 구제를 받아야 하고 헌법소원심판은 청구할 수 없습니다(헌재 1995.7.21. 94헌마131).

일곱째, 헌법소원에 대해서는 헌법재판소의 심리의 부담을 경감하고 각하사건을 걸러내기 위하여 재판관 3인으로 구성되는 지정재판부에서 사전심사를 할 수 있도록 하고 있으며, 지정재판부에서 재판관 전원의 일치된 의견으로 각하결정을 하지 않은 사건에 대해서만 헌법재판소의 심판에 회부하도록 하고 있습니다(법 제72조).

한편 헌법소원심판청구를 통하여 헌법소원이 인용된 경우에는 헌법재판소는 기본권 침해의 원인이 된 공권력의 행사를 취소하거나 그 불행사가 위헌임을 확인할 수 있고, 그 인용결정은 모든 국가기관과 지방자치단체를 기속하게 되며(법 제75조 제1항, 제3항), 따라서 헌법재판소가 공권력의 불행사에 대한 헌법소원을 인용하는 결정을 한 때에는 피청구인은 결정 취지에 따라 새로운 처분을 해야 합니다(법 제75조 제4항). 참고로 위헌심사형 헌법소원이 인용되었는데 해당 헌법소원과 관련된 소송사건이 이미 확정된 때에는 당사자는 재심을 청구할 수 있도록 하여 구제를 받도록 하고 있습니다(법 제75조 제7항).

이에 귀하의 사건을 보건대, 귀하에 대한 기소유예처분에 대해서는 귀하께서 달리 무죄를 입증할 만한 불복절차가 마련되어 있지 않으므로 헌법소원의 제기가 가능할 것이며, 따라서 귀하께서는 기소유예처분의 통지를 받은 날부터 90일, 그 처분이 있은 날부터 1년이 경과되지 않았다면 헌법재판소에 헌법소원을 제기해서 귀하에 대한 기소유예처분을 취소하고 무혐의 불기소처분을 받을 수 있도록 하는 길이 있다고 보입니다(헌재 1992.6.26. 90헌아1). 다만 헌법소원을 제기하려면 반드시 변호사를 통해야만 가능하기 때문에 만약 변호사를 살 돈이 없다면 헌법재판소에 국선대리인선임신청을 해보시기 바랍니다.

[사례 6·2·16] 외국인 등의 한국 국적 취득의 요건과 절차

문 저는 외국인인데 여행과 직업교육 등의 목적으로 수차례 한국에서 거주한 적이 있었고 이제는 한국이 친숙해져서 한국 국적을 취득한 후 이곳에서 정착하고 싶습니다. 이에 한국 국적을 취득하는 요건과 그 절차에 관하여 자세히 알고 싶어 박사님께 문의드리고자 합니다.

답 한국 국적을 취득하는 요건과 절차에 관하여는 국적법에서 규정하고 있는데, 이에 의하면 출생, 인지, 귀화, 수반취득, 국적회복, 국적재취득 등에 의해 한국 국적을 취득할 수 있도록 하고 있습니다. 아래에서 차례대로 살펴보기로 하겠습니다.

첫째, 출생에 의한 국적취득입니다.

출생당시 부 또는 모가 한국인인 경우, 출생 전에 부가 사망한 때에는 그 사망 당시 부가 한국인인 경우, 부모가 불분명하거나 무국적자인 경우 또는 한국에서 발견된 기아의 경우에는 출생과 동시에 한국 국적을 취득하게 됩니다.

둘째, 인지에 의한 국적취득입니다.

한국인인 부 또는 모에 의하여 인지된 외국인이 미성년자이고 동시에 출생 당시 부 또는 모가 한국인이었던 경우에는 법무부장관에게 신고하는 것만으로써 한국 국적을 취득하게 됩니다.

셋째, 귀화에 의한 국적취득입니다.

귀화란 한국 국적을 취득한 사실이 없는 외국인이 법무부장관의 귀화심사 및 허가를 통하여 한국 국적을 취득하는 절차를 말하는데, 귀화에는 다시 일반귀화, 간이귀화, 특별귀화로 구분할 수 있습니다.

먼저 일반귀화란 외국인이 한국 국적을 취득하기 위한 가장 기본이 되는 절차로서, 5가지의 귀화요건을 충족한 경우에 귀화가 인정되는데, ① 한국에서 5년 이상 계속 주소를 가질 것, ② 성년일 것, ③ 품행단정할 것, ④ 자신의 자산이나 기능 또는 생계를 같이 하는 가족에 의존하여 생계유지능력이 인정될 것, ⑤ 국어능력 및 한국풍습 이해 등 기본적 소양을 갖출 것의 요건 모두를 갖추어서 출입국관리사무소장에게 귀화허가신청서를 제출하고, 이에 대해 법무부장관의 귀화심사와 허가에 의해 한국 국적이 취득되는 절차입니다(국적법 제5조). 따라서 일반귀화를 신청할 때에는 생계유지능력에 대한 증명서류로서 전년도 1인당 국민총소득 이상의 소득금액증명원, 6천만원 이상의 금융재산 증명서류, 공시지가 6천만원 이상의 부동산등기부등본, 6천만원 이상의 임대차보증금으로 계약한 부동산임대차계약서사본 중 어느 하나의 서류를 제출해야 합니다. 또한 귀화허가를 신청하려면 국회의원·지방자치단체장·지방의회의원·교육위원·교육감·판사·검사·변호사·교장·교감·5급 이상 국가공무원 및 지방공무원·금융기관근무자·공공기관근무자·일간신문근무자·위성방송근무자 중 어느 한 사람의 추천서도 제출해야 합니다.

다음으로 간이귀화란 일반귀화의 다섯 가지 요건 모두를 갖추지 않더라도 귀화허가를 받을 수 있는 경우를 말합니다. 즉 부 또는 모가 과거에 한국인이었던 경우, 한국에서의 출생자로서 부 또는 모가 한국에서 출생한 자인 경우, 한국인의 양자로서 입양 당시 성년이었던 경우 중 어느 하나에 해당하고 한국에서 3년 이상 계속 주소가 있는 자는 그 사실만으로써 간이귀화가 가능하게 됩니다(국적법 제6조 제1항). 아울러 한국인 배우자와 혼인한 상태로 한국에서 2년 이상 계속하여 주소를 가지고 있는 경우나 한국인 배우자와 혼인한 후 3년이 경과되고 혼인 상태로 한국에서 1년 이상 계속 주소를 가진 자도 혼인으로 인한 간이귀화의 대상이 됩니다(국적법 제6조 제3항). 혼인으로 인한 간이귀화의 요건기간이 경과된 경우라면 그 전에 한국인 배우자가 사망하거나 실종 또는 그밖의 사유로 정상적인 혼인생활을 할 수 없는 경우이거나 그 사이에 출생한 미성년의 자를 양육하고 있거나 양육해야 할 자인 경우에도 간이귀화가 가능합니다. 간이귀화를 신청하려면 생계유지능력에 관한 증명서류로서 3천만원 이상의 금융재산증명서류, 공시지가 3천만원 이상의 부동산등기부등본, 3천만원 이상의 임대차보증금으로 계약한 부동산임대차계약서 사본, 재직증명서, 취업예정사실증명서 중 어느 하나의 서류를 제출해야 합니다.

특별귀화란 일반귀화의 요건 중에서 품행단정 요건과 국어능력 및 한국풍습 이해 등 기본적 소양 요건의 3가지 요건만 갖추어져 있으면 다른 요건의 구비 없이도 귀화허가가 인정될 수 있는 경우를 말합니다. 즉 부 또는 모가 현재 한국인인 경우, 한국에 특별한 공로가 있는 경우, 과학·경제·문화·체육 등 특정 분야에서 매우 우수한 능력을 보유한 자로서 한국 국익에 기여할 것으로 인정되는 경우 중의 어느 하나에 해당되는 경우에는 특별귀화가 인정되는 것입니다(국적법 제7조).

넷째, 수반취득에 의한 국적취득입니다.

수반취득이란 외국인의 자로서 미성년인 경우에는 부 또는 모가 귀화허가를 신청할 때에 함께 국적 취득을 신청할 수 있고, 그 부 또는 모에 대한 귀화허가가 이루어진 때에 한국 국적을 취득하게 되는 경우를 말합니다.

다섯째, 국적회복에 의한 국적취득입니다.

이는 현재는 외국인이지만 종전에 한국 국적을 취득한 사실이 있었던 자가 법무부장관으로부터 국적회복허가를 받아 한국 국적을 다시 회복하는 것을 말하며, 이때 그 외국인에게 미성년의 자가 있는 경우에는 수반취득이 인정됩니다. 다만 국가·사회에 위해를 끼친 사실이 있는 자, 품행이 단정하지 못한 자, 병역기피의 목적으로 한국 국적을 상실하였거나 이탈하였던 자, 국가안전보장·질서유지 또는 공공복리를 위하여 국적회복을 허가하는 것이 부적당한 자는 국적회복허가를 받을 수 없습니다.

여섯째, 국적의 재취득입니다.

이는 외국인이 한국 국적을 취득하여 한국 국적과 외국 국적을 동시에 가지고 있는 상태에서 외국 국적을 포기하지 않거나 외국 국적을 행사하지 않겠다는 서약을 하지 않아 한국 국적을 상실한 경우에 그로부터 1년 내에 그 외국 국적을 포기하게 되면 법무부장관에게 신고하는 것으로만 한국 국적을 재취득할 수 있도록 한 것을 말합니다.

한편 귀화허가를 받으려면 귀화허가신청서를 작성해서 출입국관리사무소장에게 제출해야 하며, 그 제출을 받은 출입국관리사무소장은 이를 법무부장관에게 송부하고, 법무부장관은 귀화허가 여부를 심사한 후 귀화를 허가하게 되는데, 귀화가 허가되면 이는 본인과 등록기준지의 가족관계등록관서장에게 통보되고, 관보에도 고시가 이루어지게 됩니다. 법무부장관의 귀화허가심사시에는 10문항 이상~20문항 이하의 필기시험과 국어능력 등에 대한 면접심사를 실시하게 됩니다.

이에 귀하께서는 이들 여러 한국 국적의 취득 방법에 대하여 숙지하신 후 어느 방법이 귀하께 가장 현실적으로 적당한지를 검토하여서 한국 국적에 대한 취득절차를 밟으시기 바랍니다.

[사례 6·2·17] 복수국적자의 국적선택의무와 국직상실자의 재산양도의무

문 저는 베트남인으로서 일반귀화허가를 받아 한국 국적을 취득한 후 한국에서 살고 있는데, 아직까지 베트남 국적을 포기하지 않아 현재 한국 국적과 베트남 국적을 동시에 가지고 있습니다. 만약 두 국적을 보유한 상태로 그대로 있게 되면 어떻게 되는지 걱정이 되어서 박사님께 문의드리고자 합니다.

답 국적법은 국적의 취득문제뿐만 아니라 한국 국적과 외국 국적을 이중으로 가지고 있는 자[225]에 대한 국적선택의 문제나 병역의무불이행자 등에 대한 국적이탈 제한의 문제에 관하여도 규정하고 있습니다.

이중으로 국적을 가지고 있는 자는, 복수국적자에 해당되든 해당되지 않든, 일정기간 내에 외국 국적을 포기하거나 둘 중 어느 하나의 국적을 선택해야 합니다. 즉 외국인으로서 한국 국적을 취득하였으면 국적법에 따라 한국 국적을 취득한 날부터 1년 내에 외국 국적을 포기하든지(국적법 제10조 제1항, 제2항 전단), 국적포기 대신 외국국적불행사서약을 해야 합니다(국적법 제10조 제2항 후단). 만약 이를 이행치 않는 경우에는 한국 국적을 취득한 날부터 1년이 경과한 때에 한국 국적이 상실됩니다(국적법 제10조 제3항).

이중으로 국적을 가지고 있는 자 중 국적법에서 정해놓은 일정한 자를 복수국적자[226]라고 하는데, 복수국적자도 일정기간 내에 어느 하나의 국적을 선택해야만 합니다. 즉 만 20세가 되기 전에 복수국적자가 된 자는 만 22세가 되기 전까지, 만 20세가 된 후에 복수국적자가 된 자는 2년 내에 어느 하나의 국적을 선택해야 하되, 외국국적불행사서약자(법 제10조 제2항)는 이러한 국적선택의무자에서 제외됩니다(국적법 제12조 제1항 단서). 다만 병역법에 따라 병역준비역에 편입된 자는 그때로부터 3개월 내에(국적법 제12조 제2항 본문 전단), 현역·상근예비역 또는 보충역으로 복무를 마치거나 마친 것으로 간주되는 자 또는 전시근로역에 편입된 자나 병역면제처분을 받은 자는 그때로부터 2년 내에 하나의 국적을 선택해야 하는데(법 제12조 제2항 본문 후단), 한국 국적을 선택하려는 경우에는 위 기간 전에도 한국 국적을 선택할 수 있습니다(국적법 제12조 제2항 단서).

그리고 직계존속이 외국에 영주할 목적 없이 체류한 상태에서 출생한 자는 병역의무의 이행과 관련하여 현역·상근예비역이나 보충역으로 복무를 마치거나 마친 것으로 간주되는 경우 또는 전시근로역에 편입된 경우나 병역면제처분을 받은 경우 중 어느 하나에 해당하는 경우에만 국적이탈신고를 할 수 있습니다(국적법 제12조 제3항).

복수국적자가 국적선택 기간 내에 어느 하나의 국적을 선택하지 않았다고 해서 곧바로 한국 국적이 상실되는 것은 아니며, 한 번 더 기회를 주기 위하여 법무부장관은 다시 1년 내에 하나의 국적을 선택하도록 명하게 되고(국적법 제14조의2 제1항, 제3항), 이러한 명령을 받고도 따르지 않는 경우에 비로소 그 기간이 경과된 때에 한국 국적을 상실하도록 하고 있습니다(국적법 제14조의2 제4항). 그리고 복수국적자는 한국 국민으로만 처우하게 되며, 따라서 복수국적자가 관계 법령에 따라 외국 국적을 보유한 상태에서는 직무수행이 불가하게 되어 있는 분야에 종사하려면 부득이 외국 국적을 포기해야만 할 것입니다(국적법 제11조의2 제1항, 제2항).

한편 한국 국민으로서 자진해서 외국 국적을 취득한 자는 외국 국적을 취득한 때로부터 한국 국적이 상실됩니다(국적법 제15조 제1항). 또한 한국 국민으로서 다음에 해당하는 자, 즉 외국인과의 혼인으로 그 배우자의 국적을 취득하게 된 자, 외국인에게 입양되어 그 양부 또는 양모의 국적을 취득하게 된 자, 외국인인 부 또는 모에게 인지되어 그 부 또는 모의 국적을 취득하게 된 자, 외국 국적을 취득하여 한국 국적을 상실하게 된 자의 배우자나 미성년의 자로서 그 외국의 법률에 따라 함께 외국 국적을 취득하게 된 자 중 어느 하나에 해당하는 자는 외국 국적을 취득한 때부터 6개월 내에 법무부장관에게 대한민국 국적의 보유 의사를 신고하지 않게 되면 외국 국적을 취득한 때로 소급하여 한국 국적을 상실하는 것으로 간주됩니다(국적법 제15조 제2항).

한국 국적을 상실한 자는 그때로부터 한국 국민만이 누릴 수 있는 권리를 누릴 수 없게 되며, 한국 국민이었을 때 취득한 것으로서 양도할 수 있는 것은 특별한 경우가 아닌 한 3년 내에 한국 국민에게 양도해야 합니다(국적법 제18조).

이에 귀하께서는 한국 국적을 취득한 날부터 1년 내에 베트남 국적을 포기해야 할 것이며 만약 1년 내에 베트남 국적을 포기하지 않으면 그 1년이 경과한 때에 한국 국적을 상실하게 됩니다. 따라서 귀하께서 한국 국적을 보유하고 싶다면 한국 국적의 취득일부터 1년 내에 베트남 국적을 포기하는 절차를 밟아야 할 것으로 보입니다.

[사례 6·2·18] 외국인의 국내 체류자격과 체류자격별 체류기간

문 저는 외국인으로서 한국에 여행 중인데 한국 사람을 만나보고 한국 문화를 접하다 보니 자주 오고 싶고 오래 머물고 싶습니다. 그래서 외국인이 한국에 입국해서 체류할 수 있는 자격과 체류기간에 대해서 알고 싶습니다. 이에 관하여 박사님께 문의드리고자 합니다.

---

225) 종전에는 출생이나 그밖에 국적법에 따라 만 20세가 되기 전에 한국 국적과 외국 국적을 함께 가지게 된 자를 이중국적자라고 하였는데, 둘 이상의 국적을 가진 자 모두를 이중국적자로 규정함으로서 셋 이상의 국적을 가진 자를 포섭하지 못할 뿐만 아니라 부정적 이미지를 내포하고 있다는 지적에 따라 2017년 8월 29일 국적법을 일부 개정하여 종전의 이중국적자에 해당하는 자 중 일부를 복수국적자라는 용어로 변경하고 이중국적자라는 용어는 국적법에서 쓰지 않게 되었습니다.

226) 여기에서 국적법에서 정해 놓은 복수국적자란 ① 한국 국적 취득자로서 외국 국적 포기 대신 외국국적불행사서약자, ② 한국 국민으로서 외국 국적을 취득한 후 6개월 내에 한국 국적의 보유의사를 신고한 자, ③ 법무부장관에게 외국국적불행사서약을 하고 한국 국적을 재취득하거나 외국 국적을 재취득한 후 외국국적불행사서약을 한 자를 말합니다(국적법 시행령 제16조).

답 외국인이 입국하려면 유효한 여권과 법무부장관이 발급한 사증[227]이 있어야 하며, 특히 외국인이 거주, 결혼이민, 결혼동거 목적의 사증을 발급받기 위해서는 배우자의 초청이 있어야만 합니다(출입국관리법 시행규칙 제9조의4 제1항).[228] 이에 출입국관리법에서는 외국인의 체류자격과 체류자격별 체류기간에 관하여 규정해 놓고 있습니다. 체류자격에는 일정기간만 체류가 가능한 일반체류자격과 체류기간의 제한이 없는 영주자격으로 구분할 수 있고, 일반체류자격은 다시 관광·방문 등의 목적으로 90일 이하의 기간 동안만 체류가능한 단기체류자격과 유학·연수·투자·주재·결혼 등의 목적으로 90을 초과하여 일정기간 동안 체류가능한 장기체류자격으로 구분할 수 있습니다(출입국관리법 제10조, 제10조의2, 제10조의3). 그리고 외국인이 입국한 날부터 90일을 초과해서 한국에 체류하려면 입국한 날부터 90일 내에 그의 체류지를 관할하는 지방출입국 등에 외국인등록을 해야 하는데(출입국관리법 제31조 제1항, 제33조 제1항, 제2항), 외국인등록을 한 자에게는 외국인등록번호가 부여되고, 외국인등록증도 발급됩니다. 외국인등록증에는 외국인의 성명·성별·생년월일 및 국적, 여권번호·발급일자 및 유효기간, 근무처와 직위 또는 담당업무, 본국의 주소와 국내체류지, 체류자격과 체류기간 등이 기재됩니다(출입국관리법 제32조). 영주자격을 가진 외국인에게 발급되는 외국인등록증, 즉 영주증의 유효기간은 10년입니다(출입국관리법 제33조 제3항).

또한 법령에 규정된 각종 절차와 거래관계 등에서 주민등록증이나 주민등록등본 또는 초본이 필요한 경우에는 외국인등록증이나 외국인등록사실증명으로써 갈음할 수 있으며, 외국인등록과 체류지변경신고는 외국인에 대한 주민등록과 전입신고에 갈음하게 됩니다(출입국관리법 제88조의2).

체류요건을 결하여 강제퇴거대상자로 된 외국인에 대해서는 영주체류자격 대상자가 아닌 한 지방출입국 등에서 발급한 강제퇴거명령서에 의하여 한국 밖으로 강제퇴거를 당할 수 있으며(출입국관리법 제46조), 이를 위해 출입국관리공무원은 강제퇴거대상자에 해당된다고 의심되는 용의자에 대해서는 이를 출석하게 하여 심문할 수 있고, 도주 또는 도주의 우려가 있는 경우에는 지방출입국 등으로부터 보호명령서를 발급받아 그 외국인을 보호할 수도 있습니다(출입국관리법 제51조 제1항).

강제퇴거 외에도 지방출입국 등은 한국에 체류하는 외국인이 법에 위반한 경우에는 그 위반의 정도에 따라 자진출국권고 또는 자진출국의사가 있는 자에 대한 출국명령을 내릴 수 있습니다(출입국관리법 제67조, 제68조). 영주자격이 취소된 자도 일반체류자격을 부여받은 경우를 제외하고는 출국명령이 내려질 수 있습니다(출입국관리법 제68조 제1항 제

3의2호).

한편 외국인에게 이해관계가 있는 자는 그의 출국여부에 대한 확인이 필요한 경우가 있는데, 외국인에 대해서 승소의 확정판결을 받았거나 외국인과 1백만원을 초과하고 변제기가 도래한 채권·채무 관계에 있는 자는 지방출입국, 시·군·구 및 읍·면·동 또는 재외공관장 등에게 해당 외국인에 대한 출·입국사실증명서의 발급을 신청할 수 있습니다(출입국관리법 제88조).

그렇다면 외국인이 한국에서 체류할 수 있는 기간은 최장 얼마나 될까요? 체류기간의 문제는 국적취득의 요건 중의 하나로 작용하기 때문에 중요한 요소가 됩니다.

출입국관리법상 체류자격별 1회에 부여하는 체류기간의 상한은 다음의 괄호기간과 같습니다. 즉 단기방문(C-3, 90일),[229] 단기취업(C-4, 90일),[230] 일시취재(C-1, 90일), 문화예술(D-1, 2년), 유학(D-2, 2년),[231] 기술연수(D-3, 2년), 일반연수(D-4, 2년), 취재(D-5, 5년), 종교(D-6, 2년), 주재(D-7, 3년), 기업투자(D 8, 5년 또는 2년), 무역경영(D-9, 2년), 구직(D-10, 6개월), 교수(E-1, 5년), 회화지도(E-2, 2년), 연구(E-3, 5년), 기술지도(E-4, 5년), 전문직업(E-5, 5년), 예술흥행(E-6, 2년), 특정활동(E-7, 3년), 비전문취업(E-9, 3년),[232] 선원취업(E-10, 1년), 방문동거(F-1, 2년),[233] 거주(F-2, 5년),[234] 동반(F-3, 본인에 정해진 기간), 재외동포(F-4, 3년), 영주(F-5, 상한 없음), 결혼이민(F-6, 3년),[235] 기타(G-1, 1년), 방문취업(H-2, 3년),[236] 기업투자(D-8, 5년 또는 2년), 관광취업(H-1, 협정상 체류기간), 관광·통과(B-2, 법무부장관이 정한 기간),[237] 사증면제(B-1, 협정상 체류기간),[238] 외교(A-1, 재임기간), 공무(A-2, 공무수행기간), 협정(A-3, 신분존속기간 또는 협정상 체류기간) 등과 같습니다.

이와 같은 체류기간을 초과해서 계속 체류하고자 할 경우에는 체류기간이 끝나기 전에 법무부장관으로부터 체류기간 연장허가를 받아야 합니다.

체류기간 연장과 관련해서 외국인 배우자가 가정폭력을 당하여 법원의 재판, 수사기관의 수사 또는 그밖의 법률에 따른 권리구제 절차를 진행하고 있는 경우에는 그 권리구제 절차가 종료할 때까지 체류기간의 연장을 허가할 수 있고, 체류 연장기간 만료 후에도 피해 회복 등을 위하여 필요하다고 인정하는 경우에는 재차 체류기간의 연장을 허가할 수 있습니다(출입국관리법 제25조의2).

이에 귀하께서도 위에서 살펴본 여러 체류자격과 각 체류자격별 체류기간에 관하여 숙지하고 계셨다가 한국에 체류하고 싶을 때 잘 활용하시기 바랍니다.

227) 사증이란 비자(visa)를 번역한 말인데, 개인이 타국에 입국하려고 할 때에 그 나라의 대사·공사·영사로부터 여권의 검사를 받고 서명을 받는 일을 말하며, 일종의 입국허가서에 해당됩니다. 사증은 여권과 함께 외국에 입국할 때에 필수적인 것이어서 여권이 있어도 사증을 받지 못하면 해당국에 입국할 수 없습니다. 물론 당사국간에 사증면제협정이 체결된 경우에는 사증이 면제될 수 있습니다. 사증에는 1회에 한하여 입국할 수 있는 단수사증과 2회 이상 입국할 수 있는 복수사증으로 구분하되, 사증을 발급하는 경우에는 체류자격과 체류기간을 명시하여 발급하도록 하고 됩니다. 우리나라에서 사증은 법무부장관이 발급하게 되어 있으나 일부 사증에 대해서는 법무부장관의 위임을 받은 재외공관장(대사관 또는 총영사관)에서 발급할 수 있도록 하고 있습니다(출입국관리법 시행령 제11조). 한편 법무부장관은 사증을 발급하기 전에 입국하려는 외국인의 신청을 받아 사증발급인정서를 발급할 수 있는데, 사증발급인정서는 사증발급을 신청할 때에 첨부하여 보다 쉽고 빠르게 사증을 발급받기 위한 것으로 유효기간은 원칙적으로 3개월로 하고, 한번의 사증발급에 한하여 효력을 가지도록 하고 있습니다. 사증발급인정서 발급신청은 그 외국인을 초청하려는 자가 대리하여 신청할 수도 있습니다(법 제9조 제2항).

228) 그밖의 목적으로 외국인이 입국시에는 한국인이나 한국 내 체류자의 초청이 필수적인 것이 아닐 수도 있지만 초청장이 있는 경우에는 보다 쉽고 빠르게 사증이 나올 수 있을 것입니다.

229) 이는 시장조사, 업무연락, 상담, 계약 등의 상용 활동과 관광, 통과, 요양, 친지방문, 친선경기, 각종 행사나 회의참가 또는 참관, 문화예술, 일반연수, 강습, 종교의식 참석, 학술자료 수집, 그밖에 이와 유사한 목적으로 90일을 넘지 않는 기간 동안 체류하려는 자(영리를 목적으로 하는 자는 제외)가 여기에 해당됩니다.

230) 이는 일시 흥행, 광고·패션 모델, 강의·강연, 연구, 기술지도 등 수익을 목적으로 단기간 취업활동을 하려는 자가 여기에 해당됩니다.

231) 이는 전문대학 이상의 교육기관 또는 학술연구기관에서 정규과정의 교육을 받거나 특정 연구를 하려는 자가 여기에 해당됩니다.

232) 이는 「외국인근로자의 고용 등에 관한 법률」에 따른 국내 취업요건을 갖춘 자(일정 자격이나 경력 등이 필요한 전문직종에 종사하려는 자는 제외)가 여기에 해당됩니다.

233) 이는 친척방문, 가족동거, 피부양, 가사정리, 그밖에 이와 유사한 목적으로 체류하려는 자로서 법무부장관이 인정하는 자나 외국인투자촉진법에 따른 외국투자가 등이 여기에 해당됩니다.

234) 이는 한국인의 미성년 외국인 자녀, 영주 체류자격을 가지고 있는 자의 배우자 및 그의 미성년의 자녀, 한국인과 혼인관계(사실상 혼인관계 포함)에서 출생한 자로서 법무부장관이 인정하는 자, 난민의 인정을 받은 자 등이 여기에 해당됩니다.

235) 이는 한국인의 배우자, 한국인과 혼인관계(사실상 혼인관계 포함)에서 출생한 자녀를 양육하고 있는 부 또는 모로서 법무부장관이 인정하는 자, 한국인인 배우자와 혼인한 상태로 국내에 체류하던 중 그 배우자의 사망이나 실종, 그밖에 자신에게 책임이 없는 사유로 정상적인 혼인관계를 유지할 수 없는 자로서 법무부장관이 인정하는 자가 여기에 해당됩니다.

236) 이는 외국국적동포이고 만 25세 이상인 사람 중에서 일정한 취업을 목적으로 체류하려는 자로서 법무부장관이 인정하는 자가 여기에 해당됩니다.

237) 이는 관광·통과 등의 목적으로 한국에 사증 없이 입국하려는 자가 여기에 해당됩니다. 이에 따라 한국을 관광하거나 통과할 목적으로 입국하려는 자에 대해서는 사증을 요하지 않으며, 여권에 입국심사인을 찍고 체류자격으로 관광통과의 자격과 30일의 범위 내에서의 체류기간을 부여하게 됩니다(법 시행규칙 제15조 제2항).

238) 이는 한국과 사증면제협정을 체결한 국가의 국민으로서 그 협정에 따른 활동을 하려는 자가 여기에 해당됩니다.

부 록

- 민사사건의 인지대·송달료·첨부서면 일람표
- 가사·비송사건의 인지대·송달료·첨부서면 일람표
- 공소시효 일람표
- 주택임차인의 최우선변제금액표
- 상가건물임차인의 적용 범위와 최우선변제금액표

❐ 민사사건의 인지대·송달료·첨부서면 일람표

1. 민사소송

( )은 당사자수 2인 기준 산정금액

구 분	인지대·송달료·첨부서면
제1심 소장	① 인지대 (1천원 이하는 1천원으로 하고, 100원 미만은 절사) – 소가 1천만원 미만 : 소가 × 0.005 – 소가 1억원 미만 : 소가 × 0.0045 + 5,000 – 소가 10억원 미만 : 소가 × 0.004 + 55,000 – 소가 10억원 이상 : 소가 × 0.0035 + 555,000 ② 송달료(4,500원/1회) – 소액사건(소가 3천만원 이하) : 당사자수 × 10회분 – 단독사건(소가 2억원 이하) : 당사자수 × 15회분 – 합의사건(소가 2억원 초과) : 당사자수 × 15회분 ③ 소 장 : 1통 ④ 부 본 : 상대방수 × 1통(첨부서류는 붙이지 않음) ⑤ 증거서면 : 각 1통
항소장	① 인지대 : 제1심 소장 × 1.5배 ② 송달료 : 당사자수 × 12회분 ③ 항소장 : 1통 ④ 부 본 : 상대방수 × 1통
상고장	① 인지대 : 제1심 소장 × 2배 ② 송달료 : 당사자수 × 8회분 ③ 상고장 : 1통 ④ 부 본 : 상대방수 × 1통
재심소장	① 인지대 : 재심대상 소의 심급에 따른 인지대와 동일 ② 송달료 : 재심대상 소의 심급에 따른 송달료와 동일 ③ 재심소장 : 1통 ④ 부 본 : 상대방수 × 1통 ⑤ 판결문사본 : 1통
소액심판청구 (3천만원 이하 사건)	① 인지대 : 제1심 소장과 동일 ② 송달료 : 당사자수 × 10회분 ③ 소장(소액 소장 또는 일반 소장도 무관) : 1통 ④ 부 본 : (당사자수 + 2) × 1통(첨부서류는 붙이지 않음) ⑤ 증거서면 : 각 1통
소송신정	① 인지대 : 제1심 소장 × 1/5배 ② 송달료 : 당사자수 × 5회분(45,000원/2인) ③ 신청서 : 1통 ④ 부 본 : 상대방수 × 1통
제소전 화해신청	① 인지대 : 제1심 소장 × 1/5배 ② 송달료 : 당사자수 × 4회분(36,000원/2인)
지급명령신청	① 지급명령신청서 : 1통

구 분	인지대·송달료·첨부서면
	② 당사자표시 : 상대방수 + 2통(날인·간인 안함). 단 상대방수 1인 추가시마다 1통씩 추가 ③ 인지대 : 제1심 소장 × 1/10 ④ 송달료 : 당사자수 × 4회분(36,000원/2인)
당사자선정서	① 당사자선정서 : 1통 ② 인지대 : 없음 ③ 송달료 : 없음
보조참가신청	① 보조참가신청서 : 1통 ② 부 본 : 2통 ③ 인지대 : 없음 ④ 송달료 : 없음
독립당사자참가신청	① 독립당사자참가신청서 : 1통 ② 부 본 : 피참가인수 × 1통 ③ 인지대 : 해당 심급의 인지대와 동일 ④ 송달료 : 해당 심급의 송달료와 동일
소송고지신청	① 소송고지신청서 : 1통 ② 부 본 : (피고지자수 + 상대방수) × 1통 ③ 인지대 : 없음 ④ 송달료 : (피고지자수 + 상대방수) × 1회분
소송대리허가신청서	① 소송대리허가신청서 : 1통 ② 인지대 : 없음 ③ 소송위임장 : 1통 ④ 소명자료(가족관계증명서, 재직증명서 등) : 1통
소송비용액확정결정신청	① 신청서 : 1통(부본 : 없음) ② 인지대 : 1,000원 ③ 송달료 : 당사자수 × 2회분(18,000원/2인) ④ 판결문사본 : 1통 ⑤ 판결문확정증명원 : 1통 ⑥ 소송비용계산서 : 1통 ⑦ 소송비용계산서 부본 : 상대방수 × 1통 ⑧ 소명자료(영수증 등) : 1통
소송구조신청	① 소송구조신청서 : 1통 ② 인지대 : 1,000원 ③ 송달료 : 2회분(4,500 × 2회분=9,000원) ④ 재산관계진술서 : 1통 ⑤ 가족관계 파악자료(주민등록등본 또는 가족관계증명서) : 1통 ⑥ 재산내역 파악자료(등기부등본 등) : 1통 ⑦ 형편이 어렵다는 증명서(수급자증명서, 장애인증명서 등) : 1통
소송절차수계신청	① 인지대 : 없음 ② 송달료 : 없음 ③ 신청서 : 1통 ④ 부 본 : 상대방수 × 1통

구 분	인지대·송달료·첨부서면
	⑤ 소명자료 : 1통
당사자표시정정신청	① 인지대 : 없음 ② 송달료 : 없음 ③ 신청서 : 1통 ④ 부 본 : 상대방수 × 1통
피고경정신청	① 인지대 : 없음 ② 송달료 : 없음 ③ 신청서 : 1통 ④ 부 본 : 상대방수 × 1통
소취하	① 인지대 : 없음 ② 송달료 : 없음 ③ 신청서 : 1통 ④ 부 본 : 피고의 수 × 1통
준비서면·답변시	① 준비서면·답변서 : 1통 ② 인지대 : 없음 ③ 송달료 : 없음 ④ 부 본 : 상대방수 × 1통
증인신청	① 증인신청서 : 1통 ② 부 본 : 1통 ③ 인지대· 송달료 : 없음 ④ 증인신문사항 : 4부
감정·검증신청	① 인지대 : 없음 ② 송달료 : 없음 ③ 감정·검증신청서 : 1통 ④ 감정·검증료 : 예납
문서제출명령신청	① 인지대 : 없음 ② 송달료 : 없음 ③ 신청서 : 1통 ④ 부 본 : 없음
문서송부촉탁신청	① 신청서 : 1통 ② 인지대 : 없음 ③ 송달료 : 없음 ④ 부 본 : 없음
인증등본문서송부촉탁신청	① 신청서 : 1통 ② 인지대 : 없음 ③ 송달료 : 없음 ④ 부 본 : 없음 ⑤ 등본수수료 : 원본 5장까지 500원, 5장 초과시 장당 50원
사실조회신청	① 신청서 : 1통 ② 인지대 : 없음 ③ 송달료 : 없음

구 분	인지대·송달료·첨부서면
	④ 부 본 : 2통
공시최고신청	① 공시최고신청서 : 1통 ② 인지대 : 1,000원 ③ 송달료 : 3회분 ④ 미지급증명서(은행 등) : 1통 ⑤ 분실신고접수증(경찰서) : 1통 ⑥ 주권발행증명서 및 발행회사의 법인등기부등본 : 각 1통
인지액환급신청	① 환급청구서 : 1통 ② 납부영수증사본 : 1통 ③ 주민등록증 앞·뒷면 : 1통 ④ 신청인의 예금통장사본 : 1통
임차권등기명령신청	① 임차권등기명령신청서 : 1통 ② 인지대 : 2,000원 ③ 송달료 : 당사자수×3회분(27,000원/2인) ④ 등록세 및 교육세 : 7,200원 ⑤ 등기수입증지 : 3,000원/부동산 1개 ⑥ 주민등록초본(주택) 또는 사업자등록증사본(상가) : 1통 ⑦ 임대차계약서 사본(확정일자 보이도록) : 1통 ⑧ 등기부등본 : 1통 ⑨ 부동산목록(임차부동산의 표시) : 6매 ⑩ 도면(임차부분 표시) : 6매 ⑪ 부 본 : 없음
임차권등기말소신청 (신청인 겸 임차인 신청)	① 임차권등기말소촉탁신청서 : 1통 ② 등록세 및 교육세 : 7,200원 ③ 수입증지 : 3,000원/부동산 1개 ④ 송달료(우표) : 9,000원 ⑤ 부동산목록 : 2매 ⑥ 신청서부본 : 1통
임차권등기말소촉탁신청 (임대인 신청–임차인 협조)	① 임차권등기말소촉탁신청서 : 1통 ② 등록세 및 교육세 : 7,200원 ③ 등기수입증지 : 3,000원/부동산 1개 ④ 우 표 : 9,000원 ⑤ 부동산목록 : 2매 ⑥ 인감증명서(임차인) : 1통 ⑦ 위임장(임차인) : 1통 ⑧ 신청서부본 : 1통
임차권등기명령취소신청 (임대인 신청–임차인 비협조)	① 임차권등기명령취소신청서 : 1통 ② 인지대 : 2,000원 ③ 송달료 : 72,000원(4,500원×2명×8회) ④ 신청서부본 : 1통
주택임차권등기에 대한 이의신청	① 인지대 : 2,000원 ② 송달료 : 45,000원

구 분	인지대·송달료·첨부서면
특별대리인선임신청 (민사소송의 특별대리인)	① 특별대리인선임신청서 : 1통 ② 인지대 : 1,000원 ③ 송달료 : 당사자수×2회분(18,000원/2인) ④ 주민등록등본(신청인) : 1통 ⑤ 사건본인이 수인인 경우 : 사건본인별로 각자 다른 자를 선임
특별대리인선임신청 (가사소송의 특별대리인)	① 특별대리인선임청구서 : 1통 ② 인지대 : 5,000원/1인당 ③ 송달료 : 10회분(45,000원) ④ 가족관계증명서·기본증명서(신청인·미성년자·특별대리인) : 각 1통 ⑤ 주민등록등본(신청인·미성년자·특별대리인) : 각 1통 ⑥ 부동산등기부등본(이해상반행위의 대상) : 1통 ⑦ 사건본인이 수인인 경우 : 사건본인별로 각자 다른 자를 선임
판결경정신청	① 판결경정신청서 : 1통 ② 인지대 : 1,000원 ③ 송달료 : 18,000원(당사자수×2회분) ④ 소명자료 : 1통
지급명령경정신청	① 인지대 : 1,000원 ② 송달료 : 27,000원(4,500원 × 3회분 × 2)
화해조서경정신청	① 인지대 : 1,000원 ② 송달료 : 9,000원(2회분)
배상명령신청	① 배상명령신청서 : 1통 ② 부 본 : 배상신청의 상대방수×1통 ③ 인지대 : 없음 ④ 송달료 : 없음 ⑤ 증거서면 : 각 1통
신체감정신청	① 감정신청서 : 1통 ② 부본 : 없음(단, 별지 1부 첨부) ③ 감정비용 예납 : 1과당 200,000원(단, 정신과는 300,000원, 유전자 감식은 당사자 1인당 150,000원)
현장검증신청	① 인지대 : 없음 ② 송달료 : 없음 ③ 부 본 : 없음 ④ 검증료 : 신청후 법원에서 연락오면 납부
증인신청	① 증인신청서 : 1통 ② 부 본 : 4통 ③ 증인여비 : 증인여비포기서 또는 증인여비납부서 첨부
공시송달신청	① 인지대 : 없음 ② 송달료 : 없음 ③ 부 본 : 없음
주소보정신청	① 인지대 : 없음 ② 송달료 : 없음

구 분	인지대·송달료·첨부서면
	③ 부 본 : 없음
특별송달신청	① 인지대 : 없음 ② 특별송달료(우편환증서) : 지역마다 상이하므로 해당 집행관사무실별로 송달료 파악·납부
변론재개신청	① 인지대 : 없음 ② 송달료 : 없음 ③ 부 본 : 없음
청구취지변경신청	① 인지대 : 증액시(차액분에 대한 인지 첨부), 감액시(없음) ② 송달료 : 없음 ③ 부 본 : 피고의 수×1통
청구원인변경신청	① 인지대 : 없음 ② 송달료 : 없음 ③ 부 본 : 피고의 수×1통
판결등본신청	① 신청서 : 1통 ② 인지대 : 1,000원(단, 판결확정 후 7일 이내 신청시 없음)
서증 인부서 제출	① 인지대 : 없음 ② 송달료 : 없음 ③ 부 본 : 피고의 수×1통
서증목록제출	① 인지대 : 없음 ② 송달료 : 없음 ③ 부 본 : 피고의 수×1통
증거보전신청	① 신청서 : 1통 ② 인지대 : 1,000원 ③ 송달료 : 27,000원(4,500 × 3회분 × 2인)
(각종)신청취지보정서	① 보정서 : 1통 ② 인지대 : 없음 ③ 송달료 : 없음 ④ 부 본 : 상대방수×1통
(각종)신청취하서	① 취하서 : 1통 ② 인지대 : 없음 ③ 송달료 : 없음 ④ 부 본 : 없음
소송비용확정결정 신청	① 인지대 : 1,000원 ② 송달료 : 당사자수×3회분(27,000원/2인) ③ 소송비용계산서 부본 : 2통
소송이송신청	① 신청서 : 1통(부본 : 없음) ② 인지대 : 1,000원 ③ 송달료 : 없음
제소전 화해신청	① 인지대 : 제1심 소장×1/5배

구 분	인지대·송달료·첨부서면
	② 송달료 : 당사자수×4회분 ③ 신청서 : 1통 ④ 부 본 : 피고의 수×1통
공시최고 및 제권판결신청	① 인지대 : 1,000원 ② 송달료 : 3회분(13,500원) ③ 신문공고료(현금) : 증권액면이 500만원 이하는 25,000원 /500만원 초과는 50,000원 ④ 신청서 : 1통 ⑤ 목록부본 : 10통 ⑥ 첨부서류 : 미지급증명서(은행), 분실신고접수증명서(경찰서)
제권판결에 대한 불복의 소	① 인지대 : 일반소장과 동일 ② 송달료 : 일반소장과 동일 ③ 신청서 : 1통 ④ 부 본 : 피고의 수×1통
항고장·재항고장·특별항고장	① 인지대 : 2,000원 ② 송달료 : 5회분(45,000원)
기타 항고장 (민사집행·파산·회생·기타)	① 인지대 – 해당 신청서에 붙인 인지액의 2배 납부 대상 사건 파산신청, 개인회생신청, 회생신청, 가압류·가처분신청, 가압류·가처분 결정에 대한 이의 또는 취소신청, 경매신청, 강제관리신청, 채권압류명령신청, 준재심신청, 공시최고신청, 재산명시신청, 채무불이행자명부등재신청, 증거신청 등 사건에 대한 항고장 – 기타 항고장 : 2,000원 ② 송달료 : 5회분(45,000원)

2. 가압류·가처분

(10원 미만 단위 절사)

구 분	인지대·송달료·첨부서면
부동산가압류신청	① 가압류신청서 : 1통(부본 : 없음) ② 인지대 : 10,000원 ③ 송달료 : 당사자수×3회분(27,000원/2인) ④ 소명자료(차용증사본 등) : 각 1통 ⑤ 등록세(청구액×2/1,000. 단, 최저 3,000원) 및 교육세(등록세×0.2, 10원미만 절사) ⑥ 수입증지 : 3,000원/1필지당 ⑦ 담보제공(보증보험증권 신공탁) : 청구액×0.1×0.0075(단, 최저금액 15,000원) ⑧ 부동산목록 : 6부 ⑨ 부동산등기부등본 : 1통 ⑩ 가압류진술서 : 1통

구 분	인지대·송달료·첨부서면
채권가압류신청	① 가압류신청서 : 1통(부본 : 없음) ② 인지대 : 10,000원 ③ 송달료 : 당사자수×3회분(40,500원/3인) ④ 소명자료(차용증사본 등) : 각 1통 ⑤ 담보제공(보증보험증권 선공탁) : 청구액×0.2×0.0075(단, 최저금액 15,000원이고, 급여·예금채권가압류는 현금 후공탁) ⑥ 채권목록 : 6부 ⑦ 가압류진술서 : 1통
근저당·전세권부채권 가압류	① 인지대 : 10,000원 ② 증지대 : 2,000원/부동산 1개당 ③ 등록세 및 교육세 : 7,200원/부동산 1개당
자동차가압류신청	① 가압류신청서 : 1통(부본 : 없음) ② 인지대 : 10,000원 ③ 증지대 : 없음 ④ 송달료 : 당사자수×3회분(27,000원/2인) ⑤ 소명자료(차용증사본 등) : 각 1통 ⑥ 등록세 및 교육세 : 18,000원(등록세 15,000원, 교육세 3,000원)(단 건설기계의 등록세 및 교육세 : 10,000원, 선박가압류의 등록세 및 교육세 : 18,000원) ⑦ 담보제공(보증보험증권 선공탁) : 청구액×0.1×0.0075(단, 최저금액 15,000원) ⑧ 자동차등록원부 : 1통 ⑨ 자동차목록 : 4부 ⑩ 가압류진술서 : 1통
유체동산(유가증권)가압류	① 가압류신청서 : 1통(부본 : 없음) ② 인지대 : 10,000원 ③ 송달료 : 당사자수×3회분(27,000원/2인) ④ 소명자료(차용증사본 등) : 각 1통 ⑤ 가압류진술서 : 1통 ⑥ 담보제공 : 현금 후공탁
강제관리방법으로 하는 가압류집행신청	① 가압류신청서 : 1통(부본 : 없음) ② 인지대 : 5,000원 ③ 송달료 : 당사자수×3회분(27,000원/2인) ④ 등록세(청구액×2/1,000. 단, 최저 3,000원) 및 교육세(등록세×0.2) ⑤ 증지대 : 3,000원/1필지당
제소명령신청	① 신청서 : 1통 ② 인지대 : 1,000원 ③ 송달료 : 당사자수 × 2회분(18,000원/2인) ④ 신청서 부본 : 1통
부동산점유이전금지가처분	① 가처분신청서 : 1통 ② 인지대 : 10,000원 ③ 증지대 : 없음 ④ 송달료 : 당사자수×3회분(27,000원/2인)

구 분	인지대·송달료·첨부서면
	⑤ 별지목록 : 6부 ⑥ 소명자료 : 각 1통 ⑦ 법인등기부등본(해당시) : 1통 ⑧ 목적물가액 산정자료(담보공탁금 산정용) : 1통
부동산처분금지가처분 (자동차 포함)	① 가처분신청서 : 1통 ② 인지대 : 10,000원 ③ 송달료 : 당사자수×3회분(27,000원/2인) ④ 별지목록 : 6부 ⑤ 소명자료 : 각 1통 ⑥ 등록세(피보전가액의 2/1,000, 최저 3,000원. 단, 소유권이전등기청구권은 부동산가액의 1/1,000) 및 교육세(등록세×0.2) 납부서 ⑦ 수입증지 : 3,000원/부동산 1필지당(자동차 1개당) ⑧ 담보제공 : 후공탁
임시의 지위를 정하기 위한 가처분신청	① 가처분신청서 : 1통 ② 인지대(신청·이의·취소신청) : 본안이 소에 따른 인지액 × 1/2(단, 상한액 50만원) ③ 송달료 : 당사자수× 8회분(72,000원/2인) ④ 담보제공 : 후공탁
부동산등기법상 가처분, 가등기가처분명령	① 가처분신청서 : 1통 ② 인지대 : 2,000원
가압류·가처분결정에 대한 이의신청	① 이의신청서 : 1통 ② 인지대 : 10,000원 ③ 송달료 : 당사자수×8회분(72,000원/2인) ④ 신청서 부본 : 상대방수×1통 ⑤ 소명자료 : 각 1통
제소기간도과로 인한 가압류취소신청	① 신청서 : 1통 ② 인지대 : 10,000원 ③ 송달료 : 당사자수×8회분(72,000원/2인) ④ 제소명령사본 : 1통 ⑤ 신청서 부본 : 상대방수×1통
3년 경과 등 사정변경으로 인한 가압류취소신청	① 신청서 : 1통 ② 인지대 : 10,000원 ③ 송달료 : 당사자수×8회분(72,000원/2인) ④ 가압류결정서 사본 : 1통 ⑤ 신청서 부본 : 상대방수×1통 ⑥ 소명자료(원고패소의 확정판결문 및 확정증명서 등) : 각 1통
해방공탁에 의한 가압류집행취소신청 (채무자 신청)	① 가압류집행취소신청서 : 1통 ② 인지대 : 10,000원 ③ 송달료 : 당사자수×2회분(18,000원/2인) ④ 해방공탁서 사본 : 1통 ⑤ 등록세 및 교육세 : 7,200원/1필지당 ⑥ 수입증지 : 3,000원/1필지당

구 분	인지대·송달료·첨부서면
부동산가압류취소 및 집행해제신청서 (채무자가 신청함)	① 가압류집행해제신청서 : 1통 ② 수입증지 : 3,000원/1필지(토지·건물은 별개의 필지임) ③ 우 표 : 등기소수×9,000원 ④ 등록세(교육세 포함) : 7,200원/1필지당 ⑤ 목 록 : 4통 ⑥ 가압류취소결정문 및 확정·송달증명원 각 1통
부동산가압류취하 및 집행해제신청서 (채권자가 신청함)	① 신청서 : 1통 ② 수입증지 : 3,000원/1필지(토지·건물은 별개의 필지임) ③ 송달료(우표) : 9,000원/등기소수 ④ 등록세 및 교육세 : 7,200원/1필지당 ⑤ 목 록 : 4통 ⑥ 인지대 : 없음
채권가압류취소 및 집행해제신청서 (채무자가 신청함)	① 신청서 : 1통 ② 수입증지 : 없음 ③ 우 표 : 9,000원/제3채무자 1인(제3채무자 1인 추가시마다 4,500원 추가) ④ 등록세(교육세 포함) : 없음 ⑤ 목 록 : 4통 ⑥ 가압류취소결정문 및 확정·송달증명원 각 1통
채권가압류취하 및 집행해제신청서 (채권자가 신청함)	① 신청서 : 1통 ② 수입증지 : 없음 ③ 송달료(우표) : 9,000원/제3채무자 1인(제3채무자 1인 추가시마다 4,500원 추가) ④ 등록세(교육세 포함) : 없음 ⑤ 목 록 : 4통 ⑥ 인지대 : 없음
자동차가압류취소 및 집행해제신청서 (채무자가 신청함)	① 가압류집행해제신청서 : 1통 ② 수입증지 : 3,000원/1대당 ③ 우 표 : 등록소수 × 9,000원 ④ 등록세(교육세 포함) : 7,500원/1대 ⑤ 목 록 : 4통 ⑥ 가압류취소결정문 및 확정·송달증명원 각 1통
자동차가압류취하 및 집행해제신청서 (채권자가 신청함)	① 신청서 : 1통 ② 수입증지 : 3,000원/1대당 ③ 송달료(우표) : 9,000원/등록소수 ④ 등록세 및 교육세 : 7,500원/1대당 ⑤ 목 록 : 4통 ⑥ 인지대 : 없음
담보취소신청 (승소한 채권자 신청시)	① 담보취소신청서 : 1통 ② 인지대 : 1,000원 ③ 송달료 : 당사자수×2회분(18,000원/2인) ④ 판결정본 및 확정증명원 : 각 1통
담보취소신청(채무자의	① 담보취소신청서 : 1통

구 분	인지대·송달료·첨부서면
동의로 채권자 신청시)	② 인지대 : 1,000원 ③ 송달료 : 당사자수×2회분(18,000원/2인) ④ 담보취소동의서 및 인감증명서(채권자) : 각 1통 ⑤ 즉시항고포기서(채권자) : 1통
담보취소신청(변제 또는 합의로 채권자 신청시)	① 담보취소신청서 : 1통 ② 인지대 : 1,000원 ③ 송달료 : 당사자수×2회분(18,000원/2인) ④ 합의서 및 인감증명서(합의의 경우) : 각 1통
권리행사최고 및 담보취소신청(패소한 채권자의 신청시)	① 담보취소신청서 : 1통 ② 인지대 : 2,000원 ③ 송달료 : 당사자수×5회분(45,000원/2인) (권리행사최고 3회분, 담보취소신청 2회분) ④ 판결정본 및 확정증명원 : 각 1통
부동산처분금지가처분 취하신청	① 신청서 : 1통 ② 부 본 : 1통 ③ 목 록 : 2부 ④ 송달료(우표) : 2회분(9,000원) ⑤ 등록세 및 교육세 : 7,200원/부동산 1개 ⑥ 증 지 : 3,000원/1필지
접근금지가처분신청	① 신청서 : 1통 ② 인지대 : 이혼등과 함께 신청시(10,000원), 단독으로 신청시 (소가 20,000,100원으로 하여 47,500원) ③ 송달료 : 당사자수×5회분(45,000원/2인)
공사금지가처분신청	① 신청서 : 1통 ② 인지대 : 10,000원 ③ 송달료 : 당사자수×5회분(45,000원/2인) ④ 목 록 : 5부 ⑤ 담보제공(후공탁) : 법원의 담보제공명령에 의함
제3채무자에 대한 진술최고신청	① 신청서 : 1통 ② 인지대 : 없음 ③ 우표(제3채무자의 진술서 제출용 우표) : 제3채무자 수×4,500원
재판서·조서 등의 열람·복사	① 신청서 : 1통 ② 인지대 : 1건당 500원
재판서·조서 등의 등·초본 교부	① 신청서 : 1통 ② 인지대 : 원본 5장까지 1,000원 + 초과 1장당 50원

3. 강제집행

구 분	인지대·송달료·첨부서면
집행문부여신청	① 집행문부여신청서 : 1통 ② 인지대 : 500원 ③ 집행권원(판결정본 등) : 1통
승계집행문부여신청	① 승계집행문부여신청서 : 1통 ② 인지대 : 500원 ③ 송달료(우표) : 채무자수×2회분(9,000원) ④ 집행권원(판결정본 등) : 1통 ⑤ 승계증명서면 및 사본 : 각 1통
집행문수통부여신청	① 집행문수통부여신청서 : 1통 ② 인지대 : 2,000원 ③ 집행권원(확정판결 등) : 1통
집행문재도부여신청	① 집행문재도부여신청서 : 1통 ② 인지대 : 2,000원 ③ 집행권원(확정판결 등) : 1통 ④ 분실신고접수증명서(또는 사용증명원) : 1통
집행권원 환부신청서	① 신청서 1통 ② 부 본 : 1통 ③ 인지대· 송달료 : 없음
야간·휴일집행허가 신청	① 야간·휴일집행허가신청서 : 1통 ② 인지대 : 1,000원 ③ 송달료(우표) : 당사자수×2회분 ④ 집행력있는 확정판결 사본 : 1통
재산명시신청	① 재산명시신청서 : 1통(부본 : 없음) ② 인지대 : 1,000원 ③ 송달료 : 당사자수×5회분(45,000원/2인) ④ 집행권원 정본 및 사본 : 각 1통(정본은 반환해 줌) ⑤ 송달증명·확정증명원 : 1통(화해조서는 송달증명만) ⑥ 채무자의 주민등록초본 : 1통 ⑦ 우편접수시 : 집행권원 정본 반신용 봉투(우표 첨부) 1통
재산조회신청	① 재산조회신청서 : 1통 ② 인지대 : 1,000원 ③ 송달료 : (조회기관수+2)×1회분(4,500원) ④ 재산명시기일조서등본 등 : 1통 ⑤ 재산목록등본(채무자가 재산명시절차에서 목록제출시) : 1통 ⑥ 채무자의 주민등록초본 : 1통 ⑦ 재산조회비용 : 예납(조회기관별 비용 합계 산정하여 납부) ⑧ 집행권원 사본(임의) : 1통 ⑨ 송달증명·확정증명·집행문부여 : 필요 없음
채무불이행자명부 등재신청	① 채무불이행자명부등재신청서 : 1통 ② 인지대 : 1,000원

구 분	인지대·송달료·첨부서면
	③ 송달료 : 당사자수×5회분(45,000원/ 2인) ④ 집행권원 정본 및 사본 : 각 1통 ⑤ 채무자의 주민등록초본 : 1통 ⑥ 송달증명·확정증명원 : 1통(화해조서는 송달증명만) ⑦ 우편접수시 : 집행권원 정본 반신용 봉투(우표 첨부) 1통
채무불이행자명부 등재말소신청	① 채무불이행자명부등재말소신청서 : 1통 ② 인지대(채무자 신청시) : 1,000원(채권자 신청시 : 0) ③ 송달료(채무자 신청시) : 당사자수×5회분(채권자 신청시 : 0)
과태료부과 및 감치명령신청	① 신청서 : 1통 ② 인지대 : 1,000원 ③ 송달료 : 당사자수×3회분(27,000원/2인)
강제집행정지결정신청 (청구이의의 소 또는 제3자 이의의 소 제기의 경우)	① 신청서 : 1통 ② 인지대 : 1,000원 ③ 송달료 : 당사자수×2회분(18,000원/2인) ④ 소제기증명서(청구이의의 소·제3자이의의 소) : 1통 ⑤ 소명자료 : 각 1통 ⑥ 공탁(현금공탁) : 법원의 공탁명령에 의함
강제집행정지결정신청 (항소제기의 경우)	① 신청서 : 1통 ② 인지대 : 1,000원 ③ 송달료 : 당사자수×2회분(18,000원/2인) ④ 항소제기증명서 : 1통 ⑤ 제1심판결 사본 : 1통
제3채무자에 대한 진술최고신청서	① 신청서 : 1통 ② 인지대 : 없음 ③ 우 표 : 제3채무자 수×4,500원
제소명령신청	① 신청서 : 1통 ② 인지대 : 1,000원 ③ 송달료 : 당사자수×2회분(18,000원/2인)
채권압류 및 전부명령신청	① 채권압류 및 전부명령신청서 : 1통 ② 인지대 : 4,000원(압류명령 2,000원, 전부명령 2,000원/단, 집행권원 1개 추가시마다 2,000원 추가) ③ 송달료 : 당사자수×2회분 ④ 판결등 정본 : 1통 ⑤ 송달증명·확정증명·집행문부여 : 1통 ⑥ 채권목록 : 5부 ⑦ 법인등기부등본(당사자가 법인인 경우) : 1통 ⑧ 가압류결정정본·송달증명(본압류로 전이한 경우) : 1통 ⑨ 주민등록초본(집행권원과 주소가 다른 경우) : 1통
채권압류 및 추심명령신청	① 채권압류 및 추심명령신청서 : 1통 ② 인지대 : 4,000원(압류명령 2,000원, 추심명령 2,000원/단, 집행권원 1개 추가시마다 4,000원 추가) ③ 송달료 : 당사자수(제3채무자 포함)×2회분(27,000원/2인)

구 분	인지대·송달료·첨부서면
	④ 판결 등 정본 : 1통 ⑤ 송달증명·확정증명·집행문부여 : 1통 ⑥ 채권목록 : 5통 ⑦ 법인등기부등본(당사자가 법인인 경우) : 1통 ⑧ 가압류결정정본·송달증명(본압류로 전이한 경우) : 1통 ⑨ 주민등록초본(집행권원과 주소가 다른 경우) : 1통
추심명령신청 취하 (채권자 신청)	① 신청서 : 1통 ② 부 본 : 1통 ③ 인지대 : 없음 ④ 송달료(우표) : 2회분(9,000원)
추심명령취소신청 (채무자 신청)	① 신청서 : 1통 ② 부 본 : 1통 ③ 인지대 : 1,000원 ④ 송달료(우표) : 당사자수×2회분(27,000원/3인)
근저당·전세권부 채권압류 및 추심명령신청 취하	① 신청서 : 1통 ② 부 본 : 1통 ③ 인지대 : 없음 ④ 송달료(우표) : 3회분(13,500원) ⑤ 등록세 및 교육세 : 7,200원 ⑥ 증지대 : 3,000원/1필지
부동산강제경매신청	① 경매신청서 : 1통 ② 판결 등 정본 : 1통 ③ 송달증명·확정증명·집행문부여 : 1통(이행권고·지급명령 예외) ④ 송달료 : (이해관계인 수 + 3) × 10회분×4,500원 ⑤ 등록세(청구금액×2/1,000)·교육세(등록세×0.2) 납부서 : 1통 ⑥ 등기신청수수료 : 3,000원/1필지 ⑦ 경매예납금(611,800원~10,889,800원) 납부서 : 1통 ⑧ 부동산등기부등본(1개월 이내) : 1통 ⑨ 부동산목록 : 10부 ⑩ 법인등기부등본(해당시) : 1통 ⑪ 위임장(해당시) : 1통
부동산임의경매신청	① 경매신청서 : 1통 ② 부동산등기부등본(1개월 이내) : 1통 ③ 채권원인증서(근저당·전세권설정계약서 등) 사본 : 1통 ④ 인지대 : 근저당권·전세권 1건당 5,000원 ⑤ 송달료 : (이해관계인 수+3)×10회분×4,500원 ⑥ 등기신청수수료 : 3,000원/1필지 ⑦ 등록세(채권금액×2/1,000)·교육세(등록세×0.2) 납부서 : 1통 ⑧ 경매예납금(611,800원~10,889,800원) 납부서 : 1통 ⑨ 부동산목록 : 10통 ⑩ 법인등기부등본(해당시) : 1통 ⑪ 위임장(해당시) : 1통

구 분	인지대·송달료·첨부서면
강제관리신청	① 신청서 : 1통 ② 인지대 : 5,000원
강제집행취소명령신청	① 신청서 : 1통 ② 인지대 : 1,000원 ③ 송달료 : 당사자수×2회분(18,000원/2인)
경매개시결정에 대한 이의신청	① 신청서 : 1통 ② 인지대 : 1,000원 ③ 송달료 : 18,000원(당사자수×2회분)
공유자의 지분우선 매수신고	① 신고서 : 1통 ② 인지대 : 없음 ③ 송달료 : 없음 ④ 등기부등본 : 1통 ⑤ 주민등록초본(신고인) : 1통 ⑥ 집행관보증금보관영수증 : 1통
매수인의 상계신청	① 신청서 : 1통 ② 채권계산서 : 1통 ③ 인지대 : 없음 ④ 송달료 : 없음
매수인의 채무인수신청	① 신청서 : 1통 ② 채권계산서 : 1통 ③ 채무인수에 대한 채권자의 승낙서 : 1통 ④ 인감증명서(승낙 채권자) : 1통 ⑤ 인지대 : 없음 ⑥ 송달료 : 없음
소유권이전등기촉탁신청 (경매)	① 신청서 : 1통 ② 신청서 부본 : 3통 ③ 부동산목록 : 3통 ④ 말소할 등기의 표시 : 3통 ⑤ 등록세 및 채권산출내역서 : 1통 ⑥ 등록세납부서 : 1통 ⑦ 주민등록초본 : 1통 ⑧ 토지대장(또는 임야대장·건축물대장) : 1통 ⑨ 제1종국민주택채권 : 1통 ⑩ 부동산등기부등본 : 1통 ⑪ 수입증지 : 14,000원(이전등기) + 말소 1건당 3,000원 ⑫ 법인등기부등본·부동산등기용등록번호증명서면(해당시) : 1통 ⑮ 상속증명서면(해당시) : 1통
압류금지범위 변경·압류취소신청	① 신청서 : 1통 ② 인지대 : 1,000원 ③ 송달료 : 당사자수(3인)×2회분×4,500원(27,000원/3인) ④ 목 록 : 4부
부동산경매취하서	① 취하서 : 1통

구 분	인지대·송달료·첨부서면
	② 경매취하동의서 및 인감증명(매수인) : 각 1통(해당시) ③ 인지대 : 없음 ④ 송달료(우표) : 9,000원 ⑤ 등록세 및 교육세 납부서 : 1통(1필지당 7,200원) ⑥ 수입증지 : 3,000원/1필지 ⑦ 취하서부본 : 1통 ⑧ 부동산목록 : 4부
집행문부여의 소	① 소 장 : 1통 ② 부 본 : 상대방수×1통 ③ 인지대 : 집행권원 인정가액×1/10 ④ 송달료 : 당사자수×15회분(135,000원/2인) ⑤ 입증자료 : 각 1통
집행문부여에 대한 이의의 소	① 소 장 : 1통 ② 부 본 : 상대방수×1통 ③ 인지대 : 집행권원 인정가액×1/10 ④ 송달료 : 당사자수×15회분(135,000원/2인) ⑤ 입증자료 : 각 1통
집행문부여에 대한 이의신청	① 신청서 : 1통 ② 인지대 : 1,000원 ③ 송달료 : 당사자수×2회분(18,000원/2인) ④ 소명자료 : 각 1통
청구이의의 소	① 소 장 : 1통 ② 부 본 : 상대방수×1통 ③ 인지대 : 일반 소장과 동일 ④ 송달료 : 당사자수×15회분(135,000원/2인) ⑤ 입증자료 : 각 1통
제3자이의의 소	① 소 장 : 1통 ② 부 본 : 상대방수×1통 ③ 인지대 : 일반 소장과 동일 ④ 송달료 : 당사자수×15회분(135,000원/2인) ⑤ 입증자료 : 각 1통
배당이의의 소	① 소 장 : 1통 ② 부 본 : 상대방수×1통 ③ 인지대(배당증가액 또는 감소액 기준) : 일반 소장과 동일 ④ 송달료 : 당사자수×15회분(135,000원/2인) ⑤ 배당표 사본 : 1통 ⑥ 배당기일조서등본 : 1통 ⑦ 기타 증거서면 : 각 1통
매각허가여부결정에 대한 즉시항고	① 즉시항고장 : 1통 ② 부 본 : 없음 ③ 인지대 : 2,000원 ④ 송달료 : 항고인수(1인)×5회분(22,500원/1인)

구 분	인지대·송달료·첨부서면
부동산인도명령신청	① 신청서 : 1통 ② 인지대 : 1,000원 ③ 송달료 : 당사자수×2회분(18,000원/2인) ④ 부동산목록 : 3통 ⑤ 매각대금완납증명서 : 1통 ⑥ 부동산등기부등본료 : 1통 ⑦ 기타 증빙서면(상대방의 가족관계증명서 등) : 1통
배당요구신청 (일반채권자)	① 신청서 : 1통 ② 인지대 : 없음 ③ 집행권원 정본(판결받은 자의 신청) : 1통
체불근로자의 배당요구신청	① 신청서 : 1통 ② 인지대 : 없음 ③ 집행권원정본 : 없음 ④ 입증서류 : 체불임금확인서사본, 임금대장사본 중 1개 ③ 근로자입증서류 : 의료보험가입증명서, 국민연금가입증명서, 근로소득세 납입확인서 중 1개
임차인의 배당요구신청	① 신청서 : 1통 ② 인지대 : 없음 ③ 집행권원정본 : 없음 ④ 임대차계약서 사본(확정일자 표시되도록) : 1통 ⑤ 주민등록초본 : 1통
가압류권자의 배당요구신청	① 신청서 : 1통 ② 인지대 : 없음 ③ 집행권원정본 : 없음 ④ 가압류결정문 사본 및 등기부등본 : 각 1통
자동차강제경매신청 (건설기계·소형선박)	① 신청서 : 1통 ② 등기신청수수료 : 3,000원/목적물 1개 ③ 송달료 : (이해관계인 수+3)×10회분 × 4,500원 ④ 판결등 정본 : 1통 ⑤ 송달증명·확정증명·집행문부여 : 1통(이행권고·지급명령 예외) ⑥ 자동차등록원부 : 1통 ⑦ 등록면허세 등(자동차 15,000원/1대, 건설기계 12,000원/1대, 소형선박 18,000원/1대) 납부시 . 1통 ⑩ 자동차 등 목록 : 10부(자동차등록원부 갑구란 사본으로 대체가능) ⑨ 예납금 : 387,800원~10,599,800원(추가예납은 법원에서 연락오면 납부)
자동차임의경매신청 (건설기계·소형선박)	① 신청서 : 1통 ② 등기신청수수료 : 3,000원/목적물 1개 ③ 송달료 : (이해관계인 수+3)×10회분 ④ 채권원인증서(저당권·근저당권설정계약서 등) : 1통 ⑤ 자동차등록원부(갑구 및 을구 기재된 것) : 1통 ⑥ 등록면허세 등(자동차 15,000원/1대, 건설기계 12,000원/1대, 소형선박 18,000원/1대) 납부서 : 1통 ⑦ 자동차목록 : 10부(자동차등록원부 갑구란 사본으로 대체가능)

구 분	인지대·송달료·첨부서면
	⑧ 예납금 : 387,800원 ~ 10,599,800원(추가예납은 법원에서 연락오면 납부)
자동차인도명령신청	① 신청서 : 1통 ② 인지대 : 1,000원 ③ 송달료 : 당사자수×2회분(18,000원/2인) ④ 판결등 정본 : 1통 ⑤ 송달증명·확정증명·집행문부여 : 1통(이행권고·지급명령 예외) ⑥ 자동차등록원부 : 1통 ⑦ 자동차목록(또는 자동차등록원부 「갑구」란 사본) : 3통
자동차양도명령신청	① 신청서 : 1통 ② 인지대 : 없음 ③ 송달료 : 없음
유체동산경매신청	① 경매신청서 : 1통 ② 판결등 정본 : 1통 ③ 송달증명·확정증명·집행문부여 : 1통(이행권고·지급명령 예외) ④ 예납금 납부서 : 1통(127,000원~157,000원)
출자증권압류신청	① 신청서 : 1통 ② 인지대 : 2,000원 ③ 송달료 : 당사자수(제3채무자 포함)×3회분(40,500원/3인)
저당권·전세권부채권 압류 및 추심명령신청	① 신청서 : 1통 ② 목 록 : 4부 ③ 증지대 : 3,000원 ④ 송달료(우표) : 4회분(18,000원/2인)
채권압류 및 전부명령·추심명령에 대한 즉시항고	① 즉시항고장 : 1통 ② 인지대 : 4,000원 ③ 송달료 : 당사자수(제3채무자 포함)×3회분(40,500원/3인)
압류 및 추심명령 경정신청	① 신청서 : 1통 ② 인지대 : 1,000원 ③ 송달료 : 당사자수(제3채무자 포함)×3회분(40,500원/3인)
특허권압류 및 특별현금화(매각명령) 신청	① 신청서 : 1통 ② 인지대 : 4,000원 ③ 송달료 : 당사자수(제3채무자 포함)×3회분(27,000원/2인) ④ 우편환 : 84,000원/1건
대체집행신청	① 신청서 : 1통 ② 부 본 : 없음 ③ 인지대 : 2,000원 ④ 송달료 : 당사자수×3회분(27,000원/2인)

4. 공탁·개인회생·기타

구 분	인지대·송달료·첨부서면
변세공탁	① 공탁 : 2통 ② 공탁통지서 : 1통 ③ 주민등록초본(피공탁자) : 1통 ④ 편지봉투(피공탁자 통지용) : 1통 ⑤ 우표 : 4,500원 ⑥ 회수제한신고서(형사사건에서 공탁시) : 1통 ⑦ 신분증·도장 각 1개 ⑧ 공탁현금
재판상보증공탁	① 공탁서 : 2통 ② 재판서 사본(담보제공명령사본 등) : 1통 ③ 신분증·도장 : 각 1개 ④ 공탁현금
집행공탁	① 공탁서 : 2통 ② 공탁통지서(채무자에 대한 발송용) : 1통 ③ 공탁사실통지서(채권자에 대한 발송용) : 1통 ④ 집행공탁사유 소명서면(가압류결정 사본 등) : 1통 ⑤ 편지봉투 : 1통 ⑥ 우 표 : 4,500원 ⑦ 신분증·도장 : 각 1개
공탁물출급청구	① 공탁물출급청구서 : 1통 ② 공탁통지서원본 : 1통 ③ 출급청구권증명서면(불확지공탁 또는 권리승계의 경우) : 1통 ④ 반대급부이행서면(반대급부조건부 공탁시) : 1통 ⑤ 인감증명서 : 1통 ⑥ 신분증·도장 : 각 1개
공탁물회수청구	① 공탁물회수청구서 : 1통 ② 공탁서원본 : 1통 ③ 담보취소결정서 및 동 확정증명원 : 각 1통 ④ 인감증명서 : 1통 ⑤ 신분증·도장 : 각 1개
개인파산 및 면책신청	① 개인파산 및 면책신청서 : 1통 ② 부본 : 없음 ③ 인지대(파산) : 1,000원(단 채권자 신청시 : 30,000원) ④ 인지대(면책) : 1,000원 ⑤ 송달료(파산) : 45,000원 + (채권자 수×2×4,500원) ⑥ 송달료(면책) : 45,000원 + (채권자 수×3×4,500원)
개인회생신청	① 개인회생신청서 : 1통 ② 부본 : 없음 ③ 인지대 : 30,000원 ④ 송달료 : 45,000원 + (채권자 수×5× 4,500원) ⑤ 채권자목록 및 변제계획안 부본 : 채권자수 + 3통

구 분	인지대·송달료·첨부서면
면제재산신청	① 신청서 : 1통 ② 인지대· 송달료 : 없음 ③ 별지 : 채권자수 + 3통
중지명령신청	① 신청서 : 1통 ② 인지대 : 2,000원 ③ 송달료 : 없음 ④ 별지 : 채권자수 + 3통
금지명령신청	① 신청서 : 1통 ② 인지대 : 2,000원 ③ 송달료 : 없음 ④ 별지 : 채권자수 + 3통

주 1) 인지대· 송달료·첨부서면은 법원에 따라 다소 다를 수 있으므로 위 자료들은 참고용으로만 활용하기 바라며, 정확한 내역은 해당 법원에 직접 확인을 바랍니다.
2) 송달료 : 4,500원/1회 기준(2018년 기준)

❒ 가사·비송사건의 인지대·송달료·첨부서면 일람표

1. 요 약 본

구 분	인지대·송달료·첨부서면
혼인(이혼)무효 청구의 소	① 소 장 : 1통 ② 소장부본 : 상대방수×1통 ③ 인지대 : 20,000원 ④ 송달료 : 당사자수×12회분(108,000원/2인) ⑤ 가족관계증명서·기본증명서·혼인관계증명서 : 각 1통 ⑥ 주민등록초본(당사자) : 각 1통
이혼청구의 소	① 소 장 : 1통 ② 소장부본 : 1통 ③ 인지대 : 이혼만 청구시(20,000원). 단, 이혼(20,000원)과 함께 친권자지정(10,000원/1인)·양육비(10,000원/1인)·위자료(2016. 7. 1.부터 민사소장의 1/2)·재산분할(2016. 7. 1.부터 민사소장의 1/2) 등을 함께 구할 때에는 그 중 가장 다액의 인지를 기준으로 함 ④ 송달료 : 당사자수×12회분(88,800원/2인) ⑤ 가족관계증명서·기본증명서·혼인관계증명서 : 각 1통 ⑥ 주민등록초본(원·피고) : 각 1통 ⑦ 기타 입증서류(상대방의 유책사유 증거) : 각 1통
이혼소송과는 별도로 친권자(양육자)지정·변경·상실, 양육비, 재산분할 청구	① 신청서 : 1통 ② 부 본 : 1통 ③ 인지대 : 친권자(양육자)지정·변경·상실(10,000원/1인), 양육비(10,000원/1인), 재산분할(2016. 7. 1.부터 민사소장의 1/2). 단, 이를 함께 청구시는 합산 ④ 송달료 : 당사자수×12회분(108,000원/2인)
부양료청구(성인)	① 인지대 : 20,000원 ② 송달료 : 당사자수×12회분(108,000원/2인)
사실혼관계존재확인	① 인지대 : 20,000원 ② 송달료 : 당사자수×12회분(108,000원/2인)
인지청구의 소	① 소 장 : 1통 ② 소장부본 : 피고의 수×1통 ③ 인지대 : 20,000원 ④ 송달료 : 당사자수×12회분(108,000원/2인) ⑤ 가족관계증명서·기본증명서 : 각 1통 ⑥ 주민등록초본(원·피고) : 각 1통 ⑦ 제적등본 또는 기본증명서(사망자) : 1통 ⑧ 출산증명서 : 1통
친생자관계존부 확인의 소	① 소장 : 1통 ② 소장부본 : 상대방수×1통 ③ 인지대 : 20,000원 ④ 송달료 : 당사자수×12회분(108,000원/2인) ⑤ 가족관계증명서·기본증명서 : 각 1통 ⑥ 주민등록초본(당사자) : 각 1통

구 분	인지대·송달료·첨부서면
한정치산(금치산)선고 심판청구	① 한정치산선고심판청구서 : 1통(부본 : 없음) ② 인지대 : 5,000원 ③ 인지대(관보게재료) : 7,800원 ④ 송달료 : 10회분(45,000원) ⑤ 가족관계증명서·기본증명서(청구인) : 각 1통 ⑥ 주민등록초본(청구인·사건본인) : 각 1통 ⑦ 소명자료(진단서 등) : 각 1통 ⑧ 신문광고료 : 33,000원
한정치산(금치산)선고 취소심판청구	① 한정치산선고취소심판청구서 : 1통(부본 : 없음) ② 인지대 : 5,000원/사건본인 1인 ③ 인지대(관보게재료) : 7,800원 ④ 송달료 : 10회분(45,000원) ⑤ 가족관계증명서·기본증명서(청구인) : 각 1통 ⑥ 주민등록초본(청구인·사건본인) : 각 1통 ⑦ 한정치산선고심판정본 : 1통 ⑧ 소명자료 : 각 1통
실종선고심판청구	① 심판청구서 : 1통 ② 인지대 : 5,000원 ③ 인지대(관보게재료) : 15,600 ④ 송달료 : 당사자수×2회분(18,000원/3인) ⑤ 신문공고료(인지대) : 33,000원 ⑥ 가족관계증명서·기본증명서(청구인·사건본인) : 각 1통 ⑦ 주민등록초본(청구인·사건본인) : 각 1통 ⑧ 인우인보증서 및 인감증명서(2명) : 각 1통
상속포기(한정승인) 심판청구	① 상속포기심판청구서 : 1통(부본 : 없음) ② 인지대 : 5,000원/청구인 1인 ③ 송달료 : 4회분(18,000원/1인) ④ 가족관계증명서·기본증명서(청구인) : 각 1통 ⑤ 주민등록초본(청구인) : 1통 ⑥ 제적등본 또는 가족관계증명서(사망자) : 1통 ⑦ 말소자주민등록초본(사망자) : 1통 ⑧ 인감증명서(청구인) : 1통
협의이혼의사확인 신청	① 협의이혼의사확인신청서 : 1통 ② 가족관계증명서·혼인관계증명서(남편·처) : 각 1통 ③ 주민등록초본(남편·처) 각 1통 ④ 이혼신고서(증인 불필요) : 3통 ⑤ 미성년자 있을시에는 양육 및 친권자결정에 관한 협의서 3통(사본 2통 포함) 또는 가정법원심판정본 및 확정증명서 : 3통 ⑥ 진술요지서(재외공관에 접수시) : 1통 ⑦ 신분증·도장(부부) : 각 1개 ⑧ 협의이혼의 신고(반드시 3개월 이내에 시·구·읍·면에 제출)
성본창설허가신청 (내국인·귀화자)	① 성본창설허가신청서 : 1통 ② 인지대 : 5,000원/1인(단, 귀화자는 1,000원/1인)

구 분	인지대·송달료·첨부서면
	③ 송달료 : 10회분(45,000원)(단, 귀화자는 5회분 22,500원) ④ 가족관계등록부부존재증명서 : 1통 ⑤ 주민등록신고확인서 : 1통 ⑥ 인우인보증서 및 인감증명서(2인) : 각 1통 ⑦ 사진(반명함판) : 3매 ⑧ 사건번호 : 내국인(느단), 귀화자(호파)
개명허가신청 (내국인·귀화자)	① 개명허가신청서 : 1통 ② 인지대 : 1,000원 ③ 송달료 : 5회분(22,500원/1인) ④ 가족관계증명서 : 1통 ⑤ 기본증명서 : 1통 ⑥ 사건본인의 부·모의 가족관계증명서(해당시) : 각 1통 ⑦ 사건본인의 성년 자녀의 가족관계증명서(해당시) : 각 1통 ⑧ 사건본인의 주민등록등본 또는 초본 : 1통 ⑨ 인우인보증서 및 인우인의 주민등록초본(2명) : 각 1통 ⑩ 범죄경력조회서(경찰서) : 1통
성본창설 및 개명허가신청 (귀화자의 동시신청시)	① 성본창설 및 개명허가신청서 : 1통 ② 인지대 : 2,000원/1인 ③ 송달료 : 6회분(27,000원) ④ 주민등록표 등본 : 1통 ⑤ 가족관계증명서 : 1통 ⑥ 혼인관계증명서 : 1통 ⑦ 기본증명서 : 1통 ⑧ 인우인보증서 : 1통 ⑨ 주민등록초본 (인우인) : 각 1통 ⑩ 국적허가통보서 : 1통 ⑪ 범죄경력조회서(경찰서) : 1통
가족관계등록부정정 허가신청	① 등록부정정허가신청서 : 1통 ② 인지대 : 1,000원 ③ 송달료 : 5회분(22,500원/1인) ④ 인우인보증서 및 주민등록초본(2명) : 각 1통 ⑤ 소명자료(출생증명서·생활기록부·족보 등) : 각 1통
가족관계등록창설 허가신청	① 가족관계등록창설허가신청서 : 1통 ② 인지대 : 1,000원 ③ 송달료 : 5회분(22,500원) ④ 인우인보증서 및 주민등록초본(2명) : 각 1통 ⑤ 가족관계등록부 부존재증명서 또는 제적증명서 : 1통 ⑥ 주민등록신고확인서 : 1통 ⑦ 성장환경진술서 : 1통 ⑧ 성장환경을 뒷받침하는 소명자료 : 1통
자의 성과 본 변경 허가청구	① 심판청구서 : 1통 ② 인지대 : 5,000원/사건본인 1인 ③ 송달료 : 당사자수×4회분(36,000원/2인) ④ 가족관계증명서(청구인·사건본인·친부) : 각 1통

구 분	인지대·송달료·첨부서면
	⑤ 기본증명서(사건본인) : 1통 ⑥ 혼인관계증명서(청구인) : 1통 ⑦ 주민등록초본(청구인·사건본인) : 각 1통 ⑧ 입양관계증명서(사건본인이 입양된 경우) : 1통 ⑨ 제적등본(청구인과 사건본인의 친부의 혼인관계 표시) : 1통 ⑩ 진술서(청구인)·의견서(새아버지·사건본인) : 각 1통
친양자입양심판청구	① 친양자입양심판청구서 : 1통 ② 청구관련 사항 목록 : 1통 ③ 가족관계증명서·기본증명서(청구인·사건본인) : 각 1통 ④ 주민등록초본(청구인·사건본인) : 각 1통 ⑤ 친양자입양동의서 및 인감증명서(친생부모) : 각 1통 ⑥ 법정대리인의 입양승낙서 및 인감증명서 : 각 1통 ⑦ 법정대리인의 입양승낙에 대한 가정법원허가서 : 1통 ⑧ 인지대 : 5,000원/사건본인 1인당 ⑨ 송달료 : 당사자수×4회분(36,000원/2인)
상속재산관리인선임청구	① 인지대 : 5,000원 ② 송달료 : 27,000원
접근금지가처분신청(가사)	① 인지대 : 1,000원 ② 송달료 : 27,000원
면접교섭권신청	① 인지대 : 10,000원/사건본인 1인 ② 송달료 : 12회분(54,000원)
면접교섭권방해배제청구	① 인지대 : 10,000원 ② 송달료 : 당사자수×12회분(108,000원/2인)
이행명령신청	① 인지대 : 1,000원 ② 송달료 : 27,000원

2. 법원 제공본

1) 가사소송·조정 사건

사건명	첨부서류	신청서	인지액	송달료	관할법원	비 고
혼인무효 이혼무효	① 가족관계증명서(원·피고) ② 주민등록등본(원·피고) ③ 혼인관계증명서(원·피고) ④ 원고와 피고 사이의 미성년 자녀가 있는 경우 그 자녀 각자의 기본증명서, 가족관계증명서	2통	20,000원	108,000원 (12회분×2)	쌍방 주소지	쌍방주소지 없으면 →일방최후 주소지 →상대방 주소지 순

사건명	첨부서류	신청서	인지액	송달료	관할법원	비 고
혼인취소 이혼취소 재판상 이 혼	① 가족관계증명서 (원·피고) ② 주민등록등본 (원·피고) ③ 혼인관계증명서 (원·피고) ④ 원고와 피고 사이의 미성년 자녀가 있는 경우 그 자녀 각자의 기본증명서, 가족관계증명서	2통				
인지무효 친생부인 부의결정	① 가족관계증명서 (원·피고) ② 주민등록등본 (원·피고) ③ 혼인관계증명서 (원·피고) ④ 기본증명서 (원·피고)	2통	20,000원	1인당 54,000원	자의 주소지	자(子)사망 → 최후 주소지
인지취소	① 가족관계증명서 (원·피고) ② 주민등록등본 (원·피고)	2통				
입양무효 파양무효 재판상 파 양	① 가족관계증명서 (원·피고) ② 입양관계증명서 (원·피고) ③ 주민등록등본 (원·피고)	2통	20,000원	1인당 54,000원	양부모 중 1인 주소지	양父母 모두 사망 → 최후 주소지
입양취소 파양취소	① 가족관계증명서 (원·피고)(본가, 양가) ② 입양관계증명서 (원·피고) ③ 주민등록등본 (원·피고)	2통				
강제인지 인지이의	① 기본증명서 (원·피고) ② 가족관계증명서 (원·피고) ③ 주민등록등본 (원·피고)	2통	20,000원	1인당 54,000원	상대방 중 1인 주소지	상대방 모두 사망 → 최후 주소지
친생자 관계	① 가족관계증명서 (원·피고)	2통			상대방 주소지	

사건명	첨부서류	신청서	인지액	송달료	관할법원	비 고
존부확인	② 주민등록등본 (원·피고) ③ 기본증명서(원·피고)					
후견인 순위확인	① 가족관계증명서 ② 주민등록등본	2통	20,000원	1인당 54,000원	상대방 주소지	
사실혼 관계존부 확인	① 가족관계증명서 (원·피고) ② 주민등록등본 (원·피고)	2통	20,000원	1인당 54,000원	피고 주소지	

2) 가사신청 사건

사건명	첨부서류	신청서	인지액	송달료	관할법원	비 고
가압류	① 가족관계증명서 ② 주민등록등본 ③ 혼인관계증명서 ④ 소명자료	1통	2,500원	27,000 (3회분 ×2인)	본안건물 소재지	-소제기증명원 -소장부본 -영수증 2통
가처분	① 가족관계증명서 ② 주민등록등본 ③ 공시지가확인원 ④ 토지대장 ⑤ 건축물대장 ⑥ 혼인관계증명서 ⑦ 소명자료	1통	2,500원	27,000원	본안계쟁 물소재지 (예외)	-소제기증명원 -소장부본 -영수증 2통 (본안계속시 소명자료 제출 필요)
가압류이의 가압류취소	① 가압류결정문 ② 제소기간 도과시 송달증명원	2통	2,000원	72,000원 (8회분 ×2인)		
담보취소	채권자 인감증명서	1통	1,000원	27,000원		
권리행사 최고	판결정본					
특별 대리인 (소송사건)	① 가족관계증명서 ② 주민등록등본	1통	1,000원	45,000원		친생자관계부존재확인·친생부인의 소→ 소제기 증명원
제소명령		1통	1,000원	27,000원		
소송비용	① 판결정본 ② 확정증명원	2통	1,000원	27,000원		
이행명령	① 판결정본 ② 확정증명원 ③ 집행문	1통	1,000원	45,000원	1심판결 선고법원	

판결경정	① 판결문 ② 가족관계증명서 또는 주민등록등본	1통	1,000원	27,000원		

3) 가사비송 사건

<table>
<tr><th>사건명</th><th>첨부서류</th><th>신청서</th><th>인지액</th><th>송달료</th><th>관할법원</th><th>비 고</th></tr>
<tr><td>금치산
한정치산</td><td>① 가족관계증명서
② 주민등록등본
(청구인, 사건본인)
③ 진단서</td><td>1통</td><td>사건본인
각 5,000원</td><td>45,000원
(10회분)</td><td>사건
본인
주소지</td><td>관보료:
7,800원
(인지)</td></tr>
<tr><td>실종신고</td><td>① 가족관계증명서
② 주민등록등본
(청구인, 사건본인)
③ 인우보증서
(2인 인감증명서)</td><td>1통</td><td>사건본인
각 5,000원</td><td>45,000원</td><td>사건
본인
최후
주소지</td><td>관보료:
15,600원
(인지)</td></tr>
<tr><td>부재선고</td><td>① 가족관계증명서
② 기본증명서
③ 주민등록등본
④ 잔류자확인서</td><td>1통</td><td colspan="2">비용면제
(우표 9,000원)</td><td>사건
본인
등록
기준지</td><td>1월 이상
기간 공시</td></tr>
<tr><td rowspan="2">성본창설
(내국인)</td><td rowspan="2">① 가족관계등록부
부존재증명서(구청)
② 주민등록신고
확인서(동사무소)
③ 인우보증서
(2인 인감증명서)</td><td rowspan="2">1통</td><td>5,000원/
청구인</td><td>45,000원
(10회분)</td><td rowspan="2">사건
본인
주소지</td><td rowspan="2">사건본인
사진: 3매
(반명함판)</td></tr>
<tr><td colspan="2">기아: 비용면제</td></tr>
<tr><td>성본창설
(귀화자)</td><td>① 기본증명서
② 가족관계증명서
③ 주민등록등본
(사건본인)</td><td>1통</td><td colspan="2">1,000원</td><td>22,500원</td><td>주소지</td></tr>
<tr><td>상속재산
관리인선임</td><td>① 제적등본(2007.12.31. 이전 사망신고의 경우) 또는 폐쇄가족관계등록부에 따른 기본증명서(2008.1.1. 이후 사망신고의 경우)
② 가족관계증명서
③ 기본증명서
④ 주민등록등본
⑤ 재산증명서류
⑥ 기타 이해관계서류</td><td>1통</td><td>사건본인
각 5,000원</td><td>45,000원
(10회분)</td><td>피상
속인
최후
주소지</td><td>–신문
공고료:
33,000원
–관보료:
7,800원
(인지)</td></tr>
<tr><td>특별대리인</td><td>① 제적등본(2007.12.</td><td>1통</td><td>사건본인</td><td>45,000원</td><td>사건</td><td></td></tr>
</table>

사건명	첨부서류	신청서	인지액	송달료	관할법원	비 고
(가사비송)	31. 이전 사망신고의 경우) 또는 폐쇄가족관계등록부에 따른 기본증명서(2008. 1.1. 이후 사망신고의 경우) ② 가족관계증명서 ③ 기본증명서 ④ 주민등록등본 (청구인, 사건본인, 특별대리인) ⑤ 기타 원인서류		각 5,000원	(10회분)	본인 주소지	
후견인선임, 변경	① 주민등록등본 (청구인, 사건본인) ① 제적등본(2007.12. 31. 이전 사망신고의 경우) 또는 폐쇄가족관계등록부에 따른 기본증명서(2008. 1.1. 이후 사망신고의 경우) ③ 가족관계증명서	1통	사건본인 각 5,000원	45,000원 (10회분)	사건 본인 주소지	
친족회선임 친족회소집	① 가족관계증명서 ② 기본증명서 ③ 주민등록등본 (청구인, 사건본인, 친족회원) ④ 친족회원 가족관계증명서 ⑤ 기타 이해관계서류	1통	1,000원	청구인·친족회원수 각 18,000원	사건 본인 주소지	
상속포기 한정승인	① 주민등록등본 ② 인감증명(청구인) ③ 기본증명서 ④ 주민등록등본 ⑤ 제적등본(2007.12. 31. 이전 사망신고의 경우) 또는 폐쇄가족관계등록부에 따른 기본증명서(2008. 1.1. 이후 사망신고의 경우) ⑥ 가족관계증명서 ⑦ 말소자등본(사망자) ⑧ 상속재산목록	1통	청구인 각 5,000원	청구인 각 18,000원	사망자 최후 주소지	-상속포기: 사망한 날로부터 3개월 이내 -한정승인: 사망한 날로부터 또는 채무가 있음을 안 날로부터 3개월 이내 (결정 송달받은 후 5일 안에

사건명	첨부서류	신청서	인지액	송달료	관할법원	비 고
	(한정승인)					신문 공고 필요)
유언검인	① 주민등록등본 (청구인, 상속인) ② 제적등본(2007.12. 31. 이전 사망신고의 경우) 또는 폐쇄가족관계등록부에 따른 기본증명서(2008. 1.1. 이후 사망신고의 경우) ③ 가족관계증명서 ④ 기본증명서 ⑤ 말소자등본(사망자) ⑥ 유언서사본	1통	5,000원	청구인· 상속인 각 18,000원	사망자 최후 주소지	
양육비	① 가족관계증명서 ② 혼인관계증명서 (청구인) ③ 기본증명서(사건본인) ④ 주민등록등본 (청구인, 사건본인)	2통	사건본인 각 10,000원	108,000원 (12회분× 2인)	상대방 주소지	
면접교섭권	① 가족관계증명서 ② 혼인관계증명서 (청구인) ③ 기본증명서(사건본인) ④ 주민등록등본 (청구인, 상대방)	2통	사건본인 각 10,000원	1인당 54,000원	상대방 주소지	
양육비청구 양육비지정	① 가족관계증명서 ② 혼인관계증명서 (청구인) ③ 기본증명서(사건본인) ④ 주민등록등본 (청구인, 사건본인)	2통	10,000원+ 10,000원	1인당 54,000원	상대방 주소지	
친양자입양 심판청구	① 청구관련시창 목록 ② 가족관계증명서 (사건본인) ③ 혼인관계증명서 (청구인들) ④ 주민등록등본 (청구인, 사건본인) ⑤ 친양자입양동의서 (친생부모) ⑥ 법정대리인의 입양승	1통	5,000원	36,000원	친양자 주소지	

사건명	첨부서류	신청서	인지액	송달료	관할법원	비 고
	낙서(해당자) ⑦ 기본증명서 (사건본인) ⑧ 제적등본(2007.12. 31. 이전 친생부모 사망신고) 또는 폐쇄가족관계등록부에 따른 기본증명서(2008.1.1. 이후 친생부모 사망신고)					
자의 성과본의 변경허가 심판청구	① 가족관계증명서 (사건본인) ② 혼인관계증명서 (청구인들) ③ 주민등록등본 (사건본인) ④ 기본증명서(사건본인) ⑤ 가족관계증명서 (청구인) ⑥ 주민등록등본(청구인) ⑦ 입양관계증명서 (사건본인이 입양된 경우) ⑧ 제적등본(2007.12. 31. 이전에 친부가 사망신고한 경우) 또는 폐쇄가족관계등록부에 따른 기본증명서 (2008.1.1. 이후 사망신고)	1통	5,000원	36,000원	사건본인 주소지	
가족관계 등록창설	① 가족관계등록부 부존재증명서 ② 주민등록등본 (주민등록신고필)	1통	1,000원	22,500원 (5회분)	등록 기준지	－탈북자·개인접수 시 → 인우보증서 (2인 주민등록등본)
개 명	① 기본증명서 ② 가족관계증명서 (사건본인) ③ 주민등록등본	1통	1,000원	22,500원	주소지	
가족관계 등록정정	① 기본증명서 ② 가족관계증명서 (사건본인) ③ 가족관계등록부의 등록사항별 증명서(정정	1통	1,000원	22,500원	등록 기준지	

사건명	첨부서류	신청서	인지액	송달료	관할법원	비 고
	할 부분) ④ 인우보증서 (2인 주민등록등본)					

주 송달료 : 4,500원/1회 기준(2018년 기준)

❒ 공소시효 일람표

죄 명	공소시효	조문
◇ 내란의 죄 ◇		
내란수괴죄	25년	87조 1호
내란(모의참여,중요임무종사,실행)	25년	87조 2호
내란 부화수행죄	7년	87조 3호
내란목적 살인죄	25년	88조
내란죄의 미수범	제87-8조 적용	89조
내란죄의 예비·음모·선동·선전죄	10년	90조
◇ 외환의 죄 ◇		
외환유치죄	25년	92조
여적죄	25년	93조
모병이적죄	25년	94조 1항
모병이적에 응한 죄	15년	94조 2항
시설제공이적죄	25년	95조
시설파괴이적죄	25년	96조
물건제공이적죄	15년	97조
간첩죄	25년	98조
일반이적죄	15년	99조
외환죄의 미수범	제92 - 99조	100조
외환죄의 예비,음모,선동,선전죄	10년	101조
전시군수계약불이행죄	10년	103조
◇ 국기에 관한죄 ◇		
국기, 국장의 모독죄	7년	105조
국기, 국장의 비방죄	5년	106조
◇ 국교에 관한 죄 ◇		
외국원수에 대한 폭행등죄	7년	107조
선거방해죄	10년	128조
단순수뢰죄	7년	129조 1항
사전수뢰죄	5년	129조 2항

죄 명	공소시효	조문
외교사절에 대한 폭행, 협박죄	7년	108조 1항
외교사절에 대한 모욕, 명예훼손죄	5년	108조 2항
외국의 국기, 국장의 모독죄	5년	109조
외국에 대한 사전죄 (제1항) 외국에 대한 사전미수죄 (제2항)	10년	111조 1,2항
외국에 대한 사전예비·음모죄	5년	111조 3항
중립명령위반죄	5년	112조
외교상기밀누설죄 (제1항) 외교상기밀탐지· 수집죄 (제2항)	7년	113조
◇ 공안을 해하는 죄 ◇		
범죄단체조직· 가입죄	목적한 죄의 공소시효	114조 1항
소요죄	10년	115조
다중불해산죄	5년	116조
전시공수계약불이행죄(제1항) 전시공수계약이행방해죄(제2항)	5년	117조
공무원자격사칭죄	5년	118조
◇ 폭발물에 관한 죄 ◇		
폭발물사용죄 (제1항)	25년	119조
폭발물사용죄의 예비, 음모, 선동죄 (제2항)	10년	120조
전시폭발물제조등 죄	10년	121조
◇ 공무원의 직무에 관한 죄 ◇		
직무유기죄	5년	122조
직권남용죄	7년	123조
불법체포, 불법감금죄	7년	124조
특수공무원의 폭행, 가혹행위죄	7년	125조
피의사실공표죄	5년	126조
공무상비밀누설죄	5년	127조
허위의 감정·통역·번역죄	7년	154조, 152조 2항
모해 허위의 감정·통역·번역죄	10년	154조, 152조 1항
협의의 증거인멸죄	7년	155조 1항

죄 명	공소시효	조문
제3자뇌물제공죄	7년	130조
수뢰후부정처사, 사후수뢰죄	10년	131조 1,2항
사후수뢰죄	7년	131조 3항
알선수뢰죄	5년	132조
뇌물공여죄	7년	133조
◇ **공무방해에 관한 죄** ◇		
공무집행방해죄	7년	136조
위계에 의한 공무집행방해죄	7년	137조
법정,국회회의장모욕죄	5년	138조
인권옹호직무방해죄	7년	139조
공무상비밀표시무효죄	7년	140조
부동산강제집행효용침해죄	7년	140의2
공용서류 등의 무효죄	7년	141조 1항
공용물의 파괴죄	10년	141조 2항
공무상 보관물의 무효죄	7년	142조
특수공무방해치상죄	10년	144조 2항
특수공무방해치사죄	15년	144조 2항
◇ **도주와 범인은닉의 죄** ◇		
도주죄 (제1항) 집합명령위반죄 (제2항)	5년	145조
특수도주죄	7년	146조
도주원조죄	10년	147조
간수자의 도주원조죄	10년	148조
(제147조와 제148조 각 죄명) 예비·음모죄	5년	150조
범인은닉죄	5년	151조
◇ **위증과 증거인멸의 죄** ◇		
위증죄	7년	152조 1항
모해위증죄	10년	152조 2항
가스·전기등 방류죄	10년	172조의2 1항
가스,전기등 방류치사상죄	15년	172조의2 2항
가스·전기등 공급방해죄	10년	173조 1,2항
가스,전기등 공급방해치상죄	10년	173조 3항 전단

죄 명	공소시효	조문
증인은닉·도피죄	7년	155조 2항
모해증거인멸죄	10년	155조 3항
◇ **무고의 죄** ◇		
무고죄	10년	156조
◇ **신앙에 관한 죄** ◇		
장례식등의 방해죄	5년	158조
사체등의 오욕죄	5년	159조
분묘발굴죄	7년	160조
사체 등의 영득죄	7년	161조 1항
분묘발굴 사체 등의 영득죄	10년	161조 2항
변사체 검시방해죄	5년	163조
◇ **방화와 실화의 죄** ◇		
현주건조물등에의 방화죄	15년	164조 1항
현주건조물방화치상죄	15년	164조 2항
현주건조물방화치사죄	25년	164조 2항
공용건조물 등에의 방화죄	15년	165조
일반건조물 등에의 방화죄	10년	166조 1항
자기 소유 일반건조물에의 방화죄	7년	166조 2항
일반물건에의 방화죄	10년	167조 1항
자기소유 일반물건에의 방화죄	5년	167조 2항
연소죄	10년	168조 1항
연소죄	7년	168조 2항
진화방해죄	10년	169조
실화죄	5년	170조
업무상실화, 중실화죄	5년	171조
폭발성물건파열죄	10년	172조 1항
폭발성물건파열치사·치상죄	15년	172조 2항
수도음용수의 사용방해죄	10년	193조
음용수혼독치사상죄	15년	194조
수도불통죄	10년	195조
음용수에 관한 죄의 예비·음모죄	5년	197조

죄 명	공소시효	조문
가스,전기등 공급방해치사죄	15년	173조 3항 후단
과실폭발성물건파열등 죄	7년	173조의2 1항
방화죄등의 예비·음모죄	7년	175조
◇ 일수와 수리에 관한 죄 ◇		
현주건조물 등에의 일수죄	15년	177조 1항
현주건조물 등에의 일수치사상죄	15년	177조 2항
공용건조물 등에의 일수죄	15년	178조
일반건조물 등에의 일수죄	10년	179조 1항
자기소유일반건조물 등에의 일수죄	5년	179조 2항
방수방해죄	10년	180조
과실일수죄	5년	181조
일수죄의 예비·음모죄	5년	183조
수리방해죄	7년	184조
◇ 교통방해의 죄 ◇		
일반교통방해죄	10년	185조
기차,선박 등의 교통방해죄	10년	186조
기차 등의 전복등 죄	15년	187조
교통방해치사상죄	15년	188조
과실, 업무상과실, 중과실에 의한 교통방해죄	5년	189조
교통방해죄의 예비·음모죄	5년	191조
◇ 음용수에 관한 죄 ◇		
음용수의 사용방해죄	5년	192조 1항
독물등 혼입에 의한 음용수사용방해죄	10년	192조 2항
◇ 문서에 관한 죄 ◇		
공문서등의 위조,변조 및 동행사죄	10년	225조, 229조
자격모용에 의한 공문서 등의 작성 및 동행사죄	10년	226조, 229조
허위공문서등의 작성, 변개죄 및 동행사죄	7년	227조, 229조
공전자기록위작·변작죄 및 동행	10년	227조의2,

죄 명	공소시효	조문
◇ 아편에 관한 죄 ◇		
아편 등의 제조등 죄	10년	198조
아편흡식기의 제조등 죄	7년	199조
세관 공무원의 아편 등의 수입죄	10년	200조
아편흡식 등, 동장소제공죄	7년	201조
아편 등의 소지죄	5년	205조
◇ 통화에 관한 죄 ◇		
내국통화위조등 및 동행사, 수입 등 죄	15년	207조 1항, 4항
외국통화위조등 및 동행사, 수입 등 죄	10년	207조 2,3,4항
위조통화의 취득죄	7년	208조
위조통화취득 후의 지정행사죄	5년	210조
통화유사물의 제조 등죄	5년	211조
통화에 관한 죄의 예비·음모죄	7년	제213조
◇ 유가증권, 우표와 인지에 관한 죄 ◇		
유가증권위조·변조죄	10년	214조
자격모용에 의한 유가증권의 작성죄	10년	215조
허위유가증권의 작성등 죄	7년	216조
위조유가증권 등의 행사등 죄	10년	217조
인지, 우표의 위조등 죄	10년	218조
위조인지, 우편등의 취득죄	5년	219조
소인의 말소죄	5년	221조
인지,우표 유사물의 제조등 죄	5년	222조
유가증권,우표와 인지에 관한 죄의 예비·음모죄	5년	224조
◇ 살인의 죄 ◇		
살인(제1항) 존속살해죄 (제2항)	25년	250조
영아살해죄	10년	251조
촉탁·승낙살인죄 (제1항)	10년	252조

죄 명	공소시효	조문	죄 명	공소시효	조문
사죄		229조	자살교사·방조죄 (제2항)		
공정증서원본 등의 부실기재 및 동행사죄	7년	228조 1항, 229조	위계등에 의한 촉탁살인 등 죄	25년	253조
공정증서원본 등의 부실기재 및 동행사죄	5년	228조 2항, 229조	살인죄의 예비음모죄	10년	255조
공문서등의 부정행사죄	5년	230조	◇ 상해와 폭행의 죄 ◇		
사문서등의 위조·변조죄	7년	231조, 234조	상해죄	7년	257조 1항
자격모용에 의한 사문서의 작성 및 동행사죄	7년	232조, 234조	존속상해죄	10년	257조 2항
사전자기록위작·변작죄 및 동행사죄	7년	232조의2, 234조	(존속)중상해죄	10년	258조
허위진단서등의 작성 및 동행사죄	5년	233조, 234조	상해치사죄	10년	259조 1항
사문서의 부정행사죄	5년	236조	존속상해치사죄	15년	259조 2항
◇ 인장에 관한 죄 ◇			폭행죄	5년	260조 1항
공인 등의 위조, 부정사용 및 동행사죄	7년	238조	존속폭행죄	7년	260조 2항
사인 등의 위조, 부정사용 및 동행사죄	5년	239조	특수폭행죄	7년	261조
◇ 성풍속에 관한 죄 ◇			폭행치상죄	7년	262조 257조 1항
음행매개죄	5년	242조	폭행중상해, 존속폭행중상해죄	10년	262조 258조
음화 등 반포·판매·임대죄	5년	243조	폭행치사죄	10년	262조 259조 1항
음화 등 공연전시·상영죄	5년	243조	존속폭행치사죄	15년	262조 259조 2항
음화제조등 죄	5년	244조	◇ 과실치사상의 죄 ◇		
공연음란죄	5년	245조	과실치상죄	5년	266조
◇ 도박과 복표에 관한 죄 ◇			과실치사죄	5년	267조
도박, 상습도박죄	5년	246조	업무상과실·중과실 치사상죄	7년	268조
도박개장죄	5년	247조	◇ 낙태의 죄 ◇		
복표의 발매등 죄	5년	248조	낙태죄(제1항) 촉탁·승낙낙태죄(제2항)	5년	269조 1,2항
촉탁, 승낙낙태치상죄	5년	269조 3항 전단	특수중체포·감금죄	10년	278조, 277조 1항
촉탁, 승낙낙태치사죄	7년	269조 3항 후단	존속특수중체포·감금죄	10년	278조, 277조 2항
의사 등의 낙태, 부동의낙태죄	5년	270조	체포·감금치상죄	10년	281조 1항

죄 명	공소시효	조문
		1,2항
의사 등의 낙태,부동의낙태치상죄	7년	270조 3항 전단
의사 등의 낙태,부동의낙태치사죄	10년	270조 3항 후단
◇ **유기와 학대의 죄** ◇		
유기죄	5년	271조 1항
존속유기죄(제2항), 중존속유기죄(제4항)	10년	271조 2,4항
단순유기로 인한 생명에 위험을 초래한 죄	7년	271조 3항
영아유기죄	5년	272조
학대죄	5년	273조 1항
존속학대죄	7년	273조 2항
아동혹사죄	7년	274조
(제271조 내지 제273)유기등 치상죄	7년	275조 1항 전단
(제271조 내지 제273)유기등 치사죄	10년	275조 1항 후단
존속(제271조 내지 제273조) 유기등 치상죄	10년	275조 2항 전단
존속(제271조 내지 제273조) 유기등 치사죄	15년	275조 2항 후단
◇ **체포와 감금의 죄** ◇		
체포죄, 감금죄	7년	276조 1항
존속체포·감금죄	10년	276조 2항
중체포죄, 중감금죄	7년	277조 1항
존속중체포죄, 존속중감금죄	10년	277조 2항
특수체포죄, 특수감금죄	7년	278조, 276조 1항
존속특수체포죄, 존속특수감금죄	10년	278조, 276조 2항
강간등 치사죄	15년	301조의2

죄 명	공소시효	조문
		276조 1항
존속체포·감금치상죄	10년	281조 2항 276조 2항
체포·감금치사죄	10년	281조 1항 276조 1항
존속체포·감금치사죄	15년	281조 2항 276조 2항
◇ **협박의 죄** ◇		
협박죄	5년	283조 1항
존속협박죄	7년	283조 2항
특수협박죄	7년	284조
◇ **약취와 유인의 죄** ◇		
미성년자의 약취·유인죄	10년	287조
추행 등 목적 약취,유인등 죄	10년	288조
인신매매죄	7년	289조 1항
추행,간음,결혼,영리목적 인신매매죄	10년	289조 2항
노동력착취등 인신매매죄	10년	289조 3항
국외이송목적 인신매매죄	10년	289조 4항
약취,유인,매매,이송 등 상해·치상죄	10년	290조
약취,유인,매매,이송 등 살인죄	25년	291조 1항
약취,유인,매매,이송 등 치사죄	15년	291조 2항
약취,유인,매매,이송된 사람의 수수·은닉 등죄	7년	292조
◇ **강간과 추행의 죄** ◇		
강간죄	10년	297조
유사강간	10년	297조의2
강제추행죄	10년	298조
준강간, 준강제추행죄	10년	299조
강간등 상해·치상죄	15년	301조
강간등 살인죄	25년	301조의2 전단
강요죄	7년	324조

죄 명	공소시효	조문	죄 명	공소시효	조문
		후단			
미성년자에 대한 간음죄	7년	302조	인질강요죄	10년	324조의2
업무상위력등에 의한 간음죄	7년	303조	인질상해·치상죄	15년	324조의3
미성년자(13세미만)에 대한 간음, 추행죄	10년	305조, 297조	인질살해죄	25년	324조의4 전단
			인질치사죄	15년	324조의4 후단
미성년자(13세미만)에 대한 간음,추행,상해,치상죄	15년	305조, 301조	점유강취, 준점유강취	7년	325조
◇ 명예에 관한 죄 ◇			중권리행사방해죄	10년	326조
명예훼손죄	5년	307조 1항	강제집행면탈죄	5년	327조
허위사실적시 명예훼손죄	7년	307조 2항	◇ 절도와 강도의 죄 ◇		
사자의 명예훼손죄	5년	308조	절도죄	7년	329조
출판물등에 의한 명예훼손죄	5년	309조 1항	야간주거침입절도죄	10년	330조
허위사실적시 출판물등에 의한 명예훼손죄	7년	309조 2항	특수절도죄	10년	331조
모욕죄	5년	311조	자동차등 불법사용죄	5년	331조의2
◇ 신용, 업무와 경매에 관한 죄 ◇			강도죄	10년	333조
신용훼손죄	7년	313조	특수강도죄	15년	334조
업무방해죄	7년	314조	준강도죄	10년	335조, 333조
경매·입찰방해죄	5년	315조	준특수강도죄	15년	335조, 334조
◇ 비밀침해의 죄 ◇			인질강도죄	10년	336조
비밀침해죄	5년	316조	강도상해, 치상죄	15년	337조
업무상비밀누설죄	5년	317조	강도살인죄	25년	338조 전단
◇ 주거침입의 죄 ◇			강도치사죄	15년	338조 후단
주거침입,퇴거 불응죄	5년	319조	강도강간죄	15년	339조
특수주거침입죄	7년	320조	해상강도죄(제1항), 해상강도상해·치상죄(제2항)	15년	340조 1,2항
주거·신체수색죄	5년	321조	해상강도살인·치사·강간죄	25년	340조 3항
◇ 권리행사를 방해하는 죄 ◇			상습강도,상습특수절도,상습인질강도,상습해상강도 등죄	15년	341조
권리행사방해죄	7년	323조	강도죄의 예비·음모죄	7년	343조
◇ 사기와 공갈의 죄 ◇			◇ 장물에 관한 죄 ◇		
사기죄	10년	347조	장물의 취득, 알선 등죄	7년	362조
컴퓨터등사용사기죄	10년	347조의2	상습장물의 취득, 알선 등죄	10년	363조
준사기죄	10년	348조	업무상과실, 중과실로 인한 장물취득 등죄	5년	364조

죄 명	공소시효	조문	죄 명	공소시효	조문
편의시설부정이용죄	5년	348조의2	◇ 손괴의 죄 ◇		
부당이득죄	5년	349조	재물 또는 문서의 손괴죄	5년	366조
공갈죄	10년	350조	공익건조물 파괴죄	10년	367조
◇ 횡령과 배임의 죄 ◇			중손괴죄	10년	368조 1항
횡령죄(제1항), 배임죄(제2항)	7년	355조	재물손괴등 치상죄	10년	368조 2항
업무상의 횡령과 배임죄	10년	356조	재물손괴등 치사죄	10년	368조 2항
배임수재죄	7년	357조 1항	특수손괴죄	7년	369조 1항
배임증재죄	5년	357조 2항	특수공익건조물파괴죄	10년	369조 2항
점유이탈물횡령죄(제1항), 매장물횡령죄(제2항)	5년	360조	경계침범죄	5년	370조

주) 1. 2016년 법률구조실무자료집(대한법률구조공단) 인용 및 참고
2. 2007년 12월 21일 이후 저지른 범죄의 법정형을 기준으로 함

➢ 공소시효 산정 방법 (형사소송법 제249조~제253조의2)

① 법정형이 사형인 범죄 : 25년

② 법정형이 무기징역·무기금고인 범죄 : 15년

③ 법정형이 장기 10년 이상의 징역·금고인 범죄 : 10년

④ 법정형이 장기 10년 미만의 징역·금고인 범죄 : 7년

⑤ 법정형이 장기 5년 미만의 징역·금고, 장기 10년 이상의 자격정지, 벌금인 범죄 : 5년

⑥ 법정형이 장기 5년 이상의 자격정지인 범죄 : 3년

⑦ 법정형이 장기 5년 미만의 자격정지, 구류, 과료, 몰수인 범죄 : 1년

⑧ 이미 공소가 제기된 범죄 : 판결 확정 없이 공소를 제기한 때로부터 25년 경과시

⑨ 살인죄(종범 제외)를 저질러 법정형이 사형인 범죄 : 공소시효 기간 없음

⑩ 형사처분을 면할 목적으로 국외에 있는 경우 : 해당 기간 동안 공소시효 정지

⑪ 형의 병과 또는 2개 이상의 형 중에서 1개를 과할 때 : 중한 형에 의해 산정

⑫ 형의 가중 또는 감경시 : 가중 또는 감경되지 않는 형을 기준으로 산정

⑬ 공범 관계 : 최종행위종료시부터 산정하고, 1인에 대한 시효정지는 타공범에도 영향

❐ 주택임차인의 최우선변제금액표

임차시기 (저당권 등 설정 시기와 비교)	임차주택 소재지	최우선변제금액이 인정되는 임차보증금	최우선변제금액
1984. 1. 1~ 1987. 11. 30	서울특별시·직할시	300만원 이하	전 액
	기타 지역	200만원 이하	전 액
1987. 12. 1~ 1990. 2. 18	서울특별시·직할시	500만원 이하	전 액
	기타 지역	400만원 이하	전 액
1990. 2. 19~ 1995. 10. 18	서울특별시	2,000만원 이하	700만원까지
	기타 지역	1,500만원 이하	500만원까지
1995. 10. 19~ 2001. 9. 14	서울특별시·광역시(군지역 제외)	3,000만원 이하	1,200만원까지
	기타 지역	2,000만원 이하	800만원까지
2001. 9. 15~ 2008. 8. 20	과밀억제권역	4,000만원 이하	1,600만원까지
	광역시(인천·군지역 제외)	3,500만원 이하	1,400만원까지
	기타 지역	3,000만원 이하	1,200만원까지
2008. 8. 21~ 2010. 7. 25	과밀억제권역	6,000만원 이하	2,000만원까지
	광역시(인천·군지역 제외)	5,000만원 이하	1,700만원까지
	기타 지역	4,000만원 이하	1,400만원까지
2010. 7. 26~ 2013. 12. 31.	서울특별시	7,500만원 이하	2,500만원까지
	과밀억제권역(서울 제외)	6,500만원 이하	2,200만원까지
	광역시(과밀억제권역·군지역 제외)	5,500만원 이하	1,900만원까지
	안산시·용인시·김포시·광주시	5,500만원 이하	1,900만원까지
	기타 지역	4,000만원 이하	1,400만원까지
2014. 1. 1~ 2016. 3. 30.	서울특별시	9,500만원 이하	3,200만원까지
	과밀억제권역(서울 제외)	8,000만원 이하	2,700만원까지
	광역시(과밀억제권역·군지역 제외)·안산시·용인시·김포시·광주시	6,000만원 이하	2,000만원까지
	기타 지역	4,500만원 이하	1,500만원까지
2016. 3. 31~ 현재까지	서울특별시	1억원 이하	3,400만원까지
	과밀억제권역(서울 제외)	8,000만원 이하	2,700만원까지
	광역시(과밀억제권역·군지역 제외)·세종특별자치시·안산시·용인시·김포시·광주시	6,000만원 이하	2,000만원까지
	기타 지역	5,000만원 이하	1,700만원까지

① 최우선변제금액이 인정되는 임차보증금은 임차보증금만을 기준으로 하고 월세는 무시함
② 과밀억제권역 : 서울, 인천(강화군·옹진군·대곡동·불로동·마전동·금곡동·오류동·왕길동·당하동·원당동 및 인천경제자유구역·남동국가산업단지는 제외), 의정부시, 구리시, 남양주시(단, 호평동· 평내동·금곡동·일패동·이패동·삼패동·가운동·수석동·지금동·도농동만 해당), 하남시, 고양시, 수원시, 성남시, 안양시, 부천시, 광명시, 과천시, 의왕시, 군포시, 시흥시(단, 반월특수지역은 제외)

❐ 상가건물임차인의 적용 대상과 최우선변제금액표

임차시기 (저당권 등 설정 시기와 비교)	상가건물 소재지	법 적용 대상 임차보증금 범위	최우선변제금액 (임차보증금/우선금액)
2002. 11. 1~ 2008. 8. 20	서울특별시	2억 4천만원 이하	4,500만원 이하/1,350만원까지
	과밀억제권역(서울 제외)	1억 9천만원 이하	3,900만원 이하/1,170만원까지
	광역시(인천·군지역 제외)	1억 5천만원 이하	3,000만원 이하/900만원까지
	기타 지역	1억 4천만원 이하	2,500만원 이하/750만원까지
2008. 8. 21~ 2010. 7. 25	서울특별시	2억 6천만원 이하	4,500만원 이하/1,350만원까지
	과밀억제권역(서울 제외)	2억 1천만원 이하	3,900만원 이하/1,170만원까지
	광역시(인천·군지역 제외)	1억 6천만원 이하	3,000만원 이하/900만원까지
	기타 지역	1억 5천만원 이하	2,500만원 이하/750만원까지
2010. 7. 26~ 2013. 12. 31	서울특별시	3억원 이하	5,000만원 이하/1,500만원까지
	과밀억제권역(서울 제외)	2억 5천만원 이하	4,500만원 이하/1,350만원까지
	광역시(과밀억제군역·군지역 제외)·안산시·용인시·김포시·광주시	1억 8천만원 이하	3,000만원 이하/900만원까지
	기타 지역	1억 5천만원 이하	2,500만원 이하/750만원까지
2014. 1. 1~ 2018. 1. 25.	서울특별시	4억원 이하	6,500만원 이하/2,200만원까지
	과밀억제권역(서울 제외)	3억원 이하	5,500만원 이하/1,900만원까지
	광역시(부산 포함)·안산시·용인시·김포시·광주시	2억 4천만원 이하	3,800만원 이하/1,300만원까지
	기타 지역(세종특별자치시 포함)	1억 8천만원 이하	3,000만원 이하/1,000만원까지
2018. 1. 26~ 현재까지	서울특별시	6억 1천만원 이하	6,500만원 이하/2,200만원까지
	과밀억제권역(서울 제외)·부산	5억원 이하	5,500만원 이하/1,900만원까지
	광역시(과밀억제권역·부산 제외)·세종특별자치시·파주시·화성시·안산시·용인시·김포시·광주시	3억 9천만원 이하	3,800만원 이하/1,300만원까지
	기타 지역	2억 7천만원 이하	3,000만원 이하/1,000만원까지

① 최우선변제금액이 인정되는 임차보증금은 환산보증금 〔임차보증금+(월세×100)〕 을 기준으로 함

② 과밀억제권역 : 서울, 인천(강화군·옹진군·대곡동·불로동·마전동·금곡동·오류동·왕길동·당하동·원당동 및 인천경제자유구역·남동국가산업단지는 제외), 의정부시, 구리시, 남양주시(단, 호평동· 평내동·금곡동·일패동·이패동·삼패동·가운동·수석동·지금동·도농동만 해당), 하남시, 고양시, 수원시, 성남시, 안양시, 부천시, 광명시, 과천시, 의왕시, 군포시, 시흥시(단, 반월특수지역은 제외)

사항색인

ㄱ

가계약금에 대한 반환청구 가능 여부 ………… 39
가사사건의 종류와 가사사건별 관할법원 …… 178
가사·비송사건의 인지대·송달료·첨부서면 일람표 …………………………………………… 847
가석방 ………………………………………………… 688
가압류 또는 압류의 경합과 전부명령의 효력 ………………………………………………… 499
가압류해방공탁 …………………………………… 418
가압류·가처분을 당한 경우에 채무자의 내응방법 ………………………………………… 412
가압류·압류가 들어온 경우의 대응방법 …… 415
가족관계증명서를 열람·교부받을 수 있는 방법 ………………………………………………… 428
가집행신청제도 …………………………………… 447
간이회생절차 ……………………………………… 748
간접강제방법 ……………………………………… 517
강제경매에 대한 정지·취소의 방법 ………… 501
강제경매의 진행 절차 ………………………… 464
강제입원자의 퇴원절차 ………………………… 670
강제입원조치 ……………………………………… 670
강제집행에 대하여 채무자가 불복할 수 있는 각종 절차 ………………………………………… 458
강제집행의 대상이 되지 않는 금전채권 …… 453
개를 잘못 관리한 경우의 소유자와 점유자의 책임 …………………………………… 648
개인비밀누출로 인한 주민등록번호의 정정 ·· 77
개인워크아웃 ……………………………………… 700
개인채권자로부터의 차용금에 대한 이자율의 변동내역 …………………………………………… 66
개인파산 …………………………………………… 697
개인파산과 개인회생의 차이점 ……………… 703
개인회생 …………………………………………… 697
개인회생과 일반회생의 차이 ………………… 743
건물매수청구권 …………………………………… 333
경매로 부동산을 구입할 시 주의해야 할 권리분석 …………………………………………… 462
경매목적물의 범위 ……………………………… 450
경매의 대상이 될 수 있는 목적 부동산의 범위 ………………………………………………… 448
경매절차에서 공유자의 우선매수권 ………… 512
경범죄처벌법 ……………………………………… 637
계약금 일부만 지급한 상태에서 계약 해제 ·· 29
계약금을 지급하지 않는 상태에서 계약의 임의해제가 가능 여부 ………………………… 31
계약서 작성방법 ………………………………… 12
계약체결 후 24시간도 지나지 않은 경우에 계약해제가 가능 여부 ………………………… 28
계약해제 등을 위한 의사표시의 공시송달제도 …………………………………… 127
고소인을 상대로 손해배상청구 ……………… 657
고속도로에 떨어져 있는 물건 때문에 교통사고 발생 ………………………………… 806
고속도로의 소음에 대한 예방 또는 방음대책 ……………………………………………… 799
고지의무 불이행과 보험사고 발생 ………… 402
골프장 캐디 ……………………………………… 757
공동명의의 예금 ………………………………… 55
공동상속인 중 소재불명자 …………………… 543
공동상속인 중의 1명이 상속재산분할 미협의 ……………………………………………… 263
공동주택의 범위와 이에 대한 관리 방법 … 141
공매의 실시기관과 실시장소 ………………… 521
공매의 의미와 경매와의 차이 ……………… 519
공매절차 …………………………………………… 522
공매절차에서 매각결정의 취소 ……………… 531
공매절차에서 배분액에 대한 부당이득 반환청구 ……………………………………………… 535
공매절차에서의 배분요구와 배분절차 ……… 532
공무원 임용결격사유와 당연퇴직사유 ……… 790
공무원·교사의 연금수급권 …………………… 237
공사대금 등 채권을 주택의 임대차보증금으로

전환 ···· 330
공사대금을 받기 위하여 건물에 대하여 유치권 행사 ···· 484
공사의 하자로 인한 담보책임기간 ···· 146
공소시효 ···· 665
공소시효 일람표 ···· 858
공소시효의 적용 배제 ···· 665
공시최고 및 제권판결신청 ···· 397
공연보상금 ···· 395
공유물에 대한 경매와 공유지분에 대한 경매 ···· 493
공유주택의 과반수 지분권자와 임대차계약을 체결한 임차인 ···· 344
공인중개사가 중개의뢰인과 직접 매매계약을 체결하는 경우의 효력 여부 ···· 52
공정증서 ···· 17
공증제도 ···· 16
공탁의 종류와 용도 ···· 547
과거의 양육비에 대한 소멸시효기간 ···· 205
과다 지급받은 거스름돈 ···· 618
과태료 부과의 소멸시효 ···· 809
과태료 징수의 소멸시효 ···· 809
관리비청구소송 ···· 159
관리사무소장이 채용한 근로자 ···· 759
관리인이 임금 및 퇴직급 미지급 ···· 779
관습법상의 분묘기지권 ···· 84
광주광역시 중개보수 요율 ···· 52
교통사고에 대한 형사합의 ···· 553, 554
구분소유자의 하자담보책임 추궁 방법 ···· 150
구속의 최장기간 ···· 663
국민연금 수급권 ···· 235
국민참여재판 ···· 690, 691
국외이송약취 및 피약취자국외이송죄 ···· 615
국적 취득의 요건과 절차 ···· 817
국제도산 ···· 698
권리금 ···· 368
권리금 회수 보장 ···· 368
근로자 ···· 755
근로자퇴직급여보장법에 의한 퇴직연금 ···· 455
근저당권설정과 함께 담보가치 저감을 위해 설정된 지상권 ···· 103
금전을 빌려줄 때 유의할 점 ···· 3
금전을 차용할 때 유의할 점 ···· 10
기간만료 전에 이사하고자 하는데, 임대인이 임대료를 인상요구 ···· 303
기업구조조정 ···· 749
기업회생 ···· 749

ㄴ

낙찰계가 깨진 경우에 계주가 형사책임 ···· 617
남편 명의의 임대차계약을 도중에 처 명의로 변경 ···· 327
남편의 사업자금 명목으로 처에게 금전 대여 ···· 395
내용증명우편의 용도와 그 작성 및 발송방법 ···· 63
노래방·단란주점·유흥주점·룸싸롱 ···· 611
뇌물·횡령·배임·탈세 등 범죄에 관한 가중처벌 ···· 594

ㄷ

담보가치가 전혀 없는 주택에 소액임차인으로서 계약 ···· 347
담보로 맡겨둔 자동차 행방불명 ···· 545
담장에 너무 가까이 붙여서 건축공사를 하는 경우 ···· 90
대부업체로부터의 차용금에 대한 이자율의 변동내역 ···· 67
대습상속 ···· 252
대지 부분만에 관한 양수인에게 임대인으로서의 지위승계주장 가능 여부 ···· 339
대체집행절차 ···· 514
대항력과 우선변제권 및 최우선변제권의 의미 ···· 281
대화내용을 몰래 녹음 ···· 667
도로의 설치·관리상의 하자로 인한 손해배상청구 ···· 160
도로폐쇄의 요건 ···· 808
돈을 빌려줄 때 확실한 이행확보 방법 ···· 5

동업관계가 깨진 경우의 출자금에 대한 반환청구 여부 ········ 43
동일상호 사용금지 ········ 383
동종영업허가신청 ········ 389
등기부취득시효 ········ 97

ㅁ

매매계약이 해제된 경우의 계약금 전액 몰수 또는 손해배상청구 여부 ········ 26
면접교섭권 ········ 201
면책신청 기각 ········ 734
명예훼손죄 ········ 623, 626
몰취공탁 ········ 549
무노동 무임금 원칙 ········ 763
무단결근한 경우의 손해배상책임 ········ 768
무보험차에 의해 교통사고를 당한 피해자 ·· 569
물건을 할부로 구입한 경우에 그 철회 여부 ········ 21
미등기 주택도 주택임대차보호법상의 적용대상 여부 ········ 284
미등기부동산에 대한 경매신청도 ········ 469
미성년자가 할부 및 방문판매로 물건 구입시 취소 여부 ········ 19
민사사건의 인지대·송달료·첨부서면 일람표 ········ 827
민사소송 제기시 어떤 소장을 제출해야 유리한지 ········ 106
민사소송시 송달료와 인지대 ········ 117
민사소송에서 증거자료를 만드는 방법 ········ 120

ㅂ

바닥에서 발생한 누수에 대하여도 보험금 청구 가능 여부 ········ 137
배상명령신청제도 ········ 680
배우자 일방이 자녀 학자금으로 차용한 금전 ········ 213
배우자의 권리행사방법으로서의 우선매수권과 지급요구권 ········ 508
배우자의 우선매수권 ········ 509
배우자의 지급요구권 ········ 510
벌금의 분할납부 또는 납부연기신청 ········ 580
벌금형 대신 사회봉사로 대체하여 집행 ········ 582
법인에 대한 채권에 기하여 대표이사 개인의 재산에도 강제집행 가부 ········ 436
법인파산의 목적과 그 실익 ········ 738
법인회생 ········ 749
법정에 출석하지 않아도 재판이 진행 여부 ········ 683
법정지상권 ········ 463, 488
법정지상권의 존속기간 ········ 79
변제공탁 ········ 548
변호사보수에 대한 소송구조결정 ········ 119
변호사의 접견 방해 ········ 673
별거 중인 유부녀와 불륜관계시 위자료 배상책임 ········ 216
별제권 ········ 716
보관공탁 ········ 549
보이스피싱 ········ 174
보증공탁 ········ 548
보증금 중 일부만 지급하고 들어와 살다가 나머지 추후 지급 ········ 313
보증금을 빼주지 않고 있는 상태에서 부득이 이사 ········ 306
보통입양 ········ 195
보험금에 대한 압류 가능 여부 ········ 401
복수국적자의 국적선택의무 ········ 819
부가가치세가 있는 상가임대차 ········ 359
부동산경매의 실전 현장 ········ 466
부동산등기부등본을 보는 방법 ········ 540
부동산매수인이 매매 잔대금을 지급하지 않는 경우의 매도인의 대응방법 ········ 38
부동산을 매도할 때 유의할 점 ········ 15
부동산을 매수할 때 유의할 점 ········ 14
부동산을 타인명의로 해놓고 싶을 때 세금을 적게 낼 수 있는 방법 ········ 810
부동산중개수수료 산정 방법 ········ 48
부모를 상대로 유학비용 상당의 부양료를 청구할 수 있는지 여부 ········ 209
부모에 대한 부양의무자와 부양의 정도 ········ 212

부부 또는 가족의 공동파산 ······ 706
부부 일방에게 주택마련 자금 대여 ······ 215
부부간의 부양료청구와 생활비분담청구 ······ 218
부부일방의 명의로 된 부동산을 함부로 처분할 수 없도록 하기 위한 타방 배우자의 조치 방법 ······ 102
부분에서 화재가 발생하여 임차 외 부분까지 불에 탄 경우 손해배상책임의 범위 ······ 322
부속물매수청구권 ······ 338
부인권 ······ 720
부인소송의 제척기간 ······ 719
북한주민의 상속회복청구권의 제척기간 ······ 264
분묘기지권 인정 ······ 81
불법원인급여물에 대한 반환청구의 가부 ······ 58
비닐하우스를 축조한 경우에도 건물매수 청구권이 인정 여부 ······ 334
빵소니의 성립여부 ······ 562

ㅅ

사기죄 ······ 601, 658
사립학교교직원연금법 ······ 797
사서증서의 인증 ······ 17
사실혼 부부 사이에서도 재산분할청구 가능 여부 ······ 234
사실혼에 대한 파기 사유와 그 절차 ······ 227
사업주가 가입한 자기신체사고보험에 의해 보험금 수령 ······ 787
사용자와 근로자간의 손해분담 관계 ······ 771
4인 이하의 사업장에도 적용되는 근로기준법상의 규정 ······ 755
사적구제제도 ······ 699
사전연명의료의향서 ······ 643
사치로 인한 빚 때문에 파산신청 ······ 721
사해행위 이후 취득한 채권 ······ 476
사해행위취소 ······ 546
사해행위취소소송 ······ 59
사해행위취소송 ······ 747
산재처리를 하지 않고 의료보험으로 처리 ······ 782
산재처리를 해주지 않는 경우의 근로자의 대응방법 ······ 781
상가건물임대차보호법상의 적용 범위를 초과하는 보증금 ······ 354
상가건물임대차보호법의 적용범위와 대항력 ······ 351
상가건물임대차에 있어서 소액임차인의 최우선변제권 ······ 357
상가건물임차인의 적용 대상과 최우선변제금액표 ······ 866
상가의 임대차기간과 계약의 자동갱신제도 ······ 360
상가임차인에게는 최소한 5년간 보장 가부 ······ 362
상가임차인의 계약갱신권 행사 후 임대차계약서 재작성 ······ 364
상가임차인의 연체차임 ······ 373
상가임차인이 2기분의 차임 연체 ······ 372
상가임차인이 원상회복해 주어야 할 범위 ······ 379
상계신청 또는 채무인수신고에 의한 경매대금의 납부 ······ 480
상대방이 계약금 포기 또는 계약금의 배액 제공으로 계약을 해제할 수 없도록 하는 방법 ······ 33
상사유치권 ······ 392
상속등기가 안된 부동산에 대한 경매신청 ······ 472
상속순위와 법정상속분 ······ 242
상속을 포기하면 각종 보험금도 포기 ······ 248
상속재산을 처분한 경우 단순승인으로 간주 여부 ······ 250
상속포기와 한정승인 ······ 244
상속포기의 기간 ······ 253
상해로 인한 치료행위시 의료보험처리 가부 ······ 616
상해죄 ······ 607
생계비에 대한 면제재산신청 ······ 714
생부의 자녀로 호적을 올리는 방법 ······ 187
서울특별시 부동산 중개수수 요율표 ······ 50
선거법 위반죄 ······ 605
선고유예와 집행유예 ······ 597
성공보수금 ······ 684

성년후견제도 및 미성년후견제도 …………… 192
성범죄와 관련된 형사처벌 법규 …………… 588
성폭력과 성폭행, 성추행, 성희롱의 구별 … 593
성희롱 …………… 593
세금에 대한 파산면책 …………… 727
세금을 가장 적게 내는 방식 …………… 813
소년범에 대한 형사처벌 …………… 634
소멸시효 경합 …………… 73
소멸시효가 완성된 차임채권 …………… 341
소멸시효기간 …………… 68
소송대리신청 방법 …………… 124
소액사건판결과 지급명령의 구별 …………… 110
소액사건·단독사건·합의사건의 구별과
사물관할 …………… 109
소액영업소득자에 대한 간이회생면책의
요건 …………… 731
소액의 채무에 대하여도 파산면책 가부 …… 722
소액임차인이 배당받을 수 있는
최우선변제금액 …………… 314
소유권에 기한 방해배제청구 …………… 518
소유권이 원상복구된 경우에 있어서의
가압류의 효력 …………… 417
소장을 제출해야 할 법원과 그중 가장 유리한
법원 …………… 114
소촉법상의 법정이율의 변동내역 …………… 68
손자녀에게 채무가 상속되지 않도록 하는
방법 …………… 254
수감자 또는 재외국민과의 협의이혼절차 … 224
수급인의 근로자에게 발생한 산재사고 …… 788
수사절차 …………… 656
순번계나 낙찰계가 깨진 경우의 법률관계 … 46
순직군경 …………… 797
습득한 유실물의 처리 방법과 보상관계 …… 92
시효완성된 채무를 개인회생채권자목록에
기재하여 제출하는 행위 …………… 745
시·군법원에서 재판할 수 있는 사건의
범위 …………… 116
식당에서 신발 분실 …………… 386
식품위생법위반행위 …………… 607
신용불량자나 파산자의 개명신청 …………… 240
신용카드의 분실·도난 …………… 394
신용회복지원제도 …………… 700
신탁등기된 건물에 대한 임대차계약체결 … 296
실업급여 …………… 774
실전 공매 참가절차 …………… 528
실화로 인한 손해배상책임 …………… 135

ㅇ

아파트 단지나 그 지하주차장에서
무면허운전 …………… 564
아파트를 개별난방에서 지역난방으로
전환 …………… 157
아파트의 연체된 관리비 …………… 489
악덕 채무자에 대한 출국금지 …………… 800
악덕채무자에 대한 파산신청 …………… 707
악덕채무자에 대해 이루어진 파산면책을
취소시킬
수 있는 방법 …………… 732
압류할 수 없는 유체동산의 범위 …………… 456
약속어음공정증서 …………… 400
약식명령에 대한 정식재판 절차 …………… 677
약식명령에 대한 정식재판시 불이익변경
금지의 원칙 …………… 677
양육권 없는 부모 중 일방이 자녀를 양육한
경우 …………… 204
양육비 지급 확보를 위한 여러 방법 ……… 198
양육비 직접지급명령제도 …………… 203
어음·수표 분실 및 도난 …………… 399
어촌계가 다른 어촌계를 상대로 업무구역의
확인을 구하는 것 …………… 61
업무상 스트레스로 자살 …………… 784
업종제한약정 …………… 390
여러 호실로 된 단독주택과 다가구 주택
임차 …………… 286
여행계약의 취소 여부 …………… 41
연로한 부모에 대한 성년 자녀들의
부양의무 …………… 210
연명의료계획서 …………… 642
영농조합법인의 대표이사의 아들 …………… 765

영상녹화물의 독립된 증거능력 여부 ……… 675
영업양도인의 동종 영업 가능 여부 ……… 388
영업임대차에 있어서 임차인이 상호 속용 ‥ 385
영업허가명의를 이전해 주지 않는 경우의 대응방법 ……… 370
영주자격 ……… 822
예금반환에 관한 공동반환특약 ……… 57
예금통장 대여행위 ……… 603
오피스텔·여관·모텔에 대한 임대차계약 …… 285
외국국적동포의 국내거소신고나 거소이전신고 ……… 293
외국인의 국내 체류자격과 체류자격별 체류기간 ……… 821
우선적으로 배당받을 수 있는 최우선변제금액 ……… 357
운전면허를 재취득할 수 있는 기간 ……… 565
운전면허취소·정지처분에 대한 이의신청 …… 574
운전자의 형사책임 ……… 571
원상복구해 주어야 할 범위 ……… 379
월세를 장기간 연체하고 연락두절 ……… 378
위약금의 약정이 없는 경우 ……… 27
위약금의 약정이 있는 경우 ……… 27
위임장 작성방법 ……… 62
위자료의 청구 요건과 그 구체적 산정방법 ……… 166
유류분이 침해된 경우에 상속인의 구제방법 ……… 270
유아인도에 대한 이행명령신청 ……… 200
유언의 5가지 방식 ……… 268
유족연금수급권 ……… 793, 795
유체동산경매절차에서의 배당요구 ……… 506
유체동산에 대해 체납처분압류가 이루어진 경우 진정한 소유자의 구제 ……… 538
유치권 ……… 463, 482, 513
음주측정거부 ……… 573
의료법 위반행위 ……… 609
2기분이 연체된 경우에 계약해지 가부 …… 375
이자약정 ……… 10
이자제한법상의 최고이자율을 초과하여 이자를 받은 경우에 형사처벌 ……… 622
이행권고결정·화해권고결정과의 차이 ……… 110
이혼시 배우자의 노령연금분할청구권 ……… 235
이혼시 위자료 액수 ……… 228
이혼시의 재산분할청구 ……… 230
이혼의 요건과 그 절차 ……… 219
인지청구의 소 ……… 186
일반음식점 내 무도장의 설치·운영행위 …… 614
일반체류자격 ……… 822
일반회생 ……… 698
임대인의 단전·단수조치 ……… 650
임대인의 요구로 이중계약서 작성 ……… 353
임대인의 지위가 자동적으로 양수인에게 승계되는 것을 막는 방법 ……… 309
임대인이 기간을 연장해주지 않는 경우 거주기간 ……… 302
임대차 종료시의 원상회복의 범위 ……… 332
임대차계약서를 잡고 돈을 빌려주는 방법 …… 7
임대차기간 중의 월세 인상과 재계약시의 월세 인상 ……… 366
임대차보증금 중 일정액에 대한 면재재산신청 ……… 713
임대차보증금반환채권에 대한 가압류 후 임차주택 양도 ……… 411
임야지번으로 된 주택에 관하여 '산'자를 빼고 주민등록 ……… 292
임의경매개시결정에 대한 이의 ……… 477
임의경매에 대한 정지·취소 ……… 503
임종과정에 있는 환자에 대한 연명치료 중단절차 ……… 641
임차보증금 중 일부만 지급하고 대항요건과 확정일자를 갖춘 다음 저당권이 설정 … 313
임차보증금에서 연체차임 등 공제 가부 …… 374
임차인 행방불명 ……… 348
임차인의 2기분의 연체차임 ……… 377
임차인이 거주하고 있는 위층에서 누수 발생 ……… 325
임차인이 임차주택에 대한 경매에서 낙찰 ‥ 345
임차인이 자신의 보증금을 확보하기 위해

피담보채권을 대위변제할 실익 ··········· 492
임차주택에 대한 경매로 낙찰 ··········· 308
임차주택에서 원인불명의 화재발생 ··········· 321

‖ ㅈ ‖

자녀 전부가 상속을 포기한 경우에 배우자가 단독상속인 가능 여부 ··········· 246
자동차이전등록이 이루어지기 전에 교통사고 발생 ··········· 566
장기수선충당금 ··········· 342
재단채권 ··········· 717
재산명시신청제도 ··········· 440
재산분할청구권을 피보전권리로 하여 사해행위취소소송을 제기하려고 할 경우 ··········· 239
재산조회신청제도 ··········· 443
재심의 소 ··········· 133
재심절차와 재심사유 ··········· 130
재정신청절차 ··········· 661
재차 개인회생면책이 가능한지 여부 ··········· 731
재차 파산면책이 가능한지 여부 ··········· 731
저작권법위반 ··········· 627
저작권보호의 대상 ··········· 630
전자상거래나 통신판매를 통하여 물건을 구입한 경우의 청약 철회 여부 ··········· 24
접근금지가처분제도 ··········· 420
정관 및 의사록 인증 ··········· 17
정당행위 내지 정당방위 ··········· 584
정원석과 정원수 ··········· 452
제3자 진술최고신청제도 ··········· 432
제3자에 대한 임차권 주장 ··········· 295
제시외 건물 ··········· 486
제시외 건물의 존재 여부 ··········· 464
제소불책임 ··········· 163
주거침입죄 ··········· 600
주민등록등·초본을 열람·교부받을 수 있는 방법 ··········· 424
주민등록지에 대한 유체동산 가압류·압류 가능 여부 ··········· 430
주소를 보정하는 방법 ··········· 122
주위토지통행권 ··········· 90
주위토지통행권과 이에 의해 확보할 수 있는 노폭의 범위 ··········· 86
주채무를 보증한 보증채무의 소멸시효기간 ··· 75
주택에 대한 전대차시 대항력의 취득 또는 유지의 요건 ··········· 298
주택을 임차할 때 반드시 알아두어야 할 사항 ··········· 275
주택의 임대차기간과 계약의 자동갱신제도 ··········· 300
주택임대인이 개인회생면책 ··········· 317
주택임대차계약기간 중의 월세 인상의 한도와 재계약시의 월세 인상 ··········· 319
주택임대차분쟁조정위원회 ··········· 349
주택임차인의 최우선변제금액표 ··········· 865
중개당사자간에 계약체결시 중개수수료 지급 여부 ··········· 53
중도금 또는 잔대금 미지급시 계약이 자동적으로 해제된다는 약정 ··········· 37
중앙선 침범사고 ··········· 556
중앙선침범사고 ··········· 572
증인이 법정에 나가지 않고 증언하는 방법 ··········· 126
지입회사의 지입차주에 대한 사용자 관계 ·· 762
직상수급인 또는 원수급인의 연대책임 ······· 777
직원용 주택 임차시 대항력 및 우선변제권 인정 여부 ··········· 290
직위해제처분에 대한 불복절차 ··········· 792
직장 회식 중 발생한 사고 ··········· 786
집합건물에 있어서 구분소유관계 ··········· 144
집행공탁 ··········· 548
집행불능된 경우에도 소멸시효중단의 효력 여부 ··········· 433

‖ ㅊ ‖

차용증과 현금보관증의 차이 ··········· 11
차용증을 분실한 경우의 대비책 ··········· 8
채권가압류 또는 추심명령시 제3채무자가 수인 ··········· 410
채권가압류에 따른 소멸시효중단의 효력 ···· 408

채권양도가 사해행위로 취소되는 경우 ········ 60
채권양도의 방법과 그 효력 ························ 18
채권양도통지의 방법 ································ 18
채권자목록에 기재하지 않고 누락시킨
채권 ··· 727
채권적 전세 ·· 7
채권추심업체를 통한 채권회수 ················· 460
채무를 분담하기 위한 재산분할청구 ·········· 232
채무불이행자명부등재신청제도 ················· 445
채무자가 가입한 보험 압류 및 추심명령 ··· 473
채무자가 파산면책을 받을 수 없는 채권 ··· 723
채무자의 은행예금에 대한 가압류·압류 ····· 407
채무자의 인적사항을 파악하기 위한 다양한
방법 ··· 422
채무자의 재산을 찾는 방법 ······················ 438
채무자의 파산면책으로 보증인도 혜택을
받을 수 있는지 여부 ···························· 726
채무자인 회사에 대하여 회생절차개시신청
가능 여부 ··· 751
책임부존재확인의 소 ······························ 730
처에 대한 강간 ····································· 602
철도소음과 손해배상청구 ························ 139
청구이의의 소 ······································ 730
청탁금지법의 적용범위와 금지사항 ··········· 645
초상권 침해 ··· 632
최저매각가격 ·· 478
최저매각가격과 시세의 비교 ···················· 462
추심명령과 전부명령의 차이 ···················· 497
출국금지조치를 취소시킬 수 있는 방법 ····· 802
출·퇴근 중에 발생한 사고 ······················· 783
층간소음의 기준 ··································· 138
친권자의 지정 · 변경과 친권의 상실·정지 ·· 189
친생자관계부존재확인의 소 ····················· 186
친양자 입양제도 ··································· 197
친인척의 소유 주택에 대한
임대차계약체결 ··································· 288
친자관계의 확정 방법 ····························· 183
친족간의 부양의무 ································ 207

ㅌ

타인의 토지 위에 설치된 분묘 ···················· 80
타인의 토지를 경유하기 위한 토지사용
승낙서 ·· 91
타인의 토지에 대한 회사의 불법점유 ········ 173
타인의 토지에 무단으로 설치된 분묘 등에
관한 처리방법 ···································· 82
타인의 토지에 유실수를 심어 놓는 경우에
그 소유권 여부 ·································· 78
타인의 핸드폰 무단 사용 ························ 620
타지로 발령이 나서 부득이 임차주택에서
퇴거 ·· 304
탄원서의 작성방법 ································ 678
토지가 수용된 경우에 자동적으로 저당권의
우선변제권이 보장 여부 ······················· 104
토지소유자가 변경된 경우에 있어서의
건물매수청구권의 상대방 ····················· 336
토지에 대한 시효취득 ····························· 99
토지임차인이 건축한 건물을 경매로 매수 ·· 490
퇴직급여 ·· 795
퇴직연금에 대한 이혼시의 분할청구권 ······ 237
특별조치법 ·· 94

ㅍ

파산면책받은 이후 채권자의 독촉에 대한
채무자의 대응 ···································· 736
파산면책을 받을 수 없는 채권 ················· 725
파산면책을 확정할 수 있는 방법 ·············· 730
파산선고를 받아 파산자로 되면 어떤
불이익 ·· 708
파산선고를 받으면 다른 가족에게 피해가
갈 수 있는지 여부 ······························· 711
파산선고와 보험계약의 강제해지 여부 ······ 715
파산자가 종사할 수 없는 사업 ················· 711
파산자의 신분에서 벗어날 수 있는 방법 ··· 735
파탄상태에 있는 채무자가 법원을 통해
재기 ·· 697
프리워크아웃 ·· 700
피사취 신고 ··· 396

피압류채권이 부존재한 경우에도 소멸시효 중단의 효력 여부 …… 435
피의자신문조서 …… 681
필요비·유익비상환청구권과 유치권행사 …… 331
필요비·유익비에 대한 회수 가능 여부 …… 485

ㅎ

하나의 면허가 취소되면 다른 면허도 취소 여부 …… 559
하자보수보증금 …… 154
학교안전법상 공제급여 …… 169
학교안전사고 …… 171
한시적 신용회복지원기구 …… 701
한정승인을 하려고 할 경우에 취득세 부담의 위험성 고려 필요 …… 262
한정승인을 한 경우에 밟아주어야 할 후속절차 …… 258
한정승인자의 고유재산에 강제집행이 들어온 경우의 대응방법 …… 260
할부매매로 구매한 물품을 할부대금완납 전 처분 …… 621
합격통지를 해놓고 채용하지 않은 고용주에 대한 손해배상청구 …… 766
합유등기 …… 100
항소 및 상고 …… 128
항소기간을 놓친 경우의 추완항소 …… 128
핸드폰 통화로 욕설이나 협박 …… 628
핸드폰을 할부로 구입해 개통한 후의 청약철회 여부 …… 22
행정소송 …… 804
행정심판 …… 804
허위의 무상거주확인서 …… 475
헌법소원심판청구 절차 …… 813
협의상 이혼시의 구비서류와 구체적인 절차 …… 222
형량을 정하는 방법 …… 653
형벌의 종류와 범칙금·과태료 …… 577
형사보상청구권 …… 692
형사사건의 …… 684
형사재판확정기록에 대한 정보공개청구 …… 674
형의 가중·감경사유 …… 653
형집행정지 절차 …… 686
혼인 중 이루어진 재산분할에 관한 협의 …… 231
혼합공탁 …… 549
화재가 발생한 경우의 손해배상책임 …… 156
확정일자도 받아 놓고 동시에 전세등기 설정 …… 279
확정일자를 받아놓은 후 임대인의 요구로 보증금 증액 …… 318
확정일자제도와 전세권설정등기의 차이점 …… 278
확정판결을 받아 놓는 후에 시효중단을 목적으로 다시 소송을 제기 …… 77
회사의 명의상 대표이사 …… 767
횡단보도 사고 …… 557

저자약력

・저자 장 종 운

- 전남대학교 법과대학 및 동 법과대학원
- 법학박사

현〉 대한법률구조공단 재직
기업회생경영사

〈주요저서〉

- 「민사소송부터 경매・등기와 개인파산까지」
- 「신 민사소송서식대전 (上)・(下)」
- 「개인도산개론」 외 다수

신 법률상담사례

저　　자 장 종 운　　2018년 6월 28일 초판 인쇄
발 행 인 양 진 수　　2018년 7월 13일 초판 발행
발 행 처 진 원 사

서울시 송파구 법원로 9길 26, C동 1107호 (문정동, H비즈니스파크)
전화 : 02) 916 - 1850 / 팩스 : 02) 916 - 3442
신고번호 제 2018 - 000026호
http://www.jinwonsa.co.kr
http://www.lawbookstore.co.kr
e-mail : hhansin@hanmail.net

ISBN : 978-89-6346-531-9　　93360　　**정가 55,000원**